Chronik Handbuch
Personen der Weltgeschichte

Chronik Handbuch

Personen der Weltgeschichte

Chronik
Verlag

Abbildungen auf dem Umschlag
(von links oben nach rechts unten):
Gaius Iulius Caesar, Martin Luther King,
Otto von Bismarck, John F. Kennedy,
Christopher Kolumbus, Nelson Mandela,
Königin Elisabeth II.

Text und Zusammenstellung: Wieland Eschenhagen
in Zusammenarbeit mit Gabriele Intemann
Redaktion: Annette Grunwald
Redaktionelle Mitarbeit: Claudia Schmidt, Stefan Tönne
Bildbeschaffung: Ursula Franz
Technische Koordination: Peter Göddecke
Satz und Gestaltung: F & Partner, Dortmund
Lithographie: Boesser, Dortmund
Druck und Bindung: Wiener Verlag, Himberg bei Wien

ISBN 3-577-14510-2

Inhalt

Hinweise zur Benutzung ... 6

Abkürzungen ... 7

Personen A bis Z ... 9

Anhang

Allgemeine Literaturhinweise ... 609

Verzeichnis der Namensvarianten ... 610

Verzeichnis der Text- und Bildrechte ... 616

Hinweise zur Benutzung

Ein kompaktes, modernes Informationsmedium muß sich seinem Benutzer auf Anhieb selbst erschließen. Die für die Anlage dieses Handbuches unerläßlichen Überlegungen zur Auswahl (und Ausgrenzung) der historischen und politischen Rollenträger und der ihnen zuzuordnenden Daten sowie zur Präsentation von Fakten und Zusammenhängen im Biogramm sollen daher hier nicht rekapituliert werden.

Einem möglichen Mißverständnis ist jedoch vorzubeugen: Hauptdarsteller auf der internationalen Bühne der Gegenwartsgeschichte und aktuellen Politik mit Themen historischer Dimension werden sich in diesem Band wiederfinden. Jedoch wurde darauf verzichtet, die weiteren Mitspieler aufzuführen, selbst wenn sie im politischen National- oder Regionaltheater Aufmerksamkeit beanspruchen könnten.

Einige Hinweise sollen dem Benutzer den Zugriff erleichtern.

Aktualität

Der Stand der wiedergegebenen Fakten entspricht näherungsweise dem Datum der Drucklegung.

Informationselemente

Die Stichworte (= Namen) sind in alphabetischer Reihenfolge entsprechend ihrer Hauptschreibweise geordnet.Bei der Alphabetisierung werden Umlaute (ä,ö,ü) wie Selbstlaute (a,o,u) behandelt, ß wird ss eingeordnet. Adelsprädikate und vergleichbare Bestandteile werden wie üblich nachgestellt; das gilt auch für de bzw. d' in französischen, spanischen, portugiesischen und niederländischen Namen (z.B. Gaulle, Charles de; Witt, Johan de).Bei englischen Namen werden d' und de vorangestellt.
Die wichtigsten Synonyme sind dem Stichwort beigefügt. Weitere, wie auch die wichtigsten anderen Schreibweisen, Urnamen, Pseudonyme finden sich zu Beginn des Fließtextes und im Verzeichnis der Namensvarianten im Anhang.

Dem Stichwort folgen die biographischen Hauptdaten: eine, maximal zwei historisch qualifizierende Hauptfunktionen, Geburts- und Sterbedatum mit Ortsangaben, soweit Daten bekannt sind.
Kursiv gedruckte Namensleisten fassen die Einträge von mehr als zwei gleichlautenden Personennamen zusammen. Sie stehen in der Reihenfolge: Päpste und Gegenpäpste; Heilige und Bischöfe; Fürsten, nach der Ordnungszahl hinter ihrem Namen und nach Ländern – alphabetisch – geordnet. Fürsten, die durch ihre Personalunion über mehrere Länder mehrere Ordnungszahlen tragen (z.B. Knut II. dänischer König; Knut I. als englischer König), sind unter ihrer originären oder bedeutendsten Bezeichnung eingetragen. In Einzelfällen verweist ein eigenes Stichwort auf die Fundstelle (z.B. Karl I., König von Spanien, auf Kaiser Karl V.).

Ein Pfeil kennzeichnet den Verweis auf einen anderen im Chronik Handbuch enthaltenen biographischen Artikel.

Chronik Zitate

Die Chronik Zitate unterstreichen das historische Gewicht der Machthaber oder -verwalter oder eines Ereignisses, das mit ihnen in ursächlichem Zusammenhang steht. Sie erweitern damit wesentlich die Information über die Gestalt, sollen aber auch zur Lektüre der häufig so eindrucksvollen wie spannenden Quellen und Zeitzeugnisse ermuntern.

Synonyme und andere Schreibweisen

Zugunsten der Übersichtlichkeit wird – von Ausnahmen abgesehen – auf Stichworte verzichtet, die als Synonym lediglich auf ein weiteres verweisen. Andere Schreibweisen sind in der Regel nur dann aufgenommen, wenn sich der Fundort erheblich unterscheidet.
Eine Übersicht von Namensvarianten siehe Anhang.

Abkürzungen

Abkürzungen werden nur so verwendet, daß der Lesefluß und die Eindeutigkeit dadurch nicht beeinträchtigt werden. Wo sie Verwendung finden, beschränken sie sich auf wenige geläufige Formen. Adjektive auf -isch und -lich endend wurden nach Erfordernis abgekürzt.
Im allgemeinen ist das Stichwort, wenn es im selben Artikel wiederholt wird, mit seinem ersten Buchstaben abgekürzt, auch in Zusammensetzungen, sofern diese dabei lesbar bleiben.

Abkürzungen

Abg.	Abgeordneter	MdB	Mitglied des Bundestags
allg., Allg.	allgemein, Allgemeines	MdR	Mitglied des Reichstags
Bd., Bde.	Band, Bände	Min.	Minister
BR Dtschld.	Bundesrepublik Deutschland	Min.-Präs.	Ministerpräsident
bzw.	beziehungsweise	Mitgl.	Mitglied
ca.	circa	Mio.	Millionen
d. Ä.	der Ältere	Mrd.	Milliarden
Dep.	Departement, Departamento	nat.-soz.	nationalsozialistisch
d. Gr.	der Große	n. Chr.	nach Christus
d. h.	das heißt	orth.	orthodox
d. J.	der Jüngere	österr.	österreichisch
dt.	deutsch	Präs.	Präsident
Dtschld.	Deutschland	Prof.	Professor
eigentl.	eigentlich	prot.	protestantisch
europ.	europäisch	sog.	sogenannt
ev.	evangelisch	stellvertr.	stellvertretend
Frhr.	Freiherr	u. a.	und andere(s), unter anderem,
geb.	geboren		unter anderen
gegr.	gegründet	ursprüngl.	ursprünglich
gen.	genannt	usw.	und so weiter
hl.	heilig	v. Chr.	vor Christus
Hptst.	Hauptstadt	Vors.	Vorsitzender
Hptw.	Hauptwerk(e)	z. B.	zum Beispiel
hrsg., Hrsg.	herausgegeben, Herausgeber	ZK	Zentralkomitee
insbes.	insbesondere	z. T.	zum Teil
Jh.	Jahrhundert		
kath.	katholisch	* = geboren	
KZ	Konzentrationslager	† = gestorben	

Abälard, Petrus

französischer Frühscholastiker
** 1079 Le Pallet bei Nantes*
† 21. 4. 1142 Kloster St. Marcel, Saône

A. entfaltete mit seiner Schrift »Sic et non« (»Ja oder nein«, 1121/22) die dialektisch-scholastische Methode und prägte mit ihr die Theologie des christl. Mittelalters. Indem er zwischen Glauben und Vernunft unterschied, trennte er Theologie und Philosophie und ebnete der kritischen Erkenntnislehre den Weg. Seine rationalistische Auslegung der Dreifaltigkeitslehre, sein Zweifel am Erbsünde-Dogma und seine Betonung des individuellen Gewissens wie der freien Willensentscheidung wurde von den Synoden zu Soissons (1121) und Sens (1141) verurteilt. Sein großer Gegenspieler war →Bernhard von Clairvaux. A., der ein unruhiges Leben führte, hatte mit seinen philosoph. Vorlesungen großen Zulauf, gründete mehrere Schulen (u.a. in Paris 1113) und lebte in verschiedenen Klöstern. Berühmt wurde sein Liebesverhältnis zu seiner Schülerin Heloise, für das er mit Entmannung bestraft wurde. Sein fiktiver Liebesbriefwechsel gehört zur Weltliteratur.

Abbas I., *der Große*
Schah von Iran 1587–1629
** 27. 1. 1571*
† 19.1.1629 Prov. Masandaran
A., der zu den bedeutendsten Herrschern des Iran zählt, führte Persien zur politischen und kulturellen Hochblüte unter der Herrschaft der Safawiden-Dynastie. In mehreren Kriegen eroberte er die westpersischen Provinzen zurück, annektierte Georgien und Aserbaidschan, vertrieb mit Hilfe der engl. Flotte die Portugiesen von Hormuz (1622) und nahm Bagdad ein (1623). Durch Ausbau der Straßen und Städte, Gründung von Karawansereien und Zentralisierierung der Verwaltung modernisierte er die Infrastruktur des Reichs. 1598 verlegte er die Hauptstadt von Gashwin nach Isfahan. Gefürchtet wegen seiner Grausamkeit, tolerierte er als islamischer Herrscher die christliche Minderheit. Nach seinem Tod zerfiel das Reich.

Abd al-Kader
westalgerischer Emir und Freiheitskämpfer
** 6. 9. 1808 Guetna bei Mascara*
† 26. 5. 1883 Damaskus
A. einigte die algerischen Stämme zum Kampf gegen die französischen Eroberer 1832–1847. Nach seiner Niederlage in Frankreich interniert (1847 bis 1852), lebte er in Bursa und Damaskus; beschützte dort beim Drusen-Aufstand 1860 die Christen. Nationalheld Algeriens.

Abd al- Krim, Mohammed

marokkanischer Emir und Führer der Rifkabylen
** 1882 Ajdir*
† 6. 2. 1963 Kairo

A. leitete 1921 den Aufstand der Berberstämme gegen die spanische Kolonialherrschaft in Spanisch-Marokko und wurde 1922 Emir der unabhängig erklärten Rifrepublik. Als der Aufstand 1925 auf Französisch-Marokko übergriff, mußte er sich im Mai 1926 den französisch-spanischen Truppen unter Marschall Philippe →Pétain ergeben und wurde nach Réunion verbannt. 1947 freigelassen, lebte er im Exil in Kairo und wurde 1950 Präs. des nordafrikan. Freiheitskomitees in Kairo.

Abd ar-Rahman,
Herrscher im muslimischen Spanien / Portugal

Abd ar-Rahman ibn Abd Allah
arab. Statthalter und Feldherr in Spanien 730–732
A. unternahm 732 einen Feldzug nach Frankreich, besiegte den Herzog von Aquitanien, wurde aber 732 in der Schlacht zwischen Tours und Poitiers von →Karl Martell besiegt und fiel.

Abd ar-Rahman I.
Emir 756–788
** 731 Damaskus*
† 30.9.788 Córdoba
Nach dem Sturz der Kalifendynastie in Damaskus durch die Abbasiden begründete A. als einziger überlebender Omaijade 756 das von Bagdad unabhängige Emirat von Córdoba im muslim. Spanien.

778 behauptete er sich gegen einen Angriff →Karls des Großen und vernichtete dessen Nachhut (Thema des Rolandsliedes). Unter ihm wurde die Große Moschee von Córdoba errichtet. Die Omaijaden regierten bis 1031.

Abd ar-Rahman III.
Emir/Kalif 912/ 929–961
** 889 Toledo*
† 15.10.961 Córdoba
Der bedeutendste Omaijadenherrscher im muslim. Spanien (al-Andalus) legte sich 929 den Titel Kalif zu und dokumentierte damit die religiöse Selbständigkeit gegenüber dem konkurrierenden Kalifat der Fatimidendynastie (→Fatima) in Nordafrikan. Landwirtschaftl. Neuerungen (Bewässerungsmaßnahmen, Anbau neuer Kulturpflanzen wie Orangen, Reis, Zuckerrohr und Baumwolle) und die Förderung der Produktion von Keramik und Seide führten das maur. Spanien unter seiner Herrschaft und der seines Sohnes Al Hakams II. (961–976) zur wirtschaftl. und kulturellen Hochblüte. Neben Byzanz stieg es zum zweiten Machtzentrum Europas auf.

Abdul Hamid II.
osmanischer Sultan 1876–1909
** 21. 9. 1842 Konstantinopel*
† 10. 2. 1918 Konstantinopel
Ursprünglich liberal orientiert, suchte A. nach außenpolitischen Mißerfolgen (8. russ.-türk. Krieg 1877/78, Berliner Kongreß 1878) dem Niedergang des Osman. Reichs durch straffe Autokratie, Verweigerung von Reformen und nationalistische Gewaltherrschaft (Massaker an Armeniern 1896) zu begegnen. Mit dem Sieg über Griechenland nach einem Aufstand Kretas gegen die osman. Herrschaft (1896/97) und seiner Annäherung an Deutschland erzielte er eine vorläufige außenpolitische Stabilisierung. Im Inneren provozierte er mit seinem Gewaltregime eine Militärrevolte der »Jungtürken«, die ihn 1908 zur Wiedereinsetzung der Verfassung zwangen und 1909 stürzten.

Aberdeen, George Hamilton-Gordon, *4. Earl of*
britischer Politiker
** 28. 1. 1784 Edinburgh*
† 14. 12. 1860 London
Als brit. Sonderbevollmächtigter war A. am Ausbau der Koalition gegen Napoleon beteiligt (Vertrag von Teplitz). 1828–1830 Außen-Min. im Tory-Kabinett von A. Wellesley →Wellington, übernahm er als Vertreter Robert →Peels in dessen 2. Regierung (1841 bis 1846) wieder dieses Amt, nachdem er unter ihm schon 1834/35 Kriegs- und Kolonial-Min. gewesen war. Gegen die öffentliche Meinung stellte er eine Entente mit Frankreich her und regelte 1842/46 den Streit mit den USA über den Verlauf der Grenze zu Kanada. Nach Peels Tod übernahm er die Führung der von den Konservativen abgespaltenen »Peeliten«. Seine lange und insbes. außenpolit. erfolgreiche Karriere beendete A. mit seinem Rücktritt als Premier-Min. einer Koalition mit den Liberalen (1852–1855) wegen der Fehler der brit. Kriegführung im Krimkrieg (1854–1856).

Abs, Hermann Josef
deutscher Finanzfachmann und Bankier
** 15. 10. 1901 Bonn*
† 5. 2. 1994 Bad Soden
Als einer der führenden Finanzexperten des »Dritten Reichs« und der Bundesrepublik verkörperte A. in Schlüsselpositionen die Kontinuität deutscher Finanzpolitik: Ab 1938 Vorstandsmitglied und Direktor der Auslandsabteilung der Deutschen Bank, organisierte er Stillhaltekredite, um Auslandsschulden des nat.-soz. Dtschld. stunden lassen zu können; als Leiter der dt. Delegation beim Londoner Schuldenabkommen (1951–1953) verhandelte er die Regulierung der dt. Auslandsschulden. Ab 1951 stellvertr. Vors. der Kreditanstalt für Wiederaufbau, organisierte er die Verteilung der 20 Mrd. DM Aufbaugelder aus dem Marshall-Plan; als Vorstandssprecher (1957–1967) und Aufsichtsratsvors. der Dt. Bank AG (1967–1976), des größten dt. Kreditunternehmens, sowie in vielfältigen anderen Aufsichtsratsfunktionen steuerte er den Kurs zahlreicher Großunternehmen und beeinflußte die Wirtschaftsentwicklung in der Bundesrepublik.

Abu Bakr
erster der »rechtgeleiteten« Kalifen 632–634
** um 573 Mekka*
† 23. 8. 634 Medina
A. B., der älteste Gefährte →Mohammeds, durch →Aïscha zugleich sein Schwiegervater, setzte sich nach dem Tod des Propheten unter den Rivalen als

Nachfolger durch. Als Kalif von Medina stellte er durch Unterwerfung der abtrünnigen Stämme die islam. Einheit wieder her. Während er mit seinen Eroberungszügen in den Irak und nach Syrien die islam. Expansion eröffnete, begann unter seiner Herrschaft die als goldenes Zeitalter verklärte Ära der »orthodoxen« Kalifen (außer ihm →Omar, →Othman und →Ali).

Acheson, Dean Gooderham
Außenminister der USA 1949–1953
** 11. 4. 1893 Middletown, Connecticut*
† 12. 10. 1971 Sandy Springs, Maryland
Der Jurist und Demokrat A. unterstützte Franklin D. →Roosevelts gegen die Achsenmächte gerichtete Politik, bes. seit 1939 (Lend-Lease-Abkommen zur Versorgung der Alliierten mit Kriegsgütern). Seit 1941 Unterstaatssekretär im Außenministerium, war er 1944/45 Sonderbeauftragter auf den Währungskonferenzen von Bretton Woods und San Francisco, auf denen die Einrichtung des Internationalen Währungsfonds und der Weltbank beschlossen wurden. Er beteiligte sich maßgebend an der Formulierung der Charta der UN und an der Ausarbeitung des Marshall-Plans (1948). Als Außen-Min. unter Präs. Harry S. →Truman organisierte er die Gründung des Nordatlantikpakts (1949), beteiligte sich an der Verschärfung des Kalten Kriegs mit der Sowjetunion und formierte die UNO und die westl. Staaten im Koreakrieg (1950–1953). Seit 1961 war er Berater der Präs. John F. →Kennedy und Lyndon B. →Johnson. (▷ Chronik Zitat)

Adalbert von Bremen
Erzbischof von Hamburg-Bremen 1043–1072
** um 1000*
† 16. 3. 1072 Goslar
Mit seiner Absicht, seinen Bischofssitz mit erweiterter polit. und geistl. Machtbefugnis zum Mittelpunkt der Christianisierung und eines Patriarchats des Nordens zu machen, scheiterte A. am Widerstand des Reformpapsttums. Erfolgreicher waren seine Christianisierungsunternehmen: Seine Missionare schickte er bis nach Finnland, Grönland und Island. Im Osten erweiterte er seinen Machtbereich durch Gründung der Bistümer Ratzeburg und Mecklenburg (1062/1066). Nach dem Tod →Heinrichs III. 1056 war er als zeitweiser Vormund des jungen →Heinrichs IV. einer der einflußreichsten Männer an dessen Hof, bes. nach der Verdrängung

Die politische Sprengwirkung der Atomkraft

Chronik Zitat

Die Folgen der Entwicklung der Atombombe für das Verhältnis zur Sowjetunion analysiert Dean Acheson in einer Denkschrift vom 25. 9. 1945 an US-Präsident Truman:

»Zum gegenwärtigen Zeitpunkt muß die Weiterentwicklung der Entdeckung [der Atomkraft], die wir gemeinsam mit Großbritannien und Kanada betreiben, der Sowjetunion als unwiderlegbarer Beweis für ein anglo-amerikanisches Bündnis gegen sie erscheinen. Aus ihrer Sicht gibt es dafür auch noch viele andere Indizien. Es ist unmöglich, daß eine Regierung, so machtvoll und machtbewußt wie die sowjetische Führung, auf solch eine Situation nicht energisch reagieren wird. Sie muß und wird alle Anstrengungen unternehmen, den Machtverlust, der durch diese Entdeckung entstanden ist, wieder wettzumachen. Sie wird dies tun, falls wir versuchen, in einer Atmosphäre von Mißtrauen und Feindschaft weiterhin die Politik des Ausschlusses zu verfolgen, wodurch alle bestehenden Schwierigkeiten nur noch verschlimmert würden. Wenn wir uns als Treuhänder dieser neuen Entwicklung zum Wohle der gesamten Welt erklären, bedeutet das für die Russen nichts anderes als die offene Politik des Ausschlusses. Die Spannungen in den Beziehungen zur Sowjetunion scheinen insgesamt zuzunehmen. Aber ich vermag nicht einzusehen, weshalb die vitalen Interessen der beiden Nationen sich gegenseitig ausschließen sollten. Jede langfristige Verständigung, die auf Entschlossenheit und Offenheit sowie der gegenseitigen Anerkennung der vitalen Interessen gründet, scheint mir unmöglich zu sein, wenn seitens der anglo-amerikanischen Mächte die Politik verfolgt wird, Rußland von der atomaren Entwicklung auszuschließen. Wenn eine solche Verständigung nicht gelingt, wird es keinen geordneten Frieden, sondern nur einen bewaffneten Waffenstillstand geben.«

seines Rivalen →Anno II. von Köln (1063). Diese Position nutzte er, seinem Bistum eine polit. Vormachtstellung im Reich zu verschaffen. Die Fürstenopposition unter Annos Einfluß erzwang A.s Entlassung (Tribur 1066), 1069 wurde er von Heinrich IV. jedoch wieder zurückgerufen.

Adalbert I.

Erzbischof von Mainz
1109/11–1137
† 25. 6. 1137 Mainz

Der erste Kanzler des Stauferkönigs (und seit 1111 Kaiser) →Heinrichs V. beeinflußte maßgebl. dessen vom Investiturstreit bestimmte Politik gegenüber Papst →Paschalis II. Als A., der 1109 von Heinrich zum Erzbischof von Mainz bestimmt und 1111 in das Amt eingesetzt wurde, kurz darauf überraschend die Seite wechselte, setzte ihn der gefangen, mußte ihn 1115 auf Druck der Mainzer Bürgerschaft jedoch wieder freilassen. Als Repräsentant der Fürstenopposition und der kirchl. Reformpartei war A. 1122 wesentlich an der Beendigung des Investiturstreits beteiligt (Wormser Konkordat) und erwirkte nach Heinrichs Tod die Wahl →Lothars (III.) zu dessen Nachfolger.

Adalbert von Prag
Bischof von Prag 983–997
** um 956 Libice*
† 23.4.997 am Frischen Haff
A., eigentlich *Vojtěch*, war der erste bedeutende Slawe in der christl. Welt des Westens. Nach seiner Ausbildung in Magdeburg 983 durch Kaiser →Otto II. als Bischof von Prag eingesetzt, konzentrierte sich A. auf die Bekämpfung der noch allgemein herrschenden heidnischen Gebräuche und wurde zweimal aus Prag vertrieben. Nach erfolgreicher Missionierung Ungarns taufte er 996 den ungar. Großfürsten Géza und dessen Sohn, den späteren König Stephan I. Beim Versuch, im Auftrag des Polenfürsten →Boleslaw I. Chrobry die Pruzzen zu bekehren, wurde er erschlagen. In Gnesen beigesetzt, wurde der »Apostel der Preußen« 999 heiliggesprochen (Fest: 23. 4. und 25. 8.).

Adams, John
2. Präsident der USA 1797–1801
** 30. 10. 1735 Braintree (jetzt Quincy), Massachusetts*
† 4. 7. 1826 Braintree
A., der Farmer und Schriftsteller war, gehörte schon vor der Übernahme der Präsidentschaft zu den die Politik der USA wesentlich gestaltenden Persönlichkeiten: Er war Mitglied der gesetzgebenden Versammlung von Massachusetts 1770/71 und des revolutionären Provinzialkongresses 1774/75, Delegierter des 1. u. 2. Kontinentalkongresses 1774 bis 1777, Mitverfasser der Unabhängigkeitserklärung, Hauptautor der Verfassung von Massachusetts; mit Benjamin →Franklin handelte er mit England den Friedensvertrag von Paris aus (1783); Gesandter in Großbritannien 1785–1788; 1. Vize-Präs. der USA unter George →Washington (1789–1797).
In seiner von außenpolitischen Spannungen und innenpolitischen Unruhen geprägten Amtszeit verfolgte A. einen gemäßigten Kurs und vermied einen offenen Krieg mit Frankreich, indem er 1800 den unerklärten Seekrieg beendete und mit dem Vertrag von Mörtefontaine 1800 eine Verständigung erzielte. Seine Abkehr von Großbritannien provozierte jedoch den Bruch mit dem Hamilton-Flügel der herrschenden Föderalisten, der bei den Präsidentenwahlen 1801 den Republikaner Thomas →Jefferson unterstützte.

Adams, John Quincy

6. Präsident der USA
1825–1829
** 11. 7. 1767*
Braintree (jetzt Quincy), Massachusetts
† 23. 2. 1848
Washington

Sohn von John →A. Nach diplomatischer Karriere Gesandter an europ. Höfen und Leiter der Friedensdelegation in Gent (1814), avancierte A. unter Präs. James →Monroe zum erfolgreichsten amerikan. Außen-Min. seiner Zeit (1817–1825). Durch Kauf sicherte er Florida den USA (1819), und er formulierte die Monroe-Doktrin (1823), die den Hegemonialanspruch der USA in ihrem Einflußbereich begründete. Dagegen war die Präsidentschaft des Jefferson-Republikaners von weitgehend erfolglosen Versuchen geprägt, innenpolitische Probleme zu bewältigen. 1831–1848 Abgeordneter des Repräsentantenhauses, kämpfte er für die Abschaffung der Sklaverei und lehnte den Krieg gegen Mexiko und die Annexion von Texas ab. A. war auch Übersetzer und Autor mehrerer literarischer Werke. Nachfolger: Andrew →Jackson.

Addams, Jane
amerikanische Sozialpolitikerin und Frauenrechtlerin
** 6. 9. 1860 Cedarville, Illinois*
† 21. 5. 1935 Chicago
Nach engl. Vorbild initiierte die aus einer wohlhabenden Quäkerfamilie stammende A. die amerikan. Settlementbewegung, die sich sozial- und bildungspolit. Aufgaben verschrieb. Sie förderte die Selbsthilfe verelendeter Großstädter und gründete Kommunikations- und Sozialzentren in Slums (als erstes Hull-House in Chicago 1889). Politisch und publizistisch kämpfte sie für die Rechte der Frauen, sozial benachteiligte Gruppen (Verbot der Kinderarbeit, allgemeine Schulpflicht, Krankenversorgung) und engagierte sich als Pazifistin für den Weltfrieden. Sie war Mitbegründerin und langjährige Präsidentin der internationalen Frauenliga für Frieden und Freiheit. 1931 wurde sie als zweite Frau (zusammen mit dem amerikan. Philosophen N. M. Butler) mit dem Friedensnobelpreis ausgezeichnet.

Adelheid
deutsche Königin und dt.-röm. Kaiserin 951/62–999
** um 931*
† 16. 12. 999 Selz, Elsaß

Die Tochter des Königs →Rudolfs II. von Burgund, Gattin König →Lothars II. von Italien († 950) und seit 951 →Ottos I. (d. Gr.). besaß zeitweilig erhebl. polit. Einfluß, bes. durch ihre Regentschaft für ihren Enkel →Otto III. (seit 983 mit →Theophano, 991 bis 994 allein, beraten von Erzbischof →Willigis von Mainz). Sie prägte das mittelalterl. Bild von der frommen, schönen und gebildeten Fürstendame. Mit vielen Fürstenhäusern verwandtschaftlich verbunden, war die politisch aktive »Mutter der Königreiche« eine der bedeutendsten Frauengestalten ihrer Zeit. Sie stiftete das Kloster Selz im Elsaß. A. wurde heiliggesprochen (Fest: 16. 12.).

Adenauer, Konrad
deutscher Bundeskanzler 1949–1963
** 5. 1. 1876 Köln*
† 19. 4. 1967 Rhöndorf bei Bonn

Als A. am 15. 9. 1949 73jährig erster Bundeskanzler der Bundesrepublik Deutschland wurde, hatte er eine für gewöhnliche Zeitläufe ertragreiche polit. Karriere schon hinter sich gebracht: Als Anwalt schloß er sich 1906 dem Zentrum an, war 1906 bis 1917 Beigeordneter, 1917–1933 Oberbürgermeister der Stadt Köln, 1918 Mitgl. des preuß. Herrenhauses, 1921–1933 Präs. des preuß. Staatsrates. 1933 von den Nationalsozialisten amtsenthoben, wurde er 1934 und 1944 vorübergehend inhaftiert. Von Mai bis Okt. 1945 war er erneut Oberbürgermeister von Köln (von den amerikan. Militärbehörden ein-, von den brit. abgesetzt), 1946 wurde er Vors. der CDU in der brit. Zone, 1950 Bundes-Vors. der CDU (bis 1966); 1948/49 war er Präs. des Parlamentar. Rates, um 1949 Abgeordneter im Dt. Bundestag zu werden, der ihn mit einer (seiner) Stimme Mehrheit zum Bundeskanzler wählte.
Als Bundeskanzler war es sein Ziel, dem neuen Staat Vertrauen, Gleichberechtigung und Sicherheit im Kreis der westl. Demokratien zu erwerben. Überzeugt von einer Bedrohung durch die Sowjetunion, betrieb A., 1951–1955 zugleich Außen-Min., von Beginn an eine konsequente Politik der Westintegration (1950/51 Europarat und Montanunion; 1952 Deutschland-Vertrag; 1954/55 Beitritt zu Westeurop. Union WEU und NATO, Wiedererlangung der beschränkten Souveränität; 1957 Beitritt zu EWG und Euratom).
Das Kernstück dieser Politik war die Aussöhnung mit Frankreich (1963 dt.-französ. Freundschaftsvertrag) als Voraussetzung für einen den Nationalismus überwindenden Zusammenschluß des freien Europa im Rahmen eines atlant. Bündnisses mit den USA. Die westl. Allianz, für die A. auch einen dt. Verteidigungsbeitrag durchsetzte (1950 Angebot an die

Westmächte, 1952–1954 gescheiterte Verhandlungen über die Europ. Verteidigunggemeinschaft EVG, 1955 NATO-Mitgliedschaft und Aufbau der Bundeswehr), ermöglichte der Bundesrepublik die Teilhabe an einer »Politik der Stärke«, die A. auch als Voraussetzung für die Herstellung der dt. »Einheit in Freiheit« betrachtete. Die Freiheit im Sinne des westl. Wertesystems galt ihm dabei als höheres Gut, das er durch »keine Experimente«, die eine kompromißbereite Wiedervereinigungspolitik erfordert hätte, gefährden wollte. Die von A. für die aus freien Wahlen hervorgegangene Bundesregierung in Anspruch genommene völkerrechtliche »Alleinvertretung« Deutschlands wurde 1951 von den Westmächten anerkannt und seit 1955/56 mit der sog. Hallsteindoktrin gegenüber den Staaten Osteuropas und der Dritten Welt praktiziert. Nur mit der Sowjetunion selbst vereinbarte A. 1955 die Aufnahme diplomat. Beziehungen und erreichte dabei die Freilassung 10 000 dt. Kriegsgefangener. Neben der Verankerung der Bundesrepublik im westl. Bündnis war die Wiedergutmachung an Israel (dt.-israel. Abkommen 1952) ein besonderes Anliegen A.scher Außenpolitik.

Innenpolitisch ist die »Ära A.« gekennzeichnet durch die liberal-konservativ und antisozialist. orientierte Errichtung eines parlamentar.-demokrat. Staatswesens, in dem sich die Persönlichkeit des Kanzlers deutlich ausprägte (»Kanzlerdemokratie«). Der als dt. »Wirtschaftswunder« apostrophierte erfolgreiche wirtschaftl. und soziale Wiederaufbau im Zeichen der »sozialen Marktwirtschaft« sicherte dem institutionellen Neubeginn die gesellschaftl. Basis. A. zögerte dabei nicht, auch auf belastete ehemalige Nationalsozialisten zurückzugreifen (u. a. Hans →Globke).

A., der dreimal (1953/1957/1961) zum Kanzler wiedergewählt wurde, errang 1957 mit der CDU/CSU die absolute Mehrheit im Bundestag und hatte damit den Gipfel seiner Kanzlerschaft erreicht. Außenpolitisch brachten die folgenden Jahre Rückschläge (1958–1962 Berlinkrise mit dem Bau der Berliner Mauer 1961; Stagnation der europ. Einigung; Nachlassen der Übereinstimmung mit den USA seit dem Tod Außen-Min. John Foster →Dulles' 1959, bes. seit dem Regierungsantritt John F. →Kennedys 1961). Innenpolit. Ereignisse (A.s Bewerbung um die Präsidentschaft und ihre Zurücknahme 1959; Mißerfolg bei Gründung der »Dtschld.-Fernseh-GmbH.«, die 1961 vom Bundesverfassungsgericht für verfassungswidrig erklärt wurde; 1961 Verlust der absoluten Mehrheit; A.s Kampf gegen die Kanzlerkandidatur Ludwig →Erhards; 1962 »Spiegel-Affäre«) zeigten einen Autoritätsschwund an, der A. schließlich auf Drängen des Koalitionspartners FDP, aber auch starker Kräfte seiner eigenen Partei zum Rücktritt veranlaßte (15. 10. 1963). Nachfolger: L. Erhard. (▷ Chronik Zitat)

Bekenntnis zum Westen

Chronik Zitat

In seinen »Erinnerungen« dokumentiert Adenauer seine in einem Brief vom Oktober 1945 niedergelegten Leitgedanken zur westdeutschen Politik:

»Rußland hat in Händen: die östliche Hälfte Deutschlands, Polen, den Balkan, anscheinend Ungarn, einen Teil Österreichs. Rußland entzieht sich immer mehr der Zusammenarbeit mit den anderen Großmächten und schaltet in den von ihm beherrschten Gebieten völlig nach eigenem Gutdünken. In den von ihm beherrschten Ländern herrschen schon jetzt ganz andere wirtschaftliche und politische Grundsätze als in dem übrigen Teil Europas. Damit ist die Trennung in Osteuropa, das russische Gebiet, und Westeuropa eine Tatsache.

In Westeuropa sind die führenden Großmächte England und Frankreich. Der nicht von Rußland besetzte Teil Deutschlands ist ein integrierender Teil Westeuropas. Wenn er krank bleibt, wird das von schwersten Folgen für ganz Westeuropa, auch für England und Frankreich sein.

Es liegt im eigensten Interesse nicht nur des nicht von Rußland besetzten Teiles Deutschlands, sondern auch von England und Frankreich, Westeuropa unter ihrer Führung zusammenzuschließen, den nicht russisch besetzten Teil Deutschlands politisch und wirtschaftlich zu beruhigen und wieder gesund zu machen ...

Dem Verlangen Frankreichs und Belgiens nach Sicherheit kann auf die Dauer nur durch wirtschaftliche Verflechtung von Westdeutschland, Frankreich, Belgien, Luxemburg, Holland wirklich Genüge geschehen ...

Die Schaffung eines zentralisierten Einheitsstaates wird nicht möglich, auch nicht wünschenswert sein, der staatsrechtliche Zusammenhang kann lockerer sein als früher, etwa in der Form eines bundesstaatlichen Verhältnisses.«

Adler, Friedrich
österreichischer Politiker
** 9. 7. 1879 Wien*
† 2. 1. 1960 Zürich
Sohn von Victor →A. Der Führer der sozialistischen Linken erschoß aus Protest gegen die Kriegspolitik und den Ausnahmezustand 1916 den österr. Min.-Präs. Graf Stürgkh, wurde zum Tode verurteilt, dann zu 18 Jahren Kerker begnadigt und im Nov. 1918 amnestiert. Als sozialdemokrat. Vors. des Reichsvollzugsausschusses der Arbeiterräte (1919–1924) dämmte er den Einfluß der Kommunisten ein. Seit 1923 Sekretär der Sozialistischen Arbeiter-Internationale (Nachfolgeorganisation der Zweiten Internationale) in Zürich, emigrierte er 1940 in die USA und kehrte 1946 nach Europa zurück.

Adler, Victor
Begründer der österreichischen Sozialdemokratie
** 24. 6. 1852 Prag*
† 11. 11. 1918 Wien
A., ausgebildet als Nervenarzt, orientierte sich zunächst deutschnational; schloß sich nach Bekanntschaft mit Friedrich →Engels, Karl →Liebknecht und August →Bebel 1881 den Sozialdemokraten an. 1889 gründete er die »Arbeiterzeitung« und leitete sie bis 1918. Auf dem Hainfelder Parteitag 1888/89 einigte er die österr. Arbeiterbewegung in der Sozialdemokrat. Partei und wurde deren Vors.; erarbeitete 1899 das Brünner Programm. Seit 1905 Mitgl. des österr. Reichsrats und des niederösterr. Landtags, unterstützte A. die Regierung im 1. Weltkrieg, forderte jedoch eine Friedenslösung (Sozialistenkongreß Stockholm 1917). 1918 war er als Staatssekretär des Auswärtigen Mitbegründer der ersten Republik Österreich. Nach dem Scheitern des Plans, aus der zerfallenden Donaumonarchie einen Nationalitäten-Bundesstaat zu schaffen, setzte er sich für den Anschluß Österreichs an das Dt. Reich ein. Von Friedrich Engels als »Hofrat der Revolution« bezeichnet, gehörte der sozialistische Parteiführer der ersten Generation und austromarxistische Praktiker zu den einflußreichsten Politikern und Theoretikern der II. Internationale.

Adolf von Nassau
deutscher König 1292–1298, Graf von Nassau
** 1255*
† 2. 7. 1298 Göllheim/Worms
Gegen weitgehende Zugeständnisse (Wahlkapitulation) an die ihn wählenden Kurfürsten wurde A. anstelle des Habsburgers Herzog →Albrecht I. von Österreich in Frankfurt/M. zum Nachfolger →Rudolfs I. von Habsburg gewählt. Er verbündete sich 1294 mit England (→Eduard I.) gegen Frankreich (→Philipp IV.), ohne in deren Krieg um Flandern einzugreifen, weil er von beiden Seiten Subsidien erhielt. Mit der Bildung einer Hausmacht in Mitteldeutschland (Kauf Thüringens und Einziehung der Markgrafschaft Meißen 1294) stieß er auf den Widerstand der Kurfürsten. Sie verbündeten sich mit Albrecht und setzten A. 1289 ab. A. fiel im Kampf gegen Albrecht, der seine Nachfolge antrat.

Aehrenthal, Alois,
Graf Lexa von (ab 1909)
österr.-ungar. Außenminister 1906–1912
** 27. 9. 1854 Groß-Skal, Böhmen*
† 17. 2. 1912 Wien
Der auf Drängen des Thronfolgers →Franz Ferdinand zum Außen-Min. bestellte Diplomat (Botschafter in St. Petersburg 1899–1906) betrieb eine konfliktträchtige Großmachtpolitik auf dem Balkan. Der von ihm provozierte Zoll- und Handelskrieg gegen Serbien (»Schweinekrieg« 1906–1911) und die Eingliederung des seit 1878 okkupierten Bosnien-Herzegowina (Bosnische Annexionskrise 1908) führten an den Rand des Kriegs, der durch diplomat. Intervention des Deutschen Reichs nur vorübergehend noch einmal abgewendet wurde, bevor die sich verschärfende Balkankrise 1914 unter seinem Nachfolger Leopold A. Graf →Berchtold in den 1. Weltkrieg mündete.

Aetius, Flavius
weströmischer Feldherr und Staatsmann
** um 390 Durostorum (Silistria/Bulgarien)*
† 21. 9. 454
In jungen Jahren als Geisel →Alarichs bei den Westgoten, später bei den Hunnen, stieg A. unter Kaiser →Valentinian III. zum weström. 1. Heermeister und Patricius auf. Viermal übernahm er das Konsulamt und verantwortete die Außenpolitik des Reichs für den Westen. Er verteidigte Gallien gegen die Westgoten und vernichtete 436 das Burgunderreich mit hunn. Hilfe (Motiv des Nibelungenlieds). 451

siegte er im Bündnis mit den Franken und Westgoten auf den Katalaunischen Feldern über den Hunnenkönig →Attila und sicherte damit die weström. Herrschaft über Gallien, ohne jedoch die hunn. Invasion nach Italien abwehren zu können (425). Kaiser Valentinian allzu mächtig geworden, ließ dieser den bedeutendsten Feldherrn des weström. Reiches bei einer Audienz ermorden.

Agathokles von Syrakus
Tyrann von Syrakus/Sizilien 316–289 v. Chr.
** 360 v. Chr. Thermai in Sizilien*
† 289 v. Chr. Syrakus
Sohn des →Lysimachos. Nach einem Staatsstreich (316) unbefristet zum bevollmächtigten Strategen von Syrakus gewählt, installierte A. eine Herrschaft, die zum Inbegriff der Tyrannis wurde. Sein Expansionsdrang führte 312/11 zum Kampf mit Karthago, der ab 310 auch in Afrika ausgefochten wurde. Dort ließ A. seine eigene Flotte verbrennen, um sein Heer durch Abschneiden der Fluchtmöglichkeit vor die Alternative Sieg oder Tod zu stellen. 304 nahm er den Königstitel an. Ohne Thronerben, setzte er jedoch im Angesicht seines Todes durch eine Vergiftung die demokratische Verfassung wieder ein. Für Syrakus brachte seine Ära Wohlstand und Macht. Sein Versuch, durch eine Hegemonie über Unteritalien ein Großreich zu gründen, blieb mit der Eroberung Kerkyras (Korfu) stecken.

Agesilaos II.
König von Sparta aus der Eurypontiden-Dynastie 399–360 v. Chr.
** 444/443*
† 360 Kyrene
A. unternahm im Krieg mit Persien (396–394) Vorstöße ins Innere Kleinasiens, ohne die Perser entscheidend schlagen zu können. Zurückgerufen, errang er im Korinthischen Krieg 394 und 391/90 Erfolge über Spartas griech. Gegner und wurde zum Vorkämpfer einer spartan. Hegemoniepolitik in Hellas, die 371 mit der Niederlage in Leuktra zur Katastrophe führte. Danach rettete er Sparta zweimal vor der Eroberung durch den theban. Feldherrn →Epaminondas und war zuletzt (361/60) Söldnerführer im ägypt. Dienst gegen die Perser. A. galt als Prototyp des kämpferischen Spartaners, dem u. a. Xenophon, Cornelius Nepos und →Plutarch Biographien widmeten. Nachfolger: →Archidamos III.

Agnes von Poitou
deutsch-römische Kaiserin 1056–1062
** um 1025*
† 1077 Rom
Tochter Wilhelms V. von Aquitanien-Poitou, auf dessen Betreiben sie 1043 zweite Gemahlin →Heinrichs III. wurde, um Burgund für das Reich zu sichern. Nach Heinrichs Tod (1056) war A. Regentin für ihren unmündigen Sohn →Heinrich IV. Im

Ein gescheiterter Mordversuch

Chronik Zitat

59 ließ Nero seine Mutter Agrippina d. J. ermorden. Ein erster Versuch, Agrippina auf dem offenen Meer mit Hilfe eines präparierten Schiffes umzubringen, war zuvor gescheitert. Tacitus berichtet:

»Die Götter sandten eine sternhelle Nacht und ein ruhiges Meer, als sollte die Tat nicht verborgen bleiben. Das Schiff war noch nicht weit gefahren; in Agrippinas Nähe weilten zwei ihrer Vertrauten, Creperius Gallus und Acerronia, die auf Agrippinas Füße gelehnt dasaß . . . Da stürzte auf ein verabredetes Zeichen das durch Blei stark beschwerte Dach des Kajütenraumes herab. Creperius wurde erdrückt und war auf der Stelle tot. Agrippina und Acerronia wurden durch die hohen Lehnen des Ruhebettes geschützt, die stark genug waren, um der Last standzuhalten. Auch erfolgte der Zerfall des Schiffes nicht, denn alles war in Aufregung, und die Masse der Uneingeweihten behinderte die Tätigkeit der Mitwisser . . . Acerronia schrie in ihrer Torheit, sie sei Agrippina – man sollte die Kaiserinmutter retten! – und wurde mit Stangen und Rudern und zufällig erhaschten Schiffsgeräten erschlagen. Agrippina verhielt sich still, wurde weniger beachtet und erhielt nur eine Wunde an der Schulter; schwimmend, dann in einem Kahn gelangte sie in den Lukriner See und begab sich in ihre Villa . . . Sie schickte ihren Freigelassenen Agermus an Nero und teilte ihm mit, daß sie durch die Gnade der Götter und ihm zum Glücke einem schweren Unfall entronnen sei.«

Staatsstreich wurde sie durch Erzbischof →Anno II. von Köln 1062 entmachtet, der Heinrich IV. entführte und mit →Adalbert von Bremen die Vormundschaft bis 1065 ausübte.

Agrippa, Marcus Vipsanius

römischer Feldherr
** 63 v. Chr.*
† 12 v. Chr.

A., Freund des Octavian (→Augustus), besiegte 36 Sextus Pompeius und 31 bei Aktium →Antonius und →Kleopatra. Heiratete 21 die Kaisertochter Julia und wurde 18 von Augustus, dessen engster Vertrauter er war, zum Mitregenten erhoben. A., der sich mit seinen vielen erfolgreichen Kriegszügen zu einem der reichsten Römer machte, ließ auf eigene Kosten das Pantheon, zwei Wasserleitungen und Thermen in Rom erbauen. Die ihm als großem Feldherren angebotenen Triumphe (38, 19, 14) lehnte er ab. Nach der von ihm veranlaßten Reichsvermessung ließ er eine Weltkarte anfertigen, die auf dem Marsfeld ausgestellt wurde und allen späteren römischen Landkarten zugrunde lag.

Agrippina d. Ä.
römische Adlige
** 14 v. Chr.*
† 33 n. Chr.
(A. major). Tochter des Marcus Vipsanius →Agrippa, Gemahlin des →Germanicus, Mutter des →Caligula. Nach dem Tod ihres Mannes in Syrien beschuldigte sie Kaiser →Tiberius, für den vermuteten Giftmord verantwortlich zu sein. Auf die Insel Pandateria verbannt, nahm sie sich das Leben.

Agrippina d. J.
römische Kaiserin 50 n. Chr.
** 6. 11. 15 n. Chr. Oppidum Ubiorum (Köln)*
† 59 n. Chr. Baiae/Rom
(A. minor). Tochter →A.s d. Ä. und des →Germanicus. Von ihrem Bruder →Caligula wegen Verschwörung verbannt, wurde A. von ihrem Onkel, Kaiser →Claudius, zurückgerufen und geheiratet. Ihre ungewöhnliche Machtstellung nutzte sie, um Claudius zur Adoption →Neros, ihres Sohnes aus erster Ehe, zu bewegen. Sie setzte ihre Ernennung zur Kaiserin (Augusta) und die Ausschaltung des Sohnes von Germanicus, Britannicus, als Thronfolger durch. 54 ließ sie ihren Mann vergiften und Nero zum Kaiser ausrufen, der sie fünf Jahre später ermorden ließ. Ihren Geburtsort ließ sie in Colonia Agrippinensis umbenennen. A.s Memoiren dienten u. a. Tacitus als Quelle. (▷ Chronik Zitat)

Ahmose
ägyptischer König ca. 1551–1526 v. Chr.
A. (ägyptisch *Jahmesu,* griechisch *Amosis*) vertrieb die Hyksos aus Ägypten, unterwarf Nubien und expandierte nach Kanaan/Palästina. Er gilt als Begründer der 18. Dynastie und des Neuen Reichs in Ägypten mit der Hauptstadt Theben. Zur Sicherung der Thronfolge ging er erstmals die Geschwisterehe ein: Seine Gemahlin Ahmes-nefertari (= »Gottesgemahlin des Amun«) wurde Stammutter der Dynastie und als Heilige in Theben bis in die 20. Dynastie verehrt. Nachfolger: →Amenophis I.

Ahmose II., *Amasis*

ägyptischer König
der 26. Dynastie
570–526 v. Chr.
** 6. Jh v. Chr.*

Als ägypt. Heerführer ließ sich A. von seinen gegen die Griechen von Kyrene entsandten Truppen zum Herrscher proklamieren, stürzte und ermordete Pharao Apriës (589–570 v. Chr.). Im Zuge seiner Ausgleichspolitik legte er den Konflikt mit Griechen und Libyern in Nordafrika bei, siedelte die griech. Söldner in der Garnison von Memphis an und überließ den griech. Kaufleuten Naukratis im Nildelta als Handelskolonie. Er machte Zypern tributpflichtig, unterhielt enge Handelsbeziehungen zu →Polykrates von Samos und leistete als »Freund der Hellenen« Stiftungen an die Tempel von Delphi und Lindos. Mit seiner Bündnispolitik versuchte er Babylon, →Krösos von Lydien und Sparta gegen Persien einzubinden, vermochte dessen Aufstieg jedoch nicht einzudämmen (Fall Baylons 539, Unterwerfung Ägyptens 525).

Aïscha
Lieblingsfrau Mohammeds
** um 613 Mekka*
† Juli 678 Medina
Nach →Mohammeds Tods hochgeehrt, gewann die Tochter von →Abu Bakr große Autorität. Sie bekämpfte →Ali und seinen Anspruch auf das Kalifat. Nach der verlorenen »Kamelschlacht« (der sie in einer Kamelsänfte zusah), wurde sie von Ali gefangengenommen, nach Medina entlassen und büßte allen Einfluß ein (656).

Aischines
athenischer Redner im 4. Jh. v. Chr.
** 389 v. Chr.*
† 314 v. Chr. Samos
A. war nach dem 3. »Heiligen Krieg«, einem innergriech. Bürgerkrieg (356–346), für Athen an der Aushandlung des Friedens mit König →Philipp II. von Makedonien beteiligt. Seitdem führte er in heftiger Auseinandersetzung mit →Demosthenes die promakedon. Partei, die einen Ausgleich mit Philipp unter Verzicht auf die athenische Vorherrschaft in Griechenland anstrebte. Seine Politik leistete Philipps Hegemonialstreben Vorschub, das sich 338 mit dem Sieg über den 2. Attischen Seebund bei Chaironeia und der Unterwerfung Athens und Thebens erfüllte. A., nun Machthaber in Athen, mußte 330 in die Verbannung gehen, nachdem sich Demosthenes in einem Gerichtsprozeß gegen ihn durchsetzen konnte. A. gilt als einer der bedeutendsten Redner der Antike.

Akbar
indischer Großmogul 1556–1605
** 14. 10. 1542 Umarkot (Sind, heute Pakistan)*
† 15. 10. 1605 Agra
A. (= arabisch *»der Große«*, eigentlich *Dschelal ed-Din Mohammed*) übernahm von seinem Vater Humayun das islam. Timuridenreich. Als bedeutendster Mogulkaiser von Indien dehnte er das Reich über Nordindien, Kaschmir, Bihar, Bengalen, Orissa und einen großen Teil des Dekan aus und eroberte 1581 Kabul. Nach seiner Reform von Rechts- und Steuerwesen, Verwaltung, Finanzen und Militär (Einführung eines Berufsheeres) blühte das Reich wirtschaftlich und kulturell auf. Im Zeichen religiöser Toleranz versuchte A. vergeblich, die Gegensätze im Innern durch eine Einheitsreligion (Din Ilahi) aus hinduist., islam., parsischen und christlichen Elementen auszugleichen. Neben →Aschoka gilt A. als größter indischer Herrscher.

Alarich I.
westgotischer König 395–410
** um 370*
† 410 bei Cosenza
A., aus dem Geschlecht der Balthen, und seit etwa 390 Anführer, später Herzog, dann König der Westgoten, gilt als eine der bedeutendsten Gestalten der german. Völkerwanderung. Bedrängt von den Hunnen, fiel er 391 in Thrakien ein, später in Makedonien, zog gegen Konstantinopel (395). Auf der Suche nach dauernder Niederlassung brach er in Italien ein, erlitt 402 gegen →Stilicho bei Verona eine Niederlage. Nach Stilichos Tod erneut in Italien, zog er dreimal gegen Rom, eroberte es 410, ließ es drei Tage lang plündern und brachte die Kaiserschwester →Galla Placida in seine Gewalt. Ein Versuch bei Sizilien, nach Nordafrika überzusetzen, scheiterte. In Süditalien starb A. und wurde, um vor Grabräubern sicher zu sein, im Bett des Flusses Busento begraben (Ballade von A. Graf von Platen, »Das Grab im Busento«).

Alarich II.
westgotischer König 484–507
† 507 bei Vouillé
Sohn und Nachfolger →Eurichs. A., verbündete sich mit →Theoderich d. Gr., konnte die mit den Burgundern verbündeten Franken aber nicht zurückwerfen; fiel 507 bei Vouillé in der Schlacht gegen die Franken unter König →Chlodwig I., womit das Tolosanische Reich der Westgoten endete. A. schuf aus römischen Gesetzesquellen ein Rechtsbuch (Breviarium Alarici regis).

Alba,
Fernando Alvarez de Toledo y Pimentel
Herzog von

spanischer Feldherr und Politiker
** 29. 10. 1507 Piedrahita, Kastilien*
† 11. 12. 1582 Lissabon

A. nahm an den Zügen →Karls V. gegen Nordafrika teil (Belagerung von Tunis 1535), verteidigte Perpignan gegen Frankreich und nahm zahlreiche hohe Ämter in Frankreich, Spanien, Deutschland und Italien wahr. Als Oberbefehlshaber der Kaiserlichen im Schmalkaldischen Krieg besiegte er den

Schmalkaldischen Bund der evang. Reichsstände (bei Mühlberg 1547). Als Generalkapitän und Statthalter →Philipps II. in den aufständischen Niederlanden (1567–1573) übte er ein Terrorregime aus (Rat der Unruhen, »Blutrat« genannt; Inquisition, Hinrichtung von →Egmont und Hoorn 1568) und provozierte den Widerstand der Geusen. Nach Sezession der Nordprovinzen fiel A. 1573 in Ungnade und mußte die Niederlande verlassen. 1580 rehabilitiert, befehligte er das spanische Heer bei dessen Siegeszug gegen Portugal und wurde Gouverneur von Portugal.
Die Gestalt A.s in Goethes »Egmont« (1788) und Schillers »Geschichte des Abfalls der Niederlande« (1788) hat mit der historischen Persönlichkeit wenig gemein. (▷ Chronik Zitat)

Vaterunser von Gent (1572)

Chronik Zitat

Gegen den Aufstand der Niederlande errichtete Herzog Alba seit 1567 ein Schreckensregime, in dem der »Blutrat« über 1000 Personen hinrichten ließ. Die Niederländer wehrten sich gegen Steuern zur Finanzierung seiner Soldaten u. a. mit Arbeitsniederlegungen. 1572/73 verschärften ein strenger Winter, ein Handelskrieg mit England und ausbleibende Getreidelieferungen aus Osteuropa Hungersnöte und Arbeitslosigkeit zusätzlich:

»Teufel unser, der zu Brüssel du haust,
Verflucht sei dein Name, vor dem uns graust;
Von uns dein Reich sich wende
Zu lang ersehntem Ende;
Dein Wille mag nie erfüllet werden,
Wie nicht im Himmel, so nicht auf Erden.
Du nimmst uns heute unser täglich' Brot,
Weiber und Kinder leiden viel Not:
Keinem erläßt du seine Schuld,
Drum bewahr' uns alle vor deiner Huld.
Stets wirst du uns in Versuchung führen,
So lang diese Lande dein Wüten spüren.
Himmlischer Vater, der über uns thront,
Mach, daß dieser Teufel uns verschont,
Samt seinem falschen, blutigen Rat,
Der stets nur Böses im Sinne hat,
Und schick' seine spanische Kriegermeute
Zurück in die Hölle, dem Satan zur Beute.
Amen!«

***Albert,** Fürsten*

– Belgien

Albert I.

König 1909–1934
** 8. 4. 1875 Brüssel*
† 17. 2. 1934 bei Namur

A., aus dem Hause Sachsen-Coburg-Gotha stammend und Nachfolger seines Onkels →Leopold II., verteidigte zu Beginn des 1. Weltkriegs die belg. Neutralität und lehnte das dt. Ultimatum ab, die deutschen Truppen nach Frankreich durchmarschieren zu lassen. Als Oberbefehlshaber ließ er die belgische Armee trotz der deutschen Besetzung fast ganz Belgiens weiter auf alliierter Seite kämpfen. 1918 kehrte er als Symbol von Widerstand und Sieg (»Koning-Ridder«) wieder nach Brüssel zurück. Nachfolger: Sohn →Leopold III.

– Sachsen

Albert

König 1873–1902
** 23. 4. 1828 Dresden*
† 19. 6. 1902 Sibyllenort, Kreis Oels

A. nahm 1866 auf österr. Seite am Dt. Krieg teil, wurde aber nach Verdiensten um die Reichsgründung ein einflußreicher Landesherr im dt. Kaiserreich. Unter anderem wirkte er beim Abschluß des dt.-österr. Zweibunds 1879 mit. Als Repräsentant der konstitutionellen Monarchie war er nach Anwachsen der Sozialdemokratie verantwortlich für die reaktionäre Rückbildung der sächs. Verfassung 1896 (Dreiklassenwahlrecht).

Albertus Magnus

deutscher Philosoph, Theologe der Hochscholastik
** wahrscheinl. 1193 Lauingen/Donau*
† 15. 11. 1280 Köln

A. M. (*Albert der Große*, eigentlich *Albert Graf von Bollstädt*), seit 1223 Dominikaner, lehrte an dt. Ordensschulen und als erster dt. Hochschullehrer in Paris. 1248 richtete er die Ordenshochschule in Köln ein, wo er →Thomas von Aquin und Ulrich von Straßburg unterrichtete. Zeitweise war A. M.

Ordensprovinzial für Deutschland (1254–1257) und Bischof von Regensburg (1260/62), päpstlicher Legat und Kreuzzugsprediger. Universell gebildet, führte er das Studium generale ein, erschloß die Schriften des →Aristoteles für die christl. Rezeption und nahm sie vollständig in den theolog. Unterricht auf. Den Fundus der abendländ. Wissenschaften erweiterte er erheblich um Kenntnisse aus dem arab. und dem jüd. Kulturkreis. Als bedeutender Naturforscher, der seiner Zeit insbes. auf den Gebieten der Botanik, Physik, Chemie und Mechanik weit voraus war, führte er das wissenschaftl. Experiment ein. Im Rufe des Magiers, wurden ihm mehrere Zauberschriften zugeschrieben. Heiligsprechung 1931 (Fest: 15. 11.), Erhebung zum Kirchenlehrer 1931, zum Patron der Naturforscher 1941.

Alboin

König der Langobarden
um 560–572
† 28. 6. 572 Verona

Im Zuge der Völkerwanderung besiegte A. mit Hilfe der Awaren die ostgerman. Gepiden und führte sein Volk mit Teilen anderer Germanenstämme aus dem Donauraum 568 nach Oberitalien und in die nördl. Toskana. 572 eroberte er Pavia und begründete das Langobardenreich, während der Süden Italiens byzantinisch blieb. Die polit. Spaltung der Halbinsel blieb folgenreich bis in die Gegenwart.

***Albrecht,** Fürsten*

– Deutsche Könige

Albrecht I.

König 1298–1308, Herzog von Österreich und Steiermark 1282–1308
** 1255*
† 1. 5. 1308 Brugg a. d. Aare

A. war der älteste Sohn →Rudolfs I. von Habsburg und Nachfolger des abgesetzten →Adolfs von Nassau, zu dessen Gunsten er bei der Königskür (1292) zunächst wegen seiner starken Hausmacht übergangen worden war. A. gelang es, den Widerstand der rheinischen Kurfürsten zu brechen, die habsburg. Hausmacht zu festigen, die Anerkennung Papst →Bonifatius' VIII. zu erringen und sich mit →Philipp IV. zu verständigen. In einer Verschwörung wurde A. von seinem Neffen Johann (Beiname »Parricida« = Verwandtenmörder, * 1290, † 1313) ermordet; begraben im Dom zu Speyer.

Albrecht II.

König 1438/39, Herzog von Österreich (als A. V. seit 1404), König von Böhmen und Ungarn 1437–1439
** 16. 8. 1397*
† 27. 10. 1439 Neszmély

A., der bis 1411 unter Vormundschaft stand, heiratete 1422 Elisabeth, die Tochter König Sigismunds von Böhmen, dessen Nachfolge in Böhmen und Ungarn er 1437 antrat. 1438 in Frankfurt/M. zum deutschen König gewählt, wurden seine Kräfte vom Kampf gegen die Osmanen in Ungarn und die Polen absorbiert. Sein früher Tod schnitt die Ansätze einer starken Reichspolitik der Habsburger auf territorialer Grundlage (Vereinigung von Österreich, Ungarn und Böhmen) ab, die seine energische Persönlichkeit zu versprechen schien.

– Bayern

Albrecht IV., *der Weise*

Herzog 1465–1508
** 15. 12. 1447 München*
† 18. 3. 1508 München

Zunächst unter der Vormundschaft (seit 1460) seiner beiden älteren Brüder, regierte A. nach deren Tod bzw. Verzicht allein (seit 1467). Er vereinigte nach dem Pfälzischen Erbfolgekrieg 1504/05 gegen Kurfürst →Ruprecht von der Pfalz die ober- und niederbayer. Teilfürstentümer und verhinderte weitere Teilungen durch die Primogeniturordnung von 1506. Mit dieser vorausschauenden Regelung und als Mäzen von Kunst und Wissenschaft erwarb er sich den Beinamen »der Weise«.

Albrecht V.

Herzog 1550–1579
** 29. 2. 1528 München*
† 24. 10. 1579 München

Von streng kath. Gesinnung, bekämpfte A. den sich in Bayern verbreitenden Protestantismus, blieb jedoch im Schmalkaldischen Krieg neutral und suchte zwischen den Parteien zu vermitteln, bis ihm der Augsburger Religionsfriede 1555 die Rekatholisierung seines Landes gestattete. Im Zuge der Gegenreformation räumte er den Jesuiten erheblichen

Einfluß ein (Jesuitenkollegs in Ingolstadt u. München). Neben der konfessionellen Geschlossenheit setzte er durch gesetzgeberische Maßnahmen die fürstl. Macht in seinem Lande durch. Seine Kulturpolitik als Renaissancefürst begründete den Ruhm Münchens als Kunststadt.

– Brandenburg

Albrecht I., *der Bär*

erster Markgraf 1157–1170, Herzog von Sachsen 1138–1142, Markgraf der Nordmark seit 1134

** um 1100*

† 18. 11. 1170 Stenda

A. *(Graf von Ballenstedt)* stammte aus dem Haus Askanien. 1134 von Kaiser →Lothar III. mit der Nordmark (Altmark) belehnt, gewann er 1150 u. 1157 das Havelland mit Brandenburg, das er christianisierte und mit rheinischen, friesischen und sächsischen Siedlern kolonisierte. Neben →Heinrich dem Löwen, gegen den er ohne Erfolg die Fürstenopposition führte (1167/68), war A. als Begründer der Mark Brandenburg wichtigster Wegbereiter der deutschen Ostsiedlung.

Albrecht III.

Kurfürst von Brandenburg 1470–1486

Markgraf im fränk. Unterland ab 1440 und von Kulmbach ab 1464

** 24. 11. 1414 Tangermünde*

† 11. 3. 1486 Frankfurt/M.

(A. Achilles). Der dritte Sohn des Kurfürsten →Friedrich I., dessen Turnierkünste und Ritterlichkeit ihm seinen Beinamen eintrugen, verwickelte sich in Kriege gegen Fürsten und Städte (bes. Nürnberg) und wurde zeitweise mit Bann belegt. Seit 1470 durch Verzicht seines Bruders Friedrich II. Kurfürst von Brandenburg, legte er mit seinem Achilleischen Hausgesetz (Dispositio Achillea, 1473) die Unteilbarkeit der Mark fest. Im Reich unterstützte er Kaiser →Friedrich III.

Albrecht Alcibiades

Markgraf von Brandenburg-Kulmbach und Bayreuth 1541–1554

** 28. 3. 1522 Ansbach*

† 8. 1. 1557 Pforzheim

A. kämpfte als Protestant im Schmalkaldischen Krieg zuerst auf der Seite Kaiser →Karls V., schloß sich 1550 vorübergehend der Fürstenverschwörung unter →Moritz von Sachsen an. Er vermittelte den Vertrag von Chambord (1552), durch den Metz, Toul und Verdun an Frankreich fielen. Auf eigene Faust führte er Raubzüge in Franken, bis er bei Sievershausen 1553 von Moritz geschlagen wurde und, geächtet, 1554 nach Frankreich fliehen mußte.

– Mainz

Albrecht von Brandenburg

Kurfürst und Erzbischof von Mainz 1514–1545, Erzbischof von Magdeburg und Administrator des Bistums Halberstadt ab 1513, Kardinal ab 1518

** 28. 6. 1490 Berlin*

† 24. 9. 1545 Mainz

Schon mit 23 Jahren Erzbischof von Magdeburg, erwarb A., Bruder von →Joachim I. Nestor, eine ungewöhnlich große Anzahl geistl. Pfründe. Humanistisch engagiert, verkörperte er als Förderer der Künste und Wissenschaften den Typ eines Renaissancefürsten. Bei den →Fuggern hoch verschuldet, forcierte er den Ablaßhandel, an dessen Ertrag er sich einen hohen Anteil sicherte. Unter anderem dieser Zweck und die vom Dominikanermönch Tetzel eingesetzten Methoden, das Geld einzutreiben, forderten Luthers Thesenanschlag heraus. A. hinderte die Ausbreitung der Reformation in Magdeburg und seiner Residenz Halle nicht, blieb jedoch der päpstlichen Politik verbunden und förderte ab 1542 das Wirken der Jesuiten für die Gegenreformation im Erzstift Mainz.

– Preußen

Albrecht von Hohenzollern

Herzog ab 1525–1568, letzter Hochmeister des Deutschen Ordens 1510–1568

** 17. 5. 1490 Ansbach*

† 20. 3. 1568 Tapiau/Ostpreußen

Am Hof des Kurfürsten von Köln erzogen und im Heer Kaiser →Maximilians I. in der Kriegskunst ausgebildet, versuchte A. nach seiner Wahl zum Hochmeister vergeblich, die zwischen dem Ordensstaat und Polen bestehende Spannungen kriegerisch zu lösen. Nach Ablauf eines vierjährigen Waffenstillstands unterwarf er sich 1525 →Sigismund I. von Polen und nahm das Ordensland Preußen als ein weltliches Herzogtum zu erblichem Lehen. Mit der gleichzeitigen Reformation machte A. Preußen zum ersten prot. Flächenstaat. Die 1544 von ihm gegr.

Universität in Königsberg entwickelte sich zu einer der bedeutendsten Hochschulen im Ostseeraum. Obwohl von Kaiser und Papst mit Acht und Bann belegt, gelang es A. mit einer geschickten Außenpolitik, dem Herzogtum Preußen eine gewisse Selbständigkeit Polen gegenüber zu sichern.

Albuquerque, Afonso de

portugiesischer Vizekönig in Ostindien 1509–1515
** 1453 Alhandra bei Lissabon*
† 16. 12. 1515 vor Goa

Von →Emanuel I., d. Gr., mit einer Expedition nach Indien beauftragt, entdeckte der Seefahrer A. 1503 Sansibar und eroberte Cochin (Indien). 1507, endgültig 1515, nahm er die Insel Ormuz ein (den Umschlaghafen des gesamten Osthandels im Pers. Meerbusen). Mit Goa eroberte er von den Muslimen den künftigen Mittelpunkt der portugies. Herrschaft in Ostindien (1510) und gewann mit Teilen Ceylons und den Molukken das Zentrum der Gewürzproduktion (1511). Er verschaffte Portugal die Kontrolle über den Handelsverkehr im Ind. Ozean und das Monopol über den Gewürzhandel als Basis für seine Etablierung als führende Seemacht Europas. Durch Hofintrigen wurde A. gestürzt.

Aldringen, Johann *Graf von*
deutscher Heerführer
** 10. 12. 1588 Luxemburg*
† 22. 7. 1634 Landshut
Zunächst unter Kurfürst →Maximilian von Bayern, seit 1623 in kaiserl. Diensten, zeichnete sich A. im Dreißigjährigen Krieg als hervorragender Taktiker und Organisationstalent zum Vorteil des Militärs und seines eigenen aus. Er gewann das Vertrauen →Wallensteins, war 1626 am Sieg an der Dessauer Brücke beteiligt und wirkte 1630 an der Eroberung Mantuas mit. Sein Eintreten für die Beseitigung Wallensteins hatte militär. Gründe. Im Auftrag Kaiser →Ferdinands II. betrieb er die Durchsetzung des Restitutionsedikts in Niedersachsen (Rückgabe der seit 1555 von prot. Fürsten vereinnahmten geistl. Güter). Als Feldherr der kaiserl. Armee fiel A. bei der Verteidigung Landshuts gegen die Schweden.

***Alexander,** Päpste*

Alexander II.

Papst 1061–1073
** Baggio bei Mailand*
† 21. 4. 1073 Rom

(Vorher *Anselm*, Bischof von Lucca). Als Mitbegründer der religiös-sozialen Aufstandsbewegung der Pataria in Mailand wurde A. entgegen dem Papstwahldekret (1059) und ohne Beachtung der Rechte des dt. Königs gewählt. Den daraufhin vom dt. Hof aufgestellten Gegenpapst Honorius II. konnte er verdrängen. Sein Versuch, in der Tradition der älteren Reformpartei (u. a. Papst →Leo IX.) in Kooperation mit dem dt. König die Kirche zu reformieren (Kampf gegen Simonie und Priesterehe), erzeugte Spannungen mit dem rigoroser eingestellten Archidiakon Hildebrand, dem späteren Papst →Gregor VII. Mit A.s kirchl. Segen und Sündenerlaß für die christl. Söldner wurde die Reconquista in Spanien gegen die Mauren (seit 1064) Vorbild für die nachfolgenden Kreuzzüge.

Alexander III.

Papst 1159–1181
** Siena*
† 30. 8. 1181 Civita Castellana

(Vorher *Roland Bandinelli*). Als großer Gegenspieler Kaiser →Friedrich I. Barbarossa profilierte sich der Kirchenrechtler, 1150 zum Kardinal erhoben, schon als päpstliches Legat auf dem Reichstag zu Besançon 1157. Gegen Kaiser Friedrich I. und vier Gegenpäpste führte er einen langen, schließl.erfolgreichen Kampf um die Unabhängigkeit des Papsttums und der Kirche (Frieden von Venedig 1177, Ende des Schismas 1180). Auf dem 3. Laterankonzil 1179 verbot er die Eigenkirchen und schaltete mit dem neuen Papstwahlrecht (gewählt ist, wer zwei Drittel der Stimmen der Kardinäle erhält) den Einfluß des Kaisers, des übrigen Klerus und der Laien auf die Ernennung des Papstes aus. Mit A., der eine große Zahl päpstl. Erlasse proklamierte, begann die Ära der Dekretalengesetzgebung.

Alexander VI.
Papst 1492–1503
** 1431/32 Játiva bei Valencia*
† 18. 8. 1503 Rom

(Vorher *Rodrigo de Borgia*). Durch Simonie (Ämterkauf) und Nepotismus seines Onkels, Papst →Calixtus III., wurde A., seit 1455 Kardinal, trotz starker Opposition 1492 zum Papst gewählt. A. war ein opulent residierender Renaissancefürst, geschickter Staatsmann und skrupelloser Machtpolitiker. Seine Gegenspieler und Kritiker, wie den seine Gottlosigkeit anprangernden Dominikaner →Savonarola, ließ er als Ketzer hinrichten. Er expandierte seine Territorialmacht und konnte das Vordringen Spaniens und Frankreichs gegen den Kirchenstaat eindämmen. Nach der Entdeckung Amerikas vermittelte er im Streit zwischen Portugal und Spanien die im Vertrag von Tordesillas (1494) festgelegte Demarkationslinie zur kolonialen Aufteilung der Welt. Sein durch Korruption und Gewalt angehäufter Reichtum begründete die Machtstellung seiner Kinder, vor allem Cesare und Lucrezia →Borgias, wie der gesamten Borgia-Dynastie. Sein Tod löste Jubel in Rom aus.

Alexander der Große,
A. III.

König von Makedonien 336–323 v. Chr.
** 356 v. Chr. Pella*
† 13. 6. 323 v. Chr. Babylon

Der Sohn →Philipps II. von Makedonien und der Olympia von Epirus wurde von →Aristoteles erzogen. Nachdem sein Vater ermordet worden war, gelangte A. 20jährig auf den Thron und schlug mehrere Aufstände in Griechenland nieder (u. a. wurde Theben bis auf das Haus Pindars völlig zerstört). 336 ließ er sich in Korinth als Führer (Hegemon) eines makedon.-griech. Heeres (40 000 Mann) für den schon von seinem Vater vorbereiteten Rachefeldzug gegen die Perser ausrufen, besiegte das Heer des pers. Großkönigs →Dareios III. in den entscheidenden Schlachten am Granikos 334, bei Issos 333 und bei Gaugamela 331. Nach der Einnahme der führenden phöniz. Handelsmetropole Tyros (nach siebenmonatiger Belagerung) eroberte er 332/31 Ägypten, das seit 525 pers. Satrapie war, und gründete 331 Alexandria als neue Residenz, erkannte aber die alten Kulte und religiösen Zentren an und ließ sich selbst zum Sohn des Gottes Ammon weihen. Mit der Ermordung von Dareios auf der Flucht (331) fiel das gesamte Perserreich an A., der den Titel »König von Asien« annahm. Als Vergeltung für die Zerstörung der Akropolis durch die Perser 480 ließ er den Palast von Persepolis niederbrennen,

Gestalter der Geschichte

Chronik Zitat

Der Althistoriker H. Bengtson (geb. 1909) über die welthistorische Leistung Alexanders:

»Man braucht nur die Tatsachen sprechen zu lassen, um zu erkennen, wie verkehrt es wäre, seine Leistungen allein auf das Glück zurückzuführen, das ihm, wie so vielen anderen großen Männern, zur Seite gestanden hat. Die staatliche Entwicklung des Hellenismus ist nicht denkbar ohne die Leistung Alexanders, ebensowenig die Entstehung der hellenistischen Weltkultur. Aber die Wirkung Alexanders erstreckt sich bis tief hinein in das Imperium Romanum, ja selbst die Entstehung des Christentums und die Ausbreitung der islamischen Kultur sind ohne seine Vorarbeit schwerlich denkbar. Von seinem Wirken sind Ströme der Kraft und des Lebens ausgegangen, und sein Beispiel ist gerade für die Größten dieser Erde vielfach ein Vorbild gewesen. Und das ist kein Wunder, denn die Originalität seines Denkens, die intuitive Erfassung des Möglichen und Notwendigen, der Mut, auch die schwierigsten Unternehmungen mit genialer Anpassungsfähigkeit auszuführen, dazu die faszinierende Wirkung seiner Person auf die Menschen der Umgebung – diese Dinge zeigen Alexander als eine weltgeschichtliche Erscheinung allerersten Ranges, für die es kaum eine Parallele gibt.«

eroberte die ostiran. Provinzen (330–327) und führte sein Heer bis nach Indien. Während des Feldzugs formte sich der Plan, »bis an das Ende der Welt zu marschieren«, d. h. bis an das »Ostmeer« (Pazifik) zu gelangen. Doch die erschöpften makedon.-griech. Truppen, denen er sich auch durch die Übernahme des altoriental. Gottkönigtums entfremdet hatte, verweigerten am Hyphasis (Bias, Fluß im Pundjab-Gebiet) den Weitermarsch (326). A. mußte umkehren und starb am 13. 6. 323 in Babylon an Fleckfieber. Er hinterließ das größte Reich in der Geschichte der Alten Welt.
Ziel des »ersten Welteroberers« war es, seine europ., morgenländ. u. asiat. Herrschaftsgebiete zu einem einheitl. Weltreich zusammenzuschweißen. Mit der Massenhochzeit von Susa (324) von 10 000 griech.-makedon. Offizieren und Soldaten mit pers. adligen Frauen, bei der er selbst die Tochter des Dareios zur zweiten Frau nahm, bezweckte er die Schaffung einer neuen Aristokratie seines Reiches. Seine Feldzüge erschlossen neue geographische Räume und ermöglichten die Entfaltung des Welthandels und -verkehrs. Mit der Gründung von mehr als 70 sog. A.-Städten in Asien begründete er unter Aufnahme oriental. Elemente die hellenist. Weltkultur.
Ohne unmittelbaren Nachfolger aus dem makedonischen Königshaus zerfiel das A.-Reich rasch in die Herrschaftsgebiete der Diadochen (Antipatros, →Ptolemaios, →Seleukos, →Antigonos), die A.s Verschmelzungspläne aufgaben oder an ihrer Verwirklichung scheiterten. (▷ Chronik Zitat)

Alexander, *Fürsten*

– Balkan

Alexander I., *A. von Battenberg*
Fürst von Bulgarien 1879–1886
** 5. 4. 1857 Verona*
† 17. 11. 1893 Graz
Der Neffe von Zar →A. II. Nikolajewitsch wurde mit Unterstützung Rußlands zum Fürsten des von den Osmanen befreiten und nach dem Berliner Kongreß 1878 in die Autonomie entlassenen Fürstentums Bulgarien gewählt, auf russ. Betreiben in der von ihm provozierten »Bulgarienkrise« aber 1886 wieder gestürzt, da er nationalbulgar. Pläne verfolgte (Annexion Ostrumeliens 1885, Sieg über die Serben in der Schlacht bei Slivnica 1885). Seine Verlobung mit der preuß. Prinzessin Viktoria, der Schwester des späteren Kaisers →Wilhelm II. (»Battenberg-Affäre«), verhinderte Bismarck, um Rußland nicht zu verärgern (1887). Nachfolger: →Ferdinand I.

Alexander Karadjordjević

Fürst von Serbien
1842–1858
** 11. 10. 1806 Topola*
† 4. 5. 1885 Temesvár

A. K. wurde als Nachfolger des im August 1842 verstoßenen Fürsten →Miloš aus der konkurrierenden Dynastie der Obrenović zum Fürsten gewählt und verfolgte eine österreichfreundlliche, fortschrittliche Politik. Er wurde durch russischen Einfluß 1858 abgesetzt und zugunsten Miloš Obrenović zum Thronverzicht gezwungen.

Alexander Obrenović
König von Serbien 1889–1903
** 14. 8. 1876 Belgrad*
† 11. 6. 1903 Belgrad
Sohn und Nachfolger von König →Milan Obrenović. A. schaffte die von seinem Vater erlassene liberale Verfassung ab, setzte ein autokrat. Regime durch und bekämpfte die rußlandfreundliche Radikale Partei von Nicola →Pašić. Außenpolitisch orientierte er sich an Österreich-Ungarn. Radikalnationalist. Offiziere ermordeten ihn und seine Frau. Nachfolger: →Peter I. Karadjordjević.

Alexander I.
König der Serben, Kroaten und Slowenen
(seit 1929 Jugoslawien) 1921–1934
** 17. 12. 1888 Cetinje*
† 9. 10. 1934 Marseille
Sohn König Peters I. Karadjordjević. A. übernahm 1914 kurz vor dem Attentat von Sarajewo die Regentschaft für den erkrankten Vater und war während des 1. Weltkrieges Oberbefehlshaber der serb. Truppen. Er versuchte, seit 1929 mit einer Königsdiktatur, aus dem nun »Jugoslawien« genannten Vielvölkerstaat der Serben, Kroaten und Slowenen einen Einheitsstaat zu schaffen. Mit der Scheinverfassung von 1931 verschärfte er jedoch nur die tiefen Gegensätze, vor allem zwischen Serben und Kroaten. Beim Staatsbesuch in Frankreich fiel er (zusammen mit dem französ. Außen-Min. Barthou, * 1862) 1934 einem Attentat von kroat. und makedon. Extremisten zum Opfer.

– Polen/Litauen

Alexander Jagiełło
König von Polen 1501–1506,
Großfürst von Litauen 1492–1506
** 5. 8. 1461 Krakau*
† 19. 8. 1506 Wilna

Sohn König →Kasimirs IV. von Polen/Litauen. Seine Ausrufung zum litauischen Großfürsten widersprach der poln.-litauischen Union, da gleichzeitig sein Bruder Johann I. Albrecht in Polen König wurde (1492–1501). Obwohl mit der Tochter des Großfürsten von Moskau →Iwan III. verheiratet, mußte er zwei Abwehrkriege gegen Moskau führen (1492–1494 und 1500–1503). 1503 konnte er einen langfristigen Waffenstillstand mit den Osmanen schließen. Dem poln. Adel gewährte A. 1505 das Generalprivileg Nihil novi, das dem Reichstag die gesamte Gesetzgebung und dem König die Exekutive überließ. Dieser Sieg der poln. Adelsdemokratie gilt als der Eintritt Polens in die Neuzeit.

– Rußland

Alexander (Jaroslawitsch) Newski
Fürst von Nowgorod 1236–1263
** um 1220*
† 14. 11. 1263 Gorodez

Mit seinen beiden Siegen (1240 über die Schweden an der Newa – daher Beiname »Newski« – und 1242 über den Dt. Orden auf dem Eis des Peipussees) legte A. N. die Grundlage für eine neue machtpolitische Konstellation im Raum des Finn. Meerbusens, die Rußland für lange Zeit die Hegemonie sicherte. Er unterwarf sich der Tributsoberherrschaft der Rußland beherrschenden Tataren, verweigerte die von Papst →Innozenz IV. vorgeschlagene Kirchenunion und grenzte, seit 1252 auch Großfürst von Wladimir, Rußland gegenüber dem latein. Westen ab. Von der russ.-orth. Kirche wurde er wegen seiner nationalen Verdienste kanonisiert (Heiligenfest: 23. 11.).

Alexander I. Pawlowitsch
Zar 1801–1825
** 23. 12. 1777 St. Petersburg*
† 1. 12. 1825 Taganrog

Sohn Pauls I., dem er nach dessen Ermordung 1801 auf den Thron folgte. Erzogen im Geist der Aufklärung unter Aufsicht seiner Großmutter →Katharina II., reformierte A. den Staatsapparat nach Prinzipien des aufgeklärten Absolutismus (1802 Ersetzung der Kollegien durch persönl. verantwortl. Ressortminister, 1810 Gründung des Reichsrats), verwirklichte die liberalen Verfassungsentwürfe M. Graf Speranskis, die seine Alleinherrschaft beschränkt hätten, jedoch nicht. In zunehmender Furcht vor der Revolution ließ A. seit 1815 durch A. Graf Araktschejew ein reaktionäres Polizeiregime errichten, dessen Krise der Dekabristenaufstand nach seinem Tod offenbarte.
Seine Außenpolitik stand im Zeichen der Behauptung gegen →Napoleon I. und der russ. Expansion: Nach den Niederlagen im 3. Koalitionskrieg in der »Dreikaiserschlacht« von Austerlitz (1805) und an der Seite Preußens in Friedland (1807) arrangierte er sich im Frieden von Tilsit mit Napoleon (1807) und schloß sich zögernd der Kontinentalsperre an. Von Schweden annektierte er 1809 Finnland, von den Osmanen gewann er nach dem 5. russ.-türk. Krieg 1812 Bessarabien. Sein Austritt aus der Kontinentalsperre 1811 provozierte den Konflikt mit Frankreich, in dem er im Defensivkrieg gegen die »Grande Armée« die Oberhand behielt (1812/13) und der ihn an der Spitze der 3. Koalition gegen Frankreich als Befreier Europas erscheinen ließ. Auf dem Wiener Kongreß (1814/15) setzte er die Bildung Kongreß-Polens als autonomes Königreich unter russ. Herrschaft durch und trug seine reaktionäre Politik mit der Initiierung der 1815 in Paris geschlossenen Heiligen Allianz auch nach außen.

Alexander II. Nikolajewitsch
Zar 1855–1881
** 29. 4. 1818 Moskau*
† 13. 3. 1881 St.Petersburg

A. begann seine Herrschaft in der Nachfolge seines Vaters →Nikolaus I. mit umfangreichen liberalen Reformen: 1861 Aufhebung der Leibeigenschaft nach preuß. Vorbild, 1863 Universitätsstatut, 1867 Gerichtsreform, Schulreform, 1870 Städteordnung, 1874 Heeresreform. Die Einsetzung einer Verfassung lehnte er jedoch ab. Er beendete den Krimkrieg (1853–1856) und gewährte Polen die Autonomie, ließ 1863 den poln. Aufstand jedoch niederschlagen und leitete damit eine panslawist. und nationalist. Bewegung in Rußland ein, die mit dem für ihn erfolgreichen 8. russ.-türk. Krieg 1877/78 ihren

Höhepunkt fand. Im Arrangement mit Bismarck (Unterstützung Preußens gegen Österreich 1866 und Frankreich 1870/71) suchte er die außenpolit. Isolierung Rußlands zu überwinden. Auf dem Berliner Kongreß 1878 erhielt Rußland den Besitz Bessarabiens bestätigt. Besonders erfolgreich war die russ. Expansion im Kaukasus und in Zentralasien (Turkistan, Taschkent, Samarkand). Den Terror der Narodniki, deren Attentate er 1866 und 1879 überstand, beantwortete A. neben einigen Zugeständnissen mit Polizeimaßnahmen und einer reaktionären Innenpolitik. Vor dem Erlaß eines bereits unterzeichneten Reformprojekts fiel A. einem dritten Anschlag zum Opfer.

Alexander III. Alexandrowitsch

Zar 1881–1894
** 10. 3. 1845 St.Petersburg*
† 1. 11. 1894 Liwadia

A., Sohn und Nachfolger von →A. II. Nikolajewitsch, verfolgte nach innen einen starren reaktionären Kurs, mit dem er die uneingeschränkte Autokratie wiederherzustellen und durch rücksichtslose Russifizierung die Einheit des Vielvölkerstaates zu stärken suchte. Antisemitische Pogrome (1881/82) dienten als Ventil zunehmender Unzufriedenheit in der Bevölkerung. Nach einem letzten Verständigungsversuch mit Dtschld. im Geheimen Rückversicherungsvertrag 1887 (von Dtschld. 1890 nicht verlängert), provozierte ihn die dt. Wirtschaftspolitik (Erhöhung des Getreideschutzzolls 1885/87, Lombardverbot für russ. Werte 1887) zur Abkehr von den Mittelmächten und zur Annäherung an Frankreich, mit dem er 1892/94 ein Bündnis schloß.

Alexandra Fjodorowna
Zarin von Rußland 1894–1918
** 6. 6. 1872 Darmstadt*
† 16. 7. 1918 Jekaterinburg (heute Swerdlowsk)
Gattin des Zaren →Nikolaus II., geb. Prinzessin Alice von Hessen-Darmstadt, Tochter des Großherzogs Ludwig IV. von Hessen und seiner engl. Frau Alice. Enkelin von Königin →Viktoria I. von England. Die letzte Zarin verschaffte mit ihrem blinden Vertrauen dem Mönch →Rasputin, von dem sie sich die Heilung der Bluterkrankheit ihres Sohnes Alexei erhoffte, verhängnisvollen Einfluß am Zarenhof. Als Nikolaus II. 1915 den militär. Oberbefehl übernahm, übte sie mit Rasputin nach innen die faktische Herrschaft aus. Mit ihrer Familie wurde sie von den Bolschewiki erschossen.

Alexei Michailowitsch
Zar von Rußland 1645–1676
** 19. 3. 1629 Moskau*
† 8. 2. 1676 Moskau
Der 2. Zar der Romanow-Dynastie, Vater Peters I. (d. Gr.), stand zunächst unter Regentschaft seines Erziehers Boris Morosow und trat nach dessen Sturz durch einen Volksaufstand 1648 gegen die Steuerpolitik die Alleinherrschaft an. Er eröffnete sie mit der Herausgabe eines neuen Gesetzbuches (»Uloženie«) das u. a. die Bauern wieder endgültig an die Scholle band und bis ins 19. Jh. Gültigkeit behielt. Die vom reformfreudigen und machtbewußten Patriarchen Nikon provozierte Kirchenspaltung (1666) konnte er nicht verhindern. 1670/71 schlug er den Bauernaufstand unter Führung des Donkosaken Stepan →Rasin nieder. Seine expansiven Interessen führten zu einem erfolglosen Krieg gegen Schweden um einen Zugang zur Ostsee (1656 bis 1658); nach langem Krieg gegen Polen-Litauen (1654–1667) gewann er von →Johann II. Kasimir die Ukraine links des Dnjepr (einschließlich Smolensk und Kiew). Im Osten eroberte er Ostsibirien bis zur chines. Grenze. Westl. Einflüssen aufgeschlossen, förderte er die Europäisierung Rußlands.

Alexios I. Komnenos
Kaiser von Byzanz 1081–1118
** 1048 Konstantinopel*
† 15. 8. 1118 Konstantinopel
A., der aus kleinasiatischem Offiziersadel stammte, stürzte Kaiser Nikephoros III. (1078–1081) und führte das niedergehende Byzantinische Reich zur zwischenzeitlichen Stabilisierung und letzten Blütezeit. Im Bündnis mit Venedig und dem Sultan von Nikaia schlug er die Normannen unter →Robert Guiscard zurück (1081–1085) und wehrte mit Hilfe der Kumanen einen Angriff der Petschenegen auf die Hauptstadt ab. Gegen den Vasalleneid gestattete er dem 1. Kreuzzug den Durchmarsch durch das Byzantin. Reich und gewann dadurch Nikaia und das von den türkischen Seldschuken beherrschte westliche Kleinasien zurück. Nachfolger: →Johannes II. Komnenos.

Alfons, Fürsten

– *Aragón*

Alfons I., *der Kämpfer*
König 1104–1134
** ca. 1073*
† 8. 9. 1134 Poleñino
Im Rahmen der Reconquista vergrößerte A. seinen Herrschaftsbereich auf Kosten der Mauren um das Doppelte. 1118 nahm er Saragossa ein und machte es zur Hauptstadt seines Reiches. Die muslimischen Einwohner der eroberten Gebiete schützte er oder stattete sie mit Privilegien aus. Trotz seiner Heirat mit Urraca, der Tochter und Thronerbin →Alfons' VI. von León und Kastilien, gelang es ihm nach dessen Tod 1109 nicht, die christlichen Königreiche zu vereinen. Die südfranzösischen Grafen erkannten seine Oberhoheit an.

Alfons V., *der Großmütige*
König 1416–1458, König von Neapel–Sizilien als A. I. 1442–1458
** 1396 Medina del Campo (?)*
† 27. 6. 1458 Neapel
A. unterstützte 1421 Johanna II. von Neapel († 1435) gegen Ludwig III. von Anjou († 1434) und ließ sich von ihr als Erben einsetzen. Später entschied sie sich jedoch für Ludwig. Nach ihrem Tod nahm A. den Kampf auf und eroberte 1442 das Königreich Neapel, vereinigte es mit Sizilien und machte als »König beider Sizilien« Neapel zu seiner neuen Residenz. Nach dem Fall von Byzanz, das er gegen die Osmanen unterstützt hatte, nahm er die aus Konstantinopel vertriebenen griech. Gelehrten auf und gründete in Neapel die Bibliothek und die erste humanist. Akademie Italiens.

– *Asturien, Kastilien und León*

Alfons III., *der Große*
König von Asturien 866–910
** 848*
† 20. 12. 912 Zamora
A. begann die christliche Rückeroberung (Reconquista) Spaniens, rückte bis zum Duero vor, baute eine Militärverteidigungslinie, errichtete Burgen und gründete Burgos, die spätere Hauptstadt Kastiliens. Seinen Anpruch auf die gesamte iberische Halbinsel reklamierte er mit der Annahme des Kaisertitels. Nach Kämpfen mit seinen Söhnen dankte A. ab. Durch die Teilung des Reiches entstanden das Königreich León und die selbständige Grafschaft Kastilien.

Alfons VI., *der Tapfere*
König von León 1065–1109, von Kastilien 1072–1109
** 1040*
† 30. 6. 1109 Toledo
Als Sohn →Ferdinands I. erbte A. das Königreich León, wurde nach Ermordung seines Bruders Sancho II. (König 1065–1072) auch von Kastilien als König anerkannt. Als erfolgreicher Reconquistador nannte er sich »Kaiser von ganz Spanien« und gab sich nach der Einnahme des maurischen Toledo (1085) den Titel »Imperator Toledanus«. Das Eingreifen der muslim. Berberdynastie der Almoraviden von Nordafrika aus konnte er jedoch nicht verhindern und unterlag ihnen bei Zalaca und Uclés (1086/1108). Dennoch konnte er seine Herrschaft weitgehend sichern, die nach seinem Tod seine Tochter Urraca übernahm, die →A. I. von Aragón geheiratet hatte.

Alfons VII.
König von Kastilien und León 1126–1157
** 1105*
† 1157 Fresneda
A., Enkel →A.s VI., folgte seiner Mutter Urraca, der Witwe von König →A. I. von Aragón, auf den Thron. Navarra, Barcelona und die südfranzös. Fürsten huldigten ihm; nach dem Tod seines Stiefvaters A. I. erkannten auch Aragón und der König von Portugal, Alfonso Enríquez, seine Oberherrschaft an. 1135 nahm er als letzter iberischer Herrscher den Titel »Kaiser« an. Die Invasion der muslim. nordafrikan. Almohaden machte seine Reconquista-Erfolge (Einnahme Córdobas 1146) wieder zunichte. Das Reich teilte er unter seine Söhne auf: Kastilien ging an Sancho III., León an Ferdinand II.

Alfons X., *der Weise*
König von Kastilien und León 1252–1284
** 23. 11. 1221 Toledo*
† 4. 4. 1284 Sevilla
Sohn →Ferdinands III. und der Beatrix von Schwaben. 1256 zum deutschen Gegenkönig gewählt (Enkel →Philipps von Schwaben), gelangte A. aber weder in Deutschland noch in Italien zur Herrschaft, doch stieß unter seiner Herrschaft Kastilien zum ersten Mal in den Mittelmeerraum vor. Seine Kämpfe gegen die Mauren waren trotz der Eroberung von Cádiz erfolglos. Selbst bedeutender Wissenschaftler, ließ er als einer der größten Förderer von Wissenschaft und Kunst des Mittelalters bedeutende Werke aus dem jüdischen und dem arabischen

Kulturkreis übersetzen und Enzyklopädien verfassen, die das gesamte naturwissenschaftliche, historisch und rechtliche Wissen seiner Zeit aufzeichneten. Berühmt sind seine Dichtungen »Cantígas de Santa Maria«, eine Sammlung von Marienliedern.

– Portugal

Alfons I., *der Eroberer*
Graf 1128–1139, König 1139–1185
** 1110 Guimarães*
† 6. 12. 1185 Coimbra
Sohn der Infantin Theresia von Kastilien und des Grafen Heinrich von Burgund († 1112). Zunächst unter der Regentschaft seiner Mutter, übernahm er 1128 die Grafschaft. Nach seinem Sieg über die Mauren (Ourique 1139) nahm er den Königstitel an und begründete die Königsdynastie. 1143 leistete er den Vasalleneid auf den Papst. 1147 eroberte er Santarém und Lissabon und drängte die Mauren weiter zurück.

Alfons V., *der Afrikaner*
König 1438–1481
** 15. 1. 1432 Sintra*
† 28. 8. 1481 Sintra
A. führte die Entdeckungsexpeditionen seines Onkels →Heinrichs des Seefahrers entlang der afrikan. Küste fort und sicherte damit die künftige Monopolstellung Portugals in Afrika. Der portugiesisch-kastilische Erbfolgekrieg endete mit dem Sieg der kastilischen Könige (Frieden von Alcáçovas 1479, in dem Besitzungen und Rechte gegenseitig garantiert wurden). Auf seinem Kreuzzug gegen die Mauren in Afrika eroberte er Alcácer-Ceguer, Tanger und Arzilaeu (1458–1460). A. veranlaßte die Alfonsinische Gesetzessammlung, eine bedeutende Aufzeichnung von Gesetzestexten und Gewohnheitsrechten.

– Spanien

Alfons XII.
König 1874–1889
** 28. 11. 1857 Madrid*
† 25. 11. 1885 Madrid
Sohn →Isabellas II. A. wurde nach der Abdankung des Königs Amadeus 1873 im Zuge des Karlistenkriegs (1872–1876) nach einem monarchist. Staatsstreich gegen die 1. Spanische Republik (1873/74) zum König ausgerufen. Er kehrte zu konstitutionellen Verhältnissen zurück, beendete den Karlistenkrieg 1876. Seinen Rivalen und Vetter Don →Carlos zwang er zur Emigration und festigte die Monarchie unter der Dynastie der spanischen Bourbonen durch eine neue Zweikammerverfassung, die mit Unterbrechung bis 1931 gültig blieb.

Alfons XIII.
König 1886–1931
** 17. 5. 1886 Madrid*
† 28. 2. 1941 Rom
A., nachgeborener Sohn von →A. XII., stand bis 1902 unter der Regentschaft seiner Mutter Maria Christine von Österreich (* 1858, † 1929). Während dieser Zeit gingen im Krieg mit den USA die Kolonien Kuba, Puerto Rico, die Philippinen und Guam (1898) verloren. Hauptprobleme seiner Regierung waren das Verhältnis Kirche–Staat, Sozialpolitik und Regionalismus. Aufstände in Marokko, besonders der Rifkabylen, politische Krisen, Streiks, Sabotage und Terror führten zur Radikalisierung und zum von A. gebilligten Staatsstreich von Miguel →Primo de Rivera 1923, der jedoch auch mit diktatorischen Maßnahmen nach Aufhebung der Verfassung von 1876 die innenpolitische Situation nicht unter Kontrolle bekam. Nach Primo de Riveras Rücktritt 1930 und dem Sieg der Republikaner bei den Kommunalwahlen (1931) ging A. ins Ausland. Spanien wurde Republik.

Alfonsín Foulkes, Raúl

argentinischer Staatspräsident 1983–1989
** 12. 3. 1927 Chascomús, Prov. Buenos Aires*

Nach der Niederlage Argentiniens in Falklandkrieg (1982) gegen Großbritannien besiegelte der Wahlsieg der von A. seit 1981 geführten sozialdemokrat. orientierten Radikalen Bürgerunion (UCR) 1983 das Ende der achtjährigen Militärdikatur. Während er 1984 unter Vermittlung Papst →Johannes Pauls II. den Grenzstreit mit Chile um den Beagle-Kanal beilegen konnte und mit Großbritannien 1985 einen Ausgleich fand, blieben seine innenpolit. Initiativen weitgehend erfolglos. Im Zeichen verschärfter sozialer Konflikte infolge der Wirtschaftskrise verlor er 1989 die Präsidentschaftswahlen gegen den Peronisten Carlos S. →Menem.

Alfred der Große

angelsächsischer König von Wessex 871–899
** 849 Wantage, Berkshire*
† 26. 10. 899 wahrscheinl. Wessex

A. folgte seinen drei älteren Brüdern auf den Thron. Nach jahrelangen Kämpfen vertrieb er die Dänen aus Wessex, gewann 886 London zurück und besiegte sie entscheidend in der Schlacht bei Edington 878. Sein vom Krieg verwüstetes Land baute er neu auf, errichtete Festungen, reorganisierte das Heer und begann mit dem Bau einer ersten englischen Flotte. Damit schuf er die Voraussetzungen zu weiteren Erfolgen gegen die Dänen und ihre schließliche Vertreibung aus dem ihnen verbliebenen Danelag unter seinen Nachfolgern. Zu A.s bedeutendsten Leistungen gehören seine Bemühungen um die englische Kultur: Er ließ die englischen Gesetze von Wessex, Mercia und Kent sammeln, um das Rechtswesen zu vereinheitlichen, reformierte die Verwaltung und das Finanzwesen und förderte das Schulwesen; eine Anzahl bedeutender lateinischer Schriften übersetzte er ins Englische.

Alia, Ramiz

albanisches Staatsoberhaupt 1982–1992
** 18. 10. 1925 Shkoder*

Seit seiner Ernennung zum Staatsoberhaupt 1982 galt A. als designierter Nachfolger Enver →Hoxhas. Nach dessen Tod wurde er 1985 Parteichef. Vorsichtig öffnete er das außenpolit. völlig isolierte Albanien nach Westen (1987 Aufnahme diplomat. Beziehungen zur BR Dtschld.) und leitete erste demokrat. Reformen ein. Angesichts einer katastrophalen Wirtschaftslage, Massenprotesten und panischen Fluchtbewegungen der Bevölkerung ins Ausland mußte er 1991 als Auftakt zur demokrat. Wende die ersten freien Wahlen zugestehen. Nach seiner Wahl zum Präs. legte er 1991 alle Parteiämter nieder und führte Albanien als letztes europäisches Land in die KSZE. Mit seinem Rücktritt nach erneuten Parlamentswahlen 1992, bei denen die demokratische Opposition einen deutlichen Sieg erzielte, endete die mehr als 45 Jahre andauernde kommunistische Herrschaft in Albanien.

Ali Ibn Abi Talib

vierter »rechtgeleiteter« Kalif 656–661
** um 600 Mekka*
† 24. 1. 661 Kufa

Als einer der frühesten Anhänger →Mohammeds, als dessen Vetter und Adoptivsohn und zudem verheiratet mit →Fatima, der Tochter des Propheten, konnte A. seinen legitimistischen Anspruch auf das Kalifat erst nach der Ermordung des dritten Kalifen →Othman durchsetzen. 656 schlug er im Irak einen Aufstand nieder, den Mohammeds Witwe →Aïscha gegen ihn angestiftet hatte. A. regierte seitdem von Kufa aus, konnte sich aber gegen die Erhebung des Statthalters in Syrien, Moawija, der A. der Mitschuld am Tod Othmans bezichtigte, nicht halten. Ein Schiedsgericht sprach Moawija 657 die Kalifenwürde zu, die er nach Alis Ermordung auch erlangte. Mit A., den seine Parteigänger, die Schiiten, als Helden und Heiligen verehrten, begann die Aufsplitterung des Islam: Im Konflikt u. a. mit den Sunniten erkennen die Schiiten nur A. und seine Nachkommen (Imame) als legitime Führer des Islam an.

Alkibiades

athenischer Staatsmann und Feldherr
** um 450 v. Chr.*
† 404 v. Chr.

Als Neffe des →Perikles von diesem erzogen, Freund und Schüler des Sokrates und sophistisch geschult, übernahm A. nach →Kleons Tod die Führung der demokrat. Partei Athens. Im Gegensatz zu →Nikias betrieb er die Fortsetzung des Peloponnesischen Kriegs und veranlaßte die Athener zur Sizilischen Expedition. Nach Auslaufen der Flotte von seinen polit. Gegnern des Religionsfrevels angeklagt, vom Kommando abberufen und zur Rückkehr aufgefordert, floh er in das mit Athen verfeindete Sparta, gewann dort rasch an Einfluß. Mit der Entsetzung von Syrakus durch die Spartaner brachte er Athens Sizilische Expedition zum Scheitern. Zwischen Sparta, Persien und Athen antichambrierend, bereitete er seine Versöhnung mit Athen vor, brach schließlich mit Sparta und ließ sich unter Ausnutzung innenpolit. Gegensätze in Athen, wo er zum

Tode verurteilt worden war, rehabilitieren und erneut zum Feldherrn wählen. Seine Erfolge im Seekrieg gegen Sparta verhalfen ihm 408/07 v. Chr. für kurze Zeit zu nahezu unbeschränkter Machtbefugnis. Nach Rückschlägen jedoch gestürzt und infolge der Niederlage Athens in Jahr 407 v. Chr. erneut angeklagt, floh A. nach Kleinasien. Auf Betreiben des spartanischer Feldherrn →Lysander und der Dreißig Tyrannen von Athen wurde er 404 v. Chr. in Persien ermordet.

Allenby, Edmund Henry Hynman
britischer Feldmarschall
** 23. 4. 1861 Brackenhurst*
† 14. 5. 1936 London
(*Viscount of Megiddo and of Felixstowe* ab1919). Im 1. Weltkrieg zunächst Armeekommandeur in Frankreich, führte A. ab 1917 als Oberbefehlshaber die ägyptische Expeditionsarmee gegen das Osmanische Reich, das er nach der Eroberung Jerusalems, Damaskus' und Aleppos 1918 zur Kapitulation zwang. Als Hochkommissar für Ägypten und den Sudan (1919–1925) bereitete er die Aufhebung des britischen Protektorats über Ägypten vor, die unter Einschränkungen 1922 erfolgte.

Allende, Salvador
chilenischer Staatspräsident 1970–1973
** 26. 7. 1908 Santiago*
† 11. 9. 1973 Santiago
Von Beruf Arzt, gehörte A. 1933 zu den Gründern der Sozialist. Partei; 1939–1941 war er Gesundheits-Min., 1945–1970 Senator, 1967–1970 Senats-Präs. Nach drei vergeblichen Kandidaturen errang er 1970 einen knappen Sieg als Kandidat der Unidad Popular (»Volkseinheit« aus Sozialisten, Kommunisten und anderen Linksgruppen). Als erster freigewählter marxist. Präs. eines westl. Landes begann er den Versuch eines demokratischen »chilen. Weges zum Sozialismus«, verstaatlichte 1971 die zum großen Teil im Besitz US-amerikan. Firmen befindliche Grundstoffindustrie sowie einen Teil des Großgrundbesitzes und konzentrierte sich auf die Verbesserung der Lebensbedingungen der unteren Bevölkerungsschichten. Auf dem Höhepunkt der polit. Polarisierung des Landes und einer durch Kapitalflucht und amerikan. Boykottmaßnahmen verschärften Wirtschaftskrise wurde er im Zuge eines Militärputsches unter General Augusto →Pinochet mit Unterstützung des CIA gestürzt und starb bei Erstürmung des Präsidentenpalastes unter ungeklärten Umständen.

Altenstein, Karl
Frhr. vom Stein zum
preußischer Staatsmann
** 1. 10. 1770 Schalkhausen*
† 14. 5. 1840 Berlin

Als Mitarbeiter Karl August von →Hardenbergs war A. wesentlich an der Planung und Durchführung der preuß. Reformen beteiligt, überwarf sich jedoch mit Reichsfreiherr vom →Stein und betrieb dessen Sturz. 1808–1810 war er Finanz-Min. Beeinflußt von der Aufklärung, den Staatsideen J. G. →Fichtes und G. W. F. →Hegels und den pädagog. Konzeptionen W. von →Humboldts betrieb er den Ausbau Preußens als »intelligenten Beamtenstaat« im Sinne des Idealismus und prägte an der Spitze des neugebildeten Ministeriums für Kultus, Unterricht und Medizinalwesen (1817–1837) wesentlich das preuß. Bildungssystem (Ausdehnung der allg. Schulpflicht 1825 auf das gesamte Staatsgebiet, Ausbau der Elementarschulen, Lehrerseminare und Gymnasien; Gründung von Universitäten und Lehranstalten).

Amalarich
König der Westgoten 522–531
** 502*
† 531 Barcelona
Sohn des letzten Königs des Tolosanischen Reichs, →Alarichs II. und einer Tochter →Theoderichs d. Gr., unter dessen Vormundschaft A. als König der Westgoten zunächst stand (bis 526). Als Anhänger des Arianismus wurde er von seinem Schwager, dem Frankenkönig Childebert I., bekämpft, 531 in der Schlacht von Narbonne besiegt und auf der Flucht ermordet. Die Westgoten waren damit aus dem Gebiet nördlich der Pyrenäen verdrängt und auf Spanien beschränkt.

Amalasuntha
ostgotische Regentin und Königin 534/35
† 535 auf einer Insel im Bolsenasee
A., Tochter →Theoderichs d. Gr., regierte 526–534 für ihren unmündigen Sohn Athalarich (* 516, † 534). Unterstützte die Versuche des byzantin. Kaisers →Justinian, die Wandalen zurückzudrängen. Nach Athalarichs Tod ernannte sie ihren Vetter

Theodahad (* vor 479, † 536) zum Mitregenten. Indem dieser sie gefangensetzen und ermorden ließ, provozierte er das Eingreifen Ostroms (536).

Amann, Max

NSDAP-Funktionär und Verleger
** 24. 11. 1891 München*
† 30. 3. 1957 München

Als »Kriegskamerad« einer der frühesten Gefolgsleute und engsten Vertrauten Adolf →Hitlers (NSDAP-Mitgliedsnr. 3), baute der gelernte Kaufmann A. das Presseimperium der NSDAP auf: 1922 bis 1945 war er Direktor des Zentralverlags der NSDAP (Franz Eher Nachf.), dem A. eine Monopolstellung verschaffte, 1931–1945 Reichspresseleiter der NSDAP, seit 1933 Präs. der Reichsschrifttumskammer. Durch die wesentlich von A. organisierte Gleichschaltung des dt. Presse- und Verlagswesens, die Übernahme enteigneter bzw. »arisierter« Verlage und durch freiwillige Anpassung wurden nach 1933 große Teile der deutschen Presseideologisch gefügig und vom »Amann-Konzern« wirtschaftlich abhängig.

Ambrosius
Kirchenlehrer, Heiliger
** 339 Trier*
† 4. 4. 397 Mailand
Vom Volk von Mailand als noch ungetaufter Statthalter der Provinzen Liguria und Aemilia 374 gegen seinen Willen zum Bischof gewählt, bekämpfte A. den Arianismus und die röm.-heidn. Restaurationsversuche, verschaffte dem Nicäan. Glaubensbekenntnis im Abendland Geltung, übte als Berater der Kaiser →Gratian, →Valentinian II. und →Theodosius I. starken polit. Einfluß aus, wahrte jedoch die Selbständigkeit der Kirche. Er bekehrte und taufte Aurelius →Augustinus. Als einer der großen latein. Kirchenväter verfaßte er bedeutende bibl. und dogmatische Schriften und die erste christl. Ethik. Der von ihm nach östl. Vorbild in die abendländische Kirchenmusik eingeführte hymnische Chorgesang wurde Ausgangspunkt der liturgischen Entwicklung. Heiligenfest: 7. 12. (▷ Chronik Zitat)

Ohne Buße kein Meßopfer

Chronik Zitat

Das neue Selbstbewußtsein der Kirche gegenüber der weltlichen Macht spiegelt die Aufforderung des Ambrosius an Kaiser Theodosius I. zur Buße (390). Vorausgegangen war ein Rachemassaker des Militärs an der Bevölkerung von Thessaloniki auf einen – zu spät zurückgenommenen – Befehl des Kaisers:

»Nun ist sie also geschehen, die Schandtat von Tessalonike! . . . Als die Nachricht hier einlief, war eben eine Bischofskonferenz mit einigen aus Gallien eingetroffenen Oberhirten versammelt. Da war keiner, der nicht seiner Entrüstung Ausdruck gab, keiner, der die Sache vertuschen wollte, keiner, der Euch Vergebung gewährt hätte bloß deswegen, weil Ihr mit Ambrosius gut steht. Im Gegenteil: die Entrüstung könnte sich, ganz mit Unrecht und weit über das Maß meiner Verantwortung hinaus, auf mich entladen, wenn sich nicht jetzt eine Stimme erhöbe, die da verkündet: Hier ist Buße vor unserm Gott notwendig
. . . Eure köstliche Tugend hat euch der Teufel geneidet – schlagt ihm aufs Haupt, solange es noch Zeit ist, ihn zu schlagen! Häuft nicht auf Eure Sünde noch eine zweite, indem Ihr Euch hartnäckig auf Euer Recht versteift. Solche Verhärtung hat schon vielen geschadet! Gewiß, in allen übrigen Belangen bin ich Eurer frommen Majestät Schuldner, und Undank ist nicht meine Sache. Vielen Kaisern habe ich Eure Majestät vorgezogen . . . Ich mache Euch noch nicht den Vorwurf des verhärteten Eigensinns. Aber – ich sage es jetzt schon und mit Furcht: nicht wage ich es, das Meßopfer darzubringen, wenn Ihr daran teilnehmt! Wenn das schon nicht ginge nach dem Mord an einem einzigen, unschuldigen Menschen, darf man es dann nach dem Mord an Tausenden? Ich denke: nein!«

Amenemhêt (griech. Ammenemes), ägyptische Könige des Mittleren Reiches

Amenemhêt I.
Pharao 1991–1962 v. Chr.
A. begründete die 12. Dynastie und gründete als neue Residenz Lischt südlich von Memphis. Er reorganisierte die Beamtenschaft und sicherte die asiat. Grenze mit einem Festungsgürtel, den »Mauern des Herrschers«. 1971 erhob er seinen Sohn →Sesostris I. zum Mitregenten. A. wurde in einer Pyramide bei Lischt bestattet.

Amenemhêt II.
Pharao 1929–1892 v. Chr.
Seit 1929 Mitregent, unterhielt A. enge Handelsbeziehungen zu Asien und Syrien. Er wurde in einer Pyramide bei Dahschur bestattet. Im Grab seiner Tochter Jta wurde kostbarer Goldschmuck (heute im Museum in Kairo) gefunden.

Amenemhêt III.
Pharao 1842–1798 v. Chr.
A. kolonisierte die mit dem Niltal verbundene Oasenlandschaft Faiyum, wo er später als Schutzgott verehrt wurde. Seine weitläufige Tempelanlage beim heutigen Hawâra beschrieb →Herodot als das »Labyrinth«. Seine Pyramide ließ er bei Dahschur errichten. In den Gräbern seiner Töchter wurde wertvoller Schmuck gefunden (Kronen, Armreifen, Gürtel und Pektorale), der heute in Kairo und New York aufbewahrt wird. Unter seiner Herrschaft gelangten Kunst, Literatur und Wissenschaft zu einer neuen Blüte.

Amenophis (ägypt. Amenhotep), ägyptische Könige der 18. Dynastie

Amenophis I.
Pharao 1529 (1526)–1508 (1505) v. Chr.
Erster bedeutender Herrscher der 18. Dynastie, Sohn des →Ahmose. Er unterwarf Nubien und sicherte die nubischen Goldvorkommen für Ägypten. Sein Beamter Amenemhêt erfand die Wasseruhr, wodurch zum ersten Mal Zeitmessung unabhängig von den Gestirnen möglich wurde. A. wurde noch in der 20. Dynastie in Theben als Halbgott verehrt.

Amenophis II.
Pharao 1439–1413 v. Chr.
Sohn von →Thutmosis III. A. schlug mehrere Aufstände in Syrien und Palästina nieder und konnte den Besitz der Handelsstädte Kadesch und Ugarit für Ägypten behaupten. Er rühmte sich besonderer Leistungen im Bogenschießen, Wagenlenken und Rudern. Sein reich ausgestattetes Grab befindet sich im Tal der Könige in Theben-West, seine Mumie im Museum von Kairo. Nachfolger: Thutmosis IV.

Amenophis III.
Pharao 1403–1365 v. Chr.
A., Enkel von →A. II., gilt als friedliebender König, der Ägyptens Macht durch Verträge mit den asiat. Königen sicherte. Zur Besiegelung des Vertrages mit dem Reich Mitanni nahm er eine mitannische Prinzessin in seinen Harem auf. Er unterhielt intensive Handelsbeziehungen zu Syrien und Kreta.
In ganz Ägypten ließ er gewaltige Tempelanlagen erbauen, sein Totentempel in Theben-West ist heute bis auf die sog. Memnonskolosse zerstört. Er heiratete eine »bürgerliche« Frau namens Teje, deren Sohn A. IV. →Echnaton sein Nachfolger wurde.

Amin Dada, Idi
ugandischer Staatspräsident 1971–1979
** 1924/25 Koboko, Norduganda*
A. diente in der brit. Kolonialarmee, kämpfte im 2. Weltkrieg in Birma und wurde als erster farbiger Offizier und Repräsentant einer neuen selbstbewußten Führergeneration Schwarzafrikas 1966 Oberbefehlshaber der Streitkräfte des seit 1962 unabhängigen Uganda. Nachdem er das autoritäre Regime des Präs. Milton A. →Obote mit Massakern an der Bevölkerung zunächst gesichert hatte, errichtete er 1971 nach einem Putsch selbst eine Despotie, die mehrere hunderttausend Todesopfer forderte und das Land ins wirtschaftl. Chaos stürzte. 1979 durch Truppen des Nachbarlandes Tansania und der ugand. Befreiungsbewegung gestürzt, floh er zunächst ins libysche, ging dann ins saudi-arab. Exil.

Anastasios I.
Kaiser von Byzanz 491–518
** um 431 Dyrrhachion (Albanien)*
† 518 Konstantinopel
Als höchster Hofbeamter folgte A. durch seine Heirat mit Ariadne, der Witwe →Zenons I., diesem als Augustus auf dem Kaiserthron. Er brach die Vormacht der Isaurier (498), denen Zenon entstammte, und siedelte sie als Stratioten (Wehrbauern) von Kleinasien nach Thrakien um. In Kriegen gegen die vordringenden Perser und Bulgaren und mit dem Bau eines Befestigungswalls vom Marmarameer bis zum Schwarzen Meer suchte er das niedergehende

Byzantin. Reich zu behaupten. Während seine Finanz- und Wirtschaftspolitik das Reich zunächst stabilisierte, provozierte seine monophysit. Kirchenpolitik den Aufstand der orthodoxen blauen Zirkuspartei in Konstantinopel und Griechenland und die Proklamation des Gegenkaisers Vitalian.

Anastasius II.
Papst 496–498
† 17. 11. 498 Rom
Bemüht um Versöhnung zwischen der Kurie und dem byzantin. Kaisertum im Akazianischen Schisma, dem ersten in der Auseinandersetzung über die göttliche bzw. menschl. Natur Christi (Monophysitismusstreit) entstandenen fundamentalen Bruch zwischen den Kirchen von Rom und Byzanz (484 bis 519), wurde A. im Mittelalter als Häretiker verurteilt (Dante verbannt ihn in der »Göttlichen Komödie« in die Hölle). Sein Glückwunschschreiben zur Taufe des fränk. Königs →Chlodwigs I. erwies sich als späte Fälschung. Nachfolger: →Symmachus.

Andrássy, Gyula (Julius) d. Ä. *Graf von*

österr.-ungar. Außenminister 1871–1879
** 3. 3. 1823 Oláhpatak*
† 18. 2. 1890 Volosca

Als Parteigänger Lajos →Kossuths nahm A. 1848 am ungar. Freiheitskampf teil und wurde nach dem Scheitern der Revolution und seiner Emigration nach Frankreich zum Tode verurteilt. 1857 amnestiert, trat er gemeinsam mit Ferenc →Deák für die Aussöhnung mit Wien ein und erreichte 1867 den österr.-ungar. Ausgleich, der die außen- und militärpolit. Gemeinsamkeit unter Hegemonie Österreichs, im übrigen die weitgehende Autonomie Ungarns festschrieb. Seit 1861 im ungar. Reichstag, wurde er 1867–1871 erster ungar. Minister-Präs., 1871–1879 österr.-ungar. Außen-Minister Im Deutsch-Französischen Krieg (1870/71) bewahrte er Neutralität, schloß für Österreich-Ungarn das Dreikaiserabkommen (1873) und das dt.-österr. Bündnis (Zweibund, 1879) ab. Auf dem Berliner Kongreß 1878 erreichte er mit dt. und engl. Hilfe das Zugeständnis Rußlands zur Besetzung Bosniens und der Herzegowina. Sein Sohn Gyula A. d. J. (* 1860, † 1929) war von 1906 bis 1910 Innen-Min. und 1918 letzter Außenminister Österreich-Ungarns.

Andreas I.

ungarischer König 1046–1060
** um 1010*
† Dez. 1060 Zirc

Der aus der Dynastie der Árpáden stammende König setzte im Krieg gegen Kaiser →Heinrich III. 1046 bis 1052 die Unabhängigkeit Ungarns vom Reich durch und besiegelte sie mit der Verlobung seines Sohns Salomon mit der Tochter Heinrichs, Judith. Er förderte die Missionierung Ungarns. Im Streit um seine Nachfolge, die er für seinen Sohn Salomon bestimmt hatte, wurde er 1060 von seinem Bruder Béla I. (König 1060–1063) an der Theiß erschlagen.

Andreas II.
ungarischer König 1205–1235
** um 1177*
† 21. 9. 1235 Ofen
A., Sohn König →Belas III., betrieb eine abenteuerliche, in einem gescheiterten Kreuzzug (1217/18) und der erfolglosen Kandidatur für den byzantinischen Kaiserthron gipfelnde Außenpolitik; er mußte nach dadurch erzwungenen Reformen der Staatsfinanzen durch Verpachtungen 1222 in der Goldenen Bulle die Rechte des ungarischen Adels garantieren. 1224 gewährte A. auch den deutschen Kolonisten in Siebenbürgen (Siebenbürger Sachsen) einen Freibrief, vertrieb jedoch den von ihm 1211 zur Abwehr der Kumanen gerufenen Deutschen Ritterorden 1225 wieder. Nachfolger: →Béla IV.

Andreotti, Giulio
italienischer Ministerpräsident
** 14. 1. 1919 Rom*
Der Christdemokrat A., seit 1947 Mitgl. der meisten Kabinette, u. a. als siebenfacher Min.-Präs. (1972/1973, 1976–1979 und 1989–1992) und Außenminister (1983–1989), beeinflußte wesentlich die Nachkriegsgeschichte Italiens. Als Antikommunist bekämpfte er die Öffnung nach links zu den Sozialisten

(1963) und bildete 1976–1979 Minderheitskabinette, um einer Koalition mit den Kommunisten zu entgehen, regierte jedoch 1989–1992 mit einer Koalition aus Christdemokraten, Sozialisten, Sozialdemokraten, Republikanern und Kommunisten. Der als gewiefter Taktiker geltende A. war in zahlreiche Politskandale verwickelt, konnte jedoch nicht dingfest gemacht werden. Als 1993 seine Mafiaverbindungen ruchbar wurden, ließ er seine parlamentar. Immunität aufheben. 1994 wurde ein Verfahren wegen Mitgliedschaft in der Mafia gegen ihn eröffnet.

Andropow, Jurij Wladimirowitsch

Generalsekretär der KPdSU 1982–1984
** 15. 6. 1914 Nagutskaja, Nordkaukasus*
† 9. 2. 1984 Moskau

Ursprünglich Telegrafenarbeiter, durchlief A. eine klassische Parteikarriere. Als Chef des KGB (1967 bis 1982) bekämpfte er energisch Dissidenten. Im Mai 1982 wurde A. erneut Sekretär des ZK und im November des gleichen Jahres, schon selbst schwer krank, als Nachfolger des verstorbenen Leonid I. →Breschnew Generalsekretär des ZK der KPdSU (Parteichef), 1983 Vors. des Präsidiums des Obersten Sowjets. Vergeblich versuchte er, den Nachrüstungsbeschluß der NATO über Mittelstreckenwaffen zu verhindern. Er förderte den Aufstieg seines Nachfolgers Michail →Gorbatschow.

Anna Boleyn
englische Königin
** um 1507*
† 19. 5. 1536 London
Geliebte →Heinrichs VIII. und – nach Scheitern seiner Verhandlungen mit dem Papst über die Scheidung der kinderlos gebliebenen Ehe mit →Katharina von Aragón – nach heimlicher Heirat (1533) Heinrichs zweite Frau. Nachdem die Ehe mit Katharina durch den Erzbischof von Canterbury für ungültig erklärt worden war, konnte A. zur Königin gekrönt werden. Weil sie keinen männlichen Thronfolger gebar, sondern »nur« eine Tochter, die spätere Königin →Elisabeth I., ließ Heinrich sie unter dem Vorwand des Ehebruchs enthaupten.

Anna Iwanowna
Zarin von Rußland 1730–1740
** 28. 1. 1693 Moskau*
† 17. 10. 1740 St. Petersburg
Die Nichte →Peters d. Gr. bestieg den Zarenthron unter dem Zugeständnis an den Hochadel, seine Privilegien nicht zu beschneiden, regierte aber schon bald mit Hilfe ihres Günstlings E. J. Biron in absolutistischer Manier. Ihre korrupte Regierung, in die sie als Nichte →Friedrichs II., d. Gr., vorrangig Deutsche als Berater einbezog, war als »Deutschenherrschaft« verrufen. Unter ihr schloß Rußland 1734 den ersten Handelsvertrag mit England und führte 1735–1739 den 2. russ.-türk. Krieg.

Anna Stuart

Königin von Großbritannien und Irland 1702–1714
** 6. 2. 1665 London*
† 1. 8. 1714 Kensington

Protestantisch erzogen, unterstützte A. in der Glorious Revolution ihren Schwager →Wilhelm III. von Oranien beim Sturz ihres kath. Vaters →Jakob II. und folgte Wilhelm nach dessen Tod auf den engl. Thron. A.s Regierungszeit war außenpolit. von Englands Verwicklung in den Span. Erbfolgekrieg, innenpolit. von heftigen Parteikämpfen der Whigs und Tories gekennzeichnet. Als ihr größter Erfolg gilt die Herstellung der Realunion von Schottland und England (1707). Bis 1710 mußte A. zur Kriegführung mit Whig-Ministern, u. a. John Churchill, Herzog von →Marlborough, regieren. Danach stützte sie sich auf ein Tory-Kabinett, das ihren prot.-hochkirchl. Anschauungen besser entsprach. Mit dem Frieden von Utrecht (1713) zur Beendigung des Span. Erbfolgekrieges erzielte sie Gebietsgewinne in Nordamerika (Neufundland, Neuschottland, Hudson Bay) und erhielt von Spanien Gibraltar und Menorca. Vermählt mit dem Prinzen Georg von Dänemark († 1708), gebar sie 13 Kinder, die alle vor ihr starben. Entsprechend der Thronfolgeregelung im Act of Settlement (1701) stellte nach dem Tod A.s als der letzten Vertreterin des Hauses Stuart das prot. Königshaus Hannover die engl. Könige (bis 1837). Nachfolger: →Georg I.

Anna von Bretagne
französische Königin
** 25. 1. 1477 Nantes*
† 9. 1. 1514 Blois
Obwohl 1490 dem dt. König →Maximilian I. versprochen, mußte die Erbin des Herzogtums Bretagne, auf Betreiben Annas von Beaujeu (* 1461, † 1522), der Regentin des unmündigen Karls VIII. von Frankreich († 1498), diesen 1491 heiraten. Nach dessen Tod heiratete sie 1499 seinen Nachfolger →Ludwig XII. aus dem Hause Orléans, auf dessen Politik sie wesentlichen Einfluß nahm. Ihre Tochter Claudia vermählte sie mit dem späteren →Franz I. von Frankreich. Diese Heiratspolitik brachte die Bretagne unter die französ. Krone.

Der Gottesbeweis

Chronik Zitat

Der ontholog. »Gottesbeweis« Anselms von Canterbury, den der im »Proslogion« entwickelte, hat die Philosophie- und Kirchengeschichte für Jahrhunderte beeinflußt. J. Hirschberger (Geschichte der Philosophie, 1976) faßt ihn zusammen:

»Die Vernunft findet in sich selbst die Idee des denkbar höchsten Wesens vor. Existierte nun dieses Wesen bloß in den Gedanken der Vernunft, so wäre es nicht das höchste Wesen, weil dann noch ein höheres Wesen gedacht werden könnte, ein Wesen nämlich, das nicht nur im Denken, sondern auch in der Wirklichkeit existiert. Darum verlangt die Idee des höchsten Wesens, daß dieses nicht nur in der Vernunft, sondern auch in der Wirklichkeit existiere. Schon der Mönch Gaunilo hat darauf erwidert: Wenn ich mir eine vollkommene Insel denke, so folgt daraus noch nicht, daß sie existiert ... Allein, das hat Anselm auch gewußt. Wenn ein Maler sich ein Werk ausdenkt, existiert es noch nicht, sagt er. Darum hielt er an seinem Gottesbeweis fest und erwiderte in der Gegenschrift gegen Gaunilo, daß mit dem Beispiel von der vollkommenen Insel der wahre Sachverhalt nicht getroffen werde; denn in der Idee Gottes liegt ein einzigartiger, unvergleichlicher Fall vor, weil wir hier ein Wesen denken, das alle Vollkommenheit notwendig und von der Ewigkeit her einschließt, während eine Insel immer nur ein begrenztes Sein ist.«

Anno II. von Köln
Erzbischof von Köln 1056–1075
** um 1010 in Schwaben*
† 4. 12. 1075 Siegburg
Als Probst an der Kaiserpfalz Goslar von Kaiser →Heinrich III. gegen den Willen der Kölner zu deren Erzbischof ernannt, förderte A. die Reform der Kirchen und Klöster, erweiterte das Kölner Territorium beträchtlich, gründete die Stifte St. Maria ad gradus und St. Georg in Köln sowie die Klöster Siegburg, Grafschaft und Saalfeld. Durch den Staatsstreich von Kaiserswerth bemächtigte er sich des unmündigen Königs →Heinrich IV. (1062), beendete so die Regentschaft der Kaiserin →Agnes und wurde der eigentl. Herr des Reiches. Das Schisma zwischen Papst →Alexander II. und Gegenpapst Honorius entschied A. 1064 auf der Synode von Mantua zugunsten Alexanders. Ab 1063 beschnitt Erzbischof →Adalbert von Bremen A.s Einfluß. 1074 von den Kölnern vertrieben und im Konflikt mit Papst →Gregor VII., zog er sich in seine Stiftung nach Siegburg zurück. Sein Lob singt das bald nach seinem Tod entstandene Annolied. – Heiligsprechung 1183 (Fest: 4. 12.).

Anselm von Canterbury
lateinischer Theologe und Philosoph
** 1033 Aosta, Piemont*
† 21. 4. 1109 Canterbury

A. war seit 1078 Abt des Benediktinerklosters Bec (Normandie), bevor er 1093 Erzbischof von Canterbury wurde. Sein ontolog. Gottesbeweis beeinflußte noch die neuere Philosophie bis zu G. F. W. →Hegel, wurde jedoch schon von →Thomas von Aquin, später von Immanuel Kant widerlegt. Sein Glaubensbegriff (»Credo, ut intelligam« – »Ich glaube, um zu erkennen«) prägte die Entwicklung der scholast. Theologie. Das Hauptwerk des »Vaters der Scholastik« enthält eine systematische Begründung der Lehre von der stellvertretenden Genugtuung im Opfertod Christi (»Cur deus homo«, »Warum Gott Mensch geworden ist«). 1721 wurde A. zum Kirchenlehrer erhoben und heiliggesprochen (Fest: 21. 4.).
(▷ Chronik Zitat)

Ansgar
Erzbischof von Hamburg-Bremen
** um 801 in der Picardie*
† 3. 2. 865 Bremen
A. wirkte als Benediktinermönch zunächst in der Abtei Corbie, ab 823 in Corvey und missionierte, von König →Harald Klak geholt, als »Apostel des Nordens« 827–830 in Dänemark und Schweden. 831 berief ihn Papst Gregor IV. zum ersten Erzbischof von Hamburg und päpstl. Legaten im Norden. Trotz vieler Fehlschläge gab A. die Missionierung nicht auf. Nach der Zerstörung Hamburgs durch die Dänen 845 erhielt er von →Ludwig dem Deutschen das Bistum Bremen, das mit Hamburg zum Erzbistum Hamburg–Bremen vereinigt wurde. A. wurde heiliggesprochen (Fest: 3. 2.).

Antall, József
ungarischer Ministerpräsident 1990–1993
** 7. 4. 1932 Budapest*
† 12. 12. 1993 Budapest

Der Historiker A. war eine der herausragenden Persönlichkeiten der demokrat. Wende Ungarns. Nachdem er die von ihm 1989 mitbegründete Partei, das Ungar. Demokrat. Forum, in den ersten freien Parlamentswahlen 1990 zum Sieg geführt hatte, übernahm er das Amt des Min.-Präs. und begann unter relativer innenpolit. Stabilität die Umformung des Landes in eine westlich orientierte Demokratie mit dem Ziel einer Anbindung an die EG.

Antigonos I. Monophthalmos
makedonischer Feldherr, Diadochenkönig
** um 382 v. Chr.*
† 301 v. Chr.
(Griechisch »Monophthalmos« = »der Einäugige«). Nach →Alexanders d. Gr. Tod (323 v. Chr.) versuchte sein Generalstatthalter A., seit 333 schon Satrap von Phrygien, die zerfallene Reichseinheit wiederherzustellen, stieß gemeinsam mit seinem Sohn →Demetrios I. Poliorketes jedoch auf den Widerstand der anderen wichtigen Diadochen (→Ptolemaios I., →Seleukos I., →Kassandros, →Lysimachos). 316 gewann A. die östliche Satrapie, die er 312 teilweise wieder verlor. Nachdem Demetrios Athen eingenommen hatte (307), vereinigte A. bald darauf einen Großteil von Griechenland in einem von ihm geführten Bund und nahm mit Demetrios nach dessen Sieg über Ptolemaios bei Salamis 306 den Königstitel an. In der Schlacht bei Ipsos 301 unterlag A. Lysimachos und Seleukos I., unter denen sein Reich »wie ein Leichnam« (Plutarch) aufgeteilt wurde. Sein Enkel Antigonos II. Gonatas (ca. 319 bis 329), Sohn von Demetrios, begründete die Dynastie der Antigoniden, die in Makedonien das Antigonidenreich beherrschten (276–168).

***Antiochos**, Könige der Seleukidendynastie*

Antiochos I. Soter
König 281–261 v. Chr.
** 324/23 v. Chr.*
† 261 v. Chr.
(Griechisch »Soter« = »der Retter«). A. war Statthalter der Ostprovinzen, Sohn und seit 293 Mitregent →Seleukos' I.; den Beinamen Soter erhielt er nach dem Sieg über die in Kleinasien eingedrungenen Galater. Gegen die Kelten, Pergamon und →Ptolemaios II. blieb er jedoch weitgehend erfolglos. A. gründete zahlreiche Städte und initiierte den seleukid. Herrscherkult.

Antiochos II. Theos
König 261–246 v. Chr.
** um 287/86 v. Chr.*
† 246 v. Chr. Ephesus
(Griechisch »Theos« = »Gott«). Der Sohn von →A. I., seit 266/65 dessen Mitregent, behauptete weitgehend den Zusammenhalt des Seleukidenreichs in Kämpfen in Thrakien, Kleinasien und im 2. Syr. Krieg gegen →Ptolemaios II. Seinen Sohn Seleukos II. setzte er zum Nachfolger ein.

Antiochos III., ***der Große***
König 223–187 v. Chr.
** 243/42 v. Chr.*
† 187 v. Chr. bei Susa
Jüngerer Sohn Seleukos' II., Bruder Seleukos' III. Neben →Seleukos I. war A. der bedeutendste Herrscher des Seleukidenreichs. In zahlreichen Feldzügen führte er das Reich äußerlich zu alter Größe, konnte es aber nicht festigen und verlor im 4. Syrischen Krieg 217 Palästina und Phönikien vorübergehend an Ägypten (in seinem Feldzug von 201 bis 195 eroberte er sie wieder zurück).
212–205 stieß er mit seiner »Anabasis« auf den

Spuren →Alexanders d. Gr. bis nach Indien vor, machte Parthien und Baktrien zu Vasallenkönigtümern und erneuerte die Verbindung der Seleukiden zur Dynastie des indischen Königs →Aschoka. Mit der Einnahme von Thrakien und Teilen Griechenlands unter Beratung →Hannibals geriet er mit den Römern in Konflikt und wurde von diesen durch →Cato d. Ä. bei den Thermopylen 191 und durch →Scipio Africanus (d. Ä.) bei Magnesia (Kleinasien) 190 entscheidend besiegt. Im Frieden von Apameia (188) mußte er ihnen Kleinasien westl. des Taurus und seine unbesiegte Kriegsflotte abtreten. Beim Versuch, den Schatz des Beltempels in der Nähe von Susa zu rauben, wurde er von den aufgebrachten Einwohnern erschlagen.

Antiochos IV. Epiphanes
König 175–164 v. Chr.
† 164 v. Chr.
A., dritter Sohn von →A. III., lebte 189 als Geisel in Rom, machte sich nach Ermordung seines Bruders Seleukos IV. zum Pharao und eroberte im 6. Syr. Krieg Ägypten (168), wurde jedoch durch ein Ultimatum von den Römern vor Alexandria zum Abzug gezwungen. Mit seinem Versuch, die Juden gewaltsam zu hellenisieren (Verbot des Jahwekults und jüd. Bräuche, Einführung des Opferkults für Zeus und den König, 167), provozierte er 166 den Aufstand unter Führung des Priestergeschlechts der Makkabäer. (→Judas Makkabäus)

Antonescu, Ion

rumänischer Marschall und Staatsoberhaupt 1940–1944
** 2. 6. 1882 Pitești, Karpaten*
† 1. 6. 1946 Bukarest

Seit 1933 Chef des Generalstabs und seit 1937 Verteidigungs-Min., ging A. gegen den Willen König →Karls II. (Carols II.) ein Zweckbündnis mit der faschist. Eisernen Garde ein. Nach der sowjet. Besetzung Bessarabiens und der Nordbukowina und dem Wiener Schiedsspruch zugunsten Ungarns (Gebietsabtretungen in Siebenbürgen) 1940 ernannte Karl ihn jedoch zum Staats- und Regierungschef mit unbeschränkten Vollmachten, bevor der König ihn zugunsten seines Sohnes Michael (König 1927 bis 1930, 1940–1947) zum Rücktritt zwang. Nachdem A. einen Putschversuch der Eisernen Garde mit dt. Unterstützung niedergeschlagen hatte, trat er an der Seite Adolf →Hitlers 1941 in den Krieg gegen die Sowjetunion ein. Angesichts des bevorstehenden Zusammenbruchs wurde er 1944 von König Michael gestürzt und an die UdSSR ausgeliefert. Der rumän. Volksgerichtshof verurteilte A. 1946 als Kriegsverbrecher und ließ ihn hinrichten.

Antoninus Pius
römischer Kaiser 138–161
** 86 Lanuvium*
† 7. 3. 161 Lanuvium
(*»A. der Fromme«*, eigentlich *Titus Aurelius Fulvus Boionius Arrius*, südgall. Herkunft; Adoptivsohn →Hadrians). Defensive Grenzpolitik und kultureller Aufstieg der Provinzen kennzeichneten A.' Herrschaft als eine der friedvollsten der Kaiserzeit. 139 gelang ihm eine Verhandlungslösung im langwierigen Streit mit den Parthern um Armenien. 143 ließ er einen Grenzwall nördl. des Hadrianwalls in Britannien anlegen (A.wall), in Germanien den Limes und die Kastelle Saalburg und Lorch verstärken. 146 erhob er →Marc Aurel zum Mitregenten.

Antonius, Marcus

römischer Feldherr und Politiker
** 82 v. Chr.*
† 30 v. Chr.

(Marc Anton). Der Gefolgsmann →Caesars nahm als Volkstribun (50/49) dessen Interessen im Senat wahr, war als magister equitum (Heermeister) sein Stellvertreter in Rom und Italien (48/47) und übte mit ihm 44 das Konsulat aus. Nach Caesars Ermordung 44 sicherte er sich Testament und Staatsschatz, vertrieb und verfolgte die Verschwörer, wurde jedoch 43 von dem mit dem Senat verbündeten Octavian (→Augustus) bei Mutina geschlagen. Mit Marcus Aemilius →Lepidus und Octavian schloß er das 2. Triumvirat zur Neuordnung des Staates und Weiterführung des Kampfes gegen die Caesarmörder →Brutus und →Cassius, die er 42 in der Schlacht bei

Philippi schlug. Nach erneuten Auseinandersetzungen mit Octavian erhielt er bei der Teilung des Reichs zwischen den Triumvirn im Vertrag von Brundisium (40) den Osten. Der ägypt. Vasallenkönigin →Kleopatra VII., mit der er über den Beistand Ägyptens im Konflikt mit Octavian verhandelt hatte, folgte er nach Alexandria und vermählte sich mit ihr (37). Sein Versuch, das Partherreich zu erobern, blieb 34 stecken. Nach erneutem Konflikt erklärte ihm der röm. Senat den Krieg. In der Seeschlacht bei Aktium 31 wurden A. und Kleopatra geschlagen. A. floh nach Alexandria und nahm sich, als die Stadt von Octavians Truppen belagert wurde, das Leben. Kleopatra folgte ihm in den Tod.
(▷ Chronik Zitat)

Antikes Vollblut

Chronik Zitat

Als großen Gegenspieler Caesars porträtiert Christian Meier Marcus Antonius in seiner Biographie »Caesar« (München 1986):

»Vollblütig wie er war, glaubte Antonius sich nichts zu vergeben, wenn er mit den Soldaten die Nächte durchzechte, groß daherredete, prahlte, in vielem wie ein großer Junge. Seine Freigebigkeit, seine Verschwendung imponierten. Aber dann wußte er auch zu befehlen und mitzureißen. Politisch konnte er sich massiv durchsetzen, als Volkstribun im Jahr 49 und sonst. Aber das starke langsame Bohren von harten Brettern mit Leidenschaft und Augenmaß war nicht seine Sache, dazu war er zu zerfahren und ablenkbar; als Caesars Statthalter in Italien hatte er offenkundig versagt ...
Er war der Herr und er genoß es, wie ein Potentat zu leben; die Nächte mit Theateraufführungen, Wein und Liebe ausgefüllt, tagsüber schlafend oder mit schwerem Kopfe herumgehend; eines Morgens erbrach er sich in der Volksversammlung ...
Besonders bemerkenswert war das goldene Geschirr, auf dem Antonius servieren ließ, und daß er gelegentlich Löwen vor seinen Wagen spannte, um wie der Gott Bacchus daherzukommen. Cicero fand einmal, er habe es mehr auf Festlichkeit abgesehen, als daß er Böses im Schilde führte.«

Antonius der Große

Mönch, Eremit und Patriarch, Heiliger
** 251/252*
Kome (Mittelägypten)
† 356

A. war einer der ersten christl. Einsiedlermönche in Ägypten und gilt, obwohl kein Ordensgründer, als »Vater des Mönchtums«. Mit seiner asketischen Lebensweise in der Wüste war er den Eremiten ein leuchtendes Vorbild. Sein Nachruhm beruht wesentlich auf der von seinem Freund →Athanasios verfaßten Biographie (»Antoniusleben«). A. wurde heiliggesprochen (Fest: 17. 1.).

Anton von Bourbon
König von Navarra 1555–1562
** 22. 4. 1518 La Fère-en-Tardenois*
† 17. 11. 1562 Les Andelys
A., seit 1537 Herzog von Vendôme und Beaumont, war Gatte Jeanne d'Albrets (* 1528, † 1572), der Erbin des Königreichs Navarra, und Vater →Heinrichs IV. von Frankreich. Unter dem Einfluß der prot. Jeanne konvertiert, übernahm er 1557 die Führung der Hugenotten und kämpfte mit seinem Bruder Ludwig I. Condé (* 1530, † 1569) gegen die antireformatorischen Herzöge →Guise. 1561 bekannte er sich wieder zum Katholizismus und fiel im ersten Hugenottenkrieg als Heerführer der kath. Truppen bei der Belagerung von Rouen.

Aquino, Corazón
philippinische Staatspräsidentin 1986–1992
** 25. 1. 1933 Manila*
Als Witwe des populären, vermutlich im Auftrag des Präs. Ferdinand →Marcos 1983 ermordeten Oppositionsführers Benigno A. übernahm Corazón A. die Führung des Widerstandes. Auf der Basis eines »Programms des passiven Widerstands« und mit Rückendeckung der USA gelang ihr 1986 der Sturz des diktatorischen Regimes. Als Staats-Präs. behauptete sie sich gegen mehrere Putschversuche von Marcos-Anhängern, blieb jedoch bei der Überwindung der wirtschaftl. Misere und der Bekämpfung der Massenarbeitslosigkeit erfolglos und verzichtete bei den Wahlen 1992 auf eine erneute Kandidatur.

Arafat, Jassir

palästinensischer Politiker
** 24.(?) 8. 1929(?) Jerusalem (?)*

Unter dem Decknamen *Abu Ammar* avancierte der Gründer des Palästinensischen Studentenverbandes, Mitbegründer und Führer der Untergrundorganisation Al Fatah (»Bewegung zur Befreiung Palästinas«, 1959) zum Führer im Befreiungskampf der Palästinenser. Als Vorsitzender der Palästinensischen Befreiungsorganisation (PLO) seit 1969 erreichte er 1973 ihre Anerkennung als einzig rechtmäßige Repräsentanz durch die arab. Staaten. Trotz zahlreicher schwerer Niederlagen (u. a. Vertreibung aus Jordanien 1970, aus Beirut 1982, Damaskus und Tripolis 1983, Südlibanon 1988) und heftiger Konflikte in den eigenen Reihen über seinen zunehmend gemäßigten Kurs konnte er als geschickter Bündnistaktiker, der nationalen Zielen den Vorrang vor ideologischen gab, seine Führungsposition stets behaupten. Seine Wahl zum Präsidenten des 1989 gegründeten fiktiven Staates Palästina verband er mit der Anerkennung des Existenzrechtes Israels. Durch die Parteinahme für Saddam →Hussein im 2. Golfkrieg (1990/91) und für die Putschisten gegen Michail →Gorbatschow (1991) geriet er zeitweilig international in schwere Bedrängnis. Seinen größten Erfolg erzielte der politische Überlebenskünstler im Jahr 1993 mit dem Abschluß des Friedensabkommens mit Israel über die begrenzte Autonomie für den Gaza-Streifen und Jericho, den Abzug des israelischen Militärs aus diesen Gebieten 1994 und seine Rückkehr als Chef der Palästinensischen Autonomiebehörde nach 27jährigem Exil. 1994 erhielt A. (zusammen mit Shimon →Peres und Yitzhak →Rabin) den Friedensnobelpreis.

Arbogast
weströmischer Heerführer
† 8. 9. 394
Der heidnische Franke A. trat 381 in die Dienste des römischen Kaisers →Gratian (367–383) und war als Berater Kaiser →Valentinians II. und 1. Heermeister des Westens als erster Germane der eigentl. Regent Galliens. A. ermordete Valentinian, erhob den Kanzler und Rhetoriklehrer Eugenius zum (Schatten-) Kaiser des Westens (392–394) und restaurierte die heidnischen Kulte. Nachdem er dem in Konstantinopel residierenden Kaiser →Theodosius I., der Eugenius im Glaubenskampf die Anerkennung verweigert hatte, in der Schlacht bei Aquileia 394 unterlegen war, nahm er sich das Leben.

Archelaos I.
König von Makedonien um 414/411–399 v. Chr.
† 399 v. Chr.
A. kam als illegitimer Sohn Perdikkas' II. und einer Sklavin durch rücksichtslose Gewalt zur Macht, eroberte 410 Pydna, expandierte das Reich nach Thessalien und etablierte es als Großmacht im östl. Mittelmeer. Pella machte er zur neuen Residenz und baute es zum wirtschaftl. und kulturellen Zentrum Makedoniens aus, dessen innere Entwicklung er intensiv förderte (Heerwesen, Verkehr, Einführung des pers. Münzfußes). Herausragende Persönlichkeiten (u. a. den Philosophen Euripides) zog an seinen Hof. Sokrates und →Platon prangerten ihn als Tyrannen an, während →Thukydides seine Aufbauleistungen hervorhob.

Archidamos II.
spartanischer König der Eurypontiden-Dynastie etwa 476–427 v. Chr.
† 427 v. Chr.
A. rettete nach dem Erdbeben 467 Sparta vor Einnahme und Plünderung durch die Messenier und Heloten. Nach →Thukydides war er bei den Verhandlungen vor dem Ausbruch des Peloponnesischen Krieges Sprecher der zur Vorsicht mahnenden Partei in Sparta. Zunächst noch auf ein Nachgeben Athens hoffend, führte er als Feldherr 431 das Bundesheer der Peloponnesier nach Attika und eröffnete den Kampf (»Archidamischer Krieg«).

Archidamos III.
spartanischer König der Eurypontiden-Dynastie 360–338 v. Chr.
** um 400 v. Chr.*
† 338 v. Chr.
Sohn und Nachfolger König →Agesilaos' II. Nach Spartas Niederlage bei Leuktra 371 konnte A. trotz einzelner Erfolge den Niedergang der spartan. Macht auf dem Peloponnes nicht aufhalten. 343 kam er mit einem Söldnerheer Tarent gegen die Lukaner und Messepier zu Hilfe, wurde aber von diesen 338 bei Mandonion geschlagen und fiel.

Ardaschir I.
iranischer Großkönig der Sassanidendynastie 224(27)–241
A. *(Artaxerxes I.)* war anfangs Vasall des letzten parthischen Großkönigs Artabanos V. (ca. 213–227) aus der Dynastie der Arsakiden. 224 besiegte er ihn und begründete das Sassanidenreich (bis 651). In Kriegen gegen Rom und Armenien (230–233, 237/38) versuchte er, die Gebiete des altpers. Achämenidenreichs (Nordmesopotamien, Kleinasien) wiederzugewinnen. Mit inneren Reformen stärkte er die königliche Zentralgewalt gegenüber den Regionalfürsten (Magnaten), führte den Titel Schah-in-Schah (»König der Könige«) ein und erhob den Kult →Zarathustras zur Staatsreligion. Mit dem Aufstieg der Sassaniden begann die Hochblüte der persischen Kultur. Nachfolger: →Schapur I.

Arias Sánchez, Oscar
costaricanischer Staatspräsident 1986–1990
** 13. 9. 1941 Heredia bei San José*

Als Generalsekretär der sozialdemokratisch orientierten Partido de Liberación Nacional (PLN) wurde A. 1986 Staatspräsident Costa Ricas. Für seinen Mittelamerika-Friedensplan, der den Bürgerkrieg in Nicaragua beendete, ein Arrangement mit den oppositionellen Kräften und die Amnestie politischer Gefangener vorsah und von den Staatschefs von fünf mittelamerikan. Staaten unterzeichnet wurde, erhielt er 1987 den Friedensnobelpreis.

Ariovist
Heerkönig der Sueben ca. 71–58 v. Chr.
A. überschritt mit seinem aus verschiedenen german. Stämmen gebildeten Heer etwa 71 v. Chr. den Rhein, um die keltischen Sequaner gegen die Haeduer zu unterstützen, besiegte diese 61 v. Chr. und siedelte seine Völkerschaft linksrheinisch an. 59 v. Chr. noch als »amicus populi Romani« (»Freund des röm. Volkes«) anerkannt, trat →Caesar schon bald A.s Expansionsabsichten entgegen: 58 v. Chr. schlug er A. in der Nähe des heutigen Belfort und trieb ihn über den Rhein.

Aristide, Jean Bertrand
Staatspräsident von Haiti seit 1991
** 1953 in Haiti*

Nach der Vertreibung des Diktators Jean-Claude →Duvalier jun. (»Baby Doc«) gewann der aus armen Verhältnissen stammende kath. Priester und linke Befreiungstheologe (1988 aus dem Orden der Salesianer ausgeschlossen) die ersten freien Wahlen Haitis mit mehr als zwei Drittel der Stimmen (Dez. 1990). Nach ersten Maßnahmen gegen Korruption und Mißwirtschaft entmachtete das Militär unter General Raoul Cèdras den Hoffnungsträger der verarmten Bevölkerung nach achtmontiger Amtszeit. A. floh ins Exil in die USA, von wo aus er seine Wiedereinsetzung betrieb. Nach mehrjährigem Embargo und angesichts einer kampflosen US-Militärintervention gaben die haitian. Usurpatoren auf, A. trat sein Amt wieder an (1994). Seine scharfe Kritik an der amerikan. Lateinamerikapolitik hatte er mit Beginn der Amtszeit →Clintons gemildert.

Aristides
Archon von Athen 489/88 v. Chr.
** um 550 v. Chr.*
† 467 v. Chr.

Wegen seiner konservativen Opposition gegen die Seemachtpläne des →Themistokles als Archon durch Ostrakismos (Scherbengericht) 482 gestürzt und verbannt, unterstützte A. nach seiner Amnestie 480 Themistokles und zeichnete sich in den Perserkriegen als einer der großen athenischen Feldherren aus (490 Marathon, 480 Seeschlacht bei Salamis, 479 Plataä). 477 erreichte er mit der Gründung des gegen das Perserreich gerichteten defensiven Attisch-Delischen Seebundes die Hegemonie Athens in Griechenland. Seine Festsetzung der jährlichen Zahlungen der Mitglieder des Bundes in die gemeinsame Kasse brachte ihm den Beinamen »der Gerechte« ein.

Aristonikos
Aufstandsführer von Pergamon
† 129 v. Chr. Rom
Als angeblicher unehel. Sohn des Königs Attalos II. von Pergamon (* 220, † 138 v. Chr.) beanspruchte A. das pergamen. Reich, das sein Bruder Attalos III. (* 171, † 133 v. Chr.) den Römern vermacht hatte, erhielt von den Bürgern Pergamons jedoch keine Unterstützung. Die starken sozialen Spannungen ausnützend, beschwor er die Utopie eines auf Freiheit und Brüderlichkeit gegründeten Staates, in dem alle Menschen als »Sonnenbürger« (Heliopoliten) gleiche Rechte genießen sollten, und rief die Landbevölkerung und die Sklaven zum Freiheitskampf auf. Der Aufstand erfaßte bald ganz Kleinasien und machte den kleinasiat. Städten und Königen sowie den Römern schwer zu schaffen. Erst 130 gelang es ihnen, die Rebellen niederzuschlagen. A. wurde in Rom erdrosselt.

Aristoteles
griechischer Philosoph
** 384 v. Chr.*
Stagira, Thrakien
† 322 v. Chr.
Chalkis auf Euböa

A., Sohn eines Arztes auf der Chalkidike, gehörte 20 Jahre der Akademie →Platons in Athen an, bevor er von König →Philipp II. zum Erzieher →Alexanders d. Gr. an den makedon. Hof berufen wurde. Nach dessen Thronbesteigung kehrte A. nach Athen zurück und gründete am staatl. Gymnasium (Lykeion) eine eigene Schule (335). Als sich nach dem Tode Alexanders die Athener gegen die makedon. Herrschaft erhoben, floh A. als Freund des Königshauses auf die Insel Euböa.
A. ist neben →Platon die wirkungsmächtigste Gestalt der antiken Philosophie. In seinem Œuvre von

Warum der Mensch den Staat braucht

Chronik Zitat

In seinem Werk »Politica« bestimmt Aristoteles die Aufgaben des Staates aus der Natur des Menschen:

»Die aus mehreren Dörfern bestehende vollkommene Gemeinschaft ist der Staat. Er erreicht gewissermaßen die Grenze der vollkommenen Autarkie, um des bloßen Lebens willen entstanden, dann aber um des vollkommenen Lebens willen bestehend . . . Die Autarkie ist aber das Ziel und das Beste.
Daraus ergibt sich, daß der Staat zu den naturgemäßen Gebilden gehört und daß der Mensch von Natur ein staatenbildendes Lebewesen ist; derjenige, der durch seine Natur und nicht bloß aus Zufall außerhalb des Staates lebt, ist entweder schlecht oder höher als der Mensch, wie etwa der von Homer beschimpfte: ohne Geschlecht, ohne Gesetz und ohne Herd . . . Daß also der Staat von Natur ist und ursprünglicher als der einzelne, ist klar. Da der einzelne nicht autark für sich zu leben vermag, so wird er sich verhalten wie auch sonst ein Teil zu einem Ganzen. Wer aber nicht in Gemeinschaft leben kann oder in seiner Autarkie ihrer nicht bedarf, der ist wie etwa das Tier oder die Gottheit kein Teil des Staates.
Alle Menschen haben also von Natur aus den Drang zu einer solchen Gemeinschaft, und wer sie als erster aufgebaut hat, ist ein Schöpfer größter Güter. Wie nämlich der Mensch, wenn er vollendet ist, das beste der Lebewesen ist, so ist er ohne Gesetz und Recht das schlechteste von allen. Das schlimmste ist die bewaffnete Ungerechtigkeit. Der Mensch besitzt von Natur als Waffen die Klugheit und Tüchtigkeit, und gerade sie kann man am allermeisten in entgegengesetztem Sinne gebrauchen. Darum ist der Mensch ohne Tugend das gottloseste und wildeste aller Wesen und in Liebeslust und Eßgier das schlimmste. Die Gerechtigkeit dagegen ist der staatlichen Gemeinschaft eigen. Denn das Recht ist die Ordnung der staatlichen Gemeinschaft, und das Recht urteilt darüber, was gerecht sei.«

außerordentlicher Spannweite faßte er nahezu das gesamte Wissen der Antike zusammen, systematisierte es und entwickelte in seiner Auseinandersetzung mit Platons Ideenlehre ein komplexes Gebäude der Welterklärung (»Aristotelisches System«).
In seinen unter dem Titel »Politica« zusammengefaßten Schriften über den Staat geht A. vom Wesen des Menschen als eines »zoon politicon« aus, das auf die gesellschaftl. Organisierung angewiesen ist, um seinen Lebenszweck erfüllen zu können. Er entwirft eine philosoph. Theorie der menschl. Gemeinschaft von der Familie bis zum Staat, prägt die klassischen Begriffe der polit. Theorie, analysiert auf der Basis histor. Studien alle seinerzeit denkbaren Formen der Staatsmacht und zeichnet das Bild der »besten Polis«, eines vollkommenen Staates.
Erst arab. Übersetzungen, die über das maur. Spanien Verbreitung fanden, machten das europ. MA um 1200 mit A. bekannt. Sein Denken bildet eine wesentliche Grundlage für die Geistes- und Wissenschaftsgeschichte des Abendlandes. Ihren Höhepunkt fand die Rezeption A.' in der christl.-scholast. Philosophie des MA, wie sie →Thomas von Aquin am herausragendsten repräsentierte. Erst im 17. Jh. ließen Philosophen wie Francis →Bacon und René Descartes (* 1596, † 1650, »cartesianische Wende der Philosophie«) und Naturwissenschaftler wie Johannes Kepler und Isaak Newton das Aristotelische Weltbild in den Hintergrund treten.
(▷ Chronik Zitat)

Arius
frühchristlicher Häretiker
** um 260 in Libyen*
† 336 Konstantinopel
Mit seiner Lehre (Arianismus), Christus sei nicht wesensgleich mit dem Vater, sondern ein Geschöpf des Vaters aus dem Nichts, bezweifelte der Presbyter in Alexandria die Gottgleichheit Christi und widersprach dem kirchlichen Dogma von der Dreifaltigkeit. Damit löste er einen heftigen theologischen Streit aus und verursachte die erste östliche Kirchenspaltung. Im Jahr 325 wurde der Arianismus als Irrlehre auf dem Konzil zu Nicäa verdammt. Kaiser →Konstantin d. Gr. verbannte A. zunächst nach Illyrien, berief ihn jedoch 328 zurück, als er sich dem Arianismus stärker öffnete. A. starb am Tag vor seiner Wiedereinsetzung durch eine Synode zu Jerusalem. Seine Lehre wurde von Kaiser →Constantius II. 359 zur Staatsreligion erhoben (bis 381) und verbreitete sich später vor allem bei den germanischen Völkern.

Arminius, *Armin der Cherusker*
(fälschlich Hermann)
Cheruskerfürst
** um 18 v. Chr.*
† um 21 n. Chr.
Als Führer german. Truppen im röm. Dienst, röm. Bürger und Ritter, erlernte A. die röm. Kriegstechnik. 7 n. Chr. in die Heimat zurückgekehrt, entfachte er einen Aufstand der Cherusker und benachbarter Stämme und vernichtete 9 n. Chr. drei röm. Legionen unter dem Feldherrn Publius Quinctilius →Varus (»Varusschlacht«). In der Folge gaben die Römer ihre Kastelle zwischen Rhein und Weser auf. →Germanicus konnte A. zwar 16 an der Weser schlagen, mußte aber dennoch Germanien räumen. Der röm. Kaiser →Tiberius verzichtete auf eine Wiedereroberung Germaniens. An der Spitze einer Koalition von Stämmen wandte sich A. gegen den Markomannenfürsten →Marbod und schlug ihn (17). Wenig später wurde er von Verwandten, die offenbar seine Machtstellung fürchteten, ermordet.
In der Literatur seit dem 17. Jh. häufig – unhistorisch – als deutscher Nationalheld dargestellt (u. a. von Lohenstein, Klopstock, Kleist, Grabbe), wurde A. zu Ehren im 19. Jh. im Teutoburger Wald das Hermannsdenkmal errichtet.

Arndt, Ernst Moritz
deutscher Publizist
** 26. 12. 1769*
Schoritz auf Rügen
† 29. 1. 1860 Bonn

Der Sohn eines ehemals leibeigenen Bauern unter schwedischer Herrschaft machte sich als Professor der Geschichte (seit 1805) zum publizistischen Vorkämpfer des gegen →Napoleon I. gerichteten Kampfes um die nationale Einheit der Deutschen (»Geist der Zeit«, 1806). Unter anderem als Privatsekretär des Freiherrn vom →Stein in St. Petersburg (1812 bis 1815) beeinflußte er konzeptionell und literarisch die nationale Reformbewegung unter Führung Preußens (»Der Gott, der Eisen wachsen ließ«, »Was ist des Deutschen Vaterland?«). 1818 wurde er an die Universität Bonn berufen, im Zuge der Restauration nach den Karlsbader Beschlüssen (1819,

Demagogenverfolgungen) jedoch 1820 suspendiert. Erst 1840 vom preußischen König →Friedrich Wilhelm IV. rehabilitiert, war er 1848/49 Abg. des rechten Zentrums der Frankfurter Nationalversammlung und propagierte das von Friedrich Wilhelm ausgeschlagene Erbkaisertum.

Arnold von Brescia

italienischer Kirchenreformer
** um 1100 Brescia*
† 1155 Rom

Der Augustinermönch und Schüler →Abälards setzte sich an die Spitze einer radikalen Kirchenreformbewegung, die den weltlichen Einfluß der Kirche bekämpfte und ihre sittl. Vollkommenheit forderte. 1139 veranlaßte er die Vertreibung des Bischofs aus Brescia. Nach der von →Bernhard von Clairvaux durchgesetzten Haft und Verbannung errichtete er nach päpstlicher Verzeihung (1145) als Führer der demokratischen Partei nach antikem Vorbild die Republik Rom (1147). Gebannt und nach einem Edikt Papst →Hadrians IV. über Rom von der römischen Bürgerschaft aus der Stadt vertrieben, nahm ihn Kaiser →Friedrich I. Barbarossa gefangen und lieferte ihn aus. A. wurde hingerichtet.

Arnulf von Kärnten

ostfränkischer König und römischer Kaiser
887–899
** um 850*
Moosburg, Kärnten
† 8. 12. 899 Regensburg

Der natürliche Sohn des ostfränk. Karolingers →Karlmann, Markgraf von Kärnten und Pannonien, wurde 887 nach erzwungener Abdankung →Karls III. (des Dicken) auf dem Reichstag zu Tribur durch Wahl zum König von Ostfranken erhoben. Als tatkräftiger Herrscher gewann A. die Oberherrschaft über Westfranken, Hochburgund und Oberitalien, doch reichte seine reale Macht nicht weit über das Ostfrankenreich hinaus. Die Normannen besiegte er in der Schlacht bei Löwen 891. Vom Papst →Formosus gegen den Langobardenkönig Guido II. († 894), der sich 891 und seinen Sohn und Mitregenten Lambert von Spoleto († 898) 892 zum Kaiser krönen ließ, zu Hilfe gerufen, zog er 894 und 895 über die Alpen, eroberte Rom und wurde 896 als letzter Karolinger zum Kaiser gekrönt. Unter A. zerfiel das Karolingerreich endgültig in unabhängige Stammesherzogtümer. Das ostfränk. wandelte sich zum Dt. Reich. Nachfolger: →Ludwig IV. (das Kind).

Árpád

Großfürst der Magyaren ca. 890–907

Á. führte die von ihm vereinigten sieben Stämme der Magyaren aus dem Lebedien (Südrußland) an die untere Donau (Etelköz) und 895/896 unter dem Druck der nachdrängenden Petschenegen nach Pannonien (Magyarische Landnahme). Als erster Großfürst begründete er die Dynastie der Árpáden, die seit 1000 (Stephan I.) Ungarns Könige stellte und 1301 im Mannesstamm erlosch.

Artaxerxes I.

altpersischer König aus der Dynastie der Achämeniden
465–424 v. Chr.
† 424 v. Chr.

(*A. Makrocheir*, lateinisch *Longimanus*). A. folgte seinem Vater →Xerxes I. nach dessen und seines älteren Bruders Ermordung auf den Thron des persischen Großkönigs. Er erwehrte sich zahlreicher innerer Aufstände und schloß nach der persischen Niederlage in der Seeschlacht von Salamis (450) bei allgemeiner Kriegsmüdigkeit mit Athen 449 den Kalliasfrieden, der die Perserkriege beendete: A. mußte die Autonomie der Griechenstädte im westlichen Kleinasien anerkennen, erreichte aber den Verzicht Athens auf Unterstützung von Aufstandsbewegungen im persischen Machtbereich (Ägypten, Zypern). Die Nachfolgekämpfe unter den Söhnen, in denen sich A. →Dareios II. durchsetzte, leiteten den Niedergang des Reiches ein.

Artaxerxes II.
altpersischer König aus der Dynastie der Achämeniden 404–um 358 v. Chr.
** um 451 v. Chr.*
† um 358 v. Chr.
(Auch *A. Mnemon*). Der Sohn und Nachfolger →Dareios II. behauptete sich 401 gegen seinen Bruder Kyros d. J. in der Schlacht bei Kunaxa am Euphrat, schloß 386 den Frieden des Antalkidas (»Königsfrieden«), der ihn zum Protektor der Autonomie der griech. Staaten machte und ihm damit weitgehende Einspruchsrechte in Griechenland sicherte. Trotz seiner Wiedereroberungsversuche (389–387, 372) mußte er die Unabhängigkeit Ägyptens, das sich 410 erhoben hatte, anerkennen. Sein Sohn *A. III. Ochos* († 337) trat um 358 die Nachfolge an und eroberte 343 Ägypten zurück.

Artevelde, Jacob van
flandrischer Volksführer
** um 1290 Gent*
† 17. 7. 1345 Gent
Nach Vertreibung der Grafen von Flandern wurde A. 1338 Stadthauptmann von Gent und beherrschte danach Flandern. Sein selbstherrliches Regiment und soziale Widersprüche führten zum Aufstand der Weber, in dem er erschlagen wurde. Vater von Philipp van A. (* 1340, † 1382), der 1382 Stadthauptmann von Gent wurde, Brügge einnahm und als Statthalter von Flandern regierte.

Artigas, José Gervasio
uruguayscher Freiheitskämpfer
** 19. 6. 1764 Montevideo*
† 23. 9. 1850 Asunción
A., der zunächst span. Milizoffizier war, führte die aufständischen Gauchos 1811–1820 im Freiheitskampf gegen die Herrschaft von Spaniern, Portugiesen und Argentiniern und befreite die Banda Oriental, das spätere Uruguay. Mehrfach besiegt, floh er 1820 ins Exil nach Paraguay. Der Frieden von Montevideo erbrachte 1828 die Unabhängigkeit Uruguays, das A. als Nationalheld verehrt.

Asarhaddon
König von Assyrien 680–669 v. Chr.
Sohn und Nachfolger →Sanheribs. Fiel 671 in Ägypten ein und eroberte Memphis, kämpfte gegen Phönizier, Kimmerier und Skythen, führte das Neuassyrische Reich zur kulturellen Hochblüte und ließ das 689 zerstörte Babylon wieder aufbauen. Nachfolger: →Assurbanipal.

Aschoka
indischer Kaiser der Maurya-Dynastie etwa 270–232 v. Chr.
** um 290 v. Chr.*
† 232 v. Chr.
Als 3. König der Maurya-Dynastie einigte der Enkel →Chandraguptas Indien erstmals im Rahmen eines zentralistischen Großreichs, das fast den ganzen Subkontinent einschließlich Teilen Afghanistans umfaßte (Hauptstadt Pataliputra/Patna). Seine Edikte, früheste Zeugnisse indischer Schreibkunst, ließ er in Steinsäulen und Felsen meißeln. Zum Buddhismus bekehrt, förderte er eine universelle buddhistische Mission, übte jedoch religiöse Toleranz; sandte Botschafter in den Vorderen Orient, nach Griechenland und Ägypten; erstrebte einen Wohlfahrtsstaat und richtete Hospitäler für Menschen und Tiere ein. Nach seinem Tod zerfiel das Reich. Das Löwenkapitell von Sarnath (Staatswappen Indiens) dokumentiert die Hochblüte der Kunst unter A.s Herrschaft. In der buddhistischen Überlieferung gilt A. als Idealherrscher.

Asquith, Herbert Henry
britischer Premierminister 1908–1916
** 12. 9. 1852 Morley, Yorkshire*
† 15. 2. 1928 Sutton Courtenay
(*Earl of Oxford and A.* ab 1925). Der Rechtsanwalt, liberaler Abg. im Unterhaus seit 1886 und 1892 bis 1895 Innen-Min. im Kabinett →Gladstone, führte 1906–1908 als Schatzkanzler unter Henry →Campbell-Bannerman umfassende Sozialreformen durch, u. a. 1909 People's Budget (Pensionen, ärztl. Schulbetreuung, Schulspeisung, Krankenfürsorge, Arbeitslosenhilfe – durch Einkommens- und Vermögenssteuern finanziert). Als Premier-Min. brachte er 1911 die Parlamentsakte ein, die die Macht des Oberhauses endgültig brach. Nach Beginn des 1. Weltkriegs führte er 1915/16 das erste Allparteienkabinett. Wegen zögerlicher Kriegführung von David →Lloyd George im Dez. 1916 gestürzt, übernahm er die Führung der liberalen Opposition im Unterhaus. 1925 wurde er nach Verlust des Unterhausmandats als Earl ins Oberhaus berufen.

Assad, Hafez al-
syrischer Staatspräsident seit 1971
** 6. 10. 1930 Kardhaha*
Als Luftwaffenoffizier war A. 1963 am Staatsstreich der Baath-Partei gegen Abdel Karim →Kassem beteiligt. 1966 wurde er Verteidigungsminister, putschte 1970 gegen Präsident Nureddin al- Atasi (seit 1966). Als Staatspräsident (zuletzt wiedergewählt 1991) und Generalsekretär der regierenden Baath-Partei baute er seine Position zur nahezu uneingeschränkten Herrschaft aus. Außenpolitisch verfolgte er mit der Rückendeckung der UdSSR lange einen kompromißlos harten Kurs gegenüber Israel und bekämpfte den ägyptisch-israelischen Friedensschluß von 1979. Im 1. Golfkrieg zwischen Iran und Irak (1980–1988) ergriff er Partei für Iran. Mit seiner Intervention im Libanon unterstrich er seine starke Stellung im arabischen Lager (1987). Seit Auflösung der Machtblöcke erweist er sich als flexibler Taktiker. Indem er sich im 2. Golfkrieg (1990/91) gegen Saddam →Hussein stellte und 1994 mit Israel einen Ausgleich ohne Gesichtsverlust (vor allem hinsichtlich der Kontrolle über die Golan-Höhen) suchte, brachte er sich als Schlüsselfigur bei der langfristigen Lösung des Nahostkonflikts wieder ins Spiel. A. gehört der Religionsgemeinschaft der Alawiten an.

Assurbanipal

König von Assyrien
668–631 v. Chr.

Sohn und Nachfolger →Asarhaddons. A. suchte im Kampf gegen seinen älteren Bruder, den Vizekönig von Babylon, der sich mit dem aufständischen Süden verbündet hatte, die Reichseinheit wieder herzustellen. 652 errang er – unter weitgehender Zerstörung Babylons – den Sieg. Ägypten ging 655 verloren, Elam eroberte und zerstörte er 644. Überlieferungen weisen A. als gebildeten Herrscher aus. In seinem mit kunstvollen Reliefs ausgestatteten Palast in Ninive legte er die umfangreichste babylonisch-assyrische Bibliothek (mit ungefähr 5000 Keilschrifttexten) an.

Assurnasirpal II.
König von Assyrien 883–859 v. Chr.
A. festigte das Neuassyr. Reich durch grausame Feldzüge und Massendeportationen, besiegte die Aramäer und eroberte Nordsyrien. In seiner Hptst. Kalach erbaute er sich einen prächtigen Palast. Seine Elfenbeinschätze wurden z. T. ausgegraben.

Atahualpa

Inkaherrscher
1525–1533
** nach 1500*
† 29. 8. 1533
Cajamarca

13. und letzter Sohn des Inka Huayna Capac und einer Tochter des von diesem besiegten Fürsten von Quito. Seit 1525 Herrscher über den Norden des Reichs, wurde A. nach der Ermordung seines Halbbruders Huascar durch A.s Generäle im Frühjahr 1532 Alleinherrscher. Am 16. 11. 1532 wurde A. in Cajamarca von Francisco →Pizarro gefangengenommen und trotz Zahlung eines gewaltigen Lösegelds an Gold und Silber, das ein noch heute in Cajamarca erhaltenes Palastgemach füllte, nach einem Scheinprozeß erdrosselt.

Atatürk, Kemal
Staatspräsident der Türkei 1923–1938
** 1881 (offiziell festgelegter Geburtstag 19. 5.) Saloniki*
† 10. 11. 1938 Istanbul
A., bis 1934 *Mustafa Kemal Pascha*, verehrt als Schöpfer der modernen Türkei (Atatürk = türkisch »Vater der Türkei«), begann seine polit. Laufbahn 1905 mit der Gründung einer militär. Geheimorganisation als einer der Keimzellen der Jungtürkischen Bewegung, an deren Revolution 1908 er führend beteiligt war. Während des 1. Weltkrieges Befehlshaber in verschiedenen Kommandostellungen, stellte er sich nach der Niederlage des Osman. Reichs 1919 an die Spitze der nationalen Erhebung, rief in Anatolien eine Gegenregierung aus und berief im April 1920 die Große Nationalversammlung in Ankara ein, deren Vors. er wurde. Mit sowjetischer Unterstützung vertrieb er 1921/22 die Griechen aus Kleinasien. Im Frieden von Lausanne konnte er

1923 territoriale Verbesserungen und den griech.-türk. Bevölkerungsaustausch durchsetzen. Im Zuge der Modernisierung des Staatswesens beseitigte er 1922 das Sultanat, 1924 das Kalifat. Seit 1923 Präs. der Türkischen Republik, führte er mit der von ihm als Staatspartei gegr. Republikan. Volkspartei umfassende Reformen durch (Übernahme westeurop. Rechtssysteme, Einehe, Lateinschrift, europ. Kleidung, Einschränkung der Religion). Die Schaffung des Einheitsstaates schloß die Unterdrückung ethn. Minderheiten, insbes. der Armenier und Kurden, ein. Sein polit. Programm, der Kemalismus, zumindest formell von den meisten polit. Kräften der Türkei als verbindlich anerkannt, hat bei den zunehmend stärker werdenden fundamentalistischen islam. Bewegungen seit Beginn der 80er Jahre an Akzeptanz eingebüßt. Nachfolger: Ismet →Inönü.

Athanasios
Patriarch von Alexandria seit 328
** um 295 Alexandria*
† 2. 5. 373 Alexandria
Der griech. Kirchenlehrer A., der als Diakon 325 am Konzil von Nicäa teilnahm und schon mit 33 Jahren Bischof wurde, führte als Schöpfer der Lehre von den zwei Naturen Christi (göttl. und menschl.) und als Hauptverteidiger der Wesensgleichheit Christi mit Gottvater einen kompromißlosen Kampf gegen den von Kaiser →Constantius II. 359 zur Staatsreligion erhobenen Arianismus (→Arius). Seine Unbeugsamkeit trug ihm fünfmalige Enthebung aus dem Amt sowie 17 Jahre Verbannung und Flucht ein. Mit seinen zahlreichen apologetischen und dogmatischen Schriften, u. a. der Biographie →Antonius' d. Gr., beeinflußte er nachhaltig den Weg der lateinischen Kirche und trug entscheidend zur Verbreitung der Mönchsidee im Abendland bei. A. wurde heiliggesprochen; Fest: 2. 5.

Attalos I. Soter
erster König von Pergamon 241–197 v. Chr.
** 269 v. Chr.*
† 197 v. Chr.
A., der nach seinem Vetter Eumenes I. die Herrschaft antrat, bekämpfte als röm. Bundesgenosse Seleukiden und Galater und nahm nach seinem Sieg über die Galater den Königstitel von Pergamon an. Gerühmt als Friedensfürst, förderte er Künste und Wissenschaft in Pergamon. In seiner Regierungszeit kam wegen einer Ausfuhrsperre des Papyrus-Schreibmaterials durch die Ptolemäer das Pergament als Schreibstoff von Pergamon aus in Umlauf. Sein Großneffe A. III. Philometor (König 138–133 v. Chr.) vermachte das Reich von Pergamon testamentarisch den Römern (Provinz Asia).

Attila
König der Hunnen
433–453
** um 410,*
† 453

(In der germanischen Sage »Etzel« = gotisch »Väterchen«). Während des Untergangs des Weströmischen Reiches schuf A. mit seinem Bruder und Mitregenten Bleda, den er 445 ermordete, das letzte große Hunnenreich vom Kaukasus über Ungarn fast bis zum Rhein. Während er nach Einfällen in das Oströmische Reich (441–443, 447) von Ostrom hohen Goldtribut erhielt, stieß er bis Mittelfrankreich vor, wo er 451 von Römern und Westgoten (Flavius →Aetius, →Theoderich I.) auf den Katalaunischen Feldern bei Troyes geschlagen wurde. Er fiel 452 in Italien ein und verwüstete zahlreiche Städte, wurde von Papst →Leo I. aber angeblich bewegt, vor Rom umzukehren, und zog in sein Stammland Pannonien. In der Nacht nach seiner Hochzeit mit der Burgunderin Ildico (Hildico) wurde er vermutlich ermordet. Nach seinem Tod zerfiel sein Reich schnell. In Sagen und Liedern lebte sein legendärer Ruf fort (u. a. Nibelungenlied).

Attlee, Clement Richard, *Earl (ab 1955)*
britischer Premierminister 1945–1951
** 3. 1. 1883 London*
† 8. 10. 1967 London
A., der 1907 in die Fabian Society eintrat, 1908 in die Independent Labour Party, wurde nach Übernahme mehrerer Regierungsämter 1935 Parteiführer (bis 1955), 1937 der erste amtlich besoldete Führer der Opposition in der engl. Parlamentsgeschichte. 1940–1945 war er im Kriegskabinett Winston →Churchills als Lordsiegelbewahrer und seit 1942 stellvertretender Premier. Er nahm als Oppositionsführer und als Premier-Minister an der Potsdamer Konferenz 1945 teil. Außenpolitisch lehnte sich A.s Regierung stark an die USA an (NATO-Beitritt 1949) und leitete mit der Entlassung Indiens in die

Unabhängigkeit 1947 die Entkolonialisierung ein. Innenpolitisch führte A. ein umfangreiches Verstaatlichungsprogramm durch (Kohle, Stahl, Eisenbahnen, Versicherungswesen, Bank von England) und legte mit dem Nationalen Gesundheitsdienst den Grundstein für den britischen Wohlfahrtsstaat.

August,
Kurfürsten von Sachsen / Könige von Polen

August I.
Kurfürst 1553–1586
** 31. 7. 1526 Freiberg*
† 12. 2. 1586 Dresden
Als Nachfolger von Kurfürst →Moritz von Sachsen führte der humanistisch gebildete »Vater A.« sein Land wirtschaftl. und kulturell zur Blüte. Obwohl kaisertreu, unterstützte er die Protestanten und machte sich auf dem Augsburger Reichstag 1555 zu ihrem Wortführer, verfolgte jedoch die für »reichsfeindlich« gehaltenen Calvinisten und Anhänger →Melanchthons und schloß sich für die Erhaltung des Reichsfriedens der habsburg. Politik an. Seine Gebiete konnte er durch den Erwerb der Bistümer Meißen, Naumburg und Merseburg, des Vogtlands und eines Teils der Grafschaft Hennegau vergrößern.

August II., ***der Starke***

Kurfürst 1694–1733 als Friedrich A. I.; König 1697–1706, 1709–1733
** 12. 5. 1670 Dresden*
† 1. 2. 1733 Warschau

A. trat zum Katholizismus über, um mit Hilfe Kaiser →Leopolds I. seine Wahl zum poln. König zu erreichen. 1700 nahm er im Bündnis mit Rußland am Nordischen Krieg gegen Schweden teil, wurde von →Karl XII. von Schweden geschlagen und 1704 bis 1709 von →Stanislaus Leszczyński als poln. König bis zur Niederlage Karls bei Poltawa verdrängt. Seine Rückkehr auf den poln. Thron mit Unterstützung Preußens und Rußlands gab Anstoß für einen Aufstand in Polen (1716), der jedoch die Stationierung russ. Truppen nicht verhindern konnte. Als König von Polen infolge der Adelsopposition und des Einflusses →Peters d. Gr. ohnmächtig, war A. als Kurfürst von Sachsen Prototyp des absoluten Potentaten. Warschau und Dresden stattete der Kunstmäzen mit prunkvollen barocken Residenzen im Stil von Versailles aus.

August III.

Kurfürst von Sachsen; als Friedrich A. II. König 1733–1763
** 17. 10. 1696 Dresden*
† 5. 10. 1763 Dresden

Sohn von →A. II., dem Starken. A. gewann den poln. Thron gegen den französ. Kandidaten →Stanislaus Leszczyński durch bewaffnete russ.-sächs. Intervention im Poln. Thronfolgekrieg (1733–1738). Prunk- und kunstliebend, überließ er die Politik in Polen, das den Auseinandersetzungen seiner Adelsparteien und dem russ. Einfluß ausgesetzt war, und weitgehend auch in Sachsen selbst, seinem Min. Graf Heinrich →Brühl. Sachsen nahm an den Schles. Kriegen zuerst auf preuß., seit 1742 auf österr. Seite teil und war mehrmals preußisch besetzt während A. und Brühl sich im Exil in Warschau aufhielten.

Augustinus, Aurelius
lateinischer Kirchenvater und Kirchenlehrer
** 13. 11. 354 Thagaste, Numidien*
† 28. 8. 430 Hippo Regius, Nordafrika
A. wirkte zunächst als Rhetor in Karthago, Rom und Mailand, wo er unter dem Einfluß des →Ambrosius und seiner christlichen Mutter Monnica Christ wurde (387 getauft), nachdem er sich zuvor vom Manichäismus und der neuplatonischen Skepsis abgewandt hatte (»Confessiones«, »Bekenntnisse«, Biographie seines inneren Werdegangs, verfaßt 397/98). 388 kehrte er nach Nordafrika zurück, wurde 396 Bischof von Hippo Regius und nahm 398 am 4. Konzil von Karthago teil. 410 war er Zeuge der Eroberung und Plünderung Roms durch die Westgoten unter →Alarich I., unter deren Eindruck er das 22bändige geschichtsphilosophische Werk »De civitate Dei« (»Über den Gottesstaat«), die letzte große Apologie des Christentums gegen das Heidentum, verfaßte. A. starb während der Belagerung Hippos durch die Wandalen.
Als Theologe war A. richtungweisend für die Trini-

täts-, Gnaden- und Kirchenlehre (Kampf gegen →Pelagius), für die theolog. Schau der Geschichte, für die Stellung der Kirche zum Staat und für die Entwicklung des westl. Mönchtums.
A.' zahlreiche Schriften befassen sich zentral mit der Geistigkeit der Seele des Menschen, die er als Abbild des dreieinigen Gottes in engster Beziehung zu diesem sieht, z. B. als Gedächtnis, Verstand, Wille (»De trinitate« – »Über die Dreieinigkeit«, 399 bis 419). Nach seiner heilsgeschichtlichen Vorstellung bestimmt Gottes Erlösungswille auch die Weltgeschichte, in der der weltliche »Teufelsstaat«, das Reich des Hochmuts und der Herrschsucht, mit dem »Gottesstaat«, dem himmlischen Reich der Demut, im Kampf liegt; dieser sei mit dem Erscheinen Christi in sein entscheidendes Stadium getreten und werde mit dem Sieg Gottes enden. Als einer der bedeutendsten Kirchenlehrer beeinflußte er die christliche Theologie bis in die Gegenwart. Heiligenfest: 28. 8.

Augustus

erster römischer Kaiser
30 v. Chr.–14 n. Chr.
** 23. 9. 63 v. Chr.*
Velitrae (heute Velletri)
† 19. 8. 14 n. Chr.
Nola bei Neapel

(Eigentlich *Gaius Octavius*, auch *Octavian*). Der Großneffe →Caesars, von diesem testamentarisch adoptiert und zum Erben eingesetzt, verschaffte sich nach Caesars Ermordung mit Hilfe einer aus privaten Mitteln geworbenen Armee und durch geschickte Diplomatie (Zusammenarbeit mit →Cicero) die propraetorische Befehlsgewalt gegen Marcus →Antonius und erzwang nach dem Sieg über diesen bei Mutina (Modena) durch einen Marsch auf Rom Konsulat und Triumph (43).
Mit Marcus Aemilius →Lepidus und Antonius schloß er im gleichen Jahr ein auf 5 Jahre befristetes (später verlängertes) Triumvirat mit diktator. Vollmachten sowie Proskriptionen und Konfiskationen gegen die Anhänger der Caesarmörder. Nach dem Sieg über sie bei Philippi (42) und dem Freitod von →Brutus und →Cassius alleinige Herren des röm. Reiches, vereinbarten die Triumvirn im Vertrag von Brundisium (40) eine Teilung ihrer Einflußsphären: Antonius erhielt den Osten, Octavian den Westen, Lepidus Afrika, das Octavian nach Ausschaltung von Lepidus, der sich (36) mit Sextus →Pompeius verbündet hatte, ebenfalls zufiel. Nach dem Sieg über Pompeius bei Naulochos (36) führten die Politik des Antonius im Osten und dessen Ehe mit →Kleopatra (36, obwohl Antonius seit 40 mit Octavians Schwester Octavia verheiratet war) zur Verschärfung des ohnehin konfliktreichen Verhältnisses. Antonius' und Kleopatras entscheidende Niederlage in der Seeschlacht bei Aktium (31), ihr Freitod und Octavians Einzug in Alexandria (30) machten ihn zum Alleinherrscher. Bei seiner Rückkehr nach Rom (29) feierte er einen dreifachen Triumph und schloß den Janustempel, um eine neue Friedensära zu eröffnen.
27 legte er in einem geschickt inszenierten Staatsakt die Triumviralgewalt nieder und erklärte sich sogleich auf Drängen des Senats bereit, die Provinzen Ägypten, Syrien, Gallien und Spanien zu befrieden und ihre Grenzen zu sichern. Zum Dank verlieh man ihm den Ehrentitel »Augustus« (der Erhabene), nachdem er vorher schon den Titel »Princeps« (der Erste) geführt hatte. A. war jetzt Inhaber des »imperium proconsulare«, das nicht nur die Verantwortung für die genannten kaiserl. Provinzen bedeutete, sondern zugleich den Oberbefehl über das vorwiegend dort stationierte röm. Heer einschloß. 23 verzichtete er auf das Konsulat, das er vorher jedes Jahr bekleidet hatte. Zum Ausgleich erhielt er die Amtsgewalt und damit die Unantastbarkeit eines Volkstribunen, ferner das ständige Recht, wie ein Konsul mit dem Senat zu verhandeln. Wenig später (19) wurde er durch Verleihung der konsular. Ehrenrechte den Konsuln auch protokollarisch gleichgestellt. So hielt er sich hinsichtl. der Ämter und Kompetenzen strikt an den republikan. Rahmen, sprengte diesen aber durch deren Häufung.
20 schloß er einen Verständigungsvertrag mit den Parthern. Er festigte die röm. Herrschaft in Gallien und Spanien, ordnete die Verwaltung der Provinzen neu und dehnte durch Unterwerfung großer Gebiete östlich des Rheins, in den Alpen und deren Vorland und in Südosteuropa (bis zur Donau) das Röm. Reich beträchtlich aus. Ziele waren die Erreichung natürlicher Grenzen, gesicherter Verbindungswege und die dauerhafte Einrichtung einer Friedensära (»Pax Augusta«). Nach der Niederlage des →Varus in der Schlacht im Teutoburger Wald 9 n. Chr., in der durch den Cheruskerfürsten →Arminius drei röm. Legionen vernichtet wurden, mußte A. die rechtsrhein. Gebiete aufgeben, doch konnte er die

Rheingrenze durch den späteren Kaiser →Tiberius sichern, den er, nach dem Tod mehrerer potentieller Nachfolger aus seiner Familie, 4 n. Chr. adoptiert und zum Nachfolger designiert hatte.
A. starb nach einer Regierung, die dem Reich eine lange Zeit kultureller und wirtschaftlicher Blüte gebracht (Augusteisches Zeitalter) und für die folgenden Jahrhunderte der röm. Kaiserzeit den Grund gelegt hatte. Er selbst hat einen Bericht über seine Leistungen verfaßt, der auf bronzenen Tafeln am Eingang seines Mausoleums auf dem Marsfeld aufgestellt wurde. A. wurde schon zu Lebzeiten in den Provinzen, nach seinem Tode auch in Rom als Gott verehrt. Sein Name wurde röm. Kaisertitel und bezeichnet seinen Sterbemonat. (▷ Chronik Zitat)

Aurangseb
Großmogul von Indien 1658–1707
** 3. 11. 1618 Dohad Gujarat*
† 21. 2. 1707 Ahmadnagar
Der Urenkel →Akbars ermordete seinen Bruder, entmachtete seinen Vater Shahjahan und nahm den Titel »Alamgir« (»Welteroberer«) an. Unter ihm erreichte das Mogulreich die größte Ausdehnung. Er war strenggläubiger Moslem, unterdrückte die nichtmuslim. Religionen und zerstörte die Ansätze zu einer Partnerschaft mit den Hindus, deren Tempel er vernichtete. Damit begründete er die bis heute nachwirkende tiefe Spaltung der indischen Gesellschaft. Nach seinem Tod verfiel das Mogulreich.

Aurelian, Lucius Domitius
römischer Kaiser 270–275
** 214 Sirmium, Pannonien*
† 275 bei Byzanz
Der unter →Claudius im Gotenkrieg zum Befehlshaber der Reiterei ernannte Offizier illyr. Herkunft wurde nach Claudius' Tod 270 vom Heer an der Donau zum Kaiser ausgerufen. Er schlug die Sarmaten und Wandalen zurück, vertrieb 271 die eingedrungenen Alemannen aus Italien und unterdrückte Unruhen in Gallien. Zum Schutz gegen künftige Barbareneinfälle ließ er Rom mit einer Mauer umgeben (Aurelianische Mauer). Um die Fronten des Reichs zu verkürzen, zog er die röm. Truppen in Dakien hinter die Donau zurück. Den Sonnengott Sol Invictus, dem er die Siege bei Antiochia und Emesa (272/273) über →Zenobia, Königin von Palmyra, zu verdanken glaubte, machte er zum Reichsgott. Seine Verwaltungs- und Wirtschaftsreformen festigten zunächst das Reich. Auf einem Zug gegen die Perser wurde A. ermordet.

Brot und Spiele

Chronik Zitat

In seinem Tatenbericht (14 n. Chr.) listet Augustus seine persönlichen Leistungen dem Volk auf. Den Geld- und Getreidespenden folgen die Spiele:

»Viermal habe ich dem Staatsschatz mit meinen eigenen Mitteln ausgeholfen, indem ich hundertfünfzig Millionen Sesterzen den Verwaltern dieser Kasse übergeben habe ... Seit [18 v. Chr.] die Steuereingänge nicht ausreichten, habe ich bald hunderttausend Menschen, einer weit höheren Anzahl noch Getreide- und Geldzuteilung aus meinen eigenen Speichern und meinem eigenen Vermögen anweisen lassen ...
Dreimal habe ich in meinem eigenen Namen Gladiatorenspiele veranstaltet und fünfmal in dem meiner Söhne und Enkel; bei diesen Spielen kämpften etwa zehntausend Menschen. Zweimal bot ich dem Volk ein Schauspiel mit von überall herbeigeholten Athleten in eigenem Namen, ein drittes Mal im Namen meiner Enkel. Andere Spiele habe ich viermal in eigenem Namen veranstaltet, anstelle von anderen Beamten dreiundzwanzigmal ...
In meinem dreizehnten Konsulat (2 v. Chr.) richtete ich zum ersten Mal die Spiele des Mars aus, die nachher, in den darauffolgenden Jahren von den Konsuln veranstaltet wurden, wie Senatsbeschluß und Gesetz es festlegten. Tierhetzen mit afrikanischen Raubtieren habe ich in meinem Namen oder in dem meiner Söhne und Enkel im Zirkus oder auf dem Forum oder im Amphitheater für das Volk sechsundzwanzigmal durchführen lassen, wobei ungefähr dreitausendfünfhundert Tiere erlegt wurden.
Das Schauspiel einer Seeschlacht veranstaltete ich für das Volk jenseits des Tiber an der Stelle, wo jetzt der Hain des C. und L. Caesar liegt; dafür mußte der Grund in der Länge von tausendachthundert Fuß und tausendzweihundert Fuß in der Breite ausgeschachtet werden. Bei dieser Gelegenheit fuhren dreißig mit Rammspornen versehene Schiffe, Drei- oder Zweiruderer, und eine noch größere Anzahl von kleineren Schiffen gegeneinander los; auf diesen Flotten kämpften ungefähr dreitausend Mann, abgesehen von den Ruderknechten.«

Babeuf, François Noël
französischer Revolutionär
** 23. 11. 1760 St.-Quentin*
† 28. 5. 1797 Paris
B., Landvermesser und Grundbuchbeamter, propagierte seit 1879 als Agitator und Publizist (Pseudonym *Gajus Gracchus*) in seinen Zeitungen ein radikales Programm sozialer und polit. Gleichheit, das die Abschaffung des Privateigentums, direkte Demokratie und – zur Erreichung dieser Ziele – eine übergangsweise staatssozialist. Diktatur einer Revolutionselite vorsah. Nach dem Sturz Maximilien de →Robespierres suchte der Jakobiner seine Ideen auf die Tagesordnung der Revolution zu setzen und gründete 1796 eine Geheimorganisation, um das Direktorium zu stürzen. Nach Aufdeckung seiner »Verschwörung der Gleichen« wurde B. mit Anhängern zum Tode verurteilt, ein Jahr später hingerichtet. Die Veröffentlichung der Prozeßprotokolle 1828 durch seinen Freund Philippe Buonarrotti (* 1761, † 1837) festigte B.s Ruf als herausragende Gestalt der frühkommunistischen Bewegung.

Babur, Muhammad Sahir Ud Din
erster Großmogul in Indien 1526–1530
** 14. 2. 1483 Ferghana*
† 30. 12. 1530 Agra
Von →Timur Lenk väterlicherseits und →Dschingis Khan mütterlicherseits abstammend, begründete B. als letzter Eroberer Indiens auf dem Landweg das Mogulreich (bis 1858). Von Ferghana aus, seinem ererbten Fürstentum der Timuriden-Dynastie, nahm er 1504 Kabul ein, eroberte 1522 Kandahar, fiel 1526 in Indien ein und besiegte in der Schlacht von Panipat die nordindische Lodi-Dynastie entscheidend. Agra, südlich von Delhi, machte er zur Hauptstadt. Von B., der zugleich ein bedeutender Literat war, sind Gedichte und seine Memoiren als aufschlußreiche Zeitdokumente erhalten.

Bach, Alexander, *Frhr. von (ab 1854)*
österreichischer Staatsmann
** 4. 1. 1813 Loosdorf, Niederösterreich*
† 12. 11. 1893 Schönberg, Niederösterreich
Als Justiz-Min. (1848/49) zunächst entschieden reformliberal, schlug B. unter dem Eindruck der Revolution als Innen-Min. (1849–1859) zunächst im Kabinett Felix Fürst zu →Schwarzenbergs (1849 bis 1852) einen klerikal-absolutist. Kurs ein und strukturierte entsprechend Verwaltung, Justiz- und Bildungswesen (»System Bach«) in allen Reichsteilen. Gegen die Opposition des Adels betrieb er die Bauernbefreiung und die Abschaffung grundherrlicher Obrigkeitsrechte. Ungarn gliederte er nach Niederschlagung des Aufstands in den Einheitsstaat ein und verschärfte damit den Nationalitätenkonflikt. Nach dem Tod Schwarzenbergs zur führenden Persönlichkeit des Kabinetts aufgestiegen, erreichte er das Konkordat mit dem Heiligen Stuhl (1855). Bei wachsendem Widerstand gegen seine reaktionäre zentralistische Politik mußte er nach der Niederlage im Krieg gegen Italien 1859 zurücktreten und vertrat Österreich anschließend beim Vatikan (bis 1865).

Bacon, Sir Francis
englischer Philosoph und Staatsmann
** 22. 1. 1561 London*
† 9. 4. 1626 London
(Ab 1601 *Baron von Verulam* und *Viscount of St. Albans*). Um seine glänzende Karriere als Neffe von Lord William C. →Burghley, des leitenden Ministers Königin →Elisabeths I., zu sichern, betrieb der ehrgeizige Advokat die Verurteilung seines Freundes und Gönners, des Grafen von Essex, der wegen Teilnahme an einer Rebellion hingerichtet wurde. Dafür geadelt, stieg B. vom Mitglied des Unterhauses (1513) zum Obersten Kronanwalt (1516), Lordsiegelbewahrer (1517) und Lordkanzler unter →Jakob I. auf (1618). 1621 wegen Bestechlichkeit verurteilt, wurde er vom König begnadigt, blieb aber von Staatsämtern ausgeschlossen.
Mit seinem philosoph. Ansatz, an die Stelle der Spekulation die durch methodische Induktion gesicherte Erfahrung zu setzen, gilt B. als Begründer der engl. Renaissancephilosophie, des Empirismus und des Utilitarismus. B. war ein phantasiereicher Programmatiker, glänzender Essayist und scharfsinniger Kritiker der Scholastik. Nach seinem Leitsatz »Wissen ist Macht« kreierte er die Ideale des techn. Zeitalters und formulierte die Prinzipien für die Neugestaltung der Gesellschaft in seiner »Nova Atlantis«. In ihr verspricht er sich die friedl. Zukunft der Menschheit durch eine Befriedigung aller ihrer Bedürfnisse im Zuge des techn. Fortschritts, dessen Segen ein Regime der Weisen verteilt.

Badoglio, Pietro
italienischer Ministerpräsident 1943/44
** 28. 9. 1871 Grazzano, Piemont*
† 1. 11. 1956 Grazzano
B., der 1928–1933 Generalgouverneur von Libyen war, leitete den Feldzug gegen Äthiopien 1935/36, war anschließend Vizekönig von Italien.-Ostafrika, 1939/40 Chef des Generalstabs. Für das Scheitern des griech. Feldzugs von Benito →Mussolini verantwortlich gemacht, nahm er 1940 seinen Abschied. Nach dem Sturz des »Duce« im Juli 1943 wurde er von König →Viktor Emanuel III. zum Min.-Präs. ernannt und schloß im Sept. 1943 den Waffenstillstand mit den Alliierten. Nach der Befreiung Roms durch die italien. Partisanen trat er am 9. 6. 1944 zurück. Als Repräsentant des faschist. Regimes wurde er 1945 verurteilt und aus dem Senat ausgestoßen; 1947 rehabilitiert.

Baeck, Leo
jüdischer Religionsphilosoph und Rabbiner
** 23. 5. 1873 Lissa (Leszno) bei Posen*
† 2. 11. 1956 London
Als führender Repräsentant des dt. Judentums bestimmte B. in der Weimarer Republik wesentlich die Politik des Central-Vereins, der bedeutendsten jüd. Organisation, und wurde 1933 Präs. der Reichsvertretung der dt. Juden. Er stammte aus einer Rabbinerfamilie und lehrte seit 1912 Religionsgeschichte an der Hochschule für die Wissenschaft des Judentums in Berlin, wo er sich als liberaler Theologe und Gelehrter vorrangig mit der Geschichte von Deutschen und Juden und ihrem historisch gewachsenen Spannungsverhältnis befaßte. Bis zu seiner Deportation in das KZ Theresienstadt 1943 versuchte er, den dt. Juden Lebensräume zu erhalten und ihnen Rückhalt zu geben. 1945 durch die Rote Armee befreit, übernahm er in London den Vorsitz des Council of Jews from Germany und der World Union for Progressive Judaism und widmete sich in seinen wissenschaftl. Arbeiten weiter dem christl.-jüd. Dialog. Das von ihm 1954 gegr. Institut zur Erforschung der Geschichte des dt. Judentums (New York, London und Jerusalem) wurde nach ihm benannt. – Hptw.: »Das Wesen des Judentums« 1905; »Dieses Volk – Jüdische Existenz« 1955; postum: »Aus drei Jahrtausenden« 1958.

Bahr, Egon
deutscher Politiker
** 18. 3. 1922 Treffurt, Thüringen*
Journalist und Abrüstungsexperte der SPD. Als Leiter des Planungsstabes im Auswärtigen Amt unter Bundeskanzler Kurt Georg →Kiesinger (1967 bis 1969) und Staatssekretär im Bundeskanzleramt (1969–1972), danach Bundes-Min. für besondere Aufgaben (1972–1974) in der Regierung Willy →Brandts gilt B. als Architekt der neuen Ostpolitik. Schon 1963 prägte er die Formel vom »Wandel durch Annäherung«, propagierte die Ablösung der Hallstein-Doktrin und plante in der Folge die Grundzüge einer neuen Entspannungspolitik. Er handelte den dt.-sowjet. Gewaltverzichtsvertrag (Moskauer Vertrag 1970), den dt.-poln. Vertrag (1970) und den Grundlagenvertrag mit der DDR (1972) aus. Weitere Stationen: 1972–1990 MdB; Bundes-Min. 1974 –1976 für wirtschaftl. Zusammenarbeit im Kabinett Helmut →Schmidt; 1976 bis 1981 Bundesgeschäftsführer der SPD; seit 1984 Leiter des Instituts für Friedensforschung und Sicherheitspolitik in Hamburg.

Bajezid I.
osmanisch-türkischer Sultan 1389–1402
** 1354 Demotika*
† 8. 3. 1403 Aksehir
B. (Beiname *Yıldırım* = »der Blitz«) eroberte die Balkanregion, belagerte Konstantinopel und schlug 1396 bei Nikopolis ein Kreuzzugsheer. In der verlorenen Schlacht von Ankara 1402 geriet er in die Gefangenschaft →Timurs und starb kurze Zeit später.

Bakunin, Michail Alexandrowitsch
russischer Anarchist und Revolutionär
** 30. 5. 1814 Prjamuchino, Gouvernement Twer*
† 1. 7. 1876 Bern
Der aus einer wohlhabenden Adelsfamilie stammende B. brach 1835 seine Offizierskarriere ab und widmete sich als Junghegelianer in Moskau und Berlin (1840) der Philosophie. In Paris bildete er unter dem Einfluß Pierre Joseph →Proudhons sein anarchistisches Programm einer sozialen Revolution aus: Abschaffung jeder Autorität, insbes. der Kirche, Zerschlagung des Staates und seiner Einrichtungen, Auflösung der bürgerl. Gesellschaftsstrukturen, um Raum zu schaffen für die freie

Assoziation der Individuen, Gemeinschaften und Produktionsgenossenschaften bis hin zur Föderation der Völker. Als leidenschaftlicher Agitator trat er an nahezu allen Schauplätzen der Revolutionen seiner Zeit auf, u. a. 1848 in Paris und Posen, 1849 in Dresden. Von Sachsen wurde er an Österreich, von diesem an Rußland ausgeliefert. 1861 entfloh er aus der sibirischen Verbannung. Nach seinem Bruch mit Karl →Marx wurde er auf dessen Betreiben 1872 aus der von ihm 1864 mitgegründeten 1. Internationale ausgeschlossen. Sein Einfluß in Rußland schlug sich in der Volkstümler-Bewegung (Narodniki) nieder, im Westen wurden von ihm gegründete revolutionäre Gruppen zu Vorläufern anarchosyndikalist. Bewegungen der Mittelmeerländer.

***Balduin,** Fürsten*

– Königreich von Jerusalem
Balduin I.
Graf von Edessa 1098–1100,
König von Jerusalem 1100–1118
** 1058*
† 2. 4. 1118 Al Arisch
Als Graf von Boulogne schloß B. sich dem von seinem Bruder →Gottfried von Bouillon geführten 1. Kreuzzug an und etablierte als erster Kreuzfahrer mit der Grafschaft Edessa eine eigene Herrschaft im eroberten Gebiet. Als Nachfolger seines Bruders begründete er 1100 das Königreich Jerusalem, das er durch Unterwerfung der benachbarten Gebiete (u. a. Eroberung von Akko, Tripolis, Beirut, Sidon) oder Bündnisse sowie Verschmelzung der fränk. Eroberer mit der einheimischen Bevölkerung langfristig zu stabilisieren suchte. Unter seinem Neffen B. II. von Le Bourg (König 1118–1131), der ihm bereits als Graf von Edessa nachgefolgt war, erfuhr das Reich seine größte Ausdehnung.

– Konstantinopel
Balduin I.
erster lateinischer Kaiser 1204/05,
als B. IX. Graf von Flandern
und als B. VI. Graf von Hennegau 1195–1202
** 1171*
† 1206
B. führte den 4. Kreuzzug an, der mit der Eroberung Konstantinopels 1204 endgültig den Zusammenhalt zwischen der Ostkirche und Rom zerstörte. In der Hagia Sophia ließ er sich zum Herrscher des neuen Lateinischen Kaiserreichs krönen. Die angestrebte Reorganisation des ehemaligen Byzantin. Reiches scheiterte, weil die übrigen Führer des Kreuzfahrerheeres Teile des Landes als autonome Fürstentümer okkupierten. Nach seiner Niederlage in der Schlacht bei Adrianopel 1205 gegen Kumanen und Bulgaren galt er als verschollen. Nachfolger wurde sein Bruder →Heinrich. In Flandern hielt sich noch lange die Legende von seiner Wiederkehr.

Baldwin, Stanley, *1. Earl B. of Bewdley (ab 1937)*
britischer Premierminister
** 3. 8. 1867 Bewdley*
† 14. 12. 1947 London
1908–1937 konservativer Unterhausabgeordneter, seit 1921 Handels-Min. unter David →Lloyd George, betrieb 1922 maßgeblich den Sturz des Koalitionskabinetts; Schatzkanzler im Kabinett Andrew Bonar Law und 1923 dessen Nachfolger als Parteiführer, 1923 bis Januar 1924, November 1924 bis 1929 und 1935–1937 Premierminister.
B. bewältigte den Generalstreik von 1926 ebenso wie die »Abdankungskrise« von 1936, in der der Thronverzicht König →Eduards VIII. zugunsten der Ehe mit einer geschiedenen Amerikanerin das Ansehen der brit. Monarchie erschütterte. Seine Tolerierungs- bzw. Beschwichtigungs-(Appeasement)politik gegenüber dem faschist. Italien und nationalsozialist. Dtschld. setzten ihn dem Vorwurf aus, nicht rechtzeitig auf die drohende Kriegsgefahr reagiert zu haben. 1937 überließ er Neville →Chamberlain das Amt des Premierministers und wurde, geadelt, Mitglied des Oberhauses.

Balfour,
Arthur James, *Earl of (ab 1922)*

britischer Premierminister 1902–1905
** 25. 7. 1848 Wittingehame, Schottland*
† 19. 3. 1930 Woking

Seit 1874 Abg. der Konservativen im Unterhaus, prägte B. als Premier-Min., als Minister verschiedener Ressorts (1895–1902, 1915–1922, 1925–1929) und als Oppositionsführer (1892–1894, 1906 bis 1911) das polit. Geschick Großbritanniens vom Ende des 19. Jh. bis zum Ende der 20er Jahre entscheidend mit. Als Premier-Min. beendete er durch das Bündnis mit Frankreich (Entente Cordiale,

1904) die Politik der »splendid isolation« und stellte das Land auf eine mögl. Konfrontation mit Dtschld. ein. Um die amerikan. Juden für eine stärkere Unterstützung im Krieg gegen Dtschld. zu gewinnen, erklärte er in einem Brief vom 2. 11. 1917 an Lionel Walter →Rothschild, Großbritannien betrachte »die Schaffung einer nationalen Heimstätte für das jüd. Volk mit Wohlwollen« und werde »die größten Anstrengungen unternehmen, um die Erreichung dieses Zieles zu erleichtern«. Diese B.-Deklaration, die in das brit. Völkerbundsmandat für Palästina einging, widersprach jedoch gleichzeitigen Zusicherungen an die Araber. B. vertrat Großbritannien beim Völkerbund und schuf die klass. Formel für das Verhältnis zwischen Dominions und Mutterland auf der Reichskonferenz von 1926, mit der das »Imperial Commonwealth« (seit 1917) zum »British Commonwealth of Nations« wurde.

Balladur, Edouard

französischer Premierminister 1993–1995
** 2. 5. 1929 Izmir (Türkei)*

Als enger Vertrauter des Staats-Präs. Georges →Pompidou und später des Premierministers Jacques →Chirac nahm B. wichtige polit.-organisator. Aufgaben hinter den Kulissen wahr und wurde 1976 Generaldirektor der konservativen neogaullist. Sammlungsbewegung RPR. Seit 1986 Mitgl. der Nationalversammlung, übernahm er unter Chirac im gleichen Jahr das »Superministerium« für Wirtschaft, Finanzen und Privatisierung und wurde nach dem Wahlsieg des Mitte-Rechts-Bündnisses 1993 von Staats-Präs. François →Mitterrand zum Premier-Min. ernannt. Als Chef einer bürgerlichen Regierung in »Cohabition« mit dem sozialist. Präsidenten, der seine Amtszeit 1995 beendete, blieb ihm für wesentl. außenpolit. Aktivitäten und innere Reformen wenig Spielraum, zumal die Arbeit seines Kabinetts durch Rücktritte mehrerer Minister infolge von Korruptionsskandalen zeitweise gelähmt war. Mit seiner Bewerbung um die Nachfolge Mitterrands erlitt er gegen seinen Parteifreund Chirac eine Niederlage (1995).

Banda, Hastings Kamuzu
Staatspräsident von Malawi 1966–1994
** 1902 (1906) bei Kasungu, Njassaland*
1956 kehrte B. nach seiner Ausbildung und Praxis als Arzt in London und Ghana nach Njassaland zurück und wurde als einer der Führer der panafrikanischen Bewegung 1958 Präs. des Njassaland African Congress. Im Kampf gegen die Föderation Njassalands mit Rhodesien inhaftiert (1959/60), errang er mit seiner Malawi Congress Party 1961 den Wahlsieg, wurde 1963 Premier-Min. von Njassaland, das als Malawi 1964 unabhängig wurde. In Anlehnung an Südafrika errichtete er ein Einparteienregime, das er unter dem Druck der Kreditgeberländer 1992 zu demokratisieren begann. Nach 29jähriger Diktatur erklärte er nach den ersten freien Wahlen 1994 seinen Rücktritt. Anfang 1995 wurde er unter Mordverdacht festgenommen.

Bandaranaike, Sirimavo

mehrmalige Ministerpräsidentin von Ceylon/Sri Lanka
** 17. 4. 1916*

B. führte die sozialistische Sri Lanka Freedom Party (SLFP) 1960 zum Wahlsieg (buddhistisch-marxist. Allianz) und wurde erste Regierungschefin einer parlamentar. Demokratie (bis 1965), übernahm auch das Außen- und das Verteidigungsministerium. Sie verstaatlichte Großbesitz an Plantagen, Banken und Ölgesellschaften. 1972 gab sie der Monarchie »Commonwealth of Ceylon« die staatssozialist. Verfassung der »Republic of Sri Lanka«. Für die Unterdrückung der tamilischen Unabhängigkeitsbewegung versicherte sie sich der Unterstützung der USA, UdSSR und VR China. Nach ihrer zweiten Amtszeit als Minister-Präs. (1970–1977) erfuhr sie 1977 eine vernichtende Wahlniederlage. Nach der Präsidentschaftswahl 1994, aus der die Tochter B.s, die bisherige Reg.-Chefin Chandrika →Kumaratunga als Siegerin hervorging, wurde sie von dieser erneut zur Minister-Präs. ernannt. Einen ersten bedeutenden Erfolg in ihrer neuen Amtszeit erzielte sie mit dem Waffenstillstand mit den tamilischen Rebellen Anfang 1995.

Die Sri Lanka Freedom Party war 1951 von B.s Mann Salomon B. (* 1899, † 1959 durch Attentat eines buddhist. Mönchs) gegründet worden. Als Min.-Präs. 1956–1959 betrieb er außenpolitisch eine neutralist. Politik, innenpolitisch stützte er sich in Religions- und Sprachkonflikten mit den aus Indien eingewanderten Hindus auf die buddhist. Bevölkerungsmehrheit.

Bar Kochba
jüdischer Aufstandsführer
† 135 Beth-Ter bei Jerusalem
B. K. (hebräisch = »Sohn des Sterns«, eigentlich *Simeon ben Koziba*), führte den letzten jüd. Aufstand gegen die röm. Herrschaft (132–135). Er eroberte Jerusalem, stellte den jüd. Kult wieder her, gab sich den Titel *Fürst von Juda* und ließ sich als Messias verehren. Die röm. Truppen unter dem Feldherrn des Kaisers →Hadrian, S. Julius →Severus, eroberten Jerusalem zurück und zerstörten es (134). Bei der Eroberung der Festung Beth-Ter fiel B. K. Jerusalem wurde eine den Juden (bis 638) verbotene röm. Stadt (Aelia Capitolina), überlebende Juden wurden in die »Diaspora« vertrieben oder (u. a. an die Donau und den Rhein) umgesiedelt. Bei En Gedi am Toten Meer 1960/61 gefundene Dokumente geben Auskunft über den Aufstand.

Barras, Paul Jean *Vicomte de*
französischer Revolutionär
** 30. 6. 1755 Fox-Amphoux*
† 29. 1. 1829 Chaillot bei Paris
Der aus altem provenzalischem Adel stammende Offizier des Ancien Régime schlug sich auf die Seite der Revolution, nahm am Sturm auf die Bastille und die Tuilerien teil (1789) und befürwortete die Hinrichtung →Ludwigs XVI. Er reorganisierte die Armee bei Toulon und vertrieb 1793 die Engländer von dort. Gegner des jakobinischen Terrors, organisierte er mit Joseph →Fouché den Sturz Maximilien de →Robespierres. 1795 erhielt er den Oberbefehl über die Armee im Innern, während der von ihm protegierte →Napoleon (I.) Bonaparte das Kommando über die französ. Truppen in Italien erhielt. Als Mitgl. des 1795 gebildeten Direktoriums wegen Kritik an seiner verschwenderischen und korrupten Amtsführung zunehmend in Bedrängnis geraten, versuchte er sich durch einen Staatsstreich 1797 mit Hilfe der Truppen Napoleons seiner Gegner zu entledigen. Von Napoleon aber selbst 1799 gestürzt, nahm er Exil in Brüssel und kehrte 1815 mit der Restauration nach Frankreich zurück.

Barre, Mohammed Siad
Diktator von Somalia 1969/76–1991
** 1919 Region Ober-Yuba*
† 2. 1. 1995 Lagos (Nigeria)
Der aus dem Clan der Marehan stammende Befehlshaber der Armee wurde nach einem Staatsstreich und der Ermordung des Staats-Präs. Shermarke Chef des Revolutionsrats und Oberkommandierender der Streitkräfte. Er erklärte Somalia zum sozialist. Einparteienstaat (1976) und machte sich selbst zum Staats-Präs. Seine Kooperation mit der UdSSR ließ er sich mit massiven Waffenlieferungen entgelten, die er im somal.-äthiop. Konflikt (in dem er 1979 eine Niederlage erlitt) und zur Unterstützung der separatist. Westsomal. Befreiungsfront im äthiop. Ogaden sowie zur Aufrüstung seines Clans verwandte. Für seine Kooperation mit dt. Behörden bei der Befreiung der von der Roten Armee-Fraktion (RAF) mit einer Lufthansa-Maschine entführten Geiseln (1977) von der dt. Bundesregierung belohnt, brach er mit der UdSSR und ließ sich weiter vom Westen aushalten. Im somal. Bürgerkrieg suchte er sich mit umfassendem Terror zu behaupten, mußte aber nach Entzug der westl. Hilfe ins Ausland fliehen und hinterließ ein im Krieg der Clans zerrüttetes Land (1991).

Barre, Raymond
französischer Premierminister 1976–1981
** 12. 4. 1924 Saint-Denis Réunion*
Von Charles de →Gaulle 1967 zum Vize-Präs. der EG-Kommission gemacht (bis 1973), profilierte sich der Prof. für Recht und Wirtschaft mit seinem B.-Plan zur Wirtschafts- und Währungsunion. Als Nachfolger von Jacques →Chirac 1976–1981 Premier-Min. sowie Wirtschafts- und Finanz-Min. unter Präsident Valery →Giscard d'Estaing, hielt der Gaullist mit seinem rigiden Sparprogramm zwar die Staatsverschuldung in Grenzen, blieb aber gegen Arbeitslosigkeit und Inflation erfolglos und trat nach dem Wahlsieg François →Mitterrands zurück.

Barsani, Mulla Mustafa
Führer der Kurdischen Nationalbewegung
** um 1899 Barsan (Irak)*
† 2. 3. 1979 Washington
B. entstammte einer kurdischen, im verlustreichen Kampf gegen die herrschenden Türken traditionell führenden Familie. Seit seiner Jugend an zahlreichen Aufständen beteiligt und 1932–1943 inhaftiert, übernahm er die militärische Führung der kurzlebigen sozialist. Republik Mahabad unter Kadi

Mohammed. Nach der Zerschlagung des bisher einzigen kurd. Staates durch iran. Truppen ging er in die Sowjetunion ins Exil, kehrte nach der Machtübernahme →Kassems 1958 in den Irak zurück und nahm von hier aus 1961 wegen Verweigerung der nationalen Unabhängigkeit Kurdistans den Guerillakrieg auf. Ein – später gebrochenes – Autonomieversprechen der irak. Regierung und die Übernahme der Vizepräsidentschaft im Irak durch B. befriedete die kurd. Region im Irak nur für kurze Zeit (1970 bis 1974). 1975 ging B. ins Exil.

Basileios I. Makedon
Kaiser von Byzanz 867–886
** um 812*
† 29. 8. 886
Der Begründer der bis 1056 herrschenden makedon. Dynastie stieg vom Stallknecht zum Mitkaiser Michaels III. auf, nachdem er dessen Onkel Caesar Bardas umgebracht hatte. Indem er auch Michael III. ermorden ließ, machte er sich zum Alleinherrscher, der sich in der Folge als bedeutender Potentat erweisen sollte. Er eroberte Unteritalien durch seinen Feldherrn Nikephoros Phokas, eröffnete die Gegenoffensive gegen das Kalifat von Bagdad bis zum Euphrat (873), unterwarf die Sekte der Paulikianer in Kleinasien und erkannte die Unabhängigkeit Armeniens unter der Dynastie der Bagratiden an. Um sich – letztlich vergeblich – mit dem Papst im Streit über die Mission der Bulgaren zu verständigen, entließ er den Patriarchen →Photios (867 bis 877). Sein Engagement in Unteritalien brachte B. in Rivalität zu Kaiser →Ludwig II. (871). Nachfolger: →Leon VI., der Weise.

Basileios II. Bulgaroktonos
Kaiser von Byzanz 976–1025
** 957*
† 1025
Schon als Kind Mitkaiser, zwischenzeitlich nach dem Tod seines Vaters Romanos II. (963–969) verdrängt, führte B. II. Byzanz auf den Höhepunkt der äußeren Macht. In einem grausamen Krieg (971 bis 1018) vernichtete er das Bulgarenreich (griech. »Bulgaroktonos« = »Bulgarentöter«), gliederte es dem Byzantin. Reich ein und stellte die Donaugrenze wieder her. In Syrien eroberte er weite Gebiete zurück und festigte seine Herrschaft in Unteritalien. Im Inneren lag er im Konflikt mit den Aristokraten Kleinasiens, deren Macht er zugunsten der Bauern brechen wollte. Um ihre Aufstände niederzuschlagen, verbündete er sich mit Großfürst →Wladimir I. von Kiew, dem er seine Schwester Anna verheiratete und ihn zur Taufe veranlaßte. Damit leitete er die Christianisierung Rußlands durch Byzanz ein. Nachfolger: →Nikephoros II. Phokas.

Basilius der Große
Bischof von Caesarea, Kirchenlehrer
** um 330 Caesarea, Kappadokien*
† 1. 1. 379 Caesarea
In den Ostkirchen wird B. als einer ihrer größten Theologen und Kirchenlehrer verehrt. 356 getauft, wurde B. 370 Bischof von Caesarea, Metropolit von Kappadokien und Exarch der polit. Diözese Pontos. Zusammen mit seinem Bruder →Gregor von Nyssa und Bischof →Gregor von Nazianz – genannt die »drei großen Kappadokier« – schuf er die Grundlagen der griech.-orthodoxen Theologie und bekämpfte die Lehre des →Arius. Zeitweise Eremit, begründete er mit der Einrichtung eines Hospitals für Notleidende in Caesarea die Tradition des griech.-slaw. Mönchstums (Basilianer) und der Wohlfahrtspflege und war Vorbild des →Benedikt von Nursia. Seine exeget. und asket. Schriften sowie 365 Briefe sind bedeutende Dokumente der Kirchengeschichte. B. wurde heilig gesprochen; Fest: 2. 1. (kath. Kirche) 1. und 20. 1. (Ostkirchen).

Batista y Zaldívar, Fulgencio
kubanischer Diktator 1933–1944, 1952–1958
** 16. 1. 1901 Banes, Oriente*
† 6. 8. 1973 Marbella (Spanien)
In der »Sergeantenrevolte« 1933 stürzte B. den Präsidenten G. Machado y Morales (* 1871, † 1939), dessen Privatsekretär er gewesen war. Als faktischer Diktator ließ er sich 1940 zum Präsidenten wählen. 1944 abgewählt und bis 1948 im Ausland, übernahm er als Oberbefehlshaber der Armee nach einem Staatsstreich 1952 erneut die Macht und schlug den ersten Aufstand Fidel →Castros nieder. Trotz der Unterstützung durch die USA unterlag er im Guerillakrieg (1956–1958) Castro, der am 1. 1. 1959 das Amt des Min.-Präs. auf der Zuckerinsel antrat. B. floh ins Exil nach Portugal.

Bauer, Otto
österreichischer Sozialist
** 5. 9. 1881 Wien*
† 4. 7. 1938 Paris
Unter dem Einfluß Max →Adlers und Rudolf →Hilferdings wurde B. zu einem der Begründer und herausragenden Vertreter des Austromarxismus. Mit seinem Werk »Die Nationalitätenfrage und die

Sozialdemokratie« (1907), in dem er den Anspruch sozialistischer Bewegungen auf nationale Autonomie unterstrich, begab er sich in Widerspruch zu Wladimir I. →Lenin. Zunächst Befürworter einer österr. Nationalitätenföderation mit Ungarn, setzte er sich seit 1913 für den Anschluß Dt.-Österreichs an das Dt. Reich ein und unterzeichnete 1919 als Staatssekretär im Außenministerium ein geheimes Anschlußprotokoll. Nach Scheitern dieses Plans trat er zurück und vertrat als brillanter Wortführer der österr. Sozialisten 1920–1934 die SPÖ im Nationalrat. Nach den Februarkämpfen 1934 emigrierte er.

Beaverbrook, William Maxwell Aitken, *Lord (ab 1916)*
britischer Zeitungsverleger und Politiker
** 25. 5. 1879 Maple, Ontario (Kanada)*
† 9. 6. 1964 Mickleham, Surrey
1910 nach England übergesiedelt und seitdem konservatives Mitgl. im Unterhaus, wurde B. 1918 erster Informations- und Propaganda-Min. im Kabinett von David →Lloyd George. Nach dem 1. Weltkrieg baute er aus »Daily Express«, der auflagenstärksten Zeitung der Welt, »Sunday Express« und »Evening Standard« den größten engl. Zeitungskonzern auf und beherrschte mit ihm ein Viertel des brit. Pressemarktes. Bedenkenlos setzte er sein Blättermonopol zur Propagierung seines konservativen polit. Programms ein, in dessen Zentrum die Schaffung eines mächtigen, Europa abgewandten brit. Empires stand. Im 2. Weltkrieg war er Min. im Kabinett Winston →Churchill und 1943–1945 Lordsiegelbewahrer. 1954 verkaufte er die Aktienmehrheit im Konzern und gab seine polit. Ämter auf.

Bebel, August
deutscher sozialdemokratischer Parteiführer
** 22. 2. 1840 Köln*
† 13. 8. 1913 Passugg (Schweiz)
Der Drechslermeister, seit 1876 Mitinhaber einer kleinen Fabrik, war seit 1889 Berufspolitiker und ist der eigentliche Begründer der SPD. Nach polit. Anfängen im Leipziger Arbeiterbildungsverein entwickelte sich B. vom Radikaldemokraten zum Lassalleaner und unter dem Einfluß Wilhelm →Liebknechts zum Marxisten. 1869 gehörte er mit diesem zu den Gründern der Sozialdemokrat. Arbeiterpartei (SDAP) in Eisenach und setzte auf dem Gothaer Parteitag 1875 deren Vereinigung mit dem Allgemeinen Deutschen Arbeiterverein (ADAV) Ferdinand →Lassalles zur Sozialist. Arbeiterpartei (seit 1890 SPD) durch. Von 1867 bis 1913 war er – fast ununterbrochen – Mitgl. des Reichstags. B.s Kritik an der Fortführung des Dt.-Französ. Kriegs 1870/71 als Eroberungskrieg und seine Solidarisierung mit der Pariser Kommune führten 1872 zu seiner (und Liebknechts) Verurteilung wegen Hochverrats und Majestätsbeleidigung zu zwei Jahren Haft.
B., einer der eindrucksvollsten Redner seiner Zeit, auch von der Bühne des Parlaments, war bis zu seinem Tode der unbestrittene Führer (wenn auch nicht immer formell Vors.) der SPD, dem sie wesentlich ihren Aufstieg zur größten Massenpartei im Kaiserreich trotz des Sozialistengesetzes 1890 verdankte. 1891 war er an der Formulierung des Erfurter Programms der SPD wesentlich beteiligt. Obwohl er den Revisionismus Eduard →Bernsteins entschieden ablehnte und jede offizielle Kooperation mit der kaiserl. Regierung verweigerte, verfolgte er in der Praxis doch einen reformpolit. Kurs. In der Erwartung eines baldigen Siegs der Arbeiterklasse im Zuge eines an seinen Widersprüchen selbst zugrundegehenden Kapitalismus lehnte er den Umsturz der bürgerl. Gesellschaft durch eine gewaltsame Revolution ab. Als Anhänger der Volksbewaffnung bekämpfte er den preuß. Militarismus, bekannte sich jedoch zur Vaterlandsverteidigung.

Beck, Ludwig
deutscher Offizier und Widerstandskämpfer
** 29. 6. 1880 Biebrich bei Wiesbaden*
† 20. 7. 1944 Berlin
Der Sohn eines Hüttenunternehmers durchlief eine militär. Karriere, die ihn im 1. Weltkrieg Generalstabsoffizier, 1933 Chef des Truppenamts im Reichswehrministerium und 1935 Chef des Generalstabs des Heeres werden ließ.
An traditionellen Hegemonialvorstellungen orientiert, befürwortete B. eine militärisch fundierte dt. Großmachtpolitik, wandte sich jedoch 1938 gegen Adolf →Hitlers aggressive Kriegspolitik und sondierte Möglichkeiten für einen Putsch. Als er dafür keinen ausreichenden Rückhalt fand, schied er im August aus dem Generalstab aus. Seitdem war er eine der Zentralfiguren der national-konservativen Widerstandsbewegung. Für den Fall eines

erfolgreichen Umsturzes war er als Reichsverweser (provisor. Staatsoberhaupt) vorgesehen. Am Tag des gescheiterten Attentats durch Carl Graf v. →Stauffenberg auf Hitler (20. 7. 1944) wurde er nach einem mißglückten Freitodversuch erschossen.
(▷ Chronik Zitat)

Wiederherstellung des Rechts

Chronik Zitat

Der bei einem erfolgreichen Staatsstreich als Reichsverweser vorgesehene Ludwig Beck plante folgende (zusammen mit Carl F. →Goerdeler verfaßte) Rundfunkansprache (Auszüge):

»Erste Aufgabe ist die Wiederherstellung der vollkommenen Majestät des Rechts. Die Regierung muß selbst darauf bedacht sein, jede Willkür zu vermeiden, sie muß sich daher einer geordneten Kontrolle durch das Volk unterstellen. Während des Krieges kann diese Kontrolle nur vorläufig geordnet werden. Einstweilen werden lautere und sachkundige Männer aus allen Ständen und Gauen in einen Reichsrat berufen werden...
Die Konzentrationslager werden sobald wie möglich aufgelöst, die Unschuldigen entlassen, Schuldige den ordentlichen gerichtlichen Verfahren zugeführt werden. Aber ebenso erwarten wir, daß niemand Lynchjustiz vollzieht...
Die Judenverfolgung, die sich in den unmenschlichsten und unbarmherzigsten, tief beschämenden und gar nicht wieder gutzumachenden Formen vollzogen hat, ist sofort eingestellt...
Wir empfinden es als eine tiefe Entehrung des deutschen Namens, daß in den besetzten Gebieten hinter dem Rücken der kämpfenden Truppe und ihren Schutz mißbrauchend Verbrechen aller Art begangen worden sind. Die Ehre unserer Gefallenen ist damit besudelt. Auch hier werden wir für Sühne sorgen...
Wir wollen keine Spaltung unseres Volkes. Wir wissen, daß viele aus Idealismus, in Verbitterung über das Diktat von Versailles und seine Auswirkungen und über manche nationale Unwürde in die Reihen der Partei eingetreten sind, andere unter dem äußersten Zwang wirtschaftlicher und sonstiger Druckmittel. Das Volk darf sich hiernach nicht scheiden.«

Becket, Thomas à
Erzbischof von Canterbury 1162–1170
** 21. 12. 1118 London*
† 29. 12. 1170 Canterbury
Als Freund und Kanzler (1155–1162) →Heinrichs II. wurde B. Erzbischof von Canterbury. Indem er gegen die vom König 1164 erlassenen Clarendon Constitutions die kirchl. Freiheiten und die Rechte des Papstes und der Geistlichkeit verteidigte, geriet er in Konflikt mit Heinrich und floh 1164 nach Frankreich in den Schutz Papst →Alexanders III. Die Clarendon Constitutions erweiterten die königl. Rechte u. a. bei der Einsetzung von Bischöfen und Äbten und im Rechtswesen und unterstellten den Klerus der weltl. Gerichtsbarkeit. Nach Versöhnung und Rückkehr erneut in Widerspruch zu Heinrich II. geraten, erschlugen ihn königstreue Barone vor seiner Kathedrale. Alexander III. sprach ihn 1173 als Märtyrer heilig (Fest: 29. 11.). Heinrich II. mußte an B.s Grab Buße tun und kirchl. Rechte wiederherstellen (1174).

Beda Venerabilis
englischer Benediktinermönch und Theologe
** 672 bei Wearmouth, Northumberland*
† 26. 5. 735 Kloster Jarrow
Der Benediktiner und Universalgelehrte B. V. (»der Ehrwürdige«) inspirierte die karoling. Renaissance, führte die christl. Zeitrechnung ein und begründete mit seiner bis 731 reichenden Geschichte Britanniens die engl. Geschichtsschreibung. Als Vertreter der allegorischen Bibelauslegung setzte er mit seinen theolog. Werken, in denen er sich u. a. auf →Augustinus und →Ambrosius bezieht, den Beginn der mittelalterl. Quaestionenliteratur. B. wurde heiliggesprochen und 1889 zum Kirchenlehrer erhoben (Fest: 25. 5.).

Begin, Menachem
israelischer Ministerpräsident 1977–1983
** 6. 8. 1913 Brest-Litowsk*
† 9. 3. 1992 Tel Aviv

B.s polit. Wurzeln lagen in der radikalzionistischen Jugendorganisation Betar in Polen, deren Vors. er während des Jurastudiums 1938 wurde. Beim sowjet. Einmarsch 1939 wurde er gefangengenommen,

in Arbeitslagern interniert und kam 1942 mit poln. Truppen nach Palästina, wo er als Kommandant der Untergrundorganisation Irgun Zvai Leumi den Kampf gegen die britische Mandatsmacht führte. Nach Staatswerdung Israels 1948 Mitgründer und bis 1983 Vorsitzender der rechten Cherut-Partei, führte B. mit kurzen Unterbrechungen die parlamentarische Opposition und vertrat eine extrem nationalistische Politik. Die Wiedergutmachungsabkommen mit der BR Deutschland lehnte er ab.
Nach dem Wahlsieg des von ihm geführten Likud-Blocks wurde er 1977 Min.-Präs. einer rechten Koalitionsregierung, die er 1981 mit geschrumpfter Mehrheit fortführte. Obwohl Vertreter großisrael. Ziele, legte B. mit dem ägyptischen Präs. Anwar as-→Sadat den Grundstein zur arab. israel. Annäherung im Camp-David-Abkommen 1978 und im Friedensvertrag zwischen Israel und Ägypten 1979. Hierfür erhielten beide 1978 den Friedensnobelpreis.
Während B. die Verständigung mit Ägypten suchte, förderte er die jüd. Besiedlung in den besetzten Gebieten, annektierte die Golanhöhen (1978) und ließ Teile des Libanon besetzen, um die Palästinens. Befreiungsorganisation (PLO) zu zerschlagen, komplizierte damit jedoch nur die nahöstl. Konfliktlage. Innenpolit. Mißerfolge führten zu seinem Rücktritt. Nachfolger: Yitzhak →Shamir.

Behaim, Martin

deutscher Kosmograph und Seefahrer
** 6. 10. 1459 Nürnberg*
† 29. 7. 1507 Lissabon

Der 1476 von Nürnberg über Flandern nach Portugal ausgewanderte B. erkundete im Auftrag des portugies. Königs die afrikanische Küste, um den Seeweg nach Indien zu erschließen, und wurde für seine Verdienste zum Ritter geschlagen. Nach Nürnberg zurückgekehrt, schuf er den ältesten, noch erhaltenen Globus, den berühmten »Erdapfel« (1492), und eine Weltkarte. Sie fassen die geograph. Kenntnisse der Europäer unmittelbar vor der Entdeckung Amerikas zusammen. Nach längerer Gefangenschaft in der Hand englische Piraten wieder in Portugal, verlor er 1495 sein Hofamt.

Béla III.
ungarischer König
aus der Dynastie der Árpáden 1172–1196
** 1148*
† 13. 4. 1196 Esztergom (?)
Im Kampf gegen Byzanz gewann B. Dalmatien, Kroatien und Bosnien. Er rief die Orden der Zisterzienser, Prämonstratenser und die Siebenbürger Sachsen ins Land und führte eine Verwaltungsreform nach byzantin. Vorbild durch.

Béla IV.
ungarischer König aus der Dynastie der Árpáden 1235–1270
** Nov. 1206*
† 3. 5. 1270 Margareteninsel, Budapest
Der Sohn von →Andreas II. scheiterte mit dem Versuch, die Privilegien des Adels zu beschneiden und die von Fürsten okkupierten königl. Gebiete zurückzugewinnen. 1241 von den Mongolen in der Schlacht am Sajó vernichtend geschlagen, floh er nach Dalmatien. Wieder im Lande, veranlaßte er seit 1242 umfassende Reorganisationsmaßnahmen, Städte- und Burgenbau, privilegierte die dt. Bürger (1244), machte dem Adel Zugeständnisse. 1246 gewann er früher an Österreich abgetretene Teile Ungarns wieder zurück.

Belalcázar
spanischer Konquistador
** 1495 Belalcázar*
† 1551 Cartagena (Kolumbien)
(Eigentlich *Sebastián de Moyano*). B. eroberte mit Francisco →Pizarro als dessen Unterführer das Inkareich. Bei Expeditionen nach Ecuador gründete er die Städte Quito und Guayaquil. Auf der Suche nach dem sagenhaften Dorado gelangte er in die reichen Regionen der Chibcha auf der Hochfläche von Kolumbien.

Belaúnde Terry, Fernando
Staatspräsident von Peru 1963–1968, 1980–1985
** 7. 10. 1912 Lima*
B., Sproß einer der einflußreichsten großbürgerl. Familien Perus, Architekt und Prof. für Städtebau, gründete 1956 die Partei Acción Popular und gewann mit ihr 1963 die Präsidentschaftswahlen. Weitgehend erfolglos mit seinen halbherzigen Wirtschafts- und Sozialreformen, wurde er nach einem Staatsstreich durch eine Militärjunta abgelöst (1968). Aus dem Exil zurückgekehrt, trat er 1980 nach 12 Jahren Diktatur erneut das Amt an, konnte

die schweren inneren Krisen Perus jedoch nicht bewältigen. Auch der zunehmend auf dem Rücken der Bevölkerung ausgetragene harte Kampf gegen die maoist. Guerillaorganisation Sendero Luminoso (Leuchtender Pfad) blieb weitgehend erfolglos.

Belisar
oströmischer Heerführer
** um 500*
† 13. 3. 565 Konstantinopel
B. versuchte als Feldherr Kaiser →Justinians I. das Röm. Reich von Ostrom aus militärisch wiederherzustellen. 533/34 zerstörte er das Wandalenreich in Nordafrika und kämpfte gegen die Perser in Syrien (527–531, 542). Durch Niederschlagung des Nika-Aufstands in Konstantinopel rettete er (mit →Narses) die Herrschaft Justinians I. (540). Weil ihm im Kampf gegen die Ostgoten in Italien (Einnahme Ravennas 540) der abschließende Erfolg gegen →Totila versagt blieb, fiel er zeitweilig in Ungnade. 559 schlug er die Weißen Hunnen (Hephtaliten) vor Konstantinopel. Mythisch verfremdet fand seine Gestalt Eingang in die byzantin. Epik (Belisarlied).

Belsazar
babylonischer Kronprinz und Regent
551–543 v. Chr.
† um 539 v. Chr.
Der Sohn des letzten Chaldäerkönigs →Nabonid regierte das Reich während dessen 10jährigem Arabienfeldzug. Mit seiner Niederlage in der Schlacht gegen die Perser unter →Kyros II. (539) ging das babylon. Reich unter. Nach dem AT (Dan. 5) war B. als Sohn →Nebukadnezars II. letzter König von Babylon, dessen Gotteslästerung zu Babylons Untergang führte. Seine Legende wurde Thema der Weltliteratur.

Ben Bella, Ahmed
algerischer Staatspräsident 1963–1965
** 25. 12. 1916 Marnia bei Oran*
B. B., der im 2. Weltkrieg als Feldwebel in der französ. Armee diente, bereitete nach 1946 mit dem Aufbau bewaffneter Geheimverbände den alger. Unabhängigkeitskampf vor und gehörte 1954 zu den Organisatoren des algerischen Aufstands und Gründern der Nationalen Befreiungsfront (FLN). 1956 gelang es den Franzosen, B. B. durch Entführung seines Flugzeugs festzunehmen; er blieb bis zum Waffenstillstand von 1962 in Haft. Nach Erlangung der Unabhängigkeit Algeriens wurde er Min.-Präs. (1962–1965), 1963 Generalsekretär der FLN und Staats-Präs. 1965 von Generalstabschef Houari →Boumedienne gestürzt, stand er unter Hausarrest, der 1980 aufgehoben wurde. 1981–1990 lebte er in Frankreich im Exil.

Benedikt *(latein. »benedictus« = »der Gesegnete«), Päpste*

Benedikt V.
Papst 964
† 4. 7. 966 Hamburg
In den Kämpfen um den Heiligen Stuhl vertrieben die Römer den dem Kaiser →Otto I. (dem Großen) ergebenen Papst →Leo VIII. und erhoben nach dem Tod von Otto I. (vor der Wahl Leos) abgesetzten Papstes Johannes XII. B. zum neuen Papst. Unter Berufung auf seine mißachteten kaiserl. Mitwirkungsrechte annulierte Otto I. B.s Einsetzung als Gegenpapst. Während Leo VIII. sich durchsetzte, wurde B. als Diakon nach Hamburg verbannt.

Benedikt VIII.
Papst 1012–1024
† 9. 4. 1024 Rom
B. (vorher *Theophylakt*) stammte aus dem in Rom mächtigen Geschlecht der Grafen von Tusculum. Er krönte 1014 →Heinrich II. zum Kaiser, errang einen wichtigen Sieg über die Sarazenen (1016) und bekämpfte mit den Normannen die Herrschaft von Byzanz in Sardinien und Unteritalien. Er führte die Cluniazensische Kirchenreform weiter und verurteilte auf mehreren Synoden Priesterehe und Simonie.

Benedikt IX.
Papst 1032–1045, 1047/48
† um 1055
Grottaferrata (?)

B. (vorher *Theophylakt*) aus dem Geschlecht der Grafen von Tusculum und Neffe der Päpste →B. VIII. und Johannes XIX., brachte mit seiner unchristl. Lebensführung das Papsttum in eine Krise. 1044 wurde er von den Römern vertrieben, konnte sich aber gegen den Gegenpapst behaupten.

1045 ließ er sich die Papstwürde von seinem Taufpaten Johannes Gratianus (→Gregor VI.) abkaufen, wurde auf der Reformsynode zu Sutri 1046 auf Betreiben Kaiser →Heinrichs III. mit →Gregor VI. formell abgesetzt. Nach dem Tod des eingesetzten Papstes Klemens II. amtierte er noch einmal für kurze Zeit als Gegenpapst.

Benedikt XI.
Papst 1303–1304
** 1240 Treviso*
† 7. 7. 1304 Perugia
Während seiner kurzen Amtszeit beendete der Dominikaner B., vorher *Nikolaus Boccasini*, den unter seinem Vorgänger Bonifatius XIII. ausgetragenen Konflikt mit dem französischen König →Philipp IV. (den Schönen) und leitete die Versöhnung mit Frankreich ein. Sein Nachfolger wurde →Klemens V. Seligsprechung 1736; Fest: 7. 7.

Benedikt XII.
Papst 1334–1342
** um 1285 Saverdun, Languedoc*
† 25. 4. 1342 Avignon
Der Zisterzienser, vorher *Jacques Fournier*, reformierte als dritter Papst in Avignon in der Nachfolge Papst →Johannes' XXII. die kirchl. Verwaltung, den Klerus und die Orden der Zisterzienser und Benediktiner. Von Frankreich abhängig, setzte er den Kampf gegen König →Ludwig IV. (den Bayern) fort; begann mit dem Bau des Papstpalasts in Avignon und band das Papsttum damit noch enger an Frankreich. Sein Vermittlungsversuch im Hundertjährigen Krieg zwischen Frankreich und England scheiterte. Nachfolger: →Klemens VI.

Benedikt XIII.
Gegenpapst 1394–1423
** um 1327 im Königreich Aragón*
† 3. 5. 1423 Peñiscola bei Valencia
Im Abendländischen Schisma (1378–1417) unterstützte B., vorher *Pedro de Luna*, als Kardinal (seit 1375) den Gegenpapst →Klemens (VII.) in Avignon gegen →Urban VI., gewann ihm als Kardinallegat Spanien und wurde schließlich sein Nachfolger. Ohne französ. Unterstützung (Belagerung Avignons 1399–1403) und auf den Konzilien von Pisa 1409 und Konstanz 1417 abgesetzt, hielt er als Gegenpapst zum weitgehend anerkannten →Martin V. an seinem Anspruch fest, rechtmäßiger Papst zu sein, obwohl er isoliert auf der Feste Peñiscola saß und nur noch von Aragón unterstützt wurde.

Benedikt XIV.
Papst 1740–1758
** 31. 3. 1675 Bologna*
† 13. 5. 1758 Rom
Der reformwillige Papst B., vorher *Prospero Lambertini*, modernisierte Sakramentenrecht, Kurie und – im Konflikt mit den Jesuiten – Orden. Im Verhältnis zu den weltlichen Machthabern kompromißbereit, schloß er mehrere Konkordate und erkannte das preuß. Königtum an. Wegen seiner Toleranz und als Förderer von Kunst und Wissenschaften wurde er u. a. von →Friedrich II. (d. Gr.) und Voltaire, der ihm seinen »Mahomet« widmete, sehr geschätzt. Nachfolger: Klemens XIII.

Benedikt XV.
Papst 1914–1922
** 21. 11. 1851 Genua*
† 22. 1. 1922 Rom
B., vorher *Giacomo della Chiesa*, 1914 zum Kardinal ernannt und im selben Jahr zum Papst gewählt, wahrte trotz persönl. Neigung zu Frankreich im 1. Weltkrieg strikte Neutralität und versuchte 1917 vergeblich, den Krieg durch einen Verhandlungsvorschlag abzukürzen. Von der Pariser Friedenskonferenz 1919 ausgeschlossen, wandte er sich gegen die harten Bedingungen des Versailler Vertrags. Unter B. trat das neue Kirchenrecht (Codex Iuris Canonici) in Kraft. Nachfolger: →Pius XI.

Benedikt von Nursia
Ordensgründer
** um 480/90 Nursia (heute Nòrcia, Mittelitalien)*
† 21. 3. 547 Monte Cassino
B. gründete als Eremit das Kloster auf dem Monte Cassino (um 529), die Keimzelle des späteren Benediktinerordens. Als Erzieher zu mönch. Hingabe wirkte der »Vater« der lateinischen monastischen Bewegung tief auf das abendländ. Bewußtsein. In 73 Kapiteln stellte er die Ordensregeln (Benedicti regula) auf, nach denen die Klöster ihren Betrieb und die Mönche ihren Tagesablauf organisierten (Leitsatz: »ora et labora«). 1964 wurde B. zum »Schutzpatron Europas« proklamiert; Heiliger (Fest: 11. 7.).

Beneš, Eduard
tschechoslowakischer Staatspräsident 1935–1938, 1945–1948
** 28. 5. 1884 Kőzlány, Böhmen*
† 3. 9. 1948 Sezimovo Ústí, Böhmen
Als enger Mitarbeiter Tomáš G. →Masaryks war B. einer der führenden tschechoslowak. Politiker zwischen den beiden Weltkriegen. Auf den Pariser Friedenskonferenzen 1919 setzte er die Errichtung des neuen Staates durch, als Außenminister (1918 bis 1935) erreichte er zur Sicherung der Ergebnisse des Versailler Vertrages die Gründung der Kleinen Entente mit Jugoslawien und Rumänien (gegen Revisionsansprüche Ungarns) und schloß Verträge mit Frankreich (1924) und der UdSSR (1935) ab, um dt. Ambitionen abzuwehren. 1935 folgte er Masaryk als Staats-Präs. nach und trat 1938 nach der Zerschlagung der ČSR durch Dtschld. zurück. Ab 1940 Chef der tschechoslowak. Exilregierung in London, wurde er 1945 wieder Staats-Präs. Nach der fakt. kommunist. Machtübernahme 1948 trat er zurück.

Ben Gurion, David
israelischer Ministerpräsident 1948–1953, 1955–1963
** 16. 10. 1886 Płońsk (Polen)*
† 1. 12. 1973 Tel Aviv

Von den Ideen Theodor →Herzls eingenommen, wanderte B. G., ursprüngl. *David Grün*, 1906 nach Palästina aus, beteiligte sich an der Organisation und Führung der zionist. Arbeiterbewegung in Palästina. Zwischenzeitlich von der osman. Regierung aus Palästina ausgewiesen, kehrte er nach der Balfour-Deklaration (1917) als Mitgl. der brit. Jewish Legion zurück und baute nach dem 2. Weltkrieg die Kibbuz-Bewegung auf. Als Vors. der Zionist. Exekutive und der Jewish Agency (1935 bis 1948), des wichtigsten jüd. Selbstverwaltungsorgans in Palästina, organisierte er während des 2. Weltkriegs die illegale jüd. Einwanderung und ab 1946 den Kampf gegen die brit. Mandatsmacht und die Palästinenser. Am 14. 5. 1948 proklamierte er den Staat Israel und übernahm die Ämter des Min.-Präs. und des Verteidigungs-Min. Siegreich im 1. Nahostkrieg 1948/49, prägte er in den folgenden Jahren den modernen jungen Staat. 1952 schloß er das Wiedergutmachungsabkommen mit der Bundesrepublik und befürwortete in der Folge energisch eine Aussöhnung mit Deutschland. In seiner zweiten Amtszeit griff er im Zuge der Suez-Krise Ägypten an, siegte im 2. Nahostkrieg (1956), mußte allerdings die israel. Truppen auf Intervention der UdSSR und Druck der Westmächte zurückziehen. Aufgrund persönl. Rivalitäten trat er 1965 aus der Mapai aus und gründete als eigene kurzlebige Partei die Rafi. 1970 zog sich der »Vater der Nation« aus der Politik zurück. (▷ Chronik Zitat)

Proklamation des Staates Israel

Chronik Zitat

David Ben Gurion proklamierte am 14. Mai 1948 den jüdischen Staat (Auszüge):

»Im Lande Israel trat das jüdische Volk ins Leben, hier wurde sein geistiges, religiöses und politisches Antlitz geformt; hier führte es sein Leben in staatlicher Selbständigkeit; hier schuf es nationale und allmenschliche Kulturgüter und schenkte der Welt das unvergängliche Buch der Bücher.
Mit Gewalt aus seinem Lande vertrieben, hielt es ihm allenthalben in der Zerstreuung die Treue und hörte niemals auf, die Rückkehr in sein Land und die Wiederherstellung seiner politischen Freiheiten in ihm zu erflehen und erhoffen ...
Im Jahre 1897 trat, dem Rufe Theodor Herzls, des Künders der Judenstaatsidee, folgend, der Zionistenkongreß zusammen und proklamierte das Recht des jüd. Volkes auf nationale Wiedergeburt in seinem Heimatlande...
Die Katastrophe, die in unseren Tagen über das jüd. Volk hereinbrach und der Millionen Juden in Europa zum Opfer fielen, bewies erneut und eindringlich, daß es unerläßlich ist, die Frage des heimat- und staatenlosen jüdischen Volkes durch Wiedererrichtung des jüdischen Staates im Lande Israel zu lösen, der seine Tore jedem Juden weit öffnen und dem jüdischen Volk die Stellung der gleichberechtigten Nation unter den Völkern verleihen wird...
Das jüdische Volk hat gleich allen anderen Völkern das natürliche Recht, ein selbständiges Leben in einem souveränen Staat zu führen.«

Bentham, Jeremy

englischer Moral- und Rechtsphilosoph
** 15. 2. 1748 London*
† 6. 6. 1832 London

B. begründete den Utilitarismus, indem er aller moralischen Beurteilung das »Prinzip des größten Glücks der größten Zahl« (sozialer Eudämonismus) zugrunde legte. Das Interesse des Individuums müsse hinter dem Gemeinwohl zurückstehen. Seine Philosophie gewann vor allem in England und in den USA Bedeutung für die prakt. Politik. Ihre nationalökonom. Dimension wurde von John Stewart Mill weiter ausgearbeitet. (▷Chronik Zitat)

Krieg – ein schlechtes Geschäft

Chronik Zitat

Als Vorkämpfer des Freihandels diskutierte Jeremy Bentham in »Principles of International Law« (1786/89, veröffentlicht erst 1843) die wirtschaftliche Seite des Krieges:

»Krieg ist Unheil im größten Maßstab. Auf den ersten Blick könnte es scheinen, daß die Untersuchung über die Ursachen des Krieges dieselbe wäre wie die über die Ursachen der Kriminalität und daß im einen wie im anderen Fall die Ursache in der Natur des Menschen zu suchen sei: in den egoist. und hier und da in gewissem Maße in den sozialen Trieben...
›Oh, Sie irren‹, wendet jemand ein, ›wir führen Krieg nicht der Eroberung, sondern des Handels wegen!‹ Noch törichter. Das ist ein noch schlechteres Geschäft als das vorige. Erobert die ganze Welt und ihr könnt Euren Handel nicht um einen Pfennig vergrößern, im Gegenteil, Ihr müßt ihn vermindern: Erobert wenig oder viel, Ihr zahlt dafür durch Steuern: aber genau soviel, wie ein Kaufmann an Steuern zahlt, genaus soviel ist er außerstand gesetzt, dem Kapital hinzuzufügen, das er im Handel verwendet.«

Ben Zwi, Isaac
israelischer Staatspräsident 1952–1963
** 6. 12. 1884 Poltawa (Ukraine)*
† 23. 6. 1963 Jerusalem
(Ursprüngl. *Isaac Schimschelewirtz*). Mit David →Ben Gurion schon 1904 am Aufbau der zionist.-sozialist. Organisation Poalei Zion beteiligt, kam B. Z. 1907 nach Palästina, gehörte zu den Gründern und Führern der wichtigsten jüd. Arbeiterorganisationen und schloß sich im 1. Weltkrieg der auf brit. Seite kämpfenden Jewish Legion an. 1931–1948 war er Präs. des Jüd. Nationalrats (Vaad Leumi), der parlamentar. Körperschaft vor der Staatsgründung. Als Staats-Präs. wurde er zweimal wiedergewählt.

Berchtold, Leopold Anton Graf
österr.-ungar. Außenminister 1912–1915
** 18. 4. 1863 Wien*
† 21. 11. 1942 Schloß Peresznye
B. setzte die von seinem Vorgänger, Alois Graf Lexa v. →Aehrenthal, betriebene Balkanpolitik fort. Überzeugt von der Unvermeidbarkeit eines Konflikts mit Rußland über die Balkanfrage, suchte er dessen Schützling Serbien, das aus den Balkankriegen 1912/13 gestärkt hervorgegangen war, in die Schranken zu verweisen (Albanienkrise 1913). Mit seinem Ultimatum, das er, ermuntert durch →Wilhelm II. (»Jetzt oder nie«) nach der Ermordung des Thronfolgers →Franz Ferdinand an Serbien richtete, gab er den Auftakt zum 1. Weltkrieg.

Berengar I.
König von Italien 888–923, Kaiser 915–923
† 924 Veron
Enkel →Ludwigs des Frommen, Markgraf von Friaul seit 873. Nach dem Sturz Kaiser →Karls III. (des Dicken) zum König von Italien gekrönt, das die westl. Lombardei umfaßte, konnte B. sich nur mühsam behaupten und wurde mehrfach verdrängt. 899 erlitt er eine Niederlage gegen die Ungarn. Papst →Johannes X. erhob ihn zum Kaiser, verhalf ihm damit jedoch nicht zu mehr Macht. →Rudolf II. von Hochburgund besiegte ihn 923.

Berija, Lawrenti Pawlowitsch
sowjetischer Politiker
** 29. 3. 1899 Mercheuli, Georgien*
† 23. 12. 1953 (?) Moskau
Führend bei der Errichtung der Sowjetherrschaft in Georgien, organisierte der Landsmann Josef W. →Stalins unter verschiedenen Amtsbezeichnungen den Terrorapparat der Stalinzeit. Als Volkskommis-

sar für Inneres und Staatssicherheit (1938–1953) war er verantwortlich für den letzten Akt der »Großen Säuberung« (Tschistka) und die Organisation der Arbeitslager (Gulag). 1946 wurde er Mitgl. des Politbüros bzw. des Präsidiums des ZK der KPdSU. Nach Stalins Tod bildete er von März bis Juni 1953 zusammen mit Georgi M. →Malenkow und Wjatscheslaw M. →Molotow die sowjet. Führungstroika, konnte sich aber im Machtkampf nicht halten. Nach offiziellen Angaben wurde er im Dezember 1953 zum Tode verurteilt, Gerüchten zufolge schon vorher erschossen.

Berlichingen, Götz von
fränkischer Reichsritter
** 1480 Jagsthausen*
† 23. 7. 1562 Schloß Hornberg
B. führte zahlreiche Fehden, wurde zweimal geächtet (1512, 1518). 1504 verlor er im Landshuter Erbfolgekrieg seine rechte Hand und ersetzte sie durch eine eiserne Prothese (»Ritter mit der eisernen Hand«). Für Herzog →Ulrich von Württemberg kämpfte er gegen den Schwäbischen Bund (1519). Im Bauernkrieg übernahm B. 1525 die Führung der Aufständischen im Odenwald, um den Aufstand in gemäßigte Bahnen zu lenken und geriet 1528 in Gefangenschaft des Schwäbischen Bundes (bis 1530). 1542 kämpfte er im Dienst →Karls V. gegen die Osmanen, 1544 gegen Frankreich.
Nach der 1731 gedruckten Selbstbiographie des B. stilisierte Johann Wolfgang von Goethe in seiner Tragödie »Götz von Berlichingen« (1773) B. als »Selbsthelfer in anarchischer Zeit«.

Berlinguer, Enrico
italienischer Kommunist
** 25. 5. 1922 Sassari, Sardinien*
† 11. 6. 1984 Padua
Sohn eines sozialistischen Abgeordneten; 1949 bis 1956 Generalsekretär des italien. kommunist. Jugendbunds; 1957 Direktor der Zentralhochschule der italien. KP, 1959 Mitglied des Parteivorstands, 1966 des Politbüros, 1972–1984 (als Nachfolger von Luigi →Longo) Generalsekretär der PCI.
B. verneinte zunehmend den Modellcharakter des sowjet. Systems und die Führungsrolle der KPdSU. Als einer der Hauptvertreter des Eurokommunismus propagierte er einen »historischen Kompromiß« zwischen PCI und DC (den er jedoch nicht durchsetzen konnte), später die »Demokratische Alternative« der gewandelten kommunistischen Partei mit den anderen Linkskräften.

Berlusconi, Silvio
italienischer Ministerpräsident 1994
** 29. 9. 1936 Mailand*
Auf dem Höhepunkt der durch Korruptionsskandale verursachten italien. Staatskrise betrat der größte Privatunternehmer Italiens 1993 mit dem Versprechen die politische Bühne, Recht und Ordnung wiederherzustellen. Als Führer der von ihm 1993 gegründeten rechtsorientierten Partei Forza Italia errang er im Wahlbündnis mit Neofaschisten und der separatist. Lega Nord 1994 die Wahlen. In sein Kabinett nahm er fünf Neofaschisten auf. Während er unter Vorwürfen wegen irregulärer Geschäfte seine persönliche Reputation verlor, scheiterte er auch bei der Durchsetzung seines Wirtschaftsprogramms. Nach Austritt der Lega Nord aus der Koalition trat er zurück.

Bernadotte, Graf Folke
schwedischer Politiker
** 2. 1. 1895 Stockholm*
† 17. 9. 1948 Jerusalem
Der Neffe König →Gustavs V. handelte als Leiter des schwed. Hilfswerks mit Heinrich →Himmler im Febr. 1945 die Freilassung und Ausreise von 19 000 skandinav. KZ-Gefangenen sowie die kampflose Räumung Norwegens und Dänemarks aus. Erfolglos versuchte Himmler, über B. mit den Westmächten in Kontakt zu treten und ihnen einen Separatfrieden vorzuschlagen. 1946 Präs. des Schwed. Roten Kreuzes, übernahm B. im Mai 1948 im Auftrag der UN die Vermittlung im Palästina-Konflikt. Er wurde von israel. Terroristen ermordet, nachdem er seinen Friedensplan vorgelegt hatte, der vom UN-Teilungsplan Palästinas von 1947 abwich.

Bernhard von Clairvaux
Ordensgründer
** um 1090 Fontaines-les-Dijon*
† 20. 8. 1153 Clairvaux

Gemeinsam mit 30 Kandidaten aus burgundischem Adel trat B. 1112 in das Zisterzienser-Reformkloster Cîteaux ein. Von dort entsandt, gründete er 1115 das Tochterkloster Clairvaux-sur-Aube als

Ausgangspunkt für zahlreiche weitere Klostergründungen (etwa 300 bis 1153). Der bedeutende Theologe und berühmte Prediger (»Herold Gottes«) übte durch die Erneuerung des kirchl. Geistes bei Adel, Klerus und Volk großen Einfluß auf seine Zeit aus. Im Streit mit →Abälard bekämpfte er dessen dialektisch-rationalistische Denkweise, die Frühscholastik und die Kirchenreform →Arnold von Brescias. Mit seiner tiefen Kontemplation gilt er als Begründer der mittelalterl. Mystik. 1146 gewann er König Ludwig VII. von Frankreich und Kaiser →Konrad III. zur Teilnahme am 2. Kreuzzug, der in eine Katastrophe mündete. Heiligsprechung 1174 (Fest: 20. 8.), Erhebung zum Kirchenlehrer 1830.

Bernstein, Eduard

deutscher Sozialdemokrat
** 6. 1. 1850 Berlin*
† 18. 12. 1932 Berlin

Sohn einer kinderreichen jüd. Arbeiterfamilie, schloß sich B. 1872 der Sozialdemokratie an. 1878 bis 1888 lebte er in Zürich, dann in London, wo er häufig mit Friedrich →Engels zusammentraf. B. begründete hier in Anlehnung an den engl. Reformsozialismus (Fabian Society) den Revisionismus in der dt. Sozialdemokratie (»Die Voraussetzungen des Sozialismus und die Aufgaben der Sozialdemokratie«, 1899). In Gegnerschaft zu August →Bebel und Karl →Kautsky setzte er nicht mehr auf die proletar. Revolution, sondern auf die schrittweise Umgestaltung der kapitalist. Gesellschaft durch Reformen. 1901 nach Dtschld. zurückgekehrt, war er 1902 bis 1906, 1912–1918 und 1920–1928 Reichstagsabgeordneter. 1917 trat er aus Protest gegen die Kriegspolitik der Sozialdemokraten der USPD bei, schloß sich aber 1919 wieder der SPD an und war wesentlich an der Formulierung des Görlitzer Programms (1922) beteiligt. Mit seinen zahlreichen Werken beeinflußte er wesentlich die Auseinandersetzungen über den Kurs seiner Partei (u. a. : »Zur Geschichte und Theorie des Sozialismus«, 1900; »Die heutige Sozialdemokratie in Theorie und Praxis«, 1906; »Erinnerungen eines Sozialisten«, 1918; »Der Sozialismus einst und jetzt«, 1922.)

Bernstorff, Johann Hartwig Ernst Graf
dänischer Außenminister 1751–1770
** 13. 5. 1712 Hannover*
† 18. 2. 1772 Hamburg
Während seiner fast 20jährigen Amtszeit als Außen-Min. des dänisch-norwegischen Gesamtstaats und Leiter der für Schleswig-Holstein zuständigen Dt. Kanzlei bewahrte B. Dänemark-Norwegens Neutralität in allen europäischen Kriegen seiner Zeit und löste die mit Schweden und Rußland bestehenden Streitfragen auf friedl. Wege. Mit Rußland handelte er den Vertrag von 1765 aus, der die gottorfischen Gebiete Holsteins mit den königlichen vereinigte. B. förderte Handel, Schiffahrt und Industrie. Beeinflußt von Friedrich Gottlieb Klopstock machte er Kopenhagen zum Zentrum der Aufklärung im Norden und hob die bäuerliche Leibeigenschaft auf seinen holsteinischen Gütern auf.

Berthold von Henneberg
Erzbischof und Kurfürst von Mainz 1484 –1504
** 1442,*
† 21. 12. 1504
Als Vertreter der Reichsreform versuchte B., dessen Kurfürstenwürde mit dem Amt des Erzkanzlers des Hl. Röm. Reichs verbunden war, in der Reichsverfassung die Macht der Stände, insbes. der Kurfürsten, zu verankern. Damit geriet er in Gegensatz zu den Kaisern →Friedrich III. und →Maximilian I., dessen Wahl er 1486 unterstützt hatte. Auf dem Reichstag zu Worms 1495 setzte er als Leiter der Reichskanzlei die Einsetzung des Reichskammergerichts und die Ausrufung des Ewigen Reichslandfriedens durch. Seine weitergehenden Reformvorstellungen, insbes. eine vom König unabhängige Reichsgewalt aufzubauen, konnte er gegen den Widerstand des Kaisers nicht dauerhaft durchsetzen.

Bethlen, István
ungarischer Ministerpräsident 1921–1931
** 8. 10. 1874 Gernyeszeg*
† 1947 (?) bei Moskau
Die konservative Politik des engen Mitarbeiters Miklós von →Horthys verhinderte zwar Reformen, brachte jedoch eine vorläufige innere und wirtschaftliche Konsolidierung des durch den Bügerkrieg (1918/19) zerrütteten Landes. 1921 vereitelte er den Versuch des früheren (letzten) Habsburger Doppelmonarchen Franz Joseph Karl, die ungarischen Thronrechte in Anspruch zu nehmen. Im Jahr 1944 wurde er von sowjetischen Truppen festgenommen und verschleppt.

Bethmann Hollweg, Theobald von

deutscher Reichskanzler 1909–1917
** 29. 11. 1856 Hohenfinow, Krs. Eberswalde*
† 2. 1. 1921 Hohenfinow

Verwaltungsjurist; 1899–1905 Oberpräsident der Provinz Brandenburg, 1905–1909 preuß. Min. des Innern, 1907–1909 zugleich Staatssekretär des Reichsamts des Innern, als Nachfolger Bernhard v. →Bülows 1909–1917 Reichskanzler.
Auf einvernehmliche Lösungen bedacht, erreichte B. in den Friedensjahren mit seiner »Politik der Diagonale« zwischen der SPD und den Alldeutschen trotz einiger Erfolge in der Sozial- und Finanzpolitik nicht den Durchbruch zur Modernisierung des Kaiserreichs (u. a. die Abschaffung des preuß. Dreiklassenwahlrechts). Außenpolitisch führten die Bemühungen um einen Ausgleich mit England wegen der ambitiösen Flottenpolitik unter dem Anspruch der von Kaiser →Wilhelm II. propagierten dt. »Weltpolitik« zu keinem Erfolg (Scheitern der Mission Richard B. →Haldanes 1912). Für den Ausbruch des 1. Weltkriegs trug er durch seine »Risikopolitik« erhebl. Verantwortung. Im »Septemberprogramm« 1914 entwarf er zunächst weitreichende Kriegsziele, später steuerte er einen mittleren Kurs. Als die Oberste Heeresleitung (Paul v. →Hindenburg und Erich →Ludendorff) annexionist. Ziele verfolgte und die von ihm erstrebte innere »Neuorientierung« (Wahlrechtsreform, Einbeziehung der Arbeiterschaft in den Staat) ausblieb, verlor er jeden Rückhalt. Mit seiner unter Druck der Militärs erfolgten Zustimmung zum uneingeschränkten U-Bootkrieg provozierte er die USA 1917 zum Kriegseintritt. Nach militär. Mißerfolgen erzwang die Heeresleitung seine Entlassung.

Beust, Ferdinand, *Graf (ab 1868)*
sächsischer und österreichisch-ungar. Staatsmann
** 13. 1. 1809 Dresden*
† 23. 10. 1886 Schloß Altenberg bei Wien
Als sächs. Außen-Min. (seit 1849) und Min.-Präs. (1858–1866) Gegner Otto von →Bismarcks, bestimmte B. Sachsens antipreuß. Politik auf österreichischer Seite. Nach dem preußischen Sieg aus sächs. Diensten entlassen, wurde er 1866 österreichischer Außen-Min. Als Reichskanzler (1867 bis 1871) erzielte er den österreichisch-ungar. Ausgleich (1867) und stellte die konstitutionelle Verfassung wieder her. Nachdem das Scheitern seiner antipreuß. Politik nach Preußens Sieg über Frankreich offenkundig geworden war, trat er zurück.

Beveridge, William Henry, *Lord (ab 1946)*
britischer Sozialpolitiker
** 5. 3. 1879 Rangpur, Bengalen*
† 16. 3. 1963 Oxford
Mit dem B.-Plan schuf der Nationalökonom die »Magna Charta« der engl. Sozialgesetzgebung. B. schlug anstelle der bisherigen karitativen Fürsorge ein umfassendes staatl. Versicherungssystem vor: Krankheits-, Alters-, Unfall-, Invaliditäts- und Arbeitslosenversicherung, Mutterschutz, Kinderzulagen, kostenlose ärztl. Betreuung für jedermann. Der B.-Plan wurde von der Labour-Regierung nach 1945 teilweise verwirklicht, von den Konservativen nach ihrem Wahlsieg 1951 teilweise wieder beseitigt.

Bevin, Ernest
britischer Außenminister 1945–1951
** 9. 3. 1881 Winsford, Somerset*
† 14. 4. 1951 London
B. machte zunächst in der Gewerkschaftsbewegung Karriere: 1921–1940 Generalsekretär der von ihm aus 32 Gewerkschaften zusammengeschlossenen Transportarbeitergewerkschaft, seit 1937 Vors. des Generalrats der Gewerkschaften (Trade Union Congress), 1940 –1945 war er Arbeits-Min. im Kriegskabinett Winston →Churchill, 1945–1951 Außen-Min. unter Clement →Attlee. Mit seinem Vorschlag einer jüd.-arab. Föderation in Palästina stieß er bei Juden wie Arabern auf Widerstand. Er setzte sich für eine starke europ. Koalition und eine Anlehnung an die USA ein; förderte dementsprechend den Brüsseler Pakt (1948) als Vorstufe der Westeurop. Union (WEU, 1954), die Gründung der OEEC (1948) sowie der NATO (1949).

Bhumipol Aduljadej
als Rama IX. König von Thailand seit 1946
** 5. 12. 1927 London*
B. kam nach der Ermordung seines Bruders Ananda Mahidol auf den Thron (Krönung 1950). Den thailänd. Buddhisten ist er zugleich religiöses Oberhaupt. Verfassungsrechtlich ohne starken Einfluß auf die Politik in seinem Land, betrieb er nach der brutalen Niederschlagung einer Studentenrevolte

jedoch den Sturz des Juntachefs Kittachorn 1973. 1981 konnte sich General Prem Tinsulanonda als Regierungschef mit dem Rückhalt des Königs gegen Putschisten behaupten (1980–1988). B.s zweite Tochter aus seiner Ehe mit Sirikit Kitiyakara (* 1932), Maha Chakri Sirindhorn, ernannte er 1977 zur Kronprinzessin.

Bhutto, Benazir

pakistanische Premierministerin 1988–1990, seit 1993
** 21. 6. 1953 Karachi*

Tochter von Zulfikar →B. Nach ihrem Studium in den USA und Großbritannien kämpfte B. seit ihrer Rückkehr 1977 mit der Pakistan People's Party (PPP), deren Führung sie mit ihrer Mutter 1982 übernahm, gegen die Herrschaft Mohammed →Zia ul-Haqs. 1984 ins Exil gezwungen, kehrte sie 1986 zurück, gewann 1988 die Parlamentswahlen und wurde erste Ministerpräsidentin in einem islam. Staat. Ihre Maßnahmen gegen eine weitere Re-Islamisierung Pakistans provozierten einen »Heiligen Krieg« der Islamisten gegen sie. Nach schweren Unruhen und unter der Drohung eines Militärstaatsstreichs entließ sie Staats-Präs. G. Ishaq Khan 1990 unter dem Vorwand der Korruption und des Amtsmißbrauchs. Nach gewonnenen Parlamentswahlen 1993 übernahm sie erneut die Regierung, ohne das innere Chaos des Landes bewältigen zu können.

Bhutto, Zulfikar Ali Khan
pakistanischer Staatspräsident 1971–1973 und Premierminister 1973–1977
** 5. 1. 1928 Lakarna*
† 4. 4. 1979 Rawalpindi
Unter Mohammed Ayub Khan (1958–1969) war B. Minister verschiedener Ressorts (1958–1966). Wegen seines Widerstandes gegen den Waffenstillstand von Taschkent mit Indien (1966) entlassen, gründete er 1966 die sozialist. orientierte Pakistan People's Party (PPP), erreichte den Sturz Ayub Khans 1969. Er siegte mit der PPP bei den Wahlen in Westpakistan 1970, mußte im Bürgerkrieg in Ostpakistan im Konflikt mit →Mujibur Rahman jedoch die Sezession von Bangladesch hinnehmen, das er nach der Niederlage gegen Indien (1971) schließlich anerkannte (1974). Seine Landreform, mit der er die Feudalstruktur des Landes beseitigen wollte, sein hartes Regime und Wahlfälschungen führten zu schweren Unruhen. B. wurde 1977 vom Militär unter General Mohammed →Zia ul-Haq gestürzt, zum Tode verurteilt und hingerichtet.

Bismarck, Otto von

deutscher Reichskanzler 1871–1890
** 1. 4. 1815 Schönhausen*
† 30. 7. 1898 Friedrichsruh, Lauenburg

(Ab 1865 *Graf*, ab 1871 *Fürst*, ab 1890 *Herzog von Lauenburg*). B.-Schönhausen stammte aus altmärk. Kleinadel (»Junker«). Als Rechtsreferendar ging er 1836 in den preuß. Staatsdienst, verließ ihn 1839 und bewirtschaftete das Gut Kniephof in Pommern, ab 1845 das väterliche Gut Schönhausen; wurde 1846 Abgeordneter des sächs. Provinziallandtages. Seine eigentl. polit. Laufbahn begann B. auf dem äußersten rechten Flügel des preuß. Vereinigten Landtags 1847. Beim Ausbruch der Dt. Revolution 1848 suchte er als führendes Mitglied der Konservativen Partei König →Friedrich Wilhelm IV. für die Gegenrevolution zu gewinnen. 1849/50 war er Mitglied der 2. Kammer des Preuß. Landtags und des Erfurter Parlaments, 1851 bis 1859 preuß. Gesandter beim Bundestag in Frankfurt.
In den frühen 1850er Jahren bildete er unter Preisgabe konservativer Prinzipienpolitik seine Auffassung von Realpolitik heraus: Leitlinie sollte das Interesse der preuß. (dt.) Großmacht bei Respektierung der Interessen der übrigen Großmächte sein. Zunehmend bekämpfte B. die führende Rolle Österreichs im Dt. Bund; mit Beginn der »Neuen Ära« 1858/59 entwickelte er Pläne, die dt. Nationalbewegung als Bundesgenossen zu gebrauchen und den Dt. Bund zu sprengen. 1859–1862 war er Gesandter in St. Petersburg, 1862 kurzfristig Botschafter in Paris.
In einer für König →Wilhelm I. und die preuß. Monarchie vermeintlich aussichtslosen Lage wurde B. 1862 zum Min.-Präs. und Außen-Min. bestellt. Der isolierte Monarch hatte den Heeres- und Verfas-

sungskonflikt zum grundsätzlichen Kampf um Königs- oder Parlamentsherrschaft zugespitzt. B. stellte sich Wilhelm zur bedingungslosen Durchsetzung der angestrebten Heeresreform zur Verfügung und erhielt die seine gesamte Regierungstätigkeit kennzeichnende Freiheit für seine Politik. Er regierte budgetlos gegen das Parlament, dem er in dessen Bestreben um eine Parlamentarisierung Preußens den Kampf ansagte. 1863/64 sondierte er jedoch die Möglichkeiten einer Kooperation mit Ferdinand →Lassalle und einer Einführung des gleichen Wahlrechts, um die Majorität der Liberalen im Parlament, denen das Dreiklassenwahlrecht zugute kam, zu brechen.

Die Außenpolitik B.s. stand in enger Wechselwirkung zur inneren Entwicklung Preußens. Bereits 1862 gab er Österreich sein Ziel zu erkennen, Preußens Herrschaft in Norddeutschland durchzusetzen. 1863 unterbreitete er erste Reformvorschläge für den Dt. Bund, die auch die Schaffung einer Volksvertretung mit gleichem Wahlrecht vorsahen, wodurch die dt. Nationalbewegung gegen Österreich eingespannt werden sollte. Im gleichen Jahr sicherte sich B. durch die Alvenslebensche Konvention gegen Polen die Rückendeckung Rußlands. In der Krise um Schleswig-Holstein 1863/64 gelang es ihm, den international abgesicherten Status der Elbherzogtümer durch eine Alleinverantwortlichkeit Preußens und Österreichs zu ersetzen. Nach dem ersten dt. Einigungskrieg gegen Dänemark 1864, in dem Preußen und Österreich die Abtretung Schleswig-Holsteins erzwungen hatten, erreichte B. im Vertrag von Gastein 1865 die Abgrenzung der Interessensphären im zunächst gemeinsam administrierten Kondominium: Österreich übernahm die Verwaltung Holsteins, Preußen die Schleswigs. 1866 betrieb er über Spannungen in dieser labilen Konstruktion die militärische Konfrontation mit Österreich, wobei nun auch die längerfristige Perspektive einer Verbindung mit Süddeutschland Bedeutung gewann. Er schloß mit Italien ein Bündnis und erneuerte seinen Vorschlag zur Bundesreform durch Schaffung einer Volksvertretung.

Nachdem die Schlacht von Königgrätz 1866 den Dt. Krieg zugunsten Preußens entschieden hatte, setzte B. gegen den Willen Wilhelms I. die Schonung Österreichs als Großmacht durch und verwirklichte seine Neuordnungspläne: Nach der Aussöhnung mit dem preuß. Parlament und der Mehrheit der Liberalen durch das Indemnitätsgesetz gründete er 1867 den Norddeutschen Bund, dessen Bundeskanzler und Außen-Min. er wurde. Durch Verträge band er die süddt. Staaten militärisch an den Norddt. Bund. Vor dem Hintergrund französ. Kompensationsansprüche wegen des Machtzuwachses Preußens 1866/67 löste B. in Antwort auf eine französ. Provokation mit der Emser Depesche 1870 den Dt.-Französ. Krieg aus. Gegen Helmuth von →Moltke, der einen »Karthagofrieden« anstrebte, behauptete er den Primat der politischen gegenüber der militär. Führung. In Verträgen mit den süddt. Staaten und mit der Kaiserproklamation Wilhelms I. am 18. 1. 1871 erreichte er die Gründung des Dt. Reichs. Die Verfassung des Reichs als konstitutionelle Monarchie mit einem aus gleichem Wahlrecht hervorgegangenen Reichstag spiegelte die Verbindung von Zielen der liberalen dt. Nationalbewegung mit den Wesenszügen des preuß. Beamten- und Militärstaates wider. B. wurde Reichskanzler des neuen Nationalstaates.

In den beiden Jahrzehnten der Reichskanzlerschaft verfügte B., der auch preußischer Min.-Präs. blieb, über eine nahezu unangreifbare innenpolitische Stellung. Im Reichstag stützte er sich auf die Nationalliberalen und die sich ihm nur zögernd wieder annähernden Konservativen. In oppositionellen Kräften sah er »Reichsfeinde«. Im Kulturkampf gegen den politischen Katholizismus, der Mitte der 1870er Jahre seinen Höhepunkt erreichte, suchte er das neu entstandene Zentrum vergeblich zu treffen. Nach zwei Attentaten auf Wilhelm I. 1878 sollte das Sozialistengesetz (bis 1890 mehrfach verlängert) die 1875 gegründete Sozialistische Arbeiterpartei Deutschlands, die mit den Anschlägen nichts zu tun hatte, ausschalten.

1878/79 brach B. mit der Mehrheit der Nationalliberalen, die langfristig eine Parlamentarisierung der Monarchie erwarteten, und vollzog mit der Einführung einer Schutzzollpolitik eine grundlegende konservative Wende der dt. Innenpolitik. Nunmehr sich auf wechselnde Mehrheiten im Reichstag stützend, begann er ein sozialpolit. Programm zu verwirklichen: Krankenversicherung (1883), Unfallversicherung (1884), Alters- und Invalidenversicherung (1889); dessen Hauptzweck, die Entfremdung der Arbeiterschaft von der Sozialdemokratie, erreichte er allerdings nicht. Nachdem das »Kartell« aus Konservativen und nach rechts geschwenkten Liberalen 1887 in einem von der Außenpolitik bestimmten Wahlkampf noch einmal gesiegt hatte, erlitten diese Parteien 1890 eine schwere Wahlniederlage. Als B. den seit 1888 regierenden und auf Unabhängigkeit vom Kanzler bedachten Kaiser →Wilhelm II. zu einem neuen sozialkonservativen Kampfprogramm

gegen den Reichstag, möglicherweise aber auch zu einer Kooperation mit dem Zentrum bewegen wollte, wurde er von diesem am 18. 3. 1890 unter verletzenden Umständen entlassen.
Außenpolitisch bemüht, die Mächte zu überzeugen, Dtschld. sei »saturiert«, betrieb B. zunächst eine Politik, die Koalitionen gegen Dtschld. verhindern sollte. Der Berliner Kongreß 1878 brachte ihm dank seinem Bemühen, im Balkankonflikt als »ehrlicher Makler« zu vermitteln, den Ruf eines großen europ. Staatsmannes. Die dennoch einsetzende schwere Krise im Verhältnis zu Rußland veranlaßte ihn sodann zum Aufbau eines komplizierten Bündnissystems: Zweibund mit Österreich-Ungarn 1879, Dreikaiservertrag mit Österreich-Ungarn und Rußland 1881, Dreibund als Erweiterung des Zweibunds um Italien 1882 und nach der Phase des Erwerbs von Kolonien 1884/85 Rückversicherungsvertrag mit Rußland 1887 und Förderung der Mittelmeerentente zwischen Italien, England und Österreich-Ungarn 1887. Bei sich zum Teil widersprechendem Inhalt der Verträge diente das System dazu, den Bündnisfall und damit den Krieg zu vermeiden. Seit der Mitte der 1880er Jahre einsetzende neue schwere Krisen (Bulgarienkrise 1885/86, Boulangerkrise 1886/87) ließen die außenpolit. Lage Deutschlands als zunehmend labil und gefährdet erscheinen. B.s Sorge vor feindl. Koalitionen und einem Zweifrontenkrieg wuchs und ließ ihn nach Alternativen zum bestehenden Bündnissystem suchen. Militär. Abenteuer wie einen Präventivschlag gegen Rußland lehnte er konsequent ab.
Nach seinem Rücktritt bekämpfte B. den von ihm für verhängnisvoll erachteten »Neuen Kurs« seines Nachfolgers Leo Graf v. →Caprivi. Während er sich 1894 formell mit Wilhelm II. aussöhnte, lehnte der Reichstag 1895 einen Glückwunsch zum 80. Geburtstag ab. Bei seinen Gegnern von links galt er weiterhin als »Blut-und-Eisen«-Politiker. Doch setzte noch zu seinen Lebzeiten eine lange anhaltende, nahezu mythische Verehrung des »Eisernen Kanzlers« ein.
(▷ Chronik Zitat)

Der Klassenkampf ist unvermeidbar

Chronik Zitat

Zwei Monate, nachdem die SPD bei der Reichstagswahl siegte und seitdem die stärkste Fraktion im Reichstag stellte, einen Monat nach seiner Entlassung als Reichskanzler, erklärte Otto v. Bismarck gegenüber dem Korrespondenten des »New York Herald« (23. April 1890):

»...Nein, dieser Kampf der Klassen wird niemals aufhören. Ihn lösen zu wollen, wäre dasselbe wie das Problem der Quadratur des Kreises lösen zu wollen. Es ist eine Utopie, der Traum des tausendjährigen Reiches, das Millenium, der nur verwirklicht werden kann, wenn die Menschen Engel werden. Irgendein Arrangement auf Grund eines festen Arbeitslohnes, z. B. fünf Schilling pro Tag, ist nicht ausführbar. Kein solches Arrangement würde bindend gemacht werden können für diejenigen, welche hundert Jahre später leben werden. Auch würde der Arbeiter von heute nicht zufrieden bleiben. Man gebe ihm fünf Schilling, und er würde bald sechs oder selbst sieben verlangen. Es ist überflüssig, eine endgültige Lösung dieser Frage mit Ausschluß eines künftigen Kampfes für möglich zu halten. Der Sozialismus wird uns noch viel Mühe machen. Den Regierungen ist oft der Vorwurf gemacht worden, es sowohl an Energie wie an Wohlwollen haben fehlen zu lassen. Ich nenne es nicht Nachsicht, wenn ein Mensch so feige ist, dem Druck einer Demonstration nachzugeben. Zuweilen besteht das rechte Wohlwollen darin, Blut zu vergießen. Das Blut einer aufrührerischen Minorität, und zwar zur Verteidigung der ruheliebenden und dem Gesetz gehorchenden Majorität. Das erste Erfordernis einer Regierung ist Energie. Sie darf nicht der Zeit sich anbequemen, nicht die Zukunft für eine nur zeitweilig bequeme Einrichtung aufopfern. Eine Regierung muß konsequent sein. Die Festigkeit, ja sogar die Härte einer herrschenden Macht ist eine Bürgschaft des Friedens, sowohl nach außen wie nach innen. Eine Regierung, die immer bereit ist, einer Majorität nachzugeben, sei die letztere nun eine lokale oder bloß eine zeitweilige, eine parlamentarische oder aufrührerische, und welche ihr Ansehen nur durch Zugeständnisse aufrecht erhält, von denen jedes den Weg zu einem neuen Zugeständnis anbahnt, eine solche Regierung befindet sich in einer traurigen Klemme...«

Blanc, (Jean Joseph) Louis
französischer Frühsozialist
** 28. 10. 1811 Madrid*
† 6. 12. 1882 Cannes
Aus verarmter Beamtenfamilie stammend, engagierte sich B. früh gegen die rigiden Ausbeutungsverhältnisse seiner Zeit. In seiner 1840 erschienenen Programmschrift »Organisation du travail« verlangte er gleichen Lohn für alle Arbeiter (»Jeder nach seinen Fähigkeiten, jedem nach seinen Bedürfnissen«) und forderte die Einrichtung von staatlich geförderten Arbeiterproduktionsgenossenschaften zur Überwindung der sozialen Folgen des Kapitalismus. Nach der Pariser Februarrevolution 1848 Mitglied der provisorischen Regierung, konnte er als (einflußloser) Präsident des Amtes für Arbeit sein Konzept nicht verwirklichen. Die 1848 eingerichteten kurzlebigen »Nationalwerkstätten« brachen infolge fehlender Finanzmittel bald zusammen. Als Gegner der Reaktion und des II. Empire ging er nach England ins Exil (1848–1870). Um die Reformideen Pierre Joseph →Proudhons ergänzt, fanden seine Thesen und Forderungen 1871 Eingang in das Programm der Pariser Kommune, die er – obwohl Vertreter der Linken – ablehnte. Als »erster Staatssozialist« entwickelte B. das Konzept, die Neuorganisation der Gesellschaft vom Staat ausgehen zu lassen.

Blanqui, Louis Auguste
französischer Frühsozialist
** 7. 2. 1805 Puget-Théniers*
† 1. 1. 1881 Paris
Beeinflußt von den Freiheits- und Gleichheitsforderungen von C. H. de →Saint-Simon und F. N. →Babeuf, entwickelte sich B. zum Prototypen des Berufsrevolutionärs. An der Julirevolution 1830 und an der Revolution von 1848, in der er zum linken (sozialist.) Flügel gehörte, war er führend beteiligt und verbrachte wegen seiner revolutionären Tätigkeit insges. 30 Jahre im Gefängnis, wo er seine revolutionstheoret. Werke verfaßte. Sein Konzept des permanenten revolutionären Kampfes, einer quasimilitärischen Organisation der Avantgarde und einer revolutionären Übergangsdiktatur nahm W. I. →Lenins Prinzipien für Rolle und Aufgaben der Kommunistischen Partei vorweg. Anhänger B.s bildeten nach 1860 eine eigenständige polit. Bewegung (Blanquismus), die in der Pariser Kommune 1871 eine wichtige Rolle spielte. 1901 schlossen sich die Blanquisten der von Jules Guesde (* 1845, † 1922) gegründeten sozialistischen Partei an.

Blomberg, Werner von
deutscher Offizier
** 2. 9. 1878 Stargard, Pommern*
† 14. 3. 1946 Nürnberg
Noch von Paul v. →Hindenburg zum Oberbefehlshaber aller drei Wehrmachtteile ernannt und 1933 bis 1938 Reichswehr- bzw. Reichskriegsminister, paßte B. die dt. Wehrmacht dem NS-Regime an. 1936 wurde er zum Generalfeldmarschall ernannt. Als er 1938 zusammen mit Werner v. →Fritsch Bedenken gegen Hitlers Kriegspläne vorbrachte (»Hoßbach-Protokoll«), entließ ihn dieser unter dem Vorwand einer nicht standesgemäßen Heirat. Hitler schaltete damit die Wehrmacht als eigenständigen Machtfaktor völlig aus und übernahm selbst den Oberbefehl.

Blücher, Gebhard Leberecht von
preußischer Feldherr
** 16. 12. 1742 Rostock*
† 12. 9. 1819 Krieblowitz
(*Fürst von Wahlstatt* ab 1814). Als »Marschall Vorwärts« war B. der populärste Heerführer der Befreiungskriege gegen →Napoleon I. In preuß. Dienste trat er nach seiner Gefangennahme als schwed. Husarenjunker im Siebenjährigen Krieg (1760). Seit 1801 General, plädierte er unter dem Eindruck der Erfolge Napoleons schon 1805 für die Einführung der allgemeinen Wehrpflicht in Preußen (Denkschrift »Gedanken über Formierung einer preuß. Nationalarmee«), wie sie erst zum der Befreiungskriege 1813 im Rahmen der von B. mitkonzipierten Preußischen Heeresform unter Gerhard v. →Scharnhorst eingeführt wurde. Auf Drängen Napoleons 1811 entlassen, erhielt er im Alter von 70 Jahren 1813 den Oberfehl über die Schlesische Armee, besiegte mit Graf Neidhardt v. →Gneisenau als Generalquartiermeister die Franzosen an der Katzbach, trug entscheidend zum Sieg in der Völkerschlacht bei Leipzig bei, überschritt in der Neujahrsnacht 1813/14 den Rhein bei Kaub, verfolgte Napoleon bis Paris und besiegte ihn nach anfänglicher Niederlage gemeinsam mit A. Wellesley →Wellington bei Waterloo 1815.

Blum, Léon

mehrmaliger französischer Ministerpräsident
** 9. 4. 1872 Paris*
† 30. 3. 1950 Jouy-en-Josas, Dép. Seine-et-Oise

B., aus dem jüd. Bürgertum stammend, engagierte sich 1898 als fortschrittl. Republikaner für Alfred →Dreyfus, gründete gemeinsam mit Jean →Jaurès 1902 die französ. sozialist. Partei (Parti Socialiste Français), die 1905 in der sozialdemokrat. SFIO (Section Française de l'International Ouvrière) aufging. Als deren Vors. (1914–1940) wurde er 1936/1937 und 1938 Min.-Präs. der Volksfrontregierung. Erfolgreich mit seinen Sozialreformen (40-Stunden-Woche, bezahlter Urlaub, kollektive Arbeitsverträge), konnte er sich jedoch in der Wirtschafts- und Finanzpolitik nicht durchsetzen und war durch starke Rechtskräfte auch außenpolitisch gelähmt, so daß er sich im Spanischen Bürgerkrieg (1936–1938) passiv verhielt, und die Kommunisten die Koalition verließen. Sein Nachfolger als Min.-Präs. wurde Édouard →Daladier. 1940 wurde B. von der Vichy-Regierung verhaftet, 1943–1945 in dt. KZs interniert und war 1946/47 erneut Min.-Präs.

Blum, Robert
deutscher Republikaner
** 10. 11. 1807 Köln*
† 9. 11. 1848 Brigittenau bei Wien
B., Journalist und Buchhändler in Leipzig, war führender Oppositionspolitiker Sachsens im Vormärz. 1848 wurde er Vize-Präs. des Vorparlaments und Führer der demokratisch-republikanischen Opposition in der Frankfurter Nationalversammlung sowie Mitglied ihres Verfassungsausschusses. Angesichts der wiedererstarkenden reaktionären Kräfte suchte er zur Rettung der Errungenschaften der Märzrevolution einen Bruch zwischen Liberalen und Demokraten zu verhindern. Mit einer Deputation der Linken der Nationalversammlung überbrachte er eine Solidaritätsadresse in das aufständische Wien. In der Absicht, das Werk der Reichsgründung in Frankfurt zu torpedieren, ließ ihn die in Wien siegreiche Reaktion unter Felix Fürst zu →Schwarzenberg standrechtlich erschießen.

Böckler, Hans
deutscher Gewerkschaftsführer
** 28. 2. 1875 Trautskirchen, Mittelfranken*
† 16. 2. 1951 Köln
Von Beruf Gold- und Silberschläger, war B. seit 1904 Funktionär in der dt. Gewerkschaftsbewegung, 1928–1933 Mitgl. des Reichstags (SPD). In Konsequenz aus der Schwäche der Gewerkschaftsbewegung in der Endkrise der Weimarer Republik drängte er nach 1945 auf die Organisation nach dem Prinzip der Einheitsgewerkschaft. Seit 1949 Vors. des Dt. Gewerkschaftsbundes und Vize-Präs. des Internationalen Bundes Freier Gewerkschaften, gelang ihm in Kooperation mit der IG Metall die Durchsetzung des Mitbestimmungsrechts der Arbeitnehmer in der Montanindustrie. Die gewerkschaftseigene Stiftung trägt seinen Namen.

Boethius, Anicius Manlius Severinus
römischer Staatsmann und Philosoph
** um 480 Rom*
† 524 Pavia
Aus hohem römischen Adel stammend, war B. einflußreicher Beamter am Hof des Ostgotenkönigs →Theoderich. Dieser ließ ihn als angebl. Verschwörer in Diensten Ostroms nach langer Kerkerhaft hinrichten. Als »letzter Römer und erster Scholastiker« versuchte B., die Tradition der platon.-aristotel. Philosophie mit dem christl. Gedankengut zu verknüpfen. Er übersetzte und kommentierte die Schriften u. a. von →Aristoteles, Porphyrios und Marcus Tullius Cicero. Sein im Kerker verfaßtes, der Antike verpflichtetes »Trostbuch der Philosophie« gehört zu den meistgelesenen Werken des MA.

Böhme, Jakob

schlesischer Mystiker und Philosoph
** 1575 Alt Seidenberg bei Görlitz*
† 17. 11. 1624 Görlitz

Mit dem Ziel eines reformierten Christentums entwarf der Bauernsohn und Schuhmacher eine verwickelte, pantheistisch angelegte Kosmologie, die er mit mystischen Anschauungen (vor allem des Paracelsus) verband. B. übte eine tiefe Wirkung auf seine Zeit aus. Die lutherische Kirche bekämpfte seine »Mysterium magnum«-Theologie, die dennoch viele Anhänger in Deutschland, Holland, Frankreich und England fand. B., der erste deutschschreibende Philosoph, beeinflußte u. a. F. W. J. Schelling und G. F. W. →Hegel.

Bokassa, Jean Bedel
Diktator der Zentralafrikanischen Republik 1966–1979
** 22. 2. 1921 Bobangui*
Durch Staatsstreich an die Macht gelangt, übte der ehemalige französ. Kolonialoffizier, der zunächst von Frankreich unterstützt wurde, eine Terrorherrschaft aus, die auch vor Massakern an Kindern nicht zurückschreckte. Mit Symptomen des Größenwahnsinns und beispiellosem Aufwand machte er sich 1976 zum Kaiser Bokassa I. 1979 wurde er gestürzt und ging ins Exil. 1986 kehrte er zurück, wurde 1987 zum Tode verurteilt, 1988 zu lebenslänglicher Haft begnadigt und 1993 amnestiert.

Bolesław,
polnische Fürsten aus der Dynastie der Piasten

Bolesław I. Chrobry
Herzog 992–1025, König 1025
** 967*
† 1025
(Polnisch »Chrobry« = »der Tapfere«). Der Sohn und Nachfolger →Mieszkos I. gilt als größter mittelalterlicher Herrscher Polens. Mit Unterwerfung Kleinpolens sowie weiterer Teile Schlesiens und Pommerns vollendete er das von seinem Vater begonnene Einigungswerk Polens. Mit der Unterstützung Kaiser →Ottos III. erwirkte er im Zusammenhang mit dessen Idee eines universalen Kaisertums die Gründung des Erzbistums Gnesen von Papst Sylvester II. (1000), was zur Emanzipation Polens vom Deutschen Reich beitrug. Nach Ottos III. Tod führte er 1002–1018 teilweise erfolgreiche Kämpfe gegen Kaiser →Heinrich II., in denen er die Lausitz und Mähren gewann.

Bolesław II. Śmiały *oder* **Szczodry**
Herzog 1058–1076, König 1076–1079
** 1039*
† 1081
(Poln. »Śmialy« = »der Kühne«; »Szczodry« = »der Freigebige«). B. betrieb eine erfolgreiche Machtpolitik gegenüber dem Kiewer Reich und Ungarn. Den Investiturstreit nutzte er, um im Konflikt mit →Heinrich IV. die deutsche Oberhoheit abzuschütteln und sich zum König krönen zu lassen. Eine Verschwörung der Adelsopposition nach der Ermordung des Kraukauer Bischofs Stanislaw zwang ihn 1079 zur Flucht nach Ungarn.

Bolesław III. Krzywousty
Herzog/Großfürst von Polen 1102/1107–1138
** 1085*
† 1138
(Poln. »Krzywousty« = »Schiefmund«). B. setzte sich im Bürgerkrieg (1102–1107) gegen seinen Bruder und Mitregenten Zbigniew als Großfürst durch. Er schlug 1109 Kaiser →Heinrich V. bei Breslau zurück, unterwarf 1119–1123 das slaw. Pommern, das er 1035 gegen seinen Vasalleneid auf den Kaiser als Reichslehen zugesprochen erhielt. Der zunehmenden Zersplitterung Polens infolge umstrittener Erbfolge suchte er durch Einrichtung des Senioratsprinzips in Anlehnung an die in der Kiewer Rus praktizierten Nachfolgeregelungen zu begegnen (Thronfolge für den ältesten Sohn, Abfindung der jüngeren Söhne durch Teilfürstentümer). In der Praxis führte dies bis 1320 zum Zerfall Polens in 9 Piasten-Fürstentümer. B. bestimmte Krakau zur polnischen Hauptstadt.

Bolingbroke, Henry St. John, *Viscount (ab 1713)*
britischer Staatsmann
** 16. 9. 1678 Wiltshire*
† 12. 12. 1751 Wiltshire
B. war führender Tory-Politiker unter Königin →Anna Stuart (1702–1714), 1704–1708 Kriegs-Min., 1710–1714 Außen-Min. Er war 1715 maßgeblich am Abschluß des Friedens von Utrecht, der den Span. Erbfolgekrieg beendete, beteiligt. Als Anhänger des kath. Jakob III. aus der Dynastie der Stuarts hielt er sich 1715–1723 wegen seiner Beteiligung am Aufstand der Jakobiten (1715) gegen die Krönung →Georgs I. aus dem Haus Hannover im französ. Exil auf, wo er literarisch tätig war. Nach seiner Rückkehr führte er ab 1725 die Tory-Opposition gegen Sir Robert →Walpole. B. entwickelte eine Oppositionstheorie und -praxis, die für die Entwicklung der parlamentar. Opposition und des Typs der parlamentarischen Partei im England des 18. Jh. richtungweisend wurde. Mit seinen politischen Schriften im Geist der Aufklärung und seiner Zeitschrift »Craftsman« formierte er ein neues Selbstverständnis der Tories. Auf ihn wurde erstmals der für den typischen Engländer stehende Spitzname »John Bull« angewandt.

Bolívar, Simón
südamerikanischer Unabhängigkeitskämpfer, Nationalheld
** 24. 7. 1783 Caracas*
† 17. 12. 1830 bei Santa Marta (Kolumbien)
Der Sohn einer reichen venezolanischen Kreolenfamilie begeisterte sich während seiner Europaaufenthalte für die Ideale der Französischen Revolution. Seinen Kampf gegen die französ.-span. Kolonialherrschaft begann er 1810 mit der Beteiligung an der Erhebung in Caracas. In der Folge befreite der »Libertador« nacheinander Neu-Granada (Kolumbien, 1817–1819), Venezuela (1819–1821), Ecuador (1822), Peru (1823/24) und Südperu (Bolivien, 1825). 1819 wurde er Präs. von Groß-Kolumbien, das Venezuela, Kolumbien und (seit 1822) Ecuador vereinte, 1825 Präs. von Bolivien, 1827 Diktator von Peru. Den Plan einer Konföderation aller amerikan. Staaten konnte er nicht verwirklichen. Nach Zerfall Groß-Kolumbiens (1830) trat er zurück.

Bolotnikow, Iwan Isajewitsch
russischer Kosakenführer
† 1608 Tula (?)
Während der Moskauer Thronwirren (Smuta, 1605 bis 1613) führte B. 1606/07 den ersten großen sozialrevolutionären Aufstand Rußlands an. 1606 brachte er mit einer zweimonatigen Belagerung Moskau in schwere Bedrängnis. Nach seiner Niederlage vor Tula gegen den Zaren Wassili Schujski wurde B. hingerichtet.

***Bonaparte** (ursprüngl. Buonaparte)*
korsische Patrizierfamilie italienischer Herkunft, historisch bedeutend durch →Napoleon I.

Bonaparte, Jérôme
Fürst von Montfort ab 1816, König von Westfalen 1807–1813
** 15. 11. 1784 Ajaccio, Korsika*
† 24. 6. 1860 Schloß Villegenis bei Massy

Der jüngste Bruder Napoleons I. erhielt von diesem nach dem Tilsiter Frieden (1807) das neugebildete Königreich Westfalen (mit Hofhaltung in Kassel, gen. »König Lustig«) und führte im Rahmen einer konstitutionellen Monarchie eine Verwaltungsreform durch. Auf Napoleons Seite nahm er 1815 an der Schlacht bei Waterloo teil, ging nach dessen Sturz ins Exil nach Italien. Unter seinem Neffen Ludwig →B. wurde er Marschall von Frankreich (1850) und Präs. des Senats (1852). Im II. Empire hatte er als kaiserl. Prinz das Recht der Thronfolge.

Bonaparte, Joseph
König von Neapel 1806–1808, von Spanien 1808–1813
** 7. 1. 1768 Corte, Korsika*
† 28. 7. 1844 Florenz

Nach Entthronung der Bourbonen setzte Napoleon I. seinen älteren Bruder als König von Neapel, später von Spanien ein. Durch den großen Aufstand der Spanier und von den Engländern unter A. Wellesley →Wellington wurde B. vertrieben (1813). In den »100 Tagen« Napoleons war er Präsident des Ministerrats; nahm Exil in den USA (1815), Großbritannien und Italien (1841).

Bonaparte, Ludwig (Louis)
König von Holland 1806–1810
** 2. 9. 1778 Ajaccio*
† 25. 7. 1846 Livorno
Der dritte Bruder Napoleons I. begleitete diesen auf seinen Feldzügen in Italien (1796/97) und nach Ägypten (1798/99) und wurde von ihm nach Auflösung der Batavischen Republik zum König von Holland ernannt. Er geriet über die Einhaltung der Kontinentalsperre in Konflikt mit Napoleon und wurde von diesem zum Rücktritt gezwungen; anschließend wurde Holland durch Frankreich annektiert (1810). Vater von →Napoleon III.

Bonaparte, Lucian (Lucien)
Fürst von Canino und Musignano 1814
** 21. 5. 1775 Ajaccio*
† 30. 6. 1840 Viterbo
Der zweite Bruder Napoleons I. bereitete als Präsident des Rates der 500 Napoleons Staatsstreich am 18. Brumaire vor (1799). Später überwarf er sich mit ihm, unterstützte ihn jedoch 1815. Den Thron von Portugal nahm er 1807 nicht an.

Bonaparte, Napoleon →Napoleon I.

Bonaventura
Philosoph und Kirchenlehrer
** 1221 Bagnorèggio bei Viterbo*
† 15. 7. 1274 Lyon
(Eigentl. *Johannes Fidanza*). Der Ordensgeneral der Franziskaner (seit 1257, Kardinal seit 1273) vollendete die Verfassung und Organisation des Ordens. Neben →Thomas von Aquin gilt der zu Lebzeiten gefeierte Kanzelredner als bedeutendster Vertreter der Hochscholastik. Sein Wirken markiert den Höhepunkt der älteren Franziskanerschule. Als Neuplatoniker verteidigte er →Platons christlich umgedeutete Ideenlehre gegen →Aristoteles, dessen Philosophie er mit der augustin. Lehre (Illuminationstheorie, Lichtmetaphysik, Lehre von den Keimkräften) zu verknüpfen suchte. B.s Schriften beeinflußten u. a. Meister →Eckhart, Heinrich Seuse, Franz von Sales. Heiligsprechung 1482 (Fest: 15. 7.), Erhebung zum Kirchenlehrer 1587.

Bonhoeffer, Dietrich
deutscher ev. Theologe und Widerstandskämpfer
** 4. 2. 1906 Breslau*
† 9. 4. 1945 KZ Flossenbürg
Nach seiner Habilitation in Berlin (1930) und Auslandsaufenthalten wurde B. Leiter des illegalen ev. Predigerseminars der Bekennenden Kirche in Finkenwalde, Pommern (seit 1935), in dem sich der prot. Widerstand gegen den Nationalsozialismus organisierte. 1936 wurde B. die Lehrbefugnis entzogen, 1940 erhielt er Rede- und 1941 Schreibverbot. In der Mitte seines Denkens und Handelns stand das Kirchenproblem, die Diesseitigkeit des Christentums und die »nichtreligiöse Interpretation biblischer Begriffe« in der »mündig« gewordenen Welt. Er kritisierte die passive Widerstandshaltung in Kirchenkreisen gegenüber dem Nationalsozialismus und suchte Anschluß an den politisch aktiven Widerstand gegen den »Antichristen« Adolf →Hitler. Nach Kontakten mit Wilhelm →Canaris versuchte B. im Mai 1942, über den Bischof von Chichester im Ausland Rückhalt für den Widerstand gegen Hitler zu finden. 1943 kam er in Gestapo-Haft, später in die KZs Buchenwald und Flossenbürg und wurde kurz vor Kriegsende zusammen mit Canaris und anderen Widerstandskämpfern hingerichtet.
Die Besinnung auf B.s Wirken und sein christl.-polit. Engagement beeinflußten wesentlich den dt. Protestantismus nach dem 2. Weltkrieg.

Bonifatius
angelsächsischer Missionar
** um 675 in Wessex*
† 5. 6. 754 bei Dokkum (Friesland)
B. (ursprünglich *Wynfrith, Winfrid*) kam als Missionar auf das Festland, wo sein erster Bekehrungsversuch bei den Friesen 716 scheiterte. Papst →Gregor II. beauftragte ihn 719 mit der Mission auf dem Gebiet des späteren Dtschld. Seit 721 missionierte B. in Hessen und Thüringen, wurde 722 Bischof und 732 Erzbischof. Er organisierte seit 738 als päpstlicher Legat die bayerische und mitteldeutsche Kirche: Errichtung der Bistümer Salzburg, Regensburg, Freising, Passau, Eichstätt, Würzburg, Büraburg, Erfurt sowie mehrerer Klöster (u. a. Fulda). Sein Versuch, die fränkische Kirche zu reformieren, hatte wegen des Widerstandes des fränk. Adels nur teilweise Erfolg. 746 übernahm B. das Bistum Mainz. Als Achtzigjähriger missionierte er nochmals in Friesland, wo er mit Gefährten den Märtyrertod erlitt; seine letzte Ruhestätte fand er in Fulda. Die von ihm geknüpfte Verbindung der fränkischen Kirche an das Papsttum hatte lange Bestand. Heiliggesprochen; Fest: 5. 6.

***Bonifatius*, Päpste**

Bonifatius I.
Papst 418–422, Heiliger
† 4. 9. 422 Rom
B. konnte sich mit byzantin. Hilfe gegen den Gegenpapst Eulalius (418/19, † 423 [?]) durchsetzen, Streitigkeiten mit der afrikan. und gallischen Kirche beilegen und seine Rechte gegenüber dem Patriarchen von Konstantinopel wahren.

Bonifatius (VII.)
Gegenpapst 974, 984/85
† Juli 985
Soll ein skrupelloser, von römischen Adligen aus polit. Gründen erhobener Gegenpapst gewesen sein, der 974 Papst Benedikt VI. und 984 Papst Johannes XIV. ermorden ließ. Zwischenzeitlich war er vor Kaiser →Otto II. nach Byzanz geflohen.

Bonifatius VIII.
Papst 1294–1303
** um 1235 Anagni*
† 11. 10. 1303 Rom
B. (vorher *Benedetto Gaetani*), zuvor Berater Papst →Coelestins V., war eine willensstarke Herrscherpersönlichkeit, vor allem als Kanonist und Politiker. Vergeblich postulierte er unter Berufung auf die Zweischwerterlehre →Gelasius' I. den päpstl. Weltherrschaftsanspruch über die weltl. Machthaber (1302 Bulle »Unam sanctam«). Seine Niederlage gegen →Philipp IV. von Frankreich, der ihn 1303 gefangennehmen ließ, leitete den Niedergang der päpstlichen Macht ein. B. führte das Heilige Jahr ein (zuerst 1300) und erweiterte das kirchliche Gesetzbuch durch eine Sammlung der seit 1234 erlassenen päpstlichen Dekretalen.

***Borgia,** italienisches Adelsgeschlecht spanischer Herkunft (Borja)*

Borgia, Alonso
wurde 1455 Papst unter dem Namen →Calixtus III.

Borgia, Cesare
italienischer Fürst
** 13. 9. 1475*
† 12. 3. 1507 Viana (Spanien)

B. wurde von seinem Vater, Papst →Alexander VI. (Rodrigo B.), ohne Priesterweihe 1493 zum Erzbischof von Valencia ernannt, 1493–1498 zum Kardinal, bevor er in Abstimmung mit seinem Vater die Kirchenlaufbahn zugunsten der weltlichen Politik aufgab. Mit Hilfe des französischen Königs →Ludwig XII. baute er im Kirchenstaat und in den angrenzenden Gebieten ein mittelitalienisches Herzogtum auf, das nach dem Tod Alexanders VI. zerfiel. Bei der Verfolgung seiner Pläne räumte er mit Dolch und Gift seine Gegner, auch den eigenen Schwager, aus dem Weg. Der neue Papst →Julius II. entriß B. schließlich seine Güter und schlug sie dem Kirchenstaat zu. Für Niccolò →Machiavelli entsprach B. dem Idealbild eines Herrschers, das er in seinem »Principe« entwarf.

Borgia, Lucrezia
italienische Fürstin
** 18. 4. 1480*
† 24. 6. 1519 Ferrara
Die Tochter von Rodrigo B. (Papst →Alexander VI.) war mehrmals verheiratet (mit Giovanni Sforza, die Ehe wurde auf ihr Verlangen annulliert; mit Alfonso de Aragon, der von ihrem Bruder Cesare →B. umgebracht wurde; mit Alfonso I. d'Este). Sie förderte Kunst und Wissenschaft und lud zahlreiche berühmte Künstler und Gelehrte an ihren Hof nach Ferrara (u. a. Ariost, Bembo, Aldus, Tizian).

Borgia, Rodrigo
Der Neffe von Alonso →B., Vater von Cesare →B. und Lucrezia →B., wurde 1492 Papst unter dem Namen →Alexander VI.

Boris I.
erster christlicher König der Bulgaren (Zar) 852–889
† 2. 5. 907
Mit seiner Taufe 864/65 (Taufname Michael) übernahm B. das orthodoxe Christentum und eröffnete den aus Mähren vertriebenen slaw. Missionaren eine neue Wirkungsstätte. 870 erreichte er gegen die Unterstellung der bulgar. Kirche unter den Patriarchen von Konstantinopel die Errichtung eines eigenen Erzbistums. B. förderte den Aufbau einer bulgar. Nationalkultur (Kulturzentren in Ochrid und in der neuen Residenz Preslav) und führte die kyrillische Schrift ein; erweiterte das bulgar. Reich um Teile Makedoniens und altserb. Gebiete. 889 übergab er seinem Sohn Wladimir die Herrschaft und zog sich ins Kloster zurück. Als Stifter der Nation wird er als Nationalheiliger verehrt.

Boris III.
König (Zar) von Bulgarien 1918–1943
** 30. 1. 1894 Sofia*
† 28. 8. 1943 Sofia
Sohn und Nachfolger →Ferdinands I. nach dessen Abdankung. B. behauptete sich in der innenpolit. Krise nach den erhebl. Gebietsabtrennungen und Reparationsauflagen im Vertrag von Neuilly infolge der Niederlage im 1. Weltkrieg sowie gegen außenpolit. Widerstand (Balkan-Entente). Nach dem Militärputsch 1934 regierte er autoritär, errichtete 1935 eine Königsdiktatur. Im 2. Weltkrieg schloß er sich den Achsenmächten an, ließ Bulgarien von dt. Truppen besetzen und richtete eine Kriegserklärung an England (1941), nicht jedoch an die Sowjetunion.

Boris Godunow

Zar von Rußland
1598–1605
** um 1551 Kostroma*
† 23. 4. 1605 Moskau

Aus dem neuen Adelsstand der Opritschnina (neu eingerichtete, dem Zaren direkt unterstehende Gebiete) stammend, übernahm der Vertraute Zar →Iwans IV. nach dessen Tod die Regentschaft für seinen schwachsinnigen Schwager, den Zaren Fjodor I. Iwanowitsch (1584 –1598). Als die Dynastie der Rurikiden mit Fjodors Tod und der vermutlich durch B. G. 1591 veranlaßten Ermordung von →Demetrius Iwanowitsch, des zweiten Sohnes Iwans IV., erloschen war, ließ sich B. G. zum Zaren wählen. Mit der Erhebung Moskaus zum Patriarchat (1598) machte er die russ. Kirche von Konstantinopel unabhängig. Er erweiterte das Reich um Teile Sibiriens und den Finn. Meerbusen und befestigte die Leibeigenschaft der russ. Bauern. Soziale Spannungen und Konflikte mit der Adelsopposition führten zu Aufständen unter Führung falscher Thronprätendenten (→Pseudodemetrius), die die Zeit der Wirren (Smuta, 1601–1613) einleiteten.

Bormann, Martin

NSDAP-Reichsleiter,
Sekretär Adolf Hitlers
1934/1943–1945
** 17. 6. 1900*
Halberstadt
† 2. 5. 1945 (?) Berlin

Der Gutsverwalter, der 1924 als Mitgl. eines Freikorps wegen Beteiligung an einem Fememord zu einem Jahr Gefängnis verurteilt wurde, stieg nach seinem Beitritt zur NSDAP 1927 schnell in deren Machtzentrum auf: 1927/28 NSDAP-Funktionär in Thüringen, seit 1928 in der Reichsleitung der Partei in München, 1933 Stabsleiter des »Stellvertreters des Führers«, Rudolf →Heß, ab 1934 im Rang eines Reichsleiters. Nach Heß' Flug nach England 1941 wurde er Leiter der Parteikanzlei, 1943 »Sekretär des Führers«. B., so skrupellos wie fanatisch, war seit 1941 einer der einflußreichsten und unersetzlichen Mitarbeiter Adolf →Hitlers, galt zeitweise als zweitmächtigster Mann. Seine Macht beruhte auf seiner – bes. seit 1943 – unumschränkten Kontrolle über den Zugang zu Hitler und die Verfügung über den Parteiapparat der NSADP. Vom Internationalen Gerichtshof in Nürnberg wurde er 1946 in Abwesenheit zum Tode verurteilt. Sein lange bezweifelter Tod ist durch die Identifikation seines 1972 in Berlin aufgefundenen Skeletts erwiesen.
(▷ Chronik Zitat)

»Sekretär des Führers«

Chronik Zitat

In seiner großen Hitler-Biographie charakterisiert Joachim C. Fest auch Martin Bormann:

»Seine kurze gedrungene Gestalt in der schlechtsitzenden braunen Amtswalteruniform, immer aufmerksam, abwägend oder auch einen lauernden Ausdruck im bäuerischen Gesicht, gehört zum festen Bestand der Bilder aus dem Führerhauptquartier. Die undeutlich gezogene Grenze seiner Befugnisse, die er unter Berufung auf den angebl. Willen des Führers unentwegt erweiterte, sicherte ihm Vollmachten, die ihn in der Tat zum ›geheimen Lenker Deutschlands‹ erhoben, während Hitler sich befriedigt zeigte, durch den unaufdringlich wirkenden Sekretär von der Bürde verwaltungstechn. Routinearbeit befreit zu sein. B. war es alsbald, der sowohl Kompetenzen wie Führergunst gewährte oder entzog, Ernennungen und Beförderungen in allen Bereichen durchsetzte, der lobte, kujonierte oder beseitigte, sich bei alledem aber schweigend im Hintergrund hielt und stets eine Verdächtigung, eine Schmeichelei mehr zur Hand hatte als selbst seine mächtigsten Gegenspieler. Argwöhnisch überwachte er anhand der Besucherlisten Hitlers Kontakte zur Außenwelt und richtete, dem Zeugnis eines Beobachters zufolge, ›eine wahre Chines. Mauer‹ um ihn auf.
Mit seinen Abschirmungsbemühungen hatte er um so leichteres Spiel, als er damit zugleich einem wachsenden Verlangen Hitlers entsprach.«

Born, Stephan
deutscher Sozialist
* *28. 12. 1824 Lissa, Posen*
† 4. 5. 1898 Basel
(Eigentl. *Simon Buttermilch*). Der Schriftsetzer war der erste bedeutende Führer der polit. Arbeiterbewegung in Dtschld. 1847 schloß er sich dem von Karl ➝Marx und Friedrich ➝Engels geführten Bund der Gerechten an und beteiligte sich an seiner Umwandlung in den Bund der Kommunisten, suchte jedoch später die Zusammenarbeit mit bürgerl. Demokraten. Während der Revolution 1848 berief er im Sommer 1848 den ersten Arbeiterkongreß nach Berlin ein, übernahm eine führende Rolle in der dort gegründeten Allg. Dt. Arbeiterverbrüderung und gab für sie in Leipzig die Zeitung »Die Verbrüderung« heraus. Nach der Niederschlagung des Dresdener Mai-Aufstands 1849, den er mit angeführt hatte, mußte er in die Schweiz fliehen. 1850 aus dem Bund der Kommunisten ausgeschlossen, wirkte er als Publizist, Lehrer und seit 1879 als Prof. für Literaturgeschichte in Basel. Memoiren: »Erinnerungen eines Achtundvierzigers«, 1898 (Neudr. 1978).

Bossuet, Jacques Bénigne
französischer Theologe und Kirchenpolitiker
* *27. 9. 1627 Dijon*
† 12. 4. 1704 Paris
B. war ein glänzender, aus der Hl. Schrift und den Kirchenvätern schöpfender Redner, der durch Teilnahme am Intrigenspiel des königlichen Hofs seine Stellung zu wahren wußte. ➝Ludwig XIV. bestimmte ihn als Bischof von Condom (1669–1671) zum Erzieher des Dauphin. Zu dessen Bildung schrieb er u. a. den »Discours sur l'histoire universelle« (die letzte heilsgeschichtliche Gesamtdeutung der Geschichte), theologische Begründungen des Absolutismus und Polemiken gegen den Protestantismus. Als Bischof von Meaux (1682–1704) proklamierte er die gegen den päpstlichen Primat gerichteten »Vier gallikanischen Freiheiten«. 1685 erwirkte er von Ludwig XIV. die Aufhebung des Edikts von Nantes (seit 1598), das den Hugenotten die Religionsfreiheit eingeräumt hatte.

Botha, Louis
Ministerpräsident Südafrikas 1910–1919
* *27. 9. 1862 Greytown, Natal*
† 27. 8. 1919 Rusthof, Transvaal
Als Burenführer und General bekämpfte B. ab 1900 mit den Truppen Transvaals die Engländer im Burenkrieg, setzte sich jedoch nach seiner Niederlage 1902 für die Versöhnung mit England ein. In Zusammenarbeit mit England, das 1907 den burischen Republiken die Autonomie zugestand (mit B. als Min.-Präs. Transvaals), baute er mit Jan Christiaan ➝Smuts die Südafrikan. Union auf und wurde deren erster Min.-Präs. (1910–1919). Mit dem Lands Act 1913 befestigte er die weiße Herrenstellung und begann mit der Einrichtung des Apartheidsystems. Während des 1. Weltkriegs auf brit. Seite, eroberte er 1915 Dt.-Südwestafrika, für das Südafrika 1919 das Völkerbundsmandat übertragen erhielt.

Botha, Pieter Willem
Staatspräsident Südafrikas 1984–1989
* *12. 1. 1916 im Bez. Paul Roux, Oranjefreistaat*
Als Vors. der Nationalpartei hatte der Jurist mehrere Ministerämter inne (zuletzt Verteidigungs-Min. unter Hendrick F. ➝Verwoerd 1966–1978), bevor er 1978 Premier-Min. und 1984 infolge einer Verfassungsänderung zugleich Staats-Präs. wurde. Im Konflikt mit konservativen Buren unternahm er erste Schritte zum vorsichtigen Abbau der Apartheid, nahm erstmals Mischlinge als (einflußlose) Minister in sein Kabinett auf und setzte eine Verfassungsreform zur beschränkten polit. Beteiligung Nichtweißer durch (1989). Frederik Willem de ➝Klerk löste ihn ab.

Botha, Roelof Frederik »Pik«
Außenminister Südafrikas 1977–1994
* *27. 4. 1932 Rustenburg, Transvaal*
B. war seit 1974 Botschafter in den USA, bevor er 1977 Außen-Min. wurde. Um die außenpolit. Isolierung Südafrikas zu überwinden, vereinbarte er 1984 ein Friedensabkommen mit Mosambik und betrieb die Entlassung Namibias in die Unabhängigkeit (1988). Als Führer des gemäßigten Flügels

unterstützte er die Reformpolitik Frederik Willem de →Klerks und wurde Energie-Min. im ersten nach Abschaffung der Apartheid gebildeten Kabinett.

Boulanger, Georges
französischer Kriegsminister 1886/87
** 29. 4. 1837 Rennes*
† 30. 9. 1891 Ixelles bei Brüssel (Freitod)
Seit 1880 General, erstrebte B. den Revanchekrieg gegen Deutschland und provozierte die Gefahr eines deutsch-französischen Kriegs (B.-Krise 1886/87). Als Minister abgesetzt und 1888 aus der Armee entfernt, feierten seine chauvinistischen Anhänger (Boulangisten) in ihm den leidenschaftlichen Gegner der Republik. Wegen eines Umsturzplanes angeklagt, floh B. 1889 nach Brüssel.

Boumedienne, Houari
algerischer Staatschef 1965–1978
** 1925 Guelma, Dép. Bône*
† 27. 12. 1978 Algier
(Eigentl. *Mohammed Boukharouba*). Während seines Studiums in Kairo und Tunis schloß sich B. dem Führer der alger. Feiheitsbewegung Ahmed →Ben Bella an und kämpfte seit 1955 in der alger. Nationalen Befreiungsfront (FLN) gegen Frankreich. Seit 1960 Chef des Generalstabs der Exilregierung, verhalf er Ben Bella 1962 zur Macht, stürzte ihn jedoch 1965 und wurde als Vors. des Revolutionsrats Staatschef (seit 1977 Staats-Präs.). Ben Bellas sozialist. Politik führte er weiter und finanzierte seine ehrgeizige Industrialisierungspolitik aus Öl- und Gas-Exporten. Innerhalb der Blockfreien (Gruppe der 77) und in den Vereinten Nationen avancierte er zum Wortführer für ein neues Nord-Süd-Verhältnis auf der Basis eines gestärkten Selbstbewußtseins der »Schwellenländer«. B. normalisierte allmählich die Beziehungen zur ehem. Kolonialmacht Frankreich, nahm mit seiner massiven Unterstützung der Unabhängigkeitsbewegung Polisario in der ehem. span. Westsahara jedoch eine zunehmende Konfrontation mit dem Königreich Marokko in Kauf. Nach seinem Tod wurde Benjedid →Chadli Staats-Präs.

Bourguiba, Habib
tunesischer Staatspräsident 1957–1987
** 3. 8. 1903 Monastir*
Der in Frankreich zum Anwalt ausgebildete B. gewann Anfang der 30er Jahre eine führende Rolle im Widerstand gegen die französ. Kolonialmacht, gab die Zeitung »Stimme Tunesiens« heraus, gründete nach Verbot der für die Unabhängigkeit kämpfenden Destour-(Verfassungs-)Partei 1934 die Neo-Destour-Partei und war bis 1954 insgesamt 15 Jahre in französ. Gefängnissen in Haft oder interniert. Nach der Unabhängigkeit Tunesiens (1956) zunächst Min.-Präs., seit 1957 Staats-Präs., bestimmte er für mehr als 30 Jahre die Politik des Landes. Sozialistisch orientiert, aber Reformen abgeneigt, sicherte er mit seiner Einparteienherrschaft Tunesien eine längere Periode der Stabilität. Nach außen verhielt er sich neutral, schloß sich unter dem Druck der arab. Nachbarn jedoch der radikalen Position gegen Israel an und machte Tunis zum Sitz der Arab. Liga (1979) und zum Hauptquartier der Palästinens. Befreiungsorganisation (1982). Als sich die inneren Widersprüche des Landes zuspitzten und die Wirtschaftskrise zu schweren Unruhen führte, wurde er 1987 wegen Amtsunfähigkeit abgesetzt.

Boutros Ghali, Boutros
Generalsekretär der Vereinten Nationen seit 1991
** 14. 11. 1922 Kairo*
Der aus einer einflußreichen koptischen (= christl.) Großgrundbesitzerfamilie stammende Jurist und Politikwissenschaftler lehrte an der Universität in Kairo, bevor er 1977 Staatssekretär im Außenministerium wurde. Er wirkte entscheidend am Camp-David-Abkommen mit und wurde 1991 stellvertretender Min.-Präs. Als erster Politiker des afrikan. Kontinents und erster Araber zum Generalsekretär der UNO gewählt, ist B. G. nach Zusammenbruch des von der UdSSR geführten sozialist. Lagers und der Auflösung der Machtblöcke des Kalten Kriegs mit einer dramatisch ansteigenden Anzahl schwerer Regionalkonflikte konfrontiert (u. a. 2. Golfkrieg, Ex-Jugoslawien, Somalia, Kambodscha, Ruanda, Haiti). In ihnen ist die UNO als Ordnungsmacht gefordert, ohne hinreichende machtpolit. Instrumente zu besitzen. 1992 forderte B. G. daher eine seinem Kommando unterstellte Eingreiftruppe der UNO, die im Zuge der Bosnienkrise 1995 modifiziert aufgestellt wurde. Nach 50 Jahren Bewährung befindet sich die Weltorganisation angesichts des Verfalls ihrer Autorität in ihrer schwersten Krise als globale Instanz der Friedensstiftung.

Boyen, Hermann von
preußischer Heeresreformer
** 23. 6. 1771 Kreuzburg, Ostpreußen*
† 15. 2. 1848 Berlin
Von Kriegsminister Gerhard v. →Scharnhorst 1808 als Major zum Vors. der Militär-Reorganisationskommission berufen, war B. wesentlich am Entwurf der preuß. Heeresreform beteiligt. 1810 wurde er Chef des preuß. Generalstabs. Als Nachfolger Scharnhorsts im Kriegsministerium (1814–1819) führte er die allg. Wehrpflicht ein und stellte neben der regulären Armee die Landwehr und den Landsturm auf. Damit prägte B. für lange Zeit die preuß. Heeresverfassung. Wegen der seiner Reformen innewohnenden Demokratisierungstendenzen betrieben seine konservativen Gegenspieler während der Reaktion seinen Rücktritt 1819. König →Friedrich Wilhelm IV. berief ihn mehr als zwei Jahrzehnte später noch einmal zum Kriegsminister (1841 bis 1847) und ernannte ihn bei seiner Entlassung zum Generalfeldmarschall.

Brandt, Willy

deutscher Bundeskanzler
** 18. 12. 1913 Lübeck*
† 8. 10. 1992 Unkel

(Ursprünglich *Herbert Ernst Karl Frahm*). Schon während der Gymnasialzeit politisch aktiv in der Sozialistischen Arbeiterjugend, der SPD und der 1931 von ihr abgesplitterten Sozialistische Arbeiterpartei (SAP), emigrierte B. 1933 nach Norwegen, von dort 1940 nach Schweden. Er arbeitete in der Exil-SAP und als polit. Journalist (u. a. unter dem Namen Willy B.). Nach der Ausbürgerung durch das national-soz. Deutschland 1938 war er 1940–1948 norwegischer Staatsbürger.
Nach Kriegsende kehrte B. als Berichterstatter skandinav. Zeitungen nach Dtschld. zurück; 1947 war er norweg. Presseattaché in Berlin. 1948 ließ er sich wieder einbürgern (formelle Namensänderung 1949), vertrat den SPD-Parteivorstand in Berlin. Weitere Stationen: 1950–1957 Mitgl. des Westberliner Abgeordnetenhauses, dessen Präs. 1955 bis 1957; 1957–1966 Regierender Bürgermeister von Berlin (West); 1958–1962 Vors. der Berliner SPD; 1964–1987 Partei-Vors., seit 1987 Ehren-Vors. der SPD; 1961 und 1965 nominierte ihn die SPD zum Kanzlerkandidaten bei den Bundestagswahlen; 1966–1969 Bundesminister des Auswärtigen und Vizekanzler in der Regierung der Großen Koalition aus CDU/CSU und SPD im Kabinett Kurt Georg →Kiesinger; 1969–1974 Bundeskanzler einer von SPD und FDP getragenen Koalitionsregierung; 1976–1992 Präsident der Sozialist. Internationale; 1977–1979 Vorsitzender der Unabhängigen Kommission für internationale Entwicklungsfragen (Nord-Süd-Kommission).
In der Nachfolge Otto Suhrs (1955–1957) Regierender Bürgermeister von Berlin, setzte sich B. auf internationaler Ebene wirkungsvoll für die Freiheit der Westberliner und die Lebensfähigkeit der Stadt, insbes. nach dem Bau der Berliner Mauer 1961, ein und erreichte 1963 das Passierscheinabkommen mit der DDR. Mit seiner von ihm als Außen-Min. vorsichtig eingeleiteten neuen Ostpolitik unter dem Motto »Wandel durch Annäherung« betrieb er im Rahmen der von ihm aktiv mitbeförderten Entspannungspolitik der Großmächte bes. die Verbesserung des Verhältnisses zu den östl. Nachbarn (1967 diplomat. Beziehungen mit Rumänien, 1968 Wiederaufnahme der Beziehungen zu Jugoslawien). Als Bundeskanzler intensivierte B. mit Unterstützung von Außen-Min. Walter →Scheel (FDP) diese Ostpolitik (1970 Verträge mit der Sowjetunion und Polen, 1973 mit der Tschechoslowakei). Damit ermöglichte er den Abschluß des Berlin-Abkommens von 1971. Im Verhältnis zur DDR suchte B. ein »geregeltes Nebeneinander« herbeizuführen (1970 Treffen mit Min.-Präs. Willi →Stoph in Erfurt und Kassel, 1972 Grundvertrag). Für seine »Politik der Versöhnung zwischen alten Feindbildern« erhielt er 1971 als erster Deutscher nach dem 2. Weltkrieg den Friedensnobelpreis. Seine Entspannungspolitik ermöglichte das Zustandekommen der Konferenz für Sicherheit und Zusammenarbeit in Europa (KSZE, 1972–1974). Vorrangig außenpolitisch engagiert, leitete B. auch mehrere gesellschaftspolit. Reformen ein, die von den Konservativen bekämpft, von der Linken als nicht ausreichend kritisiert wurden. Im Zuge der Terrorismusbekämpfung konterkarierte er mit dem Radikalenerlaß gegen vermutete linke Verfassungsfeinde im öffentl. Dienst seinen Anspruch, »mehr Demokratie zu wagen.«
Nachdem 1972 die knappe Mehrheit der sozialliberalen Koalition durch Fraktionsaustritte von Abgeordneten verlorengegangen war, überstand B. das

von der CDU/CSU beantragte konstruktive Mißtrauensvotum und gewann in vorgezogenen Neuwahlen eine sichere Mehrheit für die Koalition. 1974 übernahm er für das Eindringen des DDR-Spions Günter Guillaume in den Kreis seiner engsten Mitarbeiter die polit. Verantwortung und trat als Bundeskanzler zurück. In der Folge näherte sich B. der »Friedensbewegung« und dem linken Parteiflügel. Sicherheitspolitisch geriet er in Gegensatz zu seinem Amtsnachfolger Helmut →Schmidt. Unter Revision früherer Äußerungen begrüßte B. uneingeschränkt die Wiedervereinigung Deutschlands (»Es wächst zusammen, was zusammenwachsen muß«). Er war Alters-Präs. des ersten gesamtdt. Bundestages. (▷ Chronik Zitat)

Branting, Karl Hjalmar
schwedischer Ministerpräsident 1920–1925
** 23. 11. 1860 Stockholm*
† 24. 2. 1925 Stockholm
B. gründete 1889 und führte die sozialdemokrat. Arbeiterpartei Schwedens und zog 1897 als erster Vertreter seiner Partei in den Reichstag ein. Er legte sie auf einen bis heute wirksamen Reformkurs und eine enge Kooperation mit den Gewerkschaften fest. 1920 bildete er als Staatsminister (Min.-Präs.) die erste sozialdemokrat. Regierung, der mehrere weitere Kabinettsbildungen unter seiner Führung folgten. Für seine Bemühungen um die Abrüstung erhielt er 1921 (gemeinsam mit dem Norweger Christian Lange) den Friedensnobelpreis.

Brandt konfrontierte die Deutschen mit den Konsequenzen des Krieges

Chronik Zitat

Vertrag zwischen der BR Dtschld. und der UdSSR vom 12. 8. 1970 (Moskauer Vertrag, Auszüge):

Artikel 2
Die Bundesrepublik Deutschland und die Union der Sozialistischen Sowjetrepubliken werden ... ihre Streitfragen ausschließlich mit friedlichen Mitteln lösen und übernehmen die Verpflichtung, sich in Fragen, die die Sicherheit in Europa und die internationale Sicherheit berühren, sowie in ihren gegenseitigen Beziehungen gemäß Artikel 2 der Charta der Vereinten Nationen der Drohung mit Gewalt oder der Anwendung von Gewalt zu enthalten.

Artikel 3
Die Bundesrepublik Deutschland und die Union der Sozialistischen Sowjetrepubliken... verpflichten sich, die territoriale Integrität aller Staaten in Europa in ihren heutigen Grenzen uneingeschränkt zu achten; sie erklären, daß sie keine Gebietsansprüche gegen irgend jemand haben und solche in Zukunft auch nicht erheben werden; sie betrachten heute und künftig die Grenzen aller Staaten in Europa als unverletzlich, wie sie am Tage der Unterzeichnung dieses Vertrags verlaufen, einschließlich der Oder-Neiße-Linie, die die Westgrenze der Volksrepublik Polen bildet, und der Grenze zwischen der Bundesrepublik Deutschland und der Dt. Demokratischen Republik.

Die Londoner »Times« kommentierte den Rücktritt Willy Brandts am 8. 4. 1974 (Auszüge):

»Es ist unmöglich, den Eindruck zu vermeiden, daß Herr Brandt gar nicht so abgeneigt war, einen Job aufzugeben, der ihm in so vieler Hinsicht zur Last geworden war. Er hatte die beiden histor. Aufgaben erreicht, die ihn wirklich interessierten – er hatte die Sozialdemokrat. Partei zum ersten Mal seit mehr als 40 Jahren wieder zur Macht gebracht, und er hatte das unvollendete Geschäft des 2. Weltkriegs zum Abschluß gebracht, indem er Beziehungen mit Deutschlands östlichen Nachbarn wiederherstellte. Diese beiden Errungenschaften verschaffen ihm einen soliden Platz in der Geschichte, vergleichbar mit dem von Dr. Adenauer... Es blieb Herrn Brandt überlassen, das dt. Volk mit den wahren Konsequenzen des Krieges zu konfrontieren: die Spaltung der Nation in zwei Staaten und der dauernde Verlust der östl. Gebiete... Herr Brandt tat dies, und indem er dies tat, versetzte er sein Land in die Lage, für seine Geschichte wenigstens zum Teil zu sühnen; er befreite gleichzeitig die Ost/West-Diplomatie von der paralysierenden Konstruktion der dt. Frage, wodurch er den ganzen Komplex der Verhandlungen, die sich nunmehr in Gang befinden, möglich machte...
Keine andere Politik hätte aber mehr erreichen können, und die langfristigen Ergebnisse sind noch abzuwarten.«

Brătianu, Constantin Ion C.
rumänischer Politiker
** 11. 2. 1866 in Florica*
† 1948 Sighetul Marmației
B. (gen. »*Dinu*« *B.*), zweiter Sohn von Ion C. →B., gab als langjähriger Vors. der Nationalliberalen Partei (1934–1947) einer mehr konservativen Richtung nach. 1944 war er maßgeblich beteiligt an der Gründung des Nationaldemokrat. Blocks unter Einschluß der Sozialisten und Kommunisten zum Sturz Ion →Antonescus und betrieb den Kriegsaustritt Rumäniens. Mit dem früheren Min.-Präs. Iuliu Maniu (*1873, † 1955 [?]) kämpfte er in den Nachkriegsjahren gegen eine kommunist. Alleinregierung. Von der Regierung interniert, starb er im Gefängnis.

Brătianu, Ion C.
rumänischer Ministerpräsident 1876–1888
** 2. 6. 1821 Pitești*
† 16. 5. 1891 Florica
Ausgebildet in Frankreich, wo er sich 15 Jahre aufhielt, eröffnete B. die Riege der großen liberalen Staatsmänner aus einer Familie. 1866 war er Mitbegründer der liberalen Partei. 1867 kündigte er die Oberherrschaft des osman. Sultans auf und führte sein Land an der Seite Rußlands in den 8. russ.-türk. Krieg (1877). Auf dem Berliner Kongreß 1878 setzte er die völkerrechtl. Anerkennung Rumäniens durch, dessen Umwandlung zur konstitutionellen Monarchie er 1881 mit der Einsetzung König →Karls I. (Carol I.) betrieb. Nach 1878 unterstützte B. Karl in seinem antiruss. Kurs, der 1883 zum geheimen Anschluß an den Dreibund Dtschlds., Österreich-Ungarns und Italiens führte.

Brătianu, Ion I. C.
mehrmaliger rumänischer Ministerpräsident
** 1. 9. 1864 Florica*
† 24. 11. 1927 Bukarest
Der älteste Sohn von Ion C. →B., gen. »*Ionel*« *B.*, setzte mit der von ihm geführten liberalen Partei das allg. Wahlrecht und eine Agrarreform durch. B. war 1909–1911, 1914–1918, 1918/19, 1922–1926 und 1927 Min.-Präs. 1914 konnte er gegen König →Karl I. die Neutralität Rumäniens bewahren. Mit Annektionsabsichten gegen Österreich-Ungarn erklärte er jedoch 1916 den Kriegseintritt auf seiten der Alliierten und erhielt in den Pariser Verträgen 1919 bedeutende Gebietserweiterungen zugesprochen. Mit der neuen Verfassung von 1923 besiegelte er die Existenz des im 1. Weltkrieg de facto geschaffenen Großrumänien, als dessen Begründer er gilt.

Brauchitsch, Walter von
deutscher Offizier
** 4. 10. 1881 Berlin*
† 18. 10. 1948 Munsterlager
B., der schon im 1. Weltkrieg Funktionen im Generalstab wahrnahm, wurde im Febr. 1938 als Nachfolger von Werner v. →Fritsch zum Oberbefehlshaber des Heeres ernannt und zum Generaloberst befördert, um die Wehrmacht näher an den Nationalsozialismus heranzuführen. Obwohl Gegner der forcierten Kriegspolitik Hitlers, entzog er sich Staatsstreichplänen (1938 Ludwig →Beck) aus dem Heer. 1940 zum Generalfeldmarschall ernannt, leitete er im 2. Weltkrieg formal die Feldzüge gegen Polen, Frankreich, Jugoslawien und Griechenland, geriet während des Rußlandfeldzugs immer mehr in Gegensatz zu den militärischen Plänen Hitlers und bat um seine Entlassung, die er im Dezember 1941 erhielt. Er starb in britischer Haft.

Braun, Lily
Schriftstellerin und Frauenrechtlerin
** 2. 7. 1865 Halberstadt*
† 8. 8. 1916 Berlin
B., Tochter des Generals H. von Kretschmann, Urenkelin des Königs von Westfalen, Jérôme →Bonaparte, in 2. Ehe verheiratet mit dem sozialdemokrat. Publizisten und Sozialpolitiker Heinrich Braun (* 1854, † 1927), war eine der sozialist. Vorkämpferinnen für die Frauenemanzipation. Vorrangig publizistisch tätig, untersuchte sie die Rolle der Frau (»Die Frauenfrage. Ihre geschichtliche Entwicklung und wirtschaftl. Seite«, 1901; »Im Schatten der Titanen«, 1908). Als ihr bedeutendstes Werk schrieb sie die Autobiographie »Memoiren einer Sozialistin« 2 Bde., 1909–1911.

Braun, Otto

preußischer Ministerpräsident
** 28. 1. 1872 Königsberg*
† 15. 12. 1955 Ascona

Seit 1911 im Parteivorstand der SPD und 1918 bis 1921 preuß. Landwirtschafts-Min., übernahm B. im Anschluß an den Kapp-Putsch 1920 das Amt des preuß. Min.-Präs., das er mit kurzen Unterbrechungen (1921 und 1925) bis 1932 bzw. 1933 bekleidete. In wechselnden Koalitionen (meist mit der Deutschen Demokratischen Partei und Zentrum, bisweilen auch Deutschen Volkspartei) verstand er es, oft im Zusammenwirken mit Innen-Min. Carl →Severing, Preußen zu einem stabilisierenden Faktor der Weimarer Demokratie zu machen. Nachdem B. die parlamentar. Mehrheit verloren hatte, wurde er am 20. 7. 1932 von Reichskanzler Franz von →Papen abgesetzt, der als Staatskommissar selbst die Regierungsgeschäfte in Preußen übernahm (»Preußenschlag«). Nach der endgültigen Amtsenthebung am 6. 2. 1933 emigrierte B. in die Schweiz.

Breitscheid, Rudolf
deutscher Sozialdemokrat
** 2. 11. 1874 Köln*
† 24. 8. 1944 Buchenwald
Der unter dem Einfluß Friedrich →Naumanns stehende nationalliberale Redakteur und Nationalökonom, seit 1903 Mitglied der Freisinnigen Vereinigung, schloß sich 1912 der SPD an. Als Kriegsgegner zwischenzeitlich (1917–1922) der USPD angehörend, und 1918/19 für einige Monate preußischer Innen-Min., war er während der Weimarer Republik einer der einflußreichsten Politiker der SPD, ihr außenpolit. Sprecher im Reichstag, dem er von 1920 bis 1933 angehörte, und einer der Vors. ihrer Fraktion (1928–1933). Er förderte die deutsch-französ. Verständigung und stützte den Kurs des liberalen Außenministers Gustav →Stresemann. 1926–1930 war er Mitglied der deutschen Kommission beim Völkerbund. Seit 1933 im Exil in Frankreich, wurde er 1941 von der Vichy-Regierung an die Gestapo ausgeliefert. Er starb 1944 im KZ Buchenwald infolge eines alliierten Luftangriffs.

Brentano, Heinrich von
deutscher Außenminister 1955–1961
** 20. 6. 1904 Offenbach/M.*
† 14. 11. 1964 Darmstadt
Der Rechtsanwalt, der 1945 die CDU in Hessen mitbegründete, gehörte im Windschatten Konrad →Adenauers zu dessen einflußreichsten Mitgestaltern der deutschen Politik bis in die 60er Jahre. Als MdB (1949–1964), Vors. der CDU/CSU-Bundestagsfraktion (1949–1955, 1961–1964) und Minister des Auswärtigen betrieb er energisch die Westintegration. Im Zeichen des Kalten Kriegs setzte er auf dem internationalen Parkett die Hallstein-Doktrin durch, die der Bundesregierung das Vertretungsmonopol für Deutschland sicherte.

Breschnew, Leonid Iljitsch

Erster- bzw. Generalsekretär der KPdSU 1964/66–1982
** 19. 12. 1906 Kamenskoje, Ukraine*
† 10. 11. 1982 Moskau

Von Nikita S. →Chruschtschow gefördert, stieg B., der als Hütteningenieur Parteifunktionär wurde, in die Führung der KPdSU auf: er wurde 1956 Sekretär des ZK und 1957 Mitgl. des Politbüros. 1960 bis 1964 war er Vors. des Präsidiums des Obersten Sowjets (nominelles Staatsoberhaupt), dann kehrte er in das ZK-Sekretariat zurück. 1964 war B. maßgeblich am Sturz Chruschtschows beteiligt und wurde dessen Nachfolger als Erster Sekretär (ab 1966 Generalsekretär) des ZK der KPdSU.
Aus dem Kreis der ursprünglich kollektiven Führung trat er mehr und mehr als maßgebender Politiker hervor und behielt diese Stellung bis zu seinem Tod. 1977 übernahm er zusätzlich erneut das Amt des Staatsoberhauptes. In der Amtszeit B.s kamen die von seinem Vorgänger eingeleiteten Reformen größtenteils zum Stillstand oder wurden rückgängig gemacht (»Ära der Stagnation«). Außenpolitisch dehnte die Sowjetunion unter B.s Führung ihre Einflußsphäre weltweit aus, unterstützte Nordvietnam im Krieg gegen die USA (1964–1973), konfrontierte sich mit der VR China (1968/69). Mit der B.-Doktrin proklamierte er das Recht auf Intervention der UdSSR bei Gefährdung des Sozialismus in

einem »Bruderstaat« und zerschlug mit anderen Warschauer-Pakt-Staaten den Reformsozialismus (»Prager Frühling«) in der ČSSR. Durch forcierte Aufrüstung erreichte er den strateg. Gleichstand mit den USA. Auf dieser Basis bemühte sich B. um Entspannung im Verhältnis zum Westen (1969–1979 SALT I-Abkommen, SALT II-Verhandlungen mit den USA, 1970 Moskauer Vertrag mit der BR Deutschland, 1971 Berlin-Abkommen, 1975 KSZE-Schlußakte von Helsinki), setzte aber weiterhin militär. Mittel zur Sicherung hegemonialer Ansprüche ein (Besetzung Afghanistans 1979).

Briand, Aristide

mehrmaliger französischer Ministerpräsident
** 28. 3. 1862 Nantes*
† 7. 3. 1932 Paris

Der nichtmarxist. Sozialist B., Mitbegründer der Parti Socialiste Français (1902), dominierte als zehnmaliger Min.-Präs. (zwischen 1909 und 1929), und siebzehnmaliger Außen-Min. (zwischen 1915 und 1932) die französ. Politik in der Ära des 1. Weltkriegs und der Nachkriegszeit. Häufig entgegen der Stimmung im Lande arbeitete er nach dem Krieg auf eine Verständigung mit Dtschld. hin und kooperierte mit Gustav →Stresemann bei der Errichtung eines europäischen Sicherheitssystems (Locarnopakt 1925, Briand-Kellogg-Pakt 1928). Die von ihm geplante Europäische Union (1929/30) nahm erst mit dem Prozeß der europ. Integration nach dem 2. Weltkrieg Gestalt an. 1926 erhielt er zusammen mit Stresemann den Friedensnobelpreis. Sein Plan einer europ. Union (1930) scheiterte an der durch die Weltwirtschaftskrise verstärkten nationalist. Isolationspolitik der Einzelstaaten.

Brissot, Jacques Pierre
französischer Revolutionär
** 15. 1. 1754 Chartres*
† 31. 10. 1793 Paris
Der Girondist, Herausgeber der Zeitung »Le patriote française« (1789–1793), war 1791/92 Abg. der Gesetzgebenden Versammlung, deren außenpolit. Ausschuß er dominierte. Faktisch Außen-Min. bis 1793, propagierte er im Konflikt mit Maximilien de →Robespierre die Entfesselung eines Krieges gegen alle europ. Monarchien, um die Revolution nach außen zu tragen und zugleich nach innen abzusichern. 1792 widersprach er der Absetzung des Königs →Ludwig XVI. Nach dem Sturz der Girondisten durch die Jakobiner wurde er zum Tode verurteilt und guillotiniert.

Brockdorff-Rantzau, Ulrich Graf von
deutscher Außenminister 1919
** 29. 5. 1869 Schleswig*
† 8. 9. 1928 Berlin
Seit 1894 im diplomat. Dienst tätig, wurde B.-R. nach der Novemberrevolution im Dez. 1918 Staatssekretär des Auswärtigen. Als Außen-Min. (seit Februar 1919) und Leiter der dt. Delegation bei den Verhandlungen in Versailles versuchte er vergeblich, die Friedensbedingungen zu revidieren und trat nach der von ihm kritisierten Annahme des Friedensvertrags durch die Reichsregierung im Juni 1919 zurück. Als Botschafter in Moskau 1922 bis 1928 bemühte er sich um eine Annäherung an die UdSSR (Berliner Vertrag 1926). Gustav →Stresemanns »Locarnopolitik« lehnte er als zu stark nach Westen orientiert ab.

Brühl, Heinrich Graf von

kursächsischer Premierminister 1746–1763
** 13. 8. 1700 Gangloffsömmern, Thüringen*
† 28. 10. 1763 Dresden

Durch großes politisches Geschick stieg B., der zunächst Page am Hof →Augusts I. (des Starken) von Sachsen gewesen war, zum beherrschenden Politiker auf. Als Premier-Min. unter →August III. führte er dessen Geschäfte seit 1746 völlig autonom, nicht zuletzt zu seinen privaten Gunsten. Mit seinem aus der Staatskasse abgezweigten riesigen Vermögen finanzierte er das berühmte Brühler Palais an den Brühlschen Terrassen in Dresden und die Brühler Kunstsammlung. Er förderte die sächsische Textilindustrie und die Meißener Porzellanmanufaktur. Im Siebenjährigen Krieg (1756–1763) floh er mit August III. nach Warschau.

Brundtland, Gro Harlem
norwegische Ministerpräsidentin 1981, 1986–1989, seit 1990
** 20. 4. 1939 Oslo*
Die Ärztin, 1981–1992 Vors. der sozialdemokrat. Arbeiterpartei Norwegens (bis 1992), übernahm nach ihrem Amt als Umweltministerin in Minderheitskabinetten der Sozialdemokraten zwischen 1974 und 1979 als erste Frau die Regierungsverantwortung in Norwegen. Hohes internationales Renomee erwarb sie sich als Vors. der UN-Umweltschutzkommission mit ihrem Umweltreport 1987. Innenpolitisch konzentriert sie sich auf die Stabilisierung der Wirtschaft und die Bekämpfung der Arbeitslosigkeit. Die Ablehnung des von ihr vorbereiteten Beitritts Norwegens zur Europäischen Union durch ein Referendum 1994 bereitete ihr trotz ihrer Popularität eine schwere Niederlage.

Brüning, Heinrich
deutscher Reichskanzler 1930–1932
** 26. 11. 1885 Münster*
† 30. 3. 1970 Norwich, Vermont (USA)

Nationalökonom; 1920–1930 Geschäftsführer des Christlich Deutschen Gewerkschaftsbundes; 1924 bis 1933 MdR; 1929 Vors. der Zentrumsfraktion; 1930–1932 Reichskanzler.
B. übernahm das Amt des Reichskanzlers mit dem Ziel, von Parteien und Reichstag unabhängig zu regieren. Langfristig zielte er einen autoritären Staat mit wiederhergestellter Monarchie und Großmachtposition an. Zur mittelfristigen Lösung des Reparationsproblems und zur Sanierung der Reichsfinanzen hielt er eine Deflationspolitik unter Inkaufnahme einer Verschärfung von Arbeitslosigkeit und sozialen Spannungen für erforderlich. Nach Ablehnung eines ersten Finanzplanes durch den Reichstag und Neuwahlen mit dem Wahlerfolg der NSDAP als zweitstärkster Fraktion 1930 mußte er für sein autoritäres Präsidialkabinett die parlamentar. Tolerierung durch die SPD in Anspruch nehmen, setzte aber seine finanz- und wirtschaftspolit. Ziele mit Notverordnungen des Reichs-Präs. Paul von →Hindenburg durch. 1932 erreichte er mit dem Vertrag von Lausanne mit der Aufhebung des Young-Plans die faktische Beendigung der Reparationszahlungen. Unter Druck General Kurt von →Schleichers, der in Opposition zu B.s Reichswehrpolitik stand, sowie der ostelbischen Großagrarier, die seine Revision des Osthilfe-Programms bekämpften, entließ Hindenburg B. 1932 und ernannte Franz von →Papen zum Nachfolger. B. ging 1934 ins Ausland, wurde 1939 Prof. für polit. Wissenschaften in Harvard (USA), war 1951–1955 Prof. in Köln und lebte seit 1957 wieder in den USA. (▷ Chronik Zitat)

»Das System befindet sich im Fall«

Chronik Zitat

In seinem Tagebuch notierte →Goebbels den Sturz der Regierung Brüning 1932 (Auszüge):

28. 4. »Der Führer ist bei →Schleicher gewesen. Das Gespräch verlief gut.«
3. 5. »Nun muß in der Partei eisern geschwiegen werden. Wir müssen die Desinteressierten spielen.«
4. 5.: »Von Berlin kommt die Meldung, daß Hitlers Minen zu springen beginnen... Als erster muß Groener fallen.«
6. 5.: »Die Bombe ist geplatzt... Groener und Brüning wackeln.«
8. 5: »Der Führer hat eine entscheidende Unterredung mit General Schleicher; einige Herren aus der nächsten Umgebung des Reichspräsidenten sind dabei... Beglückend das Gefühl, daß noch kein Mensch etwas ahnt.«
12. 5.: »Abends kommt die ... Meldung: Groener ist als Wehrminister zurückgetreten.«
13. 5.: »Wir bekommen Nachricht von General Schleicher: Die Krise geht programmgemäß weiter.«
18. 5.: »Brüning wird von unserer Presse und Propaganda auf das schärfste attackiert. Er muß fallen, koste es, was es wolle. Die geheime Aktion gegen ihn geht unentwegt weiter.«
24. 5.: »Am Sonnabend schon soll Brüning auffliegen... Die Ministerliste steht im großen und ganzen fest.«
30. 5.: »Die Bombe ist geplatzt. Brüning hat um 12 Uhr dem Reichspräsidenten die Gesamtdemission des Kabinetts überreicht. Das System befindet sich im Fall.«

Brutus, Lucius Iunius
erster Konsul der römischen Republik
um 509 v. Chr.
Der Legende nach vertrieb B. den letzten röm. König, Tarquinius Superbus, ächtete das Königtum und fiel im Kampf gegen einen Sohn des Tarquinius. Seine Gestalt wurde zum Symbol für die republikanischen Kräfte in Rom.

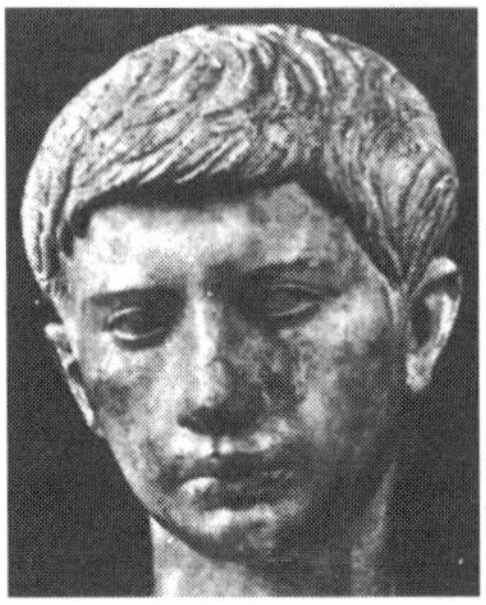

Brutus, Marcus Iunius
Anführer der Caesarmörder
** 85 v. Chr.*
† 42 v. Chr. bei Philippi

B., der den legendären Begründer der röm. Republik Lucius Iunius →B. zu seinen Urahnen zählte, war das Haupt der republikan. Verschwörung gegen Iulius →Caesar (44). Dieser hatte B., der im Bürgerkrieg auf der Gegenseite des Gnaeus →Pompeius gekämpft hatte, nach der Schlacht bei Pharsalos begnadigt (48) und seitdem (49) gefördert. Verheiratet mit der jüngeren Tochter seines Onkels →Cato d. J., wollte B. dessen polit. Erbe aufnehmen und war schließlich überzeugt, Caesar werde die Republik zerstören. Im Bürgerkrieg, der dem Caesarmord folgte, wurde B. mit seinem Mitstreiter →Cassius von Marcus →Antonius in der Schlacht bei Philippi besiegt und gab sich selbst den Tod.

Bryan, William Jennings
Außenminister der USA 1913–1915
** 19. 3. 1860 Salem, Illinois*
† 26. 7. 1925 Dayton, Tennessee
Der einflußreichste und populärste Politiker der Demokraten vor und während des 1. Weltkriegs kandidierte dreimal (1896, 1900, 1908) erfolglos zur Präsidentschaftswahl. Um die Jahrhundertwende bekämpfte er entschlossen die imperialist. Politik der USA und machte die Demokrat. Partei zur polit. Heimat der sozial schwachen Gruppen. Als Außen-Min. versuchte der Pazifist, die USA strikt neutral zu halten und überwarf sich 1915 mit Präsident Woodrow →Wilson wegen einer Note, mit der Wilson anläßlich des »Lusitania«-Zwischenfalls Dtschld. mit dem Kriegseintritt der USA drohte.

Buchanan, James
15. Präsident der USA 1857–1861
** 23. 4. 1791 Stony Batter, Pennsylvania*
† 1. 6. 1868 Wheatland, Pennsylvania
B. begann seine polit. Laufbahn 1812 als Mitgl. des Repräsentantenhauses für die Demokraten. 1832/33 war er Gesandter am Zarenhof; 1834–1845 vertrat er seinen Heimatstaat Pennsylvania im Senat. Als Secretary of State (Außen-Min.) unter Präs. James Knox Polk (1845–1849), regelte er den Oregon-Konflikt mit Großbritannien zum Vorteil der USA. Als Expansionist versuchte er vergebens, Kuba zu annektieren, forcierte den Eroberungskrieg gegen Mexiko 1846–1848 und betrieb die Annexion von Texas. Obwohl aus dem Norden stammend und Verteidiger der Bündnistreue, stützte er in der Vorgeschichte des Sezessionskrieges (1861–1865) die Position der Südstaaten. Damit trug er zur Spaltung der Demokrat. Partei bei, die den Republikanern unter Abraham →Lincoln zum Wahlsieg bei den Präsidentschaftswahlen 1860 verhalf.

Bucharin, Nikolai Iwanowitsch
russischer Revolutionär
** 9. 10. 1888 Moskau*
† 15. 3. 1938 Moskau

B., der Nationalökonomie studiert hatte und 1906 dem bolschewist. Flügel der Sozialdemokrat. Arbeiterpartei beitrat, war als einer der herausragenden marxist. Theoretiker und Publizisten enger Mitarbeiter Wladimir I. →Lenins ab 1912. Er gehörte fortan zu den führenden Köpfen der Bolschewiki, geriet jedoch des öfteren in Konflikt mit der Parteilinie. Nach Jahren des Exils kehrte er 1917 nach Rußland zurück und organisierte während der Oktoberrevolution 1917 den Aufstand der Bolschewiki in Moskau. Er entwarf Prinzipien der Sowjetwirtschaft (»Ökonomik der Transformationsperiode«, 1922), kritisierte jedoch den überhasteten Aufbau des Sozialismus in den 20er Jahren. In seinen hohen parteipolit. Funktionen (1917–1934 Mitgl. des ZK, 1918–1929 Chefredakteur der »Prawda«, 1924–1929 Mitgl. des fünfköpfigen Politbüros der Kommunist. Partei, 1926–1929 Vors.

des Exekutivkomitees der Komintern), schlug er sich nach Lenins Tod zunächst gegen Leo →Trotzki und die linke Opposition auf die Seite Josef W. →Stalins, wurde von diesem als möglicher Rivale jedoch ab 1928 als angebl. Führer der rechten Opposition bekämpft und 1929 entmachtet. Nach einer zwischenzeitl. formellen Versöhnung erhielt er die Chefredaktion der »Iswestija« (1934). 1937 verhaftet, wurde er im 3. Moskauer Schauprozeß 1938 als Hauptangeklagter zum Tode verurteilt und hingerichtet. In der Ära Michail →Gorbatschows wurde er 1988 rehabilitiert. (▷ Chronik Zitat)

Meine ungeheuerlichen Verbrechen

Chronik Zitat

Aus dem Schlußwort des Hauptangeklagten Nikolai I. Bucharin im 3. Moskauer Schauprozeß:

»Ich habe ungefähr drei Monate geleugnet. Dann begann ich Aussagen zu machen. Warum? Die Ursache lag darin, daß ich im Gefängnis meine ganze Vergangenheit umgewertet habe. Denn, wenn man sich fragt: Wenn du stirbst, wofür stirbst du? – dann ergibt sich plötzlich mit erschütternder Deutlichkeit eine absolut schwarze Leere. Es gibt nichts, wofür man sterben müßte, wenn man sterben wollte, ohne bereut zu haben. Und umgekehrt nimmt all das Positive, das in der Sowjetunion leuchtet, nimmt all dies im Bewußtsein des Menschen andere Ausmaße an. Dies hat mich letzten Endes endgültig entwaffnet...
Ich lehne die Anklage des Anschlags auf das Leben Wladimir Iljitschs (Lenins) ab, aber meine konterrevolutionären Komplicen und ich an ihrer Spitze versuchten, das Werk Lenins, das von Stalin mit gigantischem Erfolg fortgesetzt wird, zu zerschlagen... Die Logik dieses Kampfes hat uns in den schwärzesten Sumpf hinabgestoßen...
Ich kann a priori annehmen, daß sowohl Trotzki wie auch meine anderen Verbündeten im Verbrechen... versuchen werden, uns, namentlich und besonders mich, zu verteidigen. Ich lehne diese Verteidigung ab, denn ich beuge meine Knie vor dem Lande, vor der Partei, vor dem ganzen Volk. Die Ungeheuerlichkeit meiner Verbrechen ist grenzenlos, besonders in der neuen Etappe des Kampfes der UdSSR.«

Buddha

indischer Religionsstifter
** um 560 v. Chr. Kapilavastu*
† um 480 v. Chr. Kusinara

(Sanskrit. »Buddha« = »der Erwachte«, »der Erleuchtete«). B., persönl. Name *Siddhartha Gautama*, war der Sohn eines Fürsten aus der Dynastie der Shakyas. Als Erfüller einer heilsgeschichtl. Mission heißt er *Tathagata*, er wurde auch *Bhagavan* (»der Erhabene«) und *Jina* (»Sieger«) genannt.
Siddhartha Gautama verließ auf der Suche nach der Erlösung im Alter von 29 Jahren Haus und Familie. Nach Jahren vergeblicher extremer Askese entdeckte er den »mittleren Weg« zur erlösenden Erkenntnis (bodhi), die ihn zum B. machte. Danach zog er als Prediger durch Nordindien und gründete Mönchs- und Nonnenorden. Um 500 bekehrte er Bimbisara, den Gründer des Maghada-Reichs in Nordindien (um 540–490), und verschaffte sich damit den Rückhalt für die Expansion seiner Lehre. Der histor. Lebenslauf des B. wurde später durch Legenden und Mythen erweitert und überlagert. Mit seinem Todesjahr beginnt die buddh. Zeitrechnung.
B. hat keine eigenen Schriften hinterlassen. Seine Lehrreden erhielten nach längerer mündl. und schriftl. Überlieferung erst im 1. Jh. v. Chr. im »Tripitaka« ihre kanonische Form. Nach späterer buddhist. Lehre gibt es in jeder Weltperiode einen B., so daß der histor. B. nur einer in einer langen Reihe von Welterleuchtern ist, die sämtlich die höchste Erkenntnis aus eigener Kraft erlangen.

Bulganin, Nikolai Alexandrowitsch

sowjetischer Ministerpräsident 1955–1958
** 11. 6. 1895 Nischni Nowgorod*
† 24. 2. 1975 Moskau

B. trat 1917 den Bolschewiki bei und wurde nach einer Partei- und Verwaltungskarriere in Moskau als Gefolgsmann Josef W. →Stalins in geradliniger Funktionärskarriere 1935 Mitglied des ZK der KPdSU, 1938–1941 Stellvertretender Vorsitzender des Rats der Volkskommissare und Leiter der Staatsbank, 1947–1949 Verteidigungsminister, 1948–1958 Mitglied des Politbüros des ZK der

KPdSU bzw. des Parteipräsidiums. In seine Amtszeit als Ministepräsident nach dem Sturz Gregori M. →Malenkows fallen u. a. die Niederschlagung des Ungarischen Aufstands (1956) und die sowjetische Drohung mit einem Raketenangriff in der Suezkrise (1956). Im Zuge der Entstalinisierung wurde B. 1958 von Nikita S. →Chruschtschow seiner Ämter enthoben und als »Parteifeind« aus der KPdSU ausgeschlossen.

Bülow, Bernhard von

deutscher Reichskanzler 1900–1909
** 3. 5. 1849 Klein-Flottbek*
† 28. 10. 1929 Rom

(*Graf* ab 1899, *Fürst* ab 1905). Sohn des Staatssekretärs im Auswärtigen Amt Bernhard Ernst von B. (1873–1879, * 1815, † 1879. Seit 1874 im diplomat. Dienst, wurde B. 1897 Staatssekretär des Auswärtigen Amtes (bis 1900). B. war als Reichskanzler und preuß. Min.-Präs. ein nach außen glänzender Repräsentant des Kaiserreichs. Innenpolitisch zunächst reformerisch orientiert, verfolgte er nach den »Hottentotten-Wahlen« (die nach der Auflösung des Reichtags wegen Verweigerung der Kredite zur Niederschlagung der Aufstände in Dt.-Südwestafrika erfolgten) ab 1907 mit dem liberalkonservativen »Bülow-Block« einen Kurs des Lavierens. Schließlich scheiterte er am Widerstand von Konservativen (die seinen Plan einer preuß. Wahlrechtsreform vereiteln wollten) und Zentrum (das er 1906 in die Opposition gedrängt hatte) gegen seine Steuerreformvorlage zur Sanierung der Reichsfinanzen im Reichstag und mußte zurücktreten (1909).
Außenpolitisch suchte B. die von Kaiser →Wilhelm II. proklamierte imperialistische »Weltpolitik« zu realisieren: Um Dtschld. in Konkurrenz zu den Kolonialmächten einen »Platz an der Sonne« zu sichern, förderte er die von Alfred von →Tirpitz betriebene Aufrüstung der Flotte, die eine Konfrontation mit Großbritannien in Kauf nahm, und führte Dtschld. damit in die als »Einkreisung« empfundene Isolierung (britisch-französische Entente Cordiale 1904, brit.-russ. Verständigung 1907). Die Verschärfung der Spannungen zeigte sich in der mit Frankreich ausgetragenen Marokkokrise 1905/06 und in der Bosnischen Annexionskrise 1908/09, in der Deutschland in »Nibelungentreue« Österreich-Ungarn mit einem Ultimatum gegen Rußland zur Seite sprang. Als erster Kanzler wurde B. im Jahr 1909 wegen mangelnden Rückhalts im Reichstag gestürzt, nachdem er das Vertrauen Wilhelms II. bereits in der Daily-Telegraph-Affäre wegen einer Großbritannien provozierenden Äußerung des Kaisers (1908) verloren hatte. Nachfolger: Theobald v. →Bethmann Hollweg.

Burckhardt, Carl Jacob
schweizerischer Historiker, Diplomat und Essayist
** 10. 9. 1891 Basel*
† 3. 3. 1974 Genf
Als Hoher Kommissar des Völkerbunds in Danzig (1937–1939) bemühte sich der international renommierte Geschichtsprofessor, die von den Nationalsozialisten vertretenen dt. Interessen und die der Polen in dem Freistaat auszugleichen, der seit 1920 dem Völkerbund unterstand. Vergeblich versuchte er, den Kriegsausbruch zu verhindern. Im und nach dem 2. Weltkrieg organisierte B. für das Internationale Rote Kreuz, dessen Präs. er 1944 –1948 war, Hilfsaktionen für Kriegsgefangene und Internierte. 1945–1948 war er Schweizer Gesandter in Paris. Für seine Friedenspolitik, sein soziales Engagement und sein literarisches Schaffen erhielt B. 1954 den Friedenspreis des Dt. Buchhandels.

Burghley, William Cecil, *Baron (ab 1571)*
englischer Staatsmann
** 18. 9. 1520 Bourne, Lincolnshire*
† 4. 8. 1598 London
Von der Thronbesteigung →Elisabeths I. bis zu seiner Nobilitierung war B. führendes Parlamentsmitglied (1558–1571), zugleich Erster Sekretär (Principal Secretary) und ab 1572 als Schatzkanzler (Lord Treasurer) Berater der Königin, die sich auf ihn wie keinen anderen verließ. In diesen Funktionen beherrschte er die engl. Außenpolitik im elisabethan. Zeitalter. Gegen die prononciert prot. Politiker in Elisabeths Rat hielt er an einer sparsamen und defensiven Balancepolitik fest und schuf die Voraussetzungen für den erfolgreichen engl. Kampf gegen Spanien, der den Aufstieg Englands als See- und Kolonialmacht einleitete. Innenpolitisch war B. trotz seiner prot. Grundhaltung auf Ausgleich bedacht und stützte Elisabeth in ihrer Kirchen- und Katholikenpolitik. B. war wesentlich an der endgültigen Ausschaltung →Maria Stuarts beteiligt.

Burke, Edmund

englischer Staatstheoretiker
** 12. 1. 1729 Dublin*
† 9. 7. 1797 Beaconsfield, Buckinghamshire

Als Feind der Aufklärung wandte sich der führende Whig-Oppositionspolitiker, 1765–1774 Mitgl. des Unterhauses, scharf gegen die Französ. Revolution, deren Greuel er voraussah, und gegen eine radikale Parlamentsreform auf der Grundlage des allg. Wahlrechts. Als polit. Pragmatiker war er jedoch bereit, die Loslösung der nordamerikan. Kolonien zu akzeptieren. Engagiert setzte er sich für die Rechte der »indischen Mitbürger« ein, u. a. in seiner Klage gegen das menschenverachtende Regiment des Generalgouverneurs von Britisch-Indien, Warren →Hastings. Mit seinem einflußreichen und weitverbreiteten Werk »Reflections on the Revolution in France« (1790) verfaßte er eine Fundamentalkritik der Französischen Revolution, warb für den organisch gewachsenen Staat im Gegensatz zum künstlich geschaffenen polit. System und schuf die theoret. Begründung für die konservative Staatsauffassung der Neuzeit.

Bush, George

41. Präsident der USA 1989–1993
** 12. 6. 1924 Milton, Massachusetts*

Während des 2. Weltkrieges Marineoffizier; nach einem Ökonomiestudium (1945–1948) Manager in der texan. Ölindustrie; 1966–1970 Mitglied des Repräsentantenhauses für die Republikaner; 1971 bis 1973 UNO-Botschafter; 1974/75 Leiter des Verbindungsbüros in Peking; 1976/77 Chef des Geheimdienstes CIA; danach wieder Wirtschaftsmanager; 1981–1989 Vize-Präs. unter Ronald →Reagan.

In der Nachfolge Reagans veranlaßte B. die Intervention von US-Truppen in Panama (1989), um dessen Staatschef, General Manuel A. →Noriega, zu beseitigen, und übernahm die politische Führung im 2. Golfkrieg gegen Irak (1990/91). Im Zeichen der Beendigung des Kalten Krieges und des Zusammenbruchs des von der UdSSR dominierten sozialistischen Lagers entwarf B. das konservativ geprägte Konzept einer »Neuen Weltordnung«. Die Vernachlässigung der Innen- und Wirtschaftspolitik mit der Folge einer schweren Wirtschaftskrise, sozialem Elend und Unruhen in der farbigen Bevölkerung (»Rassenkrawalle« in Los Angeles 1992) trugen dazu bei, daß er bei der Präsidentschaftswahl Bill →Clinton unterlag.

Buthelezi, Mangosuthu Gatsha
südafrikanischer Politiker
** 27. 8. 1928 Mahlabatini, Natal*
B., einer der umstrittensten Politiker Südafrikas, ist Häuptling des Buthelezi-Stamms seit 1953, gründete und führt die Inkatha-Freiheitspartei, die insbesondere die Zulus im Kampf gegen die Apartheid und in Rivalität zum ANC Nelson →Mandelas organisierte. Der Auseinandersetzung zwischen beiden Organisationen, von denen die Inkatha als gemäßigtere zeitweise die heimliche Unterstützung des Apartheid-Regimes erfuhr, fielen seit 1990 mehrere tausend Menschen zum Opfer. Gegen machtpolit. Zugeständnisse war B. schließlich bereit, an den ersten allg. freien Wahlen 1994 teilzunehmen und den südafrikan. Reformprozeß unter Federführung Mandelas zu akzeptieren. In dessen Regierung übernahm er das Amt des Innen-Min.

Byrnes, James Francis
Außenminister der USA 1945–1947
** 2. 5. 1879 Charleston, South Carolina*
† 9. 4. 1972 Columbia, South Carolina
B. spielte bei der Unterstützung Großbritanniens und der Sowjetunion im 2. Weltkrieg (Leih- und Pachtgesetz 1941) sowie bei der Organisation der Teilnahme der USA am Krieg eine entscheidende Rolle. Als Mitgl. der amerikan. Delegation bei den Konferenzen von Jalta und Potsdam beriet er 1945 Präs. Franklin D. →Roosevelt und vertrat die USA auf den Außenministerkonferenzen der Siegermächte. Mit seiner Stuttgarter Rede 1946 leitete er die amerikanische Versöhnungspolitik gegenüber Westdeutschland und dessen Integration in das westl. Lager ein. Sein Nachfolger als Secretary of State wurde George C. →Marshall.

Caboto, Giovanni

italienisch-englischer Entdecker
** um 1450 Genua*
† 1499 (?) vor der Ostküste Nordamerikas

(Engl. *John Cabot*). Ausgestattet mit dem Patent König →Heinrichs VII., nach einem nordwestl. Seeweg nach Indien und China zu suchen, entdeckte der Kaufmann C. am 24. 6. 1497, noch vor →Kolumbus, das nordamerikan. Festland, erkundete die Küsten Labradors sowie des südl. Neufundlands und glaubte, China erreicht zu haben. 1498 unternahm er eine zweite Expedition, die ihn vermutlich über Grönland bis zum Kap Hatteras (North Carolina) führte.

Caboto, Sebastiano
italienisch-englischer Entdecker
** 1473 (1483?) Venedig*
† um 1557 London
(Engl. *Sebastian Cabot*). C., Sohn von Giovanni →C., nahm 1497 an der Expedition seines Vaters nach Labrador teil und stand abwechselnd in span. und engl. Diensten. Um für Spanien eine Westpassage nach den Molukken zu erkunden, befuhr er als Großadmiral Kastiliens die nord- und südamerikan. Küste und stieß auf dem Paraná und dem Río de la Plata ins Innere Südamerikas vor (1526–1530). 1544 entwarf er eine berühmte Weltkarte. Als Oberaufseher des engl. Seewesens (seit 1548) und Präs. der Merchant Adventurers (außenhandelsorientierte engl. Kaufmannsgilde) veranlaßte er die Suche nach einer Nordost-Passage nach Indien, die zur Aufnahme des englisch-russischen Seehandels über das spätere Archangelsk führte.

Cabral, Amilcar
Unabhängigkeitskämpfer von Guinea-Bissau
** 1924*
† 20. 1. 1973 Conakry
Der von den Kapverden stammende C. studierte in Portugal Landwirtschaft und war seit 1952 Beamter in Portugies.-Guinea, bevor er 1956 die Afrikanische Unabhängigkeitspartei für Guinea und die Kapverdischen Inseln (PAIGC) gründete. Mit ihr nahm er 1963 den bewaffneten Kampf gegen die portugies. Kolonialherrschaft in Portugiesisch-Guinea auf. C., der 1973 ermordet wurde, gilt als bedeutender marxist. Theoretiker der schwarzafrikanischen Revolution. Mit der Proklamation der Unabhängigkeit Guinea-Bissaus 1973 wurde sein Halbbruder Luís de Almeida C. (* 1931) erster Staatspräsident (gestürzt 1980).

Cabral, Pedro Álvarez
portugiesischer Entdecker und Seefahrer
** um 1467/68,*
† um 1526
Nach Vasco da →Gamas Entdeckung des Seewegs nach Indien nahm C. im Auftrag König →Emanuels I. bei der zweiten portugies. Umseglung Afrikas einen westl. Kurs. Dabei entdeckte er im April 1500 Brasilien, das er für die portugies. Krone in Besitz nahm. Er reiste nach Indien weiter, wo er die von Muslims beherrschte Stadt Calicut bombardierte und einnahm. Die von ihm gegründeten Handelsstützpunkte und eine Faktorei entwickelten sich zu bedeutenden Stationen des portugies. Gewürzhandels.

Caesar, Gaius Iulius

römischer Feldherr, Staatsmann und Schriftsteller
** 13. 7. 100 v. Chr.*
† 15. 3. 44 v. Chr. Rom

C. entstammte dem einflußreichen römischen Patriziergeschlecht der Julier. Mit 14 Jahren schon Jupiterpriester (86–82), wurde er nach Militärdienst im Osten (81–79) und Studium auf Rhodos (75–73) Quaestor in Spanien (68). Zu Beginn seiner politischen Laufbahn in Rom sicherte er sich als Aedil (seit 65) Popularität und Macht durch prunkvolle Spiele und Bestechung. 63 setzte er, verbündet mit Marcus Licinius →Crassus, seine Wahl zum Pontifex Maximus (Oberpriester) durch.
Durch seine Verwandtschaft mit Gaius →Marius schon in jungen Jahren in die polit. Auseinandersetzungen zwischen dessen Anhängern und Lucius Cornelius →Sulla verwickelt, gehörte er trotz seiner adligen Herkunft zu den Führern der Popularen (Volkspartei) gegen die von der Nobilität beherrschte Senatsmehrheit (Optimaten) unter Lucius

Licinius →Lucullus. Gegen diese schloß er nach seiner Rückkehr aus Spanien, wo er 62–61 das Amt des Propraetor (Statthalter) innehatte, das 1. Triumvirat, ein geheimes Abkommen, mit den beiden mächtigsten Römern, Gnaeus →Pompeius und Crassus (60), das er durch die Heirat seiner Tochter Julia mit Pompeius verwandtschaftlich festigte. 59 wurde er Konsul, ging im Jahr darauf als Prokonsul für fünf Jahre nach Gallien und setzte danach die Verlängerung seiner Amtszeit bis 51 durch. Er unterwarf das Gebiet des heutigen Frankreich, Belgiens und der Niederlande bis zum Rhein, drang 55 und 53 über den Rhein in german. Gebiet und 55/54 zweimal nach Britannien bis zur Themse vor. 52 warf er einen Aufstand der Gallier unter Führung des →Vercingetorix nieder.

Durch diese Erfolge, seine reiche Kriegsbeute und sein starkes, kampferprobtes Heer zum mächtigsten Römer geworden, bewarb er sich in Abwesenheit für das Jahr 48 zum zweiten Mal um das Konsulat. Der Senat, dem C.s Macht zunehmend als Bedrohung erschien, befahl C. auf Betreiben →Catos d. J. jedoch, sein Heer zu entlassen und auf seine Herrschaft über die Provinzen zu verzichten. Gleichzeitig erhielt Pompeius, der seit Crassus' und Julias Tod auf die Seite des Senats geschwenkt war, diktator. Vollmachten. Um seiner Ausschaltung zuvorzukommen, begann C. 49 den Bürgerkrieg gegen Pompeius und dessen Anhänger (bis 45), überschritt mit seinem Heer den Rubikon (Grenzfluß zwischen Italien und Gallia cisalpina: »Alea iacta est«) und eroberte in zwei Monaten Italien und bald darauf Spanien. 48 setzte er nach Epirus über und brachte Pompeius, der mit seinen Truppen nach Griechenland geflohen war, bei Pharsalos in Thessalien eine entscheidende Niederlage bei. Pompeius entwich nach Ägypten und wurde dort ermordet. C. besetzte Alexandria, entschied den ptolemäischen Thronstreit für →Kleopatra und setzte sie 47 als Vasallenkönigin Ägyptens ein. Die Macht im Osten des Reichs sicherte C. 47 durch den Sieg bei Zela über den Herrscher von Pontos.

Nach seinem Sieg über die Reste der Pompeianer in Nordafrika bei Thapsus 46 und in Südspanien bei

Die Ermordung Caesars

Chronik Zitat

Der griechische Historiker Plutarch schildert den Mordanschlag der Verschwörer:

»Bei Caesars Eintritt erhob sich der Senat ehrerbietig. Brutus Freunde stellten sich zum Teil hinter Caesars Sessel; andere gingen ihm entgegen, als wenn sie das Gesuch des Tillius Cimber unterstützen wollten, der für seinen verbannten Bruder um Gnade bitten wollte, und so geleiteten sie Caesar mit ihren Bitten bis an seinen Platz. Als er saß, lehnte er das Gesuch schroff ab, und da man immer dreister in ihn drang, gab er jedem einzelnen, der vor ihn trat, ärgerliche Antwort. In diesem Augenblick griff Tillius mit beiden Händen nach seiner Toga und riß sie ihm vom Hals. Das war das verabredete Zeichen für den Angriff. Die erste Wunde brachte ihm Casca am Hals mit einem Dolch bei; aber sie war nur leicht und nicht tödlich. Denn bei diesem ersten Stoß war Casca, wie leicht zu verstehen, so aufgeregt, daß Caesar sich sogar umdrehen, nach dem Dolche greifen und ihn festhalten konnte. Da riefen beide im gleichen Augenblick, der Verwundete auf lateinisch: ›Casca, du Schurke, was tust du?‹ und Casca rief seinem Bruder griechisch zu: ›Bruder, hilf!‹ Als der erste Stoß geführt war, packte die Nichteingeweihten Furcht und Schrecken über die Tat; sie wagten nicht zu fliehen oder Ceasar zu helfen, keinen Laut zu flüstern. Doch die Verschworenen zogen nun alle das Schwert und drängten sich um ihr Opfer. Wohin er seinen Blick wendete, begegnete er Schwertern, die ihn trafen oder vor seinem Gesicht und seinen Augen hin und her fuhren. So wurde er durchbohrt wie ein Stück Wild, eingekeilt zwischen den Armen seiner Mörder. Denn es war verabredet, daß jeder einen Streich gegen das Opfer führen und sein Blut kosten sollte. Deswegen brachte auch Brutus ihm wenigsten eine Wunde bei in die Weichen. Einige erzählen, eine Zeitlang habe Caesar sich gewehrt und schreiend den Stößen auszuweichen versucht. Als er aber Brutus mit dem Schwert in der Hand sah, zog er die Toga über den Kopf und brach... zusammen.« An 23 Stellen sollen die Schwerter und Dolche ihn getroffen haben. Auch untereinander sollen die Verschworenen sich verwundet haben ...«

Munda 45 wurde ihm die Diktatur auf Lebenszeit übertragen. Nun Herr des Röm. Reichs, begann er mit einer tiefgreifenden Strukturreform: Bereits 46 hatte er eine Kalenderreform durchgeführt (Julian. Kalender); Maßnahmen zur Linderung der Schuldennot, zur Landversorgung der Veteranen, Vorbereitungen zur Kodifizierung des röm. Rechts, zur Regulierung des Tiber, zur Trockenlegung der Pontinischen Sümpfe und zum Wiederaufbau von Karthago und Korinth folgten. Die Unterwerfung der Germanen und der Balkanvölker sowie ein Feldzug gegen die Parther sollten sich anschließen.
Obgleich C. die ihm angetragene Königswürde mehrfach ablehnte, formierte sich der Widerstand der Republikaner gegen seine Alleinherrschaft. In der letzten Senatssitzung vor seinem Aufbruch zum Partherkrieg wurde er als Opfer einer Verschwörung unter Führung von Marcus →Brutus und Gaius →Cassius erstochen. Ohne legitime Kinder, hatte C. in seinem Testament seinen Großneffen Octavian (den späteren Kaiser →Augustus) als Erben eingesetzt.
C. galt als vorzügl. Redner und war ein bewunderter Schriftsteller. Berühmt sind sein Bericht über den von ihm geführten Gallischen Krieg (»Commentarii de bello Gallico«) und sein Kommentar zum Bürgerkrieg (»De bello civili«). Obwohl viele seiner Pläne unverwirklicht blieben, gab er der histor. Entwicklung des Römischen Reichs eine Wendung und beschleunigte den Prozeß, der zum röm. Kaisertum führte, dessen Herrscher seit Augustus den Beinamen »Caesar« führten. C.s Geburtsmonat (Juli) wurde nach ihm benannt.
Bis heute kontrovers beurteilt (Tyrann oder »Demokratenkönig«?), boten C.s Aufstieg und Schicksal Stoff für die Weltliteratur. (▷ Chronik Zitat)

Caetano, Marcelo José das Neves Alves
portugiesischer Ministerpräsident 1968–1974
** 17. 8. 1906 Lissabon*
† 26. 10. 1980 Rio de Janeiro
Der Jurist mit Professur in Lissabon war als Kolonialminister (1944–1947), Präs. der Ständekammer (1949–1955) und Präsidial-Min. (1955–58) einer der engsten Mitarbeiter Antonio de Oliveira →Salazars. In dessen Nachfolge Min.-Präs., scheiterte er mit dem Versuch einer allmählichen Liberalisierung des diktatorisch geführten Regimes bei gleichzeitiger Aufrechterhaltung der portugies. Kolonialmacht in Afrika durch blutige Unterdrückung der Befreiungsbewegungen (Angola, Mosambik, Guinea-Bissau). Durch die Aprilrevolution 1974 gestürzt, ging er nach Brasilien ins Exil.

Caillaux, Joseph
französischer Ministerpräsident 1911–1914
** 30. 3. 1863 Le Mans*
† 22. 11. 1944 Mamers, Dép. Sarthe
Der Finanzwissenschaftler, seit 1898 Abgeordneter der Radikalsozialistischen Partei und seit 1899 mehrfach Finanz-Min., suchte als Min.-Präs. Möglichkeiten einer Verständigung mit Dtschld. in der 2. Marokkokrise (Marokko-Kongo-Vertrag 1911). Unter der Anklage, im 1. Weltkrieg mit Dtschld. konspiriert zu haben, wurde er 1918 verhaftet, 1920 verurteilt und 1925 amnestiert. 1925/26 und 1935 war er wieder Finanz-Min.

Caligula, Gaius Julius Caesar Germanicus
römischer Kaiser
37–41 n. Chr.
** 31. 8. 12 Antium*
† 24. 1. 41 Rom

C., Sohn des →Germanicus und der →Agrippina d. Ä., wuchs im Feldlager auf, wo er den Spitznamen C. (»Stiefelchen«) seiner kleinen Soldatenstiefel wegen erhielt. 31 von Kaiser →Tiberius an seinen Hof gerufen, ließ sich C. nach dessen Tod mit Unterstützung der Prätorianergarde zum Caesar ausrufen und eröffnete die Ära der Kaiserdespotie. Sein Schreckensregiment, hemmungslose Verschwendungssucht und seine Selbsternennung zum »Gottkaiser« provozierten Verschwörungen. Während er die Opposition von Senatoren und eine Militärrevolte am Rhein 39 noch zerschlagen konnte, wurde er 41 von der Prätorianergarde ermordet.

***Calixtus** (Kalixt, Kallistus) Päpste*

Calixtus I.
Papst 217–222, Heiliger
Zuvor Sklave, *Kallistus* genannt, stieg C. zum Vorsteher einer nach ihm benannten Katakombe auf und wurde Bischof von Rom. Er erfuhr Widerstand unter anderem durch seinen Gegenpapst Hippolyt, da er Christen – die vom Staat verbotene – Ehe mit Sklaven oder Freigelassenen erlaubte. Mit seinem Bußedikt legte er Grundzüge des Bischofsamtes fest. Heiligenfest: 14. 10.

Calixtus II.
Papst 1119–1124
† 13. 12. 1124 Rom
Der aus burgundischem Adel stammende Papst C. (vorher *Guido*) bestätigte Urkunden, die er als Erzbischof von Vienne (seit 1088) gefälscht hatte. Durch das Wormser Konkordat (auch Pactum Calixtinum) beendete er 1122 den Investiturstreit in Deutschland und dekretierte auf dem Laterankonzil 1123 viele Reformbestimmungen.

Calixtus (III.)
Gegenpapst 1168–1178
C. (vorher *Johannes von Strumi*) wurde als dritter Gegenpapst zu →Alexander III. von Kaiser →Friedrich I. Barbarossa unterstützt, jedoch im Frieden von Venedig 1178 (Versöhnung des Reichs mit der Kurie) von diesem fallengelassen. Daraufhin unterwarf er sich Alexander III. und blieb in der kirchlichen Verwaltung tätig.

Calixtus III.
Papst 1455–1458
** 31. 12. 1378*
Játiva bei Valencia
† 6. 8. 1458 Rom

Vor seinem Pontifikat war C. (vorher *Alonso de Borja*), aus dessen Adelsgeschlecht die italien. Familiendynastie der →Borgia hervorging, Berater von König →Alfons V. Neben der Abwehr der Osmanen konzentrierte er sich auf die hemmungslose Begünstigung seiner Familie. Sein Nepotismus veranlaßte den Frankfurter Fürstentag von 1456 zur Beschwerde über die Mißstände im Klerus (»Gravamina der dt. Nation«). Nachfolger: →Pius II.

Callaghan, James
britischer Premierminister 1976–1979
** 27. 3. 1912 Portsmouth*
(*Baron C. of Cardiff* ab 1987). Der aus einfachen Verhältnissen stammende Labour-Politiker war 1945–1987 Mitgl. des Unterhauses und von 1964 bis 1976 (mit einer Unterbrechung während der Regierungszeit der Konservativen 1970–1974) Minister in verschiedenen Ressorts. Als Min.-Präs. in der Nachfolge Harold →Wilsons pflegte er die Bindungen an die USA und konzentrierte sich auf die Bekämpfung von Wirtschaftskrise und Inflation, wobei ihm die Förderung des neu erschlossenen Nordseeöls teilweise zustatten kam. Nach der Wahlniederlage seiner Labour Party wurde er von der Konservativen Margaret →Thatcher abgelöst.

Calonne, Charles Alexandre de
französischer Staatsmann
** 20. 1. 1734 Douai*
† 29. 10. 1802 Paris
1783 als Nachfolger Jacques →Neckers zum Generalkontrolleur der Finanzen berufen, versuchte C. zunächst, durch weiter erhöhte Ausgaben den katastrophalen Zustand der Staatsfinanzen zu verschleiern, um noch mehr Anleihen aufnehmen zu können, und verschärfte damit die Finanzkrise. Als er sie nach dem Konzept Anne R. →Turgots mit Steuerplänen zu Lasten der Privilegierten bewältigen wollte, scheiterte er an deren Widerstand in der von ihm einberufenen Notabelnversammlung (1787) und wurde von →Ludwig XVI. entlassen.

Calvin, Johannes
Schweizer Reformator
** 10. 7. 1509*
Noyon, Picardie
† 27. 5. 1564 Genf

Nach philosoph.-theolog., jurist. und humanist. Studien in Paris, Orléans und Bourges hatte C. unter dem Eindruck der lutherischen Reformation 1533/34 ein Bekehrungserlebnis. Als bekennender Protestant aus Paris ausgewiesen, wanderte er nach Basel aus. Hier begründete er mit seinem Werk »Institutio Religionis Christianae« (»Unterricht in der christl. Religion«) die nach ihm benannte und sich vom Luthertum abgrenzende Variante des Protestantismus. 1538 wurde er zusammen mit Guillaume →Farel, mit dem er in Genf seit 1536 die Reformation eingeführt hatte, aus der Stadt verbannt, kehrte jedoch 1541 zurück und schuf für die neue Reformierte Kirche eine kirchl. Ordnung mit strenger Nüchternheit und karger Ausstattung des Kultes, wobei er selbst über die Kirchenzucht wachte. Für das weltl. Genf setzte er gewaltsam gegen heftigen Widerstand eine neue Gemeindeordnung mit vier Gemeindeämtern (Prediger, Lehrer, Älteste, Diakone) durch, die das gesamte gesellschaftl. Leben regelten. Seine Lehre übte schon zu seinen Lebzeiten nachhaltigen Einfluß auf die prot. Kirchen u. a. in Frankreich, England und Schottland aus. Entscheidender Ausgangspunkt seiner Theologie ist das Bekenntnis zur Allmacht Gottes, dem in unbedingtem Gehorsam zu folgen des Christen Pflicht sei. Daraus ergibt sich C.s Lehre von der doppelten Prädestination: Ein Teil der Menschen ist zur Seligkeit, der andere zur Verdammnis vorausbestimmt; aus dem Erfolg im Leben kann auf die Gnade Gottes geschlossen werden. Auch in der Abendmahlslehre, in der er die Gegenwart Christi im Geist vertrat, unterschied sich C. von Martin →Luther und Ulrich →Zwingli, mit dessen Anhängern in Zürich er sich 1549 verständigte. (▷ Chronik Zitat)

Die Erwählung des Menschen

Chronik Zitat

In seiner »Christaniae religionis Institutio« (1535) entwarf Calvin die Grundzüge seiner Lehre von der Erwählung des Menschen durch Gott (Prädestination):

»Was also die Schrift klar zeigt, sagen wir: daß durch einen ewigen und unveränderlichen Ratschluß Gott einmal festgesetzt hat, welche er einst einmal zum Heile annehmen, umgekehrt, welche er dem Untergang weihen wollte. Wir behaupten, daß dieser Ratschluß, sofern er sich auf die Erwählten bezieht, in seiner gnädigen Barmherzigkeit ohne irgendwelche Rücksicht auf menschliche Würdigkeit begründet ist. ... Aber bei den Erwählten legen wir die Berufung schon als ein Zeugnis für die Erwählung fest. Dann kommt die Rechtfertigung, das andere Kennzeichen, das die Erwählung kundmacht, bis man zur Herrlichkeit gelangt, in der ihre Ergänzung vorliegt. Wie aber der Herr durch Berufung und Rechtfertigung seine Erwähltheit kennzeichnet, so eröffnet er den Verworfenen durch den Ausschluß entweder von der Kenntnis seines Namens oder von der Heiligkeit durch seinen Geist gleichsam als durch Kennmarken, was für ein Gericht sich ihnen auftut...«

Campbell-Bannerman, Sir Henry

britischer Minister-präsident 1905–1908
** 7. 9. 1836 Glasgow*
† 22. 4. 1908 London

Der Unterhaus-Abg. (seit 1868) und Anhänger William E. →Gladstones stieg unter dessen Amtszeit als Premier-Min. in hohe Ämter auf, u. a. zum Heeres-Min. (1886, 1892–1895). 1899 folgte er Gladstone als Führer der liberalen Partei und überwand ihre Spaltung. Als Premier-Min. setzte er im Bündnis mit der Labourpartei tiefgreifende Sozialreformen durch (Gewerkschaftsrechte, Achtstundentag im Bergbau, Altersversorgung). 1906 gewährte er den Buren Autonomie in Oranje und Transvaal und gewann sie dadurch für England.

Canaris, Wilhelm
deutscher Geheimdienstchef
** 1. 1. 1887 Aplerbeck bei Dortmund*
† 9. 4. 1945 Flossenbürg, Oberpfalz
1935 wurde C. nach langjähriger Marinelaufbahn seit seinem Eintritt in die kaiserliche Marine (1905) als Konteradmiral Chef der Abwehr-Abteilung im Reichskriegsministerium, 1938 des Amts Ausland der Abwehr im Oberkommando der Wehrmacht (OKW). 1940 wurde er zum Admiral ernannt. Nationalkonservativ orientiert, sympathisierte er zunächst mit dem Nationalsozialismus, wendete sich dann jedoch heimlich zu einem entschiedenen Gegner der Politik Adolf →Hitlers und kontaktierte seit 1938 den militärischen Widerstand um Ludwig →Beck und Franz →Halder. Während er in der Spionageabwehr und Aufklärung erfolgreich operierte, unterstützte er in einem komplizierten Doppelspiel mit seinen weitverzweigten konspirativen Verbindungen den Widerstand und rettete politisch Verfolgte. Im Hintergrund verbleibend, beteiligte er sich nicht an konkreten Putschplänen und lehnte ein Attentat auf Hitler ab, so daß sein Anteil am Widerstand noch heute nicht ganz geklärt ist. Im Febr. 1944 wurde er entlassen, nach Claus Graf v. →Stauffenbergs gescheitertem Anschlag auf Hitler (20. 7. 1944) verhaftet, ins KZ Flossenbürg eingeliefert und kurz vor dessen Einnahme durch

amerikanische Truppen 1945 nach einem SS-Standgerichtsverfahren zusammen mit anderen Widerstandskämpfern hingerichtet.

Canisius, Petrus
deutscher Jesuit
** 8. 5. 1521 Nimwegen*
† 21. 12. 1597 Freiburg (Schweiz)
C. (eigentlich *Pieter Kanijs*) trat 1543 in Mainz als erster Deutscher in den Jesuitenorden des →Ignatius von Loyola ein, legte vor diesem 1549 in Rom das Ordensgelübde (Profeß) ab. Ab 1556 Provinzial, gründete er als »2. Apostel der Deutschen« die ersten jesuitischen Kollegien, 13 Ordenshäuser und wirkte für die Erneuerung des kath. kirchlichen Lebens. Der Pionier der Gegenreformation machte sich zu einer kirchenpolitisch bedeutenden Instanz und beriet Päpste und Fürsten im Konflikt mit dem Protestantismus (Religionsgespräch in Worms 1557, Reichstage 1559 und 1576). Nachhaltige Wirkung zeitigten die drei von ihm verfaßten Katechismen (für Studenten und Geistliche, Kinder, Ungebildete). 1925 wurde C. heiliggesprochen und zum Kirchenlehrer erhoben; Heiligenfest: 27. 4. in Deutschland; sonst 21. 12.

Canning, George
britischer Premierminister 1827
** 11. 4. 1770 London*
† 8. 8. 1827 Chiswick

Als Außenminister im Tory-Kabinett (1807–1809) ließ C. im Kampf gegen →Napoleons I. Kontinentalsperre die neutrale dän. Flotte im Hafen von Kopenhagen kapern, Helgoland besetzen und unterstützte den spanischen Volkskrieg (guerilla) gegen die napoleon. Besetzung. Seit 1822 erneut Außen-Min., löste der liberal und reformerisch orientierte Gegenspieler Fürst von →Metternichs England von der Heiligen Allianz, um die europ. Machtbalance zu erhalten, unterstützte die Unabhängigkeits- und Verfassungsbewegungen in Südeuropa (Griechenland, Portugal) und erkannte die Unabhängigkeit der neuen südamerikan. Staaten an. Wenige Monate vor seinem Tod wurde er Min.-Präs.

Cánovas del Castillo, Antonio
spanischer Ministerpräsident
** 8. 2. 1828 Málaga*
† 8. 8. 1897 Santa Agueda
Als Innenminister (1864) und Min. der Kolonien (1865) Repräsentant der oligarchischen Erstarrung und während der Revolution von 1868 verbannt, betrieb C. seit 1872 die Rückkehr der Bourbonen auf den span. Thron, die 1874 durch →Alfons XII. erfolgte. 1875–1897 (Min.-Präs., mit Unterbrechungen) beendete er den Karlistenkrieg und den Aufstand in Kuba und setzte die Verfassung von 1876 (konstitutionelle Monarchie unter konservativen Vorzeichen) durch. Er erlag dem Attentat eines italienischen Anarchisten.

Cantemir, Dimitrie
Hospodar (Fürst) der Moldau 1693 und 1710/11
** 26. 10. 1673 Fălciu*
† 21. 8. 1723 bei Charkow (Rußland)
C., Orientalist, Ethnograph und Historiker von internationalem Rang, versuchte als Staatsmann und zweimaliger Herrscher der Moldau im Bündnis mit Zar →Peter I. (d. Gr.) die Unabhängigkeit von den Osmanen zu erringen. Als Geisel für die Vasallentreue seines Vaters hatte er seit seiner Kindheit am Hof des Sultans in Konstantinopel 17 Jahre gelebt, eine umfassende Ausbildung erfahren und war als Regent an die Moldau zurückgekehrt. Mit Peter I. 1711 in der Schlacht am Pruth von den Osmanen besiegt, ging er ins Exil nach Rußland. 1714 wurde er Mitgl. der Berliner Akademie der Wissenschaften.

Caprivi, Leo,
Graf von (ab 1891)
deutscher Reichskanzler 1890–1894
** 24. 2. 1831 Charlottenburg*
† 6. 2. 1899 Skyren bei Krossen

Von →Wilhelm II. zum Nachfolger Otto v. →Bismarcks als Reichskanzler und (bis 1892) preuß. Minister-Präs. bestellt, realisierte der General der Infanterie (seit 1888) die Grundzüge des »Neuen Kurses«: Im Fahrwasser des außenpolit. Strategen Friedrich A. v. →Holstein begann er das bismarcksche Bündnissystem (»Spiel mit fünf Bällen«) zu entflechten. Während er den seit 1887 bestehenden Rückversicherungsvertrag mit Rußland (u. a. geheime gegenseitige Neutralitätsversicherung im Konfliktfall mit Österreich-Ungarn) nicht verlängerte, suchte er einen Ausgleich mit England, indem er dt. Ansprüche auf ostafrikan. Kolonialgebiete (Carl →Peters) gegen Gewinn Helgolands aufgab (Helgoland-Sansibar-Vertrag 1890). Innenpolitisch suchte er in Kooperation mit der vormaligen Opposition im Reichstag mit Arbeiterschutzgesetzen (1891) den Konflikt mit der Arbeiterbewegung zu entschärfen und durch Handelsverträge und Zollsenkungen die industrielle Modernisierung Deutschlands zu motivieren. C. scheiterte jedoch an konservativen Gegenkräften, angeführt von den sich politisch formierenden ostelbischen Großgrundbesitzern, deren erbitterte Feindschaft er sich mit der Senkung der Getreidezölle zugezogen hatte.

Caracalla, Marcus Aurelius Antoninus

römischer Kaiser 211–217
** 4. 4. 186 Lyon*
† 8. 4. 217 bei Edessa

C., eigentl. *Bassianus*, Sohn des Kaisers Septimius →Severus, erhielt den Namen C. nach seinem keltischen Kapuzenmantel. Seit 198 Mitregent seines Vaters, trat er nach dessen Tod 211 zusammen mit seinem Bruder Geta die Herrschaft an, ließ diesen aber bald ermorden. 212 verlieh er mit der Constitutio Antoniniana allen Freigeborenen röm. Bürgerrecht und stellte damit die Provinzen dem röm. Italien politisch gleich. Seine Prunksucht, die sich im Bau der berühmten C.-Thermen in Rom noch heute dokumentiert, und seine Zuwendungen an das Militär, das seine grausame Herrschaft sicherte, führten ins finanzielle Chaos. Nachdem er 213 die Alemannen am Main und 214 die Karpen an der Donau geschlagen hatte, wollte er nach dem Vorbild →Alexanders d. Gr. seinen Weltherrschaftsanspruch durch die Eroberung des Partherreichs verwirklichen. 217 wurde er auf einem Kriegszug gegen die Parther von einem Gardepräfekten ermordet. Die einsetzende Reichskrise begann mit der Ära der röm. Soldatenkaiser bis zu →Diokletian.

Cárdenas, Lázaro
mexikanischer Staatspräsident 1934–1940
** 21. 5. 1895 Jiquilpán, Michoacán*
† 19. 10. 1970 México
C. beteiligte sich als Offizier an der mexikan. Revolution 1910–1920 und war Gouverneur seines Heimatstaates Michoacán. Als Nationalist und Anhänger staatssozialist. Ideen sozialisierte er während seiner Amtszeit als Staatspräs. weite Bereiche der Wirtschaft, brach die Macht des Latifundiensystems und enteignete brit. und nordamerikan. Erdölgesellschaften. Dabei stützte er sich als »Erster Präsident eines indian. Mexiko« auf die Arbeiterorganisationen und Kleinbauern. In Mexiko wird C. als einer der bedeutendsten Präsidenten verehrt.

Carlos
spanischer Kronprinz
** 8. 7. 1545 Valladolid*
† 24. 7. 1568 Madrid
C. (*Don Carlos*), Sohn →Philipps II. aus 1. Ehe, war erblich stark belastet (die Großmutter beider Eltern war →Johanna die Wahnsinnige) und litt unter Anzeichen von Wahnsinn und körperl. Unterentwicklung. Um den Bestand der Monarchie nicht zu gefährden, schloß sein Vater ihn von der Thronfolge aus und verweigerte ihm das Kommando über die span. Truppen in den Niederlanden. C.' Fluchtvorbereitungen im Kontakt mit der niederländ. Aufstandsbewegung führten 1568 zu seiner Gefangennahme, nach der er wenig später in Haft starb. Die behauptete unglückliche Liebe zu seiner Stiefmutter Elisabeth von Valois ist Legende.
F. Schiller trug in seinem Drama »Don Carlos« (1787), das C. unhistorisch als Freiheitskämpfer stilisiert, die für die Epoche der Spätaufklärung wichtige polit. Forderung nach »Gedankenfreiheit« vor.

Carlos
spanischer Kronprinz
** 29. 3. 1788 Madrid*
† 10. 3. 1855 Triest
Als *Don Carlos María Isidoro de Borbón* zweiter Sohn Karls IV. (König 1788–1808), Bruder Ferdinands VII. (König 1814–1833). Nach Abschaffung des 1713 eingeführten Salischen Erbfolgerechts durch die Pragmatische Sanktion (1830), die auch die weibliche Thronfolge ermöglichte, schloß Ferdinand VII. zugunsten seiner Tochter Isabella seinen jüngeren Bruder von der Thronfolge aus. C. akzeptierte nach Ferdinands Tod 1833 die Erbfolge nicht, beanspruchte als *Karl V.* weiterhin den Thron und

wurde von den als Karlisten bezeichneten Anhängern der absoluten Monarchie und der konservativen katholischen Geistlichkeit unterstützt. Im 1834 ausbrechenden Bürgerkrieg (1. Karlistenkrieg) gegen die Liberalen, die für die von Ferdinand abgeschaffte Verfassung von Cadiz (1812) stritten, kämpften die Karlisten vergeblich für C., der 1839 ins Exil nach Frankreich ging.

Carlsson, Ingvar
schwedischer Ministerpräsident 1986–1991, seit 1994
** 9. 11. 1934 Borås*
C., von 1969 bis 1986 im Kabinett Olof →Palme Min. verschiedener Ressorts, übernahm nach dessen Ermordung 1986 das Amt des Minister-Präs., 1987 auch die Führung der schwed. Sozialdemokrat. Partei. Im Zeichen zunehmender wirtschaftl. Probleme stellte er den Antrag auf Aufnahme Schwedens in die EG. Seine Niederlage bei den Parlamentswahlen 1991 unterbrach nach 1976–1982 zum zweiten Male die seit dem 2. Weltkrieg andauernde Ära sozialdemokratischer Regierungspolitik. Nach seinem Wahlsieg 1994 und einem zustimmendem Referendum konnte C. 1995 den Beitritt seines Landes zur Europäischen Union vollziehen.

Carnot, Lazare,
Graf (ab 1815)
französischer Revolutionär
** 13. 5. 1753 Nolay, Côte d'Or*
† 3. 8. 1823 Magdeburg
Der renommierte Mathematiker und Pionierhauptmann schloß sich der Französ. Revolution an und war nach 1791 Mitgl. der Gesetzgebenden Nationalversammlung und des Konvents. Am Sturz Maximilien de →Robespierres beteiligt (1794), trat er 1795 in das Direktorium ein, bis er 1797 nach seinem Sturz durch Paul Vicomte de →Barras nach Dtschld. floh. Seit 1793 faktisch in der Funktion eines Kriegs-Min., organisierte er durch die totale Mobilmachung (»levée en masse«, Einführung der allg. Wehrpflicht) die Revolutionsheere. Unter →Napoleon I., war er 1800/01 Kriegs-Min., während der »Hundert Tage« Napoleons 1815 Innen-Min. Nach dessen endgültigem Sturz ging er ins Exil (1815). Sein Sohn Nicolas Leonard Sadi C. (* 1796, † 1832) war einer der bedeutendsten Physiker seiner Zeit.

Carnot, Marie François Sadi
4. Präsident der französischen Republik 1887–1894
** 11. 8. 1837 Limoges*
† 25. 6. 1894 Lyon
Der Enkel von Lazare →C., von Beruf Ingenieur, leitete 1871 die Volksbewaffnung in der Normandie. Seit 1871 Abg. der gemäßigten Linken, wurde er 1885/86 Finanz-Min. Unter seiner Präsidentschaft begann Frankreich, sich Rußland zu nähern. Er wurde von einem italienischen Anarchisten ermordet.

Carrera, José Miguel
erster Präsident Chiles 1812–1814
** 15. 10. 1785 Santiago*
† 4. 9. 1821 Mendoza, Argentinien
C. leitete den Unabhängigkeitskampf der südamerikanischen Staaten (besonders Chiles) gegen Spanien. 1812 wurde er erster Präsident Chiles. 1814 von den Spaniern geschlagen, führte er einen Untergrundkampf, wurde 1821 gefangengenommen und hingerichtet. Er wird als lateinamerikanischer Nationalheld verehrt.

Carrillo, Santiago
spanischer Politiker
** 18. 1. 1915 Gijón*
(Genannt C. Solares). 1936–1939 Offizier im Span. Bürgerkrieg, danach im Exil, überwiegend in Frankreich, wurde C. 1958 Generalsekretär der (bis 1977 illegalen) KP Spaniens (PCE). Nach Niederschlagung des Prager Frühlings durch die Truppen des Warschauer Pakts (1968) kehrte er sich vom Stalinismus ab, entdogmatisierte das Programm der Partei, machte sie zu einer parlamentarisch-demokratischen Kraft und profilierte sich als führender Vertreter des Eurokommunismus. C. trat 1982 nach einer Wahlniederlage zurück, brach 1985 mit der KP und gründete 1987 eine eigene Splitterpartei.

Carrington, Peter Alexander *Baron of*
britischer Politiker
** 6. 6. 1919 London*
Der aus einflußreicher Bankiersfamilie stammende C., seit 1946 konservatives Mitglied des Oberhauses, nahm seit 1951 unter Winston →Churchill zahlreiche hohe Staatsämter wahr (u. a. Verteidigungsminister 1954–1956, 1970–1974). Von 1979–1982

Außen-Min. im Kabinett Margaret →Thatchers, trat C. in der Folge des Falklandkriegs gegen Argentinien zurück. Bei Wahrung brit. Interessen befürwortete er eine Anbindung Großbritanniens an die EG. 1984–1989 NATO-Generalsekretär, übernahm er seit 1991, wenig erfolgreich, Vermittlungsaufgaben im Jugoslawienkrieg.

Carstens, Karl

deutscher Bundespräsident 1979–1984
** 14. 12. 1914 Bremen*
† 30. 5. 1992 Meckenheim

Der konservative Jurist, Prof. für Staats- und Völkerrecht, hatte vor seiner Wahl zum Bundes-Präs. eine stufenreiche polit. Karriere durchlaufen: 1949 bis 1954 Bevollmächtigter Bremens beim Bund; 1954 bis 1966 im Auswärtigen Amt, ab 1960 als Staatssekretär; 1966/67 Staatssekretär im Bundesverteidigungsministerium, 1968/69 im Bundeskanzleramt; 1970–1973 Leiter des Forschungsinstituts der Dt. Gesellschaft für Auswärtige Politik; 1972–1979 MdB, 1973–1976 Vors. der Bundestagsfraktion der CDU/CSU, 1976–1979 Präs. des Bundestags.
Als scharfer Gegner der neuen Ostpolitik führte C. seit 1973 die Opposition gegen die sozialliberalen Regierungen →Brandt und →Schmidt und repräsentierte auch als 5. Bundespräsident die konservative Seite der Bundesrepublik, ohne sich jedoch dem Dialog zu verschließen. In seine Amtszeit fiel die Auflösung des Bundestags und die Ansetzung von Neuwahlen (1983) nach dem Bruch der Regierungskoalition 1982. Im Bemühen um landläufige Volksnähe durchwanderte er die ganze Republik. 1984 verzichtete er auf eine erneute Kandidatur.

Carter, James (Jimmy) Earl
39. Präsident der USA 1977–1981
** 1. 10. 1924 Plains, Georgia*
Vor seinem mit der Demokratischen Partei errungenen Wahlsieg über den republikan. Präsident Gerald →Ford war der Erdnußfarmer C. Gouverneur seines Heimatstaates Georgia (1971–1975). Von starkem Versöhnungswillen getragen, versuchte der tiefgläubige Baptist der moralischen Dimension in der Weltpolitik Geltung zu verschaffen. Durch wirtschaftl. und diplomatischen Druck erzwang er die Beachtung von Menschenrechten in autoritären Staaten, auch in der UdSSR, und betrieb den Sturz der Diktaturen in Nicaragua, auf den Philippinen und im Iran. Er vermittelte den Friedensschluß zwischen Israel und Ägypten (Camp-David-Abkommen, 1978), nahm volle diplomat. Beziehungen mit China auf und schloß mit der UdSSR das Rüstungskontrollabkommen SALT II, das wegen des sowjet. Einmarschs in Afghanistan 1979 nicht ratifiziert wurde. Die über einjährige Geiselhaft des US-amerikan. Botschaftspersonals in Teheran, das Scheitern vieler Reformen, der Dollarverfall und die Energiekrise führten zur schweren Niederlage C.s gegen Ronald →Reagan bei der Präsidentschaftswahl 1980. Als Vermittler in internationalen Krisen konnte der »elder statesman« sein hohes moralisches Ansehen mehrmals erfolgreich einsetzen (Konflikt um Nordkoreas Atomprogramm, Entmachtung der Junta von Haiti, Waffenstillstandsvereinbarung in Bosnien-Herzegowina, alle 1994). (▷ Chronik Zitat)

Universalität der Menschenrechte

Chronik Zitat

Vor der UNO-Generalversammlung umriß US-Präsident Carter am 17. März 1977 Grundzüge seiner Menschenrechtspolitik (Auszug):

»Der Grundzug in der menschlichen Entwicklung läuft auf eine universale Verbreitung der Forderung nach grundlegenden Menschenrechten hinaus. Die Vereinigten Staaten haben ein historisch angestammtes Recht, sich mit diesem Prozeß zu identifizieren. Wenn wir mit anderen Mitgliedstaaten zur Stärkung… der Vereinten Nationen zusammenarbeiten, so ergeben sich also folgende Prioritäten:
– Wir werden in den Krisengebieten der Welt nach Frieden streben.
– Wir werden uns energisch um eine Kontrolle der Kriegsrüstung bemühen.
– Wir werden ein neues System des internationalen wirtschaftlichen Fortschritts und der Zusammenarbeit fördern.
– Wir werden standhaft bleiben in unserem Eintreten für die Würde und das Wohlergehen der Menschen in aller Welt.«

Casaroli, Agostino

italienischer kath. Theologe
** 24. 11. 1914 Castel S. Giovanni, Prov. Piacenza*

C., der seit 1967 als Sekretär des Rats für die Öffentlichen Angelegenheiten der Kirche faktisch als »Außenminister« des Papstes fungierte, entwarf die neue Ostpolitik des Vatikan und nahm den Dialog mit den kommunist. Regimen auf. 1979 zum Kardinal erhoben, war er 1979–1990 Staatssekretär und 1984–1990 offiziell Stellvertreter des Papstes in der Kirchenverwaltung und damit de facto »Regierungschef« des Vatikanstaates.

Casement, Sir Roger *(ab 1911)*

irischer Unabhängigkeitskämpfer
** 1. 9. 1864 Kingstown, Grafschaft Dublin*
† 3. 8. 1916 London

Schon als brit. Konsul in Afrika und Brasilien (1895–1911) engagierte sich C. gegen extreme Praktiken kolonialer Unterdrückung. Seit 1914 beteiligte er sich von Dtschld. aus an der Organisation der irischen Unabhängigkeitsbewegung und warb vergeblich um militär. Unterstützung des irischen Freiheitskampfes gegen England. Vor dem Osteraufstand 1916 kehrte er auf einem dt. U-Boot nach Irland zurück, wurde gefangengenommen, wegen Hochverrats zum Tode verurteilt und hingerichtet. Irische Nationalisten feiern ihn als Nationalhelden.

Cassiodor(us), Flavius Magnus Aurelius
weströmischer Staatsmann und Schriftsteller
** um 485 Scylaceum (heute Squillace, Kalabrien)*
† um 583 Kloster Vivarium bei Squillace
Der Gelehrte, Politiker und Kanzleisekretär im Dienst mehrerer Ostgotenherrscher (→Theoderich d. Gr., →Amalasuntha) bemühte sich um eine Aussöhnung zwischen Römern und Ostgoten. Um 540 eröffnete er mit der Gründung des Klosters Vivarium die Einrichtung der Klosterschulen, -schreibwerkstätten und -bibliotheken des Frühmittelalters. Mit den von ihm veranlaßten Kopien antiker Werke überlieferte er umfangreiches Wissen an die mittelalterliche Geisteswelt. Neben einer Weltchronik verfaßte er 526–533 in 12 Bänden eine Geschichte der Ostgoten (»Historia Gothorum«) , die nur in den Auszügen des Jordanes erhalten ist.

Cassius, *Gaius C. Longinus*
† 42 v. Chr. bei Philippi
Mit seinem Schwager Marcus Iunius →Brutus führte C. die Verschwörung gegen Gaius Iulius →Caesar an, um die röm. Republik vor einer Tyrannis zu retten (44). 53 hatte er als Quaestor nach der von →Crassus verlorenen Schlacht bei Carrhae den Rest des röm. Heers vor den Parthern gerettet und 51 die Provinz Syria gegen sie verteidigt. Nachdem er im Bürgerkrieg auf seiten des Gnaeus →Pompeius gekämpft hatte (49), wurde er nach dessen Niederlage in der Schlacht bei Pharsalos zusammen mit Brutus von Caesar begnadigt (48). Nach der Niederlage der Caesarmörder in der Schlacht bei Philippi gegen Marcus →Antonius und Octavian, den späteren →Augustus, nahm er sich das Leben.

Castlereagh, Robert Stuart, *Viscount of*
britischer Staatsmann
** 18. 6. 1769 Mount Stewart (Irland)*
† 12. 8. 1822 North Cray Farm, Kent
(*Marquess of Londonderry* ab 1821). C. war 1798–1801 als Kabinettschef des Lordstatthalters in Irland wesentlich an der Unterdrückung des irischen Aufstands und an der Vereinigung Englands und Irlands beteiligt. 1805/06 und 1807–1809 war er Kriegs-Min., 1812–1822 Außen-Min. Er festigte die Koalition gegen →Napoleon I. und setzte sich als brit. Vertreter auf dem Wiener Kongreß 1814/15 für ein Mächtegleichgewicht in Europa und auf dem Aachener Kongreß 1818 für eine Fortentwicklung der Allianz der europ. Großmächte ein. Im Zusammenspiel mit Fürst von →Metternich legte er damit den Grundstein für das »Konzert der europäischen Mächte« im 19. Jh. Während er nach innen einen reaktionären Kurs einschlug und jegliche soziale Reform blockierte, distanzierte er sich jedoch von der Heiligen Allianz und widersetzte sich ihrer Interventionspolitik. Wegen eines Nervenleidens wählte C. den Freitod.

Castro Ruz, Fidel

kubanischer Staatschef seit 1959
** 13. 8. 1926 Mayari, Provinz Oriente*

C., ausgebildet als Rechtsanwalt, unternahm schon 1953 einen ersten, gescheiterten, Aufstandsversuch gegen die Diktatur Fulgencio →Batistas und führte seit 1956 einen Guerillakrieg, der am 1. 1. 1959 mit dem Sturz Batistas endete. Seit 1959 Min.-Präs., gab C. seiner Revolution, die Kuba zur Demokratie, zu sozialer Befreiung und nationaler Selbstbestimmung führen sollte, eine zunehmend staatssozialist. Stoßrichtung. Zunächst mit grundlegenden Reformen erfolgreich (u. a. Bekämpfung des Analphabetismus, Ausbau des Sozialsystems, kostenlose medizinische Versorgung, Enteignung der Großgrundbesitzer), geriet er über die Nationalisierung amerikanischer Firmen in Konflikt mit den USA, die 1961 den Invasionsversuch von Exilkubanern in der Schweinebucht unterstützten.
Außenpolitisch eng an die Seite der UdSSR gedrängt, bekannte sich C. 1961 auch öffentlich zum Kommunismus. Er berief sowjetische Techniker und Militärs nach Kuba und provozierte 1962 mit Nikita S. →Chruschtschow mit der Stationierung von Mittelstreckenraketen die Kubakrise, die an den Rand des 3. Weltkriegs führte.
Seit 1965 Erster Sekretär (Parteichef) der Kommunist. Partei Kubas und nach der Verabschiedung einer neuen Verfassung 1976 Staatsoberhaupt und Regierungschef, behauptet C. in einer von Zensur und Unterdrükkung der Opposition gesicherten Einparteienherrschaft eine unangefochtene Machtstellung als »Máximo Líder« (oberster Führer). Indem er sich weigerte, die von Michail →Gorbatschow seit 1985 betriebene Reform des politisch und gesellschaftl. Systems in der UdSSR (Perestroika) nachzuvollziehen, isolierte er Kuba weiter. Die ausbleibende wirtschaftl. Stützung durch die Länder des vormaligen Ostblocks ab 1990 verschärfte die durch das amerikan. Handelsembargo verursachte Wirtschaftskrise, so daß C. auf Druck der USA den Flüchtlingsstrom über das Meer nach Florida unterbinden mußte (1994). Seine Versuche, bei Aufrechterhaltung des sozialistischen Systems, Kuba wirtschaftlich zu reformieren und die außenpolit. Isolierung zu überwinden, scheiterten bislang an der Blockadepolitik der USA. Die aufgekommene Endzeitstimmung angesichts der Perspektivlosigkeit seiner Politik beschleunigt das Sinken seiner Popularität.

Catilina, Lucius Sergius
römischer Politiker
** um 108 v. Chr.*
† 62 v. Chr. bei Pistoria
Nachdem der ehemalige Anhänger Lucius Cornelius →Sullas vergeblich versucht hatte, als Statthalter der Provinz Africa und zeitweise unterstützt von →Crassus auf zunächst legalem Weg das Konsulat zu erringen (66 und 63), führte er die nach ihm benannte Verschwörung gegen den röm. Staat. Seine Pläne wurden jedoch von Marcus Tullius →Cicero, dessen Ermordung den Staatsstreich einleiten sollte, 63 aufgedeckt, und C. mußte aus Rom fliehen. Seine Anhänger wurden hingerichtet. Sein erneuter Versuch, die Macht zu erobern, scheiterte in der Schlacht bei Pistoria, in der er fiel.

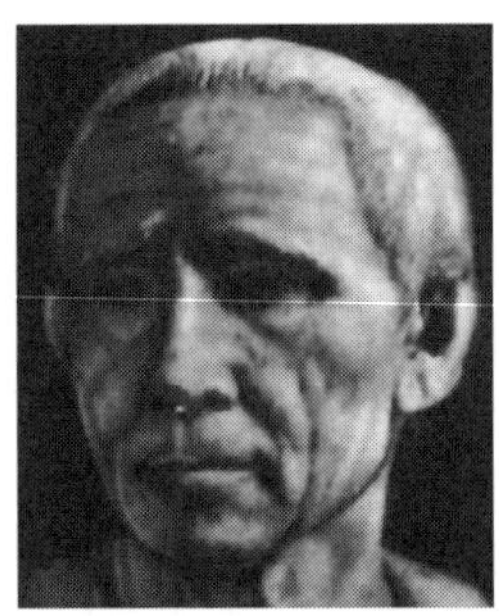

Cato, Marcus Porcius
(C. d. Ä.)

römischer Politiker
** 234 v. Chr. Tusculum (heute Frascati)*
† 149 v. Chr. Rom

C. (genannt *C. Censorius* oder *C. major*) zeichnete sich im 2. Pun. Krieg gegen →Hannibal aus und stieg in hohe Staatsämter auf (204 Quaestor in der Provinz Africa und Sizilien, 196 Konsul in Spanien). Seit 184 bekleidete er das Amt des Censors, das ihm wegen der Strenge, mit der er dem sittl. Verfall der röm. Oberschicht begegnete, den Beinamen »Censorius« einbrachte. Angesichts des möglichen machtpolitischen Wiederaufstiegs Karthagos bestand er auf dessen endgültiger Zerstörung (»ceterum censeo Carthaginem esse delendam«). Obgleich selbst griechisch gebildet, kämpfte C. für die altröm. Tugenden und lehnte die Annäherung Roms an die von ihm als dekadent erachtete hellenist. Kultur ab. Der bedeutende Schriftsteller und Redner gilt als Schöpfer des latein. Prosastils. (▷ Chronik Zitat)

»Carthaginem esse delendam«

Chronik Zitat

In seinem Werk »Große Griechen und Römer« schildert →Plutarch Catos d. Ä. Agitation gegen Karthago:

»Cato war zu den Karthagern und dem Numiden →Massinissa, die miteinander Krieg führten, geschickt worden, um sich über die Ursachen ihres Zwistes zu unterrichten. Denn Massinissa war von Anfang an ein Freund des röm. Volkes, und die Karthager hatten zwar seit der Niederlage durch Scipio mit ihnen Frieden, waren aber durch Gebietsverlust und einen schweren Tribut geschwächt worden. Als er nun die Stadt nicht, wie die Römer glaubten, gedrückt und gedemütigt vorfand, sondern reich an kräftiger, junger Mannschaft, strotzend von Reichtum, voll von mancherlei Waffen und Kriegsmaterial ..., so meinte er, ...daß sie, wenn sie eine ihnen von alters feindliche, haßerfüllte, nun auf wunderbare Weise neu erstarkte Stadt nicht gänzlich unterwürfen, wieder in dieselbe Gefahr kämen. Er kehrte also eilends nach Rom zurück und trug dem Senat vor, die früheren Niederlagen und Unfälle der Karthager hätten nicht so sehr ihre Macht als ihren Unverstand vermindert und sie augenscheinlich nicht schwächer, sondern kriegserfahrener gemacht, und nun seien die Kämpfe mit den Numidiern bereits eine Vorübung für die mit den Römern, und Friede und Vertrag sei nur ein Deckname für Aufschub des Krieges, der auf seine Stunde harre.
Nach diesen Worten ließ Cato im Senat, so wird erzählt, während er die Toga aufnahm, absichtlich ein paar afrikanische Feigen fallen; und als man ihre Größe und Güte bewunderte, sagte er: ›Das Land, das diese Feigen trägt, ist nur drei Tage Seefahrt von Rom entfernt.‹ Ein noch stärkeres Druckmittel war, daß er bei jeglicher Sache, über die er seine Meinung abzugeben hatte, den Satz hinzufügte: ›Ferner stimme ich dafür, daß Karthago nicht bestehenbleiben darf (ceterum censeo Carthaginem esse delendam).‹ Umgekehrt pflegte Publius Scipio, mit dem Beinamen Nasica (Feldherr, Politiker und Censor 159 v. Chr.). das Votum abzugeben: ›Ich stimme dafür, daß Karthago bestehenbleibt‹.«

Cato, Marcus Porcius
(C. d. J.)

römischer Politiker
** 95 v. Chr.*
† 46 v. Chr. Utica

C. (gen. *C. minor* oder *Uticensis*) verstand sich wie sein Urgroßvater →C. d. Ä. als Bewahrer der röm. republikan. Tradition und Tugenden, an denen er sich auch bei der Wahrnehmung seiner Staatsämter (Quaestor 64, Volkstribun 62, Praetor 54) orientierte und damit bei seinen Zeitgenossen auf Bewunderung oder offene Feindschaft stieß. Als erbitterter Gegner der diktatorischen Ambitionen Gaius Iulius →Caesars unterstützte er Gnaeus →Pompeius und sammelte nach dessen Niederlage bei Pharsalos (48) die Republikaner erneut, verlor mit ihnen jedoch die Schlacht bei Thapsus. Seinen Prinzipien treu bleibend, verschmähte er die Begnadigung und gab sich in Utica (daher der Beiname »Uticensis«) den Tod.

Cavaco Silva, Aníbal
portugiesischer Ministerpräsident seit 1985
** 5. 7. 1939 Boliqueime, Algarve*
Der Wirtschaftswissenschaftler, der 1980/81 schon Finanz-Min. im Kabinett Francisco Sá Caneiro war, gewann 1985 mit der von ihm geführten rechtsliberalen sozialdemokrat. Partei PSD die Wahlen und bildete eine Minderheitsregierung. Gegen den heftigen Widerstand der Gewerkschaften und der Linksparteien konnte er mit seinem strikt marktwirtschaftlich orientierten Kurs die Wirtschaftskrise eindämmen. Von den Linksparteien 1987 gestürzt, errang er bei den nachfolgenden Wahlen einen überwältigenden Sieg und kann sich seit der Parlamentswahl 1991 erneut auf die absolute Mehrheit stützen.

Cavour, Camillo Benso *Graf von*
erster Ministerpräsident Italiens 1861
** 10. 8. 1810 Turin*
† 6. 6. 1861 Turin
Der aus einer piemontes. Adelsfamilie stammende C. war der Schöpfer der polit. Einheit Italiens und der führende italienische Staatsmann seiner Zeit (»Bismarck Italiens«). Die von ihm 1847 in Turin mitbegr. liberale Zeitschrift »Il Risorgimento«

(»Wiedergeburt«) gab der ganzen Epoche den Namen. In Abgrenzung zu den nationalen Revolutionären Giuseppe →Mazzini und Giuseppe →Garibaldi betrieb C. die Einigung Italiens von oben. Seit 1852 Ministerpräsident des Königreichs Sardinien-Piemont, der Führungsmacht Italiens, führte er unter dem Einfluß des engl. Konstitutionalismus Wirtschafts- und Rechtsreformen durch, versuchte aber vergeblich, die kirchl. Privilegien einzuschränken. Als Verbündeter der westl. Mächte im Krimkrieg (1854–1856) erwarb er für Sardinien die internationale Anerkennung, um als Meister der Diplomatie Unterstützung für sein Programm der nationalen Einheit zu gewinnen und Österreich und Italien gegeneinander ausspielen zu können. Für die Unterstützung →Napoleons III. bei der Befreiung der Lombardei von österr. Herrschaft (1859) zahlte er mit der Abtretung Nizzas und Savoyens an Frankreich. Nach dem durch Napoleon überraschend abgeschlossenen Waffenstillstand (Vorfrieden von Villafranca) trat C. zurück. In beständiger Auseinandersetzung mit dem radikaleren und auf militärische Mittel setzenden Freiheitskämpfer Garibaldi trieb er den Einigungsprozeß jedoch weiter voran. Kurz vor seinem Tod rief das erste gesamtitalienische Parlament das Königreich Italien (dem nur Venetien und der Kirchenstaat noch nicht angehörten) unter dem bis dahin sardinisch-piemontesischen König →Victor Emanuel II. aus. C. wurde kurz vor seinem Tod erster Minister-Präs.

Ceaușescu, Nicolae

Staatsoberhaupt Rumäniens 1967–1989
** 26. 1. 1918 Scornicești, Walachei*
† 25. 12. 1989

Seit 1936 Mitglied in der (damals illegalen) KP, stieg C. in den 50er und 60er Jahren zum hohen Funktionär auf, wurde 1965 als Nachfolger Gheorge →Gheorghiu-Dejs Parteichef (Generalsekretär des ZK) und 1967 zugleich Staatsoberhaupt (Vors. des Staatsrates, seit 1974 Präs. der Republik). Außenpolitisch zielte C. auf eine größere Selbständigkeit Rumäniens im Rahmen des Ostblocks und pflegte relativ gute Beziehungen zu China und dem Westen (Aufnahme diplomatischer Beziehungen zur BR Dtschld. 1967, Nichtbeteiligung am Einmarsch der Truppen des Warschauer Paktes in die ČSSR 1968). Innenpolitisch behauptete er mit Terrormethoden seine für lange Jahre unangefochtene Macht. Mit seiner gewaltsamen Modernisierungspolitik und mit Zügen des Größenwahns geprägten Despotie führte er Rumänien nach Versiegen der westlichen Kredite seit Mitte der 1980er Jahre ins wirtschaftliche Chaos. 1989 wurde er nach einem blutigen Umsturz von einem Sondergericht abgeurteilt und an unbekanntem Ort hingerichtet.

Chaban-Delmas, Jacques Michel Pierre

französischer Premierminister 1969–1972
** 7. 3. 1915 Paris*

Von Beruf Rechtsanwalt, kämpfte C.-D. (eigentlich *Delmas*) in der Résistance gegen die dt. Besetzung Frankreichs (Deckname »Chaban«) und schloß sich 1943 in London der France Libre General Charles de →Gaulles an. Seit 1947 Bürgermeister von Bordeaux (bis 1969), war er in der IV. Republik mehrmals Min. und seit 1958–1969 als »Gaullist der ersten Stunde« Präsident der Nationalversammlung (abermals 1978–1981 und 1986–1988). Nach dem Tod de Gaulles 1969 und der Wahl Georges →Pompidous zum Staats-Präs. übernahm er das Amt des Premier-Min., von dem er 1972 unter dem Verdacht der Steuerhinterziehung zurücktreten mußte. Obwohl entschiedener Verfechter der französ. Interessen in der EWG, akzeptierte er 1971 deren Erweiterung um Großbritannien. Als Präsidentschaftskandidat scheiterte er 1974 und 1981.

Chadli, Bendjedid

algerischer Staatspräsident 1979–1992
** 14. 4. 1929 Bouteldja*

Seit 1955 aktiv im alger. Unabhängigkeitskampf gegen Frankreich, stieg der aus einer armen Bauernfamilie stammende C. an der Seite Houari →Boumediennes schnell in der militär. Hierarchie auf. Nach dessen Tod wurde er 1969 zum Generalsekretär der Nationalen Befreiungsfront (FLN) und zum Staats-Präs. gewählt und übernahm zugleich das Verteidigungsministerium. Nachdem bei den Parlamentswahlen Ende 1991 die fundamentalist. Islamische Heilsfront (FIS) gesiegt hatte, trat C. unter dem Druck des Militärs Anfang 1992 zurück und machte einem fünfköpfigen Staatsrat Platz, der den zweiten Gang der Parlamentswahl verhinderte. Seitdem führen die Islamisten einen aus dem Untergrund vorgetragenen Bürgerkrieg gegen das Regime.

Chamberlain, Sir (Joseph) Austen
britischer Staatsmann
** 16. 10. 1863 Birmingham*
† 16. 3. 1937 London
Sohn von Joseph →C. und Halbbruder von A. Neville →C. Zwischen 1895 und 1929 gestaltete C. unter mehreren konservativen Premier-Min. als Inhaber von Schlüsselministerien (Marine-Min. 1895 bis 1902, Schatzkanzler 1903–1905 und 1919 bis 1921, Indien-Min. 1915–1917, Mitgl. des Kriegskabinetts 1918, Außen-Min. 1924–1929) wesentlich die äußeren Beziehungen Großbritanniens und war zentral an der Neugestaltung der europ. Ordnung nach dem 1. Weltkrieg beteiligt. Er bewirkte den Beitritt Englands zum Locarno- und Briand-Kellogg-Pakt (1925/1928). 1925 erhielt er den Friedensnobelpreis zusammen mit Charles G. →Dawes.

Chamberlain, Joseph
britischer Staatsmann
** 8. 7. 1836 London*
† 2. 7. 1914 London
C. war einer der dominierenden Politiker Großbritanniens um die Jahrhundertwende. Als Gegner der von William E. →Gladstone geförderten irischen Selbstverwaltung (Home Rule) spaltete er die Liberale Partei, verband die Unionisten mit den Konservativen und machte sie damit zur Volkspartei. Als Handels-Min. (1880–1885) und Kolonial-Min. (1895–1903) betrieb er ein umfassendes Sozialprogramm, behauptete die Position des brit. Imperialismus und befürwortete den Burenkrieg 1899–1902. Während seine Bemühungen um eine Annäherung an Dtschld. (1898–1901) erfolglos waren, leitete er mit der Vorbereitung der Entente Cordiale mit Frankreich (1904) die Abkehr von der brit. Isolationspolitik ein und forcierte die Aufrüstung zur See. Sein Plan eines die Dominions und das Mutterland umfassenden Schutzzolles, um einen geschlossenen gemeinsamen Wirtschaftsraum zu bilden (Tariff Reform, 1903), scheiterte am Widerstand der freihändlerisch orientierten Liberalen und trug zum Sturz der konservativ-unionist. Regierung →Balfour 1905 bei. C. war Vater von J. Austen →C. und A. Neville →C.

Chamberlain, (Arthur) Neville
britischer Premierminister 1937–1940
** 18. 3. 1869 Edgebaston*
† 9. 11. 1940 Heckfield
Sohn von Joseph →C. und Halbbruder von J. Austen →C. Als erfolgreicher Innenpolitiker (1923–1929 Führer der Konservativen, 1931 Gesundheits-Min., 1931–1937 Schatzkanzler) übernahm C. 1937 das Amt des Minister-Präs. Der expansiven Außenpolitik Adolf →Hitlers suchte er mit einer Politik des Appeasement (Beschwichtigung) zu begegnen und den Frieden Europas in der Sudetenkrise 1938 durch Zugeständnisse bei den Verhandlungen von Berchtesgaden, Godesberg und München (Münchner Abkommen) zu retten, forcierte aber zugleich die militär. Aufrüstung. Seine Hoffnung auf »Frieden in unseren Tagen« scheiterte an der Aggression Hitlers gegen die Tschechoslowakei im Frühjahr 1939. Erst danach verließ C. seinen Appeasementkurs, gab zusammen mit Edouard →Daladier eine Garantieerklärung für Polen ab und führte die Wehrpflicht ein. Hitlers Überfall auf Polen am 1. 9. 1939 provozierte damit den Eintritt Großbritanniens und Frankreichs in den 2. Weltkrieg. Wegen militärischer Fehlschläge mußte C. zugunsten eines nationalen Kriegskabinetts unter Führung Winston →Churchills im Mai 1940 zurücktreten.

Chamorro, Violeta Barrios de
Staatspräsidentin von Nicaragua seit 1990
** 18. 12. 1929 Rivas*
Die Journalistin, Witwe des von Gefolgsleuten Anastasio →Somozas ermordeten oppositionellen Verlegers Pedro Joaquin C. (* 1924, † 1978) und Hrsg. der Zeitung »La Prensa« (1976–1986), beteiligte sich nach dem Sturz des Regimes Somoza (1979) zunächst an der ersten sandinist. Regierung. Angesichts des sozialist. Kurses von Daniel →Ortega ging sie dann in die Opposition und wurde bei der ersten freien Wahl als Kandidatin des konservativen Wahlbündnisses UNO 1990 überraschend zur Staats-Präs. gewählt. Im Balanceakt zwischen den Anhängern der ehemaligen Somoza-Diktatur und den Sandinisten gelang ihr die Entwaffnung der

früher von den USA unterstützten antisandinistischen Contras und die Beendigung des Bürgerkriegs (Amnestie für die Rebellen mit Hilfsprogramm für ihre Integration). 1994 vereinbarte sie mit den Sandinisten eine Verfassungsreform.

Chandragupta Maurya
indischer König der Maurya-Dynastie
um 322–298 v. Chr.
C. (griech. *Sandrokottos*) nutzte die Wirren in Vorderasien nach dem Tod →Alexanders d. Gr., vertrieb die verbliebenen griech.-makedon. Truppen im Nordwesten, eroberte ganz Nordindien und begründete das erste ind. Großreich und die Maurya-Dynastie (320–185 v. Chr.). Er behauptete sich gegenüber den Rückeroberungsversuchen von →Seleukos I. Nikator, verständigte sich mit ihm 305 und bezahlte ihm die Anerkennung seiner Herrschaft über Belutschistan und Afghanistan mit 200 (500?) Elefanten, mit denen Seleukos die Schlacht gegen →Antigonos I. und →Demetrios I. Poliorketes für sich entschied (301).

Chandragupta II.
indischer König der Gupta-Dynastie
um 380–um 415
C., der 5. König der Gupta-Dynastie, der sich zum »Vikramaditya« (»Sonne der Macht«) ernannte, eröffnete die goldene Ära der indischen Antike. Unter ihm erlebte das indische Gupta-Reich seine größte Ausdehnung und höchste kulturelle Blüte. Mit seiner Münzprägung, für die er erstmals außer Gold auch Silber und Kupfer einsetzte, belebte er die Handelsbeziehungen.

Chateaubriand, François René
Vicomte de
französischer Schriftsteller und Politiker
** 4. 9. 1768 Saint-Malo*
† 4. 7. 1848 Paris
C., der einer alten breton. Adelsfamilie entstammte, gilt als führender Vertreter der französ. Frühromantik. Zugleich steht sein Name für mehrfachen politischen Gesinnungswandel. Als Offizier beteiligte er sich an der Französ. Revolution, ging jedoch 1791 angesichts ihrer Radikalisierung für ein Jahr nach Amerika, um anschließend in Frankreich auf seiten der Royalisten gegen die Republik zu kämpfen, bis er Exil (1793–1800) in England nahm. Er diente →Napoleon I. kurzzeitig als Diplomat, verabschiedete sich dann wieder von der Politik und widmete sich seiner literarischen Arbeit. Während der Restauration der Bourbonen-Herrschaft nach Napoleons Sturz 1815 wieder im diplomat. Dienst, brachte er es 1822 bis zum Außenminister (bis 1824), bezog aber schließlich wieder Opposition zur offen reaktionären Politik König →Karls X. und beteiligte sich an dessen Sturz 1830.
Literarisch berühmt wurde er mit seinen weltschmerzlichen romantischen Novellen. Zum Katholizismus zurückgekehrt, verfaßte er den Essay »Genius des Christentums«, 1802 (dt. 1803/04), eine Absage an die Aufklärung vom Geist Voltaires, und den das Frühchristentum verherrlichenden Roman »Die Märtyrer« 1809 (dt. 1811).

Cheir-ed-Din, *»Barbarossa«*
osmanischer Herrscher in Algerien
** um 1467*
† 4. 7. 1546 Konstantinopel
C. eroberte 1516 mit seinem Bruder Horuk (Arudsch) Algerien, beherrschte es nach dessen Tod 1518 allein und eroberte 1519 Tunis. Einem Angriff →Karls V., der einer Bedrohung der christl. Mittelmeerländer durch C. zuvorkommen wollte, mußte er 1535 weichen, setzte als osman. Admiral jedoch von Istanbul aus seine Seeangriffe im Mittelmeer fort, schlug u. a. die Flotte des Dogen von Venedig, Andrea →Doria, und unterstützte 1542 →Franz I. von Frankreich im Krieg gegen Karl V. und beteiligte sich 1543 an der Einnahme Nizzas.

Chen Yi
chinesischer Politiker
** 1901 Provinz Sichuan*
† 6. 1. 1972 Peking (?)
Der Sohn einer reichen Bauernfamilie schloß sich 1923 der kommunist. Partei Chinas an, wurde Partisanenführer, dann Oberbefehlshaber der 22. Roten Armee, mit der er →Maos Langen Marsch absicherte. Seit 1954 stellvertr. Min.-Präs. und 1956–1969 Mitgl. des Politbüros der KP, war er 1958–1972 Außen-Min. Er arrangierte die vorsichtige Öffnung Chinas zum Westen. Während der Kulturrevolution seit 1966 wurde er als enger Mitarbeiter des Min.-Präs. →Zhou Enlai scharf kritisiert, mußte Selbstkritik üben und verlor seinen Einfluß.

Cheops
ägyptischer König etwa 2545–2520 v. Chr.
Sohn und Nachfolger des Begründers der 4. Dynastie Snofru (um 2570–2545). Als Gottkönig ließ C. nahe seiner Hauptstadt Memphis als größte der drei Pyramiden von Gizeh die Cheopspyramide erbauen (ursprüngl. 146,6 m hoch). Sein Reich umfaßte das Gebiet von Byblos (Libanon) bis Nubien.

Chephren
ägyptischer König etwa 2510 – 2485 v. Chr.
Der 4. Pharao der 4. Dynastie, Sohn und nach seinem früh verstorbenen Bruder zweiter Nachfolger des Pharaos →Cheops, ließ neben der Pyramide seines Vaters in Gizeh die Chephrenpyramide erbauen, die er um den monumentalen Sphinx, einen Taltempel und 23 seine Herrschaft symbolisierende Dioritstatuen ergänzte.

Chiang Kai-shek
Staatspräsident von Taiwan 1950–1975
** 31. 10. 1887 Fenghua*
† 5. 4. 1975 Taipeh

Beteiligt an der Revolution von 1911 und den folgenden Kämpfen, wurde C. K. nächster Mitarbeiter →Sun Yatsens, dessen Nachfolge er 1925 als Führer der Guomindang antrat. 1926 –1928 eroberte er das von örtl. Militärmachthabern beherrschte Mittel- und Nordchina, brach 1927 mit den verbündeten Kommunisten, unter denen er in Schanghai ein Massaker veranstaltete, bildete 1928 die Nationalregierung in Nanking und eroberte Peking. Zu Beginn des Krieges gegen Japan (1937–1945) einigte sich C. K. mit →Mao Zedong auf eine gemeinsame nationale Verteidigung und siegte mit Unterstützung der Alliierten, wurde jedoch im wieder aufgenommenen Bürgerkrieg von der chines. Roten Armee mit seinen Truppen aus der Mandschurei und Nordchina über den Chang Jiang nach Süden gedrängt. 1948 noch zum Präs. der Republik gewählt, trat C. K. 1949 zurück und floh mit seinen Anhängern vom Festland nach Taiwan. Mit dem Anspruch, die einzige rechtmäßige Vertretung Chinas zu repräsentieren, war er von 1950 bis zu seinem Tod 1975 Präs. der auf Taiwan beschränkten »Republik China«. Mit amerikanischer Unterstützung entwickelte er »Nationalchina« zur nach Japan zeitweise zweitstärksten Wirtschaftsmacht Asiens. Mit der Annäherung der USA an die Volksrepublik China und dem Ausschluß Taiwans aus der UNO zugunsten der Volksrepublik China 1971 wurde es jedoch zunehmend politisch isoliert.

Childerich I.
Frankenkönig etwa 457–482
† 482 bei Tournai (Belgien)
Der aus dem Geschlecht der Merowinger stammende C. war König eines Teilstammes der salischen Franken in Nordgallien. Verbündet mit dem röm. Heermeister Aegidius, erkämpfte er gegen die Westgoten, Sachsen und Alemannen die Vorherrschaft der Franken in Gallien. Vater →Chlodwigs I., dessen Reichsgründung er vorbereitete. – Sein 1653 in Tournai aufgefundenes Grab mit reichen Beigaben ist einer der wichtigsten Funde aus dem Bereich der fränk.-merowing. Kultur.

Childerich III.
Frankenkönig 743–751
C. wurde als letzter König aus dem Geschlecht der Merowinger von den Söhnen →Karl Martells auf den Thron gesetzt, von →Pippin III. (d. J.) wieder abgesetzt und ins Kloster verwiesen.

Chilon
spartanischer Ephor 556/55 v. Chr.
C. soll die Macht der Ephoren (Magistrate) gegenüber den Königen gestärkt, die tyrannenfeindl. Außenpolitik Spartas eingeleitet und bei dessen Umwandlung in den Kriegerstaat der klass. Zeit eine maßgebliche Rolle gespielt haben. Als Heros verehrt, wurde er seit →Platon zu den »Sieben Weisen Griechenlands« gerechnet; er soll die Denksprüche »Über Tote soll man nur freundlich reden!« und »Erkenne Dich selbst!« geprägt haben.

Chilperich I.
fränkischer König von Neustrien 561–584
** 539*
† 584
Der Sohn →Chlothars I., aus dem Geschlecht der Merowinger. C., der von Soissons aus regierte, löste durch die Ermordung seiner Frau, der Westgotin Galswintha († 567), einen grausamen Familienkrieg mit seinem Bruder Sigibert und dessen westgot. Frau Brunechilde (der Schwester Galswinthas,

† 613) aus, in dessen Folge er 584 ermordet wurde. C.s Geliebte →Fredegunde führte die Fehde fort. C., so gebildet wie skrupellos (»Nero seiner Zeit«), behauptete gegenüber Adel und Kirche eine starke Stellung des Königtums.

Chirac, Jacques
französischer Premierminister 1974–1976, 1986–1988
** 29. 11. 1932 Paris*
Vor seinem Amt als Min.-Präs. nahm der Gaullist seit 1971 verschiedene Ministerposten wahr, trat nach Differenzen mit Staats-Präs. Valéry →Giscard d'Estaing 1976 jedoch zurück. 1986 wurde er erneut Kabinettschef, diesmals in »Cohabitation« mit dem sozialist. Präs. François →Mitterrand, trat jedoch im Zeichen der grassierenden Wirtschaftskrise mit hoher Arbeitslosigkeit 1988 nach dem Wahlsieg der Sozialisten zurück. Von 1976 bis 1980 und seit 1982 (bis 1995) war er Vors. der in RPR (Rassemblement pour la République) umbenannten gaullist. Partei UDR (Union des Démocrates pour la République), seit 1977 (bis 1995) zugleich Bürgermeister von Paris. Während er sich als brillanter Exponent der Konservativen 1981 und 1988 erfolglos gegen Francois Mitterrand um die Präsidentschaft bewarb, konnte er nach dem dritten Anlauf 1995 dessen Nachfolge als Staats-Präs. antreten.

Chissano, Joaquim
Staatspräsident von Mosambik seit 1986
** 22. 10. 1939 Chibuto*
C. war 1962 Mitbegründer der mosambikan. Befreiungsorganisation Frelimo und organisierte vom tansan. Exil aus 1964 –1974 den Guerillakampf gegen die portugies. Kolonialherrschaft. 1974/75 Premier-Min. in der Übergangsregierung, übernahm er nach der Unabhängigkeit Mosambiks 1975 das Außenministerium. Bei zunächst enger Zusammenarbeit mit dem Ostblock betonte er die Blockfreiheit Mosambiks und konnte sich so auch westl. Wirtschaftshilfe sichern. Seit 1986 Generalsekretär der Frelimo und Staats-Präs., rückte er von der zentralen Planwirtschaft ab, verwarf 1990 den bis dahin noch als Staatsdoktrin im Parteiprogramm verankerten Marxismus-Leninismus und führte eine pluralist. Verfassung ein. 1992 beendete er durch einen Friedensvertrag mit der rechtsgerichteten Rebellenorganisation Renamo den seit der Unabhängigkeit tobenden Bürgerkrieg und ließ sie durch eine Friedensmission der UNO entwaffnen. Die 1994 stattgefundenen Wahlen erbrachten eine Mehrheit für C.

Chlodwig I.
Frankenkönig 481–511
** 466*
† 27. 11.(?) 511
C. stammte aus dem Geschlecht der Merowinger und war Sohn →Childerichs I., des salischen Teilkönigs der Franken. Mit seinen Siegen über den röm. Statthalter Syagrius (486 bei Soissons), die Alemannen (506) und die Westgoten unter →Alarich II. (507) begründete er das Frankenreich. Um 498 ließ er sich in Reims (durch Bischof Remigius) katholisch taufen und geriet damit in Konflikt mit dem arian. Ostgotenkönig →Theoderich d. Gr., der C.s Expansion in Richtung Mittelmeer stoppte. 508 erfuhr C. die Anerkennung durch den oström. Kaiser →Anastasios I. Auf der 1. Reichssynode 511 sicherte er der fränk. Monarchie durch die Beteiligung an der Einsetzung der Bischöfe wesentl. Einfluß auf die Kirche. Unter skrupelloser Beseitigung der anderen salischen und ripuarischen Teilkönige schuf er ein einheitliches Reich zwischen Rhein und Garonne mit Residenz in Paris. Erstmalig verbanden sich in ihm german. Königtum, röm. Staatsgewalt und kath. Christentum. Mit C. begann eine neue Epoche der europ. Geschichte, in der sich das Schwergewicht vom Mittelmeerraum nach Mitteleuropa verlagerte. Nach seinem Tod wurde das Reich gemäß german. Erbrecht unter seine vier Söhne aufgeteilt (1. fränk. Reichsteilung).

Chlothar I.
Frankenkönig 511–561
** um 497*
† 29. 11. 561 Compiègne
Aus dem Geschlecht der Merowinger, Sohn →Chlodwigs I. C. erbte nach dessen Tod das Teilreich um Soissons (1. fränk. Reichsteilung), eroberte mit seinen Brüdern 531 Thüringen, 532–534 Burgund, Gebiete der Alemannen und Bayern und gewann von den Ostgoten die Provence (537). Durch den Tod seiner Brüder und Neffen konnte C. 558 das gesamte Frankenreich wieder vereinigen. Nach seinem Tod wurde es erneut geteilt (2. fränk. Reichsteilung: Austrien, Neustrien und Burgund).

Chmielnycki, Bogdan Michajlowitsch
ukrainischer Kosakenhetman 1648–1657
** um 1595*
† 6. 8. 1657 Tschigirin
Der dem poln. Landadel (Schlachta) angehörende C. setzte sich nach innerpoln. Konflikten und seiner Flucht zu den Kosaken am Dnjepr an deren Spitze und führte als Hetman (gewählter Heerführer) den Kosakenaufstand gegen die poln. Herrschaft. 1648 sagte er sich mit der Ukraine von Polen los. Sein 1654 geleisteter Eid auf den russischen Zaren wurde von diesem als Unterwerfung und Vereinigung der Ukraine mit Rußland interpretiert. C., dessen Herrschaft von schweren Massakern an den Juden begleitet war (Pogrome 1648/49), wird als Nationalheld der Ukraine verehrt.

Chosrau I. Anuschirvan
pers. Großkönig aus der Dynastie der Sassaniden 531–579
(Persisch »Anuschirvan« = »unsterbliche Seele«). C. war einer der großen sassanidischen Herrscher. Im Anschluß an den von →Mazdak geführten sozialreligiösen Aufstand (524) reformierte er innere Verwaltung, Steuerwesen, Militär und Landverteilung. Mit der Aufnahme der durch den byzantin. Kaiser →Justinian I. vertriebenen Neuplatoniker (529) öffnete er sein Reich der hellenist. und byzantin. Kultur. Er führte mehrere erfolgreiche Feldzüge gegen Byzanz, das er sich 532 tributpflichtig machte. 540 eroberte er Antiocheia. Der Abschluß eines auf 50 Jahre angelegten Friedensvertrags mit Byzanz (562) hielt ihm den Rücken frei, um dem Druck der Hepthaliten (»Weiße Hunnen«) zu begegnen, die er 567 besiegte.

Chosrau II. Aparvez
pers. Großkönig aus der Dynastie der Sassaniden 590–628
Unter C., dem Enkel →C.s I. (pers. »Aparvez« = »der Siegreiche«), erreichte das Sassanidenreich seine größte Ausdehnung. Obwohl mit byzantin. Unterstützung an die Herrschaft gelangt, führte er langjährige Eroberungskriege von Kleinasien (608) bis Nordägypten (619) gegen Byzanz, das zuletzt unter Kaiser →Herakleios I. mit dem Sieg in der Schlacht bei Ninive (627) die Oberhand behielt. Seiner Ermordung während einer von seinem Sohn Scheroes angeführten Revolte folgten Bürgerkriege und der Niedergang des Reichs. C. und seine Gattin Schirin, eine Christin, sind in der persischen Dichtung ein vielbesungenes Paar.

***Christian**, Fürsten*

– Deutschland

Christian von Buch
Erzbischof und Kurfürst von Mainz 1165–1183
** um 1130*
† 25. 8. 1183 Tusculum
1160 wurde C. zum Erzbischof von Mainz gewählt, trat das Amt jedoch erst 1165 an, nachdem Kaiser Friedrich I. Barbarossa seinen für Papst Alexander III. parteiergreifenden Vorgänger aus dem Amt gejagt hatte. 1162–1166 Kanzler des Kaisers, 1171 bis 1183 sein Gesandter in England, Frankreich und Konstantinopel organisierte er neben den anderen Kanzlern (Reinald v. Dassel und Philipp v. Heinsberg) die diplomatischen Aktivitäten des Kaisers im Machtkampf mit Papst →Alexander III., in dem es vordergründig um den Anspruch auf Ebenbürtigkeit in der Unmittelbarkeit zu Gott ging. Als Feldherr sicherte er die Herrschaft des Staufers in Italien, begleitete Barbarossa auf dessen 5. Italienzug und eroberte für ihn die westl. Lombardei zurück. Schließlich arrangierte er die Aussöhnung von Papst und Kaiser und war wesentlich am Zustandekommen des Friedens von Venedig (1177) zwischen Barbarossa und Alexander beteiligt.

Christian I.
Fürst von Anhalt seit 1586, von Anhalt-Bernburg seit 1603
** 11. 5. 1568 Bernburg*
† 17. 4. 1630 Bernburg

Lutherisch erzogen, bekannte sich C. unter dem Einfluß →Heinrichs IV. von Frankreich seit 1592 zum Calvinismus, den er später auch in Anhalt-Bernburg einführte, und organisierte die Gründung der Prot. Union (1608). Als langjähriger Berater des Kurfürsten →Friedrich V. von der Pfalz betrieb er dessen Wahl zum böhm. König (als Friedrich I., »Winterkönig«). Damit zettelte er den böhm. Aufstand an (1618), der Ausgangspunkt für den Dreißigjährigen Krieg wurde. In der Schlacht am Weißen Berg gegen die Kaiserlichen und die Kath. Liga erlitten die von ihm befehligten prot. Truppen Friedrichs eine Niederlage (1620).

– Skandinavien

Christian I.
König von Dänemark seit 1448, von Norwegen seit 1450, von Schweden 1457–1464, 1470/71
** 1426*
† 21. 5. 1481 Kopenhagen
1448 als Graf von Oldenburg und Delmenhorst vom dän. Reichsrat zum König von Dänemark gewählt, stellte der Stammvater des heute noch regierenden Königshauses 1450 die »ewige Verbindung« Dänemarks mit Norwegen mit gemeinsamer Königswahl her. Seit 1457 auch König von Schweden, wurde er 1460 von den Ständen Schleswigs und Holsteins zum Herzog von Schleswig und Grafen von Holstein gewählt. Er begründete damit die bis 1864 bestehende Personalunion zwischen Dänemark und Schleswig-Holstein. 1479 gründete er die Universität Kopenhagen.

Christian II.
König von Dänemark und Norwegen 1513–1523, von Schweden 1520–1523, Herzog von Schleswig und Holstein
** 1. 7. 1481 Nyborg*
† 25. 1. 1559 Kalundborg
Enkel von →C. I. Im langjährigen blutigen Kampf mit dem Adel um die Vorherrschaft bediente sich C. der Hilfe der niederen Stände und des Bürgertums der Städte. Um seine umstrittene Position unanfechtbar zu machen und nach dem Sieg über Schweden 1520 dessen Einverleibung in die Unionsmonarchie abzusichern, ließ er 1520 im Stockholmer Blutbad zahlreiche polit. Gegner hinrichten. Damit löste er die Freiheitsbewegung Schwedens unter →Gustav I. Wasa und dessen Trennung von Dänemark aus. 1523 wurde er von Geistlichkeit und Adel auch aus Dänemark vertrieben. Beim Versuch, die Herrschaft wiederzugewinnen, wurde er gefangengenommen und bis zu seinem Tod in Haft gehalten.

Christian III.
König von Dänemark und Norwegen 1534–1559
** 12. 8. 1503 Gottorf*
† 1. 1. 1559 Koldinghus
C. mußte nach der Wahl sein Königreich erst erobern. Er stand im Briefwechsel u. a. mit Martin →Luther und Philipp →Melanchthon und führte die Reformation als Herzog 1528 zunächst in Nordschleswig, nach seiner Thronbesteigung 1536 auch in Dänemark und 1542 in Schleswig und Holstein ein. Durch die Säkularisation des Kirchengutes verdreifachte er die Bruttoeinnahmen der Krone.

Christian IV.
König von Dänemark und Norwegen 1596–1648
** 12. 4. 1577 Frederiksborg*
† 28. 2. 1648 Kopenhagen
Enkel von →C. III. Zunächst unter Regentschaft stehend, herrschte C. in Schleswig-Holstein ab 1593, in Dänemark-Norwegen ab 1596. Sein Versuch, durch Eingriffe in den Dreißigjährigen Krieg die strateg. Lage Dänemarks zu verbessern, scheiterte mit der Niederlage gegen Johann Tserclaes →Tilly bei Lutter am Barenberg (1626). Im Kampf gegen Schweden suchte C. vergeblich, Dänemark die Hegemonie über die Ostsee zu sichern. Der Renaissancefürst förderte Industrie und Handel, stattete Kopenhagen mit zahlreichen Prachtbauten aus, reformierte das Rechtswesen und gründete 1624 Christiania neben der alten Stadt Oslo. Trotz seiner militär. Mißerfolge gilt C. als einer der populärsten Herrscher Dänemarks.

Christian VIII.
König von Dänemark 1839–1848
** 18. 9. 1786 Kopenhagen*
† 20. 1. 1848 Kopenhagen
C. wurde 1814 zum Erbkönig von Norwegen gewählt, mußte aber auf Verlangen der Großmächte der Krone entsagen. Als absolutistischer, der Aufklärung zugeneigter Fürst förderte er Kunst und Wissenschaft. Obwohl bemüht, den nationalen Konflikt zwischen Deutschen und Dänen zu entschärfen, suchte er 1846 mit seinem »Offenen Brief« zur Regelung der einheitl. Erbfolge Schleswig und Holstein fester an Dänemark zu binden. Indem die Schleswig-Holsteiner diesen Akt als Vertrauensbruch empfanden, öffnete er den Weg in den 1. dt.-dänischen Krieg (1848–1850).

Christian IX.
König von Dänemark 1863–1906
** 8. 1. 1818 Gottorf*
† 29. 1. 1906 Kopenhagen
Sohn Herzog Wilhelms von Schleswig-Holstein-Sonderburg-Glücksburg. Durch das Thronfolgegesetz von 1853 wurde er als Erbprinz von Dänemark

und Nachfolger des kinderlosen Königs →Friedrich VII. bestätigt, erfuhr jedoch nicht die Zustimmung in Schleswig-Holstein und Lauenburg. Nach seinem Regierungsantritt mußte er gegen seinen Willen die gemeinsame eider-dän. Verfassung für Dänemark und Schleswig unterzeichnen, mit der die seit 1460 bestehende Realunion von Schleswig und Holstein aufgehoben und Schleswig Dänemark angegliedert werden sollte. Der mit der versuchten Annexion damit provozierte Konflikt mit dem Deutschen Bund resultierte im 2. deutsch-dänischen Krieg von 1864, in dessen Folge C. die Herzogtümer Schleswig, Holstein und Lauenburg an Österreich und Preußen verlor. (▷ Chronik Zitat)

Streit um Schleswig

Chronik Zitat

Nach dem Tod König Friedrichs VII. gliederte Thronfolger König Christan IX. Schleswig an Dänemark an. Dagegen erhob der Erbprinz Friedrich v. Augustenburg Einspruch, dessen Vater unter Übergehung seines volljährigen Sohnes auf die Thronrechte verzichtet hatte. Der vom Deutschen Nationalverein einberufene, aus 491 Abg. der dt. Länderparlamente bestehende Frankfurter Abgeordnetentag stellte sich am 21. 12. 1863 auf seine Seite (Auszug):

»Die wirksame Sicherung der Rechte Deutschlands an Schlewig-Holstein beruht unbedingt auf Loslösung der Herzogtümer von Dänemark. Der Tod Friedrichs VII. hat die Verbindung der Herzogtümer mit Dänemark gelöst. Der Londoner Vertrag vom 8. Mai 1852, ohne Zustimmung der Volksvertretung und der berechtigten Agnaten zu Stande gekommen, und vom Bund nicht anerkannt, begründet kein Thronfolgerecht Christians IX. in den Herzogtümern. Im Gang des Rechts ist Friedrich von Schleswig-Holstein-Sonderburg-Augustenburg zur Erbfolge berufen. Die Geltendmachung der Thronfolge des Herzogs Friedrich ist zugleich die Geltendmachung der Rechte Deutschlands an Schleswig-Holstein. Hieraus entspringt die Verpflichtung des deutschen Volkes, für seine verletzte Ehre, für sein gefährdetes Recht, für seine unterdrückten Stammesgenossen und ihren rechtmäßigen Fürsten jedes nötige Opfer zu bringen....«

Christian X.

König von Dänemark 1912–1947, von Island 1918–1943
** 26. 9. 1870 Charlottenlund*
† 20. 4. 1947 Kopenhagen

Enkel von →C. IX. C. führte 1915 die demokrat. Verfassung (Grundloven) ein, mit der Dänemark eine konstitutionelle Monarchie wurde. Im 1. Weltkrieg bewahrte er Dänemarks Neutralität. 1940 verhinderte er beim dt. Einmarsch den aussichtslosen offenen Kampf, bekannte sich aber zum passiven Widerstand, als er im Protest gegen die Verfolgung der Juden durch die deutsche Besatzungsmacht selbst einen Judenstern trug. 1943–1945 stand er in Schloß Amalienburg unter Hausarrest.

Christine

Königin von Schweden 1632–1654
** 17. 12. 1626 Stockholm*
† 19. 4. 1689 Rom

Die Tochter →Gustavs II. Adolf stand zunächst unter Vormundschaft des Reichskanzlers Axel →Oxenstierna. 1644 trat sie als gebildetste Regentin ihrer Zeit die Herrschaft an, versammelte als »Minerva des Nordens« Künstler und Gelehrte um sich (u. a. Descartes), vernachlässigte jedoch schließlich die Regierungsgeschäfte und die Bewältigung der nach dem Dreißigjährigen Krieg verschärften Wirtschaftsprobleme. Umstritten sind die Beweggründe, aus denen sie zum Katholizismus übertrat und zugunsten ihres Vetters →Karl (X.) Gustav von Pfalz-Zweibrücken die Krone niederlegte (nach der Verordnung von Örebro 1617 durfte kein Katholik schwed. König sein). Sie verließ Schweden und lebte seitdem, unterstützt vom Papst und der Gegenreformation, mit der aufwendigen Hofhaltung einer Renaissancemäzenatin meist in Rom.

Christoph III.
König von Dänemark seit 1440, von Schweden seit 1441, von Norwegen seit 1442
** 26. 2.(?) 1416*
† 5./6. 1. 1448 Helsingborg
Der Pfalzgraf bei Rhein und zu Neumarkt erhielt 1439 als nächster Erbberechtigter seines vertriebenen Onkels →Erich von Pommern vom dän. Reichsrat die Krone angeboten. Er gab in Schweden dem allg. Landgesetz eine neue Fassung. Um die Macht der Hansestädte einzuschränken, räumte er den Niederländern Privilegien ein. Nach seinem Tod wurde die Personalunion der drei skandinav. Staaten (Kalmarer Union von 1397) durch einen Aufstand in Schweden unterbrochen (bis 1471).

Christopher, Warren
Außenminister der USA seit 1993
** 27. 10. 1925 Scranton, North Carolina*
Der Sohn eines Bankiers und renommierte Rechtsanwalt war unter Präs. Lyndon B. →Johnson stellvertr. Justiz-Min. Als stellvertr. Außen-Min. unter Präs. Jimmy →Carter brachte er als neues Element die Menschenrechte in den außenpolit. Beziehungen zur Geltung. Seine bei den Verhandlungen über den Friedensschluß zwischen Ägypten und Israel in Camp David (1978) gesammelten Erfahrungen nutzt er als Außen-Min. Präs. Bill →Clintons bei der Herstellung eines den gesamten Nahen Osten umfassenden Friedens (u. a. Friedensabkommen zwischen Israel und der Palästinens. Befreiungsorganisation unter Jassir →Arafat 1993). Wenig erfolgreich waren dagegen seine Initiativen, den Konflikt um Bosnien-Herzegowina zu lösen und im Zusammenspiel mit der UNO Somalia durch eine militär. Intervention zu befrieden (1993/94).

Chruschtschow, Nikita Sergejewitsch
Erster Sekretär der KPdSU 1953–1964
** 17. 4. 1894 Kalinowka, Kursk*
† 11. 9. 1971 Moskau

Seine politische Laufbahn führte C., seit 1918 Mitglied der Bolschewiki, bis 1953 ins Zentrum der Macht: 1935–1938 Erster Parteisekretär Moskaus; 1938–1945, 1947–1949 Erster Parteisekretär in der Ukraine; 1939–1964 Mitglied des Politbüros (seit 1952 des Präsidiums) des ZK, 1941–1945 Politkommissar in der Roten Armee; 1953 Erster Sekretär des ZK der KPdSU; nach Absetzung Nikolai A. →Bulganins seit 1958 als Vorsitzender des Ministerrats auch Minister-Präs.
C. schaltete 1953–1959 die gesamte aus der Stalin-Ära stammende oberste Führungsspitze mit Ausnahme Anastas I. →Mikojans aus und ersetzte sie durch seine Anhänger. Auf dem XX. Parteitag der KPdSU 1956 brach er mit seiner Geheimrede zunächst parteiintern mit Josef W. →Stalin und leitete eine Periode der relativen Liberalisierung ein: Der stalinsche Terror wurde verurteilt, die Macht der Sicherheitsorgane beschnitten und ein gewisses Maß an Rechtssicherheit hergestellt (Entstalinisierung). Seine Wirtschaftsreform richtete sich auf die Hebung des Lebensstandards und höhere Flexibilität im Warenverkehr mit dem Westen. Nach außen behauptete C. jedoch weiter den sowjet. Hegemonialanspruch gegenüber den dem sowjet. Einfluß unterworfenen Staaten und setzte ihn mit der Niederschlagung des ungar. Aufstands 1956 militärisch durch. Bei fortgesetzter Aufrüstung propagierte er die »friedliche Koexistenz« mit dem Westen, förderte jedoch die Befreiungsbewegungen der Dritten Welt und suchte sie in die eigene imperiale Strategie einzubinden. Mit dem Aussetzen des ersten Erdtrabanten trat die UdSSR noch vor den USA in die Ära der Weltraumfahrt ein (1957) und löste im Westen den »Sputnik-Schock« aus. Die Phase der Entspannung wurde durch den Bau der Berliner Mauer 1961 und die mit Fidel →Castro vom Zaun gebrochene Kubakrise 1962 (versuchte Stationierung von sowjet. Mittelstreckenraketen) zunächst abgebrochen. Der Mißerfolg seiner Wirtschaftsreform und die Verschärfung des Konflikts mit der VR China 1964 führten zu seiner Ablösung als Partei- und Regierungschef durch Leonid →Breschnew.

Chun Doo Hwan
Staatspräsident Südkoreas 1980–1988
** 23. 1. 1931 oder 1932 Naechonri (Daegu?)*
Als Offizier beteiligte sich C. 1961 am Staatsstreich →Park Chung Hees, den er 1979 als General und Kommandeur der Präsidentengarde im Staatsstreich wieder zu beseitigen half. Nun Chef des Geheimdienstes, schlug er 1980 einen hauptsächlich gegen ihn gerichteten Volksaufstand nieder, riß die Macht ganz an sich und ließ sich als Staatspräsident einsetzen. Mit dem Anspruch, einen »demokratischen

Wohlfahrtsstaat« zu schaffen, machte er Südkorea zu einem potenten Wirtschaftsfaktor, bekämpfte jedoch weiter mit großer Härte die immer stärker werdende Opposition. 1987 sah er sich gezwungen, einige demokrat. Reformen zuzugestehen. Seine Amtszeit beendete er mit einem Versöhnungsangebot und seinem Rückzug in ein buddhist. Kloster.

Churchill, Winston Spencer *Sir (ab 1953)*

britischer Premierminister 1940–1945, 1951–1955
** 30. 11. 1874 Blenheim Palace*
† 24. 1. 1965 London

C., die bedeutendste Persönlichkeit der britischen Geschichte im 20. Jh., stammte aus der Familie der Herzöge von →Marlborough. Der Sohn des konservativen Parteiführers Randolph C. (* 1849, † 1895) erhielt seine Ausbildung in Harrow und auf der Militärakademie Sandhurst, um 1897/98 als Offizier und Kriegsberichterstatter in Indien und dem Sudan, 1899/1901 im Burenkrieg zu dienen.
Seine polit. Laufbahn begann C. 1900 als konservativer Abg., 1904 wechselte er zu den Liberalen über, wurde mit 31 Jahren Unterstaatssekretär, mit 33 Jahren im Kabinett Herbert →Asquith Handels-Min., kurz darauf (1910) Innen-Min., als der er die Sozialpolitik David →Lloyd Georges erfolgreich unterstützte. Seit 1911 Erster Lord der Amiralität (= Marine-Min.), richtete er die Flotte auf die absehbare Konfrontation mit Deutschland ein, mußte aber 1915 nach dem Scheitern des hauptsächlich von ihm betriebenen Angriffs auf Istanbul und die Dardanellen (Gallipoli-Unternehmen) auf Druck der Konservativen im neuen Koalitionskabinett zurücktreten. 1917 wurde er von Lloyd George wieder in die Regierung aufgenommen. Als Kriegs-Min. (1919 bis 1921) intervenierte er (gegen heftige Opposition im kriegsmüden England) mit britischen Truppen auf seiten der »Weißen« im russischen Bürgerkrieg

Etwas wie die Vereinigten Staaten von Europa

Chronik Zitat

Mit seiner Rede am 19. 9. 1946 in Zürich, in der er das freie Europa zum Zusammenschluß gegen die sowjet. Bedrohung aufrief, wies Churchill der europäischen Bewegung den Weg (Auszüge):

»Wir müssen etwas wie die Vereinigten Staaten von Europa schaffen... Wir verfügen über das unermeßl. Gedankengut und die Verfahrenstechnik, die nach dem 1. Weltkrieg inmitten gr. Hoffnungen in Form des Völkerbunds ins Leben gerufen und entwickelt wurden. Der Völkerbund versagte nicht wegen seiner Grundsätze oder Ideen. Er versagte, weil diese Grundsätze von den Staaten aufgegeben wurden, die ihn begründet hatten...
Warum sollte es keine europäischen Gruppe geben, die den irregeleiteten Völkern dieses unruhigen und machtvollen Kontinents das Gefühl eines weitergespannten Patriotismus und einer gemeinsamen Staatszugehörigkeit einflößen könnte, und warum sollte sie nicht bei der Gestaltung des menschlichen Schicksals ihren rechtmäßigen Platz neben anderen großen Gruppen einnehmen? Um dies zu erreichen, bedarf es eines Glaubensaktes, an dem sich Millionen von Familien, die viele Sprachen sprechen, bewußt beteiligen müssen.
Ich spreche jetzt etwas aus, das Sie in Erstaunen versetzen wird. Der erste Schritt bei der Neugründung der europ. Familie muß eine Partnerschaft zwischen Frankreich und Deutschland sein. Nur auf diese Weise kann Frankreich die moralische Führung Europas wiedererlangen. Es gibt kein Wiederaufleben Europas ohne ein geistig großes Frankreich und ein geistig großes Deutschland. Die Struktur der Vereinigten Staaten von Europa, wenn sie gut und echt errichtet wird, muß so sein, daß die materielle Stärke eines einzelnen Staates von weniger großer Bedeutung ist. Kleine Nationen zählen ebensoviel wie große und erwerben sich ihre Ehre durch ihren Beitrag zu der gemeinsamen Sache. Die alten Staaten und Fürstentümer Deutschlands, frei vereint aus Gründen gegenseitiger Zweckmäßigkeit in einem Bündnissystem, können alle ihren individuellen Platz in den Vereinigten Staaten von Europa einnehmen...«

gegen die von ihm als Bedrohung Europas empfundene Revolution der Bolschewiki. Bei den Wahlen 1922 verlor er seinen Sitz im Unterhaus. 1924 erneut ins Unterhaus gewählt, betrieb er – zu den Konservativen zurückgekehrt – als Schatzkanzler im Kabinett Stanley →Baldwin (1924 –1929) eine strikt marktwirtschaftliche Politik und bekämpfte die Gewerkschaftsbewegung.
Nach dem Sieg der Labour Party 1929 blieb C. 10 Jahre lang Unterhausmitglied ohne Staatsamt. Er warnte schon seit 1932 vor einem Dtschld. unter Adolf →Hitler und bekämpfte die Appeasementpolitik Neville →Chamberlains gegenüber den deutschen Expansionsgelüsten. Bei Kriegsbeginn 1939 wieder Erster Lord der Admiralität, wurde er als kompromißloser Gegner Dtschlds. nach dem Sturz Chamberlains 1940–1945 Premierminister und Verteidigungsminister Als Motor der Allianz gegen das Großdeutsche Reich koordinierte er nach Unterzeichnung der Atlantik-Charta (1941) mit Franklin D. →Roosevelt die brit. Kriegsanstrengungen mit den USA und zog 1941 auch die Sowjetunion in die Anti-Hitler-Koalition. Auf den Konferenzen von Casablanca und Teheran (1943), Jalta und Potsdam (1945) handelte er mit Josef W. →Stalin und Roosevelt die Kriegsziele aus, mußte aber die zunehmende Dominanz der USA akzeptieren und als eingefleischter Antikommunist auch das sowjetische Vordringen in Europa in Kauf nehmen. Obwohl C. als Staatsmann internationales Ansehen genoß, verlor seine Partei angesichts schwerer wirtschaftlicher und sozialer Probleme im Lande die Unterhauswahl 1945, so daß er noch während der Potsdamer Konferenz zurücktreten mußte.
Als Oppositionsführer warnte er vor der Gefahr der sowjet. Expansion, prägte 1946 mit dem Begriff des »Eisernen Vorhangs« die Leitmetapher des beginnenden Kalten Kriegs, propagierte zugleich die Einigung Westeuropas im festen Bündnis mit den USA und inspirierte die Gründung der NATO. 1951–1955 erneut Premier-Min. der Konservativen, machte er einen wesentl. Teil der unter der Labour-Regierung erfolgten Verstaatlichungen wieder rückgängig und mußte den weiteren Niedergang der brit. Kolonialmacht hinnehmen, nachdem Indien bereits 1947 gegen seinen Willen in die Unabhängigkeit entlassen worden war. Nach Stalins Tod 1953 unternahm er mit der Anregung einer Gipfelkonferenz eine erste Initiative zur Überwindung des Kalten Krieges.
Für sein umfangreiches literarisch-historisches Werk erhielt er 1953 den Nobelpreis für Literatur.
(▷ Chronik Zitat)

Ciano, Galeazzo

italienischer Politiker
** 18. 3. 1903 Livorno*
† 11. 1. 1944 Verona

(*Graf von Cortellazzo* ab 1917). Der Schwiegersohn des »Duce« Benito →Mussolini stieg als dessen Vertrauter und Berater 1935 zum Propaganda-Min. auf und war 1936–1943 Außen-Min., als der er an der Konstruktion der die Fronten des 2. Weltkriegs bestimmenden Konstellation (Achse Berlin-Rom 1936, Beitritt zum Antikomintern-Pakt, Deutschland–Japan 1937) beteiligt war. Seit 1939 kritisierte er jedoch Mussolinis immer enger werdende Bindung an Adolf →Hitler. Im Juli 1943 befürwortete er im Faschist. Großrat Mussolinis Entmachtung und floh nach Deutschland. An Mussolini nach dessen Befreiung ausgeliefert, wurde er 1944 von einem Sondergericht in Verona zum Tode verurteilt und hingerichtet. Seine Tagebücher (dt. 1947–1949) sind eine wichtige zeitgeschichtl. Quelle.

Cicero, Marcus Tullius
römischer Staatsmann
** 3. 1. 106 v. Chr. Arpinum*
† 7. 12. 43 v. Chr. bei Formiae
C. entstammte dem Ritterstand und war schon in jungen Jahren einer der erfolgreichsten Anwälte Roms. Als glänzender Redner, Politiker, Schriftsteller und Philosoph verfocht er sein Ideal des freien Staates bis zu seinem Tod.
Nach seinem Studium in Athen und auf Rhodos (79–77) wurde er 75 Quaestor in Sizilien, 69 Aedil, 66 Praetor und stieg, gegen Lucius Sergius →Catilina gewählt, 63 zum Konsul auf. Seinen größten polit. Erfolg errang er mit der Aufdeckung der Verschwörung des Catilina, der C.s Ermordung als Auftakt eines Staatsstreichs geplant hatte. Aufgrund der angebl. Rechtswidrigkeit der Hinrichtung der Verschwörer wurde C. auf Betreiben von Publius →Clodius Pulcher 58 ins Exil gezwungen, ein Jahr später jedoch zurückgerufen. Dennoch ins polit. Abseits geraten, verfaßte er in den nächsten Jahren seine philosoph. und histor. Hauptwerke (»Über den Redner«; »Über den Staat«; »Über die Gesetze«,

unvollendet). Im Bürgerkrieg (49/48) ergriff C. nach Vermittlungsversuchen schließlich Partei für Gnaeus →Pompeius gegen Gaius Iulius →Caesar, wurde von diesem nach dem Sieg bei Pharsalos (48) jedoch begnadigt. Nach Caesars Ermordung (44), die C. guthieß, ohne an ihr beteiligt gewesen zu sein, hoffte er auf ein Wiedererstehen der Republik und wandte sich als Führer des Senats in 14 »Philippischen Reden« (»Philippicae«, nach dem Vorbild der Reden des →Demosthenes gegen den makedon. König →Philipp II.) scharf gegen die Ambitionen des Marcus →Antonius, der Caesars Nachfolge antreten wollte. Bei Abschluß des 2. Triumvirats 43 zwischen Antonius, Octavian (→Augustus) und Marcus Aemilius →Lepidus erreichte Antonius die Proskription C.s und ließ ihn ermorden.
Als Schriftsteller schuf C. eine röm. Kunstprosa, die für spätere Jahrhunderte bewundertes Vorbild wurde. Seine Briefe sind einzigartige Dokumente der Kultur seiner Zeit. In seinen wissenschaftl. Werken vermittelte er den Römern das Gedankengut griech. Rhetorik und Philosophie und legte damit einen Grundstein für das abendländ. Denken.

Cid

spanischer Ritter
** um 1043 bei Burgos*
† 10. 7. 1099 Valencia

(Eigentl. *Rodrigo Díaz de Vivar*). Von den Arabern »el C.« (»der Herr«), von den Spaniern »el Campeador« (»der Kämpfer«) genannt, kämpfte der Ritter aus kastilischem Adel in der Reconquista auf seiten der Christen. Beim König von León, →Alfons VI., zweimal in Ungnade gefallen (1081, 1089), stellte er sich zeitweilig in die Dienste der Mauren. 1094 schuf C. sich um das von ihm eroberte maurische Valencia ein eigenes Herrschaftsgebiet. Die zur Rückeroberung Valencias angetretenen Almoraviden erlitten durch ihn ihre erste große Niederlage in Spanien (1094, 1097).
Die span. Heldendichtung machte C. zum Symbol für die Einheit der Nation und Vorbild krieger. Tapferkeit. Das »Poema del Cid« (»Cantar de Mío Cid«) ist das älteste überlieferte span. Heldenlied.

Çiller, Tansu
türkische Ministerpräsidentin seit 1993
** 1946 Istanbul*
Die Wirtschaftswissenschaftlerin trat 1990 der Partei des Rechten Weges bei und gehörte seit 1991 dem Kabinett Süleyman →Demirels an. Mit dessen Wahl zum Staats-Präs. in der Nachfolge Turgut →Özals wurde sie Vors. ihrer Partei und dritte Regierungschefin eines muslim. Staates (nach Benazir →Bhutto in Pakistan und Khaleda →Zia in Bangladesch). Der Beginn ihrer Amtszeit war geprägt von der Intensivierung des Bürgerkriegs gegen die sich radikalisierende kurdische Autonomiebewegung, von der Verschärfung der Wirtschaftskrise und außenpolit. Komplikationen infolge des den Balkan übergreifenden Konflikts um Bosnien-Herzegowina und zunehmenden Spannungen im Verhältnis zu Griechenland. Unter dem Druck der internationalen Kritik unternahm sie Anfang 1995 den Versuch, über eine Verfassungsänderung das Kurdenproblem zu entschärfen. Wenige Wochen später gab sie der auf eine militär. Lösung setzenden Armee jedoch freie Hand, in einer groß angelegten Invasion in den Norden des Irak die Stellungen der kurd. Guerillaorganisation PKK auszuheben.

Cincinnatus, Lucius Quinctius
römischer Konsul im 5. Jh. v. Chr.
Der Sage nach wurde C. 458 v. Chr. vom Pflug geholt, um als Diktator das römischen Heer gegen die Aequer zu führen, und kehrte, nachdem er in 16 Tagen seine Aufgabe erfüllt hatte, auf sein Gut zurück. 439 wurde er erneut zum Diktator ernannt, als infolge einer Hungersnot in Rom Unruhen ausbrachen. Von den römischen Historikern wird C. als Vorbild altrömischer Tugenden gefeiert.

Cinna, Lucius Cornelius
römischer Konsul 87–84 v. Chr.
** um 130 v. Chr.*
† 84 v. Chr.
C. wurde nach dem inneritalien. Bürgerkrieg (Bundesgenossenkrieg) 87 als Parteigänger des →Marius gegen →Sullas Willen zum Konsul gewählt. Als er versuchte, entgegen seinem Amtseid Sullas Gesetze zu revidieren, wurde er von seinem Mitkonsul Octavius vertrieben. Mit Hilfe des Marius eroberte er Rom wieder, ließ seine Gegner ermorden und erklärte Sulla, dessen Gesetze er annullieren ließ, zum Staatsfeind. Als er 84 in Ancona ein Heer gegen Sulla einschiffen wollte, wurde er bei einer Meuterei von Soldaten erschlagen.

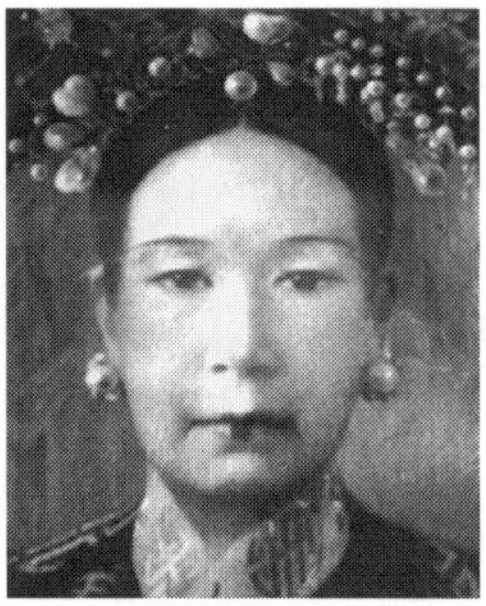

Ci Xi

chinesische Kaiserin
** 29. 11. 1835*
† 15. 11. 1908 Peking

(Eigentl. *Xiaoqin*). Die Nebenfrau des Kaisers Xianfeng übernahm nach dessen Tod 1861 durch Staatsstreich die Regentschaft und blieb bis zu ihrem Tod als »Kaiserinwitwe« die eigentl. Herrscherin. Sie regierte zunächst für ihren minderjährigen Sohn Tonghzi († 1875), dann für ihren Neffen, den späteren Kaiser Guangxu (* 1871, † 1908), den sie 1898 wegen seiner Reformbemühungen entmachtete. Nach der Niederschlagung des Boxeraufstands 1900 durch ein internationales Expeditionskorps unter dem Oberbefehl Alfred Graf v. →Waldersees mußte sie das Friedensdiktat der europ. Mächte akzeptieren. Ihre anschließenden Reformversuche blieben erfolglos. – Während der Kulturrevolution (seit 1966) ließ →Jiang Qing das Bild C.s aufwerten, um ihr eigenes Machtstreben durch eine histor. Parallele zu stützen.

Clarendon, Edward Hyde, *Earl of (ab 1661)*
englischer Staatsmann
** 18. 2. 1609 Dinton*
† 9. 12. 1674 Rouen (Frankreich)
Als Anhänger der konstituionellen Monarchie stand C. ursprünglich auf seiten des Parlaments im Kampf gegen Mißbräuche der königl. Macht, stellte sich aber dann gegen weiterreichende Machtansprüche des Parlaments und trat nach Beschluß der Grand Remonstrance (Souveränität beim Parlament) 1641 auf die Seite des Königs über. Nach Ausbruch des Bürgerkriegs 1642 vertrat er als Berater und Schatzkanzler König →Karls I. eine gemäßigte, auf Kompromiß zielende Politik, geriet aber zwischen die Fronten. Nach Oliver →Cromwells Sieg begleitete er den Thronfolger →Karl (II.) ins Exil nach Frankreich (1648–1660), von wo aus er nach der Hinrichtung Karls I. die Restauration der Stuarts betrieb. Nach dem Tod Cromwells (1660) war er Lordkanzler Karls II. (1660) und blieb bis 1665 Schlüsselfigur der engl. Politik. Im Konflikt mit dem Parlament und nach dem unbefriedigenden Ausgang des 2. Seekriegs gegen Holland (1667) floh er erneut nach Frankreich. Hier vollendete er sein 1646 begonnenes Werk »History of the rebellion and the civil wars in England«.

Claudius *(Tiberius C. Nero Germanicus)*
römischer Kaiser 41–54
** 1. 8. 10 v. Chr. Lugdunum (Lyon)*
† 13. 10. 54 n. Chr. Rom
Ältester Sohn des →Drusus d. Ä., Bruder des →Germanicus, Onkel des →Caligula. C. wurde nach der Ermordung Caligulas als einziger lebender männl. Angehöriger der Augustus-Dynastie von der Prätorianergarde zum Kaiser ausgerufen, die er dafür erstmals mit einem Donativ (Bestechung durch 15 000 Sesterzen pro Kopf) versah. Gestützt auf sachkundige Freigelassene in zentralen Verwaltungspositionen und ein loyales Heer, regierte er in bewußter Anlehnung an →Augustus. Er erweiterte die Bürgerrechte, verlieh sie auch an außeritalische Städte, zentralisierte die Verwaltung und realisierte große Bauprojekte. Mauretanien, das südl. Britannien und Thrakien richtete er als röm. Provinzen ein, die Donaugrenze befestigte er durch den Limes. Angeblich unter dem verderblichen Einfluß seiner beiden letzten Frauen verlor C. zunehmend an Autorität: Er war in 3. Ehe verheiratet mit der durch sexuelle Exzesse berüchtigten Valeria Messalina und nach deren Hinrichtung (48) mit seiner Nichte →Agrippina d. J., die bei C. die Adoption ihres Sohnes aus 1. Ehe, des späteren Kaisers →Nero, durchsetzte (50). Von ihr wenige Jahre später vergiftet, wurde C. zum Gott erhoben.

Claudius Caecus, Appius
römischer Staatsmann um 300 v. Chr.
(Eigentl. *C. Crassus*). C. C. veranlaßte in seiner Amtszeit als Zensor (312), Konsul (307, 296) und als Diktator (292–285) einschneidende Reformen: Er ließ die nach ihm benannte Appische Straße anlegen und eine große Wasserleitung nach Rom bauen (Aqua Appia), verlieh den nichtgrundbesitzenden Schichten das Bürgerrecht und veröffentlichte den Kalender der Gerichtstage und die zur Einleitung von Prozessen nötigen Rechtsformeln, deren Kenntnis bis dahin Vorrecht der Pontifices war. 280 verhinderte er durch eine berühmte Rede im Senat die Annahme der Friedensbedingungen des Königs →Pyrrhos von Epirus (erste in Rom schriftlich überlieferte Rede). Wegen Vergehens gegen den Herkuleskult soll er im Alter geblendet worden sein (lat. »caecus« = »der Erblindete«).

Clausewitz, Carl von

preußischer Offizier
** 1. 6. 1780*
Burg bei Magdeburg
† 16. 11. 1831 Breslau

Seit 1810 als Bürochef Gerhard Johann v. →Scharnhorsts im preuß. Generalstab, trat C. 1812 als Generalstabschef der dt.-russ. Legion in russ. Dienste und trug von russ. Seite aus wesentlich zum Abschluß der Konvention von Tauroggen mit Ludwig Graf →Yorck von Wartenburg bei. 1815 wieder in preuß. Dienste genommen, leitete er als Generalstabschef das III. Armeekorps. 1818 wurde er zum Generalmajor befördert und übernahm die Leitung der Allg. Kriegsschule in Berlin (1818–1830).
Mit dem erst nach seinem Tode (er starb an Cholera) herausgegebenen Werk »Vom Kriege« (1832–1834) begründete C. die moderne Theorie der Kriegführung. In Auswertung der Erfahrungen der napoleon. Kriege analysierte er die Wechselwirkungen polit., militär. und gesellschaftl. Aspekte. Er unterschied systematisch zwischen Strategie und Taktik und betonte den Primat der Politik, indem er den Krieg als »Fortsetzung der Politik mit anderen Mitteln« definierte. Während sein theoret. Werk bei dt. Strategen wenig Anklang fand, übte es auf andere, z. B. Wladimir I. →Lenin, großen Einfluß aus.

Clay, Henry
US-amerikanischer Staatsmann
** 12. 4. 1777 Hannover County, Virgina*
† 29. 6. 1852 Washington
C. war einer der bedeutendsten amerikan. Politiker seiner Zeit. Als Führer der »War Hawks« drängte er zum Krieg gegen Großbritannien. 1814 gehörte er zur Delegation, die in Gent den Friedensschluß mit England aushandelte. Ihm gelang die Überbrückung mehrerer Regionalkonflikte, u. a. der Abschluß des Missouri-Kompromisses 1820 zwischen den sklavenhaltenden Süd- und den die Sklaverei verurteilenden Nordstaaten. Unter Präsident John Quincy →Adams, zu dessen Gunsten er auf die Kandidatur verzichtet hatte, war C. Außen-Min. (1825–1829), anschließend kandidierte er vergeblich für die von ihm mitbegründete Whig-Partei für die Präsidentschaft und war erneut Senator (1831–1852). Als »Great Compromiser« schuf er den »Kompromiß von 1850«, einen erneuten großangelegten Interessenausgleich zwischen Nord und Süd, der den Amerikan. Bürgerkrieg um zehn Jahre hinauszögerte.

Clay, Lucius Dubignon

US-amerikanischer General
** 23. 4. 1897*
Marietta, Georgia
† 16. 4. 1978 Chatham, Massachusetts

Als Militärgouverneur der amerikan. Zone in Deutschland (1947–1949) organisierte C. während der sowjet. Blockade Westberlins die Luftbrücke nach Berlin zur Versorgung der Bevölkerung. Nach 1949 in der Wirtschaft tätig, kam er nach dem Bau der Berliner Mauer als Sonderbeauftragter Präs. John F. →Kennedys erneut nach Berlin (1961/62). C. schrieb »Entscheidung in Dtschld.« (dt. 1950).

Clemenceau, Georges
französischer Ministerpräsident 1906–1909, 1917–1920
** 28. 9. 1841 Mouilleron-en-Pareds, Dép. Vendée*
† 24. 11. 1929 Paris
Von Louis →Blanqui beeinflußt und wegen seiner radikalen republikan. und antiklerikalen Agitation im II. Empire mehrfach inhaftiert, begann C. seine polit.-parlamentar. Karriere 1871 als Abgeordneter in der Nationalversammlung. In ihr übernahm er 1876 die Führung der radikalen Linken und stritt für die Amnestie der Kommunarden und für das Streikrecht. 1885 beteiligte er sich im Kampf gegen die französ. Kolonialpolitik am Sturz des Kabinetts Jules →Ferry und erwarb sich damit den Beinahmen »der Tiger«. 1893 in die Bestechungsaffäre um die Genehmigung der Anleihen zum Bau des Panamakanals verwickelt, wurde er nicht wiedergewählt. Gemeinsam mit Émile Zola organisierte er, u. a. mit Hilfe seiner Zeitung »L'Aurore«, die Kampagne für die Revision des Dreyfus-Prozesses. Als Min.-Präs. (1906 –1909) einer radikal-sozialist. Mehrheit verwirklichte er die Trennung von Kirche und Staat, ließ eine Streikbewegung militärisch niederschlagen und führte die Einkommenssteuer ein. 1917 trat er

erneut an die Spitze der Regierung, erzwang den Vorrang der politischen vor der militär. Führung im 1. Weltkrieg und führte Frankreich unter autoritärer Zusammenfassung aller Kräfte mit den Alliierten zum Sieg über Deutschland Als einer der Väter des Versailler Vertrags hielt er C. Woodrow →Wilsons global-humanen Idealen Frankreichs Machtinteressen entgegen und suchte Deutschland weitgehend zu schwächen. Dennoch wurde er wegen zu weitgehender Zugeständnisse kritisiert und unterlag 1920 bei der Staatspräsidentenwahl.

Cleveland, Grover
22. und 24. Präsident der USA 1885–1889, 1893–1897
** 18. 3. 1838 Caldwell, New Jersey*
† 24. 6. 1908 Princeton, New Jersey
Der erste Präsident der Demokraten nach dem Amerikanischen Bürgerkrieg versuchte mit einer streng konservativen Wirtschafts- und Finanzpolitik die Grundlagen für eine prosperierende wirtschaftl. Entwicklung zu schaffen. Die Wirtschaftskrise 1893 und die durch sie ausgelösten Arbeitskämpfe konnte er indes nicht bewältigen. Als Isolationist antiimperialistisch orientiert, blockierte er 1893 die Annexion Hawaiis (die dann 1897 unter seinem Nachfolger William →McKinley erfolgte), lehnte in der Kubakrise 1895 eine Intervention ab und zwang Großbritannien im Konflikt mit Venezuela zur Anerkennung eines Schiedsspruchs (1895).

Clinton, William (Bill) Jefferson
42. Präsident der USA seit 1993
** 19. 8. 1946 Hope, Arkansas*
C., ursprünglich *Blythe*, der nach John F. →Kennedy jüngste Präs. in der Geschichte der USA, war Prof. in Arkansas und wurde 1978 mit 32 Jahren (bis 1981, erneut 1983–1993) Gouverneur in seinem Heimatstaat, bevor er als Kandidat der Demokratischen Partei bei den Präsidentschaftswahlen 1992 über den bisherigen Präsidenten, den Republikaner George →Bush, siegte. Obwohl seit der Präsidentschaft Jimmy →Carters Senat und Repräsentantenhaus erstmals von einer Partei, den Demokraten, dominiert wurden, konnte Clinton seine sozial- und wirtschaftspolit. Reformprojekte gegen den Widerstand der über die Parteigrenzen verbündeten Lobbygruppen nur mit Abstrichen oder gar nicht ins Werk setzen (u. a. Gesundheitsreform, innere Sicherheit, Abbau der Staatsverschuldung). Außenpolitisch mit einer zunehmenden Anzahl schwerer Regionalkonflikte konfrontiert, schwankte C.s Kurs in der ersten Hälfte seiner Amtszeit zwischen Passivität (Bosnien-Herzegowina, Somalia) und Wahrnehmung der traditionellen Rolle der USA als Weltpolizist unter dem Mantel der UNO (Wiedereinsetzung Jean B. →Aristides als Präsident in Haiti, Truppenaufmarsch gegen Irak, 1994). Mit dem Verlust der demokratischen Mehrheit in beiden Häusern des Kongresses wurde er innenpolitisch weitgehend handlungsunfähig.

Clodius Pulcher, Publius
römischer Volkstribun
** um 92 v. Chr.*
† 52 v. Chr. Rom
C. führte 68 im Heer seines Schwagers Lucius Licinius →Lucullus eine Meuterei an, wurde als Verbündeter Gaius Iulius →Caesars 59 Volkstribun und betrieb aus Rache gegen Marcus Tullius →Cicero, der ihn belastet hatte, dessen Verbannung wegen der angeblich unrechtmäßigen Hinrichtung der mit →Catilina Verbündeten. Mit populistischen Maßnahmen und Bandenterror gegen den Senat befestigte er seine Macht und führte ein chaotisch-tyrannisches Regiment über Rom, bis er 52 im Kampf mit Gegenbanden erschlagen wurde.

Cobden, Richard
englischer Politiker und Ökonom
** 3. 6. 1804 Dunford Farm, Sussex*
† 2. 4. 1865 London
Mit seiner Forderung nach nicht-interventionist. Außenpolitik und einem Minimum von staatl. Eingriffen in Handel und Gewerbe sowie mit seinem Kampf um die Beseitigung der Kornzölle in England (Anti-Corn-Law League 1838), deren Abschaffung er 1846 erreichte, war C. mit John Bright (* 1811, † 1889) einer der Hauptvertreter des Manchester-Liberalismus. Als Unterhausabgeordneter (1841–1857, 1859–1865) war er maßgeblich beteiligt an dem 1860 zwischen England und Frankreich abgeschlossenen Freihandelsvertrag (C.vertrag), der richtungweisend für ähnliche Freihandelsverträge mit Meistbegünstigungsklauseln wurde.

***Coelestin**, Päpste*

Coelestin I.
Papst 422– 432
† 27. 7. 432 Rom
C. bekämpfte mit Erfolg den Pelagianismus (→Pelagius) in England sowie den »Semipelagianismus« in Gallien und ließ auf dem Konzil von Ephesos 431 die Lehre des →Nestor verdammen; er bemühte sich um die Christianisierung Irlands. Heiliggesprochen; Fest: 6. 4.

Coelestin III.
Papst 1191–1198
** um 1106*
† 8. 1. 1198 Rom
C., vorher *Hyazinth Bobo*, verteidigte 1140 seinen Lehrer →Abälard auf der Synode von Sens gegen den Mystiker →Bernhard von Clairvaux. 1144 wurde er Kardinal und übernahm diplomatische Missionen im Auftrag Papst →Alexanders III. Als Papst krönte er 1191 →Heinrich VI. zum Kaiser, geriet aber bald mit ihm in heftigen Konflikt, weil Heinrich nach der Eroberung Siziliens 1194 die Erblichkeit des Kaisertums erstrebte und die päpstl. Macht in Mittelitalien bedrohte. Der plötzl. Tod des Kaisers (1197) brachte eine Wendung zu C.s Gunsten, so daß er sich verstärkt dem Kampf gegen die Mauren in Spanien (Reconquista) widmen konnte.

Coelestin V.
Papst 1294
** 1215 Isèrnia*
† 19. 5. 1296 Castello di Fumone
Der Benediktiner C., vorher *Pietro del Murrone*, war Abt in Faifoli und begründete die schließlich 150 Klöster in Italien und Frankreich zählende Kongregation der Zölestiner. Als Kompromißkandidat gegen seinen Willen zum Papst bestimmt, dankte er nach nur fünfmonatiger Amtszeit 1294 ab. Sein Nachfolger →Bonifatius VIII. ließ ihn bis zu seinem Tod in Haft halten, um seine Wiedereinsetzung zu verhindern. Heiliggesprochen; Fest: 19. 5.

Coke, Sir Edward
englischer Jurist
** 1. 2. 1552 Mileham, Norfolk*
† 3. 9. 1634 Stoke Poges
C. verteidigte als oberster Richter (seit 1606) den Grundsatz der Herrschaft des Rechts (Rule of Law) gegen die absolutist. Bestrebungen König →Jakobs I. unter Hinweis auf die Tradition des Common Law. Als Unterhausabgeordneter (seit 1620) kämpfte für die Rechte des Parlaments. Er brachte 1628 die Petition of Rights ein, die die Grundrechte des Landes gegen die königliche Willkür stellte. Mit seinem Werk »Institutes of English Law« prägte er das engl. Verfassungs- und Rechtsdenken.

Colbert, Jean-Baptiste
französischer Staatsmann
** 29. 8. 1619 Reims*
† 6. 9. 1683 Paris
(*Marquis de Seignelay* ab 1658). Unter König →Ludwig XIV. schuf C. die wirtschaftl. Grundlage für den Aufstieg des französ. Absolutismus. Gefördert von Jules →Mazarin, dessen Privatvermögen er verwaltete, war er als Oberintendant (seit 1661) bzw. Generalkontrolleur (seit 1665) zuständig für faktisch alle wirtschaftlichen und finanziellen Belange des Staates. Indem er Instrumente zur staatl. Ankurbelung der Wirtschaft (u. a. durch subventionierte Manufakturen und Schutzzölle) schuf, die Verwaltung zentralisierte, das Steuersystem vereinheitlichte, Fabrikinspektoren einsetzte und eine den wirtschaftl. Bedürfnissen angepaßte Infrastruktur des Landes entwarf, entwickelte er den Merkantilismus zum Colbertismus weiter. C. stiftete 1666 die Akademie der Wissenschaften. Die Aufhebung des Edikts von Nantes (1685), die eine Auswanderungswelle der Hugenotten zur Folge hatte, und die Machtpolitik Ludwigs XIV. machten sein Werk zum großen Teil wieder zunichte.

Coligny, Gaspard de
französischer Hugenottenführer
** 16. 2. 1519 Châtillon-sur-Loing*
† 24. 8. 1572 Paris
(*Seigneur de Châtillon*). Der Generaloberst, Admiral von Frankreich und Gouverneur der Picardie trat 1557 zum Calvinismus über und wurde Führer der Hugenotten in den ersten vier Religionskriegen. Mit dem Zwischenfrieden St. Germain (1570) setzte er die Einrichtung von vier Sicherheitsplätzen für die Hugenotten durch (Cognac, La Charité, Montauban, La Rochelle). Beim Versuch, den jungen König

→Karl IX. für den reformierten Glauben zu gewinnen und zum Kampf gegen die kath. Vormacht Spanien zu bewegen, wurde er zunächst von →Katharina de →Medici unterstützt. Als C. seinem Ziel nahe schien, ließen sie und die Herzöge von →Guise ihn mit seinen Anhängern im Massaker der Bartholomäusnacht ermorden. (▷ Chronik Zitat)

Die Bartholomäusnacht

Chronik Zitat

Der zeitgenössische protestantische Historiker Agrippa d'Aubigné schildert das Massaker am 23./24. 8. 1572 (Auszüge).:

»Am gleichen Abend berief das Haupt der Verschwörung, der Herzog von →Guise, einige französische und schweizerische Hauptleute zu sich und erklärte ihnen: ›Die Stunde ist gekommen, wo es auf Befehl des Königs Rache zu nehmen gilt an den Feinden Gottes. Die Bestie [Admiral Coligny] ist ins Garn gegangen und darf keine Gelegenheit haben, sich zu retten...‹
Die Straßen waren schon voll von Bewaffneten, auf deren Lärmen hin die Reformierten, denen der König in der Umgebung des Louvre Quartiere angewiesen hatte, Miene machten, dorthin zusammenzuströmen. Man antwortete ihnen auf ihre Fragen, es handle sich nur um Vorbereitungen für ein Turnier...
In diesem Augenblick hörte man die Sturmglokke anschlagen, und nun mußte man dem Herzog von Guise und dem Chevalier d'Angoulême, die während der ganzen Nacht ihre Befehle ausgesandt hatten, freie Bahn lassen. Sie ...kamen zum Quartier des Admirals [Coligny]...
Nachdem der Pöbel von seinen Verfolgungszügen zurückgekehrt war, beschäftigte er sich damit, seine Nachbarn umzubringen. Die Luft hallte wider vom Geschrei der Sterbenden und derer, die man ausraubte, ehe man sie umbrachte. Verstümmelte Leichname wurden aus den Fenstern herabgeworfen, die Torwege waren versperrt durch die Leiber der Ermordeten und der Sterbenden, die Fahrbahnen der Straßen von denen, die man dahinschleifte nicht über das Pflaster, sondern über das dahinströmende Blut. Die Menge der Toten Männer, Frauen, Kinder, soeben erst Geborene sogar, war nicht zu zählen.«

Collins, Michael

irischer Aufstandsführer
** 16. 10. 1890*
bei Clonakilty, Cork
† 22. 8. 1922
bei Beal-na-Blath, Cork

C. war führend beteiligt am Osteraufstand von 1916 und organisierte den Kampf der irischen Illegalen 1919–1921. Nach Unterzeichnung des Friedensvertrags mit England 1921 wurde er Innen- und Finanz-Min. der provisor. Sinn-Féin-Regierung. Im Bürgerkrieg von 1922 fiel er als Befehlshaber der Regierungstruppen bei der Verteidigung des irischen Freistaats gegen die radikalen Republikaner unter Führung Eamon de →Valeras.

Commodus *(Marcus Aurelius C. Antoninus)*
römischer Kaiser 180–192
** 161 Lanuvium*
† 192 Rom
Seit 176 Mitregent seines Vaters, Kaiser →Marc Aurel, war er nach dessen Tod (180) Alleinherrscher. Er beendete den Krieg mit den Markomannen (180) und widmete sich, bei nach außen hin ungestörtem Frieden, der Errichtung seines despotischen Regimes nach innen. Vom »Caesarenwahn« befallen, führte er den Kult des Iupiter Summus Exsuperatissimus ein, als dessen Inkarnation er erscheinen wollte, ließ sich als römischer Herkules feiern, trat als Tierkämpfer in der Arena auf und benannte Rom in Colonia Commodina um. Er wurde, nachdem mehrere Verschwörungen, u. a. seiner Schwester Lucilla, fehlgeschlagen waren, von seinem Sklaven Narcissus erwürgt. Um seine Nachfolge entbrannte ein Bürgerkrieg, in dem sich schließlich Septimius →Severus durchsetzte.

Condé, Ludwig (Louis) II., *Prince de*
französischer Feldherr
** 8. 9. 1621 Paris*
† 11. 12. 1686 Fontainebleau
C., gen. »der große C.«, war einer der bedeutendsten Feldherren des 17. Jh. Er entstammte einer Seitenlinie der französischen Bourbonen, der auch die Hugenottenführer Louis I. C. (* 1530, † 1569, Urgroßvater) und Henri I. C. (* 1552, † 1588, Großvater)

angehörten. Im 30jährigen Krieg errang C. gegen Spanien und den Kaiser 1643 einen entscheidenden Sieg bei Rocroi für Frankreich, 1646 eroberte er Dünkirchen. Während der Fronde unterstützte er zunächst Jules →Mazarin, stellte sich aber 1650 gegen ihn und nahm 1652 Paris ein. Von Marschall Henri →Turenne besiegt, nahm er 1653 auf seiten der Spanier in den Niederlanden den Kampf gegen ihn wieder auf. Nach dem Pyrenäenfrieden 1659 von →Ludwig XIV. begnadigt, übernahm er wieder militärische Aufgaben in Flandern und den Niederlanden und erhielt nach Turennes Tod 1675 den Oberbefehl über die französ. Armee in Deutschland.

Connolly, James
irischer Freiheitskämpfer
** 5. 6. 1886 Edinburgh*
† 12. 5. 1916 Dublin
C. war seit 1896, als er die marxist. Irische Sozialist. Republikanische Partei mitgründete, einer der in der Arbeiterbewegung verankerten Führer des irischen Unabhängigkeitskampfes gegen die brit. Besatzungsmacht. 1912 begründete er die Irische Labour Party mit, 1913 gehörte er zu den Führern des Generalstreiks in Dublin und begann mit dem Aufbau einer illegalen Bürgerarmee (Irish Volunteers). Trotz Festnahme Sir Roger →Casement durch die Engländer und ohne die eingeplante deutsche Unterstützung suchte C. im Osteraufstand 1916 die Ir. Republik zu etablieren. Nach deren blutiger Zerschlagung durch brit. Militär wurde er mit 15 anderen Anführern standrechtlich erschossen und gilt seitdem als Märtyrer der ir. Freiheitskampfes.

Conrad von Hötzendorf, Franz
österreichischer Feldmarschall seit 1916
** 11. 11. 1852 Penzing bei Wien*
† 25. 8. 1925 Bad Mergentheim

(*Freiherr* ab 1910, *Graf* ab 1918). Seit 1912 Generalstabschef, leitete C. v. H. im 1. Weltkrieg die Operationen der österr.-ungar. Armee. Während er schon 1907 einen Präventivkrieg gegen Serbien gefordert hatte, vertrat er 1914 die Überzeugung von der Unausweichlichkeit eines großen Krieges der Mittelmächte zur Sicherung ihrer Großmachtrolle und betrieb 1914 ernergisch die in den 1. Weltkrieg führende Konfrontation mit Serbien. Als Verfechter einer engen politisch und militärischen Anlehnung an das Deutsche Reich erzielte er im 1. Weltkrieg militär. Erfolge (Durchbruch bei Gorlice), konnte aber seine operativen Planungen (Verlagerung der Kämpfe nach Osten, doppelte Umfassung der Russen) nicht verwirklichen. 1917 wurde er als Chef des Generalstabs entlassen.

Constans I. *(Flavius Iulius C.)*
römischer Kaiser 337–350
** 323*
† 350
Der jüngste Sohn Kaiser →Konstantins d. Gr. übernahm nach dessen Tod als Mitregent seiner Brüder →Konstantin II. und →Constantius II. den mittleren Reichsteil (Africa, Italien, Illyrien). 340 besiegte er Constantius in der Schlacht bei Aquileia und regierte nunmehr auch im Westen. 341 erließ er ein Verbot aller heidn. Opfer und entschied in der christolog. Frage zugunsten des →Athanasios gegen den Arianismus. 350 wurde er von seinem Offizier Flavius Magnus Magnentius, der sich in Gallien zum Kaiser ausrufen ließ, gestürzt und ermordet.

Constantinus, Flavius Valerius, *der Große,* römischer Kaiser 306–337 →Konstantin I.

Constantius, *römische Kaiser*

Constantius I. Chlorus
(Gaius Flavius Valerius)
Kaiser 293/305–306
** um 264 in Illyrien*
† 306 Eburacum (York)

Der Vater →Konstantins I. (d. Gr.) wurde als Prätorianerpräfekt von →Diokletian und dessen Mitkaiser →Maximian 293 zum Caesar des Westreichs in den Provinzen Spanien, Gallien und Britannien erhoben, wo er gegen Alemannen und Franken kämpfte und sich gegen Usurpatoren behauptete. 305 wurde er als Nachfolger Maximians mit →Galerius zum Augustus ausgerufen; C. starb auf einem Feldzug in Britannien.

Constantius II. *(Flavius Iulius C.)*
Kaiser 337–361
** 317 Sirmium*
† 361 Kilikien
Der Sohn →Konstantins I. (d. Gr.) erhielt 337 als Augustus neben seinen Brüdern →Constans I. und →Konstantin II. den Ostteil des Reichs und kämpfte 12 Jahre lang gegen die Perser. Seit 351 war er nach dem Tod des Constans I. (350) und seinem Sieg über den Usurpator Flavius Magnus →Magnentius Alleinherrscher; erhob →Julian(us) zum Caesar des Westens. Nachdem dieser 360 Anspruch auf die Kaiserwürde erhob, rüstete C. zum Kampf, starb jedoch 361 am Fieber. C. griff noch energischer als sein Vater in die Geschicke der Kirche ein, unterstützte jedoch den Arianismus (→Arian) und erhob ihn 359 zur Staatsreligion.

Constantius III. *(Flavius C.)*
weströmischer Kaiser 421
† 2. 9. 421 Ravenna
Als Heermeister unter →Stilicho emporgekommen, gewann C. großen Einfluß auf den weström. Kaiser Flavius →Honorius. Für seine Erfolge um die Stabilisierung des Reichs wurde er durch die Heirat mit Honorius' Schwester →Galla Placidia (417) und die Erhebung zum Augustus (421) belohnt, die der oström. Kaiser →Theodosius II. nicht anerkannte. Vor Beginn des geplanten Feldzugs gegen den Ostrom starb C. Er war Vater Kaiser →Valentinians III.

Cook, James
englischer Weltumsegler
** 27. 10. 1728*
Marton, Yorkshire
† 14. 2. 1779
auf Hawaii

C., einer der bedeutendsten engl. Entdeckungsreisenden, erforschte auf zwei Weltreisen (1768–1771 und 1772–1775) die Ostküste Australiens, durchfuhr erneut die Torresstraße zwischen Australien und Neuguinea, umsegelte die Küsten Neuseelands und nahm Australien für England in Besitz. Auf der 1776 begonnenen 3. Reise (Suche nach einer nördlichen Durchfahrt vom Pazifik zum Atlantik, dabei Erforschung der Alaskaküste und der Beringstraße) entdeckte er 1778 die Hawaii-Inseln. Auf der Rückkehr aus dem Norden wurde er auf Hawaii von Eingeborenen erschlagen.

Coolidge, Calvin
30. Präsident der USA
1923–1929
** 4. 7. 1872*
Plymouth, Virginia
† 5. 1. 1933 Northampton, Massachusetts

Nach dem Tod des Präs. Warren G. →Harding übernahm C. als Vize-Präs. (seit 1921) die Präsidentschaft und wurde bei den Wahlen 1924 in seinem Amt bestätigt. Als Republikaner förderte C. mit seiner Laissez-faire-Politik den Aufschwung der Wirtschaft. Außenpolitisch hielt er an der von seinen Vorgängern verfolgten Isolationspolitik fest und lehnte den Beitritt zum Völkerbund ab, öffnete sich jedoch mit dem Dawesplan (1924) einer aktiveren europ. Politik. Nachfolger: Herbert →Hoover.

Coriolan(us), Gnaeus Marcius
sagenhafter Held im 5. Jh. v. Chr.
Der von →Plutarch überlieferten Sage zufolge eroberte C. um 493 die Volskerstadt Corioli (daher sein Beiname). Bald darauf geriet er als Vorkämpfer des Patriziats mit der Plebs in Konflikt, wurde aus Rom verbannt und verbündete sich mit den Volskern. Nachdem er auf Bitten seiner Mutter und seiner Frau die Eroberung abgebrochen hatte, wurde er von den erzürnten Volskern als Verräter getötet.

Cortés, Hernán(do)
spanischer Konquistador
** 1485 Medellín, Estremadura*
† 2. 12. 1547 Castilleja de la Cuesta bei Sevilla
1511 beteiligte sich C. an der Eroberung Kubas. Von Diego de Velázquez beauftragt, das Land zu erkunden, landete er 1519 mit 11 Schiffen, über 600 Mann, 16 Pferden und 14 Geschützen in Mexiko. Zunächst von den Einheimischen ehrenvoll als »Sohn der Sonne« empfangen, gründete er Veracruz. Seinen Auftrag überschreitend, nahm er 1520 den Herrscher →Montezuma II. gefangen, zwang ihn zur Anerkennung der spanischen Oberherrschaft →Karls V. und unterwarf zwischen 1519 und 1521 in

wechselvollen Kämpfen Tenochtitlán, die Hauptstadt des Aztekenreichs (heute Mexico City). Dabei bediente er sich der Hilfe der ihrerseits von den Azteken unterworfenen Indianervölker und schreckte vor grausamsten Methoden nicht zurück. Zum Statthalter und Generalkapitän von Neuspanien ernannt, zog er 1524/25 durch Veracruz, Tabasco und Chiapas bis nach Honduras. Um sich von der Anschuldigung des Amtsmißbrauchs zu reinigen, reiste C. 1528 nach Spanien, wo er von Karl V. mit dem Titel *Marqués de Valle de Oaxaca* ausgezeichnet wurde, jedoch das Statthalteramt verlor.

Cosgrave, William Thomas

irischer Premierminister 1922–1932
** 6. 6. 1880 Dublin*
† 16. 11. 1965 Dublin

C. nahm als Mitglied der nationalistischen Sinn-Féin am Osteraufstand 1916 gegen die brit. Besatzung in Dublin teil und wurde nach Proklamation der Unabhängigkeit Irlands 1919 Mitglied der ersten irischen Regierung. Im sich anschließenden Bürgerkrieg führte er mit Arthur →Griffith und Michael →Collins den gemäßigten Sinn-Féin-Flügel an und akzeptierte den Kompromiß von 1921 (Dominionstatus für Südirland). Seit 1922 als Nachfolger von Griffith Präsident des Exekutivrates (Minister-Präs.), bemühte er sich um einen Ausgleich mit England und die Verständigung mit den Protestanten. Nach verlorenem Wahlsieg wurde er 1932 von Eamon de →Valera abgelöst und übernahm den Vorsitz der Partei Fine Gael (bis 1944).
Sein Sohn *Liam Thomas C.* (* 1920) nahm in den 50er Jahren mehrmals Ministerämter wahr, führte 1965–1977 die Fine Gael und war im Bündnis mit der Labour Party 1973–1977 Premier-Min.

Cosimo I. Medici
Herzog von Florenz 1537–1569,
Großherzog der Toskana 1569–1574
** 11. 6. 1519 Florenz*
† 21. 4. 1574 Villa di Castello bei Florenz
C. entstammte der großherzogl. (jüngeren) Linie der →Medici. Nach der Ermordung Alessandros de' Medici († 1537), des letzten Vertreters der alten Dynastielinie, setzte er sich als dessen Nachfolger an die Spitze der Republik Florenz und behauptete sich gegen die von der Schwester Alessandros, →Katharina de' Medici, aus Frankreich unterstützten Opposition. 1555 eroberte er Siena und erhielt es von König →Philipp II. von Spanien zum Lehen. Gegen den Protest Kaiser →Maximilians II. erhob ihn Papst →Pius V. 1569 zum Großherzog von Tuszien. Er zentralisierte die Verwaltung und brachte das Land, obwohl absolutistisch und gewalttätig regierend, zu hoher Blüte. 1562 gründete er den Stefansorden zum Schutz des Levantehandels, erneuerte 1542 die Universität Pisa, legte als erster Herrscher geordnete Archive an und führte die Mäzenatentradition der Medici fort.

Cossiga, Francesco
italienischer Staatspräsident 1985–1992
** 26. 7. 1928 Sassari, Sardinien*
Der auf dem linken Flügel der Democracia Christiana (DC) stehende C. übernahm als Innen-Min. (1975, 1976–1979) die polit. Verantwortung für die Ermordung Aldo →Moros durch die Roten Brigaden und trat zurück. 1979 leitete er die Geschäfte einer Übergangsregierung und bildete 1980 ein Minderheitsskabinett mit Sozialisten und Republikanern. In der Nachfolge Alessandro →Pertinis Staats-Präs., erkannte der als politisch integer geltende C. frühzeitig Mängel des in Korruptionsaffären erstikkenden polit. Systems Italiens und engagierte sich für eine tiefgreifende Verfassungsreform.

Coty, René

französischer Präsident 1953–1959
** 20. 3. 1882 Le Havre*
† 22. 11. 1962 Le Havre

Der Anwalt, zwischen 1925 und 1944 republikan. Abgeordneter bzw. Senator (ab 1936), wurde 1947 Wiederaufbau-Min., 1948 Mitgl. des Rates der Republik und 1949 dessen Vize-Präs. Seit 1953 Präs., setzte er 1958 die Berufung General Charles de →Gaulles zum Regierungschef durch und wurde durch diesen 1959 als Präsident abgelöst.

Coudenhove-Kalergi, Richard Nikolaus *Graf von*
österreichischer Politiker
** 16. 11. 1894 Tokio*
† 27. 7. 1972 Schruns, Vorarlberg
Der Schriftsteller aus altem fläm. Adel gilt als »Vater des Europagedankens«. 1923 gründete er die Paneuropa-Union (Sitz in Wien) als Motor für den Zusammenschluß Europas, den er sich ohne die Sowjetunion und Großbritannien zunächst nur als Zoll- und Wirtschaftsunion vorstellte. Ab 1924 gab er die Zeitschrift »Paneuropa« heraus, 1938 emigrierte er in die Schweiz, 1940 in die USA, wo er 1941 vergeblich eine österr. Exilregierung zu bilden suchte. Nach dem 2. Weltkrieg knüpfte er an das neuerwachte Interesse an einem vereinten Westeuropa an, gründete 1947 die Europ. Parlamentarier-Union und wurde deren Generalsekretär.

Couve de Murville, Maurice
französischer Ministerpräsident 1968/69
** 24. 1. 1907 Reims*
Der Gefolgsmann Charles de →Gaulles, der diesem als Finanzexperte schon im Londoner Exil (1940 bis 1945) zuarbeitete, war wesentlich an der Gestaltung der französischen Außenpolitik der Nachkriegszeit bis Ende der 60er Jahre beteiligt: 1945–1950 Staatssekretär im Außenamt, 1950–1954 Botschafter in Kairo, 1954 Vertreter im Ständigen Rat der NATO, 1956–1958 Botschafter in Bonn. Als Außen-Min. (1958–1968) organisierte er die Beendigung des Algerienkriegs, die Integration Frankreichs in die EWG, die französ. Sonderstellung in der NATO, wirkte bei der Aussöhnung mit Deutschland mit und stellte die Weichen für eine flexiblere französische Ostpolitik. 1968 folgte er George →Pompidou im Amt des Min.-Präs. Nach der Wahl Pompidous zum Staats-Präs. löste ihn Jacques →Chaban-Delmas als Regierungschef ab.

Cranmer, Thomas
englischer Erzbischof
** 2. 7. 1489 Aslacton*
† 21. 3. 1556 Oxford
Als Botschafter →Heinrichs VIII. bei Kaiser →Karl V. mit dem Problem der Reformation vertraut, arrangierte C. als Kaplan des Königs dessen Scheidung von →Katharina von Aragón, die er nach seiner Ernennung zum Erzbischof von Canterbury durch Papst →Klemens VII. (1533) vollzog. Abhängig vom König, folgte C. als Primas von England den Heiratsinteressen Heinrichs, löste oder band dessen Ehen mit →Anna Boleyn und Anna von Kleve und stellte sich damit im Konflikt zwischen Papst und König auf Heinrichs Seite. Unter →Eduard VI. führte er vorsichtig die Reformation in England ein, ließ die Bibel neu übersetzen und sorgte für ihre allgemeine Verbreitung. 1552 gab er dem »Common Prayer Book« seine endgültige Form. Im Zuge der Gegenreformation durch Königin →Maria I. (die Katholische) wurde er 1553 im Tower festgesetzt und 1556 als Ketzer verbrannt.

Crassus *(Marcus Licinius C. Dives)*
römischer Konsul 70 und 55 v. Chr.
** um 115 v. Chr.*
† 53 v. Chr.
(Latein. »crassus« = »der Dicke«). Im Bürgerkrieg (83/82) auf der Seite Lucius Cornelius →Sullas, der C. seinen Sieg verdankte, machte sich C. während der nachfolgenden Proskriptionen durch Enteignung der Gegner zum vermögendsten Mann Roms und konnte seinen polit. Aufstieg finanziell befördern (latein. »dives« = »der Reiche«). 71 beendete er den Aufstand des →Spartacus und ließ 600 der aufständ. Sklaven an der Via Appia kreuzigen. Im 1. Konsulat, das er gemeinsam mit Gnaeus →Pompeius führte, stellte er das durch Sulla beseitigte Volkstribunat wieder her. In Rivalität zu Pompeius überwarf er sich mit diesem und verbündete sich zwischenzeitlich mit →Catilina (65–63). Auf Betreiben des von ihm geförderten →Caesar fand er sich 60 bereit, mit Caesar und Pompeius das erste Triumvirat zu bilden, 56 das zweite. 55 übernahm er zusammen mit Pompeius erneut das Konsulat. C., dem Syrien als Provinz auf 5 Jahre übertragen worden war, wurde bei einem Feldzug, mit dem er das Partherreich erobern und bis nach Indien vorstoßen wollte, 53 von den Parthern bei Carrhae in Kleinasien vernichtend geschlagen und ermordet.

Craxi, Bettino
italienischer Ministerpräsident 1976–1979, 1983–1987
** 24. 2. 1934 Mailand*
Seit seiner Jugend politisch aktiv (»Jungreformer«) und seit 1960 hauptamtlicher Funktionär der Sozialist. Partei Italiens (PSI), wurde C. 1968 Abgeordneter, 1976 Generalsekretär der PSI (bis 1993). Als Chef eines 5-Parteien-Kabinetts (Mitte-Links-Koalition) war er der erste sozialist. Min.-Präs. Italiens (bis 1987). Innenpolitisch setzte er unpopuläre Entscheidungen zur Stabilisierung der Wirtschaft durch (u. a. Aufhebung der automat. Lohnanpassung an die Inflationsrate), außenpolitisch war er auf eine

eigenständigere Position Italiens gegenüber den westl. Bündnispartnern, insbesondere den USA, bedacht. Wegen schwerer Korruption und Amtsmißbrauchs in Verbindung mit Mafiakontakten wurde C. 1994 zu fünf Jahren Haft verurteilt.

Cripps, Stafford Richard, *Sir (ab 1930)*

britischer Politiker
** 24. 4. 1889 London*
† 21. 4. 1952 Zürich

Der Anwalt gehörte als Abgeordneter (1931–1951) und Führer der Socialist League dem linken Flügel der Labour Party an (»brit. Trotzki«), bis er 1939 aus der Partei ausgeschlossen wurde, weil er für den Kampf gegen das nationalsozialist. Deutschland eine Volksfront mit den Kommunisten schaffen wollte. 1940–1942 Botschafter in Moskau, trat er 1942 als Minister für die Flugzeugproduktion in das Kriegskabinett Winston →Churchills ein (bis 1945) und wurde mit Sondermissionen zur Vorbereitung der Entlassung Indiens in die Unabhängigkeit beauftragt. 1945 wieder in die Labour Party aufgenommen und 1945–1947 Handels-Min., legte er als Schatzkanzler unter Clement →Attlee 1947–1950 mit seinem Sparprogramm (Austerity-Politik) den Grundstein für die Erholung der brit. Wirtschaft in der Nachkriegszeit.

Crispi, Francesco

italienischer Ministerpräsident 1887–1891, 1893–1896
** 4. 10. 1819 Ribera bei Agrigent, Sizilien*
† 11. 8. 1901 Neapel

Der Rechtsanwalt schloß sich nach seiner Rückkehr aus der Emigration (seit 1848) 1859 den italien. Unabhängigkeitskämpfern um Giuseppe →Mazzini und Giuseppe →Garibaldi an. Mit der Einigung Italiens wurde er 1861 Abgeordneter für die radikalen Linken, 1877/78 Innen-Min. Als Min.-Präs. begegnete er Aufständen der sozialist. Arbeiterbewegung mit großer Härte, verlängerte 1887 den 1882 geschlossenen Dreibund mit Österreich-Ungarn und Dtschld. An seine Absicht, Italien an die imperialist. Expansionspolitik der Großmächte anzuschließen, knüpfte später Benito →Mussolini an. Nach dem gescheiterten Versuch einer Eroberung Äthiopiens (Niederlage von Adua) 1896 trat C. zurück.

Cromwell, Oliver

Lord Protector von England 1653–1658
** 25. 4. 1599 Huntingdon*
† 3. 9. 1658 London

Der strenge Puritaner C., der dem ländl. Kleinadel entstammte, prägte die Geschichte Englands während der Englischen Revolution. Er gehörte dem 1628/29 tagenden Parlament und während des Beginns der Englischen Revolution 1640 dem Short Parliament wie dem Long Parliament (bis er es 1653 auflöste) an. Nach Ausbruch des Bürgerkriegs zwischen König →Karl I. und dem Parlament schuf er eine gepanzerte Kavallerie (»Ironsides«), reorganisierte das Parlamentsheer (New Model Army) und erkämpfte die entscheidenden Siege bei Marston Moor (1644) und Naseby (1645). In den Wirren um den Fortgang der Revolution führte er die puritan. Independenten gegen die sozialrevolutionären Levellers und die Presbyterianer, die er 1648 aus dem Long Parliament ausschloß, das nun als »Rump Parliament« weiterbestand. Nach langem Zögern befürwortete er 1648 die Hinrichtung Karls I. und wurde Haupt des Staatsrates der neuen Republik, des Commonwealth of England.
Ohne die innere Lage stabilisieren zu können, regierte er unter zeitweisem Einsatz militärdiktator. Mittel teils mit, teils ohne das Parlament. 1653 trieb er das Long Parliament auseinander und übernahm als Lord Protector gleichsam monarchische Regierungsgewalt, lehnte aber 1657 die Königswürde ab. Mit dem Instrument of Government erließ er die erste geschriebene Verfassung. Er führte tiefgreifende Reformen im Rechts- und Erziehungswesen

durch und gewährte – außer Anglikanern und Katholiken – religiöse Toleranz.
Nach außen sicherte er seine Stellung aggressiv ab: Kriege mit den Schotten, Rückeroberung Irlands 1649–1652, Navigation Act 1651, 1. Seekrieg gegen Holland 1652–1654. Indem er die Rivalität zur Kolonial- und Seemacht Spanien aufnahm (Eroberung Jamaikas 1655, Dünkirchens 1658), begründete er Englands Weltstellung.
Sein Sohn *Richard C.* (*1626 † 1712) konnte sich als Nachfolger seines Vaters im Amt des Lord Protectors nicht behaupten und wurde 1659 durch George →Monck zur Abdankung gezwungen. Ein Jahr später restaurierte →Karl II. das Königtum.
(▷ Chronik Zitat)

Cromwell, Thomas
englischer Staatsmann
** um 1485 Putney*
† 28. 7. 1540 Bolton
(*Earl of Essex* ab 1540). C., Sohn eines Kaufmanns, trat zunächst in die Dienste Kardinal Thomas →Wolseys und wurde nach dessen Sturz (1529) Lordkanzler, Generalvikar der englischen Kirche und Großsiegelbewahrer →Heinrichs VIII. Er schuf eine effektive zentralisierte Verwaltung, setzte im Zuge der englischen Reformation die staatskirchlichen Maßnahmen des Königs (Kirchentrennung von Rom) durch und säkularisierte die Klöster. Wegen angeblichen Hochverrats und Ketzerei ließ ihn Heinrich VIII. hinrichten.

Cromwell: »König« ohne Monarchie

Chronik Zitat

Nach der Hinrichtung →Karls I. (30. 1. 1649) hob das Parlament durch Gesetz die Monarchie auf:

»Die Erfahrung lehrt, daß in dieser Nation Amt und Macht eines Königs in einer einzigen Person unnötig, lästig der Freiheit, Sicherheit und gemeinem Wohl gefährlich ist. Wir haben gelernt, daß von der königlichen Gewalt meistens Gebrauch gemacht worden ist, um die Untertanen zu unterdrücken und auszusaugen. Da nun gewöhnlich und natürlicherweise jede Person in solcher Machtstellung zu ihrem Vorteil die gerechte Freiheit und Unabhängigkeit des Volkes beeinträchtigt und die Herrschaft des eigenen Willens und die Gewalt über diese Gesetze ausdehnt, so sei darum durch dieses Parlament folgendes beschlossen: In dieser Nation soll in Zukunft das Amt eines Königs nicht mehr bestehen noch durch irgendeine Person ausgeübt werden.«
Aus der Rede Cromwells, mit der er die Auflösung des von ihm fünf Monate zuvor selbst einberufenen »Parlaments der Heiligen« begründete, das sich seiner Diktatur zu widersetzen begann und eine Verfassungsreform forderte (22. 1. 1655):
»Man mag vielleicht einwenden: Es ist bequem, von Notwendigkeiten zu sprechen, wenn man sie selber schafft! Trachtet nicht der Protektor nach Macht für sich und seine Familie? Schafft er nicht selber solche Notwendigkeiten? Und dann kommt er dem Volke mit Vorstellungen von Notwendigkeit? Das allerdings wäre unrecht. Aber ich weiß wahrlich nichts von solchem Schaffen von Notwendigkeiten, man mag sagen, was man will! Und ich erkläre, nicht nur dieser Versammlung, sondern der ganzen Welt, daß niemand von mir behaupten kann, ich hätte während aller dieser Umwandlungen Notwendigkeiten geschaffen. Ich rufe alle Gottesfürchtigen zu Zeugen an... Gott weiß, was er mit solchen tun wird, die seine Revolutionen menschliche Notwendigkeiten nennen und so seine Ehre schmälern... Aber es geschah nach der weisen Anordnung des Allmächtigen, mögen auch die Werkzeuge allerlei Unvollkommenheit und Schwachheit gehabt haben. Und mir scheint, Gott werde dadurch geehrt, daß man einsieht, daß die Notwendigkeiten von Gott kamen. Wie dies in der Tat der Fall ist... Ihr auferlegt uns abermals eine Notwendigkeit, die wir nicht suchten...
Ich habe euch mit einer langen Rede behelligt, und ich vermute, nicht alle haben sie aufgenommen, wie es vielleicht bei einigen der Fall. Aber ich weiß das nicht und überlasse es darum Gott und schließe: Ich halte es für meine Aufgabe, durch meine Pflicht gegenüber Gott und diesem Volk, um seiner Sicherheit und seines Wohles willen, euch mitzuteilen, daß es diesem Reich nicht zum Nutzen und den öffentlichen Angelegenheiten nicht zum Wohle gereicht, daß ihr länger versammelt seid, und darum erkläre ich euch, daß ich dieses Parlament auflöse!«

Crowther, Samuel Ajayyi
nigerianischer Theologe
** um 1809 Oshogbo, Yoruba-Land (heute Nigeria)*
† 31. 12. 1891 Lagos
Bei den Sklavenjagden in Nigeria 1821 gefangengenommen, wurde C. von der brit. Marine befreit und am Fourah Bay College (Sierra Leone) ausgebildet. Ab 1843 missionierte er in Westnigeria und entwickelte mit seiner Bibelübersetzung eine Schreibweise für die Yoruba-Sprache. Seit 1864 erster schwarzer Bischof der anglikan. Kirche im heutigen Nigeria, wurde er später wegen seines Eintretens für rass. Gleichberechtigung zum Rücktritt gezwungen. C. gilt heute in Westafrika als einer der Vorväter der schwarzafrikan. nationalist. Bewegung.

Cuno, Wilhelm
deutscher Reichskanzler 1922/23
** 2. 7. 1876 Suhl*
† 3. 1. 1933 Aumühle bei Hamburg
Seit 1918 Generaldirektor der Hamburg-Amerika-Linie (Hapag), bildete der parteilose C. nach dem Rücktritt Joseph →Wirths 1922/23 das rechtsorientierte »Kabinett der Wirtschaft« mit »diskontfähiger Unterschrift«. Gegenüber Frankreich blieb er jedoch bei der Neuregelung der Reparationsfrage erfolglos und verfolgte nach der französ. Besetzung der Ruhr 1923 eine Politik des passiven Widerstands, die zum Zusammenbruch der dt. Währung führte. Seine Regierung wurde durch ein Mißtrauensvotum im Reichstag gestürzt und von einer großen Koalition unter Führung Gustav →Stresemanns abgelöst, die den Ruhrkampf abbrach. 1926 übernahm C. erneut die Leitung der Hapag.

Curzon, George
britischer Staatsmann
** 11. 1. 1859 Kedleston Hall, Derbyshire*
† 20. 3. 1925 London
(Ab 1911 *Earl*, ab 1921 *Marquess C. of Kedleston*). Zunächst Abg. der Konservativen im Unterhaus (1886–1894), war C. 1899–1905 Vizekönig von Indien. In Rivalität zu Rußland erweiterte er den britischen Machtbereich in Tibet, Afghanistan und Persien. Die von ihm vorgenommene Teilung Bengalens 1905 zog den ersten nationalen Massenprotest in Indien nach sich. Nach dem 1. Weltkrieg beteiligte sich C. als Außen-Min. (1919–1924) in den Kabinetten von David →Lloyd George und Stanley →Baldwin an der Neuordnung Europas und entwarf als Leiter einer Kommission der Versailler Friedenskonferenz 1920 die Curzon-Linie zur Regelung der russ.-poln. Grenzkonflikte. Die Polen erreichten nach einem Abwehrsieg über die Rote Armee im Frieden von Riga (1921) eine für sie günstigere Lösung. 1943 wurde der UdSSR in Teheran die C.-Linie mit geringen Abweichungen als neue Grenze zugestanden.

Cuza, Alexandru Ioan I.
Begründer Rumäniens
** 20. 3. 1820 Galatz*
† 15. 5. 1873 Heidelberg
Der aus einer Adelsfamilie (Bojaren) stammende C. beteiligte sich 1848 an der Revolutionsbewegung, übernahm nach seiner Rückkehr aus dem Exil hohe militär. Funktionen und wurde 1859 zum Fürsten in der Moldau und in der Walachei gewählt. Mit der 1861 von ihm proklamierten Vereinigung der beiden Donaufürstentümer konstituierte er das Fürstentum Rumänien (1862). Seine auf eine rasche Modernisierung gerichteten Maßnahmen (Säkularisierung der Kirchengüter 1863, Bodenreform 1866, Bildungsreform) stießen auf den Widerstand des Adels und der Großbourgeoisie. Von einer Offiziersverschwörung wurde er gestürzt. Nachfolger: →Karl I.

Cyrankiewicz, Józef
polnischer Ministerpräsident 1947–1952, 1954–1970
** 23. 4. 1911 Tarnów*
† 20. 1. 1989 Warschau
Seit 1933 aktives Mitglied der Poln. Sozialist. Partei (PPS), verbrachte C. als Widerstandskämpfer 1941 bis 1945 in dt. KZs. Nach 1945 reorganisierte er die PPS und betrieb als deren Generalsekretär die Fusion mit der kommunist. Poln. Arbeiterpartei 1948. Seit 1948 Mitglied des Politbüros und des Sekretariats der Vereinigten Poln. Arbeiterpartei, war er 1947–1952 und 1954–1970 Min.-Präs. Zunächst Vertreter eines stalinist. Kurses, beteiligte er sich seit 1956 an der von Władisław →Gomułka forcierten Entstalinisierung. Nach dem Aufstand Danziger Arbeiter 1970 auf das Amt des Vors. des Staatsrats (Staatsoberhaupt, bis 1972) abgeschoben, schied er 1971 aus dem Politbüro aus.

Dąbrowski, Jan Henryk
polnischer Nationalheld
** 2. oder 29. 8. 1755 Pierzchowiec bei Krakau*
† 6. 6. 1818 Winnogóra, Prov. Posen
D. nahm als Offizier am polnischen Aufstand 1794 teil. Nach der 3. Teilung Polens 1795 stellte er im Exil in Oberitalien die Polnische Legion auf, um sie in den Kampf für die Staatlichkeit und Unabhängigkeit Polens zu führen (1797–1801). 1806 entfachte er den polnischen Aufstand gegen die preußische Herrschaft in Großpolen. Das ihm gewidmete Marschlied der Polnischen Legion »Noch ist Polen nicht verloren« wurde polnische Nationalhymne.

Dagobert I.
König der Franken 629–639
** zwischen 605 und 610*
† 19. 1. 639 Paris
D., der letzte bedeutende Herrscher aus dem Geschlecht der Merowinger, übernahm als Teilkönig Austriens (seit 623) nach dem Tod seines Vaters Chlothar II. (* 584, † 629) auch die Macht über Neustrien und stellte damit die Einheit des Frankenreiches wieder her, die er energisch, wenn auch letztlich erfolglos, nach innen und außen dauerhaft zu sichern suchte. Dem fränk. Führer westslaw. Stämme, Samo, unterlag er 631/32 beim Versuch, über den Rhein nach Osten auszugreifen.

Dahlmann, Friedrich Christoph
deutscher Politiker und Historiker
** 13. 5. 1785 Wismar*
† 5. 12. 1860 Bonn

D. lehrte als erster dt. »politischer« Historiker Geschichte in Kiel, Göttingen und Bonn. Als Kopf der »Göttinger Sieben«, die gegen die Aufhebung der Verfassung durch König →Ernst August von Hannover Protest erhoben, wurde er abgesetzt und des Landes verwiesen (u. a. mit Georg Gottfried →Gervinus). Während der Revolution 1848 war D. Vertrauensmann Preußens beim Frankfurter Bundestag, Mitglied des Vorparlaments, Abgeordneter der gemäßigt-liberalen kleindeutschen Casinopartei in der Paulskirche und Mitverfasser der konstitutionell-monarchistischen Reichsverfassung, die vom König von Preußen, →Friedrich Wilhelm IV., jedoch abgelehnt wurde. Auch als Historiker vertrat er die Ideen des kleindeutschen konstitutionellen Liberalismus, mit denen er die preußische Schule der politischen Historiker beeinflußte (H. von →Treitschke und H. von →Sybel zählten zu seinen Schülern). Seine Verfassungsideale waren an der englische Verfassung orientiert. (▷ Chronik Zitat)

Protest gegen einen Staatsstreich

Chronik Zitat

Gegen die Aufhebung der liberalen hannoverschen Verfassung von 1833 durch König →Ernst August protestierten die Göttinger Sieben (Auszüge):

»Wenn daher die untertänigst Unterzeichneten sich nach ernster Erwägung der Wichtigkeit des Falles nicht anders überzeugen können, als daß das Staatsgrundgesetz seiner Errichtung und seinem Inhalte nach gültig sei, so können sie auch, ohne ihr Gewissen zu verletzen, es nicht stillschweigend geschehen lassen, daß dasselbe ohne weitere Untersuchung und Verteidigung von Seiten der Berechtigten, allein auf dem Wege der Macht zu Grunde geht. Ihre unabweisliche Pflicht vielmehr bleibt, wie sie hiermit tun, offen zu erklären, daß sie sich durch ihren auf das Staatsgrundgesetz geleisteten Eid fortwährend verpflichtet halten müssen...
Sie sind sich bewußt, bei treuer Wahrung ihres amtlichen Berufs, die studierende Jugend stets vor politischen Extremen gewarnt und, so viel an ihnen lag, in der Anhänglichkeit an ihre Landesregierung befestigt zu haben. Allein das Gelingen ihrer Wirksamkeit beruht nicht sicherer auf dem wissenschaftlichen Werte ihrer Lehren, als auf ihrer persönlichen Unbescholtenheit. Sobald sie vor der studierenden Jugend als Männer erscheinen, die mit ihren Eiden ein leichtfertiges Spiel treiben, eben sobald ist der Segen ihrer Wirksamkeit dahin.

Göttingen, den 18. November 1837
F. C. Dahlmann, E. Albrecht, Jakob Grimm, Wilhelm Grimm, G. →Gervinus, H. Ewald, Wilhelm Weber.«

Daladier, Édouard
mehrmaliger französischer Ministerpräsident
** 18. 6. 1884 Carpentras, Dép. Vaucluse*
† 10. 10. 1970 Paris
Seit 1924 bekleidete D. Ministerposten verschiedener Ressorts, 1927–1931 war er Vors. der Radikalsozialist. Partei. In den 30er Jahren Minister-Präs. (1933, 1934, 1938–1940) bzw. Kriegs-Min. (1934 bis 1938), suchte er in Anlehnung an die brit. Appeasementpolitik durch Entgegenkommen eine Entspannung im Verhältnis zum nat.-soz. Dtschld. und unterzeichnete das Münchener Abkommen 1938. Nach dem dt. Überfall auf die Rest-Tschechoslowakei 1939 gab er jedoch mit Neville →Chamberlain eine Garantieerklärung an Polen ab und trat nach dem dt. Überfall auf Polen mit England in den 2. Weltkrieg ein. Von der Vichy-Regierung 1940 verhaftet, wurde er an Dtschld. ausgeliefert und interniert (1943–1945). 1946–1958 Abg., 1947–1954 Präs. der Linksrepublikan. Sammlungsbewegung, 1957/58 Partei-Vors., führte er die Opposition der Radikalsozialisten gegen Charles de →Gaulle.

Dalai-Lama

tibetanischer Priesterfürst (Großlama)
seit 1940
** 6. 6. 1935 Takser bei Kumbum, Osttibet*

(Eigentl. *Tanchu Dhondup*; mongolisch »Dalai« = »Ozean des Wissens«, tibet. »Lama« = »Priester«). Der D. L. ist neben dem Pantschen-rin-po-tsche der höchste geistliche Würdenträger des tibetanischen Lamaismus. Er gilt als Verkörperung der göttlichen Wesenheit der Barmherzigkeit und allumfassenden Liebe, des Bodhisattva Awalokiteshwara. Nach dem Ableben eines D. L. offenbart er sich erneut in einem aufgrund bestimmter Vorzeichen zu erkennenden neugeborenen Kind (Chubilghanische Erbfolge). Als erster D. L. gilt Gendün Truppa (* 1391, † 1475), Neffe des Begründers des reformierten Lamaismus, Tsong-kha-pa, und seit 1438 Abt des Klosters Ganden in Lhasa.
Seit 1642 bis zur chines. Annexion 1952 übten die D. L.s (mit kürzeren Unterbrechungen) von ihrer Residenz, dem Potala-Palast in Lhasa, aus auch die weltliche Herrschaft über Tibet aus. Der 14. D. L. (Mönchsname *Tenzin Gyatzu*) floh 1959 nach einem von chines. Truppen niedergeschlagenen Aufstand aus dem seit 1950 von China besetzten Tibet und lebt in Dharmsala in Indien im Exil. Hier pflegt er die tibetan. Kultur und wirkt für seine friedl. Rückkehr und die Unabhängigkeit seines Landes. Sein Engagement für die Menschenrechte und die gewaltfreie Lösung internationaler Konflikte wurde 1989 mit dem Friedensnobelpreis gewürdigt.

Dalberg, Karl Theodor von

deutscher Erzkanzler
1802–1813
** 8. 2. 1744 Herrnsheim bei Worms*
† 10. 2. 1817 Regensburg

Der Reichsfreiherr wurde 1802 Erzbischof von Mainz und damit letzter Kurfürst und Erzkanzler des Heiligen Römischen Reiches. Nach der Säkularisierung der kirchl. Herrschaftsgebiete durch den Reichsdeputationshauptschluß 1803 wurde er mit der Territorialherrschaft über Regensburg, Aschaffenburg und Wetzlar, wo er schon Erzbischof war, entschädigt. Auch den Titel des Erzkanzlers behielt er. Als von →Napoleon I. abhängiger Fürstprimas des Rheinbunds (seit 1806) bemühte er sich vergeblich um eine Reorganisation des Reiches und die Schaffung einer von Rom weniger abhängigen Kath. Nationalkirche. Während er 1810 Regensburg abtreten mußte, erhob ihn Napoleon zum Großherzog von Frankfurt. Nach dem Zusammenbruch des Rheinbunds 1813 verblieb D. nur noch das Erzbistum Regensburg. Mit engen Beziehungen zur Weimarer Klassik engagierte er sich als reger Förderer der Kultur und bedeutendster Vertreter der kath. Aufklärung in Deutschland.

Damasus I.
Papst 366–384
** um 305 Rom (?)*
† 11. 12. 384 Rom
Erst nach langen Auseinandersetzungen mit dem Gegenpapst Ursinus (366/67) konnte sich D. allg. Anerkennung verschaffen. Indem er dem röm. Staat Zugeständnisse an die geistliche Gerichtsbarkeit

abrang und den Primat Roms gegenüber den Kirchen des Ostens durchsetzte, begründete er die Machtstellung der römischen Kirche. →Hieronymus erteilte er den Auftrag, die Bibel neu ins Lateinische zu übersetzen. Heiliger (Fest. 11. 12.).

Danby, Thomas Osborne
britischer Staatsmann
** 20. 2. 1632*
† 26. 7. 1712 Easton Neston, Northamptonshire
(*Earl of D.* ab 1674 und *Duke of Leeds* ab 1694). Seit 1665 im Unterhaus, wurde D. 1673 Lord Treasurer (Schatzkanzler) und erster Minister →Karls II. Um sich gegen Antony Ashley →Shaftesburys »Landpartei« im Unterhaus die Mehrheit zu sichern, nutzte er den Patronagefonds der Krone zum Aufbau einer »Hofpartei«, aus der später die Tory-Partei hervorging. Außenpolitisch verfolgte er einen gegen die geheimen Verbindungen Karls nach Frankreich gerichteten antifranzös. Kurs. 1679 wurde er jedoch gestürzt und unter Amtsanklage gestellt, als bekannt wurde, daß er einen geheimen Subsidienvertrag mit Frankreich ausgehandelt hatte, der Karl größere Bewegungsfreiheit gegenüber dem Parlament verschaffen sollte. 1679–1684 war D. im Tower inhaftiert. 1688/89 hatte er mit der Einladung an →Wilhelm III. von Oranien, die er mit sechs weiteren Konspirateuren aussprach, wesentlichen Anteil an der Glorious Revolution, verlor aber nach einer neuerl. Amtsanklage 1695 wegen Bestechung durch die East India Company seine Ämter (1699).

Danckelman, Eberhard *Freiherr von*
brandenburgisch-preußischer Staatsbeamter
** 23. 11. 1643 Lingen*
† 31. 3. 1722 Berlin

Der Erzieher und Vertraute des späteren Königs →Friedrich I. von Preußen nahm schon vor dessen Regierungsantritt 1688 als Wirklicher Geheimer Staats- und Kriegsrat faktisch die Funktion des leitenden Ministers wahr. Die Außenpolitik gestaltete er im Sinne des Großen Kurfürsten. Mit seinen vom Zwang zum Sparen geprägten inneren Reformen und seinem strengen Calvinismus machte er sich Feinde am Hofe. 1697 fiel er in Ungnade und wurde auf Betreiben der Königin Sophie Charlotte bis 1707 in Spandau und Peitz inhaftiert. 1713 wurde er rehabilitiert, blieb danach jedoch politisch einflußlos.

Dandolo, Enrico
Doge von Venedig 1193–1205
** um 1108 Venedig*
† 14. 6. 1205 Konstantinopel
D. entstammte einer der ältesten venezianischen Patrizierdynastien und war, obschon etwa achtzigjährig in das Amt gewählt, der bedeutendste der vier Dogen dieser Familie. Vom byzantinischen Kaiser →Manuel I. Komnenos war er 1173 als Gesandter Venedigs geblendet worden. Als Venedig den 4., von Papst →Innozenz III. gegen Palästina gerichteten Kreuzzug mit Schiffen und Mannschaften ausgerüstet hatte, ließ er 1202 zum Entgelt die katholische Stadt Zara (Zadar) für Venedig einnehmen. Vom Papst deswegen gebannt, eroberte er mit dem Kreuzfahrerheer statt des Heiligen Landes Dalmatien und – unter Massakern und Plünderungen – Konstantinopel (1204). Bei der Teilung des Byzantinischen Reichs sicherte er Venedig drei Achtel und außerdem die Dominanz im neubegründeten Lateinischen Kaiserreich, das bis 1261 bestand. Mit der Errichtung zahlreicher Stützpunkte, der Einnahme Kretas und Rhodos' sowie der Verfügung über das ehemals byzantinische Monopol der Seidenraupenzucht schuf er die Grundlage für die Vorherrschaft Venedigs im östlichen Mittelmeer und im Schwarzen Meer.

Danew, Stojan Petrow
bulgarischer Ministerpräsident 1901–1903, 1913
** 7. 2. 1858 Schumen*
† 29. 7. 1949 Sofia
D. verfolgte innerhalb der Liberalen Partei eine rußlandfreundliche Politik, von der er sich Unterstützung für bulgarische Ansprüche auf Makedonien erwartete. Nach dem 1. Balkankrieg (Bulgarien mit Montenegro und Serbien gegen das Osmanische Reich 1912/13) vertrat er sein Land bei den Londoner Friedensverhandlungen. 1913 erneut Min.-Präsident, hoffte er im 2. Balkankrieg (gegen Serbien, Rumänien, Montenegro und das Osmanische Reich) vergeblich auf russ. Unterstützung und verlor im Frieden von Bukarest die Gewinne aus dem 1. Balkankrieg. Nach der Niederlage an der Seite der Mittelmächte 1918 übernahm D. als Führer der fortschrittlichen Liberalen zwischen 1918 und 1921 Ministerämter verschiedener Ressorts.

Danton,
Georges Jacques

französischer Revolutionär
** 28. 10. 1759 Arcis-sur-Aube*
† 5. 4. 1794 Paris

Der Advokat (1785–1791), ein mitreißender Agitator und energischer polit. Aktivist, war eine der schillerndsten Persönlichkeiten der Französ. Revolution. Er peitschte zum Sturm auf die Bastille auf (1789), gründete mit Jean Paul →Marat, Jacques R. →Hébert und Caille →Desmoulins den radikalen Klub der Cordeliers (1790), betrieb den Sturz des Königtums und führte die Demonstration radikaler Republikaner (Jakobiner) auf dem Marsfeld mit an, die von →La Fayette brutal zerschlagen wurde (1791). Als Justiz-Min. institutionalisierte er den jakobin. Terror und veranlaßte die »Septembermorde« (1792) gegen Anhänger der Monarchie. Als Kriegskommissar mobilisierte er den französ. Patriotismus gegen europ. Monarchien und begründete die Annexion Belgiens (1793) mit dem Prinzip der »natürlichen Grenzen« Frankreichs. Mit der Einrichtung eines außerordentl. Gerichtshofs schuf er den Vorläufer des Revolutionstribunals. Im Konvent Mitgl. der Bergpartei, stürzte er die Girondisten und ging mit Maximilien de →Robespierre gegen die Hébertisten vor. Zunächst Präs. des von ihm initiierten Wohlfahrtsausschusses, wurde er 1793 von Robespierre gestürzt, nachdem er sich nach dem Sieg der Jakobiner gegen den zunehmenden Terror im Namen der Revolution gewandt hatte. Auf Veranlassung Robespierres verhaftet, wurde er in einem aufsehenerregenden Prozeß zum Tode verurteilt und mit 13 Gefolgsleuten guillotiniert (1794). Sein Schicksal fand vielfältige literarische Bearbeitung, u. a. im Drama »D.s Tod« von Georg Büchner (1835). (▷ Chronik Zitat)

»Die Revolution ist in Gefahr«

Chronik Zitat

Georges Jacques Danton, seit August 1792 Justizminister, rief den Nationalkonvent am 20. September 1792 zur kompromißlosen Fortführung der Revolution auf (Auszug):

»Bürger, endlich muß ich euch die Wahrheit sagen; unverfälscht werde ich sie euch sagen. Ja, ihr tut nicht eure Pflicht! Tausend Gefahren umringen euch, und ihr beratschlagt! Und ergreift halbe Maßnahmen! Reißt doch die revolutionäre Gewalt an euch, die allein die Feinde zerschmettern kann: Seid Volk, wenn ihr wollt, daß dieses Volk durch euch und mit euch handelt! Ihr beklagt euch, daß Aufwiegler es irreleiten und zu Gewalttätigkeiten hinreißen. ... Mischet ihr euch aber unter das Volk, wenn ihr nicht mehr im Amt seid, dann würde dieses nämliche Volk auf die Vernunft hören; denn achtet wohl darauf, die Revolution kann nur vom Volk selbst vollendet werden; das Volk ist ihr Werkzeug, und euch kommt es zu, dieses Werkzeug zu lenken.
Revolutionen wecken alle Leidenschaften. Eine große, in Revolution begriffene Nation ist wie Metall, das im Schmelzofen brodelt. Hütet euch, die Statue der Freiheit ist noch nicht gegossen; hütet euch, das Metall ist im Fluß, der Ofen glüht, der Ofen der Freiheit brennt, und wenn ihr ihn nicht zu lenken versteht, werdet ihr alle von ihm verzehrt... Wenn die Freunde der Freiheit nicht geachtet werden, die Vertreter des Volkes, die Kinder des Volkes – denn wir sind seine Kinder und nicht seine Väter – nicht vom nationalen Vertrauen umgeben sind, dann wankt die Freiheit, und das Vaterland ist nicht mehr.
Da man öffentlich die Gegenrevolution vorschlägt, die guten Bürger beschimpft, da man in allen Städten die Gegenrevolution predigt und allem Beifall spendet, was das Unglück der Republik ankündigt, ... gegenüber all dem sage ich, erkläre ich, daß jedweder, der den Mut besitzt, vor mir den Wunsch zu äußern, die Gegenrevolution herbeizuführen und die Tatkräftigen, wie man schon tat, herauszufordern, dafür von meiner Hand büßen wird; und dann mag mein Haupt fallen! – Dann habe ich wenigstens der Nachwelt ein großes Beispiel gegeben.«

Dareios, von altpersisch »der das Gute bewahrt«, lateinisch Darius; altpersische Großkönige aus der Dynastie der Achämeniden

Dareios I., *der Große*
Großkönig 522–486 v. Chr.
† 486 v. Chr.
D., einer der bedeutendsten Perserkönige, entstammte einer Nebenlinie der Achämeniden und konnte nach dem Tod von →Kambyses II. erst nach Ermordung des zoroastrischen Magiers →Gaumata, der die Herrschaft usurpiert hatte, den Thron besteigen. Nach der Niederwerfung von Aufständen im Reich (Babylon 520) expandierte er das Weltreich der Achämeniden von Mittelasien und vom Indus bis nach Libyen, konnte Griechenland jedoch nicht unterwerfen. Mit seiner Strafexpedition gegen Athen und Euböa, die den Ionischen Aufstand (500/499–494) unterstützt hatten, scheiterte er, als seine Flotte am Berg Athos zerschellte (492). Dieser Katastrophe folgte im 1. Perserkrieg, in dem er sich des griech. Kernlandes zu bemächtigen suchte, die Niederlage gegen die Athener bei Marathon (490).
Mit seinen innenpolit. Maßnahmen zentralisierte D. die Verwaltung und die Infrastruktur des Reichs, indem er mit dem »Dareikos« eine stabile Reichswährung einführte, eine regelmäßige Jahressteuer festsetzte, das Recht kodifizierte, einen königl. Postkurierdienst einrichtete, Königsstraßen zwischen der Hauptstadt und den Provinzen anlegen und große Paläste in Susa, Ekbatana und Persepolis bauen ließ. Darüber hinaus ließ er den 20 Satrapien (Statthalterschaften), in die das Reich neu eingeteilt wurde, weitgehende innere Autonomie. Nach Eroberung Ägyptens (515) ließ er den von →Necho II. begonnenen Bau des Kanals vom Nil zum Roten Meer vollenden. D. war Vater von →Xerxes I., der ihm auf den Thron folgte.

Dareios II. Nothos *(auch* **Ochos***)*
Großkönig 423–404 v. Chr.
† 404 v. Chr. Babylon
Unter der Herrschaft des Sohnes von →Artaxerxes I. zerfiel das Reich durch Aufstände, Korruption und dynastische Intrigen. Mit seinem Gold half er den Spartanern, den Peleponnes. Krieg (431–405) gegen Athen zu gewinnen. In den Nachfolgekämpfen nach seinem Tod, in denen sich →Artaxerxes II. gegen seinen Bruder Kyros durchsetzte, konnte Pharao Amyrtaios (um 399) Ägypten 404 aus der im Jahr 525 durch →Kambyses II. errichteten persischen Fremdherrschaft lösen (bis 343).

Dareios III. Kodomannos
Großkönig 335–330 v. Chr.
** um 380 v. Chr.*
† 330 v. Chr. bei Hekatompylos (heute Damgan, Iran)
Der Urenkel von →D. II. und letzter König der Achämenidendynastie gelangte mit Hilfe des Eunuchen Bagoas an die Macht, der zuvor die Könige Artaxerxes III. (359–338) und Arses (338–336) vergiftet hatte. Die Expansion →Alexanders III., (d. Gr.), vermochte er nicht aufzuhalten und wurde von ihm 333 bei Issos und 331 bei Gaugamela besiegt und von dem Satrapen Bessos auf der Flucht ermordet.

Darlan, François
französischer Offizier und Vichy-Minister 1940–1942
** 7. 8. 1881 Nérac*
† 24. 12. 1942 Algier

Seit 1939 Oberbefehlshaber der Kriegsmarine, trat D. 1940 in die Vichy-Regierung ein und war als designierter Nachfolger Philippe →Pétains neben diesem die zentrale polit. Gestalt im unbesetzten, mit Dtschld. kollaborierenden Teil Frankreichs. Im April 1942 trat er aus der Regierung aus und übernahm den Oberbefehl über die französ. Streitkräfte. Nach der Landung der Alliierten in Nordafrika (Nov. 1942) ging er zu ihnen über, ließ sich von Dwight D. →Eisenhower als Hochkommissar einsetzen und schloß einen von Pétain insgeheim gebilligten Waffenstillstand. Kurz darauf wurde er ermordet.

Darnley, Henry Stuart
Gatte Maria Stuarts
** 7. 12. 1545 Temple Newsam, Yorkshire*
† 10. 2. 1567 Edinburgh
(*Earl of Ross* und *Duke of Albany*). Gegen den Widerstand des schott. Adels und der schott. Kirche wurde D. zweiter Gatte →Maria Stuarts. An der Ermordung von Marias Günstling David Rizzio (* um 1533, † 1566) beteiligt, fiel er in Ungnade und wurde wahrscheinlich unter Mitwissen Marias durch ihren Geliebten Bothwell (* um 1536, † 1578) ermordet, der ihr dritter Gatte wurde. Vater des späteren engl. Königs →Jakob I.

Daud Khan, Sardar Mohammed
afghanischer Staatspräsident 1973–1978
** 1909 Kabul*
† 27. 4. 1978 Kabul
Der Vetter und Schwager des Exkönigs Mohammed Zahir Schah wurde 1950 Verteidigungs-Min. und 1953 Regierungschef (bis 1963). 1973 stürzte er die Monarchie, proklamierte die Republik und übernahm die Macht. Die von ihm versprochenen Reformen, mit denen er das Land demokratisieren und modernisieren wollte und für die er von der UdSSR wie vom Westen Wirtschaftshilfe empfing, brachte er jedoch nur schleppend in Gang. 1978 wurde er durch einen Militärputsch gestürzt und erschossen.

Daun, Leopold Joseph Graf von
Fürst von Thiano
österreichischer Feldmarschall seit 1754
** 24. 9. 1705 Wien*
† 5. 2. 1766 Wien
D. hatte Anteil an österreichischen Erfolgen im Polnischen Erbfolgekrieg (1733–1735), im 7. Türkenkrieg (1737–39) und im Österr. Erbfolgekrieg (1740–1748), bevor er im Auftrag →Maria Theresias ab 1748 das Heer reorganisierte, die Militärakademie in der Wiener Neustadt gründete und deren Leitung übernahm (1752). Im Siebenjährigen Krieg erfocht der vorsichtige Taktiker und auf dem Schlachtfeld bedeutendste Gegenspieler →Friedrichs II. (d. Gr.), u. a. die österreichischen Siege bei Kolin (1757), Hochkirch (1758) und Maxen (1759), erlitt jedoch die Niederlage bei Leuthen (1757) und verlor 1760 die entscheidende Schlacht bei Torgau. 1762 wurde er Präsident des Hofkriegsrates.

David
König von Juda und Israel
um 1000–um 965 v. Chr.
** um 1040 v. Chr.*
† um 965 v. Chr.
D. aus dem Stamme Juda folgte seinem Schwiegervater →Saul als zweiter König von Israel. In Kämpfen gegen übermächtige Feinde (Sage von D. und Goliath, 1. Samuel 17) vereinte er die zwölf israelit. Stämme zu einem jüd. Großreich und erhob das eroberte Jerusalem zur Hauptstadt. Als Priesterkönig schuf er mit der Überführung der von den Philistern zurückeroberten Bundeslade (die das Bündnis mit Gott verkörperte) auf den Berg Zion ein Zentrum des Jahwe-Kults, das den Kern des jüd. Staates darstellte. D. förderte Handel und Verkehr, vereinheitlichte das Rechtswesen, zentralisierte die Verwaltung und veranlaßte eine Volkszählung. Unter seiner Herrschaft erlebte das junge jüd. Reich eine kulturelle und wirtschaftl. Blüte. Gleichwohl mußte D. mehrere Aufstände, darunter einen seines Sohnes Absalon, niederschlagen. In der Thronfolge setzte sich →Salomo durch, sein Sohn aus dem Liebesverhältnis mit der Hethiterin Bathseba. Weitere Nachkommen regierten bis 586 v. Chr. in Jerusalem.
Indem D. den Juden als zentrale Gestalt seit Moses galt und Inbild eines idealen Herrschers im goldenen Zeitalter war, richteten sich ihre Hoffnungen nach seinem Tod auf einen Messias (hebr. = »der Gesalbte«) aus seiner Dynastie, der nach D.s Vorbild das Reich wiederherstellen und die Ära des Friedens einleiten würde. Auch der christl. Messias →Jesus beanspruchte die Abstammung aus dem Hause D. Ob die D. zugeschriebenen Psalme des AT von ihm stammen, ist ungeklärt. Die Gestalt und der Mythos D.s fand vielfältige künstler. Gestaltung.

Davis, Jefferson
Präsident der amerikanischen Südstaaten 1861–1865
** 3. 6. 1808 Todd, Kentucky*
† 6. 12. 1889 New Orleans
Der Gegenspieler Abraham →Lincolns im Sezessionskrieg (1861–1865) war Plantagenbesitzer in Mississippi, Berufsoffizier, Kriegs-Min. (1853 bis 1857) und Senator der Demokrat. Partei (1847 bis 1851, 1857–61), bevor er 1861 zum Präs. der Konföderation der Südstaaten gewählt wurde. Als Verfechter der Unabhängigkeit führte er sie in den Sezessionskrieg, doch es gelang ihm nicht, die Teilinteressen der Südstaaten zugunsten einer einheitl., strategisch angelegten Kriegführung zu überwinden. Nach der Niederlage des Südens wurde er zwei Jahre (1865–1867) ohne Gerichtsurteil in Haft gehalten.

Dawes, Charles Gates
US-amerikanischer Finanzpolitiker
** 27. 8. 1865 Marietta, Ohio*
† 23. 4. 1951 Evanston, Illinois
D. war unter Präs. William →McKinley Währungsbeauftragter, im 1. Weltkrieg Brigadegeneral und 1921/1922 Direktor des Budgetbüros der US-Regierung

unter Präsident Warren G. →Harding. Als Vors. einer internationalen Sachverständigenkommission arbeitete er die Grundsätze für den nach ihm benannten D.-Plan aus. Dieses 1924 geschlossene internationale Abkommen regelte die Reparationsleistungen Deutschlands (1–2,5 Mrd. Goldmark jährlich) und gewährte ihm zugleich einen Kredit (800 Mill.) zur Stützung der Währung. 1928 wurde der Plan vom Young-Plan abgelöst. Der Republikaner war 1925 bis 1929 Vize-Präs. der USA unter Präsident Calvin →Coolidge, 1929 Botschafter in London und seit 1933 Vors. der City National Bank in Chicago. Für seine Verdienste bei der Regelung der Reparationsfrage erhielt er 1925 (zusammen mit Joseph A. →Chamberlain) den Friedensnobelpreis.

Dayan, Moshe
israelischer General und Staatsmann
** 20. 5. 1915 Kibbuz Deganya*
† 16. 10. 1981 Tel Aviv
Als in Palästina geborener »Sabre« kämpfte D. schon als Jugendlicher während der brit. Mandatsherrschaft in der jüd. Militärorganisation Hagana (»Selbstwehr«) und erwarb sich ersten Kriegsruhm im 1. Nahostkrieg 1947/48. Als Generalstabschef (1953–1957) leitete er 1956 den siegreichen Sinai-Feldzug und als Verteidigungs-Min. (in der Regierung Levi →Eschkol) 1967 den ebenfalls erfolgreichen Sechstagekrieg. Für den weniger glanzvollen Ausgang des Jom-Kippur-Kriegs (1973) verantwortlich gemacht, trat er 1974 zurück. 1977 verließ er die Arbeiterpartei, wurde Außenminister im Kabinett Menachem →Begin und war maßgebend beteiligt am Friedensschluß mit Ägypten 1979. An einer weitergehenden Lösung des Nahostkonflikts interessiert und zur Verständigung mit den Palästinensern bereit, schied er 1979 wegen Begins kompromißloser Siedlungspolitik in den besetzten Gebieten aus der Regierung aus.

Deák, Ferenc (Franz)
ungarischer Staatsmann
** 17. 10. 1803 Söjtör, Komitat Zala*
† 29. 1. 1876 Budapest
D. war als Führer der liberalen Opposition im ungar. Reichstag maßgebend an der Reformverfassung beteiligt, die unter dem Eindruck der Revolution 1848 verabschiedet wurde. Im März 1848 zum ungar. Justiz-Min. ernannt, trat er im Konflikt mit der von Wien betriebenen zentralist. und reaktionären Politik zurück und führte die gemäßigte Opposition. Seit 1861 wieder Mitglied des österr. Reichstags, steuerte er als zentrale Gestalt des politischen Lebens in Ungarn auf den österr.-ungar. Ausgleich zu, der 1867 realisiert wurde.

Debré, Michel Jean-Pierre
französischer Premierminister 1959–1962
** 15. 1. 1912 Paris*
Seine politische Laufbahn begann D. als Mitglied der französischen Exilregierung in Algier (1943/1944). Er gründete die sozialrepublikan. Union pour la Nouvelle République (UNR) mit (1958/59) und opponierte als Senator (1948–1958) gegen die Einrichtung der Europ. Verteidigungsgemeinschaft (EVG, 1952–1954 gescheitert) und des Gemeinsamen Marktes in der Europ. Wirtschaftsgemeinschaft (EWG, 1957). Als eine der bedeutenden politischen Führungsfiguren Frankreichs in den sechziger Jahren prägte er in zentralen Staatsämtern (1959 bis 1962 Premier-Min., 1966–1968 Finanz- und Wirtschafts-Min., 1968 Außen-Min., 1969–1973 Verteidigungs-Min.) unter den Staats-Präs. Charles de →Gaulle und Georges →Pompidou das gaullistische Frankreich der V. Republik mit. 1988 wurde er in die Académie Française aufgenommen.

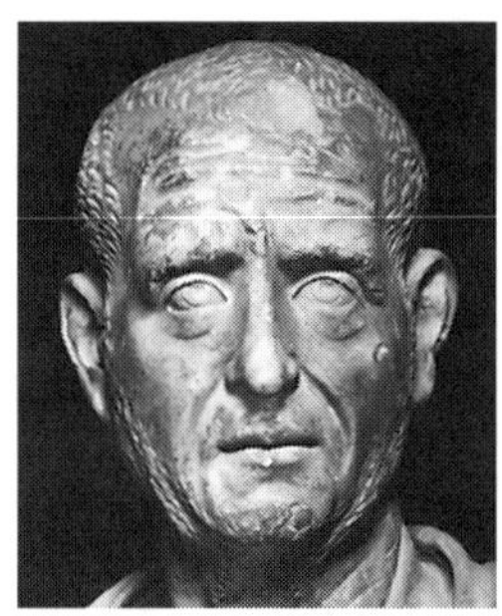

Decius *(Gaius Messius Quintus Traianus D.)*
römischer Kaiser 249–251
** zw. 190 und 200 Sirmium oder Budalia (Unterpannonien)*
† 251 bei Abrittus

D., ein illyr. Adliger, der von Kaiser Philippus Arabs (244–249) den Oberbefehl über die Truppen in Pannonien und Mösien erhalten hatte, wurde von diesen 249 gegen seinen Willen zum ersten Kaiser pannon.-illyr. Abstammung ausgerufen und zum Kampf gegen Philippus gezwungen, den er bei Verona besiegte. Als überzeugter Vertreter und Erneuerer altröm. Tradition und zur Vereinheitlichung des zerrissenen Reiches forderte er (außer von den Juden) das Kaiseropfer (Huldigung des Kaisers als Gott) und löste damit 249 die erste große Christenverfolgung im ganzen Röm. Reich aus, die bis zu seinem Tod andauerte. Er fiel im Kampf gegen die nach Thrakien eingedrungenen Goten, die er hinter die Donau zurückgeworfen hatte.

De Gasperi, Alcide

italienischer Minister-präsident 1945–1953
** 3. 4. 1881*
Pieve Tesino bei Trient
† 19. 8. 1954 Sella di Valsugana, Prov. Trient

D. G., der (als Vertreter der Tiroler Irredenta) 1911 bis 1918 Abg. im österr. Reichsrat war, gründete 1919 mit Don Luigi Sturzo (* 1871, † 1953) die Italien. Volkspartei (PPI), als deren Abg. im italien. Parlament er sich 1924 am Auszug der Opposition auf den Aventin beteiligte. Nach dem Verbot seiner Partei als Gegner Benito →Mussolinis 1927 zu Gefängnis verurteilt und 1929 vorzeitig freigelassen, fand er als Bibliothekar Asyl im Vatikan und beteiligte sich während des 2. Weltkriegs am Widerstand. Als Vors. der von ihm 1942 mitgegründeten Democrazia Cristiana (DC, 1946–1954) übernahm er nach dem Sturz Mussolinis entscheidende polit. Funktionen (1944–1946 und 1951–1953 Außen-Min.). Als Min.-Präs. einer Koalition unter Einschluß der Kommunisten, schloß er 1946 mit dem österr. Außen-Min. Karl →Gruber ein Abkommen über die Autonomie für Südtirol (Gruber-De Gasperi-Abkommen). Innenpolitisch gelang ihm die Abwehr kommunist. Umsturzpläne, die Festigung der Demokratie und die Durchsetzung der Unabhängigkeit seiner Partei als bürgerl. Sammelpartei gegenüber vatikan. Lenkungsansprüchen. Außenpolitisch war er einer der Wegbereiter der europ. Einigung und führte Italien in das westliche Bündnis.

Degrelle, Léon
belgischer Faschistenführer
** 15. 6. 1906 Bouillon*
† 31. 4. 1994 Malaga
Der Führer des belg. Faschimus gründete 1930 die kath.-faschist. Rexistenbewegung, organisierte im 2. Weltkrieg nach der dt. Besetzung Belgiens die Kollaboration und kämpfte 1942–1945 mit der von ihm aus SS-Freiwilligen zusammengestellten Wallon. Legion im Rahmen der Waffen-SS in Rußland. 1945 wurde er in Abwesenheit von einem belg. Kriegsgericht zum Tode verurteilt, entkam aber ins spanische, später ins ägypt. Exil, wo er den arab. Kampf gegen Israel unterstützte.

Dehler, Thomas
Bundesvorsitzender der FDP 1954–1957
** 14. 12. 1897 Lichtenfels*
† 21. 7. 1967 Streitberg
Als Mitglied der Dt. Demokrat. Partei (DDP) seit 1919 gründete der Rechtsanwalt zusammen mit anderen Verteidigern der Demokratie 1924 das Reichsbanner Schwarz-Rot-Gold. Seit 1946 Vors. der bayer. FDP, war er 1948/49 Mitgl. des Parlamentar. Rates, 1949–1967 MdB. Seit 1949 Bundes-Min. der Justiz, trat er 1953 nach Konflikten mit Konrad →Adenauer zurück und machte sich als Bundes-Vors. der FDP zu dessen liberalem Gegenspieler. 1960–1964 war er Vize-Präs. des Dt. Bundestages.

Delbrück, Clemens von
deutscher Politiker
** 19. 1. 1856 Halle (Saale)*
† 18. 12. 1921 Jena
Der Neffe Rudolf v. D.s und Vetter von Hans →D. war 1905–1909 preuß. Handels-Min., 1909–1916 Staatssekretär des Innern. Im 1. Weltkrieg suchte er als enger Mitarbeiter Theodor v. →Bethmann Hollwegs das Konzept einer innenpolit. »Neuorientierung« zu verwirklichen. Im Okt. 1918 war er letzter Chef des kaiserl. Zivilkabinetts. In der Deutschnationalen Volkspartei (DNVP), die er im November 1918 mitgründete, konnte er seine republiktreuen Vorstellungen nicht durchsetzen.

Delbrück, Hans
deutscher Historiker und Politiker
** 11. 11. 1848 Bergen, Rügen*
† 14. 7. 1929 Berlin
Der Schüler Heinrich v. →Sybels wurde 1895 als Nachfolger Heinrich v. →Treitschkes Prof. in Berlin. Liberal-fortschrittlich orientiert und Experte für die Kriegsgeschichte (»Geschichte der Kriegskunst im Rahmen der polit. Geschichte«, 1900–1920), stieß D. mit einigen Thesen auf starke Kritik der offiziellen Militärhistorie. Als freikonservativer Abg. im preuß. Abgeordnetenhaus (1882–1885) und des Reichstags (1884–1890) entwickelte er sich zu einem entschiedenen Gegner des Alldt. Verbands und der Vaterlandspartei. Nach dem 1. Weltkrieg kritisierte er die dt. Kriegführung und bekämpfte die »Dolchstoßlegende«, lehnte aber auch Kriegsschuldthese der Alliierten ab. Sein Onkel Rudolf v. D. (* 1817, † 1903) war als Präs. des Reichskanzleramts (1867–1876) und preuß. Staats-Min. (1869 bis 1876) wichtigster Mitarbeiter →Bismarcks beim inneren Ausbau des Dt. Reiches.

Delcassé, Théophile
französischer Staatsmann
** 1. 3. 1852 Pamiers, Dép. Ariège*
† 22. 2. 1923 Nizza
Der Journalist, seit 1889 als gemäßiger Radikaler Mitgl. der Kammer, war 1893/94 Kolonial-Min. und wurde im Kabinett Brisson Außen-Min. (1898 bis 1905). Sein u. a. von der dt. »Weltpolitik« genährtes Mißtrauen gegenüber Dtschld. setzte D. in eine beharrliche Politik der Überwindung der französ. Isolierung um. Während seine expansive Afrikapolitik zunächst noch einen Zusammenstoß mit England riskierte, leitete er mit dem Nachgeben in der Faschoda-Krise 1898 einen Entspannungsprozeß ein, der 1904 von der Entente Cordiale mit dem ehemaligen Konkurrenten gekrönt wurde. Unter dt. Druck im Zuge der 1. Marokkokrise (1905/06) entlassen, war er zwischenzeitl. Marine-Min. (1911 bis 1913) und Botschafter in St. Petersburg (1913/14), bevor er 1914/15 wieder Außen-Min. wurde und das mit den Mittelmächten verbündete Italien für die Entente gewinnen konnte.

Delors, Jacques
französischer Präsident der EG-Kommission 1985–1994
** 20. 7. 1925 Paris*

Der Wirtschaftsfachmann und Bankier trat 1974 in die Sozialist. Partei (PS) ein, profilierte sich als wirtschaftspolit. Sprecher François →Mitterrands und begann als »Superminister« für Wirtschaft und Finanzen (1981–1984) mit der Sanierung der in einer tiefen Krise steckenden französ. Wirtschaft. Seit 1985 mehrfach wiedergewählter Präs. der Europ. Kommission in Brüssel, bereitete er die Maastrichter Verträge über die polit. Einigung Europas vor (1992) und realisierte entsprechend dem von ihm vorgelegten D.-Plan eine Reform der Agrarpolitik und der Finanzstruktur der Gemeinschaft, die auf die Herstellung einer für 1999 vorgesehenen Währungsunion abzielt. Mit Nachdruck und diplomat. Geschick betrieb er die Einrichtung des freien Binnenmarkts (1992/93) und den Übergang der EG zur Europäischen Union (EU).

Demetrios
König von Baktrien um 190–um 175
Als Herrscher Baktriens, der vom Seleukidenreich abgefallenen ehemaligen Satrapie der Achämenidenherrscher, eroberte D. die Ostprovinzen des Seleukidenreichs und expandierte in das Gebiet des nach →Aschoka zerfallenen Maurya-Reichs bis zur Hauptstadt Pataliputra am mittleren Ganges. Zeugnis seiner Herrschaft als Begründer des riesigen graecobaktrischen Reichs, das die Kulturen der Griechen, Iraner und Inder verband, geben hauptsächlich Münzprägungen. Er fiel im Kampf gegen einen von den Seleukiden unterstützten Usurpator. Beim Einfall der Skythen einige Jahrzehnte nach seinem Tod (um 130) ging sein Reich unter.

Demetrios I. Poliorketes
König von Makedonien 294–287 v. Chr.
** 336 v. Chr. Makedonien*
† 283 v. Chr. Apameia
Als Feldherr an der Seite seines Vaters →Antigonos I. Monophthalmos und von ihm 306 zum Mitkönig erhoben, befreite D. in den Diadochenkämpfen Athen von der Herrschaft des →Kassandros (307). Seinen Beinamen (griechisch »Poliorketes« = »der Städtebelagerer«) erhielt er wegen der Verwendung von Belagerungsmaschinen vor Salamis (auf Zypern) und Rhodos, mit dessen Belagerung er 305/04 scheiterte. Erfolglos blieben er und sein Vater auch mit dem Versuch, mit Hilfe des 302 erneuerten Panhellen. (Korinth.) Bundes das Alexanderreich zu restaurieren. Die entscheidende Niederlage durch →Lysimachos und →Seleukos I. erlitt D. in der Schlacht bei Ipsos (301), in der sein Vater fiel. D. setzte den Kampf mit der ihm verbliebenen Flotte fort. Nach der Rückeroberung Athens 294 wurde er König von Makedonien, mußte aber Lysimachos und →Pyrrhos 287 schließlich auch hier weichen. Sein Versuch, in Kleinasien das Antigonidenreich wieder aufzubauen, wurde von Seleukos I. vereitelt, dem er sich 285 ergeben mußte. Sein Sohn Antigonos II. Gonatas übernahm 276 die Herrschaft in Makedonien und herrschte bis 239.

Demetrius (Iwanowitsch) Donskoi
Großfürst von Moskau und Wladimir 1359/1363–1389
** 12. 10. 1350*
† 19. 5. 1389
(Russisch *Dmitri*). Der Enkel →Iwans I. vereinigte kriegerisch mehrere russ. Teilfürstentümer mit Moskau (»Sammlung russ. Erde«) und befestigte die

Stadt durch eine erste Mauer. 1378 verweigerte er der tartarischen Goldenen Horde den Tribut und schlug sie im Bündnis mit den meisten anderen russ. Fürsten 1380 erstmals in offener Feldschlacht auf dem Kulikowo Pole (Schnepfenfeld) am Don (daher der Beiname »Donskoi«). Dieser Sieg, der den Nimbus der Unbesiegbarkeit der Mongolen erschütterte, galt künftig als ein entscheidendes Datum für das Nationalbewußtsein der Russen, befreite das Land aber noch nicht von der Oberherrschaft der Goldenen Horde. D. ließ 1376 den Kreml bauen.

Demetrius Iwanowitsch
russischer Thronfolger
** 19. 10. 1582*
† 25. 5. 1591 Uglitsch
Der Sohn →Iwans IV. (des Schrecklichen) wurde vom späteren Zaren →Boris Godunow mit seiner Mutter nach Uglitsch verbannt und dort im Alter von acht Jahren ermordet (ob auf Betreiben von Boris Godunow, ist ungeklärt). Die Unsicherheit über seinen Tod verleitete in der »Zeit der Wirren« (Smuta 1598–1613) zum Auftritt falscher Thronfolger (→Pseudodemetrius), die sich als D. ausgaben. 1606 wurde D. I. von der russisch-orthodoxen Kirche heiliggesprochen.

Demirel, Süleiman
Staatspräsident der Türkei seit 1993
** 6. 10. 1924 Islâmköy, Prov. Isparta*
Als Vors. der rechtsgerichteten Gerechtigkeitspartei (1964–1980), errang der Sohn eines Landwirts und Ingenieurs 1965 einen großen Wahlerfolg und war seitdem als konservativer Gegenspieler Bülent →Ecevits siebenmal Min.-Präs. (1965–1971, 1975 bis 1977, 1979/80 und 1991–1993), teils in Koalitionsregierungen (u. a. 1991–1993 mit der sozialdemokrat. SHP). 1971 und 1980 wurde er vom Militär gestürzt. 1987–1993 übernahm er den Vorsitz der Partei des Rechten Weges (DYP), der Nachfolgeorganisation der verbotenen Gerechtigkeitspartei. Prowestlich orientiert, befürwortete er den Verbleib der Türkei in der NATO. Die zunehmenden wirtschaftl. Probleme konnte er unter der Präsidentschaft Turgut →Özals 1989–1993 nicht bewältigen. Obwohl er ankündigte, den Kurden mehr Rechte zu gewähren, weitete sich mit seinem Versuch, die Kurdenfrage militärisch zu lösen, der Kurdenaufstand unter Führung der kurdischen Arbeiterpartei PKK zum Bürgerkrieg aus. Seit 1993 ist D. in der Nachfolge Özals Staatspräsident, die Regierungsgeschäfte übergab er an Tansu →Çiller.

Demosthenes

athenischer Redner und Staatsmann
** 384 v. Chr. bei Athen*
† 322 v. Chr. Kalaureia

Anfangs Anwalt in Privatprozessen (d. h., er schrieb die Reden, die dann sein Mandant vortrug), profilierte sich D. auf dem Weg über polit. Prozesse zu einem der führenden polit. Köpfe Athens. Seitdem →Philipp II. von Makedonien die griech. Freiheit bedrohte, agitierte D. in seinen mitreißenden Reden (»Philippica«) die Athener, ihre Unabhängigkeit zu verteidigen. In der Auseinandersetzung mit der makedonienfreundl. Partei des →Aischines stieg er zum leitenden Staatsmann Athens auf, scheiterte jedoch mit dem von ihm gebildeten Hellen. Bund (Schlacht bei Chaironeia 338). Nach einer ersten erfolglosen Erhebung nach Philipps Tod und der Thronbesteigung →Alexanders d. Gr. verlor D. seine beherrschende Position, führte die Athener jedoch nach Alexanders Tod 323 erneut in einen Aufstand gegen die makedon. Herrschaft (322). Als dieser scheiterte und Athen von den Makedoniern besetzt wurde, tötete er sich durch Gift.
Mit seinen kunstvollen Reden, die von leidenschaftlicher Vaterlandsliebe erfüllt waren, und der bezwingenden Kraft seiner Argumentation gilt D. als bedeutendster Redner der griech. Antike, der zum großen Stilvorbild späterer Rednergenerationen wurde (Attizismus). Etwa 30 der 60 unter seinem Namen erhaltenen Reden gelten als echt.

Demosthenes
Feldherr Athens
† 413 v. Chr.
Während des Peloponnesischen Krieges 427/26 Stratege, führte D. die Athener im Kampf gegen Sparta. 425 errichtete er bei Pylos an der Westküste des Peloponnes einen Stützpunkt, von dem aus er militärische Vorstöße unternahm und Sparta in Bedrängnis brachte. 413 eilte er dem auf Sizilien in Schwierigkeiten geratenen →Nikias mit Verstärkung zu Hilfe, konnte die Niederlage des athenischen Heers jedoch nicht abwenden. Er wurde zusammen mit Nikias von den Syrakusanern hingerichtet.

Deng Xiaoping
führender Politiker Chinas
** 22. 8. 1904 Paifang, Provinz Sichuan*
(Auch *Teng Hsiao-p'ing*). D. gilt nach →Mao Zedong als bedeutendste polit. Persönlichkeit in der Geschichte des kommunist. China. Er trat während seines Studiums in Paris 1924 der KP Chinas bei, nahm 1934/35 am Langen Marsch teil und wurde 1945 Mitglied des ZK. An der Seite Maos stieg er bis 1956 zum Mitglied des Ständigen Ausschusses des Politbüros der KP auf. Während der Kulturrevolution ab 1966/67 als »Machthaber auf dem kapitalist. Weg« angegriffen, wurde er aus allen Staats- und Parteiämtern entlassen und politisch geächtet. Auf Betreiben von →Zhou Enlai wurde er 1973 rehabilitiert, stellvertr. Min.-Präs. und 1975 wieder Mitglied des Ständigen Ausschusses des Politbüros und Generalstabschef. 1976 erneut entmachtet und inhaftiert, wurde er 1977 abermals rehabilitiert und in seine Ämter wieder eingesetzt. 1980 legte er die Staatsämter nieder, behielt aber die Parteiämter und wurde 1981 zusätzlich Vorsitzender der Militärkommission des ZK und 1983 Vors. der (staatl.) Zentralen Militärkommission, d. h. Oberbefehlshaber. 1987 schied er aus den Parteiführungsgremien aus, 1989/90 auch aus den militärischen Ämtern, behielt jedoch überragenden Einfluß.
D. X., der sich nach dem Tod Mao Zedongs (1976) rasch im Machtapparat durchsetzen konnte, war seit 1978 faktisch Parteiführer. Als treibende Kraft der begrenzten Entmaoisierung betrieb er die Verurteilung der von →Jiang Qing angeführten Radikalen (»Viererbande«) und die Rehabilitierung der Opfer der Kulturrevolution, entideologisierte den Arbeitsstil der Partei, förderte eine pragmatischere Wirtschaftspolitik (Abbau des Zentralismus, Auflösung der Kollektivwirtschaften, Zulassung privater Initiativen) und erweiterte die Öffnung zum Westen. Zu einer Liberalisierung des polit. Systems war er jedoch nicht bereit. Ungeachtet zeitweiser internationaler Isolierung unterdrückte er die aufbegehrenden demokrat. Reformbewegungen 1979, 1986/87 und insbes. 1989 (Massaker auf dem Tiananmen-Platz in Peking) und ließ Dissidenten verfolgen. Vom Reformkurs Michail →Gorbatschows distanzierte er sich, leitete jedoch 1989 die Normalisierung der Beziehungen zur UdSSR ein. Nach vorübergehender Rückkehr zur zentralen Wirtschaftslenkung gab D. X. 1992 den Anstoß zur Einführung einer »sozialist. Marktwirtschaft«. Heute erscheint er, obwohl umstritten, als die letzte Integrationsfigur des vom Zerfall bedrohten Riesenreiches.

Derfflinger, Georg,
Reichsfreiherr von (ab 1674)
brandenburgischer Generalfeldmarschall
** 20. 3. 1606 Neuhofen, Oberösterreich*
† 14. 2. 1695 Gusow bei Küstrin
Im Dreißigjährigen Krieg Oberst in der schwed. Armee (1632–1648), nahm ihn der Große Kurfürst →Friedrich Wilhelm 1655 in brandenburg. Dienst, um das Heer zu reorganisieren. Seinen Ruf als größter Reitergeneral seiner Zeit begründete er bei Brandenburgs Beteiligung am Nord. Krieg gegen Polen an der Seite Schwedens (1655/56) und in den Kämpfen gegen die Schweden in den Reunionskriegen nach 1672 (Fehrbellin 1675, Stralsund 1678, Tilsit 1679 u. a.). Seine Erfolge verdankte der Mitbegründer der brandenburg.-preuß. Armee im wesentlichen der von ihm geschaffenen, flexibel einsetzbaren Truppe der Dragoner.

Desai, Morarji Ranchhodji
indischer Premierminister 1977–1979
** 29. 2. 1896 Bhadeli*
† 10. 4. 1995 Bombay
Im ind. Unabhängigkeitskampf als Anhänger Mahatma →Gandhis mehrmals inhaftiert, übernahm D. im unabhängig gewordenen Indien in den Kabinetten Pandit J. →Nehrus und Indira →Gandhis seit 1956 Ministerämter verschiedener Ressorts, nachdem er als Chef-Min. im Bundesstaat Bombay (1952 bis 1956) Reputation erlangt hatte. Wegen seiner Opposition zu ihrem sozialist.-zentralist. Kurs entließ ihn Indira Gandhi 1967 als Finanz-Min. und stellv. Premier-Min. und ließ ihn nach Ausrufung des Staatsnotstands 1975 verhaften. Nach 1977 gewonnenen Wahlen mit der konservativen Volkspartei (Janata) wurde er Premier-Min., scheiterte jedoch an den Problemen des Landes und mußte 1979 Indira Gandhi die Regierungsgeschäfte wieder überlassen.

Desiderius
König der Langobarden 757–774
† 774 Corbie
Der Herzog von Tuszien wurde mit Hilfe von Papst Stephan II. (752–757) und dem fränkischen König →Pippin III. (dem Jüngeren) letzter eigener König

der Langobarden. Nachdem jedoch Karl (→Karl d. Gr.) die Tochter des D., Desiderata, nach einjähriger Ehe (771) verstoßen hatte, griff D. den Kirchenstaat an, um den neuen Papst →Hadrian I. zur Krönung der von der fränk. Thronfolge ausgeschlossenen Neffen Karls (der Söhne →Karlmanns) zu zwingen. Karl, vom Papst zu Hilfe gerufen, besiegte D. 774 in Pavia, brachte ihn in ein Kloster und machte sich selbst zum König der Langobarden.

Desmoulins, Camille
französischer Revolutionär
** 2. 3. 1760 Guise, Dép. Aisne*
† 5. 4. 1794 Paris

D., seit 1785 Advokat am Pariser Parlament, war einer der Organisatoren des Sturms auf die Bastille (1789) und gründete 1790 u. a. mit G. J. →Danton den radikalen polit. Klub der Cordeliers, für den er die Zeitung »Le vieux Cordelier« herausgab. Nach dem vereitelten Fluchtversuch König →Ludwigs XVI. agitierte er für dessen Bestrafung und die Abschaffung der Monarchie. Als gemäßigter Jakobiner bekämpfte er die Girondisten, verurteilte jedoch nach deren Sturz seit 1793 den jakobin. Terror. Auf Betreiben Maximilien de →Robespierres wurde er deshalb mit Danton, dessen Sekretär er war, hingerichtet. (▷ Chronik Zitat)

Dessalines, Jean Jacques
Kaiser von Haiti 1804–1806
** vor 1758*
† 17. 10. 1806 Jacmel
Der aus Guinea stammende ehemalige Sklave beteiligte sich an dem von François D. →Toussaint l'Ouverture angeführten Sklavenaufstand in Saint-Domingue gegen Spanier und Briten (1791). Nachdem der französ. General D'Ostin Leclerc (* 1772, † 1802) den 1797 proklamierten unabhängigen Staat der Schwarzen zerschlagen hatte, mußte er sich 1802 kurzzeitig unterwerfen, führte den Aufstand nach der Verhaftung Toussaint l'Ouvertures und dem Tod Leclercs jedoch weiter. 1804 erklärte er erneut die Unabhängigkeit Haitis und erhob sich zum Kaiser Jacob I. 1806 wurde er ermordet.

Diaz, Bartolomëu
portugiesischer Seefahrer
** um 1450*
† 29. 5. 1500
Im Auftrag des portugiesischen Königs →Johann II. (João II.), den Seeweg nach Indien um Afrika zu erkunden, umfuhr D. als erster Europäer im Winter 1487/ 88 die Südspitze Afrikas, der er den Namen »Cabo tormentoso« (Stürmisches Kap) gab (später – das Ziel Indien vor Augen – von Johann II. umbenannt in Kap der Guten Hoffnung) und gelangte bis an die Südostküste Afrikas. 1497/98 begleitete er Vasco da →Gama auf dessen erster Indienfahrt. Bei einer mit Pedro Álvarez →Cabral unternommenen Expedition erlitt D. am Kap der Guten Hoffnung Schiffbruch und ertrank.

Ende eines Traum

Chronik Zitat

Aus dem Abschiedsbrief des verurteilten Camille Desmoulins:

»Ein wohltätiger Schlaf hat meine Leiden unterbrochen. Wenn man schläft, ist man frei; man hat nicht mehr das Gefühl, gefangen zu sein: der Himmel hat Erbarmen mit mir gehabt ...
Man ruft mich... Soeben haben die Beauftragten des Revolutionstribunals mich verhört. Mir wurde nur die Frage gestellt, ob ich gegen die Republik konspiriert hätte. Wie lächerlich! Kann man denn so das reinste Republikanertum beschimpfen! Ich sehe, welches Schicksal mich erwartet. Adieu, meine Lucile, meine liebe Lolotte, mein gutes Wölfchen; sage auch meinem Vater Adieu. ...
Ich war geboren, um zu dichten, um die Unglücklichen zu verteidigen, um Dich glücklich zu machen, um mit Deiner Mutter und meinem Vater und noch einigen Menschen nach unserem Herzen zu leben. Ich hatte von einer Republik geträumt, die alle Welt bewundert hätte. Ich hätte nicht geglaubt, daß die Menschen so blutdürstig und ungerecht sind. ...
Ich sehe noch Lucile! Ich sehe sie, meine Vielgeliebte! Meine Lucile! Meine gebundenen Hände umarmen Dich, mein Kopf läßt noch, wenn er vom Rumpf getrennt ist, seine sterbenden Augen auf Dir ruhen!«

Díaz, Porfirio

mexikanischer Staatspräsident 1877–1880, 1884–1911
** 15. 9. 1830 Oaxaca*
† 2. 7. 1915 Paris

Im Bürgerkrieg und nach der Machtübernahme von Benito →Juárez kämpfte der Juraprofessor und Mestize als »Revolutionsgeneral« gegen die Klerikalen und die Franzosen. 1867 befreite er Mexiko von der Herrschaft des von Frankreich protegierten Kaisers →Maximilian. 1877 erhob er sich selbst zum Staats-Präs. (bis 1880) und ließ sich, nachdem er das Amt zwischenzeitlich einem Vertrauten überlassen hatte, seit 1884 sechsmal in Folge wiederwählen. Mit diktator. Gewalt befriedete er zunächst das bürgerkriegsgeschwächte Land, ließ der Armee, der Kirche und dem Großgrundbesitz jedoch zunehmend freie Hand und verschärfte damit die sozialen Widersprüche. Mit der Einladung ausländischen Kapitals förderte er die Ausbeutung der Rohstoffe (Erdöl) und den Ausbau der Infrastruktur (u. a. Aufbau des Eisenbahn- und Telegraphennetzes), die die Grundlagen des modernen Mexiko wurden. D. provozierte so jedoch neben dem Aufbegehren der landlosen Bevölkerung und der Indios den Widerstand nationaler und liberaler Kreise gegen die Unterordnung unter die Interessen der USA. 1911 wurde er mit Beginn der Mexikan. Revolution durch Francisco I. →Madero gestürzt.

Díaz Ordaz, Gustavo
mexikanischer Staatspräsident 1964–1970
** 12. 3. 1911 Ciudad Cerdán*
† 15. 7. 1979 Mexico
Der Jurist, Mitglied der Regierungspartei Partido Revolucionario Institucional (PRI) wurde 1958 bis 1964 Innen-Min. und 1964 Staatsoberhaupt. Er förderte ausländische Investitionen und verbesserte die wirtschaftl. Infrastruktur. Mit aufbegehrenden Studenten konfrontiert, die gegen die faktische Einparteienherrschaft der PRI, die Abhängigkeit von den USA und die Verschlechterung der sozialen Verhältnisse protestierten, ließ er unter ihnen, unmittelbar vor den Olympischen Spielen 1968, bei einer Demonstration ein Massaker anrichten.

Diderot, Denis

französischer Schriftsteller
** 5. 10. 1713 Langres*
† 31. 7. 1784 Paris

D., der führende Kopf der Aufklärung in Frankreich, war ein Denker von universaler Vielseitigkeit. Er entwarf den Plan zur monumentalen »Encyclopédie«, einer 35bändigen Zusammenfassung des gesamten Wissens seiner Zeit, und verfaßte für sie selbst mehrere tausend Artikel. Zur Mitarbeit zog er u. a. Jean-Baptiste d'Alembert, Jean-Jacques →Rousseau und →Voltaire heran. Die Enzyklopädisten beeinflußten die gesamte Epoche der französischen Aufklärung. (▷ Chronik Zitat)

Denis Diderot: Autorität

Chronik Zitat

Aus einem Artikel aus dem 1. Band der »Enzyklopädie oder dem allumfassenden Wörterbuch der Wissenschaften, Künste und Gewerbe« von 1751:

»Politische Autorität: Kein Mensch hat von der Natur das Recht erhalten, den anderen zu gebieten. Die Freiheit ist ein Geschenk des Himmels, und jedes Individuum von derselben Art hat das Recht, sie zu genießen, sobald es Vernunft besitzt. ... Man untersuche (die Autorität) genau; dann wird man sie immer auf eine der zwei folgenden Quellen zurückführen können: entweder auf die Stärke und die Gewalt desjenigen, der sie an sich gerissen hat, oder auf die Zustimmung derjenigen, die sich ihr tatsächlich oder angeblich durch einen Vertrag zwischen ihnen und demjenigen, dem sie die Autorität übertrugen, unterworfen haben.
Die Macht, die durch Gewalt erlangt wird, ist nur eine Usurpation und dauert nur so lange, wie die Stärke des Gebietenden die der Gehorchenden übertrifft.«

Dimitrijević, Dragutin
serbischer Offizier
** 17. 8. 1876 Belgrad*
† 26. 6. 1917 Saloniki
(Genannt *Apsis*). D. war an der Offiziersverschwörung gegen →Alexander I. Obrenović 1903 beteiligt und gründete 1911 die radikal-nationalistische Geheimorganisation Crna Ruka (Schwarze Hand), die sich der Vereinigung aller Südslawen unter serb. Führung verschrieben hatte. 1913–1915 Leiter des Nachrichtenbüros im Generalstab, organisierte er mit der Gruppe Jung-Bosnien 1914 das Attentat von Sarajevo gegen den österreichischen Thronfolger →Franz Ferdinand, das Anlaß für den Ausbruch des 1. Weltkriegs wurde. Als unbequemer Mitwisser wurde er im sog. Saloniki-Prozeß wegen angeblicher Teilnahme an einem geplanten Attentat auf →Alexander I. Battenberg zum Tode verurteilt und hingerichtet. 1952 wurde er rehabilitiert.

Dimitrow, Georgi Michailowitsch
bulgarischer Politiker
** 18.6. 1882*
Kovacevci, Bezirk Pernik
† 2. 7. 1949
Barwicha bei Moskau

D. war als Sozialdemokrat (seit 1902) seit 1904 Gewerkschaftsfunktionär, seit 1913 Parlamentsabgeordneter (bis 1923), bevor er 1919 die KP Bulgariens mitbegründete. Nach Scheitern des von ihm geführten Septemberaufstands 1923 floh er ins Ausland und lebte seitdem in Moskau, Wien und Berlin. 1933 als Angeklagter in den Reichstagsbrandprozeß hineingezogen, erlangte er für seine mutige Verteidigung weltweite Berühmtheit. Freigesprochen und in die Sowjetunion abgeschoben, wurde er 1935 Generalsekretär der Kommunist. Internationale (Komintern) und betrieb die Volksfrontpolitik gegen den Faschismus (bis 1943). 1937 bis 1945 war er Mitgl. des Obersten Sowjets der UdSSR. Nach der Rückkehr in das von der Roten Armee 1944 befreite Bulgarien (1945) übernahm er als Gefolgsmann Josef →Stalins erneut die Führung der bulgar. KP, mit der er nach Gründung der Volksrepublik Bulgarien nach einer manipulierten Parlamentswahl 1946 die Macht übernahm.

Dinis
König von Portugal 1279–1325
** 9. 10. 1261 Lissabon*
† 7. 1. 1325 Santarém
(Auch *Dionysius*). D., der bedeutendste König Portugals im Mittelalter, folgte seinem Vater Alfons III. (König 1248–1279) auf den Thron. Beim Regierungsantritt verweigerte er dem Papst den Lehnszins und beschnitt ungeachtet des päpstlichen Banns die Macht der Kirche. Er förderte Landwirtschaft (Beiname: »der Bauernkönig«), Handel (Vertrag mit England 1308) und Gewerbe (neue Städteordnung). 1290 gründete er die Universität Lissabon, die 1308 nach Coimbra verlegt wurde. Den Rittern des von König →Philipp IV. (dem Schönen) von Frankreich verfolgten und von Papst →Klemens V. verbotenen Templerordens bot er im neugegründeten Christusorden Zuflucht. Selbst ein bedeutender Lyriker, förderte er die nach ihm benannte Sammlung von Troubadour-Liedern.

Diokles
Herrscher in Syrakus 2. Hälfte des 5. Jh. v. Chr.
D. setzte nach dem Sieg über die Sizilische Expedition 413/12 eine harte Behandlung der athenischen Kriegsgefangenen durch. 412 gab er Syrakus eine radikaldemokratische Verfassung attischer Prägung (mit Losung der Beamten), ermöglichte damit jedoch die plebiszitäre Machtergreifung →Dionysios' I. Nach dem Verlust Himeras 409/08 an die Karthager wurde er gestürzt und verbannt. Wegen seiner vorbildlichen demokratischen Gesetzgebung wurde D. später kultisch verehrt.

Diokletian
(Gaius Aurelius Valerius Diocletianus)
römischer Kaiser
284 –305
** um 240 Dalmatien*
† 316 (?)
Salona, Dalmatien

D. (eigentlich *Diocles*) war als Soldat illyrischer Abstammung emporgekommen und wurde als Kommandant der kaiserlichen Leibgarde 284 nach der Ermordung des Ostkaisers Numerian von den Soldaten der Orientarmee in Nikomedia zum Augustus ausgerufen. Durch die Ermordung des

Westkaisers Carinus 285 war er Alleinherrscher. Seine Herrschaft schloß die Wirren der Soldatenkaiserzeit (seit 235) ab und konsolidierte das Reich (vorläufig) durch umfassende Reformen. 285 ernannte D. seinen Freund →Maximianus zum Caesar, 286 zum Augustus für den Westen (Italien und Africa; Residenz Mailand). Durch Annahme des Beinamens *Iovius* für D. und *Herculius* für Maximian kam die übergeordnete Stellung D.s zum Ausdruck. Zu Caesaren ernannte er 293 Gaius →Galerius Maximinianus (für Illyrien, Makedonien, Griechenland; Residenz Sirmium) und →Constantius I. Chlorus (für Spanien, Gallien und Britannien; Residenzen Trier und York). Er selbst verwaltete weiterhin den Osten (Residenz Nikomedia). Sein System der Tetrarchie (»Viererherrschaft«), in dem jedem der beiden Oberkaiser (je ein Augustus für den Westen und den Osten) ein Unterkaiser (Caesar) zugeordnet wurde, strukturierte zwar die Herrschaft, schloß jedoch die Gefahr der Spaltung des Reiches, wie sie sich historisch auch ergeben sollte, ein. Gesetzlich wurde festgelegt, daß die Augusti nach 20jähriger Regierung gleichzeitig abdanken und die Caesares nachrücken sollten; dieses System zerbrach jedoch bereits zu Lebzeiten D.s, nachdem er und Maximian 305 zurückgetreten waren.
Zum Teil dauerhafter waren andere Reformen des antiken Zwangsstaates: Militär- und Zivilverwaltung wurden streng getrennt, die Gliederung und Verwaltung des Reichs dezentralisiert (12 Diözesen mit insgesamt 101 Provinzen). Wirtschaft und Finanzen sollten durch Ausbau der staatl. Verwaltung aufgebessert werden: einschneidende Steuerreformen und Eingriffe in die Autonomie der Gemeinden; Zwangsinnungen der Handwerker; Bindung der Bauern an die Scholle (Kolonat) zur Verhinderung der Landflucht und besseren Steuererhebung; Münzreform; Höchstpreistarif gegen die zunehmende Teuerung (301). Mit der Einsetzung spezialisierter Beamter gestaltete D. die Verwaltung effektiver und begründete die Staatsbürokratie.
D. kämpfte gegen Franken und Alemannen, sicherte Ägypten, gewann Britannien zurück und erzwang 298 die Anerkennung der römischen Oberhoheit in Armenien durch die Perser. Um die religiöse Einheit des Reiches wiederherzustellen, befahl er 303/04 unter dem Einfluß Galerius' eine allgemeine Christenverfolgung mit Kultverbot, Niederreißen der Kirchen, Beschlagnahme des Gemeindevermögens und Bibelverbrennungen. 305 trat D. schwer erkrankt zurück, nachdem er Maximianus zuvor gezwungen hatte, ebenfalls abzudanken, während Galerius und Constantius Chlorus zu Augusti aufrückten. Konflikte bei der Auswahl der Caesaren suchte D. durch die Kaiser-Konferenz von Carnuntum (308) zu lösen.

Dion
Herrscher in Syrakus 357–354 v. Chr.
** 409 v. Chr.*
† 354 v. Chr.
Schwager, später auch Schwiegersohn des →Dionysios I. von Syrakus. Nach der Vermittlung des Friedens mit Kathago 366 nutzte D. seine einflußreiche Stellung unter →Dionysos II., um →Platon, zu dem er seit dessen erstem Aufenthalt in Syrakus 388 freundschaftl. Beziehungen pflegte, an den Hof zu rufen. Von Dionysios als potentieller Rivale 366 verbannt, kehrte er 357 mit einer Söldnertruppe nach Syrakus zurück und stürzte, unterstützt vom Volk, den Tyrannen. Vergeblich versuchte er den platonischen Idealstaat zu verwirklichen. 354 wurde er, von seinem vermeintl. Freund Kallippos verraten, Opfer einer Söldnerverschwörung.

Dionysios I.
Tyrann von Syrakus 403–367 v. Chr.
** 430 v. Chr.*
† 367 v. Chr.
D. schuf die längste und mächtigste Tyrannis der Antike. Während formal die demokrat. Institutionen weiter bestanden, stützte er sein Regime auf seine Leibgarde und z. T. eingebürgerte Söldner. Die Bedrohung durch das übermächtig erscheinende Karthago nutzend, ließ er sich 405 mit Hilfe des Demos, den er durch populist. Agitation und Taten auf seine Seite gebracht hatte, zum Feldherrn mit Sondervollmachten wählen und erreichte den Friedensschluß mit Karthago (405), das ihn als Herrscher von Syrakus anerkannte. Im Inneren gelang es ihm erst 403, die demokrat. Opposition niederzuringen und die Tyrannis über Syrakus zu errichten, das er zur größten Festung des Altertums ausbaute. In einem wechselvollen »Befreiungskrieg« (398–392) unterwarf er den größten Teil Siziliens sowie Teile Süditaliens, legte Militärstützpunkte an der Adria an und drängte in wechselvollen Kämpfen die Karthager wieder zurück, ohne sie gänzlich von der Insel vertreiben zu können. Bedeutsam waren seine kriegstechn. Neuerungen. Um seinen Hof als kulturelles Zentrum der griech. Welt zu etablieren, lud er Dichter und Philosophen ein (u. a. →Platon); literarisch ambitioniert, verfaßte er selbst Tragödien. Sein Sohn →Dionysios II. setzte seine Tyrannis fort.

Dionysios II.
Tyrann von Syrakus 367–357, 347–345 v. Chr.
** um 397 v. Chr.*
† nach 337 v. Chr.
Sohn und Nachfolger von →D. I. Vor allem an glänzender Hofhaltung und Philosophie interessiert (→Platon war zwischen 366 und 360 v. Chr. zweimal an seinem Hof), untergrub D. die Grundlagen seiner Herrschaft selbst. 357 wurde er von →Dion in Abwesenheit gestürzt, konnte jedoch 347–345 nochmals Herr von Syrakus werden. 344 ergab er sich dem korinthischen Feldherrn Timoleon und lebte danach in Korinth im Exil.

Dionysius
Papst 259–267 (268?)
† 26. 12. 267/268 Rom
D. war einer der bedeutendsten Päpste des 3. Jh. Nach der Christenverfolgung des →Valerian (257 bis 260) reorganisierte er die röm. Gemeinde und teilte die Stadt in Pfarreien ein. In einem Schreiben an den Bischof Dionysios von Alexandria verteidigte er die Trinitätslehre. Heiliger (Fest: 30. 12.).

Dionysius Exiguus
skythischer (= gothischer) Mönch
** um 470 Skythien (nördl. des Schwarzen Meeres)*
† um 550
(Lateinisch »exiguus« = »der Kleine, Demütige«). Der Mönch und Gelehrte lebte seit etwa 500 in Rom und begründete 525 die erstmals 532 angewandte und bis zur Einführung des Gregorian. Kalenders (1582) gültige Dionysische Zeitrechnung, die mit dem von ihm fehlerhaft berechneten Jahr der Geburt Christi beginnt (ca. 6 Jahre zu spät angesetzt). Sie basiert auf einem 95jährigem Osterfestzyklus. Mit seinen Übersetzungen übermittelte D. der abendländ. Kultur orientalisches Wissensgut.

Diori, Hamani
Staatspräsident von Niger 1960–1974
** 16. 6. 1916 Soudouré, Niger*
† 23. 4. 1989 Rabat
1946 gründete der Moslem und in Dakar ausgebildete Lehrer die Fortschrittspartei (PPN), deren Vorsitz er übernahm. Als führende polit. Persönlichkeit seines Landes vertrat er die Kolonie Niger in der französ. Nationalversammlung. 1958 erster Min.-Präs. der autonomen Regierung von Niger, wurde er 1960 Staats-Präs. und Reg.-Chef. 1974 wurde er von Generalstabschef Seyni Kountié (* 1931) gestürzt, der sich selbst zum Staatsoberhaupt machte.

Diouf, Abdou
Staatspräsident von Senegal seit 1981
** 7. 9. 1935 Louga*

Der in Dakar und Paris ausgebildete Rechts- und Politikwissenschaftler wurde nach Beginn seiner politischen Karriere als Regionalgouverneur (1961) und Generalsekretär im Präsidialamt Léopold →Senghors 1970 Premierminister Nach dem freiwilligen Rücktritt Senghors 1980 folgte er ihm als Staatspräsident nach und wurde 1983, 1988 und 1993 wiedergewählt, 1983–1991 war er auch Regierungschef. 1982 schloß er mit Gambia eine nur bis 1989 bestehende Konföderation (Senegambia) und übernahm deren Präsidentschaft. Prowestlich orientiert, machte er auf der von Senghor geschaffenen Grundlage den Senegal zu einer der wenigen halbwegs funktionierenden und stabilen parlamentar. Demokratien Schwarzafrikas.

Disraeli, Benjamin,
Earl of Beaconsfield (ab 1876)
britischer Premierminister 1868, 1874–1880
** 21. 12. 1804 London*
† 19. 4. 1881 London

Der Sohn eines englischen Literaten italienisch-jüdischer Abstammung trat 1817 vom Judentum zum Christentum über. Seit 1837 Abg., führte er die innerparteiliche Opposition gegen Robert →Peel und übernahm nach der Spaltung der Konservativen (1846) deren Führung im Unterhaus (1848). D. vertrat einen gegen den Manchesterliberalismus gerichteten Sozialkonservatismus, der die Bindung an Krone, Adel und Staatskirche mit sozialpolitische Ideen von Arbeiterschutz und -wohlfahrt verband (»Tory-Demokratie«). Auf dieser Grundlage schuf er in Konfrontation mit seinem liberalen

Gegenspieler William Ewart →Gladstone das britische Sozialsystem. Die von ihm als Schatzkanzler in drei Regierungen (1852, 1858/59, 1866/67) betriebene Wahl- und Parlamentsreform (1867) gab ihm als Führer der Konservativen (seit 1868) die Handhabe, die Partei des Adels zu einer Massenpartei zu wandeln. Mit der Perspektive einer weitausgreifenden, imperialen Politik, die den Seeweg nach Indien um das Kap der Guten Hoffnung durch eine Landbrücke in Nordafrika und im Nahen Osten ergänzen wollte, sicherte er 1875 England durch Aktienkauf den maßgebenden Einfluß auf den Suezkanal. 1876 erreichte er die Proklamation des Kaiserreichs Indien (mit Königin →Viktoria als Kaiserin). 1876 bis 1878 verhinderte er die russische Ausdehnung auf dem Balkan während der Großen Orientkrise und setzte 1878 den Berliner Kongreß durch. 1880 verlor er u. a. wegen außenpolitischer Rückschläge (Transvaal, Afghanistan) die Wahlen und wurde von Gladstone abgelöst. – Im zweiten Hauptberuf Schriftsteller, verfaßte D. zahlreiche Novellen und Romane, u. a. »Coningsby«, 1844; »Sybil«, 1845; »Tancred«, 1847.

Djoser
altägyptischer König um 2635–2615 v. Chr.
(Auch *Zoser*). D. begründete die 3. Dynastie, die das sog. Alte Reich eröffnete, und ließ durch seinen Wesir Imhotep, der später als Heiliger und Schutzgott verehrt wurde, die Stufenpyramide von Sakkara erbauen. Die aus der ägypt. Grabform der Mastaba entwickelte erste Pyramide gehört zu den ältesten monumentalen Steinbauten, D.s Sitzbild ist die älteste bekannte lebensgroße Statue. Unter D. wurde das Reich in Gaue gegliedert, eine Beamtenhierarchie geschaffen, und es prägten sich die aus den Bedingungen der Landwirtschaft erwachsenden Kulte aus. Funden aus Byblos nach zu urteilen, reichte D.s Einfluß bis nach Syrien hinein.

Doe, Samuel Kanyon
Diktator Liberias 1980–1990
** 6. 5. 1952 Tuzon*
† 9. 9. 1990 Monrovia
Der dem Volk der Kran entstammende Offizier stürzte als Mitglied der Palastwache 1980 den seit 1971 regierenden Präs. William R. Tolbert (* 1913, † 1980, ermordet) und machte sich im Zuge einer mörderischen »Säuberungsaktion« unter der bisher führenden Oligarchie als Vors. eines »Volkserrettungsrates« zum Diktator. Als erster liberianischer Staatschef, der nicht der bis dahin unumschränkt herrschenden Schicht der Americo-Liberianer angehörte, ließ er sich durch die Wahlen von 1985 in seinen Ämtern bestätigen. Nach anfänglichen sozialistisch eingefärbten Reformversuchen pflegte er als Basis für weitere Wirtschaftshilfe die traditionell engen Beziehungen zu den USA. Während des 1989 ausgebrochenen Bürgerkriegs wurde D. von den siegreichen Rebellen der Nationalen Patriotischen Front (NPFL) 1990 ermordet.

Dohnányi, Hans von
deutscher Widerstandskämpfer
** 1. 1. 1902 Wien*
† 8. (?) 4. 1945 Konzentrationslager Sachsenhausen
Der Jurist, Schwager von Dietrich →Bonhoeffer, war nach Funktionen im Reichsjustizministerium (1929 bis 1938) und am Reichsgericht (1938/39) seit 1939 Leiter des Referats Politik im Amt Ausland Abwehr des Oberkommandos der Wehrmacht. Nach der »Röhm-Affäre« 1934 nahm er Kontakt mit dem Kreis um Carl Friedrich →Goerdeler und nach der Fritsch-Krise 1938 mit oppositionellen Militärs auf. Er legte eine umfangreiche Kartei national-sozialistischer Verbrechen an. Als führendes Mitglied des zivilen Widerstands wurde er 1943 verhaftet und kurz vor Kriegsende von einem SS-Standgericht zum Tode verurteilt und hingerichtet.
Sein Sohn, der Sozialdemokrat *Klaus von D.*, (*1928), war in der Regierung der sozialliberalen Koalition Staatssekretär mehrerer Ressorts und Bundesminister für Bildung und Wissenschaft (1972–1974), danach Erster Bürgermeister von Hamburg (1982–1988).

Dollfuß, Engelbert
österreichischer Bundeskanzler 1932–1934
** 4. 10. 1892 Texing, Niederösterreich*
† 25. 7. 1934 Wien
Seinen polit. Aufstieg stützte der Christsozialist D. auf den Christl. Bauernbund und die Heimwehrbewegung. Bedrängt von der großdt. Anschlußbewegung, versuchte er als Bundeskanzler und Außen-Min. (1932–1934), die Unabhängigkeit Österreichs zu bewahren, indem er einen an das faschist. Italien

angelehnten christliche Ständestaat mit autoritärer Führung errichtete. Er löste das Parlament auf, verbot (bis auf die ihn stützende Vaterländ. Front) die Parteien und den republikanischen Schutzbund und regierte mit Notverordnungen. Im Februar 1934 ließ er einen Aufstand von Sozialdemokraten und Kommunisten in Wien blutig niederschlagen und proklamierte im Mai eine austrofaschistische Ständeverfassung. Bei einem Putschversuch der von D. verbotenen nationalsozialistischen Partei wurde D. in seinen Amtsräumen ermordet.

Döllinger, Ignaz von
katholischer Theologe
** 28. 2. 1799 Bamberg*
† 10. 1. 1890 München
Der Professor für Kirchengeschichte in München (seit 1826) und Gegner der Jesuiten führte die katholische Rechte in der Frankfurter Nationalversammlung an (1848/49). Mit seiner Forderung nach Trennung von Kirche und Staat (die den Zweifel an der Existenzberechtigung des Kirchenstaates einschloß) und seiner Beharrung auf Glaubens- und Gewissensfreiheit geriet er ab 1860 in Konflikt mit dem Papst. Als er gegen die Dogmen von der Unbefleckten Empfängnis und vor allem der Unfehlbarkeit des Papstes (1. Vatikan. Konzil 1870) opponierte, wurde er 1871 exkommuniziert. Auf ihn beriefen sich die Altkatholiken bei ihrer Abspaltung von der römisch-katholischen Kirche.

Dominikus
spanischer Ordensgründer
** um 1170 Caleruega, Burgos*
† 6. 8. 1221 Bologna
Ursprünglich Mitglied des Domkapitels von Osma, bildete D. zur Bekehrung der Häretiker (Albigenser, Katharer, Waldenser) 1215 in Toulouse eine Predigervereinigung, die 1216 vom Papst als Orden (Dominikaner) anerkannt wurde. Mit seiner Selbstverpflichtung auf das Ideal der vollkommenen Armut kam der Bettelorden der verbreiteten Kritik an der Weltlichkeit der Kirche entgegen und gewann schnell großen Zulauf in ganz Europa. Besonderen Wert legte er auf die umfassende wissenschaftliche Ausbildung der Mönche (studium generale). Der Orden wurde ein Zentrum der mittelalterlichen Scholastik und war ab 1231 wesentlich mit der Wahrnehmung der kirchlichen Inquisition beauftragt. 1234 wurde D. heiliggesprochen (Fest: 8. 8.). →Albertus Magnus und →Thomas von Aquin waren die bedeutendsten Dominikaner.

Domitian(us), Titus Flavius *(Domitianus Germanicus)*
römischer Kaiser 81–96
** 24. 10. 51 Rom*
† 18. 9. 96 Rom
D. war Sohn des Kaisers →Vespasian und jüngerer Bruder des Kaisers →Titus, dem er auf dem Thron folgte. Nach seinem erfolgreichen Feldzug gegen die germanischen Chatten (daher der Beiname »Germanicus«) begann er 83 mit dem Bau des Limes und gab den Militärbezirken Ober- und Untergermanien den Status von Reichsprovinzen. Er erlitt mehrere Niederlagen gegen die Daker und Sarmaten, konnte mit den Friedensschlüssen 88 und 92 aber den römischen Einfluß in Dakien und Pannonien wahren, während er das von Agricola eroberte Britannien schließlich aufgeben mußte. D. baute die Reichsverwaltung aus, forcierte den Kaiserkult und ließ sich als »Dominus et Deus« huldigen. Nach mehreren niedergeschlagenen Aufständen und gescheiterten Anschlägen der Senatsopposition, unterstützt von Stoikern, wurde er 96 Opfer einer Adelsverschwörung, die von seiner Frau Domitia Longina mit angeführt wurde.

Dönitz, Karl
deutscher Reichspräsident 1945
** 16. 9. 1891 Berlin-Grünau*
† 24. 12. 1980 Aumühle bei Hamburg
Beauftragt mit dem Aufbau der durch den Versailler Vertrag bis 1935 verbotenen U-Boot-Waffe, genoß D. als überzeugter Nationalsozialist das Vertrauen Adolf →Hitlers und erhielt 1936 den Oberbefehl über die Kriegsmarine. Von Hitler testamentarisch zu seinem Nachfolger als »Reichspräsident« berufen, bildete D. Anfang Mai 1945 eine »geschäftsführende Reichsregierung« unter Johann Ludwig

Graf Schwerin von Krosigk (* 1887, † 1977). Die Kapitulation suchte er zunächst nur gegenüber den Westalliierten und schrittweise zu vollziehen, um möglichst vielen dt. Soldaten und Zivilisten die Flucht aus dem Osten vor der Roten Armee zu ermöglichen. Am 8. Mai 1945 unterzeichnete er die Gesamtkapitulation. Am 23. Mai übernahmen die Militärbefehlshaber der Alliierten alle Regierungsgewalt und nahmen D. fest. Im Nürnberger Hauptkriegsverbrecherprozeß wurde er 1946 zu 10 Jahren Gefängnis verurteilt, die er in Spandau verbüßte. (▷ Chronik Zitat)

Weiter gegen den Bolschewismus

Chronik Zitat

Nach der Selbsttötung Adolf Hitlers am 30. 4. 1945 gab der von ihm zum »Reichspräsidenten« ernannte Großadmiral Karl Dönitz am 1. 5. 1945 den Machtwechsel in einer Radioansprache bekannt, in der er die Tatsachen verfälschte und Hitler ein letztes Mal glorifizierte:

»Unser Führer ist gefallen. In tiefster Trauer und Ehrfurcht verneigt sich das deutsche Volk. Frühzeitig hatte er die furchtbare Gefahr des Bolschewismus erkannt und diesem Ringen sein Dasein geweiht. Am Ende dieses seines Kampfes und seines unbeirrbaren geraden Lebensweges steht sein Heldentod in der Hauptstadt des Deutschen Reichs. Sein Leben war ein einziger Dienst für Deutschland. Sein Einsatz im Kampf gegen die bolschewistische Sturmflut galt darüber hinaus Europa und der gesamten Kulturwelt.
Der Führer hat mich zum Nachfolger bestimmt. Im Bewußtsein der Verantwortung übernehme ich die Führung des deutschen Volkes in dieser schicksalsschweren Stunde. Meine erste Aufgabe ist es, deutsche Menschen vor der Vernichtung durch den bolschewistischen Feind zu retten. Nur für diesen Zweck geht der militärische Kampf weiter. Soweit und solange die Erreichung dieses Zieles durch Briten und Amerikaner behindert wird, werden wir uns auch gegen sie weiter verteidigen und weiterkämpfen müssen. Die Anglo-Amerikaner setzen dann den Krieg nicht mehr für ihre eigenen Völker, sondern allein für die Ausbreitung des Bolschewismus in Europa fort. «

Doria, Andrea

Doge von Genua
1528–1560
** 30. 11. 1468 Onèglia*
† 25. 11. 1560 Genua

Der aus altem genues. Patriziergeschlecht stammende D. war Flottenführer in wechselnden Diensten und eroberte für →Franz I. von Frankreich 1527 Genua von den Spaniern zurück. Ein Jahr später schwenkte er auf die spanischen Seite unter Kaiser →Karl V., brachte Genua als unabhängige Republik unter seine Herrschaft und führte eine oligarch. Verfassung ein. Von Karl V. zum Admiral und Fürsten von Melfi ernannt, schlug er 1532 die osman. Flotte und leitete 1535 die Rückeroberung von Tunis gegen →Cheir-ed-Din, erlitt durch diesen jedoch die Niederlage in der Seeschlacht bei Prévesa (1538), mit der die Osmanen die Herrschaft im Mittelmeer errangen. 1547 schlug er die profranzösische Verschwörung des Gian Luigi Fiesco nieder und vertrieb 1554 die Franzosen aus Korsika.
D.s Großneffe Giovanni Andrea D. (* 1539, † 1606) war als Flottenführer Genuas am Sieg der Heiligen Liga über die Osmanen in der Schlacht von Lepanto (1571) beteiligt, verschuldete durch vorzeitigen Rückzug jedoch den Verlust Zyperns, wo sich die Venezianer allein nicht halten konnten.

Douglas-Home, Sir Alexander (Alec) Frederick
britischer Premierminister 1963/64
** 2. 7. 1903 London*
(14. *Earl of Home* 1951–1963, *Baron Home of the Hirsel* ab 1974). D. war – mit Unterbrechungen zwischen 1931 und 1974 – 27 Jahre Unterhausabgeordneter der Konservativen sowie 1951–1963 und seit 1974 Mitglied bzw. Führer (1957–1960) des Oberhauses. Seit 1956 mehrfach Kabinettsmitgl., wurde er nach dem Rücktritt von Harold →Macmillan 1963 Premier-Min., nach der Wahlniederlage der Konservativen 1964 jedoch von Harold →Wilson abgelöst. Zuvor hatte er seinen Adelstitel (Earl) abgelegt und war als Sir Alec D. ins Unterhaus eingezogen. 1965 wurde er als Oppositionsführer von Edward →Heath abgelöst, in dessen Kabinett er 1970–1974 Außen-Min. war. 1974 wieder geadelt.

Drake, Sir Francis

englischer Freibeuter und Seeheld
** um 1540 bei Tavistock, Devonshire*
† 28. 1. 1596 Porto Bello (Panama)

(Geadelt 1580). D. begründete die brit. Marinetradition und Weltgeltung zur See. 1577–1580 umsegelte er im Auftrag Königin →Elisabeths I. als Zweiter, nach →Magalhães, die Erde. Zuvor hatte er als junger Kapitän auf eigene Faust span. Gold- und Silbertransporte gekapert, sich am transkontinentalen Sklaventransport und -handel zwischen Afrika und Südamerika bereichert und 1572 die span. Stadt Nombre de Dios geplündert. 1585 griff er span. Stützpunkte in Mittelamerika an und nahm Santiago, Santo Domingo und Cartagena ein. Seinem legendären Überfall auf Cadiz, der die spanische Flotte 30 Schiffe kostete (1587), folgte der triumphale Sieg über die spanische Armada (1588), an dem er als Vizeadmiral beteiligt war. Seine späteren Angriffe gegen Lissabon 1589 und spanische Niederlassungen in der Karibik scheiterten.

Drakon

Gesetzgeber Athens im 7. Jh. v. Chr.

D. erließ das älteste Gesetzbuch der Athener (um 624). Es bedeutete einen wesentlichen Fortschritt im Rechtswesen, indem es Mord von Totschlag unterschied, private Blutrache durch staatliche Rechtspflege ersetzte und die Gleichheit vor dem Gesetz zum (rechtsstaatlichen) Prinzip erhob. Die von ihm dekretierten Strafmaße erschienen später als sprichwörtlich hart (»drakonisch«). →Solon reformierte sein Gesetzeswerk 594.

Dreyfus, Alfred

französischer Offizier
** 9. 10. 1859 Mülhausen, Elsaß*
† 11. 7. 1935 Paris

Aufgrund gefälschter Dokumente wurde der jüd. Hauptmann im Generalstab wegen Landesverrats an Dtschld. 1894 in einem regelwidrigen, antisemitisch beeinflußten Prozeß zu lebenslängl. Verbannung verurteilt. Nachdem schon 1896 F.W. Esterházy als der wahre Täter enttarnt worden war, führte erst eine vor allem von Émile Zola und Georges →Clemenceau angeführte große Pressekampagne (»J'accuse«, 1898) 1899 zur Wiederaufnahme des Prozesses, die Monarchisten, Großbürgertum, Adel und Militärführung zu verhindern suchten. In der Revision wurde D. zu 10 Jahren Gefängnis verurteilt, aber vom französischen Präs. begnadigt. Erst 1906 widerfuhr D. Recht durch Freispruch und Rehabilitation.
Die D.-Affäre führte zur Spaltung der französischen Gesellschaft in zwei politisch-ideologische Lager. Der in Frankreich aufgebrochene Antisemitismus bewegte Theodor →Herzl, den Zionismus als einzigen Weg der Juden zur Gleichberechtigung unter den Völkern zu propagieren (»Der Judenstaat«, 1896). Die Affäre beschleunigte auch die u. a. von Clemenceau betriebene Trennung von Kirche und Staat in Frankreich.

Droysen, Johann Gustav

deutscher Historiker und Politiker
** 6. 7. 1808 Treptow an der Rega*
† 19. 6. 1884 Berlin

D., der als Professor in Kiel (1840), Jena (1851) und Berlin (1859) lehrte, kam über die Schleswig-Holsteinische Frage, in der er den Aufstand gegen die Dänen befürwortete, zur Politik: 1848 vertrat er die provisorische Regierung in Kiel beim Bundestag in Frankfurt und schloß sich als Abgeordneter der Nationalversammlung dem rechten Zentrum an, das die kleindeutsche Lösung unter Führung Preußens betrieb. Als Protokollführer des Verfassungsausschusses war er wesentlich an der Formulierung der Verfassung beteiligt. Mit seiner »Geschichte des Hellenismus« (1836–1843) erhob er den Begriff des Hellenismus zur Epochenbezeichnung und bestimmte ihn als Synthese des Orients mit der griechischen Kultur, die die Ausbreitung des Christentums erst ermöglichte. In Parallele zu Preußen und dem Problem der deutschen Einheit vertrat D. die These, daß nicht die griechischen Kleinstaaten, sondern die makedonische Monarchie die griechische Kultur erhalten habe. Als Begründer der kleindeutsch-borussischen Schule beeinflußte er wesentlich die deutsche Historiographie.

Drusus *(Nero Claudius D. Germanicus)*
römischer Feldherr
** 14. 1. 38 v. Chr.*
† 9 v. Chr.
D. war Stiefsohn des →Augustus und jüngerer Bruder des späteren Kaisers →Tiberius, mit dem er das Alpenvorland bis zur Donau unterwarf und das Legionslager Augsburg als Zentrum der neugebildeten Provinzen Rhaetium und Noricum gründete (15). Seit 13 v. Chr. Statthalter Galliens und Oberbefehlshaber der Rheinbezirke, erbaute er für seine Kriegsflotte den Drususkanal (zwischen Nordsee und Rhein), legte Kastelle und Hauptbasen an (u. a. Xanten, Köln, Mainz) kämpfte – teils unter Einsatz seiner Flotte – erfolgreich gegen die Germanen (12–9) und stieß, inzwischen Konsul geworden, bis zur Elbe vor. Er starb auf der Rückkehr an einem Unfall und wurde in Mainz beigesetzt. Er war Vater des →Germanicus und des späteren Kaisers →Claudius. (▷ Chronik Zitat)

Aufstand der Friesen

Chronik Zitat

12 v. Chr. hatte Drusus die Friesen unterworfen. Neue harte Bedingungen provozierten nach einem Bericht des Tacitus 28 n. Chr. ihren Aufstand:

»In demselben Jahr brachen die Friesen, …, den Frieden, mehr unserer Habsucht als des Gehorsams überdrüssig. Als mäßigen Tribut hatte ihnen Drusus, entsprechend der Dürftigkeit ihrer Verhältnisse, auferlegt, daß sie für Heereszwecke Rinderhäute liefern sollten, ohne daß jedoch jemand darauf achtete, …, von welchem Ausmaß sie waren, bis Olennius, ein Primipilar, der mit der Aufsicht über die Friesen betraut war, Häute von Auerochsen zum Maßstab wählte, nach welchem sie angenommen werden sollten. Diese, auch für andere Völker schwere Bedingung wurde für die Germanen noch drückender, die an ungeheuren Tieren reiche Wälder, doch im Stall nur mäßig große Rinder haben. Und so lieferten sie zuerst die Rinder selbst, dann die Äcker, zuletzt Frauen und Kinder.. Daher rührten ihre Wut und die Klagen, und als nicht geholfen wurde, ihre Zuflucht zum Krieg. Ergriffen wurden Soldaten, die zur Tributerhebung im Lande waren, und ans Kreuz geschlagen.«

Dschingis-Khan

Groß-Khan der Mongolen 1206–1227
** 1155 oder 1162, 1167 am Onon*
† 18. (?). 8. 1227 vor Ninghsia

(Auch *Tschingis-Chan*, eigentlich *Temudschin* = »Schmied«). Der aus einer zentralasiat. Kleinfürstendynastie stammende D. K. schuf als einer der großen Kriegsherren und Staatsgründer der Geschichte das mongol. Weltreich, das vom Pazifik bis an die Grenzen Europas reichte und etwa die Hälfte der damaligen Menschheit umfaßte. Bis 1206 unterwarf er die nomadischen turkmongol. Steppenvölker Zentralasiens, vereinigte sie unter dem Stammesnamen *Mongchol* (= Mongolen) und ließ sich als D. K. durch den Fürstenrat zum Groß-Khan wählen. Nachdem er sich ein schlagkräftiges Reiterheer geschaffen hatte, unterwarf er (z. T. durch seine Söhne und Feldherren) ganz Zentralasien: 1206 bis 1209 die Waldvölker im Norden; 1209 die Tanguten im Süden; seit 1211 China (1215 Eroberung von Peking); bis 1218 das Kara-Khitai-Reich am Balchasch-See; 1219–1221 den Norden des islam. Großreichs des Choresm-Schahs Mohammed II.; 1223 Südrußland. Auf dem Feldzug gegen die Tanguten (seit 1226) starb er. Vor seinem Tod hatte D. K. das Reich unter seine vier Söhne aufgeteilt.

Dserschinski, Feliks Edmundowitsch
sowjetischer Geheimdienstchef
** 11. 9. 1877 Dserschinowo, Gouv. Wilna*
† 20. 7. 1926 Moskau
Aus dem poln. Adel stammend, organisierte der 1906 den Bolschewiki beigetretene Ingenieur nach der Oktoberrevolution 1917 die Geheimpolizei Tscheka und leitete sie und ihr Nachfolgeorgan (GPU) bis zu seinem Tod. Mit ihrem »roten Terror« begegnete er dem »weißen« der Konterrevolution im Russischen Bürgerkrieg wie auch jeder anderen Opposition. Nach Wladimir I. →Lenins Tod machte er sie zu Josef →Stalins schärfster Waffe bei der Etablierung und Sicherung seiner totalitären Herrschaft. Daneben war D. 1920/21 Volkskommissar des Inneren, 1921–1924 für Verkehr, 1924–1926 Vors. des Obersten Volkswirtschaftsrats.

Duarte, José Napoléon
salvadorianischer Staatspräsident 1980–1982, 1984–1989
** 23. 11. 1925 San Salvador*
† 23. 2. 1990 San Salvador
D. war 1960 Mitbegründer der rechtskonservativen christdemokrat. Partei (PDC) und kandidierte 1972 für die linke Mitte zum Staats-Präs. Unmittelbar nach seiner Wahl wurde er verhaftet, zum Tode verurteilt und nach Venezuela ausgewiesen. Nach einem Militärputsch kehrte er 1979 zurück, übernahm das Außenministerium und wurde 1980 auf Druck der USA von der Junta zum Präs. ernannt. 1984 gewählt, blieben seine ohne eigentl. Machtbasis eingeleiteten Reformen stecken. Seine Bemühungen um eine Beendigung des seit 1979 andauernden Bürgerkriegs zwischen der linken Guerillabewegung Nationale Befreiungsfront Farabundo Martí para la Liberación Nacional (FMLN) und den von den USA gestützten und von Todesschwadronen assistierten Militärs als den eigentlichen Machthabern blieben erfolglos.

Dubarry, Marie Jeanne Bécu
Mätresse Ludwigs XV.
** 19. 8. 1743 Vaucouleurs*
† 8. 12. 1793 Paris
(Auch *du Barry*, geb. *Bécu*, *Gräfin* ab 1769). Die Modistin aus einfachsten Verhältnissen, verheiratet mit dem Grafen D., war seit 1769 Geliebte König →Ludwigs XV. von Frankreich. Um ihren durch Intrigen erworbenen politischen Einfluß abzuschneiden, ließ →Ludwig XVI. sie nach seiner Thronbesteigung 1774 vom Hofe verbannen. Während der Französischen Revolution wurde sie wegen ihrer Kontakte zur Adelsemigration vom Revolutionstribunal verurteilt und guillotiniert.

Dubček, Alexander
1. Sekretär des ZK der KP der ČSSR 1968/69
** 27. 11. 1921 Uhroveč, Slowakei*
† 7. 11. 1992 Prag
Von Beruf Maschinenschlosser, war D. nach dem 2. Weltkrieg am Aufbau der slowak. KP beteiligt, deren 1. Sekretär er 1963 wurde. Als führender Reformkommunist und Kritiker Antonín →Novotnýs nach dessen Sturz 1968 Erster Sekretär des ZK der KP der ČSSR, leitete er einen neuen, liberalen Kurs ein. Im Zeichen des »Prager Frühlings« wollte er dem sozialistischen Gesellschaftssystem die demokrat. Legitimation erwerben und das Verhältnis zu Moskau unabhängig, aber loyal gestalten. Dem Experiment wurde durch den Einmarsch der Warschauer-Pakt-Mächte am 21. 8. 1968 gewaltsam ein Ende gesetzt. 1969 übernahm Gustav →Husák D.s Amt als Parteichef, im Juni 1970 wurde D. aus der Partei ausgeschlossen und arbeitete seitdem in der Forstverwaltung. Nach Zusammenbruch des Sozialismus wurde er während der »sanften Revolution« rehabilitiert und 1989 einstimmig zum Parlaments-Präs. gewählt. 1992 wurde er Vorsitzender der Sozialdemokrat. Partei der Slowakei. – Erinnerungen: »Leben für die Freiheit«, dt. 1993.

Du Bois, William Edward Burghardt
afro-amerikanischer Politiker
** 23. 2. 1868 Great Barrington, Massachusetts (USA)*
† 27. 8. 1963 Accra (Ghana)
Der Professor für Soziologie und für Geschichte und Schriftsteller führte die auf Gleichstellung drängende Bürgerrechtsbewegung der amerikan. schwarzen Bevölkerung an. Als Theoretiker des Panafrikanismus, Gründer der National Association for the Advancement of Coloured People (NAACP) und Organisator Panafrikan. Kongresse propagierte er die Rückkehr der schwarzen Amerikaner nach Afrika (Return to Africa-Bewegung), die er für sich 1962 wahrmachte, als er nach Ghana emigrierte. Ein Jahr zuvor hatte er sich der KP der USA angeschlossen. Mit seinen literar. Werken begründete er die moderne afro-amerikan. Literatur.

Dudajew, Mussajew Dschoschar
tschetschenischer Präsident seit 1991
** 15. 4. 1944 Perwomaiskoje, Kasachstan*

Als Offizier der Luftwaffe im Afghanistankrieg der UdSSR (1979–1988) bewährt, wurde D. 1990 als erster Tschetschene zum General befördert. Nachdem die KP der autonomen Republik der Tschetschenen und Inguschen Ende 1990 den Austritt aus der russ. Föderation proklamiert hatte, wurde D. als Führer des »Gesamtnationalen Kongresses des tschetschenischen Volkes« Ende 1991 mit großer Mehrheit zum Präs. gewählt. Gestützt auf die

Clanstruktur des muslim. Bergvolks regierte er das wirtschaftl. chaotisierte Land, in dem die Kriminalität grassierte, mit diktatorischen Vollmachten. Er verweigerte die Unterzeichnung eines neuen Föderationsvertrags mit Rußland, ließ russ. Wahlen und Referenden boykottieren und eine eigene Verfassung verabschieden (1992). Mit dem Anspruch, die öffentl. Ordnung wiederherzustellen und die widerrechtl. Sezession, die Rußlands strateg. Interessen in der Region verletzte, beenden zu wollen, ließ Präs. Boris →Jelzin 1994/95 Tschetschenien erobern und die Hauptstadt Grosny zerstören. Während internationale Hilfe ausblieb, proklamierte D. den Guerillakrieg und knüpfte damit an eine alte Tradition des tschetschen. Freiheitskampfes an.

Dufour, Guillaume Henri
Schweizer General
** 15. 9. 1787 Konstanz*
† 14. 7. 1875 Genf
Als Chef des Generalstabs (seit 1831) erzwang D. im Sonderbundskrieg 1847 binnen weniger Tage den Frieden und bewahrte in weiteren Einsätzen und als erfolgreicher Verhandlungsführer die Neutralität der Schweiz. Er leitete die Schweizer Landvermessung und schuf 1832–1864 die erste, nach ihm benannte »Topograph. Karte der Schweiz« (Maßstab 1 : 100 000). 1863 beteiligte er sich an der Gründung des Roten Kreuzes.

Dühring, Karl Eugen
deutscher Nationalökonom und Philosoph
** 12. 1. 1833 Berlin*
† 21. 9. 1921 Potsdam
Der erblindete Privatdozent in Berlin war einer der herausragenden Vertr. des Positivismus in Dtschld. und krit. Materialist (»Kritische Geschichte der Philosophie«, 1869). Er verstand sich selbst als Sozialist, verwarf aber die ökonom. Theorie von Karl →Marx und Friedrich →Engels. In seinen Schriften polemisierte er gegen Militarismus, Christentum und Judentum und nahm für sich in Anspruch, den Antisemitismus begründet zu haben (»Die Judenfrage«, 1881). Wegen seiner heftigen Angriffe gegen das Hochschulwesen verlor er seine Lehrerlaubnis. In seinem Werk »Herrn Eugen D.s Umwälzung der Wissenschaft« (»Anti-D.«, 1878) kritisierte Engels D.s Theorie als Vulgärmaterialismus.

Dulles, John Foster
Außenminister der USA 1953–1959
** 25. 2. 1888 Washington*
† 24. 5. 1959 Washington
D. kam als Anwalt, Bankdirektor, Treuhänder und Vors. großer Stiftungen zur Außenpolitik. 1945 war er Chefberater der US-Delegation bei der Gründung der UNO in San Francisco und 1951 handelte er den Friedensvertrag zwischen den USA und Japan aus. Als Secretary of State (Außen-Min.) von Präs. Dwight D. →Eisenhower mit weitreichenden Kompetenzen ausgestattet, prägte er, gestützt auf die Einsatzbereitschaft der amerikan. Atomwaffen, die offensive westl. Politik des Kalten Krieges (»Roll back«). Mit einem Gürtel von Militärstützpunkten, integriert in ein die NATO ergänzendes System neuer Sicherheitspakte (u. a. 1954 SEATO, 1955 CENTO), baute er das globale Drohpotential auf, um einen atomaren Vernichtungsschlag (»massive Vergeltung«) gegen die UdSSR führen zu können. Während der Aufstände am 17. Juni 1953 in der DDR und 1956 in Ungarn hielt er sich mit seiner Politik der Stärke jedoch zurück und nahm die Interventionen der Sowjetunion in ihrem Einflußbereich hin. Militärisches Eingreifen in den Indochinakrieg (1946–1954) auf Seiten Frankreichs schien ihm zu gefährlich. Der Koexistenzpolitik Nikita S. →Chruschtschows begegnete er mit Argwohn.
Sein Bruder Allen Welsh D. (* 1893, † 1969) war seit 1951 stellv. Direktor, 1953–1961 Direktor der Central Intelligence Agency (CIA).

Dumouriez, Charles François
französischer General
** 25. 1. 1739 Cambrai*
† 17. 3. 1823 Turville, Oxfordshire
Seit 1788 Brigadegeneral, schlug sich D. während der Französ. Revolution von den Jakobinern auf die Seite der Girondisten. 1792 wurde er von →Ludwig XVI. zum Außen-Min. ernannt, mußte aber wenige Monate später zurücktreten. Als Befehlshaber der Nordarmee siegte er im gleichen Jahr über Preußen und Österreicher und eroberte die österr. Niederlande. Als er sie 1793 nach der Schlacht von Neerwinden wieder verlor, versuchte er, unter Anklage gestellt, vergeblich einen Staatsstreich und lief zum Gegner über. 1804 stellte er sich in brit. Dienste.

Dunant, Henri

Schweizer Philanthrop
** 8. 5. 1828 Genf*
† 30. 10. 1910 Heiden, Kanton Appenzell

Der Anblick Tausender von Verwundeten auf dem Schlachtfeld von Solferino, wo Frankreich und Piemont Österreich besiegten (1859), bewegte den Genfer Kaufmann D., 1863 die Hilfsorganisation des Roten Kreuzes ins Leben zu rufen (u. a. mit Unterstützung Guillaume Henri →Dufours). Auf seine Initiative hin kamen auch ein erstes Schiedsgericht zur friedlichen Beilegung internationaler Konflikte und die Genfer Konvention über Kriegsgefangene (1864) zustande. Verarmt und vergessen, erhielt er 1901 (zusammen mit Fréderik Passy, dem Mitbegründer der Internationalen Friedensliga), den ersten Friedensnobelpreis.

Duncker, Franz
deutscher Gewerkschaftsgründer
** 4. 6. 1822 Berlin*
† 18. 6. 1888 Berlin
Der Buchhändler und Verleger gehörte als einer der führenden liberalen Oppositionellen 1859 zu den Gründern des Dt. Nationalvereins und 1861 der Fortschrittspartei, für die er 1867 in den Reichstag einzog. Seit 1865 Vors. des Berliner Handwerkervereins, gründete er 1869 zusammen mit dem Kaufmann Max Hirsch (* 1832, † 1905) und Hermann Schulze-Delitzsch nach englischem Vorbild den linksliberalen Verband der Hirsch-Dunkerschen Gewerkvereine (13 Gewerkvereine, 9 Ortsvereine). In Konkurrenz zu dem von Ferdinand Lassalle begründeten Allgemeinen Dt. Arbeiterverein 1863 und den aus ihm hervorgehenden sozialist. freien dt. Gewerkschaften organisierten sie die Arbeiter auf der Basis eines Programms, das den Ausgleich der Interessen von Kapital und Arbeit propagierte.
D.s Bruder Maximilian D. (* 1811, † 1886), seit 1843 Professor für Geschichte in Halle, nahm an der Revolution 1848 teil, war als Altliberaler Mitglied der Frankfurter Nationalversammlung und beteiligte sich maßgebend am Entwurf der Verfassung des Norddeutschen Bundes (1866).

Dutschke, Rudi
Wortführer der dt. Studentenbewegung
** 7. 3. 1940 Schönefeld bei Luckenwalde*
† 24. 12. 1979 Århus (Dänemark)
Als DDR-Bürger studierte D. seit 1961 Soziologie in Westberlin, wo er nach dem Bau der Berliner Mauer 1961 blieb. Er schloß sich dem Sozialist. Dt. Studentenbund (SDS) an und profilierte sich als einer der führenden Köpfe der antiautoritären Studentenbewegung und Außerparlamentar. Opposition in Dtschld. Als Marxist beeinflußt von Ernst Bloch und Herbert Marcuse, propagierte er die sozialist. Revolution als Veränderungsprozeß der Gesellschaft und des Individuums und lehnte den »real existierenden Sozialismus« in den sowjetisch dominierten Staaten als »allgemeine Staatssklaverei« ab. Die ab Mitte der 60er Jahre u. a. gegen die Ausbeutung der Dritten Welt, die Notstandsgesetzgebung in der BR Dtschld. und den Vietnamkrieg gerichteten Demonstrationen waren häufig von seiner aktivistischen Dynamik bestimmt. Durch einen Mordanschlag wurde D. 1968 schwer verletzt und lebte danach im Ausland. Seit Ende 1976 engagierte sich D. wieder politisch, zuletzt für die Partei der Grünen. Er starb an Spätfolgen des Attentats.

Duvalier, François

Diktator Haitis 1957–1971
** 14. 4. 1907 Port-au-Prince*
† 21. 4. 1971 Port-au-Prince

Unterstützt von den USA, wurde der promovierte Arzt (»Papa Doc«) 1957 zum Staatspräsidenten gewählt. 1964 ließ er sich durch einen manipulierten Volksentscheid auf Lebenszeit in diesem Amt bestätigen. Gestützt auf den Voodoo-Kult und den Terror seiner Miliz (»Tonton Macoute«) errichtete D. eine der brutalsten Diktaturen der westlichen Welt. Mehrere Versuche einer wachsenden Opposition, ihn zu stürzen, schlugen fehl.
Sein Sohn Jean-Claude D. (»Baby Doc«, * 1951) folgte seinem Vater 1971 als diktatorisch regierender Staats-Präs. und verschärfte die Krise des zu einem der ärmsten Länder der Welt heruntergewirtschafteten Staates. 1986 wurde er gestürzt.

Eanes, António dos Santos Ramalho
portugiesischer Staatspräsident 1976–1986
** 25. 1. 1935 Alcains, Prov. Beira Baixa*
Der General António de →Spínola verbundene Offizier war nach der »Nelkenrevolution« von 1974 zunächst Direktor des staatl. Fernsehens, wurde als Opponent der Radikalen jedoch 1975 abgesetzt. Nachdem er 1975 einen Linksputsch niedergeschlagen hatte, wurde er zum General ernannt und kandidierte als Parteiloser mit Unterstützung der Sozialisten 1976 zu den Präsidentschaftswahlen. Als Nachfolger von Francisco da Costa →Gomes im höchsten Staatsamt war er zugleich bis 1981 Vors. des Revolutionsrates und Generalstabschef. E. repräsentierte die gemäßigten, reformerisch orientierten Kräfte und führte Portugal aus nachrevolutionärer Unruhe in eine Phase der Rekonsolidierung unter konservativen Vorzeichen. 1986/87 wurde er Vors. der von ihm mitgegründeten Demokrat. Erneuerungspartei (PRD). Sein Nachfolger als Staats-Präs. wurde der Sozialist Mario →Soáres.

Eannatum
sumerischer König um 2440 v. Chr.
Der König von Lagasch expandierte sein Herrschaftsgebiet beträchtlich in Kämpfen gegen Elam, Uruk, Ur und Mari. Als Hauptstadt baute er die einige Jahrzehnte zuvor zerstörte Stadt Girsa wieder auf. Die »Geierstele« des E. (im Louvre) trägt Reliefschmuck und eine Inschrift, die von E.s Sieg über das benachbarte Umma kündet.

Eban, Abba Solomon
Außenminister Israels 1966–1974
** 2. 2. 1915 Kapstadt (Südafrika)*
(Ursprünglich *Abba Solomon*). Der in England aufgewachsene Orientalist kämpfte im 2. Weltkrieg als brit. Offizier im Mandatsgebiet Palästina und wurde 1942 brit. Verbindungsoffizier zur Jewish Agency in Jerusalem, der Repräsentanz der Juden in Palästina. 1948 trat er der Maipai (Israel. Arbeiterpartei) bei und wurde Vertreter Israels (1948–1959) bei der UNO, zugleich seit 1950 Botschafter in den USA. Nach verschiedenen Regierungsämtern (1960–1963 Erziehungs-Min., 1963–1966 stellvertr. Min.-Präs.) übernahm er das Außenministerium in den Kabinetten Levi →Eschkols und Golda →Meirs. Da er als »Taube« schon frühzeitig eine Autonomielösung der Palästinafrage erwog und direkte Kontakte mit der PLO für möglich hielt, wurde er schließlich politisch isoliert und als Außen-Min. von Yigal Allon (1974–1977) abgelöst.

Eberhard V. (I.), *im Bart*
Graf/Herzog von Württemberg 1457/1495–1496
** 11. 12. 1445 Urach*
† 24. 2. 1496 Tübingen
E. stand bis 1459 unter Vormundschaft. 1477 gründete er die Universität Tübingen und legte 1482 durch Einführung der Senioratserbfolge die Unteilbarkeit Württembergs fest. 1488 trat er dem gegen die Machtpolitik der Wittelsbacher gerichteten Schwäbischen Bund bei, in dem er bald beherrschenden Einfluß gewann.

Eberhard Ludwig
Herzog von Württemberg 1677–1733
** 18. 9. 1676 Stuttgart*
† 31. 10. 1733 Ludwigsburg
E. übernahm die Regierung mit seiner Volljährigkeit 1693. Er war kaiserl. Heerführer im Span. Erbfolgekrieg, seit 1710 Oberbefehlshaber des Reichsheeres am Oberrhein in Vertretung des Prinzen →Eugen von Savoyen. Er erbaute das Schloß, gründete die Stadt Ludwigsburg und reformierte die innere Struktur des Landes (Verwaltung, Rechts-, Finanz- und Bildungswesen). Mit seiner barocken Prunksucht (bes. angeregt durch seine Geliebte und spätere Gemahlin Christiane Wilhelmine von Grävenitz [* 1686, † 1744], die ab 1706 großen Einfluß auf ihn hatte) erschöpfte er seine Finanzen.

Ebert, Friedrich (Fritz)
1. deutscher Reichspräsident 1919–1925
** 4. 2. 1871 Heidelberg*
† 28. 2. 1925 Berlin

Von Beruf Sattler, schloß sich E. frühzeitig der sozialdemokrat. Arbeiterbewegung an, zu deren gemäßigtem Flügel er von Beginn an gehörte. Seit 1893 Redakteur der »Bremer Bürgerzeitung«, kam er 1905 in den Parteivorstand der SPD und war seit 1912 MdR. Als ausgleichende Kraft wurde er 1913 nach dem Tod August →Bebels neben Hugo →Haase Parteivors. und nach dessen Parteiausschluß 1916 Vors. der Reichstagsfraktion. Obwohl zu Beginn des 1. Weltkriegs Kriegsgegner, prägte er mit seiner Zustimmung zu den Kriegskrediten den Kurs des

»Burgfriedens« seiner Partei (Annexionen lehnte er jedoch ab) und nahm dafür 1916 die Abspaltung des linken Flügels (der späteren USPD) in Kauf. Als einflußreichster sozialdemokrat. Politiker führte er mit der Forderung nach inneren Reformen die SPD an den Staat heran und bereitete sie auf ihre tragende Rolle in der Weimarer Republik vor. Im Jan. 1918 übernahm er die zentrale Streikleitung der Munitionsarbeiter und sorgte für eine schnelle Beendigung des Streiks.
Nach Abdankung Kaiser →Wilhelms II. übernahm er am 9. 11. 1918 von Prinz →Max von Baden die Geschäfte des Reichskanzlers und ließ sich nach der von ihm mißbilligten Ausrufung der »Deutschen Republik« durch Philipp →Scheidemann neben Haase zum Vors. des Rats der Volksbeauftragten wählen. Gegen weiterreichende revolutionäre Ansprüche der Rätebewegung (Rätesystem) betrieb er die Einrichtung einer parlamentar. Demokratie, bemühte sich um eine rasche Konsolidierung des Staates und zog zu diesem Zweck auch republikfeindl. Kräfte der alten Ordnung heran. 1919 wählte ihn die Weimarer Nationalversammlung zum vorläufigen Reichspräs., 1922 wurde seine Amtszeit durch Gesetz bis 1925 verlängert. Auch unter Anwendung des Notstandsartikels 48 der Reichsverfassung ließ er Aufstände von links wie von rechts niederwerfen (Spartakusaufstand 1919, Kapp-Putsch 1920, Hitler-Pusch 1923) und forderte Reichswehrexekution gegen SPD/KPD-Regierungen in Thüringen und Sachsen an (1923). Mit seiner bedachtsamen Amtsführung, während der er auch Politiker der Rechten mit der Kabinettsbildung beauftragte (Wilhelm →Cuno, Hans →Luther), trug er zur zeitweisen Stabilisierung der Weimarer Republik bei. Den Aufstieg der rechtsextremen Kräfte konnte er jedoch nicht blockieren und die destruktive Polarisierung der polit. Lager nicht beseitigen. (▷ Chronik Zitat)

Nach der Revolution: Ruhe und Ordnung!

Chronik Zitat

Am 9. Nov. 1918 erließ Ebert als neuer Reichskanzler folgende Proklamation (Auszug):

»Mitbürger! ... Die neue Regierung wird eine Volksregierung sein. Ihr Bestreben wird sein müssen, dem deutschen Volke den Frieden schnellstens zu bringen und die Freiheit, die es errungen hat, zu befestigen. Mitbürger! Ich bitte Euch alle um Eure Unterstützung bei der schweren Arbeit, die unsrer harrt. Ihr wißt, wie schwer der Krieg die Ernährung des Volkes, die erste Voraussetzung des politischen Lebens, bedroht. Die politische Umwälzung darf die Ernährung der Bevölkerung nicht stören. Es muß die erste Pflicht aller in Stadt und Land bleiben, die Produktion von Nahrungsmitteln und ihre Zufuhr in die Städte nicht zu hindern, sondern zu fördern. Nahrungsmittelnot bedeutet Plünderung und Raub, mit Elend für alle. Die Ärmsten würden am schwersten leiden, die Industriearbeiter am bittersten getroffen werden. Wer sich an Nahrungsmitteln oder sonstigen Bedarfsgegenständen oder an den für die Verteilung benötigten Verkehrsmitteln vergreift, versündigt sich aufs schwerste an der Gesamtheit.
Mitbürger! Ich bitte Euch alle dringend: Verlaßt die Straßen! Sorgt für Ruhe und Ordnung.«

Die am 10. Nov. 1918 getroffene Absprache Eberts mit der Obersten Heeresleitung (OHL) sicherte den Weg der Weimarer Republik in die bürgerlich-parlamentarische Demokratie. Aus Wilhelm →Groeners Lebenserinnerungen:

»Am Abend rief ich die Reichskanzlei an und teilte Ebert mit, daß das Heer sich seiner Regierung zur Verfügung stelle... Das Offizierskorps verlange von der Regierung die Bekämpfung des Bolschewismus und sei dafür zum Einsatz bereit. Ebert ging auf meinen Bündnisvorschlag ein. Von da ab besprachen wir täglich abends auf einer geheimen Leitung zwischen der Reichskanzlei und der Heeresleitung die notwendigen Maßnahmen. Das Bündnis hat sich bewährt...
Wir hofften, ... einen Teil der Macht im neuen Staat an Heer und Offzierskorps zu bringen, gelang das, so war der Revolution zum Trotz das beste und stärkste Element des alten Preußentums in das neue Deutschland hinübergerettet.
Zunächst galt es freilich, Zugeständnisse zu machen, ... nicht um rücksichtsloses Befehlen von seiten der OHL ..., sondern um Auffangen und Unschädlichmachen der revolutionären Strömungen.«

Ebo, *Ebbo*
Erzbischof von Reims 816–835, 840/41
† 20. 3. 851 Hildesheim
Von Kaiser →Ludwig dem Frommen zum Erzbischof von Reims eingesetzt, wurde E. im Zuge der von Ludwig provozierten Erbfolgekonflikte mit seinen Söhnen von →Karl dem Kahlen abgesetzt und vertrieben. Die damit hervorgerufene Kontroverse über die Gültigkeit der von ihm später erteilten Weihen soll zu den Pseudoisidorischen Fälschungen Anlaß gegeben haben. Mit diesen angeblichen Papstbriefen und Konzilbeschlüssen aus der bisherigen Kirchengeschichte sollte die Stellung der Bischöfe in der Kirchenhierarchie und gegenüber den weltlichen Instanzen gestärkt werden. 845–851 war E. Bischof von Hildesheim.

Ecevit, Bülent
türkischer Ministerpräsident 1974, 1977, 1978/79
** 28. 5. 1925 Istanbul*

Seit 1957 Mitglied des Parlaments, wurde der Dichter und Journalist als Nachfolger Ismet →Inönüs 1972–1980 Vors. der Republikan. Volkspartei, die er auf einen sozialdemokrat. Kurs führte. Als Gegenspieler des konservativen Süleyman →Demirel löste er diesen mehrfach im Amt des Min.-Präs. ab. 1974 ließ er nach dem Staatsstreich der zypriot. Nationalgarde gegen →Makarios III. den Norden Zyperns durch türk. Militär besetzen und den Inselstaat spalten. Nach dem Militärputsch von 1980 unter Kenan →Evren wegen »Verletzung des Verbots polit. Betätigung« mehrfach inhaftiert, übernahm er 1987 den Vorsitz der Demokrat. Linkspartei (DSP).

Echeverría Álvarez, Luis
mexikanischer Staatspräsident 1970–1976
** 17. 1. 1922 Mexiko*
Der Juraprofessor, Generalsekretär (1957–1968) der liberalen Revolutionspartei Partido Revolucionario Institucional (PRI) und Innen-Min. (1964–1970), empfahl sich mit der blutigen Niederschlagung der Studentenrevolte vor den Olympischen Spielen 1968 für das höchste Staatsamt. Unter seiner Präsidentschaft, während der er den Kurs der »Mexikanisierung« der Wirtschaft fortsetzte, suchte Mexiko als »Schwellenland« gegenüber den westl. Industriestaaten, inbesondere den USA, eine selbstbewußtere Position zu entwickeln.

Echnaton
(Amenophis IV.)
altägyptischer König um 1364–1347 v. Chr.
** um 1393 v. Chr.*
† um 1347 v. Chr.

Der letzte Herrscher der 18. Dynastie folgte als Amenophis IV. (von ägyptisch *Amenhotep* = »Amun ist gnädig«) seinem Vater →Amenophis III. auf den Thron und heiratete →Nofretete. Den traditionellen Polytheismus mit dem Kult des Gottes Amun ersetzte er durch die geschichtlich erste monotheistische Religion, in deren Mittelpunkt der Sonnengott Aton stand. Als Zeichen der anbrechenden neuen Zeit nannte er sich nun *Echnaton* (»Dem Aton wohlgefällig«) und verlegte die Residenz von Theben nach dem neugegründeten Achet-Aton (»Horizont des Aton«) bei Amarna in Mittelägypten. Er selbst trat als Hohepriester des Aton und einziger Mittler zwischen Gott und den Menschen auf, womit er zugleich auf eine Machtsteigerung des Königtums hinzielte.
Mit der religiösen Reform ging die Entwicklung eines neuen Kunststils einher (»Amarna-Kunst«), die gesprochene Sprache etablierte sich als Literatursprache. Die radikale Durchsetzung der neuen Lehre stieß jedoch auf Widerstand bei der mächtigen Amun-Priesterschaft und im Volk. Zur Staatsverwaltung zog E. aus Mißtrauen gegen die traditionelle Beamtenschaft wahrscheinl. Angehörige der Unterschicht und Ausländer heran. Er unternahm anscheinend einen Feldzug nach Nubien, unterstützte aber nicht die von den Hethitern bedrohten syr. Vasallen Ägyptens. E.s unmittelbarer Nachfolger und Schwiegersohn Semenchkare überlebte ihn nur um kurze Zeit; dessen Nachfolger und ebenfalls Schwiegersohn E.s, Tutanchaton, stellte den Amun-Kult wieder her und nannte sich →Tutanchamun. Im weiteren Fortgang dieser Restauration wurde E. verfemt; sein Name wurde aus den Königslisten getilgt.

Eck, Johann
deutscher kath. Theologe
** 13. 11. 1486 Egg*
† 10. 2. 1543 Ingolstadt
Der Professor für Theologie, eigentlich *J. Maier*, lehrte seit 1510 in Ingolstadt und profilierte sich während der Reformation als einer der schärfsten Kontrahenten Martin →Luthers. Er disputierte schon 1519 mit ihm in Leipzig, überbrachte 1520 die päpstl. Bannandrohungsbulle und nahm in der Folge an zahlreichen Religionsgesprächen teil. Beim Augsburger Reichstag 1530 war er Hauptverfasser der Confutation Pontificia, der Gegenschrift zur prot. Confessio Augustana (Philipp →Melanchthon). Er übersetzte die Bibel textgetreu in die alemannische Mundart (1537) und veröffentlichte zahlreiche theologische Schriften. (▷ Chronik Zitat)

Luthers Verhör durch Dr. Eck

Chronik Zitat

Als Orator Kaiser →Karls V. eröffnete der Offizial des Trierer Erzbischofs, Johann Eck, auf dem Wormser Reichstag am 17. April 1521 das Verhör Martin →Luthers:

»Martin Luther, die hohe und unüberwindliche Kaiserl. Majestät hat aus Bedenken und nach Rat aller Stände des Heiligen Römischen Reiches Dich vor Ihrer Majestät Stuhl hierher berufen und erfordern lassen, um dich diese zween Artikel zu fragen: Erstlich, ob Du bekennst, daß diese Bücher (deren ein großes Convolut und Bündel lateinisch und deutsch geschrieben, gezeiget ward) Dein seien, und ob Du dieselben für die deinen erkennest oder nicht? Zum andern, ob Du dieselben und was darinnen ist, widerrufen oder auf denselben verharren und bestehen willst?«
Nach der Bitte Luthers um Bedenkzeit:
»Wiewohl Du, Martin Luther, jetzt aus Kaiserl. Mandat und Befehl genugsam hättest können verstehen, wozu und warum Du erfordert bist, und derhalben nun nicht mehr würdig wärest, daß Dir weiter und länger Bedenkzeit gegeben würde, so läßt Dir doch Kaiserl. Majestät aus angeborener Güte noch einen Tag, Dich zu bedenken, also, daß Du morgen um eben diese Stunde gegenwärtig erscheinst...«

Eckhart
deutscher Mystiker des Mittelalters
** um 1260 Hochheim bei Erfurt (oder Gotha)*
† vor 30. 4. 1328 Avignon
(Auch *Meister E.*). Der bedeutendste Mystiker des Mittelalters trat 1278 dem Dominikanerorden bei und wirkte 1303–1311 als Ordensprovinzial in Sachsen. 1311–1313 lehrte er als Magister an der Universität Paris, später in Straßburg und Köln, wirkte daneben auch immer für den Orden und als Prediger. Am Ende seines Lebens strengte der Kölner Erzbischof Heinrich von Virneburg mehrere Inquisitionsprozesse gegen ihn an und erwirkte, daß Papst →Johannes XXII. in Avignon (wo E. vor Verkündigung des Urteils starb) 28 Hauptsätze seiner Lehre verdammte (1329).
Außer mit seinen großen scholast. Werken (»Opus tripartitum«), die eine starke Wirkung des Neuplatonismus zeigen, wirkte E. durch seine in dt. Sprache gehaltenen Predigten (von denen über 200 erhalten sind). Er fand die Tiefe des Christentums in der Vereinigung des Menschen mit Gott (»unio mystica«), die sich – vermittelt durch das göttl. »Seelenfünklein« – in der menschl. Seele vollziehe. Über seine Schüler, u. a. die bedeutenden Mystiker Heinrich Seuse (* 1295, † 1366) und Johannes Tauler (* um 1300, † 1361), hinaus zeugen die Philosophie des Idealismus und der Spätromantik von der langanhaltenden und tiefen Nachwirkung E.s.

Eden, Anthony, *Sir (ab 1954)*

britischer Premierminister 1955–1957
** 12. 6. 1897 Windlestone Hall, Durham*
† 14. 1. 1977 Salisbury, Wiltshire

(Earl of Avon ab 1961). E., der von den 20er bis Mitte der 50er Jahre einer der Führer der Konservativen Partei und Abgeordneter des Unterhauses (1923–1957) war, prägte als Regierungsmitglied wesentlich die britische Außenpolitik im 2. Drittel des 20. Jh.s. 1938 trat er als Außen-Min. (seit 1935) aus Opposition gegen die Appeasement-Politik Neville →Chamberlains zurück. Winston →Churchills Kriegskabinett (1940 –1945) und Nachkriegskabinett (1951–1955) gehörte er wiederum als

Außen-Min. an und löste Churchill 1955 als Premier-Min. ab. Nach dem 2. Weltkrieg beteiligte er sich maßgeblich am Aufbau des westl. Bündnissystems und sorgte für den Erfolg der Genfer Indochina-Konferenz mit dem Waffenstillstand in Vietnam (1954). Mit seinen Vorstellungen über eine neutrale und entmilitarisierte Zone in Mitteleuropa, die eine Wiedervereinigung Dtschld.s einschloß, konnte er sich nicht durchsetzen. Die von ihm verantwortete britisch-französ. Intervention in Ägypten 1956 (Suezkrise) löste heftige Proteste aus, die seinen Rücktritt erzwangen. Nachfolger als Premier-Min. wurde Harold →Macmillan. (▷ Chronik Zitat)

Edens Plan zur Wiedervereinigung

Chronik Zitat

Auf der Berliner Konferenz der Siegermächte (25. 1.–18. 2. 1954) trug Außenminister Eden seinen – gescheiterten – Plan zur Wiedervereinigung Deutschlands durch freie Wahlen vor:

»Wenn der Zeitpunkt kommt, da wir uns... der Besprechung der deutschen Einheit zuwenden, werden wir einen konstruktiven Plan vorzulegen haben... Wir müßten das Wahlgesetz besprechen und wie man ausreichende Bürgschaften für volle Freiheit der Wahlen in Ost- sowie in Westdeutschland sichern kann. Auch ist gewiß eine richtige Überwachung der Wahlvorbereitungen, des Wahlverfahrens und der Stimmenzählung erforderlich. Es müßten Maßnahmen getroffen werden, um zu verhindern, daß jemand Verfolgungen ausgesetzt wird. All dies kann besprochen werden.

Die freien Wahlen würden eine gesamtdeutsche Nationalversammlung als Ergebnis haben. Deren erste Aufgabe wäre es, eine Verfassung auszuarbeiten, um die baldige Bildung einer gesamtdeutschen Regierung zu ermöglichen. Die Verwaltungen in der Bundesrepublik und in Ostdeutschland müßten mindestens so lange bestehen bleiben, bis die gesamtdeutsche Regierung gebildet worden ist. Ich glaube, daß die Sowjetregierung unsere Ansichten in diesem Punkt teilt. Wenn die Verfassung einmal angenommen und genehmigt worden ist, würde ihren Bestimmungen gemäß eine gesamtdeutsche Regierung gebildet werden.«

***Eduard** (englisch Edward), Fürsten von England bzw. Großbritannien*

Eduard der Bekenner
angelsächsischer König 1042–1066
** um 1003 Islip, Oxfordshire*
† 5. 1. 1066 London
Der in der Normandie aufgewachsene letzte König aus der Wessex-Dynastie folgte seinem Stiefbruder Harthaknut (1035–1037, 1040–1042) ohne Landeskenntnisse auf den Thron. Er holte normannische Familien ins Land, betätigte sich als Reformer, förderte Kirchen und Klöster und ließ Westminster Abbey erbauen, das durch sein Grab Nationalheiligtum wurde. Auf dem Totenbett designierte er Harold, Earl of Wessex (→Harald II.), den mächtigsten Vertreter der angelsächsischen Aristokratie, zu seinem Nachfolger. Nach seinem Tod begann Herzog Wilhelm von der Normandie (→Wilhelm I., der Eroberer), dem E. 1050/51 die Thronfolge versprochen hatte, mit der Eroberung Englands. 1161 wurde E. heiliggesprochen (Fest: 5. 1.).

Eduard I.
König 1272–1307
** 17. 6. 1239 Westminster*
† 7. 7. 1307 Burgh by Sands bei Carlisle
Der älteste Sohn Heinrichs III. (König 1216–1253) war der bedeutendste Herrscher aus dem Haus Plantagenet. Schon vor seiner Krönung weitgehend selbständig regierend, behauptete E. im Kampf mit Simon de →Montfort das Königtum gegenüber dem Hochadel (Statut von Marlborough 1267), drängte den kirchl. Einfluß zurück, richtete eine zuverlässige Verwaltung ein und erließ als »Justinian Englands« zahlreiche Reformgesetze, vor allem zur Vereinheitlichung und Fortentwicklung des Rechtswesens. Sein Versuch, die Sonderstellung der Juden durch das Statutum de Judaismo (1275) aufzuheben, das den Juden einerseits Pfandleihgeschäfte untersagte und andererseits Pacht und Handel erlaubte, scheiterte, so daß er 1290 die Juden aus England auswies. 1276–1284 unterwarf er Wales und wurde 1292 Oberlehnsherr von Schottland, das er nach einem Aufstand 1298 vorläufig zurückeroberte.
Verbündet mit dt. Fürsten, führte E. lange Kämpfe gegen die französische Krone um seine südfranzösischen Besitzungen. Den Frieden von 1303 besiegelte die Heirat seines Sohnes und Nachfolgers →E. II. mit Isabella (* 1292, † 1358), der Tochter König →Philipps IV. (des Schönen) von Frankreich (1308). Die hieraus erwachsenen englischen Ansprüche auf

den französischen Thron waren Anlaß für den Beginn des Hundertjährigen Krieges nach Erlöschen der französischen Dynastie der Kapetinger. Um der Schwierigkeiten im Lande Herr zu werden, berief E. 1295 das Model Parliament (»Musterparlament«) ein, das mit der Hinzuziehung der Gemeinen (Commons) als Vertreter der Städte und Grafschaften die Parlamentsgeschichte einleitete. Für seinen Thronfolger →E. II. führte er 1301 den Titel Prince of Wales ein.

Eduard II.
König 1307–1326/27
** 25. 4. 1284 Caernarvon Castle*
† 21. 9. 1327 Berkeley Castle
Der vierte Sohn von →E. I. aus dem Hause Plantagenet trug als erster engl. Kronprinz den Titel *Prince of Wales* (1301). 1314 mußte er nach seiner Niederlage gegen den König der Schotten →Robert I. Bruce die schott. Unabhängigkeit wieder anerkennen. Im Machtkampf mit dem Adel einerseits, dem von den Commons dominierten Parlament andererseits, wurde E. von einer Verschwörung des Hochadels, angeführt von seiner Frau Isabella von Frankreich (* 1292, † 1358) und ihrem Geliebten Roger Mortimer (* um 1287, † 1330), 1325 gefangengenommen, 1326 vom Parlament abgesetzt und 1327 ermordet. Nachfolger: Sohn →E. III.

Eduard III.
König 1327–1377
** 13. 11. 1312 Windsor*
† 21. 6. 1377 Sheen (heute Richmond)
Der älteste Sohn und Nachfolger →E.s II., der bis 1330 zunächst unter usurpierter Regentschaft Roger Mortimers (* 1287, † 1330), des Günstlings seiner Mutter, stand, erhob als Enkel König →Philipps IV. (des Schönen) von Frankreich Anspruch auf den französ. Königstitel, nachdem die direkte Linie der Kapetinger ausgestorben war (1328). Er begann daher den Hundertjährigen Krieg (1337/39) und ließ sich 1340 zum König von Frankreich ausrufen. Nach Siegen in der Seeschlacht bei Sluys (1340) und der Landschlacht bei Crécy (1346) gewann er Westfrankreich, bestätigt im Frieden von Brétigny (1360). Dem Parlament mußte er immer mehr Zugeständnisse machen, um seine großen Militärausgaben bewilligt zu bekommen. Nach der verheerenden Großen Pest (1348/49), der etwa ein Drittel der Bevölkerung Englands zum Opfer fiel, versuchte er mit dem Statute of Labourers die steil ansteigenden Löhne der dezimierten Landarbeiter zu begrenzen. Um England von der flandr. Tuchindustrie unabhängig zu machen, lud er flämische Leineweber zur Ansiedlung ein und begründete damit die engl. Textilindustrie. Nachfolger: →Richard II.

Eduard
Prince of Wales
1343–1376
** 15. 6. 1330 Woodstock*
† 8. 6. 1376 Westminster

Der älteste Sohn von →E. III., genannt der *Schwarze Prinz* (nach der Farbe seiner Rüstung), war einer der bedeutendsten Heerführer im Hundertjährigen Krieg. Mit seiner neuen Kampftechnik der Langbogenschützen schlug er die Franzosen erstmals bei Crécy 1346 und siegte entscheidend bei Poitiers 1356, als er den französ. König →Johann II. (den Guten) gefangennahm. Von E. III. zum Prinzen von Aquitanien ernannt (1362), hielt er in Bordeaux hof, konnte aber seine Besitzungen gegen den Widerstand des französischen Adels nicht halten und wurde 1371 vertrieben.

Eduard IV.
König 1461–1483
** 28. 4. 1442 Rouen*
† 9. 4. 1483 Westminster
E.s Sieg über König →Heinrich VI. aus dem Hause Lancaster (Wappen: Rote Rose) und seine Krönung in Westminster 1461 verschafften erstmals dem Haus York (Wappen: Weiße Rose) den Thron. Doch konnte er sich im wechselvollen Verlauf der Rosenkriege (1455–1485) nach der Wiedereinsetzung Heinrichs VI. erst mit Hilfe →Karls des Kühnen von Burgund durchsetzen (1471) und seine Herrschaft nach der Ermordung Heinrichs endgültig sichern. Weitgehend absolutistisch regierend, befriedete er das Land, förderte die Wirtschaft durch Handelsverträge und reformierte das Finanzsystem. Der Hanse gestand er mit der Vereinbarung von Utrecht (1468) das Handelsmonopol für Mittel- und Osteuropa zu. Nach E.s Tod bemächtigte sich sein Bruder →Richard III. der Krone und ließ wahrscheinlich E.s thronberechtigte Söhne E. V. (* 1470, König 1483) und Richard (* 1472) 1483 ermorden.

Eduard VI.
König 1547–1553
** 12. 10. 1537 London*
† 6. 7. 1553 London
Der einzige eheliche Sohn König →Heinrichs VIII. stand unter Vormundschaft eines Regentschaftsrats, der zunächst von seinem Onkel Edward Seymour (Duke of Somerset; * um 1506, † um 1552) und ab 1549 von John Dudley (Earl of Warwick; * 1502, † 1553), dem späteren Herzog von Northumberland, dominiert wurde. Warwick veranlaßte E. zu einem Testament, das seine Halbschwestern →Maria (I., die Katholische) und →Elisabeth (I.) entgegen der Thronfolgeregelung von der Nachfolge ausschloß und Northumberlands Schwiegertochter Lady Jane Grey (* 1537, † 1554) zur Thronerbin machte, konnte 1553 deren Thronbesteigung gegen Maria aber nicht durchsetzen. Unter E., der seine Herrschaft nicht wirklich antrat, wurde die engl. Reformation wesentlich in die calvinist. Richtung vorangetrieben (Festlegung des Kultus durch die Uniformitätsakte und Einführung des von Thomas →Cranmer verfaßten Book of Common Prayer 1549).

Eduard VII.
König 1901–1910
** 9. 11. 1841 London*
† 6. 5. 1910 London

Als Prince of Wales bis kurz vor seiner Thronbesteigung im Alter von 60 Jahren von seiner Mutter, der Königin →Viktoria, weitgehend von polit. Entscheidungen ferngehalten, nahm E. als König über die Parteien hinweg persönlichen Einfluß auf die brit. Außenpolitik. Er förderte die Isolierung Deutschlands, wobei sich polit. Erwägungen mit persönl. Abneigungen gegen seinen Onkel, den dt. Kaiser →Wilhelm II., verbanden, und befürwortete die brit.-französ. Entente Cordiale von 1904 sowie den brit.-russ. Vertrag von 1907. Diese mit seinen Premiers →Salisbury, →Balfour, →Campbell-Bannerman und →Asquith betriebene Politik nährte die dt. »Einkreisungs« -Befürchtungen. Als kosmopolitischer Fürst pflegte E. das Londoner Gesellschaftsleben. Nachfolger: Georg V.

Eduard VIII.
König Jan.–Dez. 1936
** 23. 6. 1894 White Lodge*
† 28. 5. 1972 Paris
Trotz allgemeiner Beliebtheit verzichtete der Sohn und Nachfolger König →Georgs V. als bisher einziger britischer Monarch auf den Thron, als Regierung, Parlament und Kirche seine Ehe mit der zweimal geschiedenen Amerikanerin Wallis Warfield Simpson mißbilligten. Irland trat im Verlauf des Skandals, der das engl. Königshaus erschütterte, aus dem Commonwealth aus. Nach seiner Eheschließung lebte E. als Herzog von Windsor (ab 1937) in Frankreich. 1940–1945 war er Gouverneur der Bahamas. Sein Bruder →George VI. folgte ihm auf den britischen Thron.

Egmont, Lamoral Graf von
niederländischer Staatsmann
** 18. 11. 1522 La Hamaide, Hennegau*
† 5. 6. 1568 Brüssel
E., *Fürst von Gavere*, bewährte sich als Feldherr in Kriegen →Karls V. und →Philipps II. 1559 zum Statthalter der Provinzen Flandern und Artois ernannt, schloß er sich den Gegnern der Spanier unter Führung →Wilhelms I. von Oranien und des Grafen Philippe von Hoorn (* 1524, † 1568) an, ohne den aktiven Widerstand zu billigen. Als sein Versuch, durch Verhandlungen in Spanien eine Lockerung der Zentralherrschaft und die Aufhebung der Inquisition zu erreichen, scheiterte (1564/65), brach 1566 ein offener antikath. Bildersturm in den Niederlanden aus, den er – selbst Katholik – in den ihm unterstellten Provinzen gewaltsam zu unterdrücken suchte. Trotzdem wurde er nach Niederschlagung der Revolte durch Herzog →Alba zusammen mit dem Grafen Hoorn als Hochverräter enthauptet. – Die Tragödie »Egmont« (1788) von J. W. Goethe hat mit der histor. Gestalt wenig gemein.

Ehrhardt, Hermann
deutscher Freikorpsführer
** 29. 11. 1881 Diersburg, Baden*
† 27. 9. 1971 Brunn am Walde, Niederösterreich
Im 1. Weltkrieg Marineoffizier, stellte E. 1919 aus entlassenen Marinesoldaten das Freikorps Brigade E. auf und setzte es in der Frühphase der Weimarer Republik gegen die Rätebewegung, Streiks und kommunistischen Aufstandsversuche ein. Während des rechtsradikalen Kapp-Lüttwitz-Putsches 1920 (Wolfgang →Kapp) besetzte er mit seiner Truppe Berlin. Nach Scheitern des Putsches und Auflösung

der Brigade gründete E. die terrorist. Organisation Consul (OC), die zahlreiche Morde organisierte, u. a. an Matthias →Erzberger und Walther →Rathenau. 1922 wurde er verhaftet, konnte fliehen und wurde 1925 amnestiert. Den von ihm aufgebauten Bund Wiking überführte er 1933 in die SS.

Eichmann, Adolf
SS-Obersturmbannführer
** 19. 3. 1906 Solingen*
† 31. 5. 1962 Ramla, Israel
Der Handelsvertreter E. wurde 1932 Mitglied der österr. SS und leitete, seit 1934 in Reinhard →Heydrichs Sicherheitsdienst-Hauptamt mit Judenfragen befaßt, das Sonderreferat für die Evakuierung von Polen und Juden im Reichssicherheits-Hauptamt. Nach Beschluß über die »Endlösung der Judenfrage« im Sommer 1941 und der Wannseekonferenz organisierte er mit bürokratischer Akribie die mit der Wannseekonferenz am 20. 1. 1942 umfassend geplante Deportation der im deutschen Machtbereich lebenden Juden in die Vernichtungs-KZs in Osteuropa. Nach dem Krieg lebte er unter falschem Namen in Argentinien. 1960 wurde E. vom israelischen Geheimdienst nach Israel entführt, 1961 als einer der Hauptverantwortlichen für die Ermordung von mehr als 5 Mill. Juden zum Tode verurteilt und 1962 hingerichtet.

Einaudi, Luigi
italienischer Staatspräsident 1948–1955
** 24. 3. 1874 Carrù, Piemont*
† 30. 10. 1961 Rom

Als Gegner Benito →Mussolinis emigrierte der neoliberale Professor der Finanzwissenschaften in Turin 1943 in die Schweiz. Nach Zusammenbruch des Faschismus war er 1945–1948 Präs. der Bank von Italien und zugleich 1947/48 stellvertr. Min.-Präs. und Finanz-Min. unter Alcide →De Gasperi, bevor er 1948 zum Staats-Präs. gewählt wurde. E. war wesentlich beteiligt an der Neuordnung der Staatsfinanzen, der Stabilisierung der italienischen Währung und dem Anschluß Italiens an die europäische Einigungsdynamik.

Einhard
fränkischer Gelehrter
** um 770*
† 14. 3. 840 Seligenstadt a. M.
(Auch *Eginhard*). Der aus fränk. Adel stammende, im Kloster Fulda erzogene E. war Vertrauter, Gesandter und Baumeister →Karls d. Gr., Berater →Ludwigs I. des Frommen und Erzieher →Lothars I. Er stiftete das Kloster Seligenstadt, in das er sich 830 als Laienabt zurückzog. Hier verfaßte er nach dem Vorbild der antiken Kaiserbiographien Suetons eine meisterl. Lebensbeschreibung Karls d. Gr. (»Vita Caroli Magni«, 817–822); sie ist die erste Herrscherbiographie des Mittelalters. E.s Briefe sind eine wichtige histor. Quelle.

Eisenhower, Dwight David
34. Präsident der USA 1953–1961
** 14. 10. 1890 Denison, Texas*
† 28. 3. 1969 Washington, D. C.

Als Oberbefehlshaber der US-Truppen in Europa seit 1942 leitete E. im 2. Weltkrieg die Invasion in Nordafrika und Frankreich. 1944/45 war er Oberbefehlshaber der alliierten Streitkräfte in Westeuropa, dann der amerikanischen Besatzungstruppen in Dtschld., 1945–1948 Generalstabschef des Heeres, 1950 bis 1952 Oberbefehlshaber der NATO-Streitkräfte in Europa.
1952 als Republikaner zum Präs. gewählt, stellte E. unter dem Vorzeichen des Kalten Krieges und der Atomwaffenkonkurrenz mit der UdSSR gemeinsam mit seinem Außen-Min. John Foster →Dulles neue Weichen für die Weltpolitik. Nach Beendigung des Koreakriegs (1953) und des französ. Indochinakriegs (1954) betrieb er den Aufbau eines mit US-Militärstützpunkten abgesicherten globalen Bündnissystems, das den USA die Option auf den atomaren Vernichtungsschlag gegen die Sowjetunion gab. 1955 erhielt Österreich mit dem Staatsvertrag die an seine militär. Neutralität gebundene Souveränität. Die (beschränkte) Souveränität der BR Dtschld. in den Pariser Verträgen wurde mit ihrem Beitritt zur NATO und ihrer Aufrüstung verknüpft (1955). Während E. die Niederschlagung

der Aufstände vom 17. Juni 1953 in der DDR und in Ungarn 1956 durch sowjet. Truppen hinnahm und nach einer Drohung der UdSSR Großbritannien, Frankreich und Israel zum Abzug ihrer Truppen in der Suezkrise (1956) drängte, definierte er den Nahen Osten in der »E.-Doktrin« (1957) als amerikan. Einflußzone. Nachdem Nikita S. →Chruschtschow mit dem Berlin-Ultimatum (1958) und dem Entwurf eines gesamtdeutschen Friedensvertrages (1959) erfolgslos geblieben war und sich die Beziehungen durch den Abschuß eines amerikan. Aufklärungsflugzeugs über der UdSSR (U2-Zwischenfall 1960) verschlechtert hatten, brachten die Gipfelkonferenzen mit Chruschtschow 1959 und 1960 nur atmosphär. Erleichterungen.

In der Innenpolitik suchte E. einen liberalen Kurs zu steuern, mußte aber Joseph R. →McCarthys Untersuchungsausschuß mit seiner antikommmunist. »Hexenjagd« bis 1954 gewähren lassen. Vorsichtige Schritte zur Rassenintegration stießen einerseits auf heftigen Widerstand, wurden anderseits als zu zaghaft und wirkungslos kritisiert. (▷ Chronik Zitat)

»Wir kommen als siegreiches Heer, nicht als Unterdrücker«

Chronik Zitat

Proklamation Nr. 1 der Militärregierung für das Kontrollgebiet des Obersten Befehlshabers der Alliierten Streitkräfte vom 3. April 1945:

»An das deutsche Volk
Ich, General Dwight D. Eisenhower, Oberster Befehlshaber der Alliierten Streitkräfte, gebe hiermit folgendes bekannt:

I

Die alliierten Streitkräfte, die unter meinem Oberbefehl stehen, haben jetzt deutschen Boden betreten. Wir kommen als siegreiches Heer, jedoch nicht als Unterdrücker. In dem deutschen Gebiet, das von Streitkräften unter meinem Oberbefehl besetzt ist, werden wir den Nationalsozialismus und den deutschen Militarismus vernichten, die Herrschaft der Nationalsozialistischen Deutschen Arbeiterpartei beseitigen, die NSDAP auflösen sowie die grausamen, harten und ungerechten Rechtssätze und Einrichtungen, die von der NSDAP geschaffen worden sind, aufheben. Den deutschen Militarismus, der so oft den Frieden der Welt gestört hat, werden wir endgültig beseitigen. Führer der Wehrmacht und der NSDAP, Mitglieder der Geheimen Staatspolizei und andere Personen, die verdächtig sind, Verbrechen und Grausamkeiten begangen zu haben, werden gerichtlich angeklagt und, falls für schuldig befunden, ihrer gerechten Bestrafung zugeführt.

II

Die höchste gesetzgebende, rechtsprechende und vollziehende Machtbefugnis und Gewalt in dem besetzten Gebiet ist in meiner Person als Oberster Befehlshaber der Alliierten Streitkräfte und als Militär-Gouverneur vereinigt. Alle Personen in dem besetzten Gebiet haben unverzüglich und widerspruchslos alle Befehle und Veröffentlichungen der Militärregierung zu befolgen. Gerichte der Militärregierung werden eingesetzt, um Rechtsbrecher zu verurteilen. Widerstand gegen die Alliierten Streitkräfte wird unnachsichtlich gebrochen. Andere schwere strafbare Handlungen werden schärfstens geahndet.

III

Alle deutschen Gerichte, Unterrichts- und Erziehungsanstalten innerhalb der besetzten Gebiete werden bis auf weiteres geschlossen. Dem Volksgerichtshof, den Sondergerichten, den SS-Polizei-Gerichten und anderen außerordentlichen Gerichten wird überall im besetzten Gebiet die Gerichtsbarkeit entzogen. Die Wiederaufnahme der Tätigkeit der Straf- und Zivilgerichte und die Wiedereröffnung der Unterrichts- und Erziehungsanstalten wird genehmigt, sobald die Zustände es zulassen.

IV

Alle Beamte sind verpflichtet, bis auf weiteres auf ihren Posten zu verbleiben und alle Befehle und Anordnungen der Militärregierung oder der Alliierten Behörden, die an die deutsche Regierung oder an das deutsche Volk gerichtet sind, zu befolgen und auszuführen. Dies gilt auch für die Beamten, Arbeiter und Angestellten sämtlicher öffentlicher und gemeinwirtschaftlicher Betriebe, sowie für sonstige Personen, die notwendige Tätigkeiten verrichten.

Dwight D. Eisenhower
Oberster Befehlshaber der Alliierten Streitkräfte

Eisner, Kurt
bayerischer Ministerpräsident 1918/19
** 14. 5. 1867 Berlin*
† 21. 2. 1919 München
Der Publizist kam über den liberalen Nationalsozialen Verein Friedrich →Naumanns 1898 zur SPD und war Redakteur des »Vorwärts«, bis er 1905 als »Revisionist« ausgeschlossen wurde. Als Pazifist schloß er sich 1917 der USPD an. Anfang Nov. 1918 setzte er sich an die Spitze der revolutionären Bewegung in München, proklamierte am 7. 11. 1918 den »Freistaat Bayern« und bildete eine Koalitionsregierung aus SPD und USPD. E. vertrat einen ethisch begründeten, schwärmerischen Sozialismus, betonte als Min.-Präs. eine eigenstaatliche bayerische Politik und suchte die Grundsätze der parlamentarischen Demokratie mit dem Rätesystem zu verbinden. Eine Massenbasis für seine Politik konnte er sich nicht verschaffen (2,5% für die USPD bei den Landtagswahlen im Jan. 1919). Seine Ermordung durch den rechtsradikalen Studenten Graf von Arco auf Valley (* 1897, † 1945) gab den Anstoß zur Ausrufung der Münchener Räterepublik.

Eje
altägyptischer König um 1337–1333 v. Chr.
Die Herkunft des Pharaos der 18. Dynastie ist unbekannt, vermutlich bürgerlich. Sein Titel »Gottesvater« verweist auf enge Beziehungen zum Königshaus von Amarna, vielleicht war er Vater der Königin →Nofretete oder Erzieher König →Echnatons. E. war Wesir und spielte die entscheidende Rolle bei der Überwindung des von Echnaton eingeführten Aton-Kults. Nach →Tutanchamuns Tod übernahm er selbst die Herrschaft, regierte jedoch nur 4 Jahre, bis er Opfer eines Putsches des Militärbefehlshabers →Haremhab wurde, der bis 1305 herrschte. E. wurde im Tal der Könige begraben.

Elagabal *(Marcus Aurelius Antoninus)*
römischer Kaiser 218–222
** 204 Emesa*
† 11. 3. 222 Rom
(Auch *Heliogabal*, eigentlich *Varius Avitus*). Der mit Kaiser Lucius Septimius →Severus weitläufig Verwandte wurde 217 aus Rom vertrieben und kehrte als Hoherpriester des syr. Sonnengottes Elagabal (»Gott des Berges«), nach dem er sich benannte, aus Emesa zurück. Auf Betreiben seiner Großmutter Julia Maesa, die ihn als Sohn Kaiser →Caracallas ausgab, hob ihn das Militär gegen Kaiser Macrinus (217/18) auf den Thron (218). Er scheiterte mit seinem Versuch, den östl. Elegabal-Kult als Reichsreligion durchzusetzen und wurde bei einem Aufstand der Prätorianergarde erschlagen. Nachfolger: Marcus Aurelius →Severus Alexander.

Eleonore von Aquitanien
französische, dann englische Königin
** um 1122*
† 1. 4. 1204 Fontevrault-L'Abbaye
(Auch *Eleonore von Poitou*). Die Erbtochter Wilhelms X. von Aquitanien, Herzogin von Aquitanien und Gascogne und Gräfin von Poitou, heiratete 1137 Ludwig VII. von Frankreich und 1152, drei Wochen nach der Scheidung vom französ. König, →Heinrich II. Plantagenet, den Herzog der Normandie und Grafen von Anjou, der 1154 engl. König wurde. Durch ihre Ehe kam fast ganz Westfrankreich an England. Wegen ihrer Unterstützung für einen Aufstand ihrer Söhne →Richard (I., Löwenherz) und →Johann (Ohneland) 1173 war sie lange Zeit inhaftiert, bevor sie unter Richard Löwenherz bedeutenden Einfluß auf die Politik nahm. E. förderte die Troubadourlyrik.

***Elisabeth**, Fürstinnen*

– England

Elisabeth I.
Königin 1558–1603
** 7. 9. 1533 Greenwich*
† 24. 3. 1603 Richmond

E. prägte eine ganze Ära der engl. Geschichte und Kultur: das Elisabethan. Zeitalter. Unter der Regierung →Marias I. Tudor (der Katholischen) 1554 kurze Zeit im Tower gefangengehalten, wurde die Tochter →Heinrichs VIII. und der →Anna Boleyn nach Maria Tudors Tod 1558 vom Parlament als Thronfolgerin anerkannt. E. besaß große polit. Fähigkeiten und hatte eine glückliche Hand bei der Auswahl ihrer Berater, mit denen sie das Land nach innen konsolidierte und nach außen als Großmacht etablierte. Mit der Religionsregelung von 1559 (Supremats- und Uniformitätsakte) stellte sie die anglikan. Staatskirche wieder her, hielt aber selbst

während der spanisch-kath. Großoffensive gegen England nach 1586 an einer maßvollen Katholikenpolitik fest, die England die kontinentale Erfahrung blutiger Religionsverfolgungen weitgehend ersparte. Der vom Parlament geforderten Hinrichtung der schottischen Königin →Maria Stuart, mit deren Gefangennahme 1568 sie den Kampf um den Thron endgültig für sich entschieden hatte, stimmte E. 1587 nur zögernd zu.
Wegen ihrer Ehelosigkeit die »jungfräuliche Königin« genannt, umgab sich E. mit Günstlingen, unter ihnen als bekannteste Lord Leicester (* 1552, † 1588) und Lord Essex (* 1567, † 1601), der 1601 gegen sie rebellierte und hingerichtet wurde. Richtungweisende Sozialgesetze (Armenrecht, Gewerbeverfassung) befestigten den inneren Frieden während ihrer fast vierzigjährigen Herrschaft, in der sie die Renaissancekultur erblühen ließ (mit Shakespeare als bedeutendstem Dichter Englands).
Außenpolitisch verfolgte E. zusammen mit ihrem Ersten Sekretär William Cecil →Burghley (1558 bis 1598) eine Balance-Politik, die Englands Sicherheit durch die politisch-militär. Neutralisierung Schottlands und die Schwächung Spaniens gewährleisten sollte. So unterstützte sie die gegen Maria Stuart rebellierenden schott. Barone durch Intervention in den schott. Bürgerkrieg (1560), den Freiheitskampf der Niederlande gegen Spanien sowie →Heinrich (IV.) von Navarra in den religiös geprägten Auseinandersetzungen um den französ. Thron. 1570 wurde sie von Papst →Pius V. exkommuniziert. Die letzten 15 Jahre ihrer Herrschaft standen im Zeichen der Auseinandersetzung mit Spanien, das sich durch die engl. Freibeuterei (u. a. Francis →Drake) provozieren ließ. Der triumphale Sieg über die Armada 1588 begründete Englands Aufstieg zur führenden Seemacht. Als ihren Nachfolger bestimmte sie den Sohn Maria Stuarts, →Jakob I.

Elisabeth II.
Königin von Großbritannien und Nordirland seit 1952
** 21. 4. 1926 London*
Als konstutitionelle Königin nimmt die Tochter und Nachfolgerin König →Georgs VI., die seit 1947 mit Philip Mountbatten, Herzog von Edinburgh (* 1921), verheiratet ist, ausschließlich repräsentative Aufgaben wahr. Gleichwohl nimmt die brit. Öffentlichkeit regen Anteil am Geschick ihrer Familie und wird durch die zahlreichen Beziehungsdramen der Königskinder, speziell des Thronfolgers Charles, (* 1948), nicht enttäuscht.

– Frankreich

Elisabeth Charlotte

Herzogin von Orléans seit 1671
** 27. 5. 1652 Heidelberg*
† 8. 12. 1722 St. Cloud bei Paris

(Auch *Liselotte von der Pfalz*). Die Tochter des Kurfürsten Karl Ludwig von der Pfalz (* 1617, † 1680) heiratete 1671 nach ihrer Konversion zum Katholizismus Herzog Philipp I. von Orléans (* 1640, † 1701), den Bruder →Ludwigs XIV. Dieser erhob nach Aussterben der Linie Pfalz-Simmern (1685) gegen E.s Willen im Pfälz. Erbfolgekrieg (1688–1697) Anspruch auf die Pfalz, wobei er, von den europ. Mächten zum Rückzug gezwungen, die Pfalz schwer verwüstete (u. a. das Heidelberger Schloß). E. war die Mutter →Philipps II. von Orléans, des französ. Regenten während der Unmündigkeit →Ludwigs XV. Sie bewahrte ihre oft derbe Originalität in der überfeinerten französ. Umgebung und hinterließ zahlreiche Briefe mit vorzügl. Charakteristik des französ. Hoflebens.

–Rußland

Elisabeth Petrowna

Zarin 1741–1762
** 29. 12. 1709 Moskau*
† 5. 1. 1762 St. Petersburg

(Russisch *Jelisaweta Petrowna*). Die vorehel. Tochter Zar →Peters I. (d. Gr.) und →Katharinas I. stürzte mit Hilfe der Garde →Iwan VI. und setzte sich gegen die Thronansprüche der Regentin Anna Leopoldowna durch. Zu ihrem Nachfolger designierte sie ihren Neffen Peter von Holstein-Gottorp (→Peter III.), den sie 1745 mit Sophie Friederike Auguste von Anhalt-Zerbst (der späteren Zarin →Katharina II., d. Gr.) vermählte. 1743 beendete sie den Krieg mit Schweden und kämpfte im Österr. Erbfolgekrieg (1740–1748) wie im Siebenjährigen Krieg (1756 bis 1763) auf seiten Österreichs gegen Preußen. Sie gründete die Universität Moskau (1755) und die Akademie der Künste in Petersburg (1758).

– Spanien
Elisabeth Farnese
Königin 1714–1746
** 25. 10. 1692 Parma*
† 11. 7. 1766 Aranjuez
Die Tochter des Herzogs von Parma, seit 1714 verheiratet mit König →Philipp V. von Spanien, kämpfte als letzte ihres Hauses Farnese (Alessandro →F.) um ihr Erbe und hielt mit ihren Plänen, für ihre Söhne Königreiche in Italien zu erlangen, die Diplomatie von 1715–1735 in Atem. Ihr erster Vertrauter, der leitende Minister Giulio Alberoni (* 1664, † 1752), verwickelte Spanien 1733 in einen Krieg mit den europ. Mächten, setzte aber den Anspruch ihres Sohnes →Karl (III.) auf den Königsthron von Neapel-Sizilien durch (1735). Nach zwischenzeitlicher Entmachtung gewann sie unter seiner Herrschaft seit 1759 wieder an Einfluß. Ihr Sohn Philipp wurde nach dem Österr. Erfolgekrieg 1740–1748 Herzog von Parma-Piacenza.

– Thüringen

Elisabeth *Heilige*
Landgräfin von Thüringen
** 1207 Sáros-Patak (Ungarn)*
† 17. 11. 1231 Marburg
Die Tochter des ungar. Königs →Andreas II. heiratete 1221 den Landgrafen Ludwig IV. von Thüringen. Unter dem Einfluß der Eisenacher Franziskaner und ihres Beichtvaters Konrad von Marburg wandte sie sich schließlich ganz vom höf. Leben ab und widmete sich der Mildtätigkeit. Nach dem frühen Tod ihres Mannes (1227) während eines Kreuzzuges verließ sie die Wartburg und stiftete in Marburg ein Franziskanerhospital, in dem sie Armen- und Krankendienst leistete. 1235 wurde E., um die sich schon bald Legenden rankten, von Papst Gregor IX. heiliggesprochen (Fest: 19. 11.).

Emanuel I., *der Große*
König von Portugal 1495–1521
** 31. 5. 1469 Alcochete*
† 13. 12. 1521 Lissabon
(Auch *E. der Glückliche, Manuel I.*). Mit den in seinem Auftrag erfolgten Erkundungsfahrten durch die großen Seefahrer Vasco da →Gama (Seeweg nach Indien 1498) und Pedro A. →Cabral (Entdeckung Brasiliens 1500), die Inbesitznahme der entdeckten überseeischen Gebiete und die Aufnahme des Fernhandels mit Persien, Indien und China begründete E. die portugies. Kolonial- und Handelsmacht. Als absolutist. Herrscher betrieb er zahlreiche Reformen, mit denen er die Stellung der Krone gegenüber dem Adel stärkte. 1496 ließ er die Juden aus Portugal vertreiben. Unter seiner Regierung erlebte Portugal die Blüte der Frührenaissance, die Elemente der neuentdeckten Kulturen aufnahm (Emanuelstil). Mit seinen drei Heiraten verband er sich verwandtschaftlich mit dem spanischen Königshaus und bereitete damit die 1580 vollzogene Personalunion von Spanien und Portugal vor.

Emanuel II., *Manuel II.*
König von Portugal 1908–1910
** 15. 11. 1889 Belém*
† 2. 7. 1932 Twickenham (England)
E. folgte 1908 seinem Vater Karl I. (König 1889 bis 1908) auf den Thron, nachdem dieser und dessen erster Sohn Ludwig Philipp einem Attentat zum Opfer gefallen waren. Um das Vordringen republikanischer Kräfte aufzuhalten, bemühte er sich – erfolglos – um schnelle soziale und ökonomische Reformen. Seine kurze Herrschaft endete mit seinem Sturz in der Revolution von 1910. Nach Ausrufung der Republik floh E. nach England.

Emin Pascha, Mehmed
deutscher Afrikaforscher
** 28. 3. 1840 Oppeln*
† 23. 10. 1892 in Zentralafrika
Der schlesische Arzt, eigentlich *Eduard Schnitzer*, trat 1865 in osman. Dienste und konvertierte zum Islam. Seit 1875 übernahm er Missionen für den osman. Vizekönig in Ägypten und wurde 1878 Gouverneur der durch Feinde abgeschnittenen Äquatorialprovinz. Er schlug die aufständ. Mahdisten 1888 bei Dufili und erforschte Arabien und Uganda. In Europa als verschollen geltend, wurde er 1889 von Henry M. →Stanley aufgefunden. Seit 1890 erforschte er in dt. Auftrag das ostafrikan. Seengebiet. Von Einheimischen wurde er ermordet.

Engelbrecht Engelbrechtsson
schwedischer Nationalheld
** um 1390*
† 4. 5. 1436 Insel im Hjälmarsee
E. stammte aus dt., in Schweden geadeltem Geschlecht, erhob sich 1434 erfolgreich an der Spitze eines Bauernheeres gegen die dän. Herrschaft und wurde 1435 Reichshauptmann. Angesichts seiner wachsenden Macht sah er sich zunehmend mit der Gegnerschaft von Adel und Geistlichkeit konfrontiert und wurde schließlich von einem Hochadeligen ermordet. E. begründete das nationale Selbstbewußtsein der Schweden, die sich von der dän. Dominanz in der Kalmarer Union (Personalunion der drei Königreiche Dänemark, Schweden und Norwegen seit 1397, →Margarete I.) zu befreien suchten.

Engels, Friedrich
deutscher Philosoph und Politiker
** 28. 11. 1820 (Wuppertal-)Barmen*
† 5. 8. 1895 London

E. fand während der Militärzeit in Berlin Anschluß an die radikalen Linkshegelianer und die materialistischen Philosophie Ludwig →Feuerbachs. Während seiner kaufmänn. Lehre in der Baumwollfabrik seines Vaters in Manchester (1842–1844) nahm er Kontakte zur Chartisten-Bewegung und zum Bund der Gerechten auf und wurde Sozialist (»Die Lage der arbeitenden Klasse in England«, 1845). Seit der Rückkehr nach Dtschld. arbeitete er eng mit Karl →Marx zusammen (gemeinsame Werke u. a: »Die heilige Familie«, 1845; »Die dt. Ideologie«, 1844/1846). 1847 traten sie dem Bund der Gerechten bei (dann: Bund der Kommunisten), für den sie als Programmschrift das »Kommunist. Manifest« verfaßten (1848). Während der Revolution von 1848/49 war E. Redakteur der von Marx geleiteten »Neuen Rhein. Zeitung«. Nach Teilnahme an dem gescheiterten Pfälzischen Aufstand emigrierte er nach England, wo er in Manchester neben seiner kaufmänn. Tätigkeit (bis 1869) politisch und schriftstellerisch arbeitete und von hier aus Marx finanziell unterstützte. 1870 übersiedelte er nach London und wurde Mitglied des Generalrats der 1. Internationale. In zahlreichen Schriften (»Der dt. Bauernkrieg«, 1850; »Herrn Eugen →Dührings Umwälzung der Wissenschaft«, 1877/78; »Die Entwicklung des Sozialismus von der Utopie zur Wissenschaft«, 1882; »Der Ursprung der Familie, des Privateigentums und des Staates«, 1884; u. a.) wirkte E. in enger Abstimmung mit Marx maßgeblich an der Ausbildung der marxist. Theorie mit und trug zu ihrer Popularisierung bei. Mit dem Dialekt. Materialismus als einer der Dialektik der Natur adäquaten Erkenntnismethode ergänzte er den von Marx entwickelten Histor. Materialismus um eine Betrachtungsweise, die besonders im Marxismus-Leninismus zum Tragen kam. Aus dem Nachlaß von Marx gab er den 2. und 3. Bd. des »Kapital« heraus (1885, 1894).
Im letzten Jahrzehnt seines Lebens war E., ohne eine offizielle Funktion zu bekleiden, der anerkannte geistige Führer des internationalen Sozialismus, insbesondere der deutschen Sozialdemokratie.
(▷ Chronik Zitat)

Entemena
sumerischer König um 2430 v. Chr.
E. war einer der bedeutenden Könige von Lagasch. Einer Kegelinschrift aus seiner Regierungszeit zufolge befehdete er die Stadt Umma und unterwarf sie. Zahlreiche Bauten stammen aus seiner Zeit (Tempel, Paläste, Teiche und ein Kanal vom Tigris zum Euphrat). Ein Bündnis mit dem König von Uruk sicherte sein Reich gegen Angriffe.

Enver Pascha
türkischer General und Politiker
** 22. 11. 1881 Konstantinopel*
† 4. 8. 1922 bei Baldschuwan am Pamir
(Eigentl. *Enver Bey*). E. P. beteiligte sich führend an der Revolution der Jungtürken 1908, am Sturz →Abdul Hamids II. und der Wiedereinsetzung der Verfassung von 1876. Seit 1912 Generalstabschef, eroberte er im 2. Balkankrieg gegen Bulgarien Adrianopel zurück und wurde 1914 Kriegs-Min. des Osmanischen Reichs, das im 1. Weltkrieg auf deutscher Seite kämpfte. Faktisch Staatschef, war er wesentlich verantwortlich für den Völkermord an den Armeniern (1916), dem Hunderttausende zum Opfer fielen. Nach dem Zusammenbruch des Osmanischen Reichs 1918 verließ er als Gegner Kemal →Atatürks das Land. Zunächst hoffte er, seine panturanischen Vorstellungen mit Hilfe Sowjetrußlands verwirklichen zu können, brach jedoch 1920 mit Moskau und führte die Kämpfe gegen die Sowjetherrschaft in Turkistan an, wo er fiel.

Enzio
König von Sardinien 1238–1249
** um 1215*
† 14. 3. 1272 Bologna
E. war der älteste unehel. Sohn Kaiser →Friedrichs II. und wurde durch Heirat König von Sardinien, das unter Lehnsherrschaft des Papstes stand. Nachdem ihn Friedrich 1239 zum kaiserl. Generallegaten für Italien ernannt hatte, eroberte E. die Mark Ancona und das Herzogtum Spoleto für das Reich zurück. 1241 fing er die genues. Flotte mit den kaiserfeindl. Kirchenfürsten auf dem Weg zum Konzil in Rom ab. 1249 bei einem seiner Feldzüge bei Modena von den Truppen Bolognas gefangengenommen, blieb er bis zu seinem Tod inhaftiert.

Eötvös, József, *Baron von Vásárosnamény*
ungarischer Staatsmann
** 13. 9. 1813 Ofen*
† 2. 2. 1871 Pest
Der Publizist E. gehörte seit 1840 zu den führenden Köpfen der liberalen ungarischen Reformbewegung gegen den konservativen Adel. Im Gegensatz zu Lajos →Kossuth war er gegen die Trennung Ungarns von der habsburg. Monarchie. Nach der Revolution 1848 Kultus- und Unterrichts-Min., ging er nach Errichtung der österreichischen Militärdiktatur über Ungarn ins Ausland. Mit Ferenc v. →Deák arbeitete er auf den österreichisch-ungar. Ausgleich hin. Nach dessen Abschluß (1867) wieder Kultus-Min., setzte er umfassende Reformen im Erziehungs- und Bildungswesen ins Werk und erwirkte die Gleichberechtigung der Konfessionen.

Epaminondas

Feldherr und Politiker von Theben
** um 420 v. Chr.*
† 362 v. Chr.

In der Auseinandersetzung um die politische Vorherrschaft in Griechenland brachte E. den Friedenskongreß in Sparta (mit dem spartan. König →Agesialos II., dem Tyrannen von Syrakus →Dionysios I. und König →Amyntas III. von Makedonien) mit seinem Beharren auf Anerkennung der 379

Der Wissenschaftliche Sozialismus

Chronik Zitat

In seinem Werk »Die Entwicklung des Sozialismus von der Utopie zur Wissenschaft« (1882) definierte Friedrich Engels:

»Hegel hatte die Geschichtsauffassung von der Metaphysik befreit, er hatte sie dialektisch gemacht – aber seine Auffassung der Geschichte war wesentlich idealistisch. Jetzt war ... eine materialistische Geschichtsauffassung gegeben und der Weg gefunden, um das Bewußtsein der Menschen aus ihrem Sein, statt wie bisher ihr Sein aus dem Bewußtsein zu erklären.

Hiernach erschien jetzt der Sozialismus ... als notwendiges Erzeugnis des Kampfes zweier geschichtlich entstandener Klassen, des Proletariats und der Bourgeoisie... Es handelte sich aber darum, die kapitalistische Produktionsweise einerseits in ihrem geschichtlichen Zusammenhang und ihrer Notwendigkeit für einen bestimmten geschichtlichen Zeitabschnitt, also auch die Notwendigkeit ihres Untergangs, darzustellen, andererseits aber auch ihren inneren Charakter bloßzulegen, der noch immer verborgen war. Dies geschah durch die Enthüllung des Mehrwerts. Es wurde bewiesen, daß die Aneignung unbezahlter Arbeit die Grundform der kapitalistischen Produktionsweise und der durch sie vollzogenen Ausbeutung des Arbeiters ist; daß der Kapitalist, selbst wenn er die Arbeitskraft seines Arbeiters zum vollen Wert kauft, den sie als Ware auf dem Warenmarkt hat, dennoch mehr Wert aus ihr herausschlägt, als er für sie bezahlt hat, und daß dieser Mehrwert in letzter Instanz die Wertsumme bildete, aus der sich die stets wachsende Kapitalmasse in den Händen der besitzenden Klasse anhäuft. Der Hergang der kapitalistischen Produktion wie der Produktion von Kapital war erklärt.

Diese beiden großen Entdeckungen: die materialistische Geschichtsauffassung und die Enthüllung des Geheimnisses der kapitalistischen Produktion vermittelst des Mehrwerts verdanken wir Marx. Mit ihnen wurde der Sozialismus zur Wissenschaft.«

hergestellten Einheit Böotiens unter Thebens Führung zum Scheitern (371). Im sich anschliessenden Krieg mit Sparta schlug er durch die von ihm entwickelte epochemachende »Schiefe Schlachtordnung« (keilartige Verstärkung des linken Flügels der Phalanx zur Zerschlagung des feindl. rechten Flügels, solange sich die übrige Schlacht noch unentschieden hinzog) 371 die spartan. Übermacht bei Leuktra in Böotien und beendete damit die Überlegenheit Spartas in Griechenland. In weiteren vier Feldzügen auf dem Peloponnes mißlang ihm zwar die Eroberung Spartas selbst, er schwächte es aber auf Dauer durch die Befreiung der Messenier (369) und die Anlage der Festung Messene. 362 fiel er in der (gewonnenen) Schlacht bei Mantineia gegen die Spartaner. Sein Feldherrngenie brachte Theben kurzzeitig die Hegemonie über Mittelgriechenland, die es jedoch mit dem Tod des großen Heerführers wieder verlor, nach dem sich die griech. Staaten auf die Bewahrung des Status quo verständigten.

Ephialtes
Staatsmann Athens im 5. Jh. v. Chr.
† 461 v. Chr.
Als Nachfolger des →Themistokles führte E. die Anhänger einer echten Selbstregierung der Bürger Athens an. Seit 464 Hauptgegner →Kimons, nahm er in dessen Abwesenheit in Messenien (462/61) durch eine Verfassungsreform dem diskreditierten oligarchischen Areopag die wesentlichen Zuständigkeiten und übertrug sie auf Volksversammlung, Volksgericht und Rat der 500. Damit setzte er den Beginn der radikalen Demokratie in Griechenland durch. Der zurückgekehrte Kimon wurde durch ein Scherbengericht verbannt (Ostrakismus). Wenig später wurde E. ermordet. Sein Freund →Perikles führte die Reformen fort.

Epp, Franz Xaver, *Ritter von (ab 1917)*
deutscher General und Politiker
** 16. 10. 1868 München*
† 31. 12. 1946 München
E., der sich an den Kolonialkämpfen gegen die aufständ. Hereros und Hottentotten im Südwestafrika beteiligt hatte und im 1. Weltkrieg Regimentskommandeur war, nahm 1919 mit dem von ihm gebildeten Freikorps E. an der Niederwerfung der Münchener Räterepublik und des kommunist. Ruhraufstandes (1920) teil. Seit 1928 Mitgl. der NSDAP und 1928–1945 MdR, wurde er 1933 Reichsstatthalter in Bayern (bis 1945). Der Einfluß des Röhm-Freundes sank nach der »Röhm-Affäre« 1934.

Erasmus von Rotterdam, Desiderius

niederländischer Humanist
** 28. 10. 1466 (1469 ?) Rotterdam*
† 12. 7. 1536 Basel

E. v. R. war der bedeutendste Humanist und einer der größten Gelehrten seiner Zeit, Zentrum und Maßstab klass. Gelehrsamkeit. Zum Priester geweiht (1492) und an der Universität Paris umfassend gebildet, gewann er bei zahlreichen Auslandsaufenthalten (England, Italien, Holland) einen kosmopolit. Überblick über die gesellschaftl. Verhältnisse und das Wissen in Europa. In England schloß er Freundschaft mit Thomas →More. Er brach mit der Scholastik und dem Dogmenzwang, hielt sich aber mit Eingriffen in aktuelle polit. Konflikte zurück. Seine Ausgaben röm. und kirchl. Klassiker stellten die Forschung vor grundlegend neue Gegebenheiten. Auf seiner ersten krit. Ausgabe des NT in griech. Sprache (1516 ff.) fußte Martin →Luthers Übersetzung. Als scharfer Kritiker der Kirchenhierarchie und des Adels (»Lob der Torheit«, 1509) gefürchtet und als glänzender Satiriker (»Vertraute Gespräche«, 1518) bewundert, stand er als Sucher nach einer toleranten »philosophia christiana« zwischen den streitenden Lagern. Mit Luther konnte er sich über prinzipielle Fragen der Reformation nicht verständigen (»Vom freien Willen«, 1524).

Erhard, Ludwig

deutscher Bundeskanzler 1963–1966
** 4. 2. 1897 Fürth*
† 5. 5. 1977 Bonn

Der »Vater des dt. Wirtschaftswunders« prägte als erster Bundeswirtschafts-Min. der Nachkriegszeit (1949–1963) den Aufstieg der BR Dtschld. zu einer der führenden Wirtschaftsmächte der westlichen

Welt. Seit 1942 in der Wirtschafts- und Industrieforschung tätig, hatte sich der Nationalökonom (Prof. seit 1950) auf Distanz zum Nationalsozialismus halten können und wurde nach dem 2. Weltkrieg von den Westalliierten als Wirtschaftsexperte herangezogen. 1945/46 bayerischer Wirtschafts-Min., bereitete er als Direktor der Verwaltung für Wirtschaft des Vereinigten Wirtschaftsgebiets in Frankfurt (1948/49) die Währungsreform vor (20. 6. 1948) und ließ gegen den Willen der westlichen Besatzungsmächte die meisten der bis dahin geltenden Bewirtschaftungsvorschriften aufheben. Der vom Marshall-Plan ermöglichte und unter günstigen Weltmarktbedingungen zustandegekommmene Erfolg seiner »sozialen Marktwirtschaft« machte E. in den 1950er Jahren im In- und Ausland außerordentlich populär. Die Akzeptanz seiner Wirtschaftspolitik in der Bevölkerung begründete wesentlich die Wahlerfolge der CDU, der er seit 1949 angehörte.
1963 wurde E., der seit 1957 Vizekanzler war, gegen den Widerstand Konrad →Adenauers dessen Nachfolger als Bundeskanzler und bildete eine Koalitionsregierung aus CDU/CSU und FDP. 1966/67 war er auch Vors. der CDU. Unter E. wurden, bei stärkerer Berücksichtigung der britischen Interessen, die westliche Integrationspolitik und die Wiedergutmachungspolitik gegenüber Israel (1965 Aufnahme diplomatische Beziehungen) fortgesetzt und verhaltene Bemühungen um eine Verbesserung der Beziehungen zu Osteuropa unternommen. Nach ersten Rezessionserscheinungen (Kaufkraftverlust der DM, Kohle- und Stahlkrise im Ruhrgebiet) und außenpolitischen Schwierigkeiten (u. a. Differenzen mit den USA über die Stationierungskosten für die US-Truppen in der Bundesrepublik Deutschland) wuchs der Zweifel an seinen Führungsqualitäten. 1966 zerbrach die Koalition. E.s Nachfolger, Kurt Georg →Kiesinger, bildete eine Regierung der Großen Koalition aus CDU/CSU und SPD.
(▷ Chronik Zitat)

Ein Trick öffnete Erhard den Weg zum »Wirtschaftswunder«

Chronik Zitat

Über die Einführung der Marktwirtschaft in den Westzonen 1948 berichtet Ludwig Erhard in seiner Autobiographie »Wohlstand für alle« (1962):

»Tatsächlich wurde die Marktwirtschaft in Deutschland ... durch einige wenige Gesetze und durch kompromißlose Entschlossenheit eingeführt. Der Wille, etwas gänzlich Neues zu schaffen, fand seinen Niederschlag in dem ›Gesetzes- und Verordnungsblatt des Wirtschaftrates des Vereinigten Wirtschaftsgebiets‹ vom 7. Juli 1948, wo auf schlechtem, heute bereits vergilbtem Vorwährungsreformpapier das ›Gesetz über Leitsätze für die Bewirtschaftung und Preispolitik nach der Geldreform‹ vom 24. Juni 1948 verkündet wird. Mit diesem Gesetz wurde dem Direktor der Verwaltung für Wirtschaft das Recht eingeräumt, mittel- oder unmittelbar und in einem Zuge Hunderte von Bewirtschaftungs- und Preisvorschriften in den Papierkorb zu befördern...
Bereits einen Tag später wurde die Anordnung über Preisbildung und Preisüberwachung nach der Währungsreform erlassen, mit der Dutzende von Preisvorschriften außer Kraft traten. Wir gingen dabei den einzig möglichen Weg: Es wurde darauf verzichtet, all das aufzuführen, was ungültig wurde, und nur das namentlich und ausdrücklich genannt, was noch Geltung behalten sollte. Damit war ein gewaltiger Schritt in Richtung auf das Ziel der Beseitigung einer unmittelbaren Einflußnahme der Bürokratie auf die Wirtschaft getan.
Was sich im Hintergrund dieses Übergangs zur Marktwirtschaft abspielte, ist der breiten Öffentlichkeit nie voll bewußt geworden. Nur ein Beispiel: Strenge Vorschriften der... Kontrollinstanzen verlangten vor jeder Änderung von Preisvorschriften deren ausdrückliche Genehmigung. Woran die Alliierten allerdings nicht gedacht hatten, war, daß jemand überhaupt auf die Idee kommen konnte, diese Preisvorschriften nicht zu ändern, sondern sie einfach aufzuheben. So viel Kühnheit von einem Deutschen so kurze Zeit nach dem Kriegsende anzunehmen, paßte nicht in die Denkkategorie einer Verwaltung, kurz nach einem überwältigenden Sieg.
Zugute kam mir, daß sich General → Clay ... hinter mich stellte und meine Anordnungen deckte. Die Preisbildung deutscher Konsumgüter und wichtigster Nahrungsmittel war damit der alliierten Preisaufsicht entzogen.«

***Erich**, Erik, nordische Könige*

Erich IX., *der Heilige*
König von Schweden etwa 1150–1159/60
† 18. 5. 1159 oder 1160 Uppsala
Auf E. bezieht sich die Erichslegende, derzufolge er erster Gesetzgeber Schwedens war. Er förderte die christl. Mission und unternahm 1157 einen Christianisierungsfeldzug nach Südfinnland. Heiliger und Schutzpatron Schwedens (Tag: 18. 5.).

Erich von Pommern
König der Kalmarer Union 1397–1439/1442
** um 1382*
† 16. (?) 6. 1459 Rügenwalde
Der Sohn eines Pommernherzogs, ursprünglich *Bogislaw*, wurde 1397 als E. in Kalmar zum König von Schweden, Dänemark und Norwegen gekrönt und war damit, bis 1412 noch unter Regentschaft seiner Großtante, der Königin →Margarete I. von Dänemark, erster König der Kalmarer Union (Personalunion der drei skandinavischen Länder, mit Unterbrechungen bis 1523). Er wollte die Union zu einem zentralistischen Einheitsstaat umwandeln, im Bündnis mit Polen gegen die Macht des Dt. Ordens ein dän.-pommersches Ostseereich errichten und im Kampf gegen die Holsteiner Grafen das Herzogtum Schleswig wiedergewinnen, unterlag jedoch den Grafen und den mit ihnen verbündeten Hansestädten. Die von ihnen errichtete Blockade gegen die schwedische Erzausfuhr führte 1434 zum Aufstand unter →Engelbrecht Engelbrechtsson. 1439 wurde E. in Dänemark und Schweden abgesetzt, 1442 in Norwegen.

Erich XIV.
König von Schweden 1560–1568
** 13. 12. 1533 Stockholm*
† 26. 2. 1577 Orbyhus
Der Sohn und Nachfolger König →Gustavs I. Wasa begründete mit der Eroberung Revals und Estlands (1561) die schwedische Ostseeherrschaft und provozierte den Dreikronenkrieg gegen Polen, Dänemark und Lübeck (1563–1570). Wegen angeblicher Verschwörung ließ er im Jahr 1567 einen Teil des Adels umbringen (Sturemord). Er zeigte Anzeichen von Geisteskrankheit und wurde nach erfolgreicher Empörung seiner Brüder →Johann III. und →Karl (IX.) auf dem Stockholmer Reichstag 1568 abgesetzt, in »ewige Haft« genommen und im Gefängnis wahrscheinlich vergiftet. Sein Schicksal wurde Thema der schwedischen Literatur.

Erich der Rote
normannischer Seefahrer
** um 950 Norwegen*
† um 1007
E., der wegen eines Totschlags aus Island fliehen mußte, erreichte 981/82 die Insel Grönland und gilt als ihr Entdecker. 986 gründete er an der Südwestküste eine normann. Kolonie. Von dort aus entdeckte sein Sohn →Leif Eriksson die nordamerikan. Küste.

Erlander, Tage
schwedischer Ministerpräsident 1946–1969
** 13. 6. 1901 Ransäter, Värmland*
† 21. 6. 1985 Stockholm
Der Sozialdemokrat, 1933–1973 Abg. des Reichstags und 1946–1969 Parteivors., entfaltete als langjähriger Min.-Präs. nach dem 2. Weltkrieg eine Sozial- und Wirtschaftspolitik, die Schweden für Jahrzehnte zum Inbegriff des Wohlfahrtsstaates machte. Außenpolitisch qualifizierte die von ihm verfolgte Neutralität Schweden für eine wichtige Vermittlerrolle zwischen den Blöcken im Kalten Krieg. Nachfolger: Olof →Palme.

***Ernst**, deutsche Fürsten, Hannover*

Ernst August I.
Kurfürst 1692–1698
** 20. 11. 1629 Herzberg, Harz*
† 23. 1. 1698 Herrenhausen b. Hannover
E. A., seit 1661 ev. Bischof von Osnabrück, erbte 1679 das Fürstentum Calenberg-Hannover und gewann damit die Herrschaft im Welfenhaus Hannover, in dem er 1682 das Erstgeburtsrecht einführte. Kaiser →Leopold I., den er im Krieg gegen die Osmanen (1683) und in seinen Konflikten mit den Franzosen unterstützt hatte, erteilte ihm 1692 Kurwürde (gegen die Verpflichtung, die Kurstimme für das Haus Habsburg einzusetzen) und erhöhte damit die Zahl der Kurfüsten auf neun. Durch E. A.s Eheverbindung mit Sophie von der Pfalz (* 1630, † 1714), der Enkelin des engl. Königs →Jakob I., sicherte er seinem Haus die Anwartschaft auf die brit. Krone, die 1714 seinem Sohn →Georg I. zufiel.

Ernst August II.
König 1837–1851
** 5. 6. 1771 London*
† 18. 11. 1851 Hannover
Der 5. Sohn König →Georgs III. von Großbritannien und Herzog von Cumberland war unpopulärer Führer der Ultrakonservativen im brit. Oberhaus. Mit der Thronbesteigung seiner Nichte →Viktoria in England endete 1837 die Personalunion mit Großbritannien, da Hannover aufgrund des salischen Rechts keine weibl. Thronfolge zuließ. E. A. erhielt daraufhin das ihm völlig unvertraute Königreich Hannnover. Er hob sofort das Staatsgrundgesetz von 1833 auf, regierte reaktionär-absolutistisch und provozierte eine Protestbewegung, der er mit Repression und der Entlassung der »Göttinger Sieben« (u. a. Friedrich Christoph →Dahlmann) zu begegnen versuchte. Die Revolution 1848 zwang ihm eine konstitutionelle Verfassung auf.

Erzberger, Matthias
deutscher Finanzminister 1919/20
** 20. 9. 1875 Buttenhausen, Württemberg*
† 26. 8. 1921 Bad Griesbach, Baden
Seit 1903 MdR und als Führer des linken Zentrums Gegner der dt. Kolonialpolitik, wandelte sich E. im 1. Weltkrieg vom Annexionsbefürworter zum entschiedenen Gegner der dt. Kriegspolitik. 1918 trat er als Staatssekretär in die Reichsregierung ein und unterzeichnete für das Dt. Reich 1918 den Waffenstillstand von Compiègne. Er befürwortete die Unterzeichnung des Versailler Vertrags und wurde seitdem als »Erfüllungspolitiker« von der polit. Rechten bekämpft. 1919 zunächst als Reichs-Min. ohne Geschäftsbereich und Vizekanzler zuständig für die Ausführung des Waffenstillstands, übernahm er im gleichen Jahr das Finanzministerium und führte mit der nach ihm benannten Finanzreform neben einer höheren Besteuerung der Wohlhabenden die zentrale Steuerverwaltung ein und stärkte die Finanzhoheit des Reiches. In der Folge eines Beleidigungsprozesses trat er zurück. 1921 fiel er einem Attentat von Mitgliedern der rechtsterroristischen Organisation Consul (OC) zum Opfer.

Eschkol, Levi
israelischer Ministerpräsident 1963–1969
** 25. 10. 1895 Oratowo (Ukraine)*
† 26. 2. 1969 Jerusalem
(Ursprünglich *L. Schkolnik*). E. stammte aus Kiew und lebte seit 1914 in Palästina, wo er einen der ersten Kibbuzim (Deganya) mitgründete. In der Jewish Legion kämpfte er auf brit. Seite gegen die Türkei (1918–1920), um danach als frühes Mitglied der sozialdemokrat. Mapai führend in Arbeiterorganisationen, im Siedlungswesen und ab 1942 in der Jewish Agency zu wirken. Seit 1951 in der Regierung (Finanz-Min. 1952–1963), wurde er 1963 als Nachfolger David →Ben Gurions Min.-Präs. und bis 1967 zugleich Verteidigungs-Min. Kurz vor Ausbruch des Sechstagekriegs 1967 bildete er ein Kabinett der »nationalen Einheit«, in das er u. a. Moshe →Dayan und Menachem →Begin aufnahm. Er befürwortete die Aufnahme diplomat. Beziehungen zur BR Dtschld. und warb für einen Anschluß Israels an die EWG. Nachfolgerin: Golda →Meir.

Eugen III.
Papst 1145–1153
† 8. 7. 1153 Tivoli
(Vorher *Bernhard Pignatelli*). E., der Schüler →Bernhards von Clairvaux und Zisterzienserabt gewesen war, mußte bald nach seiner Wahl zum Papst wegen polit. Wirren Rom verlassen, wo der Dominikanermönch →Arnold von Brescia eine Republik nach antikem Vorbild errichtete. Mit Bernhard rief er zum 2. Kreuzzug auf, der nach schweren Niederlagen scheiterte. 1152 konnte er nach Rom zurückkehren und sich 1153 im Konstanzer Vertrag mit Kaiser →Friedrich I. Barbarossa über den beiderseitigen Rechts- und Besitzstand einigen. E. wurde seliggesprochen (Fest: 8. 7.).

Eugen IV.
Papst 1431–1447
** um 1383 Venedig*
† 23. 2. 1447 Rom
(Vorher *Gabriele Condulmer*). Der Neffe Papst Gregors XII. hatte sich während seines Pontifikats mit dem Konziliarismus auseinanderzusetzen, der die Beschlüsse eines Konzils auch ohne päpstl. Zustimmung gelten lassen wollte. Das Basler Konzil (eröffnet 1431), das E. wegen dessen Kontaktaufnahme zu den Hussiten vergeblich aufzulösen versuchte, verlegte er 1437 nach Ferrara, dann nach Florenz, wohin er aus Rom vertrieben worden war. Dort kam 1439 unter dem Druck der osmanischen

Bedrohung eine vorübergehende Union mit der griechisch-orth. Kirche zustande, die die armen., die jakobit. und die nestorian. Kirchen einschloß. Die in Basel gebliebene Konzilsminderheit wählte 1439 den Gegenpapst Felix (V.) (den letzten Gegenpapst der Geschichte), gegen den E. sich mit Hilfe Frankreichs, des dt. Königs →Friedrich III. und der Kurfürsten nur gegen kirchenpolitische Konzessionen durchsetzen konnte (Anerkennung der nationalkirchl. Autonomie Frankreichs in der Pragmat. Sanktion von Bourges 1438; Fürstenkonkordate 1447).

Eugen *von Savoyen*

Feldherr Österreichs
** 18. 10. 1663 Paris*
† 21. 4. 1736 Wien

Der *Prinz von Savoyen* (auch *Prinz E.*) war der bedeutendste Militärstratege und Feldherr seiner Zeit, Vorbild für →Friedrich II. (d. Gr.) wie für →Napoleon I. Bonaparte. Als Großneffe Kardinal Jules →Mazarins vom französ. König →Ludwig XIV. abgewiesen, stellte sich E. in den Dienst Kaiser →Leopolds I. und kämpfte seit 1683 im österreichisch-kaiserl. Heer in den Türkenkriegen (1683–1699, 1714–1718) gegen die Osmanen. Mit seinen Siegen bei Mohács 1687, bei Zenta 1697 sowie bei Peterwardein 1716 und Belgrad 1717 bannte er die »Türkengefahr« endgültig. Im Span. Erbfolgekrieg (1701–1713/14) sicherte er die Großmachtstellung Österreichs mit seinen (teils gemeinsam mit dem Herzog von →Marlborough erfochtenen) Siegen über die Franzosen bei Höchstädt (1704), Turin (1706), Oudenaarde (1708) und Malplaquet (1709); die Schlacht bei Denais (1712) verlor er. Seit 1707 Reichsfeldmarschall, erreichte er als Verhandlungsführer der Kaiserlichen im Frieden von Rastatt und Baden (1714) die Angliederung der Span. Niederlande an Österreich (Österr. Niederlande), deren Statthalter er sogleich wurde (bis 1724). Neben seinem Handwerk auf den Schlachtfeldern Europas diente er dem Kaiser als Ratgeber mit gerühmten staatsmänn. Eigenschaften und betätigte sich als Kunstmäzen, bedeutender Bauherr in Wien und Förderer der Aufklärung.

Eugénie

französische Kaiserin
1853–1870
** 5. 5. 1826 Granada*
† 11. 7. 1920 Madrid

(*Eugenia Maria de Montijo de Guzman*). Die Tochter des span. Grafen Montijo heiratete 1853 →Napoleon III., auf den sie in der Spätzeit seiner Regierung starken Einfluß besaß und in dessen Abwesenheit sie die Regentschaft ausübte. Klerikal orientiert, verfolgte sie häufig eine zur Politik des Kaisers gegenläufige Linie. Sie unterstützte den Papst im Kampf gegen die italien. Freiheits- und Nationalbewegung, Österreich gegen Preußen, betrieb mit Nachdruck die französ. Expedition in Mexiko, die mit der Erschießung Kaiser →Maximilians endete (1867), und drängte 1870 auf den Krieg gegen Preußen. Nach der Ausrufung der Republik in Paris floh sie nach England (1870).

Eumenes von Kardia
makedonischer Herrscher
** um 362 v. Chr.*
† 316 v. Chr.
Der Grieche E. war Geheimschreiber und Privatsekretär →Philipps II. und →Alexanders d. Gr., nach dessen Tod er 323 Kappadokien und Paphalognien als Satrapien erhielt. In den Diadochenkämpfen setzte er sich als Verbündeter des →Perdikkas erfolgreich gegen →Antigonos I. Monophthalmos zur Wehr, bis er bei einer Verschwörung seiner makedon. Soldaten, die ihn als Griechen ablehnten, gefangengenommen und ermordet wurde.

Eumenes II. Soter
König von Pergamon 197–159 v. Chr.
** um 220 v. Chr.*
† 159 v. Chr.
Der älteste Sohn und Nachfolger von König →Attalos I. war wichtigster Bundesgenosse der Römer in Kleinasien, die er 190 in der Schlacht bei Magnesia gegen den Seleukidenherrscher →Antiochos III. entscheidend unterstützte. Im Frieden von Apameia (188) erhielt er dafür fast ganz Anatolien bis zum Taurus, das er mit mehreren siegreichen Feldzügen

gegen die Galater und Bithynien noch erweiterte. 172 veranlaßte er Rom zum 3. Makedonischen Krieg gegen →Perseus (bis 168), das sich daraufhin von ihm zu distanzieren begann. Während seiner Herrschaft versammelte er Künstler und Gelehrte an seinem Hof, stattete Pergamon mit prächtigen Bauten aus und stiftete zur Erinnerung an seine Siege den Zeus und Athena geweihten Pergamonaltar (heute in Berlin).

Eurich *(Euricus)*
König der Westgoten 466–484
** um 440*
† 484 Arles
Der jüngere Sohn →Theoderichs I. trat die Herrschaft an, nachdem er seinen Bruder Theoderich II. (König seit 453) ermordet hatte. Unter ihm erreichte das Westgotenreich, das sein Bruder in Südfrankreich und Spanien schon expandiert hatte, die größte Ausdehnung. Er löste es ganz aus der röm. Oberherrschaft und erreichte 475 vom letzten weström. Kaiser Julius Nepos die Anerkennung der Souveränität. Im Codex Euricianus, der frühesten Kodifikation german. Rechts, ließ E. erstmalig das westgot. Recht aufzeichnen. Nachfolger: Sohn →Alarich II.

Eusebius von Caesarea
Bischof von Caesarea, Palästina
** um 265*
† um 339 Caesarea
(Genannt *E. Pamphili* = Sklave, Freund des Pamphilus, dessen Schüler E. war). E. verfaßte die erste Kirchengeschichte (deren besonderer Wert u. a. in den umfangreichen Zitaten aus verlorengegangen Schriften besteht), eine Biographie des Kaisers →Konstantin d. Gr., eine Weltchronik in Tabellenform (kurze Übersichten über die Geschichte der alten Völker), das »Onomastikon« (alphabet. Verzeichnis der bibl. Ortsnamen) und viele andere theolog. Werke. Im christolog. Streit vertrat er gegen →Athanasios die arian. Position (→Arius).

Evren, Kenan
türkischer Staatspräsident 1980–1989
** 1. 1. 1917 Alaşehir, Manisa*
Seit 1978 Generalstabschef, stürzte E. in einem Militärputsch die Regierung Süleiman →Demirel, ließ sich vom Nationalen Sicherheitsrat zum Staats-Präs. ernennen und errichtete faktisch eine Militärdiktatur, mit der er sich auf die Tradition Kemal →Atatürks berief. 1982 ließ er sich für weitere sieben Jahre zum Staats.-Präs. wählen und gleichzeitig eine autoritäre Verfassung mit einer zentralen Machtstellung für das Militär in inneren Angelegenheiten bestätigen. Ohne Rücksicht auf traditionelle Gegebenheiten (u. a. Islam) trieb er die Modernisierung der Türkei nach westlichen Muster voran. Nach der von ihm zugestandenen Parlamentswahl 1983 löste ihn Turgut →Özal als Staats-Präs. ab.

Eyadéma, Etienne Gnassingbé
Staatspräsident von Togo seit 1967
** 26. 12. 1935 Piya, Lama-Kara-Distrikt*
E. führte 1963 nach einer militär. Karriere bei der französ. Kolonialarmee den Putsch gegen Präs. Sylvanus E. →Olympio an und stürzte 1967 auch dessen Nachfolger Präs. Nicolas Grunitzki (* 1913, † 1969), um selbst ein autoritäres Regime in Togo zu errichten. Nach Streiks und Massendemonstrationen gab er 1991 seine Einparteienherrschaft auf, lockerte die Zügel, und amnestierte politische Häftlinge, beantwortete weitere Unruhen jedoch mit erneuten Repressalien. Parlamentswahlen, bei denen die Opposition die absolute Mehrheit errang, zwangen ihn 1994, den Oppositionsführer und früheren Generalsekretär der Organisation für Afrikanische Einheit, Edem Kodjo, zum ersten Min.-Präs. einer Koalitionsregierung seit Bestehen der Republik zu ernennen.

Eyskens, Gaston
mehrfacher belgischer Ministerpräsident
** 1. 4. 1905 Lier*
† 3. 1. 1988 Löwen
Der Professor der Nationalökonomie und Sozialwissenschaften prägte das Belgien der Nachkriegs zeit bis in die 70er Jahre in entscheidenden polit. Funktionen wesentlich mit: 1945, 1947–1949 und 1965/1966 war er Finanz-Min., 1950 Wirtschafts-Min. und 1949/50, 1958–1961 (durch die Kongokrise zum Rücktritt veranlaßt), 1968–1972 Min.-Präs. In die Amtszeit des Politikers der Christlich-Sozialen Partei fällt die Entlassung von Belgisch-Kongo (Zaire) in die Unabhängigkeit (1960). 1972 stürzte seine Regierung über Konflikte im Sprachenstreit.

Fabius *(Quintus F. Maximus Verrucosus)*
mehrmaliger römischer Konsul
** um 280 v. Chr.*
† 203 v. Chr.
Schon vor Beginn des 2. Punischen Kriegs (218 bis 201) war F. zweimal Konsul (233, 228), bevor er nach der Niederlage der Römer gegen →Hannibal am Trasimen. See 217 zum Diktator ernannt wurde. Mit seiner Hinhaltetaktik, die ihm seinen Beinamen *Cunctator* (»Zauderer«) eintrug, nahm er Hannibal die Gelegenheit zu großen Schlachten, band aber dessen Kräfte und ermöglichte es Rom so, sich auf anderen Kriegsschauplätzen erfolgreich zu schlagen und die Voraussetzungen für den Sieg durch →Scipio d. Ä. (202) zu schaffen. 215, 214 und 209 war F. wiederum Konsul.

Fahd
König von Saudi-Arabien seit 1982
** um 1923 Riad (?)*
(F. Ibn Abd al-Asis). Der Sohn des Staatsgründers →Ibn Saud, Halbbruder König →Faisals und Bruder König Khalids (1975–1982) übernahm seit 1953 wichtige Regierungsposten (u. a. seit 1967 Innen-Min.) und dominierte seit der Ermordung Faisals 1975 als stellvertr. Min.-Präs. mit seiner prowestl. Haltung die Politik Saudi-Arabiens. Nach dem Tod Khalids 1982 inthronisiert, geriet er trotz seines autokratischen und reformfeindlichen Regimes und religionspolitische Zugeständnisse – 1986 nahm er den Titel »Diener der zwei Schreine« (Mekka und Medina) an – unter zunehmenden Druck des vom Iran gestürzten islamistischen Fundamentalismus. 1988 brach er die diplomat. Beziehungen zum Iran ab. Nach der Annexion Kuwaits durch Saddam →Hussein stellte er den von den USA geführten UNO-Streitkräften sein Land als Aufmarschbasis für den 2. Golfkrieg zur Verfügung.

Fairfax, Thomas
englischer General
** 17. 1. 1612 Denton, Yorkshire*
† 12. 11. 1671 Nunappleton, Yorkshire
(*Lord F. of Cameron*). F. kämpfte seit Ausbruch des englischen Bürgerkriegs auf seiten des Parlaments gegen König →Karl I., errang die Siege bei Marston Moor (1644) und Naseby (1645) und organisierte die New Model Army. 1649 widersprach er der Hinrichtung Karls und zog sich danach aus der Politik zurück. Nach dem Tod Oliver →Cromwells unterstützte er General George →Monck bei der Restauration der Monarchie (1660).

Faisal I. Ibn Husain
König von Irak
1921–1933
** 20. 5. 1883 Mekka*
† 8. 9. 1933 Bern
Der 3. Sohn König →Husseins I. Ibn Ali des Hedjas aus der Haschemiden-Dynastie führte im 1. Weltkrieg mit dem britischen Geheimdienstler Thomas Edward →Lawrence (von Arabien) den arabischen Aufstand gegen die osman. Herrschaft an und trat 1918 auf die brit. Seite. 1920 ließ er sich von der syrischen Nationalversammlung zum König von Großsyrien proklamieren, wurde aber wenig später von den Franzosen abgesetzt. Mit englischer Unterstützung wurde er 1921 König des Irak, den er nach Beendigung des brit. Völkerbundmandats 1932 in die Unabhängigkeit führte.

Faisal
König von Saudi-Arabien 1964–1975
** 1906 Riad*
† 25. 3. 1975 Riad
(F. Ibn Abd al-Asis Ibn Saud). Der 3. Sohn König →Ibn Sauds stieg nach dem Tod seines Vaters (1953) als Kronprinz und Außen-Min. (bis 1960) neben seinem Bruder, König Saud Ibn Abd al-Asis (1953 bis 1964), zum fakt. Hauptherrscher Saudi-Arabiens auf. 1958–1960 und seit 1962 übernahm er auch das Amt des Min.-Präs. und verdrängte 1964 Saud vom Königsthron. Die riesigen Einkünfte aus den reichen Ölvorkommen setzte er zu vorsichtiger Modernisierung des Landes ein. Politisch-religiös konservativ, unterstützte er als Gegner des panarab. sozialrevolutionären Kurses anderer arab. Staaten die Royalisten im Bürgerkrieg des Jemen (1962 bis 1967) und arbeitete eng mit dem Westen zusammen. Dennoch bildete er nach dem Jom-Kippur-Krieg gegen Israel 1973 das Rückgrat des arab. Erdölboykotts gegen den Westen, um Israels Rückzug aus den besetzten Gebieten und aus Jerusalem zu erzwingen. Er wurde von einem Verwandten ermordet. Sein Nachfolger wurde Ibn Abd al-Asis Khaled († 1982), seit 1965 Kronprinz und stellvertr. Min.-Präs. Als König überließ Khalid die Regierungsgeschäfte weitgehend seinem Bruder →Fahd.

Falkenhayn, Erich von

deutscher Offizier
** 11. 9. 1861 Belchau bei Graudenz*
† 8. 4. 1922 Schloß Lindstedt bei Potsdam

Um die Jahrhundertwende war F. in China stationiert, wo er an der Expedition der imperialistischen Mächte gegen den Boxeraufstand teilnahm (1900/ 1901). 1913–1915 preußischer Kriegs-Min., wurde er nach der Marneschlacht 1914 als Nachfolger Helmut v. →Moltkes d. J. Chef des Generalstabs des Feldheeres (2. Oberste Heeresleitung, OHL). Im Osten erzielte F. Erfolge, geriet aber wegen seiner begrenzten Kriegsziele in Gegnerschaft zu Paul v. →Hindenburg und Erich →Ludendorff. An der Westfront war er verantwortlich für die blutige und erfolglose »Ermattungsstrategie« (Schlacht um Verdun). Im August 1916 durch Hindenburg und Ludendorff (3. OHL) abgelöst, diente er im weiteren Verlauf des 1. Weltkriegs als Armeeführer in Rumänien, Palästina und an der Ostfront.

Fanfani, Amintore

mehrmaliger italienischer Ministerpräsident
** 6. 2. 1908 Pieve Santo Stèfano, Arezzo*

Der Christdemokrat gehört zu den die Nachkriegsgeschichte Italiens bis in die 80er Jahre prägenden Politikern. Seit 1946 Abg., war er seit 1947 in zahlreichen Regierungen Minister verschiedener Ressorts (Arbeit, Inneres, Auswärtiges); sechsmal bildete er selbst ein Kabinett (1954, 1958/59, 1960 bis 1963, 1968–1973, 1982/83 und 1987). Als Repräsentant des linken, von der kath. Soziallehre beeinflußten Flügels der Democrazia Cristiana (DC) plädierte er für die »Öffnung nach links« und bildete 1962 die erste Koalition mit den Sozialdemokraten, war jedoch 1975 zum »Historischen Kompromiß«, einer Koalition mit den parlamentar.-demokrat. geläuterten Kommunisten, nicht bereit. 1954–1959 und 1973–1975 war er Generalsekretär der DC, 1976–1982 und 1985–1987 Senats-Präs.

Fanon, Frantz
afro-amerikanischer Revolutionär
** 20 .7. 1925 Fort-de-France (Martinique)*
† 3. 12. 1961 New York
Ausgebildet in Paris, kam F. als Psychiater 1953 nach Algerien, schloß sich 1956 der alger. Nationalen Befreiungsfront (FLN) an und vertrat die Exilregierung Algeriens zeitweilig als Botschafter in Accra. Als einer der führenden Theoretiker vor allem der afrikan. Befreiungsbewegung begründete er in seinen Werken die Unausweichlichkeit der sozialen Revolution der Völker der Dritten Welt zur Befreiung von der Ausbeutung und Unterdrückung durch die Kolonialmächte (»Die Verdammten dieser Erde« 1961, dt. 1966). (▷ Chronik Zitat)

Europa hat ausgespielt

Chronik Zitat

In »Die Verdammten dieser Erde« proklamierte Frantz Fanon 1960 den Aufstand der Dritten Welt:

»Ganze Jahrhunderte lang hat Europa nun schon den Fortschritt bei anderen Menschen aufgehalten und sie für seine Zwecke und zu seinem Ruhm unterjocht; ganze Jahrhunderte hat es im Namen eines angeblichen ›geistigen Abenteuers‹ erstickt… Brüder, wie sollten wir nicht begreifen, daß wir etwas Besseres zu tun haben, als diesem Europa zu folgen. Diesem Europa, das niemals aufgehört hat, vom Menschen zu reden, niemals aufgehört hat, zu verkünden, es sei nur um den Menschen besorgt: wir wissen heute, mit welchen Leiden die Menschen jeden der Siege des europäischen Geistes bezahlt haben. Los, Genossen, Europa hat endgültig ausgespielt, es muß etwas anderes gefunden werden… Wir haben es nicht mehr zu fürchten, also hören wir auf, es zu beneiden. Die Dritte Welt steht heute als kolossale Masse Europa gegenüber; ihr Ziel muß es sein, die Probleme zu lösen, die dieses Europa nicht hat lösen können.«

Farel, Guillaume
Reformator der Westschweiz
** 1489 Gap, Dauphiné*
† 13. 9. 1565 Neuenburg
Beeindruckt von den Lehren Martin →Luthers brach der Theologe 1521 mit dem Katholizismus, organisierte in Bern die Reformierte Kirche und führte in Genf die Reformation ein (1535). Er bewegte Johannes →Calvin, ein Lehramt in Genf zu übernehmen und versuchte mit ihm, die politisch-religiöse Reformationsbewegung durch eine neue Kirchenordnung zu sichern (1536). Mit Calvin 1538 aus Genf vertrieben, wirkte er seitdem in Neuenburg, während Calvin 1541 nach Genf zurückkehrte.

Farnese, Alessandro
italienischer Feldherr
** 27. 8. 1545 Rom*
† 3. 12. 1592 bei Arras
Der Herzog von Parma und Piacenza entstammte einer berühmten italien. Adelsdynastie. Ihr Aufstieg begann mit Alessandro F. d. Ä. als Papst →Paul III. (1534 –1549), der seine Söhne Oratio († 1553) und Pier Luigi (* 1503, † 1547) zu erbl. Herzögen erhob. Der Enkel Pier Luigis und Sohn der →Margarete von Parma, Alessandro F., war ein erfolgreicher Heerführer in Diensten des span. Königs →Philipp II. (u. a. unter Don →Juan d'Austria beteiligt am Sieg der Heiligen Liga über die Osmanen in der Seeschlacht bei Lepanto 1571). 1578 folgte er Juan d'Austria als Statthalter in den Span. Niederlanden nach, eroberte die aufständ. südl. Provinzen für Spanien zurück, schloß die kath. Gebiete in der Union von Arras zusammen (1579) und bildete damit den Kern des späteren Staates Belgien. Militärisch erfolgreich gegen →Wilhelm III. von Oranien, eroberte er bis 1585 die übrigen Südprovinzen. In den Hugenottenkriegen in Frankreich entsetzte er 1590 das von →Heinrich IV. von Navarra belagerte Paris, 1591 Rouen. Er fiel im Kampf gegen die Truppen der von den nördl., überwiegend prot. Provinzen gebildeten Utrechter Union unter →Moritz von Oranien (1592).

Faruk I.
ägyptischer König 1936–1952
** 11. 2. 1920 Kairo*
† 18. 3. 1965 Rom
F. folgte seinem Vater →Fuad I. auf dem Thron. Im 2. Weltkrieg blieb er unter Druck des brit. Militärs trotz seiner Sympathien für die Achsenmächte weitgehend neutral und erklärte Deutschland und Japan erst im Febr. 1945 den Krieg. Im Krieg gegen Israel 1948/49 offenbarte sich die Schwäche des unter seiner autokrat. Herrschaft heruntergewirtschafteten Landes. Seines 1951 angenommenen Titels des »Königs Ägyptens und des Sudans« erfreute er sich nur kurz: 10 Monate später vertrieb ihn ein Militärputsch unter Führung Ali Mohammed →Nagibs und Gamal Abdel →Nassers ins Exil.

Fatima
Tochter des Propheten Mohammed
** um 607 Mekka*
† 632 Medina
F. war die jüngste Tochter →Mohammeds und stammte aus seiner ersten Ehe mit Khadidscha. Als Mutter der Prophetenenkel Hasan und Husain führte sie die Familie Mohammeds weiter, gilt damit als Ahnfrau der Kalifendynastie der Fatimiden und wird in der ganzen islam. Welt verehrt. Als Gattin des Kalifen →Ali Ibn Abi Talib, für die Schiiten der einzige rechtmäßige Nachfolger des Propheten, besitzt sie für die Schiiten eine Bedeutung, die der Marias im Katholizismus nahekommt.

Faure, Edgar
französischer Ministerpräsident 1952, 1955/56
** 18. 8. 1908 Béziers, Dép. Hérault*
† 30. 3. 1988 Paris

Der Anwalt kämpfte im 2. Weltkrieg in der Résistance gegen die dt. Besatzungsmacht, war 1943/44 Mitgl. der provisorischen Regierung in Algier und war seit 1946 Abg. der Radikalsozialisten in der Kammer. Als Min.-Präs. im Konflikt über die Afrikapolitik von seinem Gegenspieler Pierre →Mendès-France gestürzt und 1956 aus der Partei ausgeschlossen, wurde er Gefolgsmann General Charles de →Gaulles, dessen Berufung zum Min.-Präs. er 1958 betrieb. Für ihn übernahm er diplomatische Sondermissionen, bereitete die Aufnahme diplomatischer Beziehungen mit der Volksrepublik China vor und reformierte nach der Mai-Revolte 1968 als Unterrichts-Min. (bis 1969) das Hochschul- und Bildungswesen. Von 1973 bis 1978 war er Präsident der Nationalversammlung und wirkte seit 1979 im Europäischen Parlament.

Faure, François Félix
französischer Staatspräsident 1895–1899
** 30. 1. 1841 Paris*
† 16. 2. 1899 Paris
Als Kandidat der gemäßigten Republikaner wurde der frühere Reeder 1895 zum Präs. der Republik gewählt. Während seiner Amtszeit suchte Frankreich in Reaktion auf die von dem dt. Kaiser →Wilhelm II. proklamierte »Weltpolitik« (1896) nach der Faschoda-Krise (1898) die Konfrontation mit England zu beenden. Die Innenpolitik war geprägt von der politisch-ideolog. Spaltung der französ. Gesellschaft infolge des Justizskandals um Alfred →Dreyfus.

Favre, Jules
französischer Außenminister 1870/71
** 21. 3. 1809 Lyon*
† 19. 1. 1880 Versailles
Nach dem Staatsstreich →Napoleons III. (1851) führte F. – neben Aldophe →Thiers – die republikan. Opposition gegen das II. Empire an. Als nach dem Fall von Sedan im Dt.-Französ. Krieg und der Gefangennahme Napoleons durch die Deutschen die III. Republik proklamiert wurde, betrieb er unter Ausschaltung der von Louis A. →Blanqui repräsentierten Revolutionäre die Bildung einer »Regierung der nationalen Verteidigung«. Als deren Außen-Min. handelte er mit Deutschland die demütigenden Friedensverträge aus, die eine schwere innere Krise provozierten (u. a. Aufstand der Kommune).

Fawkes, Guy
englischer Verschwörer
** 16. 4. 1570 York*
† 31. 1. 1606 London

F. übernahm bei der als Antwort auf die Diskriminierung der Katholiken gedachten »Pulververschwörung« die Aufgabe, die Pulvermine zu zünden, die am 5. 11. 1605 bei der Eröffnung des Parlaments König →Jakob I. und das gesamte Parlament in die Luft sprengen sollte. Das Unternehmen wurde jedoch verraten, F. hingerichtet. England feiert den Tag des geplanten Attentats noch heute als Guy-Fawkes-Day mit Feuerwerk.

Felix III. (II.)
Papst 483–492
† 1. 3. 492 Rom
Der Sohn des Presbyters F. aus röm. Adel, Vorfahr Papst →Gregors I. (d. Gr.), wurde auf Betreiben des Königs →Odoaker gewählt. 484 verhängte er über Acacius, den Patriarchen von Konstantinopel (472 bis 489), den Kirchenbann und verursachte damit das erste Schisma zwischen Rom und Konstantinopel (bis 519). Von seinem Archidiakon, dem späteren Papst →Gelasius I., unterstützt, wandte sich F. gegen die Bevormundung der Kirche durch den Kaiser. Heiliger (Fest: 1. 3.).

***Ferdinand,** Fürsten*

– Römisch-deutsche Kaiser

Ferdinand I.
Kaiser 1556–1564
** 10. 3. 1503 Alcalá de Henares bei Madrid*
† 25. 7. 1564 Wien

Der Sohn →Philipps I. (des Schönen) von Kastilien und →Johannas der Wahnsinnigen erhielt im Erbteilungsvertrag von Worms 1521 von seinem älteren Bruder →Karl V. die österreichisch-habsburg. Erblande, Elsaß, Tirol und (bis 1534) Württemberg und wurde Karls Stellvertreter im Reich. 1526 erbte er nach dem Tod des kinderlosen →Ludwigs II. in der Schlacht bei Mohács den Königstitel von Böhmen und Ungarn und begründete damit die österreichisch-ungar. Doppelmonarchie der Habsburger. Nach der Kaiserkrönung Karls (1530) 1531 zum röm. König gewählt, folgte er ihm nach seinem Rücktritt 1556 auf dem Kurfürstentag in Frankfurt auch als römisch-dt. Kaiser nach. Von →Erasmus von Rotterdam beeinflußt und unter dem Druck der osman. Bedrohung, suchte F. – im Widerspruch zum Papst – den Konfessionsstreit zu dämpfen und förderte die Religionsgespräche von Hagenau, Worms und Regensburg (1540/41). Der von ihm erstrebte Ausgleich zwischen Katholiken und Protestanten (Augsburger Religionsfriede 1555) scheiterte jedoch in Worms an inneren Widersprüchen des Protestantismus (1557). In Österreich reformierte er die

Verwaltung und vereinheitlichte sie mit den anderen Reichsgebieten. Seinen Sohn und Nachfolger →Maximilian II. verpflichtete er auf das Festhalten am katholischen Glauben und gab mit der Berufung der Jesuiten nach Österreich den Auftakt zur dortigen Gegenreformation.

Ferdinand II.
Kaiser 1619–1637
** 9. 7. 1578 Graz*
† 15. 2. 1637 Wien
Der Sohn Erzherzog Karls von Steiermark (* 1540, † 1590) und Enkel →F.s I. wurde 1617 zum König von Böhmen, 1618 zum König von Ungarn designiert. Von den böhmischen Ständen zugunsten des calvinistischen »Winterkönigs« →Friedrich V. aber wieder abgesetzt, leitete er mit der militär. Durchsetzung seines Thronanspruchs den Dreißigjährigen Krieg ein. 1619 folgte er seinem Vetter →Matthias auf den Kaiserthron. Als Jesuitenzögling betrieb er in den habsburg. Erblanden kompromißlos die Gegenreformation und suchte nach den Siegen der Katholischen Liga unter den Feldherren Johann T. →Tilly und Albrecht v. →Wallenstein die Rekatholisierung auch im Reich durchzusetzen (Restitutionsedikt von 1629) und eine starke kaiserl. Zentralgewalt zu errichten. Obwohl ihm König →Gustav II. Adolfs Tod (1632), die Ermordung Wallensteins und der Sieg bei Nördlingen über die Schweden (1634) den Abschluß des Prager Friedens mit Sachsen und anderen ev. Ständen (1635) ermöglichten, behauptete er sich nur schwer gegen Schweden und Frankreich. Nachfolger: Sohn →F. III.

Ferdinand III.
Kaiser 1637–1657
** 13. 7. 1608 Graz*
† 2. 4. 1657 Wien
Der Sohn und Nachfolger von →F. II. war seit 1626 König von Ungarn, seit 1627 König von Böhmen, seit 1636 röm. König. Als Oberbefehlshaber der kaiserl. Truppen seines Vaters (Sieg von Gallas über die Schweden bei Nördlingen 1634) bemühte sich F. um den Beitritt der ev. Reichsstände zum Prager Frieden (1635). Selbst Kaiser geworden, war er 1648 wesentlich am Zustandekommen des Westfälischen Friedens beteiligt, mußte allerdings die Schwächung der kaiserl. Macht, die Zersplitterung des Reichs und Territorialgewinne Frankreichs und Schwedens hinnehmen. In Österreich baute er unter dem Einfluß der Jesuiten die Macht der kath. Kirche und seine absolutist. Herrschaft aus.

– Aragón

Ferdinand II.,
der Katholische

König 1479–1516
** 10. 3. 1452*
Sos, Aragón
† 23. 1. 1516
Madrigalejo

F. heiratete 1469 seine Kusine, die kastil. Thronerbin →Isabella I. (die Katholische), übte seit 1474 gemeinsam mit ihr die Regierung in Kastilien aus und kam nach dem Tode seines Vaters Johanns II. 1479 auf den aragónesischen Thron. Mit dieser Personalunion begründete er als König von Spanien (*F. V.*) den span. Nationalstaat, den er durch die Eroberung Navarras territorial ausbaute (1512). 1504 fiel ihm das Königreich Neapel als Erbe zu. Als typ. Renaissanceherrscher baute er ein absolutist. Staatswesen mit starker Stellung gegenüber der Kirche (Patronatsrecht) auf und erneuerte in Kooperation mit Papst →Sixtus IV. die Inquisition. Er beendete mit der Einnahme Granadas die Reconquista (1492) und vertrieb die Juden und nichtchristl. Mauren aus Spanien. Papst →Alexander VI. zeichnete ihn und Isabella dafür mit dem Ehrentitel »Katholische Könige« aus. Im Interesse der kolonialen Expansion, mit der er die Weltmachtstellung Spaniens begründete, verständigte er sich – nach Vermittlung des Papstes – mit Portugal (→Johann II.) auf eine Abgrenzung der globalen Einflußsphären (Vertrag von Tordesillas 1494). Nach dem Tod Isabellas (1504) übte F. die Regentschaft für ihre gemeinsame Tochter →Johanna die Wahnsinnige und ihren Enkel Carlos I. (→Karl V.) bis 1516 aus. Mit seiner listigen, konsequent auf seine Herrschaftsinteressen bedachten Politik diente er Niccolò →Machiavelli als Vorbild des idealen Fürsten. (▷ Chronik Zitat)

– Bulgarien
Ferdinand I.
König 1908–1918
** 26. 2. 1861 Wien*
† 14. 8. 1948 Coburg
Der österr. Offizier aus der kath. Linie Sachsen-Coburg-Gotha-Koháry wurde 1887 nach dem Sturz →Alexanders I. von Battenberg auf Betreiben des Putschführers Stefan N. Stambulow (* 1854,

ermordet 1895) zum Fürsten von Bulgarien (unter osman. Oberhoheit) gewählt. Erst nach dessen Sturz als Min.-Präs. (1887–1894) konnte F. sein sog. persönliches Regiment durchsetzen und erklärte sich 1908 zum unabhängigen Zaren der Bulgaren. 1915 schloß er sich den Mittelmächten an und dankte 1918 zugunsten seines Sohns →Boris III. ab.

Die Teilung der Erde

Chronik Zitat

1494 schlossen König Ferdinand II. (V.) von Spanien und König Johann II. von Portugal den Vertrag von Tordesillas (Auszug):

»(1.) Die genannten Bevollmächtigten… haben erklärt, daß zwischen ihren Auftraggebern eine gewisse Meinungsverschiedenheit besteht über das, was jeder Partei von den bis zum heutigen Datum dieses Vertrags im Ozean zu machenden Entdeckungen gehört, weshalb sie… Ihre Bevollmächtigten beauftragt haben, durch den Ozean eine gerade Linie von Pol zu Pol zu ziehen, nämlich vom arktischen zum antarktischen Pol, das heißt von Norden nach Süden, 370 Meilen westlich der Kapverdischen Inseln, so daß alles, was bisher von dem König von Portugal und von seinen Schiffen gefunden und entdeckt worden ist oder künftig gefunden und entdeckt werden wird, sowohl Inseln als auch Festland, wenn es östlich der beschriebenen Linie, sei es in nördlicher oder in südlicher Richtung, liegt und von ihr nicht durchschnitten wird, dem König von Portugal und Seinen Nachfolgern für immer verbleiben und gehören soll und daß alles andere … dem König und der Königin von Kastilien, León usw. gehören soll.
(2.) Es wurde beschlossen, daß keiner der beiden Teile in den dem anderen Teil hiernach zufallenden Bereich künftig Schiffe entsenden, Länder oder Inseln entdecken und suchen wird; sollte es sich aber ereignen, daß die Schiffe der spanischen Herrscher jenseits der beschriebenen Linie, in dem für den König von Portugal vorbehaltenen Bereich, Inseln oder Länder entdecken, so sollen sie dem König von Portugal und Seinen Erben auf immer gehören und Ihm von den spanischen Herrschern alsbald übergeben werden.« [*Entsprechendes galt umgekehrt.*]

– Kastilien und León
Ferdinand I., *der Große*
König 1035–1065
** um 1018*
† 27. 12. 1065 León
Der 2. Sohn →Sanchos III. (d. Gr.) von Navarra erhielt durch Erbteilung Kastilien, vereinigte die Grafschaft mit León, das er infolge seiner Heirat mit der Tochter Bermudos III., des letzten Königs von León, ebenfalls erbte. Auch ein Großteil Navarras fiel ihm zu, als sein ältester Bruder starb. Als Vorkämpfer der Reconquista nutzte er den Zerfall des Kalifats von Córdoba, besiegte in mehreren Schlachten die Mauren oder machte sie tributpflichtig. Im Stolz über seine Leistungen für das Christentum nahm er 1054 den Kaisertitel an. 1064 eroberte er Coimbra. Gemäß der dynastischen Erbregel teilte er sein Reich unter seine Kinder auf.

Ferdinand III.,
der Heilige
König 1217–1252
** um 1200*
† 30. 5. 1252 Sevilla

Im Zuge der Reconquista beseitigte F. in mehreren Schlachten (1236 Córdoba, 1243 Murcia, 1246 Jaén, 1248 Sevilla) die Maurenherrschaft – bis auf Granada, das sich kastil. Oberhoheit unterstellte. 1230 vereinigte er León wieder mit Kastilien und gründete 1239 die Universität Salamanca. 1671 wurde er heiliggesprochen (Fest: 30. 5.).

– Neapel und Sizilien
Ferdinand I. Ferrante
König von Neapel 1458–1494
** 1423 Spanien*
† 25. 1. 1494 Genua
Der natürl. Sohn →Alfons V. von Aragón und Neapel konnte seine Thronfolge gegen den Anspruch der Anjou-Dynastie trotz einer schweren Niederlage (bei Sarna 1460) behaupten, als er mit Hilfe des Kardinals Alessandro Sforza und des alban. Fürsten →Skanderbeg die Schlacht bei Troja in Apulien gewann (1462). Seinen Hof machte zu einem Zentrum der Renaissance und des Humanismus.

Ferdinand I.
König beider Sizilien 1816–1825
** 12. 1. 1751 Neapel*
† 4. 1. 1825 Neapel
(*F. IV.* als König von Neapel 1759–1825). Als sein Vater, der Bourbone →Karl III., König von Spanien wurde, erhielt F. 1759 im Alter von acht Jahren das Königreich Neapel unter liberaler Regentschaft. Seit 1776 lenkte F.s Gemahlin Maria Carolina, eine Tochter →Maria Theresias, die Regierungspolitik auf einen reaktionären Kurs, auf dem F. sich an allen Koalitionen gegen das revolutionäre Frankreich beteiligte. 1798 wurde er vor der Proklamation der Parthenopäischen Republik durch das französ. Heer aus Neapel vertrieben und regierte in Sizilien bis 1800. Der Vorgang wiederholte sich 1806, als Joseph →Bonaparte die Herrschaft in Neapel wieder übernahm. Nach der endgültigen Niederlage →Napoleons I. 1815 nach Neapel zurückgekehrt, nahm er im Dez. 1816 den Titel »König beider Sizilien« an. 1820 durch einen Aufstand zum Erlaß einer konstitutionellen Verfassung gezwungen, ließ er durch österr. Intervention im Auftrag der Heiligen Allianz den Absolutismus wiederherstellen.

Ferdinand II.
König beider Sizilien 1830–1859
** 12. 1. 1810 Palermo*
† 22. 5. 1859 Caserta
Zunächst reformorientiert, kehrte der Enkel →F.s I. bald zur reaktionären absolutist. Politik seines Vaters Franz Xaver I. (König 1825–1830) zurück. 1848 zur Annahme einer Verfassung genötigt, beseitigte er sie wenig später wieder durch einen Staatsstreich und bekämpfte den sizilian. Aufstand von 1848/49. Gegen seine Terrorherrschaft intervenierten England und Frankreich (auf Veranlassung Camillo B. →Cavours) vergeblich. Er starb an den Folgen eines 1856 verübten Attentats.

– Österreich
Ferdinand I.
Kaiser 1835–1848
** 19. 4. 1793 Wien*
† 29. 6. 1875 Prag
(Als *F. V.* König von Ungarn seit 1830, von Böhmen seit 1836). Der Sohn von Kaiser →Franz I. stand wegen seiner Geistesschwäche unter Leitung einer Geheimen Staatskonferenz (u. a. Staatskanzler →Metternich). Während der Revolution von 1848 floh er aus Wien und verzichtete in Olmütz zugunsten seines Neffen →Franz Joseph (I.) auf den Thron.

– Portugal
Ferdinand I.
König 1367–1383
** 31. 10. 1345 Coimbra*
† 22. 10. 1383 Lissabon
F. schloß 1373 das für Portugals Geschichte entscheidende und häufig erneuerte Bündnis mit England (Vorläufer des Windsorvertrags, 1386). Die von ihm durch Heirat seiner Tochter mit Johann I. von Kastilien (* 1358, † 1390) angestrebte Vereinigung der beiden iberischen Reiche wurde von den portugies. Cortes vereitelt, die seinen Halbbruder 1385 zum König →Johann I. proklamierten.

– Rumänien
Ferdinand I.
König 1914–1927
** 24. 8. 1865 Sigmaringen*
† 20. 7 1927 Sinaia
F., aus dem Haus Hohenzollern-Sigmaringen, folgte seinem kinderlosen Onkel König →Karl I. auf den Thron. 1916 schloß er mit der Regierung Ionel →Brătianu Rumänien der Entente an und erklärte Deutschland und Österreich den Krieg. In dessen Folge wurde Rumänien zunächst von den Mittelmächten besetzt, stand aber nach deren Zusammenbruch auf der Seite der Sieger. Nach Verwirklichung eines »Großrumänien« durch die Pariser Vorortverträge wurde F. 1922 zum »König aller Rumänen« in Karlsburg gekrönt. 1923 führte er mit einer liberaleren Verfassung das allgemeine Wahlrecht ein.

– Spanien
Ferdinand V.
→Ferdinand II., der Katholische (Aragón).

Ferry, Jules
französischer Ministerpräsident 1880/81, 1883–1885
** 5. 4. 1832 Saint-Dié, Vogesen*
† 17. 3. 1893 Paris
F., von Beruf Anwalt, bekämpfte als linker Republikaner das II. Empire unter →Napoleon III. und wurde 1870 Mitglied der »Provisor. Regierung der Nationalen Verteidigung«. 1879 und 1883 Unterrichts-Min., reformierte er das Schulwesen (allg. Schulpflicht, Schulgeldfreiheit) und löste die kath. Orden (Jesuiten) auf. Als Ministerpräsident versuchte er, das Verhältnis zu Deutschland zu verbessern und den französischen Nationalismus vom Rhein auf die Kolonien (Tunis, Madagaskar, Indochina) abzulenken. Unter den Attacken Georges →Clemen-

ceaus, der Frankreichs Großmachtposition in Europa gefährdet sah, und der Klerikalen, stürzte er über die Verwicklung in einen Krieg mit China 1884.

Feuerbach, Ludwig

deutscher Philosoph
** 28. 7. 1804 Landshut*
† 13. 9. 1872 Rechenberg bei Nürnberg

Als einflußreichster Denker des Vormärz und Mitbegründer des philosophischen Materialismus entfaltete F. – in Widerspruch zur Dialektik und zum Begriff des »absoluten Geistes« seines Lehrers G. W. F. →Hegel – eine anthropologische und psychologische Religionskritik. Die Religion sei eine Vergegenständlichung des menschlichen Gefühlslebens und entfremde den Menschen von seinem eigenen Wesen, weil sie seine Wünsche in eine jenseitige Welt projiziere. Statt Gott müsse der Mensch als soziales Wesen sich selbst als »einzig wahres Seiendes« begreifen (»Das Wesen des Christentums«, 1841; »Das Wesen der Religion«, 1845). F. beeinflußte stark die Junghegelianer, u. a. Karl →Marx und Friedrich →Engels, die seinen Materialismus jedoch als idealistisch kritisierten, weil er die gesellschaftlichen Verhältnisse, aus denen sich die Rolle der Religion bestimme, nicht berücksichtige.

Fichte, Johann Gottlieb

deutscher Philosoph
** 19. 5. 1762 Rammenau, Lausitz*
† 29. 1. 1814 Berlin

Neben G .W. F. →Hegel und F. W. J. v. Schelling war F. einer der Hauptvertreter des dt. Idealismus, der das Wesen des Seins und seine Erscheinungsformen aus einem geistigen Prinzip zu erklären versuchte. F. war seit 1794 Prof. in Jena, wo er, des Atheismus verdächtigt, 1799 entlassen wurde, 1806 Prof. in Erlangen und 1806/07 in Königsberg. 1810 wurde er zum ersten Rektor der Universität Berlin berufen (bis 1812). In seiner Philosophie knüpfte er an Immanuel Kant an und entwarf ein Bild vom Menschen als eines vernunftbegabten Subjekts (»Ich«), das in der Auseinandersetzung mit der Objektwelt (»Nicht-Ich«) seine Geschichte gestaltet. Mit seiner Existenz als Individuum verbinde sich für den Menschen die Pflicht zur Freiheit, mit seiner Existenz als soziales Wesen die zur Errichtung einer moralischen Weltordnung. In seinem Werk »Der geschlossene Handelsstaat« (1800) konzipierte er das Modell einer Art sozialistischen Gesellschaft, das er in der »Rechtslehre« (1812) weiter ausführte.
F. begrüßte die Errungenschaften der Französ. Revolution, hielt sie aber im Hinblick auf die Schaffung des vollkommenen Staates für gescheitert: Diese Aufgabe habe die Geschichte nun den Deutschen gestellt. So propagierte er ihre Erhebung gegen Napoleon und die allgemeine Volksbewaffnung. Mit seinen »Reden an die Deutsche Nation« (1807/1808), die er in der Akademie der Wissenschaften im französisch besetzten Berlin hielt, beeinflußte er wesentlich die demokratische Bewegung und das aufkommende dt. Nationalbewußtsein.

Fierlinger, Zdeněk

tschechoslowakischer Ministerpräsident 1945/46
** 11. 7. 1891 Olmütz*
† 2. 5. 1976 Prag

Der Diplomat und enge Mitarbeiter von Eduard →Beneš war 1940 Mitglied der Exilregierung in London, die er ab 1941 in Moskau vertrat, und wurde erster Min.-Präs. der Nachkriegszeit, 1946 vom Vors. der tschechoslowakischen KP Klement →Gottwald abgelöst. Als Vors. der Sozialdemokratischen Partei (1946/47) befürwortete er die Zusammenarbeit mit den Kommunisten und war am Staatsstreich 1948, bei dem die Kommunisten die Regierung übernahmen, aktiv beteiligt. Nach dem Zusammenschluß der Parteien übernahm er hohe Ämter in der KP der ČSSR und im Staat (u. a. stellvertr. Ministerpräsident 1946–1953).

Figl, Leopold

österreichischer Bundeskanzler 1945–1953
** 2. 10. 1902 Rust, Niederösterreich*
† 9. 5. 1965 Wien

Weil F. als Direktor des niederösterr. Bauernbundes und Vertreter des linken Flügels der Christlich-Sozialen mit Kurt von →Schuschnigg den »Anschluß« Österreichs an das national-soz. Deutsche Reich bekämpft hatte, wurde er 1938–1943 in KZ-Haft gehalten. 1945 beteiligte er sich an der Gründung der Österreichischen Volkspartei (ÖVP), wurde deren Bundesobmann (bis 1951) und bildete als erster Bundeskanzler Österreichs eine Koalition mit der Sozialdemokrat. Partei Österreichs (SPÖ). Im Kabinett von Julius →Raab Außen-Min. (1953–1959), beteiligte er sich maßgeblich am Zustandekommen des österr. Staatsvertrags 1955 und unterzeichnete ihn für Österreich; 1959–1962 war er Präs. des Nationalrats. (▷ Chronik Zitat)

Figueiredo, João Baptista de Oliveira
brasilianischer Staatspräsident 1979–1985
** 15. 1. 1918 Rio de Janeiro*
Der Heeresgeneral F., der unter Präs. Ernesto →Geisel als Chef des Geheimdienstes eine politische Schlüsselfunktion wahrnahm, folgte ihm 1979 im Amt des Staats-Präs. Er hob die Diktatur auf, erließ ein umfassendes Amnestiegesetz, vollzog eine schrittweise Demokratisierung und suchte der wirtschaftlichen und sozialen Krise Herr zu werden. 1980 führte er die Direktwahl für die Gouverneure der Bundesstaaten wieder ein.

Österreich: Neutral und souverän

Chronik Zitat

Auf der Berliner Viererkonferenz (25. 1.–18. 2. 1954) erklärte der österreichische Außenminister Leopold Figl zum Problem der Neutralität u. a.:

»Ich habe eindeutig gesagt, daß Österreich alles tun wird, um sich von fremden militärischen Einflüssen freizuhalten, das bedeutet, daß wir auch fremden Mächten keine militärischen Basen zugestehen werden. Wir halten es mit dieser Auffassung für unvereinbar, uns durch den Abschluß des Staatsvertrags zu verpflichten, fremden Mächten Stützpunkte auf österreichischem Gebiet einzuräumen (durch Fortdauer der Besatzung). Herr Molotow schlägt die Belassung von militärischen Kontingenten der vier Mächte in Österreich zur Sicherung gegen einen etwaigen Anschluß vor, der ihm, insbesondere solange die deutsche Frage noch keine einvernehmliche Lösung gefunden hat, eine wirkliche Gefahr zu sein scheint. Ich bitte den Herrn Außenminister der Union der Sozialistischen Sowjetrepubliken, überzeugt zu sein, daß wir an der zuverlässigen Verhinderung eines nochmaligen Anschlusses nicht weniger ernstlich interessiert sind als die Sowjetregierung oder irgendeine andere Regierung.«

Aus dem Staatsvertrag vom 15. Mai 1955:

Artikel 2 »Die Alliierten und Assoziierten Mächte erklären, daß sie die Unabhängigkeit und territoriale Unversehrtheit Österreichs... achten werden.«
Artikel 3 »... werden in den deutschen Friedensvertrag Bestimmungen aufnehmen, welche die Anerkennung der Souveränität und Unabhängigkeit Österreichs durch Deutschland und den Verzicht Deutschlands auf alle territorialen und politischen Ansprüche in Bezug auf Österreich und österreichisches Staatsgebiet sichern.«
Artikel 4 »1. ... erklären, daß eine politische oder wirtschaftliche Vereinigung zwischen Österreich und Deutschland verboten ist. Österreich anerkennt voll und ganz seine Verantwortlichkeit auf diesem Gebiete und wird keine wie immer geartete politische oder wirtschaftliche Vereinigung mit Deutschland eingehen. 2. Um einer solchen vorzubeugen, wird Österreich keinerlei Vereinbarung mit Deutschland treffen oder irgendeine Handlung setzen oder irgendwelche Maßnahmen treffen, die geeignet wären, unmittelbar oder mittelbar eine politische oder wirtschaftliche Vereinigung mit Deutschland zu fördern...«

Figueres Ferrer, José
mehrfacher Staatspräsident Costa Ricas
** 25. 9. 1906 San Ramón*
† 8. 6. 1990 San José
Der Anhänger eines liberalen Sozialismus führte eine »Karibische Legion« zum Sturz mittelamerikan. Diktaturen an. Mit ihrer Hilfe gelangte er 1948 erstmals an die Macht, nachdem die Regierung die Wahl verloren hatte, den Rücktritt aber verweigerte. Mit einer neuen Verfassung begründete er die 2. Republik Costa Rica, führte umfassende soziale Reformen (einschließlich einiger Verstaatlichungen) durch und verständigte sich mit der wirtschaftlich beherrschenden United Fruit Company. Staats-Präs. war er 1948/49, 1953–1958 und 1970–1974.

Fischer, Oskar
Außenminister der DDR 1975–1990
** 19. 3. 1923 Asch, Westböhmen*
Der gelernte Schneider begann seine polit. Laufbahn 1947 als FDJ-Funktionär, trat 1955 in den diplomat. Dienst ein (Botschafter der DDR in Bulgarien 1955–1959), nahm nach einem Studium an der Parteihochschule beim ZK der KPdSU in Moskau (1962–1965) mehrere außenpolit. Staatsämter wahr und wurde 1975 der letzte Min. für Auswärtige Angelegenheiten der DDR (bis 1990). 1971 bis 1989 war er Mitglied des ZK der SED. Als Vertrautem Erich →Honeckers gelang ihm die diplomat. Durchsetzung der weltweiten Akzeptanz der DDR als des zweiten souveränen dt. Staates. Dessen polit. Isolierung konnte er jedoch nicht überwinden.

Fischer, Ruth
deutsche Kommunistin
** 11. 12. 1895 Leipzig*
† 13. 3. 1961 Paris
(Eigentl. *Elfriede Eisler*, verh. *Friedländer*, später *Golke*). F. gründete 1918 die KP Österreichs. 1919 ging sie nach Berlin, trat der KPD bei, leitete deren Berliner Parteibezirk 1921–1925 und war 1924 bis 1928 MdR. Neben Arkadi Maslow (* 1891, † 1941) leitete sie 1924/25 das Politbüro, betrieb die »Bolschewisierung« der Partei und verfolgte einen an der Linksopposition in der Sowjetunion (Leo →Trotzki, Grigori J. →Sinowjew) orientierten Kurs. 1926 aus der KPD ausgeschlossen, lebte sie seit 1933 in der Emigration (Frankreich, USA). F.s Bruder *Gerhard Eisler* (* 1897, † 1968), seit 1921 führender KPD-Funktionär, stellte sich 1928 gegen den Linkskurs der Partei. In der DDR war er seit 1967 Mitglied des ZK der SED.

Flaminius, Gaius
römischer Konsul 223, 217 v. Chr.
† 217 v. Chr.
Als Volkstribun (232) setzte F. gegen den heftigen Widerstand des Senats die von Appius →Claudius eingeschlagene Politik fort, beschnitt die Privilegien der Nobilität und erweiterte die Rechte der Bürger (plebs). Mit dem von ihm eingebrachten Ackergesetz wurden eroberte Ländereien an röm. Bürger verteilt. 223 besiegte er die Kelten in Oberitalien. Im Amt des Censors ließ er die Flaminische Straße von Rom nach Arimium (Rimini) und den Circus F. bauen (220). Während seines 2. Konsulats fiel er in der verlustreichen Schlacht am Trasimen. See gegen den 218 über die Alpen eingefallenen →Hannibal.

Flaminius, Titus
römischer Konsul und Feldherr
** 228 v. Chr.*
† 174 v. Chr.
(*Quinctius F.*). Als Konsul des Jahres 198, danach als Prokonsul, leitete F. erfolgreich die römischen Operationen gegen König →Philipp V. von Makedonien im 2. Makedonischen Krieg (197 großer Sieg in der Schlacht von Kynoskephalai in Thessalien) und erzwang den totalen Rückzug Makedoniens aus Griechenland. Als Freund der Hellenen verkündete er bei den Isthmischen Spielen 196 die Freiheit für die Griechen. 195 besiegte er den letzten Tyrannen von Sparta, Nabis (207–192).

Fleury, André Hercule de
französischer Staatsmann
** 22. 6. 1653 Lodève, Languedoc*
† 29. 1. 1743 Issy-les-Moulineaux bei Paris

Seit 1698 Bischof von Fréjus (Kardinal seit 1726), wurde F. 1715 von König →Ludwig XIV. mit der Erziehung des Dauphins, des späteren Königs →Ludwig XV., betraut, dessen leitender Minister er 1726 wurde. Er verschaffte Frankreich nach der aufreibenden Ära Ludwigs XIV. eine Phase allseitiger Beruhigung. Nach dem Polnischen Erbfolgekrieg (1733–1735), in dem Frankreich →Stanislaus I. Leszczyński gegen den Kandidaten Österreichs und

Rußlands, →August III., unterstützte, sicherte er den französischen Erbanspruch auf die Stanislaus 1737 von →Franz I. abgetretenen Herzogtümer Lothringen und Bar. Trotz der französ. Garantie der Pragmat. Sanktion 1735 stellte er sich im Österreichischen Erbfolgekrieg (1740) gegen Österreich, das von England unterstützt wurde. Letztmals vor der Französischen Revolution gelang unter ihm der Ausgleich der Staatsfinanzen.

Flick, Friedrich

deutscher Industrieller
** 10. 7. 1883 Ernsdorf, Krs. Siegen*
† 20. 7. 1972 Konstanz

Aus einfachen Verhältnissen stammend, baute F. nach dem 1. Weltkrieg um die Friedrich Flick KG, Düsseldorf, einen Montankonzern auf und wurde schnell zu einem der mächtigsten und politisch einflußreichsten Unternehmer Deutschlands. Während er in der Weimarer Republik anfänglich die rechtskonservative DNVP unterstützte, wurde er ab 1932 einer der Hauptgeldgeber der NSDAP und Förderer Adolf →Hitlers. Im Dritten Reich entwickelte er den Konzern, seit 1937 eine Holdinggesellschaft, zu einem der bedeutendsten Rüstungsproduzenten aus und kontrollierte im 2. Weltkrieg einen großen Teil der Montanindustrie der von Deutschland besetzten Länder. 1947 in den Nürnberger Prozessen zu sieben Jahren Gefängnis verurteilt, wurde er 1950 vorzeitig entlassen. Nach der weitgehenden Enteignung und Entflechtung seines Konzerns baute F. einen neuen Konzern auf (Flick Industrieverwaltung KGaA), dessen Schwergewicht auf dem Gebiet der verarbeitenden Industrie lag und machte sich mit ihm noch in den 50er Jahren zum finanzstärksten Privatunternehmer Deutschlands.
1975 übergab er die Leitung des Konzerns seinem Sohn *Friedrich Karl F.* (* 1927). Dieser stand Anfang der 80er Jahre wegen unerlaubter Parteispenden und Steuerhinterziehungen im Zentrum der »F.-Affäre«, die Rücktritte prominenter Politiker auslöste (u. a. von Bundeswirtschaftsminister Otto Graf Lambsdorff). 1985 verkaufte F. den Konzern an die Deutsche Bank.

Flores, Juan José
Staatspräsident Ecuadors 1831–1835, 1839–1845
** 19. 7. 1800 Puerto Cabello (Venezuela)*
† 1. 10. 1864 vor Santa Rosa
F. kämpfte als kolumbian. General unter Simón →Bolívar erfolgreich gegen die Spanier. Als militär. Oberbefehlshaber löste er Ecuador 1830 von Groß-Kolumbien und wurde erster Staats-Präs. Während seiner Amtszeit kam es wiederholt zu Grenzkonflikten mit Peru und Kolumbien. 1845 wurde er als Führer der konservativen Partei vertrieben.

Foch, Ferdinand
französischer Marschall seit 1918
** 2. 10. 1851 Tarbes*
† 20. 3. 1929 Paris
F. zeichnete sich im 1. Weltkrieg in der Marneschlacht, bei Ypern, im Artois und an der Somme aus. 1917 wurde er als Nachfolger Philippe →Pétains Chef des Generalstabs der Armee. Seit März 1918 faktisch alliierter Oberbefehlshaber (seit Mai mit dem formalen Titel), leitete er unter dem Motto »Wo ein Wille ist, ist auch ein Sieg« die erfolgreiche Gegenoffensive, die am 11. 11. 1918 zur bedingungslosen Annahme des Waffenstillstands durch Deutschland führte. Seine Pläne für eine dauerhafte Ausschaltung Deutschlands als Großmacht (u. a. Rheingrenze) wurden nicht realisiert.

Ford, Gerald R.

38. Präsident der USA 1974–1977
** 14. 7. 1913 Omaha, Nebraska*

Seit 1949 für die Republikaner im Repräsentantenhaus, war der Rechtsanwalt F. als Vertreter des konservativen Flügels 1965–1973 Fraktionsführer. 1973 rückte er in der Nachfolge des zurückgetretenen Spiro Agnew zum Vize-Präs. unter Präs. Richard →Nixon auf, dem er nach dessen Sturz über die Watergate-Affäre 1974 im Amt folgte. Er gewährte Nixon für jegliche Verfehlung im Amt Amnestie und führte dessen polit. Kurs fort, ohne eigenes Profil zu gewinnen. 1976 unterlag er dem demokrat. Präsidentschaftskandidaten Jimmy →Carter.

Formosus
Papst 891–896
** um 816 Rom*
† 4. 4. 896 Rom
F. bestätigte gegen den Protest des Kölner Erzbischofs die Selbständigkeit des Erzbistums Bremen-Hamburg. Gegen die Bedrohung durch Herzog Guido II. von Spoleto († 894), der 891 seine Krönung zum Kaiser erzwang, und dessen Sohn Lambert († 898) rief er den dt. König →Arnulf von Kärnten zu Hilfe und krönte ihn für seine Unterstützung 896 zum Kaiser. Nach F.s Tod setzten die Spoletaner ihren Favoriten Stephan VI. als Papst (896/97) ein, der in einer schauerlichen »Leichensynode« den ausgegrabenen Leichnam seines Vorgängers schänden ließ und dessen Amtshandlungen für ungültig erklärte. Nach Stephans Sturz und Ermordung wurde F. von Papst Theodor II., der nur 20 Tage das Pontifikat wahrnahm, rehabilitiert.

Fouché, Joseph
französischer Revolutionär
** 21. 5. 1759 Nantes*
† 25. 12. 1820 Triest
(*Herzog von Otranto* ab 1809). F. beteiligte sich als Mitglied der Bergpartei führend an der Französ. Revolution, organisierte die jakobin. Schreckensherrschaft und führte 1793 den Vorsitz des Blutgerichts in Lyon, das über 1600 Todesurteile gegen aufständische Royalisten verhängte. Mit Jacques →Hébert verbündet, geriet er in Gegnerschaft zu Maximilien de →Robespierre und betrieb dessen Sturz und Hinrichtung (1794). 1797 qualifizierte er sich mit der Aufdeckung der Verschwörung des Jakobiners François N. →Babeuf für das Amt des Polizei-Min. im Direktorium (1799), aus dem heraus er sich am Staatsstreich →Napoleon Bonapartes am 18. Brumaire (9. 11. 1799) beteiligte. Unter diesem weiterhin Polizei-Min. (1799–1802, 1804–1810, erneut 1815), baute er eine schlagkräftige Geheimpolizei und ein umfassendes, gut organisiertes Spitzelsystem auf. Nach Napoleons endgültigem Sturz 1815 bereitete F. als Chef der Provisor. Regierung die Rückkehr des Bourbonenkönigs →Ludwigs XVIII. vor, mit dem er schon zuvor konspiriert hatte. Dennoch wurde er wegen seiner Zustimmung zur Hinrichtung →Ludwigs XVI. 1793 als »Königsmörder« verbannt (1816).

Fourier, François Marie Charles
französischer Frühsozialist
** 7. 4. 1772 Besançon*
† 10. 10. 1837 Paris
Unter dem Einfluß Jean-Jacques →Rousseaus und der Physiokraten entwarf F. als Hauptvertreter des utopischen Sozialismus das Bild einer von Harmonie geprägten, egalitären Gesellschaft. Um die im Laufe der menschl. Geschichte unterdrückten Triebe zu befreien, erfordere es einer aufgeklärten Erziehung, die auf gleichberechtigte Teilhabe aller am Reichtum der Natur und der Gemeinschaft gerichtet sei. Basis der von F. vorgestellten Gesellschaft der Freien und Gleichen sollten sich selbst genügende, agrarische Genossenschaften und solidarisch organisierte Lebensgemeinschaften (je etwa 400 Familien) sein, die sich in der produktiven Arbeit das Bedürfnis nach Glück erfüllen und föderativ zusammenschließen. F.s Ideen übten großen Einfluß auf die im 19. Jh. aufkommende Genossenschaftsbewegung und die frühe sozialist. Bewegung aus. Karl →Marx und Friedrich →Engels kritisierten F.s idealist. Ansatz, nahmen aber Teilaspekte bei der Ausbildung ihrer eigenen Theorie auf.

Fox, Charles James
britischer Staatsmann
** 24. 1. 1749 London*
† 13. 9. 1806 Chiswick bei London
Bereits mit 19 Jahren Unterhausabgeordneter der Tories, wurde F. 1772 Schatzkanzler (bis 1774). Als Gegner der absolutist. Politik König →Georgs III. schloß er sich den oppositionellen Whigs an und kämpfte zusammen mit Edmund →Burke für eine Parlamentsreform, gegen den Sklavenhandel und für die Freiheit der nordamerikan. Kolonien. 1782/1783 war er der erste Außen-Min. der engl. Geschichte. Bei den Wahlen 1784 unterlag er als Führer der Whigs seinem größten Gegenspieler, dem jüngeren William →Pitt, gegen den er sich zum ersten großen Oppositionsführer im Unterhaus entwickelte. Im Gegensatz zu Burke begrüßte er die Französische Revolution, isolierte sich damit aber im konservativen politischen Klima Englands der Jahrhundertwende. 1806, nach Pitts Tod, erreichte er die Abschaffung des Sklavenhandels und übernahm noch einmal das Amt des Außen-Min.

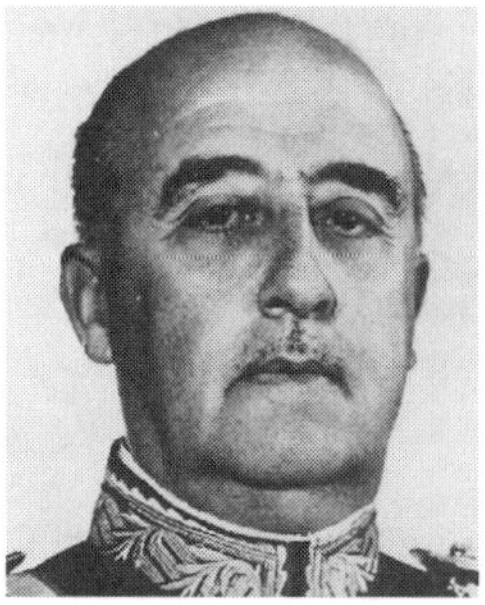

Franco Bahamonde, Francisco

»Caudillo« (Führer) Spaniens 1936–1975
** 4. 12. 1892 El Ferrol*
† 20. 11. 1975 Madrid

F. war der letzte Diktator Westeuropas und prägte während seiner fast 40jährigen Herrschaft Spanien bis ins letzte Drittel des 20. Jahrhunderts. Seine militär. Karriere führte ihn von der Beteiligung an der Niederschlagung des Aufstands der Rifkabylen (1910–1912) über das Kommando über die span. Fremdenlegion (1923) und die Leitung der Obersten Militärakademie in Saragossa (1928) zur Ernennung zum Generalstabschef (1934). Nach dem Sieg der Volksfront 1936 auf die Kanar. Inseln abgeschoben, organisierte er von dort und den span. Besitzungen in Afrika aus die Erhebung der nationalist. und konservativ-klerikalen Kräfte und gewann mit der Unterstützung deutscher und italienischer Verbände den bis 1939 dauernden Spanischen Bürgerkrieg. Seit 1936 »Caudillo «, Oberbefehlshaber (Generalissimus) der nationalen Streitkräfte und Chef der Falange als einziger Staatspartei (1937), bildete er 1938 eine rigoros diktatorische Regierung, mit der er sich auf Armee, Falange, Klerus und Großgrundbesitz stützte. Im 2. Weltkrieg hielt er Spanien trotz seiner Sympathien für die Achsenmächte weitgehend neutral, entsandte aber nach einem Treffen mit Adolf →Hitler 1940 Freiwillige (Blaue Division) gegen die Sowjetunion (1941–1943).
Nach dem 2. Weltkrieg hatte er Spanien außenpolitisch isoliert, wirtschaftlich zerrüttet und vermochte die innenpolit. Gräben nicht zu überbrücken. 1947 erklärte er Spanien wieder zur Monarchie, einigte sich mit dem im Exil lebenden Bourbonen-Thronprätendenten Don Juan über die Thronfolge für dessen Sohn →Juan Carlos (I.) und ließ sich selbst als Staatschef auf Lebenszeit bestätigen. Während er die außenpolit. Isolation durch das Stützpunktabkommen mit den USA (1953), die Aufnahme Spaniens in die UNO und die Zusammenarbeit mit Portugals Diktator Antonio de O. →Salazar sowie den autoritären Regimen Lateinamerikas und der arab. Region zu überwinden suchte, sah er sich nach inneren Unruhen erst nach 1965 zu einer vorsichtigen Liberalisierung gezwungen. Mit einer forcierten Industrialisierung schloß er Spanien an die wirtschaftl. Entwicklung der anderen westeurop. Staaten an, ohne jedoch die sozialen Widersprüche auszugleichen. Nach seinem Tod führte der 1975 zum König proklamierte Juan Carlos mit Adolfo →Suárez González als Min.-Präs. das Land zur Demokratie zurück.

François-Poncet, André

französischer Diplomat
** 13. 6. 1887 Provins, Seine-et-Marne*
† 8. 1. 1978 Paris

Der Germanist war Abg. der Republikan. Partei (1924–1931), bevor er in den diplomat. Dienst eintrat und sein Land als Botschafter in Berlin (1931 bis 1938) und Rom (1938–1940) vertrat, wo er 1943 von den Deutschen gefangengenommen und bis Kriegsende interniert wurde. Als einer der besten Deutschlandkenner entwarf er nach dem 2. Weltkrieg für die französ. Regierung die Grundlinien der Deutschlandpolitik und realisierte sie 1949–1953/1955 als französ. Hochkommissar bzw. Botschafter in der BR Dtschld. Als engagierter Europäer befürwortete er die dt.-französ. Aussöhnung.
Sein Sohn *Jean André F.* (* 1926) war als enger Vertrauter von Staats-Präs. Valéry →Giscard d'Éstaing 1978–1981 Außen-Min.

Frangie, Sulaiman
libanesischer Staatspräsident 1970–1976
** 1910 Zghorta, Nordlibanon*
† 22. 7. 1992 Beirut
Der Angehörige der maronit. Kirche propagierte als Staats-Präs. eine enge Zusammenarbeit des Libanon mit den anderen arab. Staaten gegen Israel und nahm die aus Jordanien von König →Hussein II. abgedrängte Palästinensische Befreiungsorganisation (PLO) auf. Bei dem Versuch, die über deren innenpolit. Einfluß ausgebrochene Staatskrise zu meistern, scheiterte er im libanesischen Bürgerkrieg (1975–1990), in dem er mit der Nationalen Front eine eigene Hausmacht aufbaute. Seine erneute Wahl zum Staats-Präs. scheiterte 1988 am Boykott der christlichen Abgeordneten im Parlament.

Frank, Anne

jüdisches Mädchen
** 12. 6. 1929 Frankfurt a. M.*
† März 1945 KZ Bergen-Belsen

(Eigentl. *Annelies Marie F.*). Die Tochter des 1933 in die Niederlande emigrierten Bankiers Otto F. versteckte sich mit ihrer Familie nach dem Einmarsch der Deutschen in einem Amsterdamer Hinterhaus. Hier führte sie vom 14. 6. 1942 bis zum 1. 8. 1944, unmittelbar vor ihrer Entdeckung und Deportation in das KZ Bergen-Belsen, ein Tagebuch, in dem sie in Form fiktiver Briefe an »Kitty« das äußere Geschehen schildert und in kindlicher Offenheit ihre Gefühle mitteilt. Ihr Vater, der einzige Überlebende der Familie, veröffentlichte es 1946 unter dem Titel »Het Achterhuis« (dt. 1950 als »Das Tagebuch der Anne F.«). Als eines der eindrucksvollsten Selbstzeugnisse von Opfern der Judenverfolgung wurde es schnell weltbekannt und machte F. zur Symbolfigur. Aus dem Nachlaß ferner: »Geschichten und Ereignisse aus dem Hinterhaus«, 1960.

Frank, Hans
deutscher Generalgouverneur in Polen 1939–1945
** 23. 5. 1900 Karlsruhe*
† 16. 10. 1946 Nürnberg
Der Rechtsanwalt, der 1923 am gescheiterten Hitler-Putsch teilgenommen hatte, war seit 1927 Starjurist der Nationalsozialisten und gründete 1928 den Bund nat.-soz. dt. Juristen. Seit 1933 war er Präs. der Akademie für Deutsches Recht (bis 1942) und seit 1934 Reichs-Min. ohne Geschäftsbereich (bis 1945). Als prunkvoll residierender Generalgouverneur im besetzten Polen (Sitz Krakau) war er mitverantwortlich für die Ermordung Tausender von Angehörigen der poln. Führungsschicht, die Deportation der poln. Juden in die Vernichtungslager im Rahmen der »Endlösung der Judenfrage«, die Aushebung von etwa 1 Mill. poln. Zwangsarbeiter für die dt. Rüstungsindustrie und die Zerstörung der poln. Wirtschaft. Nach dem Krieg bekannte er sich, zum Katholiken gewandelt, zu seiner Schuld und wurde 1946 vom Internationalen Militärgerichtshof in Nürnberg zum Tode verurteilt und hingerichtet.

Frank, Karl Hermann
deutscher NS-Politiker
** 24. 1. 1898 Karlsbad*
† 22. 5. 1946 Prag
F. war kaufmänn. Angestellter, dann Buchhändler und seit 1933 einer der Führer der Sudetendt. Partei, seit 1937 Stellvertreter Konrad →Henleins, nach der Angliederung des Sudetenlandes an das Dt. Reich durch das Münchner Abkommen (1938) stellvertr. Gauleiter der NSDAP im Sudetenland. Nach der Okkupation der »Resttschechei« durch dt. Truppen (1939) organisierte er, zunächst als Staatssekretär beim Reichsprotektor, seit 1943 als Staats-Min. für Böhmen und Mähren (unter Reichsprotektor Wilhelm →Frick) den Terror gegenüber der tschech. Bevölkerung (u. a. Massaker von Lidice als Rache für das Attentat auf Reinhard →Heydrich 1942) und die Verfolgung und Deportation der Juden in die Vernichtungslager. Von einem tschechoslawak. Gericht wurde er zum Tode verurteilt und hingerichtet.

Franklin, Benjamin

Staatsmann der USA
** 17. 1. 1706 Boston*
† 17. 4. 1790 Philadelphia

Als Druckerlehrling begann der Selfmademan in Philadelphia seinen Aufstieg zu einer der bedeutendsten Persönlichkeiten des polit. und kulturellen Lebens seiner Zeit in Amerika. Mit seiner Zeitung »Pennsylvania Gazette« gewann er Reichtum und Einfluß, mit seinen naturwissenschaftl. Erfindungen (u. a. Blitzableiter, Kondensator) wurde er weltberühmt. Als Vertreter Pennsylvaniens, Georgias und Massachusetts bei der brit. Regierung (1757 bis 1762, 1764–1775) vermittelte er zunächst, stellte sich jedoch schließlich als Mitgl. des Kontinentalkongresses an die Spitze der Unabhängigkeitsbewegung und beteiligte sich unter Federführung von Thomas →Jefferson an der Abfassung der Unabhängigkeitserklärung (1776). Als Gesandter in Paris (1776–1785) brachte er 1778 das Bündnis mit Frankreich zustande, das im Amerikan. Unabhängigkeitskrieg (1775–1783) den abtrünnigen Provinzen die Behauptung gegen das Mutterland

Großbitannien ermöglichte. 1783 handelte F. den Friedensvertrag mit Großbritannien aus. Nach seiner Rückkehr aus Frankreich 1785 wurde er Gouverneur von Pennsylvania.
Sein moralisches, publizistisches und politisches Gewicht setzte er auch im Kampf gegen Sklaverei ein und wurde 1787 Präsident der Pennsylvania Abolition Society. Als Schriftsteller verlieh er in seinen Essays und seiner Autobiographie einem nüchternen Erfolgsdenken Ausdruck, das sich von der Moral eines der Welt zugewandten Puritanismus bestimmte; er gilt als einer der bedeutendsten amerikanischen Aufklärer und Repräsentant des politischen Pragmatismus. (▷ Chronik Zitat)

***Franz**, Fürsten*

– Römisch-deutsche Kaiser

Franz I.

Kaiser 1745–1765
** 8. 12. 1708 Nancy (Frankreich)*
† 18. 8. 1765 Innsbruck

(*F. Stephan* als Herzog von Lothringen 1729–1736 und Großherzog von Toskana ab 1737). F. heiratete 1736 die habsburg. Erbin →Maria Theresia und gab zur Beilegung des Poln. Erbfolgekrieges (1733 bis 1735) sein Herzogtum zugunsten von →Stanislaus I. Leszczyński auf, um die französ. Anerkennung seiner Anwartschaft auf die Kaiserwürde und das

»Alle Menschen sind gleich geschaffen«

Chronik Zitat

Benjamin Franklin beteiligte sich an der Ausarbeitung der amerikanischen Unabhängigkeitserklärung, die am 4. Juli 1776 in Philadelphia von den Delegierten der 13 vereinigten Staaten von Amerika, den vormaligen britischen Kolonien, einstimmig verabschiedet wurde und erstmals programmatisch den Katalog der Menschenrechte formuliert (Auszüge):

»Wenn es im Verlaufe der Menschheitsgeschichte für ein Volk notwendig wird, die Bande zu lösen, die es mit einem anderen verbunden haben, und eine getrennte und gleichberechtigte Stellung unter den Mächten der Erde einzunehmen, zu der sie die Rechte der Natur und Gott der Natur ermächtigen, dann erfordert die sich ziemende Rücksicht auf die Meinungen der Menschheit, daß es die Gründe erklärt ...
Folgende Wahrheiten erachten wir als selbstverständlich: daß alle Menschen gleich geschaffen sind; daß sie von ihrem Schöpfer mit gewissen, unveräußerlichen Rechten begabt sind; daß dazu Leben, Freiheit und Streben nach Glück gehören; daß zur Sicherung dieser Rechte Regierungen unter den Menschen eingerichtet werden, die ihre rechtmäßige Macht aus der Zustimmung der Regierten herleiten; daß, wenn irgendeine Regierungsform sich für diese Zwecke als schädlich erweist, es das Recht des Volkes ist, sie zu ändern oder abzuschaffen und eine neue Regierung einzusetzen und sie auf solchen Grundsätzen aufzubauen und ihre Gewalten in der Form zu organisieren, wie es zur Gewährleistung ihrer Sicherheit und ihres Glücks geboten zu sein scheint...
Wenn eine lange Kette von Mißbräuchen und Anmaßungen, stets das gleiche Ziel verfolgend, die Absicht enthüllt, ein Volk unter den unbeschränkten Despotismus zu beugen, so ist es das Recht, ist es seine Pflicht, eine solche Herrschaft abzuschütteln und sich neue Bürgschaften für seine zukünftige Sicherheit zu schaffen. Solcher Art ist das geduldige Leiden dieser Kolonien gewesen, und so zwingt sie jetzt die Notwendigkeit, ihr früheres Regierungssystem zu ändern. Die Geschichte des jetzigen Königs von Großbritannien ist eine Geschichte wiederholter Beleidigungen und Anmaßungen, die alle die Errichtung einer absolutistischen Tyrannei über diese Staaten zum unmittelbaren Ziel hatten...
Im Namen und in Vollmacht des guten Volkes dieser Kolonien geben wir feierlich bekannt und erklären, daß diese Vereinigten Kolonien sind und von rechts wegen sein sollen freie und unabhängige Staaten, daß sie von jeder Untertanenpflicht gegen gegen die britische Krone befreit sind und daß jeder politische Zusammenhang zwischen ihnen und dem Staate Großbritannien völlig gelöst ist und sein soll, und daß sie als freie und unabhängige Staaten die volle Macht besitzen... Im festen Vertrauen auf den Schutz der göttlichen Vorsehung, verpfänden wir gegenseitig unser Leben, unser Gut und unsere heilige Ehre.«

Großherzogtum Toskana zu erlangen. Von Maria Theresia 1740 zum Mitregenten in den österr. Erblanden berufen, konzentrierte sich F. auf die Sanierung der Finanzen des durch die Schles. Kriege mitgenommenen Landes, nahm aber sonst keinen Einfluß auf die Staatsgeschäfte. 1745 wurde er als Nachfolger →Karls VII. zum Kaiser gewählt. Mit ihm beginnt die dynast. Linie Habsburg-Lothringen, die sein Sohn und Nachfolger →Joseph II. fortsetzte.

Franz II.

Kaiser 1792–1806
** 12. 2. 1768 Florenz*
† 2. 3. 1835 Wien

(Als *F. I.* Kaiser von Österreich 1804–1835 und König von Ungarn und Böhmen 1792–1835). Der Enkel von Kaiser →F. I. folgte seinem Vater →Leopold II. nach dessen Tod 1792 auf den Kaiserthron. Als Gegner der Französischen Revolution beteiligte er sich an den Koalitionskriegen (1792–1797, 1798–1801), in deren Folge er die Besitzungen auf dem linken Rheinufer abtreten und der französischen Neuordnung in Italien zustimmen mußte. Nach der Kaiserkrönung →Napoleons I. (1804) erklärte er sich auf dessen Druck hin für die österr. Erblande zum Kaiser und legte 1806 die römisch-deutsche Kaiserkrone nieder, womit er den Untergang des Heiligen Römischen Reichs Dt. Nation besiegelte. Nach neuen Niederlagen gegen Napoleon im 3. Koalitionskrieg 1805 (»Dreikaiserschlacht«, Besetzung Wiens) und 1809 (erneute Besetzung Wiens), jeweils mit Gebietsverlusten, ernannte er Fürst von →Metternich zum leitenden Minister, leitete eine flexiblere Politik gegenüber Napoleon ein und gab diesem 1810 seine Tochter Marie Luise (* 1791, † 1847) zur Frau. Mit dem Beitritt zur 5. Koalition gegen Frankreich in der Völkerschlacht bei Leipzig 1813 konnte F. für Österreich die alte Machtstellung zurückerlangen und war Gastgeber des Wiener Kongresses (1814/15). Im Zusammenspiel mit Zar →Alexander I. sorgte er für die Einrichtung der Heiligen Allianz, erneuerte den Absolutismus und betrieb nach außen und innen eine restaurative Politik. Nachfolger: Sohn →Ferdinand I.

– Frankreich

Franz I.

König 1515–1547
** 12. 9. 1494 Cognac*
† 31. 3. 1547 Rambouillet

F. folgte 1515 seinem Vetter und Schwiegervater →Ludwig XII. auf den Thron und begann seine Herrschaft mit einem erfolgreichen Eroberungskrieg in Italien gegen die Schweizer Eidgenossenschaft zur Durchsetzung seiner Erbansprüche auf das Herzogtum Mailand (1515/16). In Konkurrenz mit dem späteren Kaiser →Karl V. um die Hegemonie in Italien und den Erbanspruch auf Burgund konnte er die Kaiserwahl 1519 trotz großer Bestechungssummen nicht für sich entscheiden, woraufhin er 1521 die jahrzehntelange Folge von Kriegen gegen Karl V. eröffnete, um die Vormacht der Habsburger in Europa zu brechen (1521–1526, 1527 bis 1529, 1536–1538, 1542–1544). Die wechselvollen Kämpfe gingen schließlich zu seinen Ungunsten aus, obwohl er sich mit den dt. Protestanten verbündete und die Osmanen zu Hilfe rief (1536). Als Wegbereiter des französischen Absolutismus zentralisierte er die Staatsverwaltung, schuf ein allein auf die Krone verpflichtetes Beamtentum und drängte die Macht des Adels zurück. Nachhaltig förderte er die französische Renaissance. Die Reformation duldete er anfangs, bekämpfte sie aber später energisch, da er infolge des 1516 mit Papst →Leo X. geschlossenen Konkordats über die Gallikanische Nationalkirche von der Reformation letztlich keine Vorteile zu erwarten hatte.

– Österreich (-Ungarn)
Franz I.
Als römisch-dt. Kaiser →Franz II.

Franz Ferdinand
österreichisch-ungarischer Thronfolger
** 18. 12. 1863 Graz*
† 28. 6. 1914 Sarajevo
Der Erzherzog von Österreich-Este, seit 1913 Generalinspekteur aller Streitkräfte, wurde nach der Selbsttötung des Kronprinzen →Rudolf (1899) und

dem Thronverzicht seines Vaters, Erzherzog Karl Ludwig, Thronfolger seines Onkels, Kaiser →F. Josephs I. Durch seine tschech. Frau, Gräfin Sophie Chotek, später Herzogin Hohenberg, stand er den Kreisen nahe, die durch Berücksichtigung der slaw. Nationalitäten die Doppelmonarchie in einen Drei-Nationen-Staat (Trialismus) umwandeln wollten. Nach Besuch von zur Einschüchterung der Serben veranstalteten Manövern in Bosnien fielen er und seine Frau einem Attentat von Mitgliedern der Gruppe Jung-Bosnien zum Opfer. Dies gab den Anstoß zum 1. Weltkrieg.

Franz Joseph I.

Kaiser 1848–1916, König von Ungarn seit 1867
** 18. 8. 1830 Schönbrunn*
† 21. 11. 1916 Schönbrunn

Der Neffe und Nachfolger Kaiser →Ferdinands I. ließ die Revolution 1848 in Österreich und mit Unterstützung Zar →Nikolaus' I. in Ungarn 1849 niederwerfen und kehrte zur zentralist.-absolutist. Herrschaft zurück. In innenpolit. Bedrängnis nach dem Krimkrieg (1854–1856, bewaffnete Neutralität Österreichs zugunsten England und Frankreichs) und der Niederlage gegen Sardinien-Piemont und Frankreich (1859, Verlust der Lombardei) mußte er 1860/61 mit neuen Verfassungen eine gewisse Föderalisierung und Demokratisierung zugestehen, ohne jedoch seine autokrat. Stellung aufzugeben. Mit Preußen besiegte er (für den Dt. Bund) 1864 Dänemark im Krieg um Schleswig-Holstein, verlor jedoch im Dt. Krieg 1866 mit der Niederlage gegen Preußen den Kampf um die Vorherrschaft in Dtschld. Der vereinbarte Ausgleich mit Ungarn wandelte das Habsburgerreich 1867 zur Doppelmonarchie um, in der F. zugleich König von Ungarn wurde. 1879 schloß er den Zweibund mit Dtschld., der durch den Beitritt Italiens (1882) zum Dreibund wurde. Wegen der Rivalität auf dem Balkan verschlechterten sich die Beziehungen zu Rußland trotz des 1873 abgeschlossenen Dreikaiserbündnisses (Berliner Kongreß 1878, Annexion Bosniens 1908). Nach der Ermordung seines Neffen, des Thronfolgers →F. Ferdinand, führte F. Österreich in den 1. Weltkrieg. Von schweren Schicksalschlägen getroffen (Erschießung seines Bruders →Maximilian als Kaiser von Mexiko 1867; Selbsttötung seines Sohnes, des Kronprinzen →Rudolf 1889; Ermordung seiner Frau, Kaiserin Elisabeth von Bayern 1898), übte er innenpolitisch ein von konservativer Pflichterfüllung bestimmtes autoritäres Regiment aus, das ihn in seiner langen Amtszeit dennoch volkstümlich machte. Nachfolger: →Karl I. (▷ Chronik Zitat)

Kaiserliche Verfassung

Chronik Zitat

Das am 21. Dezember 1867 von Kaiser Franz Joseph I. erlassene Staatsgrundgesetz vollzog den Übergang zum Verfassungsstaat:

Über die Regierungs- und Vollzugsgewalt:
»Art. 1 Der Kaiser ist geheiligt, unverletzlich und unverantwortlich.
Art. 2 Der Kaiser übt die Regierungsgewalt durch verantwortliche... Minister aus.
Art. 3 Der Kaiser ernennt die Minister...
Art. 4 Der Kaiser verleiht Titel, Orden und sonstige staatliche Auszeichnungen.
Art. 8 Der Kaiser leistet... das eidliche Gelöbnis: Die Grundgesetze... unverbrüchlich zu halten und in Übereinstimmung mit denselben und den allgemeinen Gesetzen zu regieren...«
Über die allgemeinen Rechte der Staatsbürger:
»Art. 1 Für alle Angehörigen der im Reichsrat vertretenen Königreiche besteht ein allgemeines österreichisches Staatsbürgerrecht...
Art. 2 Vor dem Gesetz sind alle Staatsbürger gleich.
Art. 3 Die öffentlichen Ämter sind für alle Staatsbürger gleich zugänglich...
Art. 4 Die Freizügigkeit der Person und des Vermögens ...unterliegt keiner Beschränkung.
Art. 5 Das Eigentum ist unverletzlich...
Art. 8 Die Freiheit der Person ist gewährleistet...
Art. 9 Das Hausrecht ist unverletzlich...
Art. 10 Das Briefgeheimnis darf nicht verletzt... werden
Art. 13 Jedermann hat das Recht,... seine Meinung innerhalb der gesetzlichen Schranken frei zu äußern...
Art. 14 Die volle Glaubens- und Gewissensfreiheit ist jedermann gewährleistet...«

Franz von Assisi

italienischer Ordensstifter
** 1181 oder 1182 Assisi*
† 3. 10. 1226 Assisi

(Auch *Franziskus*, eigentlich *Giovanni Bernardone*). Der Sohn eines reichen Kaufmanns, der sich einem Leben einsiedlerischer Armut in der Nachfolge Christi zugewandt hatte, gründete 1209 mit dem Orden der Minoriten (Mindere Brüder), später Franziskaner genannt, den ersten der Bettelorden, die in der Armutsbewegung des Mittelalters großen Zulauf gewannen. Ihm schloß sich der weibliche Ordenszweig der Klara von Assisi (Klarissen, 1212) an. Als wandernder Prediger wirkte F. auch in Frankreich und Spanien (1213–1215) und in Ägypten (1219) und trat nach seiner Rückkehr 1220 von der Ordensleitung zurück. 1224 nahm er auf dem Berg Alverno die fünf Wundmale Christi wahr (Stigmatisation). Seine Heiligsprechung erfolgte schon 1228 (Fest: 4. 10.).

Fraser, Malcolm

australischer Premierminister 1975–1983
** 21. 5. 1930 Melbourne*

Der Wirtschaftswissenschaftler, seit 1955 Abg. der konservativen Liberalen Partei (LP) im Repräsentantenhaus, nahm seit 1966 mehrere Ministerämter wahr, bevor er 1975 an die Spitze seiner Partei trat, die sich seit ihrer Wahlniederlage 1972 in Opposition befand. Noch im gleichen Jahr löste er Edward G. Whitlam (1972–1975) als Premier-Min. ab und erzielte auch 1977 und 1983 Wahlsiege gegen die Australian Labor Party (ALP). Mit seiner liberalen antigewerkschaftlichen Wirtschaftspolitik konnte er die Strukturprobleme nicht beheben. 1983 verlor er vorgezogene Neuwahlen und wurde als Regierungschef von dem Labor-Politiker Robert J. L. Hawke (bis 1991) abgelöst.

Fredegunde
fränkische Regentin
** um 550*
† 597
F. war die Geliebte des Königs von Westfranken (Neustrien), →Chilperich I., der um ihretwillen seine Gattin Galswintha 567 ermordete und damit den in die Nibelungensage eingegangenen Bruderkrieg mit dem ostfränk. König Sigibert I. (561–575) und dessen Gattin Brunechilde († 613), einer Schwester der Galswintha auslöste. F. führte nach 584 die Regierung für ihren Sohn Chlotar II. (584 – 629), der Brunechilde zu Tode schleifen ließ.

Freiligrath, Ferdinand
deutscher Dichter
** 17. 6. 1810 Detmold*
† 18. 3. 1876 Cannstadt
Ursprünglich Kaufmann, begeisterte F. zunächst mit romant. Gedichten und farbenbunten Balladen aus der Tropenwelt, bevor er in den 1840er Jahren als leidenschaftl. Freiheitssänger (»Trompeter der Revolution«) und radikaler Demokrat zum bedeutendsten Dichter des Jungen Deutschland aufstieg (»Ça ira«, 1846; »Neuere politische und soziale Gedichte«, 2 Bde. 1849–1851). 1848/49 arbeitete er als Redakteur bei der von Karl →Marx herausgegebenen »Neuen Rheinischen Zeitung« mit. Vor politischer Verfolgung floh er mehrmals ins Ausland. In der Bismarck-Ära wandelte sich der einstige Revolutionär zum patriotischen Herold des Krieges.

Frei Montalva, Eduardo
Staatspräsident von Chile 1964–1970
** 16. 1. 1911 Santiago*
† 22. 1. 1982 Santiago de Chile
Der Prof. für Arbeitsrecht und Wirtschaftspolitik übernahm 1936 den Vorsitz der neugegründeten Partei Falange Nacional, aus der später die Christl.-Demokratische Partei hervorging, und war seitdem in Regierungsämtern, als Mitglied der Abgeordnetenkammer und des Senats eine der herausragenden Persönlichkeiten im politischen Leben Chiles. Als Staatspräsident bemühte er sich unter dem Schlagwort einer »sozialen Revolution in Freiheit« mit begrenztem Erfolg um soziale und wirtschaftliche Reformen (Agrarbesitz, Schulwesen), unterlag jedoch bei den Präs.-Wahlen 1970 seinem sozialistischen

Herausforderer Salvador →Allende. Ab 1976 wurde F. zur Kristallisationsfigur der gemäßigten Opposition gegen die Militärjunta Augusto →Pinochets. F.s Sohn Eduardo *F. Ruiz-Tagle* (* 1942) wurde 1991 Vorsitzender der christdemokratischen Partei Chiles (PDC) und 1994 Nachfolger des Staats-Präs. Patricio Aylwin (1990–1994).

Freisler, Roland

deutscher Jurist
** 30. 10. 1893 Celle*
† 3. 2. 1945 Berlin

F., die Symbolfigur für die Pervertierung der Justiz zum polit. Terrorinstrument im nat.-soz. Dtschld., begann seine polit. Laufbahn im Anschluß an seine russ. Kriegsgefangenschaft im 1. Weltkrieg (seit 1915) als bolschewist. Kriegskommissar in der Ukraine (1917–1920). 1925 trat er der NSDAP bei, als deren Starjurist er schnell aufstieg: 1933/34 wurde er Staatssekretär im preuß., 1934 im Reichsjustizministerium (bis 1942). 1942 beteiligte er sich auf der Wannseekonferenz an der Organisation der »Endlösung der Judenfrage«. Als Präs. des Volksgerichtshofes (1942–1945) machte er sich mit seinen Unrechtsurteilen in Schauprozessen, u. a. gegen zahlreiche Widerstandskämpfer des 20. Juli 1944, zum Inbegriff des demagogischen Rechtsbeugers, der in etwa 90% der Fälle die Todesstrafe oder lebenslängliche Haft verhängte. Bei einem Luftangriff kam er ums Leben.

Freycinet, Charles Louis de Saulces de
mehrmaliger französischer Ministerpräsident
** 14. 11. 1828 Foix, Ariège*
† 14. 5. 1923 Paris
Der anfänglich linke, dann gemäßigte Republikaner war zwischen 1877 und 1892 Min. und viermal Min-Präs. 1880 ließ er den seit dem Verbot 1830 geduldeten Jesuitenorden auflösen. Wesentlichen Anteil hatte F. am Zustandekommen der geheimen Militärkonvention mit Rußland 1892/94. Der nach ihm benannte Wirtschaftsplan förderte seit 1878 den Eisenbahn- und Kanalbau und gewann so Teile der konservativen Provinz für die III. Republik.

Frick, Wilhelm

deutscher Reichsinnenminister 1933–1943
** 12. 3. 1877*
Alsenz, Pfalz
† 16. 10. 1946
Nürnberg

Der Jurist förderte als Oberamtmann bei der Polizeidirektion München die Aktivitäten Adolf →Hitlers (1917–1925) und wurde 1924 wegen Mitwirkung am gescheiterten Hitlerputsch (1923) zu Festungshaft verurteilt. 1924 wurde er MdR, 1928 Fraktionsführer der NSDAP, 1930/31 erster von den Nationalsozialisten gestellter Minister (Innen- und Volksbildungs-Min. in Thüringen). Als Reichs-Min. des Innern betrieb er maßgeblich die administrative Sicherung der nat.-soz. Herrschaft und war verantwortlich für die Durchführung der Rassegesetze. 1943–1945 war er als Reichsprotektor in Böhmen und Mähren Vorgesetzter Karl H. →Franks. F. wurde 1946 in Nürnberg vom Internationalen Militärgerichtshof zum Tode verurteilt und hingerichtet.

***Friedrich**, Fürsten*

– Deutsche Könige und römisch-deutsche bzw. deutsche Kaiser

Friedrich I. Barbarossa

König seit 1152,
römisch-deutscher Kaiser 1155–1190
** 1122 Waiblingen (?)*
† 10. 6. 1190 im Fluß Saleph (Armenien)

Der neben →Karl d. Gr. als »Kaiser Rotbart« populärste Herrscher des dt. Mittelalters war Urenkel des Kaisers →Heinrich IV. Als Herzog von Schwaben (*F. III.*) wurde F. 1152 zum Nachfolger seines Onkels, des ersten Stauferkönigs →Konrad III., zum dt. König gewählt. Im Konstanzer Vertrag 1153 mit Papst →Eugen III. über wechselseitige Hilfe und Anerkennung der Rechte kündigte sich eine die weltl.

und geistl. Macht vereinigende, gegen Byzanz und das Normannenreich gerichtete imperiale Politik F.s an, der sich in der Folge des Vertrags auf seinem 1. Italienzug 1154/55 zum König von Italien und von Papst →Hadrian IV. zum Kaiser krönen ließ. Doch geriet er schon auf dem Reichstag von Besançon 1157 in Konflikt mit dem Papst, der sich mit den Normannen verständigt hatte und nun die Oberherrschaft über das von ihm als päpstl. Lehen (»Beneficium«) interpretierte Kaisertum beanspruchte. Dem setzte F. 1165 die Idee des »Sacrum Imperium« (»Hl. Reich «) entgegen, die den kaiserl. Machtbereich dem päpstl. in der Unmittelbarkeit zu Gott gleichstellte. Auf seinem 2. Italienzug (1158 bis 1162) behauptete er energisch die kaiserl. Rechte in Ober- und Mittelitalien (Roncalische Gesetze, 1158; Zerstörung Mailands 1162) und dokumentierte mit seiner Unterstützung von drei Gegenpäpsten gegen →Alexander III. (päpstl. Schisma 1159–1178) seinen Interventionsanspruch in kirchl. Angelegenheiten. Seinen 4. Italienzug (1166–1168) mußte er nach der Eroberung Roms abbrechen, als eine Seuche sein Heer dezimierte.

Den staufisch-welfischen Gegensatz legte er 1156 vorerst bei, indem er seinen welfischen Vetter, den Sachsenherzog →Heinrich den Löwen, wieder in Bayern einsetzte, es allerdings um die Mark Österreich verringerte, die er als Herzogtum den Babenbergern verlieh (Privilegium minus). Der Konflikt brach jedoch wieder auf, als Heinrich ihm 1176 in der Schlacht bei Legnano gegen den Lombardenbund und Papst Alexander III. den Beistand verweigerte und F. mit diesem einen für ihn ungünstigen Kompromißfrieden schließen mußte. F. ächtete und verbannte Heinrich, entzog ihm 1180 das Reichslehen, teilte Sachsen auf und gab Bayern (ohne die Steiermark) an die Wittelsbacher.

Der 1178 geschlossenene Waffenstillstand mit dem Lombardischen Städtebund und dem Normannischen Königreich mündete 1183 im Frieden von Konstanz, den F. durch die Eheschließung seines Sohnes und Nachfolgers →Heinrich VI. mit der normann. Reichserbin Konstanze, der Tochter →Rogers II., befestigte (1186). 1189 ertrank er auf dem 3. Kreuzzug zur Befreiung Jerusalems.

F. zählt zu den bedeutendsten Herrschergestalten der europäischen Geschichte, dessen Bild auch in den folgenden Jahrhunderten lebendig blieb. Die sich um ihn rankende Kyffhäusersage, die F.s Wiedererscheinung zur Herstellung der Reichseinheit beschwört, wurde erst in der Reformationszeit von Kaiser →Friedrich II. auf Barbarossa übertragen.

Friedrich II.

König seit 1215,
römisch-deutscher
Kaiser 1220–1250
** 26. 12. 1194*
Iesi bei Ancona
† 13. 12. 1250
Fiorentino

(König von Sizilien seit 1197, König von Jerusalem seit 1229). Der Stauferkaiser, Enkel von →F. I. Barbarossa und Sohn →Heinrichs VI. und der normann. Prinzessin →Konstanze, war in seiner Universalität und Staatskunst einer der ungewöhnlichsten Herrscher des Spätmittelalters, den schon zu seiner Zeit eine mythische Aura umgab.

1196 noch zu Lebzeiten seines Vaters einjährig zum dt. König gewählt, jedoch im Reich nicht anerkannt, wurde er auf Betreiben seiner Mutter →Konstanze zum König von Sizilien gekrönt (1198) und stand bis 1208 unter der Vormundschaft Papst →Innozenz' III., der die Fürstenopposition gegen Kaiser →Otto IV. zu einer neuerlichen Wahl F.s zum dt. König veranlaßte (Frankfurt 1212). Mit Unterstützung Frankreichs (Schlacht bei Bouvines 1214) setzte sich F. in Deutschland rasch durch und wurde 1215 in Aachen gekrönt, wo er ein Kreuzzugsgelübde ablegte. Noch im gleichen Jahr ließ er sich von Papst →Honorius III. in Rom zum Kaiser krönen.

Die längste Zeit regierte er von Sizilien aus, das er zu einem straff organisierten Beamtenstaat machte. Die Neuordnung gipfelte in der Kodifikation des Verwaltungsrechts (Konstitutionen von Melfi 1231). In Dtschld. ließ er sich vertreten und erteilte den dt. geistl. Fürsten 1220 wesentliche Privilegien (Confoederatio cum principibus ecclesiasticis) für ihre Zustimmung zur Kaiserwahl.

Mit der Erweiterung seiner Hausmacht in Italien strapazierte F. das zunächst gute Einvernehmen mit Papst →Gregor IX., der ihn 1227 bannte – formell wegen des wiederholten Aufschubs des gelobten (5.) Kreuzzugs. 1228 trat er ihn, nun gegen das Verbot des Papstes, und trotz des Bannes an, und konnte durch Vertrag die Hl. Stätten (Jerusalem, Bethlehem, Nazareth) dem Königreich Jerusalem einverleiben, zu dessen König er sich selbst krönte (1229). Durch einen Angriff des Papstes auf Sizilien bedrängt, war F. auf die Vermittlung der dt. Reichsfürsten angewiesen (Frieden von San Germano

1230) und mußte ihnen dafür in Deutschland wichtige Hoheitsrechte überlassen (Statutum in favorem principum 1231/32). 1235/36 zog er noch einmal nach Dtschld., um seinen aufrührerischen Sohn und Stellvertreter →Heinrich (VII.) zu unterwerfen (Mainzer Landfriedensgesetz 1235). Die selbstbewußt gewordenen lombardischen Städte konnte er in mehreren Kämpfen trotz eines glänzenden Sieges bei Cortenuova (1237) nicht endgültig bezwingen.
Mit dem erneuten Bann 1239, verhängt durch Papst →Gregor IX., begann die letzte Phase der Regierung F.s: 1245 ließ ihn Papst →Innozenz IV. durch das Konzil von Lyon absetzen und veranlaßte in Dtschld. die Wahl der Gegenkönige Heinrich Raspe von Thüringen (1246/47) und Wilhelm von Holland (1247–1256). Während F. seine Macht u. a. durch die Niederwerfung einer Verschwörung in Sizilien (1246) noch behaupten konnte, verlor er 1248 die Romagna und einen Teil Mittelitaliens. Nach seinem Tod zerfiel das Reich.
F. wurde schon zu Lebzeiten überirdische Größe nachgesagt; seine Gestalt blieb nach seinem Tod in Sagen und Prophetien (Kyffhäusersage) lebendig. Seine Genialität, die auch in seinem Interesse für Dichtung, Mathematik, Philosophie und Naturwissenschaft (arab. Anregungen) Ausdruck fand, wies weit über seine Zeit hinaus. Während er Dtschld. als Peripherie seiner Macht vernachlässigte, blühte Süditalien kulturell und wissenschaftlich auf (Gründung der Universität Neapel 1224). Seine Staatskunst und politische Ideenwelt galten der italienischen Renaissance als Vorbild.

Friedrich der Schöne

(Gegen-)König
1314–1330
** 1289*
† 13. 1. 1330
Schloß Gutenstein

Der Sohn →Albrechts I., Herzog von Österreich und Steiermark (als *F. III.*) seit 1308, wurde bei der Königswahl 1314 von vier Kurfürsten gegen →Ludwig IV. (der Bayer) gewählt, von diesem aber 1322 bei Mühldorf besiegt und gefangengenommen. 1325 ließ ihn Ludwig frei und erkannte ihn als Mitkönig unter seiner Vorherrschaft an.

Friedrich III.
König seit 1440,
römisch-deutscher Kaiser 1452–1493
** 21. 9. 1415 Innsbruck*
† 19. 8. 1493 Linz
F. wurde als Nachfolger seines Vetters →Albrecht II. 1440 in Frankfurt gewählt, 1442 gekrönt und 1452 von Papst →Nikolaus V. als letzter Kaiser in Rom gekrönt. F. gelang es nicht, die habsburg. Ansprüche auf Böhmen und Ungarn für den nachgeborenen Sohn Albrechts II., Ladislaus Posthumus (* 1440, † 1457), bzw. nach dessen Tod für sich selbst durchzusetzen. F. war ein Gegner der Reichsreform und ignorierte die Reichstage seit 1445, konnte aber seine Absetzung und die Wahl eines Gegenkönigs verhindern und erreichte 1486 die Wahl seines Sohnes →Maximilian (I.) zum röm. König. 1448 schloß er mit Papst →Nikolaus V. das Wiener Konkordat, das bis 1806 Grundlage der Beziehungen zwischen der Kurie und dem Hl. Röm. Reich war (Reichskirche). Wegen seiner unentschlossenen Politik verlor er zeitweise (1485–1490) große Teile der habsburg. Erblande an →Matthias I. Corvinus von Ungarn, konnte das Reich jedoch konsolidieren. Mehrere glückl. Erbfälle und Heiraten (1477 Heirat Maximilians mit Maria von Burgund, der Erbtochter →Karls des Kühnen) bereiteten den Aufstieg der Habsburger zur Weltmacht vor, legten aber auch den Keim für die Konflikte mit Frankreich. Gegen die Osmanen fand F. keine wirksame Abwehr. Nachfolger: Sohn →Maximilian I.

Friedrich III.

deutscher Kaiser
und König von Preußen
1888
** 18. 10. 1831 Potsdam*
† 15. 6. 1888 Potsdam

(Als Kronprinz *F. Wilhelm*). Der Sohn →Wilhelms I. führte in den dt. Einigungskriegen 1866 und 1870/71 wichtige militär. Kommandos. Bei ausgeprägt monarch. Bewußtsein kritisierte er unter dem Einfluß seiner engl. Gemahlin Viktoria häufig die Politik Otto v. →Bismarcks und hielt Verbindung zu liberalen Politikern. F. litt bei seiner Thronbesteigung an Kehlkopfkrebs und regierte nur 99 Tage.

– Brandenburg

Friedrich Wilhelm,
der Große Kurfürst

Kurfürst 1640–1688
** 16. 2. 1620 Berlin*
† 9. 5. 1688 Potsdam

Der Sohn und Nachfolger des Kurfürsten Georg Wilhelm (* 1559, † 1640) erreichte im Westfäl. Frieden 1648 die territoriale Vergrößerung Brandenburgs (u. a. Erwerb Hinterpommerns). Der Friede von Oliva (1660) bestätigte ihm die durch den mehrfachen Frontwechsel im Nord. Krieg (1655 bis 1660) erworbene Souveränität über das Herzogtum Preußen. Im Reichskrieg gegen →Ludwig XIV. von Frankreich besiegte er 1675 bei Fehrbellin die mit Frankreich verbündeten Schweden und vertrieb sie. Obwohl er im Frieden 1679 auf Vorpommern verzichten mußte, hatte F. W. damit die Grundlagen für den Aufstieg Brandenburgs geschaffen.
Innenpolitisch setzte er mit dem Rezeß der brandenburgischen Stände (1653) im Gegenzug zur Befestigung der Leibeigenschaft die landesherrl. Steuerhoheit durch; sie erlaubte ihm durch die Aufstellung eines stehenden Heeres und den Aufbau einer zentralistische Verwaltung die Etablierung der absolutist. Herrschaft. Er betrieb eine merkantilistische Wirtschaftspolitik (Kanalbauten, Anfänge einer Handelsflotte, Stützpunkte an der Küste Guineas [Groß-Friedrichsburg] zur Teilnahme am transatlant. Sklavenhandel). Seine Religionspolitik zielte auf Kirchenfrieden zwischen den Lutheranern und der calvinist. Minderheit, der er selbst angehörte. Durch das Potsdamer Edikt (1685, großenteils erst vom Nachfolger verwirklicht) gab er rund 20 000 aus Frankreich geflohenen Hugenotten Heimat in Brandenburg und bewirkte dadurch einen wirtschaftlichen und kulturellen Aufschwung seines Landes. Gestützt auf eine prosperierende Wirtschaft und das gut ausgebildete stehende Heer von schließlich 31 000 Mann errang er durch geschicktes Lavieren und mehrfachen Frontwechsel eine respektierte eigenständige Stellung Brandenburgs unter den europäischen Mächten und begründete dessen Vormachtstellung im Reich neben den Habsburgern. Nachfolger: Sohn F. III. (→F. I. von Preußen)

Friedrich III.
Kurfürst von Brandenburg 1688–1713, als →F. I. seit 1713 König in Preußen.

– Dänemark

Friedrich I.
König 1523–1533
** 3. 9. 1471*
† 10. 4. 1533 Gottorf
F., Sohn von →Christian I., bekam 1482 als Herzogtum Teile Schleswig-Holsteins und wurde damit Stammvater der gottorfischen Herzöge. Nach dem Aufstand gegen König →Christian II. (1523) wurde F. vom jüt. Adel die dän. Krone angeboten. Als König förderte er die nationale lutherische Kirche und trat 1532 dem Schmalkaldischen Bund bei.

Friedrich VI.
König 1808–1839
** 28. 1. 1768 Kopenhagen*
† 3. 12. 1839 Kopenhagen
F. führte seit 1784 die Regentschaft für seinen geisteskranken Vater Christian VII. (König 1766 bis 1808). Er reformierte den Agrarbesitz und hob 1804 die Leibeigenschaft der Gutsbauern auf. Die bewaffnete Neutralität Dänemarks zugunsten Frankreichs mußte er mit dem zweimaligen Überfall durch die Briten (1801, 1807) sowie mit dem Verlust Norwegens und Helgolands (1814) bezahlen. Im Ergebnis des Wiener Kongresses 1815 fiel ihm dafür das Herzogtum Lauenburg zu. 1834 konstituierte er beratende Ständeversammlungen in Dänemark und Schleswig-Holstein.

Friedrich VII.
König 1848–1863
** 6. 10. 1808 Kopenhagen*
† 15. 11. 1863 Glücksburg
Sohn und Nachfolger von →Christian VIII. F. annektierte im März 1848 das zuvor in Personalunion mit Dänemark verbundene Schleswig und provozierte damit den Aufstand der deutschen Bevölkerung Schleswigs, der in den 1. Dt.-Dänischen Krieg mündete (1848–1850). Im Frieden von Berlin ging Schleswig gegen das Zugeständnis voller Autonomie an Dänemark zurück, ohne die dt.-dänischen Gegensätze auszugleichen. F. ließ mit der Vorbereitung einer neuen dänisch-schleswigschen Verfassung die Konfliktlage auf den 2. Dt.-Dänischen Krieg unter seinem Nachfolger →Christian IX. (1864) zulaufen. 1849 unterzeichnete er das erste liberale Grundgesetz Dänemarks.

– Pfalz

Friedrich I., *der Siegreiche*
Kurfürst 1451–1476
** 1. 8. 1425 Heidelberg*
† 12. 12. 1476 Heidelberg
(Pfalzgraf bei Rhein, Herzog von Bayern). Der Sohn des Kurfürsten Ludwig III. (* 1378, † 1436) führte seit 1449 als Vormund seines unmündigen Neffen Philipp (* 1448, † 1508) die Regierungsgeschäfte der Pfalz. Von den Landständen erhielt er 1451 (unter Wahrung des Erbrechts Philipps) die Kurwürde angetragen. In dieser Stellung vom Papst und den anderen Kurfürsten anerkannt, nicht aber von Kaiser →Friedrich III., der ihn ächtete, und den Städten der Oberpfalz, unterwarf er diese in mehreren Kämpfen und behauptete sich im Pfälzer Krieg. Als einer der erfolgreichsten dt. Territorialpolitiker seiner Zeit ergänzte er den mit seinen Eroberungen begründeten Aufstieg der Pfalz um die Reform und den inneren Ausbau seines Landes.

Friedrich III., *der Fromme*
Kurfürst 1559–1576
** 14. 2. 1515 Simmern*
† 26. 10. 1576 Heidelberg
Katholisch erzogen, aber durch seine Frau, Marie von Brandenburg-Kulmbach (* 1519, † 1567), zum Luthertum bekehrt (1546), wandte sich F. seit 1560 dem Calvinismus zu und unterstützte die Calvinisten in Frankreich und den Niederlanden. Die Pfalz machte er zum wichtigsten Zentrum des Calvinismus in Dtschld. und ließ das Glaubensbekenntnis der Reformierten (Heidelberger Katechismus) und die Pfälz. Kirchenordnung ausarbeiten (1563), die auf der Dordrechter Synode 1618/19 für die Reformierte Kirche verbindlich wurde.

Friedrich V.
Kurfürst 1610–1623
** 26. 8. 1596 Amberg*
† 29. 11. 1632 Mainz
(*F. I.* als König von Böhmen 1619/20). Als Führer der von seinem Vater Friedrich IV. (* 1574, † 1610) gegründeten Prot. Union ließ sich F. 1619 von den böhm. Landständen, die Kaiser →Ferdinand II. als König von Böhmen abgesetzt hatten, zum böhm. König wählen und provozierte damit die Ausweitung des Dreißigjährigen Krieges (1618–1648). Nach der Niederlage gegen die Truppen der Kath. Liga unter Johann T. →Tilly und →Maximilian I. von Bayern am Weißen Berg bei Prag (1620) floh er in die Niederlande und verlor nach Eroberung der Pfalz durch die Kath. Liga mit seinem Erbland die Kurwürde an Bayern (1623), die sein Sohn Karl Ludwig (* 1617, † 1680) wieder zurückerhielt (1648). Wegen seiner kurzen Herrschaft in Böhmen erhielt er den Spottnamen »Winterkönig«. Das von F. 1625 hergestellte Bündnis mit England und Dänemark (König →Christian IV.) scheiterte mit der Niederlage der Dänen gegen die Kaiserlichen (1625). F. war verheiratet mit Elisabeth Stuart (* 1596, † 1662), der Tochter König →Jakobs I. von England.

– Preußen

Friedrich I.
König in Preußen 1701–1713
** 11. 7. 1657 Königsberg*
† 25. 2. 1713 Berlin
(Als *F. III.* seit 1688 Kurfürst von Brandenburg). F., Sohn →F. Wilhelms (d. Gr. Kurfürsten), unterstützte die Habsburger im Span. Erbfolgekrieg (1701–1714) und erlangte dafür die Zustimmung Kaiser →Leopolds I. zur Erhebung des außerhalb der Reichsgrenzen gelegenen Herzogtums (Ost-) Preußen zum Königreich (Selbstkrönung zum König »in« Preußen 1701 in Königsberg). Im Nord. Krieg (1700–1721) mußte er den Durchzug kriegführender Truppen (Sachsen-Polen, Schweden) hinnehmen. Der von ihm getriebene höfische Aufwand (u. a. Bau des Berliner Schlosses) überstieg die finanziellen Möglichkeiten des Staates. Bedacht, Preußen kulturell zum Zentrum des protest. Europa zu machen, förderte er Kunst und Wissenschaft (Gründung der Universität Halle 1694, der Berliner Akademie der Künste 1696, der Sozietät der Wissenschaften 1700). Wie sein Vater nahm er prot. Flüchtlinge aus Frankreich (Hugenotten) und Holland auf. Nachfolger: Sohn →F. Wilhelm I.

Friedrich Wilhelm I.
König in Preußen
1713–1740
** 14. 8. 1688 Kölln (heute zu Berlin)*
† 31. 5. 1740 Potsdam

F. W. beendete die verschwenderische Hofhaltung seines Vaters →F. I. und führte ein Regime strenger Sparsamkeit ein, um die zerrütteten Staatsfinanzen

zu ordnen. Er erweiterte das stehende Heer auf 83 000 Mann und machte es als »Soldatenkönig« zur bestausgebildeten Armee Europas, schuf eine disziplinierte, straff zentralisierte Bürokratie (Generaldirektorium, Kriegs- und Domänenkammern), beseitigte die Reste ständischer Vorrechte und zog den Adel stärker zum Staatsdienst heran, vor allem als Offiziere. F. befreite die Domänenbauern (1719), förderte die Besiedlung Ostpreußens und führte eine streng merkantilist. Wirtschaft ein. Im Span. Erbfolgekrieg (1701–1714) erwarb er Obergeldern, im Nord. Krieg (1700–1721) Vorpommern. 1706 heiratete er Sophia Dorothea von Hannover (* 1687, † 1757), die Tochter des späteren Königs →Georg I. von England. Außenpolitisch sicherte er sich durch Bündnisse mit Rußland und Österreich ab (1726).
Das absolutist. Regime des pietistisch geprägten F. brachte Preußen einen wirtschaftlichen und politischen Aufschwung; zugleich begründete es (ohne daß F. W. selbst Krieg führte) die Tradition des preuß. Militarismus und Beamtentums, beide geprägt durch die »preußischen Tugenden« Pflichterfüllung und Gehorsam. Sein Versuch, seine verhärtete Lebensphilosophie gegenüber seinem Sohn und Nachfolger →F. (II.), durchzusetzen, führte beide fast in eine persönliche Katastrophe.

Friedrich II.,
der Große

König 1740–1786
** 24. 1. 1712 Berlin*
† 17. 8. 1786 Schloß Sanssouci bei Potsdam

Als großer Feldherr und Taktiker etablierte F. Preußen als Großmacht in Europa; als absolutist. Souverän baute er es zu einem modernen Staatswesen aus; als Anhänger der Aufklärung und humanitärer Idealist machte er es zu einem Zentrum des wissenschaftl. und kulturellen Fortschritts.
F. geriet durch seine geistigen und künstlerischen Neigungen früh in Gegensatz zu seinem Vater →F. Wilhelm I. Nach seiner gescheiterten Flucht ins Ausland vor den harten Erziehungsmaßnahmen seines Vaters mußte der achtzehnjährige Kronprinz der Enthauptung seines Helfers und Freundes beiwohnen und selbst zwei Jahre Haft in der Festung Küstrin verbüßen (bis 1732). Nach förmlicher Aussöhnung schloß er 1733 die von seinem Vater aus politischen Gründen (Verwandtschaft mit den Habsburgern) gewünschte Ehe mit Elisabeth Christine von Braunschweig-Bevern (* 1715, † 1797), lebte aber getrennt von ihr. 1736 richtete er auf Schloß Rheinsberg seinen eigenen Hof ein und widmete sich, angezogen von der französischen Aufklärungsphilosophie, seinen geistigen Interessen und verfaßte 1739 den »Antimachiavell«, in dem er dem Fürsten die Rolle des »ersten Dieners des Staates« zuschrieb.
Schon kurz nach seiner Regierungsübernahme 1740 ließ F. unter dem Vorwand alter Erbansprüche im Bund mit Sachsen und Frankreich preuß. Truppen in Schlesien einmarschieren. Die Beteiligung am Kampf um die Vorherrschaft in Europa im Auge, nutzte er damit die sich nach dem Tod Kaiser →Karls VI. mit der Thronbesteigung →Maria Theresias in Österreich ergebende neue Lage und eröffnete im Rahmen des Österreichischen Erbfolgekriegs (1740 bis 1748) die Folge der SchlesischenKriege gegen Österreich (1740–1742, 1744/45, 1756–1763 = Siebenjähriger Krieg). Deren wechselvoller Verlauf unter Beteiligung der europ. Großmächte führte Preußen bis an den Rand des Zusammenbruchs. Nach dem Umschwenken des neuen Zaren →Peters III. (Sonderfrieden von 1762, »das Wunder des Hauses Brandenburg«) konnte er trotz schwerer Verluste den eroberten Besitzstand jedoch behaupten (Friede von Hubertusburg 1763). Westpreußen (ohne Danzig und Thorn), das Ermland und den Netzedistrikt brachte er bei der 1. Teilung Polens (1772) an sich. Von nun an König »von« Preußen, hatte er seinen Staat als 5. Großmacht Europas etabliert und wehrte erfolgreich alle Versuche Österreichs ab, diesen Status in Frage zu stellen (Bayerischer Erbfolgekrieg 1778/79, Gründung des Deutschen Fürstenbundes 1785).
Innenpolitisch führte F. den von seinem Vater begonnenen Ausbau des absolutistischen Staates fort: straffe, zentralistische Verwaltung (Einführung von Fachdepartements); merkantilist. Wirtschaftsförderung (Manufakturen, Kanalbauten) bei strenger Besteuerung; Melioration und »Peuplierung« des Oder-, Warthe- und Netzebruchs; Einführung der Kartoffel als Grundnahrungsmittel; Aufhebung der Erbuntertänigkeit auf den Domänen und Verbot des Bauernlegens; Justizreformen; Abschaffung der Folter; Grundlegung des Allg. Preuß. Landrechts (Corpus Juris Fridericianum); Förderung des Schulwesens, das der Geistlichkeit unterstellt wurde,

sowie der Wissenschaft (Wiederbelebung der Akademie der Wissenschaften); Glaubensfreiheit und religiöse Toleranz mit kulturell und wirtschaftlich vorteilhafter Ansiedlung von calvinistischen Flüchtlingen. Wie bei der Führung des stehenden Heeres, das er auf eine Größe von fast 200 000 Mann und auf einen vorbildlichen Ausbildungsstand brachte, stützte er sich in erster Linie auf den Adel, den er wirtschaftlich privilegierte.
Der aufgeklärte Monarch, der 1750–1753 →Voltaire an seinem Hof beherbergte, blieb auch als Schriftsteller und Musiker zeitlebens französischen und italienischen Vorbildern verbunden. – Schon zu seinen Lebzeiten eine Legende, wurde der »Alte Fritz« seit dem Siebenjährigen Krieg als strenger, aber gerechter Landesvater zum Inbegriff des Preußentums, häufig mißbraucht als Objekt nationaler Heldenverehrung. Nachfolger: Neffe →F. Wilhelm II.
(▷ Chronik Zitat)

Friedrich Wilhelm II.

König 1786–1797
** 25. 9. 1744 Berlin*
† 16. 11. 1797 Potsdam

Der Neffe von →F. II. (d. Gr.) ließ seine Regierung durch die Premierminister Ewald Friedrich Graf von Hertzberg (* 1725, † 1795) und Johann Rudolf Bischoffwerder (* 1741, † 1803) führen, während er sich in der Hauptsache seinen Mätressen widmete. Als Mitglied des myst. Rosenkreuzerbunds Feind der Aufklärung, machte er sich zu einem der Wort-

»Der Herrscher ist der erste Diener des Staates«

Chronik Zitat

In seinem für den Thronfolger bestimmten politischen Testament legte Friedrich d. Gr. 1752 die Prinzipien seiner Herrschaft dar (Auszüge):

»Die erste Bürgerpflicht ist, seinem Vaterlande zu dienen. Ich habe sie in allen verschiedenen Lagen meines Lebens zu erfüllen gesucht. Als Träger der höchsten Staatsgewalt hatte ich die Gelegenheit und die Mittel, mich meinen Mitbürgern nützlich zu erweisen...
Rechtspflege
... Ich habe mich entschlossen, niemals in den Lauf des gerichtlichen Verfahrens einzugreifen; denn in den Gerichtshöfen sollen die Gesetze sprechen und der Herrscher soll schweigen. Aber dieses Stillschweigen hat mich doch nicht gehindert, die Augen offenzuhalten und über die Aufführung der Richter zu wachen... Gerade gegen (richterliche) Pflichtvergessenheit muß ich die äußerste Strenge anraten; denn der Herrscher macht sich gewissermaßen zum Mitschuldigen an den Verbrechen, die er unbestraft läßt.
Die Geistlichen und die Religion
...Für die Politik ist es völlig belanglos, ob ein Herrscher religiös ist oder nicht. Geht man allen Religionen auf den Grund, so beruhen sie auf einem mehr oder minder widersinnigen System von Fabeln. ... Allein diese Vorurteile, Irrtümer und Wundergeschichten sind für den Menschen gemacht, und man muß auf die große Masse so weit Rücksicht nehmen, daß man ihre religiösen Gefühle nicht verletzt, einerlei, welchem Glauben sie angehören...
Soll ein Fürst selbst regieren?
In einem Staate wie Preußen ist es durchaus notwendig, daß der Herrscher die inneren Angelegenheiten seines Staates selbst führt... Eine gut geleitete Staatsregierung muß ein ebenso fest gefügtes System haben wie ein philosophisches Lehrgebäude. Alle Maßnahmen müssen durchdacht sein, Finanzen, Politik und Heerwesen auf ein gemeinsames Ziel steuern: nämlich die Stärkung des Staates und das Wachstum seiner Macht. Ein System kann aber nur aus einem Kopfe entspringen; also muß es aus dem des Herrschers hervorgehen. Trägheit, Vergnügungssucht und Dummheit: diese drei Ursachen hinden die Fürsten an ihrem edlen Berufe, für das Glück der Völker zu wirken... Der Herrscher ist der erste Diener des Staates. Er wird gut besoldet, damit er die Würde seiner Stellung aufrechterhalte. Man fordert aber von ihm, daß er werktätig für das Wohl des Staates arbeite...«

führer der Koalition gegen das revolutionäre Frankreich und schloß 1790 die Konvention von Reichenbach mit Österreich, der 1791 die Pillnitzer Konventionen und 1792 das Bündnis beider Mächte gegen das revolutionäre Frankreich folgten. Nach dem sich anschließenden 1. Koalitionskrieg brach die preuß.-österreichische Rivalität über die 2. und 3. Teilung Polens wieder auf, bei der F. W. »Neu-Ostpreußen« hinzugewann, und führte mit dem Basler Frieden (1795) zum Austritt Preußens aus der antifranzösischen Kriegskoalition.
Innenpolitisch lockerte F. den Zentralismus, beendete 1788 die friderizian. Aufklärung durch das Religions- und Zensuredikt, förderte aber Künste und Wissenschaften. 1794 setzte er die Neukodifikation des gesamten preuß. Rechts durch das Preuß. Allg. Landrecht in Kraft. Nachfolger: Sohn →F. Wilhelm III.

Friedrich Wilhelm III.
König 1797–1840
** 3. 8. 1770 Potsdam*
† 7. 6. 1840 Berlin
Sohn und Nachfolger →F. Wilhelms II. Der pflichtbewußte, nüchterne und sparsame König verfolgte einen konservativen, auf die Macht der Krone setzenden und das Bündnis mit den restaurativen Mächten pflegenden Kurs. Nach der katastrophalen Niederlage gegen Frankreich (Jena 1806) und dem Frieden von Tilsit (1807), in dem sich Preußen →Napoleon I. unterwarf, ließ er jedoch, beraten von Freiherr Karl August v. →Hardenberg, das bisherige Kabinettsystem fallen und gab den Reformern um Reichsfreiherr v. →Stein und Gerhard J. D. v. →Scharnhorst die Möglichkeit zu einer umfassenden Neuordnung des Staates. Der Nationalbewegung stand er ablehnend gegenüber und erließ 1813 nur zögernd den Aufruf »An mein Volk«, mit dem er den Befreiungskrieg gegen Napoleon eröffnete. Nachdem er auf dem Wiener Kongreß 1814/15 die Provinzen Sachsen, Posen, Westfalen und Rheinland erhalten und sich weitgehend den russ. Interessen untergeordnet hatte, erwies er sich im Sinne der Heiligen Allianz und im Gleichklang mit dem österr. Staatskanzler Fürst →Metternich als Exponent der Restauration. Festhaltend am bürokrat.-absolutist. System ließ er die Verfassungspläne 1815 fallen, beendete die noch hingenommenen Reformen und unterdrückte die demokrat. Bewegungen (Karlsbader Beschlüsse 1819). Nachdem er sich die prot. Landeskirche unterstellt hatte, schloß er Lutheraner und Reformierte zur Preuß. Unierten Landeskirche zusammen. Nachfolger: Sohn →F. Wilhelm IV.

Friedrich Wilhelm IV.
König 1840–1861
** 15. 10. 1795 Berlin*
† 2. 1. 1861 Schloß Sanssouci bei Potsdam

Nach dem starren Regiment seines Vaters →F. Wilhelm III. erweckte der hochbegabte und gebildete König bei seinem Regierungsantritt 1840 große Hoffnungen, die er zunächst nährte (Beendigung des Kölner Kirchenstreits, Lockerung der Zensur, Begnadigung sog. Demagogen), dann aber enttäuschte. Der »Romantiker auf dem Thron«, der als einziger Hohenzoller keinen Krieg führte, strebte einen patrimonialen, christlich-german. Ständestaat (unter Führung der Habsburger mit einem Hohenzoller als Reichsfeldherr) an und lehnte sowohl den Absolutismus seiner Vorgänger wie die liberalen Vorstellungen eines konstitutionell-repräsentativen Staats ab. In der Märzrevolution 1848 verzichtete er auf den Einsatz der militär. Macht und beugte sich einem Teil der liberalen Forderungen.
Als hauptsächlich Preußen für den Dt. Bund wegen der Schleswig-Holstein-Frage Krieg gegen Dänemark führte, konnte F. seine Position wieder stärken (1848). Er löste die Preuß. Nationalversammlung auf und oktroyierte 1849 eine Verfassung, die trotz des Übergewichts der monarch. Organe die konstitutionelle Entwicklung in Preußen und später im Dt. Reich einleitete. Die Innenpolitik der nachrevolutionären Phase ließ er durch das reaktionäre Ministerium Otto Theodor →Manteuffel (1850–1858) bestimmen. Seine Wahl zum deutschen Kaiser durch die Frankfurter Nationalversammlung lehnte er vor allem wegen des damit verbundenen Eingriffs in die monarch. Souveränität ab (»ein Diadem, aus dem Dreck der Revolution geknetet«). Während er zunächst einen kleindeutschen Unionsplan für Deutschland auf der Basis eines Dreikönigsbündnisses mit Hannover und Sachsen unter Führung Preußens verfolgte (1849), der auf den Widerstand Österreichs und Rußlands traf, stimmte er 1850 der Restitution des Dt. Bundes zu (Olmützer Punktation). Nach einem Schlaganfall 1857 übernahm sein Bruder, der spätere König und Kaiser →Wilhelm I. die Stellvertretung und 1858 die Regentschaft.

Friedrich III.
Preuß. König und dt. Kaiser 1888 →Friedrich III. von Deutschland.

– Sachsen

Friedrich III., der Weise

Kurfürst 1486–1525
** 17. 1. 1463 Torgau*
† 5. 5. 1525 Lochau

F. gründete 1502 die Universität Wittenberg, die durch Martin →Luther und Philipp →Melanchthon zum Zentrum der Reformation wurde. Er unterstützte die Reichsreformpläne →Berthold von Hennebergs und war seit 1500 Statthalter des Reichsregiments, lehnte bei der Kaiserwahl 1519 aber die Krone ab und unterstützte →Karl V. Obwohl er sich nicht offen der Reformation anschloß, schützte er Luther und begünstigte die neue Lehre. 1521 vereinbarte er für Luther das freie Geleit nach Worms und hielt ihn anschließend vor den Folgen der Reichsacht auf der Wartburg versteckt.

Friedrich August I., *der Starke*
Kurfürst, als →August II. König von Polen.

Friedrich August II.
Kurfürst, als →August III. König von Polen.

Friedrich August I., *der Gerechte*
König 1806–1827
** 23. 12. 1750 Dresden*
† 31. 5. 1827 Dresden
(Als Kurfürst seit 1768 *F. August III.*). F. A. trat nach der an der Seite Preußens erfahrenen Niederlage in der Schlacht bei Jena und Auerstedt 1806 dem Rheinbund bei und wurde dafür von →Napoleon I. zum König erhoben und nach dem Frieden von Tilsit (1807) mit dem Herzogtum Warschau belehnt. Als dessen Verbündeter geriet er in der Völkerschlacht bei Leipzig 1813 in Gefangenschaft und konnte erst in seine Herrschaft zurückkehren, nachdem er auf dem Wiener Kongreß 1815 den größten Teil seines Landes (die spätere Provinz Sachsen) an Preußen abgetreten hatte.

Friedrich August III.

König 1904–1918
** 25. 5. 1865 Dresden*
† 18. 2. 1932
Sybillenort bei Breslau

F. war der letzte, volkstümliche König Sachsens. Nach der Novemberrevolution dankte er ab, angeblich mit den Worten: »Macht euern Dreck alleene!«.

– Württemberg
Friedrich I.
Herzog 1797–1805, König 1805–1816
** 6. 11. 1754 Treptow*
† 30. 10. 1816 Stuttgart
(Als Herzog *F. II.*). Als Verbündeter der Österreicher im 2. Koalitionskrieg (1798–1801) mußte F. nach dem Sieg →Napoleons I. den Verlust der linksrhein. Gebiete hinnehmen, wurde im Reichsdeputationshauptschluß 1803 jedoch umfangreich entschädigt (Neuwürttemberg) und nahm die Kurfürstenwürde an. 1805 trat er auf Napoleons Seite, erhob sich zum König und vergrößerte sein Territorium. 1806 trat er dem Rheinbund bei. Indem er 1813 nach der Völkerschlacht bei Leipzig zur antinapoleon. Koalition übertrat, wahrte er seinen Besitzstand. Als aufgeklärter Despot zerschlug er die landständ. Tradition, öffnete durch die oktroyierte Verfassung von 1815 jedoch den Weg zu einer konstitutionellen Entwicklung in Württemberg.

Frings, Josef
deutscher Kardinal 1946–1967
** 6. 2. 1887 Neuß*
† 17. 12. 1978 Köln
Als Erzbischof von Köln (1942–1969), Vors. der Dt. Bischofskonferenz (1945–1965) und Kardinal war F. die Kristallisationsfigur des dt. Katholizismus der Nachkriegszeit. Mit seinem Widerspruch gegen die Kollektivschuldthese schaltete er sich in die Debatte über den Anteil des deutschen »Mitläufers« an den nat.-soz. Verbrechen ein. Auf dem 2. Vatikan. Konzil (1962–1965) kritisierte er die Haltung der kath. Kirche in verschiedenen Glaubensfragen und propagierte ein offeneres Verhältnis zu den Glaubensdissidenten.

Fritsch, Werner Frhr. von
deutscher Offizier
** 4. 8. 1880 Benrath*
† 22. 9. 1939 vor Warschau
Seit 1934 Chef der Heeresleitung und seit 1935 Oberbefehlshaber des Heeres, seit 1936 im Rang des Generaloberst, war F. maßgeblich für den Aufbau des Heeres und die dt. Aufrüstung verantwortlich. Nachdem er gemeinsam mit dem Reichskriegs-Min. Generalfeldmarschall v. Blomberg 1937 die militärische Durchsetzbarkeit der Expansionspläne Adolf Hitlers angezweifelt hatte, wurde er im Februar 1938 aufgrund einer Intrige (Unterstellung homosexueller Kontakte) entlassen (»Fritsch-Krise«) und durch Walther v. →Brauchitsch ersetzt, während Hitler selbst die Führung der Wehrmacht übernahm (mit Wilhelm →Keitel als Chef des neugebildeten Oberkommandos). F. wurde im gleichen Jahr rehabilitiert, aber nicht wieder in sein Amt eingesetzt. Er fiel als Chef eines Artillerieregiments beim Überfall auf Polen. (▷ Chronik Zitat)

Fromm, Friedrich
deutscher Offizier
** 8. 10. 1888 Berlin*
† 12. 3. 1945 Brandenburg
F. soll schon 1938 Kontakte zum militärischen Widerstand gehabt haben. Als Befehlshaber des Ersatzheeres und Leiter der Heeresrüstung (1939 bis 1944) besaß er, seit 1940 Generaloberst, eine Funktion mit zentraler Bedeutung für die Umsturzpläne der Widerstandsbewegung. Als unmittelbarer Vorgesetzter Graf Claus v. →Stauffenbergs war er in dessen Pläne eingeweiht, verhielt sich aber abwartend. Als er erfuhr, daß Adolf →Hitler das Attentat am 20. Juli 1944 überlebt hatte, ließ er noch am gleichen Tag die im OKW (Oberkommando der Wehrmacht) befindlichen Hauptverschwörer festnehmen und vier von ihnen, darunter Stauffenberg, erschießen (Ludwig →Beck erhielt Gelegenheit zur Selbsttötung). Vergeblich versuchte er so, seine Verwicklung zu verschleiern: Am nächsten Tag ließ ihn Heinrich →Himmler verhaften. F. wurde zum Tode verurteilt und hingerichtet.

Fuad I.
ägyptischer König 1922–1936
** 26. 3. 1868 Gizeh*
† 28. 4. 1936 Kairo
Nach Beendigung des Protektorats und Anerkennung der Unabhängigkeit Ägyptens durch Großbritannien (1922) nahm der seit 1917 herrschende Sultan *Achmed Fuad Pascha* den Königstitel an, nannte sich F. und erließ eine konstitutionell-monarch. Verfassung. Gegen die Bestrebungen der radikal-nationalist. Wafd-Partei, die er mit autoritären Mitteln niederzuhalten suchte, betrieb er mit diplomatischen Mitteln den vollständigen Abzug des brit. Militärs.

Fritsch widerspricht Hitler

Chronik Zitat

Am 10. 11. 1937 eröffnete Hitler seinen höchsten Militärs seine Absicht, die nächste Gelegenheit zum Kriege zu nutzen. Er stieß auf behutsam vorgetragene Bedenken. Protokolliert wurde das Gespräch von Oberst Hoßbach (Auszug):

(Hitler:) »Zur Lösung der deutschen Frage könne es nur den Weg der Gewalt geben, dieser niemals risikolos sein... Stellt man an die Spitze der nachfolgenden Ausführungen den Entschluß zur Anwendung von Gewalt unter Risiko, dann bleibt noch die Beantwortung der Fragen ›wann‹ und ›wie‹...
An sich glaube der Führer, daß mit hoher Wahrscheinlichkeit England, voraussichtlich aber auch Frankreich die Tschechei bereits im Stillen abgeschrieben und sich damit abgefunden hätten, daß diese Frage eines Tages durch Deutschland bereinigt würde. ...
Feldmarschall von Blomberg und Generaloberst von Fritsch wiesen bei der Beurteilung der Lage wiederholt auf die Notwendigkeit hin, daß England und Frankreich nicht als unsere Gegner auftreten dürften...
Zu den seitens des Feldmarschalls von Blomberg und des Generalobersten von Fritsch hinsichtlich des Verhaltens Englands und Frankreichs angestellten Überlegungen äußerte der Führer in Wiederholung seiner bisherigen Ausführungen, daß er von der Nichtbeteiligung Englands überzeugt sei und daher an eine kriegerische Aktion Frankreichs gegen Deutschland nicht glaube...«

Fugger, Jakob II.,
»der Reiche«

deutscher Frühkapitalist
** 1459 Augsburg*
† 1525 Augsburg

F. entstammmte einer seit dem 14. Jh. in Augsburg ansässigen Weber- und Tuchhändlerfamilie, die nach Gründung des Fuggerschen Handelshauses durch Jakob I. F. († 1469) mit Handels- und Geldgeschäften Bergwerkunternehmungen, Faktoreien, Agenturen und Verbindungen nach Übersee Weltgeltung und Einfluß auf die Reichspolitik gewann.
J. II. F. (1511 geadelt, 1514 zum Reichsgraf erhoben) war der bedeutendste Vertreter der Familie. Er leitete seit 1458 die Innsbrucker Faktorei des Hauses, erwarb Silber-, Kupfer- und Bleiminen in Spanien, Tirol, Kärnten und Ungarn, errichtete ein fast uneingeschränktes Kupfermonopol. Darüberhinaus war er unter Umgehung des venezian. Zwischenhandels am ostind. Gewürzhandel beteiligt. Als größter Bankier seiner Zeit profitierte er u. a. vom Ablaßhandel. Kaiser →Maximilian I. finanzierte er u. a. die Italienfeldzüge und verpflichtete ihn dafür zur Unterstützung seiner wirtschaftl. Unternehmungen. Mit den von ihm bereitgestellten Bestechungsgeldern konnte sich →Karl V. 1519 bei der Kaiserwahl gegen →Franz I. von Frankreich durchsetzen. Die von F.s Neffen Anton F. (* 1493, † 1560, seit 1530 Reichsgraf) gewährten Subsidien bewahrten Karl V. 1552 vor der völligen Niederlage gegen die prot. Fürstenverschwörung.
Wie spätere Angehörige der Familiendynastie betätigte sich F. als Renaissance-Mäzen. Er förderte Wissenschaft und Künste und ließ bedeutende Bauten errichteten, u. a. die F.-Kapelle bei St. Anna (1509–1518), die erste Renaissancekirche in Dtschld., sowie das Fuggerhaus und die Fuggerei (1511–1517), eine Siedlung für mittellose Bürger, in Augsburg. (▷ Chronik Zitat)

Jakob Fugger an den Kurfürsten Joachim I. von Brandenburg

Chronik Zitat

In diesem eigenhändigen Brief vom 12. Februar 1519 berichtet Jakob Fugger dem Kurfürsten über seine Finanzgeschäfte im Zusammenhang mit der Kaiserwahl →Karls V.:

»Mein hochgeborener Fürst und Herr,
mein untertäniger williger Dienst ist für Euer Kurfürstlichen Gnaden stets bereit. Gnädigster Herr, auf Euer Anfragschreiben..., ob die ganze Wechselsumme in der Angelegenheit König Karls bei mir und den Welsern eingetroffen ist, gebe ich Euer Gnaden folgenden Bericht: Zuerst, in welcher Höhe ich mich gegen E. f. G. verpflichtet habe, das hat seinen Bestand , da kann nichts fehlen. Außerdem sind mir heute durch die Räte und Kämmerer Seiner Majestät des Königs von Spanien fünf Wechsel – zwei auf mich und die auf Welser lautend über 110 000 rheinische Gulden – überantwortet worden, weiter drei andere Wechsel auf eine Anzahl welscher Kaufleute über 55 000 rheinische Gulden; die ganze Summe macht also 275 000 rheinische Goldgulden aus. Noch habe ich bei 153 000 Gulden und außerdem standen noch im Feuer über 126 000 Gulden, so daß es sich alles in allem um 454 000 rheinische Gulden handelt, wovon ich Euer Gnaden 100 000 Gulden zu bezahlen schuldig bin und außerdem das übrige, wie Euer kurfürstlichen Gnaden wohl wissen.
Gnädigster Herr, ich habe vor einigen Tagen E. f. G. geschrieben und zwei gesiegelte Briefe mitgeschickt ... Der eine Brief betrifft die Heirat der Schwester König Karls mit dem Sohn Euer Gnaden, der andere Brief ist eine Bestätigung aller Handlungen, die der verstorbene Kaiser (→Maximilian I.) und sein Schatzmeister vorgenommen haben. ... Wenn ich E. K. G. weiteren Dienst erweisen könnte, werde ich allzeit willig sein.
Datum Augsburg, 12. Februar 1519
Euer Kurfürstlichen Gnaden untertäniger Jakop Fugger m.p.

Beiblatt: Die Summe, wie ich sie im Brief angegeben habe, ist um 33 000 Gulden höher; die ganze Summe macht also 487 000 rheinische Gulden.«

Fujimori, Alberto Kenya
Staatspräsident von Peru seit 1990
** 28. 7. 1938 Lima*
Der Agrarwissenschaftler japan. Abstammung wurde als Kandidat des Wahlbündnisses Cambio 1990 zum Staats.-Präs. gewählt. Nach schweren Unruhen gegen sein rigoroses Wirtschaftsprogramm löste er in einem Staatsstreich 1992 das Parlament auf, setzte die Verfassung außer Kraft und berief eine »Notstandsregierung zum nationalen Aufbau«, ohne jedoch im Kampf gegen die Verelendung weiter Bevölkerungsteile Fortschritte zu erzielen. Mit der Verhaftung des Führers der linksterrorist. Organisation Sendero Luminoso (»Leuchtender Pfad«), Abimael Guzmán, gelang ihm ein entscheidender Schlag gegen die Guerilla. Die 1993 per Referendum angenommene neue Verfassung räumt ihm als Präs. eine starke Stellung ein.

Fujiwara-no-Kamatari

Begründer einer japanischen Adelsdynastie
** 614*
† 669

F., eigentlich *Nakatomi Kamatari*, stürzte 645 die Herrschaft der Soga-Dynastie (645) und begründete das berühmte Fujiwara-Geschlecht (669). Als Kanzler Kaiser Tenchis (661–667) reformierte er in Fortsetzung des Werkes von →Shokotu Taishi die japan. Gesellschaft, drängte den Einfluß des Buddhismus zurück und errichtete eine absolutist. Monarchie mit straff geführtem, zentralist. Beamtenapparat nach chines. Vorbild (Taika-Reform). Von der Mitte des 9. Jh. an prägten die Fujiwara, die sich neben dem Kaisergeschlecht göttl. Abstammung rühmten, als Regenten, Zivildiktatoren und hohe geistl. Würdenträger das polit. und gesellschaftl. Leben in der Heinan-Zeit (794–1185). Das F.-Geschlecht gehörte zu einer der fünf Familien, aus denen die Gemahlinnen des Kaiserhauses ausgewählt wurden. Trotz Verlustes ihrer Vormachtstellung an andere Adelsdynastien (Taira, Minamoto) seit Mitte des 11. Jh. übten sie bis 1945 großen Einfluß am Hofe aus. Der bedeutendste Vorkriegspremier, Fürst →Konoe Fumimaro, entstammte dem F.-Geschlecht.

Fukuda, Takeo

japanischer Ministerpräsident 1976–1978
** 14. 1. 1905*
† 5. 7. 1995 Tokio

1929 wurde F. Beamter im japan. Finanzministerium, dem er bis 1950 angehörte und verwaltete als Finanzrat die Geschäfte der von Japan dirigierten chines. Marionettenregierung von →Wang Jingwei in Nanking (1940–1945). 1952 zog er als Unabhängiger ins Unterhaus ein, trat 1955 der Liberal-Demokratischen Partei (LDP) bei. Als finanz- und wirtschaftspolit. Experte war er seit 1965 Minister verschiedener Ressorts, wurde 1974 Vizepremier unter Takeo Miki (Min.-Präs. 1974–1976). Nach erstmaligem Verlust der absoluten Mehrheit für die LPD bei den Unterhauswahlen 1976 im Schatten des Lockheed-Skandals übernahm F. als Repräsentant ihrer konservativen »Alten Garde« den Vors. der LPD und das Amt des Min.-Präs. Gegen Tendenzen einer Öffnung zu China und der Sowjetunion suchte er die enge Zusammenarbeit mit den USA, Südkorea und Taiwan.

Fulbright, James William
US-amerikanischer Politiker
** 9. 4. 1905 Sumner, Montana*
† 9. 2. 1995 Washington
Als Mitglied des Repräsentantenhauses (seit 1942) regte der Demokrat F. 1943 die Schaffung einer internat. Friedensorganisation an (F.-Resolution) und schuf damit die Basis für die Gründung der UNO 1945. Als Senator für den Bundesstaat Arkansas (1945–1974) entwarf er das F.-Stipendien- Programm, das einen Studenten- und Dozentenaustausch zwischen den USA und Europa ermöglichte (1946), und beteiligte sich am Sturz des Senators Joseph R. →McCarthy 1954. Seit 1959 Vorsitzender des außenpolit. Ausschusses des Senats (bis 1974), hatte F. Anteil an der Durchsetzung erster Initiativen zur Überwindung des Kalten Kriegs. Nach anfängl. Billigung des amerikan. Engagements im Vietnamkrieg (1965–1973) legte er 1967 einen Achtpunkte-Friedensplan zu dessen Beendigung vor. F. schrieb »Die Arroganz der Macht«, dt. 1967.

Gaddhafi, Muammar al-
libyscher Staatschef seit 1970
** Sept. 1942 Sirte*
(Auch *Ghaddafi, Kadhdhafi, Khadafi, Qadafi*). An der Spitze einer Bewegung »Freier Offiziere« stürzte G. 1969 König →Idris I. und wurde Vors. des Revolutionsrates und Oberbefehlshaber der Streitkräfte. Seit 1970 unter wechselnden Bez. Staatschef, trat er 1979 von den Staatsämtern zurück, blieb aber als »Führer der Revolution« der tatsächliche Machthaber. G. betreibt eine radikal panarab. Politik und leitete mehrmals Fusionen Libyens mit anderen arabischen Staaten ein, von denen jedoch keine Bestand hatte. Er gehört zu den schärfsten Gegnern einer Anerkennung Israels. Außenpolitisch lehnte er sich an die UdSSR an, galt lange als Förderer des internationalen Terrorismus und wurde von den westl. Staaten geächtet. Die von ihm angestrebte neue, streng islamische Gesellschaftsordnung entwarf er in der Schrift »Das grüne Buch – Die dritte Universaltheorie« (1973). Seit 1990 sucht G. seine außenpolit. Isolierung zu überwinden, lehnte 1990 die Besetzung Kuwaits durch den Irak ab und distanzierte sich vom Terrorismus.

Gagern, Heinrich Freiherr von
deutscher Politiker
** 20. 8. 1799 Bayreuth*
† 22. 5. 1880 Darmstadt

G. entstammte einer Adelsfamilie mit polit. Tradition. Sein Vater *Hans v. G.* (* 1761, † 1852) war leitender Minister des Hauses Oranien und nahm 1814/15 am Wiener Kongreß teil. G.s älterer Bruder *Friedrich v. G.* (* 1794, † 1848) fiel als Oberbefehlshaber bei der Niederwerfung der von Friedrich →Hecker angeführten Märzrevolution in Baden. Sein jüngerer Bruder *Maximilian v. G.* (* 1810, † 1889) war sein Mitstreiter in der Frankfurter Nationalversammlung 1848/49.
Als Jurastudent in Heidelberg begründete G. die dt. Burschenschaft mit. Seit 1821 im hess. Staatsdienst und seit 1832 Landtags-Abg., mußte er als Demokrat 1833 den Staatsdienst quittieren. Während der Märzrevolution 1848 war er für kurze Zeit Min.-Präs. Hessen-Darmstadts und übte im Frankfurter Vorparlament und in der Frankfurter Nationalversammlung als Führer der gemäßigt-liberalen Mitte und überragende Persönlichkeit entscheidenden Einfluß aus. Als ihr erster Präs. (Mai–Dez. 1848) setzte er durch das Bekenntnis zur Souveränität der Nation, die Einsetzung der provisor. Zentralgewalt und die Wahl Erzherzog →Johanns von Österreich zum Reichsverweser wesentliche Akzente und führte nach dem Rücktritt Ritter Anton v. →Schmerlings bis Mai 1849 den Vorsitz im Frankfurter Reichsministerium. Nachdem er mit seinem Plan eines »engeren im weiteren Bund« (von Preußen angeführter Bundesstaat mit loser Anbindung Österreichs) gescheitert war, favorisierte er die »kleindt. Lösung« und setzte die Wahl des preuß. Königs →Friedrich Wilhelm IV. zum Kaiser durch. Als dieser die Erbkaiserwürde ablehnte, trat G. zurück und legte sein Mandat in der Nationalversammlung nieder (1849). In der Reaktionszeit von Preußen enttäuscht, richtete er seine nationalen Hoffnungen auf Österreich. 1850 war er Mitgl. des Erfurter Unionsparlaments, 1863–1872 hess. Gesandter in Wien. Er begrüßte die Reichseinigung von 1871, hatte auf sie aber keinen polit. Einfluß mehr.

Gaismair, Michael
Tiroler Bauernführer
** um 1490 Sterzing*
† 1532 Padua
Ursprünglich Beamter in Südtirol, übernahm G. die Führung des Tiroler Bauernaufstands (1525) und intervenierte in die Salzburger Erhebung (1526); beide wurden niedergeschlagen. 1526 entwarf er mit der Tiroler Landesordnung die Utopie einer Bauernrepublik (Abschaffung der Vorrechte des Adels und der Geistlichkeit, Wiederherstellung der alten Bauernrechte und -freiheiten). Auf Veranlassung der Tiroler Regierung wurde er in Italien ermordet.

Galba, Servius Sculpius
römischer Kaiser 68/69
** 24. 12. 3 v. Chr. bei Terracina*
† 15. 1. 69 n. Chr.
G., der 33 Konsul, 39–41 Legat des obergerman. Heeres war, erhielt von Kaiser →Claudius, den er 43 nach Britannien begleitet hatte, das Prokonsulat über die Provinz Africa (45–47). Als Statthalter in Hispania Tarraconensis (60–68) schloß er sich 68 dem Aufstand gegen Kaiser →Nero an und ließ sich nach dessen Sturz und Selbsttötung von der Prätorianergarde zum Kaiser ausrufen. Mit seiner

harten Sparpolitik verlor er die Unterstützung der Prätorianergarde, die seine Ermordung durch seinen Nachfolger Otho (Kaiser 69) hinnahm.

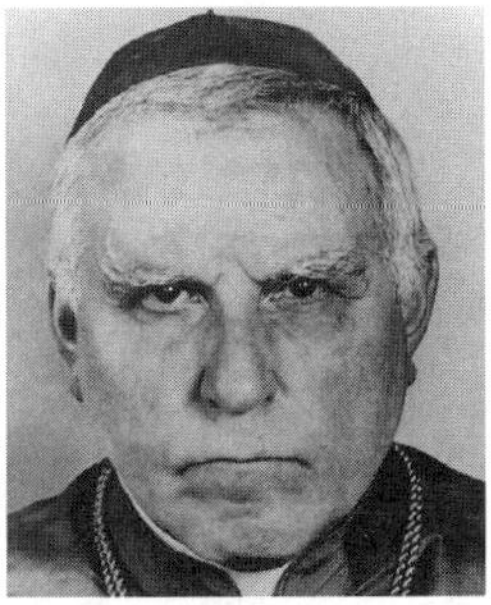

Galen, Clemens August Graf von

deutscher Kardinal 1946
** 16. 3. 1878 Burg Dinklage, Oldenburg*
† 22. 3. 1946 Münster

Der volkstümliche Bischof von Münster (seit 1933) war ein entschiedener Gegner des Nationalsozialismus, dessen Kirchenpolitik und Rassenlehre er in Hirtenbriefen und Predigten vor allem im Sommer 1941 offener Kritik unterzog (»Löwe von Münster«). Teilweise erfolgreich war sein Kampf gegen das nat.-soz. Mordprogramm zur »Vernichtung lebensunwerten Lebens« (»Euthanasie«). Nach dem 2. Weltkrieg setzte er sich gegenüber den Besatzungsmächten für eine gerechte Behandlung von Kriegsgefangenen und Zivilbevölkerung ein. Als Symbolfigur des kath. Widerstands gegen den Nationalsozialismus wurde er kurz vor seinem Tod mit der Erhebung zum Kardinal geehrt.

Galerius *(Gaius G. Valerius Maximianus)*
römischer Kaiser 305–311
** um 250 bei Serdica*
† Mai 311 Nidomedia (heute Ismit)
Von seinem Schwieger- und Adoptivvater →Diokletian wurde der ehemalige Soldat 293 zum Caesar für das Donaugebiet und die Balkanhalbinsel (Illyricum) erhoben. Er führte Abwehrkämpfe gegen die Germanen und die nach Armenien und Syrien einfallenden Perser unter →Narses (296). Nach Abdankung Diokletians (305) wurde er zum Augustus für den östlichen Reichsteil ernannt. Nach dem Tod des Augustus für den Westen, →Constantius I. Chlorus, erhob er in Rivalität zu seinem Schwiegersohn →Maxentius Anspruch auch auf dessen Titel, konnte ihn jedoch auf der von Diokletian geleiteten Konferenz von Carnuntum (308) nicht durchsetzen. Zunächst besonders energisch in der Verfolgung der Christen, erließ er auf dem Sterbebett gemeinsam mit dem Augustus Valerius Licinianus →Licinius ein Toleranzedikt, das dieser später jedoch brach.

Galilei, Galileo

italienischer Mathematiker und Physiker
** 15. 2. 1564 Pisa*
† 8. 1. 1642 Arcetri bei Florenz

G. begründete die moderne, auf Erfahrung und Experiment beruhende Physik. Schon als Student beobachtete er die Gesetzmäßigkeit der Pendelschwingungen und erfand die hydrostat. Waage zur Bestimmung spezifischer Gewichte. 1589 wurde er Professor in Pisa, 1592 in Padua. 1604–1609 stellte er die Fallgesetze auf, konstruierte 1609 ein Fernrohr und entdeckte Mondberge, Jupitermonde, Sonnenflecken, Phasengestalten der Venus u. a. astronom. Erscheinungen. Nach seiner Berufung an den Hof von Florenz (1610) kam es wegen seines offenen Bekenntnisses zum heliozentr. Weltsystem des Nikolaus →Kopernikus 1616 zu ersten Auseinandersetzungen mit der kath. Kirche. Von der Inquisition 1633 zum Widerruf gezwungen, wurde er dennoch zu lebenslanger Haft verurteilt. Sein Wort »Und sie [die Erde] bewegt sich doch« ist historisch nicht belegt. Erst 1992 fand sich Papst →Johannes Paul II. zur Rehabilitation G.s bereit.

Galla Placidia, Aelia
weströmische Kaiserin 421–450
** um 390*
† 27. 11. 450 Rom
Die Tochter des Kaisers →Theodosius I. (d. Gr.), wurde von den Westgoten bei der Eroberung Roms 410 als Geisel genommen und 414 von deren König Athaulf (410–415) zur Frau genommen. Nach dessen Tod konnte ihr Bruder, Kaiser Flavius →Honorius, Frieden mit den Goten schließen und die Rückkehr von G. erreichen. Honorius verheiratete sie 417 seinem obersten Heermeister, dem später nur wenige Monate herrschenden weström. Kaiser Flavius →Constantius III. Nach dessen Tod 421 zur Augusta erhoben, wurde sie von Honorius 423 nach Konstantinopel vertrieben und kehrte nach dessen Tod nach Rom zurück. Als Regentin (425–437) für ihren Sohn, Kaiser →Valentinian III., ernannte sie →Aetius zum ersten Heermeister. Sie förderte die kirchl. Kunst durch rege Bautätigkeit.

Gallas, Matthias
General im Dreißigjährigen Krieg
** 16. 9. 1584 Trient*
† 25. 4. 1647 Wien
(*Graf von Campo, Herzog von Lucera*). G. trat als Offizier in spanischen Diensten 1618 in das Heer der Kath. Liga ein, kämpfte zeitweise zusammen mit Johann v. →Aldringen (1629) und löste 1634 Albrecht v. →Wallenstein als Befehlshaber des kaiserlichen Heeres ab. Zur Belohnung für seine Beteiligung an dessen Ermordung erhielt er die wallensteinsche Herrschaft Friedland. Bei Nördlingen besiegte er 1634 die Schweden, wurde aber nach Mißerfolgen 1639 seines Amtes enthoben.

Gallienus, Publius Licinius Egnatius
römischer Kaiser 253–268
** um 218 bei Mailand*
† Frühj. 268 bei Mailand
Der Sohn von Kaiser Publius Licinius →Valerius, seit 253 Mitkaiser, übernahm im Niedergang des Reichs unter dem Druck der Völkerwanderung im Westen die Sicherung der Rhein- und Donaugrenzen, während sein Vater im Osten die Perser abzuwehren suchte. 258/59 siegte er bei Mailand über die in Italien eingefallenen Alemannen. Seit der Gefangennahme seines Vaters in Persien (259) herrschte er faktisch allein. Die auf den Balkan eingefallenen Heruler wehrte er ab, konnte das Reich gegen die Perser aber nur mit Hilfe des palmyrenischen Klientelfürsten Odenath verteidigen (bis 267) und den die kleinasiat. Küste verheerenden Goten wenig entgegensetzen. Auch der Versuch, den Abfall des gallischen Sonderreichs des Postumus mit Anschluß von Spanien und Britannien (259–268) durch Heeres- und Verwaltungsreformen entgegenzuwirken, blieb erfolglos. G. fiel im Kampf gegen den Usurpator Aureolus bei Mailand einer Verschwörung illyrischer Generale zum Opfer.

Galtieri, Leopold Fortunato
argentinischer Staatspräsident 1981/82
** 15. 7. 1926 Caseros, Buenos Aires*
Der Oberbefehlshaber des Heeres und Hardliner der Guerillabekämpfung beteiligte sich 1981 am Staatsstreich und ersetzte Jorge R. Videla (seit 1976) als Staats-Präs. 1982 ließ er die von Argentinien beanspruchten Malwinen (Falkland-Inseln) besetzen und provozierte damit den Falkland-Krieg gegen Großbritannien. Nach dem verlorenen Abenteuer trat er zurück und wurde 1986 wegen der ihm angelasteten Niederlage zu 12 Jahren Haft verurteilt.

Gama, Vasco da
portugiesischer Seefahrer
** 1469 Sines, Prov. Alentejo*
† 24. 12. 1524 Cochin (heute Indien)
(*Graf von Vidugueira*, ab 1504). Gestützt auf die Erfahrungen →Heinrich des Seefahrers erkundete der Admiral G. im Auftrag König →Emanuels I. den Seeweg nach Indien. 1497/98 umsegelte er mit drei Schiffen das Kap der Guten Hoffnung und landete mit Hilfe einheimischer Navigatoren im indischen Gewürzzentrum Calicut. Die Fahrt setzte er bis Goa fort und kehrte 1499 nach Portugal zurück. 1502/03 wiederholte er die Reise als militär. Expedition, um Portugals Herrschaft und Handelsmonopol im Ind. Ozean zu etablieren. Zuletzt Vizekönig von Ostindien (1524), schuf G. damit die Voraussetzungen für das portugiesische Kolonialreich.

Gambetta, Léon
französischer Ministerpräsident 1881/82
** 3. 4. 1838 Cahors*
† 31. 12. 1882 Ville d'Avray bei Paris
Im II. Empire stieg der Anwalt, ein glänzender Redner und leidenschaftlicher Gegner →Napoleons III., zum Führer des radikalen Flügels der Republikaner im Parlament auf. Nach der Gefangennahme Napoleons durch die Preußen im Anschluß an die Niederlage bei Sedan 1870 rief er mit Jules →Favre die III. Republik aus, übernahm in der provisorischen Regierung das Innenministerium und organisierte, nachdem er das von dt. Truppen belagerte Paris im Ballon verlassen hatte, als Kriegs- und Finanz-Min. ein Entsatzheer für Paris (1870). Nach Abschluß des Pariser Vorfriedens trat er zurück, weil er die Fortsetzung des Kriegs befürwortete. 1871 als Führer der Radikalsozialisten bestätigt,

bekämpfte er die monarchist. Mehrheit in der Nationalversammlung, Bonapartisten und Klerikale in der Kammer. 1877 vereitelte er den Plan Patrice de →MacMahons, durch einen Staatsstreich die Monarchie zu restaurieren, und erzwang 1879 dessen Rücktritt. Seit 1879 Präs. der Deputiertenkammer, bildete er 1881 als Min.-Präs. das »Große Ministerium«, trat aber bereits 1882 zurück, als seine Listenwahlpläne scheiterten. (▷ Chronik Zitat)

Widerstand den deutschen Horden!

Chronik Zitat

Gegen den von Jules Favre am 28. 1. 1871 mit Deutschland abgeschlossenen Waffenstillstandsvertrag von zunächst 21 Tagen proklamierte Gambetta am 31. 1. 1871 erfolglos den »Widerstand bis zum Äußersten« (Auszug):

»Die Fremden haben Frankreich die grausamste Beleidigung zugefügt, welche unserem Volke in diesem unglücklichen Kriege, der uns eine übermäßige Züchtigung für unsere Irrtümer und Schwächen auferlegte, zu ertragen beschieden war. Das uneinnehmbare Paris hat, getrieben durch den Hunger, die deutschen Horden nicht länger von sich abhalten können...

Franzosen, gedenken wir unserer Väter, welche uns Frankreich als einen kompakten und unteilbaren Staat hinterlassen haben. Hüten wir uns davor, die Geschichte zu verraten und unseren ererbten Besitz in die Hände der Barbaren übergehen zu lassen...

Wir werden wieder erstarken und die Fremden verjagen. Um dieses heilige Ziel zu erreichen, müssen wir unsere Herzen, unser Wollen und unser Leben hingeben, und wir dürfen nicht davor zurückschrecken, das schwerste Opfer zu bringen und vielleicht unser Bestes einzubüßen.

Wir müssen uns alle um die Republik scharen und vor allem kaltes Blut und Festigkeit bekunden, weder Schwächen noch Leidenschaften dürfen wir uns hingeben. Schwören wir als freie Männer, Frankreich und die Republik gegen alle Angreifer zu verteidigen. Zu den Waffen! Es lebe Frankreich! Es lebe die Republik!«

Gandhi, Indira
indische Ministerpräsidentin 1966–1977, 1980–1984
** 19. 11. 1917 Allahabad*
† 31. 10. 1984 Delhi

Die (mit Mahatma →G. nicht verwandte) Tochter von Pandit J. →Nehru begann ihre polit. Laufbahn als Mitarbeiterin ihres Vaters und wurde 1964 bis 1966 Informations-Min. im Kabinett Lal Bahadur →Shastris, dessen Nachfolge sie 1966 als Führerin der Kongreßpartei und Premier-Min. antrat. In heftiger Auseinandersetzung mit den Konservativen über ihren staatssozialist. Kurs spaltete sie 1969 die Kongreßpartei, verstaatlichte u. a. die Banken und schloß 1971 einen Freundschaftsvertrag mit der Sowjetunion. Im Konflikt mit Pakistan (Zulfikar →Bhutto) unterstützte sie militär. die Sezession Ostpakistans unter →Mujibur Rahman, das als Bangladesch 1971 selbständig wurde. Rigoros bekämpfte sie die durch Bevölkerungsexplosion und Korruption wachsenden wirtschaftl. und sozialen Probleme (u. a. durch massenhafte Zwangssterilisationen). Wegen Wahlkorruption gerichtlich verurteilt, verhängte G. 1975 den Ausnahmezustand, regierte quasi-diktator. und ließ um sich und ihren als Nachfolger designierten Sohn *Sanjay G.* (* 1946, † 1980) den Personenkult blühen. Nach einer Wahlniederlage 1977 spaltete sie die Kongreßpartei nochmals und erzielte 1980 an der Spitze der neuen Kongreß-I-Partei einen überwältigenden Wahlsieg. Während ihrer letzten Amtszeit verschärften sich die innenpolit. Konflikte und gewaltsamen Auseinandersetzungen zwischen ethn. und religiösen Gruppen. G. wurde von zwei ihrer Sikh-Leibwächter ermordet. Nachfolger wurde ihr Sohn Rajiv →Gandhi, den sie nach dem Unfalltod Sanjays aufgebaut hatte.

Gandhi, Mohandas Karamchand
(Mahatma)
indischer Freiheitskämpfer
** 2. 10. 1869 Porbandar*
† 30. 1. 1948 Neu-Delhi

(Genannt »Mahatma« = »Große Seele«). Von dem hinduist. Ahimsa-Gebot des Nichtverletzens jegl. Lebens, der Bergpredigt sowie den Lehren John

Ruskins und Leo Tolstois beeinflußt, begann der in England ausgebildete Rechtsanwalt seinen Kampf gegen Kolonialismus in Brit.-Südafrika, wo er für die Gleichstellung der Inder eintrat und 1894 den Natal Indian Congress gründete. Hier entwickelte er seine Methoden des gewaltfreien Widerstands. 1914 kehrte er nach Indien zurück, organisierte die ind. Unabhängigkeits- und Widerstandsbewegung gegen die brit. Kolonialherrschaft und setzte sich, selbst der Kaste der Vaishyas (Kaufleute) angehörend, für eine Milderung der Kastenunterschiede und die Überwindung des Konfrontation von Hindus und Moslems ein. Seit 1920 führte er die Allind. Kongreßpartei und blieb ihr geistiger Führer auch nach seinem formellen Rückzug aus der Partei 1934.

Die von ihm ins Leben gerufenen Massenbewegungen gegen brit. Wirtschaftsinteressen in Indien (seit 1921 häusl. Spinnen und 1930 Salzgewinnung gegen das brit. Monopol), des zivilien Ungehorsams und der Kooperationsverweigung ergänzte er um seinen eigenen spektakulär-beispielhaften Einsatz in zahlreichen Konflikten, in deren Folge er immer wieder ins Gefängnis kam, wo er den Kampf durch Hungerstreik fortsetzte. Im 2. Weltkrieg befürwortete G. zwar strikte Neutralität auch gegenüber England, war aber einer der Initiatoren der Quit-India-Bewegung, die 1942 die sofortige Beendigung der britischen Herrschaft forderte.

Nach dem Krieg trug seine Politik Früchte, als Großbritannien Indien in die Unabhängigkeit entließ (1947), allerdings unter Preisgabe der Einheit des Landes, da das muslimische Pakistan als eigener Staat gegründet wurde. Die Überwindung des Gegensatzes zwischen Hindus und Moslems gelang G. nicht. Er wurde von einem hinduistischen Fanatiker erschossen. (⊳ Chronik Zitat)

Die Kraft der Gewaltlosigkeit

Chronik Zitat

Seine erste Kampagne der Satyagraha (wörtl. Festhalten an der Wahrheit) im Sept. 1920 begründete Gandhi mit seiner Theorie der Gewaltlosigkeit und der Non-Cooperation (ziviler Ungehorsam) gegenüber den brit. Kolonialherren:

»Ich glaube folgendes: Wo nur eine Wahl besteht zwischen Feigheit und Gewalt, da rate ich zur Gewalt. Als mein ältester Sohn mich einmal fragte, was er hätte tun sollen, wenn er dabei gewesen wäre, als ich im Jahre 1908 beinahe umgebracht worden wäre: ob er hätte weglaufen und es ruhig mit ansehen sollen, wie ich getötet würde, oder ob er hätte Brachialgewalt anwenden sollen, um mich zu verteidigen, da habe ich ihm geantwortet: es wäre dann seine Pflicht gewesen, mich auch unter Anwendung von Gewalt zu schützen... Ich würde lieber Indien zu den Waffen greifen sehen, um seine Ehre zu verteidigen, als daß es in Feigheit der Zeuge seiner eigenen Entehrung werden würde.

Aber ich glaube eben, daß die Gewaltlosigkeit der Gewalt unendlich überlegen ist... Stärke entspringt nicht der physischen Macht. Sie entspringt einem unbezähmbaren Willen...

Ich habe es gewagt, Indien das alte Gesetz der Aufopferung aufzuerlegen. Denn Satyagraha und was sich daraus ableitet, Non-Cooperation und ziviler Widerstand, sind nichts als neue Namen für das Gesetz des Leidens... Gewaltlosigkeit ist eine dynamische Bedingung, die bewußtes Leiden bedeutet. Sie bedeutet nicht, sich dem Willen des Übeltäters zu unterwerfen, sondern sie bedeutet, daß man die ganze Kraft seiner Seele dem Tyrannen entgegensetzt. Wer sich durch dieses Gesetz unserer Art bestimmen läßt, ist fähig, ganz für sich allein einem ganzen ungerechten Empire zu widerstehen, seine Ehre, seine Religion und seine Seele zu verteidigen und so den Grund zu legen zum Sturz und zur Regeneration dieses Empire.

Und darum empfehle ich Indien nicht Non-Violence, weil es schwach ist. Ich will, daß es Non-Violence übt im Bewußtsein seiner Stärke und Macht. Um diese zu begreifen, benötigt es keine Übung in den Waffen. Nur scheinbar brauchen wir diese, weil wir annehmen, daß wir bloß ein Klumpen Fleisch sind. Ich möchte, daß Indien erkennt, daß es eine unzerstörbare Seele hat, die sich triumphierend über alle physische Schwäche erheben und dem Zusammenwirken einer ganzen Welt trotzen kann...

Meine Religion hat keine geographischen Grenzen. Wenn ich lebendigen Glauben an sie habe, dann wird dieser selbst über meine Liebe zu Indien hinausschreiten.«

Gandhi, Rajiv
indischer Ministerpräsident 1984–1989
** 20. 8. 1944 Delhi*
† 21. 5. 1991 Sriperumbudur
G. war Pilot, bis er nach dem Tod seines jüngeren Bruders *Sanjay G.* (* 1946, † 1980) von seiner Mutter Indira →G. zur Politik verpflichtet wurde, um den Führungsanspruch des Hauses →Nehru zu wahren. 1981 wurde er ins Parlament gewählt, 1983 zu einem der fünf Generalsekretäre der Kongreß-I-Partei berufen und nach der Ermordung seiner Mutter zum Premier-Min. gewählt. Mit seinen Wirtschaftsreformen und dem Versuch einer Aussöhnung zwischen Hindus und Sikhs wenig erfolgreich, mit einer Militärintervention in Sri Lanka (1987–1990) gescheitert und im Mittelpunkt zahlreicher Korruptionsskandale stehend, mußte er nach einer Wahlniederlage 1989 als Premierminister zurücktreten und übernahm die Führung der Opposition. Während des Wahlkampfs zu vorgezogenen Kongreßwahlen wurde er nach schweren Unruhen durch ein Sprengstoffattentat getötet.

Garašanin, Ilija
serbischer Ministerpräsident 1852/53, 1861–1867
** 28. 1. 1812 Garašani, Kragujevac*
† 28. 6. 1874 Belgrad
G. übernahm 1837 als Oberst das Kommando des neugebildeten stehenden Heeres Serbiens, geriet als »Konstitutionalist« und radikaler Nationalist in Konflikt mit der regierenden Dynastie der Obrenović und mußte vorübergehend emigrieren (1839–1842). Als Innen-Min. unter Fürst →Alexander Karadjordjević (1843–1852, 1857/58) und Min.-Präs., 1861 bis 1867 zugleich Außen-Min., betrieb er Verwaltungs- und Bildungsreformen. Zur Lösung der Orientfrage verfolgte er entsprechend seiner geheimen Denkschrift »Načertanije« (1844) einen Zusammenschluß der Balkanvölker unter serb. Führung gegen Österreich und Rußland, um das Großserbische Reich →Stephan Dušans wiederherzustellen. Gegenüber den Osmanen setzte er die kampflose Räumung der serbischen Festungen durch (1867).

Garibaldi, Giuseppe
italienischer Freiheitskämpfer
** 4. 7. 1807 Nizza*
† 2. 6. 1882 Caprera
Der italien. Nationalheld G. war eine der Hauptgestalten der nationalen Einigungsbewegung Italiens (Risorgimento). Als piemontes. Marineoffizier schloß er sich Giuseppe →Mazzinis »Giovine Italia« an. Nach einem gescheiterten Aufstand zum Tode verurteilt, floh er – 1834 nach Frankreich, dann nach Südamerika, wo er sich mit den Guerillataktiken der antikolonialen Unabhängigkeitsbewegungen bekanntmachte. 1848 zurückgekehrt, kämpfte er in der Lombardei gegen die Österreicher, später in Rom auf seiten der Revolutionäre. Nach Ausrufung der Röm. Republik (1849) übernahm er die vergebl. Verteidigung gegen die Franzosen, mußte erneut ins Exil (Großbritannien, USA) und kehrte 1854 zurück. Nach der Auslieferung Nizzas an Frankreich (Sonderfrieden von Villafranca, 1859) war er im Begriff, die französ. Besetzung eigenmächtig zu verhindern, ließ sich jedoch von Camillo Benso Graf →Cavour nach Sizilien ablenken und eroberte es mit dem »Zug der Tausend«. 1860 stürzte er, nachdem er auch Neapel gewonnen hatte, die Herrschaft der Bourbonen. Vergeblich versuchte er dreimal, Rom zu befreien und den Kirchenstaat dem neuen Königreich Italien einzugliedern (1860, 1862, 1867). 1866 kämpfte er mit eigenen Freischaren gegen Österreich in Südtirol, 1870/71 auf seiten Frankreichs gegen Dtschld. und war für kurze Zeit Mitgl. der französ. Nationalversammlung (1871). In Italien als Freiheitsheld verehrt, schwankte er innenpolitisch zwischen König →Viktor Emmanuel II. und Mazzini, schließlich vertrat er im italienischen Parlament die äußerste Linke.

Gaulle, Charles de
französischer Staatspräsident 1958–1969
** 22. 11. 1890 Lille*
† 9. 11. 1970 Colombey-les-deux-Églises

Seit Beginn des 1. Weltkriegs Offizier, profilierte sich de G. als herausragender Militärtheoretiker, bis er 1940 Divisionskommandeur und Brigadegeneral wurde, dann Unterstaatssekretär im Kriegsministerium. Nach dem Zusammenbruch Frankreichs rief er von London aus zum Widerstand auf (1940), gründete das Komitee »Freies Frankreich« und wurde als Haupt der französ. Widerstandsbewegung 1943 Präs. der Französ. Komitees der nationalen Befreiung in Algier. Als Chef der provisor. Regierung zog er 1944 in das befreite Paris ein. Im

Konflikt mit den wiedergegr. Parteien, gegen die er eine starke Präsidialgewalt verfocht, trat er 1946 als erster Min.-Präs. der IV. Republik zurück und gründete 1947 die gaullist. Sammlungsbewegung RPF (Rassemblement du peuple français). Nach der Zuspitzung des Militärputsches in Algier beauftragte ihn Staatspräsident René →Coty 1958 mit der Regierungsbildung. Die Nationalversammlung bestätigte seine Einsetzung und erteilte ihm weitgehende Vollmachten, u. a. zu einer auf seine Person zugeschnittenen Verfassungsrevision. Am 21. 12. 1958 zum 1. Präs. der V. Republik gewählt, verhandelte de G. gegen den Widerstand der Rechten, deren Rebellion er niederschlagen ließ (1961), mit der Algerischen Befreiungsfront (FLN) erstmals offiziell und brachte 1962 im Vertrag von Évian den Waffenstillstand und die Unabhängigkeit Algeriens zum Abschluß. Anstelle einer weitreichenden europ. Integration erstrebte de G. ein »Europa der Vaterländer«, d. h. einen Zusammenschluß ohne Aufgabe nationaler Souveränitätsrechte, und baute eine selbständige Atommacht auf (Force de frappe). Der Vertrag über dt.-französ. Zusammenarbeit, den er 1963 mit Konrad →Adenauer abschloß, bildete den Auftakt zur Versöhnung beider Völker. Durch sein Veto verhinderte er 1963 zunächst den Beitritt Großbritanniens zur EWG und setzte sich damit, wie auch mit der Aufnahme diplomat. Beziehungen zur Volksrepublik China 1964, dem Ausscheiden aus der militär. Integration der NATO 1966 und dem Plan einer Neutralisierung Südostasiens, in Gegensatz zu seinen westl. Verbündeten, insbesondere zu den USA. 1965 wiedergewählt, geriet er seit 1967 zunehmend in innenpolit. Schwierigkeiten, die sich mit der Rebellion im Mai 1968 zu einer umfassenden Krise auswuchsen. 1969 trat er nach der Niederlage bei einer Volksabstimmung über die Verwaltungsreform Frankreichs zurück und wurde als Staats-Präs. von Georges →Pompidou abgelöst.

Gaumata
persischer Magier
† 521 v. Chr.
Der zoroastr. Priester gab sich 522 als *Bardiya* (griech. *Smerdis*), den angeblich noch lebenden jüngeren Bruder von König →Kambyses II., aus, den dieser ermordet hatte, und usurpierte während Kambyses' Ägyptenfeldzug an der Spitze eines gegen den Adel gerichteten Volksaufstands die Macht. Nach dessen Tod wurde G. 521 von →Dareios I. besiegt und getötet. Die Inschrift am Felsen von Bisitun berichtet von diesem Vorgang.

Geisel, Ernesto
brasilianischer Staatspräsident 1974–1979
** 3. 8. 1908 Bento Gonçalves, Südbrasilien*
1960 zum Brigadegeneral ernannt, war G. 1964 am Militärputsch gegen Präs. João →Goulart beteiligt und bis 1967 Mitgl. der Militärjunta. 1974 folgte er, von Staats-Präs. Garrastazu Médici (seit 1969) nominiert, diesem im Amt. Er förderte Ansätze einer Liberalisierung des Militärregimes, einer sozial fortschrittlicheren Politik und der Emanzipation vom unmittelbaren Einfluß der USA. Nachfolger: João B. de Oliveira →Figueiredo.

Geiserich
König der Wandalen und Alanen 428–477
** um 389*
† 24. 1. 477
(Auch *Genserich*). Bedrängt von den Westgoten setzte G. 429 mit seinem Volk (ca. 80 000 Menschen) auf requirierten Schiffen bei Gibraltar von Spanien nach Nordafrika über, besiegte den röm. Statthalter Bonifatius und errichtete das Wandalenreich auf röm. Boden, das 442 als erstes Germanenreich von Rom anerkannt wurde (seit 439 mit Karthago als Hauptstadt). Mit einer überlegenen Seemacht unterwarf er Teile von Sizilien, Sardinien, Korsika und die Balearen, plünderte 455 nach dem Sturz Kaiser →Valentinians III. Rom und behauptete sich auch gegen die röm. Gegenangriffe (460, 468). Unter G.s Urenkel Gelimer (König 530–533) wurde das Reich, das den Untergang Westroms beschleunigt hatte, von →Belisar 533/34 für das Oström. Reich unter →Justinian I. erobert.

***Gelasius**, Päpste*

Gelasius I.
Papst 492–496
† 21. 11. 496 Rom
G. stammte wahrscheinlich aus Afrika und war nach →Leo I. der bedeutendste Papst des 5. Jh.s. Energischer Vorkämpfer des päpstl. Primats gegenüber dem Kaisertum, hatte er schon als Vertrauter seines Vorgängers →Felix III. die Politik der Kurie entscheidend beeinflußt. In aller Schärfe formulierte er in der Zweigewalten- bzw. Zweischwerterlehre den Vorrang der geistl. Macht und wies während des Akazian. Schismas mit Byzanz (484–519) die dogmat. Verlautbarungen des byzantin. Kaisers →Anastasios I. zurück. Seine Briefe und Traktate waren im Mittelalter sehr verbreitet und übten großen Einfluß auf die Entwicklung des Kirchenrechts

aus. G. stand in guten Beziehungen zum Ostgotenkönig →Theoderich d. Gr. und bekämpfte Pelagianismus (→Pelagius), Manichäismus (→Mani) und heidn. Bräuche. Heiliger (Fest: 21. 11.).

Gelasius II.
Papst 1118/19
† 28. 1. 1119 Cluny
(Vorher *Johannes von Caietani* aus Gaëta). Seit 1088 Kardinal und Leiter der päpstl. Kanzlei seiner Vorgänger →Urban II. und →Paschalis II., beharrte G. in der Investiturfrage auf dem päpstl. Primatsanspruch und mußte bald nach seiner Wahl im Konflikt mit Kaiser →Heinrich V. und dem von diesem favorisierten Gegenpapst Gregor (VIII.) (1118 bis 1121) nach Frankreich fliehen, wo er in Vienne eine Synode hielt. Den größten Teil seines Pontifikats verbrachte er außerhalb Roms.

Gelon
Tyrann von Gela und Syrakus 491/485–478 v. Chr.
** um 540 v. Chr. Geta*
† 478 v. Chr. Syrakus
Der einem alten Priestergeschlecht entstammende Reiterführer des Tyrannen Hippokrates († um 491) übernahm nach dessen Tod die Herrschaft der griech. Pflanzstadt Gela in Südsizilien. Um 485 griff er in die Parteikämpfe in Syrakus ein, machte sich auch hier zum Tyrannen, verlegte seine Residenz und siedelte die halbe Einwohnerschaft seiner Vaterstadt nach Syrakus um, das er in Rivalität zu Athen und Karthago zur prachtvollen Großstadt ausbaute. So zum mächtigsten Herrscher des damaligen Griechenlands aufgestiegen, schlug er zusammen mit Theron, dem Tyrannen von Agrigent (488–472), 480 bei Himera die Karthager, die Sizilien daraufhin für etwa 70 Jahre unbehelligt ließen. Nachfolger wurde sein Bruder Hieron I., dem er 485 die Verwaltung von Gela übertragen hatte.

Gemayel, Amin
libanesischer Staatspräsident 1982–1988
** 1942 Bikfaya*
Der Führer der christlich-maronit. Falange-Partei, Sohn des Parteigründers *Pierre G.* (* 1905, † 1984), seit 1970 Abg. im Parlament, wurde 1982 anstelle seines vor Amtsantritt ermordeten Bruders *Beshir* G. (* 1947, † 1982) zum Staats-Präs. gewählt. Angetreten als Mann des Ausgleichs und einer gegenüber den polit. Clans und Gruppierungen starken Staatsautorität, stützte er sich auf seine eigene Miliz, bekämpfte den Einfluß der Palästinens. Befreiungsorganisation (PLO) und bemühte sich um Zurückdrängung der seit 1976 im Libanon stationierten syr. wie der 1982 ins Land gekommenen israel. Truppen. Während er 1983 ein Sicherheitsabkommen mit Israel schließen konnte, verweigerte sich Syrien einer Vereinbarung. G.s Amtszeit endete 1988 in den Wirren des Bürgerkriegs, ohne daß die Wahl eines Nachfolgers zustande kam.

Genscher, Hans-Dietrich
deutscher Außenminister 1974–1992
** 21. 3. 1927*
Reideburg, Saalkreis

G.s. polit. Laufbahn als dienstältester Außen-Min. der Welt fand mit der von ihm diplomatisch vorbereiteten dt. Vereinigung 1990 ihren glanzvollen Höhepunkt. Der Rechtsanwalt schloß sich 1952 der FDP an und war 1959–1965 Geschäftsführer der Bundestagsfraktion, 1962–1964 Bundesgeschäftsführer der FDP und ist seit 1965 MdB. In der sozialliberalen Koalition übernahm er unter Willy →Brandt das Innenministerium, unter Helmut →Schmidt 1974 das Außenministerium und das Amt des Vizekanzlers. 1974–1985 war er zugleich Vors. der FDP. Mit der Option einer dauerhaften Beteiligung der FDP an der Regierung betrieb er angesichts der Krise in der SPD 1982 den Koalitionswechsel, wurde in der christlich-liberalen Regierung wieder Vizekanzler und Außen-Min. und wahrte damit die Kontinuität der dt. Entspannungspolitik, die er um die aktive Beteiligung am KSZE-Prozeß erweiterte. Michail →Gorbatschows Reformpolitik beantwortete er mit dem engagierten Beitrag zur Auflösung der Ost-West-Lagermentalität. Den Weg zur dt. Einheit ebnete er in den »2+4-Verhandlungen« zwischen den beiden dt. Staaten und den Siegermächten. Sein vorsichtiges Taktieren in der Vorphase des Golfkriegs 1990/91 und sein nachdrückliches Plädoyer für eine schnelle Anerkennung der sich im früheren Ostblock herausbildenden Staaten, insbesondere der Nachfolgestaaten Jugoslawiens, stießen auf Kritik im westl. Ausland. 1992 trat er zugunsten seines Parteigefährten Klaus →Kinkel als Außen-Min. und Vizekanzler zurück.

Gentz, Friedrich von
deutscher politischer Publizist
** 2. 5. 1764 Breslau*
† 9. 6. 1832 Weinhaus bei Wien
Der preuß. Beamte, Schüler Immanuel Kants und Anhänger Jean-Jacques →Rousseaus, begrüßte zunächst die Französ. Revolution, entwickelte sich aber unter dem Einfluß der Kritik Edmund →Burkes, dessen »Betrachtungen über die Französ. Revolution« er 1793 in dt. Übersetzung herausgab, zu einem ihrer entschiedensten Gegner. Brillant agitierend, gewann er erhebl. Einfluß in Preußen und geriet in Gegensatz zur preuß. Neutralitätspolitik. Seit 1802 in österr. Diensten, wurde er 1810 – seit 1813 als außerordentl. Hofrat – enger Mitarbeiter des Staatskanzlers Fürst v. →Metternich und forcierte nach 1815 die österreichische Politik der Restauration.

***Georg**, Fürsten*

– Brandenburg-Ansbach
Georg Friedrich
Herzog in Preußen 1578–1603
** 5. 4. 1539 Ansbach*
† 26. 4. 1603 Ansbach
Der Sohn von Georg dem Frommen (Markgraf von Brandenburg-Ansbach 1527–1543) trat 1556 die Herrschaft als Markgraf an, brachte sein fränk. Fürstentum durch sparsame Wirtschaftsführung und Verwaltungsreformen zu Wohlstand und ordnete das luth. Kirchenregiment nach sächs. Vorbild. Als Vormund (seit 1577) des geisteskranken Albrecht Friedrich von Preußen (* 1553, † 1618) und nach seiner Belehnung mit dem Herzogtum Preußen durch den poln. König →Stephan IV. Báthory (1578) gelang es G., gegen den Widerstand der preußischen Stände eine Neuordnung Preußens nach fränk. Vorbild durchzusetzen. Mit seinem Tod erlosch die fränkische Linie der Hohenzollern.

– Griechenland
Georg I.
König der Hellenen 1863–1913
** 24. 12. 1845 Kopenhagen*
† 18. 3. 1913 Saloniki
Prinz *Wilhelm*, zweiter Sohn König →Christians IX. von Dänemark (Herrscherhaus Holstein-Glücksburg), wurde nach dem Tod des griech. Königs →Otto I. auf Drängen Großbritanniens von der griech. Nationalversammlung zum König gewählt. Vor Annahme der Krone erwirkte er von England die Rückgabe der Ion. Inseln. 1881 erreichte er die Angliederung von Thessalien und Epirus. Mit seiner Nachgiebigkeit gegenüber dem Aufstand griech. Nationalisten auf Kreta nahm er den erfolglosen Krieg gegen das Osman. Reich 1897 hin. Im 1. Balkankrieg gegen das Osman. Reich eroberte er 1912 Saloniki. Einige Monate später wurde er ermordet.

Georg II.
König 1922–1924, 1935–1947
** 19. 7. 1890 Schloß Tatoi*
† 1. 4. 1947 Athen
Von Frankreich und England im 1. Weltkrieg nach der Absetzung seines Vaters →Konstantin I. von der Thronfolge ausgeschlossen, ging G. 1917 ins Exil und wurde 1922 nach Abdankung seines zwischenzeitlich wieder eingesetzten Vaters König. Als 1924 die Republik ausgerufen wurde, mußte er das Land erneut verlassen, kehrte nach dem Sieg der Monarchisten 1935 zurück und kooperierte seit 1936 mit der Diktatur Ioannis →Metaxas. Der deutsche Einmarsch 1941 zwang ihn wieder ins Exil (Kreta, dann Ägypten bzw. London), bis er nach einer Volksabstimmung 1946 sein Amt in Griechenland erneut wahrnehmen konnte.

– Großbritannien

Georg I.
König 1714–1727
** 28. 3. 1660 Hannover*
† 11. 6. 1727 Osnabrück
(Als *G. Ludwig* seit 1698 Kurfürst von Hannover). Der Urenkel König →Jakobs I. von England kam nach der letzten Stuart-Königin →Anna entsprechend dem Act of Settlement von 1701 auf den englischen Thron und begründete mit seiner Personalunion die Dynastie des Hauses Hannover in England. Sprachunkundig und uninteressiert an den Verhältnissen in seinem Königreich (in dem an seinen von ihm englisch geadelten Mätressen Anstoß genommen wurde), überließ er die Regierung weitgehend der Whig-Partei und ihrem Premier-Min. Robert →Walpole (seit 1721) und begründete damit die jahrzehntelange Herrschaft der Whigs, die sich durch die Verwicklung der Tories in einen 1715

niedergeschlagenen Aufstand der Jakobiter (Anhänger der Stuarts) noch befestigte. 1705 vereinigte G. das Fürstentum Lüneburg mit Hannover, das er 1715 noch um die Herzogtümer Bremen und Verden ergänzte. Nachfolger: Sohn →G. II.

Georg II.
König 1727–1760
** 10. 11. 1683 Herrenhausen b. Hannover*
† 25. 10. 1760 London
(Als *G. August* zugleich Kurfürst von Hannover). Der Sohn und Nachfolger von →G. I. fühlte sich mehr als Hannoveraner denn als Engländer. Er siegte im Österreichischen Erbfolgekrieg 1743 bei Dettingen über die Franzosen und unterstützte widerstrebend →Friedrich II. (d. Gr.) im Siebenjährigen Krieg. Wie sein Vater überließ er die Innenpolitik dem Whig-Ministerium Robert →Walpole (bis 1742) und seit 1757 dem älteren William →Pitt und förderte damit indirekt die weitere Herausbildung der parlamentarisch-konstitutionellen Monarchie in England. Nachfolger: Enkel →G. III.

Georg III.
König 1760–1820
** 4. 6. 1738 London*
† 29. 1. 1820 Windsor
(Als *G. Wilhelm Friedrich* zugleich Kurfürst, seit 1814 König von Hannover). Der erste in England geborene König des Hauses Hannover, Enkel von →G. II., schaltete sich im Gegensatz zu seinen Vorgängern aktiv in die brit. Politik ein. Hannover wurde von London aus regiert. Bis 1783 führte er sein »persönl. Regiment«, indem er gegen die von der Parlamentsmehrheit gestützten Min. seinen polit. Kurs durchsetzte und sich durch Patronage eine parlamentar. Basis zu verschaffen suchte (»The King's Friends«). 1762 schloß er ohne Preußen einen Präliminarfrieden mit Frankreich und bewirkte damit die baldige Beendigung des Siebenjährigen Kriegs (1763). Mit seiner kompromißlosen Haltung gegenüber den 13 nordamerikan. Kolonien provozierte er die Boston Tea Party (1773) als Auftakt zum Amerikan. Unabhängigkeitskrieg (1775–1783). Die Niederlage schmälerte seinen polit. Einfluß gegenüber dem Parlament, so daß er sich seit 1783 mit der parlamentar. Regierung des jüngeren William →Pitt arrangierte. 1801 brach er mit diesem über die geplante Katholikenemanzipation. Nachdem G. 1810 geisteskrank wurde, übernahm sein Sohn →G. (IV.) 1811 die Regentschaft.

Georg IV.
König 1820–1830
** 12. 8. 1762 London*
† 26. 6. 1830 Windsor
(Zugleich König von Hannover). Schon als Prince of Wales machte G., der 1811 die Regentschaft für seinen geisteskranken Vater →G. III. übernahm, mit seinem ausschweifenden Lebenswandel von sich reden. 1795 mußte er seine nichtstandesgemäße Ehe mit Maria Fitzherbert (seit 1785) auflösen, um seine Schulden vom Parlament decken zu lassen. Politisch hielt er sich weitgehend im Hintergrund und mußte 1829 der Katholikenemanzipation zustimmen. Hannover gewährte er 1819 eine Verfassung. Nachfolger: Bruder →Wilhelm IV.

Georg V.
König 1910–1936
** 3. 6. 1865 London*
† 20. 1. 1936 Sandringham, Norfolk
G., seit 1911 auch Kaiser von Indien, beschränkte sich im Unterschied zu seinem Vater →Eduard VII. auf repräsentative Aufgaben, intervenierte jedoch in Krisensituationen (Irlandfrage 1921, Ernennung Stanley →Baldwins zum Premier-Min. 1923, Ablehnung rigoroser Maßnahmen gegen den Generalstreik 1926). 1917 begegnete er der deutschfeindlichen Stimmung durch Umbenennung des Königshauses Sachsen-Coburg-Gotha in »Windsor«. Nachfolger: Sohn →Eduard VIII.

Georg VI. Albert
König 1936–1952
** 14. 12. 1895 York Cottage, Sandringham*
† 6. 2. 1952 Sandringham
Der Sohn →Georgs V. folgte seinem zurückgetretenen Bruder →Eduard VIII. auf den Thron. Während er sich politisch nicht exponierte, machte ihn seine Tatkraft während der Bombenangriffe auf London im 2. Weltkrieg sehr populär. Nach der Entlassung Indiens in die Unabhängigkeit (1947) legte er 1948 den Titel »Kaiser von Indien« ab. Nach seinem Tod folgte ihm seine Tochter als →Elisabeth II. als erste Königin seit →Viktoria auf den Thron.

– Hannover

Georg V.

König 1851–1866
** 27. 5. 1819 Berlin*
† 12. 6. 1878 Paris

Der seit 1833 blinde König aus der Welfendynastie Hannover hob 1855 die liberale Verfassung von 1848 auf und erneuerte die reaktionäre von 1840. Sein Engagement für Österreich im Dt. Krieg 1866 bezahlte er mit der Annexion Hannovers durch Preußen und dem Verlust seines Throns. Nach Kriegsende bekämpfte er Preußen von Paris aus und stellte eine »Welfenlegion« aus geflüchteten Hannoveranern auf. Otto v. →Bismarck ließ daraufhin das Privatvermögen des Königshauses (Welfenfonds) beschlagnahmen.

– Hessen-Darmstadt
Georg
Landgraf, kaiserlicher Feldmarschall seit 1699
** 25. 4. 1669 Darmstadt*
† 14. 9. 1705 Barcelona
Der Offizier kämpfte in englischen, österreichischen und kaiserlich-spanischen Diensten in zahlreichen Kriegen. Für seine Erfolge gegen Frankreich wurde er 1697 zum Vizekönig von Katalonien ernannt, als der er im Span. Erbfolgekrieg (1701 bis 1713/14) vergeblich versuchte, den Habsburger Erzherzog Karl (später Kaiser →Karl VI.) gegen den von →Ludwig XIV. protegierten Bourbonen →Philipp V. von Anjou durchzusetzen (1703). 1704 zum Generalvikar des Königreichs Aragón ernannt, eroberte er als Befehlshaber englisch-niederländischer Invasionstruppen Gibraltar (1704). Bei der Erstürmung von Fort Montjuich bei Barcelona fiel er.

– Sachsen
Georg I., *der Bärtige*
Herzog 1500–1539
** 27. 8. 1471 Meißen*
† 17. 4. 1539 Dresden
Der energ. Verwalter der albertin. Lande erklärte sich nach der Leipziger Disputation zwischen Martin →Luther und Johann →Eck (1519) zum Gegner der Reformation (im Gegensatz zu den prot. Ernestinern in Kursachsen) und verfolgte die Anhänger Luthers. Im Bauernkrieg war er 1525 entscheidend an der Niederwerfung der Bauern unter Thomas →Müntzer in der Schlacht bei Frankenhausen beteiligt. Da seine Söhne starben, gelang es G. nicht, seinen prot. Bruder Heinrich V. (den Frommen; * 1473, † 1541) von der Erbfolge auszuschließen.

– Waldeck

Georg Friedrich

regierender Graf seit 1662, Fürst seit 1682
** 31. 1. 1620 Arolsen*
† 19. 11. 1692 Arolsen

G. F. war 1651–1658 brandenburg. General und Min. unter →Friedrich Wilhelm (dem Gr. Kurfürsten), stand in schwed., niederländ. und engl. Diensten. Als Gefolgsmann des niederländ. Statthalters →Wilhelms III. von Oranien organisierte er die antifranzös. Koalition gegen →Ludwig XIV.: In der Frankfurter Allianz erreichte er 1679 den Zusammenschluß der dt. Fürsten, dem sich 1682 u. a. Kaiser →Leopold I. und 1686 u. a. König →Karl II. von Spanien anschlossen. Der Kaiser verlieh ihm dafür die Fürstenwürde. 1683–1685 beteiligte sich G. F. als Reichsfeldmarschall im Türkenkrieg an der Verteidigung Wiens. Als Generalkapitän in den Niederlanden (1688–1692) vertrat er Wilhelm von Oranien, nachdem dieser in der Glorious Revolution 1688/89 die engl. Krone angenommen hatte.

George, Henry
amerikanischer Sozialphilosoph
** 2. 9. 1839 Philadelphia*
† 29. 10. 1897 New York
Der Begründer der modernen Bodenreformbewegung wandte sich als erster gegen die Verarmung der Farmer im Mittleren Westen der USA, die er durch Eisenbahngesellschaften und kapitalistisch verwerteten Landbesitz bedroht sah (»Our land and land policy«, 1871). Um das soziale Elend zu beseitigen, das er auf die Existenz des privaten Grundbesitzes zurückführte, forderte er die alleinige Besteuerung von Grundbesitz (single tax).

Georgiew, Kimon Stojanow
bulgarischer Ministerpräsident 1934/35, 1944–1946
** 11. 8. 1882 Pasardschik*
† 28. 9. 1969 Sofia
Als Offizier beteiligte sich G. 1923 am Staatsstreich gegen die bürgerlich-demokrat. Regierung und gründete mit radikalen Offizieren und Intellektuellen den Zveno-Kreis, der eine slaw. Balkanföderation anstrebte und sich sozialist. Zielen verschrieb. Ein Offiziersputsch brachte ihn 1934 erstmals an die Spitze der Regierung. Im 2. Weltkrieg organisierte er den Widerstand gegen die dt. Besetzung (1941), wurde nach dem sowjet. Einmarsch erneut Min.-Präs., stürzte die Monarchie (1946) und richtete an der Seite Georgi M. →Dimitrows Bulgarien als Volksdemokratie sowjet. Prägung ein. Unter Dimitrow war er 1946–1950 und 1959–1962 stellvertr. Min.-Präs., 1946/47 Außen-Min., 1962 Mitgl. des Präsidiums der Nationalversammlung.

Gerlach, Hellmut von
deutscher Publizist und Politiker
** 2. 2. 1866 Mönchmotschelnitz, Schlesien*
† 1. 8. 1935 Paris

Der Jurist und bis 1892 preußische Beamte schloß sich zunächst den konservativen und antisemitischen Christlich-Sozialen um Adolf →Stoecker an, bevor er sich dem Liberalismus zuwandte und 1896 mit Friedrich →Naumann den Nationalsozialen Verein und 1908 mit Rudolf →Breitscheid die Demokratische Vereinigung gründete (Vors. 1912–1918). 1903–1907 war er MdR. Im 1. Weltkrieg machte G. als Chefredakteur die Berliner Zeitung »Welt am Montag« zur Tribüne der radikalen bürgerlichen Linken und des Pazifismus und war in der Weimarer Republik einer der publizistisch erfolgreichsten Gegner von Militarismus und Rechtsradikalismus. Führend in der Deutschen Friedensgesellschaft, die er 1892 mitgegründet hatte, seit 1926 Vors. der Deutschen Liga für Menschenrechte und nach der Verhaftung Carl v. →Ossietzkys Chefredakteur der »Weltbühne«, mußte er 1933 emigrieren, zunächst nach Österreich, dann nach Frankreich.

Gerlach, Leopold von
deutscher General und Politiker
** 17. 9. 1790 Berlin*
† 10. 1. 1861 Potsdam

Geprägt von der histor. Schule Friedrich Carl v. Savignys und Anhänger der Heiligen Allianz, gehörte G. mit seinen Brüdern Ernst Ludwig v. →G. und *Otto v. G.* (* 1801, † 1849) zu den Begründern des preuß. Konservativismus. G. durchlief eine Offizierskarriere und wurde als preuß. General Adjutant des ihm freundschaftlich verbundenen späteren preuß. Königs →Friedrich Wilhelm IV. (1826). Als dessen engster Vertrauter und Haupt der »Kamarilla«, einer Art Nebenregierung des Monarchen, übte er entscheidenden polit. Einfluß aus. G. war verantwortlich für die Berufung des konservativen Grafen Friedrich Wilhelm v. Brandenburg (* 1792, † 1850) zum preuß. Min.-Präs. im Herbst 1848 und die Ernennung Otto v. →Bismarcks 1852 zum Bundestagsgesandten, zu dem er als starrer Legitimist jedoch bald in Gegensatz geriet.

Gerlach, (Ernst) Ludwig von
deutscher Publizist und Politiker
** 7. 3. 1795 Berlin*
† 18. 2. 1877 Berlin
Unterstützt von seinem Bruder Leopold v. →G. formierte der vom Neupietismus geprägte Jurist (1844 bis 1874 Präs. des Oberlandesgerichts Magdeburg) die Politik in der preuß. konservativen Partei, als dessen Sprachrohr er 1848 die »Neue Preuß. Zeitung« (»Kreuzzeitung«) herausgab. Als doktrinärer Legitimist hing er dem Konzept eines christl. Ständestaats an und lehnte die dt. Nationalbewegung als »Nationalitätenschwindel« ab, kritisierte aber auch die konservative Regierung Otto Theodor →Manteuffels und die Reichsgründung 1870/71 als den preuß. Traditionen widersprechend. Als Abg. (1849 Mitgl. der 1. preuß. Kammer, 1850 des Erfurter Unionsparlaments, 1851–1858 und 1873–1877 des preuß. Abgeordnetenhauses) führte er die äußerste Rechte an und gewann unter →Friedrich Wilhelm IV. wesentl. Einfluß, der mit Beginn der »Neuen Ära« →Wilhelms I. seit 1858 wieder schwand.

Germanicus, Gaius Iulius Caesar
römischer Feldherr
** 24. 5. 15 v. Chr. Rom*
† 10. 10. 19 n. Chr. Daphne, Antiochia
Der Sohn des Nero Claudius →Drusus, seit 4 n. Chr. Adoptivsohn seines Onkels, des Kaisers →Tiberius, erhielt nach seinem Konsulat in Rom (12) das Prokonsulat über die gall. Provinzen (13–16). Als Oberbefehlshaber der Rheinarmee versuchte er in mehreren, insgesamt wenig effektiven Feldzügen, die rechtsrhein. Gebiete, die sein Vater unterworfen hatte und die beim Aufstand des →Arminius (9) verlorengegangen waren, wieder zurückzuerobern. 15 besiegte er die Chatten und lieferte auf seiten des Cheruskerfürsten Segestes Arminius eine unentschiedene Schlacht im Teutoburger Wald, schlug ihn jedoch 16 bei Idistaviso an der Weser. Bei der Rückkehr auf dem Seeweg verlor er große Teile seiner Flotte im Sturm. Von Tiberius aus Germanien abberufen, übernahm er das Prokonsulat im Osten des Reichs (18). G., der im Rahmen der dynast. Pläne seines Großonkels, des Kaisers →Augustus, für die Übernahme der Herrschaft vorgesehen war, starb nach einer Ägyptenreise. Verheiratet mit →Agrippina d. Ä., der Enkelin des →Augustus, war er Vater von →Caligula und →Agrippina d. J.

Gero
deutscher Markgraf des Ostens
** um 900*
† 20. 5. 965

Von →Otto I. (d. Gr.) 937 als Markgraf an der mittleren Elbe und an der Saale über die wend. Stämme der Sorben und Wilzen eingesetzt, eroberte G. slaw. Gebiete bis zur Warthe, schlug mehrere Slawenaufstände nieder und ermöglichte die Gründung der Bistümer Havelberg und Brandenburg (948) sowie Meißen (968). 963 zwang er den Polenherzog →Mieszko I. zur Anerkennung der dt. Oberherrschaft. Nach seinem Tod wurde die Mark G.s zunächst in 6 Grafschaften aufgeteilt (später wieder zusammengefaßt zur Nordmark, sächs. Ostmark und Mark Meißen). Begraben wurde G. in dem von ihm gegr. Kanonissenstift Gernrode am Harz.

Gerstein, Kurt
deutscher SS-Offizier
** 11. 8. 1905 Münster, Westfalen*
† 25. 7. 1945 Paris
G. trat 1933 in die NSDAP ein, wurde 1936 als Mitgl. der Bekennenden Kirche und wegen Widerstandsaktionen aus dem Staatsdienst entlassen und später aus der Partei ausgestoßen. Danach scheinbar regimetreu, trat er nach Kriegsbeginn der Waffen-SS bei und wurde als Leiter der Abt. Gesundheitstechnik im SS-Führungshauptamt (seit 1942) Zeuge der Verwendung des Blausäure-Präparats Zyklon-B bei den Massenmorden an Juden in den Vernichtungslagern Treblinka, Sobibór und Belzec. Seine Beobachtungen gab er an Geistliche und Diplomaten weiter, um Kirchen und Ausland gegen den Völkermord zu mobilisieren, stieß jedoch auf eine Mauer des Unglaubens. G. starb unter ungeklärten Umständen, möglicherweise als Opfer einer Racheaktion von mit ihm inhaftierten SS-Angehörigen, in französ. Haft, in der er seine Erkenntnisse aufgezeichnet hatte (»G.-Bericht«). 1950 durch ein Spruchkammerverfahren noch als belastet eingestuft, wurde er 1965 voll rehabilitiert.

Gerstenmaier, Eugen
deutscher Bundestagspräsident 1954–1969
** 25. 8. 1906 Kirchheim unter Teck*
† 13. 3. 1986 Remagen

Der evangelische Theologe, Mitglied der Bekennenden Kirche, wurde 1944 wegen Zugehörigkeit zur Widerstandsbewegung (Kreisauer Kreis) vom Volksgerichtshof unter Roland →Freisler zu 7 Jahren Zuchthaus verurteilt. Nach dem 2. Weltkrieg beteiligte er sich führend an Aufbauaufgaben in der Evangelischen Kirche in Dtschld. (EKD), gründete und leitete das Hilfswerk der EKD (1945–1951). Seit 1949 als CDU-Abg. im Dt. Bundestag, wurde er 1954 dessen Präs. Besonders engagierte er sich für die Entwicklung der Beziehungen zu Israel. Nach Vorwürfen wegen der hohen Wiedergutmachungszahlung, die G. für die Behinderung seiner akadem. Laufbahn durch das nationalsozialistische Regime erhalten hatte, trat er 1969 zurück.

Gervinus, Georg Gottfried

deutscher Historiker und Politiker
** 20. 5. 1805 Darmstadt*
† 18. 3. 1871 Heidelberg

Zunächst Kaufmann, erhielt G. 1835 eine Professur in Heidelberg, 1836 in Göttingen. Als einer der »Göttinger Sieben« wurde er wegen seines Protestes gegen die Aufhebung der Verfassung Hannovers durch →Ernst August II. 1837 entlassen (u. a. zusammen mit Friedrich C. →Dahlmann). Der von den demokrat. Idealen getragene Historiker und Literaturwissenschaftler gehörte neben Gustav →Droysen, Heinrich v. →Treitschke u. a. zu den sogenannten »politischen Historikern«. 1848 war er Mitglied des Frankfurter Vorparlaments und zeitweise der Frankfurter Nationalversammlung. 1847/48 gründete er die »Dt. Zeitung«. Die Lehrbefugnis, die er 1844 in Heidelberg erhalten hatte, wurde ihm 1853 erneut entzogen, nachdem er als Geschichtsoptimist in seiner Einleitung in die »Geschichte des 19. Jh.« Deutschland ein sich in »in geometrischer Progression« durchsetzendes Zeitalter der Demokratie vorausgesagt hatte. Hauptwerke: »Grundzüge der Historik«, 1837; »Geschichte des 19. Jh. seit den Wiener Verträgen«, 1855–1866.

Geßler, Otto
deutscher Reichswehrminister 1920–1928
** 6. 2. 1875 Ludwigsburg, Württemberg*
† 24. 3. 1955 Lindenberg im Allgäu
Der Jurist war 1914–1919 Oberbürgermeister von Nürnberg. 1918 baute er die Dt. Demokrat. Partei (DDP) in Franken auf, für die er 1920–1924 MdR war und die er 1927 im polit. Streit verließ. Seit 1919 Reichs-Min. für den Wiederaufbau, löste er nach dem Kapp-Putsch 1920 Gustav →Noske als Reichswehr-Min. ab und behielt dieses Amt in 13 Kabinetten. Des öfteren im Spannungsverhältnis zum Chef der Heeresleitung, Generaloberst Hans v. →Seeckt, den er 1926 entließ, steuerte G. den Aufbau der Reichswehr. Indem er versuchte, sie gegen den Einfluß des Reichstags abzuschirmen, beförderte er ihren Status als »Staat im Staate«. Nach seinem Rücktritt unter dem Vorwurf »schwarzer« Reichswehrausgaben, übernahm Wilhelm →Groener sein Amt. Nach dem Attentat am 20. Juli 1944 wurde G. wegen seiner Kontakte zum Widerstand im KZ Ravensbrück inhaftiert. 1950–1952 war er Präs. des Dt. Roten Kreuzes. (▷ Chronik Zitat)

Reichswehr: »Staat im Staate«

Chronik Zitat

Der Politologe Hans Adolf Jacobsen zu den Folgen der Reichswehrpolitik des Ministers Otto Geßler in der Weimarer Republik:

»Die Soldaten ertrugen den neuen Staat aus Verantwortung und Disziplin. Zugleich distanzierten sie sich von seinen politischen Trägern.
Aus Treue zum Staat und den Symbolen der Vergangenheit, die im Konservativismus, Nationalismus und in der Traditionspflege ihren Ausdruck fand, lebten sie für die Verwirklichung eines wiedererstarkten Reiches der Zukunft. Die Verfassung war für sie kein ›noli me tangere‹. Die abstrakte Staatsidee war somit ihre eigentliche Ersatzideologie. Ihre Maxime lautete daher: ›Das Heer dient dem Staat; nur dem Staat. Denn es ist der Staat‹ (→Seeckt).
Darin dokumentiert sich zugleich etwas von dem Versagen der politischen Führung. Aus falsch verstandener Rücksichtnahme hat z. B. Minister Geßler dem Chef der Heeresleitung in dieser entscheidenden Führungsfrage freie Hand gelassen. Er hat es versäumt, den Primat der Politik durchzusetzen und die Truppe stärker im Geiste demokratischer Leitvorstellungen zu erziehen. Alles spricht dafür, daß für Geßler und seine Ministerkollegen die Schlagkraft der Truppe und der Gehorsam gegenüber den Vorgesetzten Vorrang besaßen... Die Folgen dieser Erziehung zum ›unpolitischen Soldaten‹ haben Jahre später zahlreiche Patrioten unter den Offizieren mit ihrem Leben bezahlt und andere mit ihrer Unterwerfung unter eine Parteiführung bzw. ein System, das viele zu traditionswidrigen Handlungen gezwungen (z. B. beim Kommissarbefehl 1941/42) oder zur Mitwirkung an Greueltaten veranlaßt hat. Darin muß eine der Ursachen für die spätere Tragik, Verstrickung und Schuld deutscher Soldaten in der ›Epoche des Nationalsozialismus‹ gesehen werden.«

Geyer, Florian
deutscher Reichsritter und Bauernführer
** um 1490 Giebelstadt bei Ochsenfurt*
† 9. 6. 1525 Rimpar bei Würzburg
Der schwäb. Adlige kämpfte 1519 für den Schwäb. Bund gegen Herzog →Ulrich von Württemberg und Götz v. →Berlichingen, diente dann als Truppenführer und Diplomat dem letzten Hochmeister des Dt. Ordens, →Albrecht von Hohenzollern. Als Anhänger Martin →Luthers stellte er sich bei Ausbruch des Bauernkriegs 1525 an die Spitze des Tauberhaufens, mit dem er als der militär. erfahrenste Bauernführer gegen Klerus und Adel kämpfte und bis vor Würzburg zog. Mit seinen gemäßigten Forderungen nach einem auf Bauern und Bürger gestützten Reich ohne Vorrechte des Adels und der Geistlichkeit brachte er mehrere Städte auf die Seite der Bauern. Nach Niederlagen wurde er von Knechten seines Schwagers Wilhelm v. Grumbach (* 1503, † 1567) erschlagen. – Drama »Florian G.« von Gerhart Hauptmann.

Ghazan Khan, Mahmud
Ilchan (Herrscher) von Iran 1295–1304
** 5. 12. 1271*
† 30. 5. 1304
Der mongol. Khan trat 1295 vom Buddhismus zum Islam über, der sich seitdem bei den Mongolen durchsetzte. Gleichzeitig übernahm er den Sultantitel und erklärte sich vom Groß-Khan des seit dem Tod Kublai Khans (1294) zerfallenden mongol. Großreichs unabhängig. Er leitete Reformen ein, die aber wegen seines frühen Todes nicht zum Abschluß kamen. Ein Feldzug gegen die Mamluken in Ägypten 1299/1300 mißglückte.

Gheorghiu-Dej, Gheorghe
Führer der rumänischen KP 1945–1965
** 8. 11. 1900 Bîrlad, Moldau*
† 19. 3. 1965 Bukarest
Als Mitglied der KP (seit 1930) wurde der Elektrotechniker 1933 zu 12 Jahren Zwangsarbeit verurteilt und während seiner Haft 1934 ins ZK gewählt. 1944 floh er, beteiligte sich am Sturz der faschistischen Militärdiktatur von Ion →Antonescu und wurde 1945 Generalsekretär, ab 1955 Erster Sekretär des ZK der KP. Seit 1945 nahm er zugleich verschiedene Ministerämter wahr. 1952–1955 war er Min.-Präs., 1961–1965 Vors. des Staatsrats (Staatsoberhaupt). Nachdem er zunächst die enge Anbindung an die Sowjetunion mit betrieben hatte, nutzte er den Konflikt zwischen Peking und Moskau seit 1960, in dem er eine neutrale Position bezog, zu größerer Eigenständigkeit. Diese Politik setzte nach seinem Tod sein Nachfolger als Erster Sekretär des ZK, Nicolae →Ceauşescu, verstärkt fort.

Giap, Vo Nguyên
vietnamesischer Verteidigungsminister 1954–1980
** 1912 Quang Bin, Annam*
1941 Mitgründer der Unabhängigkeitsbewegung Vietminh, organisierte G. ab 1944 die gegen die japan. Besetzung kämpfenden Partisanen in Indochina. Nach Ausrufung der Demokrat. Republik Vietnam durch →Ho Chi Minh (1945) errang er als Oberbefehlshaber der Vietminh in einem langwierigen, strategisch genialen Dschungel-Guerillakrieg gegen die Kolonialmacht Frankreich schließlich den Sieg in der entscheidenen Schlacht bei Diên Biên Phu, der zum Genfer Indochina-Abkommen führte (1954). Seit 1954 stellvertretender Min.-Präs. und Verteidigungs-Min. des kommunist. Nordvietnam, war er der herausragende militärische Führer des 2. Vietnamkriegs (1965–1973). 1951–1982 gehörte er dem Politbüro an.

Gierek, Edward
polnischer kommunistischer Parteichef 1970–1980
** 6. 1. 1913 Porąbka bei Będzin*
G. lebte als Bergmann 1923–1934 in Frankreich, wurde wegen seiner kommunist. Aktivitäten ausgewiesen und ging 1937 nach Belgien, wo er sich als KP-Mitgl. im 2. Weltkrieg am Widerstand gegen die dt. Besetzung beteiligte. Seit 1948 in Polen, arbeitete er als Parteifunktionär in Oberschlesien, wurde 1956 Mitgl. des Politbüros, 1957–1970 Erster Sekretär der Wojewodschaft Kattowitz und folgte 1970 nach dem Sturz Władisław →Gomułkas diesem als Erster Sekretär des ZK der Vereinigten Poln. Arbeiterpartei. G. betrieb eine expansive Wirtschaftspolitik, die nach Anfangserfolgen zu Versorgungsschwierigkeiten und 1980 zu schweren Unruhen führte. Die Streikbewegung in Danzig mit Lech →Wałesa an der Spitze erzwang die Zulassung der unabhängigen Gewerkschaft Solidarność. 1980 mußte G. als Parteiführer zurücktreten und wurde 1981 aus der Partei ausgeschlossen.

Gilgamesch
sumerischer König um 2600 v. Chr.
Die altmesopotam. Heldenfigur, der das mythische G.-Epos gewidmet ist, war historisch. G. war Sohn des Königs der Stadt Uruk, Lugulbanda, und folgte diesem als Herrscher. Ihm wird die Erbauung der Stadtmauer zugeschrieben, mit deren Hilfe er

Uruk gegen die Angriffe der Könige von Kisch verteidigte. Nach der Vergöttlichung zählte G. zu den Göttern der Unterwelt. Der G.-Stoff, der älteste überlieferte Mythos der Geschichte, fand in altbabylon. Zeit seine erste schriftliche Fassung, die sich auf 12 teilweise erhaltenen Tontafeln der Bibliothek Assurbanipals fand. Er beeinflußte die Religionen und Kulturen des gesamten vorderasiat. Raumes. (▷ Chronik Zitat)

»Zwei Teile sind Gott an ihm«

Chronik Zitat

Die erste Tafel des Epos' aus der Tontafelbibliothek Assurbanipals berichtet über Gilgamesch, den mythischen König von Uruk:

»Der alles gesehen im Bereiche des Landes,
Der die Meere kannte, Jegliches wußte,
Er durchschaute das Dunkelste gleichermaßen,
Weisheit besaß er, Kenntnis der Dinge allzumal.
Verwahrtes auch sah er, Verborgenes enthüllte er;
Hat Kunde gebracht von vor der Sintflut,
Fernen Weg befahren, daß er matt war und müde,
Auf einen Denkstein die ganze Mühsal gemeißelt.
Die Mauer um Uruk-Gart ließ er bauen,
Um das heil'ge Eanna [Tempel der Ischtar], den strahlenden Hort.
Sieh an seine Mauer, deren Friese wie von Erz sind!
Ihren Sockel beschau! Dem gleicht niemandes Werk!
Auch den Blendstein faß an – der seit Urzeiten da ist! –
Nahe dich Eanna, dem Wohnsitz Ischtars –
Keines späteren Königs, keines Menschen Werk gleicht ihm!
Auch steig auf die Mauer von Uruk, geh fürbaß,
Prüfe die Gründung, besieh das Ziegelwerk!
Ob ihr Ziegelwerk nicht aus Backstein ist, Ihren Grund nicht legten die sieben Weisen!...
Es wirkten die Götter an seiner Gestalt:
Schönheit verlieh ihm der himmlische Schamasch [Sonnengott],
Heldensinn aber verlieh ihm Adad [Wettergott].
An Gestalt schufen Gilgamesch herrlich die großen Götter...
Zwei Teile sind Gott an ihm – Mensch ist sein dritter Teil!...«

Giolitti, Giovanni

mehrmaliger italienischer Ministerpräsident
** 27. 10. 1842 Mondoví*
† 17. 7. 1928 Cavour, Provinz Turin

Als Führer der Liberalen und fünfmaliger Min.-Präs. (1892/93, 1903–1905, 1906–1909, 1911–1914, 1920/21) prägte G. die italienische Politik vor dem 1. Weltkrieg. Er setzte Sozialreformen und Verstaatlichungen durch und führte das allgemeine Wahlrecht ein (1913). Mit seinem autoritären Stil, der weder auf Korruption noch auf Gewalt verzichtete (»Giolittismo«), untergrub er jedoch die Grundlagen des Parlamentarismus in Italien, der nach dem 1. Weltkrieg durch den Faschismus zerstört wurde. Als Freund des Dreibunds mit Dtschld. und Österreich trat er 1914 zurück, billigte jedoch den Eintritt Italiens in den 1. Weltkrieg 1915 gegen Österreich, 1916 gegen Dtschld. 1920/21 noch einmal Min.-Präs., befürwortete er zunächst die Machtübernahme Benito →Mussolinis (1922), ging seit 1924 jedoch auf Distanz zu den Faschisten.

Giscard d'Estaing, Valéry

französischer Staatspräsident 1974–1981
** 2. 2. 1926 Koblenz*

Der einer angesehenen Adelsfamilie entstammende Finanz- und Wirtschaftsexperte war seit 1956 Abg. der Republikaner, bis er 1966 nach deren Spaltung die Partei der Unabhängigen Republikaner gründete und deren Führung übernahm (bis 1973). 1962 bis 1966 und 1969–1974 war er Min. für Wirtschaft und Finanzen. Nach dem Tode von Georges →Pompidou (1974) mit Unterstützung der Gaullisten zum Präs. gewählt, ernannte er den gaullist. Parteichef Jacques →Chirac zum Premier-Min. In zunehmender

Distanz zum Gaullismus bemühte sich G. um eine »neue Mehrheit« unter Einschluß der Mittelparteien (Premier-Min. Raymond →Barre 1976–1981). Die von ihm als Min. eingeleiteten und als Staats-Präs. weiter betriebenen Reformen modernisierten die Wirtschaftsstruktur Frankreichs unter dem Vorzeichen einer weitreichenden Liberalisierung, ohne die sich verschärfende Wirtschaftskrise kurzfristig meistern zu können. Auch die soziale Lage breiter Schichten der Bevölkerung verbesserte sich kaum, so daß G. bei der Präsidentschaftswahl 1981 dem Sozialisten François →Mitterrand unterlag. Seit 1982 ist er Vors. der Union pour la Démocratie Française (UDF) und seit 1984 erneut Mitgl. der Nationalversammlung, in der er 1987 den Vors. des Auswärtigen Ausschusses übernahm.

Gisela
römisch-deutsche Kaiserin
** um 990*
† 15. 2. 1043 Goslar
Die Tochter des Herzogs Hermann II. von Schwaben († 1003) und der burgund. Prinzessin Gerberga († um 1000) heiratete 1015/1017 in 3. Ehe den späteren Kaiser →Konrad II. und wurde an seiner Seite 1024 zur dt. Königin, 1027 in Rom zur Kaiserin gekrönt. Hochgebildet, besaß sie großen Einfluß auf Konrad und vermittelte mehrfach zwischen ihm und Ernst II. von Schwaben (ihrem Sohn aus erster Ehe mit Herzog Ernst I.) sowie ihrem Onkel, König Rudolf III. von Burgund († 1032). Konrads Ehevertrag mit Gisela gemäß erbte er Rudolfs Herrschaft nach dessen Tod und gliederte Burgund so ins Hl. Röm. Reich ein. Giselas und Konrads Sohn →Heinrich III. (König seit 1039) beschnitt den erheblichen polit. Einfluß seiner Mutter.

Giselbert
Herzog von Lothringen 915–939
** um 890*
† 2. 10. 939 bei Andernach
Um die Lehnshoheit des westfränkischen Königs →Karls III. (des Einfältigen) abzuschütteln, unterwarf G. sich 925 dem dt. König →Heinrich I. und brachte damit Lothringen, das sich zunächst dem westfränk. Reich angeschlossen hatte, an das (ostfränk.-) dt. Reich. G. heiratete 928 Heinrichs Tochter Gerberga († 968?), huldigte nach dessen Tod Ludwig IV. von Frankreich (König 936–954) und beteiligte sich am Aufstand gegen Gerbergas Bruder →Otto I. (d. Gr.). 939 wurde er bei Andernach geschlagen und ertrank im Rhein.

Gladstone, William Ewart
mehrmaliger britischer Premierminister
** 29. 12. 1809 Liverpool*
† 19. 5. 1898 Hawarden, Wales

Bis 1855 konservativ, wandelte sich G. zum bedeutendsten Politiker des brit. Liberalismus. 1832 wurde er als Gefolgsmann Robert →Peels erstmals ins Unterhaus gewählt und nahm unter ihm seit 1843 (später unter George →Aberdeen und Henry John →Palmerston) verschiedene Ministerposten wahr. Als bedeutendster brit. Schatzkanzler des 19. Jh. (1852–1855, 1859–1866, 1880–1882) baute er sich zum großen Gegenspieler des Konservativen Benjamin →Disraeli auf. 1865–1874 Führer der Liberalen, war er viermal Regierungschef (1868 bis 1874, 1880–1885, 1886 und 1892–1894).
Als reformfreudigster Minister und Kabinettschef in der Ära Königin →Viktorias versuchte G., Wirtschaft und Gesellschaft Großbritanniens den Anforderungen des industriellen Zeitalters anzupassen: umfassende Steuer- und Finanzreformen (1852 bis 1855, 1860/61); Freihandelsvertrag mit Frankreich (Cobden-Vertrag 1861); Landreform in Irland (1870); Einführung der Schulpflicht (1870) und der geheimen Wahl (Secret Ballot Act 1872) und Ausdehnung des Wahlrechts (1884), die zu einer Verdoppelung der Wählerschaft führte.
Unglücklicher operierte G. in der Außenpolitik, in der er sich, einer christlich-humanistischen Moral verpflichtet, in den Sachzwängen einer imperialistischen Großmacht verfing: Während er aus der Opposition heraus Disraelis aggressive Außen- und Flottenpolitik bekämpfte und eine Kampagne gegen die »Bulgarengreuel« der von diesem unterstützten Türken (1876–1879) führte, mußte er als Premier-Min. 1882 gegen seine Überzeugung die Machtübernahme in Ägypten vollziehen. 1881 erlitt er eine schwere Niederlage gegen die Buren in Südafrika, 1884/85 scheiterte die Sudanexpedition. Um die von ihm als Hauptaufgabe angesehene Lösung der Irlandfrage voranzubringen, legte er 1886 erstmals das Home Rule vor, das Irland eine begrenzte Autonomie einräumen sollte, scheiterte jedoch im Parlament und stürzte 1886.

Glemp, Józef
Primas von Polen seit 1981
** 28. 12. 1929 Inowrocław*
Der Bergarbeitersohn war Rechtsberater von Kardinal Stefan →Wyszyński und wurde 1979 Bischof der Diözese Warmia (Ermland). Seit 1981 Erzbischof von Gnesen und Warschau (1992 gegen seinen Willen auf Warschau beschränkt) und damit Primas Polens, erhob ihn Papst →Johannes Paul II. 1983 zum Kardinal. Während des von General →Jaruzelski ausgerufenen Kriegszustands (1981–1983) vermittelte er zwischen der in die Illegalität gedrängten Gewerkschaft Solidarność und dem Regime. Mit seinen nationalkonservativen Verlautbarungen, u. a. zur Abtreibung, der dt. Vertriebenenfrage und der Verlegung des Karmeliter-Ordenshauses auf dem Gelände des KZ Auschwitz stieß er im In- und Ausland auf Widerspruch.

Globke, Hans
deutscher Verwaltungsbeamter
** 10. 9. 1898 Düsseldorf*
† 13. 2. 1973 Bonn
Der Staatssekretär im Bundeskanzleramt (1953 bis 1963) galt Kritikern der gesellschaftl. Restaurationspolitik der Nachkriegszeit als Symbolfigur für die Kontinuität der durch ihre Willfährigkeit unter dem Nationalsozialismus belasteten höheren Beamtenriege. Als Referent für Personenstandsfragen im Reichsministerium des Innern hatte G. 1936 den Kommentar zu den antisemit. Nürnberger Gesetzen (u. a. »Blutschutzgesetze«) mitverfaßt und war an der Schaffung der Rechtsgrundlagen für die Judenverfolgung beteiligt. Nach dem 2. Weltkrieg im Entnazifizierungsverfahren als »Mitläufer« eingestuft, suchte er sich mit dem Verweis auf Hilfeleistung für sogenannte Rassenmischlinge zu entlasten, setzte als CDU-Mitglied seine Beamtenkarriere fort und wurde als fähiger Administrator einer der einflußreichsten Mitarbeiter Konrad →Adenauers, der trotz aller Vorwürfe bis zum Ende seiner Amtszeit an ihm festhielt.

Gneisenau, August,
Graf Neidhardt von (ab 1814)
preußischer Heeresreformer
** 27. 10. 1760 Schildau bei Torgau*
† 23. 8. 1831 Posen
G. nahm 1782/83 am Amerikan. Unabhängigkeitskrieg auf seiten der Briten teil, trat 1786 in preuß. Dienste und rückte nach der erfolgreichen Verteidigung Kolbergs 1806/07 gegen →Napoleon I. in die militär. Führung Preußens auf. Als entschiedener Verfechter eines nationalen Volkskriegs und einer auf die Vernichtung des Gegners zielenden Strategie war er neben Gerhard v. →Scharnhorst und Hermann v. →Boyen die treibende Kraft der preuß. Heeresreform. Mit ihr zielte er unter Abschaffung ständ. Privilegien und friderizian. Drills auf Volksbewaffnung und die Schaffung einer modernen Armee mit qualifiziert ausgebildeten Offizieren (Gründung einer Kriegsakademie). Nach der Entlassung Freiherr v. →Steins 1808 quittierte er – enttäuscht, daß Preußen Österreich im Kampf gegen Napoleon nicht half – den Dienst und verließ, wie mehrere andere bedeutende Reformer, Preußen.
Nach Scharnhorsts Tod Generalstabschef der Schlesischen Armee unter Gebhart L. →Blücher, hatte er in den Befreiungskriegen 1813–1815 mit seinen strategischen Konzeptionen wesentlichen Anteil an den Siegen in der »Völkerschlacht« bei Leipzig (1813) und Waterloo (1815). Seine politischen Vorstellungen von einer dauerhaften Schwächung Frankreichs setzte er nicht durch. Im Zuge der Restauration mußte er 1816 seinen Abschied nehmen und wurde, 1825 zum Generalfeldmarschall ernannt, erst 1830 als Oberbefehlshaber des preußischen Observationskorps beim Polnischen Aufstand reaktiviert. 1831 erlag er der Cholera.

Gneist, Rudolf von
(geadelt 1888)
deutscher Jurist und Politiker
** 13. 8. 1816 Berlin*
† 22. 7. 1895 Berlin
G., Professor in Berlin und 1858–1893 Mitglied des Preußischen Abgeordnetenhauses, 1867–1884 MdR, war einer der Führer der liberalen Opposition und seit 1867 der Nationalliberalen Partei. Als Schüler G. W. F. →Hegels und Friedrich Carl v. Savignys begründete er nach der Analyse der englischen Administration eine auf den Prinzipien des Rechtsstaats beruhende Verwaltungsrechtslehre, mit der er entscheidend die preußisch-deutsche Verwaltungsreform beeinflußte. Die Einführung der Verwaltungsgerichtsbarkeit und der kommunalen Selbstverwaltung geht wesentlich auf ihn zurück.

Goebbels, Joseph

deutscher Reichsminister 1933–1945
** 29. 10. 1897 Rheydt, Rheinland*
† 1. 5. 1945 Berlin

Der Sproß einer kleinbürgerlich-kath. Familie schloß sich nach Promotion in Germanistik und Versuchen als freier Schriftsteller 1925 der NSDAP an. 1926 wurde er Gauleiter von Berlin, gründete 1927 die NS-Wochenzeitschrift »Der Angriff« und war seit 1928 MdR. Adolf →Hitler ernannte G., neben ihm der erfolgreichste Agitator der NSDAP, 1930 zum Reichspropagandaleiter der NSDAP. Mit seiner Skrupellosigkeit und virtuosen Beherrschung propagandist. Effekte war er wesentlich am Erfolg der Nationalsozialisten auf dem Weg zur »Machtergreifung« 1933 und der Akzeptanz ihrer Herrschaft im Dritten Reich beteiligt. Als Reichs-Min. für Volksaufklärung und Propaganda und Präs. der Reichskulturkammer zwang er Massenmedien und Kultureinrichtungen auf den nat.-soz. Kurs (»Gleichschaltung«), lenkte durch rigorose Sprachregelung die öffentl. Meinung, organisierte den Führerkult um Hitler und erhob den Antisemitismus zur Staatsdoktrin. Zahlreiche NS-Verbrechen stiftete er selbst an (u. a. Judenprogrom der »Reichskristallnacht« 1938) oder verschleierte sie. Angesichts der Niederlage vor Stalingrad 1943 mobilisierte er, beginnend mit seiner »Sportpalastrede«, progandistisch für den »totalen Krieg«, um den »Endsieg« zu erkämpfen. Nach dem fehlgeschlagenen Attentat auf Hitler am 20. Juli 1944 stattete ihn dieser als »Generalbevollmächtigten für den totalen Kriegseinsatz« mit umfassenden Vollmachten aus. G., den Hitler in seinem Testament zu seinem Nachfolger als Reichskanzler bestimmt hatte, nahm sich wenige Stunden nach dem »Führer« mit seiner Frau das Leben, nachdem er seine 6 Kinder getötet hatte. Zeitgeschichtlich wichtig sind seine privaten

»Man hat uns gelassen«

Chronik Zitat

Goebbels in einem Leitartikel des »Völkischen Beobachters« am 30. April 1928:

»Wir gehen in den Reichstag hinein, um uns im Waffenarsenal der Demokratie mit deren eigenen Waffen zu versorgen. Wir werden Reichstagsabgeordnete, um die Weimarer Gesinnung mit ihrer eigenen Unterstützung lahmzulegen. Wenn die Demokratie so dumm ist, uns für diesen Bärendienst Freifahrkarten und Diäten zu geben, so ist das ihre eigene Sache. Uns ist jedes gesetzliche Mittel recht, den Zustand von heute zu revolutionieren.
Wenn es uns gelingt, bei diesen Wahlen 60 oder 70 Agitatoren und Organisatoren unserer Partei in die verschiedenen Parlamente hineinzustecken, so wird der Staat selbst in Zukunft unseren Kampfapparat ausstatten und besolden. Eine Angelegenheit, die reizvoll und neckisch genug ist, sie einmal auszuprobieren...
Wir kommen nicht als Freunde, auch nicht als Neutrale. Wir kommen als Feinde! Wie der Wolf in die Schafherde einbricht, so kommen wir!«

Aus einer Goebbels-Rede vor kleinem Kreis am 4. April 1940:

»Bis jetzt ist es uns gelungen, den Gegner über die eigentlichen Ziele Deutschlands im unklaren zu lassen, genauso wie unsere innenpolitischen Gegner bis 1932 gar nicht gemerkt haben, wohin wir steuerten, daß der Schwur auf die Legalität nur ein Kunstgriff war... Man hätte 1925 ein paar von uns in Haft nehmen können, und alles wäre aus und zu Ende gewesen. Nein, man hat uns durch die Gefahrenzone hindurchgelassen... 1933 hätte ein französischer Ministerpräsident sagen müssen (und wäre ich französischer Ministerpräsident gewesen, ich hätte es gesagt): Der Mann ist Reichskanzler geworden, der das Buch ›Mein Kampf‹ geschrieben hat, in dem das und das steht. Der Mann kann in unserer Nachbarschaft nicht geduldet werden. Entweder er verschwindet oder wir marschieren... Man hat darauf verzichtet. Man hat uns gelassen, man hat uns durch die Risikozone ungehindert durchgehen lassen...«

Aufzeichnungen: »Die Tagebücher von Joseph G. Sämtliche Fragmente«, hrsg. von E. Fröhlich, 1987 ff. (▷ Chronik Zitat)

Goerdeler, Carl Friedrich
deutscher Widerstandskämpfer
** 31. 7. 1884 Schneidemühl*
† 2. 2. 1945 Berlin-Plötzensee
Als nationalkonservativer Kritiker der Weimarer Republik war der Jurist 1922–1931 Vorstands-Mitgl. der Deutschnationalen Volkspartei (DNVP). 1930 wurde er Oberbürgermeister von Leipzig und 1931/32 und 1934/35 zugleich Reichskommissar für Preisüberwachung. Von seinem Amt als Oberbürgermeister trat er als Gegner der nat.-soz. Rassen- und Kirchenpolitik 1937 zurück, nachdem die NSDAP sich geweigert hatte, das in seiner Abwesenheit entfernte Denkmal des jüdischen Komponisten Friedrich Mendelssohn-Bartholdy wieder aufzustellen. Nach Ausbruch des 2. Weltkriegs wurde G. der führende zivile Kopf des konservativen Teils der Widerstandsbewegung, stand in Kontakt mit Generaloberst Ludwig →Beck und war im Fall des Sturzes von Adolf →Hitler als Reichskanzler vorgesehen. Nach konservativem Modell strebte er ein Deutsches Reich auf parlamentarischer Basis an, das die innere Zersplitterung der Weimarer Republik vermeiden und seine Großmachtrolle in einen europäischen Staatenbund einbringen sollte. Nach dem gescheiterten Attentat vom 20. Juli 1944 wurde G., der die Ermordung Hitlers abgelehnt hatte, nach einer Denunziation verhaftet, vom Volksgerichtshof zum Tode verurteilt und hingerichtet.

Goldmann, Nahum
Präsident der zionistischen Weltorganisation 1956–1968
** 10. 7. 1895 Wischnewo, Posen (heute Wiszniewieć, Polen)*
† 29. 8. 1982 Bad Reichenhall
G. siedelte 1901 nach Frankfurt/M. über und studierte in Berlin und Marburg Jura. Seit 1926 leitete er die Zionist. Vereinigung in Dtschld. und gab die »Encyclopaedia Judaica« heraus. Seit 1929 vertrat er die Jewish Agency in Genf, ab 1935 beim Völkerbund. 1940–1964 lebte er in den USA, seit 1964 in der Schweiz und in Israel. Als Präs. des Jüd. Weltkongresses (1949–1977), Präs. der Zionist. Weltorganisation (1956–1968) und zugleich seit 1951 Vors. des Exekutivkomitees der Jewish Agency vereinigte der »Staatsmann ohne Staat« (Titel seiner Autobiographie, dt. 1970) die höchsten zionist. Ämter in seiner Person. Obwohl der Staat Israel sich als Erfüllung des zionist. Auftrags begreift, hielt G. die Gründung Israels 1948 für verfrüht und war stets ein heftiger Kritiker der israel. Politik. 1952 war er am Zustandekommen des Wiedergutmachungsabkommens zwischen Israel und der BR Dtschld. wesentlich beteiligt.

Goltz, Colmar Freiherr von der
deutscher Offizier, osmanischer Marschall
** 12. 8. 1843 Bielkenfeld, Krs. Labiau*
† 19. 4. 1916 Bagdad
(Auch *G.-Pascha*). Der herausragende Militärschriftsteller reorganisierte, zum Pascha (1896 zum Marschall) ernannt, die osman. Armee (1883–1896) und diente ihr später als Berater. 1911 gründete er den Jungdeutschlandbund als Dachverband nationalistischer Jugendbünde. Im 1. Weltkrieg zunächst Generalgouverneur in Belgien, führte der preuß. Generalfeldmarschall (seit 1911) ab 1915 osman. Armeen an den Dardanellen und in Mesopotamien, wo er während der siegreichen Schlacht von Kut-el-Amara am Fleckfieber starb. Er schrieb u. a. »Das Volk in Waffen« (1883).

Gomes, Francisco da Costa
portugiesischer Staatspräsident 1974–1976
** 30. 6. 1914 Chaves, Prov. Tras-os-Montes*
Wegen Unterstützung seines im Frühjahr 1974 abgesetzten Stellvertreters, General António de →Spínola, wurde der Generalstabschef zum Rücktritt gezwungen und beteiligte sich maßgeblich am Sturz Marcelo →Caetanos und an der »Nelkenrevolution« (1974). 1965–1969 war er Kommandant in Moçambique, danach bis 1972 in Angola. Zum gemäßigten linken Flügel zählend, wählte ihn die revolutionäre Junta nach dem Rücktritt Spínolas im Herbst 1974 zum Präsenten der Republik. 1975

übernahm er den Vorsitz des Obersten Revolutionsrates und trat in das entscheidende Dreierdirektorium ein. 1976 wurde er von António →Eanes als Staats-Präs. abgelöst.

Gomułka, Władysław

Generalsekretär der (Vereinigten) Polnischen Arbeiterpartei 1942–1948, 1956–1970
** 6. 2. 1905 Krosno*
† 1. 9. 1982 Warschau

G. trat 1927 der KP bei, arbeitete in der Gewerkschaftsbewegung und kämpfte nach 1939 in der kommunist. Widerstandsbewegung gegen die dt. Besetzung. 1942 wurde er Erster Sekretär (1943 Generalsekretär) der illegalen Poln. Arbeiterpartei (PPR) in Warschau. Wegen seiner selbständigen Haltung gegenüber der UdSSR (»poln. Weg zum Sozialismus«, gegen die Gründung der Kominform 1947 und die Verurteilung Josip →Titos 1949), wurde er 1948 als »Nationalist« amtsenthoben und 1951 ohne Prozeß inhaftiert (bis 1954). Im Zuge der Entstalinisierung rehabilitiert, wurde er nach den Posener Unruhen im Okt. 1956 erneut Parteichef der Vereinigten Poln. Arbeiterpartei (PZPR; Vereinigung der kommunist. und sozialist. Parteien, seit 1948). Er liberalisierte das kommunist. Herrschaftssystem, revidierte die Zwangskollektivierung der Landwirtschaft, suchte ein Arrangement mit der kath. Kirche und schloß den Warschauer Vertrag mit der BR Dtschld. (1970). Wirtschaftspolit. erfolglos, mußte er nach Arbeiterunruhen wegen Versorgungsmängeln 1970 zurücktreten. Nachfolger: Edward →Gierek.

González Márquez, Felipe
spanischer Ministerpräsident seit 1982
** 5. 3. 1942 Sevilla*
Der Jurist schloß sich 1964 der im Untergrund operierenden Sozialist. Arbeiterpartei Spaniens (PSOE) an, deren Führung er 1974 übernahm. Nach ihrer Legalisierung (1976) brachte er die ursprünglich marxistische Partei auf einen gemäßigt sozialist. Kurs, gewann 1982 die Wahlen und löste Adolfo →Suárez González als Min.-Präs. ab. G. vollzog den Eintritt Spaniens in die EG (1986) und hielt Spanien in der NATO. Seine die industrielle Modernisierung fördernde Wirtschaftspolitik schloß Spanien an die Entwicklung in der EG an, vermochte gravierende Strukturprobleme jedoch nicht zu lösen und stieß mit ihren negativen sozialen Effekten auf zunehmenden Widerstand der Gewerkschaften. Angesichts von Korruptionsvorwürfen und wirtschaftl. Problemen regiert er seit den Wahlen 1993 nur noch mit einem Minderheitskabinett.

Gorbatschow, Michail Sergejewitsch

Generalsekretär der KPdSU 1985–1991
** 2. 3. 1931 Priwolnoje bei Stawropol*

Der Jurist und Agrarökonom begann seine polit. Laufbahn 1955 als Komsomol- und Parteifunktionär. Seit 1978 Sekretär des ZK der KPdSU, wurde G. als jüngstes Mitgl. des Politbüros (seit 1980) nach dem Tod Konstantin Tschernenkos 1985 zum Generalsekretär des ZK der KPdSU gewählt. Angesichts schwerer ökonom. Probleme eröffnete er 1986 unter den Leitbegriffen »Glasnost« (Offenheit) und »Perestroika« (Umgestaltung) tiefgreifende Reformen des sowjet. Staats- und Wirtschaftssystems in Richtung Demokratisierung. 1988 wählte ihn der neugeschaffene Kongreß der Volksdeputierten zum Vors. des Obersten Sowjets (Staatsoberhaupt) mit weitreichenden Vollmachten, die sich durch eine weitere Verfassungsreform 1990 und die Umwandlung in das Amt des Staats-Präs. noch vergrößerten. Mit wachsender innenpolit. Instabilität, die sich durch die chaot. Einführung marktwirtschaftl. Prinzipien verschärfte, bremste G. seit Mitte 1990 das Tempo der Reform.
Außenpolitisch stützte G. seine Reform von oben durch aufsehenerregende Abrüstungsinitiativen ab, die 1987 zum Vertrag über den Abbau sämtlicher Mittelstreckenraketen führten und Glaubwürdigkeit erhielten mit dem Rückzug aus Afghanistan (1988/1989), der den Abschied der Sowjetunion von hegemonialer Großmachtpolitik signalisierte. Die Beendigung des Kalten Krieges besiegelte die von G. ermöglichte deutsche Vereinigung 1990 und den Zerfall des militärisch und ökonomisch an die UdSSR gebundenen Ostblocks (Auflösung von

Warschauer Pakt und Comecon 1991). 1990 erhielt G. den Friedensnobelpreis.
Innenpolitisch geriet G. zunehmend zwischen die Fronten der radikalen Reformer und der Kräfte des alten Parteiapparats (Putschversuch der Konservativen, August 1991). Als Generalsekretär der KPdSU, die sich so kompromittiert hatte und verboten wurde, trat er zurück. Angesichts seines Autoritätsverlusts zugunsten des Radikalreformers Boris →Jelzin suchte er vorsichtig ein Arrangement mit den gemäßigt Konservativen. Als Verfechter des staatl. Zusammenhalts legte er nach der friedl. Selbstauflösung der UdSSR mit der Gründung der Gemeinschaft Unabhängiger Staaten (GUS) auch das Amt des Staats-Präs. der zerfallenen Sowjetunion nieder (1991). Zur Präs.-Wahl in Rußland kündigte G. seine Kandidatur an. (▷Chronik Zitat)

Gordon, Charles George
britischer Offizier
** 28. 1. 1833 Woolwich bei London*
† 26. 1. 1885 Khartum
(Auch *G. Pascha*). Nachdem die chines. Regierung Europäern untersagt hatte, Peking zu betreten, ließ G. an der Spitze der brit.-französ. Strafexpedition den kaiserl. Sommerpalast zerstören (1860). In chines. Diensten schlug er 1864/65 die Taiping-Revolte in China nieder. Als Gouverneur der Prov. Equatoria des ägypt. Sudan (1874–1876, 1877–1880 Generalgouverneur des Sudan) sicherte er die Herrschaft des Khediven von Ägypten und versuchte, den Sklavenhandel zu unterbinden. 1884 erneut zur Bekämpfung der Mahdisten (→Mahdi) in den Sudan gesandt, fiel er beim Sturm der Mahdi-Truppen auf das zehn Monate lang belagerte Khartum.

»Eine Arbeit von historischer Bedeutung«

Chronik Zitat

Am 25. 1. 1992 trat Michail Gorbatschow zurück und zog zum Ende der Sowjetunion folgendes Resümee (Auszüge):

»Verehrte Landsleute! Mitbürger!
Angesichts der Situation, die nach der Gründung der Gemeinschaft Unabhängiger Staaten entstanden ist, beende ich meine Tätigkeit als Präsident der UdSSR. Diese Entscheidung treffe ich auf Grund meiner Prinzipien...

Ich spreche zu Ihnen das letzte mal als Präsident der UdSSR. Deshalb halte ich es für notwendig, meinen seit 1985 gegangenen Weg einzuschätzen...

Der Prozeß der Erneuerung des Landes und der grundlegenden Veränderungen in der Weltgemeinschaft hat sich als komplizierter erwiesen, als man voraussagen konnte. Trotzdem muß man das Vollbrachte gebührend einschätzen. Die Gesellschaft wurde frei. Und das in politischer und geistiger Hinsicht. Und das ist die größte Errungenschaft. Sie wird bei uns noch nicht gebührend gewürdigt. Und wahrscheinlich deshalb, weil wir es immer noch nicht gelernt haben, die Freiheit richtig zu nutzen. Trotzdem wurde eine Arbeit von historischer Bedeutung geleistet: Es wurde ein totalitäres System beseitigt, das ein weiteres Aufblühen und Wohlergehen des Landes verhinderte. Es wurde ein Durchbruch zu demokratischen Veränderungen vollzogen. Freie Wahlen, eine freie Presse, Religionsfreiheit, wirkliche Machtorgane und ein Mehrparteiensystem wurden zur Realität. Die Menschenrechte wurden als oberstes Prinzip anerkannt. Alle Formen des Eigentums werden als gleichberechtigt anerkannt...
Wir leben in einer anderen Welt: Der ›Kalte Krieg‹ ist vorbei. Das Wettrüsten wurde gestoppt. Die wahnsinnige Militarisierung unseres Landes, die unsere Wirtschaft, das gesellschaftliche Bewußtsein und die Moral zugrunde richtete, wurde beendet. Die Gefahr eines Weltkriegs wurde beseitigt. Ich möchte noch einmal betonen, daß von meiner Seite in der Übergangsperiode alles für eine zuverlässige Kontrolle der Kernwaffen getan wurde. Wir öffneten uns der Welt und verzichteten auf die Einmischung in fremde Angelegenheiten sowie auf den Einsatz von Truppen außerhalb unseres Landes. Und man antwortete uns mit Vertrauen, Solidarität und Respekt. Wir wurden zu einer der wichtigsten Stützen bei der Umgestaltung der modernen Zivilisation auf friedlicher und demokratischer Basis. Die Völker und Nationen haben die reale Freiheit erhalten, den Weg ihrer Entwicklung selbst zu bestimmen...«

Göring, Hermann

deutscher Reichsminister 1933–1945
** 12. 1. 1893 Rosenheim, Oberbayern*
† 15. 10. 1946 Nürnberg

Der erfolgreiche Jagdflieger des 1. Weltkriegs trat 1922 der NSDAP bei und übernahm die Führung der SA. Beim gescheiterten Hitlerputsch 1923 verwundet, floh er ins Ausland, kehrte 1927 nach Dtschld. zurück, wurde 1928 Mitgl. und 1932 Präs. des Reichstags (bis 1945). Seinen guten Kontakte zu Industriellen und Reichs-Präs. Paul v. →Hindenburg verdankte er seine Schlüsselrolle bei den Vorverhandlungen zur »Machtergreifung« 1933. Als eine der zentralen Figuren im nat.-soz. Machtsystem übernahm er die Ämter des preuß. Min.-Präs., des Reichsinnen-Min. und des Reichsluftfahrt-Min. Als eine seiner ersten Maßnahmen organisierte er nach dem Reichstagsbrand (dessen oft behauptete Anstiftung durch G. als widerlegt gelten kann) die Verfolgung von Kommunisten und Sozialdemokraten. Er ließ die ersten Konzentrationslager für polit. Gegner errichten, baute das Geheime Staatspolizeiamt (Gestapo) auf und beteiligte sich wesentlich an der Mordaktion im Zuge des sog. Röhm-Putsches 1934. Seit 1935 Oberbefehlshaber der von ihm aufgebauten Luftwaffe, stellte er ab 1936 als Beauftragter für den Vierjahresplan die dt. Wirtschaft auf den bevorstehenden Krieg ein. 1939 bestimmte ihn Adolf →Hitler für den Fall seines Todes zum Nachfolger; 1940 erhielt er, so titel- wie prunksüchtig, den neugeschaffenen Rang eines Reichsmarschalls. Im 2. Weltkrieg von Hitler für die Fehlschläge der dt. Luftwaffe für mitverantwortlich gehalten, sank sein Einfluß. Nachdem er kurz vor Kriegsende Kontakt mit den Alliierten über einen Friedensschluß aufnehmen wollte, wurde er Ende April 1945 von Hitler aller Partei- und Staatsämter enthoben. Vom Internationalen Militärgerichtshof in Nürnberg zum Tode verurteilt, entzog sich G. der Hinrichtung durch Selbsttötung. (▷ Chronik Zitat)

»Ich schieße wenigstens«

Chronik Zitat

Aus einer Rede des Reichsinnenministers Hermann Göring am 11. 3. 1933:

»Ich habe erst angefangen zu säubern, es ist noch längst nicht fertig. Für uns gibt es zwei Teile des Volkes: einen, der sich zum Volk bekennt, ein anderer Teil, der zersetzen und zerstören will. Ich danke meinem Schöpfer, daß ich nicht weiß, was objektiv ist... Ich werde die Polizei rücksichtslos einsetzen, wo man das deutsche Volk zu schädigen weiß. Aber ich lehne es ab, daß die Polizei eine Schutztruppe jüdischer Warenhäuser ist. Es muß...der Unfug aufhören, daß jeder Gauner nach der Polizei schreit. Wenn sie sagen, da und dort sei einer abgeholt worden, so kann man nur erwidern: Wo gehobelt wird, da fallen Späne. Wir haben jahrelang die Abrechnung mit den Verrätern angekündigt. Ruft nicht soviel nach Gerechtigkeit, es könnte sonst eine Gerechtigkeit geben, die in den Sternen steht und nicht in den Paragraphen! Und wenn diese Gerechtigkeit leuchtet, ist euer Ende gekommen. Man klagt über die Unterdrückung von Zeitungen. Wundert euch das? Mich wundert, daß sie noch existieren. Ich würde pflichtwidrig handeln, wenn ich länger dieses Gift ins Volk hineinträufeln ließe... Lieber schieße ich ein paarmal zu kurz oder zu weit, aber ich schieße wenigstens.«

Görres, Johann Joseph von
(geadelt 1839)

deutscher Publizist und Gelehrter
** 25. 1. 1776 Koblenz*
† 29. 1. 1848 München

Der mit Achim v. Arnim und Clemens v. Brentano zur Heidelberger Romantik gehörende Schriftsteller war zunächst von der Französ. Revolution begeistert und plädierte als Republikaner für den Anschluß der linksrhein. Gebiete an Frankreich (»Der allgemeine Friede, ein Ideal«, 1798). Von der Entwicklung in Frankreich enttäuscht, wandte er sich gegen →Napoleon I. und wurde neben Ernst Moritz →Arndt zum publizist. Vorkämpfer der Freiheitskriege. Mit seinem 1814 in Koblenz gegründeten »Rhein. Merkur« schuf er den Prototyp der modernen politischen Zeitung und plädierte in ihr für ein freiheitliches vereintes Deutschland unter österreichischer Führung. Während der Restauration wurde die Zeitung 1816 verboten, und G. mußte, als ihm seine Schrift »Teutschland und die Revolution« (1819) einen preußischen Haftbefehl eintrug, in die Schweiz fliehen. 1826 vom bayerischen König →Ludwig I. als Professor für Geschichte nach München berufen, sammelte er einen Kreis katholischer Liberaler um sich, gab seit 1838 die »Histor.-polit. Blätter« heraus, die sich später zum Sprachrohr der Großdeutschen entwickelten, und verfaßte als führender Kopf der kath. Spätromantik sein Hauptwerk »Die christliche Mystik« (4 Bde. 1836–1842).

Gortschakow, Fürst Alexander Michajlowitsch

russischer Reichskanzler 1867–1882
** 15. 7. 1798 Haapsalu*
† 11. 3. 1883 Baden-Baden

Der altem russ. Hochadel entstammende G. war unter Zar →Alexander II. seit 1856 Außen-Min., seit 1862 Vizekanzler und seit 1867 Staatskanzler. Nach dem Versuch einer gegen Österreich und das Osmanische Reich gerichteten Kooperation mit Frankreich (Verhandlung mit →Napoleon III. in Stuttgart 1857) wandte er sich Preußen zu, als Frankreich Partei für den polnischen Aufstand ergriff (1863). Den Dt.-Französischen Krieg 1870/71 nutzte er, um Rußland von der Schwarzmeer- bzw. Pontusklausel des Pariser Friedens von 1856 zu befreien. 1873 schloß G. mit Österreich-Ungarn und Deutschland das Dreikaiserabkommen, intervenierte jedoch mit England gegen die drohende Konfrontation Deutschlands mit Frankreich 1875 (Krieg-in-Sicht-Krise). Rußlands Hegemonialpläne auf dem Balkan, die G. mit militärischen Erfolgen im Krieg mit dem Osman. Reich 1877/78 bekräftigte, durchkreuzten die Westmächte auf dem Berliner Kongreß unter Führung Otto v. →Bismarcks (1878), der damit den Ausgangspunkt für die Spannungen zwischen Deutschland und Rußland legte.

Gottfried von Bouillon

König von Jerusalem 1099/1100
** um 1060*
† 18. 7. 1100 Jerusalem

G., seit 1087 als *G. IV.* Herzog von Niederlothringen, konnte sich in seinem Herzogtum nicht durchsetzen, verkaufte alle seine Güter einschließlich der Stammburg Bouillon und folgte dem Aufruf Papst Urbans II.: Er »nahm das Kreuz« und brach mit etwa 20 000 Gefolgsleuten, darunter 2000 Rittern zum 1. Kreuzzug nach Palästina auf (1096–1099). Von Kaiser →Alexios I. Komnenos erwirkte er die Zustimmung zum Durchzug durch das Byzantin. Reich, 1098 schlug er die Seldschuken bei Antiochia, erstürmte Jerusalem, unter dessen Bevölkerung er ein schweres Massaker anrichtete, und gründete das Königreich Jerusalem, zu dessen erstem Herrscher er gewählt wurde. Er begnügte sich aber mit dem Titel »Vogt des Heiligen Grabes«.

Gottfried der Bärtige

Herzog von Ober- und Niederlothringen 1044/1065–1069
† 21. 12. 1069 Verdun

G. empörte sich zweimal vergeblich gegen Kaiser →Heinrich III., weil er von diesem nach dem Tode seines Vaters nur Oberlothringen als Erbe zugesprochen bekam. Durch seine Ehe 1054 mit Beatrix († 1076), der Witwe des Markgrafen von Tuszien, gewann er großen Einfluß in Mittelitalien und während der Unmündigkeit →Heinrichs IV. auch auf die Reichspolitik. Als Anhänger des Reformpapsttums setzte er 1057 die Wahl seines Bruders Friedrich als Papst Stephan IX. (Papst 1057/58) durch. 1065 erhielt er von König Heinrich IV. das ihm früher verweigerte Niederlothringen.

Gottschalk

Abodritenfürst
† 14. 6. 1066 Lenzen an der Elbe

Der Sohn Utos, des Herrschers der slaw. Abroditen, wurde im Michaeliskloster zu Lüneburg erzogen und nach der Ermordung seines Vaters 1028 verbannt. 1043 gelangte er an die Herrschaft, die er um 1058 über die Stämme der Kessiner und Circipaner ausdehnen konnte. Durch Förderung der christl. Mission gewann er die Gunst des Erzbischofs →Adalbert von Hamburg-Bremen, mit dem er die Bistümer Mecklenburg und Ratzeburg gründete (um 1060), dessen Sturz 1066 jedoch eine heidnisch-nationale Reaktion (Wendenaufstand) auslöste, der G. zum Opfer fiel. Heiliger (Fest: 7. 6.).

Gottwald, Klement

Generalsekretär/ Vorsitzender der KPČ, 1929–1953
** 23. 11. 1896 Dědice, Mähren*
† 14. 3. 1953 Prag

Von Beruf Tischler, beteiligte sich G. 1921 an der Gründung der KPČ, betreute die kommunistische Presse und wurde 1925 in das ZK aufgenommen. Seit 1929 Generalsekretär, emigrierte er 1939 nach Moskau, übernahm nach seiner Rückkehr 1945 wieder den Partei-Vorsitz und wurde stellvertr. Min.-Präs., 1946–1948 Min.-Präs. als Nachfolger von Zdeněk →Fierlinger. 1948 wurde er nach dem kommunist. Staatsstreich, der Edvard →Beneš zum Rücktritt zwang, Staats-Präs. und vollzog den Übergang zur stalinist. Volksdemokratie.

Gouin, Félix
französischer Staatspräsident Jan.–Juni 1946
** 4. 10. 1884 Peypin bei Marseille*
† 25. 10. 1977 Nizza
Der Rechtsanwalt, seit 1924 sozialistischer Abgeordneter, kämpfte während der dt. Besetzung im 2. Weltkrieg in der Résistance und vertrat ab 1942 die Sozialist. Partei beim von Charles de →Gaulle geführten Komitee Freies Frankreich in London. Nach der Befreiung war er 1945 Präs. der Verfassunggebenden Nationalversammlung und 1946 als Nachfolger de Gaulles Min.-Präs. und provisorischer Staats-Präs., 1946/47 realisierte er als Planungs-Min. den Monnet-Plan zur Modernisierung der französischen Wirtschaft.

Goulart, João
brasilianischer Staatspräsident 1961–1964
** 1. 3. 1918 São Borja, Rio Grande do Sul*
† 6. 12. 1976 Mercedes (Argentinien)
Der Anwalt war als Vertreter der Nationalen 1953/1954 Arbeits-Min. sowie unter Juscelino →Kubitschek und Jãnio da Silva Quadros (Staats-Präs. 1961) Vize-Präs. (1955–1961). Als Staats-Präs. versuchte er, gestützt auf progressive Kräfte, Sozialreformen, eine Bodenreform und ein neues Wahlrecht durchzusetzen. Ein Militärputsch stürzte ihn und setzte Humberto Castelo Branco als Diktator ein.

Gowon, Yakubu
nigerianischer Staatschef 1966–1975
** 19. 10. 1934 Jos, Nordnigeria*
Der dem Volk der islam. Angas angehörende G. wurde evangelisch missioniert und besuchte britische Militärschulen. Beteiligt am Putsch von General Johnson Ironsi 1966, wurde er Generalstabschef des Heeres und Mitglied des Obersten Militärrats und übernahm wenige Monate später nach einem weiteren Staatsstreich selbst die Macht. 1967 gliederte er Nigeria in zwölf Gliedstaaten neu und zerschlug die von Chukemeka O. Ojukwu betriebene Sezession von Biafra (1967–1970). 1975 wurde er durch einen Militärputsch gestürzt.

Gracchus, Gaius Sempronius
römischer Volkstribun 123/22 v. Chr.
** um 153*
† 121 v. Chr. Rom
G. und sein Bruder Tiberius Sempronius →G. entstammten väterlicherseits einem Zweig des plebejischen Adelsgeschlechts der Sempronier; ihre Mutter Cornelia, eine hochgebildete Frau, Tochter des Hannibalbezwingers →Scipio, erzog ihre Kinder so sorgfältig, »daß man die Vorzüge der Söhne mehr der Erziehung durch die Mutter als der eigenen Veranlagung zuschrieb« (Plutarch). Zehn Jahre nach der Ermordung seines Bruders nahm G. (nach seiner Quästur in Sardinien) als Volkstribun 123 dessen Reformprogramm in erweiterter Form wieder auf. Dabei stützte er sich auf das Volk (plebs, proletarii), das er durch ein Korngesetz zur Verteilung des Getreides zu niedrigsten Preisen gewann, und auf die Ritterschaft (equites), der er die bis dahin den Senatoren vorbehaltene Besetzung der Geschworenengerichte übertrug und ihr damit erstmals den Zugang zu öffentlichen Ämtern ermöglichte. Eine weitere Reform sah vor, den Soldaten die Ausrüstung zu stellen. Für seine Agrarreform sah er die Kolonisation außeritalischer Gebiete (u. a. Karthago) durch Plebejer vor. 122 erneut zum Volkstribun gewählt, konnte er die Verleihung des vollen Bürgerrechts an die Latiner und des latinischen Rechts an die übrigen italischen Bundesgenossen nicht durchsetzen. Als der Senat, nun im Bündnis mit den Rittern, nach seiner Niederlage bei den Wahlen für das Volkstribunat 121 seine Reformen rückgängig machte, kam es zu einem Aufstand in Rom, in dem etwa 3000 Anhänger G.s ums Leben kamen. Auf der Flucht ließ G. sich von einem Sklaven töten.

Gracchus, Tiberius Sempronius
römischer Volkstribun 133/32 v. Chr.
** um 163 v. Chr.*
† 133 v. Chr. Rom
Als Volkstribun des Jahres 133 wollte G. durch Neuverteilung des zumeist in den Händen der adligen Großgrundbesitzer befindlichen ager publicus die Lage des röm. Bauerntums verbessern, das die Basis der militär. Kraft Roms war. Darüber hinaus wollte er privaten Landbesitz einschränken und das freigewordene Land unter die besitzlosen Bauern aufteilen. Den Widerstand der Senatsmehrheit brach er, indem er den gegen ihn opponierenden zweiten Volkstribun absetzte. Als er sich entgegen der Verfassung für das Jahr 132 erneut zum Volkstribunen wählen lassen wollte, kam es zum Kampf, in dem er mit 200–300 seiner Anhänger umgebracht wurde.

Gramsci, Antonio
Generalsekretär der KP Italiens 1924–1937
** 23. 1. 1891 Ales, Sardinien*
† 27. 4. 1937 Rom
G. war seit 1913 Mitgl. der Sozialist. Partei und bildete aus deren linkem Flügel 1919 um die Zeitschrift »Ordine Nuovo« eine Gruppe, die die Turiner Rätebewegung theoretisch fundierte und die Keimzelle der 1921 von ihm mitgegründeten Kommunist. Partei Italiens war. 1920 leitete er den großen Generalstreik in Turin und gründete 1924 die Tageszeitung »Unità« als Zentralorgan der KPI. Seit 1924 Generalsekretär der Partei und Parlamentsabg., wurde er 1926 verhaftet und 1928 von einem faschist. Sondergericht zu 20 Jahren Zuchthaus verurteilt. Er starb im Krankenhaus an den Folgen der Haft. Mit seinen zahlreichen, größtenteils in der Haft verfaßten und postum erschienenen Schriften (»Quaderni del carcere«, 6 Bde. 1947) beeinflußte der neben Palmiro →Togliatti bedeutendste kommunist. Theoretiker Italiens die internationale marxist. Diskussion bis in die Gegenwart.

Grandi, Dino *Graf (ab 1937)*
italienischer Faschistenführer
** 4. 6. 1895 Mordano, Provinz Bologna*
† 21. 5. 1988 Bologna
Der Rechtsanwalt, früher Kampfgefährte und Rivale Benito →Mussolinis, kam als radikaler syndikalistischer Nationalist zur faschist. Bewegung, deren Umwandlung in eine Partei er zunächst ablehnte. 1920 akzeptierte er Mussolini als »Duce« und war als einer seiner fähigsten Gefolgsleute 1929–1932 Außen-Min., 1932–1939 Botschafter in London, 1939–1943 Justiz-Min. und Kammer-Präs. Unter dem Eindruck der alliierten Landung in Italien und der Bombardierung Roms erwirkte er in der Sitzung des Faschist. Großrats am 24./25. 7. 1943 den Sturz Mussolinis. Er floh nach Portugal, lebte bis 1957 in Brasilien, kehrte dann nach Italien zurück.

Grandval, Gilbert
französischer Hoher Kommissar
und Botschafter im Saarland
** 12. 2. 1904 Paris*
† 29. 11. 1981 Paris
G. (eigentl. *G. Hirsch*) kämpfte nach 1940 führend in der französ. Widerstandsbewegung, schloß sich den Linksgaullisten an und prägte zwischen 1945–1955 als Militärgouverneur, Hoher Kommissar und zuletzt als Botschafter die französ. Politik im Saarland. Zunächst um die Loslösung des Saargebiets von Dtschld. bemüht, favorisierte er später seine Europäisierung. 1955 war er Generalresident von Marokko, 1962–1966 Arbeits-Min. im Kabinett von Georges →Pompidou.

Grant,
Ulysses Simpson

18. Präsident der USA
1869–1877
** 27. 4. 1822*
Point Pleasant, Ohio
† 23. 7. 1885
Mount McGregor
bei Saratoga, New York

G. erkämpfte im Sezessionskrieg für den Norden 1863 die Siege von Vicksburg und Chattanooga und zwang als Oberbefehlshaber (seit 1864) 1865 den konföderierten Oberbefehlshaber Robert E. →Lee zur Kapitulation. Seit 1867/68 Kriegsminister, wurde er 1868 für die Republikaner zum Präs. gewählt und 1872 wiedergewählt. Unter ihm wurden die letzten Südstaaten wieder in die Union aufgenommen (1870) und eine Amnestie erlassen (1872), jedoch blieb es seinem Nachfolger, dem Demokraten Rutherford B. →Hayes vorbehalten, die Reconstruction durch den vollständigen Abzug der Besatzungstruppen zu beenden. G.s Politik im Interesse der Großindustrie und des Finanzkapitals erleichterte den Wiederaufbau im Süden, förderte jedoch eine hemmungslose Korruption, über deren Skandale sich seine Republikan. Partei spaltete.

Granvelle, Antoine Perrenot de
spanischer Kardinal, Minister Karls V. und Philipps II.
** 20. 8. 1517 Besançon*
† 21. 9. 1586 Madrid
(Auch *Granvela*). G., seit 1540 Bischof von Arras, folgte 1550 seinem Vater Nicolas Perrenot de →G. als Staatssekretär Kaiser →Karls V. nach und übernahm diverse diplomat. Missionen. 1553 fädelte er die Heirat →Philipps II. mit →Maria der Katholischen von England ein. 1560 wurde er Erzbischof von Mechelen, 1561 Kardinal. Als leitender Minister (seit 1560) der Statthalterin in den Niederlanden, →Margarete von Parma, ging er so scharf gegen die Protestanten vor, daß er 1564 entlassen wurde. Seit 1565 im Auftrag Philipps II. in Italien, u. a. als spanischer Vizekönig von Neapel (1571–1575), schmiedete er die Heilige Liga (Spanien, Venedig, Papst), die 1571 die Expansion des Osmanischen Reichs im westlichen Mittelmeer durch den Seesieg bei Lepanto stoppen konnte. Seit 1579 leitender Minister in Madrid, bewog G. Philipp II., die Personalunion zwischen Spanien und Portugal militärisch (durch Herzog →Alba) herzustellen (1580). 1584 erhielt er das Erzbistum Besançon.

Granvelle, Nicolas Perrenot de
Kanzler Kaiser Karls V.
** 1486 Ornans, Doubs*
† 28. 8. 1550 Augsburg
(Auch *Granvela*). Der aus Burgund stammende Diplomat wurde 1530 Staatssekretär →Karls V. und Siegelbewahrer des Königreichs Neapel-Sizilien. Als einflußreichster Minister empfahl er dem Kaiser eine kriegsvermeidende Politik gegenüber den dt. Protestanten, die Beförderung ihrer inneren Widersprüche und ihre über Kompromisse erreichbare Rückgewinnung für die kath. Kirche.

Gratian(us), Flavius
römischer Kaiser 367–383
** 359 Sirmium*
† 25. 8. 383 Lyon
Kaiser →Valentinian I. machte seinen Sohn G. achtjährig 367 zum Mitkaiser (Augustus) im westl. Reichsteil mit Sitz in Trier. Nach dem Tod des Vaters 375 teilte sich G. die Herrschaft mit seinem unmündigen Bruder Valentinian II. (* 371, † 392) und übte für ihn die Regentschaft aus. Seine jugendl. Regierungszeit wurde wesentlich durch krieger. Konflikte mit den Alemannen und den Westgoten geprägt, die von den Hunnen aus dem Gebiet des Schwarzen Meers verdrängt worden waren. Nachdem 378 sein Onkel →Valens, Augustus des östl. Reichsteils, in der Schlacht bei Adrianopel gegen die Westgoten gefallen war, machte er 379 →Theodosius I. (d. Gr.), zu dessen Nachfolger und befriedete die Donauprovinzen durch Ansiedlung der Westgoten als Foederati (380). Mit seinen unter dem Einfluß des →Ambrosius dekretierten Maßnahmen gegen den Arianismus (→Arius) und die röm. Staatsreligion (er selbst legte 379 den Titel des Oberpriesters, Pontifex Maximus, ab) provozierte er Widerstand in der röm. Gesellschaft. Im Konflikt mit dem Usurpator →Maximus in Gallien liefen seine Truppen über, G. wurde auf der Flucht ermordet.

Gregor, *Päpste*

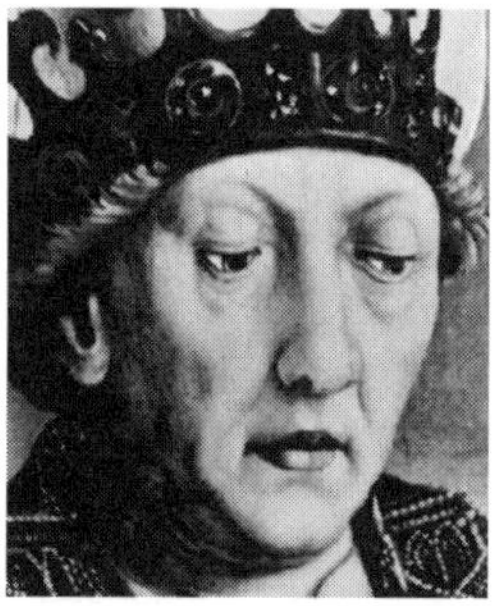

Gregor I., *der Große*
Papst 590–604
** um 540 Rom*
† 12. 3. 604 Rom
G. stammte aus senator. Adel, war 572/73 Stadtpräfekt von Rom und lebte seit 575 als Mönch in seinem zum Kloster umgewandelten Palast. Seinem Vorgänger Pelagius II. (Papst 579–590) diente er seit 579 als Gesandter in Konstantinopel (bis 584) und Berater. Während des Niedergangs des Oström. Reichs und der Bedrohung Italiens durch die Langobarden begründete G. den Kirchenstaat und die weltl. Macht des Papsttums, indem er die Verwaltung des ausgedehnten päpstl. Grundbesitzes (Patrimonium Petri) neu organisierte. Mit seiner großzügigen sozial-karitativen Fürsorge und als Anwalt der bäuerlichen Bevölkerung erwarb er sich den Ruf des »Konsuls Gottes« und machte sich damit auch zum polit. Führer der italien. Bevölkerung. Mit Erfolg bemühte er sich um die Christianisierung der german. Völker: Er betrieb die Mission der Angelsachsen und Franken, erreichte eine engere Bindung der Westgoten an Rom und einen friedlichen Ausgleich mit den Langobarden, deren Übertritt zum Katholizismus er zusammen mit ihrer kath. Königin Theodelinde († um 627) vorbereitete.
Mit seinen sich auf →Augustinus berufenden, vor

allem moraltheolog. Schriften prägte G. die kirchl. Lehre des Frühmittelalters (»Moralia in Job« [= Hiob], »Regula pastoralis«); seine Sammlung von Wundergeschichten über den hl. Benedikt und andere latein. Heilige begründeten den Glauben an die Wunderkraft der Reliquien und an das Fegefeuer. Auch liturg. Neuerungen gehen auf ihn zurück; dagegen war er an der Entstehung des nach ihm benannten Gregorian. Chorals vermutlich nicht direkt beteiligt. Die Vorrechte des röm. Bischofs behauptend, legte er sich nach der Selbstbezeichnung des Patriarchen von Konstantinopel als »ökumen. Patriarch« den Titel »Servus servorum Dei« (»Knecht der Knechte Gottes«) zu, der bis heute gilt. Heiliger und Kirchenlehrer (Fest: 3. 9.).

Gregor II.
Papst 715–731
** 669 Rom*
† 11. 2. 731 Rom
Obwohl loyal gegenüber Byzanz, scheute G. den Konflikt mit dem oström. Kaiser →Leo III. nicht: Er stand an der Spitze des italien. Protests gegen dessen drückende Steuerforderungen und war in theolog. Fragen, insbesondere im Bilderstreit seit 726 (Bilderverbot in Byzanz 730), zu keinen Konzessionen bereit. Die Eroberung Roms durch die Langobarden unter König →Liutprand wußte er 729 zu verhindern. G. erneuerte röm. Kirchen und Klöster und forcierte die Missionierung des Frankenreichs. 719 erteilte er →Bonifatius den Missionsauftrag für das Gebiet des späteren Dtschld. (hauptsächl. bei den Thüringern, Friesen, Hessen), 722 weihte er ihn zum Missionsbischof. Heiliger (Fest: 13. 2.). Nachfolger: →G. III.

Gregor III.
Papst 731–741
† 28. 11. 741
Der Papst syrischer Herkunft regierte in der Nachfolge von →G. II. die römische Kirche in einer der schwierigsten Perioden ihrer Geschichte. Nach vergebl. Vermittlungsversuchen verurteilte er den Bildersturm des oström. Kaisers →Leo III., der daraufhin Süditalien, Illyrien und Griechenland der röm. Jurisdiktion entzog und sie dem Patriarchen von Konstantinopel unterstellte. Auch gegen die Expansionspolitik des langobard. Königs →Liutprand mußte G. sich zur Wehr setzen. Als erster Papst rief er die Franken unter ihrem Hausmeier →Karl Martell um Hilfe an, wenn auch vorläufig vergeblich. Heiliger (Fest: 28. 11.). Nachfolger: →Zacharias.

Gregor V.
Papst 996–999
** 972*
† 18. (?) 2. 999 Rom
(Vorher *Brun von Kärnten*). Der Urenkel Kaiser →Ottos I. (d. Gr.) war der erste dt. Papst. Er wurde von →Otto III. eingesetzt und krönte ihn zum röm.-dt. Kaiser. Nur mit dessen militär. Hilfe konnte er sich gegen den von einer röm. Adelspartei (Crescentier) mit byzantin. Hilfe erhobenen griech. Gegenpapst Johannes (XVI.) (997/98) behaupten.

Gregor VI.
Papst 1045/46
† 1047 Köln (?)
(Vorher *Johannes Gratianus*). G. folgte →Benedikt IX. im Pontifikat, indem er ihm die Papstwürde abkaufte. Um den Wiederausbruch des Schismas zu vermeiden, veranlaßte Kaiser →Heinrich III. seine Absetzung wegen Simonie (kirchl. Ämterkauf) durch die Synode von Sutri (1046) und verbannte ihn nach Köln, wohin ihn der Benediktinermönch Hildebrand (später →G. VII.) begleitete.

Gregor VII.
Papst 1073–1085
** zw. 1019 u. 1030 Soana (?), Toskana*
† 25. 5. 1085 Salerno
(Vorher *Hildebrand*). G. etablierte das Papsttum als mit dem Kaisertum rivalisierende Macht des Mittelalters. Papst →Leo IX. berief den Benediktinermöch von Cluny 1049 nach Rom, wo er als Archidiakon seit 1059 die Politik der Kurie mitbestimmte. Als Papst setzte G. mit der Gregorian. Reform den unter seinen Vorgängern begonnenen Kampf gegen Simonie (Kauf kirchl. Ämter), Priesterehe und Laieninvestitur (Vergabe von Kirchenämtern durch weltl. Fürsten) fort und konzentrierte die Macht der Kirche beim Heiligen Stuhl. Den Widerstand vieler Bischöfe versuchte er zunächst mit Hilfe der Fürsten zu überwinden, doch geriet er über die Investiturfrage mit dem dt. König →Heinrich IV. in einen heftigen Streit, der die Verfassung des Reiches und der Reichskirche erschütterte.

Seine Zuspitzung erfuhr der Investiturstreit mit der im »Dictatus Papae« (1075) von G. behaupteten Unterordnung der weltl. Herrschaft unter das Papsttum. Auf dem Höhepunkt des Konflikts exkommunizierte und bannte G. Heinrich 1076, der sich ihm unter dem Druck der Fürstenopposition 1077 in Canossa unterwarf. Auf den zweiten Bann 1080 nominierte Heinrich jedoch den Gegenpapst Klemens (III.), eroberte Rom und setzte G. in der Engelsburg gefangen (1084). Vom Normannenherzog →Robert Guiscard befreit, mußte er wegen der Erbitterung der Römer über die Verwüstungen der Normannen fliehen und starb im normann. Exil.
Trotz seiner persönl. Niederlage entschied G. mit seinem Pontifikat den Sieg der Kirchenreform des 11. Jh. und wurde in seinem Kampf um eine religiös überhöhte Ordnung der Welt zu einem der bedeutendsten geistigen Gestalter des hohen Mittelalters. Obwohl selbst kein Mann der theolog. Spekulation oder jurist. Definitionen, gab er entscheidende Anstöße zur wissenschaftl. Kanonistik und zur Ausbildung der scholast. Methode. Heiliger (Fest: 25. 5.). Nachfolger: →Viktor III. (▷ Chronik Zitat)

Gregor IX.
Papst 1227–1241
** um 1160 Anagni*
† 22. 8. 1241 Rom
(Vorher *Graf Ugolino von Segni*, Neffe von Papst →Innozenz III.). Hoch begabt und jurist. gebildet, übte der spätere Papst schon als Kardinalbischof von Ostia (seit 1206) großen Einfluß auf die Kurie unter Honorius III. (Papst 1216–1227) aus. Mit großer Energie suchte er den päpstl. Machtanspruch und die Freiheit des Kirchenstaats zu behaupten und geriet darüber, verbündet mit den aufständ. lombard. Städten, in schwere Konflikte mit Kaiser →Friedrich II. Gegen dessen Stammland Sizilien sprach er zweimal das päpstl. Interdikt aus (1227/39) und versuchte es während Friedrichs Kreuzzug in Palästina vergeblich zu erobern. Nachdrücklich unterstützte er die neuentstandenen Bettelorden der Franziskaner und Dominikaner, denen er die Wahrnehmung der kirchl. Inquisition übertrug, die Mission des Dt. Ordens im Osten und die aus den Orden entsandten Missionare in vom Islam beherrschte Gebiete. Nachfolger: →Innozenz IV.

»Alle Fürsten haben die Füße allein des Papstes zu küssen«

Chronik Zitat

In seinem »Dictatus Papae« formulierte Gregor VII. den Anspruch auf die Universalherrschaft des Papstes vor jeder kirchlichen und weltlichen Macht:

»1. Einzig und allein von Gott ist die römische Kirche gegründet.
2. Nur der römische Papst trägt zu Recht den Titel des universalen Papstes.
3. Er ganz allein kann Bischöfe absetzen und auch wieder einsetzen.
4. Sein Legat, auch wenn er einen geringeren Grad bekleidet, führt auf jedem Konzil den Vorsitz vor den Bischöfen; er kann diese absetzen.
5. Auch Abwesende kann der Papst absetzen.
6. Von anderer Gemeinschaft ganz abgesehen, darf man mit Exkommunizierten sich nicht einmal in demselben Hause aufhalten.
7. Nur er darf, wenn es die zeitliche Notwendigkeit verlangt, neue Gesetze erlassen, neue Gemeinden gründen, aus einer Kanonie eine Abtei machen und umgekehrt, ein reiches Bistum teilen und arme zu einem einzigen zusammenlegen.
8. Nur er verfügt über die kaiserlichen Insignien.
9. Alle Fürsten haben die Füße einzig und allein des Papstes zu küssen.
10. Nur sein Name darf in der Kirche genannt werden.
11. In der ganzen Welt gilt nur dieser Papsttitel.
12. Der Papst kann Kaiser absetzen...
16. Keine Synode darf ohne seine Weisung eine allgemeine genannt werden.
17. Gegen seine Autorität kann kein Kapitel und kein Buch als kanonisch gelten.
18. Sein Entscheid kann von niemandem aufgehoben werden, er selbst kann Urteile aller anderen Instanzen aufheben…
22. Die römische Kirche hat nie geirrt und wird nach dem Zeugnis der heiligen Schrift auch in Ewigkeit nicht irren...
26. Wer nicht mit der römischen Kirche übereinstimmt, kann nicht als katholisch gelten.
27. Er kann Untertanen vom Treueid gegen unbillige (Herrscher) entbinden.«

Gregor X.
Papst 1271–1276
** 1210 Piacenza*
† 10. 1. 1276 Arezzo
(Vorher *Tedaldo Visconti*). Um die Wiedereroberung der heiligen Stätten durch einen gemeinsamen Kreuzzug (vergeblich) bemüht, gelang G. auf dem 2. Konzil von Lyon 1274 mit dem byzantinischen Kaiser →Michael VIII. Palaiologos vorübergehend eine Union mit der Ostkirche (endgültig gescheitert unter →Martin IV. 1281). Selbst erst nach langen Auseinandersetzungen zum Papst gewählt, führte er für die Papstwahl das Konklave ein. Im dt. Interregnum mahnte er die dt. Kurfürsten zur Königswahl und erkannte →Rudolf I. von Habsburg an. Seliggesprochen (Fest: 10. 1.)

Gregor XIII.
Papst 1572–1585
** 1. 1. 1502 Bologna*
† 10. 4. 1585 Rom
(Vorher *Ugo Buoncompagni*). G., der an der Abfassung der Reformdekrete des Konzils von Trient (1545–1563) beteiligt war und 1565 Kardinal wurde, war einer der großen Päpste der Gegenreformation. Er konzentrierte sich auf die Rückgewinnung verlorener Gebiete und die innerkirchl. Erneuerung (Durchführung der tridentin. Dekrete, liturg. Reformen), wobei er den Jesuiten weitreichenden Einfluß gewährte. Die harte Politik des span. Königs →Philipp II. gegen die Reformierten in den Niederlanden und die Verfolgung der Hugenotten in Frankreich (Bartholomäusnacht 1572), der ir. Aufstand und die span. Aufrüstung gegen England fanden seinen Zuspruch. Dtschld. galt sein besonderes Interesse: Er gründete eine eigene Kardinalskongregation für die dt. Angelegenheiten und errichtete neue Nuntiaturen in Köln, Graz und Luzern. Die nach ihm benannte und bis heute gültige Kalenderreform wurde zunächst nur von den kath. Ländern übernommen: Die durch den Julian. Kalender (seit Caesar, 46 v. Chr.) eingetretene Differenz wurde durch Überspringen von 10 Tagen (5.–14. 10. 1582) korrigiert. Nachfolger: →Sixtus V.

Gregor XVI.
Papst 1831–1846
** 18. 9. 1765 Belluno*
† 1. 6. 1846 Rom
(Vorher *Bartolomeo Alberto Cappellari*). G. gehörte dem Eremitenorden der Kamaldulenser (seit 1823 deren Ordensgeneral) an und wurde 1826 Kardinal und Präfekt der Propagandakongregation. Während er Kunst und Wissenschaft in humanist. Tradition förderte, verfolgte er in Theologie und Politik einen starr reaktionären Kurs. Auf den Begriff brachte er seinen Kampf gegen alle modernen Ideen in der gegen die Grundforderungen des Liberalismus (Presse- und Gewissensfreiheit, Trennung von Staat und Kirche) gerichteten Enzyklika »Mirari vos«. Politisch arbeitete er mit der von Fürst von →Metternich angeführten Heiligen Allianz der konservativen Staaten zusammen und lehnte die italienische nationale Einigungsbewegung (Risorgimento) ab. Nachfolger: →Leo XIII.

Gregor der Erleuchter
armenischer Missionar im 3./4. Jh.
(Eigentlich G. *Lusaworitsch*). Der im kleinasiatischen Caesarea (Kappadokien) christlich erzogene Armenier vornehmer Herkunft wurde vom Metropoliten Caesareas zum Bischof Armeniens geweiht und krönte die Missionierung dieses Landes durch die Bekehrung des Königs Trdat (Tiridates) III. (um 300). Damit begründete er die nach ihm benannte Gregorianische bzw. Armenische Kirche als Nationalkirche, die später an dem vom Konzil von Chalkedon (451) verurteilten Monophysitismus (Dogma von der einen Natur Christi als fleischgewordenes Wort Gottes) festhielt.

Gregor von Nazianz
griechischer Kirchenlehrer
** um 329 Arianz bei Nazianz, Kappadokien*
† um 390 Arianz
Der als »christlicher →Demosthenes« gerühmte Redner und Dichter, neben →G. von Nyssa und →Basilius d. Gr. einer der »drei großen Kappadokier«, wurde 372 gegen seinen Willen zum Bischof von Sasima geweiht und war vorübergehend (381) Patriarch von Konstantinopel. Mit Basilius bekämpfte er entschieden den Arianismus (→Arius) und beeinflußte in diesem Sinn maßgeblich das Konzil in Konstantinopel (381). Seine Schriften waren von großer Bedeutung für die Entwicklung der Trinitätslehre und der Christologie. Heiliger (Fest: 2. 1., in der Ostkirche 25. und 30. 1.).

Gregor von Nyssa
griechischer Kirchenvater
** um 334 Caesarea, Kappadokien*
† 394 Nyssa
Der jüngere Bruder →Basilius' d. Gr., den →G. von Nazianz für das Leben in der Kirche gewann, wurde 371 Bischof von Nyssa (bei Caesarea). Zwischenzeitlich aus dem Amt gejagt, verteidigte er Basilius und das Nicäanische Glaubensbekenntnis gegen den Arianismus (→Arius) und nahm 381 am II. Ökumenischen Konzil von Konstantinopel teil, auf dem es – 325 vom byzantinischen Kaiser Theodosius I. dekretiert – als allgemeinverbindlich sanktioniert wurde. Die kirchl. Lehre erweiterte er u. a. um seine Auffassung von der Göttlichkeit des Hl. Geistes und dessen Ausgang aus dem Vater durch den Sohn. Heiliger (Fest: 9. 3., in der Ostkirche 10. 1.).

Gregor von Tours
fränkischer Geschichtsschreiber
** 30. 11. 538 oder 539 Clermont*
† 17. 11. 594 Tours
(Auch *Georgius Florentinus*). Der Angehörige der römischen Senatorenaristokratie, seit 573 Bischof von Tours, war ein bedeutender Erzähler, der in der römischen Tradition wurzelte und in enger Anlehnung an das gesprochene Latein seiner Zeit (Vulgärlatein) schrieb. Neben Heiligenleben und Wunderlegenden verfaßte er mit den 10 Büchern zur fränkischen Geschichte (»Decem libri historiarum«) die bedeutendste Quelle für die Frühgeschichte des Merowingerreichs.

Grévy, Jules
französischer Staatspräsident 1879–1887
** 15. 8. 1807 Mont-sous-Vaudry, Dép. Jura*
† 9. 9. 1891 Mont-sous-Vaudry
Seit 1848 republikan. Abg., zog sich G. nach →Napoleons III. Staatsstreich 1851 aus der Politik zurück. Nach dessen Sturz beteiligte er sich am Aufbau der III. Republik, war 1871–1873 Präsident der Nationalversammlung und seit 1876 Kammer-Präs., bevor er nach dem Sturz Patrice de →MacMahons als gemäßigter Republikaner und Gegner Léon →Gambettas 1879 zum Präs. gewählt wurde (1885 wiedergewählt). Gegenüber der von Gambetta und Georges →Boulanger forcierten Revanchepolitik gegenüber Dtschld. vertrat er eine auf Ausgleich bedachte Linie. Durch strenge Beachtung der Verfassung von 1875 festigte er die III. Republik, mußte jedoch wegen eines Bestechungsskandals, in den sein Schwiegersohn verwickelt war, zurücktreten.

Grey, Charles,
2. Earl of
britischer Premierminister 1830–1834
** 13. 3. 1764 Fallodon, Northumberland*
† 17. 7. 1845 Howick, Northumberland
Der Gefolgsmann des Whig-Führers Charles James →Fox folgte diesem 1806/07 im Amt des Außen-Min. Nachdem er sich bereits seit 1792 für eine Parlamentsreform eingesetzt hatte, führte er als Premier-Min. 1832 die erste große Änderung des britischen Wahlrechts (Reformbill), die sogenannte »bürgerliche Reform«, durch.

Grey, Sir Edward *(Viscount G. of Fallodon, ab 1916)*
britischer Außenminister 1905–1916
** 25. 4. 1862 London*
† 7. 9. 1933 Fallodon
Der liberale Befürworter des Imperialismus, seit 1885 Unterhausabgeordneter (bis 1916), vollendete als Außen-Min. unter den Premier-Min. Henry →Campbell-Bannerman und Herbert H. →Asquith die Bündniskonstellation des 1. Weltkriegs, indem er den englisch-russischen Gegensatz beilegte (Verständigung über Afghanistan und Persien 1907) und so die Entente Cordiale mit Frankreich zur Triple Entente erweiterte. Seine Flottenvereinbarungen mit Frankreich 1912 und Rußland 1914 begriff er als Antwort auf die deutsche Flottenrüstung. Am Vorabend des 1. Weltkriegs schlug er eine Großmächtekonferenz zur Lösung des serbisch-österreichischen Konflikts vor, die von Deutschland Ende Juli 1914 abgelehnt wurde. 1915 bewog er Italien zum Kriegseintritt gegen Dtschld.

Griffith, Arthur
erster irischer Staatspräsident 1922
** 31. 3. 1872 Dublin*
† 12. 8. 1922 Dublin
G. gab seit 1899 die Zeitschrift »The United Irishman« als Organ der irischen Unabhängigkeitsbewegung heraus, gründete 1905 die radikale Bewegung Sinn-Féin (»Wir selbst«) und übernahm ihre Führung. 1919/20 war er Chef der Rebellenregierung und handelte 1921 als Gemäßigter gegen den

Widerstand des radikalen Flügels der irischen Unabhängigkeitsbewegung den Friedensvertrag mit Großbritannien aus, der Südirland als »Irish Free State« den Dominionstatus verschaffte, Nordirland jedoch unter britischer Herrschaft beließ. G. wurde erster Präsident des Freistaats, suchte sich im ausbrechenden Bürgerkrieg gegen die von Eamon de Valera angeführte Opposition zu behaupten und wurde erschossen.

Grivas, Georgios
griechisch-zypriotischer Nationalist
** 23. 3. 1898 Trikomo bei Famagusta*
† 27. 1. 1974 Limassol
Seit 1955 führte G. die zypriotische Untergrundbewegung EOKA (Nationale Organisation der Befreiung Zyperns) gegen die britische Kolonialherrschaft an (Deckname *Digenis*) und betrieb den Anschluß Zyperns an Griechenland (Enosis). Nach dem Londoner Zypern-Abkommen 1959, das die Unabhängigkeit Zyperns unter Erzbischof →Makarios als Staatspräsidenten festschrieb, verließ er den Inselstaat, kehrte 1964 zurück, übernahm den Oberbefehl über das griechisch-zypriotische Militär, mit dem er die türkischen Zyprioten terrorisierte, bis er 1967 abberufen wurde. Später bekämpfte er Makarios aus dem Untergrund (1972/73).

Groener, Wilhelm

deutscher Reichswehrminister 1928–1932
** 22. 11. 1867 Ludwigsburg, Württemberg*
† 3. 5. 1939 Potsdam

Seit 1912 Chef der Eisenbahnabteilung im Großen Generalstab, organisierte G. den reibungslosen Truppentransport bei der Mobilmachung und während des 1. Weltkriegs bis 1916. Im Okt. 1918 wurde er Nachfolger Erich v. →Ludendorffs als Erster Generalquartiermeister der Obersten Heeresleitung und spielte eine Schlüsselrolle bei der Abdankung Kaiser →Wilhelms II. Nach der Proklamation der Republik vereinbarte er mit Friedrich →Ebert die Zusammenarbeit von Oberster Heeresleitung und dem Rat der Volksbeauftragten, verhinderte mit ihm das Rätesystem und neutralisierte den Widerstand der Reichswehr gegen den Versailler Vertrag. 1920–1923 Reichsverkehrsminister, löste er 1928 den Liberalen Otto →Geßler als Reichswehrminister ab. Gemäßigt konservativ, jedoch parteilos, stützte er Reichskanzler Heinrich →Brüning. Nachdem er nach langem Zögern als Innen-Min. (im 2. Kabinett Brüning seit 1931) 1932 SA und SS verboten hatte, mußte er auf Betreiben Kurt v. →Schleichers, mit dem er lange Zeit politisch kooperiert hatte, als Reichswehrminister zurücktreten, zwei Wochen später mit Sturz der Regierung Brüning auch als Innenminister.

Gromyko, Andrei Andrejewitsch

sowjetischer Außenminister 1957–1985
** 18. 7. 1909 Staryje Gromyki bei Gomel*
† 2. 7. 1989 Moskau

(Eigentlich *Andrei Burnakow*). G. begann seine diplomatische Karriere 1943 als Botschafter in Washington und überdauerte in verantwortlicher Position alle Regierungs- und Richtungswechsel in der Sowjetunion bis kurz vor ihrem Zusammenbruch. Josef W. →Stalin diente er 1946–1948 als ständiger Vertreter der Sowjetunion im Sicherheitsrat der UN und 1948–1952 als stellvertretender Außen-Min. Unter Nikita S. →Chruschtschow war er 1953 bis 1957 abermals stellvertretender Außen-Min., bevor er 1957 zum Außen-Min. aufstieg und dieses Amt auch unter den Generalsekretären der KPdSU Leonid →Breschnew, Juri W. →Andropow und Konstantin Tschernenko behielt. 1973–1988 Mitglied des Politbüros der KPdSU und 1983–1985 zugleich erster stellvertretender Vorsitzender des Ministerrats, hatte er sich seine Position in der Nomenklatura beharrlich ausbauen können. Michail →Gorbatschow, dessen Wahl zum Generalsekretär G. unterstützt hatte, drängte den zeitweilig dienstältesten Außen-Min. der Welt, einen der geschicktesten Taktiker auf der internationalen politischen Bühne, 1985 in das Amt des formellen Staatsoberhaupts (Vorsitzender des Präsidiums des Obersten Sowjets, bis 1988) ab, um mit Eduard A. →Schewardnadse als Außenminister ein neues Kapitel in der Geschichte aufschlagen zu können.

Grotewohl, Otto

Ministerpräsident der DDR 1949–1964
** 11. 3. 1894 Braunschweig*
† 21. 9. 1964 Berlin (Ost)

Der Buchdrucker, später Krankenkassenangestellte, schloß sich 1912 der SPD an, 1918–1922 der USPD, dann wieder der SPD. 1921–1924 war er Landes-Min. für Inneres und Volksbildung bzw. Justiz und Inneres in Braunschweig, 1925–1933 MdR. Nach 1933 als Handelsvertreter tätig, wurde er mehrfach als Gegner des Nationalsozialismus inhaftiert (ab 1938). 1945 Vors. des Zentralausschusses der SPD in Berlin, befürwortete er nach anfängl. Widerstreben 1946 den Zusammenschluß von SPD und KPD in der der Sowjet. Besatzungszone zur Sozialistischen Einheitspartei Dtschld.s (SED) und wandelte sich vom Sozialdemokraten zum Kommunisten. Mit Wilhelm →Pieck leitete er die SED 1946 bis 1954 und war 1950–1964 Mitgl. ihres Zentralkomitees und Politbüros. Mit Gründung der DDR 1948 erster Min.-Präs., scheiterte er mit Kontaktversuchen zur Herstellung der staatlichen Einheit Deutschlands. 1950 erreichte er die Kürzung der Reparationszahlungen der DDR an die Sowjetunion von 6,3 auf 3,2 Mrd. Dollar. Unter der Dominanz Walter →Ulbrichts verlor er zunehmend an polit. Einfluß. Seit 1960 schwer krank, übernahm sein Nachfolger Willi →Stoph de facto vorab seine Aufgaben.

Groza, Petru
rumänischer Ministerpräsident 1945–1952
** 7. 12. 1884 Băcia, Siebenbürgen*
† 7. 1. 1958 Bukarest
Der Rechtsanwalt, zeitweilige Abg. und Min. übernahm 1934 die Führung der neugegründeten linksradikalen Landarbeiterfront. 1943/44 inhaftiert, betrieb er nach dem Sturz Ion →Antonescus das Zusammengehen mit den Kommunisten und führte seit 1945 ein Kabinett der »National-Demokrat. Front«, mit dem er durch die Ausschaltung der Nationalliberalen unter Ion C. →Brătianu und der Bauernpartei die Sowjetisierung Bulgariens betrieb. Seit 1952 war er als Vors. des Präsidiums der Nationalversammlung Saataoberhaupt.

Gruber, Karl
österreichischer Außenminister 1945–1953
** 3. 5. 1909 Innsbruck*
G., der unter dem Nationalsozialismus im österr. Widerstand tätig war, trat 1945 in die Regierung von Leopold →Figl ein und war Abg. im Nationalrat für die Österr. Volkspartei (ÖVP). Mit seinem italien. Kollegen Alcide →De Gasperi verständigte er sich 1946 über die Südtirolfrage (G.-De Gasperi-Abkommen) und arbeitete auf den Abschluß des Österr. Staatsvertrags hin, der 1955 Österreich die Souveränität zurückgab. 1953 mußte er zurücktreten, nachdem er in seinem Buch »Zwischen Befreiung und Freiheit« die Kollaboration von Kommunisten und führenden Kräften in der ÖVP im Jahre 1947 aufgedeckt hatte. Danach vertrat er sein Land bis 1974 als Botschafter in den USA, Spanien, in der BR Dtschld. und der Schweiz.

Gudea
sumerischer König um 2143–2124 v. Chr.
G. war nichtköniglicher Abstammung und kam durch die Heirat mit der Tochter seines Vorgängers Urbaba auf den Thron von Lagasch. Von dort beherrschte er das südliche Babylon (u. a. Ur und Uruk) und kontrollierte den Seehandel am Persischen Golf. Kriegerisch expandierte er erheblich den Machtbereich von Elam, das er durch ausgedehnte Handelsbeziehungen zu wirtschaftlichem Wohlstand führte, der sich u. a. in seiner regen Bautätigkeit in Girsu und anderen Städten seines Gebiets dokumentierte. Zwei erhaltene Tonzylinder tragen eine von ihm verfaßte lange Bauinschrift für einen Tempel in Girsu. G. ist in zahlreichen Statuen dargestellt (heute meist im Louvre, Paris).

Guderian, Heinz
deutscher Panzergeneral
** 17. 6. 1888 Kulm, Westpreußen*
† 14. 5. 1954 Schwangau
G. beteiligte sich maßgeblich an Aufbau und Organisation der deutschen Panzerwaffe während der Weimarer Republik und im Dritten Reich, mit der er während des 2. Weltkriegs in Polen und Frankreich durchschlagende Erfolge erzielte. Seit 1940 Generaloberst, wurde er von Adolf →Hitler abgesetzt, als er 1941 seine Truppen vor Moskau eigenmächtig zurückverlegte. Im März 1943 wurde er zum Generalinspekteur der Panzertruppen ernannt. Seit Juli 1944 Chef des Generalstabs des Heeres, wurde er – gemeinsam mit anderen Generalen, denen Hitler Versagen vorwarf – im März 1945 erneut entlassen.

Guevara Serna, Ernesto (»Che«)

lateinamerikanischer Sozialrevolutionär
** 14. 6. 1928 Rosario (Argentinien)*
† 9. (?) 10. 1967 bei Higueras (Bolivien)

Der Arzt kämpfte als Guerillaführer seit 1955 mit Fidel →Castro gegen den kuban. Diktator Fulgencio →Batista. Nach dem Sieg der Revolution versuchte er, u. a. als Präs. der Nationalbank (1959–1961), dann als Industrie-Min. (1961–1965), die Wirtschaft auf ein spezif. kuban. Modell des Sozialismus einzustellen und verstaatlichte amerikan. Firmen und den Großgrundbesitz. Nachdem er mit seiner Industriepolitik zunehmend im Widerspruch zu sowjet. Interessen geraten war, verließ er 1965 Kuba, um die revolutionären Bewegungen in Lateinamerika zu organisieren. Sein Versuch, durch die Mobilisierung der indian. Landbevölkerung einen Umsturz in Bolivien herbeizuführen, scheiterte. Seine Guerillaeinheit wurde von der Armee aufgerieben, er selbst gefangengenommen und erschossen. Nach seinem Tod wurde G. zum Idol der revolutionär gestimmmten Studentenbewegung in der westl. Welt. Er schrieb u. a. »Guerilla – Theorie und Methode«, dt. 1968; »Venceremos! Wir werden siegen!«, dt. 1968; »Bolivian. Tagebuch«, 1967.

Guicciardini, Francesco
italienischer Geschichtsschreiber und Politiker
** 6. 3. 1483 Florenz*
† 22. 5. 1540 Arcetri bei Florenz
G., Freund und Anhänger Niccolò →Machiavellis, vertrat den Stadtstaat Florenz 1512–1514 am span. Hof →Ferdinands II. (des Katholischen). Im Dienst der Medici-Päpste →Leo X. und →Klemens VII. verwaltete er als Gouverneur die päpstl. Domänen Modena (seit 1516), Reggio (seit 1517) und Romagna (seit 1524). Im Krieg gegen Frankreich unter →Franz I. führte er als bevollmächtigter General 1521 die päpstl. Armee. Als fakt. Leiter der päpstlichen Außenpolitik im Konflikt mit dem Kaiser brachte er 1526 die gegen →Karl V. gerichtete Liga von Cognac (England, Florenz, Venedig und der Papst unter Führung Frankreichs) zustande. Nach dem Ende der Medici-Ära auf dem Hl. Stuhl 1534 wurde G. wieder Berater der Medici in Florenz. Seine 20bändige, 1537–1540 mit Quellenbelegen verfaßte »Storia d'Italia« über die Zeit 1494–1532 gilt als erstes Beispiel einer modernen Staatengeschichte und ist zugleich eine wichtige Quelle für die Anfänge des europäischen Staatensystems. Erst im 17. Jh. wurde sein Werk »Storia Fiorentina« publiziert, mit dem er die analytische Historiographie begründete.

»Revolutionär – nicht Kommunist«

Chronik Zitat

Der »Spiegel« vom 26. 8. 1968 druckte ein Selbstporträt Ernesto »Che« Guevaras:

»Ich will kein Castro, kein Bolívar, kein Chruschtschow sein. Ich wäre gern der Mao unseres Kontinents. Ich bin ein Mensch, der imstande ist, andere umsonst zu pflegen, und das habe ich meistens getan – aber für alles Gold in der Welt könnte ich nicht einem Menschen nach dem Leben trachten.
Man mag mich für einen Kommunisten halten, aber ich will nicht, daß man das sagt, weil ich fürchte, mit denen in einen Topf geworfen zu werden, die sich selbst Kommunisten nennen und die ich verachte. Es gibt keine Kommunisten mehr, vor allem seit man dieses Wort systematisch für die Russen verwendet. Die Russen haben mit diesem schönen Wort Schindluder getrieben und ein kleinbürgerliches, stinkiges Ragout daraus gemacht. Es sind die sozialistischen Larven, die sich mit noblen Worten aufblähen und bloß saure Milch von sich geben...
Ach, wenn ich an Kuba denke, wo Fidel jetzt dabei ist, dieselbe verrottete Zukunft in die Wege zu leiten; wenn ich daran denke, daß er sich ernstlich bemüht, genau das zu erreichen, dann wird mir übel!
Es ist ja im Grunde nicht so sehr die Sache der Revolution, worum es mir eigentlich geht. Gewiß, ich werde niemals eine sehr persönliche Vision von der Zukunft haben, denn ich bin auf meine Weise alles zugleich: Christ, Marxist, Trotzkist Maoist, aber ich kämpfe darum, daß der Mensch eines Tages im Vergleich mit seinen Mitmenschen Gerechtigkeit und Gleichheit findet.«

Guido von Lusignan
König von Jerusalem 1186–1192
† Mai 1194
Nach dem Tod seines Schwagers Balduin IV. († 1185) und des unmündigen Balduin VI. († 1186) wurde G. König von Jerusalem. In der Schlacht bei Hattin (1187) wurde er von Sultan →Saladin geschlagen, gefangengenommen und gegen das Geblöbnis freigelassen, die Muslime nicht mehr zu bekriegen. Er brach es jedoch und belagerte Akkon 1190/91. 1192 gab er seinen Anspruch auf Jerusalem auf und wurde dafür von →Richard I. Löwenherz mit dem Königreich Zypern abgefunden, wo er die bis 1489 herrschende Dynastie der Lusignan begründete. 1194 erkannte er die Lehnsherrschaft Kaiser →Heinrichs VI. an.

Guiscard, Robert
Normannenherzog von Apulien, Kalabrien und Sizilien 1059–1085, →Robert Guiscard.

***Guise**, lothring. Herzogsfamilie*
Nebenlinie des Hauses Lothringen; erstrebte zeitweilig den französ. Thron und bekämpfte die französ. Protestanten (Hugenotten); 1675 ausgestorben.

Guise, Charles de
Kardinal seit 1547
** 17. 2. 1524 Joinville*
† 26. 12. 1574 Avignon
Seit 1538 Erzbischof von Reims, bestimmte der Kardinal von Lothringen (seit 1550) faktisch mit seinem Bruder François →G. die auf den Kampf gegen die Hugenotten konzentrierte Politik des französ. Königs →Heinrich II. und kontrollierte unter Franz II. (1559/60) auch die Regierung. Unter →Karl IX. verlor er an Einfluß. 1562 vertrat er Frankreich auf dem Konzil von Trient, das seit 1545 tagte, und sorgte für seinen Abschluß.

Guise, Charles de Lorraine
Herzog von Mayenne
** 26. 3. 1554 Alençon*
† 3. 10. 1611 Soissons
Der Sohn von François →G. führte nach der Ermordung seines Bruders Henri I. →G. 1588 die Kath. (Heilige) Liga an und war nach dem Tod →Heinrichs III. (1589) französ. Thronprätendent in Konkurrenz zum Hugenotten →Heinrich (IV.) von Navarra. 1595 unterwarf er sich Heinrich, nachdem dieser zum Katholizismus übergetreten war und von Papst Klemens VIII. die Absolution erhalten hatte.

Guise, François de Lorraine
französischer Feldherr
** 17. 2. 1519 Bar le-Duc*
† 24. 2. 1563 Saint-Mesmin bei Orléans
Unter den Königen →Franz I. und →Heinrich II. zeichnete sich G. als herausragender Heerführer aus. Im span.-französ. Krieg (1552–1559) verteidigte er Metz gegen →Karl V. (1552) und eroberte in dem von ihm und seinem Bruder Charles →G. wiederaufgenommenen Krieg gegen England 1558 Calais, die letzte engl. Festung auf französ. Boden. An der Spitze der gegen die Hugenotten kämpfenden Kath. Liga besetzte er 1562 Paris und nahm die königl. Familie mit der Regentin →Katharina de'Medici und →Karl IX. gefangen. Mit dem Massaker von Wassy (an den Hugenotten) eröffnete er 1562 die Hugenottenkriege (bis 1598).

Guise, Henri I. de Lorraine
französischer Führer der Hl. Liga 1576–1588
** 31. 12. 1550*
† 23. 12. 1588 Blois
(Sohn von François →G., gen. *Balafré* = »der Narbige«). Als großer Gegenspieler und Todfeind des Hugenottenführers Gaspard de →Coligny führte G. mit seinem Bruder Charles →G. die Katholiken in den Hugenottenkriegen (1562–1598) an. Mit →Katharina de'Medici initiierte er 1572 das Massaker der Bartholomäusnacht, bei dem in Paris Coligny und mehr als 2000 Hugenotten umgebracht wurden, in der Provinz anschließend zwischen 10 000 und 20 000 Glaubensgenossen. Im Kampf gegen das Edikt von Beaulieu (1576), das den Hugenotten Religionsfreiheit und Sicherheitsplätze einräumte, gründete er 1576 die Kath. (Heilige) Liga (Sainte Ligue). Im Pariser Aufstand 1588 vertrieb er den zwischen den Parteien schwankenden König →Heinrich III. nach Blois, der G. daraufhin ermorden ließ.

Guizot, François Pierre Guillaume
französischer Außenminister 1840–1848
** 4. 10. 1787 Nîmes*
† 12. 9. 1874 Val-Richer, Normandie
Der Prof. für Geschichte an der Sorbonne (seit 1812) initiierte und führte als konstitutioneller Monarchist die Partei der »Doktrinäre«, die gegenüber dem reaktionären Regime →Karls X. auf buchstabengenauer Erfüllung der Charte (Verfassung) bestand. Nach der Julirevolution 1830 dirigierte er unter dem »Bürgerkönig« →Louis Philippe als Innen- (1830), Unterrichts- (1823–1837) und Außen-Min. (1840–1848) sowie 1847/48 zugleich

als Min.-Präs. die französ. Politik. Gestützt auf das industrielle Besitzbürgertum lehnte er jegliche Reform ab, so daß die in ihren Strukturen erstarrte französ. Gesellschaft schließlich reif für die Revolution war. Nach seinem Sturz 1848 widmete er sich wieder der Erforschung der Geschichte.

Gundikar

König der Burgunder um 413–436

(Auch *Gundahar*). Der *Gunther* des Nibelungenlieds entstammte dem Geschlecht der Gibikungen und herrschte im 1. Burgunderreich von Worms, das 436 mit G.s Niederlage gegen eine hunnische Abteilung →Attilas in Diensten des →Aetius unterging (historischer Kern des Nibelungenliedes). Die Burgunder siedelte Aetius im Voralpengebiet zwischen Genfer See und oberer Isère (Savoyen) an, wo sie das 2. Burgunderreich gründeten (443).

Gürsel, Cemal

türkischer Staatspräsident 1961–1966
** 1895 Erzinan*
† 14. 9. 1966 Ankara

Anfang 1960 wurde G. als Oberbefehlshaber der Armee (seit 1958) in einer schweren inneren Krise von Adnan →Menderes suspendiert, der anschliessend mit einem Ermächtigungsgesetz die Demokratie beseitigte. Wenige Monate später stürzte G. Menderes und Staats-Präs. Mahmut C. Bayar (seit 1950) – und mit ihnen die Herrschaft der Demokratischen Partei – durch einen unblutigen Staatsstreich, übernahm als Vorsitz eines »Komitees der Nationalen Einheit« die Staatsgewalt und wurde 1961 zum Staatspräsidenten gewählt.

Gustav, *Könige von Schweden*

Gustav I. Wasa

König 1523–1560
** 12. 5. 1496 oder 3. 5. 1497 Lindholmen oder Rydboholm, Uppland*
† 29. 9. 1560 Stockholm

Der aus einer Adelsfamilie stammende *G. Eriksson Wasa* kämpfte unter dem schwed. Reichsverweser Sten →Sture gegen den Dänenkönig →Christian II., der in Personalunion (Kalmarer Union, seit 1397) auch Schweden beherrschte. In dän. Gefangenschaft geraten, gelang ihm die Flucht nach Lübeck, mit dessen Unterstützung er in Schweden zum Reichsverweser ausgerufen wurde und in einem Volksaufstand 1521–1523 die Dänen vertrieb. Mit seiner Wahl zum König endete die Kalmarer Union. G. reformierte und zentralisierte die Verwaltung, zog zur Sanierung der Finanzen das Kirchengut ein, übernahm 1527 die Reformation und machte die prot. Kirche zur Staatskirche. Um sich von Lübeck (unter Jürgen →Wullenwever) unabhängig zu machen, dem er für die Unterstützung im Bürgerkrieg außerordentl. Handelsprivilegien zugestanden hatte, unterstützte er Dänemark (→Christian III.) im Krieg gegen die Hansestadt (»Grafenfehde« 1534–1536). Mit der Einführung der erbl. Thronfolge begründete er 1544 die Königsdynastie der Wasa, die bis 1654 (Abdankung Königin →Christines) herrschte. G. wird als schwed. Nationalheld verehrt. Nachfolger: Sohn →Erich XIV.

Gustav II. Adolf

König 1611–1632
** 9. 12. 1594 Stockholm*
† 6. 11. 1632 bei Lützen

G. A., Enkel von →G. I. Wasa und Sohn und Nachfolger →Karls IX., begründete die vorübergehende europ. Großmachtstellung Schwedens. 1613 beendete er den Krieg gegen Dänemark (seit 1611), 1617 den gegen Rußland mit dem Gewinn Kareliens und Ingermanlands. Im Krieg gegen Polen (seit 1621), das durch seinen kath. Vetter →Sigismund III. Anspruch auf den schwed. Thron erhob, eroberte er bis zum Waffenstillstand 1629 Livland und Teile des poln. Ostpreußens. Den Kampf gegen die Gegenreformation nahm er zunächst innenpolitisch auf, indem er 1617 alle Katholiken aus Schweden vertrieb. Das Vordringen der Habsburger (Kaiser →Ferdinand II.) bis an die Ostsee im Zuge des Dreißigjährigen Kriegs bewog ihn zur Aufrüstung gegen die Heilige Liga und zur Intervention mit der Landung in Pommern 1630 zur Rettung des bedrängten dt. Protestantismus. Verbündet mit Frankreich (Vertrag von Bärwalde 1631), besiegte er die kaiserlichen Truppen unter Johann T. →Tilly bei Breitenfeld 1631 und am Lech 1632 sowie Albrecht v. →Wallenstein bei Lützen 1632, fiel aber in dieser Schlacht.Mit seinem Reichskanzler Axel Graf →Oxenstierna reformierte G. das schwed. Staatswesen umfassend. Er gilt als bedeutendster König Schwedens. Nachfolger: Tochter →Christine.

Gustav III.

König 1771–1792
** 24. 1. 1746 Stockholm*
† 29. 3. 1792 Stockholm

Der Neffe →Friedrichs II. (d. Gr.) beendete durch einen unblutigen Staatsstreich 1772 die schwed. »Freiheitszeit«, die fast unumschränkte Macht des vom Adel beherrschten Reichstags und der Stände, und errichtete eine der Form nach konstitutionelle, faktisch jedoch absolutist. Herrschaft. Beeinflußt von den Ideen der Aufklärung reformierte er die Verwaltung, das Finanz- und Heerwesen, humanisierte die Justiz (Abschaffung der Folter 1772), förderte die industrielle Entwicklung und schränkte die Adelsprivilegien zugunsten des Bauernstandes ein. Nach der Niederschlagung einer Verschwörung schwed. und finn. Offiziere (Anjalabund) zu Beginn des Krieges gegen Rußland (1788–1790) setzte G. mit Hilfe von Geistlichkeit, Bürgern und Bauern eine neue Verfassung (Vereinigungs- und Sicherheitsakte) gegen den Hochadel durch, der ihn durch einen verabschiedeten Offizier auf einem Maskenfest in Stockholm ermorden ließ (Inspiration für Giuseppe Verdis Oper »Ein Maskenball«, 1859). – G. hielt glanzvoll hof, förderte aufwendig Kunst und Wissenschaft und schrieb selbst einige Schauspiele. Nachfolger: Sohn →G. IV. Adolf.

Gustav IV. Adolf
König 1792–1809
** 1. 11. 1778 Stockholm*
† 7. 2. 1837 Sankt Gallen
Der Sohn →G.s. III. stand bis Ende 1796 unter Vormundschaft seines Onkels, des ihm nachfolgenden Königs Karl XIII. (1809–1818). 1805 schloß er sich der 3. antinapoleonischen Koalition an, erlitt in Pommern jedoch eine schwere Niederlage. Nach den Siegen →Napoleons I. im 4. Koalitionskrieg und dem Frieden von Tilsit 1807, in dem Rußland und Preußen der Kontinantalsperre gegen England beitraten, hielt er am Bündnis mit England fest. Die Eroberung Finnlands durch Rußland unter Zar →Alexander I. wurde Ausgangspunkt für eine Offiziersverschwörung, die G. 1809 entthronte. Der Reichstag verwies ihn des Landes.

Gustav V. Adolf
König 1907–1950
** 16. 6. 1858 Schloß Drottningholm*
† 29. 10. 1950 Schloß Drottningholm
G., erkannte nach seiner Thronbesteigung die parlamentar. Demokratie an und förderte nach Aufkündigung der Personalunion durch Norwegen (1905) die Zusammenarbeit mit den nord. Staaten auf neuer Grundlage. 1920 setzte er die erste sozialdemokrat. Regierung unter Karl H. →Branting ins Amt. Im 1. wie im 2. Weltkrieg konnte er die Neutralität Schwedens bewahren (wenn auch in letzterem unter Zugeständnissen an Dtschld.). Unter seinem Sohn *Gustav VI. Adolf* (König 1950–1973) verlor die schwed. Krone letzte Machtbefugnisse.

Gyges
König von Lydien um 680–652 v. Chr.
† 652 v. Chr. Sardes
G. begründete die Dynastie der Mermnaden in Lydien und erweiterte seinen Herrschaftsbereich in Kleinasien bis an die Ägäis, wo er durch die ionischen Städte (u. a. Smyrna, Magnesia und Milet) gestoppt wurde. Unterstützt von Assyriens König →Assurbanipal kämpfte er gegen die Kimmerier, die über den Kaukasus nach Anatolien einfielen (667–664). Später wechselte er jedoch die Seite und schickte dem ägypt. König Psammetich I. griech. Söldner zur Hilfe, als dieser sich von der assyr. Oberherrschaft befreite (656). G. fiel vermutlich bei der Abwehr des zweiten Einfalls der Kimmerier, die 652 die Hauptstadt Sardes eroberten.
Um den Antritt seiner Herrschaft, mit der Lydien in die Geschichte eintrat, ranken sich Legenden, u. a. von →Herodot und →Plutarch. →Platon erzählt, G. sei ein Hirte im Besitz eines unsichtbar machenden Rings gewesen, mit dessen Hilfe er die Gemahlin seines Vorgängers Kandaulas (des letzten Königs der Dynastie der Herakliden) gewonnen und den König getötet habe. – Drama von Friedrich Hebbel: »G. und sein Ring«, 1856.

***Haakon,** Håkon, norwegische Könige*

Haakon IV. Haakonsson, *der Alte*
König 1217–1263
** 1204*
† 17. 12. 1263 Kirkwall, Orkneyinseln
Der nachgeborene uneheliche Sohn König *H.s. III.* (1202–1204) mußte sich erst gegen innere Widerstände durchsetzen, u. a. gegen den Gegenkönig Skuli (1240) und wurde 1247 vom päpstl. Legaten gekrönt. Seine Regierungszeit gilt als das Goldene Zeitalter des norweg. Mittelalters. Er einigte Norwegen und legte 1261 die Unteilbarkeit des Reichs und die Erblichkeit der Monarchie fest. 1261 erwarb er Grönland, 1262 Island. Er schloß Handelsverträge mit England und der Hansestadt Lübeck (1250). Sein Leben wurde von dem Isländer Sturla Thórdarson († 1284) geschildert.

Haakon VI. Magnusson
König 1355–1380
** August 1340*
† 1. 5. 1380
H. wurde 1343 zum Nachfolger seines Vaters Magnus VII. Erikson (* 1316, † 1374) bestimmt, übernahm nach dessen Abdankung in Norwegen 1355 die Herrschaft und regierte seit dem Tod seines Bruders Erik 1362 gemeinsam mit seinem Vater auch Schweden. Beide verloren die schwed. Krone jedoch 1364 an Albrecht von Mecklenburg (* 1349, † 1412). H.s Heirat mit der dän. Prinzessin →Margarete bereitete die Vereinigung der drei nord. Königreiche in der Kalmarer Union (1397) vor.

Haakon VII.
König 1905–1957
** 3. 8. 1872 Charlottenlund*
† 21. 9. 1957 Oslo
(Bis zu seiner Krönung *Carl Prinz von Dänemark*). Der Sohn Friedrichs VIII. von Dänemark (1906 bis 1912) bestieg nach Auflösung der Personalunion zwischen Schweden und Norwegen 1905 den norweg. Thron. Im 1. Weltkrieg versuchte er die Neutralitätspolitik der drei nord. Königreiche zu koordinieren. Verheiratet mit der Tochter des engl. Königs →Eduard VII., hielt er in den Weltkriegen freundschaftl. Kontakt mit Großbritannien. Nach der dt. Besetzung Norwegens im 2. Weltkrieg rief er die norweg. Streitkräfte zum bewaffneten Widerstand auf, floh nach der Niederlage ins Exil nach London (1940) und kehrte erst nach dem Ende der dt. Besatzung zurück (1945). Nachfolger: Sohn →Olaf V.

Haase, Hugo
deutscher Sozialist
** 29. 9. 1863 Allenstein*
† 7. 11. 1919 Berlin

Der Rechtsanwalt, der 1897–1907 und 1912–1918 dem Reichstag angehörte, war 1911–1916 neben August →Bebel bzw. Friedrich →Ebert Partei-Vors. und 1912–1915 gemeinsam mit Philipp →Scheidemann Fraktions-Vors. der SPD. Im 1. Weltkrieg gehörte H. zum pazifist. Flügel der Partei, verlas jedoch gegen seine Überzeugung die Bewilligung der Kriegskredite durch die SPD (4. 8. 1914). Ab 1915 stimmte er gegen die Kriegskredite, war seit 1916 Leiter der innerparteil. Opposition (Sozialdemokrat. Arbeitsgemeinschaft) und beteiligte sich 1917 an der Gründung der Unabhängigen Sozialdemokrat. Partei (USPD), deren Vors. er übernahm. Im Nov. und Dez. 1918 war H. neben Ebert Vors. des Rats der Volksbeauftragten und 1919 Mitgl. der Nationalversammlung, bis er einem Attentat zum Opfer fiel.

Habré, Hissène
Staatspräsident des Tschad 1982–1990
** 1942*

In dem seit der Unabhängigkeit des Tschad 1960 anhaltenden Bürgerkrieg, dessen gegnerische Parteien sich durch die Unterstützung und die mehrfachen Interventionen Libyens und Frankreichs im Gleichgewicht hielten, wurde H. nach einem Waffenstillstand 1978 zum Regierungschef ernannt (bis 1979) und war 1979/80 Verteidigungs-Min. Nach zwischenzeitl. Absetzung und erneuter Machtübernahme ernannte er sich 1982 zum Staats-Präs. und regierte mit diktatorischer Gewalt eines der ärmsten Länder der Welt. Obwohl in seinen Kriegen gegen Libyen um den Aouzou-Streifen von Frankreich gestützt, wurde er durch die von Libyen und Sudan aus operierenden Rebellen der Patriot. Heilsbewegung (MPS) unter Führung von Idriss Deby (*1952) vertrieben, der neuer Staats-Präs. wurde.

Hácha, Emil

tschechoslowakischer Staatspräsident
1938–1945
** 12. 7. 1872 Schweiniz, Böhmen*
† 27. 6. 1945 Prag

H. setzte sich in der Sudetenkrise 1938 in Gegensatz zu Eduard →Beneš, übernahm nach dessen Rücktritt das Präsidentenamt und beugte sich im März 1939 dem Ultimatum Adolf →Hitlers zur Annahme des Protektoratsabkommens. Als einflußloser Präs. der »autonomen Verwaltung« des von den Deutschen beherrschten Protektorats Böhmen und Mähren (seit 1939) wurde er nach Einmarsch der Sowjetarmee 1945 verhaftet und starb vor Beginn des gegen ihn wegen Kollaboration und Kriegsverbrechen angestrengten Prozesses. Nachfolger: Beneš.
(▷ Chronik Zitat)

***Hadrian,** Adrian, Päpste*

Hadrian I.
Papst 772–795
** um 720 Rom*
† 25. 12. 795 Rom
Vom Langobardenkönig →Desiderius bedrängt, nahm H. die unter Stephan II. (Papst 752–757) begonnene Politik der Annäherung an das Frankenreich wieder auf und ersuchte →Karl d. Gr. um Hilfe. Karl vernichtete 773/74 das Langobardenreich und erneuerte das Schenkungsversprechen →Pippins III. (des Jüngeren), das für die Ausbildung des Kirchenstaats von größter Bedeutung war. Wegen Karls Weigerung, die Landschenkungen tatsächlich vorzunehmen, kam es zu Spannungen, die sich verschärften, als der Frankenkönig den Papst im Bilderstreit dogmat. Irrtümer vorwarf. Die wachsende Macht des fränk. Herrschers und seine Einmischung in innerkirchl. Angelegenheiten wirkten sich jedoch erst voll unter H.s Nachfolger →Leo III. aus.

Hadrian IV.
Papst 1154–1159
** um 1115 Langley, Hertford*
† 1. 9. 1159 Anagni
(Vorher *Nikolaus Breakspear*). H. war der einzige engl. Papst. Seit 1149 Kardinal, wurde er 1152 päpstl. Legat in Skandinavien. Er unterdrückte den von →Arnold v. Brescia angeführten Aufstand in Rom und erreichte dessen Auslieferung durch →Friedrich I. Barbarossa, den er 1155 zum Kaiser krönte. Bestrebt, die geistl. und weltl. Herrschaft des Papsttums auszubauen, eröffnete er den Machtkampf mit dem Kaiser und verbündete sich mit den Normannen gegen ihn. Offen brach der Konflikt jedoch erst unter seinem Nachfolger →Alexander III. auf.

Untergang der Tschechoslowakei

Chronik Zitat

Hitler »empfing« Hácha am 15. 3. 1939 und informierte ihn zynisch über das bevorstehende Ende seines Landes (Auszug aus dem Protokoll):

»›So sind bei mir am letzten Sonntag die Würfel gefallen...‹ Wir stünden nun vor dieser Sachlage, und er habe den Befehl gegeben zum Einmarsch der deutschen Truppen und der Eingliederung der Tschechoslowakei ins Deutsche Reich... Es gebe zwei Möglichkeiten. Die erste sei die, daß sich das Einrücken der deutschen Truppen zu einem Kampf entwickelt. Dann wird der Widerstand mit allen Mitteln mit Brachialgewalt gebrochen. Die andere ist die, daß sich der Einmarsch der deutschen Truppen in erträglicher Form abspiele, dann würde es dem Führer leicht, bei der Neugestaltung des tschechischen Lebens der Tschechoslowakei ein großzügiges Eigenleben, eine Autonomie und eine gewisse nationale Freiheit zu geben...
Um 6 Uhr würden die Truppen einmarschieren... Hácha sagt, daß für ihn die Situation völlig klar und daß hier jeder Widerstand sinnlos sei...
Der Führer sagt, daß sein Entschluß unwiderruflich sei. Man wisse ja, was ein Entschluß des Führers bedeute...«
(In der Verhandlungspause nach einem Schwächeanfall telefonierte Hácha nach Prag und erteilte den Befehl, dem deutschen Einmarsch keinen Widerstand entgegenzusetzen.)

Hadrian VI.
Papst 1522/23
** 2. 3. 1459 Utrecht*
† 14. 9. 1523 Rom

(Vorher *Adriaan Florensz Dedal*, auch *Adrian von Utrecht*). Der Prof. der Theologie in Löwen, Lehrer des →Erasmus von Rotterdam, wurde 1507 Erzieher des späteren Kaisers →Karl V. und übte für den jungen span. König (Karl I.) seit 1516 die Regentschaft aus. Nach dessen Wahl zum Kaiser übernahm er 1520 die Statthalterschaft über Spanien. Seit 1517 auf Betreiben Karls V. Kardinal, wurde er nach dem Tod →Leos X. 1522 in Abwesenheit als letzter Nicht-Italiener vor →Johannes Paul II. zum Papst gewählt. Durch eine gründl. Reform der Kirche versuchte er, den Einfluß der Reformation einzudämmen und die Christenheit gegen die Expansion des Osman. Reiches zu einigen. In Rom verhinderten jedoch Abneigung gegen den Fremden und mangelnde Reformbereitschaft die Erneuerung der Kurie. Zudem geriet H. als Gefolgsmann Karls V. politisch in Konflikt mit Frankreich. Nachfolger: →Klemens VII.

Hadrian,
Publius Aelius

römischer Kaiser
117–138
** 24. 1. 76*
Italica bei Sevilla
† 10. 7. 138 Baiae

Der Feldherr H., Cousin Kaiser →Trajans und von diesem kurz vor dessen Tod adoptiert, verzichtete nach seinem Regierungsantritt auf Trajans Eroberungspolitik im Osten und konzentrierte sich auf die Sicherung des Reiches. 117 schloß er Frieden mit den Parthern unter Preisgabe Armeniens, Assyriens und Mesopotamiens. 122 ließ er den Limes verstärken und 122–128 den Hadrianswall im nördlichen Britannien errichten. Zur Inspektion von Militär und Verwaltung unternahm er ausgedehnte Reisen in die Provinzen des Reiches (»Reisekaiser«.) Mit der Errichtung der Kolonie Aelia Capitolina anstelle des 70 zerstörten Jerusalem und der Errichtung des Jupitertempels auf den Fundamenten des alten Jahweheiligtums provozierte er den von →Bar Kochba angeführten Jüdischen Aufstand (132–135). Das nach der Rückeroberung Jerusalems von ihm ausgesprochene Zutrittsverbot für Juden in die Stadt galt bis 635. Judäa benannte er um in Syria Philistaia (= Palästina).

Im Innern führte H. eine Heeresreform durch, verstärkte den Beamtenapparat aus dem Ritterstand, verbesserte das Finanz- und das Rechtswesen und stattete die Provinzen mit Städten, Straßen und Wasserleitungen aus (u. a. Hadriansstadt, Olympieion und Bibliothek in Athen); eine rege Bautätigkeit entfaltete er auch in und bei Rom: Pantheon, Roma-Venus-Tempel, Engelsburg, Hadriansvilla bei Tivoli. Schwer erkrankt, adoptierte er 136 den Lucius Ceionius Commodus als Lucius Aelius Caesar (seitdem trug der designierte Nachfolger der röm. Kaiser den Titel »Caesar«) und nach dessen Tod 138 Titus Aurelius Antoninus (→Antoninus Pius), den er gleichzeitig zu seinem Mitregenten erhob.

Haile Selassie I.

Kaiser von Äthiopien
1930–1974
** 23. 7. 1892*
Edjersso, Prov. Harar
† 27. 8. 1975
Addis Abeba

(Eigentl. *Ras* [Fürst] *Tafari Makonnen*). Seit 1916 Regent der Kaiserin Zaudito und Thronfolger, übernahm Ras Tafari 1928 durch einen Staatsstreich die Macht und erhob sich zum Negus (König). Nach dem Tod Zauditos 1930 Negus Nagesti (Kaiser), nannte er sich H. S. (etwa »Macht der Dreifaltigkeit«) und gab sich den Titel »Löwe von Juda«. Zuvor hatte er die Aufnahme Äthiopiens in den Völkerbund erreicht (1923), die Abschaffung der Sklaverei verfügt (1924) und vorsichtige Reformen eingeleitet. 1931 erließ er eine erste Verfassung. Nach der Eroberung Äthiopiens durch Italien 1936 im Londoner Exil, kehrte er 1941 in das von den Briten befreite Land zurück. Obwohl er den USA Stützpunkte in Äthiopien gewährte, spielte er viele Jahre eine aktive und führende Rolle in der Bewegung der Blockfreien und bei der Gründung der Organisation für Afrikan. Einheit (OAU) 1963. Während er in den 1960er Jahren noch mehrere Militärputsche gegen sein erstarrtes autokrat. Regime niederschlagen konnte, wurde er nach zunehmendem Verfall des Landes, Niederlagen im Bürgerkrieg mit dem sezessionistischen Eritrea (seit 1962) und schweren Hungersnöten 1974 von den Militärs unter Führung von →Mengistu Haile Mariam entmachtet und unter Hausarrest gestellt. Er kam unter nicht geklärten Umständen ums Leben.

Hájek, Jiří
tschechoslowakischer Reformpolitiker
** 6. 6. 1913 Hranice*
† 22. 10. 1993 Prag
H. spielte neben Alexander →Dubček eine entscheidende Rolle im »Prager Frühling« und vertrat sein Land von April bis September 1968 als Außenminister. Zuvor war er 1962–1965 UNO-Botschafter und 1965–1968 Min. für Kultur und Volksbildung. In Opposition zu dem von der UdSSR abgesicherten Regime Gustav →Husáks gehörte er 1977 zu den Mitbegründern der Bewegung Charta 77, die unter Berufung auf die Ergebnisse der Konferenz für Sicherheit und Zusammenarbeit in Europa (KSZE) die Einhaltung der Bürgerrechte in der Tschechoslowakei einklagte.

Hakim
Kalif Ägyptens (996–1021)
** 985*
† 13. 2. 1021 bei Kairo
(Eigentlich *Al Hakim bi-amr Allah*). Der fatimid. Kalif betrachtete sich als Verkörperung Gottes und motivierte damit 1017 die Herausbildung der islam. Sekte der Drusen, die ihn in dieser Rolle verehren. Er verfolgte zeitweise die orthodox christl. Kopten und zerstörte 1009 die Grabeskirche in Jerusalem. Mit ihm begann der Niedergang der Kalifendynastie der seit 969 in Ägypten herrschenden Fatimiden.

Haldane, Richard Burdon
britischer Kriegsminister 1905–1912
** 30. 7. 1856 Edinburgh*
† 19. 8. 1928 Cloan, Schottland
(*Viscount H. of Cloan*, seit 1911). Der liberale Politiker, Philosoph und Rechtsgelehrte reorganisierte das engl. Heer nach preußisch-deutschem Vorbild und stellte es auf einen möglichen Krieg gegen Dtschld. ein. 1912 unternahm er im Rahmen der von Edward →Grey und Theobald v. →Bethmann Hollweg eingeleiteten Entspannungsbemühungen eine Verständigungsmission nach Berlin, um die Flottenrüstung zu reduzieren, scheiterte jedoch am Widerstand von Alfred von →Tirpitz und Kaiser →Wilhelm II. Dem Unterhaus gehörte er seit 1885 als Liberaler an, 1912–1915 und 1924 war er Lordkanzler.

Halder, Franz
deutscher General
** 30. 6. 1884 Würzburg*
† 2. 4. 1972 Aschau, Chiemgau
Im 1. Weltkrieg Generalstabsoffizier, löste H. 1938 den in Opposition zu Adolf →Hitlers Kriegsplänen stehenden Ludwig →Beck als Chef des Generalstabs des Heeres ab. Auch H. stand seit 1938 in losem Kontakt mit der militär. Widerstandsbewegung, fühlte sich als konservativer Offizier jedoch an den Treueeid zum »Führer« gebunden. Seit 1940 Generaloberst, geriet er 1942 in Gegensatz zu Hitlers Kriegsführung und wurde deshalb im gleichen Jahr entlassen. Nach dem gescheiterten Attentat vom 20. Juli 1944 war er bis Kriegsende inhaftiert.

Halifax, Charles Montague, *Earl of (seit 1714)*
britischer Schatzkanzler 1697–1699, 1714
** 16. 4. 1661 Horton*
† 19. 5. 1715 London
Der führender Whig-Politiker in der Ära nach der Glorious Revolution 1688/89 begründete als Lord Treasurer (Schatzkanzler) das engl. Finanzsystem des 18. Jh., das auf dem Wege von Staatsanleihen, für deren Zinsdienst das Parlament eine gesetzl. Garantie abgab, die Möglichkeit schuf, den kommerziellen Reichtum des Landes in den Dienst der Politik zu stellen. H. gründete 1694 die Bank von England.

Halifax, Edward Frederick Lindley Wood, *Earl of (seit 1944)*
britischer Außenminister 1938–1940
** 16. 4. 1881 Powderham Castle, Devon*
† 23. 12. 1959 Garrowby Hall bei York
(1. *Baron Irwin* ab 1925, *Viscount* ab 1934). 1910 bis 1925 Abgeordneter der Konservativen, nahm H. nach 1922 verschiedene Ministerämter wahr, bevor er als Vizekönig in Indien (1925–1931) mit dem indischen Freiheitskampf (»Feldzug des zivilen Ungehorsam«) konfrontiert war und 1931 einen Ausgleich mit Mahatma →Gandhi herbeiführte. Seit 1935 wieder im Kabinett, identifizierte er sich als Außen-Min. mit Neville →Chamberlains Appeasement-Politik gegenüber Hitler-Dtschld. 1941–1946 war er Botschafter in Washington.

Halifax, George Savile, *Marquess of (seit 1679)*
britischer Politiker
** 11. 11. 1633 Thornhill, Yorkshire*
† 5. 4. 1695 London
(Seit 1668 *Viscount H.*). H. brachte während der Exclusion Crisis (1679–1683) die Gesetzesvorlage zu Fall, die den Sohn König →Karls II., den kath. →Jakob (II.), von der Thronfolge ausschließen sollte. 1682–1685 und 1688–1690 war er führender Minister. Nach der Invasion →Wilhelms III. von Oranien zum Auftakt der Glorious Revolution (1688) versuchte er zunächst zu vermitteln, wandte sich aber nach dem Scheitern seiner Bemühungen von Jakob ab und betrieb die gemeinsame Krönung Wilhelms und →Marias II. (1689).

Haller, Karl Ludwig von
Schweizer Staatstheoretiker
** 1. 8. 1768 Bern*
† 20. 5. 1854 Solothurn
Der leidenschaftl. Gegner der Französ. Revolution, der 1795 Sekretär des Berner Rats geworden war, bekämpfte nach Bildung der Helvet. Republik 1798 von Österreich aus die Revolution. 1806 kehrte er als Professor für Staats- und Völkerrecht und Geschichte nach Bern zurück und wurde 1814 nach Wiederherstellung der aristokrat. Verfassung Mitglied des Großen Rats von Bern (bis 1820). Als geistiger Kopf des Konservativismus in Europa gab er mit seinem Hauptwerk »Die Restauration der Staatswissenschaft oder Theorie des natürlich-geselligen Zustandes, der Chimäre des künstlich-bürgerl. entgegengesetzt« (1816–1834) einer ganzen Epoche den Namen. Im Gegensatz zur Theorie des Gesellschaftsvertrags (Jean-Jacques →Rousseau) leitete H. den Ursprung des Staates aus dem Naturgesetz ab, nach dem der Stärkere herrsche, und vertrat die Idee eines ständisch-patriarchal. Staates, der wie ein großes Hauswesen organisiert sei (Patrimonialstaat). In Dtschld. übte H. großen Einfluß auf die polit. Romantik der preuß. Konservativen um die Brüder Ludwig und Leopold v. →Gerlach und König →Friedrich Wilhelm IV. aus.

Hallstein, Walter
deutscher Diplomat
** 17. 11. 1901 Mainz*
† 29. 3. 1982 Stuttgart
Der Rechtsprofessor und CDU-Politiker war 1950/1951 Staatssekretär im Bundeskanzleramt, 1951 bis 1957 im Auswärtigen Amt und 1958–1967 Präs. der EWG-Kommission. Er gehört zu den Architekten der Adenauerschen Außenpolitik und initiierte 1955 die Behauptung des Alleinvertretungsanspruchs der BR Dtschld. als Rechtsnachfolgerin des Dt. Reiches (H.-Doktrin). Die internationale Durchsetzung dieser bis 1967 geltenden Leitlinie bundesdt. Außenpolitik führte seit 1957 zum Abbruch der diplomat. Beziehungen mit allen Staaten (außer der UdSSR), die die DDR völkerrechtlich anerkannten.

Hamilkar Barkas
karthagischer Feldherr
** um 290 v. Chr.*
† 229 v. Chr. im Quellgebiet des Baetis

(»Barkas« = »der Blitz«). H. B. kämpfte erfolgreich in der letzten Phase des 1. Pun. Kriegs (247–241), erhielt gegen Ende das Oberkommando über die Flotte und führte nach deren Niederlage gegen die röm. Flotte 241 die Friedensverhandlungen, bei denen sich Karthago zu hohen Reparationsleistungen verpflichtete. Nach der Niederwerfung des Aufstands karthag. Söldner in Libyen wurde er dort Oberbefehlshaber (Stratege), unterwarf seit 237 das südl. Spanien mit den Silberbergwerken der Sierra Morena, bereicherte damit Karthago um eine Provinz und begründete zugleich die Machtposition seiner Familie in Spanien. Sein Schwiegersohn →Hasdrubal setzte die Eroberungen fort, sein Sohn →Hannibal löste den 2. Pun. Krieg (218–201) aus.

Hamilton, Alexander
Staatsmann der USA
** 11. 1. 1755 Insel Nevis, Britisch-Westindien*
† 11. 7. 1804 New York

H., einer der bedeutendsten amerikan. Staatsmänner des 18. Jh., begann seine polit. Laufbahn als Adjutant und Sekretär von George →Washington und als

Regimentskommandeur im Amerikan. Unabhängigkeitskrieg (1775–1783). 1787 Mitgl. der wesentlich durch sein Engagement zustandegekommenen verfassunggebenden Versammlung in Philadelphia, strebte er als führender »Föderalist« (neben James →Madison) eine starke Zentralgewalt des Bundesstaates an. Als erster Finanz-Min. der USA (1789 bis 1795) entwickelte er im Widerspruch zur agrardemokrat. Richtung seines großen Gegenspielers Thomas →Jefferson ein umfangreiches fiskal. Programm, den sog. Fundierungsplan. Im Rahmen seines zukunftsorientierten »Hamiltonian System« schuf er die Finanzverwaltung, die Währung und die Nationalbank nach engl. Vorbild (1791). Mit ihnen erfuhr die amerikan. Gesellschaft einen wirtschaftl. Aufschwung, auf dessen Basis sie langfristig zu einer Konkurrenz für die europ. Großmächte wurde. Innenpolitisch entschieden autoritär, bekämpfte H. auch nach außen die Revolution und war während des Konflikts mit Frankreich 1798–1800 stellvertr. Oberbefehlshaber der Armee.

Hammarskjöld, Dag

schwedischer UNO-Generalsekretär 1953–1961
** 29. 7. 1905 Jönköping, Südschweden*
† 17. 9. 1961 bei Ndola (Sambia)

Der Jurist und Ökonom war Sohn des schwedischen Min.-Präs. *Hjalmar H.* (* 1862, † 1953), der im 1. Weltkrieg die schwed. Neutralitätspolitik verantwortete (1914–1917). Er diente der schwedischen Regierung zunächst als Finanzexperte (1936 bis 1945), bevor er 1946 außenpolit. Aufgaben übernahm. Seit 1951 stellvertr. Außen-Min., wurde er 1953 Generalsekretär der Vereinten Nationen (1957 wiedergewählt). Wesentlich damit befaßt, die Rolle der UNO als friedenserhaltende und friedensstiftende Kraft in internationalen Konflikten auszubauen, engagierte er sich besonders in der Suez- und in der Ungarnkrise 1956. Im Kongokonflikt entsandte er eine Friedenstruppe von 20 000 Soldaten, um den Bürgerkrieg zu beenden. Während einer Vermittlungsmission kam er durch einen ungeklärten Flugzeugabsturz ums Leben. H. wurde 1961 postum mit dem Friedensnobelpreis ausgezeichnet.

Hammurabi

König von Babylon 1728–1686 v. Chr.

(Auch *Hammurapi*). Der sechste und bedeutendste König der über den theokrat. Stadtstaat herrschenden Dynastie der Amoriter eroberte mit seinem stehenden Heer ganz Babylonien, Mari und Eschnunna und restaurierte das mesopotam. Großreich →Sargons I. Seine Gesetzessammlung ist die bedeutendste des Alten Orients. Der Codex H., festgehalten auf der in Babylon aufgestellten Dioritstele (heute im Louvre, Paris), umfaßte 282 Paragraphen aus dem Straf-, Zivil- und Handelsrecht. Auf Tontafeln erhaltene Briefe zur Politik und Reichsverwaltung H.s geben Aufschluß über die Anlage von Bewässerungssystemen und Steuererhebungen. H. reformierte den religiösen Kult und erhob den Stadtgott Marduk von Babylon anstelle des sumerischen Sonnengottes zur höchsten Gottheit des babylonischen Reichs (im babylonischen Weltschöpfungsepos erscheint Marduk als Weltschöpfer und Beauftragter der anderen Götter). Nach H.s Tod und dem Einfall der Hethiter zerfiel sein Reich.

Hannibal

karthagischer Feldherr und Staatsmann
** 247/46 v. Chr.*
† 183 v. Chr. Libyssa

Als Sohn des →Hamilkar Barkas wurde H. 221 in Spanien vom karthag. Heer zum Oberbefehlshaber ausgerufen. 219 eroberte er die mit Rom verbündete Stadt Sagunt. Als seine Eroberungsabsichten gegenüber Nordspanien offenkundig wurden, erklärte Rom Karthago wegen Bruchs des mit →Hasdrubal 226 geschlossenen Abkommens den Krieg (2. Pun.

Krieg 218–201). Daraufhin überquerte H. mit seinem Heer (26 000 Mann und 37 Kriegselefanten) Pyrenäen und Alpen und überraschte die Römer im Herbst 218 in Norditalien. Die ihm eilig entgegengeworfenen Truppen schlug H. 218 am Fluß Trebia, 217 am Trasimen. See. In der großen Umfassungsschlacht bei Cannae krönte er 216 seine Erfolge. Da Rom trotz der schweren Niederlage Verhandlungen ablehnte, H. einc Belagerung Roms nicht wagte und sein Appell an dessen Bundesgenossen, von Rom abzufallen, nur z. T. Widerhall fand, sicherte sich H. in Capua und anderen süditalienischen Orten Stützpunkte. Während die Verzögerungstaktik des röm. Feldherrn Quintus →Fabius H. keine Gelegenheit zu großen Schlachten mehr gab, brachten auch die Bündnisse mit König →Philipp V. von Makedonien (215) und mit Syrakus (214) sowie die Landung eines karthagischen Heeres auf Sizilien keine Kriegsentscheidung. Die Wende zugunsten Roms erfolgte durch die Rückeroberung von Syrakus durch den röm. Feldherr Marcellus (212), den Verzicht H.s auf die Erstürmung des von ihm belagerten Roms (»H. ante portas!«, 211) und den anschließende Fall Capuas. H.s Bruder →Hasdrubal, der mit einem Ersatzheer die Pyrenäen und Alpen überschritten hatte, wurde am Metaurus von den Römern geschlagen und fiel.

Als Publius Cornelius →Scipio in der römischen Gegenoffensive nach siegreichen Feldzügen durch Spanien und Nordafrika 203 Karthago bedrohte, wurde H. nach Afrika zurückgerufen. Nach seiner Niederlage 202 bei Zama setzte er den Friedensschluß mit Rom durch, der mit seinen harten Konditionen Karthago als militärische Großmacht ausschaltete (201). In Karthago zunächst als Suffet (höchster Beamter) eingesetzt, konnte er sich nicht halten und floh vor seinen Gegnern 195 zu →Antiochos III., den er in dessen Krieg gegen Rom (192 bis 189) beriet. Nach der Niederlage von Antiochos bei Magnesia floh H. aus Syrien nach Kleinasien zu Prusias I., dem König von Bithynien (um 230–182). Als auch dort römische Gesandte seine Auslieferung verlangten, nahm er sich das Leben. Mit H.s Niederlage scheiterte der letzte Versuch, den Aufstieg Roms zur Weltherrschaft zu verhindern.

(▷ Chronik Zitat)

Hannibals Zug über die Alpen

Chronik Zitat

Der griechische Geschichtsschreiber →Polybios schildert die Schwierigkeiten Hannibals bei der Überquerung der Alpen im Herbst 218 v. Chr.:

»Den größten Dienst [gegen die Überfälle von Bergstämmen] leisteten ihm die Elefanten. Denn dort, wo diese sich in der Marschkolonne befanden, wagten sich die Feinde nicht nahe heran, aus Angst vor der ungewohnten Erscheinung dieser Tiere...

[Nach Erreichen der Paßhöhe] brach er auf und begann mit dem Abstieg, bei dem er zwar nicht mehr auf Feinde stieß, von einigen hinterhältigen Überfällen abgesehen, durch Geländeschwierigkeiten und den Schnee aber nicht viel weniger Leute verlor, als beim Aufstieg umgekommen waren. Denn da der Weg eng und steil hinabführte und der Schnee den Boden, auf den sie zu treten hatten, verdeckte, stürzte alles, was den Weg verfehlte und abglitt, in die Tiefe. Indessen ertrugen sie diese Strapazen, da sie schon an dergleichen Übel gewöhnt waren. Als sie aber an eine Stelle kamen, wo der Weg so eng war, daß weder die Elefanten noch die Lasttiere ihn passieren konnten, da sank ihnen aufs neue der Mut, und die Menge begann zu verzagen...

Hannibal... setzte seine Leute dazu an, am Abhang entlang einen Weg zu mauern, eine überaus mühevolle Arbeit.. Für die Lasttiere und Pferde gelang es ihm, an einem Tag eine hinreichend breite Straße zu bauen. Daher führte er diese sogleich hinüber, ließ sie unterhalb der Schneegrenze ein Lager beziehen und die Tiere auf die Weide treiben. Die Numider aber kommandierte er... zum Wegebau, und am dritten Tage endlich, nach schwerer Mühsal, vermochte er die Elefanten hinüberzuführen, die durch den Hunger arg mitgenommen waren...

Als Hannibal sämtliche Streitkräfte wieder beisammen hatte, stieg er abwärts und erreichte von jener unpassierbaren Stelle aus am dritten Tage das Flachland, nachdem er auf seinem ganzen Marsch viele Soldaten durch den Feind und die Flüsse verloren hatte, viele auch durch durch die Abgründe und Engpässe der Alpen...«

Hanno
Seefahrer aus Karthago des 5. Jh. v. Chr.
H. versuchte zwischen 520 und 450 v. Chr., von Gades aus Afrika zu umschiffen, mußte jedoch, nach Gründung mehrerer Kolonien entlang der marokkan. Küste, bei der heutigen Bucht von Sherbro in Sierra Leone wegen Proviantmangels umkehren. Seine Expedition war eine der bedeutendsten Entdeckungsfahrten der Antike. Hauptquelle ist H.s fast vollständig erhaltener Bericht.

Hanno
Staatsmann Karthagos nach 250 v. Chr.
Als Stratege (Statthalter) Karthagos in Libyen expandierte H. die Herrschaft Karthagos und provozierte mit seinen Herrschaftsmethoden den Aufstand der karthagischen Söldner und der Libyer (241), der von →Hamilkar Barkas niedergeworfen wurde (238). In Karthago führte H. die Opposition der Aristokratie gegen Hamilkar und dessen Sohn →Hannibal (Familie der Barkiden) an und warnte →Livius zufolge 218 die Karthager vor dem Abenteuer eines Krieges gegen Rom.

***Harald,** Fürsten*

– Dänemark
Harald Klak
König 812–863
† um 863
(Dänisch »Klak« = »Schmutzfleck«). Von den Söhnen König Göttriks († um 810) aus Jütland vertrieben, floh H. zu Kaiser →Ludwig I. (dem Frommen). 826 ließ er sich als erster nordischer König in Ingelheim taufen und beauftragte den heiligen →Ansgar mit der Missionierung Dänemarks. Abermals vertrieben, starb er in Friesland.

– England
Harald II. Godwinson
angelsächsischer König 1066
** um 1022*
† 14. 10. 1066 Hastings
(Englisch *Harold II.*; Graf von East Anglia, Wessex und Kent). Der letzte angelsächsische König folgte →Eduard dem Bekenner auf den Thron, nachdem er faktisch schon zuvor die Herrschaft ausübte. Er versuchte, sich gegen die Ansprüche →Wilhelms I. (des Eroberers) zu behaupten, wurde von ihm jedoch 1066 bei Hastings geschlagen und fiel. Zuvor hatte er die Wikinger aus Norwegen unter König →Harald III. Hardraadi bei Stamfordbridge besiegt.

– Norwegen
Harald I. Haarfagri
König um 860–933
** um 850*
† um 933
(Norwegisch »Haarfagri« = »Schönhaar«). Der erste König Norwegens besiegte die Stammeskönige, einigte Norwegen unter seiner Herrschaft und eroberte die Shetland- und Orkneyinseln, die Hebriden und die Faröer. Seine rigorosen zentralisierenden Reformen nach karoling. Vorbild brachten ihn in Gegensatz zum unabhängigen Bauerntum, das teilweise nach Island auswanderte. Nach seinem Tod zerfiel sein Reich wieder in Kleinkönigtümer.

Harald III. Hardraadi
König um 1046–1066
** um 1015*
† 25. 9. 1066 Stamfordbridge (gefallen)
(Norwegisch »Hardraadi« = »der Harte«). H. diente in der kaiserl. Leibwache in Byzanz und war etwa seit 1030 deren Befehlshaber. Nach dem Tod seines Neffen Magnus I. (König 1035–1047) wurde er als König anerkannt. Er versuchte, seine Herrschaft auf England und Dänemark auszudehnen, wurde jedoch von dem Angelsachsen →Harald II. bei Stamfordbridge geschlagen und fiel.

Hara Takashi
japanischer Ministerpräsident 1918–1921
** 9. 2. 1856 Morioka*
† 4. 11. 1921 Tokio
(Auch *H. Kei*). Der Journalist, der seit 1881 verschiedene Staatsämter wahrnahm, gehörte 1900 mit →Ito Hirobumi zu den Gründern der Seiyukai-Partei, wurde deren Generalsekretär (seit 1914 Vors.) und zog 1902 ins Reichsparlament ein. Zwischen 1906 und 1914 mehrmals Innen-Min., bildete er 1918 als erster nichtadliger Premier-Min. das erste echte Parteienkabinett in Japan. Er fühlte sich demokratischen Prinzipien jedoch wenig verpflichtet und blieb weitgehend abhängig vom reaktionären Clan Aritomo →Yamagatas. Während innenpolitischer Unruhen fiel H. einem Attentat zum Opfer.

Hardenberg, Karl August Freiherr von

preußischer Staatskanzler 1810–1822
** 31. 5. 1750 Essenrode bei Gifhorn*
† 26. 11. 1822 Genua

(*Fürst* ab 1814). Neben Freiherr vom →Stein war H. der führende Reformer Preußens, dessen friderizian. Staatsstruktur er mit seinem aufgeklärten Etatismus in ein den Anforderungen der industriellen Revolution weitgehend gewachsenes Staatswesen verwandelte. Der aus nassauischem Reichsrittergeschlecht stammende H. trat 1790 in den preußischen Staatsdienst ein und leitete die Verwaltung der 1792 preußisch gewordenen Markgrafschaften Ansbach und Bayreuth. 1795 handelte er im 1. Koalitionskrieg der europ. Mächte gegen das revolutionäre Frankreich den Sonderfrieden von Basel aus. 1804–1806 Außen-Min. und nach der Niederlage von Jena (1806) leitender Min., wurde er nach dem Frieden von Tilsit (1807) auf Weisung →Napoleons I. entlassen, erreichte aber die Berufung vom Steins zu seinem Nachfolger. Nach seiner Flucht vor Napoleon beriet er den preuß. König →Friedrich Wilhelm III. von Riga aus. Von 1810 bis zu seinem Tod war er als Staatskanzler der Leiter der preuß. Politik und setzte das von vom Stein eingeleitete Reformwerk fort, erstrebte im Unterschied zu diesem jedoch keinen liberalen Verfassungs-, sondern einen Obrigkeitsstaat im Sinne des aufgeklärten Absolutismus.

Die Finanzedikte von 1810 vereinheitlichten das Finanz- und Steuerwesen und beseitigten feudale Privilegien, das Regulierungsedikt von 1811 dekretierte die Bauernbefreiung. 1810 führte H. die Gewerbefreiheit ein, 1812 die staatl. Kreisverwaltung, im gleichen Jahr folgte die Judenemanzipation. Erst nach der Niederlage Frankreichs gegen Rußland (Ende 1812) betrieb er die Beteiligung Preußens an den Befreiungskriegen. Er vertrat Preußen auf dem Wiener Kongreß (1814/15), mußte Österreich und Rußland jedoch die Führungsrolle überlassen und akzeptierte den restaurativen Kurs Fürst v. →Metternichs. Zwar setzte er erhebliche Gebietsgewinne für Preußen durch, scheiterte aber mit der angestrebten Erwerbung ganz Sachsens. Mit Beginn der Restauration wurde sein Reformwerk beschnitten, insbesondere blockierte der Widerstand feudaler Kräfte die Finanzreform und der Einspruch des Königs eine Gesamtständevertretung. Seit den Karlsbader Beschlüssen (1819) war H. kaltgestellt.

(▷ Chronik Zitat)

Eine Revolution im guten Sinn

Chronik Zitat

Aus der in Riga an 12. Sept. 1807 verfaßten Denkschrift des Freiherrn v. Hardenberg »Über die Organisation des Preußischen Staats«:

»Die Französische Revolution... gab den Franzosen unter Blutvergießen und Stürmen einen ganz neuen Schwung. Alle schlafenden Kräfte wurden geweckt, das Elende und Schwache, veraltete Vorurteile und Gebrechen wurden – freilich zugleich mit manchem Guten – zerstört...

Der Wahn, daß man der Revolution am sichersten durch Festhalten am Alten und durch strenge Verfolgung der durch solche geltend gemachten Grundsätze entgegenstreben könne, hat besonders dazu beigetragen, die Revolution zu befördern und derselben eine stets wachsende Ausdehnung zu geben. Die Gewalt dieser Grundsätze ist so groß, sie sind so allgemein anerkannt und verbreitet, daß der Staat, der sie nicht annimmt, entweder seinem Untergange oder der erzwungenen Annahme derselben entgegensehen muß...

Also eine Revolution im guten Sinn, gerade hinführend zu dem großen Zwecke der Veredelung der Menschheit, durch Weisheit der Regierung und nicht durch gewaltsame Impulsion von innen oder außen, – das ist unser Ziel, unser leitendes Prinzip. Demokratische Grundsätze in einer monarchischen Regierung: dieses scheint mir die angemessenste Form für den gegenwärtigen Zeitgeist...

Mit eben der Kraft und Konsequenz, womit Napoleon das französische revolutionäre System verfolgt, müssen wir das unsrige für alles Gute, Schöne, Moralische verfolgen, für dieses alles, was gut und edel ist, zu verbinden trachten. Ein solcher Bund..., und Preußen an der Spitze könnte die größte Wirkung hervorbringen und wäre für dieses die mächtigste Allianz.«

Hardie, James Keir
britischer Sozialistenführer
** 15. 8. 1856 Newarthill*
† 26. 9. 1915 Glasgow
Der seit seiner Kindheit im Kohlenbergbau beschäftigte Grubenarbeiter bildete sich in Abendschulen und sozialist. Zirkeln fort und wurde einer der bedeutendsten Arbeiterführer seiner Zeit in Großbritannien. 1889 gründete er die schott. Arbeiterpartei, 1893 die Independent Labour Party, deren Vors. er wurde (seit 1909 der Labour Party) und für die er 1905 ein zweites Mal (zuvor 1892–1895) ins Unterhaus gewählt wurde. Als Internationalist und Pazifist bekämpfte er Großbritanniens Eintritt in den 1. Weltkrieg, scheiterte jedoch an der Kriegsbereitschaft in seiner eigenen Partei.

Harding, Warren Gamaliel
29. Präsident der USA 1920–1923
** 2. 11. 1865 Blooming Grove, Ohio*
† 2. 8. 1923 San Francisco

Der Senator (seit 1915) war als Kompromißkandidat der Republikaner nominiert worden, wurde jedoch als Exponent der Opposition gegen Woodrow →Wilsons Reformpolitik und internationales Engagement mit überwältigender Mehrheit ins Präsidentenamt gewählt. Unter der Devise der innen- und außenpol. »Normalisierung« ließ der als schwacher Präs. geltende H. den Interessen des amerikan. Großkapitals im Lande und in Lateinamerika freien Lauf, senkte Zölle und Steuern und leitete damit die Prosperität der 20er Jahre ein. Zugleich lehnte er als Isolationist eine Beteiligung am Völkerbund ab und führte die Nichtanerkennungspolitik gegenüber der Sowjetunion fort. Nachfolger: Calvin →Coolidge.

Haremhab
ägyptischer König der 18. Dynastie
um 1333–1306 v. Chr.
(Auch *Horemheb*, griechisch *Hamais*). Ursprüngl. General unter →Tutanchamun, gelangte H., verheiratet mit seiner Schwester →Nofretete, durch einen Staatsstreich 12 Jahre nach dem Tod →Echnatons auf den Thron. Er beendete die Phase der polit. Wirren nach dem Scheitern der Reformen Echnatons (Amarna-Zeit), reorganisierte Verwaltung, Wirtschaft und Militär und nahm den Kampf gegen die einfallenden Hethiter auf. Selbst ohne Nachkommen, designierte er Ramses I. (1306–1304) als ersten König der 19. Dynastie zu seinem Nachfolger.

Harkort, Friedrich Wilhelm
deutscher Industrieller und Politiker
** 22. 2. 1793 Harkorten, Grafschaft Mark*
† 6. 3. 1880 Hombruch bei Dortmund
In seiner von ihm in Wetter a. d. Ruhr 1819 gegründeten Mechanischen Werkstätte (Kupfer- und Eisenverarbeitung), aus der später die DEMAG AG hervorging, führte H. als erster dt. Industrieller fortgeschrittene engl. Produktionstechniken ein und ergänzte sie um Wohlfahrtseinrichtungen und Arbeiterkrankenkassen. Als rhein. Liberaler war er Mitglied der Frankfurter Nationalversammlung von 1848 und gehörte dem preuß. Abgeordnetenhaus bis 1867 und dem Norddt. bzw. Dt. Reichstag an (1867 bis 1873). Er begründete das Zentrum des preuß. Abgeordnetenhauses mit und zählte zu dessen linkem Flügel, bis er sich der Dt. Fortschrittspartei anschloß. Vor allem engagierte er sich für die Versöhnung der Arbeiter mit der bürgerlichen Gesellschaft durch Ausbau der Sozialeinrichtungen.

Harmel, Pierre
belgischer Ministerpräsident 1965/66
** 16. 3. 1911 Uccle*
Der Jurist, führender Politiker des wallonischen Flügels der Christl. Volkspartei, war seit 1950 Minister verschiedener Ressorts, bevor er 1965 Min.-Präs. wurde. Als Außen-Min. (1966–1973) war er eine treibende Kraft der engeren Zusammenarbeit innerhalb der Westeurop. Union (WEU). Im Dez. 1967 legte er den H.-Plan über die Kooperation in der NATO vor. 1973–1977 war er Präs. des Senats.

Harriman, William Averell
US-amerikanischer Politiker
** 15. 11. 1891 New York*
† 26. 7. 1986 New York
H., der 1934 aus dem Eisenbahngeschäft zum New Deal kam und Berater und Sonderbeauftragter von Präsident Franklin D. →Roosevelt während des 2. Weltkriegs war, organisierte das Leih-Pacht-(Lend-Lease-)System zur Unterstützung der UdSSR und Großbritanniens in der Kriegsführung gegen Deutschland (1941/42). 1943–1946 Botschafter in Moskau und 1946 in London, nahm er an den

interalliierten Kriegskonferenzen von Casablanca, Teheran und Potsdam teil. 1946–1948 Handels-Min. und auch danach noch vielseitig auf wirtschaftspolitischem und politischem Gebiet tätig, u. a. 1954–1958 als Gouverneur des Staates New York, war er 1968/69 Unterhändler bei den Pariser Friedensverhandlungen über Vietnam.

Harrington, James
englischer Staatstheoretiker
** 7. 1. 1611 Upton*
† 11. 11. 1677 London
H. entwickelte in seinem Oliver →Cromwell gewidmeten Hauptwerk »The Commonwealth of Oceana« (1656) eine polit. Theorie, die das engl. und amerikan. Denken nachhaltig beeinflußte. Darin interpretierte H. die polit. Umwälzungen des 17. Jh. in England als eine Folge der gesellschaftl. und wirtschaftl. Kräfteumschichtungen während der vorangegangenen zwei Jahrhunderte und entwarf einen Stabilität verbürgenden Modellstaat, zu dessen wichtigsten Merkmalen u. a. gehörten: ein Ackergesetz, das eine Höchstgrenze für Landbesitz festlegte, ein Rotationssystem bei der Besetzung von öffentl. Ämtern, das der Korruption vorbeugen sollte, ein Zweikammersystem, geheime Wahlen und die Bestätigung von Gesetzen durch Volksentscheid. Während der Engl. Revolution (1640–1660) verhielt er sich neutral, neigte jedoch den Republikanern zu.

Harrison, Benjamin

23. Präsident der USA
1889–1893
** 20. 8. 1833*
North Bend, Ohio
† 13. 3. 1901
Indianapolis

Der Enkel von William Henry →H. war vor seiner Wahl zum Präs. Rechtsanwalt und Brigadegeneral der Union im Amerikan. Bürgerkrieg (1861–1865) und seit 1881 republikan. Senator. Während seiner Regierungszeit geriet er als gemäßigter Reformer (Sherman Anti Trust Act 1889) jedoch in Konflikte mit seiner Partei. Außenpolitisch förderte er die Durchsetzung der imperialist. Interessen der USA, rüstete die Flotte auf, nahm Lateinamerika und den Pazifik ins Visier (Panamerika-Kongreß 1889/90) und verschärfte die Schutzzollpolitik (McKinley-Bill 1890). 1899 nahm er an der Haager Friedenskonferenz teil. Nachfolger: Grover →Cleveland.

Harrison, William Henry

9. Präsident der USA
1841
** 9. 2. 1773*
Berkeley, Virginia
† 4. 4. 1841 Washington

H. war 1799 Kongreßdelegierter für das Northwest Territory, für dessen Trennung in Ohio und Indiana er sich einsetzte. Populär machte er sich mit dem »Log Cabin«-Landgesetz von 1800, das ärmeren Siedlern mit langfristigen Krediten kleinere Parzellen des Regierungslandes zugänglich machte. 1811 besiegte er die unter dem Shawnee-Häuptling Tecumseh (* 1768, † 1813) vereinigten Indianerstämme bei Tippecanoe, 1813 die Briten, Kanadier und Indianer am Thames River. Als Präsidentschaftskandidat der Whig-Partei scheiterte er zunächst 1836. 1841 starb er einen Monat nach seinem Einzug ins Weiße Haus.

Harun al-Raschid
abbasidischer Kalif 786–809
** 763/766 Rai bei Teheran*
† 24. 3. 809 Tus bei Meschhed
(Arabisch »Aaron der Rechtgeleitete«). Unter der Regierung des 5. Kalifen der Abbasidendynastie in Bagdad erreichte das Kalifenreich seine größte Macht und höchste kulturelle Blüte. An seinem Hof in Bagdad versammelten sich Künstler und Wissenschaftler aller Disziplinen. Gleichwohl machten sich die schiit. Dynastie der Idrisiden in Marokko (789) und die der Aghlabiden in Tunesien (800) selbständig und bildeten eigenständige Kalifate bzw. Emirate. Im Märchenzyklus »Tausendundeine Nacht« wird H. volkstümlich als Inbegriff des weisen Herrschers idealisiert, obwohl er seine Herrschaft mit grausamen Strafaktionen gegen Aufstände unterjochter Völker sicherte. Historisch nicht erwiesen ist der Bericht über die von ihm an den Hof →Karls d. Gr. nach Aachen geschickte und mit Geschenken bestückte Gesandtschaft. Nachfolger im Ostteil des Kalifats wurde sein Sohn Abd Allah al- →Mamun.

Hasdrubal*, Feldherren Karthagos*

Hasdrubal Barkas
† 221 v. Chr.
Der Schwiegersohn des →Hamilkar Barkas und dessen Nachfolger in der Herrschaft über Spanien seit 229 gründete Carthago Nova (heute Cartagena) und dehnte die Herrschaft Karthagos bis zum Ebro aus. Mit Rom schloß er 226 einen Grenzvertrag, in dem er zusagte, die karthag. Herrschaft nicht über den Ebro hinaus auszudehnen. →Hannibals geplanter Bruch dieser Vereinbarung löste den 2. Pun. Krieg gegen Rom aus (218–201). H. wurde ermordet.

Hasdrubal
† 207 v. Chr. am Metaurus
Der zweite Sohn →Hamilkar Barkas wurde von seinem Bruder →Hannibal während dessen Feldzug gegen Rom im 2. Punischen Krieg (218–201) als Oberbefehlshaber in Spanien eingesetzt, kämpfte gegen Gnaeus und Publius Cornelius →Scipio, schlug sie 211, verlor 209 jedoch Carthagena Nova. Um Scipio auszuweichen und Hannibal in Italien zu unterstützen, zog er mit seinem Heer über Pyrenäen und Alpen. In der Schlacht am Metaurus wurde er 207 von den Römern geschlagen und fiel.

Hasdrubal
† um 202 v. Chr.
Als Haupt einer bedeutenden Familie in Karthago rivalisierte H., seit 214 Feldherr in Spanien, mit →Hasdrubal Barkas um die Macht, die er nach dessen Abzug nach Italien an sich riß, unterlag jedoch Publius Cornelius →Scipio (d. Ä.) 206 und zog sich nach Nordafrika zurück. 203 wurde er von den Römern erneut geschlagen und fiel.

Hasenclever, Wilhelm
deutscher Sozialdemokrat
** 19. 4. 1837 Arnsberg*
† 3. 7. 1889 Berlin
Der gelernte Lohgerber H. war in der Nachfolge Johann Baptist v. →Schweitzers (1864–1871) Präs. des Allg. Dt. Arbeitervereins (1871–1875) und als »Lassalleaner« 1875 maßgeblich am sozialdemokrat. Vereinigungsparteitag in Gotha beteiligt. 1875/76 neben August →Bebel Vors. der Sozialist. Arbeiterpartei und 1876–1878 mit Wilhelm →Liebknecht Chefredakteur des »Vorwärts«, gehörte er als Abgeordneter im Norddt. (1869–1871) und im Dt. Reichstag (1874–1888) zu den Exponenten der sozialist. Opposition im Kaiserreich.

Hassan II.

König von Marokko
seit 1961
** 9. 7. 1929 Rabat*

Der älteste Sohn →Mohammeds V. aus der Alawitendynastie ist zugleich weltliches und geistliches Haupt seines Landes. 1961–1963 und 1965–1967 nahm er auch das Amt des Min.-Präs. wahr. Nach zwei überstandenen Putschversuchen 1971 und 1972 baute er seine Macht in absolutistischer Manier weiter aus, obwohl Marokko der Verfassung nach eine konstitutionelle Monarchie ist. Nach dem Verzicht Spaniens auf seine Kolonie Westsahara annektierte er 1975/76 einen Teil der Westsahara, 1979 auch das 1976 Mauretanien zugesprochene südliche Gebiet und versuchte es im blutigen Kampf mit der Polisario, der Befreiungsorganisation der Sahauris, zu behaupten. 1988 akzeptierte er Vermittlungsbemühungen der Vereinten Nationen. Seine Vermittlerrolle im Nahostkonflikt wurde 1994 mit der in Rabat abgehaltenen internationalen Konferenz zur ökonom. Entwicklung des arab. Raumes unter herausragender Beteiligung Israels belohnt. Erstmals besetzte er im gleichen Jahr in wirtschaftlich schwieriger Lage den Posten des Regierungschefs mit einem Vertreter der Opposition.

Hassan ibn Sabbah
ägyptisch-persischer Führer der Assassinen
† 23. 5. 1125
Als Anhänger des Imams Nizar (Sohn des von den Fatimiden abgefallenen ismaelitischen Kalifen al-Mustansir in Ägypten und Begründer der Sekte der Nizariten) gründete H. im Kampf gegen die als Usurpatoren betrachteten sunnitischen Herrscher den Geheimbund der Assassinen (»Haschischesser«), da sich die Nizariten nicht an die überlieferten Gesetze der Scharia hielten. Ordensmäßig organisiert und mit der Festung Alamut (nördlich von Teheran) als Basis, destabilisierten sie als fanatische Kämpfer die Herrschaft ihrer Gegner (Sultane, Kalifen, Regionalfürsten, Kreuzfahrer) durch eine Art Guerillataktik und Meuchelmorde (daher französisch »assassin« = »Mörder«).

Hassell, Ulrich von
deutscher Diplomat und Widerstandskämpfer
** 12. 11. 1881 Anklam*
† 8. 9. 1944 Berlin-Plötzensee
Der Jurist, seit 1908 im diplomatischen Dienst, wurde 1932 Botschafter in Rom. Nach seiner Abberufung 1937 spielte er eine führende Rolle in der zivilen Widerstandsbewegung gegen Hitler und war als Außen-Min. in einer von Carl →Goerdeler zu bildenden Regierung vorgesehen. Nach dem fehlgeschlagenen Attentat auf Adolf →Hitler am 20. Juli 1944 wurde er vom Volksgerichtshof zum Tode verurteilt und hingerichtet.

Hastings, Warren
britischer Kolonialpolitiker
** 6. 12. 1732 Churchill, Oxfordshire*
† 22. 8. 1818 Daylesford, Oxfordshire

Seit 1750 im Dienst der Ostind. Gesellschaft, wurde H. 1772 Gouverneur von Bengalen, 1774–1785 erster Generalgouverneur von Brit.-Indien, dessen Verwaltung er einrichtete, es expandierte und vor dem französ. Zugriff bewahrte. 1785 kehrte er nach England zurück und wurde von Edmund →Burke vor dem Unterhaus in London wegen Brutalität gegen die einheim. Bevölkerung, Erpressung und Bereicherung angeklagt. Erst 1795 wurde er freigesprochen, mußte die Prozeßkosten aber bezahlen.

Hatoyama, Ichiro
japanischer Ministerpräsident 1954–1956
** 1. 1. 1883 Tokio*
† 7. 3. 1959 Tokio
H. gründete 1945 die konservative Liberale Partei neu, wurde jedoch auf amerikan. Intervention wegen seiner nationalistischen Vergangenheit von jeglicher politischen Tätigkeit ausgeschlossen. 1952 rehabilitiert, trennte er sich mit dem von ihm geführten Flügel von den Liberalen (Vors. Shigeru →Yoshida) und schloß ihn 1954 mit der Reform-Partei zur Demokratischen Partei zusammen. 1954 zum Min.-Präs. gewählt, vereinigte er 1955 beide Parteien zur Liberal-Demokrat. Partei. Während seiner Regierungszeit erreichte H. die formelle Aufhebung des Kriegszustandes mit der Sowjetunion, nahm mit ihr diplomatische Beziehungen auf und ließ Japan den Vereinten Nationen beitreten.

Hatschepsut
ägyptische Königin um 1490–1468 v. Chr.
H., Witwe ihres Halbbruders Thutmosis II. (1494 bis 1490), war Regentin für ihren unmündigen Stiefsohn →Thutmosis III. und nahm im zweiten Regierungsjahr selbst den Königstitel an. Als eine der großen Herrscherpersönlichkeiten der 18. Dynastie vermied sie kriegerische Auseinandersetzungen und gab die Herrschaft über Syrien auf. Sie förderte den wirtschaftl. und kulturellen Ausbau des Landes und entsandte eine Handelsexpedition nach Punt (Somalia), über deren Mission im Reliefzyklus ihres Totentempels in Deir el-Baharih (im Westen von Theben) berichtet wird. Nach ihrem (gewaltsamen?) Tod trat Thutmosis III. die Herrschaft an, der ihr Andenken auszulöschen versuchte.

Hatta, Mohammed
indonesischer Ministerpräsident 1948–1950
** 12. 8. 1902 Fort de Kock, Sumatra*
† 14. 3. 1980 Jakarta
H. studierte 1922–1932 in den Niederlanden, wo er Führer der indones. Unabhängigkeitsbewegung Perhimpunan Indonesia wurde. Nach seiner Rückkehr wurde er im Kampf gegen die niederländ. Kolonialherrschaft 1934 im Konzentrationslager Boven Digul (West Neuguinea) inhaftiert und 1935 verbannt. Im 2. Weltkrieg kooperierte er mit den japan. Besatzungsmächten gegen die ehemaligen Kolonialherren. Nach seiner Rückkehr 1947 rief er mit Ahmed →Sukarno 1945 die Indones. Republik aus, war bis 1948 und seit 1950 deren Vize-Präs. Als Min.-Präs. erreichte er 1949 in Verhandlungen mit den Niederlanden die Anerkennung der Unabhängigkeit Indonesiens. Der gemäßigten islam. Bewegung nahestehend, trat er 1956 als Vize-Präs. aus Protest gegen die Politik Sukarnos zurück.

Hatto I.
deutscher Erzbischof von Mainz 891–913
** um 850 (?)*
† 5. 5. 913
Der schwäb. Benediktinerabt der Reichenau und von Ellwangen wurde 891 von →Arnulf v. Kärnten zum Erzbischof erhoben. »Herz des Königs« genannt, war er wichtigster Ratgeber der Herrscher bis einschließlich König →Konrad I., der ihm Wahl und Krönung (911) verdankte, und leitete faktisch deren

Politik (seit 890 zusammen mit Bischof Salomon III. von Konstanz). Auf den Synoden von Frankfurt (892) und Tribur (895) verfocht er die Stärkung der königlichen Zentralgewalt. Auf H. soll sich die Sage vom Mäuseturm von Bingen beziehen, in dem er, wegen der Verbrennung Hungernder eingeschlossen, von Mäusen aufgefressen worden sein soll.

Hattusilis I.
König der Hethiter um 1580–1550 v. Chr.
Als König *Labarna von Kuššara* gründete H. das althethitische Reich, expandierte es bis nach Nordsyrien und machte Hattuša im Zentrum des Halysbogens zur Residenz. Vermutlich entwickelte sich unter seiner Herrschaft die hethit. Keilschrift.

Hattusilis III.
König der Hethiter um 1283–1260 v. Chr.
H., der durch einen Aufstand gegen König Urhi-Telup die Macht usurpierte, herrschte zur Blütezeit des hethit. Großreichs und sicherte durch einen Friedensvertrag mit →Ramses II. von Ägypten, dem er zwei seiner Töchter verheiratete, den hethit. Einfluß in Nordsyrien.

Haugwitz, Christian, *Graf von (geadelt seit 1786)*
preußischer Außenminister
** 11. 6. 1752 Peuke, Schlesien*
† 9. 2. 1832 Venedig
H. suchte seit 1792 als Staats- und Kabinetts-Min. den offenen Konflikt mit Frankreich zu vermeiden und handelte neben Karl August v. →Hardenberg wesentlich den Sonderfrieden von Basel aus (1795). Als Außenminister 1802–1804 und 1805/06 (zwischenzeitlich ersetzt durch Hardenberg) mußte er nach dem Sieg →Napoleons I. bei Austerlitz 1805/06 die ungünstigen Verträge von Schönbrunn und Paris schließen. Das Scheitern seiner Bündnisverhandlungen mit Rußland und Großbritannien brachte Preußen in die mißliche Ausgangslage der Doppelschlacht von Jena und Auerstedt 1806.

Haushofer, Albrecht
deutscher Schriftsteller, Widerstandskämpfer
** 7. 1. 1903 München*
† 23. 4. 1945 Berlin-Moabit
H., der in verschlüsselten Römerdramen (»Scipio«, 1934; »Sulla«, 1938; »Augustus«, 1939) Kritik am nat.-soz. Regime übte, war Mitarbeiter seines Vaters Karl →H., seit 1940 Prof. für polit. Geographie in Berlin und Mitarbeiter des Auswärtigen Amtes. Nach der von ihm mitvorbereiteten Flucht des Familienfreundes Rudolf →Heß wurde er politisch ausgeschaltet (1941). Er nahm Verbindung zum Widerstand auf (u. a. »Mittwochsgesellschaft«), wurde nach dem gescheiterten Attentat vom 20. 7. 1944 nach langer Flucht im Dez. 1944 verhaftet und später erschossen. Im Gefängnis schrieb er die »Moabiter Sonette« (postum 1946), die als bedeutendstes dichterisches Zeugnis des Widerstands gelten.

Haushofer, Karl
deutscher Geograph
** 27. 8. 1869 München*
† 13. 3. 1946 Paehl bei Weilheim
H. war der führende Vertreter der Geopolitik in Dtschld., die er als »geographisches Gewissen des Staates« verstanden wissen wollte. Ein Teil seiner Theorie überschnitt sich mit der Lebensraum-Ideologie des Nationalsozialismus. Verehrt von seinem Schüler Rudolf →Heß, ließ er sich als »Volkserzieher« vereinnahmen, ohne selbst in der nationalsozialistischen Bewegung führend aktiv gewesen zu sein. Nach der Flucht von Heß 1941 weitgehend kaltgestellt, wurde er nach Aufdeckung der Widerstandsaktivitäten seines Sohnes Albrecht →H. 1944 verhaftet. 1946 nahm er sich das Leben.

Havel, Václav
tschechischer Staatspräsident seit 1993
** 5. 10. 1936 Prag*

H.s Weg vom zensierten und mehrfach inhaftierten Schriftsteller zum Staatspräsidenten symbolisiert die Emanzipation seines Landes durch die »sanfte Revolution«, die er wesentlich mitgestaltete. Engagiert im »Prager Frühling« und seit 1969 unter Publikationsverbot, war H. Mitinitiator der Charta 77 und Kopf der Bürgerrechtsbewegung. Nach dem Umsturz 1989 wurde er aufgrund seiner moralischen Integrität zum Staatsoberhaupt gewählt (1990 bestätigt). Nach der Abspaltung der Slowakei trat er zurück (1992) und wurde 1993 Staatspräsident der Tschechischen Republik. Sein besonderes Engagement gilt dem Anschluß seines Landes an Westeuropa und der Aussöhnung von Tschechen und

Deutschen, die durch die deutschen Verbrechen während der Besetzung im 2. Weltkrieg und die anschließende Vertreibung der Sudetendeutschen behindert ist. 1989 erhielt H. den Friedenspreis des Deutschen Buchhandels, 1991 den Karlspreis der Stadt Aachen.

Havemann, Robert

deutscher Physikochemiker und politischer Philosoph
** 11. 3. 1910 München*
† 9. 4. 1982 Grünheide bei Berlin

Seit 1932 Mitglied der KPD, leitete H. in der NS-Zeit die Widerstandsgruppe »Europ. Union«. 1943 vom Volksgerichtshof zum Tod verurteilt, erhielt er Vollstreckungsaufschub im Zuchthaus Brandenburg. 1945 übernahm er die Leitung des Kaiser-Wilhelm-Instituts für Physikal. Chemie in Berlin-Dahlem und wurde 1947 Professor in Berlin (Ost). H., der 1950 bis 1963 Mitgl. der Volkskammer war, strebte einen dem Humanismus und der Demokratie verpflichteten »demokrat. Sozialismus« an und geriet seit 1956 als einer der Wortführer der intellektuellen Opposition in Konflikt mit dem Regime. 1964 wurde er aus der Universität und aus der SED ausgeschlossen, 1966 auch aus der Dt. Akademie der Wissenschaften in Berlin (Ost) und 1976–1979 unter Hausarrest gestellt. Seine polit. Philosophie und sein persönl. Beispiel gaben der Opposition in der DDR entscheidenden Rückhalt. Polit. Hauptwerke u. a.: »Dialektik ohne Dogma«, 1962; »Ein dt. Kommunist«, 1978.

Hawke, Robert
australischer Premierminister 1983–1991
** 9. 12. 1929 Bordertown, Südaustralien*
Der Jurist, Partei- und Gewerkschaftsfunktionär war 1970–1980 Präs. des Dachverbandes der austral. Gewerkschaften und 1973–1978 Präs. der Australian Labor Party. 1980 ins Parlament gewählt, führte er seit 1983 die Opposition. 1983 übernahm er das Amt des Premierministers von Malcolm →Fraser und wurde als »Mann der Mitte« 1987 und 1990 wiedergewählt. Ohne Konzept gegen die schwerste Wirtschaftskrise seit 1945 wurde er 1991 von der eigenen Partei gestürzt.

Hayes, Rutherford Birchard
19. Präsident der USA 1877–1881
** 4. 10. 1822 Delaware, Ohio*
† 17. 1. 1893 Fremont, Ohio
H., der sich im Amerikan. Bürgerkrieg (1861–1865) als Offizier ausgezeichnet hatte, war für die Republikaner 1868–1872 Gouverneur von Ohio. Als Präs. bemühte er sich um die Aussöhnung mit den Südstaaten, denen er im Kompromiß von 1877 wieder polit. Eigenständigkeit im Rahmen der Union verlieh.

Heath, Edward
britischer Premierminister 1970–1974
** 9. 7. 1916 Broadstairs*
Seit 1950 konservatives Mitgl. des Unterhauses, wurde H. 1955 Whip. Unter Harold →Macmillan leitete er als Lordsiegelbewahrer (1960–1963) und Befürworter einer europ. Einigung die Verhandlungen über den Beitritt Großbritanniens zur EWG, der jedoch 1963 am Veto de →Gaulles scheiterte. Als jüngster Parteivors. der Konservativen in der Nachfolge von Alec →Douglas-Home (1965–1975) führte er die Partei 1970 zum Sieg und löste Harold →Wilson als Premier-Min. ab. 1972 setzte er den EG-Beitritt durch. Nach seiner Wahlniederlage 1974 gegen Wilson übernahm 1975 Margaret →Thatcher die Parteiführung.

Hébert, Jaques René
französischer Revolutionär
** 15. 11. 1757 Alençon*
† 24. 3. 1794 Paris
In der Französ. Revolution führte H. den radikalsten Flügel der Jakobiner (Hébertisten) an. Er forderte die Hinrichtung →Ludwigs XIV., die Auslöschung der Religion zugunsten eines »Kultes der Vernunft«, beteiligte sich an den Septembermorden 1792 und am Sturz der Girondisten 1793. Der von H. als zu gemäßigt kritisierte →Robespierre ließ ihn guillotinieren.

Hecker, Friedrich
deutscher Revolutionär
** 28. 9. 1811 Eichtersheim, Baden*
† 24. 3. 1881 Saint Louis, Missouri
Seit 1842 liberaler Abg. der 2. Bad. Kammer, agierte der Anwalt 1848 als charismat. Populist für die dt. Republik und die Revolution. Weil ihm das Vorparlament nicht radikal genug war, organisierte er mit Gustav v. →Struve den ersten Bad. Aufstand. Nach dessen Niederschlagung wanderte er in die USA aus, wo er im Bürgerkrieg für die Nordstaaten kämpfte.

Hedwig
Herzogin von Schlesien
** um 1178 Andechs (?)*
† 14. 10. 1243 Trebnitz bei Breslau
H., Tochter des Grafen Berthold VI. von Andechs (Markgraf von Istrien und Herzog von Meran und Dalmatien, † 1204), war verheiratet mit Herzog Heinrich I. (dem Bärtigen) von Schlesien († 1238). Durch die Stiftung zahlreicher Kirchen und Klöster und die Ansiedlung von Bauern aus dem Westen förderte sie das Christentum und die Germanisierung Schlesiens. Schon 1267 wurde die Patronin Schlesiens heiliggesprochen (Fest: 16. 10.).

Der Staat: Inbegriff der Vernunft

Chronik Zitat

In seiner »Rechtsphilosophie« begreift Hegel den modernen (preußischen) Staat als Verwirklichung der Freiheit (Auszüge):

»Der Staat ist die Wirklichkeit der sittlichen Idee, – der sittliche Geist als der offenbare, sich selbst deutliche, substanzielle Wille, der sich denkt und weiß und das was er weiß und insofern er es weiß, vollführt. An der Sitte hat er seine unmittelbare und an dem Selbstbewußtsein des Einzelnen, dem Wissen und Tätigkeit desselben seine vermittelte Existenz, so wie dieses durch die Gesinnung in ihm, als seinem Wesen, Zweck und Produkte seiner Tätigkeit, seine substanzielle Freiheit hat...« (§ 257).
»Der Staat ist als die Wirklichkeit des substanziellen Willens, die er in dem zu seiner Allgemeinheit erhobenen besonderen Selbstbewußtsein hat, das an und für sich Vernünftige. Diese substanzielle Einheit ist absoluter unbewegter Selbstzweck, in welchem die Freiheit zu ihrem höchsten Recht kommt, sowie dieser Endzweck das höchste Recht gegen die Einzelnen hat, deren höchste Pflicht es ist, Mitglieder des Staates zu sein...« (§ 258).
»Aber Volkssouveränität als im Gegensatze gegen die im Monarchen existierende Souveränität genommen... gehört zu verworrenen Gedanken, denen die wüste Vorstellung des Volkes zugrunde liegt. Das Volk ohne seinen Monarchen... ist die formlose Masse, die kein Staat mehr ist...« (§ 279)

Hegel, Georg Wilhelm Friedrich

deutscher Philosoph
** 27. 8. 1770 Stuttgart*
† 14. 11. 1831 Berlin

Der Sohn eines Beamten, der gemeinsam mit Wilhelm Joseph Schelling und Friedrich Hölderlin am Tübinger Stift Philosophie und Theologie studierte, habilitierte sich 1801. Er lehrte in Jena und Heidelberg (zwischenzeitlich war er Rektor des Nürnberger Gymnasiums) und wurde 1818 als Nachfolger Johann Gottlieb →Fichtes nach Berlin berufen, wo er sich als Haupt einer einflußreichen Schule (»Hegelianer«) den Ruf des »preußischen Staatsphilosophen« erwarb und 1829 zum Rektor der Universität gewählt wurde.
In Berlin arbeitete er sein umfassendes System der Philosophie aus, mit dem er, an Imanuel Kant anschließend, die idealistische Philosophie auf ihren Höhepunkt und zugleich zum Abschluß führte. Sein Anspruch, alle Erscheinungen der Wirklichkeit aus der Natur des Geistes heraus in ihrem Wesen erfassen und darstellen zu können, fußt auf dem Diktum, »alles Vernünftige ist wirklich und alles Wirkliche ist vernünftig«. Folglich steht im Mittelpunkt seines Denkgebäudes der absolute Geist, der »Weltgeist«, in dem Idee, Natur, Mensch und Gott eine Einheit bilden, und der sich in der Weltgeschichte in einem fortschreitenden Prozeß zur Freiheit seiner selbst bewußt wird.
Im ersten Teil seines Systems, der »Phänomenologie des Geistes« (1807), folgt H. dem Aufstieg des philosoph. Gedankens vom vorstellenden Bewußtsein bis zur Vernunft und zum absoluten Wissen als der »Erfahrung«, die das Bewußtsein von sich selbst macht. In der »Wissenschaft der Logik« (1812 ff.) entwickelt er den Sinngehalt des Absoluten, d. i. der Wahrheit »an und für sich selbst«. In seinem 1821 veröffentlichten Werk »Grundlinien der Philosophie des Rechts oder Naturrecht und Staatsrecht im Grundriß« entfaltet er die prakt. Philosophie und bestimmt Recht, Moralität und Sittlichkeit als Willensformen des Geistes und den Staat als die absolute Verkörperung der Sittlichkeit. Dieses Werk beeinflußte die Geschichte der Staatswissenschaften

entscheidend. Es trug H., der ein liberaler Anhänger der konstitutionellen Monarchie war, im Nachhinein den Vorwurf ein, Preußen als Inbegriff des musterhaften Staates, als Verwirklichung der Freiheit, idealisiert und die philosoph. Legitimation totalitärer politischer Systeme begründet zu haben.
Insbesondere H.s Geschichtsauffassung (»Vorlesung über die Geschichte der Philosophie«) fand eine weite Verbreitung über den Kreis der philosoph. Schulen hinaus. Der Linkshegelianer Karl →Marx wandte H.s dialekt. Methode auf die Entfaltung der Klassengegensätze in der Geschichte an, begründete aber ihren fortschreitenden Entwicklungsprozeß nicht mit der Bewußtwerdung des absoluten Geistes, sondern mit den materiellen Lebensbedingungen der Menschen. (▷ Chronik Zitat)

Heinemann, Gustav

3. deutscher Bundespräsident 1969–1974
** 23. 7. 1899 Schwelm, Westfalen*
† 7. 7. 1976 Essen

Der Rechtsanwalt, der sich in der Weimarer Republik der Dt. Demokrat. Partei (DDP) anschloß und 1928 Justitiar, später Bergwerksdirektor der Rhein. Stahlwerke in Essen wurde, engagierte sich früh in der ev. Kirche. 1930–1933 für den Christlich-Sozialen Volksdienst aktiv, beteiligte er sich seit 1934 an der Organisation der Bekennenden Kirche und nach dem 2. Weltkrieg am Wiederaufbau der Ev. Kirche in Dtschld. (EKD; 1945–1967 Mitgl. des Rates, 1945–1955 zugleich Präses der Synode).
Als Mitbegründer der CDU (1945) und Oberbürgermeister von Essen (1946–1949) wurde er 1947 Mitgl. des Landtags (bis 1950) und war 1947/48 Justiz-Min. von Nordrhein-Westfalen. Im ersten Kabinett Konrad →Adenauers seit 1949 Bundes-Min. des Innern, trat er aus Protest gegen dessen Aufrüstungspläne und Deutschlandpolitik 1950 zurück, 1952 verließ er die CDU und beteiligte sich 1953 an der Gründung der Gesamtdt. Volkspartei (GVP), mit der er die Neutralität der Bundesrepublik propagierte, um die Wiedervereinigung zu ermöglichen. Nach Auflösung der Partei trat H. 1957 der SPD bei und zog für sie in den Bundestag ein (1957–1969). In der Großen Koalition 1966 Justiz-Min., betrieb er die erste große Strafrechtsreform und wurde 1969 in Nachfolge Heinrich →Lübkes als erster Sozialdemokrat zum Bundes-Präs. gewählt. Mit seiner aus christl. Verantwortung gewachsenenen hohen moral. Integrität setzte er sich für die Aussöhnung der Deutschen mit ihren europäischen Nachbarn ein, die Opfer des Nationalsozialismus geworden waren. Entgegen den Tendenzen zur Ausgrenzung sozialer Minderheiten und polit. Opposition galt das besondere Engagement des »Bürgerpräsidenten« der Förderung der Toleranz und der Vertiefung des demokrat. Bewußtseins in der bundesrepublikan. Gesellschaft. Nachfolger: Walter →Scheel.

***Heinrich**, Fürsten*

– Deutsche Könige und römische Kaiser

Heinrich I.

König 919–936
** um 875*
† 2. 7. 936 Memleben

Der Herzog von Sachsen aus dem Geschlecht der Liudolfinger (Ottonen) begründete die sächs. Königsdynastie (bis 1024). Trotz seines Konflikts mit König →Konrad I. wurde H. von diesem zum Nachfolger designiert und 919 in Fritzlar zum König des Reichs gewählt (das erstmals als »Reich der Deutschen« bezeichnet wurde). Er lehnte jedoch die kirchl. Salbung ab. Auch →Giselbert von Lothringen erkannte 925 H.s Oberhoheit an, wodurch Lothringen zum Reich kam. Von den mehrfach einfallenden Ungarn erlangte H. 926 gegen Tributzahlungen einen neunjährigen Waffenstillstand. Während dieser Zeit baute er eine schlagkräftige gepanzerte Reitertruppe auf und ließ Burgen anlegen. So gerüstet, unterwarf er 928/29 die Slawen, eroberte Brandenburg und gründete die Burg Meißen. 933 schlug er mit einem Heer aus allen dt. Stämmen die Ungarn bei Riade an der Unstrut vernichtend. 934 besiegte er die Dänen und erneuerte die alte dän. Mark zwischen Eider und Schlei. H. knüpfte an die hegemoniale Politik der ostfränk. Karolinger (→Arnulf von Kärnten) an. Nachfolger: Sohn →Otto I. (d. Gr.).

Heinrich II., *der Heilige*
König und Kaiser 1002/1014–1024
** 6. 5. 973 Bad Abbach bei Kehlheim*
† 13. 7. 1024 Grona bei Göttingen
Seit 995 Nachfolger seines Vaters Heinrich II. (der Zänker; * 951, † 995) als Herzog von Bayern, wurde H. gegen andere Bewerber 1002 als letzter Nachkomme des sächs. Kaiserhauses der Ottonen im Mannesstamm in der Nachfolge →Ottos III. zum dt. König gewählt. Mit den heidn. Stämmen der slaw. Liutizen und Abroditen verbündet, führte er einen langwierigen Kampf gegen den christlichen poln. Herzog →Bołesław I. Chrobry, dem er schließlich Meißen und Böhmen abrang und ihm im Frieden von Bautzen (1018) die Lausitz überließ. H. sicherte sich im Westen die Anwartschaft auf das Königreich Burgund, unternahm (1004) seinen 1. Italienzug gegen den von Otto III. geächteten König der Langobarden Arduin von Ivrea († 1016) und nahm selbst den Königstitel an. Auf dem 2. Italienzug ließ er sich in Rom von Papst →Benedikt VIII. zum Kaiser krönen, dem er dafür in Unteritalien gegen die Griechen beisprang. Er sicherte seine Herrschaft durch Ausbau des otton. Reichskirchensystems, das er zur wichtigsten Stütze der Reichspolitik machte. H. unterstützte die reformfreudigen Kräfte innerhalb der Kirche und gründete 1007 das Missionsbistum Bamberg. 1146 wurde er heiliggesprochen (Fest: 13. 7.). Nachfolger: →Konrad II.

Heinrich III.

König und Kaiser
1039/1046–1056
** 28. 10. 1017*
† 5. 10. 1056
Bodfeld, Harz

(Herzog von Bayern seit 1027, Herzog von Schwaben und König von Burgund seit 1038). Aus der Salier-Dynastie stammend, wurde der Sohn →Konrads II. 1026 zum dt. König designiert, 1028 gekrönt, 1039 Nachfolger seines Vaters. Trotz seiner gefestigten Machtstellung hatte H. Auseinandersetzungen im Reich zu bestehen, besonders mit den Herzögen von Lothringen. 1041 sicherte er die Lehnsabhängigkeit Böhmens und (vorübergehend) auch die Oberhoheit über Ungarn. Er verstärkte die Bindung zwischen Reichskirche und Königtum, förderte die Kirchenreform, unterstützte das Klosterwesen und weitete in Goslar den einträglichen Silberbergbau aus. Auf seinem Feldzug nach Italien entmachtete er auf den Synoden von Sutri und Rom (1046) drei rivalisierende Päpste und setzte den dt. Papst Klemens II. (Papst 1046/47) ein, von dem er sich noch im selben Jahr zum Kaiser krönen ließ. Ihm ließ er noch drei weitere dt. Päpste folgen, mit denen er die Kirchenreform von Rom aus begann: Damasus II. (1048), →Leo IX. (1049–1054) und →Viktor II. (1055–1057).
H. war eine der großen Herrschergestalten des Mittelalters, die weltliche und geistliche Autorität verbanden. In 2. Ehe war er seit 1043 mit →Agnes von Poitou verheiratet, die während der schweren Reichskrise nach seinem überraschenden Tod die Regentschaft für den gemeinsamen sechsjährigen Sohn und Nachfolger →H. IV. ausübte.

Heinrich IV.

König und Kaiser
1056/1084–1106
** 11. 11. 1050*
Goslar (?)
† 7. 8. 1106 Lüttich

Bereits unter der Regierung seines Vaters →H. III. 1053 zum König gewählt, stand H. nach dessen Tod zunächst unter der Regentschaft seiner Mutter →Agnes von Poitou, dann der Erzbischöfe →Anno II. von Köln, der H. 1062 entführt hatte, und →Adalbert von Hamburg-Bremen. 1065/66 zur Selbständigkeit gelangt, gewann H. das verlorengegangene Reichsgut, besonders im thüringisch-sächs. Raum, gegen den erbitterten Widerstand vor allem des sächs. Adels wieder für die Krone zurück (1073–1075).
Mit der eigenmächtigen Einsetzung des Erzbischofs von Mailand 1075 löste H. den Investiturstreit zwischen Kaiser und Papst um die Besetzung der Bistümer aus, der unter ihm und seinem großen Gegenspieler →Gregor VII. seinen Höhepunkt fand und die Stellung des Königtums insgesamt schwer erschütterte. Nach dem päpstlichen Bann 1076 unternahm H. unter der Absetzungsdrohung des Fürstentags von Tribur (1076) den Bußgang nach Canossa und erreichte die Aufhebung des Bannes (1077), sah

sich aber in Deutschland der Fürstenopposition mit den Gegenkönigen Rudolf von Rheinfelden (Schwaben) (1077–1080) und Hermann von Salm (1081 bis 1088) gegenüber. 1080 bannte ihn Gregor VII. erneut, woraufhin H. im Jahr 1081 einen Feldzug nach Italien unternahm, Rom eroberte und den Papst vertrieb. Er setzte Klemens III. als Gegenpapst ein (1180–1100) und ließ sich von ihm zum Kaiser krönen (1084), bevor er den mit Gregor VII. verbündeten Normannen unter →Robert Guiscard weichen mußte. Im Reich verkündete er den Gottesfrieden (Treuga Dei, 1085), der das Kriegs- und Fehdewesen für den größten Teil des Jahres verbot. Auf seinem 1090 zunächst erfolgreich begonnenen 2. Italienfeldzug wurde er vom Lombard. Städtebund eingeschlossen (1093–1096). Sein Sohn Konrad (* 1074, † 1101), der sich 1093 auf die Seite der Fürstenopposition in Dtschld. geschlagen hatte, verwehrte ihm die Rückkehr bis 1097. H. ließ ihn ächten und seinen zweiten Sohn →H. (V.) 1098 zum König wählen, der sich jedoch 1104 gegen H. erhob, ihn gefangennahm und zur Abdankung zwang (1105). H. konnte 1106 entkommen, starb jedoch auf der Flucht. (▷ Chronik Zitat)

Heinrichs Gang nach Canossa

Chronik Zitat

Unter dem Druck des Ultimatums der deutschen Fürstenopposition zog Heinrich IV. um die Jahreswende 1076/77 über die Alpen, um von Papst Gregor VII. die Lösung vom Bann zu erreichen. Lampert von Hersfeld (um 1025, † zwischen 1081 und 1085) beschrieb in seinen Annalen die Begegnung auf der Burg Canossa (Auszug):*

»Da kam der König, wie ihm befohlen war, und da die Burg von drei Mauern umgeben war, wurde er in den zweiten Mauerring aufgenommen, während sein ganzes Gefolge draußen blieb, und hier stand er nach Ablegung der königlichen Gewänder ohne alle Abzeichen der königlichen Würde, ohne die geringste Pracht zur Schau zu stellen, barfuß und nüchtern vom Morgen bis zum Abend, das Urteil des Papstes abwartend. So verhielt es sich am zweiten, so am dritten Tag. Endlich am vierten Tag [in Wirklichkeit am dritten] wurde er zu ihm vorgelassen, und nach vielen Reden und Gegenreden wurde er schließlich unter folgenden Bedingungen vom Bann losgesprochen: Er solle an einem vom Papst zu bestimmenden Tag und Ort auf einer allgemeinen Versammlung, zu der die deutschen Fürsten berufen würden, erscheinen und auf die Anklagen, die man vorbringen werde, Bescheid geben; der Papst solle, wenn er es für vorteilhaft halte, selbst als Richter die Entscheidung treffen, und er solle auf seinen Richterspruch hin entweder die Krone behalten, wenn er sich von den Vorwürfen reinige, oder ohne Unmut verlieren, wenn seine Vergehen erwiesen seien und er nach den kirchlichen Gesetzen für die Zukunft der königlichen Würde für unwürdig erklärt werde; er solle, ob er nun die Krone behielte oder verlöre, für diese Demütigung in alle Zukunft an niemandem Rache nehmen. Bis zu dem Tage aber, an dem seine Sache nach einer förmlichen Untersuchung entschieden werde, dürfe er keinerlei königlichen Schmuck tragen, keine Abzeichen der königlichen Würde anlegen, keine staatlichen Verwaltungsmaßnahmen wie sonst gewöhnlich aus eigener Machtvollkommenheit vollziehen und keine rechtskräftige Entscheidung treffen; endlich dürfe er außer der Einforderung der königlichen Gefälle, die zu seinem und seiner Leute Lebensunterhalt nötig seien, kein königliches, kein staatliches Gut in Anspruch nehmen; auch sonst sollten alle, die ihm eidlich Treue zugesagt hätten, einstweilen von der Bindung an diesen Eid und der Treuepflicht gegen ihn vor Gott und den Menschen frei und entbunden sein... Falls er nach Widerlegung der Anschuldigungen mächtig und erstarkt auf dem Thron bleibe, soll er dem Papst immer untertan und gehorsam sein... Endlich, wenn er einem dieser Punkte zuwiderhandle, soll die jetzt so heiß von ihm ersehnte Lösung vom Bann ungültig sein, ... und die Reichsfürsten würden, jeder Verpflichtung zu weiterer Untersuchung ledig, jeder Bindung an ihren Eid ledig, einen anderen König wählen, auf den sie sich einigen würden.
Der König nahm die Bedingungen mit Freuden an und versprach mit den heiligsten Beteuerungen, sie alle einhalten zu wollen... Nach der Lösung vom Bann hielt der Papst ein feierliches Hochamt.«

Heinrich V.

König und Kaiser
1106/1111–1125
** 11. 8. 1086 (1081 ?)*
† 23. 5. 1125 Utrecht

1098 zum dt. König gewählt und 1099 gekrönt, erzwang H. 1105 nach der Gefangennahme seines Vaters →H. IV. dessen formelle Abdankung, wurde jedoch erst 1106 nach dessen Tod allgemein anerkannt. Er setzte sich von der im Investiturstreit päpstlich orientierten Fürstenpartei, die ihn gestützt hatte, ab und nahm die Reichspolitik seines Vaters wieder auf. Auf seinem Romzug (1110/11) scheiterte H. mit dem Versuch einer radikalen Lösung des Investiturstreits, die den Verzicht auf die Investitur gegen Rückgabe aller Besitzungen und Regalien (weltl. Rechte) seitens der Kirche vorsah, am Widerstand der dt. Bischöfe und Fürsten. Daraufhin setzte er Papst →Paschalis II. gefangen und erzwang von ihm das bald darauf widerrufene Recht der Investitur und die Kaiserkrönung (1111).
Mit der weiteren Verschärfung des Konflikts wurde H. 1112 gebannt und mußte sich gegen die kirchl. Opposition unter Erzbischof →Adalbert I. von Mainz und die Fürstenopposition unter →Lothar (III.) von Supplinburg behaupten, gegen den er die Schlacht am Welfesholz 1115 verlor. 1116 sicherte er sich in Oberitalien das Erbe der →Mathilde von Tuszien, besetzte 1117 erneut Rom und setzte 1118 gegen →Gelasius II. den Gegenpapst Gregor (VIII.) ein, der sich bis 1121 hielt. 1122 legte H. unter Vermittlung der Fürsten im Wormser Konkordat mit →Calixtus II. den Investiturstreit mit einem Kompromiß bei, der die Reichskirche in Dtschld. durch die Belehnung der Bischöfe mit den weltl. Gütern (Temporalia) an den dt. König band, H. persönlich das Investiturrecht in Dtschld. einräumte. Der Kaiser mußte auf die Verleihung der geistl. Würden (Spiritualia) verzichten. Zusammen mit seinem Schwiegervater König →H. I. von England unternahm er 1124 einen erfolglosen Feldzug gegen Frankreich.
H. stärkte das Königtum durch Förderung der Ministerialen und des Bürgertums und schloß den Machtkampf mit der Kirche ab. Mit seinem Tod erlosch das Haus der Salier. Nachfolger: Lothar III.

Heinrich VI.

König und Kaiser
1190/1191–1197
** Herbst 1165*
Nimwegen
† 28. 9. 1197 Messina

Der zweite Sohn Kaiser →Friedrichs I. Barbarossa wurde 1169 zum deutschen König gewählt und gekrönt und war seitdem Mitregent. Seit 1186 König der Lombardei und Stellvertreter seines Vaters in Italien, seit 1189 in Dtschld., übernahm er nach dessen Tod die Alleinherrschaft. Als zielbewußter Machtpolitiker, zugleich vielseitig begabt und gebildet, führte er die Stauferdynastie auf ihren Höhepunkt. Seit 1186 mit →Konstanze, der Tochter des Normannenkönigs →Roger II. von Sizilien, verheiratet, versuchte H. während seines 1. Feldzugs nach Italien vergeblich, das als sein Erbe beanspruchte sizilianische Reich zu erobern, ließ sich jedoch von Papst →Coelestin III. zum Kaiser krönen (1191).
In Dtschld. hatte er sich einer starken Fürstenopposition unter Führung →Heinrichs des Löwen zu erwehren, mit dem er sich 1194 formell versöhnte. Eine Wendung zu seinen Gunsten erreichte er mit der Gefangennahme des mit seinen Gegnern verbündeten englischen Königs →Richard I. Löwenherz 1193, für dessen Auslösung er von England ein riesiges Lösegeld und die Lehnshuldigung erhielt. Bei einem zweiten Italienzug gelang H. die Eroberung Siziliens, die er 1194 mit seiner Krönung zum König von Sizilien abschloß. Sein Versuch, nach der Geburt seines Sohnes und Nachfolgers →Friedrich (II.) das dt. Königtum im Stauferhaus erblich zu machen (Erbreichsplan) und so Sizilien fester mit dem dt. Reich zu verbinden, scheiterte am Widerstand der dt. Fürsten wie des Papstes. Expansionspläne gegen das Byzantin. Reich, die er durch die Heirat der byzantin. Erbfolgerin mit seinem jüngeren Bruder →Philipp von Schwaben betrieb (1196), konnte er nicht mehr ins Werk setzen.
Der Tod H.s, unmittelbar vor Beginn eines geplanten Kreuzzugs, stürzte das Reich in Italien und Dtschld. in eine tiefe Krise. Nachdem Konstanze den 1196 zweijährig zum dt. König gewählten Friedrich II. auf den Thron verzichten ließ, trat Philipp von Schwaben die umkämpfte Nachfolge an.

Heinrich (VII.)
König 1220–1235
** 1211 Sizilien*
† 10. (12.?) 2. 1242 Martirano, Kalabrien
Als Sohn Kaiser →Friedrichs II. und Konstanzes von Aragón bereits 1212 zum König von Sizilien gekrönt, wurde H. 1220 zum dt. König gewählt (1222 gekrönt) und nahm seit 1228 selbständig die Reichsgeschäfte in Dtschld. wahr. Seine in der Auseinandersetzung mit den Fürsten verfolgte Stärkung der Zentralgewalt durch Ausdehnung der Hausmacht, Begünstigung der Städte und Förderung der Ministerialen trieb ihn in Gegensatz zu seinem Vater, gegen den er sich 1234 offen empörte. H. mußte sich 1235 unterwerfen und nahm sich nach langer Kerkerhaft 1242 wahrscheinlich das Leben.

Heinrich VII.
König und Kaiser
1308/1312–1313
** 1274 (75) Valenciennes*
† 24. 8. 1313 Buonconvento bei Siena

Der Graf von Luxemburg setzte sich bei der Königswahl 1308 durch. Während er schwerere Zusammenstöße in Dtschld. vermied, gewann er durch Verheiratung seines Sohnes Johann mit der Tochter des böhm. Königs Wenzel III. Böhmen für die luxemburg. Dynastie (1310). Bei seinem Feldzug nach Italien wurde er von den Ghibellinen (u. a. auch von Dante Alighieri) begrüßt, von den Guelfen in schwere Kämpfe verwickelt. 1312 ließ er sich von Kardinälen als päpstl. Legaten zum Kaiser krönen. Im Begriff, gegen König Robert von Neapel (1309 bis 1349) zu ziehen, erkrankte H. während der erfolglosen Belagerung von Florenz und starb bald darauf. Nachfolger: →Ludwig IV. (der Bayer).

– Bayern und Sachsen
Heinrich X., der Stolze
Herzog von Bayern 1126–1138 und von Sachsen 1137–1139
** um 1108*
† 20. 10. 1139 Quedlinburg
Der Welfe und Schwiegersohn Kaiser →Lothars III. von Supplinburg, dem er in zahlreichen Kämpfen gegen die Staufer beisprang, übernahm nach dessen Tod das Herzogtum Sachsen. Auf Lothars Feldzug nach Italien 1136/37 mit dem Hausgut der →Mathilde von Tuszien belehnt und als Erbe der welf. Este-Dynastie, stieg H. zu einem der mächtigsten Reichsfürsten in Italien und Dtschld. auf. Nach dem Tod Lothars konnte er sich gegenüber dem Stauferkönig →Konrad III. jedoch nicht durchsetzen, verlor vielmehr auf den Reichstagen zu Würzburg und Goslar 1138 Sachsen an den Brandenburger Markgrafen →Albrecht I. (den Bären) und Bayern an den Babenberger Leopold IV. (* 1108, † 1141), behauptete sich aber bis zu seinem Tod in Sachsen.

Heinrich der Löwe
Herzog von Sachsen und von Bayern
1142/1156–1180
** 1129(30)*
† 6. 8. 1195 Braunschweig
Der Sohn H.s X. (des Stolzen) aus der Dynastie der Welfen, erhielt von seinem Vetter, Kaiser →Friedrich I. Barbarossa, zur Beilegung des stauf.-welf. Gegensatzes Bayern zurück, unter Verzicht auf die Mark Österreich, die Friedrich im Privilegium Minus zum Herzogtum erhob. Als mächtigster Herzog des Reiches begleitete H. den Kaiser nach Italien und zeichnete sich 1155 mit seinen Rittern bei der Niederschlagung eines röm. Aufstands aus. Ernergisch erweiterte er seine Herrschaft in Sachsen bis zur Peene, trieb eine planmäßige Erwerbspolitik, vor allem im östlichen Sachsen, förderte die Ostsiedlung und den Handel im Ostseeraum, errichtete die Bistümer Ratzeburg, Oldenburg (Sitz: Lübeck) und Mecklenburg (Sitz: Schwerin) neu und förderte die Städte (Gründung Münchens und Schwerins, Neugründung Lübecks, Erweiterung Braunschweigs als seine Residenz). 1168 heiratete er Mathilde (* 1156, † 1189), die Tochter König H.s II. Plantagenet von England.
Die Weigerung H.s, den Kaiser 1176 in Oberitalien militärisch zu unterstützen (Sieg der Lombarden bei Legnano 1176), erneuerte den welf.-stauf. Konflikt und führte zum Sturz H.s, der wegen seiner rücksichtslosen Machtpolitik ohne Bündnispartner blieb. Geächtet und der Herzogtümer Bayern und Sachsen enteignet, unterwarf sich H. 1181 dem Kaiser und ging in die Verbannung zu seinem Schwiegervater nach England (1182–1185, 1188/89). Auf seinen Hausbesitz Braunschweig-Lüneburg beschränkt, versuchte er, nach seiner Rückkehr nach Deutschland 1189 erfolglos, die welf. Gebiete zurückzuerobern. 1194 versönte er sich mit Kaiser →H. VI.

– England

Heinrich I.
König 1100–1135
** 1068 Selby, Yorkshire*
† 1. 12. 1135 bei Gisors, Normandie
(Auch *H. Beauclerc*). Nach dem Tod seines Bruders, König →Wilhelm II. Rufus, leitete der jüngste Sohn →Wilhelms I. (des Eroberers) mit seiner Krönungsproklamation (Charta libertatum) die Versöhnung der Angelsachsen mit den normann. Eroberern ein. Das Dokument gilt als erstes Verfassungsgesetz Englands und war Basis der späteren Magna Charta. 1106 gewann er im Kampf gegen seinen älteren Bruder Robert Curthose (* um 1054, † 1134), den Herzog der Normandie, das Stammland Wilhelms des Eroberers wieder für England zurück. Gegen den Hochadel stützte er sich auf den niederen Adel und das Volk und konnte im Investiturstreit gegen Anselm von Canterbury und Papst →Paschalis II. den Vasallenstatus der Bischöfe behaupten (Vertrag von Westminster 1107). Sein Tod stürzte das Land in schwere Nachfolgewirren, die bis zum Antritt →H.s II. Plantagenet 1154 anhielten.

Heinrich II. Plantagenet
König 1154–1189
** 5. 3. 1133 Le Mans*
† 6. 7. 1189 Chinon
H. wurde als Sohn Mathildes, der Tochter und Thronerbin →H.s I., und des Grafen Gottfried V. von Anjou-Plantagenet sowie durch seine Ehe mit →Eleonore von Aquitanien (1152) auch Herr eines Drittels von Frankreich und verfolgte das Ziel, ein westeuropäisches Imperium zu errichten. In England stärkte er im Kampf gegen den Adel die königliche Gewalt durch tiefgreifende Reformen in Rechtsprechung und Verwaltung und schränkte den politischen Einfluß der Kirche durch die Konstitutionen von Clarendon (1164) ein, mit denen er u. a. Geistliche der weltlichen Gerichtsbarkeit unterwarf. Während sein Kanzler Thomas à →Becket als Erzbischof von Canterbury seine Parteinahme für Papst →Alexander III. mit dem Leben bezahlen mußte (1170), unterstützte H., außenpolitisch mit dem dt. Kaisertum rivalisierend, den Papst und →H. den Löwen gegen →Friedrich I. Barbarossa. 1171/72 begründete er die Herrschaft der engl. Monarchie in Irland und erzwang 1174 vom schott. König die Anerkennung der engl. Oberherrschaft. H., der die Plantagenet-Dynastie begründete, starb im Kampf gegen seine aufständischen Söhne. Nachfolger wurde sein Sohn →Richard I. Löwenherz.

Heinrich IV. Bolingbroke
König 1399–1413
** April 1366 Bolingbroke*
† 20. 3. 1413 Westminster
Der Herzog von Bolingbroke und Lancaster, Sohn Johanns von Gent (* 1340, † 1399) und Enkel →Eduards III., führte nach seiner Rückkehr aus der Verbannung die Adelsopposition gegen die Willkürherrschaft seines Vetters →Richard II. an, setzte ihn ab und trat 1399, unterstützt vom Parlament, die Herrschaft an, mit der er die Lancaster-Dynastie in England begründete. Erfolgreich bekämpfte er 1400 bis 1408 Aufstände und suchte seine schwache Stellung durch Nachgiebigkeit gegenüber Parlament und Kirche zu festigen. Nachfolger: Sohn →H. V.

Heinrich V.
König 1413–1422
** 16. 9. (?) 1387 Monmouth*
† 1. 9. 1422 Vincennes
Während H., Sohn und Nachfolger →H.s IV., 1409 im Innern das aufständ. Wales unter Owen Glendower (* 1339, † 1415) und 1414 den Lollarden-Aufstand sowie eine dynastische Verschwörung niederschlug, versuchte er ein letztes Mal im Rahmen des Hundertjährigen Krieges, die Herrschaft über Frankreich zu erringen. Als Urenkel →Eduards III. erhob er Anspruch auf den französ. Thron, griff in den französ. Bürgerkrieg auf seiten Burgunds gegen Orléans ein, besetzte ganz Nordfrankreich (Sieg bei Azincourt 1415) und ließ sich im Vertrag von Troyes (1420) als Thronfolger König →Karls VI. (des Wahnsinnigen) und künftiger Regent von Frankreich anerkennen. Zur Bestätigung heiratete er Karls Tochter Katharina. Sein plötzlicher Tod, der seinen einjährigen Sohn →H. VI. auf den Thron brachte, beendete jedoch die engl. Hegemonie in Frankreich.

Heinrich VI.
König 1422–1461 und 1470/71
** 6. 12. 1421 Windsor*
† 21. 5. 1471 London
Der Sohn und Nachfolger →H.s V. aus der Dynastie der Plantagenet, stand bis zu seiner Volljährigkeit 1437 unter der Vormundschaft eines Kronrats, unter dem die Macht der Krone verfiel. Mit dem Verlust allen brit. Besitzes auf dem französ. Festland in der Folge des Siegs von →Jeanne d'Arc bei Orléans (1429) endete der Hundertjährige Krieg (1453). Im Zeichen der im gleichen Jahr einsetzenden Geisteskrankheit H.s und seiner bis dahin noch bestehenden Kinderlosigkeit begannen 1455 mit dem Anspruch

Richards von York (* 1411, † 1460) auf den engl. Thron die das Land zermürbenden Rosenkriege zwischen dem Haus York (Wappen der Weißen Rose) und dem Haus Lancaster (Wappen der Roten Rose), beide Nebenlinien der Plantagenet (bis 1485). H. kämpfte mit wechselndem Erfolg gegen Richards Sohn →Eduard (IV.), mußte 1461 nach Schottland fliehen und wurde 1465–1470 eingekerkert. 1470 nochmals auf den Thron zurückgekehrt, wurde er wenige Monate später endgültig gestürzt und im Tower ermordet. Nachfolger: Eduard IV.

Heinrich VII. Tudor

König 1485–1509
** 28. 1. 1457 Pembroke Castle, Wales*
† 21. 4. 1509 Richmond

H., *Graf von Richmond*, der nach dem Tod H.s VI. 1471 die Ansprüche des Hauses Lancaster auf die Krone erbte, beendete mit seinem Sieg über König →Richard III., den letzten Plantagenet in der Manneslinie, 1485 die Rosenkriege und begründete mit seinem Herrschaftsantritt die Tudor-Dynastie (bis 1603). Indem er die Tochter →Eduards IV., Elisabeth von York, heiratete, suchte er seine Herrschaft durch Vereinigung der Thronansprüche Yorks und Lancasters in seiner Person zu legitimieren. Durch sparsame Ausgabenpolitik und wirksame Durchsetzung der alten Kronrechte gegen die erstarkten Barone ordnete er mit seinem weitgehend vom Parlament unabhängigen Regiment die zerrütteten Wirtschafts- und Herrschaftsbeziehungen in England neu (Tudor-Absolutismus). 1494 unterstellte er mit dem Poyning's Law das irische Parlament seiner Kontrolle (bis 1782) und förderte die ersten engl. Expeditionen nach Amerika. Nachfolger: Sohn →H. VIII.

Heinrich VIII.

König 1509–1547
** 28. 6. 1491 Greenwich*
† 28. 1. 1547 Westminster

Der Sohn und Nachfolger →H.s VII. heiratete nach seinem Regierungsantritt die Tochter der spanischen Könige →Isabella I. und →Ferdinand II., →Katharina von Aragón, und beteiligte sich am span. Krieg gegen Frankreich (1511–1515). Zugleich eröffnete er den Kampf gegen die mit Frankreich verbündeten Schotten, den er mit einem Sieg über seinen Schwager Jakob IV. (König 1488–1513) beendete (1513). Seine außenpolitischen Aktivitäten begünstigten den Aufstieg Kardinal Thomas →Wolseys, der England 1517–1527 als Lordkanzler weitgehend selbständig regierte. Nachdem H.s Bemühungen um die dt. Kaiserkrone 1519 fehlgeschlagen waren, ging er für kurze Zeit ein Bündnis mit Kaiser →Karl V. ein, das jedoch bald zerbrach. 1522–1525 sowie 1543 bis 1546 führte H. weitere Kriege gegen Frankreich, dem er dabei Boulogne entriß.

H., ein Renaissancefürst mit prachtvoller Hofhaltung, war gläubiger Katholik; seine Schrift gegen Martin →Luther 1521 trug ihm sogar den päpstlichen Titel »Fidei defensor« (»Verteidiger des Glaubens«) ein. Als Papst →Klemens VII. sich unter dem Einfluß Karls V. jedoch weigerte, H.s kinderlose Ehe mit Katharina von Aragón scheiden zu lassen, löste H. die engl. Reformation aus, indem er die Kirchenherrschaft Roms über England beendete (1533) und die Anglikan. Staatskirche errichtete. Den Ritus ließ er bestehen, die päpstl. Pfründe zog er ein, kirchl. Privilegien hob er auf.

Im Mai 1533 hatte H. seine erste Ehe durch den Erzbischof von Canterbury Thomas →Cranmer für nichtig erklären lassen und schon zuvor heimlich seine Geliebte →Anna Boleyn geheiratet, die 1533 eine Tochter, →Elisabeth (I.), gebar. Da H. jedoch auf einen Sohn als Thronfolger erpicht war, ließ er Anna wegen angeblichen Ehebruchs hinrichten (1536). Seine 3. Frau, Johanna Seymour, starb kurz nach der Geburt ihres Sohnes →Eduard (VI.) (1537). Von seiner 4. Frau, Anna von Kleve, ließ sich H. bereits nach wenigen Monaten wieder scheiden (1540); H.s 5. Frau, Katharina Howard, erlitt das gleiche Schicksal wie Anna Boleyn (1542). Seine 6. Frau, Katharina Parr, überlebte ihn.

Das Schicksal seiner Lordkanzler war eng mit dem seiner Frauen verknüpft: Wolsey verlor sein Amt und wurde als Hochverräter angeklagt, nachdem er in Rom damit gescheitert war, vom Papst die Scheidung H.s von Katharina von Aragón zu erreichen, und starb vor der Hinrichtung (1529); Thomas →More (Lordkanzler 1529–1532), der sich in der Scheidungsfrage auf die Seite des Papstes gestellt hatte, wurde hingerichtet; Thomas →Cromwell (Lordkanzler 1533–1540), der die Grundlagen für ein effektiv verwaltetes Staatswesen schuf, erlitt das gleiche Schicksal, weil er H. zur Ehe mit Anna von Kleve geraten hatte.

Die Trennung von Rom nutzte H. unter geschickter Hinzuziehung des Parlaments zum Ausbau der königl. Machtstellung (Begründung des königlichen Supremats über die Kirche 1534, Säkularisierung der Klöster von 1536–1540). 1534 eroberte er das kath. gebliebene Irland zurück, mit dem er 1542 die Personalunion herstellte. (▷ Chronik Zitat)

Geburt der Anglikanischen Kirche

Chronik Zitat

In der Konsequenz der gegen den Willen des Papstes erfolgten Scheidung von Katharina von Aragón ließ sich Heinrich VIII. mit dem Act of Supremacy (1534) vom Parlament zum Oberhaupt der Kirche in England erheben:

»Obwohl Ihre Königliche Hoheit gerechter und richtiger Weise das Oberhaupt der Kirche von England ist und sein sollte und als solches von der Geistlichkeit seines Reiches in ihren Versammlungen anerkannt wird; gleichwohl sei zur Bestätigung und Bekräftigung dessen, zur Vergrößerung der Tugend in der Religion Christi in diesem Reich England ... trotzdem durch die Autorität dieses Parlaments verfügt, daß der König, unser Unumschränkter Herr, seine Erben und Nachfolger als Könige dieses Reiches als irdisches Oberhaupt der Kirche von England, genannt Anglicana Ecclesia, gelten, akzeptiert und angesehen werden, und daß sie mit der Reichskrone ebenso deren (der Kirche) Anspruch und Titel innehaben und genießen wie alle Ehren, Würden, Vorränge, Rechtsprechungen, Privilegien, Vollmachten, Immunitäten, Erträge und Werte, die gemeinhin der Würde des Oberhaupts der genannten Kirche gebühren und gehören; und daß unser genannter Unumschränkter Herr, seine Erben und Nachfolger als Könige dieses Reiches, die Macht und Vollmacht haben, von Zeit zu Zeit alle Irrtümer, Häresien, Mißbräuche, Vergehen, Verächtlichkeiten und Ungeheuerlichkeiten, welche sie auch seien, zu ahnden, zu unterdrücken, wiedergutzumachen, zu reformieren, zu ordnen, zu korrigieren, zu beschränken und zu verbessern (...) ungeachtet aller Gewohnheiten, Gebräuche, fremder Gesetze, fremder Macht, Verordnungen oder anderer Dinge, die diesem entgegenstehen.«

– Frankreich

Heinrich II.
König 1547–1559
** 31. 3. 1519 Saint-Germain-en-Laye*
† 10. 7. 1559 Paris
Der Sohn König →Franz' I., seit 1533 verheiratet mit →Katharina de'Medici, stand unter dem Einfluß seiner streng kath. Geliebten Diane von Poitiers und des Hugenottenfeinds François de Lorraine →Guise. Er nahm den Kampf seines Vaters mit Kaiser →Karl V. wieder auf und besetzte nach einem Bündnis mit den dt. Protestanten (Vertrag von Chambord mit Kurfürst →Moritz von Sachsen 1552) Metz, Toul und Verdun und vertrieb die Engländer aus Boulogne und Calais. Im Frieden von Cateau-Cambrésis (1559) verzichtete er auf Burgund und Ansprüche in Italien. Sein Tod bei einem Turnier stürzte Frankreich in eine tiefe Krise (bis 1598).

Heinrich III., *von Valois*
König 1574–1589
** 19. 9. 1551 Fontainebleau*
† 2. 8. 1589 Saint-Cloud
Der dritte Sohn →H.s II. und Herzog von Anjou bekämpfte die Hugenotten und bereitete mit seiner Mutter →Katharina de'Medici das Massaker der Bartholomäusnacht 1572 vor. Nach dem Tod →Sigismunds II. August und dem Erlöschen der Jagiełlonen-Dynastie wurde er 1573 nach einer Wahlkapitulation (u. a. Zugeständnis der Articuli Henriciani, die als Basis der Wahlmonarchie dem poln. Reichstag weitgehende Rechte einräumten) zum König von Polen gewählt und 1574 in Krakau gekrönt. Er kehrte aber heimlich nach Frankreich zurück und setzte dort nach dem Tod seines Bruders, →Karls IX., seine Thronansprüche durch (1574). Im Bürgerkrieg zwischen den Parteien schwankend, gestand er den Hugenotten 1576 im Pazifikationsedikt von Beaulieu Religionsfreiheit (außer in Paris) und 8 Sicherheitsplätze zu. Damit provozierte er die Bildung der Heiligen (Kath.) Liga unter Führung des Herzogs Henri I. →Guise, die H. mit dem Edikt von Nemours zwang, die Toleranz für die Hugenotten wieder aufzuheben und den Hugenottenführer →H. IV. (von Navarra) von der Thronfolge auszuschließen. 1588 wurde H. im Aufstand von Paris nach Blois vertrieb. Er rächte sich, indem er Henri I. Guise ermorden ließ und Heinrich von Navarra die Thronfolge zusprach (1589). Mit der Ermordung H.s durch einen Dominikanermönch erlosch die Valois-Dynastie. Nachfolger: der Herzog von Bourbon und König von Navarra (H. III.) als H. IV.

Heinrich IV.,
von Navarra

König 1589–1610
** 13. 12. 1553 Pau*
† 14. 5. 1610 Paris

H., König von Navarra seit 1562 (als *H. III.*), war als Haupt der Hugenotten der große Gegenspieler der Herzöge →Guise. Seine Hochzeit mit Margarete von Valois (* 1553, † 1615) nahmen die Königinmutter →Katharina de'Medici und König →Karl IX. zum Anlaß, in einem Massaker die meisten Hugenottenführer und Tausende ihrer Anhänger ermorden zu lassen, darunter Gaspard de →Coligny (Bartholomäusnacht, 1572). 1576 gelang H. die Flucht aus der Gefangenschaft. Sein Ausschluß von der Thronfolge durch →H. III. auf Druck der Katholischen Liga entfachte 1585 den »Krieg der drei H.s« (H. I. Guise, H. III., H. von Navarra) als entscheidende Phase der Hugenottenkriege.
Nachdem ihn H. III. 1589 schließlich zum Nachfolger bestimmt hatte, versuchte er zunächst vergeblich, sich durchzusetzen. Daraufhin wurde er 1593 Katholik (»Paris ist eine Messe wert«), ließ sich 1594 krönen und erreichte von Papst Klemens VIII. die Absolution (1595).
Mit H. begann die Königsdynastie der Bourbonen in Frankreich (bis 1848). Er beendete mit dem Edikt von Nantes 1598, das den Hugenotten politische und religiöse Toleranz einräumte, die Hugenottenkriege (seit 1562). Nach der Trennung von Margarete von Valois heiratete er 1600 →Maria de' Medici. Indem ihm die Stärkung der Königsmacht gelang, er die Infrastruktur des Landes ausbaute, die Staatsfinanzen sanierte und die Verwaltung zentralisierte, schuf er nach den Zerstörungen des Religionskrieges die Grundlagen für den Absolutismus in Frankreich. Seine Expansionspolitik gegen Spanien und Deutschland (Habsburg) setzte den Beginn des französische Hegemonialsstrebens in Europa; mit der Gründung Quebecs (1608) begann er die französischen Kolonisierung Kanadas. Im Begriff, in den jülich-kleveschen Erbstreit einzugreifen, wurde er ermordet. Schon den Franzosen zu seiner Zeit sehr populär, gilt er heute als einer der großen Herrscher Frankreichs. Nachfolger: Sohn →Ludwig XIII.

– Österreich
Heinrich II. Jasomirgott
Markgraf und Herzog 1141/1156–1177
** 2. 4. 1114*
† 13. 1. 1177 Wien
H., aus dem Geschlecht der Babenberger, war 1139 bis 1141 rheinischer Pfalzgraf und 1143–1156 Herzog von Bayern, das er im Konflikt mit dem Welfen →H. den Löwen nicht behaupten konnte. Seit 1141 in der Nachfolge seines Bruders Luitpold IV. von Österreich. Im Zuge der Beilegung des Konflikts zwischen Welfen, Babenbergern und Staufern über die Herrschaft in Bayern verzichtete er 1156 auf Bayern und wurde dafür von Kaiser Friedrich I. Barbarossa auf dem Reichstag zu Regensburg durch das Privilegium minus zum Herzog von Österreich erhoben und mit besonderen Rechten ausgestattet. Diese Urkunde verfassungsrechtlichen Charakters ist die für die Entstehungsgeschichte der Fürstentümer und die Staatswerdung Österreichs von besonderer Bedeutung. Wien, das unter H. kulturell und wirtschaftl. aufblühte, machte er zu seiner Residenz.

– Portugal

Heinrich der Seefahrer

Infant (Prinz)
von Portugal
** 4. 3. 1394 Porto*
† 13. 11. 1460 Sagres

(Portugiesisch *Dom Enrique el Navegador*, Herzog von Viseu seit der Eroberung Ceutas durch die Portugiesen 1415). Der 4. Sohn König →Johanns I. begründete den Aufstieg Portugals zur expansiven See- und Kolonialmacht, indem er die Erforschung der afrikanischen Westküste initiierte. Ab 1418 sandte er zahlreiche Seefahrer aus, die Madeira (1419), die Azoren (1431) sowie die Kapverdischen Inseln entdeckten und das Senegalgebiet erkundeten (1445). Seit 1420 war er Großmeister des Christusordens, des reichsten portugiesischen Kreuzfahrerordens, mit dessen Hilfe er seine Entdeckungsfahrten finanzierte. In Sagres gründete er die erste Seefahrtschule und eine Sternwarte; die Universität Lissabon baute er zu einer der führenden Universitäten Europas aus.

– Preußen

Heinrich, *Prinz von Preußen*

preußischer General
** 18. 1. 1726 Berlin*
† 5. 8. 1802 Schloß Rheinsberg

Der jüngere Bruder →Friedrichs II. (d. Gr.), in dessen Schatten er immer stand, bewährte sich als Heerführer vor allem in der Verteidigung Sachsens im Siebenjährigen Krieg. In diplomatischen Diensten, führte er die Verhandlungen mit der Zarin →Katharina II. über die erste Teilung Polens (1772) und beteiligte sich an der Ausarbeitung des Friedensschlusses von Basel (1795). Obwohl H. die geistigen Interessen Friedrichs II. teilte, war ihr Verhältnis häufig gespannt. In dem ihm von Friedrich geschenkten Schloß Rheinsberg versammelte H. einen aufklärerisch-frankophilen Freundeskreis um sich, mit dem er sich der Kunst und dem Theater widmete.

– Thüringen
Heinrich Raspe
Landgraf von Thüringen 1241–1247, deutscher Gegenkönig 1246/47
** um 1204*
† 16. 2. 1247 Wartburg
H. übernahm 1227 nach dem Tod seines auf einem Kreuzzug umgekommenen Bruders Ludwig IV., des Heiligen (Landgraf 1221–1227), die Regentschaft für dessen Sohn Hermann II. (* 1223, † 1241), verdrängte Ludwigs Witwe, die später heiliggesprochene →Elisabeth, von der Wartburg und ließ sich mit der Grafschaft belehnen, nachdem Hermann 1241 gestorben war. Wegen seiner Vermittlungsbemühungen im Konflikt zwischen dem gebannten Kaiser →Friedrich II. und Papst →Gregor IX. wurde H. von diesem ebenfalls gebannt. Vom Kaiser 1242 zum Reichsverweser für dessen unmündigen Sohn, König →Konrad IV., bestellt, wechselte H. jedoch 1245 das Lager und ließ sich 1246 von den papsttreuen Fürsten zum Gegenkönig wählen (»Pfaffenkönig«). Zwar schlug er Konrad IV. im gleichen Jahr bei Frankfurt, erkrankte jedoch bei der Belagerung von Ulm und starb 1247 ungekrönt als letzter der thüring. Landgrafen aus dem Haus der Ludowinger.

Heinrich von Plauen

Hochmeister des Deutschen Ordens 1410–1413
** vor 1370 im Vogtland*
† 9. 11. 1429 Lochstädt, Ostpreußen

H., der seit 1391 Mitglied und seit 1407 Komtur (Verwalter) der Burgen Nessau und Schwetz war, rettete nach der Niederlage in der Schlacht bei Tannenberg 1410 den Dt. Orden, indem er die Marienburg 8 Wochen lang gegen Polen-Litauen verteidigen konnte. Nach seiner Wahl zum Hochmeister eroberte er einen großen Teil des Ordensgebietes zurück. Um die im 1. Thorner Frieden 1411 eingegangene Verpflichtung hoher Kriegsentschädigungen an Polen einzulösen, erließ er hohe Steuern und trieb sie mit drastischen Mitteln ein. Damit forderte er jedoch den Widerstand von Rittern und Städten heraus und wurde 1413 in einer vom Ordensmarschall Michael Küchmeister (Hochmeister 1414 bis 1422) angeführten Revolte gestürzt. Bis 1422 wurde H. auf der Festung Brandenburg gefangengehalten und erhielt dann das Pflegeramt in Lochstädt.

Hekataios von Milet
griechischer Geschichtsschreiber und Geograph
** um 550 v. Chr.*
† um 480 v. Chr.
H.verbesserte aufgrund seiner Reiseerfahrungen (u. a. bis nach Luxor in Oberägypten) die Erdkarte des Anaximander (um 611–546 v. Chr.), einer als Scheibe dargestellten »Welt« zum ersten Mal eingeteilt in Europa und Asien, und fügte ihr eine literarische »Erdbeschreibung« (»Peridorges«, Umfahrung der Erde) bei. Bruchstückhaft erhalten sind: die Beschreibung einer Reise durch Europa und Asien, in der er Geographie, Volkskunde und Geschichte behandelte, und »Genealogien« (Stammbäume) in vier Büchern, die mit ihrer chronologischen Einordnung der hellenistischen Sagengeschichte als ältestes griechisches Geschichtswerk gelten. Durch Übertragung des Rationalismus der ionischen Naturwissenschaft auf die Tradition machte H. den ersten Schritt zur Geschichtsschreibung. Neben seinem Lehrer Anaximander gilt H. als Begründer der wissenschaftl. Geographie

Helfferich, Karl
deutscher Finanzpolitiker
** 22. 7. 1872 Neustadt an der Hardt*
† 23. 4. 1924 bei Bellinzona
Der Jurist, Nationalökonom und Privatdozent in Berlin war seit 1908 Direktor der Dt. Bank. Als Staatssekretär des Reichsschatzamtes (seit 1915) organisierte er die Finanzierung des 1. Weltkriegs durch Anleihen, 1916/17 übernahm er das Reichsamt des Innern und war stellvertr. Reichskanzler. Nach 1918 vom Liberalen zum radikalen Nationalisten gewandelt, gehörte er neben Alfred →Hugenberg zu den Gründern und Führern der Deutschnationalen Volkspartei (DNVP). Seit 1920 Mitglied des Reichstags, bekämpfte er als militanter Wortführer der republikfeindlichen Rechten die Weimarer »Erfüllungspolitik« gegenüber dem Versailler Vertrag, erreichte den Sturz Matthias →Erzbergers und agitierte nach dessen Ermordung gegen Walter →Rathenau. H. war führend an der Ausarbeitung der Währungsreform von 1923 beteiligt.

Helphand, Alexander
russisch-deutscher Sozialist
** 27. 8. 1867 Beresina, Weißrußland*
† 12. 12. 1924 Berlin
(Ursprünglich *Israel Lazarewitsch H.*, Pseudonym *Parvus*). Unter den Einfluß Georgi W. →Plechanows wurde er 1891 Sozialdemokrat und war, befreundet mit Karl →Kautsky und Rosa →Luxemburg, als einer der führenden linkssozialistischen Theoretiker journalistisch für die SPD tätig. In der Russischen Revolution von 1905 übernahm er mit Leo →Trotzki die Leitung des Petersburger Arbeiterrats und wurde mit ihm nach der Niederschlagung nach Sibirien verbannt. Nach seiner Flucht engagierte er sich am Vorabend des 1. Weltkriegs im internationalen Rüstungsgeschäft und brachte es zu einem Riesenvermögen, das er zur Finanzierung der russ. Revolution einsetzte. In diesem Sinne (Sturz des Zaren) unterstützte er im 1. Weltkrieg die dt. Kriegsführung gegen Rußland und die Mehrheits-SPD. Er vermittelte 1917 den Transit Wladimir I. →Lenins, Karl →Radeks und Grigori J. →Sinowjews u. a. von der Schweiz durch Dtschld. nach Rußland. H., der als eine der schillerndsten Gestalten der sozialist. Bewegung in Dtschld. mehrere theoret. Zeitschriften herausgab, beriet seit 1920 als »graue Eminenz« führende Sozialdemokraten. Von der radikalen polit. Linken wurde er als zwielichtiger »Renegat« und »Revolutionsgewinnler« bekämpft, von der Rechten als »jüdischer intellektueller Schieber.«

Henderson, Arthur
britischer Labourführer und Minister
** 13. 9. 1863 Glasgow*
† 20. 10. 1935 London
Der ehemalige Metallarbeiter und führende Gewerkschaftler, seit 1903 im Unterhaus, war 1908–1934 (mit Unterbrechungen) Vorsitzender der Labour Party und gehörte 1915–1917 den Koalitionskabinetten von Herbert →Asquith und David →Lloyd George an, denen er die Loyalität der Arbeiterorganisationen im 1. Weltkrieg sicherte. 1918 prägte er die Statuten und das Programm der Labour Party, die sich damit als nationale Partei mit umfassendem Vertretungsanspruch etablierte, und grenzte sie später entschieden von den Kommunisten ab (1925/26). Unter Premier-Min. Ramsay →MacDonald, der ihn 1911–1914 und 1922–1931 als Parteiführer ablöste, war H. 1924 Innen-Min., 1929–1931 Außen-Min. und 1932/33 Präs. der Weltabrüstungskonferenz in Genf, an deren Einberufung er entscheidenden Anteil hatte. 1934 erhielt er den Friedensnobelpreis.

Henlein, Konrad
sudetendeutscher NSDAP-Führer
** 6. 5. 1898 Maffersdorf bei Reichenberg*
† 10. 5. 1945 Pilsen
H., seit 1931 Turnwart des Dt. Turnverbands in der Tschechoslowakei, gründete 1933 als Ersatz für die verbotene Dt. Nat.-soz. Arbeiterpartei (DNSAP) die Sudetendt. Heimatfront und machte sie 1935 als Sudetendt. Partei zur zweitstärksten Partei im tschechoslowak. Parlament. Zunächst die Autonomie der dt. Volksgruppe vertretend, agitierte er mit Unterstützung dt. Nationalsozialisten für den Anschluß des Sudetenlands an Dtschld., den er mit dem von der SA ausgebildeten Sudetendteutschen Freikorps terroristisch vorbereitete. Nach der »Eingliederung« (Münchener Abkommen 1938) wurde er Reichskommissar für die sudetendt. Gebiete und nach dem Einmarsch dt. Truppen in die »Resttschechei« 1939 Reichsstatthalter und Gauleiter der NSDAP im Reichsgau Sudetenland. Mit dem Aufstieg Karl Hermann →Franks verlor er an Einfluß. Nach Kriegsende nahm er sich in alliierter Haft das Leben.

Herakleios
byzantinischer Kaiser 610–641
** um 575 Kappadokien*
† 11. 2. 641
(Lateinisch *Heraclius*). Der Armenier, Sohn des Exarchen von Afrika (Karthago) und einer der bedeutendsten byzantin. Kaiser, nahm den Titel Basileios an und begründete die nach ihm benannte, bis 711 herrschende Dynastie. Er stürzte das Terrorregime Phokas' (Kaiser 602–610), besiegte auf dem Balkan die Awaren, gewann Syrien, Kleinasien und Ägypten von den Persern (→Chosrau II.) zurück (622–628), verlor aber Syrien, Palästina und Ägypten seit 635/36 wieder an die von →Mohammed vereinten Araber unter →Omar. Seine Reichs- und Verwaltungsreformen (Themenverfassung: Unterstellung der Provinzen unter Truppenkommandeure mit den zivilen Kompetenzen von Statthaltern) und die Ansiedlung von Wehrbauern (Stratioten) leiteten die Rekonsolidierung des Byzantin. Reichs ein.

Hermann von Salza
Hochmeister des Deutschen Ordens 1209–1239
** um 1170*
† 20. 3. 1239 Salerno
Der aus thüring. Ministerialengeschlecht stammende 4. Hochmeister orientierte den Ritterorden auf neue Aufgaben. 1211 zur Abwehr der heidnischen Kumanen von König →Andreas II. von Ungarn gerufen, wurde der Orden jedoch 1225 ausgewiesen, nachdem H. mit ihm eine eigene Territorialherrschaft in Siebenbürgen etablieren wollte. Als Ausgangspunkt für die Errichtung des Deutschen Ordensstaates erhielt er von Kaiser →Friedrich II. zur Bekämpfung der heidnischen Pruzzen, die den polnischen Herzog Konrad von Masowien (1202–1247) in Bedrängnis gebracht hatten, die Ermächtigung, die landesherrlichen Hoheitsrechte in Preußen wahrzunehmen (Goldbulle von Rimini 1226, als Missionswerk bekräftigt durch die Bulle Papst →Gregors IX. 1234). H. begleitete den mit ihm befreundeten und von Gregor IX. gebannten Friedrich II. auf dem 5. Kreuzzug (1228/29) und vermittelte mehrmals zwischen Papst und Kaiser (1225, 1230, 1235).

Herodes I., *der Große*
König von Galiläa und Judäa 37–4 v. Chr.
** um 73 v. Chr.*
† 4 v. Chr.
H. entstammte einer einflußreichen Familie aus Idumäa (Südprovinz Palästinas) und galt, obwohl praktizierender Jude, nicht als jüdisch, weil beide Eltern arabischer Abstammung waren (Vater Edomiter, Mutter Nabatäerin). Seine Herrschaft im von Rom abhängigen jüd. Klientelstaat war aufgrund seines nicht sakral fundierten Königtums unter den Juden unbeliebt, behauptete sich aber mit röm. Hilfe. Im röm. Bürgerkrieg wechselte er mehrmals die Fronten und trat nach der Niederlage des Marcus →Antonius, dem er seinen Königstitel verdankte, zu Octavian (→Augustus) über (31 v. Chr.). Mit brutaler Konsequenz versuchte er, die Opposition der messianischen Pharisäer zu vernichten (»Bethlemitischer Kindermord«) und ließ die Nachkommen des →Judas Makkabäus ausrotten, auch seine zweite Frau Mariamme und deren Söhne ließ er ermorden. Gleichwohl sicherte er seinem Land eine der Herrschaftszeit →Davids vergleichbare Phase territorialer Größe, dreißigjährigen äußeren Friedens und wirtschaftl. Blüte und entfaltete eine rege Bautätigkeit (u. a. Erneuerung des Jerusalemer Tempels, Anlage des Hafens von Caesarea). Zugleich suchte er den Juden die griechisch-römische Kultur nahezubringen (Kaiserkult, Augustustempel). Nach H.s Tod teilte Augustus das jüdische Reich unter dessen Söhne *Herodes Archelaos, Herodes Antipas* und *Herodes Philippos* auf. Zur Lebenszeit des →Jesus von Nazareth herrschte Herodes Antipas über Galiläa (von 4 v. Chr. bis zu seiner Absetzung durch Kaiser →Caligula 39 n. Chr.).

Herodot
griechischer Geschichtsschreiber
** um 485 v. Chr. Halikarnassos, Karien*
† um 425 v. Chr. Thurioi, Unteritalien
(Griechisch *Herodotos*). Der »Vater der Geschichtsschreibung« bezog seine umfassenden Kenntnisse aus zahlreichen ausgedehnten Reisen nach Persien, Ägypten, Babylonien, der Cyrenaica und an das Schwarze Meer. Das reiche histor., ethnolog. und geograph. Material verwendete er mit großer Erzählkunst in seinen 9 Büchern der Geschichte (»Historien«), die geprägt sind vom Grunderlebnis H.s, der Auseinandersetzung zwischen Hellenen und Persern (»Barbaren«) in den Perserkriegen (490, 480–449). Mit einem im Sittlich-Religiösen wurzelnden Geschichtsverständnis schildert er die Geschichte der Auseinandersetzungen zwischen Persern und Griechen seit ihren ersten (mythisch verkleideten) Anfängen bis zu den Perserkriegen (bis 479). Dabei breitet H. die Kenntnisse der Antike über fast die gesamte damals bekannte Welt aus – von Indien bis nach Gibraltar (Säulen des Herakles), von Ägypten und Äthiopien bis ins nördliche

Skythenland. Das Streben nach historischer Wahrheit, nach Ordnung und Verarbeitung der Nachrichten macht ihn bei aller Nähe zu Mythologie und Legende zum Begründer der kritischen Geschichtsschreibung. (▷ Chronik Zitat)

Das erste Lob der Monarchie

Chronik Zitat

In seinen »Historien« stellt Herodot in Form einer fiktiven Debatte erstmals in der Literatur die Frage nach der besten Herrschaft:

[Otanes plädiert für die Herrschaft des Volkes:] »... , denn auf der Masse beruht der ganze Staat. « [Dagegen verteidigt Megabyzos die Vorzüge der Oligarchie:]: ...Es gibt nichts Unverständigeres und Hochmütigeres als die blinde Masse... Es ist doch klar, daß von den Adligsten auch die edelsten Entschlüsse ausgehen.«
[Dareios als Verfechter der Monarchie:] »Was Megabyzos gegen die Masse gesagt hat, billige ich, nicht aber, was er über die Oligarchie sagt. Drei Verfassungen sind möglich; nehmen wir sie alle in ihrer höchsten Vollendung an, stellen wir uns also die vollkommene Demokratie, die vollkommene Oligarchie und die vollkommene Monarchie vor, so verdient die letztere, behaupte ich, bei weitem den Vorzug. Es gibt nichts Besseres, als wenn der Beste regiert. Er wird untadelig für sein Volk sorgen, und Beschlüsse gegen Feinde des Volkes werden am besten geheimgehalten werden. In der Oligarchie, wo viele sich um das Allgemeinwohl verdient machen wollen, pflegt es zu heftigen Privatfehden zu kommen. Jeder will der Erste sein und seine Meinung durchsetzen; so verfehden sie sich aufs ärgste miteinander, Unruhen entstehen, und in den Unruhen kommt es zu Mordtaten. Das pflegt dann wieder zur Monarchie zu führen... Herrscht dagegen das Volk, so kann es nicht ausbleiben, daß Schlechtigkeit und Gemeinheit sich einstellen. Drängt sich aber die Schlechtigkeit in die Sorge um die Allgemeinheit, so kommt es ... zu festen Verbrüderungen. Sie verschwören sich gleichsam, um den Staat auszubeuten. Das dauert solange, bis ein Führer dem Treiben ein Ende macht... So zeigt sich auch hier wieder, daß die Monarchie die beste Verfassung ist... «

Herriot, Édouard
französischer Ministerpräsident 1924/25, 1926, 1932
** 5. 7. 1872 Troyes, Champagne*
† 26. 3. 1957 Saint-Genis-Laval, Dép. Rhône
Der Bürgermeister von Lyon (1905–1940, 1945 bis 1957) war 1912–1919 Senator, seitdem bis 1954 Abgeordneter (außer 1940–1945). Als führender Kopf der Radikalsozialisten gestaltete er aus der Opposition oder in hohen Staatsämtern die französische Politik. Nach dem Wahlsieg eines Linkskartells löste er Raymond →Poincaré als Ministerpräsident ab (zugleich Außenminister). Im engen Zusammenspiel mit Aristide Briand setzte er die völkerrechtliche Anerkennung der Sowjetunion durch, betrieb die Räumung des Ruhrgebiets von der französischen Besetzung (seit 1923) und die Annahme des Dawesplans. 1926–1936 mehrmals Minister, leitete H. 1932 erneut die Regierung, bis er während der schweren Wirtschaftskrise wegen seiner Deflationspolitik von den Sozialisten gestürzt wurde. Seitdem in konservativen Kabinetten Minister, wurde er 1936 Präsident der Kammer (bis 1940). Als leidenschaftlicher Republikaner stellte ihn das Vichy-Regimes unter Marschall Philippe →Pétain unter Hausarrest, verhaftete ihn 1942 und lieferte ihn 1944 an die Deutschen aus. Seit 1945 wieder Mitglied der Nationalversammlung, wurde er 1947 deren Präsident, 1957 Ehrenpräsident., 1946 war H. Mitglied der Académie Française.

Hertling, Georg Freiherr von
deutscher Reichskanzler 1917/18
** 31. 8. 1843 Darmstadt*
† 4. 1. 1919 Ruhpolding
(*Graf* ab 1914). Der Professor für Philosophie, Mitbegründer (1876) und bis zu seinem Tod Vors. der Görres-Gesellschaft, war 1875–1890 und 1896 bis 1912 Reichstagsabgeordneter des Zentrums, 1909 bis 1912 dessen Fraktionsvorsitzender und 1912 bis 1917 bayer. Min-Präs., bevor er im Nov. 1917 den wegen Unfähigkeit entlassenen Georg →Michaelis als Reichskanzler und preuß. Min.-Präs. ablöste. Der polit. Führung durch die 3. Oberste Heeresleitung unter Paul v. →Hindenburg und Erich →Ludendorff mit der Rückendeckung →Wilhelms II. hatte er nichts entgegenzusetzen. Auf deren Linie wies er die 14 Punkte Woodrow →Wilsons für den Frieden zurück (Jan. 1918) und schloß den »Eroberungsfrieden« von Brest-Litowsk mit Rußland ab (März 1918). Am 30. 9. 1918 trat er zugunsten des Prinzen →Max von Baden zurück.

Hertzog, James Barry Munnick
südafrikanischer Premierminister 1924–1939
** 3. 4. 1866 Wellington, Kapkolonie*
† 21. 11. 1942 Pretoria
H. kämpfte als General im Burenkrieg gegen England, dessen erbitterter Gegner er auch nach der Niederlage von 1901 blieb. 1910–1912 Justiz-Min. in der ersten Regierung der Südafrikan. Union unter Louis →Botha, gründete er 1912 die Burenpartei, aus der 1914 die von ihm geführte Nationalpartei hervorging, und arbeitete in Opposition zu Botha und Jan →Smuts auf die Trennung Südafrikas vom Brit. Kolonialreich hin. Im 1. Weltkrieg lehnte er einen Kriegseintritt der Südafrik. Union und einen Angriff auf Deutsch-Südwestafrika ab. Als Min.-Präs. und (seit 1929) Außen-Min. entschied er sich 1934 aber, seit 1933 in Koalition mit der von Smuts geführten Südafrikan. Partei, für eine weitgehende Selbständigkeit Südafrikas innerhalb des Commonwealth. Er führte 1925 Afrikaans (neben Englisch) als zweite Amtssprache ein und begann in den 30er Jahren mit der gesetzl. Fixierung der Apartheid. Zu Beginn des 2. Weltkriegs stürzte ihn Smuts, als er nicht bereit war, auf der Seite Großbritanniens in den Krieg gegen Dtschld. einzutreten.

Herzl, Theodor
österreichischer Schriftsteller und Zionist
** 2. 5. 1860 Budapest*
† 3. 7. 1904 Edlach, Niederösterreich
Die antisemit. Hetze im Zuge des Dreyfus-Skandals (1894–1899, Alfred →Dreyfus), den H. als Pariser Korrespondent der Wiener »Neuen Freien Presse« erlebte, führte ihn zu der Überzeugung, daß sich die Juden als Nation konstituieren und einen Staat gründen müßten, um Verfolgungen zu entgehen und ihre Gleichberechtigung unter den Völkern durchsetzen zu können. Mit seiner Schrift »Der Judenstaat« (1896) begründete er den polit. Zionismus. 1897 berief er den 1. Zionistenkongreß nach Basel ein, wurde zum Präs. der Zionist. Weltorganisation gewählt und führte anschließend zahlreiche Verhandlungen (u. a. mit Kaiser →Wilhelm II. und dem

Die Juden treten aus der Nacht der Geschichte heraus

Chronik Zitat

Mit seinem programmatischen Werk »Der Judenstaat« (1896) wies Theodor Herzl den Juden den Weg zum eigenen Nationalstaat (Auszüge):

»Die Juden, die wollen, werden ihren Staat haben, und sie werden ihn verdienen...
Ich halte die Judenfrage weder für eine soziale, noch für eine religiöse, wenn sie sich auch noch so und anders färbt. Sie ist eine nationale Frage, und um sie zu lösen, müssen wir sie vor allem zu einer politischen Weltfrage machen.
Wir sind ein Volk, *ein* Volk. Wir haben überall ehrlich versucht, in der uns umgebenden Volksgemeinschaft unterzugehen und nur den Glauben unserer Väter zu bewahren. Man läßt es nicht zu. Vergebens sind wir treue und an manchen Orten sogar überschwengliche Patrioten, vergebens bringen wir dieselben Opfer an Gut und Blut wie unsere Mitbürger, vergebens bemühen wir uns, den Ruhm unserer Vaterländer in Künsten und Wissenschaften, ihren Reichtum in Handel und Verkehr zu erhöhen. In unseren Vaterländern, in denen wir ja auch schon seit Jahrhunderten wohnen, werden wir als Fremdlinge ausgeschrien; oft von solchen, deren Geschlechter noch nicht im Lande waren, als unsere Väter da schon seufzten. Wer der Fremde im Lande ist, das kann die Mehrheit entscheiden; es ist eine Machtfrage, wie alles im Völkerverkehre...
Niemand ist stark oder reich genug, um ein Volk von einem Wohnort nach einem anderen zu versetzen. Das vermag nur eine Idee. Die Staatsidee hat wohl eine solche Gewalt. Die Juden haben die ganze Nacht ihrer Geschichte hindurch nicht aufgehört, diesen königlichen Traum zu träumen: ›Übers Jahr in Jerusalem!‹ ist unser altes Wort. Nun handelt es sich darum, zu zeigen, daß aus dem Traum ein tagheller Gedanke werden kann...
Palästina ist unsere unvergeßliche historische Heimstatt.«

osman. Sultan →Abd ul-Hamid II.) mit dem Ziel, ein politisch autonomes Gebiet für das jüd. Volk in Palästina zu schaffen. Obwohl zu Lebzeiten ohne greifbaren Erfolg, entfachte H. im Judentum die Begeisterung für die konkrete Utopie des jüd. Staats, den er in seinem Roman »Altneuland« (1902) schilderte. Schon die 1. zionistische Einwanderungswelle (2. Alija, 1904–1914) schuf Strukturen jüd. Selbstverwaltung in Palästina. Mit der Gründung des Staates Israel 1948 verwirklichten sich H.s politische Ziele. (▷ Chronik Zitat)

Herzog, Chaim

israelischer Staatspräsident 1983–1993
** 17. 9. 1918*
Belfast, Nordirland

Der Sohn eines Oberrabbiners war Jurist und Offizier in der brit. Armee, emigrierte 1935 nach Palästina, kämpfte jedoch während des 2. Weltkriegs in der brit. Armee. Nach Gründung des Staates Israel 1948 stieg er in der israel. Armee zum Brigadegeneral auf und war zeitweise Chef des militär. Geheimdienstes. 1975–1978 vertrat er Israel bei den Vereinten Nationen und mußte die UNO-Resolution hinnehmen, die den Zionismus als »Form des Rassismus und der Rassendiskriminierung« verurteilte (1975). Seit 1981 als Mitgl. der Mapai (Arbeitspartei) Abgeordneter in der Knesseth, wurde er 1983 als Nachfolger von Yitzhak Navon zum Staats-Präs. gewählt. Er suchte zwischen den verfeindeten innenpolit. Lagern zu vermitteln und besuchte 1987 als erster israel. Staats-Präs. die BR Dtschld.

Herzog, Roman
7. deutscher Bundespräsident seit 1994
** 5. 4. 1934 Landshut*
Durch seinen als Standardwerk etablierten Kommentar zum Grundgesetz als herausragender Verfassungsrechtler ausgewiesen, wurde H., 1965–1973 Professor für Staatsrecht und Politik an der Freien Universität Berlin, nach der Übernahme polit. Ämter in Rheinland-Pfalz und Baden-Württemberg (1978–1983 Kultus- und Innen-Min.) 1987 Präs. des Bundesverfassungsgerichts, bevor er als CDU-Mitglied (seit 1970) zum Bundes-Präs. gewählt wurde. Aus dem Schatten seines Vorgängers im Amt des Bundes-Präs., Richard v. →Weizsäcker, löste er sich, indem er während seines Staatsbesuchs in Polen anläßlich der Gedenkfeiern zum 50. Jahrestag des Warschauer Aufstands (1944) als erster Vertreter des dt. Staates die Polen um Vergebung für die Verbrechen der Deutschen bat. In der mit der dt. Vereinigung neugewonnenen staatlichen »Normalität« Deutschlands wirbt H. insbesondere für ein »unverkrampftes« nationales Selbstbewußtsein der Deutschen, das der internationalen Stellung des Landes entspreche und ein liberales Verhältnis zu polit. und ethn. Minderheiten einschließen müsse.

Heß, Rudolf

deutscher NSDAP-Funktionär
** 26. 4. 1894*
Alexandria (Ägypten)
† 17. 8. 1987
Berlin-Spandau

Als Fliegerleutnant und Student in München schloß sich H., beeinflußt durch die völkisch-nationalist. Thule-Gesellschaft und den Geopolitiker Karl →Haushofer, schon 1920 der NSDAP an. Wegen Teilnahme am gescheiterten Hitler-Putsch 1923 zusammen mit Adolf →Hitler in Landsberg inhaftiert (1924/25) und an der Abfassung von »Mein Kampf« beteiligt, stellte er sich diesem als gläubiger Anhänger in den Dienst: 1925–1932 war er Hitlers Privatsekretär, seit April 1933 sein Stellvertreter als Parteiführer und seit Dez. 1933 zugleich Reichs-Min. ohne Geschäftsbereich. Obwohl H. im Machtapparat der Partei und des Staates keinen entscheidenden Einfluß besaß, wurde er 1939 vor dem Reichstag von Hitler zum zweiten seiner Nachfolger (nach Hermann →Göring) designiert. Wahrscheinlich ohne Wissen Hitlers und in der Absicht, die brit. Regierung zum Sonderfrieden zu bewegen, flog H. 1941 nach England, wo er interniert wurde. Im Nürnberger Hauptkriegsverbrecherprozeß wurde H. 1946 wegen der Teilnahme an der Vorbereitung von Angriffskriegen zu lebenslanger Haft verurteilt, die er (seit 1966 als alleiniger Häftling) im alliierten Kriegsverbrechergefängnis in Berlin-Spandau verbüßte, wo er sich 1987 das Leben nahm.

Heuss, Theodor

1. deutscher Bundespräsident 1949–1959
** 31. 1. 1884 Brackenheim, Württemberg*
† 12. 12. 1963 Stuttgart

H. entstammte einer im demokrat. Liberalismus verankerten schwäb. Beamtenfamilie, schloß sich früh dem Kreis um Friedrich →Naumann an und wurde 1903 Mitgl. der Freisinnigen Vereinigung, aus der 1910 die Fortschrittl. Vereinigung hervorging. Nach histor., kunsthistor. und volkswirtschaftl. Studien war H. 1905–1912 Redakteur an Naumanns Zeitschrift »Die Hilfe« in Berlin, 1912–1918 Chefredakteur der »Neckar-Zeitung« in Heilbronn. 1920 bis 1933 lehrte er an der Hochschule für Politik in Berlin. 1924–1928 war er Reichstagsabg. der Dt. Demokrat. Partei (DDP), 1930–1932 und 1933 der Dt. Staatspartei. Obwohl in offener Gegnerschaft zu Adolf →Hitler, stimmte er unter Fraktionszwang für das Ermächtigungsgesetz (1933). Von den Nationalsozialisten aus seinen Ämtern gedrängt, gab er 1933–1936 »Die Hilfe« heraus und widmete sich ganz der schriftstellerischen Arbeit.

1945/46 war H. Kultus-Min. von Württemberg-Baden, gehörte als Mitbegründer der Dt. Volkspartei (DVP, 1945) 1946–1949 dem Landtag dieses Landes an und wurde 1948 zum Vors. der FDP in Westdtschld. und Berlin gewählt. 1948/49 nahm er im Parlamentar. Rat maßgebl. Einfluß auf die Ausarbeitung des Grundgesetzes für die BR Dtschld. Das gerade erworbene Bundestagsmandat legte er nieder, als er am 12. 9. 1949 gegen den Sozialdemokraten Kurt →Schumacher zum Bundes-Präs. gewählt wurde (1954 ohne Gegenkandidaten wiedergewählt). Durch seine Persönlichkeit und seine auf Ausgleich bedachte und überparteil. Amtsführung, mit der er zeitweilig in Konflikt mit Bundeskanzler Konrad →Adenauer geriet, prägte H. das Amt des Bundes-Präs. Als Repräsentant der demokrat.-liberalen und kulturellen Traditionen Deutschlands erwarb er im Ausland Vertrauen für den neuen deutschen Staat. Nachfolger: Heinrich →Lübke – Seit 1908 war er verheiratet mit der Sozial- und Kulturpolitikerin *Elly H.-Knapp* (* 1881, † 1952), die 1950 das Dt. Müttergenesungswerk gründete.

Heydebrand und der Lasa, Ernst von
deutscher Führer der Deutschkonservativen
** 20. 2. 1851 Gollkowe, Schlesien*
† 15. 11. 1924 Klein-Tschunkawe, Schlesien

Der Rittergutsbesitzer, seit 1888 Abg. der Deutschkonservativen Partei im preuß. Abgeordnetenhaus und seit 1903 im Reichstag (bis 1918), übernahm 1906 den Fraktions-Vorsitz im Abgeordnetenhaus und wurde 1911 Partei-Vors. In der Endphase des Kaiserreichs wandelte H. seine Partei in eine reaktionäre und militante Interessenvertretung des ostelb. Großgrundbesitzes um. Als ungekrönter »König von Preußen« blockierte er jede Änderung des preuß. Dreiklassenwahlrechts, auf dem die starke Stellung seiner Partei im Abgeordnetenhaus beruhte. Nach dem Zusammenbruch der Monarchie, an deren Demontage er durch Verweigerung von Reformen beigetragen hatte, zog er sich aus der Politik zurück.

Heydrich, Reinhard

deutscher Politiker, Chef des Reichssicherheitshauptamtes 1939–1942
** 7. 3. 1904 Halle/Saale*
† 4. 6. 1942 Prag

Der 1931 unehrenhaft aus der Marine entlassene und im gleichen Jahr der SS beigetretene Seeoffizier wurde von Heinrich →Himmler gefördert und baute in dessen Auftrag zunächst den parteiinternen Sicherheitsdienst (SD) auf. Mit Himmlers Aufstieg machte H. eine rasante Karriere und führte alle Zweige des Polizei- und Sicherheitsapparats zum engmaschigen polit. Überwachungs- und Terrorsystem des Dritten Reichs zusammen. Als Chef des 1939 gebildeten Reichssicherheitshauptamts gebot er über ein Instrument, das ihm einen Platz in der Spitze der nat.-soz. Herrschaftshierarchie sicherte.

Schon 1934 als Chef der Sicherheitspolizei in Abstimmung mit Himmler an der großangelegten Mordaktion gegen innerparteil. Opponenten und Anhänger Ernst →Röhms zur Ausschaltung der SA (Sturmabteilung) beteiligt (»Röhm-Putsch«), organisierte der »Manager des Terrors« auch die nach innen gerichteten offenen oder verdeckten Verbrechen des Regimes, u. a. die Judenpogrome der »Reichskristallnacht« 1938. Im Januar 1939 mit der

Förderung der jüd. Auswanderung aus Dtschld., Mitte 1941 von Hermann →Göring mit der »Gesamtlösung der europäischen Judenfrage« beauftragt, begann er spätestens seit Herbst 1941 mit der Planung und Organisation der physischen Vernichtung der Juden im dt. Machtbereich und leitete am 20. 1. 1942 die Wannsee-Konferenz, mit der die betroffenen Dienststellen auf den bürokratischen Vollzug des Holocaust eingestellt wurden. Die ihm unterstellten SD-Einsatzgruppen begannen unmittelbar nach dem Angriff auf die Sowjetunion in den von der dt. Wehrmacht eroberten Gebieten mit der systemat. Ermordung der Juden (1941).
1941 zusätzlich zum stellvertr. Reichsprotektor von Böhmen und Mähren ernannt, erlag H. den Folgen eines am 27. 5. 1942 von tschech. Widerstandskämpfern verübten Bombenanschlags. Bei dem als Racheakt ausgegebenen Massaker in Lidice ermordete die SS 198 Männer und verschleppte etwa 300 Frauen und Kinder in KZs, Gefängnisse und Lager.

Hidalgo y Costilla, Miguel
mexikanischer Unabhängigkeitskämpfer
** 8. 5. 1753 Corralejo, Guanajuato*
† 27. 7. 1811 Chihuahua
Der katholische Priester (seit 1789) stellte sich als Kreole im 1. mexikanischen Aufstand 1810 an die Spitze eines indianischen Volksheeres, um Mexiko von der spanischen Herrschaft zu befreien und gilt als Vater der mexikanischen Unabhängigkeit. Er propagierte die Abschaffung der Sklaverei und die Rückgabe der Ländereien an die Indianer. 1811 wurde seine Streitmacht vernichtend geschlagen, er gefangengenommen und hingerichtet. H. wird bis heute als Nationalheld Mexikos gefeiert.

Hieron II.
König von Syrakus 269–215 v. Chr.
** um 306 v. Chr.*
† 215 v. Chr.
Der von den Syrakusanern gewählte Feldherr H. siegte 269 über die Mamertiner, die als festgesetzte campanische Söldner des →Agathokles von Syrakus um Messina eine Terrorherrschaft errichtet hatten. Ihr Hilferuf veranlaßte Rom zur Intervention, die zum Zusammenstoß mit dem den größten Teil Siziliens beherrschenden Karthago und damit zum Beginn des 1. Punischen Krieges (264–241) führte. Der zum König ausgerufene H., der anfänglich mit Karthago sympathisierte, trat 263 auf die Seite Roms, ohne sich offenbar an den Kämpfen zu beteiligen, und sicherte Syrakus seine Selbständigkeit als Bundesgenosse Roms. Er schuf ein vorbildliches Steuersystem, das von den Römern übernommen wurde, machte sein Reich zur Kornkammer Italiens und ließ Syrakus mit Hilfe des Archimedes ausbauen. H.s zum Nachfolger bestimmter Enkel Hieronymos fiel nach der Aufkündigung des Bündnisses mit Rom einer prokarthagischen republikanischen Verschwörung zum Opfer (214). 211 wurde Syrakus von den Römern eingenommen.

Hieronymus, Sophronius Eusebius
Kirchenlehrer und Heiliger
** um 347 Stridon, Dalmatien*
† 30. 9. 419 oder 420 Bethlehem
H., einer der großen Gelehrten der späten Antike, entstammte einer reichen christl. Familie. Er studierte in Rom Rhetorik und Philosophie, lebte anschließend als Einsiedler in der Wüste, wurde 379 Priester. 382 beauftragte ihn Papst →Damasus I. mit der Übersetzung des Alten Testaments ins Lateinische, die er in Rom ins Werk setzte (Vulgata). Von dort 384 vertrieben, gründete er seit 386 in Bethlehem mehrere Frauen- und Mönchskloster, widmete sich vielfältigen theologischen Studien und Streitschriften und verfaßte Heiligenbiographien. Zunächst Verehrer des Origenes, bekämpfte H. später dessen Gotteslehre. Heiliger (Fest: 30. 9.).

Hilferding, Rudolf
österreichisch-deutscher Sozialdemokrat
** 10. 8. 1877 Wien*
† Febr. 1941 Paris

Von Beruf Kinderarzt, war H. 1907–1915 Redakteur des SPD-Organs »Vorwärts« und profilierte sich durch seine »Marxstudien« (1904–1922) und sein Hauptwerk »Das Finanzkapital« (1910) als einer der führenden marxist. Wirtschaftstheoretiker. In Konflikt mit der Burgfriedenspolitik der SPD im 1. Weltkrieg schloß er sich 1917 der USPD an und übernahm die Chefredaktion ihrer Zeitung »Freiheit«. 1922 betrieb er die Rückkehr ihres rechten Flügels zur SPD und wurde Mitglied des Parteivorstands. Gustav →Stresemann berief ihn in wirtschaftlich äußerst prekären Situationen 1923 und

1928/29 in das Amt des Reichsfinanzministers. Seit 1924 MdR, floh H. 1933 nach Machtantritt der Nationalsozialisten zunächst in die Schweiz, 1938 nach Frankreich. 1941 an die Gestapo ausgeliefert, starb er unter ungeklärten Umständen in der Haft. Nach Victor →Adler einer der Hauptvertreter des Austromarxismus, entwickelte H. nach dem 1. Weltkrieg die Theorie des »organisierten Kapitalismus«.

Himmler, Heinrich

»Reichsführer SS«
1929–1945
** 7. 10. 1900 München*
† 23. 5. 1945
bei Lüneburg

Der Diplomlandwirt, Sohn eines Gymnasialdirektors, nahm am gescheiterten Hitlerputsch 1923 teil, trat 1925 der wiederzugelassenen NSDAP bei und begann als stellvertr. Gauleiter Niederbayerns seine polit. Karriere, die ihn 1929 als »Reichsführer SS« der NSDAP neben Hermann →Göring zum zeitweise zweitmächtigsten Mann nach Adolf →Hitler werden ließ. Nach Hitlers Regierungsantritt übernahm H. 1933/34 die Polit. Polizei der Länder, organisierte, u. a. mit Reinhard →Heydrich, die Mordaktion gegen Ernst →Röhm und polit. Opponenten (»Röhm-Putsch« 1934), übernahm von der entmachteten SA die schon betriebenen Konzentrationslager (KZ) für die SS und begann mit dem Ausbau des KZ-Systems. Im Juni 1936 wurde er Chef der gesamten dt. Polizei, die Heydrich personell und organisatorisch mit der SS verklammerte. Als »Reichskommissar für die Festigung des dt. Volkstums« nach dem Überfall auf Polen und dem Beginn des 2. Weltkriegs 1939 leitete H. in Erfüllung der nat.-soz. Rassenideologie die Umsiedlungs- und Germanisierungspolitik in Ost- und Südosteuropa. Mit der Waffen-SS verfügte der Terrortechnokrat über eine eigene militär. Eliteeinheit, die seinen polit. Einfluß stärkte. Seit 1943 Reichs-Min. des Innern, ernannte ihn Hitler nach dem gescheiterten Attentat am 20. 7. 1944 auch zum Befehlshaber des Ersatzheeres. Hitler bis fast zum Schluß ergeben, machte H. die SS zum Hauptinstrument bei der Durchführung der Verbrechen des Regimes, insbesondere beim Holocaust (SS-Totenkopfverbände). Wegen seines Versuchs, kurz vor Kriegsende Kontakt mit England aufzunehmen, enthob ihn Hitler Ende April 1945 seiner Ämter und schloß ihn aus der Partei aus. In brit. Gefangenschaft tötete H. sich selbst.

Hindenburg, Paul von

deutscher Reichspräsident 1925–1934
** 2. 10. 1847 Posen*
† 2. 8. 1934 Neudeck

(Eigentlich *von Beneckendorff und von H.*, seit 1914 Generalfeldmarschall). Nach erfolgreicher Offizierslaufbahn 1911 als General der Infanterie verabschiedet, ließ sich H. nach Ausbruch des 1. Weltkriegs reaktivieren, leitete (mit Erich →Ludendorff als Generalstabschef) die Verteidigung Ostpreußens und gewann durch die Siege bei Tannenberg und an den Masurischen Seen außerordentliche Popularität (»H.-Mythos«). Ende 1914 wurde er Oberbefehlshaber der dt., später aller verbündeten Truppen im Osten, im August 1916 Chef des Generalstabs des Feldheeres und damit praktisch Oberbefehlshaber aller dt. Truppen. Mit Ludendorff, der ihm als Erster Generalquartiermeister zur Seite gestellt wurde und bestimmenden politischen Einfluß auf ihn ausübte, bildete er die sogenannte 3. Oberste Heeresleitung und griff zunehmend diktatorisch in die Reichspolitik ein (Entscheidung für den uneingeschränkten U-Bootkrieg, Sturz Reichskanzler Theobald v. →Bethmann Hollwegs 1917). Nach dem militärischen Zusammenbruch, der Abdankung Kaiser →Wilhelms II. und der Novemberrevolution 1918 konzentrierte er sich auf die Rückführung des Feldheeres und legte 1919 nach Unterzeichnung des Versailler Vertrags den Oberbefehl nieder, während Wilhelm →Groener als Nachfolger des im Oktober 1918 entlassenen Ludendorff in Absprache mit Friedrich →Ebert, dem Vorsitzenden des Rats der Volksbeauftragten, die Revolution ausbremste.

1925 wurde H. als Kultfigur des wiedererstarkten Militarismus und Monarchismus (Dolchstoßlegende, Memoiren »Aus meinem Leben«, 1920) als Kandidat der Rechten zum Reichs-Präs. in der Nachfolge Friedrich →Eberts gewählt. In seiner Amtsführung respektierte er weitgehend die Spielregeln der

Republik, trug jedoch als konservativer Monarchist, umgeben von reaktionären Feinden der Demokratie, dazu bei, die ideellen Grundlagen der Weimarer Demokratie zu untergraben. Dennoch erschien er in der Krise des Jahres 1932 den Parteien der Mitte und der gemäßigten Linken als einziger Garant gegen den Radikalismus von links wie rechts und wurde als Präsident wiedergewählt. Zu Entscheidungen aufgerufen, denen er wegen seiner im Grunde unpolitischen Natur und seines hohen Alters nicht gewachsen war, verhinderte er 1932/33 die weitere Demontage des parlamentar. System nicht. Er entließ den schon mit Hilfe von Notverordnungen nach Artikel 48 regierenden Reichskanzler Heinrich →Brüning, berief das »Präsidialkabinett« unter Franz v. →Papen und übergab, nachdem auch dessen Nachfolger Kurt v. →Schleicher keine Reichstagsmehrheit für sein Kabinett hatte gewinnen können, den Nationalsozialisten unter Adolf →Hitler trotz schwerer Bedenken 1933 die Macht. Der Errichtung der national-sozialistischen Diktatur setzte er keinen nennenswerten Widerstand entgegen.

Hipler, Wendel
deutscher Bauernführer
** um 1465 Neuenstein*
† 1526 Heidelberg
Der studierte ehemalige Kanzleisekretär des Grafen von Hohenlohe und danach pfälzischer Landschreiber schloß sich im Bauernkrieg den Odenwälder Bauern an (1525) und übernahm bald als »Bauernkanzler« die politische Führung der Bewegung. Mit seinen gemäßigten Forderungen suchte er das Bündnis mit Rittern und Städten und setzte die Wahl Götz v. →Berlichingens zum militärischen Führer durch. Auf dem von ihm initiierten und wegen des Angriffs des schwäb. Bundesheeres abgebrochenen Bauernparlament in Heilbronn verband er die Ziele der aufständischen Bauern mit dem Plan einer Reichsreform. Nach der Niederlage bei Königshofen (Juni 1525) gefangengenommen, starb er in pfälz. Haft.

Hipparch
Tyrann von Athen 528/27–514 v. Chr.
† 514 v. Chr.
H. beherrschte gemeinsam mit seinem älteren Bruder →Hippias in der Nachfolge ihres Vaters →Peisistratos den Stadtstaat Athen. Er lud Philosophen und Dichter nach Athen ein, u. a. Anakreon und Simonides. 514 fiel er dem gegen ihn und seinen Bruder unternommenen Mordanschlag der Freunde Harmodios und Aristogeiton zum Opfer.

Hippias
Tyrann von Athen 528/27–510 v. Chr.
† um 490 v. Chr.
Ältester Sohn und Nachfolger des →Peisistratos, regierte bis 514 zusammen mit seinem Bruder →Hipparch zunächst eher liberal, entging dem Anschlag von Harmodios und Aristogeiton (514) und übte danach eine brutale Herrschaft aus, bis er von den Athenern unter Führung des →Kleisthenes und des Königs von Sparta, Kleomenes I. (um 520 bis 490), vertrieben wurde (510). Er regierte dann als Tyrann von Sigeion in der Troas, das sein Vater erobert hatte, und hoffte vergeblich, mit den Persern 490 nach Athen zurückzukehren. Er, seine Brüder und Söhne wurden in ganz Griechenland geächtet.

Hippolyt von Rom
erster Gegenpapst 217–235
** 170*
† 237
H. ließ sich als Gegenpapst gegen →Calixtus I. aufstellen, dessen maßvolle Bußpraxis er ablehnte. Das Schisma dauerte auch unter den Päpsten Urban I. (222–230) und Pontianus (230–235) fort. Zusammen mit Pontianus wurde H. 235 während der von Kaiser →Maximinus Thrax betriebenen Christenverfolgung in die Bergwerke Sardiniens verbannt, wo beide zur Wiederherstellung der kirchlichen Einheit auf ihr Amt verzichteten. Von großer Bedeutung ist H. als Verfasser zahlreicher exegetischer, dogmatischer und historischer Werke. Er war der bedeutendste griechisch schreibende Kirchenschriftsteller im Westen, wo sein Einfluß aber wegen der Latinisierung der röm. Gemeinde und wegen seines Rufs als Schismatiker gering war. Nach seinem Tod in der Verbannung wurde er als Märtyrer verehrt. Heiliger (Fest: 13. 8., in den orth. Kirchen: 30. 1.).

Hiram I.
König von Tyros um 969–936
(Griech. *Hirom*). H. führte das phönikische Reich auf den Höhepunkt seiner Macht. Mit dem jüd. König →Salomo und vermutlich mit →David betrieb er einen regen Handelsverkehr, lieferte Material und schickte Handwerker für den Tempelbau in Jerusalem, als Gegenleistung erhielt er Naturalien und Ortschaften in Galiläa (AT 1. Kön. 5,15 ff.; 9,11 ff.). Gemeinsam bestritten sie auch die von Ezyon Gever (Eilat am Golf von Akaba) ausgehende Schiffahrt, die dortige Kupferverarbeitung und den Handel mit dem goldreichen Ophir (vermutlich an der südl. Westküste des Roten Meeres gelegen).

Hirohito
123. Kaiser (Tenno) von Japan 1926–1989
** 29. 4. 1901 Tokio*
† 7. 1. 1989 Tokio
H., der 1921 für seinen erkrankten Vater →Yoshihito die Regentschaft übernahm, übte die am längsten währende Herrschaft in der Reihe der Tennos aus. Statt der von ihm proklamierten Ära Showa (»leuchtender Friede«) erlebten die Japaner unter H. die kriegerischste und opferreichste Epoche ihrer Geschichte. In seine Regierungszeit fiel die imperialistische Expansionspolitik, die über die Besetzung der Mandschurei (1931), den Beginn des Krieges mit China (1937) in den Pazifischen Krieg (1941) im Rahmen des 2. Weltkriegs mündete und in die von den beiden amerikanischen Atombombenabwürfen über Hiroshima und Nagasaki besiegelte totale Niederlage (1945) führte.
Aufgrund der Verfassung von 1889, nach der die Person des Kaisers als heilig und unverletzlich galt (Art. 3), vermochte H. seine Rechte als Souverän (Art. 4) nicht direkt auszuüben und regierte daher »durch den Vorhang«, d. h. mittels seiner Ratgeber. Der Grad seiner Einflußnahme auf die Kriegspolitik des Landes ist umstritten, seine Haltung war indes weder passiv noch retardierend. Er entschied 1945 die Kapitulation und teilte diesen Beschluß in der ersten Rundfunkrede eines Tenno am 15. 8. 1945 seinen Untertanen mit. Um der Kontinuität der Regierungsautorität willen nahmen die Amerikaner H. von der Anklage wegen Kriegsverbrechen aus, erwirkten jedoch, daß er von der Göttlichkeit seiner Person öffentlich Abstand nahm. Auf dieser Basis konnte ihn die Verfassung von 1947 seiner sakralen Position und aller politischen Macht entkleiden. Seitdem symbolisiert der auf Repräsentationsaufgaben beschränkte Kaiser die Staatseinheit. Nachfolger: Sohn →Akihito

Histiaios
Tyrann von Milet
† 493 v. Chr.
Verbündet mit dem Perserkönig →Dareios I., deckte H. während des pers. Skythenfeldzugs den Rückzug der Perser (513). Sein Machtgewinn und der Ausbau eines ihm überlassenen Stützpunktes (Myrkinos) an der thrakischen Küste erregten jedoch bald das Mißtrauen der Perser, die ihn unter einem ehrenvollen Vorwand nach Susa an den pers. Hof beriefen. Von dort aus soll H. seinen Vetter und Schwiegersohn Aristagoras († 497), der die Herrschaft über Milet übernahm, zum Ionischen Aufstand (500–494) angestiftet haben. Von Dareios zu dessen Beilegung nach Ionien ausgesandt, scheiterte er mit dem Versuch, sich eine neue Machtbasis zu schaffen. Er wurde 493 von dem pers. Satrapen Artaphernes gefangengenommen und gekreuzigt.

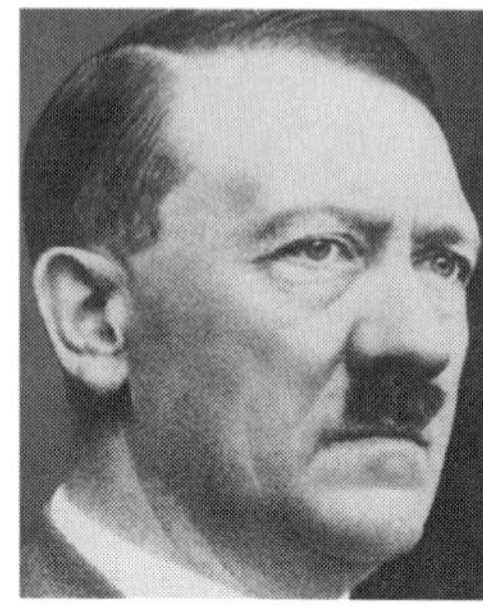

Hitler, Adolf
deutscher »Führer« und Reichskanzler 1933–1945
** 20. 4. 1889 Braunau am Inn, Oberösterreich*
† 30. 4. 1945 Berlin

H. war das vierte von sechs Kindern aus der dritten Ehe des Zollbeamten Alois H. (* 1837 unehelich als A. Schicklgruber, † 1903), mußte 1905 die Realschule verlassen und blieb ohne Berufsausbildung. Seit 1907 in Wien, wo er sich zweimal vergeblich um Aufnahme in die Malschule der Kunstakademie bewarb, führte er das Leben eines heruntergekommenen Bohemien, finanziell halbwegs abgesichert durch Waisengeld (Tod der Mutter 1907), Erbe und Verkauf eigener Zeichnungen. Die verletzten Empfindungen des geltungshungrigen Dilettanten am Rande der Gesellschaft, die polit. und sozialen Spannungen in der Hauptstadt der Donaumonarchie und planlose Lektüre formten H.s Weltbild, in dem der sozialdarwinist. Gedanke vom »Recht des Stärkeren«, Haß auf die Juden als Gefahr für die german. »Herrenrasse«, alldt. Sendungsglaube in Richtung Osteuropa und eine Haßliebe zu bürgerl. Anschauungen und Lebensgewohnheiten dominierten, ohne schon eine konkrete polit. Stoßrichtung anzunehmen. 1913 entzog sich H. dem österr. Militärdienst durch Übersiedlung nach München, trat allerdings 1914 bei Kriegsausbruch freiwillig in die bayer. Armee ein. 1914–1918 war er Meldegänger an der Westfront (1915 Gefreiter, 1918 mit dem Eisernen Kreuz 1. Klasse ausgezeichnet). Im Sept. 1919 trat er der Dt. Arbeiterpartei (seit Anfang 1920 Nat.-Soz. Dt. Arbeiterpartei, NSDAP) bei, wurde ihr Werbeobmann und verkündete im Febr. 1920 das weitgehend von ihm verfaßte 25-Punkte-Parteiprogramm. Im Juli 1921 übernahm H. den Vorsitz der Partei, deren Mitgliederzahl sich bis zum Herbst 1923 verzehnfachte (56 000). Anklang fand er vor allem mit seiner radikalen Agitation gegen den Versailler Ver-

trag, die »jüd.-marxist. Novemberverbrecher«, das »jüd. Großkapital« und das liberal-demokrat. »System« der Weimarer Republik. Als Massenagitator, der die verbreiteten Ressentiments in der dt. Bevölkerung politisch kanalisierte, fand H. die Förderung durch rechtsgerichtete Kräfte in bayer. Reichswehr-, Polizei-, Regierungs- und Wirtschaftskreisen, die selbst Staatsstreichgedanken gegen Berlin hegten und H. in ihre Pläne einbezogen.
1923, auf dem Höhepunkt der Inflation und in äußerst gespannter polit. Lage in Dtschld., versuchte H. zusammen mit Erich →Ludendorff, die zaudernden Rechtskreise durch die Ausrufung einer »Regierung der nationalen Revolution« zum Handeln zu zwingen, scheiterte jedoch mit dem dilettantisch angelegten H.-Putsch. Die NSDAP wurde verboten, H. verhaftet und vom Münchner Volksgericht im April 1924 mit einigen Mittätern (u. a. Rudolf →Heß) zu 5 Jahren Festungshaft verurteilt. Bereits nach acht Monaten aus der Festung Landsberg, wo er den 1. Bd. seiner Bekenntnis- und Programmschrift »Mein Kampf« (1925, 2. Bd. 1927) verfaßt hatte, wieder entlassen, erreichte H. die Aufhebung des Verbots der Partei und begann mit ihrem Wiederaufbau. Im Zeichen der vorübergehenden Konsolidierung der polit. und wirtschaftl. Verhältnisse in Dtschld. und auch wegen des Redeverbots, das 1925–1928 in den meisten Reichsländern gegen H. verhängt wurde, gewann die Partei nur allmählich an Boden, sammelte jedoch einen verläßl. Kader von Unterführern und Gefolgsleuten, die H. nahezu vorbehaltlos ergeben waren In der entstehenden »Führerpartei«, in der sich die Willensbildung nach dem Schema von Befehl und Gehorsam vollziehen sollte, wurde H. zum Objekt eines propagandistisch genutzten Führerkults.
Den Durchbruch zur Massenpartei erreichte die NSDAP seit 1929 unter den für sie günstigen Umständen der Weltwirtschaftskrise und der Selbstdemontage des parlamentar. Systems, dessen tragende demokrat. Kräfte keine mehrheitsfähigen Konzepte gegen ihren Aufstieg zu entwickeln vermochten. H. wuchs eine Schlüsselrolle zu, da er über den plebiszitären Rückhalt (37,3% der Stimmen bei der Reichstagswahl Juli 1932) verfügte, der den Gegnern der Republik auf der politischen Rechten in Militär, Verwaltung, Großgrundbesitz und Großwirtschaft fehlte. H. verfolgte eine Taktik der Zusammenarbeit in der »nationalen Opposition« bei Wahrung der Eigenständigkeit der NSDAP. Im April 1932 verlor er die Reichspräsidentenwahl gegen Paul v. →Hindenburg (um kandidieren zu können, wurde er vom nat.-soz. Innenminister von Braunschweig zum Regierungsrat ernannt und erhielt dadurch die dt. Staatsbürgerschaft). Hatte Hindenburg im August 1932 noch H.s Anspruch, als Führer der stärksten Partei zum Reichskanzler berufen zu werden, brüsk zurückgewiesen, ernannte er ihn am 30. 1. 1933 auf Druck Franz v. →Papens, der auf die Unterstützung Alfred →Hugenbergs, des Stahlhelms, aber auch der Reichswehrführung verweisen konnte. In der Koalitionsregierung überspielten H. und die beiden nat.-soz. Minister Wilhelm →Frick und Hermann →Göring sehr schnell ihre deutschnationalen bzw. parteilosen Kollegen. Der Prozeß der »Machtergreifung« verlief zwar unsystematisch, festigte aber die Stellung der NSDAP auf allen Ebenen (Stationen: 28. 2. Beseitigung der Grundrechte durch Reichstagsbrandverordnung; 23. 3. Ermächtigungsgesetz; 31. 3. Gleichschaltung der Länder; 2. 5. Zerschlagung der Gewerkschaften; 10. 5. Bücherverbrennung; 22. 6. Verbot der SPD). Als H. nach Hindenburgs Tod am 2. 8. 1934 das Amt des Reichs-Präs. aufhob und dessen bisherige Befugnisse auf sich als den »Führer und Reichskanzler« übertrug, war der Nationalsozialismus in seiner Person als der maßgebende politische Wille in Dtschld. totalitär etabliert, unbeschadet von ihm geduldeter oder in Kauf genommener eigenständiger Entwicklungen im Rahmen des Systems. Die innerparteiliche Opposition, ins in der SA, und mißliebige Konservative wurden bei der als Niederschlagung eines angebl. Putsches des SA-Führers Ernst →Röhm getarnten Mordaktion 1934 (»Röhm-Putsch«) beseitigt.
H. war fortan weder politisch, bürokratisch, militärisch noch wirtschaftlich an rechtliche Normen oder Rücksichtnahme auf andere Machtzentren gebunden. Seine Entscheidungen konnten sich in Gesetzes- oder Verordnungsform niederschlagen, aber auch im persönl. Auftrag, im »Führerbefehl«. Der nach außen hin behauptete, über 1945 hinaus lange nachwirkende Eindruck der »monolith. Geschlossenheit« des Regimes täuschte jedoch: in der Realität gab es unterhalb H.s keine einheitsstiftende Verbindlichkeit im Nationalsozialismus.
Zunächst betrieb er mit Nachdruck den Ausbau des militärisch und rüstungswirtschaftlichen Potentials bei gleichzeitiger außenpolit. Abschirmung durch Friedenspropaganda und lediglich revisionist. Forderungen, die keine Gefahr einer direkten Intervention der Westmächte bargen. Von 1936 an steuerte H. auf die für spätestens Anfang der 40er Jahre geplante krieger. Expansion zu, geriet jedoch angesichts der vom ihm produzierten Verschärfung der internatio-

nalen Lage (Unterstützung der Falangisten unter Francisco →Franco im Span. Bürgerkrieg 1936 bis 1939, Remilitarisierung des Rheinlandes 1936, »Anschluß« Österreichs sowie Annexion des Sudetenlandes 1938) und aus der Begrenzung der militär. und rüstungswirtschaftl. Möglichkeiten unter Zeitdruck. In Erfüllung seines Programms entfesselte H. mit dem dt. Überfall auf Polen am 1. 9. 1939 den 2. Weltkrieg, der etwa 50 Mio. Tote forderte.
Die militär. Erfolge der ersten Feldzüge, deren Strategie H. mitbestimmt hatte, führten dazu, daß H. sich auch als Feldherr für unfehlbar zu halten begann (Propagandaslogan: »Größter Feldherr aller Zeiten«), obwohl er von Beginn an fundamentalen Fehleinschätzungen unterlegen war, deren größte die Illusion war, den Kriegseintritt Großbritanniens und der USA vermeiden zu können. Im Dezember 1941 übernahm er selbst den Oberbefehl über das Heer. Widerspruch seiner militär. Berater ertrug er immer weniger, auch als die Kriegslage aussichtslos wurde. Ein Waffenstillstand kam für ihn zu keinem Zeitpunkt des Krieges in Frage (»Deutschland muß siegen oder untergehen«). Die Unterdrückungsmaßnahmen und der Völkermord in den eroberten Gebieten, vor allem die als »Endlösung der Judenfrage« umschriebene Auslöschung allen jüd. Lebens im dt. Machtbereich mit fast sechs Mio. Opfern, fanden in den meisten Fällen auf H.s Weisung, jedenfalls aber mit seiner Billigung statt.
H. entging (zuletzt am 20. 7. 1944) mehreren Versuchen aus der Widerstandsbewegung, ihn zu töten. Mit seinem Selbstmord im Bunker der Reichskanz-

Hitlers »historische Größe«

Chronik Zitat

Der Hitler-Biograph Joachim Fest (1926) setzte sich 1968 mit der historischen Größe Hitlers auseinander (Auszug):*

»Die Geschichte wertet ohne Skrupel, und moralische Kategorien haben keinen Rang vor ihr... Der Blick auf Person und Laufbahn Adolf Hitlers wird noch lange nicht ohne die Empfindung moralischer Abscheu möglich sein. Dennoch gehört ihr historische Größe.
Das Prädikat hat nicht nur Hitlers Wirkungen im Auge: nicht nur die Katastrophen, die er heraufbeschworen, und die unglaublichen Beschleunigungen, die er dem Zeitlauf gegeben hat, so daß der gegenwärtige Weltzustand ohne ihn nicht gedacht werden kann. Vielmehr ist auch, was zu seiner Zeit geschah, in keiner Phase und in keiner Hinsicht ohne ihn vorstellbar. Jede Definition des Nationalsozialismus oder des von ihm begründeten Herrschaftssystems, die Hitlers Namen nicht enthält, verfehlt die Sache im Kern. In einem der Geschichte bis dahin unbekannten Grade war er... alles aus sich und alles in einem: Lehrer seiner selbst, Organisator einer Partei, und Schöpfer ihrer Ideologie, Taktiker und demagogische Heilsgestalt, Führer, Staatsmann und während eines Jahrzehnts Bewegungszentrum der Welt...
Die Erscheinung Hitlers hat dem modernen Selbstbewußtsein einen empfindlichen Stoß versetzt. Vor den Tribünen, auf denen er seine rednerischen Exzesse leistete, zergingen die letzten Reste eines optimistischen, vom Pathos seiner selbst ergriffenen Menschenbildes. Er lehrte, daß die Mobilisierung einer Millionengefolgschaft nicht einer großen oder vernünftigen und auch nicht einer für die Epoche repräsentativen Idee bedarf; auch wenn die Vorstellung eines nationalen Sozialismus nicht wenige Menschen der Epoche bewegte, nötigt die Art, in der Hitler diese Vorstellung seinen Zwecken auf die durchsichtigste Weise dienstbar machte, zu der Einsicht, daß es überhaupt keiner Idee, die diesen Namen verdient, bedarf, sondern lediglich bestimmter Bedingungen, um Enthusiasmus und Hingabe zu wecken; dann vermögen Hirngespinste, Wahnvorstellungen widersprüchlicher und die Vernunft beleidigender Art mindestens ebensoviel, sofern sie sich nur mit einem energischen Machtwillen und der Fähigkeit zu wirkungsvoller Wortmacherei verbinden.
Wenn das Geschehen jener Jahre undenkbar ist ohne die Person Adolf Hitlers, so ist es doch auch undenkbar ohne die Menschen, die ihm anhingen. Als sie sich aus dem Zusammenbruch, in den sie ihm gefolgt waren, erhoben, wurde Hitler in einer Wendung des verbreiteten Selbstmitleids aus dem Führer der Verführer... Zur Verführung kommt es nur auf dem Grunde eines zumindest heimlichen Einverständnisses...«

lei in Berlin, das bereits von sowjet. Truppen eingeschlossen war, entzog sich H. am 30. 4. 1945 der Verantwortung für die bisher größte Geschichtskatastrophe. Die Neuordnung Europas und der Welt nach dem von ihm entfesselten 2. Weltkrieg hatte bis 1989/90 Gültigkeit. (▷ Chronik Zitat)

Hobbes, Thomas

englischer Philosoph und Staatstheoretiker
** 5. 4. 1588 Westport bei Malmesbury*
† 4. 12. 1679 Hardwick

Der Sohn eines anglikanischen Priesters, Absolvent der Oxford University, lernte während eines seiner Paris-Aufenthalte René Descartes kennen und machte sich mit dessen Erneuerung der Philosophie vertraut. Um als Royalist der Engl. Revolution (1640–1660) zu entgehen, emigrierte der gräfliche Hauslehrer und Sekretär von Francis →Bacon 1640 bis 1651 nach Paris und unterrichtete (seit 1646) den verbannten zukünftigen König →Karl (II.), kehrte jedoch unter Oliver →Cromwell zurück.
In Abwendung mittelalterlicher Scholastik entwickelte H. unter dem Einfluß des modernen physikalischen Denkens eine von den exakten Naturwissenschaften geprägte, streng nominalist. und mechanistische Philosophie. Sie befaßt sich nur mit Gegenständen, natürlichen und vom Menschen geschaffenen, die der verstandesmäßigen »Berechnung« zugänglich sind.
In seiner Staatstheorie wandte er die mechanist.-naturwissenschaftl. Methode auf die gesellschaftl. Phänomene an (»Leviathan«, 1651): Im Naturzustand herrsche auf der Basis des Selbsterhaltungstriebs und der Machtgier das Recht des Stärkeren (»homo homini lupus«, »der Mensch ist des Menschen Wolf«), der Krieg aller gegen alle (»bellum omnium contra omnes«). Da im Naturzustand die Lebensinteressen jedes einzelnen nicht aufgehoben seien, sei er unvernünftig und müsse mittels eines Gesellschaftsvertrags überwunden werden, in dem die Individuen ihre Rechte einem Souverän abtreten. Mit seiner absoluten Macht, die von den Mitgliedern der Gesellschaft nicht zurückgefordert werden könne, gewährleiste der Souverän den kollektiven Frieden gegen das Chaos der Einzelinteressen. Mit dieser Begründung des starken Staates als Alternative zur Anarchie, die H. mit den polit. Wirren der Engl. Revolution und des Bürgerkriegs in Frankreich (Fronde 1648–1653) vor Augen hatte, lieferte er zugleich die philosoph. Legitimation des Staatsabsolutismus.

Ho Chi Minh

(nord) vietnamesischer Staatschef
1945/54–1969
** 19. 5. 1890 Kim Lien, Mittelvietnam*
† 3. 9. 1969 Hanoi

(Eigentlich Nguyên That Thanh, später [1919 bis 1942] Nguyên Ai Quoc; vietnames. H. C. M. = »der Erleuchtete«). Der Führer des indones. Freiheitskampfes und Begründer der Unabhängigkeit Vietnams war der Sohn eines kaiserl. Mandarins. Seit 1911 lebte und studierte er in Westeuropa, arbeitete als Journalist und Fotograf und gehörte zu den Gründern der französ. Kommunist. Partei (1920). 1923 ging er für zwei Jahre nach Moskau, vertrat danach die Komintern bei der Kuomintang-Regierung →Chiang Kai-sheks und floh nach Beginn des Bürgerkriegs in China (1927) nach Siam. 1930 gründete er in Hongkong die Kommunist. Partei Indochinas. Nach einem gescheiterten Aufstand in Nord-Amman zum Tode verurteilt, konnte er nach Moskau fliehen und wechselte seine Identität. Seit 1940 wieder in Vietnam, organisierte er mit Vo Nguyên →Giap die Vietminh als Guerillatruppe, zunächst gegen die japan. Besatzer. Nach dem Zusammenbruch Japans proklamierte er 1945 die Demokrat. Republik Vietnam und nahm als Staats- und Regierungschef den Kampf gegen die Franzosen auf, die Indochina zu rekolonialisieren begonnen hatten und in der Entscheidungsschlacht von Diên Biên Phu scheiterten.
Nach Teilung Vietnams durch die Genfer Indochina-Konferenz (1954) nahm H. C. M. als Präs. und Min.-Präs. Nordvietnams 1958 den Kampf um die Wiedervereinigung auf und unterstützte im Bürgerkrieg, der in den Krieg gegen die USA mündete (1965–1973), die Südvietnames. Befreiungsfront (FNL). In der Dritten Welt und von der Protestbe-

wegung im Westen wurde er als Symbolfigur des Widerstands gegen koloniale Ausbeutung und den Weltherrschaftsanspruch der USA verehrt.

Hodža, Milan
tschechoslowakischer Ministerpräsident 1935–1938
** 1. 2. 1878 Sučany, Slowakei*
† 27. 6. 1944 Clearwater, Florida (USA)
H. war als Mitgl. der Bauernpartei seit 1905 Abg. im Ungar. Reichsrat, seit 1918 im tschechoslowak. Parlament, und gehörte als Anhänger Tomáš →Masaryks zu den Gründervätern der Tschechoslowakei. Während der Sudetenkrise 1938 versuchte er, die nationalen Konflikte zwischen Tschechen und Slowaken auszugleichen. 1939 emigrierte er in die USA.

Hofer, Andreas
Tiroler Freiheitskämpfer
** 22. 11. 1767 St. Leonhard, Passeiertal*
† 20. 2. 1810 Mantua
H., Gastwirt bei St. Leonhard im Passeiertal, dessen Bauern er im Tiroler Landtag gegen die Reformpolitik Kaiser →Josephs II. vertrat (1790), führte nach der Annexion Tirols durch das von →Napoleon I. zum Königreich erhobene Bayern (1805/06) die zunächst erfolgreiche Volkserhebung gegen die napoleon. Unterdrückung an und war zeitweilig Regent von Tirol. 1809 schlug er im Rahmen des österreichischen Kriegs gegen Frankreich die französ. und bayer. Truppen dreimal am Berg Isel und befreite Innsbruck. Die Wiener Regierung unter Kaiser →Franz II. gab jedoch im Frieden von Schönbrunn 1809 Tirol preis, und H. unterwarf sich. Durch falsche Nachrichten getäuscht, erhob er sich von neuem, mußte flüchten und kam durch Verrat in Gefangenschaft. Über das uneinige Kriegsgericht hinweg ließ ihn Napoleon standrechtlich erschießen.

Hohenlohe-Schillingsfürst, Chlodwig Fürst zu
deutscher Reichskanzler 1894–1900
** 31. 3. 1819 Rotenburg an der Fulda*
† 6. 7. 1901 Ragaz
H. war bayer. Min.-Präs. (1866–1870), MdR (1871–1881), Botschafter in Paris (1874–1885) und Statthalter in Elsaß-Lothringen (1885–1894), bevor er 1894 die Nachfolge Leo v. →Caprivis als Reichskanzler und preuß. Min.-Präs. antrat. Stark abhängig von Kaiser →Wilhelm II. und seinen Beratern, betrieb H. im Zeichen des wiederbelebten »Neuen Kurses« eine konservative Sammlungspolitik gegen die Sozialdemokratie, scheiterte jedoch im Reichstag mit seiner »Umsturzvorlage« (1894) und der »Zuchthausvorlage« (1899). Außenpolitisch war er um eine Wiederannäherung an Rußland bemüht, während er Alfred v. →Tirpitz bei der Ausarbeitung dt. Großmachtpläne zur See freie Hand ließ.

Holstein, Friedrich August von
deutscher Außenpolitiker
** 24. 4. 1837 Schwedt*
† 8. 5. 1909 Berlin
Von Otto v. →Bismarck ins Auswärtige Amt geholt, hielt H. als Vortragender Rat (1880–1906) und »graue Eminenz« bis zu seinem Tod eine Schlüsselstellung in der dt. Außenpolitik. Seit 1885 geriet er über die von ihm abgelehnte Bindung des Dt. Reichs an Rußland (Rückversicherungsvertrag 1887) in Gegensatz zum Reichskanzler. Nach Bismarcks Entlassung 1890 forcierte H. unter dessen Nachfolgern Leo v. →Caprivi, Chlodwig Fürst zu →Hohenlohe-Schillingsfürst und Bernhard v. →Bülow die »Politik der freien Hand«, die insbesondere den Konflikt mit England provozierte. Nach der Marokkokrise 1905/1906 mußte er zurücktreten. H. galt lange Zeit zu Unrecht als geheimer Lenker der gesamten Reichspolitik; er verfügte jedoch über eine Art Vetorecht in außenpolit. Fragen.

Honecker, Erich
Erster Sekretär, Generalsekretär des ZK der SED 1971/76–1989
** 25. 8. 1912 Wiebelskirchen, Saar*
† 29. 5. 1994 Santiago de Chile
Von Beruf Dachdecker, trat H. 1929 der KPD bei und ließ sich in Moskau zum Jugendfunktionär schulen (1929/30). Seit 1931 Sekretär des Kommunist. Jugendverbandes in Dtschld., beteiligte er sich nach der nat.-soz. Machtübernahme am kommunist. Widerstand, wurde 1935 verhaftet und blieb, zu 10 Jahren Zuchthaus verurteilt, bis Kriegsende im Zuchthaus Brandenburg. 1946–1955 war er Vors. der SED-Jugendorganisation Freie Dt. Jugend (FDJ), 1950–1958 Kandidat, dann Mitgl. des Politbüros der SED, 1958–1971 Sekretär des ZK der SED. 1961 leitete er die Vorbereitungen für den Bau der Berliner Mauer. 1971 betrieb er den Sturz seines

Förderers Walter →Ulbricht und wurde dessen Nachfolger als Erster Sekretär des ZK der SED (seit 1976 Generalsekretär) und Vors. des Nationalen Verteidigungsrates, 1976 auch Vors. des Staatsrates der DDR (Staatsoberhaupt).
In diktator. Machtfülle prägte H. die Entwicklung der DDR in den 70er und 80er Jahren, die außenpolitisch von wachsender internationaler Anerkennung, innenpolitisch von Repression, Stagnation bei auskömmlichen wirtschaftl. Lebensbedingungen gekennzeichnet war, während das Regime dem ökonomischen Bankrott entgegensteuerte. Reformen nach dem Vorbild der Perestroika des sowjet. Parteichefs Michail →Gorbatschow lehnte H. ab und ignorierte die einen polit. Wandel einfordernde Stimmung der Bevölkerung. Angesichts der Massenfluchtbewegung, der Demonstrationen und des Verfalls der Staatsautorität wurde er im Okt. 1989 vom Politbüro gestürzt und wenig später aus der SED ausgeschlossen. Nach dem Beitritt der DDR zur BR Dtschld. wurde gegen H. als Hauptverantwortlichen für die Erschießung von Flüchtlingen an der innerdt. Grenze ein Strafverfahren eingeleitet, dem er sich 1991 zunächst durch Flucht in die UdSSR entzog. Nach seiner erzwungenen Rückkehr nach Dtschld. wurde der Prozeß wegen seines schlechten Gesundheitszustandes im Januar 1993 eingestellt. Er übersiedelte nach Chile zu seinen Angehörigen.

Hong Xiuquan
chinesischer Revolutionsführer
** 1. 1. 1814 Krs. Huaxian, Prov. Guangdong*
† 1. 6. 1864 Nanking
(Auch *Hung Hsiu-ch'üan*). Der Dorflehrer H. X. führte die erste revolutionäre Bewegung der modernen Geschichte Chinas. Unter dem Einfluß christl. Missionsschriften glaubte sich H. erleuchtet, ein »jüngerer Bruder Jesu« zu sein und den göttlichen Auftrag zur Bekämpfung der »Teufel auf Erden« und zur Herstellung der »Gleichheit auf Erden« (chinesisch »t'ai-p'ing«) zu haben. Er gründete eine »Gesellschaft der Gottesverehrer«, die unter dem Zustrom verarmter Bauern rasch zur sozialrevolutionären Bewegung anwuchs, sich militärisch organisierte, 1850 die Taiping-Revolution entfachte und innerhalb von zwei Jahren 13 Provinzen südlich des Jangtse überrollte. 1851 nahm H. X. den Titel Tianwang (»Himmlischer König«) an und proklamierte das Taiping Tianguo (»Himmlisches Reich des allgemeinen Friedens«). 1853 machte er das von seinen Truppen eroberte Nanking zur Hauptstadt des Reiches, das einen großen Teil Südostchinas umfaßte. In seinem scheinbar egalitären Gesellschaftssystem ohne Privateigentum residierte er selbst jedoch mit seiner Führungsoligarchie in traditionellem kaiserl. Pomp. H. X. tötete sich vermutlich selbst, als Nanking durch kaiserl. Truppen, unterstützt von England, Frankreich und den USA, die ihre imperialist. Interessen durch die Revolution bedroht sahen, eingenommen wurde.

Honorius I.
Papst 625–638
† 12. 10. 638 Rom
H. war Schüler →Gregors I., dem er in seiner vorbildl. Verwaltung der Kirchengüter und der Angelsachsenmission nacheiferte. Der unter seinen Zeitgenossen hochangesehene Papst war später heftig umstritten, weil er im Streit über die Lehre von den zwei Naturen Christi den Monotheletismus begründete, der das Wirken eines Willens (statt zweier) in Christus annahm. Die spätere Orthodoxie, die zwei Willen bekannte, erklärte ihn zum Häretiker und exkommunizierte ihn nachträglich (6. Konzil von Konstantinopel, 680/81). In den Auseinandersetzungen der Reformationszeit und im Kampf um die päpstl. Unfehlbarkeit zur Zeit des 1. Vaticanum (1869/70) spielte die »Honoriusfrage« (ob Entscheidungen eines Papstes unfehlbar sein können, wenn er sich als Häretiker erwiesen hat) eine wichtige Rolle. Die Konzilsmehrheit löste das Problem indem sie erklärte, es habe sich bei den Äußerungen von H. nicht um eine Ex-cathedra-Entscheidung gehandelt, weil er Häretiker war.

Honorius, Flavius
erster weströmischer Kaiser 395–423
** 9. 9. 384 Konstantinopel*
† 15. (?) 8. 423 Ravenna
Noch Kind, übernahm H. nach dem Tod seines Vaters →Theodosius I. die Herrschaft über das weström. Reich mit der Hauptstadt Mailand, während sein älterer Bruder Arcadius (Kaiser 383–408) Ostrom zugesprochen bekam. H. stand zunächst unter Regentschaft seines german. Heermeisters und Reichsverwesers →Stilicho. Bedrängt durch die einfallenden Westgoten unter →Alarich, verlegte er die Residenz nach Ravenna. Wegen angebl. Verrats ließ er Stilicho 408 hinrichten und stürzte damit das Reich in schwere Wirren, in denen Alarich 410 Rom erobern konnte. Die Erhebung seines verdienten Heermeisters Flavius →Constantius (III.) zum Augustus erkannte der Sohn und Nachfolger des Arcadius, →Theodosius II., nicht an (421).

Hoover, Herbert Clark

31. Präsident der USA
1929–1933
** 10. 8. 1874*
West Branch, Iowa
† 20. 10. 1964 New York

H. machte eine »amerikanische Karriere«: vom Waisenkind über die Stationen des Laufburschen, Kellners und Ingenieurs zum Millionär. Im 1. Weltkrieg organisierte der Quäker die Lebensmittelversorgung der USA, nach dem Krieg das amerikanische Hilfswerk zur Bekämpfung des Hungers in den zentraleuropäischen Ländern und in Rußland (Quäker- bzw. H.-Speisungen). Seit 1921 Handelsminister unter den Präsidenten Warren G. →Harding und Calvin →Coolidge, wurde der Wirtschaftsaufschwung Mitte der 20er Jahre seiner liberalen Handelspolitik zugeschrieben, so daß der Republikaner 1929 mit großer Mehrheit zum Präsidenten gewählt wurde. Angetreten mit dem Versprechen, die Armut zu besiegen, sah er sich der wachsenden Verelendung infolge der Weltwirtschaftskrise von 1929 gegenüber. Das 1931 zur Abwendung der Wirtschaftskrise von ihm erlassene H.-Moratorium mit einjährigem Aufschub aller zwischenstaatlichen Schuldenzahlungen rettete mit der Stundung der Reparationsleistungen das faktisch zahlungsunfähige Deutschland vor dem wirtschaftlichen Zuammenbruch. Nach dem 2. Weltkrieg nahm H. seine caritative Mission als Leiter des Hilfskomitees für Europa und Asien wieder auf. (▷ Chronik Zitat)

Hopkins, Harry Lloyd
Handelsminister und Diplomat der USA
** 7. 8. 1890 Sioux City, Iowa*
† 29. 1. 1946 New York
H., von Beruf Sozialarbeiter, war Freund und Vertrauter Franklin D. →Roosevelts und leitete seit 1933 Arbeitsbeschaffungsprogramme des New Deal. 1938–1940 war er Handelsminister und organisierte seit 1941 nach dem Leih-und Pacht-Programm (Lend-Lease-Act) die kriegswichtige Belieferung der Gegner der Achsenmächte. Als Roosevelts »persönlicher Außenminister« nahm H. an den alliierten Kriegskonferenzen teil (auf dem Atlantik 1941, in Washington 1942, Casablanca, Quebec, Kairo und Teheran 1943, in Jalta 1945). 1945 erreichte er im Auftrage Präs. Harry S. →Trumans mit Josef W. →Stalin eine Verständigung über das Vetorecht im Sicherheitsrat der Vereinten Nationen.

Hoover-Memorandum, 6. 7. 1931

Chronik Zitat

Auf dem Höhepunkt der Weltwirtschaftskrise stornierte US-Präsident Hoover am 6. 7. 1931 die europäischen Staatsschulden:

»Die amerikanische Regierung schlägt einen einjährigen Aufschub aller Zahlungen auf Schulden der Regierungen, Reparationen und Wiederaufbauschulden vor, und zwar sowohl bezüglich des Kapitals wie der Zinsen, ausgenommen natürlich Schuldverpflichtungen der Regierungen, die sich in Privathänden befinden...
Zweck dieses Schrittes ist es, das kommende Jahr der wirtschaftlichen Erholung der Welt zu widmen und die Kräfte in den Vereinigten Staaten, die bereits am Wiederaufbau arbeiten, von den von außen kommenden Faktoren zu befreien. Die über die ganze Welt verbreitete Depression hat die europäischen Staaten mehr in Mitleidenschaft gezogen als uns. Einige jener Staaten fühlen die Verminderung ihrer wirtschaftlichen Stabilität durch diese Depression in ernstem Maße. Das Gewicht der Regierungsschulden, das in normalen Zeiten tragbar wäre, drückt inmitten dieser Depression schwer auf die Völker.
Aus einer Reihe von Gründen... begann eine abnorme Zuwanderung von Gold nach den Vereinigten Staaten, wodurch die Kreditfähigkeit vieler fremder Staaten vermindert wurde. Diese und andere Schwierigkeiten im Ausland verringern die Kaufkraft für unsere Exportwaren und sind daher in gewissem Umfang schuld an unserer fortdauernden Arbeitslosigkeit und den fortdauernd niedrigen Preisen für unsere Farmprodukte. Rechtzeitige Maßnahmen sind daher geboten, um den Druck dieser ungünstigen Faktoren im Ausland zu lindern, zur Wiederherstellung des Vertrauens beizutragen und dadurch den politischen Frieden und die wirtschaftliche Stabilität in der Welt zu fördern... Der Kern des Vorschlag ist, den Schuldnern Zeit zur Wiedererlangung ihrer nationalen Prosperiät zu geben.« (Auszug)

Horn, Gyula
ungarischer Ministerpräsident seit 1994
** 5. 7. 1932 Budapest*
Seine diplomatische Karriere begann H. als ungarischer Botschafter, 1989 wurde er Außen-Min. Als einer der herausragenden Reformpolitiker bemühte er sich, den Umbruch in Ungarn zunächst in systemimmanenten Bahnen zu halten und betrieb engagiert die Annäherung Ungarns an die EG. Im Sept. 1989 erwarb er sich historische Verdienste um die Beschleunigung der dt. Einigung, indem er der Fluchtbewegung aus der DDR die ungarische Grenze nach Österreich öffnete. Nach der demokratischen Wende 1990 Vors. der oppositionellen Ungar. Sozialist. Partei, löste er nach deren Wahlsieg Péter Boross als Min.-Präs. (1993/94) ab.

Horthy von Nagybánya, Miklós (Nikolaus)

ungarischer Reichsverweser 1920–1944
** 18. 6. 1868 Kenderes*
† 9. 2. 1957 Estoril (Portugal)

Der Marineoffizier, 1918 Oberbefehlshaber der österr.-ungar. Flotte, schloß sich 1919 der Gegenregierung in Szeged an, bildete eine Nationalarmee und zerschlug die ungar. Räterepublik unter Béla →Kun. Von der Nationalversammlung 1920 zum Reichsverweser der für »ruhend« erklärten Monarchie gewählt, blockierte er die Versuche des 1918 als österr.-ungar. Kaiser zurückgetretenen →Karls I., auf den Thron zurückzukehren (1921). Autoritär-konservativ, u. a. mit István →Bethlen, Gyula Gömbös (1932–1936) als Min.-Präs., verfolgte H. großungar. Ziele, lehnte sich außenpolitisch an Dtschld. und Italien an und beteiligte sich 1938 an der Aufteilung der Tschechoslowakei (Angliederung von Teilen der Slowakei und der Karpato-Ukraine), 1940 Rumäniens (Gewinn Siebenbürgens) und führte Ungarn 1941 auf dt. Druck in den Krieg gegen die Sowjetunion. Als er 1944 versuchte, einen Sonderfrieden zu schließen, ließ Adolf →Hitler ihn zugunsten des Führers der faschist. Pfeilkreuzler, Frenc →Szálasi absetzen und in Dtschld. internieren. 1945/46 geriet H. in amerikan. Gefangenschaft und lebte seit 1949 in Portugal.

Houphouët-Boigny, Félix

Staatspräsident der Elfenbeinküste 1960–1993
** 18. 10. 1905 Yamoussoukro*
† 7. 12. 1993 Yamoussoukro

Der Arzt, 1945–1959 Mitglied der französ. Nationalversammlung, führte seit 1946 die von ihm mitbegründete Afrikan. Demokrat. Sammlungsbewegung (Rassemblement Démocratique Africain, RDA) an und war 1956–1959 Min. in französ. Regierungen. Mit der Autonomie der Elfenbeinküste 1959 Min.- Präs., übernahm er nach Erlangung der Unabhängigkeit 1960 die Staatsführung und wurde seitdem alle 5 Jahre wiedergewählt. In Anlehnung an Frankreich lehnte H. Sozialismus und Panafrikanismus ab und verfolgte eine prowestl. Politik.

Hoxha, Enver
Führer der KP Albaniens 1941–1985
** 16. 10. 1908 Gjirokastër*
† 11. 4. 1985 Tirana
H. studierte in Frankreich und Belgien und war Lehrer, bevor er 1941 in der Illegalität die alban. Kommunist. Partei (seit 1948 Partei der Arbeit) gründete und bis zu seinem Tod als deren Generalsekretär (seit 1954 Erster Sekretär) die Geschicke Albaniens bestimmte, 1944–1954 zugleich als Min.-Präs. sowie 1946–1953 als Verteidigungs- und Außen-Min. Nach der Befreiung Albaniens von der dt. Besetzung 1943/44 durch die von ihm geführte Befreiungsarmee übernahm er mit jugoslaw. Hilfe die Macht, proklamierte 1946 die Volksrepublik Albanien und installierte ein stalinistisches, außenpolit. zunächst eng an Jugoslawien angelehntes Regime. 1948 folgte er jedoch Moskau im Bruch mit Josip →Tito und ließ alle als angebl. »Titoisten« identifizierten polit. Gegner hinrichten. Dogmatisch am Stalinismus festhaltend, distanzierte er sich in der Folge auch von den anderen kommunist. Richtungen, 1961 von der Sowjetunion, 1978 auch von China, an das er sich seit seinem Bruch mit der UdSSR angelehnt hatte. Sein Land, das er 1967 zum ersten atheistischen Staat der Welt erklärte, schottete er nach außen fast völlig ab und machte es zum »Armenhaus« Europas. Nachfolger: Ramiz →Alia.

Hua Guofeng

Vorsitzender der KP Chinas 1976–1981
** um 1920 Kreis Jiaocheng, Prov. Shanxi*

(Auch *Hua Kuo-feng*). Einer Bauernfamilie entstammend, wurde H. G., nachdem er sich als Regionalpolitiker in der Provinz Hunan profiliert hatte, 1969 Mitglied des ZK, 1973 des Politbüros. Seit 1975 zugleich Min. für öffentl. Sicherheit, wurde er als Kompromißkandidat zwischen Rechten und Linken Nachfolger →Zhou Enlais im Amt des Min.-Präs. (1976). Nach dem Tod →Mao Zedongs (1976) betrieb er die Ausschaltung der linksradikalen »Viererbande« (→Jiang Qing) und wurde Vors. des ZK und der Militärkomission. H. G., der seine Legitimation als Parteiführer aus der angeblichen Einsetzung durch Mao selbst herleitete und Vorbehalte gegen den neuen, »pragmatischen« Kurs hatte, wurde seit 1978 von der Gruppe um →Deng Xiaoping schrittweise entmachtet. 1980 mußte er das Amt des Regierungschefs, 1981 den Parteivorsitz niederlegen, den →Hu Yaobang übernahm. Auf dem XII. Parteitag 1982 wurde er zum einfachen ZK-Mitglied herabgestuft.

Huayna Capac
11. Inka-Herrscher von Peru 1493–1527
† 1527
Unter H.s Regierung erlebte das Inka-Reich seine weiteste Ausdehnung: Im Norden reichte es bis an die Südgrenze von Kolumbien, im Süden bis an den Río Maule (Mittelchile). H. teilte das Reich unter seine beiden Söhne Huascar und →Atahualpa auf, zwischen denen es zum Bruderkrieg kam, den die spanischen Invasoren unter Francisco →Pizarro auszunutzen verstanden.

Huber, Kurt
deutscher Philosoph und Widerstandskämpfer
** 24. 10. 1893 Chur (Schweiz)*
† 13. 7. 1943 München
H., der seit 1926 in München außerordentl. Prof. für Philosophie und Psychologie sowie als Musikwissenschaftler eine Koryphäe auf dem Gebiet der Volksliedforschung war, entwickelte sich zum Gegner des Nationalsozialismus und arbeitete als Förderer und Berater mit dem studentischen Widerstand der »Weißen Rose« um die Geschwister →Scholl zusammen. Nach der Kapitulation der deutschen Truppen in Stalingrad Anfang 1943 beteiligte er sich an den Flugblattaktionen des Kreises. Wenig später wurde er verhaftet, vom Volksgerichtshof zum Tode verurteilt und hingerichtet.

Hugenberg, Alfred

deutscher Partei- und Wirtschaftsführer
** 19. 6. 1865 Hannover*
† 12. 3. 1951 Kükenbruch bei Rinteln

Seit 1909 bis Ende des 1. Weltkriegs Vorsitzender des Direktoriums und Finanzchef der Krupp-Werke, erwarb H. 1916 (u. a. mit Industriegeldern) den Scherl-Verlag und baute das größte dt. Presseimperium auf (H.-Konzern), das er – im Grunde Monarchist – mit den Zeitungen »Der Tag«, »Berliner Lokalanzeiger« und »Woche« als Flagschiffe und der »Telegraphen-Union« als monopolistische Nachrichtenagentur bedenkenlos für seinen Kampf gegen die Weimarer Demokratie einsetzte. 1927 erwarb er die Universum Film AG (UFA), die er reorganisierte und zum führenden Filmunternehmen Europas entwickelte.
H., 1891 Mitbegründer des völkisch-nationalist. und antisemit. Alldt. Verbands, war seit 1919 MdR und führte seit 1928 die Deutschnationale Volkspartei (DNVP). Das von ihm gemeinsam mit den Nationalsozialisten (»nationale Einheitsfront«) erzwungene Volksbegehren gegen den Young-Plan (1929), der die Reparationsleistungen neu regelte, erhielt zwar nicht die erforderliche Mehrheit, machte jedoch Adolf →Hitler hoffähig, den H. für seine eigenen Ziele als »Trommler« glaubte einsetzen und kontrollieren zu können. Schließlich scheiterte auch H.s Versuch, durch Zusammengehen mit der NSDAP in der »Nationalen Opposition« (Harzburger Front 1931) und durch die Beteiligung (auf Paul v. →Hindenburgs Wunsch) an Hitlers Kabinett (als Wirtschafts- und Ernährungs-Min.) den Einfluß der Deutschnationalen zu sichern (1933). Wenige

Monate nach dem Machtantritt der Nationalsozialisten erklärte er seinen Rücktritt, mußte die Auflösung seiner Partei hinnehmen (1933) und verlor, obwohl bis 1945 Reichstagsabgeordneter, jeden politischen Einfluß. Sein Konzern geriet in völlige Abhängigkeit von den Nationalsozialisten.
Durch seinen Kampf gegen die Weimarer Republik die Radikalisierung der DNVP sowie durch seinen Eintritt in Hitlers Kabinett gehörte H. zu den bedeutendsten Wegbereitern der nationalsozialistischen Diktatur. 1946–1949 inhaftiert, wurde er 1951 bei der Entnazifizierung als »Entlasteter« eingestuft.

Hugo Capet
Herzog (956–987)
und König von Frankreich 987–996
** um 940 Paris*
† 24. 10. 996 Melun
Im Kampf der Herrscherhäuser um die Vormacht in Frankreich wurde der Herzog von Franzien nach dem Tod des letzten Karolingerkönigs Ludwig V. (986–987) zum König erhoben. Gegen die mächtigen Lehnsherren konnte er sich kaum durchsetzen, sicherte aber die Nachfolge für seinen Sohn Robert II. (den Frommen) (König 996–1031) gegen den legitimen Anspruch des letzten karolingischen Herzogs. H. C. begründete damit die erste französische Königsdynastie der Kapetinger (bis 1328).

Hull, Cordell

Außenminister der USA
1933–1944
** 2. 10. 1871 Overton County, Tennessee*
† 23. 7. 1955
Bethesda, Maryland

Seit 1907 mit kurzer Unterbrechung Abg. der Demokraten im Repräsentantenhaus, seit 1931 Senator, förderte der einflußreiche Politiker als Secretary of State (Außen-Min.) unter Präs. Franklin D. →Roosevelt den Freihandel und die »Politik der guten Nachbarschaft« gegenüber Lateinamerika und organisierte auf den interamerikan. Konferenzen von Panama (1939) und Havanna (1940) die »Sicherheitszone« der »Westl. Hemisphäre«. Im 2. Weltkrieg unterstützte er entschieden Großbritannien, sah sich aber von der Atlantikkonferenz (1941) und den Treffen der »Großen Drei« (Roosevelt, Winston →Churchill, Josef W. →Stalin) ausgeschlossen. Angesichts des japan. Expansionismus erreichte er bei der Moskauer Außenministerkonferenz 1943, daß die UdSSR auch dem Krieg gegen Japan beitrat. Für seinen Beitrag zur Gründung der UNO wurde ihm 1945 der Friedensnobelpreis verliehen.

Humboldt, Wilhelm Freiherr von

deutscher Gelehrter und preußischer Staatsmann
** 22. 6. 1767 Potsdam*
† 8. 4. 1835
Tegel bei Berlin

H. lebte nach dem Studium, größeren Reisen und diplomat. Dienst seit 1794 in Jena, wo er enge Freundschaft mit Friedrich Schiller schloß und auch mit Johann Wolfgang v. Goethe und den Brüdern Schlegel Kontakt pflegte. Neben literar. und literaturwissenschaftl. Arbeiten verfaßte er in dieser Zeit seine »Ideen zu einem Versuch, die Grenzen der Wirksamkeit des Staates zu bestimmen« (1792; vollständig postum 1851), mit denen er für die Entwicklung der freien Persönlichkeit und gegen die Bevormundung durch den absoluten Staat plädierte, dessen Aufgaben sich auf die Gewährleistung der Rechtssicherheit beschränken müssen. Auf Empfehlung des Freiherrn vom →Stein wurde er als Geheimer Staatsrat Leiter des Kultus- und Unterrichtswesens (1809) und brachte, dem humanist. Bildungsideal verpflichtet, neben Steins Staatsreform die Wissenschafts-, Bildungs- und Erziehungsreform Preußens auf den Weg (u. a. Gründung der Berliner Universität 1810 und des neuhumanist. Gymnasiums in Preußen). 1810 ging er als Gesandter nach Österreich, gewann 1813 Fürst v. →Metternich zur Teilnahme an den Befreiungskriegen gegen →Napoleon I. (1813–1815) und vertrat zusammen mit Karl August v. →Hardenberg Preußen 1814/15 auf dem Wiener Kongreß. Sein Konzept einer liberal orientierten Verfassung für den Dt. Bund unter preuß. Führung konnte er gegen den Widerstand Metternichs nicht durchsetzen. Nach seinem Bruch mit Hardenberg ging er 1817 als Gesandter nach London. 1819 wurde er Min. für ständische und kommunale Angelegenheiten, jedoch führte sein entschiedener Widerstand gegen die Karlsbader Beschlüsse, mit denen die Restauration in Preußen festgeschrieben wurde, zu seiner Entlassung (1819). Danach widmete er sich der Sprachphilosophie. (▷ Chronik Zitat)

Unberechenbarkeit Deutschlands

Chronik Zitat

Nach Schaffung des Dt. Bundes 1815 gehörte Humboldt zu den frühen Warnern vor einer Großmachtstellung Deutschlands (Memorandum an →Hardenberg 30. 9. 1816, Auszüge):

»Man wird Deutschland nie hindern können, auf irgendeine Weise Ein Staat und Eine Nation sein zu wollen; die Neigung, wenn nicht nach Einheit, wenigstens doch nach irgendeinem Verbande, liegt ... in allen Köpfen und Gemütern...
Man muß auf keine Weise den wahren und eigentlichen Zweck des Bundes vergessen, insofern er mit der europäischen Politik zusammenhängt. Dieser Zweck ist die Sicherung der Ruhe; das ganze Dasein des Bundes ist mithin auf die Erhaltung des Gleichgewichts durch innewohnende Schwerkraft berechnet. Diesem würde nun durchaus entgegengearbeitet, wenn in die Reihe der europäischen Staaten, außer den größeren deutschen einzeln genommen, noch ein neuer kollektiver, in einer nicht durch gestörtes Gleichgewicht aufgeregten, sondern gleichsam willkürlichen Tätigkeit eingeführt würde, der bald für sich handelte, bald einer oder der anderen größeren Macht zu Hülfe und zum Vorwand diente. Niemand könnte dann hindern, daß nicht Deutschland als Deutschland ein erobernder Staat würde, was kein echter Deutscher wollen kann, da man jetzt wohl weiß, welche bedeutenden Vorzüge in geistiger und wissenschaftlicher Bildung die deutsche Nation, solange sie keine politische Richtung nach außen hatte, erreicht hat, aber es noch nicht ausgemacht ist, wie eine solche Richtung auch in dieser Rücksicht wirken würde. [...]
Sieht man auf die besondere Natur des Bundes, so gibt es, meiner Meinung nach, die wichtigsten Gründe, alle Tätigkeit des Bundes, als eigenen Gesamtstaats, soviel nur immer möglich zu beschränken.«

Hunyadi, János (Johann)
ungarischer Feldherr und Reichsverweser 1446–1456
** um 1407 in Siebenbürgen*
† 11. 8. 1456 Semlin
Der einer walach. Bojarenfamilie entstammende Adlige, seit 1439 Banus (Grenzstatthalter) von Severin und seit 1441 Wojewode (Wahlfürst) von Siebenbürgen, kämpfte gegen Hussiten und Osmanen, die er bei Semendria 1441 und Hermannstadt 1442 besiegte, und eroberte 1443 Niš und Sofia. Bei Warna (1444) und auf dem Amselfeld (1448) erlitt er jedoch schwere Niederlagen. Nach dem Tod König Ulászlós I. (→Władysławs III.) wurde er 1446 zum Reichsverweser für den Sohn →Albrechts II., →Ladislaus V. Posthumus (als König von Ungarn Lászlo I.). Den Einfall Sultan →Mehmeds II. 1454 wehrte H. ab und zog 1456 siegreich mit einem Entsatzheer in die Festung Belgrad ein. Damit stoppte er zunächst die osman. Expansion nach Westen. Vater des →Matthias I. Corvinus.

Hus, Jan (Johannes)
tschechischer Reformator
** um 1370 Hussinec, Böhmen*
† 6. 7. 1415 Konstanz

Als Sohn eines Bauern wurde H. 1400 Priester, predigte seit 1402 an der Bethlehemskapelle in Prag und lehrte an der Universität Prag (Rektor 1409/10). Unter dem Einfluß der Lehren John →Wiclifs bekämpfte er zunächst die Verweltlichung der Kirche. Später wandte er sich gegen verschiedene Dogmen und begründete eine böhmisch-nationalkirchl. Bewegung. 1410 vom Prager Erzbischof mit Kanzelverbot belegt und 1411 vom Papst exkommuniziert und gebannt, floh er nach Südböhmen. Obwohl König →Sigismund ihm freies Geleit zum Konzil von Konstanz (1414–1418) zugesichert hatte, um dort seine Lehre verteidigen zu können, wurde H. 1414 verhaftet und 1415 als Ketzer verbrannt, nachdem er den Widerruf seiner Lehre verweigert hatte. Mit seinem Tod nahm die Hussitenbewegung ihren Ausgang, die während der Hussitenkriege (1419–1436) bekämpft wurde.

Husák, Gustav
slowakischer Generalsekretär der KP der ČSSR 1969–1989
** 10. 1. 1913 Dúbravka*
† 18. 11. 1991 Preßburg
Im 2. Weltkrieg einer der Köpfe des kommunist. slowak. Widerstands gegen die dt. Besetzung, leitete H. seit 1946 die slowak. Landesregierung (bis 1950) und war Mitglied des ZK der KPČ. Als Vertreter einer slowakischen Eigenständigkeit im Rahmen des sozialistischen Gesellschaftssystems wurde er 1951 als »bürgerlicher Nationalist« inhaftiert und 1954 zu lebenslanger Haft verurteilt, 1960 begnadigt, 1963 rehabilitiert. Im Prager Frühling 1968 war er stellvertretender Ministerpräsident, trug jedoch den Reformkurs Alexander →Dubčeks nicht mit. Nach der Invasion der Truppen des Warschauer Paktes brachte er 1969 als Parteichef der Gesamt-KP das Land wieder in das Fahrwasser Moskaus. Seit 1975 auch Staats-Präs., wurde er 1989 durch die »sanfte Revolution« der Bürgerrechtsbewegung gestürzt.

***Hussein**, Husain, Hussain. Arab. Herrscher*

Hussein
Enkel Mohammeds
** Jan. 626 (627?) Medina*
† 10. 10. 680 bei Kerbela am Euphrat
Der Enkel →Mohammeds und 2. Sohn des Kalifen →Ali und der →Fatima beanspruchte nach der Ermordung seines Vater (661) gegen →Moawija die Kalifenwürde, nachdem sein älterer Bruder Hassan (*629, †669) verzichtet hatte, und fiel in der Schlacht bei Kerbela. H. wird in Kerbala von den Schiiten, die dort alljährlich ein großes Fest zu seinen Ehren feiern, als dritter Imam und als Märtyrer verehrt.

Hussein I. Ibn Ali
König des Hedjas 1916–1924
** 1853 Mekka*
† 4. 6. 1931 Amman
H., aus dem Geschlecht der Haschemiten und seit 1908 Emir von Mekka, baute während des 1. Weltkriegs mit engl. Hilfe, die T. E. →Lawrence organisierte, seine Macht im Hedjas aus, machte sich vom Osman. Reich unabhängig und ließ sich 1916 in Mekka zum »König von Arabien« ausrufen, wurde jedoch nur als Monarch des Hedjas anerkannt, während der inzwischen von England begünstigte →Ibn Saud das ganze Land eroberte (1919–1926). 1924 übertrug H. die Herrschaft seinem Sohn Ali, der sich bis 1926 in Djidda halten konnte.

Hussein II. Ibn Tala
König von Jordanien seit 1952
** 14. 11. 1935 Amman*

Der Haschemitenkönig übernahm von seinem entthronten geisteskranken Vater Talal (* 1909, † 1972) die Herrschaft. Trotz mehrerer schwerer innerer und äußerer Krisen konnte er mit seinem autoritären Regiment, gestützt vor allem auf Beduinen und Armee, länger als jeder andere arab. Herrscher dieses Jahrhunderts die Macht behaupten. Während er im 2. Nahostkrieg Ägyptens gegen Israel (Suezkrise 1956) Neutralität bewahrte, verlor er nach seiner Beteiligung am 3. Nahostkrieg (Sechstagekrieg) 1967 Ost-Jerusalem und die West Bank, die von Israel annektiert bzw. besetzt wurden, und griff in den 4. Nahostkrieg (Yom-Kippur-Krieg 1973) nicht ein. 1970/71 vertrieb er im »Schwarzen September« die seine Herrschaft bedrohende Palästinens. Befreiungsorganisation (PLO). Zwischen der von Irak geführten harten Ablehnungsfront gegen Israel und dem kompromißbereiten Kurs Ägyptens schwankend, brach er nach dem Friedensvertrag zwischen Ägypten und Israel die diplomat. Beziehungen zu Ägypten ab (1978–1984), nahm aber schließlich eine vermittelnde Position ein.
Unter dem Druck einer schweren Wirtschaftskrise begann er 1990 mit einer Demokratisierung seines Regimes. Vor dem 2. Golfkrieg bemühte er sich um eine Vermittlung nach der Aggression Saddam →Husseins gegen Kuwait, paßte sich aber der antiwestlichen Stimmung der Bevölkerung an und reihte sich nicht in die Anti-Irak-Front ein (1990/91). Die verschärften wirtschaftlichen Schwierigkeiten durch die Aufnahme Hunderttausender aus Kuwait und Saudi-Arabien ausgewiesener Jordanier überwand er durch westliche Wirtschaftshilfe, die er dank seiner Rolle bei der Beförderung einer Friedenslösung im Nahen Osten erhielt. Dem Friedensabkommen zwischen Israel (Yitzhak →Rabin) und der PLO (Jassir →Arafat), der H. 1988 zur Schaffung eines palästinensischen Staates das Westjordanland überlassen hatte, ließ er 1994 den formellen Friedensschluß Jordaniens mit Israel folgen.

Hussein, Saddam

Staatschef des Irak seit 1979
** 28. 4. 1937 bei Tikrit*

Seit 1957 Mitglied der illegalen Baath-Partei kehrte H., der 1959 an einem ersten, gescheiterten Umsturzversuch teilgenommen hatte und ins Exil gegangen war, 1963 nach Sturz und Hinrichtung Abd al-Karim →Kassems nach Irak zurück und gehörte seitdem der Baath-Parteiführung an. Nach dem Sturz Abd el Rahman Arefs (Ministerpräsident seit 1966) 1968 dominierte er seit 1970 Ministerpräsident Ahmed Hassan Al Bakr, löste diesen 1979 ab und vereinigte als faktischer Alleinherrscher die Ämter des Staats-, Regierungs- und des Parteichefs in seiner Hand. Um die Hegemonie über die Golfregion zu gewinnen, setzte er sein (mit Unterstützung des Westens aufgerüstetes) Militär im unentschiedenen 1. Golfkrieg (1980–1988) gegen den Iran ein. Der 2. Golfkrieg 1991, den er mit der Annexion Kuwaits 1990 auslöste, endete mit seiner verheerenden Niederlage durch die von den USA geführten UNO-Streitkräfte. Autonomieansprüche der kurdischen Minderheit bekämpfte er mit massiven Verfolgungen, einschließlich Giftgaseinsätzen, denen Tausende von Kurden zum Opfer fielen (1988, 1991). Zwar gab er 1991 das Amt des Regierungschefs auf, konnte aber seine Macht konsolidieren.

Husseini, Mohammed Amin al
Groß-Mufti von Jerusalem 1926–1937
** 1895 Jerusalem*
† 4. 7. 1974 Beirut
Im 1. Weltkrieg osman. Offizier, wurde H., seit 1920 Mufti, 1926 von den Briten zum Groß-Mufti und Vors. des Obersten Islam. Rates ernannt. Als Führer der arab. Unabhängigkeitsbewegung bekämpfte er die brit. Mandatsherrschaft in Palästina und die jüd. Einwanderung auch aus dem Untergrund. 1937 wegen Beteiligung an der Ermordung eines brit. Beamten seiner Ämter enthoben und aus Palästina ausgewiesen, suchte er 1941 die Kooperation mit den Nationalsozialisten und Faschisten in Dtschld. bzw. Italien. 1944 in Frankreich interniert, entkam er 1946 und wurde 1948 zum Präs. des Arabischen Nationalrats für Palästina gewählt, zog sich jedoch 1949 ins Privatleben zurück.

Hutten, Ulrich von
Reichsritter und Humanist
** 21. 4. 1488 Burg Steckelberg bei Fulda*
† 29. 8. 1523 Insel Ufenau im Zürichsee
H., aus fränkischem Rittergeschlecht stammend, floh 1505 aus der Fuldaer Klosterschule und studierte in Deutschland. und Italien. Als humanistischer Gelehrter wurde er 1517 von Kaiser →Maximilian I. zum Dichter (»poeta laureatus«) gekrönt und zum Reichsritter geschlagen. Seit 1519 Anhänger Martin →Luthers (ohne seine Lehre anzunehmen), war H. als glänzender Redner und Publizist viel umworben. In den »Dunkelmännerbriefen« überzog er die scholastische Theologie, das Mönchslatein und die doppelte Moral der katholischen Kirche mit beißendem Spott. U. a. veröffentlichte er die Schrift des Humanisten Laurentius Valla über die Fälschung der Konstantin. Schenkung (in der →Konstantin d. Gr. angeblich dem Papst die Herrschaft über Rom und Italien übertrug). Seit 1519 war er mit Franz v. →Sickingen verbunden, den er für die Reformation gewann und dessen polit. Pläne er mit seinem nationalen Reichsgedanken verband, für den er auch bei Kaiser →Karl V. warb. Er bekriegte →Ulrich von Württemberg, der einen seiner Verwandten ermordet hatte, und führte 1521, nachdem er sich in seiner Hoffnung auf einen allg. Aufstand gegen das Papsttum getäuscht sah, auf eigene Faust den »Pfaffenkrieg« gegen geistl. Fürsten. Vom Papst gebannt und politisch isoliert, erhielt er durch Vermittlung Huldrych →Zwinglis auf der Insel Ufenau Asyl.

Hu Yaobang
Parteichef der KP Chinas 1981–1987
** 1915 Liuyang, Prov. Hunan*
† 15. 4. 1989 Peking
H. nahm 1934/35 am legendären »Langen Marsch« →Mao Zedongs teil und stieg nach Konstituierung der Volksrepublik China zum Ersten Sekretär des Kommunist. Jugendverbandes (1952–1965) und jüngsten Mitglied des ZK der KPCh auf. Während der »Kulturrevolution« 1966 seiner Ämter enthoben und verfolgt, nahm er später als Vertrauter von →Deng Xiaoping seine polit. Karriere wieder auf, wurde 1978 Mitglied des Politbüros und löste 1981 →Hua Guofeng als Vorsitzenden (seit 1982 Generalsekretär) des ZK ab. Nach Studentenunruhen mußte er von der Parteiführung zurücktreten.

Iason
Tyrann von Pherai etwa 380–370 v. Chr.
† 370 v. Chr. Delphi
Gestützt auf die größte Streitmacht Griechenlands und verbündet mit Makedonien, Athen und Theben, einigte I. 374 letztmalig ganz Thessalien unter seiner Herrschaft und erstrebte die Hegemonie über Griechenland. 371 arrangierte er nach der Schlacht von Leuktra den Waffenstillstand zwischen Theben und Sparta. 370 wurde er ermordet.

Ibárruri Gómez, Dolores
Generalsekretärin der spanischen KP 1942–1960
** 9. 12. 1895 Gallarta*
† 12. 11. 1989 Madrid
Als Mitgründerin (1921) und Führungskader der Kommunist. Partei Spaniens (PCE) sowie als Präsidentin der Cortes (1937–1939) erwarb sich I. im Span. Bürgerkrieg (1936–1939) mit ihren leidenschaftl. Kampfappellen zur Verteidigung der Republik unter dem Decknamen *La Pasionaria* einen legendären Ruf (»No pasarán!« – »Sie werden nicht durchkommen!«). Nach dem Sieg der Falange unter Führung Francisco →Francos floh sie 1939 in die Sowjetunion und übernahm 1942 im Exil die Führung der illegalen PCE. Nach Wiederzulassung der KP (1977) nach Spanien zurückgekehrt, wurde sie Alterspräsidentin des Parlaments (1977–1979).

Ibbi-Sin
sumerischer König um 2027–2003 v. Chr.
Unter dem letzten König der 3. Dynastie von Ur zerfiel das sumerische Reich: 2030 Abfall Elams, später auch Lagaschs und Nippurs. Zusätzlich geschwächt durch einfallende Beduinenstämme, führte sein Versuch, Elam zurückzugewinnen, zur Niederlage und Zerstörung von Ur.

Ibn Chaldun, Abd Ar Rahman
arabischer Geschichtsschreiber
** 27. 5. 1332 Tunis*
† 17. 3. 1406 Kairo
I. C. stand als Beamter im Dienst verschiedener arab. Fürsten in Nordafrika und Spanien, bevor er 1382 als Richter nach Kairo ging und an der Al-Azhar-Universität lehrte. Als seine bedeutendste Leistung gilt die umfangreiche »Einleitung« zu seiner allgemeinen Weltgeschichte (»Kitab al-Ibar«). Darin entwickelt er eine Theorie der Gesetzmäßigkeiten des Geschichtsablaufs, insbesondere des Aufstiegs und Verfalls der Staaten und Kulturen, die z. T. moderne soziologische Auffassungen vorwegnimmt.

Ibn Saud
König von Saudi-Arabien 1932–1953
** 24. 11. 1880 Riad*
† 9. 11. 1953 Ta'if
(*Abd Al Aziz III. ibn Abd al-Rahman*). Von Kuwait aus, wohin die der rigorosen islam. Bewegung der Wahhabiten angehörende Herrscherfamilie des Emirats Nadjd (Nedschd) vertrieben worden war, eroberte I. S. 1902 Riad zurück und erneuerte den Wahhabitenstaat. Nach dem Zusammenbruch des Osman. Reichs im 1. Weltkrieg vertrieb er bis 1922 die Raschid-Dynastie und bemächtigte sich im Krieg gegen den Haschemidenkönig →Hussein I. Ibn Ali der heiligen islam. Stätten (Mekka 1924, Medina 1925 und Djidda 1926). Als König des Nadjd und des Hedjas benannte er 1932 sein Herrschaftsgebiet Saudi-Arabien. Die 1933 beginnende Erschließung der reichen Erdölvorkommen des Landes durch US-amerikan. Gesellschaften machte I. S. zum reichsten Herrscher des Vorderen Orients und zum Vermittler amerikan. Interessen im arab. Raum. Im 2. Weltkrieg wie im 1. Nahostkrieg 1948 bewahrte er Neutralität. Während er die Infrastruktur des Landes modernisierte, hielt er an seinem autokratischen Feudalsystem fest, das auch seine Söhne und Nachfolger Saud (fälschlich auch Ibn Saud, König 1953–1964) und →Faisal nur partiell reformierten.

Ibrahim Pascha
Vizekönig von Ägypten 1848
** 1789 Kawála, Makedonien*
† 10. 11. 1848 Kairo
I. P. unterstützte seinen Stiefvater →Mohammed Ali in dessen Bestreben, die Rolle Ägyptens im Rahmen des Osmanischen Reichs, z. T. auch gegen den Sultan →Mahmud II., auszubauen. Als Oberbefehlshaber der ägypt. Armee stürzte er die Herrschaft der Wahhabiten in Arabien (1816–1819), besiegte 1824 bis 1827 die gegen die osmanische Herrschaft aufbegehrenden Griechen und gewann 1831–1833 Südostanatolien (Syrien). Eine englische Intervention zwang ihn 1840/41 jedoch zum Rückzug. 1848 überließ ihm Mohammed Ali die Regierung, doch starb I. P. noch vor diesem.

Idris I.
König von Libyen 1951–1969
** 12. 3. 1890 Djaghabub*
† 25. 5. 1983 Kairo
(Eigentlich *Mohammed Idris el-Senussi*). Seit 1916 Oberhaupt des den Wahhabiten nahestehenden islam. Ordens der Senussi und seit 1920 Emir der Cyrenaika, emigrierte I. 1922 aus Protest gegen die Libyenpolitik Benito →Mussolinis nach Ägypten und unterstützte während des 2. Weltkriegs die Alliierten. 1943 kehrte er zurück, übernahm wieder das Emirat der Cyrenaika und wurde 1951 König des unabhängig gewordenen Libyen. 1969 trieb ihn der Militärputsch der »Bewegung freier Offiziere« unter Muammar al- →Gaddhafi ins Exil.

»Gott Kriegsdienst leisten«

Chronik Zitat

Nach Prüfung ihrer Regeln erteilte Papst →Paul III. der Gemeinschaft des Ignatius von Loyola 1540 die Bestätigung (Auszug):

»Der Text der besagten Regel lautet so:
›Wer in unserer Gesellschaft, die wir mit dem Namen Jesu bezeichnet wissen wollen, unter dem Banner des Kreuzes Gott Kriegsdienst leisten und allein dem Herrn und seinem Statthalter auf Erden, dem röm. Bischof, dienen will, soll nächst dem feierlichen Gelübde steter Keuschheit sich vor Augen halten, daß er einer Gesellschaft angehört, die hauptsächlich dazu gegründet ist, auf Förderung der Seelen in christlichem Leben und christlicher Lehre und auf Ausbreitung des Glaubens durch öffentliche Predigt und Dienst am Wort Gottes, durch geistliche Übungen und Werke der Liebe und namentlich durch Unterweisung der Knaben und Ungelernten im Christentum sowie geistliche Tröstung der Christgläubigen beim Beichtehören vorzüglich hinzuarbeiten...
Wissen sollen alle, daß diese Gesellschaft... unter treuem Gehorsam gegen den Papst... und seine Nachfolger Gott Kriegsdienst leistet...‹
Da im Vorstehenden sich nichts findet, was nicht fromm und heilig wäre, so... bestätigen und bekräftigen Wir es mit apostolischer Autorität... und haben die Genossen unter Unsern und dieses heiligen Stuhles Schutz genommen.«

Ignatius von Loyola

spanischer Gründer des Jesuitenordens
** 1491 Schloß Loyola, Prov. Guipúzcoa (Spanien)*
† 31. 7. 1556 Rom

(Eigentlich *Ùñigo López Oñazy de L.*). Als span. Offizier schwer verwundet, bekehrte sich I. 1521 nach myst. Erfahrungen zu einem religiösen Leben. Mit seiner Praxis »geistl. Übungen« (Exerzitien) wurde er 1525/27 unter Häresieverdacht mehrfach von der Inquisition in Haft genommen. Er studierte 1528–1535 in Paris und 1536 in Venedig und erhielt 1537 die Priesterweihe. Nachdem er bereits in Paris die ersten Gefährten für eine dauerhafte religiöse Gemeinschaft gewonnen hatte (u. a. Francisco Xavier), erhielt sein Orden der Gesellschaft Jesu 1540 die Bestätigung durch Papst →Paul III. 1541 wurde I. v. L. zum ersten Generaloberen gewählt und gestaltete seitdem den Orden aus, der sich der Palästinamission, der Seelsorge und der religiösen Bildung verschrieben hatte. Die Jesuiten wurden neben den Dominikanern zur tragenden Säule der Gegenreformation wie der katholischen Mission und gewannen bedeutenden politischen und gesellschaftlichen Einfluß. I. v. L. wurde 1622 heiliggesprochen (Fest: 31. 7.). (▷ Chronik Zitat)

Iliescu, Ion
rumänischer Staatspräsident seit 1989
** 3. 3. 1930 Oltenița*
Seit 1953 Mitglied der KP, machte I. nach einem Ingenieurstudium in Moskau eine steile polit. Karriere, gefördert von Nicolae →Ceaușescu. Seit 1968 Mitglied des ZK, fiel er jedoch wegen ideolog. Abweichungen 1971 in Ungnade. 1989 stellte er sich an die Spitze des Umsturzes wurde zum Übergangs-Präs. ausgerufen und gewann 1990 als Kandidat der Front zur Nationalen Rettung die Präsidentschaftswahlen. Konfrontiert mit einer schweren Wirtschaftskrise, suchte er die Anbindung an den Westen. Unter dem Druck ethn. Konflikte bremste I. das Tempo der Demokratisierung und stützte sich gegen Protest in der Bevölkerung teilweise auf erhaltene Machtstrukturen des kommunist. Regimes wie die Geheimpolizei Securitate.

Innozenz, Päpste

Innozenz I.
Papst 401–417
† 12. 3. 417 Rom
I. regierte in der Zeit des Niedergangs des weström. Reichs (Eroberung Roms durch die Westgoten 410) und war zielbewußt um den Ausbau des röm. Primats bemüht. So forderte er im Bereich der Liturgie die Annahme des röm. Vorbilds und auf dem Gebiet des Rechts, daß die wichtigsten Rechtsfälle vor dem röm. Stuhl entschieden werden sollten. In Auseinandersetzungen mit Häretikern (u. a. den Donatisten in Nordafrika, benannt nach dem Kleriker Donatus von Karthago, * 316, † 355) beanspruchte er die oberste Lehrentscheidung. Sein Eingreifen zugunsten des umstrittenen Bischofs von Konstantinopel, Johannes Chrysostomos (*um 350, † 407), führte zu einem zeitweiligen Bruch Konstantinopels und Alexandrias mit Rom. 417 ließ er →Pelagius exkommunizieren. Heiliger (Fest: 12. 3.).

Innozenz II.
Papst 1130–1143
** Rom*
† 24. 9. 1143 Rom
(Vorher *Gregor Papareschi*). Nach dem Tod von Papst Honorius II. (1124–1130) unrechtmäßig eingesetzt, wurde I. von den kirchlichen Reformkräften um →Bernhard von Clairvaux und von Kaiser →Lothar III. von Supplinburg gestützt und konnte sich gegen den mehrheitlich gewählten Anaklet II. (1130–1138) und dessen Nachfolger durchsetzen. Das 2. Laterankonzil (1139) beendete das Schisma. I. förderte den Ausbau der Kirche als vom Staat getrennte rein geistliche Institution. In seinen Konflikten mit den unteritalienischen Normannen, die unter →Roger II. Anaklet unterstützten, sowie mit Frankreich und der Stadt Rom war er wenig erfolgreich.

Innozenz III.
Papst 1198–1216
** 1160/61 Anagni*
† 16. 7. 1216 Perùgia
(Vorher *Lothar von Segni*). Der als genialer Herrscher geltende Papst konnte die seit dem Reformpapsttum des 11. Jh. beanspruchte geistlich-weltl. Vormacht des Papsttums über die ganze christliche Welt am weitesten ausbauen. Er reformierte Kurie, Kirchenrecht und Orden, förderte die Anfänge der Bettelorden und stärkte die Stellung der Bischöfe. Der von ihm motivierte 4. Kreuzzug wurde von Enrico →Dandolo zunächst gegen seinen Willen gegen Byzanz umgelenkt (1202–1204). Die Albigenser ließ er durch den Ketzerkreuzzug (1209 bis 1229) bekämpfen, dessen Ausschreitungen er allerdings nicht billigte.
I. integrierte Rom wieder in den Kirchenstaat, erweiterte ihn und stellte Aragón und England (→Johann Ohneland) wieder unter die päpstliche Lehenshoheit. In die dt. Politik intervenierte er 1198, indem er sich nach der Königs-Doppelwahl im Reich gegen den Staufer →Philipp von Schwaben und für den Welfen →Otto IV. entschied, den er nach dessen Verzicht auf kirchliche Privilegien 1209 zum Kaiser krönte. Zuvor hatte er den minderjährigen Staufer →Friedrich II. als König von Sizilien anerkannt und nach dem Tod von dessen Mutter →Konstanze die Vormundschaft für ihn übernommen. Als Otto das unter päpstl. Lehenshoheit stehende Sizilien angriff, förderte er die Wahl seines Mündels Friedrich II. zum König (1211/12). Abschluß und Höhepunkt seines Pontifikats war das 4. Laterankonzil (1215), das u. a. die Wahl Friedrichs bestätigte und Maßnahmen gegen die Ketzer beriet.

Innozenz IV.
Papst 1243–1254
** um 1195 Genua*
† 7. 12. 1254 Neapel
(Vorher *Sinibaldo Fieschi*). Wie sein Vorgänger →Gregor IX. war I. ganz vom päpstl. Machtanspruch gegenüber der weltl. Macht durchdrungen und führte den Kampf um den Vorrang des Hl. Stuhls gegen Kaiser →Friedrich II. fort. 1245 ließ er ihn auf dem Konzil von Lyon zum Ketzer erklären, setzte ihn ab und rief zum Kreuzzug gegen ihn auf. I. unterstützte die gegen Friedrich erhobenen Gegenkönige (→Heinrich Raspe), konnte aber die Macht des Kaisers weder in Deutschland noch in Italien brechen. Auch nach Friedrichs Tod (1250) setzte er den Kampf gegen die Stauferherrschaft (König →Konrad IV.) in Süditalien fort.

Innozenz X.
Papst 1644–1655
** 6. 5. 1574 Rom*
† 7. 1. 1655 Rom
(Vorher *Giambattista Pamfili*). Seit 1601 an der Kurie und seit 1627 Kardinal, entmachtete I. unmittelbar nach seiner Wahl die Familie seines Vorgängers →Urban VIII., die Barberini, und räumte seiner Schwägerin Olympia Maidalchini weitgehenden Einfluß auf das Pontifikat ein. Der den Dreißigjäh-

rigen Krieg abschließende Westfälische Friede wurde von ihm als für den deutschen Katholizismus ungünstig nicht akzeptiert (Bulle »Zelo domus dei«, 1648). Venedig und Polen unterstützte er im Kampf gegen die Osmanen. – I. verurteilte den Jansenismus und vollendete den Ausbau der Peterskirche.

Innozenz XI.

Papst 1676–1689
** 19. 5. 1611 Como*
† 12. 8. 1689 Rom

(Vorher *Benedetto Odescalchi*). Der tief religiöse und kluge Papst beseitigte den Nepotismus und reformierte die Verwaltung von Kirche und Kirchenstaat. Gegen den Willen des französ. Königs →Ludwig XIV. gewählt, wandte er sich gegen die Sonderstellung der französ. Nationalkirche (Gallikanismus) und mißbilligte die Verfolgung der Hugenotten nach der Aufhebung des Edikts von Nantes 1685. Er brachte das Bündnis Kaiser →Leopolds I. mit Polen (→Johann III. Sobieski) zustande und trug dadurch zur Verteidigung Wiens (1683) und Ungarns vor den Osmanen bei. Seine Bemühungen um die friedl. Verständigung der christl. Völker und seine persönl. Lauterkeit trugen ihm auch die Hochachtung vieler Nichtkatholiken ein. Der Kanonisationsprozeß wurde auf Einspruch Frankreichs lange unterbrochen (Seligsprechung 1956; Fest: 12. 8.).

Inönü, Ismet

türkischer Staatspräsident 1938–1950
** 24. 9. 1884 Izmir*
† 25. 12. 1973 Ankara

(Bis 1934 *Mustafa Ismet Pascha*). Beteiligt an der Revolution der Jungtürken 1908, wurde I. 1920 Generalstabschef unter seinem langjährigen Kampfgefährten Mustafa Kemal (→Atatürk) und vertrieb die Griechen aus Kleinasien (Sieg bei Inönü). Als Außen-Min. (1922–1924) schloß er den Frieden von Lausanne (1923) und prägte als Min.-Präs. (1923/24, 1925–1937) unter Atatürk, dem er 1938–1950 als Staats-Präs. nachfolgte, wesentlich die Strukturen und Politik des Staates. Im 2. Weltkrieg hielt er die Türkei bis Febr. 1945 neutral. Nach verlorenen Wahlen übernahm er 1950 die Führung der parlamentar. Opposition, bis er nach dem Staatsstreich und Sturz von Adnan →Menderes 1960 wieder Min.-Präs. (1961–1965) wurde. 1972 legte er den Parteivorsitz der Republikan. Volkspartei nieder (seit 1946), da er den von Bülent →Ecevit angestrebten Übergang zu einem sozialdemokrat. Kurs nicht billigte.

Ionescu, Dumitru (Take)
rumänischer Ministerpräsident 1921/1922
** 13. 10. 1858 Ploieşti*
† 21. 6. 1922 Rom
Seit 1891 hatte der Anwalt und konservative Abgeordneter verschiedene Ministerposten inne (1912, 1916/17 und 1920 als Außen-Min.), bevor er 1921 Ministerpräsident wurde. 1908 gründete er die konservativ-demokratische Partei. Er betrieb die Teilnahme Rumäniens am 1. Weltkrieg gegen Österreich-Ungarn und danach den Aufbau eines Bündnissystems in Südost- und Ostmitteleuropa (Kleine Entente, 1919) zur Sicherung der für Rumänien günstigen Festlegungen des Versailler Vertrags.

Irene
Kaiserin von Byzanz 775–790, 797–802
** um 752 Athen*
† 9. 8. 803 auf Lesbos
Nach dem Tod Leons IV. (Kaiser 775–780) übernahm I. die Regentschaft für ihren minderjährigen Sohn Konstantin (VI.) (* 770). Als Verfechterin des Bilderkultes gelang es ihr, auf dem Konzil von Nicäa 787 den Bilderkult wieder einzuführen. 790 wurde sie von ihrem inzwischen erwachsenen Sohn verdrängt, der sich allerdings bald die Geistlichkeit und das Militär zum Feind machte. 797 stürzte I. ihren Sohn, ließ ihn blenden und erhob sich selbst zum »Basileus« (»Kaiser«). Da ein weibliches Kaisertum in West- und Mitteleuropa nicht anerkannt wurde, konnte →Karl d. Gr. 800 zum Kaiser erhoben werden. Ungünstige Friedensverträge mit Bulgaren und Arabern beförderten I.s Sturz durch eine Palastrevolte 802 und die Einsetzung →Nikephoros I. als Nachfolger. I. starb wenig später in der Verbannung.

Ironsi, Johnson
nigerianischer Staatschef 1966
** 3. 3. 1924 Ost-Nigeria*
† 29. 7. 1966 Ibadan
(Eigentlich *Thomas Umurakwe Aguiyi-I.*). In den Wirren nach dem gescheiterten Staatsstreich jüngerer Offiziere Anfang 1966 riß der aus dem Volk der mehrheitlich christlichen Ibos stammende I. als Oberbefehlshaber der Armee (seit 1965) die Staatsgewalt an sich. Mit dem Versuch, die Föderation Nigeria durch Dekret in einen Einheitsstaat umzuwandeln, provozierte er eine Revolte von Offizieren der muslim. Haussa und Fulani aus der Nordregion, die eine Vorherrschaft der Ibos fürchteten. In der Folge dieses Staatsstreichs, bei dem I. ermordet wurde, spaltete sich die Ostregion unter Chukwuemeka Odumegwu →Ojukwu ab, die im Biafrakrieg (1967–1970) durch I.s Nachfolger Yakubu →Gowon wieder gewaltsam integriert wurde.

Isaak I. Komnenos
Kaiser von Byzanz 1057–1059
** um 1005*
† 1061 Konstantinopel
Der aus dem Militäradel stammende I. begründete die Kaiserdynastie der Komnenen. Er stabilisierte das Reich durch Neuordnung der Finanzen und sicherte die Reichsgrenzen gegen Seldschuken, Ungarn und Petschenegen. Wegen der Einziehung von Kirchengütern im Konflikt mit dem Patriarchen →Michael Kerullarios, den er 1058 absetzen ließ, verlor er an Popularität und mußte abdanken.

Isaak II. Angelos
Kaiser von Byzanz 1185–1195 und 1203/1204
** um 1155*
† 28. 1. 1204 Konstantinopel
Nach der Ermordung von Andronikos I. Komnenos (Kaiser 1183–1185) vom Adel zum Kaiser erhoben, konnte I. trotz militärischer Erfolge gegen die Normannen den Zerfall des Byzantinischen Reiches nicht bremsen. 1185 mußte er die Selbständigkeit Bulgariens und 1189/90 den Durchzug Kaiser →Friedrichs I. Barbarossa während des 3. Kreuzzugs hinnehmen. Von seinem Bruder Alexios III. Angelos (Kaiser 1195–1203) abgesetzt und geblendet, wurde er nach dessen Tod 1203 zusammen mit seinem Sohn Alexios IV. als Mitkaiser vorübergehend wieder eingesetzt, jedoch im Januar 1204, drei Monate vor der Einnahme Konstantinopels durch den 4. Kreuzzug, erneut gestürzt.

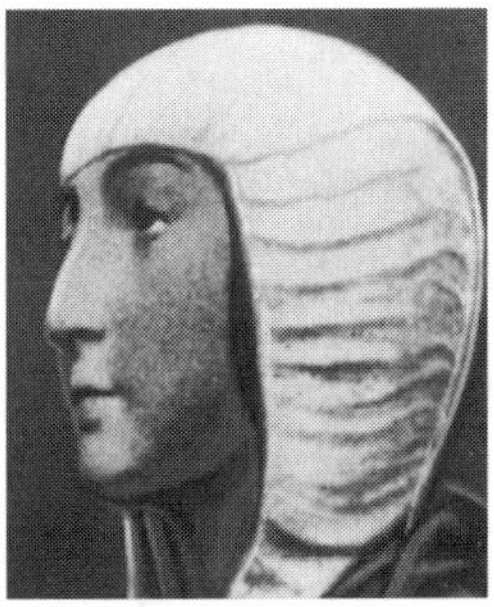

Isabella I.,
die Katholische

Königin von Kastilien und León 1474–1504
** 22. 4. 1451 Madrigal de las Altas Torres*
† 26. 11. 1504 Medina del Campo
1469 heiratete I. den Erben von Aragón, →Ferdinand II., und trat 1474 die Nachfolge ihres Bruders Heinrich IV. von Kastilien (König 1454–1474) an, die sie im Kastil. Erbfolgekrieg durchsetzen mußte (1474–1479). Bei Ferdinands Krönung 1479 war daher als Grundlage für einen span. Nationalstaat die iberische Halbinsel bis auf Portugal, Granada und Navarra geeint. Den übermächtig gewordenen kastil. Adel bändigte I. durch die Wiederherstellung der hl. Hermandad, ein mit Privilegien ausgestattetes, bewaffnetes Bündnis der Städte.
I. beendete die Reconquista, indem sie die Eroberung des maur. Granada veranlaßte (1482–1492) und alle bekehrungsunwilligen Mauren vertreiben oder durch die von ihr 1478 erneuerte Inquisition hinrichten ließ. Ähnlich erging es den Juden, die 1492 vor die Alternative Zwangstaufe, Vertreibung oder Tod gestellt wurden. Nach der Entdeckung Amerikas begann sie mit der kolonialen Expansion Spaniens in der Neuen Welt und begründete damit die span. Weltmacht. Für ihre Verdienste um die Konsolidierung und die Expansion des Christentums zeichnete Papst →Alexander VI. I. und Ferdinand II. 1496 mit dem Titel *die Katholischen* aus.

Isabella II.
spanische Königin 1833–1868
** 10. 10. 1830 Madrid*
† 9. 4. 1904 Paris
Innenpolit. Konflikte mit ihrem Onkel Don →Carlos um ihre Thronfolge aufgrund der Pragmatischen Sanktion von 1830 (1. Karlistenkrieg 1833–1839) kennzeichneten die Regierungszeit der populären Königin. Bis 1840 stand sie unter Regentschaft ihrer Mutter Maria Christina, 1841–1843 unter der des Herzogs Baldero Espatero. 1845 erließ sie eine neue Verfassung, 1857 schloß sie ein Konkordat mit Papst Pius IX. Während innenpolit. Wirren floh sie 1868 und verzichtete 1870 zugunsten ihres Sohnes →Alfons XII. auf den Thron.

Ismail I.
Schah des Iran 1501–1524
** 17. 7. 1487 Ardäbil (Aserbaidschan)*
† 23. 5. 1524 Ardäbil
I. eroberte im Alter von 14 Jahren Täbris (1501) und machte es zur Residenz des von ihm begründeten schiitischen Neupersischen Reiches. Er beseitigte die mongol. Herrschaft der Ilchane und Timuriden und nahm den Titel »Schah-in-schah« an. Nachdem er ganz Persien, Gebiete des heutigen Irak und Aserbaidschan unterworfen hatte, erlitt er 1514 in der Schlacht von Tschaldiran eine schwere Niederlage durch das Osmanische Reich unter Sultan →Selim I. Mit ihm begann die Safawiden-Dynastie (bis 1722).

Itō, Hirobumi, *Fürst (seit 1895)*
mehrmaliger japanischer Ministerpräsident
** 2. 9. 1841 Hagi (Präfektur Yamaguchi)*
† 26. 10. 1909 Harbin (Korea)
Der bedeutende Politiker der Meiji-Ära und Erneuerer Japans entstammte dem niederen Samurai-Stand. Auf Studienreisen nach Europa und Amerika machte er sich mit dem westl. Leben vertraut und wurde nach dem polit. Wechsel der Meiji-Restauration zum Befürworter einer polit.-institutionellen Modernisierung Japans. Nach preuß. Vorbild entwarf er die Verfassung von 1889. Seit 1885 war er mehrfach Min.-Präs., 1895 Unterhändler beim Friedensschluß von Shimonoseki, 1900 Gründer und drei Jahre Vors. der als regierungstreu konzipierten Partei Seiyukai, 1906–1909 Generalgouverneur von Korea. Seine Ermordung kurz nach seinem Rücktritt durch einen korean. Nationalisten bildete den Vorwand zur Annexion Koreas 1910.

Itúrbide, Agustín de
Kaiser von Mexiko 1822/23
** 27. 9. 1783 Valladolid (heute Morelia)*
† 19. 7. 1824 Padilla
I. kämpfte seit 1810 als Offizier des spanischen Vizekönigs gegen die aufständischen Mexikaner (Miguel →Hidalgo y Costilla, José Maria →Morelos y Pavón), stellte sich 1821 jedoch als Konservativer auf deren Seite, weil er liberale Reformen der span. Regierung befürchtete, und bewog sie, Mexiko zur unabhängigen Monarchie zu proklamieren (Plan von Iguala). Gestützt auf Kirche und Militär ließ er sich 1822 als *Agustín I.* zum Kaiser ausrufen, wurde jedoch schon 1823 durch eine Militärrevolte unter Antonio López de →Santa Anna gestürzt und verbannt. Als er 1824 nach Mexiko zurückkehrte, wurde er festgenommen und hingerichtet.

Iwan, *russische Fürsten*

Iwan I. Danilowitsch
Fürst von Moskau, Großfürst von Wladimir 1325/1328–1341
** 1304*
† 31. 3. 1341 Moskau
I. mit dem Beinamen »*Kalita*« (»der Geldsack«) schuf die Grundlage für die Hegemonie Moskaus in Rußland. Er unterwarf sich der tatar. Oberherrschaft des Khans der Goldenen Horde und verdingte sich als deren Tributeintreiber. Dafür erhielt er 1328 die Großfürstenwürde von Wladimir, die bis dahin dem mächtigeren Fürstentum Twer zustand. Gegen dessen Angriffe konnte sich I. jedoch mit Waffenhilfe der Tataren behaupten. Durch eine umsichtige Sicherheits- und Wirtschaftspolitik steigerte er seine polit. Macht und finanzielle Potenz. So konnte er zur »Sammlung des russ. Landes« mehrere Teilfürstentümer der Kiewer Rus durch Eroberung oder »Kauf« seinem Herrschaftsbereich einverleiben, den er damit mehr als verdoppelte. Mit der Verlegung des Sitzes des russ. Metropoliten nach Moskau (1326) gewann er dessen Unterstützung und machte die Stadt zum Zentrum der russisch-orth. Kirche.

Iwan III. Wassiljewitsch,
der Große
Großfürst von Moskau 1462–1505
** 22. 1. 1440 Moskau*
† 27. 10. 1505 Moskau

Der Sohn →Wassilis II. vollendete faktisch die Einigung Rußlands unter Moskauer Herrschaft und beendete die Mongolenherrschaft: 1478 eroberte er Nowgorod, 1485 Twer, 1489 Wjatka, 1503 Rjasan und erreichte 1480 den kampflosen Abzug des Khans der Goldenen Horde, Ahmet, von Moskau durch ein Bündnis mit dem Khan der Krimtataren, Mengli Girais. Sein Versuch einer Eroberung Livlands scheiterte mit der Niederlage gegen den Dt. Orden am Smolina-See (1502). In zweiter Ehe mit Zoë (Sophie), der Nichte des letzten Kaisers von Byzanz, verheiratet (seit 1472), bekräftigte er seinen Anspruch, Moskau als »Drittes Rom« zur Nachfolgerin von Byzanz zu machen, mit der Übernahme des byzantin. Hofzeremoniells wie des zweiköpfigen byzantin. Reichsadlers als Staatswappen. 1486 nahm er den Titel »Selbstherrscher von ganz Rußland« in Anlehnung an den byzantin. Titel »Autokrator« an. Mit seinem umfassenden inneren Reformwerk, der Ausarbeitung eines Rechtskodexes (Sudebnik, 1497) und der üppigen Ausgestaltung des Moskauer Kreml durch italien. Künstler präsentierte I. sein Reich als westeuropäisch orientierte Macht. Nachfolger: Sohn →Wassili III.

Iwan IV. Wassiljewitsch,
der Schreckliche

Großfürst von Moskau 1533–1547, Zar von Rußland 1547–1584
** 25. 8. 1530 Moskau*
† 28. 3. 1584 Moskau

(*Ivan IV. Groznyj* = »der Strenge«). Der gebildete, auch als Theologe und Publizist wirkende Herrscher, Sohn →Wassilis III. und Enkel →I.s III., ließ sich mit seiner Volljährigkeit als erster russ. Potentat nach byzantin. Ritus zum »Zaren und Selbstherrscher von ganz Rußland« krönen. Er führte zunächst innere Reformen durch: Erlaß eines für das ganze Reich gültigen Gesetzbuchs (Sudebnik 1550) sowie eines Kirchenrechtsbuchs (Stoglaw = »Hundertkapitelbuch«, 1551), Reform der Lokalverwaltung und der Kriminalgerichtsbarkeit sowie Ausrüstung des Heers mit Feuerwaffen. Er stützte sich dabei auf den in einem Dienstgütersystem (Pomestje) organisierten Dienstadel. Die orth. Kirche machte I. endgültig zur russischen Nationalkirche.

Sein Kampf gegen die Bojaren-Aristokratie, u. a. durch Einrichtung der Opritschnina als vom Zaren direkt verwalteter Gebiete, in denen der altruss. Adel vernichtet oder vertrieben wurde (1565–1576), mündete in einen schrankenlosen Terror, der in I.s psychopathischer Persönlichkeitsstruktur wurzelte und Tausende von Opfern forderte. Die Eroberung der ersten nichtslawischen Gebiete des Reiches mit den Khanaten Kasan (1552), Astrachan (1556) und Sibirs (1582 durch den Kosakenführer Timofejewitsch Jermak, † 1584/85) leitete die russische Ost-Expansion ein. Im Livländ. Krieg führte I. einen erfolglosen Kampf gegen Polen-Litauen (→Stephan IV. Báthory) und Schweden (→Karl IX.) (1558 bis 1582/83) um einen Zugang zur Ostsee. – Neben der Vollendung der Autokratie als ausschließlich polit. Kraft stürzte die Regierung I.s Rußland in den wirtschaftl. Ruin und eine soziale und polit. Krise, die erst nach Jahrzehnten überwunden wurde. Problematisch war vor allem die Nachfolge: Von seinen Söhnen tötete I. den ältesten 1582 im Zorn, der bei seinem Tod erwachsene Fedor (* 1567, † 1598) war zur Alleinregierung nicht fähig, der jüngste, Dimitri (→Demetrius Iwanowitsch), erst einjährig. Die Regentschaft übernahm 1587 →Boris Godunow, der Rußland in die »Zeit der Wirren« (Smuta) führte.

Izetbegoviç, Alija

Staatspräsident von Bosnien-Herzegowina seit 1990
** 8. 8. 1925*
Bosanski Samaç

Als bekennender, jedoch laizist. Angehöriger der muslim. Mehrheit in Bosnien geriet der Jurist im ehemaligen Jugoslawien schon früh mit dem kommunist. Regime in Konflikt und wurde mehrmals inhaftiert, zuletzt 1983–1988. Während des Zerfalls des jugoslaw. Staates gründete er die muslim. Partei Demokratische Aktion (SDA), übernahm den Vorsitz, gewann mit ihr die ersten freien Wahlen im Dez. 1990 und wurde Präs. der jugoslaw. Teilrepublik, die sich 1992 für unabhängig erklärte. Seitdem führt er das in seinen inneren Strukturen weitgehend zerfallene Land im wechselvollen Bürgerkrieg gegen den Eroberungsversuch der großserb., von Serbien gestützten Nationalisten der »Serbischen Republik« unter Führung von Radovan →Karadžiç, sowie muslim. und kroat. Sezessionisten. Von einer Teilung des Staates ausgehenden Friedensplänen setzt er sein – angesichts der Kräfteverhältnisse und des Stillhaltens der Großmächte zunehmend unrealistisches – Konzept einer von den drei Staatsvölkern (Bosnier, Serben, Kroaten) gleichberechtigt getragenen förderativen, demokrat. und laizist. Republik entgegen. Auf die neue Lage nach dem in Aussicht stehenden Abzug der UNO-Friedenstruppen bereitet er sich durch diplomatische Bemühungen um die Aufhebung des für das gesamte Krisengebiet geltenden Waffenembargos für seine Partei vor.

Jackson, Andrew

7. Präsident der USA
1829–1837
** 15. 3. 1767*
Waxhaw Settlement, South Carolina
† 8. 6. 1845
auf Hermitage bei Nashville, Tennessee

Der »Mann aus dem Volk« stammte als erster Präsident nicht von der Ostküste und war vor seiner Präsidentschaft Baumwollfarmer, Jurist, Soldat, Mitgründer und erster Kongreßabgeordneter des Staates Tennessee, dann Senator. Seine Popularität, mit der er im zweiten Anlauf die Wahlen gewann, hatte er sich 1815 mit dem Sieg über die Engländer in der Schlacht bei New Orleans erworben. Während sich seine Anhänger zur reformbewußten Demokrat. Partei als Motor einer tiefgreifenden Demokratisierung des Staates formierten und er mit ihnen die »Jacksonian Democracy« etablierte, bildete J. mit der Belohnung seiner verdienten Gefolgsleute mit öffentl. Ämtern und der Berufung nichtverantwortl. Berater in das »Küchenkabinett« jedoch zugleich das »Beutesystem« (Spoils System) aus. Um die staatl. Eingriffe in das Wirtschaftsleben zu blockieren und das kleinteilige Wirtschaften zu fördern, löste er 1832 die Nationalbank auf.
Herausragende Ereignisse der Regierungszeit J.s: Zwangsumsiedlung fast aller östl. Indianerstämme in die Gebiete westlich des Mississippi 1831–1835, militär. Intervention in South Carolina 1832, Beginn des 2. Seminolenkriegs 1835–1843 und des Texan. Kriegs gegen Mexiko 1836, in den J. aus innenpolit. Rücksichten nicht eingriff.

Jagiełło
Großfürst von Litauen 1377–1401
** um 1351*
† 31. 5. 1434 Gródek bei Lemberg
(König von Polen als *Władysław II. J.* 1386–1434). Sein Übertritt zum Christentum, dem die Christianisierung Litauens folgte, ermöglichte J. 1386 die Heirat mit der polnischen Thronfolgerin →Hedwig (Jadwiga). Hierdurch vereinigte er Litauen in Personalunion mit Polen und gründete die poln. Königsdynastie der Jagiellonen, die bis 1572 herrschte. Unterstützt von seinem Vetter Vytautas (→Witold), dem er 1401 die Großfürstenwürde über Litauen überlassen hatte, beendete er mit dem Sieg in der Schlacht bei Tannenberg (Grunwald) 1410 die Expansion des Dt. Ordens und gewann im 1. Thorner Frieden 1411 das 1398 verlorene Schamaiten zurück. In späteren Feldzügen (1414, 1422) drängte er den Dt. Orden weiter zurück. Um seinem Sohn →Władysław III. den Thron zu sichern, gewährte J. dem polnischen Adel Privilegien, die die Umwandlung Polens in eine Adelsrepublik einleiteten.

***Jakob**, Fürsten*

–Aragón
Jakob I., *der Eroberer*
König 1213–1276
** 22. 2. 1208 Montpellier*
† 27. 7. 1276 Valencia
(Spanisch *Jaime el Conquistador*). Im Kampf gegen die Mauren eroberte J. die Balearen (1229) und das Königreich Valencia (1238) und leitete die aragonesische Mittelmeerpolitik durch Verheiratung seines Sohnes und Nachfolgers →Peters III. (d. Gr.) mit der Stauferprinzessin Konstanze von Neapel-Sizilien ein. Er veranlaßte ein großes Gesetzgebungswerk, mit dem er das erste europäische Seerecht kodifizierte. J. wird als katalan. Nationalheld verehrt.

– England

Jakob I.

König von England
1603–1625
** 19. 6. 1566 Edinburgh*
† 27. 3. 1625 Theobalds Park, Hertfordshire

(*James I.*, als *J. VI.* König von Schottland seit 1567). Nach der erzwungenen Abdankung seiner Mutter →Maria Stuart wurde J. König von Schottland. Im Interesse seiner Anwartschaft auf den engl. Thron verband er sich 1586 mit Königin →Elisabeth I. gegen Spanien und hielt auch nach der Hinrichtung seiner Mutter (1587) an diesem Bündnis fest. Nach dem Tod Elisabeths (1603) vereinigte er die Kronen von Schottland und England sowie Irland in Personalunion und regierte, gestützt auf die anglikan. Staatskirche, nach der absolutist. Doktrin vom göttl. Herrscherrecht der Könige, das er in seinen staats-

philosphischen Schriften legitimierte. Innenpolitisch konnte J. schwere Konflikte vermeiden, jedoch verstärkte sich die parlamentarische Opposition wegen seiner nachgiebigen Politik gegenüber Spanien zu Beginn des Dreißigjährigen Krieges.
(▷ Chronik Zitat)

Allein der Monarch ist frei

Chronik Zitat

In seiner (anonymen gedruckten) Schrift »The True law of Free Monarchy« begründet Jakob I. die Legitimität absoluter Herrschaft (Auszug):

»Die Könige in Schottland waren schon da, bevor es Stände oder Rangabstufungen innerhalb derselben gab, bevor Parlamente gehalten oder Gesetze gemacht wurden. Sie verteilten das Land, das ursprünglich in seiner Gesamtheit ihnen gehörte, sie riefen Ständeversammlungen durch ihren Befehl ins Leben, sie entwarfen Regierungsformen und richteten sie ein.
Daraus folgt mit Notwendigkeit, daß die Könige Urheber und Schöpfer der Gesetze waren, und nicht umgekehrt... Es entspricht diesen Fundamentalgesetzen, wenn wir Tag für Tag vor Augen sehen, wie im Parlament (das nichts anderes ist als der höchste Gerichtshof des Königs und seiner Vasallen) die Gesetze von den Untertanen lediglich beantragt, aber von dem König allein, wenn auch auf ihre Bitte und mit ihrem Rat, gemacht werden... Und wie der König ganz offensichtlich oberster Herr des ganzen Landes ist, so ist er auch Herr über jede Person, die darin wohnt, und hat Gewalt über Leben und Tod einer jeden von ihnen. Zwar wird ein gerechter Herrscher keinem seiner Untertanen das Leben nehmen ohne eine klare Gesetzesbestimmung, aber dieselben Gesetze, kraft deren er es ihnen nimmt, hat er selbst oder haben seine Vorgänger erlassen, und so geht alle Gewalt jederzeit von ihm selber aus...
Zwar ist es wahr, daß der König über dem Gesetz steht...; aber ein guter König wird nicht allein seine Freude daran haben, seine Untertanen nach der Maßgabe des Gesetzes zu regieren, sondern er wird sich auch selber in seinen Handlungen danach richten und immer den Grundsatz beachten, daß das Wohl des ganzen sein oberstes Gesetz sein soll.«

Jakob II.

König 1685–1688
** 14. 10. 1633 London*
† 5. 9. 1701
St.-Germain-en-Laye

(*James II.*). Im Engl. Bürgerkrieg (1640–1660) gelang dem Enkel von →J. I. und zweitem Sohn →Karls I. nach Gefangennahme (1646) die Flucht ins Ausland. Nach der Restauration der Stuart-Herrschaft zurückgekehrt und Herzog von York (1660), befehligte er während der Regierungszeit seines Bruders →Karl II. im 2. und 3. Seekrieg gegen die Niederlande (1664–1667, 1672–1674) erfolgreich die engl. Kriegsflotte. Wegen seines Übertritts zum Katholizismus (1672) mußte er auf Drängen der parlamentar. Opposition ins Exil gehen (Exclusion Crisis, 1679–1681), konnte nach dem Tod seines Bruders aber dennoch seine Krönung durchsetzen. Er betrieb eine absolutistische, an Frankreich unter →Ludwig XIV. angelehnte Politik und protegierte den Katholizismus. Indem er den Machtanspruch der traditionellen anglikanischen Herrschaftselite in Frage stellte, provozierte er die Glorious Revolution (1688/89). Nach Intervention seines von sieben Whig-Lords zur Hilfe gerufenen prot. Schwiegersohns →Wilhelm III. von Oranien floh J. nach Frankreich (1688). Sein Versuch, 1690 mit französ. Unterstützung von Irland aus wieder an die Macht zu kommen, scheiterte. Nachfolger auf dem Thron wurden Wilhelm III. und J.s Tochter →Maria II.

– Haiti
Jakob I.
Kaiser von Haiti 1804–1806,
eigentlich Jean Jacques →Dessalines.

– Kurland
Jakob
Herzog 1639–1682
** 28. 10. 1610 Goldingen*
† 1. 1. 1682 Mitau
(*J. von Kettler*). Der Schwager →Friedrich Wilhelms (des Großen Kurfürsten) übernahm nach Zugeständnissen an den poln. Lehnsherrn →Władisław IV. Wasa zusammen mit seinem Onkel Friedrich († 1642)

das Herzogtum, führte den Merkantilismus ein, gründete Industriebetriebe (vor allem Werften), beschaffte sich eine große Handels- und Kriegsflotte und führte Kurland kurzzeitig zu hoher wirtschaftl. Blüte und polit. Macht. Selbst als Kolonialmacht versuchte er sein Herzogtum zu etablieren (1651 Einrichtung einer Kolonie im Mündungsgebiet des Gambia, 1654 Inbesitznahme der westind. Insel Tobago). Im 1. Nordischen Krieg (1655 bis 1660) verlor er trotz erklärter Neutralität sein Herzogtum an →Karl X. Gustav von Schweden, erhielt es aber durch den Frieden von Oliva 1660 zurück. Sein eigentliches Ziel, sich der polnischen Lehnsherrschaft zu entziehen, erreichte J. nicht.

– Schottland
Jakob I.
König 1406/24–1437
** Juli 1394 Dunfermline*
† 20. 2. 1437 Perth
J. geriet nach dem Tod seines Vaters Robert III. (König 1360–1406) in engl. Gefangenschaft, aus der er erst nach 18jähriger Haft (während der er eine fürstl. Erziehung genoß) gelöst wurde, um den schott. Thron zu besteigen. Er setzte einen obersten Gerichtshof ein und schuf eine Repräsentationsversammlung. Den Widerstand des Adels gegen seine umfassenden Reformen zugunsten des Bürgertums nach engl. Vorbild suchte er durch Stärkung der königl. Kompetenzen und mit Gewalt zu brechen. Durch eine Adelsverschwörung wurde er ermordet.

Jakob VI.
König von England als →Jakob I.

Jameson, Sir Leander Starr
britischer Kolonialbeamter und Politiker
** 9. 2. 1853 Edinburgh*
† 26. 11. 1917 London
Als Anführer von 800 Freischärlern fiel der Arzt, der seit 1891 Verwalter von Maschonaland war, Ende 1895 im Einverständnis mit dem Premier-Min. der Kapkolonie, Cecil →Rhodes, im tiefsten Frieden in Transvaal ein (Jameson Raid), um den Präs. von Transvaal, Paulus →Kruger, zu stürzen, wurde aber von den Buren gefangen und den Engländern übergeben. Mit der »Krüger-Depesche« beglückwünschte der dt. Kaiser →Wilhelm II. Kruger zur erfolgreichen Abwehr und provozierte damit eine schwere Krise im Verhältnis Dtschld.s zu Großbritannien. Innerhalb Südafrikas verschärfte der J.-Raid die Spannungen zwischen Buren und Engländern, die 1899 bis 1902 im Burenkrieg explodierten. 1904–1908 war J. Premier-Min. der Kapkolonie. Er gründete die südafrikan. Unionistenpartei, die er bis 1912 führte.

Jaroslaw I., *der Weise*
Großfürst von Kiew 1019–1054
** 978*
† 20. 2. 1054 Wyschgorod
(*Jaroslaw Wladimirowitsch »Mudryj«* =»der Weise«). Der Sohn →Wladimirs I. (d. Hl.) übernahm noch zu Lebzeiten seines Vaters die Herrschaft über Nowgorod, eroberte 1019 Kiew, wiedervereinigte das Kiewer Reich gegen seine Brüder und expandierte es bis zur Ostsee. Verbündet mit Kaiser →Konrad II. und →Knut II. (d. Gr.) eroberte er 1031 Galizien von Polen. J. führte Rußland zur ersten großen Kulturblüte und unterhielt zu Westeuropa und Skandinavien enge dynast. Beziehungen. In seiner Sammlung des Gewohnheitsrechts (»Russkaja Prawda«), dem ersten russischen Gesetzbuch, ersetzte er die Blutrache durch gestaffeltes Wehrgeld (1051). J. führte mit dem Seniorat die Hierarchie der Thronfolge in der Kiewer Rus und die Vergabe der Teilfürstentümer nach dem Alter der Söhne des Großfürsten ein.

Jaroszewicz, Piotr
polnischer Ministerpräsident 1970–1980
** 8. 10. 1909*
Nieświeź, Weißrußland
† 1. 9. 1992 Warschau

Ausgebildet als Lehrer, stieg J. im 2. Weltkrieg in der auf sowjet. Seite kämpfenden poln. Armee zum General auf und war im kommunist. Polen Vize-Min. für Verteidigung, bis er 1950 die Leitung der Staatl. Wirtschaftsplanungskommission übernahm. Seit 1952 stellvertr. Min.-Präs., wurde er nach dem Rücktritt Władisław →Gomułkas 1970 Mitgl. des Politbüros der Poln. Vereinigten Arbeiterpartei und Min.-Präs. unter Parteichef Edward →Gierek. Als Wirtschaftsexperte angetreten, stieß er mit seinen Maßnahmen zur Überwindung der Krise auf den Widerstand der Arbeiterschaft (u. a. 1976) und blieb weitgehend erfolglos. Nach den Danziger Unruhen 1980 wurde er mit Gierek gestürzt, 1981 aus der Partei ausgeschlossen und später zeitweise inhaftiert.

Jaruzelski, Wojciech Witold
polnischer Ministerpräsident und Parteichef 1981–1989
** 6. 7. 1923 Kurów bei Lublin*
Als Generalstabschef (seit 1965) und Verteidigungs-Min. (1968–1981) wurde J. während der Unruhen von 1981, in denen er den Einsatz der Armee gegen streikende Arbeiter verweigerte, zunächst Min.-Präs., dann auch Erster Sekretär des ZK der Poln. Vereinigten Arbeiterpartei. Einer sowjet. Intervention zuvorkommend, verhängte er am 13. 12. 1981 das Kriegsrecht zur Unterdrückung der Gewerkschaft Solidarność und bildete einen »Militärrat für die nationale Errettung«, der die vollziehende Gewalt übernahm und Polen den Hegemonialinteressen der Sowjetunion unterordnete. Mit einem vorsichtigen wirtschaftl. und sozialen Reformkurs suchte er der inneren Opposition zu begegnen, ohne jedoch den zunehmenden Einfluß der verbotenen Solidarność zurückdrängen zu können. 1983 hob J. den Kriegszustand auf und zog sich seitdem schrittweise von seinen Machtpositionen zurück. 1985 trat er als Min.-Präs. zurück, um Vors. des Staatsrates zu werden, und begann, im Nachvollzug der Reformen Michail →Gorbatschows in der UdSSR, den Weg für den demokrat. Erneuerungsprozeß Polens zu ebnen. Diskreditiert durch die Verhängung des Kriegszustands, konnte er sich in der Bevölkerung für sein Reformprogramm jedoch keinen Rückhalt verschaffen (1987). 1989 hob er das Verbot der Solidarność auf, stellte sein Amt als Erster Sekretär zur Verfügung und wurde Staats-Präs., bis ihn Lech →Wałesa 1990 ablöste.

Jaurès, Jean
französischer Sozialist
** 3. 9. 1859 Castres, Tarn*
† 31. 7. 1914 Paris

Der Professor der Philosophie und renommierte Historiker war als linksrepublikan. Abgeordneter (mit Unterbrechungen 1885–1914) herausragender Vertreter eines parlamentar. Reformsozialismus auf humanistisch-pazifist. Grundlage. 1902 gehörte er zu den Gründern der Sozialist. Partei (Parti Socialiste Français), gründete 1904 mit Aristide →Briand die Zeitung »L'Humanité« und wurde 1905 Präs. der von ihm betriebenen Vereinigung sozialist. Gruppen in der Section Française de l'Internationale Ouvrière (SFIO). Bei den Rechten als Befürworter einer Verständigung mit Dtschld. wegen seiner leidenschaftl. Friedensbemühungen verhaßt, wurde er 1914 von einem nationalist. Fanatiker ermordet.

Jawara, Sir Dawda Kairaba
Staatspräsident von Gambia 1970–1994
** 16. 5. 1924 Barajally*
Der Tierarzt gründete 1959 in der damaligen britischen Kolonie Gambia die Fortschrittl. Volkspartei (People's Progressive Party, PPP), als deren Führer er 1962 Premier-Min. der Protektoratsregierung, 1965 der unabhängig gewordenen Republik Gambia wurde (bis 1970). Seit 1970 Staats-Präs., konnte er sich mit seinem autoritären Regiment dank senegales. Unterstützung 1981 gegen einen sozialist. Putschversuch an der Macht halten (1982, 1987, 1992 wiedergewählt), bis er 1994 endgültig gestürzt wurde und ins Exil ging. Der von ihm betriebene Zusammenschluß mit Senegal 1982 (Senegambien mit J. als Vize-Präs.) wurde 1989 wieder aufgelöst.

Jeanne d'Arc
französische Nationalheldin
** um 1411 Domrémy (-la-Pucelle)*
† 30. 5. 1431 Rouen

(Selbstbezeichnung *La Pucelle* = »die Jungfrau«, genannt auch *Jungfrau von Orléans*, *Heilige Johanna*). Gegen Ende des Hundertjährigen Krieges gegen die Engländer (1337–1453) sah sich die aus wohlhabendem Bauernhaus stammende J. durch »göttl. Stimmen« veranlaßt, die Rettung Franreichs in ihre Hand zu nehmen. 1429 erhielt sie von König →Karl VII. den Oberbefehl über das französische Heer, sprengte die englische Belagerung von Orléans und erwirkte die Krönung Karls als rechtmäßiger Herrscher in Reims. 1430 wurde sie von den mit England verbündeten Burgundern gefangengenommen und für eine hohe Geldsumme an England ausgeliefert. Von Karl VII. fallengelassen, wurde sie nach einem Prozeß in Rouen unter Leitung des Bischofs von Beauvais wegen Hexerei und Ketzerei zum Tode verurteilt und verbrannt. Ein Revisionsprozeß hob das Urteil ein Vierteljahrhundert später auf (1456). 1909 wurde die französische Nationalheldin selig-, 1920 heiliggesprochen (Fest: 30. 5.).

Jefferson, Thomas

3. Präsident der USA
1801–1809
** 13. 4. 1743*
Shadwell, Virginia
† 4. 7. 1826
auf Monticello bei Charlottesville, Virginia

J., einer der großen amerikan. Präs., war zunächst Rechtsanwalt, Gutsbesitzer und Abg. des House of Burgesses (Landtag von Virginia). Als Delegierter des revolutionären Kontinentalkongresses (1775/76) verfaßte er die am 4. 7. 1776 beschlossene Unabhängigkeitserklärung, in der er als Anhänger der Philosophie John →Lockes die unveräußerl. Menschenrechte verankerte (»Freiheit, Gleichheit und das Streben nach Glück«). Als Gouverneur von Virginia 1779–1781 sorgte er für die Aufhebung der Adelsprivilegien, die Trennung von Kirche und Staat sowie die Errichtung öffentl. Schulen. 1783/84 Kongreß-Abg., verfaßte er das Landgesetz (1784), das Grundlage für die spätere Organisation der westl. Territorien wurde. Unter George →Washington erster Secretary of State (Außen-Min., 1789–1793), geriet J. in scharfen Gegensatz zu Alexander →Hamiltons Finanzpolitik, trat aus Protest zurück und gründete die Demokrat.-Republikan. Partei (eine Vorgängerin der heutigen Demokrat. Partei), unterlag jedoch 1796 als Präsidentschaftskandidat. Als Vize-Präs. unter John →Adams (1797–1801) entwarf der Gegner der staatl. Zentralgewalt die »Virginia-and-Kentucky-Resolutions-Erklärungen«, denen zufolge jeder Staat das Recht haben sollte, Gesetze des Bundes aufzuheben. 1800 wurde J. mit Unterstützung seines Gegners Hamilton vom Repräsentantenhaus zum Präs. gewählt.

Wichtigste Ereignisse seiner Präsidentschaft waren der Krieg gegen die Barbaresken in Nordafrika 1801–1805, die Verdoppelung des Staatsgebiets durch Westexpansion (Ankauf Louisianas 1803 von →Napoleon [I.] Bonaparte) sowie das zur Wahrung amerikan. Neutralitätsrechte bestimmte Embargo-Gesetz 1807. Nach Ablauf der 2. Amtsperiode verzichtete J. auf eine dritte Präsidentschaftskandidatur. Sein Nachfolger wurde James →Madison. 1819 gründete J. die University of Virginia. Als politischer Denker (»der Weise vom Monticello«) verfocht er das Gesellschaftsideal des genügsamen, unabhängigen Farmers, warnte vor den Folgen der Sklaverei und verfügte testamentarisch die Freilassung seiner Sklaven. (▷ Chronik Zitat)

Das Recht der Minderheit

Chronik Zitat

In seiner Antrittsrede als 3. Präsident der USA rief Jefferson zur Einlösung der demokratischen Grundprinzipien auf, die die Anerkennung der Rechte der Minderheit einschließen (Auszug):

»...Auch werden wir alle des heiligen Grundsatzes eingedenk sein, daß, wenn auch der Wille der Mehrheit auf jeden Fall vorherrschen muß, dieser Wille doch, um gerecht zu sein, zuerst auch vernünftig sein muß; daß demnach die Minderheit gleiche Rechte besitzt, die ein unparteiisches Recht schützen muß, das zu verletzen Unterdrückung wäre...

Nicht jede Verschiedenheit bedeutet auch eine Verschiedenheit in den Grundsätzen. Wir sind Brüder im gleichen Grundsatz, wenn auch unter verschiedenen Namen. Wir alle sind Republikaner. Wir alle sind Föderalisten. Sollte es Leute unter uns geben, die diese Union auflösen wollen, so soll man sie unbehelligt lassen als Symbole der Selbstsicherheit, mit der irrige Anschauungen überall da geduldet werden, wo die Vernunft die Möglichkeit hat, gegen sie anzukämpfen. Ich weiß allerdings, daß einige ernstzunehmende Männer fürchten, eine republikanische Regierung könnte nicht stark genug sein, und daß diese Regierung es auch nicht sei. Aber würde der aufrichtige Patriot etwa auf dem Höhepunkt eines erfolgreichen Experiments eine Staatsform aufgeben, die uns bis heute Freiheit und Sicherheit gewährt hat, auf Grund der theoretischen und eingebildeten Furcht, daß es dieser Regierung – der größten Hoffnung der Welt – möglicherweise an Stärke mangeln würde, sich zu behaupten? Das glaube ich nicht.«

Jelzin, Boris Nikolajewitsch

russischer Staatspräsident seit 1991
** 1. 2. 1931 Swerdlowsk*

Von Beruf Bauingenieur, seit 1961 Mitglied der KPdSU und 1976–1985 Parteichef im Gebiet Swerdlowsk, wurde J. 1981 Mitglied und 1985 Sekretär des ZK der KPdSU. Als entschiedenen Reformer rief ihn Michail →Gorbatschow nach Moskau, wo er 1985 die Führung des Stadtkomitees der Partei übernahm und 1985 als Kandidat in das Politbüro eintrat. Während er sich in der Hptst. mit Reformen der Administration und Bekämpfung der Korruption populär machte, geriet er rasch in Gegensatz zu den reformfeindl. Kräften, die 1988 seinen Sturz als Moskauer Parteichef und Politbürokandidat durchsetzten. Von Gorbatschow daraufhin zum stellvertr. Bau-Min. ernannt, wurde J. 1990 zum Präs. des Kongresses der russ. Volksdeputierten gewählt, forderte eine Beschleunigung der Perestroika und trat aus der KPdSU aus. Nach Einführung des Präsidialsystems 1991 wurde er in der ersten freien und geheimen Wahl in der Geschichte des Landes mit absoluter Mehrheit zum Präs. Rußlands gewählt. Im August 1991 war er maßgeblich an der Vereitelung des Putsches gegen Gorbatschow beteiligt, sorgte danach für das Verbot der KPdSU und betrieb die Gründung der Gemeinschaft Unabhängiger Staaten (GUS), die mit der Auflösung der UdSSR und dem Ämterverlust Gorbatschows verbunden war (Dez. 1991).
J.s forcierte marktwirtschaftlich orientierte Reformpolitik im neuen souveränen russ. Staat stieß auf den Widerstand konservativer Kräfte, die ihn unter Führung von Vize-Präs. Alexander Ruzkoi (* 1947) im Okt. 1993 vergeblich zu stürzen versuchten. Seitdem auf der Basis einer neuen Verfassung (Dez. 1993) autoritär regierend, wirtschaftspolitisch aber ohne durchgreifende Erfolge, nötigte J. das Ergebnis der Duma-Wahlen im Dez. 1993 zu weitgehenden Zugeständnissen an seine gestärkten konservativen Gegner. Während er mit Min.-Präs. Viktor S. →Tschernomyrdin innenpolit. einen schwankenden Kurs verfolgte und Reformpläne zugunsten der Machterhaltung zurückstellte, näherte er sich außenpolitisch konservativ-hegemonialen Nationalinteressen. Abhängig von der Loyalität des Militärs, blockiert er eine Beendigung des Bürgerkriegs in Bosnien-Herzegowina, solange die Forderungen der mit Rußland verbundenen Serben nicht eingelöst sind. Die mit aller Härte vollzogene militär. Niederschlagung der Sezession Tschetscheniens aus der russ. Föderation signalisierte seit Ende 1994 J.s Abkehr von einer friedlichen Konfliktregelung im russischen Einflußbereich und provozierte Spekulationen über die Rolle des Militärs im russischen Machtgefüge.(▷ Chronik Zitat)

»Rußland wird frei sein«

Chronik Zitat

Während des Putsches konservativer Kommunisten gegen Generalsekretär Gorbatschow im August 1991 rief der am 12. Juni zum Präsidenten Rußlands gewählte Boris Jelzin zum Widerstand auf (Auszug):

»Ich wende mich an Sie, Bürger Rußlands! Unterstützen Sie in dieser schicksalsschweren Stunde diejenigen, denen Sie bei den Wahlen das Schicksal Rußlands anvertraut haben. Das Volk Rußlands muß sich vereinigen und mit geschlossenen Kräften der Reaktion entgegentreten. Den Panzern und Panzerwagen müssen wir den entschlossenen Willen und das Bestreben entgegenstellen, keine Diktatur zuzulassen. Einheit und Solidarität sind Schlüssel zu unserem Sieg!...
Wenn Rußland frei sein wird, werden wir imstande sein, alle Probleme zu lösen. Ohne Gewalt, ohne Blutvergießen, ohne die Unterdrückung von irgendjemandem. Wir werden die Krankheiten unserer Gesellschaft nicht ›beschwören‹. Wir werden sie behandeln. Das Rezept ist bekannt – gegenseitige Achtung und gegenseitige Verständigung...
Ich glaube daran, daß die Ehre und der Ruhm der russischen Waffen nicht mit dem Blut des eigenen Volkes befleckt werden!
Man kann einen Thron aus Bajonetten bauen. Es fragt sich nur: Wie lange kann man darauf sitzen? Ich bin überzeugt, es gibt keine Rückkehr in die Vergangenheit, es wird sie auch nicht geben. Die Tage der Verschwörer sind gezählt. Rußland wird frei sein.«

Jesus von Nazareth
jüdischer Stifter des Christentums
** um 4 v. Chr. Bethlehem, Judäa (?)*
† um 30 n. Chr. Jerusalem
An der Geschichtlichkeit Jesu zweifelt die Forschung nicht, doch bleibt sein Lebensweg weitgehend im Dunkeln. Trotz aller historischer Zuordnungen und astronomischen Berechnungen steht lediglich fest, daß sein Auftreten um 30 n. Chr. stattfand. Wie lange seine öffentliche Wirksamkeit dauerte, ist unbekannt. Seine Heimat war Galiläa, seine Vaterstadt Nazareth. Das Matthäus- und Lukasevangelium lassen J. in Bethlehem geboren sein; ihre Stammbäume wollen seine Abstammung von König →David verbürgen und unterstreichen damit seine Legitimität als Messias. Die Meinung, der historische »Mann aus Nazareth« sei nur ein Fanatiker des Jüngsten Tages gewesen, gilt als ebenso fragwürdig wie seine Herleitung aus der sich von allen »Unreinen« peinlich absondernden Klostergemeinschaft der Essener vom Toten Meer.
Über sein Leben, seine Lehre und sein Wirken geben nur christliche Sekundärquellen Aufschluß, zu denen wesentlich die Evangelien des NT gehören: J., der als wandernder Volksprediger Anhänger (»Jünger«) um sich sammelte, schuf keine neue Gotteslehre, sondern erhob den Anspruch, die Gebote und die Verheißung Gottes zur Geltung zu bringen und rief auf, ihm nachzufolgen zur Verwirklichung der uneingeschränkten Gottes- und Nächstenliebe unter Einschluß der Feindesliebe. Er verwarf jede gesetzlich-formale Erfüllung in einem Kultus. Seine Ankündigung der Gottesherrschaft schloß kein realpolit. Programm radikaler Weltveränderung ein, sondern richtete sich vornehmlich auf die freie Zuwendung zum Nächsten und die Ausbildung eines entsprechenden Sozialverhaltens. Erste Adressaten seiner »frohen Botschaft« über die unmeßbare Gnade (Güte, Liebe) Gottes suchte J. unter den Verachteten, Besitzlosen und Heiden, denen er sich unter Durchbrechung sozialer und religiöser Tabus als »Tischgenosse« zugesellte. Sein Anspruch, Sünde an Gottes Statt zu vergeben, erschien als Gotteslästerung; sein Selbstbewußtsein (»ich aber sage euch«), in dem er sich über Moses, das Gesetz (besonders die Sabbatgebote), die Propheten und den Tempel erhob, stellte die Existenzberechtigung der rabbin. Gelehrten wie des stolzen und mächtigen jüd. Priesteradels in Frage.
Mit Hilfe der röm. Besatzungsmacht unter dem Präfekten Pontius Pilatus, an die J. als falscher Prophet denunziert wurde, beseitigte man ihn in Jerusalem durch die Kreuzigung. Die Berichte erlauben keine genaue Datierung des Todesdatums. Der engste Jüngerkreis, der das Gläubigwerden der 12 Stämme Israels versinnbildlichte, floh in die Heimat Galiläa, das Zentrum der gegen Rom rebellierenden sozialrevolutionären Zeloten war. Die Kunde der Jünger vom »auferstandenen und gen Himmel gefahrenen« Gottessohn und Messias führte zur Gründung der ersten christlichen Gemeinden und zum Anbruch eines neuen Zeitalters. (▷ Chronik Zitat)

Was war wirklich?

Chronik Zitat

Harald v. Mendelssohn (1911) forschte in seinem Werk »Jesus - Rebell oder Erlöser« nach den historischen Spuren des Religionsstifters:*

»Es ist praktisch aussichtslos, Jesu Wirken in Galiläa zu rekonstruieren, weil wir kaum über zuverlässige Texte verfügen. Die Evangelien sind etwa ein halbes Jahrhundert nach den Ereignissen entstanden, jedenfalls nach der Katastrophe von 70 und der Tempelzerstörung...
Viel schwerer wiegen andere Aspekte...:
Die Geschichte Jesu wurde niedergeschrieben *nach* der paulinischen Umdeutung: Jesus war bereits zum Erlöser geworden, ›dessen Reich nicht von dieser Welt ist‹.
Zu dieser Zeit war im ganzen Römischen Reich der Judenhaß ausgebrochen: Zu oft hatten die Juden Schwierigkeiten gemacht, und zu groß war die Kraftanstrengung gewesen, derer es bedurft hatte, um dieses rebellische Volk in die Knie zu zwingen... Ihr galt es in den Abschriften Rechnung zu tragen...
Außerdem hatte die Urkirche damals alles Interesse daran, ihre Distanz zur Synagoge zu markieren…; darauf sind die vielen Antisemitismen in den Evangelien und Paulus-Briefen zurückzuführen.
Gleichzeitig hatte Paulus alle Schleusen für hellenistische Einflüsse geöffnet, und die frühen Kirchenväter sind seinem Vorbild gefolgt. Auf diese Weise muß der römerfreundliche Grundton in den Evangelien enstanden sein.
Daß Jesus nicht der friedliche Wanderprediger gewesen sein kann..., geht aus Textstellen und aus den Ereignissen selbst hervor.«

Jiang Qing
chinesische Politikerin
** März 1913 Zhucheng, Shandong*
† 14. 5. 1991 Peking
Von Beruf Schauspielerin (Künstlername *Luan Shumeng*), heiratete J. Q. 1939 →Mao Zedong. Seit den 1960er Jahren gewann sie zunehmenden Einfluß auf die Kultur- und Bildungspolitik und profilierte sich als führende Propagandistin der Kulturrevolution, der 1966–1969 Zehntausende von Kulturschaffenden, Intellektuellen und Politikern zum Opfer fielen. 1969 wurde sie als bisher einzige Frau Mitglied des Politbüros des ZK der KP Chinas und führte die radikale Fraktion (»Viererbande«) an, mit der sie nach Maos Tod 1976 gestürzt und verhaftet wurde. 1981 wegen »konterrevolutionärer Verbrechen« zum Tode verurteilt, wurde sie 1983 zu lebenslanger Haft begnadigt.

Jiang Zemin
Generalsekretär der KP Chinas seit 1989
** 1927 Yangzhou, Prov. Jiangsu*

Seit 1946 Mitglied der KPCh, stieg der Elektroingenieur nach dem Tod →Mao Zedongs (1976) in den inneren Zirkel der Parteiführung auf, wurde Min. für Elektronikindustrie (1983), Bürgermeister (1985 bis 1988) und Parteichef von Schanghai (1988/89), der größten Industriemetropole Chinas. Im Politbüro (seit 1987) trat er als Vertreter der wirtschaftlichen Liberalisierung und polit. Öffnung gegenüber dem Westen auf, legitimierte aber 1989 als erste Parteigröße das Massaker an den Teilnehmern einer Demonstration der Demokratiebewegung in Peking. Wenige Monate später löste er →Zhao Ziyang als Mitglied des Ständigen Ausschusses des Politbüros und als Generalsekretär des ZK der KPCh ab und erhielt von →Deng Xiaoping als dessen Zögling auch den Vorsitz der Militärkommission des ZK sowie der Zentralen Militärkommission. Seit 1993 zugleich Staats-Präs., ist J. Z. der mächtigste Aspirant auf das Erbe Dengs, um das seit dessen altersbedingtem Rückzug aus der politischen Arena hinter den Kulissen ein Machtkampf entbrannte.

Jinnah, Mohammed Ali
Staatsgründer und Generalgouverneur Pakistans 1947/48
** 25. 12. 1876 Karachi*
† 11. 9. 1948 Karachi
J. (genannt *Qaid-i-Azam* = »großer Führer«), von Beruf Rechtsanwalt, war seit 1913 Mitglied der All India Muslim League, führte sie seit 1916 und machte aus ihr eine sich von der Kongreßpartei (aus der er 1920 austrat) abgrenzende politische Partei. Zunächst die Gleichstellung von Hindus und Muslimen in einem künftigen indischen Gesamtstaat propagierend, arbeitete er nach der Niederlage bei den Provinzwahlen 1937 im Zeichen sich verschärfender Spannungen zwischen beiden Bevölkerungsgruppen auf die Desintegration der indischen Muslime und seit 1940 auf die Abspaltung Pakistans als eines unabhängigen Muslimstaates hin. Mit der Unabhängigkeit im August 1947 wurde er erster Generalgouverneur des neu entstandenen Staates.

Joachim I. Nestor
Kurfürst von Brandenburg 1499–1535
** 21. 1. 1484 Cölln (?)*
† 11. 7. 1535 Stendal
Nach dem Tod Kaiser →Maximilians I. bewarb sich J. vergeblich um die Nachfolge, stützte dann den französ. Anwärter König →Franz I. und gab erst als letzter sein Votum für →Karl V. ab, dessen Gunst er damit verlor. In seiner Mark bekämpfte er mit aller Härte das Raubrittertum, gründete als gebildeter Renaissancemäzen (daher der Beiname Nestor) die Universität Frankfurt/Oder (1506), verfolgte jedoch die Juden und vertrieb sie 1509. Trotz seiner humanist. Neigungen blieb J. Gegner der Reformation, konnte jedoch weder seine Frau Elisabeth (Tochter König Johanns I. von Dänemark, die 1528 aus Berlin floh) noch seinen Sohn und Nachfolger →J. II. Hektor vom Übertritt zum Luthertum abhalten.

Joachim II. Hektor
Kurfürst von Brandenburg 1535–1571
** 9. 1. 1505 Cölln*
† 1. 1. 1571 Köpenick
Der Sohn von →J. I. erstrebte eine allg. »Konkordie« zwischen den Religionsparteien im Reich. Obwohl er 1539 zum Luthertum übertrat und 1540 eine neue Kirchenordnung einführte, trat er im Schmalkald. Krieg (1546/47) auf die Seite Kaiser →Karls V. Erst 1550 kehrte er sich von den Habsburgern ab und setzte sich 1555 für den Augsburger Religionsfrieden ein. Vom poln. König →Sigismund II. August

erreichte er 1569 die Mitbelehnung mit Preußen (als »Herzog von Preußen«). Durch seine prunkvolle Hofhaltung in Geldnot geraten, mußte er den Landständen erhebl. Zugeständnisse machen und die von seinem Vater vertriebenen Juden wieder zurückrufen.

Jodl, Alfred

deutscher Offizier
** 10. 5. 1890 Würzburg*
† 16. 10. 1946 Nürnberg

Seit Beginn des 2. Weltkriegs Chef des Wehrmachtsführungsstabes im Oberkommmando der Wehrmacht, war J. der wichtigste strateg. und operative Berater Adolf →Hitlers, beteiligte sich an allen Planungen und war ihm im Glauben an das »Genie des Führers« bis zuletzt ergeben. 1944 wurde er zum Generaloberst ernannt. Am 7. 5. 1945 unterzeichnete er in Reims die bedingungslose Gesamtkapitulation der Wehrmacht. Vom Internationalen Militärtribunal wurde er 1946 zum Tode verurteilt und hingerichtet.

Joffre, Joseph Jacques Césaire

französischer Offizier
** 12. 1. 1852 Rivesaltes, Pyrenäen*
† 3. 1. 1931 Paris

Als Chef des Generalstabs des Heeres (1911–1916) und französ. Oberbefehlshaber (1915/16) gelang es J., den dt. Angriff mit dem »Wunder an der Marne« abzuwehren und die dt. Armee in den – für beide Seiten außerordentl. verlustreichen – Stellungskrieg zu verwickeln. Nach der gescheiterten Somme-Offensive (1916, Verluste auf beiden Seiten zusammen 1,15 Mio. Soldaten) und wegen seines Versuchs, den Einfluß der Politik auf die Kriegführung zurückzudrängen, wurde er durch Robert G. Nivelle (* 1850, † 1924) abgelöst und zum Marschall befördert.

***Johann,** Fürsten*

– Böhmen

Johann von Luxemburg
König von Böhmen 1310–1346
** 10. 8. 1296*
† 26. 8. 1346 Crécy

(Auch *J. der Blinde*). Der Sohn Kaiser →Heinrichs VII. wurde als Schwiegersohn König →Wenzels II. 1310 mit Böhmen belehnt. Gegen territoriale Zugeständnisse unterstützte er bei der Königswahl 1314 →Ludwig IV. (den Bayern) und sprang ihm auch in der Schlacht bei Mühldorf 1322 gegen dessen Rivalen →Friedrich den Schönen bei. Mit dem Gewinn der böhm. Lehnshoheit über die meisten schles. Fürstentümer und Masowien (1335) band er die bis dahin poln. Gebiete an das Reich. Nach seinem Bruch mit Kaiser Ludwig 1342 stellte er sich auf die Seite Frankreichs und der Kurie, um die Königswahl seines Sohnes, →Karls (IV.), zu befördern. Als Blinder (seit 1340) kämpfend, fiel der Haudegen bei Crécy in der Schlacht gegen die Engländer auf seiten der Franzosen.

– Brandenburg

Johann Sigismund
Kurfürst 1608–1619
** 8. 11. 1572 Halle*
† 23. 12. 1619 Berlin

Durch seine Ehe mit der ältesten Tochter des letzten Herzogs von Preußen gewann J. S. Preußen sowie Erbansprüche auf Jülich, Kleve und Berg. Sein Übertritt zum Calvinismus (1613) stieß auf heftigen Widerspruch der lutherischen Kirche und der Bevölkerung, obwohl er deren Bekenntnisstand – ein Novum in der Geschichte – nicht aufhob. Mit seiner Territorial- und Glaubenspolitik schuf er wesentl. Grundlagen für den Aufstieg Brandenburg-Preußens.

– Burgund

Johann Ohnefurcht
Herzog 1404–1419
** 28. 5. 1371 Dijon*
† 10. 9. 1419 Monterau

(*Jean sans Peur*). Der Sohn und Nachfolger →Philipps II. (des Kühnen) von Burgund und Führer der Partei der Bourguignons verbündete sich im Kampf gegen die Orléans-Parteigänger (Armagnacs) im Rahmen des Hundertjährigen Krieges mit den Engländern gegen die französ. Krone (1417). 1407 ließ er seinen Gegner und Cousin Ludwig von Orléans, der für seinen dem Wahnsinn verfallenen Bruder →Karl VI.

regierte, ermorden und gewann dadurch die Macht am französischen Hof. Die Wirren begünstigten im Rahmen des Hundertjährigen Krieges den Angriff Englands unter König →Heinrich V., dessen Anspruch auf den französischen Thron J. O. anerkannte. Während eines zur Aussöhnung mit dem Thronfolger Karl (VII) anberaumten Treffens wurde J. O. von dessen Begleitern ermordet.

– England
Johann Ohneland
König 1199–1216
** 24. 12. 1167 Oxford*
† 19. 10. 1216 Schloß Newark, Nottinghamshire
(*J. Lackland*). Der Sohn →Eleonores von Aquitanien und König →Heinrichs II., der seinen Spitznamen einem fehlgeschlagenen Irlandfeldzug verdankte, versuchte 1193 vergeblich im Bund mit König →Philipp II. August von Frankreich, seinem älteren Bruder →Richard I. Löwenherz während dessen Abwesenheit auf dem 3. Kreuzzug den Thron zu rauben. Als er nach dem Tod Richards unter Übergehung und Ermordung seines Neffen Arthur von Bretagne für sich die Königswürde durchsetzte, wurde er von seinem früheren französ. Verbündeten nicht anerkannt und verlor alle engl. Besitzungen nördlich der Loire (1206). Nach einem Konflikt über die Besetzung des Bischofssitzes von Canterbury verhängte Papst →Innozenz III. 1208 ein Interdikt über England, das er nur durch Annahme Englands als pästliches Lehen wieder lösen konnte (1213). J.s Versuch, seine Verluste in Frankreich im Bündnis mit Kaiser →Otto IV. wieder wettzumachen, scheiterten mit der Niederlage von Bouvines 1214. 1215 mußte er den engl. Baronen die »Magna Charta libertatum«, das wichtigste Verfassungsdokument der englischen Geschichte, gewähren, ließ sie aber anschließend durch den Papst für nichtig erklären.

– Frankreich
Johann II., *der Gute*
König 1350–1364
** 16. 4. 1319 Schloß Gué de Maulny bei Le Mans*
† 8. 4. 1364 London
(*Jean le Bon*). Durch Nepotismus und Prunksucht beschleunigte J. den durch den Hunderjährigen Krieg (1337–1453) und die Große Pest (1348/49) ausgelösten Verfall Frankreichs im 14. Jh. Von den Engländern unter →Eduard (dem Schwarzen Prinzen) 1356 bei Poitiers geschlagen und gefangengenommen, wurde er 1360 durch den Frieden von Bretigny freigelassen, den sein ihn vertretender Sohn und späterer Nachfolger →Karl (V.) geschlossen hatte. Als sein als Geisel gestellter Sohn Philipp (später König Philipp III., der Kühne, 1370–1385) entflohen war und das Lösegeld nicht aufzubringen war, kehrte er jedoch freiwillig in die Gefangenschaft zurück und starb in der Haft. Philipp vermachte er das Herzogtum Burgund.

– Jerusalem
Johann von Brienne
König 1210–1229
** um 1148*
† 23. 3. 1237 Konstantinopel
(Graf von Brienne seit 1192, Lateinischer Kaiser von Konstantinopel 1231–1237). J. wurde 1210 durch Heirat König des Kreuzfahrerstaates, den er u. a. im 5. Kreuzzug (1227–1229) zu behaupten versuchte. Als er 1229 trotz gegenteiliger Verträge die Königswürde an seinen Schwiegersohn, Kaiser →Friedrich II., verlor, stellte er sich auf die Seite des mit Friedrich verfeindeten Papstes →Gregor IX. und befehligte einen päpstl. Kriegszug gegen den Kaiser in Süditalien. Noch im gleichen Jahr wurde er nach Konstantinopel berufen, um für den minderjährigen Kaiser Balduin II., der ebenfalls sein Schwiegersohn wurde, als Mitkaiser die Regentschaft im Lateinischen Kaiserreich zu führen.

– Österreich

Johann
Erzherzog, deutscher Reichsverweser 1848/49
** 20. 1. 1782 Florenz*
† 10. 5. 1859 Graz

Der Sohn Kaiser →Leopolds II. war als Heerführer in den napoleon. Kriegen erfolglos. 1809 unterstützte er zunächst den Tiroler Volksaufstand, mußte nach der Niederlage im Krieg gegen Frankreich in Oberitalien (1809) jedoch Andreas →Hofer im Stich lassen. 1848 setzte ihn Heinrich von →Gagern in der Frankfurter Nationalversammlung als Reichsverweser durch. Trotz seines Engagements für den liberalen Nationalgedanken verstand sich der populäre Fürst mit großdt. Ideen in diesem Amt eher als Gegenpol der Nationversammlung.

– Pfalz

Johann Casimir

Regent in der Kurpfalz 1583–1592,
Pfalzgraf bei Rhein
** 7. 3. 1543 Simmern*
† 6. 1. 1592 Heidelberg

Während sein älterer Bruder und Vorgänger Ludwig VI. (Kurfürst 1576–1583) als Anhänger Martin →Luthers die von ihrem Vater →Friedrich III. (dem Frommen) eingeladenen Calvinisten verfolgte, bekannte sich J. C. zum Calvinismus, unterstützte militärisch den Kampf der Hugenotten in Frankreich (1575/76) und der niederländ. Calvinisten (1578). Nach dem Tod Ludwigs machte er als Regent für dessen Sohn Friedrich IV. (* 1574, † 1610) Heidelberg zum Zentrum des Calvinismus und bot den Hugenotten aus Frankreich Zuflucht. Um der Gegenreformation zu begegnen, förderte er eine Union aller luth. und reformierten Reichsstände (Torgauer Konvent 1591).

– Polen

Johann II. Kasimir

König 1648–1668
** 22. 3. 1609 Krakau*
† 16. 12. 1672 Nevers

(*Jan Kazimierz*). Der jüngste Sohn König →Sigismunds III. Wasa, Kardinal seit 1647, folgte seinem verstorbenen Stiefbruder →Władysław IV. auf den Thron. Während er mit der Niederwerfung des Kosakenaufstands unter Bogdan →Chmielnycki (1648 bis 1654) und dem so provozierten Krieg gegen Rußland beschäftigt war (1654–1667), begann →Karl X. Gustav von Schweden den 1. Nord. Krieg (1655–1660), dessen verlustreicher Ausgang den Niedergang Polens einleitete. Im Frieden von Oliva (1660) mußte J., der schwed. Herrscherdynastie der Wasa angehörend, u. a. auf den schwed. Thronanspruch verzichten und die Souveränität Brandenburgs unter →Friedrich Wilhelm (dem Gr. Kurfürsten) über das Herzogtum Preußen anerkennen. 1667 verlor er Smolensk und die östl. Ukraine an Rußland. 1668 resignierte er gegenüber der Adelsopposition, dankte ab und lebte seitdem in Frankreich.

Johann III. Sobieski

König 1674–1696
** 16. 8. 1629 Olesko*
† 1696 Wilanów bei Warschau

(*Jan Sobieski*). J., der einer Adelsfamilie entstammte, bekämpfte den Aufstand der sezessionist. Kosaken unter Bogdan →Chmielnycki (1648–1654) und zeichnete sich als Feldherr im 1. Nord. Krieg aus (1655–1660), wurde 1665 poln. Kongreßmarschall und siegte 1673 über die Osmanen bei Chocim. Nach dem Tod von Michael Korybut Wiśniowiecki (König 1669–1673) ließ er sich mit französ. Unterstützung zum König wählen. Im 2. Türkenkrieg (1683–1699) mit Kaiser →Leopold I. verbündet, rettete er als Oberbefehlshaber des poln.-dt. Entsatzheeres das belagerte Wien mit dem Sieg am Kahlenberg über die Osmanen unter →Kara Mustafa (1683), scheiterte jedoch mit dem Versuch der Eroberung von Moldau und Walachei (1691). Sein Beitritt zur Heiligen Liga 1684 zahlte sich nach seinem Tod im Frieden von Karlowitz 1699 mit dem Wiedergewinn von Podolien und der seit 1668 osman. Gebiete der Ukraine aus. In den letzten Jahren seiner Herrschaft hatte er sich einer erstarkenden Adelsopposition zu erwehren. J. S. gilt als Nationalheld und einer der großen Könige Polens.

– Portugal

Johann I., *der Große*

König 1385–1433
** 11. 4. 1357 Lissabon*
† 14. 8. 1433 Lissabon

(*João I.*). Der unehel. Sohn Peters I. (König 1357 bis 1367), 1385 von den Cortes zum König proklamiert, begründete die Königsdynastie des Hauses Aviz (bis 1580). Mit seinem mit engl. Hilfe errungenen Sieg über Kastilien bei Aljubarotta (1385) setzte er seine Anerkennung als König des unabhängigen Portugal durch. Seinem Sohn →Heinrich dem Seefahrer verdankte er die Eroberung Ceutas von den Mauren (1415), die die portugiesische Expansion nach Übersee einleitete.

Johann II.

König 1481–1495
** 5. 5. 1455 Lissabon*
† 25. 10. 1495 Alvor, Algarve

(*João II.*). Der Sohn →Alfons V. (des Afrikaners) verbündete sich in seinem Kampf gegen die Adelsopposition mit dem Bürgertum, das er nachhaltig förderte. In Konkurrenz zu Spanien betrieb er mit Nachdruck die Expansion nach Übersee und ließ noch unerschlossene Teile der Erde durch Entdeckungsfahrer erkunden (u. a. Bartholomëu →Diaz). Unter Vermittlung von Papst →Alexander IV. schloß er mit Spanien (den Kath. Königen →Ferdinand II. und →Isabella I.) den Vertrag von Tordesillas 1494, der die bisherigen und zukünftigen Entdeckungen entlang einer Demarkationslinie in Einflußsphären aufteilte. Nachfolger: →Emanuel I. (d. Gr.).

Johanna I. von Anjou

Königin von Neapel
1343–1382
** um 1326 Neapel*
† 22. 5. 1382
Muro della Luciana

J. folgte ihrem Großvater Robert I., dem Weisen (König 1305–1343), dem mächtigsten Gegner der Kaiser →Heinrich VII. und →Ludwig IV. in Italien, auf den Thron. 1345 ließ sie ihren ersten Mann, Andreas von Ungarn, ermorden und floh 1348 mit ihrem zweiten Mann, Ludwig von Anjou-Tarent (* 1320, † 1362), vor einem ungar. Rachefeldzug in die Provence. Sie verkaufte Avignon an den hier residierenden Papst und ließ sich dafür in einem Scheinverfahren freisprechen. Seit 1352 wieder in Neapel, regierte sie unangefochten mit ihrem dritten Mann, Jakob von Aragón († 1375), geriet aber wegen ihrer vierten Ehe mit Herzog Otto von Braunschweig (seit 1376) und ihrer Unterstützung für den Gegenpapst →Klemens (VII.) (seit 1378) in Konflikt mit Papst →Urban VI. 1380 von ihrem selbst designierten Nachfolger Karl von Durazzo gefangengenommen, wurde sie im Kerker ermordet.

Johanna die Wahnsinnige
Königin von Kastilien 1504–1555
** 6. 11. 1479 Toledo*
† 11./12. 4. 1555 Tordesillas
(Spanisch *Juana la Locca*). Die Tochter →Isabellas I. und →Ferdinands II. trat nach dem Tod ihrer Mutter 1504 die Herrschaft über Kastilien an. Die Regentschaft für die geistig gestörte Königin führten ihr Gemahl, der Habsburger →Philipp der Schöne, nach dessen Tod 1506 Ferdinand II. und seit 1516 J.s ältester Sohn Karl I. (der spätere Kaiser →Karl V.). J. war zugleich Mutter Kaiser →Ferdinands I.

Johannes

– Päpste
Johannes I.
Papst 523–526
** Toskana*
† 18. 5. 526 Ravenna
J. war der erste Papst, der nach Konstantinopel reiste. Im Auftrag →Theoderichs des Großen suchte er bei Kaiser Justin I. (518–524) zugunsten der arianischen Goten im oströmischen Reich zu vermitteln, war jedoch nur teilweise erfolgreich. Darauf nahm ihn Theoderich gefangen. J. starb in Haft und wurde als Märtyrer heiliggesprochen (Fest: 18. 5.).

Johannes VIII.
Papst 872–882
** Rom*
† 16. 12. 882 Rom
Nach dem Zusammenbruch der karoling. Ordnung bemühte sich J., dem Papsttum die Führung im zerrissenen und von den muslim. Sarazenen bedrohten Italien zu sichern. 875 krönte er den westfränk. König →Karl II. (den Kahlen) zum Kaiser. Da ihm dieser und seine Nachfolger nur geringe Hilfe gewährten, wandte er sich dem ostfränk. König →Karl III. (dem Dicken) zu, erkannte ihn 879 als König von Italien an, erhob ihn 881 zum Kaiser und begründete damit die Tradition der päpstl. Kaiserkrönung. Im Streit mit dem Patriarchen →Photios von Konstantinopel gab er nach und nahm damit einen Verlust der päpstl. Autorität in Kauf. Gegen die Interessen des bayer. Klerus unterstützte er den Slawenmissionar Methodios (→Kyrillos und Methodios) und ließ 880 die slaw. Sprache in der Liturgie zu (Glagolismus).

Johannes X.
Papst 914–928
† 928 Rom
(Vorher *Johannes von Tossignano*). J. einigte die italien. Staaten zum Kampf gegen die Sarazenen. Er krönte 915 →Berengar I. zum Kaiser und war bemüht, im durch Machtkämpfe zersplitterten und von den Ungarn bedrohten Italien die päpstl. Autorität aufrechtzuerhalten. Nach dem Tod Berengars 924 verbündete er sich mit Hugo von der Provence, dem neuen König von Italien (926–947), und geriet mit seinem Versuch, das Papsttum als politischen Faktor in der italienischen Politik zu etablieren, in Konflikt mit Marozia, die als Senatrix Rom beherrschte. Sie ließ ihn in der Engelsburg inhaftieren, wo er bald starb, wahrscheinlich durch Gewalt.

Johannes XII.
Papst 955–963/64
** um 937 Rom*
† 14. 5. 964 Rom
(Vorher *Octavian*). Auf Betreiben seiner Großmutter →Marozia und seines Vaters Alberichs II. von Spoleto, des Machthabers in Rom 932–954, wurde J. trotz seines skandalösen Lebenswandels zum Papst erhoben. Gegen den König von Italien, Berengar II. (950–961) rief er den dt. König →Otto I. (d. Gr.) zu Hilfe, krönte ihn 962 zum Kaiser und begründete damit das dt.-röm. Kaisertum (bis 1806). Während er Otto eine eigenständige Kirchenpolitik zugestand, garantierte ihm der Kaiser dafür den Kirchenstaat (Privilegium Ottonianum), sicherte sich aber zugleich sein auf ein Edikt Kaiser →Lothars I. (824) zurückgehendes Mitspracherecht bei der Papstwahl. Wegen seiner antikaiserl. Politik setzte ihn 963 eine vom Kaiser einberufene Synode ab und wählte →Leo VIII., gegen den J. sich aber bis zu seinem Tod halten konnte. (▷ Chronik Zitat)

Johannes XX.
Papst J. XX. fehlt in der Reihe der Päpste. In der Zählung der Päpste mit dem Namen Johannes herrscht Verwirrung. Lange Zeit hatte man irrtümlicherweise vor J. XV. (985–996) einen weiteren Papst dieses Namens eingeschoben. Deshalb wurde im Nachhinein bei den Päpsten, die im 10. und 11. Jh. den Namen J. trugen, die Nummer um 1 vermindert, den Gegenpapst J. XVI. (997/98) rechnete man jedoch weiterhin mit und behielt bei J. XXI. (1276/77) bis J. XXIII. (1410–1415) die traditionelle Zählung bei. Als sich 1958 Angelo Giuseppe Roncalli J. »XXIII.« nannte, stürzte dies die Kirchenhistoriker in neue Schwierigkeiten.

Johannes XXII.
Papst 1316–1334
** um 1245 Cahors*
† 4. 12. 1334 Avignon
(Vorher *Jacques Duèse*). Als Vorkämpfer des päpstl. Zentralismus reformierte der bedeutendste der in Avignon residierenden Päpste Administration und Finanzwesen der Kurie. Orientiert an den französischen Interessen, verweigerte er 1323 dem dt. König →Ludwig IV. (dem Bayern) die Anerkennung und exkommunizierte ihn 1324. Damit eröffnete er die letzte große Auseinandersetzung zwischen Papsttum und Kaisertum im Mittelalter, in dessen Verlauf er sich gegen den von Ludwig eingesetzten Gegenpapst Nikolaus V. (1328/29) behaupten mußte. Im innerkirchl. Streit, dessen Fronten sich mit denen des machtpolitischen Konflikts überschnitten, verurteilte J. die Lehren der radikalen Franziskaner Petrus Joannis Olivi, Wilhelm von →Ockham und Meister →Eckharts, durch die er die geistigen Grundlagen des Papsttums gefährdet sah. Er sah sich daher einem Bündnis seiner innerkirchl. Gegner Ockham und →Marsilius von Padua mit Ludwig dem Bayern gegenüber. Nachfolger: →Benedikt XII.

Ein schlimmer Papst

Chronik Zitat

Die von Kaiser Otto I. 963 einberufene Synode beschäftigte sich mit den Klagen über Papst Johannes XII. (Aus dem Bericht Liutprands, des Bischofs von Cremona, † 972):

»Da erhob sich der Kardinalpriester Petrus und bezeugte gesehen zu haben, wie jener die Messe zelebriert und dabei die Kommunion nicht empfangen habe. Johannes, der Bischof von Narni,... bezeugte gesehen zu haben, wie jener einen Priester im Pferdestall ordiniert habe. Der Kardinaldiakon Benedictus sagte... aus, er wisse, daß er Bischöfe für Geld geweiht und in der Stadt Todi einen Bischof von zehn Jahren ordiniert habe. Über seine Heiligtumsschändungen brauche man nicht lange nachzuforschen, denn man wisse sie mehr durch Augenschein als durch Hörensagen. Sie sagten, sie hätten ihn allerdings nicht mit Augen beim Ehebruch gesehen, aber sie wüßten mit aller Bestimmtheit, daß er die Witwe Rainers und Stephana, die Konkubine seines eigenen Vaters, und die Witwe Anna zugleich mit deren Nichte mißbraucht und das heilige Palatium in ein Bordell und Freudenhaus verwandelt habe. Sie sagten auch aus, er habe ganz öffentlich der Jagd gehuldigt; seinen Beichtvater Benedict habe er blenden lassen, so daß er bald darauf gestorben sei, den Kardinalsubdiakon Johannes habe er erst kastrieren und dann töten lassen, Brandstiftungen stünden auf seinem Schuldkonto, und sie bezeugten, ihn mit dem Schwert an der Seite, in Helm und Panzer gesehen zu haben. Kleriker und Laien schrien laut, er habe mit dem Teufel Brüderschaft getrunken. Sie sagten, beim Würfelspiel habe er Jupiter, Venus und andere Dämonen um Hilfe angerufen...«

Johannes XXIII.

Papst 1958–1963
** 25. 11. 1881 Sotto il Monte bei Bergamo*
† 3. 6. 1963 Rom

(Vorher *Angelo Giuseppe Roncalli*). Zuvor diplomatisch für den Vatikan tätig und Kardinal und Patriarch von Venedig (seit 1953), wurde J. mit 77 Jahren als Kompromißkandidat gewählt. Aufgeschlossen gegenüber sozialen Problemen, machte sich der aus einfachen Verhältnissen stammende Papst jedoch schnell beliebt und gestaltete sein Pontifikat zu einem der bedeutendsten der Neuzeit. Er rückte von der Regierungsweise seines Vorgängers →Pius XII. ab, ernannte 55 Kardinäle aus allen Kontinenten, räumte seinen Mitarbeitern größere Selbständigkeit ein und beteiligte sich persönlich an der Seelsorge seines Bistums Rom. Seine herausragende Leistung war die Einberufung, Vorbereitung und Eröffnung des 2. Vatikanischen. Konzils (1962 bis 1965). Dessen Hauptanliegen war eine der Zeit Rechnung tragende innere Reform der katholischen Kirche und die Herstellung verbesserter Beziehungen zu anderen Konfessionen (Schaffung eines Sekretariats für die Einheit der Christen). Den Ostkirchen wandte J. besondere Aufmerksamkeit zu, nahm erste Kontakte mit den atheist. sozialist. Regierungen auf und warb für die friedliche Austragung der Konflikte zwischen den Blöcken (Enzyklika »Pacem in terris«, 1962). 1965 wurde der Seligsprechungsprozeß eingeleitet. Nachfolger: →Paul VI.

– Fürsten, Kaiser von Byzanz

Johannes I. Tzimiskes
Kaiser 969–976
** um 925 Hierapolis (Armenien)*
† 10. 1. 976 Konstantinopel

J., armen. Abstammung, ermordete in einer Palastrevolte seinen Vorgänger →Nikephoros II. Phokas. Als genialer Feldherr besiegte er 971 den nach Bulgarien eingefallenen Großfürsten von Kiew, →Swjatoslaw I., eroberte Teile Bulgariens und Syriens (Antiochia) und Palästina (970–975). Seine Nichte Theophano verheiratete er mit dem römisch-dt. Kaiser →Otto II. (972). Nachfolger: →Basileios II.

Johannes II. Komnenos
Kaiser 1118–1143
** 1088 Konstantinopel*
† 8. 4. 1143 Taurus

Als bedeutendster Vertreter der Komnenendynastie setzte J. die von →Alexios I. eingeleitete Erneuerung der byzantin. Macht erfolgreich fort. Auf dem Balkan besiegte er die Petschenegen (1122) und die Ungarn (1128), in Kleinasien die Seldschuken (1135) und unterwarf 1137 das Kreuzfahrerfürstentum Antiochia. Gegen die vordringenden Normannen verbündete er sich mit dem dt. Kaiser →Lothar III. Supplinburg. Nachfolger: Sohn →Manuel I.

Johannes VIII. Palaiologos
Kaiser 1425–1448
** 16. 12. 1392 Konstantinopel*
† 31. 10. 1448 Konstantinopel

Bedroht durch die Osmanen, die Konstantinopel belagerten, suchte J. vergebens, den Untergang des Byzantinischen Reichs durch die Kirchenunion mit Rom aufzuhalten. Dem Konzil von Ferrara/Florenz (1438/39) gegenüber akzeptierte er den Primat des Papstes, konnte sich jedoch bei der Geistlichkeit von Byzanz und Rußland nicht durchsetzten. Der von Papst →Eugen IV. mobilisierte Kreuzzug eines polnisch-ungarischen Entsatzheeres erlitt bei Warna 1444 die entscheidende Niederlage, die das Schicksal Konstantinopels besiegelte. Nachfolger: →Konstantin XI. Palaiologos.

Johannes Paul II.

Papst seit 1978
** 18. 5. 1920 Wadowice bei Krakau*

(Vorher *Karol Wojtyła*). Der frühere Weihbischof (seit 1958), dann Erzbischof von Krakau (seit 1964) und Kardinal (seit 1967), ist nach 455 Jahren (→Hadrian VI.) der erste nichtitalien. Papst und der erste aus Osteuropa stammende Papst. Im Anschluß an die Öffnung des Vatikans gegenüber den Ländern der Dritten Welt durch →Johannes XXIII. und →Paul VI. manifestiert J. P. die globale Präsenz des Papsttums und sein umfassendes Missionsinteresse durch zahlreiche Reisen, auch in nicht-christl. Länder (55 Reisen bis 1995), fand dabei teilweise triumphalen Zuspruch und machte sich in aller Welt populär. Streng konservativ orientiert, setzte er sich jedoch von dem Johannes XXIII. eingeleiten kirchl. Reformprogramm und dessen liberalerer Hinwendung zu den sozialen Problemen der Menschen ab. In Fragen des Dogmas (Marienverehrung) wie gegenüber innerkirchl. Reformbewegungen (Zölibat, Priesterschaft von Frauen, Laieninvestitur) und mit der Amtskirche differierenden Lehrmeinungen behauptet er mit Nachdruck die päpstl. Autorität (»Codex Iuri Canonici«, 1983). Er verurteilte die lateinamerikan. Befreiungstheologie und hält an seinen weltabgewandten Positionen zur Empfängnisverhütung und an seiner auf die Mutterrolle der Frau fixierten Vorstellung auch gegen Widerspruch innerhalb der Kirche fest. Die polit. Umwälzung in seinem Heimatland beeinflußte er u. a. durch seine drei Besuche in Polen (1979, 1983, 1987), zu dem er als erstem osteurop. Staat die seit mehr als 40 Jahren abgebrochenen diplomat. Beziehungen wieder aufnahm. Als erster Papst betrat J. P. 1986 ein jüd. Gotteshaus, die Synagoge von Rom. 1995 erschien sein Buch »Die Schwelle der Hoffnung überschreiten«.

Johnson, Andrew
17. Präsident der USA 1865–1869
** 29. 12. 1808 Raleigh, North Carolina*
† 31. 7. 1875 Carter's Station, Tennessee
Der Autodidakt aus kleinbürgerl. Verhältnissen war 1853–1857 Gouverneur von Tennessee und 1857 bis 1862 Senator. Im Sezessionskrieg (1861–1865) blieb er als einziger Senator der Südstaaten gegenüber der Union loyal und wurde 1862 Militärgouverneur seines Bundesstaates. 1864 zum Vize-Präs. gewählt, wurde der Demokrat nach der Ermordung Abraham →Lincolns dessen Nachfolger im höchsten Staatsamt. 1867 zwang er Frankreich mit der Drohung, die Monroedoktrin anzuwenden, seine Kaiser →Maximilian unterstützenden Truppen aus dem mexikan. Bürgerkrieg abzuziehen. Im gleichen Jahr kaufte er Rußland Alaska ab (für nur 7 Mio. Dollar). Die Reconstruction (»Wiederherstellung«) suchte er durch Milde gegenüber den besiegten Südstaaten zu fördern und geriet darüber in Konflikt mit unversöhnlichen Republikanern. Sie strengten gegen ihn das bislang einzige Impeachment-Verfahren an, in dem zur erforderlichen Zweidrittelmehrheit für die Anklage nur eine Stimme im Senat fehlte (1868), so daß J. bis zum Ende seiner Amtszeit regieren konnte. Nachfolger: Ulysses S. →Grant.

Johnson, Lyndon Baines

36. Präsident der USA 1963–1969
** 27. 8. 1908 Stonewall bei Johnson City, Texas*
† 23. 1. 1973 San Antonio, Texas

Schon 1937 zog der Demokrat J. ins Repräsentantenhaus ein, wo er Franklin D. →Roosevelt und den New Deal unterstützte. 1949–1961 war er Senator, seit 1953 auch Fraktionsführer. Seit 1961 Vize-Präs. unter John F. →Kennedy, dem er bei der Nominierung als Präsidentschaftskandidat unterlegen war, übernahm er nach dessen Ermordung 1963 die Regierung. Die Wahl von 1964 bestätigte ihn im Amt. Seiner reformorientierten Vorstellung einer sozial gerechten »Great Society« suchte J. durch innen- und sozialpolitische Maßnahmen nahezukommen, denen jedoch die populäre Stoßkraft der Initiativen Kennedys fehlte. Zwei neue Bürgerrechtsgesetze (1964, 1968) sollten den Farbigen die Chancengleichheit bringen, erfüllten deren Erwartungen jedoch nicht. Rassenunruhen waren die Folge (Race Riots 1965–1968). Seit 1964 führte J. mit wachsendem militär. Einsatz den schon unter Kennedy ins Auge gefaßten Vietnamkrieg, dessen Kosten seine Reformpolitik blockierten und an dem sich heftige Studentenunruhen entzündeten (»Campus-Revolte«), die auf zahlreiche Länder übergriffen. Angesichts der Aussichtslosigkeit, den Krieg siegreich zu beenden, und einer schweren innenpolit. Krise (u. a. Ermordung Martin Luther Kings und Robert Kennedys 1968), in der er auch in der eigenen Partei an Rückhalt verlor, stellte sich J. 1968 nicht wieder zur Wahl. Nachfolger: Richard →Nixon.

Joschija
König von Juda um 639–609 v. Chr.
† 609 v. Chr. Megiddo
(Griech. *Josia*). Mit dem Ziel der Wiederherstellung des Reiches von König →David nutzte J. den Verfall des assyr. Reiches, um dessen Oberherrschaft abzuschütteln und die Grenzen Judas zu erweitern. Im Innern führte er auf der Basis des im Jerusalemer Tempel aufgefundenen Gesetzes (Deuteronomium) eine Kultreform durch (2. Kön. 22–23). 609 fiel er im Kampf gegen Pharao →Necho II.

Joseph I.
römisch-deutscher Kaiser 1705–1711
** 26. 7. 1678 Wien*
† 17. 4. 1711 Wien
Der Sohn Kaiser →Leopolds I., der seinem Vater an polit. Begabung als überlegen galt, wurde 1687 König von Ungarn und 1690 zum röm. König gewählt, bevor er 1705 die Nachfolge seines Vaters als römisch-dt. Kaiser antrat. Er führte den Spanischen Erbfolgekrieg (1701–1714) gegen Frankreich unter →Ludwig XIV. mit verstärkter Intensität, verdankte seinem Feldherrn Prinz →Eugen von Savoyen mehrere bedeutende Siege und verhinderte ein Bündnis →Karls XII. von Schweden mit Frankreich (Vertrag von Altranstädt, 1707). Den profranzös. bayer. Kurfürsten →Maximilian II. Emanuel stellte er unter Reichsacht (1706), ohne jedoch Bayern niederwerfen zu können. 1703–1711 sah er sich der von Franz II. →Rákóczi geführten Erhebung in Ungarn gegenüber. Noch vor seinem frühen Tod zeichnete sich mit der Machtübernahme der Tories in England der Bruch der antifranzös. Großen Allianz ab, der das Blatt für die Habsburger Herrschaft in Europa wendete. Nachfolger: Bruder →Karl VI.

Joseph II.
römisch-deutscher Kaiser 1765–1790
** 13. 3. 1741 Wien*
† 20. 2. 1790 Wien

Der Sohn von Kaiserin Maria Theresia und Kaiser →Franz I. J. wurde 1764 zum röm. König gewählt, 1765 nach dem Tod des Vaters zum Kaiser gekrönt und Mitregent in den habsburg. Erblanden. In außenpolit. Fragen stand er häufig im Gegensatz zu seiner Mutter. So setzte er gegen ihren Willen 1772 die Teilnahme Österreichs an der 1. Teilung Polens durch (Gewinn von Galizien) und erwarb 1775 die Bukowina vom Osman. Reich. Mit →Friedrich II. (d. Gr.) von Preußen suchte er eine Verständigung, scheiterte aber beim Versuch, Bayern zu annektieren (Bayerischer Erbfolgekrieg 1778/79). In der Folge wandte er sich Rußland zu und schloß 1781 mit →Katharina II. (d. Gr.), die im Rahmen ihres »Griech. Projekts« die Herrschaft in Konstantinopel anstrebte, ein Bündnis gegen das Osman. Reich. Auf dieser Basis intervenierte er in den 4. russ.-türk. Krieg (1788–1791) und eroberte 1789 Belgrad.
Seit 1780 Alleinherrscher, suchte J., gestützt auf Heer und Beamtentum, mit tiefgreifenden Reformen einen aufgeklärten Absolutismus zu praktizieren (Josephinismus). Neben der Abschaffung der Leibeigenschaft (1781) gehörten dazu die Modernisierung der Verwaltung, Förderung von Verkehrswegen und Kultur, Milderung der Zensur, das Verbot der Folter und ein Toleranzedikt in Glaubensfragen, das u. a. die Emanzipation der Juden förderte. Mit seiner merkantilist. Wirtschaftspolitik, der Einführung einer allgemeinen Grundsteuer auch für den Adel und seinen einschneidenden kirchenpolit. Reformen provozierte J. die Opposition von Adel und Klerus. Aufstände in Ungarn (1788) und den österr. Niederlanden (1789) richteten sich gegen den Wiener Zentralismus. Am Ende seines Lebens sah er sich gezwungen, zahlreiche Reformen zurückzunehmen. Nachfolger: Bruder →Leopold II.

Josephus, Flavius
jüdischer Geschichtsschreiber
** um 37 Jerusalem*
† nach 100 Rom
(Eigentlich *Joseph ben Mathijahu*). Im Jüd. Aufstand gegen Rom (66–70) Statthalter von Galiläa, schloß sich J. nach seiner Gefangennahme (67) und Freilassung durch Kaiser →Vespasian den Römern an und wurde Zeuge der Eroberung Jerusalems durch →Titus (70). Er schrieb in 7 Büchern eine »Geschichte des Jüd. Krieges«. Seine Schrift »Gegen Apion« bekämpfte die judenfeindl. Vorurteile seiner Zeit und stellt die umfangreichste Sammlung zum Antijudaismus im Altertum dar. Seine Werke sind eine Hauptquelle für die nachbibl. jüd. Geschichte.

Juan Carlos I.
König von Spanien seit 1975
** 5. 1. 1938 Rom*
Der Enkel König →Alfons' XIII. wurde aufgrund einer Übereinkunft zwischen Staatschef Francisco →Franco und dem Grafen von Barcelona (1948) auf die Übernahme des Throns vorbereitet und 1969 als »Prinz von Spanien« offiziell als Francos Nachfolger designiert. König wurde er nach dem Tod Francos, als dessen gefügiger Anhänger er lange galt. Gemeinsam mit den Ministerpräsidenten Adolfo →Suárez und Felipe →Gonzáles führte er das Land jedoch entschlossen in demokratische Verhältnisse. 1981 vereitelte er einen Militärputsch.

Juan d'Austria, Don

spanischer Heerführer
** 24. 2. 1547*
Regensburg
† 1. 10. 1578
Bouge bei Namur

(*Johann von Österreich*). Der uneheliche Sohn Kaiser →Karls V. erhielt 1569 den Oberbefehl über die Mittelmeerflotte der Heiligen Liga (Spanien, Italien, Venedig, Papst), errang 1571 den Sieg über die Osmanen bei Lepanto und brach damit die osmanische Hegemonie über das westliche Mittelmeer. Aus Rivalenfurcht von seinem Halbbruder König →Philipp II. zum Generalstatthalter der Niederlande ernannt (1576), vermochte er die von →Wilhelm I. von Oranien geführten aufständischen Provinzen nicht zu befrieden. Wahrscheinlich starb er an der Pest. Sein Nachfolger in den Niederlanden wurde Alessandro →Farnese.

Juárez García, Benito
Präsident von Mexiko 1858/61–1872
** 21. 3. 1806 San Pablo Guelatao bei Oaxaca*
† 18. 7. 1872 Mexico
Der Jurist, der als erster Mexikaner rein indian. Abstammung in die Staatsführung aufstieg, war nach dem Sturz des Diktators Antonio López de →Santa Anna 1855 als Justiz-Min. wesentlich an der Gesetzgebung gegen den kirchl. Großgrundbesitz und an der neuen Verfassung von 1857 (,bis 1917 in Kraft) beteiligt. 1858 in das Präs.-Amt aufgerückt, zwang ihn der konservative Widerstand gegen seine Reformen in den Bürgerkrieg (1858–1861). Der kath. Kirche, die die Gegenregierung unterstützte, entzog er mit dem Gesetz zur Trennung von Kirche und Staat sowie der weitgehenden Nationalisierung des Kirchenbesitzes (1859) die Machtbasis. Während er die Intervention Spaniens und Englands abwehren konnte (1862), errichtete Frankreich 1864 mit →Maximilian von Österreich ein mexikanisches Kaisertum. Nachdem die Franzosen auf Druck der USA (Andrew →Johnson) abziehen mußten (1867), konnte es sich gegen die Republikaner nicht mehr halten; Maximilian wurde erschossen. J., der seit 1861 mit dikatorischen Vollmachten regierte, wird als mexikanischer Nationalheld verehrt.

Judas Makkabäus
jüdischer Heerführer im 2. Jh. v. Chr.
† 161 v. Chr. bei Elesa
(Hebräisch *Jehuda Makkabi* = »J. der Hammer«). J. M. war der Sohn des Priesters Mattathias († 166) aus dem Geschlecht der Hasmonäer, der als erster gegen die gewaltsam durchgesetzten religionspolit. Maßnahmen des →Antiochos IV. Epiphanes (u. a. Verbot der jüd. Religionsausübung und rituellen Gebräuche) aufbegehrte. Nach dem Tod des Vaters setzte J. den Kampf gegen den Seleukidenherrscher (Makkabäeraufstand) erfolgreich fort. Er eroberte Jerusalem zurück und weihte den Tempel neu (Anlaß des »Lichtfestes« Chanukka). Im Einverständnis mit Rom übernahm er die Herrschaft über Juda (164) und begründete so die Hasmonäerdynastie (bis 63 v. Chr.). 161 fiel er im Kampf gegen den Nachfolger des Antiochos, Demetrios I. (König 162–150).

Jugurtha

König von Numidien
118–104
** nach 160 v. Chr.*
† 104 v. Chr. Rom

Der Enkel →Massinissas beteiligte sich vor Übernahme der Macht als Feldherr auf seiten des Publius Cornelius →Scipio (d. J.) mit numid. Hilfstruppen an der Eroberung Numantias (134/133). Im Kampf um die Alleinherrschaft beseitigte er seine beiden mitregierenden Brüder (117, 112), von denen sich einer mit Rom verbündet hatte. Als J. zudem röm. Kaufleute in Cirta (112) ermorden ließ, provozierte er den Jugurthin. Krieg, in dem er sich durch diplomat. Geschick und Bestechung seiner Gegner lange erwehren konnte (111–105). Von Gaius →Marius schließlich besiegt, wurde er nach Rom gebracht, im Triumphzug mitgeführt und danach erdrosselt.

Julian(us) *(Flavius Claudius Iulianus)*
römischer Kaiser 361–363
** 331 Konstantinopel*
† 26. 6. 363 Maranga am Tigris
(Auch *Julian Apostata*). Der Neffe →Konstantins d. Gr. wurde 355 von seinem Vetter, Kaiser →Constantius II., zum Caesar ernannt und zur Sicherung

der Rheingrenze nach Gallien beordert, wo er die Franken und Alemannen 357 bei Straßburg besiegte. 360 von seinen Soldaten gegen Constantius II. zum Augustus ausgerufen, trat er nach dessen Tod 361 die Alleinherrschaft an. Obgleich christlich erzogen, wandte J. sich dem Neuplatonismus und dem Kult des Gottes Mithras zu (daher Beiname »Apostata« = »der Abtrünnige«). In Konstantinopel residierend, ließ er als letzter heidnischer römischer Kaiser die Tempel der alten Götter wiederherstellen und verkündete eine allgemeine Glaubensfreiheit, die die alten Kulte wiederaufleben ließ. J. starb 363 auf einem Feldzug gegen die Perser, mit dem er bis vor die pers. Hauptstadt Ktesiphon vorgedrungen war.

***Julius**, Päpste*

Julius I.

Papst 337–352
† 12. 4. 352 Rom

Im arian. Streit um die menschl. bzw. göttl. Natur Christi (→Arius) ließ J. auf einer röm. Synode 340/341 den durch Kaiser →Constantius II. in Alexandria abgesetzten und 339 nach Rom geflüchteten →Athanasios feierlich rehabilitieren. Die abendländ. Teilnehmer der von J. angeregten Synode von Sardika (342) sprachen dem Papst das Recht der letztinstanzlichen Entscheidungen zu, setzten sich aber gegen den heftigen Widerspruch der oriental. Bischöfe nicht durch. J. wurde heiliggesprochen (Fest: 12. 4.).

Julius II.

Papst 1503–1513
** 5. 12. 1443*
Albissola bei Savona
† 21. 2. 1513 Rom

(Vorher *Giuliano della Rovere*). Von seinem Onkel Papst →Sixtus IV. protegiert, erwarb sich J. in der zweiten Nachfolge der Borgia-Papstes →Alexander VI. das Pontifikat durch Bestechung. Er entmachtete seinen Feind Cesare →Borgia (1504), gewann 1506 Perugia und Bologna, reorganisierte den in tiefer Krise befindlichen Kirchenstaat und restaurierte die Macht des Papsttums kriegerisch in wechselnden Koalitionen: Mit Hilfe der Liga von Cambrai wandte er sich u. a. mit Frankreich (→Ludwig XII.) gegen Venedig, um dessen Macht zu brechen (1509), verbündete sich dann aber in der Heiligen Liga u. a. mit Venedig gegen Frankreich, das er aus Italien vertrieb (1511/12). Damit schuf J. die Voraussetzung für die Behauptung des Papsttums während der Reformation und Gegenreformation. Sein Bündnis mit der Eidgenossenschaft 1510 begründete die bis heute andauernde Funktion der Schweizergarde als Leibgarde des Papstes. Um dem von Frankreich drohenden Schisma vorzubeugen, berief er das 5. Laterankonzil ein (1512–1517), das die innerkirchliche Reform vorantrieb.
Als großer Renaissancemäzen ließ J. die herrausragenden Künstler seiner Zeit für sich arbeiten, u. a. Michelangelo (Ausmalung der Sixtinischen Kapelle), Raffael und Bramante, der seit 1501 den mit Ablässen finanzierten Neubau des Petersdoms ins Werk setzte. Nachfolger: →Leo X.

Julius III.

Papst 1550–1555
** 10. 9. 1487 Rom*
† 23. 3. 1555 Rom

(Vorher *Giovanni Maria Ciocchi del Monte*). Seit 1536 Kardinal, leitete J. in der Nachfolge →Pauls III. die erste Tagungsperiode des Konzils von Trient (Tridentinum 1545–1547) und berief es nach seiner Wahl angesichts der Bedrohung durch das Osman. Reich im Einvernehmen mit Kaiser →Karl V. erneut ein (1551). Nach dem Boykott durch Frankreich (→Heinrich II.), das im Bündnis mit der prot. Fürstenverschwörung unter Führung →Moritz' von Sachsen gegen das habsburg. Spanien Krieg führte (1552–1559), scheiterte J. jedoch mit seinem Versuch, eine Glaubenseinheit mit den Protestanten herzustellen, und mußte das Konzil erneut aussetzen (1552). 1550 bestätigte er den Jesuitenorden (→Ignatius von Loyola) endgültig. 1554 erreichte er die kurzzeitige Rückkehr Englands unter →Maria I. (der Katholischen) zur kath. Kirche (bis 1684). Nach dem Tod seines Nachfolgers Marcellus II. übernahm im »Dreipäpstejahr« 1555 Gian Pietro Carafa als →Paul IV. das Pontifikat.

Justinian I., *der Große*

Kaiser von Byzanz
527–565
** 11. 5. 482*
Tauresium bei Skopje
† 11. 11. 565
Konstantinopel

J. betrieb die Restauration des röm. Weltreiches. Ohne selbst Konstantinopel zu verlassen, eroberte er durch seine Feldherrn (vor allem →Belisar und →Narses) das nordafrikan. Wandalenreich 533/34, das Ostgotenreich in Italien 535–540, wo sich der Widerstand gegen die Fremdherrschaft bis 553 hinzog, und die Südostküste des westgot. Spanien (553/54). Während er so den röm. Westen zurückerobern konnte, gefährdete der Sassanidenkönig →Chosrau I., der Persien zu einem mächtigen Reich gemacht hatte, die östl. Reichsgrenze: 532 von ihm tributpflichtig gemacht und 540 Antiochias beraubt, konnte J. das Sassanidenreich erst nach schweren Kämpfen und durch hohe Tributzahlungen zu einem Frieden von 50 Jahren bewegen (562).
Die erfolgreiche Expansionspolitik war nur möglich durch straffe Organisation im Innern und Vollendung der autokrat. Herrschaft. J. zentralisierte die Verwaltung unter Einbeziehung der Kirche. Der Einheit des Reiches diente 529 seine Gesetzessammlung des gesamten römischen Rechts (Codex Justinianus, erweitert 534). Sie regelte die Rechtsprechung und Verwaltung im gesamten Reich und beeinflußte seit dem 11. Jh. bis in die Gegenwart auch die abendländ. Rechtsentwicklung. 532 ließ er – gestützt auf seine Gemahlin und faktische Mitregentin →Theodora – durch Belisar und Narses die Revolte der verbündeten »Blauen« und der »Grünen« (Parteien) niederschlagen (Nikaaufstand), die einen Gegenkaiser proklamiert hatten.
Röm. Reich, römisches Recht und christl. Glaube bildeten für J., der unter dem Einfluß von Theodora dem Monophysitismus (Lehre von der einzig göttl. Existenz →Jesu) nahestand, eine Einheit, die er in seinem Selbstverständnis als Diener Gottes wahren wollte. So schloß er 529 im Rahmen der Heidenverfolgung die platon. Akademie in Athen. Die Herstellung der Kirchenunion, die er 519 noch unter Justin I. (Kaiser 518–527) durch Beilegung des über den Monophysitismus ausgebrochenen Akazian. Schismas (seit 484) vorbereitet hatte, mißlang jedoch trotz Berufung des 5. Ökumenischen Konzils nach Konstantinopel wegen des Widerstands von Papst Vigilius (553). Als Ausdruck seines Weltherrschaftsanspruchs stattete J. Konstantinopel reich aus und ließ die Hagia Sophia nach ihrer Zerstörung durch den Nikaaufstand erneuern. Mit von nestorian. Mönchen aus China nach Byzanz geschmuggelten Seidenraupen sicherte er dem Reich das ertragreiche Seidenmonopol für das ganze Abendland. (▷ Chronik Zitat)

Wie Justinian an die Raupen kam

Chronik Zitat

Die Einführung der Seidenraupenzucht unter Justinian I. schildert der byzantin. Historiker und Zeitgenosse Prokopios (um 500, † um 562):*

»In diesem Jahre (552) erfuhren einige Mönche, die aus Indien gekommen waren, es sei Kaiser Justinianus darum zu tun, daß die Rhomäer [Römer] die Seide nicht mehr von den Persern kaufen müßten. Sie begaben sich zum Kaiser und versprachen, die Seidenfrage so zu regeln, daß die Rhomäer die Seide nie mehr von den feindlichen Persern oder von irgendeinem anderen Volke einhandeln müßten... Als der Kaiser sie unablässig ausfragte..., sagten die Mönche, daß eine Art von Raupen Produzenten der Seide seien, wobei die Natur ihre Lehrmeisterin sei und sie zu ununterbrochener Arbeit zwinge. Allerdings sei es unmöglich, die Raupen lebend hierher zu transportieren, wohl aber gehe es ganz leicht und mühelos mit dem Produkt. Das Produkt einer jeden dieser Raupen seien zahllose Eier. Diese Eier bedecken die Leute lange Zeit, nachdem sie so gelegt sind, mit Mist, wärmen sie auf diese Art genügend lange und bringen sie so zum Leben. Als die Männer dies erzählt hatten, versprach ihnen der Kaiser, sie reich zu beschenken und überredete sie dazu, ihre Worte durch die Tat zu bekräftigen. Sie aber begaben sich wiederum nach Serinda [Ceylon?] und brachten die Eier nach Byzanz. Dann führten sie auf die oben geschilderte Art ihre Verwandlung in Raupen durch, nährten sie mit Blättern des Maulbeerbaumes und führten von da an die Seidenproduktion für alle Zukunft im Rhomäerreich ein.«

Kádár, János

ungarischer KP-Chef 1956–1988
** 26. 5. 1912 Rijeka*
† 6. 7. 1989 Budapest

Von Beruf Mechaniker und seit 1931/32 in der (damals illegalen) KP, rückte K. 1942 in das ZK, 1945 in das Politbüro der Partei auf. Nach Einrichtung des kommunist. Regimes verlor er im Zuge der von Mátyás →Rákosi betriebenen stalinist. »Säuberungen« als angebl. »Titoist« seine Ämter (u. a. Innen-Min. 1948–1950) und kam in Haft (1951–1954). Nach seiner Entlassung war er zunächst Parteigänger Imre →Nágys und Mitglied seiner Regierung (1956), distanzierte sich jedoch bald und beteiligte sich maßgebend an der Niederwerfung des ungarischen Aufstandes durch sowjetische Truppen. Seitdem übernahm er als Erster Sekretär des ZK und Minister-Präs. (1956–1958, 1961–1965) die Staats- und Parteiführung. Während er nach außen die Hegemonialinteressen der UdSSR wahrte, verfolgte er nach innen seit Mitte der 60er Jahre einen relativ erfolgreichen Kurs begrenzter Liberalisierung (»Gulaschkommunismus«) und bereitete die Öffnung zum Westen vor. Während der demokratischen Umwälzung 1988 mußte er als Parteichef zurücktreten und wurde aus dem ZK ausgeschlossen.

Kahr, Gustav *Ritter von (ab 1911)*
bayerischer Ministerpräsident 1920/21 und Generalstaatskommissar 1923
** 29. 11. 1862 Weißenburg*
† 30. 6. 1934 bei Dachau
Der Verwaltungsjurist, 1917–1924 Regierungs-Präs. von Oberbayern, wurde nach dem Kapp-Putsch 1920 bayer. Min.-Präs. Im Konflikt mit der Reichsregierung, die die von ihm organisierten und zur Bekämpfung der Linken eingesetzten Einwohnerwehren auflöste, trat er 1921 zurück. 1923 von der bayer. Regierung als Generalstaatskommissar zur Sicherung von Ruhe und Ordnung eingesetzt, verhängte er im Sept. 1923 den Ausnahmezustand über Bayern und unterstellte sich den bayer. Teil der Reichswehr (Okt. 1923). In seinem eigenen Putschplan gegen die Reichsregierung gestört, schlug er den Hitler-Putsch am 9. Nov. 1923 nieder. 1924 bis 1930 war K. Präs. des bayer. Obersten Verwaltungsgerichtshofes. Seine Ermordung während der »Niederschlagung« des vorgeblichen Röhm-Putsches 1934 war ein Racheakt der Nationalsozialisten.

Kalinin, Michail Iwanowitsch
sowjetisches Staatsoberhaupt 1919–1946
** 19. 11. 1875 Werchnjaja Troiza, Twer*
† 3. 6. 1946 Moskau
Von Beruf Dreher und seit Spaltung der russ. Sozialdemokratie 1903 Bolschewik, beteiligte sich K. an der Russ. Revolution 1905. Als Mitarbeiter Wladimir I. →Lenins war er erster Redakteur des Parteiorgans »Prawda« (seit 1912), nach der Oktoberrevolution 1917 Bürgermeister von Petrograd. Seit 1919 war er als Vors. des Zentralexekutivkomitees (bis 1938), dann als Vors. des Präsidiums des Obersten Sowjets nominelles Staatsoberhaupt. Seit 1919 Mitglied des ZK der KPdSU und seit 1926 im Politbüro, nahm er im Schatten Josef W. →Stalins keinen wesentlichen Einfluß auf dessen Politik und überlebte als einer der wenigen »Altbolschewiki« die »Großen Säuberungen« der 1930er Jahre.

Kaltenbrunner, Ernst

deutscher Geheimdienstchef 1943–1945
** 4. 10. 1903 Ried*
† 16. 10. 1946 Nürnberg

Der Jurist, seit 1933 SS-Führer in Österreich, machte nach dem »Anschluß« an das Dt. Reich 1938 Karriere als höherer SS- und Polizeiführer und trat 1943 die Nachfolge Reinhard →Heydrichs als Leiter des Reichssicherheitshauptamts, Chef der Sicherheitspolizei und des Sicherheitsdienstes (SD) an. 1944 übernahm er nach der Kaltstellung von Wilhelm →Canaris die Abwehr als Militär. Amt des Reichssicherheitshauptamts und besaß damit das nachrichtendienstl. Monopol. Wegen seiner Mitverantwortung für die Massenmorde der SD-Einsatzgruppen in Osteuropa, die Organisation und Durchführung des Holocaust, die Ermordung von Kriegsgefangenen wurde K. vom Internationalen Militärgerichtshof in Nürnberg zum Tode verurteilt und hingerichtet.

Kambyses II.
altpersischer König 529–522 v. Chr.
Der König aus dem Geschlecht der Achämeniden, Sohn und acht Jahre Mitregent →Kyros' II., nannte sich als erster Herrscher »König der Persis«. Er führte die Expansion des Reiches fort, besiegte den ägyptischen Pharao Psammetich III. (526–525), den Sohn →Ahmoses' II., nahm Memphis ein und unterwarf ganz Ägypten. Auf dem Rückweg nach Persien soll er sich auf die Nachricht hin, der zoroastrische Magier →Gaumata habe den Thron an sich gerissen, das Leben genommen haben.

Kamenew, Lew Borissowitsch
russischer Revolutionär
** 22. 7. 1883 Moskau*
† 25. 8. 1936 Moskau
Der Eisenbahningenieur K. (eigentlich *Rosenfeld*) war seit der Spaltung der russ. Sozialdemokratie 1903 Bolschewik und schon früh enger Mitarbeiter Wladimir I. →Lenins. Als Mitherausgeber des Parteiorgans »Prawda« (seit 1914) und Mitglied der Duma 1915 nach Sibirien verbannt, kehrte er mit Josef W. →Stalin 1917 nach St. Petersburg zurück. Nach der Februarrevolution wurde er Mitglied des ZK. Obwohl er bei Eröffnung der Oktoberrevolution 1917 gegen den bewaffneten Aufstand stimmte, bekleidete er später höchste Partei- u. Staatsämter (1919–1926 Mitglied des Politbüros). Nach Lenins Tod bildete er mit Stalin und Grigori →Sinowjew die Troika gegen Trotzki, stellte sich jedoch nach dessen Niederlage in Opposition zu Stalin. Im innerparteil. Machtkampf 1927 als »Linksoppositioneller« ausgeschaltet, wurde er 1936 im ersten großen Schauprozeß (Prozeß der Sechzehn) der »Großen Säuberung« zum Tode verurteilt und hingerichtet. 1988 wurde er rehabilitiert.

Kangxi
Kaiser von China 1661–1722
** 4. 5. 1654*
† 20. 12. 1722
(Persönl. Name *Hsüan-Yeh Shengzu*). Der 2. Kaiser der aus dem Volk der Mandschu hervorgegangenen Ch'ing-Dynastie war ein machtvoller, gebildeter Herrscher, unter dessen Regierung China nach der endgültigen Niederschlagung der Aufstände des Wu Sangui eine polit. und kulturelle Blütezeit erlebte. K. förderte die Wissenschaft (Große Enzyklopädie mit 5000 Bänden, abgeschlossen 1725) und tolerierte die christliche Mission der Jesuiten, um von deren wissenschaftl. Kenntnissen zu profitieren. Den Grenzkonflikt mit Rußland am Amur (seit 1683) beendete er 1689 mit dem Vertrag von Nertschinsk (1689), dem ersten Vertrag Chinas mit einem europäischen Staat. Er ließ Taiwan erobern (1683), sicherte die Nord- und Nordwestgrenze mit Feldzügen gegen die westmongol. Dsungaren (1690 bis 1696) und stellte das 1717–1720 unterworfene Tibet als Protektorat unter chinesische Herrschaft.

Kapp, Wolfgang
deutscher Rechtsputschist
** 24. 7. 1858 New York*
† 12. 6. 1922 Leipzig

Der Verwaltungsjurist K. war 1906–1916 Leiter eines Bodenkreditinstituts (Generallandschaftsdirektor) und propagierte im 1. Weltkrieg als Mitgründer und (neben Alfred v. →Tirpitz) Co-Vors. der rechtsextremen Dt. Vaterlandspartei (1917) einen »Siegfrieden«. Zusammen mit dem Chef des Reichswehrgruppenkommandos 1, General Walther Frhr. von Lüttwitz (* 1859, † 1942), unternahm er am 13. 3. 1920 in Berlin einen antirepublikan. Umsturzversuch (K.-Putsch) mit Hilfe der Brigade →Ehrhardt, die das Regierungsviertel besetzte. Während die Reichsregierung über Dresden nach Stuttgart floh, ernannte K. sich zum Reichskanzler. Obwohl die Reichswehrführung ein militär. Eingreifen zugunsten der rechtmäßigen Regierung verweigerte, scheiterte der Putsch am 17. 3. u. a. dank des von den Gewerkschaften und Arbeiterparteien ausgerufenen Generalstreiks. K. trat zurück und floh nach Schweden. 1922 stellte er sich dem Reichsgericht in Leipzig und starb in Untersuchungshaft.

Karadźić, Radovan
Serbenführer in Bosnien-Herzegowina
** 19. 6. 1945 Petnica, Montenegro*
K., Lyriker und von Beruf Psychiater, gründete 1990 die großserb. orientierte Serb. Demokrat. Partei (SDS). Mit Unterstützung des serb. Präsidenten Slobodan →Milošević spaltete er nach der Unabhängigkeit des von Muslimen dominierten Bosnien-Herzegowina 1992 die von Serben kontrollierten Gebiete als »Serb. Republik« ab. Durch Eroberung

weiterer Gebiete und Vertreibung der muslim. Bevölkerung (»ethn. Säuberung«) sucht er sie auf zwei Drittel des bosnischen Territoriums zu erweitern. Im Windschatten hilfloser internationaler Friedensbemühungen, vereinbarter und immer wieder gebrochener Waffenstillstände setzt K. den Eroberungskrieg fort. Während die seit 1992 für humanitäre Aufgaben stationierte UNO-Schutztruppe, die u. a. das Überleben des seit drei Jahren belagerten Sarajevo sichert, K. zunehmend als Objekt der Erpressung dient, bereitet sich die NATO auf die militär. Sicherung ihres Abzugs vor. Danach erscheint die Zerschlagung Bosnien-Herzegowinas nur noch eine Frage der Zeit. 1995 zog das UN-Kriegsverbrecher-Tribunal in Den Haag ein in Bosnien gegen K. laufendes Verfahren wegen Völkermordes an sich.

Karadjordje
serbischer Freiheitskämpfer
** um 1768 Viševac bei Kragujevac*
† 25. 7. 1817 Radovanje bei Smederevo
(Türkisch = »Schwarzer Georg«; eigentlich *Djordje Petrović*). K., der im österr.-osman. Krieg (1788 bis 1791) in einem österr. Freikorps gegen die Osmanen kämpfte, wurde 1804 zum Führer des 1. Serb. Aufstands gegen die osman. Fremdherrschaft gewählt. Er schlug die Osmanen, eroberte 1806 Belgrad und übernahm, verbündet mit Rußland, die Herrschaft in Serbien. 1812 lehnte er die von Rußland im Frieden von Bukarest erreichte Anerkennung der Autonomie Serbiens als unzureichend ab und setzte den Kampf fort, mußte sich aber 1813 auf habsburg. Territorium (Semlin) zurückziehen. 1817 heimlich zurückgekehrt, ließ ihn sein Rivale →Miloš Obrenović, der inzwischen den 2. Serb. Aufstand anführte, ermorden. – K. ist der Stammvater der serb. Herrscherdynastie Karadjordjević, die sich mit der rivalisierenden Dynastie Obrenović in der Herrschaft ablöste (→Alexander Karadjordjević).

Karamanlis, Konstantin
griech. Staatspräsident 1980–1985, 1990–1995
** 8. 3. 1907 Broti, Makedonien*
Seit 1935 politisch aktiv und seit 1946 mehrfach Min., wurde K. 1955 erstmals Min.-Präs. Gestützt auf die 1956 von ihm gegr. konservative Nationalradikale Union (ERE), suchte er Griechenland wirtschaftl. zu reformieren und an die westeurop. Einigungsbewegung (EWG) anzubinden. Im Konflikt mit dem designierten König Konstantin II. (1964 bis 1974) wurde er 1963 als Min.-Präs. von Georgios →Papandreou abgelöst, ging ins Exil nach Paris und wurde nach dem Sturz der Militärjunta 1974 erneut Min.-Präs. (bis 1980). Nachdem er bei freien Wahlen mit seiner Partei Neue Demokratie (ND) die absolute Mehrheit errungen hatte (1974), setzte er eine Präsidialverfassung durch (1975). Seit 1980 Staats-Präs., trat er 1985 zurück. 1990 wurde er erneut gewählt.

Kara Mustafa
osmanischer Großwesir 1676–1683
** 1634/35 Maryndscha bei Merzifon*
† 25. 12. 1683 Belgrad
Nach fehlgeschlagenem Feldzug gegen Rußland (1677–1681) belagerte K. M. (türkisch »schwarzer Mustafa«) im 5. Türkenkrieg (1683–1699) Wien. Von einem polnisch-dt. Entsatzheer unter dem polnischen König →Johann II. Sobieski, Kurfürst →Maximilian II. Emanuel von Bayern und Markgraf →Ludwig Wilhelm von Baden (»Türkenlouis«) 1683 vertrieben, erlitt er in der Schlacht am Kahlenberg die entscheidende Niederlage, die den Niedergang des Osmanischen Reichs einleitete. Auf dem Rückzug ließ ihn der Sultan erdrosseln.

***Karl,** Fürsten*

– römische und römisch-deutsche Kaiser

Karl der Große, *K. I.*
König der Franken 768–814,
Kaiser 800–814
** 2. 4. 747*
† 28. 1. 814 Aachen

(Lateinisch *Carolus magnus*, französisch *Charlemagne*). Als bedeutendster Herrscher des Mittelalters prägte K. auf politischem, kirchlichem und kulturellem Gebiet seine Zeit in außerordentlichem Maße und schuf wesentliche Grundlagen für die geistige und politische Einheit des Abendlands.
Seit dem Tod seines Bruders →Karlmann (771), mit dem er die Herrschaft in der Nachfolge ihres Vaters →Pippin III. (d. J.) seit 768 teilte, war K. Alleinherrscher. Er setzte zunächst die Politik seines Vaters fort, beendete die Unterwerfung Aquitaniens (769) und eroberte, gerufen von Papst →Hadrian I., das Langobardenreich in Oberitalien unter →Desiderius, dessen Königstitel er auf sich übertrug (774), erneu-

erte gegenüber dem Papst die Pippinische Schenkung von 756 und übernahm die Schutzherrschaft über den Kirchenstaat. 781 ließ er Hadrian seinen Sohn Pippin (* 777, † 810) als König von Italien und seinen Sohn und späteren Nachfolger →Ludwig I. (den Frommen) als König von Aquitanien krönen und sicherte damit die Herrschaft seiner Dynastie im Süden des Reiches.
Die 778 begonnenen Kämpfe gegen die Omaijaden von Córdoba dienten der Sicherung Aquitaniens und führten 795 zur Errichtung der Span. Mark als Ausgangspunkt für die spätere Rückeroberung Spaniens von den Mauren (Reconquista). Mit der Absetzung Herzog →Tassilos III. von Bayern 788 beseitigte er das letzte ältere Stammesherzogtum und gliederte auch Bayern dem fränkischen Reich ein. 795/96 folgte die Unterwerfung des Awarenreichs. Mehr als 30 Jahre (772–804) benötigte K. für die Unterwerfung und Christianisierung der Sachsen unter →Widukind. Zum Schutz des Herrschaftsbereichs richtete er weitere Marken ein (Awar., Breton., Dän. Mark, Mark Friaul, Karantan. Mark, Nordmark, Serbische, Tolosanische Mark). Eine Anzahl slawischer Tributsstaaten, darunter die von ihm zur Annahme des Christentums gezwungenen Abodriten, sicherten die Grenze im Osten.
In Kämpfen über drei Jahrzehnte expandierte K. das Frankenreich zum bedeutendsten Großreich des abendländ. Mittelalters, aus dem später Dtschld., Frankreich sowie die italien. und span. Teilreiche hervorgingen. Die europ. Machtstellung, die Herrschaft über Italien und Rom und die von Pippin d. J. begründete enge Verbindung von fränk. Königtum und Papsttum waren die Voraussetzung für die Erhebung K.s zum Kaiser, die Weihnachten 800 von Papst →Leo III. vollzogen wurde. Der Sicherung und dem Ausbau des Reichs dienten zahlreiche Verwaltungsmaßnahmen (Grafschaftsverfassung, Königsboten, Reichskirche, Ausbau des Lehnswesens).
K. verstand sich als weltl. Oberhaupt der christl. Kirche und sein Kaisertum nicht als päpstl., sondern als göttl. Lehen, er förderte nicht nur nachdrücklich

»Von Gott zur Herrschaft berufen«

Chronik Zitat

Der Historiker Josef Fleckenstein (1916) entwarf ein Persönlichkeitsbild des Herrschers (»Karl der Große«, 1962, Auszug):*

»Seine Vielseitigkeit und seine Leistungskraft erschließen uns die historische Gestalt: Aus der Fülle seiner Taten und Leistungen erwächst das Bild eines überlegen planenden, rastlos tätigen und zielklaren Herrschers, dessen ganzes Tun einen wachen, der Ordnung verschworenen Geist, einen unbeugsamen Willen und eine einzigartige Spannweite verrät.
Die Gelehrten seiner Umgebung haben dazu noch manchen persönlichen Zug überliefert. So schildert →Einhard seine äußere Gestalt: groß, massig, mit einem runden Kopf, der auf einem kurzen, stämmigen Nacken saß; das Gesicht beherrscht von großen Augen mit scharfem, durchdringenden Blick, aber gewöhnlich freundlich-heiter in seinem Mienenspiel; dazu eine Stimme, die überraschend hell war und, wie Einhard bemerkt, ›mit der ganzen Gestalt nicht recht in Einklang stand‹. Dieser Kontrast ist mehr als eine Äußerlichkeit: er verdeutlicht nur, daß die Gestalt mancherlei Gegensätze in sich zusammenschloß. Wie Karls vielgepriesene Freundlichkeit auch in schrekkenerregenden Zorn umschlagen konnte, so muß er überhaupt von starken inneren Spannungen erfüllt gewesen sein: von ihnen sind seine gewaltigen Leistungen getrieben; auf ihrer Bändigung beruht seine persönliche Größe und seine Geschichtsmächtigkeit. Einhard hat diese Größe mit dem antiken Begriff der magnanimitas zu verdeutlichen versucht: der Größe des Geistes und der Seele... Die Selbstsicherheit und Kraft, die Karl erfüllten, erwuchsen aus der tiefen Überzeugung, von Gott zur Herrschaft berufen zu sein; der göttliche Auftrag gab seinem Handeln die letzte Rechtfertigung und Sicherheit...
Der tote Karl aber wurde selbst zum Symbol. Sein Herrschertum entwickelte prägende Kraft: hinfort mußte ein großer Herrscher wie Karl der Große sein. Seinem Vorbild eiferten die Kaiser und Könige des Mittelalters nach. Er war der Maßstab, nach dem die Geschichtsschreiber Lob und Tadel verteilten, und das Volk, das ihn als Helden besang, beschwor ihn zugleich als Verkörperung von Recht und Gerechtigkeit.«

die christl. Mission in den eroberten Gebieten, sondern auch kirchl. Reformen. Sein Hof wurde durch die Anwesenheit angesehener Gelehrter (u. a. Alkuin, Einhard, Paulus Diaconus) auch zum geistigen Zentrum Europas. Von ihm ging eine Bildungsreform aus, die zu einer Blüte der Wissenschaften und Künste führte (karoling. Renaissance). Als Idealfigur des christl. Herrschers verherrlicht und später als Heiliger verehrt, wurde K. 1165 auf Wunsch Kaiser →Friedrich I. Barbarossas von dem (Gegen-) Papst Paschalis III. (1164–1168) kanonisiert.
(▷ Chronik Zitat)

Karl II., *der Kahle*
Westfrankenkönig 843–877,
römischer Kaiser 875–877
** 13. 6. 823 Frankfurt a. M.*
† 6. 10. 877 Avrieux bei Mondane
Kaiser →Ludwig I. (der Fromme) begünstigte seinen jüngsten Sohn K. in der 829 veränderten Erbfolge und gab damit Anlaß zur Erhebung der drei anderen (aus erster Ehe stammenden) Kaisersöhne. Im Bruder- und Bürgerkrieg nach Ludwigs Tod (840) um das in Auflösung begriffene Karolingerreich (K. und →Ludwig der Deutsche gegen Kaiser →Lothar I.) sicherte sich K. mit dem Friedensvertrag von Verdun 843 die Westhälfte des Reichs (Aquitanien, Septimanien, die Span. Mark, Burgund, Neustrien, die Bretagne und Flandern). Lothar I. beerbte er um die Provence und Südburgund (855–863), mit Ludwig dem Deutschen teilte er sich nach →Lothars II. Tod (869) das Zwischenreich Lotharingien (870). 875 empfing er vom Papst die von seinem älteren Bruder Ludwig dem Deutschen erhoffte Kaiserkrone. K., der als erster König »Frankreichs« gilt, gab dem Königtum eine sakral überhöhte Stellung, die das französische Königtum bis 1789 kennzeichnete.

Karl III., *der Dicke*
Ostfrankenkönig 876–887,
römischer Kaiser 881–888
** 839*
† 13. 1. 888 Neidingen a. d. Donau
Der Sohn →Ludwigs des Deutschen erhielt bei der Teilung des fränkischen Ostreichs nach dem Tod seines Vaters (876) Schwaben und Rätien. Nachdem ihm sein Bruder →Karlmann den Königstitel über Italien abgetreten hatte (879), er →Ludwig III. (d. J.) um das westliche Lotharingien beerbt hatte (882) und vom westfränkischen Adel zum König gewählt worden war (885), vereinigte er, 881 zum römischen Kaiser gekrönt, für kurze Zeit fast das ganze Reich →Karls d. Gr. unter seinem Zepter. Ohne die plündernden Normannen abwehren zu können und machtlos gegenüber dem Hochadel, zudem an Epilepsie leidend, wurde er im Nov. 887 auf der Reichsfürstenversammlung zu Tribur abgesetzt, die →Arnulf von Kärnten zu seinem Nachfolger erhob. Mit K.s Sturz begann endgültig die Auflösung des karolingischen Großreichs.

Karl IV.

deutscher König
1346–1378,
römisch-deutscher
Kaiser 1355–1378
** 14. 5. 1316 Prag*
† 29. 11. 1378 Prag

(Eigentl. *Wenzel*). Der älteste Sohn und Nachfolger →Johanns von Luxemburg wurde am Hof des französ. Königs →Karl IV. (des Schönen) erzogen und mit dessen Nichte vermählt. Nach dem Tod seines Vaters (1346) wurde er nach Zugeständnissen an die Kurfürsten und den Papst (keine Einmischung in Italien) zum Gegenkönig zu →Ludwig IV. (dem Bayern) gewählt. 1346 wurde er König von Böhmen, 1355 König von Italien und im gleichen Jahr in Rom zum Kaiser gekrönt, 1365 König von Burgund.
Staatspolitisch geschickt, friedliche Mittel bevorzugend, baute K. während seiner drei Jahrzehnte währenden Herrschaft seine luxemburgisch-böhm. Hausmacht aus und erweiterte das Reichsterritorium (Oberlausitz 1346, Niederlausitz 1367, Mark Brandenburg 1373). Dem Dt. Orden half er, Pommerellen zu behaupten, verband sich aber später (1348 und 1356) gegen ihn mit Polen.
Von weittragender Bedeutung war, daß K., der in Prag residierte, das Schwergewicht des Reichs nach Osten verlagerte. Böhmen, das er politisch, wirtschaftlich und kulturell förderte (Gründung der ersten dt. Universität in Prag 1348, Bau der Prager Neustadt, des Doms, der Karlsbrücke, der Burg Karlstein, Erneuerung des Hradschin), wurde Kernland des Reichs. Von seiner Reichskanzlei unter Johann von Neumarkt (* um 1310, † 1380) ging die Ausbildung der neuhochdt. Schriftsprache aus. K. zog bedeutende Künstler und Gelehrte an seinen Hof, pflegte Beziehungen zur italien. Frührenaissance, förderte Reichsstädte, Patriziat und Bürgertum und

erließ das erste Reichsgrundgesetz, die Goldene Bulle (1356). Sie regelte u. a. die Königswahl ohne Zustimmung des Papstes, die Rechte der Kurfürsten, des Reichstags, der Landstände und das Fehderecht. 1376 setzte K. die Wahl seines Sohnes →Wenzel zum dt. König durch. Mit der Teilung des Reichs unter seine Söhne Wenzel, →Sigismund und Johann (auch seine zwei Neffen bedachte er noch) zerstörte er jedoch selbst seine luxemburg. Hausmacht (1377). – Als erster dt. König schrieb K. eine lateinisch verfaßte Autobiographie (»Vita Caroli Quart«).

Karl V.

römisch-deutscher Kaiser 1519–1556
** 24. 2. 1500 Gent*
† 21. 9. 1558 San Jerónimo de Yuste

Sohn des Habsburgers →Philipps I. (des Schönen) von Kastilien und →Johannas der Wahnsinnigen, der Erbtochter →Ferdinands II. Durch den frühen Tod des Vaters wurde K. 1506 Herr der habsburg. Erblande und 1516 (nach dem Tod seines Großvaters Ferdinand) König von Spanien, wo er sich gegen den Comuneros-Aufstand durchsetzen mußte (1517 bis 1522). 1519 mit Hilfe erheblicher Wahlgelder, die ihm Jakob →Fugger vorstreckte, gegen →Franz I. von Frankreich in Frankfurt zum Kaiser gewählt, war er somit Herrscher des seit →Karl d. Gr. größten europ. Reiches und begründete das spanische Imperium, »in dem die Sonne nicht untergeht«.
In Deutschland wurde K. während seiner Abwesenheit durch das 1519 in der Wahlkapitulation den dt. Kurfürsten zugestandene Reichsregiment unter Vorsitz seines Bruders →Ferdinand I. vertreten.
Unter Berufung auf die von Karl d. Gr. verkörperte mittelalterl. Kaiseridee und stark beeinflußt durch seine Ratgeber, u. a. Antoine Perrenot de →Granvelle, suchte K. die Glaubenseinheit wiederherzustellen (Kampf gegen die Reformation) und die Neue Welt zu christianisieren (Förderung der Konquistadoren, Eroberung Mexikos durch Hernán →Cortés 1519 bis 1521 und Perus durch Francisco →Pizarro 1531 bis 1533). Während er 1530 als letzter Kaiser von Papst →Hadrian VI. gekrönt wurde, sich in vier Kriegen gegen Franz I. von Frankreich, der sich mit dem Papst und mit England verbündet hatte, behauptete (Frieden von Crépy 1544) und seine Herrschaft in Italien und den Niederlanden sichern konnte, scheiterte sein Versuch, die Reformation zu unterdrücken. 1547 besiegte er den prot. Schmalkaldischen Bund bei Mühlberg, mußte jedoch infolge der prot. Fürstenverschwörung unter →Moritz von Sachsen (1551/52) und der Gegnerschaft der Päpste →Paul III. und →Julius III. auf die prokath. Zwischenlösung im Konfessionskonflikt (Augsburger Interim von 1548) verzichten: Der Augsburger Religionsfrieden von 1555 garantierte die Gleichstellung von Katholiken und Lutheranern.
Resigniert legte er 1555/56 die Regierung in den Niederlanden, Spanien und Neapel zugunsten seines Sohns →Philipp II. nieder und übergab die Herrschaft im Reich seinem Bruder Ferdinand I.

Karl VI.

römisch-deutscher Kaiser 1711–1740
** 1. 10. 1685 Wien*
† 20. 10. 1740 Wien

(Als *Karl [Carlos] III.* König von Ungarn 1711 bis 1740). Der zweite Sohn Kaiser →Leopolds I., Bruder und Nachfolger von →Joseph I., war zugleich Erbe des 1700 verstorbenen letzten span. Habsburgers →Karl II., konnte sich aber im Span. Erbfolgekrieg (1701–1713/14) trotz engl. und niederländ. Hilfe gegen den französischen Bewerber →Philipp V. nicht durchsetzen. Nach dem zwischen England und den Niederlanden mit Frankreich geschlossenen Utrechter Frieden (1713), der Spanien dem Bourbonen zusprach, mußte sich K. 1714 im Frieden von Rastatt mit den spanischen Nebenländern (Neapel, Mailand, Sardinien, Span. Niederlande) begnügen.
Als letzter männl. Habsburger suchte er für sein Haus (unter Ausschaltung der Ansprüche der Töchter Josephs I.) die weibl. Erbfolge durch die Pragmatische Sanktion (1713) zu sichern, mußte für die Zustimmung der europ. Mächte jedoch erhebl. territoriale Opfer erbringen (und schuf mit ihr gleichwohl den Ausgangspunkt für den Österreichischen Erbfolgekrieg 1741–1748). Weitgehend glücklos im Konflikt mit Frankreich im Rahmen des Polnischen

Erbfolgekrieges (1733–1735), wurde Österreich weiter geschwächt im 7. Türkenkrieg (1737–1739), durch den es im Frieden von Belgrad (1739) alle mit Prinz →Eugen im 6. Türkenkrieg (1716–1718) gewonnenen Gebiete an das Osman. Reich verlor. Bei seinem plötzlichen Tod hinterließ K. seiner jungen Tochter →Maria Theresia ein uneiniges Reich.

Karl VII. Albrecht
römisch-deutscher Kaiser 1742–1745
** 6. 8. 1697 Brüssel*
† 20. 1. 1745 München

Als *Karl Albrecht* Sohn und Nachfolger von →Maximilian II. Emanuel wurde K. 1726 Kurfürst von Bayern. 1722 hatte er Maria Amalie geheiratet, eine Tochter Kaiser →Josephs I., die bei der Vermählung auf ihre Erbansprüche verzichtete. Nach dem Tod Kaiser →Karls VI. (1740) erkannte K. die Pragmat. Sanktion jedoch nicht an. Um seinen Anspruch auf den Kaisertitel gegen →Maria Theresia durchzusetzen, eröffnete er 1741 den Österr. Erbfolgekrieg (bis 1748). Unterstützt von Frankreich und zunächst begünstigt durch den 1. Schles. Krieg Preußens gegen Österreich (1740–1742), fiel er in Oberösterreich und in Böhmen ein, ließ sich 1741 zum böhm. König krönen und 1742 von den Gegnern Habsburgs zum Kaiser wählen. Maria Theresias Gegenschlag, bei dem sie München eroberte, vertrieb K. aus Böhmen und Mähren, doch konnte er sich kurz vor seinem Tod im 2. Schles. Krieg (1744/45) sein Stammland Bayern sichern. – K. war (nach →Ludwig IV.) der zweite und letzte Wittelsbacher, der die Kaiserwürde innehatte. Sein Nachfolger im Reich wurde der Gatte Maria Theresias, →Franz I.

– Burgund

Karl der Kühne
Herzog 1467–1477
** 10. 11. 1433 Dijon*
† 5. 1. 1477 Nancy

Der Sohn →Philipps III. (des Guten) versuchte die zwischen seinen Besitzungen (Burgund, Niederlande) liegenden Gebiete Elsaß und Lothringen zu erwerben, aus den burgund. Ländern einen einheitl. Gesamtstaat zu schaffen und die Kaiserwürde zu erringen. Nach anfängl. Erfolgen (Besetzung Lothringens 1473) scheiterte er am Widerstand seiner beiden Lehnsherren, →Ludwig XI. von Frankreich und Kaiser →Friedrich III., und der Schweizer Eidgenossenschaft. Die Schweizer besiegten K. 1476 bei Grandson und Murten und zusammen mit den Lothringern 1477 bei Nancy, wo er fiel. Durch die Heirat seiner Tochter Maria (* 1457, † 1482) mit dem späteren Kaiser →Maximilian I. kamen Teile des burgundischen Erbes an die Habsburger.

– England

Karl I.
König 1625–1649
** 19. 11. 1600*
Dunfermline, Schottland
† 30. 1. 1649 London

Eingenommen von der Idee des Gottesgnadentums versuchte K., Sohn und Nachfolger →Jakobs I., mit Hilfe einer parlamentsunabhängigen Steuerpolitik und einer zentralist. »anglo-kath.« Kirchenpolitik eine quasi-absolutistische Herrschaft zu installieren. Nachdem er bei seinen ersten drei Parlamenten (1625, 1626 und 1628/29) auf heftige Opposition stieß, regierte er 1629–1640 ohne Parlament. Er scheiterte schließlich, als er mit der Einführung der anglikanischen Bischofskirche im presbyterianischen Schottland dort einen Aufstand provozierte (1. Bishop's War 1639), der ihn zwang, zur Finanzierung des Krieges wieder ein Parlament einzuberufen, das sich indes als nicht weniger widerspenstig erwies und ebenfalls aufgelöst wurde (Short Parliament). Der Konflikt mit dem neuen, zur Finanzierung des 2. Bishop's War einberufenen Long Parliament (1640–1653, 1659/60) kulminierte in der Englischen Revolution (1640–1660). Im offenen (1.) Bürgerkrieg (1642–45/46) wurden die Truppen des Königs bei Marston Moor (1644) und Naseby (1645) von der Parlamentsarmee unter Oliver →Cromwell geschlagen. Nach der Niederlage gegen die New Model Army Cromwells im 2. Bürgerkrieg (1648) wurde K. – nachdem mehrere Vermittlungsversuche gescheitert waren – auf Betreiben Cromwells verurteilt und hingerichtet.

Karl II.

König 1660–1685
** 29. 5. 1630 London*
† 6. 2. 1685 London

Als Prinz von Wales kämpfte der Sohn König →Karls I., der seine Kindheit in Frankreich und Holland verbracht hatte, seit 1646 im Engl. Bürgerkrieg. Nach der Hinrichtung seines Vaters 1649 in Schottland zum König ausgerufen, wurde er 1651 von Oliver →Cromwell bei Worchester geschlagen und ging erneut ins Exil nach Frankreich. 1660 kehrte er nach England zurück und beendete, gestützt auf die Armee George →Moncks, die Ära des republikan. Commonwealth (1649–1659).
Mit seinem geschickt taktierenden Lordkanzler Edward Hyde →Clarendon (bis 1667), betrieb K. zunächst eine vorsichtige Restaurationspolitik, die sich in den von der parlamentarischen Oligarchie gesteckten Grenzen hielt. Durch den Clarendon Code (1661–1665) wurde die Anglikanische Kirche als Staatsreligion wiederhergestellt. 1670 schloß K. ein Geheimbündnis mit Frankreich, das ihm beträchtliche Subsidienzahlungen gegen die Zusicherung der Rekatholisierung Englands in Aussicht stellte. Ansätze zu einer Förderung der Katholiken durch eine Politik der religiösen Toleranz (Indulgenzerklärungen 1672) scheiterten jedoch am Widerstand des Parlaments, das von der katastrophalen Finanzlage der Krone profitierte und 1673 den Ausschluß der Katholiken von öffentlichen Ämtern durchsetzte (Test Act). K. versuchte daher zunehmend, unabhängig von parlamentarischen Geldbewilligungen zu regieren und sich eine eigene Hofpartei im Parlament zu halten (aus der später die Tories hervorgingen, während sich die Oppositionellen als Whigs formierten). Im Zuge der Krise nach Aufdeckung einer angeblichen Katholikenverschwörung (Popish Plot 1678) mußte er jedoch mit der Habeas-Corpus-Akte des Parlaments die erste gesetzliche Garantie bürgerlicher Grundrechte zulassen (1679), um den Ausschluß seines Bruders →Jakobs II. von der Thronfolge zu verhindern. Die letzten Jahre regierte er in absolutistischer Manier.
Außenpolitisch verfolgte er in Rivalität mit Holland die koloniale Expansion (2. und 3. holländisch-engl. Seekrieg 1664–1667, 1672–1674). – In der Regierungszeit K.s stieg England zu kultureller Blüte auf, die er durch sein künstler. und wissenschaftl. Mäzenatentum förderte. Nachfolger: Jakob II.

– Frankenreich
Karl Martell
Hausmeier 715–741
** um 688*
† 22. 10. 741 Quierzy
Der dem Geschlecht der Karolinger angehörende K. M. (»Hammer«), Sohn des Hausmeiers →Pippin II. (des Mittleren), mußte sich 716–719 zunächst gegen den Hausmeier Neustriens und die Witwe Pippins durchsetzen, bevor er sich dem Ausbau der karoling. Machtposition widmen konnte. In zahlreichen Kämpfen sicherte er das Reich nach außen: 732 besiegte er die Araber bei Tours, 737 bei Narbonne, 733 erneuerte er die Vorherrschaft der Franken in Burgund. Nach dem Tod des merowing. Schattenkönigs Theuderich IV. 737 regierte er selbst mit königl. Status (Interregnum bis 743). Um sich die Gefolgschaft seiner schlagkräftigen gepanzerten Reiterei zu sichern, stattete er die Ritter mit Benefizien (Lehen) aus Kirchengut aus und begründete damit das feudale Lehenswesen. Die Mission des →Bonifatius im rechtsrhein. Gebiet schützte er, ohne ihm Einfluß auf die fränk. Kirche zu gewähren. Bei seinem Tod teilte K. die Herrschaft unter seine Söhne →Karlmann und →Pippin III. (d. J) auf.

– Frankreich
Karl V., *der Weise*
König 1364–1380
** 21. 1. 1338 Vincennes*
† 16. 9. 1380 Schloß Beauté-sur-Marne
K. verwaltete nach Gefangensetzung seines Vaters →Johann II., der Gute, durch die Engländer 1356 das Reich und bestieg nach dessen Tod den Thron. Noch als Dauphin schlug er den Bauernaufstand (Jacquerie) und die Erhebung des Führers der Kaufmannschaft von Paris, Etienne Marcel (* um 1316, † 1358), nieder (1358). In der zweiten Phase des Hundertjährigen Krieges (1337/39–1453) gewann er fast ganz Frankreich zurück (1369–1375). Mit seiner Unterstützung des Gegenpapstes →Klemens (VII.) gegen Papst →Urban VI. eröffnete er das Große Abendländische Schisma (1378–1417). Er förderte Wirtschaft, Kunst und Wissenschaft und suchte die Schäden von Krieg und Aufruhr zu heilen. Nachfolger: →K. VI.

Karl VI., *der Wahnsinnige*
König 1380–1422
** 3. 12. 1368 Paris*
† 21. 10. 1422 Paris
(*Charles le Fol*). K. stand nach dem Tod seines Vaters →Karl V. zunächst unter der Vormundschaft seiner Onkel, der Herzöge von Anjou (→Philipp II., des Kühnen, von Burgund und Ludwig von Orléans, * 1372, † 1407), übernahm 1388 die Regierung und verfiel 1392 in Wahnsinn. Als daraufhin 1397 der Machtkampf zwischen den Adelsparteien Orleáns und Burgund (Bourgignons) um die Vorherrschaft entbrannte, der sich mit der Ermordung Ludwigs 1407 durch →Johann Ohnefurcht in einen Bürgerkrieg ausweitete, nutzte König →Heinrich V. von England im Rahmen des Hundertjährigen Krieges (1337/39–1453) die Gelegenheit zu einem neuen Einfall nach Frankreich (1415), bei dem K. in der Schlacht bei Azincourt eine vernichtende Niederlage erlitt. Im Vertrag von Troyes (1420) mußte er gegen den Anspruch seines Sohnes →Karl (VII.) Heinrich als Erbe anerkennen.

Karl VII.
König 1422–1461
** 22. 2. 1403 Paris*
† 22. 7. 1461 Mehun-sur-Yèvre, Dép. Cher
Von seinem Vater →Karl VI. im Vertrag von Troyes (1420) zugunsten →Heinrichs V. von England enterbt, nahm K. seit dem Auftreten der →Jeanne d'Arc den Kampf zur Befreiung des Nordens wieder auf. Nach dem Sieg von Orléans 1429 ließ er sich in Reims krönen, schloß 1435 Frieden mit Burgund und erreichte 1436 die Rückeroberung von Paris. Bis 1453 vertrieb er die Engländer endgültig (bis auf Calais) aus Frankreich und beendete damit den Hundertjährigen Krieg (seit 1337/39). 1438/39 legte er mit der Aufstellung der sogenannten Ordonnanzkompanien den Grundstein für ein stehendes Heer und stärkte mit einer umfassenden Steuer- und Verwaltungsreform die zentrale Macht des Königtums. Nachfolger: Sohn →Ludwig XI. (der Grausame).

Karl VIII.
König 1483–1498
** 30. 6. 1470 Amboise, Indre-et-Loire*
† 7. 4. 1498 Amboise
Der Sohn und Nachfolger König →Ludwigs XI., bis 1491 unter Regentschaft seiner Schwester Anna von Beaujeu (* 1461, † 1522), brachte durch seine von seiner Regentin durchgesetzten Heirat mit →Anna von Bretagne deren Herzogtum an die französische Krone (1491). Die folgende Intervention Englands (→Heinrich VII.), Aragóns (→Ferdinand II.) und Kaiser →Maximilians I. beendete er mit territorialen Zugeständnissen (1492/93). Nach dem Tod des Königs von Neapel, →Ferdinand I., erhob er als Erbe der Anjou 1494 Anspruch auf Neapel, besetzte es 1495 und ließ sich krönen, mußte jedoch angesichts des Aufmarsches der Heiligen Liga (Maximilian I., Papst →Alexander VI., Ferdinand II., Mailand und Venedig) wieder abziehen. Mit seinem Tod durch einen Unfall erlosch die ältere Linie des Hauses Valois. Nachfolger: →Ludwig XII.

Karl IX.
König 1560–1574
** 27. 6. 1550 Saint-Germain-en-Laye*
† 30. 5. 1574 Vincennes
Der Sohn König →Heinrichs II., Nachfolger seines Bruders →Franz II. (König 1559/60), stand bis 1563 unter der Regentschaft seiner Mutter →Katharina de'Medici, unter deren beherrschendem Einfluß er auch später regierte. Obwohl er nach dem Frieden von St. Germain (1570) den Hugenottenführer Gaspard de →Coligny zu seinem Ratgeber machte und selbst den Hugenotten nahestand, ließ er das von seiner Mutter zusammen mit Henri I. →Guise organisierte Massaker der Bartholomäusnacht zu.

Karl X.
König 1824–1836
** 9. 10. 1757 Versailles*
† 6. 11. 1836 Görz
Bruder →Ludwigs XVI. und →Ludwigs XVIII. sowie dessen Nachfolger. Als Haupt der Adelsemigration bekämpfte K. als *Graf von Artois* von England aus die Französ. Revolution und →Napoleon I. Nach dem Tode Ludwigs XVIII. (1824), gegen dessen liberale Verfassung (Charte Constitutionelle, 1814) er als Führer der Ultraroyalisten heftig opponiert hatte, als letzter französ. Bourbone zum König erhoben, verfolgte er eine Politik der Reaktion. Den grundbesitzenden Adel entschädigte er 1825 für die in der Französ. Revolution erlittenen Verluste großzügig mit der »Milliarde der Emigranten«. Gegen heftigen öffentl. Protest ernannte er 1829 den Führer der extremen Rechten, Fürst von →Polignac zum Min.-Präs. Unter dessen Beratung ließ er zur Ableitung der inneren Spannungen Algier erobern (1830). Mit den Juli-Ordonnanzen zur Unterdrükkung der Pressefreiheit und Einschränkung des Wahlrechts provozierte er seinen Sturz in der Julirevolution 1830. K. floh nach England und starb im Exil.

– *Hohenzollern-Sigmaringen*

Karl Anton

Fürst 1848/49
** 7. 9. 1811 Krauchenwies, Hohenzollern*
† 2. 6. 1885 Sigmaringen

K. A. folgte seinem Vater Karl (* 1785, † 1853), trat jedoch sein Fürstentum 1849 an Preußen ab. 1858 wurde er preuß. Min.-Präs. eines konservativ-liberalen Kabinetts der »Neuen Ära« unter →Wilhelm I. Da er die Heeresreform nicht durchsetzen konnte, trat er 1862 zurück und empfahl Otto v. →Bismarck als Nachfolger. Sein zweiter Sohn wurde 1866 Fürst, 1881 König von Rumänien als →Karl I. (Carol I.). Das Angebot der spanischen Krone an seinen ältesten Sohn →Leopold 1870 wurde Anlaß für den Dt.-Französischen Krieg 1870/71, obwohl K. A. auf die Kandidatur verzichtete.

– *Neapel-Sizilien*

Karl I. von Anjou

König 1265–1285
** März 1226*
† 7. 1. 1285 Foggia

K., Sohn Ludwigs VIII. (des Löwen) von Frankreich (König 1223–1226), Graf von Anjou und der Provence (seit 1246), wurde 1265 von Papst Klemens IV. (1265–1268), der die Expansion der Staufer in Italien stoppen wollte, mit dem Königreich Sizilien belehnt. Er besiegte 1266 den erbberechtigten Staufer →Manfred und 1268 den letzten Staufer →Konradin, den er gefangennahm und hinrichten ließ. Weit ausgreifende Pläne zur Unterwerfung ganz Italiens und Eroberung von Byzanz (→Michael VIII. Palaiologos) scheiterten. 1272 nahm er den Königstitel von Albanien und 1277 den von Jerusalem an. In Sizilien wurde er 1282 durch die Sizilian. Vesper (einem von Aragón und Byzanz unterstützten Aufstand, der in Palermo mit einem Massaker an den Franzosen begann) zugunsten von →Peter III. von Aragón vertrieben und beschränkte seine Herrschaft auf das Königreich Neapel.
Sein Sohn *Karl II. (der Lahme)* (König 1285–1309) versuchte erfolglos, das Königreich Sizilien von Aragón zurückzugewinnen.

– *Österreich*

Karl I.

Kaiser von Österreich 1916–1918
** 17. 8. 1887 Persenbeug, Niederösterreich*
† 1. 4. 1924 Quinta do Monte, Funchal, Madeira

(*K. IV.* König von Ungarn). Nachdem sein Onkel Erzherzog →Franz Ferdinand am 28. 6. 1914 in Sarajewo einem Attentat zum Opfer gefallen war, bestieg K. nach dem Tod seines Großonkels →Franz Joseph I. den Kaiserthron. Unter Vermittlung seiner Schwäger Sixtus und Xavier führte er im Frühjahr 1917 mit der Entente Geheimverhandlungen über einen Sonderfrieden (Sixtus-Affäre). Am 11. 11. 1918 legte er unter dem Druck der Revolution die Regierungsgeschäfte nieder, ohne formell abzudanken, und emigrierte in die Schweiz. 1919 entzog ihm das österr. Parlament die Thronrechte. Zwei Versuche K.s, gegen den Reichsverweser Nikolaus v. →Horthy 1921 den Thron zurückzuerlangen, einmal durch einen Putschversuch, mißlangen und provozierten seine Verbannung nach Madeira.

– *Rumänien*

Karl I.

Fürst 1866–1881, König 1881–1914
** 20. 4. 1839 Sigmaringen*
† 10. 10. 1914 Sinaia

(*Carol I.*). Nach dem Sturz des von den Osmanen akzeptierten Alexandru Ion I. →Cuza wurde der Prinz von Hohenzollern-Sigmaringen (Sohn →Karl Antons) 1866 auf Betreiben von Constantin →Brătianu als Zeichen der Hinwendung Rumäniens zum Westen zum Fürsten gewählt. 1877 unterstützte er im 8. russ.-türk. Krieg (1877/78) die Russen gegen die Osmanen, erlangte aber erst nach Abtretung Südbessarabiens an Rußland (im Tausch gegen die Dobrudscha) die Unabhängigkeit Rumäniens (Berliner Kongreß 1878), das er 1881 zum konstitutionellen Königreich machte. Gegen den drohenden russischen Balkan-Imperialismus suchte er Anlehnung an Dtschld. und Österreich (1883 geheimer Anschluß an den Dreibund). Im 2. Balkankrieg 1913 gewann Rumänien die Süddobruschda (Cadrilater) von Bulgarien. Gegen K.s Absicht, auf dt. Seite am 1. Weltkrieg teilzunehmen, blieb Rumänien zunächst neutral und trat 1916 gegen die Mittelmächte in den Krieg ein. In der Innenpolitik leitete er wichtige Reformen ein (u. a. Militär nach preuß. Muster, Verfassung nach belg. Vorbild). Nachfolger: →Ferdinand I.

Karl II.
König 1930–1940
** 15. 10. 1893 Sinaia*
† 4. 4. 1953 Estoril (Portugal)
(*Carol II.*). Der Sohn König →Ferdinands I. mußte 1925 auf Druck der liberalen Partei unter Ion C. →Brătianu auf die Thronrechte verzichten und ins Ausland gehen. Von der Regierung Iuliu →Maniu gerufen, kehrte er 1930 zurück und wurde zum König proklamiert. Trotz seiner autoritären Regierung konnte er im Konflikt mit der faschist. Eisernen Garde keine innenpolit. Befriedung durchsetzen, so daß er 1938 eine Königsdiktatur errichtete. Nachdem er 1940 ein sowjet. Ultimatum auf Abtretung der Bukowina und Bessarabiens befolgt und nach dem 2. Wiener Schiedsspruch Nordtranssylvanien an Ungarn verloren hatte, zwang ihn General Ion →Antonescu 1940 zum Thronverzicht zugunsten seines Sohnes →Michael I., der schon 1927–1930 unter Vormundschaft König gewesen war.

– Sachsen-Weimar
Karl August
Herzog 1758–1815, Großherzog 1815–1828
** 3. 9. 1757 Weimar*
† 14. 6. 1828 Graditz bei Torgau
K. A., bis 1775 unter Vormundschaft seiner Mutter, schloß 1774 mit Goethe Freundschaft und zog ihn, Herder und Schiller nach Weimar, das er zum Zentrum des dt. Geisteslebens machte. Angelehnt an Preußen gründete er 1785 den Deutschen Fürstenbund mit, trat 1787 als General in das preußische Heer ein und beteiligte sich an den Koalitionskriegen gegen Frankreich (1792/93). Nach der preußischen Niederlage im 4. Koalitionskrieg mußte er dem Rheinbund beitreten (1806). Dynastisch Zar →Alexander I. verbunden, erhielt er 1813 den Oberbefehl über ein russisches Korps, das er in den Befreiungskriegen (1813–1815) führte, und wurde auf dem Wiener Kongreß (1814/15) mit Gebietszuwachs und dem Titel des Großherzogs belohnt. 1816 gab er seinem Land eine Verfassung. Er förderte die Burschenschaften, denen er 1817 trotz preußisch-österreichischer Proteste die Abhaltung des Wartburgfestes gestattete, mußte allerdings die Karlsbader Beschlüsse von 1819 ausführen.

– Savoyen-Sardinien
Karl Emanuel I., *der Große*
Herzog von Savoyen 1580–1630
** 12. 1. 1562 Rivoli*
† 26. 7. 1630 Savigliano
K. E. schuf die Grundlage für den Aufstieg Savoyens, obwohl angesichts seiner eingezwängten Lage zwischen Spanien, Frankreich und dem Kaiser die meisten seiner hochfliegenden Pläne scheiterten. Er konnte weder Genf noch Genua erobern, noch auf die Dauer aus den innerfranzös. Wirren Gewinn ziehen. Auch sein Versuch, im Mantuan. Erbfolgekrieg (1628–1631) Montferrat an sich zu ziehen (1627), mißlang. Nach dem Tod von Kaiser →Matthias (1619) erstrebte er erfolglos die Kaiserkrone.

Karl Emanuel I.
König von Sardinien 1730–1773
** 27. 4. 1701 Turin*
† 20. 2. 1773 Turin
(Als Herzog von Savoyen *K. Emanuel III.*). K. E. gewann im Polnischen und Österreichischen Erbfolgekrieg (1733–1735 bzw. 1740–1748), erst auf französischer, dann auf österreichischer Seite kämpfend, im Wiener Frieden 1739 und mit dem Wormser Vertrag 1743 Tortona und Novara, ein Drittel des Herzogtums Mailand und Piacenza. Er war ein angesehener Staatsmann, der besonders auf wirtschaftlichem Gebiet wichtige Reformen durchführte. Mit seinem Gesetzeswerk Corpus Carolinum erwies er sich als aufgeklärter Fürst.

– Schweden
Karl VIII. Knutsson
König 1448–1457, 1464/65, 1467–1470
** 1. 10. 1408*
† 15. 5. 1470 Stockholm
K. war der erste nationale Schwedenkönig seit der Vereinigung Schwedens mit Dänemark und Norwegen in der Kalmarer Union von 1397. Nachdem er 1436 den schwed. Widerstand gegen den Unionskönig →Erich von Pommern geführt hatte, wurde er 1438 zum Reichsverweser gewählt, war seit 1448 Gegenkönig gegen den Unionskönig →Christian I. In Opposition zu seiner Politik der Einziehung von königl. Lehen und der Beschränkung der Wirtschaftsmacht der Kirche wurde K. jedoch 1457 von schwed. Adelsfamilien unter Führung der Wasa und Oxenstierna gestürzt. 1464 nach jahrelangem Exil zurückgerufen, regierte er, ohne wirkliche Machtbefugnisse, im Sinne der Stände. Reichsverweser für König Christian I. wurde Sten →Sture (d. Ä.)

Karl IX.
König 1604–1611
** 4. 10. 1550 Stockholm*
† 30. 10. 1611 Nyköping
Der jüngste Sohn von →Gustav I. Wasa stürzte 1568 zusammen mit seinem Bruder Johann (III., König 1568–1592) seinen Halbbruder →Erich XIV. Seit 1595 für den Sohn und Nachfolger Johanns, den poln. König →Sigismund III., zum Reichsverweser gewählt, suchte K. das Luthertum und die nationale Selbständigkeit Schwedens gegen seinen kath. Neffen zu bewahren. Er besiegte Sigismund und den kath. Adel 1598 und nahm 1604 den Königstitel an. Beim Versuch, die ökonom. Struktur Schwedens zu reformieren, mußte er sich heftiger Opposition des Adels erwehren. Neben dem Krieg gegen Polen (seit 1605) provozierte er Kriege gegen Rußland – durch seine Intervention in die russ. Thronwirren (Smuta) – (seit 1609) sowie gegen Dänemark (seit 1611). Nachfolger: Sohn →Gustav II. Adolf

Karl X. Gustav
König 1654–1660
** 8. 11. 1622 Nyköping*
† 13. 2. 1660 Göteborg
K. G., aus dem Haus Pfalz-Zweibrücken stammend und Enkel von →K. IX., seit 1648 Oberbefehlshaber der schwed. Armee in Dtschld., folgte 1654 seiner abgedankten Kusine →Christine auf den schwed. Thron und begründete die Dynastie Pfalz-Zweibrücken in Schweden (bis 1720). Um den Anspruch der poln. Wasa-Dynastie auf den schwed. Thron zu begegnen, führte er 1655–1660 Krieg gegen Polen, eroberte zunächst Warschau und Krakau und zwang Kurfürst Friedrich Wilhelm von Brandenburg auf seine Seite (bis er 1657 absprang). Im Frieden von Roskilde (1658) gewann er von Dänemark, das mit Österreich und Rußland Polen unterstützt hatte, die heute südschwedischen Gebiete. Nach dem zweiten Krieg gegen Dänemark mußte Schweden im Kopenhagener Frieden (1660) Trondheim und Bornholm zurückgeben. Doch behielt es die Länder am Öresund, der damit zur Grenze zwischen Dänemark und Schweden wurde. Nachfolger: Sohn →K. XI.

Karl XI.
König 1660–1697
** 24. 11. 1655 Stockholm*
† 5. 4. 1697 Stockholm
K., Sohn und Nachfolger von →K. X., stand bis 1672 unter Regentschaft. Außenpolitisch abhängig von Frankreich (Bündnis 1672, →Ludwig XIV.), ließ er sich in den Holländ. Krieg (1672–1678) gegen die Niederlande, Dänemark und Brandenburg (→Friedrich Wilhelm, der Große Kurfürst) hineinziehen und mußte in der Schlacht von Fehrbellin 1675 eine schwere Niederlage hinnehmen. Gegen die dän. Invasion konnte K. sich in der Schlacht von Lund (1676) behaupten. Nach dem Frieden von St. Germain (1679), in dem Hinterpommern an Brandenburg verlorenging, K. aber die südschwed. Provinzen endgültig sichern konnte, widmete er sich im Geist des aufgeklärten Absolutismus der inneren Reform, der Reorganisation des Heers und der Verwaltung. Gegen teils heftige Widerstände drängte er die Macht des Hochadels und den Einfluß des Reichstags zurück. Nachfolger: Sohn →Karl XII.

Karl XII.
König 1697–1718
** 17. 6. 1682 Stockholm*
† 11. 12. 1718
bei Frederikshald
Sohn und Nachfolger von →K. XI. Im Großen Nord. Krieg (1700–1721), in dem Schweden, unterstützt von England und Holland, gegen Rußland (→Peter I., d. Gr.) stand, das sich mit Dänemark und Sachsen-Polen (→August II., der Starke) verbündet hatte, konnte K. zunächst Siege erringen, Dänemark zum Frieden zwingen (1700) und Rußland bei Narwa schlagen (1702). Seine Erfolge in Polen beförderten dort den Sturz Augusts II. und die Erhebung von →Stanislaus I. Leszczyński zum Gegenkönig (1704 bis 1709), mit dem er 1706 Frieden schloß. Die vernichtende Niederlage bei Poltawa 1709 gegen Peter d. Gr. wendete jedoch das Blatt. K. entkam ins Osmanische Reich, wo er den Kampf gegen Rußland fortzusetzen suchte. 1714 kehrte er – in einer legendären Eilreise: 2000 km in 15 Tagen – zur Verteidigung des belagerten Stralsund zurück, das jedoch 1715 fiel. Nach Verlust aller Besitzungen in Deutschland wandte er sich 1718 gegen Norwegen und fiel bei der Belagerung von Frederikshald. – Obwohl ein hervorragender Feldherr, überspannte K. die wirtschaftl. Kraft seines Landes und überforderte seine Truppen durch zu weit gesteckte Ziele. Mit K. endete die Großmachtrolle Schwedens.

Karl XIV. Johann
König von Schweden und Norwegen 1818–1844
** 26. 1. 1763 Pau, Südfrankreich*
† 8. 3. 1844 Stockholm
(Eigentlich *Jean Baptiste Bernadotte*). K. J., der Begründer des heute noch herrschenden schwed. Königshauses, wurde 1799 Kriegs-Min. im Direktorium des revolutionären Frankreich. 1804 ernannte ihn →Napoleon I. zum Marschall und erhob ihn 1806 für seine Verdienste in der Dreikaiserschlacht bei Austerlitz (1805) zum *Fürsten von Ponte Corvo.* In Erwartung der Hilfe Napoleons bei der Rückeroberung des 1808 an Rußland verlorenen Finnland wurde der mit Napoleon verschwägerte Bernadotte 1810 vom schwedischen Reichstag zum Thronfolger gewählt und vom kinderlosen König Karl XIII. adoptiert. Er nahm seinen neuen Namen an und führte seit 1811 die Regentschaft. Nachdem Schweden von Napoleon zur Teilnahme an der Kontinentalsperre und zur Kriegserklärung gegen England gezwungen worden war (1810), hielt K. J. sich nach zögerlichem Beitritt zur antinapoleonischen Koalition in den Befreiungskriegen zurück und schonte die Nordarmee, erzwang aber 1814 von Dänemark die Abtretung Norwegens, das er seitdem in Personalunion regierte. Seine reformfeindliche Herrschaft forderte eine starke Opposition heraus.

– Spanien
Karl I.
(*Carlos I.*). König 1516–1556, deutsch-römischer Kaiser →Karl V.

Karl II.
König 1665–1700
** 6. 11. 1661 Madrid*
† 1. 11. 1700 Madrid
(*Carlos II.*). Der Sohn und Nachfolger →Philipps IV. war der letzte spanische Habsburger. Unter dem geistig zurückgebliebenen König, um dessen Beeinflussung französ. und österr. orientierte Parteien am Hofe rivalisierten, erfolgte der Niedergang der span. Monarchie durch große Gebietsverluste – Teile der Span. Niederlande, die Freigrafschaft Burgund und Luxemburg – an Frankreich (→Ludwig XIV.) und steigerten sich die Unruhen im Innern. Unter französ. Druck bestimmte er 1700 anstelle des berechtigten Sohns des Habsburger Kaisers →Leopold I., des späteren Kaisers →Karl VI., den Enkel Ludwigs XIV. und Herzog von Anjou, →Philipp (V.) von Bourbon, zum Thronfolger und gab so Anlaß für den Span. Erbfolgekrieg (1701–1713/14).

– Ungarn
Karl I. Robert
König 1308–1342
** 1288 Neapel*
† 16. 7. 1342 Visegrád
Der Enkel des Königs von Neapel, Karl II. von Anjou (1285–1309), wurde nach dynast. Kämpfen mit Hilfe des Papstes Nachfolger des letzten Árpádenherrschers Andreas III. (1290–1301). Er schuf innenpolit. die Voraussetzungen für Ungarns Vormachtstellung auf dem Balkan. In langwierigen Auseinandersetzungen mit den mächtigen Magnaten baute er die Zentralmacht aus und leitete wichtige wirtschaftl. Reformmaßnahmen (Münzreform, Förderung von Bergbau, Handel und Städtewesen) ein.

***Karlmann,** fränkische Herrscher aus der Dynastie der Karolinger*

Karlmann
Hausmeier 741–747
** vor 714*
† 17. 8. 754 Kloster Vienne
Der älteste Sohn →Karl Martells trat nach dessen Tod die Herrschaft als Hausmeier in Austrien, Alemannien und Thüringen an, während sein Bruder →Pippin III. (d. J.) Hausmeier in Neustrien wurde. Er förderte →Bonifatius und Reformen in der Landeskirche. Nach der Unterwerfung der Alemannen auf dem Cannstatter Gerichtstag 746 verzichtete er auf seine Herrschaft und zog sich 747 in das Kloster auf dem Berg Soracte zurück (später nach Montecassino). Als er 754 vermittelnd für die von Pippin bekriegten Langobarden eintreten wollte, sperrte ihn dieser im Kloster Vienne ein, wo K. bald starb. Nach Ausschluß seiner Söhne von der Nachfolge und ihrer Verbannung ins Kloster beherrschte Pippin als Hausmeier das gesamte Frankenreich allein.

Karlmann
König 768–771
** 751*
† 4. 12. 771 Samoussy
Der Sohn →Pippins III. (d. J.) wurde 754 von Papst Stephan II. zusammen mit seinem Vater und seinem Bruder →Karl (d. Gr.) zum König der Franken gesalbt. Nach Pippins Tod 768 als Mitregent Herr über einen Teil des Reiches (u. a. Burgund, Provence, Elsaß, Alemannien), starb er, bevor es zum Krieg zwischen den rivalisierenden Brüdern kam. Unter Übergehung der Söhne K.s, jedoch mit Zustimmung des Adels, nahm Karl d. Gr. dessen Reich an sich.

Karlmann
Ostfrankenkönig 876–880
** um 830*
† 22. 9. (3.?) 880 Ötting
K., ältester Sohn →Ludwigs des Deutschen, verwaltete seit 856 die bayerische Ostmark. Nach dem Tod seines Vaters 876 erhielt er bei der Teilung Ostfrankens in vier Teile Bayern mit seinen Marken und die Hoheit über die Slawenstaaten des Südostens. Nach dem Tod seines Onkels, →Karl II. (des Kahlen) 877, erhielt er Italien und wurde in Pavia zum König erhoben. Seit 878 durch einen Schlaganfall gelähmt, trat er im Sommer 879 die Herrschaft in Italien an seinen Bruder →Karl III. (den Dicken) ab und versprach im gleichen Jahr Bayern seinem Bruder →Ludwig III. (d. J.).

Karmal, Babrak
afghanischer Staatschef 1979–1986
** 1929*
Der Tadschike, vermutlich adliger Abstammung, trat Mitte der 1960er Jahre der neugegründeten marxist. Demokratischen Volkspartei (DVP) bei, nahm den Namen K. (= »Arbeiterfreund«) an und beteiligte sich am Kampf gegen die konservative Herrschaft Mohammed →Dauds. Nach dessen Sturz 1978 zwischenzeitlich im Exil in Moskau, übernahm er nach dem Einmarsch der sowjet. Truppen in Afghanistan Ende 1979 die von der UdSSR geliehene Macht als Partei-, Staats- und Regierungschef (Regierungschef bis 1981). Trotz massiven Einsatzes sowjetischer Truppen im Afghanistankrieg (1979–1988) konnte er den Bürgerkrieg mit den oppositionellen islamischen Mudschaheddin nicht für sich entscheiden. 1986 wurde er von Mohammad →Nadschibullah als Partei- und Staatschef abgelöst.

Kasavubu, Joseph
Staatspräsident von Kongo-Kinshasa (heute Zaire) 1960–1965
** 1910 Tshela*
† 24. 3. 1969 Boma
Der Absolvent eines kath. Priesterseminars führte seit 1955 die das Bakongo-Volk vertretende nationale Unabhängigkeitsbewegung ABAKO. Nach der Entlassung Belg.-Kongos in die Unabhängigkeit 1960 übernahm er nach Parlamentswahlen das Amt des Staats-Präs., während der mit ihm rivalisierende Patrice E. →Lumumba Regierungs-Chef wurde. Im Zuge des an mehreren Fronten aufgebrochenen Bürgerkriegs (Kongo-Krise) stürzte K. Lumumba in Zusammenarbeit mit Joseph D. Mobuto (→Mobuto Sese Seko) und lieferte ihn an den Machthaber der abgespaltenen Provinz Katanga, Moïse →Tschombé, aus, den er 1964 mit der Regierungsbildung beauftragte. Zusammen mit diesem wurde er 1965 von Mobutu im unblutigen Staatsstreich abgesetzt.

***Kasimir,** Kazimierz, poln. Fürsten*

Kasimir I. Odnowiciel
Herzog 1034/39–1058
** 25. 7. 1016*
† 24. 10. (?) 1058
(Polnisch »Odnowiciel« = »der Erneuerer«). Der aus der Piastendynastie stammende Fürst wurde im Zuge der Thronwirren nach dem Tode seines Vaters Mieszko II. (1025–1034) vertrieben (1037) und kehrte mit Hilfe Kaiser →Heinrichs III. und Ungarns als deutscher Vasall 1039 zurück. Er restaurierte seine Macht in dem im Bürgerkrieg zerfallenen Land, unterwarf 1047 Masowien und Pomerellen und gewann 1050 Schlesien von Böhmen zurück. Er verlegte die polnische Hauptstadt nach Krakau. Nachfolger: →Bolesław II. Śmiały.

Kasimir II. Sprawiedliwy
Fürst von Krakau, Senior von Polen 1177–1194
** 1138*
† 5. 5. 1194
(Polnisch »Sprawiedliwy« = »der Gerechte«). Der jüngste Sohn →Bolesławs III. aus der Piastendynastie, seit 1166 Herzog von Sandomir-Wiślica, erzielte erste Erfolge zur Überwindung der teilfürstl. Zersplitterung Polens. Er stützte sich vor allem auf die Kirche, der er 1180 in Łęczyca die ersten Privilegien verlieh. Dafür konnte er das 1138 eingeführte Senioratsprinzip aufheben (Erbfolgeregelung mit Aufteilung in Teilfürstentümer für alle nachfolgenden Erbberechtigten) und seine Territorien als Ganzes vererben. 1184 erkannte auch Kaiser →Friedrich I. Barbarossa die Regelung an, nachdem K. die Oberhoheit des Reichs über Polen bestätigt hatte. 1186 wurde K. Fürst von Masowien.

Kasimir III. Wielki
König 1333–1370
** 30. 4. 1310 Kowal, Kujawien*
† 5. 11. 1370 Krakau
(Polnisch »Wielki« = »der Große«). Der Sohn und Nachfolger König →Władysławs I. verzichtete 1335 auf dem Kongreß zu Višegrád (Ungarn) auf Schlesien zugunsten Böhmens und überließ dem Deutschen Orden 1343 Pomerellen und das Kulmer Land. Die

Eroberung Galiziens und eines Teils von Wolynien (1340–1349) leitete eine neue, nach Osten gerichtete Politik Polens ein. Durch Verhängung einer Quarantäne über sein Reich konnte er die Pest weitgehend abwehren (1348/49). Im Innern förderte er das Städtewesen (u. a. durch zahlreiche Baumaßnahmen, Aufnahme von Deutschen und Gewährung dt. Stadtrechts), lud nach den Pogromen in Westeuropa im Zuge der Pest die Juden nach Polen ein, gründete die Universität Krakau (1364) und ließ erstmals poln. Recht kodifizieren. Mit ihm starben die polnischen Piasten in der königlichen Linie aus. Nachfolger: →Ludwig I. (d. Gr.) von Ungarn und Polen.
(▷ Chronik Zitat)

Der Verzicht Kasimirs III.

Chronik Zitat

Aus dem Friedensschluß des polnischen Königs Kasimir III. Wielki mit dem Deutschen Orden in Kalisch, 8. Juli 1343:

» ...Es möge daher die gegenwärtige Zeit und die zukünftige Nachkommenschaft wissen, daß wir... einen dauernden Frieden schließen, der ein Ende, Verzeihung und Eintracht für alle Zukunft sein und unzerbrechlich dauern soll gegenüber allem Unrecht, allen Übeltaten, Kränkungen, Beleidigungen, Schädigungen und Streitigkeiten in Wort und Tat, die beide Parteien sich zugefügt haben. Kraft des körperlich geleisteten Eides versprechen wir, daß wir den genannten Frieden für immer als Ende, Verzeihung und Eintracht fest, freundlich und rechtskräftig halten werden... Da wir ferner auf Eingebung des Höchsten im Vorsatz eines einmütigen Willens übereinstimmen, erkennen wir in geneigtem Vorbedacht an..., nämlich die Schenkung des Kulmer Landes, der Burg Nassau, der Dörfer Orlau und Morlin mit ihren Rechten, Freiheiten und Nutzungen... Wir, unsere Erben und alle unserer Nachfolger verzichten auf die Länder Pmerellen, Kulm und Michelau, auch auf jeden Teil davon, nach direktem oder abgeleiteten Erbrecht oder irgendeinem anderen Rechtsanspruch oder irgendeiner Gewohnheit, die wir jetzt haben oder in Zukunft haben könnten, und auf alle Ansprüche in der Gegenwart ausdrücklich, ganz und gar, eindeutig und vollständig...«

Kasimir IV. Jagiellończyk
König 1447–1492
** 30. 11. 1427 Krakau*
† 7. 6. 1492 Grodno
Der jüngste Sohn →Jagiełłos war seit 1440 Großfürst von Litauen und bestieg nach dem Tod seines Bruders →Władysław III. den polnischen Thron. Nach dreizehnjährigem Krieg gegen den Dt. Orden (seit 1454) erlangte er 1466 im 2. Thorner Frieden Westpreußen und das Ermland sowie die Lehnshoheit über das Ordensland Preußen. Dem Adel gegenüber mußte er u. a. mit der Befragung der Landtage Machtzuwachs gegenüber der Krone einräumen.

Kassandros *(Kassander)*
makedonischer Herrscher 317–297 v. Chr.
** um 355 v. Chr.*
† 297 v. Chr.
Als einer der Diadochen in der Nachfolge →Alexanders d. Gr. beanspruchte K. als Sohn des 319 ermordeten Reichsverwesers Antipatros dessen Nachfolge, eroberte griech. Städte (u. a. Athen) und Makedonien (317). Nachdem sich die Mutter Alexanders gegen ihn gestellt hatte, ließ er sie hinrichten (316), nahm Alexanders Witwe Roxane mit ihrem Sohn Alexander IV. gefangen und ermordete sie 311. Gegen →Antigonos I. konnte er seine Herrschaft über Makedonien behaupten (Diadochenfrieden 311), nahm jedoch 307 den Kampf wieder auf und besiegte Antigonos, verbündet u. a. mit →Seleukos I., in der Schlacht bei Ipsos 301.

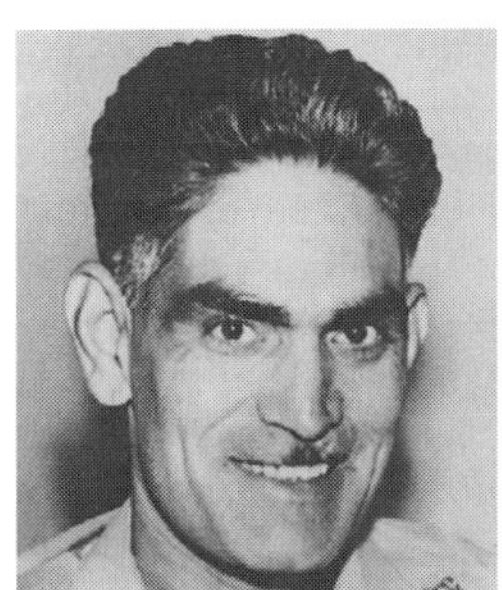

Kassem, Abd al-Karim
irakischer Ministerpräsident 1958–1963
** 1914 Bagdad*
† 9. 2. 1963 Bagdad

Seit 1955 General, führte S. 1958 den Staatsstreich gegen König Faisal II. (1939–1958) an, proklamierte die Republik und wurde Min.-Präs. und Verteidigungs-Min. Mit dem Ziel, die Führungsrolle im arab. Raum zu gewinnen, baute er sich als entschiedener Gegner des ägypt. Präs. Gamal abd el- →Nasser auf. K. fiel einem Militärputsch unter Abd as-Salem Aref zum Opfer, der bis 1966 Staatschef war.

***Katharina,** Fürstinnen*

– England

Katharina von Aragón

Gemahlin König Heinrichs VIII. 1509–1533
** 16. 12. 1485 Alcalá de Henares (Spanien)*
† 7. 1. 1536 Kimbolton Huntingdon

K. war zunächst Gemahlin des englischen Thronfolgers Arthur, der 1502 starb. Nach ihrer mit kirchl. Dispens erfolgten Heirat mit →Heinrich VIII. war sie während dessen Abwesenheit im Krieg gegen Frankreich Regentin von England (1511–1514). Weil sie »nur« eine Tochter, die spätere Königin →Maria I. (die Katholische), zur Welt brachte, erstrebte Heinrich, der einen männl. Thronerben forderte, seit 1526 die vom Papst verweigerte Scheidung an. 1533 ließ er sich ohne päpstl. Zustimmung durch den Erzbischof von Canterbury, Thomas →Cranmer, scheiden und provozierte damit den Bruch mit Rom. K. erkannte die Aufhebung der Ehe nicht an und blieb bis zu ihrem Tod inhaftiert.

– Frankreich

Katharina de'Medici

Regentin 1560–1563
** 13. 4. 1519 Florenz*
† 5. 1. 1589 Blois

K., der mächtigen Familiendynastie in Florenz entstammend und Enkelin von Lorenzo I. →Medici, war seit 1533 Gemahlin König →Heinrichs II. von Frankreich und stand zunächst im Schatten seiner Mätresse Diane de Poitiers, erlangte aber großen polit. Einfluß unter ihren Söhnen Franz II. (König 1559/60) und König →Karl IX., für den sie 1560 bis 1563 die Regentschaft führte. Um die staatliche Einheit Frankreichs zu erhalten, war sie im Konflikt zwischen Hugenotten und Katholiken darauf bedacht, ein Gleichgewicht der Konfessionen herzustellen und, gestützt auf eine Verständigung mit Spanien, die Vormachtstellung der Krone gegenüber den Ständen und Religionsparteien zu sichern. Die Kompromißformel des von ihr initiierten Religionsgesprächs von Poissy (1561) wurde jedoch vom konservativen Flügel der Katholiken nicht akzeptiert (Ausgangspunkt für die Hugenottenkriege 1562 bis 1698). Als der Hugenottenführer Gaspard de →Coligny mit seiner antispan. Politik auf Karl IX. Einfluß gewann, ließ sie Coligny in dem von ihr und Henri I. →Guise organisierten Massaker an den Hugenotten in der Bartholomäusnacht ermorden (1572). Unter der Herrschaft ihres Sohnes König →Heinrich III. (seit 1574) verlor sie an Einfluß.

– Rußland

Katharina I.

Zarin 1725–1727
** 15. 4. 1684 Jakobstadt, Kurland*
† 17. 5. 1727 St. Petersburg

(Eigentlich *Marta Skawronskaja*). Die litauische Bauerntochter, Frau eines schwedischen Dragoners, war Mätresse Zar →Peters I. (d. Gr.), der sie 1712 heiratete und 1724 krönte. Als Zarin nach Peters Tod (1725) überließ sie die Regierungsgeschäfte ihrem ehemaligen Geliebten, Fürst Alexander Danilowitsch Menschikow (*1672, †1729). Aus ihrer Ehe mit Peter I. stammte die spätere Zarin (1741) →Elisabeth Petrowna.

Katharina II., *die Große*

Zarin 1762–1796
** 2. 5. 1729 Stettin*
† 17. 11. 1796 Zarskoje Selo

(Eigentlich *Sophie Friederike Auguste*). Verlobt mit dem späteren Zar →Peter III., kam die Tochter des Fürsten Christian August von Anhalt-Zerbst-Dornburg 1743 nach St. Petersburg. Nach unglückl. Ehe stürzte sie ihren Gatten mit Hilfe des Gardeoffiziers Alexej G. →Orlow, dem Bruder ihres Geliebten Grigori G. Orlow (* 1734, † 1783), und ließ sich 1762 zur Kaiserin ausrufen. Sie regierte unter Einfluß ihrer leitenden Minister, von denen manche ihre Liebhaber waren (neben G. Orlow u. a. Grigori →Potemkin) und stützte sich auf den Adel, dem sie durch einen »Gnadenbrief« (1785) die Dienstfreiheit sowie die volle Verfügungsgewalt über die Leibeigenen garantierte. Die verschärften sozialen Spannungen entluden sich in Bauernrevolten, vor allem im großen Bauern- und Kosakenaufstand Jemeljan →Pugatschows (1773–1775).
Dem aufgeklärten Absolutismus der Zarin, die mit führenden Geistern ihrer Zeit im Briefverkehr stand, entsprangen die Reform des Senats (1763) und der Gouvernementsverwaltung (1764), die Säkularisierung der Kirchengüter (1764), der Aufbau des Schulwesens und eine extensive Besiedlungspolitik, die unter anderem seit 1764 zur Gründung der deutschen Wolgakolonien führte.

Durch zwei Kriege gegen das Osman. Reich (1768 bis 1774, 1787–1792) gewann Rußland in den Friedensschlüssen von Kütschük-Kainardschi (1774) und Jassy (1792) sowie durch die Annexion des Khanats der Krimtataren (1783) die Küste des Schwarzen Meers bis zum Dnjestr. Mit Preußen (→Friedrich II., d. Gr., und →Friedrich Wilhelm II.) und Österreich (→Joseph II.) betrieb sie die Teilungen Polens (1772, 1793 und 1795), das seit 1764 ihr früherer Liebhaber →Stanislaus II. Poniatowski regierte. Ihr »Griechisches Projekt« zur Aufteilung des Osman. Reiches verfolgend, kooperierte sie mit Österreich (1781). K. leitete eine neue Phase des Aufstiegs Rußlands zur europ. Großmacht ein. Nachfolger: Zar Paul I. (▷ Chronik Zitat)

Die Rechte des Adels in Rußland

Chronik Zitat

Aus dem Gnadenbrief Katharinas II. zugunsten des Adels:

»2. Es ist nicht nur für das Reich und den Thron von Nutzen, sondern auch gerecht, den hochachtbaren Stand des wohlgeborenen Adels zu bewahren und unerschütterlich zu festigen; und daher soll die adelige Würde in Ewigkeit unveräußerlich und erblich bleiben...
12. Der Wohlgeborene kann nur durch Richter, die an Stand ihm ebenbürtig sind, abgeurteilt werden.
26. Den Wohlgeborenen wird das Recht bestätigt, Dörfer zu kaufen.
27. Den Wohlgeborenen wird das Recht bestätigt, en gros zu verkaufen, was in ihren Dörfern geerntet oder durch Handarbeit erzeugt wird.
29. Den Wohlgeborenen wird erlaubt, in ihren Dörfern Flecken einzurichten und darin Märkte und Jahrmärkte zu eröffnen...
32. Den Wohlgeborenen wird erlaubt, auf ihren Gütern geerntete oder hergestellte Produkte en gros übers Meer zu verkaufen...
33. Den Wohlgeborenen wird ... das Eigentumsrecht bestätigt auch in bezug auf alles, was in der Tiefe der ihnen gehörenden Erde und Gewässer an verborgenen Mineralien und Gewächsen vorhanden ist...
36. Der Wohlgeborene selbst ist von persönlichen Steuern befreit.«

Kaunda, Kenneth David
Staatspräsident Sambias 1964–1991
** 28. 4. 1924 Missionsstation Lubwe, Nordrhodesien*
Der Sohn eines presbyterian. Geistlichen übernahm 1960 die Führung der United National Independence Party (UNIP), mit der er 1962 einen Wahlsieg in Nordrhodesien errang. 1964 erreichte er die Unabhängigkeit der ehemaligen brit. Kolonie, die sich als Sambia konstituierte. Seit 1972 in einem Einparteiensystem regierend, steuerte K. einen zunehmend sozialist. Wirtschaftskurs, unterstützte den Guerillakampf gegen die weiße Regierung in Rhodesien unter Ian →Smith und führte die »Frontstaaten« in ihrem Kampf gegen das südafrikan. Apartheidssystem an. Panafrikanisch engagiert, übernahm er 1983–1988 den Vorsitz der Organisation Afrikanische Einheit (OAU) und gewann große internationale Reputation, während er 1986 und 1990 im Innern Aufstände niederschlug. 1990 begann er mit demokrat. Reformen und trat nach seiner Niederlage bei den ersten freien Wahlen 1991 zurück.

Kaunitz, Wenzel Anton *Graf*
österreichischer Staatskanzler 1753–1793
** 2. 2. 1711 Wien*
† 27. 6. 1794 Wien

(*Fürst von K.-Rietberg* ab 1764). 1748 als kaiserl. Gesandter maßgebend am Frieden von Aachen beteiligt, der den Österr. Erbfolgekrieg (seit 1740) beendete, und seitdem kaiserlich österr. Min. in den Niederlanden, wurde K. 1753 Staatskanzler unter Kaiser →Franz I. und hatte dieses Amt auch unter →Maria Theresia, →Joseph II. und →Leopold II. inne. Er strebte ein Bündnis mit Frankreich an, um Preußen als Österreichs Hauptgegner niederzuwerfen und Schlesien zurückzugewinnen. 1756 erreichte er ein Defensivbündnis mit Frankreich (K.sche Koalition), das nach Ausbruch des Siebenjährigen Kriegs (1756–1763) in ein um Rußland und Schweden ergänztes Offensivbündnis umgewandelt wurde. Mit Joseph II., der 1765 Mitregent geworden war, setzte er gegen den Willen Maria Theresias den Erwerb Galiziens, der Bukowina und des bayer. Innviertels durch. Jedoch verlor er schon unter Joseph II., mehr noch unter Leopold II., an Einfluß. – Innenpolitisch förderte K. die Josephin. Reformen. Die Umgestaltung der Zentralbehörden und die Schaffung des Staatsrats waren weitgehend sein Werk.

Kautilya
altindischer Minister im 4./3. Jh. v. Chr.
(In der altind. Tradition identisch mit *Canakya*). K. gilt als der vor →Aschoka bedeutendste indische Staatsmann. Er war Ratgeber und Minister des Königs →Chandragupta Maurya, der das erste indische Großreich gründete. 325 soll er →Alexander d. Gr. erfolglos die Weiterführung seines Feldzugs in Indien vorgeschlagen haben. Nach Alexanders Tod vertrieb er mit Chandragupta die Griechen aus dem Pundjab. Von K. stammt das berühmte indische Staatslehrbuch Arthaschastra.

Kautsky, Karl
österreichischer Sozialist und Publizist
** 16. 10. 1854 Prag*
† 17. 10. 1938 Amsterdam

K. trat als Student 1875 in Wien der Sozialdemokratie bei, gründete 1883 »Die Neue Zeit«, die er als führende theoretische Zeitschrift der Sozialdemokratie bis 1917 leitete, und war 1885–1890 Privatsekretär von Friedrich →Engels in London. Als theoretischer Kopf der SPD und der Zweiten Internationale formulierte er die Grundaussagen des Erfurter Programms (1891). Auf der Grundlage des Marxismus bekämpfte er den rechten »Revisionismus« Eduard →Bernsteins und den linken »Radikalismus« Rosa →Luxemburgs und Karl →Liebknechts ebenso, wie den auf Gewaltherrschaft angelegten Bolschewismus Wladimir I. →Lenins. Nachdem er nach Beginn des 1. Weltkriegs 1914 noch der Bewilligung der Kriegskredite und dem »Burgfrieden« mit den anderen Parteien zugestimmt hatte, verließ er 1917 die SPD und beteiligte sich an der Gründung der USPD. 1922 wechselte er jedoch wieder zur SPD, auf deren Heidelberger Programm er 1925 maßgeblichen Einfluß nahm. Seit 1924 lebte er in Wien, bevor er 1938 vor dem Nationalsozialismus in die Niederlande emigrierte.

Keitel, Wilhelm
deutscher Offizier
** 22. 9. 1882 Helmscherode, Harz*
† 16. 10. 1946 Nürnberg

K. trat 1901 in die Armee ein und durchlief eine gradlinige militär. Karriere. Als das seit 1935 von ihm geführte Wehrmachtsamt im Reichskriegsministerium 1938 (nach der Krise um den Oberbefehlshaber des Heeres, Werner Frhr. v. →Fritsch) in das Oberkommando der Wehrmacht (OKW) umgebildet wurde, übernahm er dessen Leitung als Oberbefehlshaber, jedoch ohne Befehlsgewalt, die Adolf →Hitler an sich gezogen hatte. K. war neben Alfred →Jodl einer der engsten militär. Mitarbeiter Hitlers, bewunderte dessen »Genie« und prägte den Ausdruck vom »größten Feldherrn aller Zeiten«. Er nahm 1940 in Compiègne die französ. Kapitulation entgegen und wurde im gleichen Jahr zum Generalfeldmarschall ernannt. Am 9.5.1945 unterzeichnete er (für den 8. 5.) im sowjetischen Hauptquartier in Karlshorst die schon zwei Tage zuvor im Reims erklärte bedingungslose Kapitulation. Vom Nürnberger Militärtribunal wurde er als Hauptkriegsverbrecher zum Tode verurteilt und hingerichtet.

Kekkonen, Urho Kaleva
finnischer Staatspräsident 1956–1981
** 3. 9. 1900 Pielavesi*
† 31. 8. 1986 Helsinki
K. war nahm als Vorsitzender der Bauernpartei 1936 bis 1946 (mit Unterbrechungen) verschiedene Ministerämter wahr, und bildete seit 1950 fünf Regierungen, bis er 1956 Staats-Präs. wurde. Er hatte entscheidenden Anteil an der Ausbildung eines freundschaftl.-neutralen Verhältnisses zur Sowjetunion, ohne die Pflege der Verbindungen zu den westlichen Staaten zu vernachlässigen. So sicherte er die Unabhängigkeit Finnlands, dem während des Kalten Kriegs eine Brückenfunktion zwischen den Blöcken zukam, und schuf die Rahmenbedingungen für eine stabile innere Entwicklung. Er war maßgebend am Zustandekommen der Konferenz für Sicherheit und Zusammenarbeit in Europa (KSZE) beteiligt, die 1973 in Helsinki eröffnet wurde.

Kellogg, Frank Billings
Außenminister der USA 1925–1929
** 22. 12. 1856 Potsdam, New York*
† 21.12.1937 St. Paul, Minnesota
Der Anwalt, 1917–1923 republikanischer Senator und 1924/25 Botschafter in London, brachte unter Präs. Calvin →Coolidge 1928 zusammen mit seinem französ. Kollegen Aristide →Briand den Briand-K.-Pakt zur Ächtung des Krieges zustande, der von 15 Staaten unterzeichnet wurde (63–1939). K. wurde dafür 1929 mit dem Friedensnobelpreis ausgezeichnet. Da der Vertrag keine Sanktionen vorsah und den Verteidigungsfall ausklammerte, blieb er letztlich wirkungslos. 1930–1935 war K. Mitglied des Ständigen Gerichtshofs in Den Haag.

Kemal Atatürk
→Atatürk.

Kennedy, Edward Moore
US-amerikanischer Politiker
** 22. 2. 1932 Brookline bei Boston, Massachusetts*
Der jüngste der K.-Brüder (John F. →K., Robert F. →K.) machte sich 1960 als einfallsreicher Wahlhelfer seines Bruders John F. einen Namen, ist seit 1962 Senator für Massachusetts und leitete 1979–1994 den Rechtsausschuß des Senats. Unter dem Eindruck der Ermordung seiner Brüder und belastet durch eine Autounfall-Affäre verzichtete er 1968 und 1975/76 auf eine Präsidentschaftskandidatur für die Demokraten. 1980 konnte er sich bei der Kandidatenaufstellung nicht gegen Jimmy →Carter durchsetzen. Neben seinem sozialen und liberalen innenpolit. Engagement profilierte er sich außenpolitisch durch seine Initiativen gegen die atomare Rüstung (Forderung eines Moratoriums 1982).

Kennedy, John Fitzgerald
35. Präsident der USA 1961–1963
** 29. 5. 1917 Brookline, Massachusetts*
† 22. 11. 1963 Dallas, Texas
Bruder von Edward M. →K. und Robert F. →K. Nach dem Studium an der Harvard University während des 2. Weltkriegs Seeoffizier, war K. 1947–1953 für die Demokraten Mitglied des Repräsentantenhauses und seit 1953 Senator für Massachusetts, bis er 1960 als erster Katholik die Präsidentschaftswahlen gegen den republikan. Kandidaten Richard →Nixon gewann. Zur Überwindung der inneren Stagnation leitete er unter dem Motto des »Aufbruchs zu neuen Ufern« (New Frontier) ein umfangreiches Sozialreformwerk ein (Sozial- und Krankenversicherung, Ausbau der Bürgerrechte mit einer Integrationsgesetzgebung für die Afro-Amerikaner, Bildungswesen). Zahlreiche seiner innenpolit. Initiativen konnte er jedoch nicht über die Hürden des von den Republikanern beherrschten Kongresses bringen.
Außenpolitisch suchte K. Bewegung in die Fronten des Kalten Krieges zu bringen. Nach einem gescheiterten Umsturzversuch auf Kuba durch Exilkubaner unter Beteiligung der CIA (Schweinebuchtinvasion, April 1961) scheiterte jedoch das erste Gipfeltreffen der Nachkriegszeit mit Nikita S. →Chruschtschow in Wien (Juni 1961). Der Mauerbau in Berlin (Aug. 1961) verschärfte die Ost-West-Spannung, die mit K.s Ultimatum an die UdSSR, die zur Stationierung auf Kuba vorgesehenen Mittelstreckenraketen wieder abzuziehen, an den Rand des Atomkriegs eskalierte (Kubakrise, Oktober 1962). Das Nachgeben Chruschtschows leitete die Wende zu einer Politik der friedl. Koexistenz und Entspannungspolitik ein. Auftakt war das Atomteststoppabkommen 1963.
Um der Attraktivität des Kommunismus in der Dritten Welt westlich-demokrat. Alternativen entgegenzusetzen, ergänzte K. das innenpolit. New Frontier-Paket außenpolitisch um die Einrichtung eines auf Freiwilligkeit basierenden Friedenskorps zur Durchführung von Entwicklungsprojekten in der Dritten Welt (1961–1963) und die Lateinamerika angebotene »Allianz für den Fortschritt« (1961). Zugleich ließ er jedoch die militär. Intervention in Südvietnam vorbereiten (1961) und ebnete damit den Weg in den Vietnamkrieg (1965–1973).
Nach amtlichen Ermittlungen fiel K. dem Mordanschlag eines Einzelgängers zum Opfer. Spekulationen über eine Verschwörung halten sich bis heute. Nachfolger: Lyndon B. →Johnson.

Kennedy, Robert Francis
Justizminister der USA 1961–1964
** 20. 11. 1925 Brookline, Massachusetts*
† 6. 6. 1968 Los Angeles, Kalifornien
Als seinen engen Mitarbeiter, der 1960 Leiter des Wahlkampfes für die Präsidentschaftswahlen war, ernannte Präsident John F. →K. seinen Bruder zum Justiz-Min. K. verschrieb sich vor allem der Bürgerrechtsgesetzgebung und dem Kampf gegen Rassendiskriminierung. Unter Präs. Lyndon B. →Johnson trat er 1964 zurück, wurde zum Senator für New York gewählt und kritisierte seit 1966 das unter Johnson eskalierende militär. Engagement in Vietnam. Während seiner Bewerbung um die Präsidentschaftskandidatur der Demokraten wurde K. auf einer Wahlkampfreise ermordet.

Kenyatta, Jomo

Staatspräsident von Kenia 1964–1978
** 20. 10. 1891 Ichaweri*
† 22. 8. 1978 Mombasa

(»Jomo« = »Brennender Speer«). Nach seiner Rückkehr aus England (1946), wo er seit 1931 studiert und mit Kwame →Nkrumah die Panafrican Federation gegründet hatte, übernahm K. 1947 die Führung seines Kikuyu-Volkes. 1952 verhaftet, wurde er 1953 wegen angeblicher Leitung des Mau-Mau-Aufstands zu sieben Jahren Gefängnis verurteilt, 1959 entlassen und bis 1961 unter Hausarrest gestellt. Als einer der einflußreichsten und populärsten Vorkämpfer der afrikan. Unabhängigkeitsbewegung und Führer der Kenya African National Union (KANU, seit 1961) wurde er 1963 Premier-Min. und im unabhängig gewordenen Kenia (innerhalb des Commonwealth) 1964 erster Staats-Präs. mit dem Ehrentitel »Mzee« (Kisuaheli: »alter Herr«). Trotz innenpolitischer Auseinandersetzungen gelang es ihm, die Stämme hinter sich zu sammeln, indem er die traditionellen gesellschaftl. Strukturen mit modernen demokrat. Verfahren und Organisationsformen zu verbinden suchte. Gleichwohl regierte er autokratisch und installierte 1969 ein Einparteiensystem. Nachfolger: Daniel arap →Moi.

Kérékou, Mathieu

Staatschef von Benin 1972–1991
** 2. 9. 1933 Natitingou*

Nach militär. Karriere in der französ. Kolonialarmee wurde K. Offizier in der Armee von Dahomey. Seit 1970 stellvertr. Generalstabschef der Armee, stürzte er 1972 in einem unblutigen Staatsstreich den regierenden Dreierrat und übernahm die Macht als Staats-Präs., Minister-Präs. und Verteidigungs-Min. 1975 führte er für sein Land den Namen Benin ein und erklärte es zur Volksrepublik. 1980, 1984 und 1989 wurde er von der Revolutionären Volksversammlung als Präs. bestätigt. Er verfolgte eine gemäßigt sozialist. Politik und leitete 1989 die Demokratisierung des Landes ein. Nach seiner Niederlage bei den Präsidentschaftswahlen 1991 trat er als erster schwarzafrikan. Machthaber freiwillig zurück.

Kerenski, Alexander Fjodorowitsch

russischer Ministerpräsident Juli-Nov. 1917
** 22. 4. 1881 Simbirsk*
† 11. 6. 1970 New York

Der Rechtsanwalt K. war seit 1912 Mitglied der 4. Reichsduma für die sozialist. Partei der Trudowiki. Nach der Februarrevolution 1917 war er Vors. des Petrograder Sowjets und Justiz-Min. in der Provisor. Regierung, seit Mai Kriegs-Min. Als letzter kaiserl. Min.-Präs. betrieb er die Fortsetzung des Krieges gegen Dtschld. und erlitt in der den Westmächten zur Entlastung der Westfront zugesagten »Sommeroffensive« (auch »K.-Offensive«) eine Niederlage, die zum militär. Zusammenbruch führte. Nach Niederschlagung eines von General Lavr G. Kornilow (* 1870, † 1918) durchgeführten Putschversuches rief er am 15. September die »Russische Republik« aus, konnte die Friedenserwartungen der Bevölkerung, die zunehmend Wladimir I. →Lenins Parole »Brot, Frieden und Land« Gehör schenkte, jedoch nicht erfüllen. Mit Beginn der Oktoberrevolution (25. 10./7. 11. 1917 Sturm auf das Winterpalais) von den Bolschewiki gestürzt, emigrierte er nach Westeuropa. Seit 1940 lebte er in den USA.

Ketteler, Wilhelm Emanuel
Freiherr von

deutscher kath. Bischof und Politiker
** 25. 12. 1811 Münster*
† 13. 7. 1877 Burghausen

Aus Protest gegen die preuß. Kirchenpolitik verließ K. 1838 den jurist. Staatsdienst und wurde 1844 Priester. 1848/49 war er Mitgl. der Frankfurter Nationalversammlung, in der sich als Vorkämpfer des dt. polit. Katholizismus profilierte. Seit 1850 Bischof von Mainz, lehnte er auf dem 1. Vatikan. Konzil (1869/70) das Dogma der päpstl. Unfehlbarkeit ab. Im beginnenden Kulturkampf Reichstagsabg. des Zentrums (1871/72), verfocht er als einer der Hauptgegner Otto v. →Bismarcks die kulturelle Autonomie der kath. Kirche. Mit seinen Vorschlägen zu tiefgreifenden Sozialreformen begründete er die kath. Sozialpolitik, die später ihren Niederschlag in der ersten Sozialenzyklika von Papst →Leo XIII. fand (»Rerum Novarum«, 1891).

Khomeini, Ruhollah Mussawi

Führer der Islamischen Republik Iran 1979–1989
** 24. 9. 1902 Khomein bei Isfahan*
† 3. 6. 1989 Teheran

(Eigentlich *R. M. Hendi*). Der Sproß einer schiitischen Gelehrtenfamilie schlug nach seinem Studium die theologische Laufbahn ein und wurde hoher geistl. Würdenträger (Ajatollah) in Ghom. Seit Ende des 2. Weltkrieges agitierte er gegen Schah Mohammed Resa →Pahlawi, der mit seinen Reformen nach westlichem Muster u. a. Einfluß und Landbesitz der modernisierungsfeindlichen Mullahs einschränken wollte. Indem K. die Auslegungen des Korans mit polit. und sozialen Forderungen verknüpfte, begründete er den modernen islam. Fundamentalismus, als dessen unangefochtener Führer er sich etablierte. Nach schweren Unruhen 1963 in die Türkei abgeschoben, organisierte er im Exil (Türkei, Irak, seit 1978 Frankreich) den Widerstand gegen den Schah, der in die iran. Revolution mündete. Nach ihrem Sieg kehrte K. 1979 in seine Heimat zurück und proklamierte die Islam. Republik Iran. Nach einer vom Volk gebilligten Verfassung, die der islam. Geistlichkeit die führende Stellung im Staatsapparat einräumte, verkörperte K. die höchste Staatsautorität. Als Vali-e-Faghik (»der herrschende Gottesgelehrte«) stand ihm in allen politischen und religiösen Fragen die letzte Entscheidungsbefugnis zu.

Mit dem Ziel, die islam. Welt zu einer sich gegen Kommunismus und westl. Kapitalismus behauptenden theokrat. Einheit zu formieren, verfolgte er eine radikale antiamerikan. Politik (Geiselnahme in der amerikan. Botschaft in Teheran 1979–1981), stellte sich aber auch gegen die UdSSR. Der von K. zum Heiligen Krieg erklärte 1. Golfkrieg gegen den sunnit. Irak (Saddam →Hussein) war gleichwohl vorrangig von ökonom. (Öl-)Interessen bestimmt (1980 bis 1988). Außenpol. isoliert, ließ K. im Innern sein Herrschaftssystem durch härteste Unterdrückung jeder Opposition absichern. Wenige Monate vor seinem Tod erließ K. einen Mordaufruf an alle gläubigen Muslime gegen den der Blasphemie beschuldigten Autor Salman Rushdie (»Satan. Verse«, 1988). Nachfolger: Ali Akbar Hashemi →Rafsandschani.

Khublai Khan

mongolischer Großkhan 1260–1294
** 23. 9. 1215*
† 18. 2. 1294 Peking

Der Enkel →Dschingis -Khans, der seit 1234 Nordchina beherrschte und 1236 Setschuan, 1253 Yünnan einnahm, setzte sich 1260 im Erbfolgekrieg gegen seinen Bruder Arik-büge als Großkhan der Mongolen durch. 1264 verlegte er seine Residenz von Karakorum nach Peking, das er Khanbalik nannte, erhob sich zum Kaiser *Shin Tsu* und begründete damit die mongolische Yüan-Dynastie (1260/80 bis 1368). Nach Eroberung des südlichen Reichs der Sung-Dynastie beherrschte er ganz China, das unter ihm kulturell und wirtschaftlich aufblühte. An seinem Hofe weilte Marco →Polo (1275–1292). Nach Eroberung von großen Teilen Indochinas hatte er das Mongolenreich zur größten Territorialmacht der mittelalterlichen Welt expandiert. Während das mongolische Stammland nach seinem Tod schnell in selbständige Khanate zerfiel, blieb die Einheit Chinas weitgehend erhalten.

Kiesinger, Kurt Georg

deutscher Bundeskanzler 1966–1969
** 6. 4. 1904 Ebingen, Württemberg*
† 9. 3. 1988 Tübingen

Der Jurist, seit 1933 NSDAP-Mitgl. und im 2. Weltkrieg im Auswärtigen Amt für die außenpolit. Propagandaarbeit zuständig (1943–1945 stellvertr. Leiter der rundfunkpolit. Abteilung), wurde nach Gründung der BR Dtschld. als einer der Köpfe der baden-württemberg. CDU Mitglied des Bundestags (1949–1958, 1969–1980). Als liberaler Min.-Präs. von Baden-Württemberg (1958–1966), das er mit seiner wirtschaftlich günstigen Struktur zum »Musterländle« machte, schuf er sich die Ausgangsposition, um 1966 in der Nachfolge Ludwig →Erhards als Bundeskanzler die Regierung einer Großen Koalition aus CDU/CSU und SPD (Vizekanzler und Außen-Min. Willy →Brandt) zu bilden. 1967 übernahm er den Vorsitz der CDU (bis 1971).

Unter K. leitete die Bundesregierung vorsichtig die Wende zu einer auf Entspannung angelegten Ostpolitik ein (u. a. 1967/68 Aufnahme diplomat. Beziehungen zu Rumänien und Jugoslawien, 1967 Briefwechsel mit Willi →Stoph). Mit Wirtschafts-Min. Karl Schiller (SPD) und Finanz-Min. Franz Josef Strauß (CSU) überwand sie die wirtschaftl. Rezession (1965–1967), führte die mittelfristige Finanzplanung ein und verabschiedete 1969 die von Justiz-Minister Gustav →Heinemann (SPD) verantwortete

Strafrechtsreform. Die Durchsetzung der Notstandsgesetze 1968 provozierte heftige innenpolit. Auseinandersetzungen mit der außerparlamentar. Opposition und Studentenbewegung. Das Ergebnis der Bundestagswahlen 1969 ermöglichte die Bildung einer sozialliberalen Koalition unter Willy →Brandt.

Kim Il Sung
nordkoreanischer Partei- und Staatschef 1946–1994
** 15. 4. 1912 Mangyongdae bei Pjöngjang*
† 8. 7. 1994 Pjöngjang
(Eigentlich *Kim Song Chu*). Offiziellen Angaben zufolge nahm K. seit den 30er Jahren am Partisanenkampf gegen die japan. Besatzungsmacht in der Mandschurei teil, kehrte nach dem Einmarsch der sowjet. Armee in Nordkorea (1945) in seine Heimat zurück und nannte sich K. I. S. Seit 1946 Vors. (ab 1966 Generalsekretär) der kommunist. Partei der Arbeit, 1948–1972 Min.-Präs., seit 1972 Staats-Präs., war er für mehr als vier Jahrzehnte der unumschränkte Herrscher Nordkoreas, umgeben von einer Aura des Personenkults. Mit seinem Übergriff auf Südkorea provozierte er den Koreakrieg (1950 bis 1953). In der Auseinandersetzung zwischen den kommunist. Großmächten UdSSR und China bezog er eine neutrale Position. Auch nach dem weltweiten Zusammenbruch des Kommunismus seit 1989 behauptete er in seinem Land den dogmatisch auf seine Person zugeschnittenen stalinist. Kurs und isolierte Nordkorea von der internationalen Entwicklung. Sein Versuch, eigene Atomwaffen zu entwikkeln und den Atomwaffensperrvertrag zu kündigen (1993), führte nach einer Verschärfung der polit. Spannungen zu einer vertragl. Regelung mit den USA (1994), die Nordkorea bei Einstellung seines Atomprogramms eine wirtschaftl. Öffnung zum Westen ermöglicht. Nachfolger: Sohn →Kim Jong Il.

Kim Jong Il
nordkoreanischer Partei- und Staatschef seit 1994
** 16. 2. 1942 Chabarwowsk (UdSSR)*
In der ersten dynast. Nachfolge eines kommunist. Staates trat K. J. I. 1994 des Erbe seines Vaters →Kim Il Sung als Machthaber Nordkoreas an. Mit der Übernahme zentraler polit. Aufgaben (1973 ZK-Sekretär für Organisation und Propaganda, 1974 Mitgl. des Politbüros, 1980 Mitglied im Ständigen Ausschuß des Politbüros, 1990 Vors. des Verteidigungskomitees, 1991 Oberbefehlshaber der Armee und Ernennung zum Marschall) war er systematisch als künftiger Machthaber aufgebaut worden.

Kimon
Staatsmann und Heerführer Athens
** etwa 510 v. Chr.*
† 450 v. Chr. vor Kition
Als Sohn des →Miltiades und Anhänger der Seemachtpläne des →Themistokles (an dessen Sturz er um 471 jedoch mitwirkte) führte K. die Politik des →Aristides fort, Athen zur Hegemonialmacht in der Ägäis zu machen. Ein Freund Spartas, vertrieb er den Feldherrn →Pausanias nach dessen Bruch mit Sparta aus dem von ihm eroberten Byzantion (476). Als gewählter Stratege Athens und Führer des Attischen Seebunds (478–404) errang K. im 2. Perserkrieg (480–449) mehrere Siege und unterwarf das vom Attischen Seebund abgefallene Thasos (465–463). Als die Spartaner Athen durch die Zurückweisung eines Hilfskorps gegen die Messenier demütigten, wurde er auf Betreiben seines spartafeindl. Rivalen →Ephialtes in Abwesenheit durch Ostrakismos (Scherbengericht) für 10 Jahre verbannt (461). Zurückgekehrt, nahm er 450 den Perserkrieg wieder auf, siegte in der Seeschlacht bei Salamis (Zypern) und fiel vor Kition.

King, Martin Luther
afro-amerikanischer Führer der Bürgerrechtsbewegung in den USA
** 15. 1. 1929 Atlanta, Georgia*
† 4. 4. 1968 Memphis, Tennessee

Seit 1954 Baptisten-Pfarrer in Montgomery, Alabama, gründete K. 1957 die Bürgerrechtsorganisation Southern Christian Leadership Conference. Im Geist →Jesu und nach dem Vorbild Mahatma →Gandhis wollte er ohne Gewalt und durch passiven Widerstand die Rassenschranken zu Fall bringen und den Afroamerikanern die Gleichberechtigung erkämpfen. Sein erster großer Erfolg war die Aufhebung der Rassentrennung in den öffentlichen Verkehrsmitteln von Montgomery nach einem von ihm geleiteten einjährigen Boykott (1956). Danach organisierte er als charismatischer Führer viele Demonstrationen, u. a. den Marsch auf Washington 1963. 1964 wurde er mit dem Friedensnobelpreis ausgezeichnet. Seine Ermordung löste schwere Unruhen aus. (▷ Chronik Zitat)

Kinkel, Klaus
deutscher Außenminister seit 1993
** 17. 12. 1936 Metzingen*
Der Jurist mit steiler Beamtenkarriere (Chef des Leitungs- und Planungsstabes des Auswärtigen Amtes 1974–1978, Präsident des Bundesnachrichtendienstes 1979–1982, Staatssekretär im Bundesministerium der Justiz 1982–1991) trat erst 1991 der FDP bei. 1991 wurde er in der Regierung Helmut →Kohl Justiz-Min. Seit 1992 in der Nachfolge Hans-Dietrich →Genschers Außen-Min., sucht er Deutschlands seit der dt. Einigung gewachsenes Gewicht in den internationalen Beziehungen geräuschlos einzubringen. Seit 1993 Vors. der FDP ohne Fortune, mußte er zahlreiche Wahldebakel hinnehmen, die seine Partei in eine existenzielle Krise stürzten. Um ihr einen »Neuanfang« zu ermöglichen, trat er 1995 als Partei-Vors. zurück.

Kirow, Sergei Mironowitsch
sowjetischer Parteisekretär
** 27. 3. 1886 Urschum, Gouvernement Wjatka*
† 1. 12. 1934 Leningrad
(Eigentlich *S. M. Kostrikow*). K. schloß sich 1904 den Bolschewiki an. Während des Bürgerkriegs (1918–1922) Politischer Kommissar, wurde er als Parteisekretär in Leningrad (seit 1926) Kandidat (seit 1926) und Mitglied des Politbüros des ZK der KPdSU (seit 1930). Er gehörte zu den engsten Mitarbeitern Josef W. →Stalins und galt als dessen potentieller Rivale. Seine wahrscheinlich auf Befehl Stalins erfolgte Ermordung wurde der innerparteilichen Opposition zugeschrieben und gab den Vorwand zur »Großen Säuberung« (1934–1938), während der ein großer Teil der Führungselite von Partei, Wirtschaft, Kultur und Militär ermordet, deportiert oder vertrieben wurde.

Der Busboykott in Montgomery

Chronik Zitat

Martin Luther King schildert den Auftakt des ein Jahr währenden Busboykotts in Montgomery, wo er seit 1954 Prediger war, und mit dem 1954 die schwarze Bürgerrechtsbewegung begann (in: »Freiheit – Aufbruch der Neger Nordamerikas« 1965):

»Die beiden Gemeinschaften der Neger und Weißen gingen gleichsam getrennte Wege. Die Schulen waren natürlich getrennt… Sie fuhren zusammen zur Arbeit, jedoch scharf abgegrenzt jeder in einem anderen Teil des Busses.
Der Frieden zwischen den Rassen, wie er in Montgomery bestanden hatte, war kein christlicher Frieden. Es war ein heidnischer Frieden, und er war zu einem hohen Preis erkauft worden.
Besonders fragwürdig war schon lange der Frieden in den durch die ganze Stadt fahrenden Omnibussen. Hier wurden die Neger täglich an die Schande der Segregation erinnert. Es gab keine Negerchauffeure. Einige der weißen Busfahrer waren höflich, aber sehr viele hatten nichts als beleidigende Schimpfworte wie ›Nigger‹, ›schwarze Kühe‹, und ›schwarze Affen‹ für die Neger. Häufig bezahlten die Neger ihr Fahrgeld an der vorderen Tür und mußten dann wieder aussteigen und hinten einsteigen. Dabei kam es oft vor, daß sie zwar ihr Geld bezahlt hatten, der Bus aber abfuhr, ehe sie die Hintertür erreicht hatten.
Noch erniedrigender war es für die Neger, daß man sie zwang, vor leeren Sitzen, die nur für Weiße reserviert waren, zu stehen. Auch wenn keine Weißen mitfuhren und die Neger sich eng zusammendrängen mußten, durften sie die zehn Plätze der ersten vier Reihen nicht benutzen. Aber man ging noch weiter. Wenn die weißen Fahrgäste schon sämtliche für sie reservierten Plätze eingenommen hatten und noch mehr Weiße zustiegen, wurden die Neger, die direkt hinter den Weißen saßen, aufgefordert, aufzustehen, damit sich die Weißen setzen konnten. Wenn sich die Neger weigerten, aufzustehen und nach hinten zu gehen, wurden sie verhaftet. In den meisten Fällen fügten sie sich ohne Protest. Gelegentlich aber gab es auch Neger wie Vernon Johns, die sich weigerten. Ein paar Monate nach meiner Ankunft in Montgomery wurde eine fünfzehnjährige Schülerin der Mittelschule (High School), Claudette Colvin, aus dem Bus gezerrt, mit Handschellen gefesselt und ins Gefängnis geworfen, weil sie sich geweigert hatte, einem weißen Fahrgast ihren Platz abzutreten. Diese Ungeheuerlichkeit schien die Neger aufzurütteln. Man sprach davon, daß man als Protest die Busse boykottieren wolle.«

Kishi, Nobusuke
japanischer Ministerpräsident 1957–1960
** 13. 11. 1896 Präfektur Yamaguchi*
† 7. 8. 1987 Tokio
Während des 2. Weltkrieges in der Regierung für die japan. Rüstungsproduktion verantwortlich, wurde K. vom alliierten Militärtribunal als Hauptkriegsverbrecher zu lebenslängl. Haft verurteilt, jedoch im Dez. 1948 entlassen. Er gewann entscheidenden Einfluß auf den wirtschaftl. Wiederaufbau Japans. 1954/1955 war er Generalsekretär der Demokrat. Partei und betrieb deren Zusammenschluß mit den Liberalen zur Liberal-Demokrat. Partei (LDP, 1955). 1956/1957 Außen-Min., wurde er 1957 Min.-Präs. und Vors. der LDP, mußte jedoch wegen der Verlängerung des revidierten japan.-amerikan. Sicherheitsvertrages im Zuge heftiger innenpolit. Auseinandersetzungen zurücktreten. Zusammen mit →Yoshida Shigeru gilt K. als Vater des japan. »Wirtschaftswunders«.

Kissinger, Henry Alfred
Außenminister der USA 1973–1977
** 27. 5. 1923 Fürth*
Wegen seiner jüd. Abstammung zur Emigration aus Dtschld. gezwungen, lebt K. seit 1938 in den USA. Als exzellenter Politikwissenschaftler in Harvard beriet er von Dwight D. →Eisenhower bis George →Bush alle US-Regierungen in strateg. Fragen der Sicherheits- und Außenpolitik. 1969–1977 war K. Vors. des Nationalen Sicherheitsrates und 1973 bis 1977 Außen-Min. unter den Präs. Richard →Nixon und Gerald →Ford. Er bahnte 1971 die Aufnahme diplomat. Beziehungen mit der Volksrepublik China an, handelte 1973 den Waffenstillstand mit Nordvietnam aus, der den Vietnamkrieg beendete (Friedensnobelpreis 1973 zusammen mit →Le Duc Tho), vermittelte nach dem 4. Nahostkrieg 1973 mit seiner »Pendeldiplomatie« das Truppenentflechtungsabkommen zwischen Israel und seinen Gegnern Ägypten und Syrien als Voraussetzung für den Friedensvertrag zwischen Israel und Ägypten (Camp David 1979). Als »Elder Statesman« gehört er zu den gefragtesten Koryphäen der internationalen Politik.

Kitchener, Horatio Herbert
britischer Offizier und Politiker
** 24. 6. 1850 bei Listowel, County Kerry (Irland)*
† 5. 6. 1916 bei den Orkney-Inseln
(*Earl K. of Khartoum and Broom* ab 1914). Seit 1892 Oberbefehlshaber der Ägypten-Armee, eroberte K. den anglo-ägypt. Sudan, indem er das Heer der Mahdisten (→Mahdi) bei Omdurman 1898 schlug und Khartum besetzte. Bei Faschoda zwang er ein französ. Expeditionskorps zum Rückzug (Faschoda-Krise 1898). Den Burenkrieg (1899–1902) entschied er zugunsten Englands, indem er der Guerillataktik der Buren (»verbrannte Erde«) eine neue Kriegstaktik, einschließlich der Errichtung von Konzentrationslagern zur Isolierung der kämpfenden Buren von der Zivilbevölkerung, entgegensetzte. 1902 bis 1909 reorganisierte er als Oberbefehlshaber die brit.Truppen in Indien. Seit 1911 als Generalkonsul fakt. Beherrscher Ägyptens, wurde er mit Beginn des 1. Weltkriegs 1914 Kriegs-Min., organisierte das Freiwilligenheer und setzte 1916 die allgemeine Wehrpflicht durch. Beim Untergang des torpedierten Panzerkreuzers »Hampshire« fand er den Tod.

Klaus, Josef
österreichischer Bundeskanzler 1964–1970
** 15. 8. 1910 Mauthen, Kärnten*
Seit 1949 Landeshauptmann von Salzburg, wurde K. 1961 Bundes-Min. für Finanzen, trat jedoch 1963 zurück, als er sich mit seinem Sparhaushalt nicht durchsetzen konnte. Im gleichen Jahr zum Bundesobmann der Österreichischen Volkspartei (ÖVP) gewählt (bis 1970), bildete er 1964 als Bundeskanzler eine Koalition mit der SPÖ, die er nach gewonnenen Nationalratswahlen 1966 zugunsten einer Alleinregierung der ÖVP aufgeben konnte. Nach der Niederlage seiner Partei bei den Wahlen 1970 wurde er von Bruno →Kreisky abgelöst.

Klearchos
Harmost (Statthalter) von Byzantion 403 v. Chr.
** um 450 v. Chr.*
† 401 v. Chr.
Der spartanische Flottenführer im Peloponnesischen Krieg (431–404) brachte 411 Byzantion (Byzanz) unter die Herrschaft Spartas, errichtete jedoch eine solche Schreckensherrschaft, daß er 403 in Sparta zum Tode verurteilt wurde. K. floh zu dem persischen Vizekönig von Kleinasien, →Kyros d. J., den er mit heiml. Hilfe Spartas bei dem Feldzug gegen dessen Bruder, den Perserkönig →Artaxerxes II., unterstützte. In der Schlacht bei Kunaxa 401 siegte

er zwar mit den von ihm geführten griechischen Söldnern, doch verschuldete sein eigenmächtiges Verhalten den Tod des Kyros. Noch im gleichen Jahr wurde er von den Persern umgebracht.

Kleisthenes
athenischer Staatsmann im 6. Jh. v. Chr.
K., der dem von →Peisistratos verbannten Geschlecht der Alkmaioniden angehörte, kehrte nach dem Sturz des Tyrannen →Hippias 510 nach Athen zurück, und führte, gestützt auf seinen Anhang im Volk, 508/07 Reformen zur Vollendung der attischen Demokratie ein. Die vier alten Phylen (Grundeinheiten), deren Einteilung auf den Interessen der Familienoligarchien beruhte, hob er durch eine neue Phylenordnung auf und gliederte ganz Attika in drei Regionen (Stadt, Küstenland, Binnenland), die in jeweils 10 Trittyes (eigentlich »Drittel«) zerfielen. Drei Trittyes, je eine Trittyes aus jeder Region, bildeten fortan eine Phyle. Jede der 10 Phylen stellte durch Los 50 Delegierte im »Rat der 500«, dem wesentlichen Entscheidungsgremium, und führte ein Zehntel des Jahres den Vorsitz. Innerhalb der Phylen richtete K. ca. 100 Territorialbezirke (Demoi) ein. Auch die Einführung des Ostrakismos (Scherbengericht) soll auf ihn zurückgehen.

***Klemens** (latisch »der Milde«), Päpste*

Klemens V.
Papst 1305–1314
** um 1260*
† 20. 4. 1314 Roquemaure, Gard
(Vorher *Bertrand de Got*). Der aus französischem Adel stammende K. wurde auf Betreiben König →Philipps IV. (des Schönen) von Frankreich zum Papst gewählt und blieb von ihm abhängig. Er schuf eine französische Mehrheit im Kardinalskolleg und machte 1309 Avignon zur päpstl. Residenz (»Babylonische Gefangenschaft der Kirche«, bis 1377). Auf Wunsch des Königs widerrief er manche Maßnahmen von Papst →Bonifatius VIII. und ließ auf dem Konzil von Vienne 1311/12 den Templerorden aufheben. Nachfolger: →Johannes XXII.

Klemens VI.
Papst 1342–1352
** um 1291*
† 6. 12. 1352 Avignon
(Vorher *Pierre Roger*). Vor seiner Papstwahl war K. Erzbischof von Rouen (seit 1330) und, seit 1338 als Kardinal, Kanzler König →Philipps VI. von Frankreich, dessen Politik er auch als Papst unterstützte. Er ernannte fast nur Franzosen zu Kardinälen und festigte durch den Kauf Avignons das päpstl. Exil.

Klemens (VII.)
Gegenpapst 1378–1394
** 1342 Genf*
† 16. 9. 1394 Avignon
(Vorher *Robert von Genf*). Seine Wahl gegen →Urban VI. durch die vom französ. König →Karl V. (dem Weisen) unter Druck gesetzten französ. Kardinäle begründete das Große Abendländ. Schisma (bis 1410). K. residierte in Avignon, wo er eine aufwendige Hofhaltung führte, und geriet in völlige Abhängigkeit von Frankreich. Außer in Frankreich wurde er in Aragón, Schottland, Irland, Neapel und teilweise in Deutschland anerkannt.

Klemens VII.
Papst 1523–1534
** 26. 5. 1478 Florenz*
† 25. 9. 1534 Rom
(Vorher *Giulio de'Medici*). Der Vetter von Papst →Leo X. wandte sich, obwohl von der kaiserl. Partei unter den Kardinälen gewählt, Frankreich zu (1526 Liga von Cognac: Frankreich, England, Florenz, Venedig und Papst gegen Spanien und Kaiser) und geriet dadurch in schärfsten Gegensatz zu Kaiser →Karl V., der 1527 im »Sacco di Roma« Rom erobern und plündern ließ, K. gefangennahm und im Frieden von Barcelona 1529 wieder auf seine Seite zwang, um sich 1530 von ihm zu Kaiser krönen zu lassen. K.' Pontifikat war geprägt vom Beginn der Reformation in Dtschld. und in England, ohne daß er den neuen Entwicklungen wirksam zu begegnen vermochte. Nachfolger: →Paul III.

Klemens IX.
Papst 1592–1605
** 24. 2. 1536 Fano*
† 3. 3. 1605 Rom
(Vorher *Ippolito Aldobrandini*). Indem ihm die Aussöhnung mit Frankreich gelang, er zwischen Spanien und Frankreich den Frieden von Aachen (1668) vermitteln konnte und den Kirchenstaat territorial

erweiterte, stärkte K. die Stellung des Papsttums. Als typ. Renaissancepapst trieb er die äußere Prachtentfaltung und den Nepotismus auf einen neuen Höhepunkt. In seinem Pontifikat wurde der Philosoph und ehemalige Dominikaner Giordano Bruno von der Inquisition zum Tod verurteilt und in Rom als Ketzer verbrannt (1600).

Klemens XIV.

Papst 1769–1774
** 31. 10. 1705 Sant'Arcàngelo bei Rimini*
† 22. 9. 1774 Rom

(Vorher *Giovanni Ganganelli*). Aus Furcht vor einem Schisma ordnete K. 1773 die von den bourbon. Staaten Frankreich und Spanien geforderte Aufhebung des Jesuitenordens an. Die Maßnahme erfolgte vor dem Hintergrund des gestiegenen antirömischen Einflusses (Gallikanismus, Jansenismus und Episkopalismus) sowie der Aufklärung vor allem in Frankreich. K. bemühte sich um Finanz- und Wirtschaftsreformen im Kirchenstaat, förderte Wissenschaft und Kunst und ließ das Museo Pio-Clementino im Vatikan einrichten. Nachfolger: →Pius VI.

Kleomenes III.
König von Sparta 235–221 v. Chr.
** um 260 v. Chr.*
† 219 v. Chr.
Mit tiefgreifenden Reformen versuchte K., der polit. Zersplitterung und sozialen Spannungen in Sparta entgegenzuwirken: Mit der Abschaffung des Ephorats (Verwaltungsspitze, Magistrat) sicherte er sich als König die beherrschende Stellung. Die Neuaufteilung des Grundbesitzes und Ergänzung der Bürgerschaft aus Periöken (einer politisch rechtlosen, auf Handel und Gewerbe spezialisierten Bevölkerungsschicht) förderten die Demokratisierung, die Neuordnung des Heeres stärkte die Militärmacht Spartas. Im Kampf gegen den Achäischen Bund zunächst erfolgreich, unterlag er 222 bei Sellasia der vereinten Macht unter dem Makedonier Antigonos Doson (* um 263, † 221), der als erster siegreicher Feind Sparta besetzte. K.' Reformen wurden aufgehoben, mit ihm endete das Königtum in Sparta.

Kleon
Volksführer in Athen
† 422 v. Chr. bei Amphipolis
Als Besitzer einer Ledermanufaktur war K. der erste Politiker Athens, der aus der Schicht der Gewerbetreibenden in führende Positionen aufstieg. Der charismat. Agitator gehörte zunächst zur Opposition gegen →Perikles und setzte sich nach dessen Tod 429 an die Spitze einer radikalen Volksherrschaft. Die Kriegspolitik gegen Sparta führte er entschlossen fort (Peloponnes. Krieg 431–404) und verdreifachte zu ihrer Finanzierung die Tribute der Seebundsmitglieder an Athen (425/24). Nach anfängl. Erfolgen in Thrakien erlitt Athen jedoch eine Niederlage gegen die Böoter (424), und K. fiel 422 in der verlustreichen Schlacht bei Amphipolis mit der Folge des Waffenstillstands im Nikiasfrieden (421–414).

Kleopatra VII.,
die Große

ägyptische Königin 51–30 v. Chr.
** 69 v. Chr.*
† 30 v. Chr. Alexandria

(Griechisch »K.« = »die vom Vater Berühmte«). Die letzte Vertreterin der Ptolemäer-Dynastie, Tochter des Königs Ptolemaios XII. wurde nach dessen Tod († 51) Mitregentin neben ihrem Brudergemahl Ptolemaios XIII. († 47). Von diesem vertrieben, rief sie Iulius →Caesar um Hilfe, der bei der Verfolgung des geschlagenen Gnaeus →Pompeius in Alexandria gelandet und dort eingeschlossen war (48). Von ihm als Vasallenkönigin mit ihrem Bruder Ptolemaios XIV. († 44) wieder eingesetzt, folgte sie Caesar als ihrem Geliebten, von dem sie einen Sohn hatte (Caesarion, * 47, † 30), nach Rom. Nach Caesars Ermordung kehrte sie 44 nach Ägypten zurück, ließ ihren Bruder vergiften und setzte ihren Sohn als Ptolemaios XV. zum Mitregenten ein.
41 verband sie sich mit Marcus →Antonius, dem Herrscher über den Ostteil des Röm. Reiches und Rivalen des Octavian (→Augustus), ging mit ihm eine Ehe ein (37), ließ sich von ihm große Teile seines Reichs übertragen, zur »Königin der Könige«, d. h. Herrscherin des Ostreichs, proklamieren (34) und es testamentarisch unter ihre drei mit

Antonius gemeinsamen Kinder aufteilen. Der Entscheidungskampf zwischen Antonius und Octavian, der mit der Niederlage der ägypt. Flotte bei Aktium 31 endete, besiegelte K.s Schicksal. Sie nahm sich durch Schlangenbiß das Leben, um nicht im Triumphzug nach Rom mitgeführt zu werden.

Klerk, Frederik Willem de
südafrikanischer Staatspräsident 1989–1994
** 18. 3. 1936 Johannesburg*

Der Rechtsanwalt, seit 1972 Mitgl. des Abgeordnetenhauses für die National Party (NP), trat 1978 in die Regierung ein. Seit 1988 Vors. der NP, wurde er 1989 als Nachfolger Pieter W. →Bothas Staats-Präs. Zuvor Verteidiger der Apartheid, öffnete er im Febr. 1990 mit seiner histor. »Wenderede« den Weg zu einer neuen Ära in der Geschichte Südafrikas. Mit dem Abbau von Rassenschranken, der Wiederzulassung des African National Congress (ANC) und der Freilassung Nelson →Mandelas begann er mit der Auflösung des Apartheidsystems. Die Wahlen zur Nationalversammlung und die Übernahme der Staatspräsidentschaft durch Mandela besiegelten 1994 das Ende der weißen Alleinherrschaft. K. übernahm das Amt des Vize-Präs. Zusammen mit Mandela erhielt er 1993 den Friedensnobelpreis.

Knox, John
schottischer Reformator
** um 1514 Giffordgate bei Haddington*
† 24. 11. 1572 Edinburgh
Zunächst kath. Priester, konvertierte K. 1543 zum Protestantismus, für den er als Prediger und Organisator in Schottland und England warb. Nach dem Regierungsantritt →Marias I. (der Katholischen) 1553 wurde er vertrieben. In Genf schloß er sich dem Calvinismus (Johannes →Calvin) an und kehrte nach der Thronbesteigung →Elisabeths I. (1558) wieder nach Schottland zurück (1559). Er verlieh der schott. Kirche ihren puritan. Charakter und setzte, im Konflikt mit →Maria Stuart noch zweimal vertrieben, den Calvinismus in der presbyterianischen Variante (Kirk) als Staatsreligion durch (1560).

***Knut**, dänische Könige*

Knut II., *der Große*
König von Dänemark 1019–1035, von England (als K. I.) seit 1016, von Norwegen seit 1028
** um 995*
† 12. 11. 1035 Shaftesbury
(Dänisch *Knud de Store*, englisch *Canute the Great*). K. schloß die von seinem Vater Sven Gabelbart (König um 975–1014) begonnene Eroberung des »Danelag« in England 1015 ab und wurde 1016 als König ganz Englands anerkannt. Indem er 1028 noch Norwegen unterwarf, errichtete er ein nordisches Großreich und ließ es christianisieren. Er pflegte freundschaftliche Beziehungen zu →Konrad II., an dessen Kaiserkrönung 1027 er teilnahm und den er gegen Polen unterstützte. Für den Verzicht Konrads auf das Gebiet zwischen Schlei und Eider (womit die Eider endgültig zu Südgrenze des dänischen Reichs wurde) verheiratete er seine Tochter Gunhild an Konrads Sohn →Heinrich (III.). Bald nach seinem Tod zerfiel sein Reich.

Knut IV., *der Heilige*
König 1080–1086
** um 1043,*
† 10. 7. 1086 Odense
K. versuchte, die Macht der Krone zu stärken und sein Land straff zu ordnen. Seine harten Maßnahmen, u. a. bei der Eintreibung des Zehnten, und die einseitige Begünstigung des Klerus stießen auf Widerstand in Volk und Adel. Im Zuge eines von seinem Bruder Olaf angeführten Aufstands wurde er vor einer Expedition nach England von einer Volksmenge gesteinigt. Als Märtyrer verehrt, wurde er 1101 heiliggesprochen (Tag: 19. 1. und 10. 7.), später zum Schutzheiligen Dänemarks erhoben.

Knut VI.
König 1182–1202
** 1163*
† 12. 11. 1202
Der Sohn und Nachfolger →Waldemars I. (d. Gr.) setzte die dän. Großmachtpolitik seines Vaters fort und unterstützte seinen Schwiegervater →Heinrich den Löwen gegen Kaiser →Friedrich I. Barbarossa. Nach der Eroberung von Rügen, Pommern und Mecklenburg nannte er sich »Rex sclavorum« (»König der Slawen«), seitdem Bestandteil des dän. Königstitels (1185). Zusammen mit seinem Bruder und Nachfolger →Waldemar (II.) nahm er Holstein, Stormarn, Hamburg, Lübeck und Ratzeburg ein.

Kohl, Helmut

deutscher Bundeskanzler seit 1982
** 3. 4. 1930 Ludwigshafen*

Die Wiederherstellung der dt. Einheit 1990 krönte die polit. Laufbahn des neben Konrad →Adenauer am längsten regierenden Kanzlers der Bundesrepublik und ersten Kanzlers Gesamtdeutschlands. Begonnen hatte er seine Karriere nach einem Studium der Geschichte und der Rechts- und Staatswissenschaften (Promotion 1958) mit seinem Eintritt als CDU-Abg. in den rheinland-pfälz. Landtag (1959 bis 1976), der ihn 1966 als Fraktionsvors. (1963–1969) und Landesvors. der CDU (1966–1974) zum Min.-Präs. wählte (1969–1976). 1973 löste er Rainer Barzel als Parteivors. ab, wurde 1976 Mitglied des Bundestages und übernahm 1976 als Vors. der CDU/CSU-Fraktion die Führung der Opposition. Nachdem die seit 1969 regierende sozialliberale Koalition unter Helmut →Schmidt (seit 1974) über die Wirtschafts- und Finanzpolitik zerbrochen war, wurde K. 1982 vom Bundestag durch ein konstruktives Mißtrauensvotum zum Bundeskanzler einer Koalition aus CDU/CSU und FDP gewählt. Nach den für die Koalition – wenn teils auch mit sehr knappen Ergebnissen – erfolgreichen Bundestagswahlen 1983, 1987, 1990 (erste gesamtdeutsche Wahlen) und 1994 wurde er jeweils wiedergewählt. Mit einem ausgeprägten Machtbewußtsein und instinktsicherer Personalpolitik überstand er mehrere polit. Schwächephasen und Popularitätstiefs, die den Glanz eines Überkanzlers nicht aufkommen ließen.

Angetreten, eine »geistig-moralische Wende« herbeizuführen, legte K. angesichts zunehmender wirtschaftlicher Strukturprobleme die Schwerpunkte seiner Regierung auf die Sanierung des Staatshaushalts, die Anregung der privaten Investitionstätigkeit und auf Sozialreformen zur Umstrukturierung und zum Abbau von Staatsleistungen. Gleichwohl konnte seine Regierung der schwersten Wirtschaftkrise in der Geschichte der Bundesrepublik (1992–1994), die durch die Umstellungsprobleme der ostdeutschen Wirtschaft noch verschärft wurde, nicht wirksam begegnen und die Massenarbeitslosigkeit (seit 1983 über der 2-Millionen-Marke), nicht beheben. Die im NATO-Doppelbeschluß von 1979 vorgesehene Nachrüstung setzte K. gegen große innenpolit. Widerstände durch (1983). Im engen Schulterschluß mit Frankreichs Präs. François →Mitterrand trieb er die europäische Einigung, die er als seine Mission begreift, voran. Gemeinsam mit Außen-Min. Hans-Dietrich →Genscher förderte er mit Nachdruck die von Michail →Gorbatschow betriebene polit. Umwälzung der Sowjetunion und nutzte mit staatsmänn. Geschick die sich aus ihr ergebende histor. Chance der dt. Einigung. Dem polit. Umsturz in der DDR 1989 folgten am 1. 7. 1990 die dt.-dt. Währungs-, Wirtschafts- und Sozialunion, die Erklärung der Souveränität des vereinten Deutschlands aufgrund des 2+4-Vertrags (12. 9. 1990) und die Vereinigung der beiden dt. Staaten am 3. 10. 1990.

Kolumbus, Christoph(er)

italienischer Seefahrer in spanischen Diensten
** 1451 Genua*
† 21. 5. 1506 Valladolid

(Ital. *Cristoforo Colombo*, span. *Cristóbal Colón*). Der Genuese K., Sohn eines Wollwebers, der 1476 nach Lissabon übersiedelte, gilt als Entdecker Amerikas (nach den Wikingern um 1000 n. Chr.). Angeregt durch den italien. Kosmographen Paolo de Toscanelli und das Studium antiker Autoren (→Aristoteles, →Strabo u. a.) und Karten (→Ptolemaios) glaubte er, über den Atlantik den westlichen Seeweg nach Indien finden zu können. Mit seinem Plan vom portugies. König →Johann II. abgewiesen, warb er 1486 um die Unterstützung →Isabellas I. (d. Kath.), kam mit ihr und →Ferdinand II. (d. Kath.) nach der Eroberung Granadas (1492) zum Vertragsabschluß und wurde zum Großadmiral und Vizekönig der erwarteten neuen Besitzungen ernannt. Auf seiner 1. Reise (1492/93) mit den 3 Schiffen Niña, Pinta und Santa Maria entdeckte er am 12. 10. 1492 die Bahama-Insel Guanahani (San Salvador) sowie Kuba und Hispaniola (Haiti).

Auf der 2. Reise (1493–1496) erreichte er mit 17 Schiffen und etwa 1500 Mann die Kleinen Antillen (Dominica und Guadeloupe), Puerto Rico und

Jamaika. Die 3. Reise (1498–1500) führte ihn mit 6 Schiffen an die Orinocomündung (Südamerika) und nach Trinidad. Von dieser Reise kehrte er in Ketten zurück, weil er wegen Konflikten mit Besiedlern Hispaniolas beim span. Hof in Ungnade gefallen war. Er konnte sich rechtfertigen und unternahm die 4. Reise (1502–1504), die ihn mit vier Schiffen an die mittelamerikan. Küste brachte. Das nordamerikan. Festland hat K. nie betreten.
Zeitlebens war K. fest überzeugt, den westl. Seeweg nach Indien gefunden zu haben (daher die Namen »Westindien« für das entdeckte Gebiet und »Indianer« für die Ureinwohner). Die Bedeutung seiner Entdeckung als Öffnung Europas zur »Neuen Welt« und als Anbruch einer neuen Ära der Menschheitsgeschichte (mit der Entdeckung Amerikas wird allgemein der Beginn der Neuzeit datiert) erschloß sich erst nach seinem Tod. (▷ Chronik Zitat)

Konfuzius

chinesischer Philosoph
** um 551 v. Chr.*
† 479 v. Chr.

(»K.« = latinisiert aus *K'ong-(fu-)tse* oder *Fuzi Kong Zi* = »Meister Kong«; persönl. Name *Kong Qiu)*. K. begründete die mehr als 2000 Jahre dominierende Weltanschauung und Staatslehre im chinesischen Kaiserreich. Er lebte im Staat Lu (in der heutigen Provinz Shandong), war Verwaltungsbeamter und Lehrer, wurde 497 verbannt und kehrte 483 zurück. Die Wanderjahre während des Exils waren die Hauptzeit seiner Lehrtätigkeit. Seine Lehre ist nicht von ihm, sondern von seinen Schülern, hauptsächlich im »Buch der Gespräche« (»Lunyu«), niedergelegt worden.
K. forderte die Rückkehr zu den Traditionen der Zhou-Dynastie (1028–771), die er seiner von politischen Kämpfen erfüllten Zeit als beispielhaft entgegenhielt. Seiner aristokratische Staatslehre lag das menschliche Ideal des »Edlen« zugrunde, der unabhängig von seiner sozialen Stellung zu vollkommener Tugend gelangt war. Der Staat sollte sich auf Sittlichkeit gründen und nicht durch Gesetze, sondern durch Riten geordnet werden. Vom 2. Jh. v. Chr. an wurden die Lehren des K. von Generationen Gelehrter zum Lehrgebäude des Konfuzianismus weiterentwickelt als einem System von religiösen, philosoph. und gesellschaftlich-politischen Ideen und Wertvorstellungen, das zur chines. Staatsdoktrin erhoben wurde, die bis zum Ende des Kaisertums 1912 gültig war. K. galt nicht als Gottheit; es wurden ihm aber göttl. Eigenschaften zugeschrieben und Opfer dargebracht. In der Volksrepublik China schwankte man zwischen radikaler Ablehnung des die traditionellen Werte pflegenden Konfuzianismus (vor allem während und unmittelbar nach der Kulturrevolution 1966–1969) und partieller Anerkennung als nationales Kulturerbe.

Nackt, feige und arbeitsam

Chronik Zitat

Ins Tagebuch seiner ersten Erkundungsfahrt nach Indien, die ihn nach Amerika führen sollte, notierte Kolumbus für seine Auftraggeber, König Ferdinand II. und Königin Isabella I.:

»16. Dezember:
Eure Hoheiten können versichert sein, daß diese Länder, insbesondere die Spanische Insel (Haiti), dermaßen schön und fruchtbar sind, daß man es unmöglich mit Worten schildern kann. Diese Insel wie auch alle anderen Inseln gehören zum Besitz Eurer Hoheiten, genauso wie Kastilien; um die Herrschaft auszuüben, braucht man sich hier nur niederzulassen und den Eingeborenen aufzugeben, allen Befehlen nachzukommen. Tatsächlich kann ich mit den wenigen Männern meiner Begleitung alle diese Inseln durchstreifen, ohne befürchten zu müssen, daß mir irgend etwas zustoße. Ich habe feststellen können, daß allein drei meiner an Land gegangenen Matrosen nur durch ihr Auftreten einen ganzen Haufen Eingeborener in die Flucht geschlagen hatten, obwohl sie ihnen nichts anzutun beabsichtigten. Sie besitzen keine Waffen, sind unkriegerisch, harmlos, nackt und so feige, daß tausend von ihnen drei meiner Leute nicht an sich herankommen lassen würden. Dafür sind sie bereit, zu gehorchen, zu arbeiten und alles Nötige zu vollführen. Mithin wäre es angezeigt, sie dazu zu verwenden, Städte und Ortschaften zu errichten, und ihnen unsere Kleidung und Gebräuche beizubringen.«

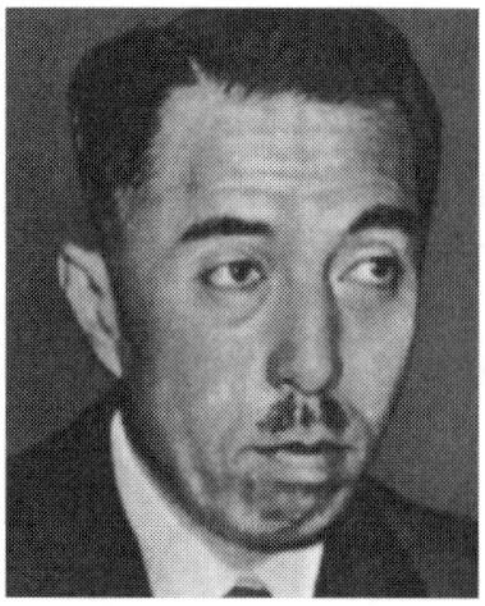

Konoe, Fumimaro
Fürst

japanischer Premierminister 1937–1939, 1940/41
** 12. 10. 1891 Kyoto*
† 16. 12. 1945 Tokio

In die Amtsperioden K.s als Premier-Min. und Präs. des Geheimen Staatsrates (1939/40) fielen der Beginn des 2. chines.-japan. Kriegs (1937–1945) und die Vorbereitung Japans auf den Eintritt in den 2. Weltkrieg, den sein Kabinett im Sept. 1941 beschloß, während die Kriegseröffnung zwei Monate später durch die Nachfolgeregierung des Generals Hideki →Tojo erfolgte. 1940 bildete K. mit Adolf →Hitler und Benito →Mussolini den Dreimächtepakt (»Achsenmächte«). Nachdem sich Japan in den 30er Jahren schon zu einem militarist. und autoritären Staat, zeitweise als Militärdiktatur, geformt hatte, glich K. die Staatsform nun dem nat.-soz. Vorbild an, u. a. durch »Selbstauflösung« der polit. Parteien und der Schaffung einer Einheitspartei (»Vereinigung zur Unterstützung der Kaiserl. Herrschaft«, 1940). Als K. 1945 nicht, wie von ihm erhofft, zum Nachkriegspremier bestellt, sondern von den Amerikanern als potentieller Kriegsverbrecher festgenommen wurde, nahm er sich das Leben.

***Konrad,** Fürsten.*
Römische Kaiser und deutsche Könige

Konrad I.

erster deutscher König 911–918
† 23. 12. 918

Der Herzog von Franken (seit 906) aus dem Geschlecht der Konradiner wurde nach dem Aussterben der Karolinger im ostfränk. Forchheim zum König gewählt, von Lothringen aber nicht anerkannt. Auf die süddt. Bischöfe gestützt, versuchte K. vergebens, gegen die starken Stammesherzogtümer eine zentrale Gewalt des Königtums zu etablieren. Den verheerenden Beutezügen der Ungarn konnte er nichts entgegensetzen. Vor seinem Tod designierte er unter Umgehung seines Bruders Eberhard den Herzog von Sachsen, Heinrich (I.), zu seinem Nachfolger (▷ Chronik Zitat)

Konrad I. designiert Heinrich (I.)

Chronik Zitat

Widukind, Mönch in Corvey (um 925, † nach 973), berichtet in seinen »Drei Büchern der Sachsengeschichte« über den Tod Konrads I.:*

» Der König aber brach nach Bayern auf und kämpfte mit Arnulf [Herzog von Bayern], und da er, wie berichtet wird, dort verwundet wurde, kehrte er in sein Land zurück. Als er nun merkte, daß ihm seine Krankheit so viel zu schaffen machte..., rief er seinen Bruder [Eberhard], der gekommen war, ihn zu besuchen, und sprach also zu ihm: ›Ich fühle, mein Bruder, daß ich dieses Leben nicht mehr länger behalten werde auf Geheiß Gottes, der es so will, und weil die schwere Krankheit es verlangt. Deshalb sollst du das Deinige bedenken, und weil man am meisten auf dich sehen wird, so sollst du an das ganze Reich der Franken denken und meinen Beschluß als dem deines Bruders zustimmen. Wir besitzen, mein Bruder, viele Truppen, die wir aufbieten und führen können, dazu Schätze, Städte, und Waffen und königliche Abzeichen und alles, was die Zierde der Könige ausmacht, außer dem Königsheil. Das Königsheil, mein Bruder, folgt beharrlich Heinrich, und an der Spitze der Allgemeinheit steht der sächsische Stamm. Du sollst also mit allen diesen Abzeichen..., den goldenen Armringen, dem Königsmantel, dem Schwerte der alten Könige und der Krone zu Heinrich gehen, mit ihm Frieden machen und ihn für immer zum Verbündeten gewinnen. Warum ist es denn notwendig, daß das Volk der Franken mit dir vor ihm erliegt? Er aber wird wirklich König sein und Herrscher über viele Völker.‹ Nach diesen Worten erklärte sich sein Bruder unter Tränen einverstanden. Darauf starb der König, ein tapferer und mächtiger Mann...«

Konrad II.

König und Kaiser
1024/27–1039
** um 990*
† 4. 6. 1039 Utrecht

K. folgte →Heinrich II. 1024 als dt. König, 1026 als italien. König, 1027 als Kaiser nach und begründete die bis 1125 herrschende Dynastie der Salier. Im Innern drängte er die Macht des Hochadels und der Kirche zurück, während er den Aufstieg der Städte förderte. Nach außen sicherte er die Grenzen (1025 Verständigung mit →Knut II., (d. Gr.), von Dänemark, dem er die Mark Schleswig abtrat; 1031 Rückeroberung der Lausitz von Polen). Sein Erlaß der »Constitutio de feudis« nach Beilegung eines Lehenskonfliktes in Oberitalien (1037) dekretierte die Erblichkeit auch des niederen Adels und markiert einen wichtigen Schritt in der Entwicklung des Feudalismus. Mit ihm festigte er die kaiserl. Macht in Italien, die durch den Erbgewinn Burgunds (seit 1033 König von Burgund), das den Zugang nach Italien über die Alpenpässe erleichterte, zusätzlich gestärkt wurde. Nachfolger: Sohn →Heinrich III.

Konrad III.
König 1138–1152
** 1093/94*
† 15. 2. 1152 Bamberg
K., Neffe Kaiser →Heinrichs V., begründete die Königsdynastie der Staufer. Mit seiner Wahl zum Gegenkönig gegen den Welfen →Lothar (III.) von Supplinburg (1127) begann der bis 1208/15 währende staufisch-welf. Konflikt um die Vorherrschaft im Reich. Nachdem K., von Papst Honorius II. (1124 bis 1130) gebannt, 1128 zum italien. König gewählt worden war, sich aber keine Machtbasis hatte verschaffen können und 1135 Lothar als dt. König anerkannt hatte, wurde er nach dessen Tod 1138 zum Nachfolger gewählt. Da der Welfe →Heinrich X. (der Stolze) sich weigerte, ihm zu huldigen, entzog K. ihm die Herzogtümer Sachsen und Bayern und verwickelte sich die nächsten Jahre in Kämpfe mit den Welfen, bis er Heinrichs Sohn, →Heinrich den Löwen, 1142 als Herzog von Sachsen anerkannte. 1146 ließ sich K. von →Bernhard von Clairvaux für den 2. Kreuzzug gewinnen, der für das dt. und das verbündete französische Heer 1147 in Kleinasien schwere Verluste brachte. Nach Dtschld. zurückgekehrt, starb K. über den Vorbereitungen zu einem Romzug und zum Kampf gegen die Welfen, die sich erneut erhoben hatten. Als seinen Nachfolger designierte er seinen Neffen Herzog Friedrich von Schwaben (→Friedrich I. Barbarossa).

Konrad IV.

König 1237/1250–1254
** 25. 4. 1228*
Andria, Apulien
† 21. 5. 1254 Lavello

Der Sohn Kaiser →Friedrichs II., von seinem Vater 1234 als Regent in Dtschld. anstelle seines abtrünnigen und 1235 gefangengesetzten Halbbruders →Heinrich (VII.) eingesetzt, wurde 1237 zum dt. König gewählt, mußte seine Herrschaft aber mit Hilfe der Städte und Bayerns gegen die vom Papst unterstützten Gegenkönige →Heinrich Raspe und Wilhelm von Holland (Gegenkönig 1247–1254, König 1254–1256) verteidigen. Um seinen nach dem Tode seines Vaters (1250) als Erbe gewonnenen Titel »König von Jerusalem und Sizilien« zu retten, eroberte er Apulien und Neapel (1251–1253). K. starb wenig später an Malaria. Er hinterließ seinen zweijährigen Sohn →Konradin, für den sein Halbbruder →Manfred die Regentschaft übernahm.

Konradin
Herzog von Schwaben
** 25. 3. 1252 Wolfstein bei Landshut*
† 29. 10. 1268 Neapel
(Italienisch *Corradino* = »kleiner Konrad«). Als Sohn →Konrads IV. zog K. nach dem Tod seines Regenten, König →Manfred, (1266) mit seinem Freund Markgraf Friedrich I. von Baden (* 1249, † 1268) nach Italien, um seinen Anspruch auf das Königreich Sizilien durchzusetzen. Erfolgreich in Norditalien und Rom, wurde K. 1268 bei Tagliacozzo von →Karl I. von Anjou geschlagen, auf der Flucht gefangen und mit zwölf Gefährten, u. a. Markgraf Friedrich, in Neapel enthauptet. Mit seinem Tod erlosch die Königsdynastie der Staufer.

***Konstantin** (griech. Konstantinos, latein. Constantinus), Fürsten*

– Römische und byzantinische Kaiser

Konstantin I.,
der Große

römischer Kaiser
306–337
** um 280 Naissus (heute Niś, Serbien)*
† 22. 5. 337 Nikomedia

(*Constantius Flavius Valerius*). Als ältester Sohn des →Constantius I. Chlorus und der Christin Flavia Helena wurde K. 306 vom Heer zum Augustus ausgerufen und setzte sich bis 312 (Sieg über →Maxentius an der Milvischen Brücke) als Alleinherrscher über den Westteil des Reichs durch. Seine Kreuzesvision vor der Schlacht gegen Maxentius (»Unter diesem Zeichen wirst du siegen«) veranlaßte ihn zur Einführung der Kreuzesfahne mit dem Monogramm Christi und mit Valerius Licinianus →Licinius zur Beendigung der Christenverfolgungen (Mailänder Toleranzedikt 313). Nachdem er den Machtkampf mit Licinius 324 gewonnen hatte, war er Alleinherrscher und kehrte durch Ernennung seiner Söhne zu Caesaren zur Erbmonarchie zurück.
Innenpolitisch führte er Verfassung, Verwaltung und Militärpolitik in der Tradition →Diokletians weiter, verstärkte den Zwangsstaat durch Einführung eines strengen Hofzeremoniells und eines militärisch organisierten Beamtenapparats unter weitgehender Eingliederung der Kirche, die damit in Abhängigkeit von Staat geriet. Den Sonntag erklärte er zum Feiertag. Mit der Einführung des Solidus als Goldwährung (307/24) sanierte er die Finanzen. Zur Beilegung innerkirchl. Streitigkeiten über die Natur Christi berief er 325 als erstes allgemeines Kirchenkonzil das Konzil von Nicäa ein, auf dem unter seinem Vorsitz die Lehre des →Arius (Arianismus) als

»Unter diesem Zeichen siege!«

Chronik Zitat

Aus der Lebensbeschreibung des Kaisers Konstantin, verfaßt von dem Zeitgenossen Bischof →Eusebios aus Caesarea:

»Während er das Gebiet seines Vaters von Trier aus regierte, mußte er sehen, daß Rom von einem Tyrannen (→Maxentius) unterdrückt wurde. Den Kampf mit diesem wollte er zuerst den Beherrschern der übrigen Teile des Reichs überlassen. Da keiner von ihnen imstande war, traf er selbst die nötigen Zurüstungen.
Er bedachte aber, daß er einer mächtigeren Hilfe bedürfe als sie ihm die Soldaten zu bieten hätten. Er rief in seinen Gebeten den Gott seines Vaters an und flehte zu ihm, er möge ihm zu den bevorstehenden Kämpfen hilfreich seine Hand reichen. Da habe er, der Kaiser, wie er selbst berichtete, oben am Himmel das Siegeszeichen des Kreuzes, aus Licht gebildet, erblickt und dabei die Worte gelesen: ›Durch dies siege!‹ Der Kaiser, in der Überzeugung, Gott habe ihm diese Erkenntnis übermittelt, ließ eine Fahne mit dem Zeichen herstellen und seinem Heer vorantragen. Dadurch errang er den Sieg über Maxentius.
Im Jahr darauf (313) wurde von Konstantin und von seinem Mitkaiser →Licinius das Christentum als Religion anerkannt und der christliche Gottesdienst erlaubt [Mailänder Toleranzedikt]. Als er sich mit Licinius entzweite, der im Osten regierte und mehr dem heidnischen Glauben zuneigte, traten die Truppen Konstantins unter demselben Zeichen an und schlugen den Gegner, und die Heiden merkten aus dem Erfolg, was für ein Gott der Gott Konstantins war. So wurden Osten und Westen unter einem Kaiser vereinigt...
Konstantin, der Götzenopfer verbot, setzte auch fest, daß als Ruhetag der Tag des Herrn und Erlösers zu gelten habe... Da er aber merkte, daß sein Ende nahe sei, richtete er an die Bischöfe die Bitte, ihn zu taufen. Er wurde in seiner Kirche inmitten der Standbilder der Apostel beigesetzt.
Als er einst Bischöfe zu Gast hatte, sagte er, auch er sei ein Bischof: Sie seien von Gott zu Aufsehern dessen bestimmt, was innerhalb des Bereiches der Kirche liege, er aber zum Bischof dessen, was außerhalb der Kirche sei.«

Häresie verdammt und die des →Athanasios zur rechtgläubigen erhoben wurde. Dieser Beschluß wurde Ausgangspunkt für die Spaltung des Christentums, da die Auffassung von der »Wesensgleichheit« von Gottvater und Sohn in Christus sich im Osten nicht allgemein durchsetzte.
330 erhob K. Byzanz unter dem Namen Konstantinopel zur neuen Hauptstadt des Reiches. Die in das Reich drängenden Franken (328) und Goten (332) ließ er als Verbündete (foederati) ins Heer eintreten und den Grenzschutz übernehmen, mußte 335 den obergermanisch-rätischen Limes jedoch aufgeben und die Grenztruppen hinter Rhein und Donau zurückziehen. Trotz seiner Bemühungen um die Kirche ließ sich K. erst kurz vor seinem Tode taufen und starb – bei den Vorbereitungen zu einem Perserfeldzug – als erster christlicher Kaiser. Nachfolger: Söhne →Konstantin II., →Constantius II. und →Constans I. (▷ Chronik Zitat)

Konstantin II.
römischer Kaiser 337–340
** 317 Arelate*
† 340 bei Aquileia
Der älteste Sohn Kaiser →Konstantins I. (d. Gr.) war bereits im Jahr seiner Geburt zum Caesar erhoben worden und übernahm nach dem Tode seines Vaters 337 die Herrschaft über Gallien, Spanien und Britannien. Im Einverständnis mit seinen Brüdern →Constantius II. und →Constans I. ließ er alle übrigen Angehörigen der Familie ermorden, lediglich drei Neffen Konstantins I. entkamen, darunter der spätere Kaiser →Julian Apostata. K. fiel im Kampf gegen seinen Bruder Constans.

Konstantin IV. Pogonatos
Kaiser von Byzanz 668–685
** um 654 Konstantinopel*
† 685 Konstantinopel
(Griech. »Pogonatos« = »der Bärtige«). K. verteidigte 674–678 Konstantinopel erfolgreich gegen den arabisch-muslim. Großangriff unter Kalif →Moawija durch den Einsatz des »griech. Feuers« (eines auch auf dem Wasser brennenden Kampfmittels) gegen die arab. Flotte und sprengte damit die vierjährige Belagerung Konstantinopels. Im Frieden von 679 machte er das Kalifat tributpflichtig. Dagegen erlitt er im Kampf gegen die in den Donauraum eindringenden Bulgaren 680 eine Niederlage. Sie begründeten (im Gebiet des heutigen Bulgarien) ihr erstes Reich. Auf dem 6. Ökumen. Konzil 680/681 stellte K. den Kirchenfrieden mit Rom wieder her.

Konstantin V. Kopronymos
Kaiser von Byzanz 741–775
** 719 Konstantinopel*
† 14. 9. 775 Konstantinopel
(Griechisch »Kopronymos« = »mit besudeltem Namen«). K. kämpfte erfolgreich gegen Araber und Bulgaren, während die byzantin. Herrschaft in Italien mit dem Verlust des Exarchats Ravenna an die Langobarden vollständig zusammenbrach. Im Bilderstreit führte er den von seinem Vater →Leon III. (dem Syrer) 730 eingeleiteteten Kampf gegen die Verehrung von christl. Bildern (Ikonoklasmus) auf den Höhepunkt. Die Grausamkeit, mit der er die Bilderfreunde verfolgte, trug ihm seinen Beinamen ein.

Konstantin VII. Porphyrogennetos
Kaiser von Byzanz 913–959
** 905 Konstantinopel*
† 9. 11. 959 Konstantinopel
(Griechisch »Porphyrogennetos« = »der Purpurgeborene«). Der Sohn und 2. Nachfolger →Leons VI. (des Weisen) stand bis 945 unter der Vormundschaft. Im Kampf gegen die Araber stieß er bis über den Euphrat vor. Er verfaßte gelehrte Werke über Verwaltung, Zeremoniell und Geschichte des byzantinischen Staats, die noch heute grundlegende Quellen sind, und ließ das Wissen seiner Zeit enzyklopädisch zusammenfassen.

Konstantin XI. Palaiologos
Kaiser von Byzanz 1449–1453
** 1403 Konstantinopel*
† 29. 5. 1453 Konstantinopel
(Auch *K. XII. Dragases*). Der Nachfolger seines Bruders →Johannes VIII. Palaiologos, den er schon während dessen Abwesenheit auf dem Konzil von Florenz zur Herstellung der Kirchenunion mit Papst →Eugen IV. vertrat (1439), konnte das untergehende Reich auch durch eine erneute Kirchenunion mit Rom (1452) nicht mehr retten. Als letzter byzantin. Kaiser fiel er im Kampf bei der Erstürmung Konstantinopels durch die Osmanen.

– Griechenland
Konstantin I.
König der Hellenen 1913–1917 und 1920–1922
** 2. 8. 1868 Athen*
† 11. 1. 1923 Palermo
Der Sohn und Nachfolger des ermordeten Königs →Georg I. und Schwager des dt. Kaisers →Wilhelm II. befehligte die griech. Armee im Krieg gegen das Osmanische Reich (1896/97) und im 1. Balkankrieg

(1912/13). Im 1. Weltkrieg wahrte er – mit Sympathie für Deutschland – gegen den Widerstand von Eleutherios →Venizelos die griechische Neutralität, bis ihn die Franzosen und Engländer zugunsten seines Sohnes Alexander (I.) (König 1917–1920) zur Abdankung zwangen. Durch Volksabstimmung nach dessen Tod zurückgerufen, mußte er infolge der Niederlagen im fortgeführten Krieg gegen die Türkei in Kleinasien nach einem Militärputsch seinem Sohn →Georg II. die Krone überlassen.

Konstanze
römische Kaiserin
** 1154*
† 27. 11. 1198 Palermo
Die Heirat der Tochter König →Rogers II. von Sizilien mit dem Sohn des Stauferkaisers →Friedrichs I. Barbarossa, dem späteren Kaiser →Heinrich VI., 1186 war Teil des Friedensvertrags zwischen dem Normannenreich und dem Hl. Röm. Reich. 1191 wurde K. gemeinsam mit Heinrich in Rom zur Kaiserin gekrönt. Den durch die Heirat begründeten staufischen Anspruch auf Sizilien mußte Heinrich 1194 erst durch einen Kriegszug durchsetzen. 1195 übernahm K. die Regentschaft für Sizilien. Nach dem frühen Tod Heinrichs 1197 ließ sie ihren Sohn, den späteren Kaiser →Friedrich (II.), – dreijährig – zum König von Sizilien krönen (1198), verzichtete gegenüber Papst →Innozenz III. für Friedrich auf die dt. Krone und unterstellte Sizilien dem Papst als Lehen. Bei ihrem Tod setzte sie Innozenz III. als Vormund für ihren Sohn ein.

Kopernikus, Nikolaus
deutsch-polnischer Astronom
** 19. 2. 1473 Thorn*
† 24. 5. 1543 Frauenburg
Seine astronomischen Studien führten den Arzt, Domherren des Frauenburger Doms und Himmelsforscher K. zu der Überzeugung, daß die Sonne im Mittelpunkt des Weltalls ruhe und daß die Erde und die Planeten sich in Kreisen um sie bewegen (Kopernikan. Weltsystem). Sein großes Werk »De revolutionibus orbium coelestium«, das das von Ptolemaios begründete geozentrische Weltbild ablöste und eine neue geistige Epoche einleitete (Kopernikanische Wende), ließ er erst kurz vor seinem Tod von dem lutherischen Geistlichen Osiander in Nürnberg drucken (1543). Wegen des zu erwartenden Widerstandes der Kirche hatte er lange von einer Veröffentlichung abgesehen.

Kościuszko, Tadeusz
polnischer Freiheitskämpfer
** 4. 2. 1746 Mereczowszczyzna bei Nowogródek*
† 15. 10. 1817 Solothurn (Schweiz)
K. ging 1776 von Frankreich aus nach Nordamerika und kämpfte im Amerikan. Unabhängigkeitskrieg (1775–1783), u. a. als Adjutant George →Washingtons, und brachte es bis zum General. Seit 1783 wieder zurück in Polen, trat er 1789 in die Armee ein. Im Kampf gegen die 2. Teilung Polens (1793) übernahm er 1794 die Führung des nach ihm benannten Nationalaufstands. Bei dessen Niederschlagung durch die russ.-preuß. Übermacht geriet er in russ. Gefangenschaft, wurde 1796 freigelassen und emigrierte. K. wird in Polen als Nationalheld verehrt.

Kossuth, Lajos (Ludwig von)
ungarischer Freiheitskämpfer
** 19. 9. 1802 Monok, Komitat Zemplin*
† 20. 3. 1894 Turin
Der Rechtsanwalt, seit 1825 (mit Unterbrechung) ungarischer Landtagsabg., führte als Vorkämpfer der ungarischen Unabhängigkeit die Ungar. Revolution 1848/49 an. In der ersten selbständigen ungar. Regierung war er als Finanz-Min. (1848) der führende Kopf der ungar. Politik, betrieb durchgreifende soziale und institutionelle Reformen (u. a. die Bauernbefreiung) und organisierte ein Freiwilligenheer (Honvéd) gegen die Aufstände der nichtmagyar. Volksgruppen, insbesondere der Kroaten. Im April 1849 erklärte er Ungarns Unabhängigkeit von Österreich und die Absetzung der Habsburger Dynastie und wurde zum Reichsverweser mit diktator. Vollmachten gewählt. Nach der Niederlage der Revolution in Wien und der von Kaiser →Franz Joseph I. angeforderten russischen Militärintervention brach die Ungar. Revolution zusammen. K. dankte ab und floh ins Osman. Reich. In der Emigration kämpfte er weiter für die ungar. Unabhängigkeit (u. a. in Italien unter Guiseppe →Garibaldi, für den er eine gegen Österreich kämpfende ungar. Legion aufstellte). 1867 amnestiert, blieb er als Gegner des österreichisch-ungar. Ausgleichs (1867) jedoch weiterhin im Exil. K. ist ungar. Nationalheld.

Kossygin, Alexei Nikolajewitsch
sowjetischer Ministerpräsident 1964–1980
** 21. 2. 1904 St. Petersburg*
† 18. 12. 1980 Moskau
Seit 1927 Mitglied der KPdSU, bekleidete K. seit 1939 verschiedene Ministerämter. 1946 wurde er Kandidat des Politbüros und stieg in der Parteihierarchie bis 1960 zum Mitglied des Präsidiums bzw. Politbüros des Zentralkomitees auf. Seit 1960 Erster Stellvertretender Vorsitzender des Ministerrats, beteiligte er sich am Sturz Nikita S. →Chruschtschows 1964, übernahm das Amt des Vors. des Ministerrats (Regierungschef) und bildete zusammen mit Leonid →Breschnew, Nikolai Podgorny und Michail A. Suslow die zunächst kollektive Führungsspitze des Landes. Anfangs mit beträchtlichem Einfluß auf die Außenpolitik, insbesondere den Beginn der Entspannungspolitik zwischen den Blöcken, schränkte Breschnew zunehmend seinen politischen Einfluß ein und verhinderte auch die von K. angestrebte, auf Modernisierung und verstärkte Teilnahme am Weltmarkt zielende Wirtschaftsreform.

Kotzebue, August von
(seit 1785)
Theaterdichter und Publizist
** 3. 5. 1761 Weimar*
† 23. 3. 1819 Mannheim
Der Rechtsanwalt, zugleich einer der erfolgreichsten Theaterautoren seiner Zeit, der die freiheitlich-nationale Bewegung in seinem »Literarischen Wochenblatt« verspottet hatte, führte ein literarisch-politisches Leben zwischen Deutschland und Rußland. Seit 1783 wirkte er zeitweilig in russischen Diensten, wurde 1800 nach Sibirien verbannt, wenige Monate später jedoch wieder rehabilitiert. Seit 1808 agitierte er als Herausgeber russischer Zeitschriften gegen →Napoleon I. und wurde 1816 russischer Staatsrat. 1819 wurde er von dem Burschenschafter Karl Ludwig →Sand als einer der Hauptrepräsentanten der Reaktion erdolcht. Seine Ermordung gab den Anstoß zu den Karlsbader Beschlüssen des Deutschen Bundes (1819–1848), mit denen die liberale und nationale Opposition unterdrückt wurde (»Demagogenverfolgungen«).

Kreisky, Bruno
österreichischer Bundeskanzler 1970–1983
** 22. 1. 1911 Wien*
† 29. 7. 1990 Wien
In den 1930er Jahren wegen seiner Arbeit für die verbotene Sozialdemokratische Partei als »Hochverräter« inhaftiert (1935–1937, 1938), ging der promovierte Jurist jüd. Abstammung nach dem »Anschluß« Österreichs an das nat.-soz. Deutschland ins Exil nach Schweden. Seit 1953 Staatssekretär im Bundeskanzleramt, wurde er als Befürworter einer strikten Neutralität 1959 Außen-Min. (bis 1966). Als Vors. der SPÖ (seit 1967) bildete er 1970 ein Minderheitenkabinett. 1971, 1975 und 1979 gewann er mit seiner Partei jeweils die absolute Mehrheit und prägte mit seinem Charisma, seinem entschiedenen sozialen Engagement und zahlreichen internationalen Initiativen (auch als stellvertr. Vors. der Sozialist. Internationale seit 1976) die Politik Österreichs und erwarb ihm seine Reputation als wichtiger Faktor auf dem internationalen Parkett. Schon früh warb K. für eine friedl. Lösung des Nahostkonflikts und für seine Auffassung, Israel werde letztlich den Palästinensern das Recht auf einen eigenen Staat einräumen müssen. Unter Protest Israels erkannte Österreich als erstes westl. Land die Palästinens. Befreiungsorganisation (PLO) als legitime Vertretung des palästinens. Volkes an (1980). Nach Verlust der absoluten Mehrheit 1983 trat K. von seinen polit. Ämtern zurück.

Kroisos *(Krösus)*
König der Lyder um 560–547 v. Chr.
Der letzte lyd. König, der seinen sprichwörtlichen Reichtum durch Münzprägungen in Gold und Silber und Tributzahlungen der griech. Pflanzstädte in Kleinasien erwarb, war nach den Eroberungen seines Vaters Alyattes (König um 607–560) Herr über Kleinasien – außer Milet – bis zum Halys, wo er im Krieg gegen Persien von →Kyros II. in Kappadokien 547 geschlagen wurde. Der Orakelspruch von Delphi, K. werde, wenn er den Halys überschreite, ein großes Reich zerstören, erfüllte sich damit, von ihm unerwartet, für seine eigene Herrschaft.

Kropotkin, Pjotr Alexejewitsch *Fürst*
russischer Anarchist
** 9. 12. 1842 Moskau*
† 8. 2. 1921 Dmitrow

K. war Kosakenoffizier, Mathematiker und Geograph, bevor er 1872 in der Schweiz Anarchist wurde. Nach Rußland zurückgekehrt, wurde er 1874 wegen revolutionärer Agitation verhaftet, floh 1876, ging wieder ins Ausland und kehrte erst 1917 nach Rußland zurück. In der Schweiz knüpfte er an die polit. Arbeit Michail A. →Bakunins an und nahm dessen Ideen auf, um den Anarchokommunismus zu begründen. Er erstrebte die Abschaffung des Privateigentums und des Staates und den Neuaufbau der Gesellschaft auf der Basis freiwilliger Assoziationen, die sich in gegenseitiger Hilfe der Individuen auf der Grundlage natürlicher Solidarität bilden. Mit seinem Weltbild der Kooperation wandte er sich gegen den verbreiteten Sozialdarwinismus, der den Wettbewerb der Individuen im »Kampf ums Dasein« in den Mittelpunkt stellte.

Krüger, Paulus

Präsident der Burenrepublik Transvaal 1883–1902
** 10. 10. 1825 Vaalbank bei Colesberg, Kapkolonie*
† 14. 7. 1904 Clarens (Schweiz)

(Genannt *Oom Paul* oder *Ohm Krüger*). Der als Kind mit dem Großen Trek nach Natal (Transvaal) gekommene Bure war vor seiner militärischen und politischen Karriere Prediger einer streng calvinist. Glaubensgemeinschaft. Im Konflikt mit Großbritannien erhielt er 1880 den Oberbefehl über die Truppen der Buren, schlug die Briten im Unabhängigkeitskrieg 1881 und wurde 1883 Präsident von Transvaal. Seine Weigerung, den britischen Kolonisten (Uitlanders) im goldreichen Land das Wahlrecht einzuräumen, gab Anlaß für den vom Premier-Min. der Kapkolonie Cecil →Rhodes betriebenen Einfall von Freischärlern unter Leander Starr →Jameson nach Transvaal, den K. niederschlug (1895/96). Der Glückwunsch Kaiser →Wilhelms II. in der »K.-Depesche« wurde in Großbritannien als Provokation empfunden. Durch dt. Waffenlieferungen gestärkt, begann K. nach einem Bündnis mit dem Oranje-Freistaat (1898) den Burenkrieg (1899 bis 1902). Großbritannien gewann die Oberhand und machte Oranje und Transvaal wieder zu Kolonien, nachdem K. auf seiner Europareise (1900) vergeblich um Unterstützung geworben hatte.

Krupp, Alfred

deutscher Industrieller
** 26. 4. 1812 Essen*
† 14. 7. 1887 Essen

K. machte die von seinem Vater *Friedrich K.* (* 1787, † 1826) übernommene Gußstahlfabrik nach der Entwicklung eines Verfahrens zur Herstellung gezogener Gewehrläufe und Kanonenrohre sowie nahtloser Eisenbahnräder zum größten eisen- und stahlerzeugenden und -verarbeitenden Unternehmen seiner Zeit. Mit der Überlegenheit der von ihm produzierten Waffen im Dt.-Französ. Krieg 1870/71 verschaffte K. der Firma eine beherrschende Stellung als Rüstungsschmiede des Dt. Reiches und machte seinen Namen zum Symbol für den wirtschaftl. Aufstieg und die militär. Macht Deutschlands. Als Unternehmenspatriarch schuf K. für seine Zeit vorbildliche soziale Einrichtungen (Krankenkasse 1836, Pensionskasse 1855, Arbeitersiedlungen 1861, Konsumanstalt 1868, Krankenhaus 1872), die seine Arbeiter an den Betrieb banden, bekämpfte aber die Arbeiterbewegung und lehnte sozialpolit. Maßnahmen des Staates ab.

K.s Sohn und Nachfolger *Friedrich Alfred K.* (* 1854, † 1902) erweiterte das Unternehmen zum weltweit operierenden Konzern und begann mit dem Schiffsbau und der Produktion von Panzerplatten. Der enge Vertraute Kaiser →Wilhelms II. war 1893 bis 1898 MdR.

K.s Urenkel, *Alfried K. v. Bohlen und Halbach* (* 1907, † 1967), seit 1943 Alleinbesitzer des größten dt. Rüstungskonzerns, wurde vom Nürnberger Gerichtshof anstelle seines Vaters *Gustav K. v. Bohlen und Halbach* (* 1870, † 1950) zu 12 Jahren Haft und Vermögenseinziehung verurteilt (1951 entlassen). Die Betriebe wurden zum größten Teil demontiert und entflochten. 1953 übernahm er wieder die Leitung des neu aufgebauten Unternehmens.

Kubitschek de Oliveira, Juscelino
brasilianischer Staatspräsident 1956–1961
** 12. 9. 1902 Diamantina, Minas Gerais*
† 22. 8. 1976 bei Resende
Der Arzt, 1934–1937 und 1943–1950 Abg., versuchte als Präsident, Brasilien mit einem umfassenden Reformprogramm Anschluß an die Industrieländer zu verschaffen und es außenpolitisch aus der Abhängigkeit von den USA zu lösen. Seine Modernisierungsanstrengungen (Industrialisierung, Sozialisierung, Bau der neuen Hauptstadt Brasília, Erschließung des Landesinneren) heizten jedoch die Inflation an und blieben schließlich in einer schweren Wirtschaftskrise stecken.

Kun, Béla
Führer der ungarischer Räterepublik 1919
** 20. 2. 1886 Szilágycseh*
† 30. 11. 1939 (?) UdSSR
Seit 1902 Sozialdemokrat, geriet K. 1916 in russ. Kriegsgefangenschaft, schloß sich den Bolschewiki an und übernahm im Frühjahr 1918 die Leitung der ungar. Gruppe der Kommunist. Partei Rußlands und gründete nach der Rückkehr nach Ungarn im Anschluß an den Zusammenbruch der Habsburger Doppelmonarchie im Nov. 1918 die Kommunist. Partei Ungarns. Nach der Revolution im März 1919 war er als Volkskommissar für Auswärtiges der führende Kopf der ungar. Räterepublik, die sich im Chaos des wirtschaftl. Bankrotts, der Hungersnot, des Terrors und außenpolit. Konflikte (Einfall von Tschechen und Rumänen) nur 113 Tage halten konnte (21. 3.–1. 8. 1919). K. floh nach Österreich, wurde ausgewiesen und wirkte seit 1920 in Moskau führend in der Komintern. Während der »Großen Säuberung« 1937 verhaftet und wahrscheinlich ermordet, wurde er 1956 postum rehabilitiert.

Kutusow, Michail Ilarionowitsch
russischer Feldmarschall ab 1812
** 16. 9. 1745 St. Petersburg*
† 28. 4. 1813 Bunzlau
(*Fürst von Smolensk* ab 1813). Nachdem er sich im 4. russ.-türk. Krieg (1787–1792) bewährt hatte, befehligte K. im 3. Koalitionskrieg gegen →Napoleon I. in der Dreikaiserschlacht bei Austerlitz, von der er Zar →Alexander I. abgeraten hatte, das unterlegene österreichisch-russ. Heer (1805). Daraufhin zunächst kaltgestellt, erhielt er 1811 den Oberbefehl im 5. russ.-türk. Krieg (seit 1806), den er mit dem Frieden von Bukarest siegreich beendete (1812). Dem raumgreifenden Rußlandfeldzug der Grande Armée Napoleons (1812) begegnete er im »Vaterländ. Krieg« mit ausweichender Kriegführung, die die Preisgabe Moskaus in Kauf nahm und den Einsatz von Partisanen einschloß. Er gewann die entscheidende Schlacht bei Smolensk, rieb anschließend im Winter 1812/13 die Armee Napoleons auf und erzwang ihren regellosen Rückzug. Seitdem wird K., der auch ein großer Kriegstheoretiker war, als russischer Nationalheld verehrt.

Kyaxares, *der Große*
König der Meder um 625–585 v. Chr.
K. begründete das medische Großreich, indem er zunächst die eingefallenen Skythen abwehrte und vertrieb (608). Verbündet mit König →Nabupolassar von Babylon eroberte er 614–612 das Assyrerreich (zerstörte dabei Ninive 612) und erhielt bei dessen Aufteilung die Gebiete östlich des Tigris. Sein nächstes Expansionsunternehmen endete nach fünfjährigem Krieg gegen die Lydier auf Vermittlung des babylonischen Herrschers →Nebukadnezars II. mit der Festlegung des Flusses Halys in Kleinasien als gemeinsamer Grenze (585).

Kyrillos und Methodios
griechische Slawenmissionare
Kyrillos:
** um 826 Thessalonike, † 14. 2. 869 Rom*
Methodios:
** um 815 Thessalonike, † 6.4.885 Velehrad*
(Eigentlich *Konstantinos* und *Michail*). Um 862 vom byzantin. Kaiser Michael III. (842–867) entsandt, das Großmähr. Reich zu christianisieren, begründeten die beiden Brüder die von Byzanz aus erfolgende Missionierung der slaw. Völker. Mit ihren Übersetzungen aus dem Griechischen ins Slawische und der Entwicklung einer slaw. (kyrill.) Schrift schufen die »Slawenlehrer« (auch »Apostel der Slawen«) die Grundlage für eine eigenständige slaw. Literatur und Schriftsprache. Im Spannungsfeld der rivalisierenden Missionsinteressen der Ostkirche (Byzanz) und der Westkirche (Rom), die den Balkan von den süddt. Missionsbistümern aus ebenfalls zu christianisieren begann, ließen K. und M. sich ihr Wirken von Papst Hadrian II. in Rom legitimieren (868). M. wurde ergänzend zum Erzbischof von Pannonien und Mähren erhoben, geriet bei Fortdauer des Konflikts jedoch in bayer. Gefangenschaft (870–873), aus der er erst nach Intervention Papst →Johannes VIII. entlassen wurde. K. und M. wurden heiliggesprochen (Fest: 14. 2., in den Ostkirchen: 11. 5.) und 1980 zu Patronen Europas erklärt.

Kyrillos von Alexandria
Patriarch von Alexandria 412–444
** um 375*
† 27. 6. 444
K. geriet über seinen Glaubenseifer, mit dem er Andersgläubige (u. a. die Sekte der Novatianer und die Juden) verfolgte, in Konflikt mit den polit. Autoritäten. Als Vertreter des Monophysitismus besaß er eine zentrale Rolle im das 5. Jh. beherrschenden dogmat. Konflikt über das Verhältnis des Göttlichen zum Menschlichen in Christus, in dem sich die Schulen von Antiochia und Alexandria gegenüberstanden. Gegen seinen großen Gegenspieler, dem aus Antiochia stammenden Patriarchen von Konstantinopel, →Nestor, behauptete K. die Verbindung von göttl. und menschl. Natur in Christus zu einer substantiellen Einheit, in der sich die menschl. Natur verliere. Auf dem von Kaiser →Theodosius II. einberufenen Konzil von Ephesus 431 konnte er sich mit Unterstützung Papst →Coelestins I. gegen →Nestor durchsetzen, der eine scharfe Trennung der beiden Naturen Christi vertrat und als Ketzer verurteilt wurde, mußte aber in der Union von 433 eine Kompromißformel akzeptieren (die beiden Naturen seien weder miteinander vermischt, noch scharf voneinander getrennt). In dieser gemäßigten Form wurde K.s Lehre auf dem Konzil von Chalkedon (451) als rechtgläubig (= orthodox) bestätigt. Die östl. Reichskirche zerfiel daraufhin durch die Abspaltung strenger Monophysiten, die über K. hinausgingen (Armenien, Ägypten, Syrien), wie strenger Nestorianer (Persien). Heiliger (Fest: 27. 6., in den Ostkrichen: 9. 6.).

Kyros II., *der Große*
altpersischer König 559–529 v. Chr.
K. aus der Dynastie der Achämeniden begründete die Vormachtstellung der Perser im Vorderen Orient. 550 erhob er sich mit Unterstützung des Königs →Nabonid von Babylon erfolgreich gegen die medische Vorherrschaft und unterwarf Medien; 545 besiegte er den lyd. König →Kroisos und eroberte Lydien samt den griech. Pflanzstädten – mit Ausnahme Milets, das sich vertraglich mit ihm verständigt hatte – in Kleinasien. Von der gegen Nabonid rebellierenden Priesterschaft gerufen, unterwarf er 539 auch das neubabylon. Reich. Nach der Eroberung Jerusalems (538) entließ er die Juden aus ihrer »babylonischen Gefangenschaft« (seit 586), erlaubte ihnen die Rückkehr und gewährte den in Babylon bleibenden die religiöse Autonomie. 539 erhob er sich zum »König der vier Weltteile«. K. fiel im Kampf gegen die Massageten, einem zwischen dem Kasp. Meer und dem Aralsee ansässigen Volksstamm. In den Berichten der Geschichtsschreiber, insbesondere →Herodots und →Xenophons, erscheint K. als idealer, toleranter Herrscher. Sein Reich strukturierte er durch Eingliederung der eroberten Länder als relativ autonome Provinzen. Nachfolger: Sohn →Kambyses II. (▷ Chronik Zitat)

Kyros der Jüngere
persischer Vizekönig von Kleinasien
** 423 v. Chr.*
† 401 v. Chr.
Der jüngere Sohn von →Dareios II. und Bruder des →Artaxerxes II. war seit 408 Karanos (Vizekönig) im unterworfenen Lydien und Oberbefehlshaber der pers. Truppen in Kleinasien. Mit ihnen unterstützte er die Spartaner im Peloponnes. Krieg (431–404). Mit Hilfe des Spartaners →Klearchos suchte er seinen Bruder zu stürzen, fiel aber in der Schlacht bei Kunaxa. – Der griech. Geschichtsschreiber →Xenophon beschrieb den Feldzug, an dem er selbst teilnahm, und den anschließenden Rückzug der 10 000 griech. Söldner in der »Anabasis«

Kyros läßt den Tempel aufbauen

Chronik Zitat

Beim Wiederaufbau des Tempels in Jerusalem beriefen sich die Juden gegenüber König →Daraios auf ein Edikt Kyros'II. von 538 v. Chr. (»Buch Esra« des Alten Testaments 6,1 ff.):

»Protokoll: Im Jahr I des Königs Kyros hat König Kyros folgenden Erlaß gegeben: In Sachen Gotteshaus in Jerusalem. Das Haus soll dort gebaut werden, wo man die Schlachtopfer schlachtet. Und seine Bauanweisung soll man mitnehmen; seine Höhe 30, seine Länge 60, seine Breite 20 Ellen; Schichten von Quadersteinen drei und eine Schicht Holz; die Kosten sollen durch den königlichen Fiskus bestritten werden. Außerdem: Man soll die goldenen und silbernen Geräte des Gotteshauses, die →Nebukadnezar aus dem Tempel von Jerusalem geraubt und nach Babel gebracht hat, zurückgeben; und (zwar) möge kommen in den Tempel von Jerusalem an seinen Ort (was dort früher war) oder man soll es niederlegen im Gotteshause.«

***Ladislaus,** ungarisch László, ungarische Könige (siehe auch →Wladislaw)*

Ladislaus I., *der Heilige*
König 1077–1095
** 1040 in Polen*
† 29. 7. 1095 Neutra
Der Sohn Bélas I. (1060–1063) stürzte mit seinem Bruder Géza I. (1074–1077) 1074 den dt.-freundlichen König →Salomo und bestieg nach dem Tod Gézas selbst den Thron. Nach der Krise Ungarns seit dem Tod →Stephans I. (des Heiligen) 1038 profitierte L. während seiner Regierung vom Investiturstreit zwischen Papst →Gregor VII. und Kaiser →Heinrich IV., indem er sich auf die Seite des Papstes stellte, ohne sich ihm zu unterwerfen, um Ungarn vom deutschen Druck zu befreien. 1091 begann er die Eroberung Kroatiens und Dalmatiens (vollendet unter seinem Nachfolger Koloman). 1192 wurde L. heiliggesprochen (Fest: 27. 6.).

Ladislaus IV., *der Kumane*
König 1272–1290
** 1262*
† 10. 7. 1290 Körösszeg
Der Sohn König Stephans V. (1270–1272) und einer Kumanenprinzessin besiegte im Bündnis mit dem deutschen König →Rudolf I. von Habsburg 1278 bei Dürnkrut auf dem Marchfeld →Ottokar II. Přemysl von Böhmen, der während L.' Minderjährigkeit (bis 1277) bürgerkriegsartige Revolten der ungar. Vasallen unterstützt hatte. Wegen seines bevorzugten Umgangs mit den heidn. Kumanen zwang Papst Martin IV. L. zu einem Feldzug gegen die Kumanen, die er 1282 bei Hódmezö schlug. Da er auch weiterhin die kuman. Lebensart pflegte und seine christl. Gattin Isabella, die Tochter →Karls I. von Anjou, zugunsten seiner kuman. Liebhaberinnen vernachlässigte, rief Papst →Nikolaus IV., ein Freund des Hauses Anjou, 1288 zum Kreuzzug gegen L. auf. 1290 wurde L. von Kumanen ermordet, die ihm die Demütigung von 1282 nicht verziehen hatten.

Ladislaus V. Posthumus
König 1440/44–1456
** 22. 2. 1440 Komárom*
† 23. 11. 1457 Prag
(König von Böhmen 1453–1457 als *L. I.*). Der nachgeborene Sohn des Habsburgers →Albrecht II. lebte bis 1452 unter der Vormundschaft Kaiser →Friedrichs III. in Wien, während nach dem Tod Ulászlós I. (→Władysław III. von Polen) 1444 in Ungarn János →Hunyadi als Reichsverweser für ihn regierte. Seit 1453 volljährig, ließ L. Hunyadis Sohn László ermorden und →Matthias (I.) Corvinus als Geisel nach Prag bringen, wo er selbst kurz darauf, vermutlich wurde er ermordet, starb.

La Fayette, Marie Joseph de Motier, *Marquis de*
französischer Offizier und Politiker
** 6. 9. 1757 Chavaniac, Auvergne*
† 20. 5. 1834 Paris
L. kämpfte seit 1777 als General mit Freiwilligen im Amerikan. Unabhängigkeitskrieg und hatte wesentlichen Anteil am Sieg über die Engländer bei Yorktown (1781). Er beteiligte sich an der Französ. Revolution und brachte als Verfechter der amerikan. Freiheitspostulate den Entwurf zur Erklärung der Menschenrechte in die Nationalversammlung ein (11. 7. 1789), deren Vize-Präs. er wurde. Seit dem Sturm auf die Bastille (14. 7. 1789) Befehlshaber der Pariser Nationalgarde, schützte L. als Anhänger der konstitutionellen Monarchie König →Ludwig XVI. und schlug 1791 den von Georges J. →Danton angeführten Aufmarsch der Radikalen auf dem Marsfeld nieder. Nach dem Sturz der Monarchie 1792 floh er zu den Österreichern, die ihn jedoch während des 1. Koalitionskrieges (1792–1797) inhaftiert hielten. Wieder politisch aktiv wurde L. erst in der Restaurationszeit als führendes Mitgl. der liberalen Opposition in der Kammer (1818–1824, 1827–1830). In der Julirevolution 1830 übernahm er erneut den Oberbefehl über die Nationalgarde und unterstützte die Thronbesteigung des »Bürgerkönigs« →Louis Philippe, führte jedoch bald darauf wieder die liberale Opposition gegen ihn an.

Lamartine, Alphonse-Marie-Louis Prat de
französischer Dichter und Politiker
** 21. 10. 1790 Mâcon*
† 1. 3. 1869 Paris
Der Lyriker, Offizier und Diplomat wurde 1833 Abgeordneter der Kammer (bis 1848), in der er sich am Sturz des »Bürgerkönigs« Louis Philippe beteiligte. Nach der Februarrevolution 1848 war er für zwei Monate führender Kopf und Außenminister der Pro-

visorischen Regierung der II. Republik, verlor mit seinem gemäßigten Kurs jedoch schnell an Einfluß. Nach dem Staatsstreich Napoleons III. beendete er sein politisches Engagement (1851).

Largo Caballero, Francisco
spanischer Ministerpräsident 1936/37
** 15. 10. 1869 Madrid*
† 25. 3. 1946 Paris
Seit 1917 Abg. in den Cortes und 1918–1937 Generalsekretär des wesentlich von ihm ausgebauten sozialist. Gewerkschaftsverbandes Unión General de Trabajadores (UGT), trat L. C. nach dem Ende der Diktatur Miguel →Primo de Riveras (1930) und der Abdankung von →Alfons XIII. 1931 als Arbeits-Min. in die erste Regierung der 2. Span. Republik ein (bis 1933). Während des Span. Bürgerkrieges war er 1936/37 Chef einer Volksfrontregierung aus Sozialisten, Anarcho-Syndikalisten und Kommunisten. Nach der Niederlage der Span. Republik emigrierte er 1939 nach Frankreich. 1942–1945 war er in dt. Konzentrationslagern inhaftiert.

Las Casas, Bartholomé de
spanischer Missionar in Lateinamerika
** 1474 Sevilla*
† 31. 7. 1566 (?) Madrid

Der Sohn eines adligen Kaufmanns kam 1502 nach Hispaniola (Santo Domingo), erwarb dort Landbesitz, wurde um 1511 Geistlicher und beteiligte sich 1512 an der Eroberung Kubas. Seit 1514 nahm er sich des Schutzes der Indianer an und erreichte 1542 mit den »Neuen Gesetzen« (Leyes Nuevas) das Verbot ihrer Versklavung und ihre formalrechtl. Gleichstellung mit den Spaniern (auf Druck der Kolonialherren wurde das Gesetz schon 1545 von Kaiser →Karl V. aufgehoben). 1544 wurde der »Apostel der Indianer« Bischof von Chiapas (Mexiko), übte dieses Amt jedoch nur bis 1547 aus, da er zur Rückkehr nach Spanien gezwungen wurde. Sein proindian. Engagement beeinflußte die spätere jesuit. Missionsarbeit (vor allem in Peru). L. C. histor. Werke sind wichtige Dokumente über Geschichte und Lebensverhältnisse der mexikan. Indianer.

Lassalle, Ferdinand
Mitbegründer der deutschen Sozialdemokratie
** 11. 4. 1825 Breslau*
† 31. 8. 1864 Genf

Der Sohn eines jüdischen Seidenhändlers studierte in Breslau und Berlin, wo er sich den Junghegelianern anschloß, und ließ sich in Paris 1845 für die sozialist. Ideen Louis →Blancs gewinnen. 1848 beteiligte er sich als radikaler Demokrat an der Märzrevolution in Düsseldorf und arbeitete an der von Karl →Marx herausgegebenen »Neuen Rhein. Zeitung« mit. Wegen politischer Aufhetzung wurde er 1849 für sechs Monate inhaftiert, ging jedoch als einziger führender Sozialrevolutionär nach Scheitern der Revolution nicht außer Landes.
Finanziell abgesichert durch das fürstl. Honorar für einen von ihm erfolgreich geführten Scheidungsprozeß, entwarf er als Privatgelehrter und Publizist Grundzüge sozialist. Theorie und Politik. Im Sinne Blancs forderte er die Umwälzung der Gesellschaft durch den staatlich geförderten Aufbau von Arbeiter-Produktivassoziationen. Sie allein seien in der Lage, das von David →Ricardo begründete »Eherne Lohngesetz« zu durchbrechen, nach dem in der kapitalist. Gesellschaft der Arbeitslohn nicht mehr als das Existenzminimum gewährleisten kann. Die Durchsetzung der demokrat. Forderungen wie des allg. und gleichen Wahlrechtes erschien ihm als wichtige Etappe auf dem – von ihm im Gegensatz zu Marx für möglich gehaltenen – evolutionären Weg zum Sozialismus. Seine Vorstellungen flossen in das Gründungsprogramm des Allgemeinen Deutschen Arbeitervereins (ADAV) ein, der ersten sozialdemokratischen Organisation Deutschlands, zu deren Präsident L. gewählt wurde (1863).
Während Marx sich von der sozialdemokrat. Bewegung distanzierte und den Kontakt zu L. abbrach, erwog Otto v. →Bismarck während des preuß. Verfassungskonflikts 1863/64, mit L. gegen die Liberalen zusammenzuarbeiten; der Kontakt blieb jedoch ohne Ergebnis. L. stand nur ein Jahr lang an der Spitze des ADAV. Er starb an den Folgen eines Duells wegen einer Frauenaffäre. Sein Nachfolger als Präs. des ADAV (1864–1871) wurde Johann

Baptist v. Schweitzer (* 1833, † 1875). 1875 vereinigte sich der ADAV mit der von Wilhelm →Liebknecht und August →Bebel gegründeten Sozialdemokratischen Arbeiterpartei in Gotha zur Sozialist. Arbeiterpartei Deutschland (ab 1890 SPD). Über das Gothaer Programm von 1875 prägte L.s staatsbejahender Ansatz den politischen Weg der SPD entscheidend. (▷ Chronik Zitat)

Laud, William
Erzbischof von Canterbury 1633–1645
** 7. 10. 1573 Reading*
† 10. 1. 1645 London
Seit 1628 Bischof von London, wurde L. 1633 Erzbischof und kirchenpolit. Berater →Karls I. Überzeugt vom Gottesgnadentum der Monarchie und ihrer unauflösl. Einheit mit der Kirche, verfolgte er im Zusammenspiel mit Thomas Wentworth (dem späteren Earl of →Strafford) mit absolutist. Maßnahmen hochkirchl. Ziele (u. a. Stärkung der Bischöfe, Rückerstattung des in der engl. Reformation säkularisierten Kirchenbesitzes) gegen Puritaner und andere vom Common Book of Prayer abweichende religiöse Gemeinschaften. Mit seinem Versuch, den presbyterian. Schotten 1637 die anglikan. Kirchenordnung aufzuzwingen, provozierte L. ihren nationalen Aufstand (Bishops' War 1639/40), der in den Engl. Bürgerkrieg (1640–1660) mündete. Unter dem Druck des Long Parliament wurde L. 1641 wegen »papist. Verschwörung« verhaftet und 1645 nach einem Hochverratsprozeß enthauptet.

Laval, Pierre Étienne
französischer Ministerpräsident 1931/32, 1935/36, 1942–1944
** 28. 6. 1883 Châteldon, Dép. Puy-de-Dôme*
† 15. 10. 1945 Fresnes, Seine
L. begann seine polit. Karriere als Abg. der Sozialisten (1914–1919), verließ die Partei 1920 und war später unabhängiger Abg. (1924–1927) bzw. Senator (1927–1940). Seit 1925 mehrmals Min., bildete er in den 1930er Jahren in Mitte-Rechts-Koalitionen mehrere Kabinette und war 1932 und 1934–1936 Außen-Min. Während er – weitgehend im Einklang mit England – eine Appeasementpolitik gegenüber dem nat.-soz. Deutschland betrieb, suchte er eine

Das Eherne Lohngesetz

Chronik Zitat

Seine Ablehnung von – ohne Hilfe des Staates aufzubauenden – Arbeiterassoziationen begründete Ferdinand Lassalle mit dem von David →Ricardo aufgestellten »Ehernen Lohngesetz« (1863):

»Das eherne ökonomische Gesetz, welches unter den heutigen Verhältnissen, unter der Herrschaft von Angebot und Nachfrage nach Arbeit, den Arbeitslohn bestimmt, ist dieses: daß der durchschnittliche Arbeitslohn immer auf den notwendigen Lebensunterhalt reduziert bleibt, der in einem Volke gewohnheitsmäßig zur Fristung der Existenz und zur Fortpflanzung erforderlich ist. Dies ist der Punkt, um welchen der wirkliche Tageslohn in Pendelschwingungen jederzeit herum graviert, ohne sich jemals lange weder über denselben zu erheben noch unter denselben hinunterfallen zu können. Er kann sich nicht dauernd über diesen Durchschnitt erheben – denn sonst entstände durch die leichtere, bessere Lage der Arbeiter eine Vermehrung der Arbeiterehen und der Arbeiterfortpflanzung, eine Vermehrung der Arbeiterbevölkerung und somit des Angebots von Händen, welche den Arbeitslohn wieder auf und unter seinen früheren Stand herabdrücken würde.
Der Arbeitslohn kann auch nicht dauernd tief unter diesen notwendigen Lebensunterhalt fallen, denn sonst [entsteht] eine... Verminderung der Arbeiterzahl, welche somit das Angebot von Arbeiterhänden noch verringert und den Arbeitslohn daher wieder auf den früheren Stand zurückbringt. (...)
Sie sehen also meine Herren, daß es geradezu eine mathematische Unmöglichkeit ist, den Arbeiterstand auf diesem Wege durch Anstrengungen seiner Mitglieder als bloße Individuen zu befreien...
Dies wird nur durch das allgemeine und direkte Wahlrecht möglich sein... Organisieren Sie sich als ein allgemeiner deutscher Arbeiterverein zu dem Zweck einer gesetzlichen und friedlichen, aber unermüdlichen... Agitation für die Einführung des allgemeinen und direkten Wahlrechts... Von dem Augenblicke an, wo dieser Verein auch nur 100 000 deutsche Arbeiter umfaßt, wird er bereits eine Macht sein, mit der jeder rechnen muß...«

Annäherung an das faschist. Italien (Vertrag von Rom 1934, Röm. Gespräche mit Benito →Mussolini 1935, Konferenz von Stresa 1935) und schloß einen Beistandspakt mit der Sowjetunion und mit der Tschechoslowakei (1935). Nach dem Zusammenbruch Frankreichs setzte er durch Übertragung der Macht auf Philippe →Pétain die Selbstaufgabe der III. Republik durch und wurde stellvertr. Min.-Präs. des Vichy-Regimes (1940/41). Zwischenzeitlich abgesetzt und verhaftet, wurde L. auf massiven dt. Druck freigelassen und im April 1942 zum Nachfolger von François →Darlan als Min.-Präs. ernannt. Er kooperierte eng mit der dt. Besatzungsmacht (seit Sept. 1942). Nach seiner Flucht 1945 gefangengenommen, wurde er als Hauptkollaborateur zum Tode verurteilt und hingerichtet.

Law, John

schottisch-französischer Bankier
** 21. (?) 4. 1671 Edinburgh*
† 21. 3. 1729 Venedig

L. vertrat die Ansicht, daß durch Grund und Boden gesichertes Papiergeld wertbeständiger, billiger und verkehrsfreundlicher sei als Metallgeld, setzte aber fälschlich die Vermehrung von Kredit (Forderungen) der Vermehrung von Kapital (Produktionselement) gleich. 1716 gründete er auf Aktienbasis eine Privatnotenbank, aus der 1718 die Staatsbank (Banque Royal) hervorging, und 1717 die Compagnie de l'Occident, die als Handelsgesellschaft die französischen Besitzungen in Nordamerika vermarkten sollte und bis 1720 den Überseehandel monopolisierte. Angesichts der zerrütteten Staatsfinanzen ernannte der nach dem Tod König →Ludwigs XIV. für dessen minderjährigen Urenkel →Ludwig XV. eingesetzte Regent Philipp II. von →Orléans L. zum Generalkontrolleur der Finanzen. Mit seinem ingeniösen Kreditsystem, faktisch unbeschränkter Geldschöpfung und ständiger Ausgabe von Neuaktien produzierte er eine wirtschaftliche Scheinblüte und stürzte Frankreich in einen Spekulationsrausch, der in der folgenden schweren Finanz- und Wirtschaftskrise im ersten Bankenkrach der Geschichte jedoch schnell verflog.

Lawrence, Thomas Edward

britischer Schriftsteller, Archäologe und Agent
** 15. 8. 1888 Tremadoc, Wales*
† 19. 5. 1935 Clouds Hill, Dorsetshire

(Genannt *L. of Arabia*, *L. von Arabien*). L., der sich vor dem 1. Weltkrieg an Ausgrabungen im Nahen Osten beteiligte, organisierte als Agent des britischen Geheimdienstes und als Vertrauter des späteren Königs →Faisal I. die im Hedjas beginnende allgemeine arabische Erhebung gegen das mit Dtschld. verbündete Osmanische Reich (1916–1918). Auf der Pariser Friedenskonferenz (1919) setzte er sich für die Einlösung der den Arabern gegebenen Zusicherungen – u. a. Bildung eines gesamtarab. Staates – ein. Nach Scheitern seiner Bemühungen gab er im Protest gegen die britische Nahostpolitik seinen Dienst im brit. Kolonialamt auf. Berühmt wurde er mit seinem autobiographischen, von ihm selbst als literarisches Werk ausgegebenen Bericht über den arab. Aufstand (»Die sieben Säulen der Weisheit«, 1926, dt. 1936). L. starb bei einem Motorradunfall.

Leber, Julius
deutscher Widerstandskämpfer
** 16. 11. 1891 Biesheim, Elsaß*
† 5. 1. 1945 Berlin-Plötzensee
Seit 1913 Sozialdemokrat, war der Journalist seit 1921 Mitgl. der Lübecker Bürgerschaft und zugleich seit 1924 MdR als Wehrexperte seiner Fraktion. L. wurde noch am Tag des Ermächtigungsgesetzes (23. 3. 1933) verhaftet und nach vier Jahren aus dem KZ Oranienburg entlassen. Er beteiligte sich maßgeblich an der Organisation des zivilen Widerstands, nahm an Beratungen des Kreisauer Kreises teil. In seiner Schlüsselrolle als Verbindungsglied zwischen den verschiedenen Gruppen der Widerstandsbewegung war der führende Sozialdemokrat nach dem Sturz des nat.-soz. Regimes als Innen-Min. in einem Kabinett Carl Friedrich →Goerdelers vorgesehen. Nach Kontaktaufnahme zu kommunist. Widerständlern Anfang Juli 1944 verhaftet, wurde L. als eine der politisch bedeutendsten Führungspersönlichkeiten des Widerstands vom Volksgerichtshof zum Tode verurteilt und hingerichtet.

Ledebour, Georg
deutscher sozialistischer Politiker
** 7. 3. 1850 Hannover*
† 31. 3. 1947 Bern
1890 trat der Journalist der SPD bei und war 1900 bis 1918 und 1920–1924 MdR, in dem er zu den Repräsentanten des radikalen linken Flügels gehörte. 1917 gründete er u. a. mit Hugo →Haase die USPD und suchte als einer ihrer führenden Köpfe einen dritten Weg der Arbeiterbewegung jenseits von Sozialdemokratie und Kommunismus. Nach der Novemberrevolution 1918 beteiligte er sich am Vollzugsrat der Arbeiter- und Soldatenräte (1918/1919) und maßgeblich am Spartakus-Aufstand (1919). 1920 wandte er sich gegen die Vereinigung der Mehrheit der USPD mit der KPD, 1922 gegen die Vereinigung der Rest-USPD mit der SPD. Danach gründete er den Sozialist. Bund (1920) und trat 1931 der Sozialist. Arbeiterpartei (SAP) bei. 1933 emigrierte er in die Schweiz.

Le Duc Tho
Außenminister Nordvietnams 1963–1965
** 14. 10. 1911 Dich Le, Nordvietnam*
† 13. 10. 1990 Hanoi
(Eigentlich *Phan Dinh Khai*). Nach der Niederschlagung des bürgerlich-nationalen Aufstands von Tongking 1930 durch die französ. Kolonialmacht gründete L. D. T. u. a. zusammen mit →Ho Chi Minh die KP Indochinas, war seitdem einer der Führer der vietnames. Befreiungsbewegung und organisierte seit 1948 mit Vo Nguyên →Giap den Guerillakampf der Vietcong in Südvietnam. Seit 1955 Mitgl. des Politbüros und seit 1960 ZK-Sekretär, führte er 1968–1973 am Rande der Pariser Vietnam-Konferenz die entscheidenden Verhandlungen mit Henry →Kissinger, die mit dem Waffenstillstandsabkommen zur Beendigung des Vietnamkriegs (1965 bis 1973) führten. Den Friedensnobelpreis, der ihm und Kissinger 1973 zugesprochen wurde, lehnte er ab.

Lee, Robert Edward
US-amerikanischer General
** 19. 1. 1807 Stratford, Virginia*
† 12. 10. 1870 Lexington, Virginia
Als Gegner der Sezession der Südstaaten erhielt L. bei Ausbruch des Amerikan. Bürgerkriegs (1861 bis 1865) als fähigster Armeeführer von Präs. Abraham →Lincoln den Oberbefehl über die Streitkräfte der Union (Nordstaaten) angeboten, lehnte ihn jedoch als Südstaatler ab und kämpfte für die »falsche« Seite. Nach spektakulären Anfangserfolgen unterlag er als Oberbefehlshaber der Südstaatenarmee (seit 1864) und unterzeichnete 1865 die Kapitulation bei Appomattox. Durch seinen Einsatz für eine nationale Versöhnug gewann er auch im Norden eine außerordentliche Popularität.

Legien, Karl
deutscher Gewerkschaftsführer
** 1. 12. 1861 Marienburg, Westpreußen*
† 26. 12. 1920 Berlin
Der Drechsler und Sozialdemokrat begründete 1890 nach Aufhebung des Sozialistengesetzes zur Koordination der einzelgewerkschaftl. Aktivitäten und Durchsetzung sozialpolitischer Forderungen die Generalkommission der Gewerkschaften und wurde ihr Vors. (bis 1919). Zugleich war er 1893–1918 (mit Unterbrechung) MdR und 1903–1919 Vors. der Internationalen Vereinigung der Gewerkschaften. Er beeinflußte entscheidend die Orientierung der Gewerkschaftsbewegung auf die Zusammenarbeit mit Staat und Unternehmern. Revolutionäre Tendenzen bekämpfend, band er die Gewerkschaften 1918 in die »Zentralarbeitsgemeinschaft« mit den Unternehmerverbänden (Hugo →Stinnes) ein, die den Gewerkschaften die Sozialpartnerschaft bei unbeschränktem Koalitionsrecht, Einführung von tarifl. Schlichtungsinstanzen und Tarifautonomie zugestanden (bis 1924). 1919/20 Vors. des Allgemeinen Dt. Gewerkschaftsbundes (ADGB), ließ L. 1920 mit seinem Aufruf zum Generalstreik den Kapp-Lüttwitz-Putsch scheitern (Wolfgang →Kapp).

Leif Eriksson
normannischer Seefahrer
** um 970*
† um 1020
Der Sohn →Erichs des Roten, der Grönland zu besiedeln begann, gilt als erster Entdecker Amerikas vor Christoph →Kolumbus. Um 1000 fuhr er von Grönland aus südwärts, um die von dem Grönländer Bjarni Herjulfson gesichteten fremden Küsten zu suchen. An der Küste Labradors ging er vermutl. an drei Stellen an Land und überwinterte in »Vinland« (»Weinland«, zwischen Neufundland und Cap Cod).

Leipart, Theodor

deutscher Gewerkschaftsführer
** 17. 5. 1867 Neubrandenburg*
† 23. 5. 1947 Berlin

Wie sein Vorgänger Karl →Legien von Beruf Drechsler, übernahm L. 1920 den Vorsitz des Allg. Dt. Gewerkschaftsbunds (ADGB). Während der von polit. und sozialen Kämpfen gekennzeichneten Zeit der Weimarer Republik suchte er eine Radikalisierung der im ADGB organisierten Gewerkschaften zu verhindern, mußte aber den zeitweise starken Einfluß der kommunist. »Roten Gewerkschaftsopposition« hinnehmen. Einen polit. Streik gegen den »Preußenschlag« Heinrich v. →Papens 1932 und gegen die Machtübernahme der Nationalsozialisten 1933 lehnte er ab. Bei der Zerschlagung der Gewerkschaften (Mai 1933) wurde er seines Amtes enthoben. Nach 1945 propagierte L. die Vereinigung von SPD und KPD zur SED.

Lenin, Wladimir Iljitsch

russischer Revolutionär und Begründer der Sowjetunion
** 22. 4. 1870 Simbirsk*
† 21. 1. 1924 Gorki bei Moskau

(Eigentlich *Uljanow*). Als bedeutender polit. Visionär und Theoretiker, weitblickender Stratege und taktisch genialer Machtpolitiker leitete L. geschichtl. Prozesse ein, die entscheidend die gesellschaftl. und politische Dynamik des 20. Jahrhunderts prägten.

L. entstammte bürgerlichen Verhältnissen und schloß sich der revolutionären Bewegung an, nachdem sein Bruder Alexander 1887 wegen antizaristischer Verschwörung hingerichtet worden war. L. studierte Rechtswissenschaft und eröffnete 1893 in St. Petersburg eine Kanzlei, die er zum Zentrum propagandistischer und organisator. Aktivitäten machte, aus denen der 1895 mit Juli O. →Martow gegründete Kampfbund zur Befreiung der Arbeiterklasse hervorging. 1897–1900 nach Sibirien verbannt, wo er 1898 Nadeschda Krupskaja (*1869, † 1939) heiratete, analysierte L. unter Anwendung der marxschen Kategorien die Voraussetzungen zur Revolutionierung Rußlands (»Die Entwickung des Kapitalismus in Rußland«, 1899) und setzte damit den Ausgangspunkt für seine Weiterentwicklung des Marxismus (Marxismus-Leninismus).

1900 ging L. ins Exil und betrieb von London, München und Genf aus die Schaffung einer Partei »neuen Typs«: im Unterschied zur sozialdemokrat. Massenpartei straff organisiert, zentralisiert und beherrscht von Berufsrevolutionären als hochqualifizierten Kadern (»Was tun?«, 1902). Mit dem Entwurf eines darauf abgestellten Parteistatuts spaltete er 1903 die Russische Sozialdemokrat. Arbeiterpartei auf ihrem 2. Kongreß in Brüssel und London in den von ihm geführten radikalen Flügel der Bolschewiki (»Mehrheitler«) und den der gemäßigteren Menschewiki (»Minderheitler«) unter Martow. Nach Teilnahme an der weitgehend gescheiterten Russ. Revolution 1905 ging L. 1906 erneut ins Exil nach Westeuropa und lebte die längste Zeit (1908–1912, 1914–1917) in der Schweiz. 1912 spaltete er in Prag endgültig die Russische Sozialdemokratische Arbeiterpartei, bildete ein rein bolschewistisches Zentralkomitee und gründete in Krakau die »Prawda« als Zentralorgan. 1916 erschien seine wichtige Schrift »Der Imperialismus als höchstes Stadium des Kapitalismus«, in der er die Perspektive der Weltrevolution mit dem Befreiungskampf der kolonial ausgebeuteten Völkern verknüpfte.

Nach der russ. Februarrevolution 1917 gelangte L. mit Hilfe der dt. Heeresleitung nach Rußland, wo er mit seinen Aprilthesen – »Frieden um jeden Preis«, »Alles Land den Bauern« und »Alle Macht den Räten« – die grundlegenden Bedürfnisse der Menschen auf den Begriff brachte und ihnen eine revolutionäre Stoßrichtung gab. Obwohl dieses Programm breite Zustimmung fand, scheiterte ein erster Umsturzversuch in Juni 1917 und zwang L. zur Flucht nach Finnland. Dort verfaßte er die programmatische Schrift »Staat und Revolution«, bevor er illegal im Okt. wieder einreiste und den Aufstand vorbereitete, mit dem die Bolschewiki am 25./26. Okt. (nach dem Gregorian. Kalender 6./7. Nov.) unter Leo →Trotzkis Führung in St. Petersburg die Regierung Alexander F. →Kerenskis stürzten. In der neu gebildeten Regierung übernahm L. den Vorsitz des Rates der Volkskommissare und setzte die kommunistische

Herrschaft als »Diktatur des Proletariats« durch. Beginnend nach dem Friedensschluß von Brest-Litowsk mit Dtschld. (Nov. 1917) gewann die Rote Armee in einem fünfjährigen unerbittlichen Bürgerkrieg gegen die von ausländ. Interventionstruppen unterstützten konterrevolutionären »Weißen« die Oberhand (1918–1922). Nach den Jahren des »Kriegskommunismus«, der die Wirtschaft durch rigorose Verstaatlichungen, Zentralisierungen und chaot. Planungen zerrüttet und zu Hungersnöten geführt hatte, leitete L. 1921 mit der Neuen Ökonom. Politik (NEP), die übergangsweise wieder privates Wirtschaften erlaubte, eine wirtschaftl. Stabilisierung ein. Sein Verbot der »Fraktionsbildung« (1921) bedeutete den Beginn der Unterdrückung jeder offenen Diskussion in der Partei, wie auch die 1919 geschaffenen Strukturen der Staats- und Parteiherrschaft (Zentralkomitee, Politbüro) der späteren Terrorherrschaft Josef W. →Stalins Vorschub leisteten. Ende 1922 proklamierte L. die Union der Sozialist. Sowjetrepubliken (UdSSR), deren Verfassung 1923 in Kraft trat. In seinem »polit. Testament« empfahl er die Entmachtung Stalins als Generalsekretär der Partei. L. starb nach mehreren Schlaganfällen, die seit 1922 seine Handlungsfähigkeit herabsetzten, und wurde im Lenin-Mausoleum auf dem Roten Platz in Moskau beigesetzt.
(▷ Chronik Zitat)

Revolution als Beruf

Chronik Zitat

In seiner Schrift »Was tun?« entwarf Wladimir I. Lenin sein Konzept einer Kaderorganisation von Berufsrevolutionären als Avantgade des Proletariats in Rußland (Auszüge):

»Dem russischen Proletariat... steht ein Kampf gegen ein Ungeheuer bevor, mit dem verglichen das Sozialistengesetz in ...[Deutschland] als wahrer Waisenknabe erscheint. Die Geschichte hat uns jetzt die nächste Aufgabe gestellt, welche die *revolutionärste* von allen *nächsten* Aufgaben des Proletariats irgendeines anderen Landes ist...

Wir haben gesagt, daß die Arbeiter ein sozialdemokratisches Bewußtsein *gar nicht haben konnten*. Dieses konnte ihnen nur von außen gebracht werden. Die Geschichte aller Länder zeugt davon, daß die Arbeiterklasse aus eigenen Kräften nur ein trade-unionistisches Bewußtsein herauszuarbeiten vermag... Die Lehre des Sozialismus ist hingegen aus den philosophischen, historischen und ökonomischen Theorien hervorgewachsen, die von den gebildeten Vertretern der besitzenden Klassen, der Intelligenz, ausgearbeitet wurden...

Der politische Kampf der Sozialdemokratie ist viel umfassender und komplizierter als der ökonomische Kampf der Arbeiter gegen die Unternehmer und die Regierung. Genau so (und infolgedessen) muß die Organisation der revolutionären sozialdemokratischen Partei unvermeidlich *anderer Art* sein als die Organisation der Arbeiter für diesen Kampf... Die Organisation der Revolutionäre muß dagegen vor allem und hauptsächlich Leute erfassen, deren Beruf die revolutionäre Tätigkeit ist (darum spreche ich von der Organisation der Revolutionäre, wobei ich die revolutionären Sozialdemokraten im Auge habe)...Diese Organisation muß notwendigerweise nicht sehr umfassend und möglichst konspirativ sein...

Und nun behaupte ich, daß 1. keine einzige revolutionäre Bewegung ohne eine stabile und die Kontinuität wahrende Führerorganisation Bestand haben kann; 2. je breiter die Masse ist, die spontan in den Kampf hineingezogen wird, die die Grundlage der Bewegung bildet und an ihr teilnimmt, um so dringender ist die Notwendigkeit einer solchen Organisation und um so fester muß diese Organisation sein...; 3. eine solche Organisation muß hauptsächlich aus Leuten bestehen, die sich berufsmäßig mit revolutionärer Tätigkeit befassen; 4. je mehr wir die Mitgliedschaft einer solchen Organisation *einengen*, und zwar so weit, daß sich an der Organisation nur die Mitglieder beteiligen, die sich berufsmäßig mit revolutionärer Tätigkeit befassen und in der Kunst des Kampfes gegen die politische Polizei berufsmäßig geschult sind, um so schwieriger wird es in einem absolutistischen Lande sein, eine solche Organisation »zu schnappen« und 5. um so *breiter* wird der Kreis der Personen aus der Arbeiterklasse wie aus den übrigen Gesellschaftsklassen sein, die die Möglichkeit haben werden, an der Bewegung teilzunehmen und sich in ihr aktiv zu betätigen...«

Leo, Päpste

Leo I., *der Große*
Papst 440–461
** in Tuszien*
† 10. 11. 461 Rom
L., der bedeutendste Papst des 5. Jahrhunderts, beanspruchte den Primat des römischen Papsttums gegenüber allen anderen katholischen Bischöfen und manifestierte dies durch die Einführung des höchsten römischen Priestertitels »Pontifex Maximus« als päpstliche Amtsbezeichnung. Die vom Konzil von Chaldekon 451 vorgenommene Gleichstellung der Patriarchate von Rom und Konstantinopel akzeptierte er nicht. Mit seinem dogmatischen Sendschreiben an den byzantinischen Patriarchen Flavian (449), den Nachfolger des →Kyrillos von Alexandria, über die zwei Naturen Christi erreichte er auf dem Konzil dagegen eine Entscheidung gegen den Monophysitismus wie auch die Verdammung von Pelagianern (→Pelagius) und Manichäern (→Mani) als Häretiker. Gegen den Arianismus (→Arius) zog er in dessen Hauptverbreitungsgebieten (Italien, Spanien, Südfrankreich) zu Felde und bewahrte damit die kirchliche Einheit in Westeuropa. 452 gelang es ihm, den nach Italien eingefallenen Hunnenkönig →Attila gegen Tributzahlung zur Umkehr zu bewegen, den Wandalenherrscher →Geiserich hielt er von der vollständigen Zerstörung des geplünderten Roms ab (455). Kirchenpolitisch war die Errichtung einer ständigen päpstlichen Gesandtschaft am Kaiserhof in Konstantinopel von großer Bedeutung. L. wurde heiliggesprochen (Fest: 10. 11.) und 1754 zum Kirchenlehrer erhoben.

Leo III.
Papst 795–816
** Rom*
† 12. 6. 816 Rom
Von seinen Gegnern aus Rom vertrieben, floh L. 799 zu →Karl d. Gr. nach Paderborn und kehrte unter fränkischem Schutz wieder nach Rom zurück. Während des Italienzugs Karls, der Beschuldigungen gegen L. prüfen wollte, krönte L. ihn Weihnachten 800 in Rom überraschend zum Kaiser. Damit lebte das röm. Kaisertum des Westens auf der Basis gegenseitiger Abhängigkeit von Papst und Kaiser wieder auf und wurde den Franken übertragen. Die Zeitgenossen erblickten in diesem neuen, dem Papsttum eng verbundenen Kaisertum die Verkörperung des irdischen Gottesstaates. L. blieb weitgehend von Karl d. Gr. abhängig. Heiliger (Fest: 12. 6.).

Leo VIII.
Papst 963–965
** Rom*
† 1. 3. 965 Rom
L. wurde von der unter dem Einfluß Kaiser →Ottos I. (d. Gr.) stehenden Synode gewählt, nachdem sie →Johannes XII. abgesetzt hatte. Nach dem Abzug des Kaisers konnte L. sich nicht in Rom halten, weil die Mehrheit der Römer weiterhin zu Johannes stand und nach dessen Tod 964 den Gegenpapst →Benedikt V. wählte. Otto führte L. jedoch nach Rom zurück, Benedikt wurde abgesetzt und verbannt. Im Rahmen des Investiturstreits im 11. Jahrhundert wurden unter L.s Namen drei Privilegien gefälscht, in denen der Papst dem Kaiser das Recht zugesteht, Päpste und Bischöfe einzusetzen.

Leo IX.
Papst 1049–1054
** 21. 6. 1002*
Egisheim, Elsaß
† 19. 4. 1054 Rom

(Vorher *Bruno Graf von Egisheim und Dagsburg*). L., seit 1029 Bischof von Toul und von Kaiser →Heinrich III. 1048 für das Pontifikat designiert, war der bedeutendste dt. Papst des Mittelalters und zugleich der erste Reformpapst. Während er hervorragende Männer der kirchl. Reform nach Rom berief, u. a. Hildebrand (später Papst →Gregor VII.) und Friedrich von Lothringen (Papst Stephan IX., 1057/58), hielt er sich selbst nur selten in Rom auf. Für die Kirchenreform (u. a. Aufbau einer strengen Ämterhierarchie) und die Bekämpfung von Simonie (Käuflichkeit von Kirchenämtern), Priesterehe und Laieninvestitur stritt er auf Synoden in Reims, Mainz, Ober- und Unteritalien. Sein Kampf gegen die unteritalien. Normannen endete mit seiner Gefangennahme durch →Robert Guiscard (1053). Nach seiner Freilassung starb er in Rom. Eine von ihm kurz vor seinem Tod zum Patriarchen von Byzanz, →Michael Kerullarios, entsandte Mission scheiterte und legte 1054 die Bannschrift auf dem Altar der Hagia Sophia nieder, die das bis heute bestehende Morgenländ. Schisma auslöste. L. wurde heiliggesprochen (Fest: 19. 4.). Nachfolger: →Viktor II.

Leo X.

Papst 1513–1521
** 11. 12. 1475 Florenz*
† 1. 12. 1521 Rom

(Vorher *Giovanni de'Medici*). L. wurde auf Betreiben seines Vaters Lorenzo de'→Medici bereits mit 13 Jahren Kardinal, folgte Julius II. auf den Heiligen Stuhl und suchte ihn als Renaissancefürst und engagierter Mäzen zu übertreffen (u. a. arbeiteten Raffael und Michelangelo für ihn). Während er sein Pontifikat zu einem der prunkvollsten überhaupt machte, vernachlässigte er weitgehend seine geistlichen Aufgaben. Eingespannt in die machtpolitischen Kämpfe der Großmächte, vergrößerte er durch geschicktes Lavieren zwischen Frankreich und Spanien die Autorität des Kirchenstaates (1516 Konkordat mit Frankreich, 1521 Bündnis mit Kaiser →Karl V. gegen den französischen König →Franz I.). Seine Ablaßgeschäfte zur Finanzierung des Baus der Peterskirche und Auffüllung der von ihm in Verschwendungssucht geplünderten Kirchenkasse veranlaßten Martin →Luther 1517 zum Anschlag der 95 Thesen, der die Reformation eröffnete. L. exkommunizierte Luther 1521, als dieser schon eine große Anhängerschaft gewonnen hatte, verkannte die epochale Bedeutung der Reformation und ignorierte die von ihm mitprovozierte papstfeindliche Stimmung in großen Teilen Europas. Nachfolger: →Hadrian VI.

Leo XII.
Papst 1823–1829
** 22. 8. 1760 Schloß La Genga bei Spoleto*
† 10. 2. 1829 Rom
(Vorher *Annibale Sermattei della Genga*). L. machte sich vor allem einen Namen als Repräsentant der reaktionären Kirchenpartei, die ihn bei der Papstwahl durchgesetzt hatte. Konsequent zerstörte er die von seinem Vorgänger →Pius VII. und dessen Staatssekretär Ercole Consalvi (* 1757, † 1824) betriebenen Reformen in dem 1815 wiederhergestellten Kirchenstaat. Mit der Exkommunikationsbulle von 1825 schloß er die Geheimgesellschaften der Carbonari und Freimaurer aus der kath. Kirche aus.

Leo XIII.

Papst 1878–1903
** 2. 3. 1810 Carpineto*
† 20. 7. 1903 Rom

(Vorher *Vincenzo Gioacchino Pecci*). L.s Pontifikat kennzeichnete sein Bemühen, die Kirche den modernen Entwicklungen und Erkenntnissen zu öffnen. Zwar bekämpfte auch er Rationalismus, Liberalismus und Freimaurer, doch rückte er von der Selbstabschließung ab, in die →Gregor XVI. und →Pius IX. die Kirche geführt hatten.
Um dem Vordringen des Sozialismus entgegenzuwirken erließ er die Enzyklika »Rerum novarum« (1891). Mit ihr forderte er die Verpflichtung des Staates zur Sozialpolitik ein und schuf die Grundlagen der kath. Soziallehre, der christl.-sozialen Bewegung und der kath. Gewerkschaften. Während er den Kulturkampf in Preußen (1871–1887) beilegte und diplomat. Beziehungen zu weltl. Regierungen aufnahm, scheiterte er im Konflikt mit dem italien. Staat über die »Röm. Frage«, die Wiederherstellung des Kirchenstaats. Auch seine Bemühungen um eine Versöhnung der Ostkirchen mit Rom schlugen fehl. Dennoch zählt L.s Pontifikat zu den bedeutendsten der neueren Zeit. Nachfolger →Pius X.

***Leon,** Kaiser von Byzanz*

Leon I., *der Große*
Kaiser 457–474
** um 400 in Thrakien*
† 3. 2. 474 Konstantinopel
Erfolglos suchte L. durch mehrfachen Eingriff in die Thronfolge Westroms die Oberherrschaft über das Westreich wieder zu erlangen (467). Ein mit Westrom koordinierter Versuch, das bedrohlich aufgestiegene Wandalenreich →Geiserichs in Nordafrika zu erobern, scheiterte 468 katastrophal. 471 ließ er den Gotenführer und Feldherrn Aspar (* um 400, † 471), den eigentlichen Machthaber in Byzanz, und dessen Sohn ermorden, verdrängte die german. Offiziere aus den staatsbeherrschenden Stellen und ersetzte sie durch Angehörige des Taurus-Bergvolks der Isaurier. Nachfolger →Zenon.

Leon III., *der Syrer*
Kaiser 717–741
** um 675 Germanikeia (Syrien)*
† 18. 6. 741 Konstantinopel
L. wurde als syrischer Offizier (wohl zu Unrecht »*L. der Isaurier*« genannt) durch eine Militärrevolte zum Kaiser erhoben. 717/18 verteidigte er Konstantinopel gegen die Araber und vertrieb diese nach langen Kämpfen aus Kleinasien. Durch das Verbot der christlichen Bilderverehrung (Ikonoklasmus) 726/30 stürzte er das nach außen erstarkte Reich in eine mehr als 100jährige innere Krise (Bilderstreit, bis 843), die Rom, das den Ikonoklasmus ablehnte, die Bindung an das Frankenreich suchen ließ. L. reformierte Heerwesen und Verwaltung und schuf mit der Ekloge eine bedeutende Revision des römischen Rechtskorpus (726).

Leon V., *der Armenier*
Kaiser 813–820
** Armenien*
† 26. 12. 820 Konstantinopel
L. schlug die Bulgaren 814 und schloß mit ihnen einen Friedensvertrag auf 30 Jahre. 815 nahm er den Kampf gegen die Bilderverehrer wieder auf. In der Hagia Sophia wurde er ermordet.

Leon VI., *der Weise*
Kaiser 886–912
** 1. 9. 866 Konstantinopel (?)*
† 12. 5. 912 Konstantinopel
Der aus der Makedonier-Dynastie stammende Sohn von →Basileios I. Makedon wurde bereits 870 zum Mitkaiser erhoben und folgte seinem Vater 886 auf den Thron. Als Schüler des Patriachen →Photios ein gelehrter Schriftsteller und bedeutender Gesetzgeber, förderte er die Rechtssammlung in den Basiliken. Außenpolitisch erlitt er schwere Rückschläge durch das Bulgarenreich →Simeons (jährliche Tributzahlungen, 896), die Kiewer Rus (Handelsprivilegien, 911) und die Araber (Verlust von Sizilien 902 und Thessaloniki 907).

Leonidas I.
spartanischer König 488–480 v. Chr.
† 480 v. Chr.
Im 2. Perserkrieg (480–449) verteidigte L. 480 mit 4000 Mann den Küstenpaß der Thermopylen gegen das gewaltige persische Heer unter →Xerxes I. Als es den Persern durch Verrat gelang, L.' Streitmacht zu umzingeln, ließ er die meisten Griechen rechtzeitig abziehen. Er selbst, 300 Spartiaten und 700 freiwillig gebliebene böotische Thespier fanden im Kampf den Tod. Die dem Simonides zugeschriebene Inschrift des Grabmals der Gefallenen erinnerte an den Opfertod: »Wanderer, kommst du nach Sparta, verkündige dorten, du habest uns hier liegen gesehn, wie das Gesetz es befahl« (Übersetzung von Friedrich Schiller).

***Leopold**, Fürsten*

– Römisch-deutsche Kaiser

Leopold I.
Kaiser 1658–1705
** 9. 6. 1640 Wien*
† 5. 5. 1705 Wien

Der geistlich erzogene 2. Sohn →Ferdinands III. folgte seinem verstorbenen Bruder Ferdinand IV. († 1654) als König von Ungarn (1655) und von Böhmen (1656) sowie seinem Vater als König der österr. Erblande (1657) und – gegen den Widerstand des französ. Königs →Ludwig XIV. – als Kaiser (1658). Obwohl friedliebend und wenig energisch, beförderte er in den vier Jahrzehnten seiner Herrschaft entscheidend den Aufstieg Österreichs zur europ. Großmacht. Um die schwed. Übermacht im Norden zu brechen, leistete er im schwedisch-poln. Krieg (1655–1660) der polnisch-brandenburg. Seite Waffenhilfe. Während er den Angriff des Osman. Reichs 1662 im 4. Türkenkrieg (bis 1664) nur mit Mühe abwehren und den Verlust eines Großteils Ungarns hinnehmen mußte, wendete sich das Blatt im 5. Türkenkrieg (1683–1699) mit der Sprengung der 2. osman. Belagerung Wiens durch den Sieg über die Osmanen am Kahlenberg nach Intervention eines polnisch-dt. Entsatzheeres unter Führung →Johann III. Sobieskis (1683). Die sich anschließende und mit dem Frieden von Karlowitz (1699) beendete raumgreifende Vertreibung der Osmanen durch L.s Feldherrn Prinz →Eugen (unter Assistenz des »Türkenlouis« →Ludwig Wilhelm von Baden-Baden) leitete den Niedergang des Osman. Reiches ein. Den europ. Hegemonialoffensiven Frankreichs widersetzte sich L. ohne durchgreifenden Erfolg im Holländ. Krieg (1672–1679) und im Pfälzischen

Erbfolgekrieg (1688–1696/97). 1681 mußte er den Verlust Straßburgs hinnehmen. Um den von Ludwig XIV. vertretenen Erbanspruch der französ. Bourbonen nach Erlöschen der Habsburger Dynastie in Spanien mit dem Tod →Karls II. abzuwehren, trat L. 1701 in den Span. Erbfolgekrieg ein (1701–1713/1714). Nachfolger: Sohn →Joseph I.

Leopold II.

Kaiser 1790–1792
** 5. 5. 1747 Wien*
† 1. 3. 1792 Wien

Der 3. Sohn →Franz' I. und →Maria Theresias, seit 1765 Großherzog von Toskana (als *Leo I.*), regierte dort im Geist der Aufklärung und förderte die Kräfte, die später die nationale Befreiungsbewegung (Risorgimento, 1815–1870) leiteten. Als Kaiser in der Nachfolge seines Bruders →Joseph II. vollzog er jedoch weitgehend die von diesem unmittelbar vor seinem Tod dekretierte Rücknahme zahlreicher zentralistischer Reformen, unterdrückte die Aufstände in den Österreichischen Niederlanden und Ungarn (1791) und beendete den letzten (8.) Türkenkrieg (seit 1787) mit dem Frieden von Sistowa (1791). Angesichts der Französischen Revolution versöhnte er sich mit Preußen 1790 in der Konvention von Reichenbach. Ihr folgte 1791 die gemeinsame Erklärung von Pillnitz (Ankündigung der militär. Intervention gegen Frankreich bei Unterstützung durch weitere Monarchien), die Frankreich nach L.s Tod mit dem Beginn des 1. Koalitionskrieges (1792 bis 1797) beantwortete. Nachfolger: Sohn →Franz II.

– Belgien
Leopold I.
König 1831–1865
** 16. 12. 1790 Coburg*
† 10. 12. 1865 Schloß Laeken bei Brüssel
Der Sohn des Herzogs Franz von Sachsen-Coburg heiratete 1816 die engl. Thronerbin Charlotte Auguste, die aber bereits ein Jahr später starb. Nach der Brüsseler Revolution 1831, aus der Belgien als konstitutionelle Monarchie mit liberaler Verfassung hervorging, nahm er die fast einstimmige Wahl zum König durch den belg. Nationalkongreß an, nachdem er im Jahr zuvor die ihm angetragene griech. Krone abgelehnt hatte. Unterstützt von England und Frankreich konnte er den Rückeroberungsversuch der Niederlande abwehren (1831) und erreichte 1839 die völkerrechtliche Anerkennung der belg. Unabhängigkeit und Neutralität. L. regierte als streng konstitutioneller Herrscher und öffnete Belgien polit. Flüchtlingen vor der Reaktion aus ganz Europa. Er galt als einer der diplomatisch geschicktesten Fürsten des 19. Jh. Nachfolger: Sohn →L. II.

Leopold II.

König 1865–1909
** 9. 4. 1835 Brüssel*
† 17. 12. 1909 Schloß Laeken bei Brüssel

Der Sohn und Nachfolger →L.s I., ein gewandter Diplomat und Geschäftsmann, erwarb 1876 riesige Gebiete im Bereich des Kongostroms, die Henry M. →Stanley in seinem Auftrag erschlossen hatte. L. sicherte seine Privatkolonie durch die Berliner Afrikakonferenz (1884/85) ab und wußte sie gegen alle Einmischungsversuche, namentlich von englischer und portugies. Seite, zu verteidigen. Nach einem innenpolitischen Skandal wegen brutaler Ausbeutung und Unterdrückung der Einheimischen (Kongogreuel) vermachte er die Kolonie 1908 dem belgischen Staat. Nachfolger: Neffe →Albert I.

Leopold III.
König 1934–1951
** 3. 11. 1901 Brüssel*
† 25. 9. 1983 Brüssel
L., Sohn und Nachfolger König →Alberts I., erklärte Belgien 1936 für neutral und entschloß sich nach dem deutschen Überfall 1940, mit der Armee zu kapitulieren und in deutsche Kriegsgefangenschaft zu gehen (bis 1945). Die so verursachte Vertrauenskrise führte zum Scheitern seines Versuchs, nach dem 2. Weltkrieg wieder den Thron zu übernehmen. Obwohl die Bevölkerung ihn nach einer Volksabstimmung im März 1950 mehrheitlich auf dem Thron sehen wollte, übertrug er alle Rechte auf seinen Sohn Baudouin I. (1951–1993).

– Hohenzollern-Sigmaringen

Leopold

Fürst
** 22. 9. 1835 Krauchenwies bei Sigmaringen*
† 8. 6. 1905 Berlin

Bruder König →Karls I. von Rumänien. Nach der Revolution in Spanien von 1868, in der die Königin →Isabella II. gestürzt wurde, wählten ihn die spanischen Regenten zum Thronfolger in Spanien, was vom dt. Reichskanzler Otto v. →Bismarck unterstützt, vom französischen Kaiser →Napoleon III. jedoch scharf abgelehnt wurde. Obwohl L.s Vater →Karl Anton die Annahme der Kandidatur widerrief, gab der Konflikt nach Veröffentlichung der Emser Depesche Bismarcks an Kaiser →Wilhelm I. (Mitteilung über das Verlangen Frankreichs nach einer dauerhaften Verzichtserklärung der Hohenzollern auf eine spanische Thronkandidatur) den Anstoß zum Dt.-Französischen Krieg 1870/71.

– Österreich

Leopold V.
Herzog 1177–1194
** 1157*
† 31. 12. 1194 Graz
(Auch *Luitpold*). Während des 3. Kreuzzugs (1189 bis 1192) bei Akkon von König →Richard I. Löwenherz von England schwer beleidigt, nahm L., ältester Sohn →Heinrichs II. Jasomirgott, Richard nach der Rückkehr aus Palästina 1192 bei Wien gefangen und lieferte ihn, der als Normannen- und Welfenfreund als Reichsfeind galt, an Kaiser →Heinrich VI. aus. Mit dem ihm zugefallenen Anteil des Lösegelds für Richards Freilassung finanzierte er die Anlage der Wiener Neustadt. 1192 wurde er mit der Steiermark belehnt.

Leopold VI., *der Glorreiche*
Herzog 1198–1230
** 15. 10. 1176 (?)*
† 28. 7. 1230 San Germano
(Auch *Luitpold*). Der zweite Sohn →L.s V. wurde 1194 dessen Nachfolger als Herzog von Steiermark und folgte seinem älteren Bruder Friedrich I. († 1198) auf den österreichischen Thron. Im staufisch-welf. Konflikt hielt L. zu den Staufern König →Philipp von Schwaben und Kaiser →Friedrich II. Mit anderen Fürsten vermittelte er zwischen dem Kaiser und Papst →Gregor IX. den Frieden von San Germano (1230), in dem Friedrich den Gehorsamseid gegenüber dem Papst leistete. Von kirchlichen Eifer erfaßt, beteiligte sich L. an mehreren Ausrottungsfeldzügen gegen Häretiker (Katharer, Albigenser) und Kreuzzügen gegen Mauren in Spanien und Muslime in Kleinasien und Palästina (1217–1219). Zugleich machte er seinen Hof zu einem glanzvollen Zentrum der höfischen Kultur und beherbergte u. a. Walther von der Vogelweide, Ulrich von Liechtenstein und Neidhardt von Reuenthal.

Leowigild
westgotischer König 568/72–586
† April/Mai 586 Toledo
Der letzte arianische Westgotenkönig in Spanien übernahm nach dem Tod seines Vaters Athanagild († 567) die Herrschaft südlich der Pyrenäen, während sein Bruder Liuva († 572) im nördlichen Teil des Reiches (Septimania) regierte. Nach dessen Tod war L. Herrscher des gesamten Westgotenreiches, das er durch die Zurückdrängung Ostroms (570/71), die Eroberung Córdobas 572 und die Unterwerfung des Suebenreiches in Galizien (585) fast über die gesamte Iberische Halbinsel ausbreitete. 580 machte er Toledo zur Hauptstadt (Toledan. Reich). Durch Toleranz gegenüber der unterworfenen roman.-kath. Bevölkerung und die Vereinheitlichung des Rechts stabilisierte er sein Reich im Innern.

Lepidus, Marcus Aemilius
römischer Triumvir 43–36 v. Chr.
** um 90 v. Chr.*
† 12 v. Chr.
Im Bürgerkrieg zwischen Gnaeus →Pompeius und Iulius →Caesar (49–45) unterstützte der 49 zum Praetor ernannte L. Caesar und rief ihn zum Diktator aus. Caeser machte ihn 46 zum Mitkonsul, magister equitum (Heermeister) und zu seinem Stellvertreter. Nach Caesars Ermordung 44 bildete L. 43 mit Octavian (→Augustus) und Marcus →Antonius das 2. Triumvirat, in dem sein Einfluß jedoch gering blieb. Bei der Teilung des Reichs unter den Triumvirn erhielt er 40 die Herrschaft über die Provinz Africa, verlor sie jedoch im Zuge des Machtkampfs zwischen Octavian und Antonius, in dem er eine schwankende Haltung einnahm, an Octavian (36) und wurde politisch entmachtet.

Lettow-Vorbeck, Paul von

deutscher Offizier
** 20. 3. 1870 Saarlouis*
† 9. 3. 1964 Hamburg

L. beteiligte sich 1900/01 im Ostasiat. Expeditionskorps an der Niederschlagung der nationalen Oppositionsbewegung (Boxer-Aufstand) in China unter Alfred Graf von →Waldersee und 1905/06 an der blutigen Unterdrückung der Herero- und Hottentottenaufstände. Seit 1913 Befehlshaber der kaiserlichen »Schutztruppe« in Dt.-Ostafrika, hielt er während des 1. Weltkriegs mit ihr und den einheimischen Askari-Kämpfern mit Methoden des Guerillakriegs gegen eine alliierte Übermacht stand, bis er nach der Kapitulation des Dt. Reichs auf Anweisung aus Berlin ungeschlagen die Waffen strecken mußte (1918). In der Heimat als unbesiegter Held eines verlorenen Krieges gefeiert, schlug der rechtskonservative Republikfeind und Generalmajor (seit 1917) 1919 als Führer eines Freikorps die Hamburger Arbeiterräte nieder und beteiligte sich als Kommandeur einer Reichswehrbrigade am Kapp-Putsch 1920 (Wolfgang →Kapp). Nach dessen Scheitern wurde er aus der Reichswehr entlassen. 1928–1930 war er MdR für die DNVP.

Leuschner, Wilhelm
deutscher Gewerkschaftsführer
und Widerstandskämpfer
** 15. 6. 1890 Bayreuth*
† 29. 9. 1944 Berlin-Plötzensee
Von Beruf Holzbildhauer, war der Gewerkschaftsfunktionär und Sozialdemokrat 1924–1933 Mitglied des hess. Landtags, 1928–1933 hess. Innen-Min. und gehörte seit 1932 dem Vorstand des Allgemeinen Dt. Gewerkschaftsbundes (ADGB) an. Nach seiner Verhaftung im Zuge der Zerschlagung der Gewerkschaften (1933) versuchte ihn Robert →Ley zu zwingen, beim Internationalen Arbeitsamt in Genf die nat.-soz. Dt. Arbeitsfront (DAF) hoffähig zu machen, jedoch verweigerte sich L. durch demonstratives Schweigen und bezahlte dies mit zwei Jahren KZ-Haft. Nach seiner Entlassung 1934 organisierte er im Untergrund den gewerkschaftlichen Widerstand und nahm Kontakt zu Ludwig →Beck und Carl →Goerdeler auf. Für den Fall eines erfolgreichen Sturzes des Regimes war L. als Vizekanzler vorgesehen. Nach dem fehlgeschlagenen Attentat auf Adolf →Hitler vom 20. 7. 1944 wurde er als einer der bedeutendsten Mitglieder des zivilen Zweigs des Widerstands verhaftet, vom Volksgerichtshof zum Tode verurteilt und hingerichtet.

Levi, Paul
deutscher Sozialist
** 11. 3. 1883 Hechingen*
† 9. 2. 1930 Berlin
Der Rechtsanwalt, seit 1906 Mitgl. der SPD und eng befreundet mit Rosa →Luxemburg, gründete 1919 die KPD mit, deren Vors. er 1919–1921 war. Nach dem unter der neuen KPD-Führung organisierten gescheiterten Märzaufstand 1921 kritisierte er den der KPD aufgedrückten putschist. Kurs der Komintern-Führung in Moskau. Daraufhin aus der KPD ausgeschlossen, kehrte er 1922 in die SPD zurück, in der er den linken Flügel vertrat. 1920–1930 war er MdR. 1930 nahm er sich das Leben.

Ley, Robert
deutscher nationalsozialistischer Politiker
** 15. 2. 1890 Niederbreidenbach*
bei Gummersbach
† 25. 10. 1945 Nürnberg
L., von Beruf Chemiker, war seit 1925 NSDAP-Gauleiter Rheinland, bis Gregor →Strasser ihn 1932 als talentierten Organisator in die Reichsleitung der Partei holte. Nach Strassers Entmachtung noch im gleichen Jahr übernahm L. dessen Aufgaben, nach Strassers Ermordung im Zuge der Ausschaltung der linken innerparteil. Opposition 1934 (»Röhm-Putsch«) auch formell das Amt des Reichsorganisationsleiters. 1933 bewerkstelligte er die Zerschlagung der Gewerkschaften und den Aufbau der Dt. Arbeitsfront (DAF) als größte Massenorganisation des nat.-soz. Dtschld., deren Führung er übernahm. Ihr angegliedert war die Freizeitorganisation Kraft durch Freude (KdF), mit der er spektakuläre Propagandaunternehmungen kollektiver und genormter Freizeitgestaltung durchführte. Mit der Gründung nat.-soz. Kaderschmieden (Adolf-Hitler-Schulen, Ordensburgen) und als Mitgl. des Generalrats der Wirtschaft nach Umstellung auf die Kriegsproduktion erweiterte er seine polit. Funktionen. Als Angeklagter im Nürnberger Prozeß gegen die Hauptkriegsverbrecher nahm er sich in der Untersuchungshaft das Leben.

Licinius, Valerius Licinianus
römischer Kaiser 308–324
** um 250 Dakien*
† 325 Thessalonike (heute Saloniki)
Aus bäuerlichen Verhältnissen stammend, wurde L. 308 von seinem Freund →Galerius in Carnuntum als Nachfolger des Lucius Septimus →Severus zum Augustus und Mitregenten ernannt. Ihm unterstanden zunächst Rätien und Pannonien, nach dem Tod des Galerius 311 ganz Illyrien, nach dem Sieg über →Maximinus Daia 313 der gesamte Osten. 311 erließ er mit Galerius ein Toleranzedikt und 313 mit →Konstantin d. Gr. das Edikt von Mailand, das die Christen als gleichberechtigt anerkannte und die völlige Glaubensfreiheit verkündete. Nachdem es zwischen Konstantin und L., der die Christenverfolgung im Osten beibehielt, zum Bruch gekommen war, wurde er 324 von Konstantin bei Adrianopel und Chrysopolis vernichtend geschlagen und später in Thessalonike hingerichtet.

Licinius Stolo, Gaius Lucius
römischer Volkstribun 376–367 v. Chr.
L. S. führte das aufständische Volk von Rom (plebs) gegen die Vorherrschaft der Patrizier. 367/66 soll er gemeinsam mit seinem Kollegen Lucius Sextius Sextinus Lateranus, dem ersten plebejischen Konsul (366), die Licinisch-Sextinischen Gesetze durchgesetzt haben: Zu ihnen gehörten ein Ackergesetz, nach dem niemand mehr als 500 Joch Land besitzen durfte, ein Beamtengesetz, nach dem einer der beiden römischen Konsuln Plebejer sein mußte, und ein Gesetz, das die starke Verschuldung der Plebejer beseitigen sollte. S. war 361 Konsul.

Lie, Trygve Halvdan

norwegischer UNO-Generalsekretär 1946–1952
** 16. 7. 1896 Grogud bei Oslo*
† 30. 12. 1968 Geilo

L., Sozialdemokrat und Jurist, war seit 1935 Minister verschiedener Ressorts und ging mit König →Haakon VII. nach London ins Exil (1941–1946), wo er die Exilregierung als Außen-Min. vertrat. 1946 wurde er von der Generalversammlung der Vereinten Nationen einstimmig zum 1. Generalsekretär gewählt. Es gelang ihm nicht, den Ausschluß Taiwans zugunsten der Volksrepublik China aus der UNO zu verhindern. Nachdem er 1950 wiedergewählt wurde, trat er 1952 von seinem Amt zurück, weil seine Amtsführung wegen der Parteinahme der UNO zugunsten Südkoreas im Koreakrieg (1950 bis 1953) von der Sowjetunion heftig angegriffen wurde. Nachfolger: Dag →Hammarskjöld.

Liebknecht, Karl

Mitbegründer der KPD
** 13. 8. 1871 Leipzig*
† 15. 1. 1919 Berlin

Der Sohn von Wilhelm →L., Rechtsanwalt, als Sozialdemokrat seit 1908 Mitgl. des preuß. Abgeordnetenhauses, seit 1912 des Reichstages, führte gemeinsam mit Rosa →Luxemburg den linken Flügel der SPD. Als radikaler Antimilitarist vertrat er mit ihr die These von einem unmittelbaren Zusammenhang von Kapitalismus und Militarismus und befürwortete den Massenstreik als polit. Kampfmittel. Dennoch fügte er sich zu Beginn des 1. Weltkrieges bei der Bewilligung der Kriegskredite der Fraktionsdisziplin, stimmte jedoch schon im Dez. 1914 als einziger Abg. gegen die Kredite. 1915 gehörte L. zu den Gründern der Gruppe Internationale, aus der später der Spartakusbund hervorging. Anfang 1916 aus der SPD-Fraktion ausgeschlossen, veranstaltete er eine öffentl. Antikriegskundgebung und wurde zu 4 Jahren Zuchthaus verurteilt, im Okt. 1918 begnadigt. In der Novemberrevolution proklamierte er am 9. 11. 1918 vom Balkon des Berliner Schlosses erfolglos die »Freie Sozialist. Republik Dtschld.« in Anlehnung an das sowjet. Rätemodell, während fast zeitgleich Philipp →Scheidemann vom Balkon des Reichstags die »Dt. Republik« ausrief. Den Eintritt in den Rat der Volksbeauftragten lehnte er ab. Ende 1918 gründete er die Kommunist. Partei Deutschlands (KPD) mit und trat mit Rosa Luxemburg an deren Spitze. Nach Scheitern des von ihnen angeführten Berliner Spartakusaufstandes (Jan. 1919) gegen die provisor. Regierung Friedrich →Eberts wurden beide von Freikorpsoffizieren ermordet.

Liebknecht, Wilhelm

Mitbegründer der SPD
** 29. 3. 1826 Gießen*
† 7. 8. 1900 Berlin

L., Sohn eines Registrators, beteiligte sich als Student am republikanischen Badener Aufstand 1848, emigrierte nach dessen Niederschlagung 1849 in die Schweiz und – von dort ausgewiesen – 1850 nach London. Hier schloß er Freundschaft mit Karl →Marx und Friedrich →Engels und popularisierte deren Ideen in Deutschland. 1862 amnestiert, kehrte er nach Deutschland zurück, trat 1863 Ferdinand →Lassalles Allgemeinem Deutschen Arbeiterverein (ADAV) bei, schied jedoch nach Differenzen 1865 wieder aus. Er gewann August →Bebel für den marxistischen Sozialismus, gründete mit ihm 1869 in Eisenach die Sozialdemokratische Arbeiterpartei (SDAP) und beförderte 1875 in Gotha ihren Zusammenschluß mit den »Lassalleanern« zur Sozialistischen Arbeiterpartei, aus der nach Aufhebung des Sozialistengesetzes (1890) die SPD hervorging.
Mit Bebel zusammen war L. 1867–1870 erster sozialdemokrat. Abg. im Norddt. Reichstag, in dem er die preuß. Politik erbittert bekämpfte. Wegen seiner Kritik an der Fortführung des Dt.-Französ. Krieges als Eroberungskrieg wurde er 1872 zu 2 Jahren Festungshaft verurteilt. 1874–1900 war er führendes Mitglied der sozialdemokrat. Reichstagsfraktion, wenn auch sein polit. Einfluß mit zunehmendem Alter und nach Entzweiung mit Bebel sank. L. wirkte in der SPD vor allem als Volkstribun, Redner und Journalist und besaß als Chefredakteur zunächst des Eisenacher »Volksstaats« (1869–1875), dann der Parteizeitung »Vorwärts« (1876–1878, 1890–1900) großen Einfluß auf die Meinungsbildung innerhalb der Partei.

Li Hongzhang
chinesischer General und Staatsmann
** 15. 2. 1823 Hefei, Prov. Anhui*
† 7. 11. 1901 Peking
L. H., der bedeutendste Staatsmann des kaiserlichen Chinas im 19. Jh., beteiligte sich als Offizier an der Niederwerfung des Taiping-Aufstandes (1840 bis 1864), der großen sozialrevolutionär-religiösen Erhebung mit frühkommunistischen Elementen, und war seit 1862 Gouverneur bzw. Vizekönig mehrerer Provinzen. Während des letzten Viertels des 19. Jh. gewann er bedeutenden Einfluß auf die chines. Politik und gestaltete faktisch die gesamte Außenpolitik. 1876 öffnete er im Zhefu-Abkommen weitere Häfen für den europäischen Handel. 1895 handelte er für China den Frieden von Schimonoseki aus, der den chinesisch-japan. Krieg (seit 1894) mit Territorialgewinnen für Japan beendete. 1896 schloß er mit Rußland einen Geheimvertrag, mit dem China die nördl. Mandschurei dem russischen Einfluß überließ. Nach der Niederschlagung des u. a. gegen den ausländischen Einfluß gerichteten Boxer-Aufstands durch ein Expeditionskorps der imperialist. Mächte unter Alfred Graf →Waldersee verhandelte er das China demütigende »Boxer-Protokoll« (1901). Innenpolitisch gab er wesentliche Impulse zur infrastrukturellen und wirtschaftlichen Modernisierung.

Lin Biao
chinesischer Offizier und Politiker
** 1907 Huangkang, Hupeh*
† 12./13. 9. 1971 (?) Mongolei
Der an der Militärakademie →Chiang Kai-sheks ausgebildete Berufsoffizier wurde 1927 Mitgl. der KP und stellte sich im Bürgerkrieg gegen Chiang Kai-shek und seine Nationalregierung in Nanking (1927–1934), während des legendären Langen Marsches (1934/35) und im chinesisch-japan. Krieg (1935–1945) neben →Zhu De der maßgebende kommunist. Heerführer. In der 2. Etappe des Bürgerkriegs 1945–1949 befehligte er die Rote Armee bei der Eroberung der Mandschurei und der Einnahme Pekings (1949), später die chines. »Freiwilligen« im Koreakrieg (1950–1953). Seit 1959 Verteidigungs-Min., machte er als großer Organisator und Propagandist des Personenkults um →Mao Zedong (u. a. mit Hilfe des von ihm herausgegebenen »Roten Büchleins« mit Mao-Sprüchen) die Rote Armee zur zentralen Basis des kommunist. Machtgefüges und etablierte sich als mächtigster Führer nach Mao. Mit Beginn der »Kulturrevolution« (1966), die er mit Maos Frau →Jiang Quing als Kopf der linksextremen »Viererbande« entscheidend vorantrieb, profilierte er sich als Parteiideologe und wurde auf dem 9. Parteitag 1969 zu Maos Nachfolger designiert. 1970 in eine ideologische Kontroverse mit Mao geraten, starb L. B. angeblich nach Aufdeckung einer von ihm angeführten Verschwörung gegen Mao auf der Flucht bei einem Flugzeugabsturz.

Lincoln, Abraham

16. Präsident der USA 1861–1865
** 12. 2. 1809 bei Hodgenville, Kentucky*
† 15. 4. 1865 Washington

Der aus ärml. Verhältnissen stammende Autodidakt, seit 1836 Anwalt, 1847–1849 Mitglied im Abgeordnetenhaus für die Whigs, schloß sich 1856 der neugegründeten Republikan. Partei an und wurde als ihr Kandidat 1860 zum Präsidenten der USA gewählt. Die Wahl des gemäßigten Gegners der Sklaverei veranlaßte die meisten Südstaaten zum Austritt aus der Union mit der Folge des Amerikan. Bürger- bzw. Sezessionskrieges (1861–1865), in dem sich L. als weitsichtiger und energischer Politiker erwies. Er konzentrierte alle nationalen Kräfte auf den Zusammenhalt der Union und verhinderte mit anfänglicher Zurückhaltung in der Sklavenfrage den Abfall weiterer Staaten. Als sich die militärische Situation der Nordstaaten gebessert hatte, proklamierte er am 1. 1. 1863 die Sklavenbefreiung in den aufständischen Bundesstaaten, zeigte sich aber auch hier noch kompromißbereit (bestehende Sklaverei in den der Union gegenüber loyalen Bundesstaaten sollte nicht rückgängig gemacht werden) und gab der Wiederherstellung des gespaltenen Bundesstaates unter allen Umständen den Vorzug.
Nach seiner Wiederwahl 1864 und dem Sieg der Unionstruppen unter dem Oberkommando Ulysses S. →Grants legte L. sein Programm der Reconstruction (Wiederaufbau) für den Süden vor, das seine schrittweise Wiedereingliederung vorsah. Wenige Tage nach der Kapitulation der von Robert E. →Lee befehligten Streitkräfte der Südstaaten starb der vielleicht beliebteste amerikanische Präsident an den Folgen eines Attentats, das ein fanatischer Südstaatler verübte. (▷ Chronik Zitat)

Rettung der Union oder Sklavenbefreiung?

Chronik Zitat

In einem Brief vom 22. 8. 1862 an die »New York Tribune« erklärte Lincoln sein Kriegsziel:

»Ich möchte die Union retten. Ich möchte sie auf dem kürzesten verfassungsmäßigen Wege retten... Sollte es Leute geben, die die Union nicht retten wollen, wenn sie nicht gleichzeitig die Sklaverei zu retten vermögen, so bin ich nicht mit ihnen einverstanden. Sollte es Leute geben, die die Union nicht retten wollen, wenn sie nicht gleichzeitig die Sklaverei vernichten können, so bin ich auch mit ihnen nicht einverstanden... Wenn ich die Union erretten könnte, ohne einen einzigen Sklaven zu befreien, würde ich es tun; und wenn ich sie retten könnte durch die Befreiung aller Sklaven, würde ich es tun; und wenn ich sie retten könnte, indem ich die einen befreite und die anderen nicht, so würde ich auch dies tun. Was ich wegen der Sklaverei und der farbigen Rasse tue, das tue ich, weil ich glaube, daß es beiträgt, die Union zu retten, und was ich unterlasse, das unterlasse ich, weil ich nicht glaube, daß es zur Rettung der Union beitragen kann. «

Am 1. 1. 1863 verkündete Lincoln die Befreiung der Sklaven:

»...so ordne ich, Abraham Lincoln, Präsident der Vereinigten Staaten, kraft der mir verliehenen Machtbefugnisse als Oberbefehlshaber der Land- und Seestreitkräfte der Vereinigten Staaten in Zeiten tätlicher bewaffneter Rebellion..., an und bezeichne folgende Staaten und Staatenteile, deren Bevölkerung am heutigen Tage sich in Auflehnung gegen die Vereinigten Staaaten befindet: [folgt Aufzählung].
Und kraft meiner Vollmacht und zu dem obengenannten Zweck verordne ich und erkläre ich hiermit, daß alle in den genannten Staaten und Staatenteilen als Sklaven gehaltenen Personen von nun an frei sind und bleiben; und daß die ausübende Regierungsgewalt der Vereinigten Staaten... die Freiheit der genannten Personen anerkennt und aufrecht erhält... Und weiterhin erkläre ich und gebe bekannt, daß solche Personen zum Waffendienst der Vereinigten Staaten zugelassen werden, sofern sie dazu geeignet sind.«

Li Peng
chinesischer Ministerpräsident seit 1987
** Okt. 1928 Chengdu*
L. P. wurde 1939 von →Zhou Enlai adoptiert und war zugleich sein politischer Ziehsohn. Nachdem er, von Beruf Ingenieur (Energieexperte) und als Technokrat geltend, Regierungserfahrung im Energieministerium (1979–1985) und in der Zentralen Kommission für Erziehungswesen (1985–1987) gesammelt hatte, führt er seit 1987 in der Nachfolge →Zhao Ziyangs als Min.-Präs. die Regierungsgeschäfte Chinas. 1985 trat er in das Politbüro ein, 1987 wurde er Mitglied des Ständigen Ausschusses des ZK der KP. Als versierter Manager betreibt er energisch die Modernisierung und Umstrukturierung der Wirtschaft und öffnet China dem westlichen Kapital, ist jedoch zugleich einer der ideolog. Hardliner der KP. Während der Demonstrationen der Demokratiebewegung 1989 gehörte er zu den Mitverantwortlichen für das Massaker auf dem Platz des Himmlischen Friedens in Peking, dem sich eine innerparteiliche »Säuberung« der Partei und die Verfolgung von Dissidenten anschloß.

List, Friedrich
deutscher Nationalökonom und Wirtschaftspolitiker
** 6. 8. 1789 Reutlingen*
† 30. 11. 1846 Kufstein

Ohne reguläre akademische Ausbildung, erhielt L., der durch seine Schriften Aufsehen erregt hatte, 1817 die Professur für Staatswirtschaft in Tübingen. 1819 gründete er mit Kaufleuten den Dt. Handels- und Gewerbeverein, der sich mit der Vorbereitung der dt. Zolleinigung befaßte, um mit Schutzzöllen nach außen die Entwicklung des dt. Binnenmarktes zu fördern. Seines Amtes enthoben und als Abg. der württembergischen Kammer (seit 1820) wegen seiner Forderung nach demokratischen Verwaltungsreformen 1822 zu Festungshaft verurteilt, emigrierte er 1824 in die USA, wo er als Publizist die amerikan. Schutzzollbewegung unterstützte. 1832 kehrte er als naturalisierter US-Bürger und amerikan. Konsul wieder nach Dtschld. zurück. Er engagierte sich für den Eisenbahnbau als Mittel, den nationalen Markt zu erschließen und der brit. Konkurrenz Paroli zu bieten. In seinem unvollendeten Hauptwerk »Das nationale System der politischen Ökonomie« (1841) wandte er sich von der von Adam →Smith begründeten klassischen Nationalökonomie mit ihrer Theorie des Freihandels ab und entwickelte eine «Theorie der produktiven Kräfte«. Nach ihr muß sich eine Volkswirtschaft in der Phase der Industrialisierung durch Schutzzölle als »Erziehungszölle« gegen den Weltmarkt schützen, bis sie sich – konkurrenzfähig geworden – stufenweise am Aufbau eines durch Staatsgrenzen nicht beschränkten Marktes beteiligen und dem freien Handels- und Finanzverkehr geöffnet werden kann. 1846 nahm L. sich das Leben.

Liu Bang
chinesischer Kaiser 206–195 v. Chr.
(Auch *Kao-tsu* = »der Erhabene«). Der aus dem Volk stammende Beamte begründete nach dem Sturz der Ch'in-Dynastie (221–207) durch einen von ihm angeführten Bauernaufstand die Han-Dynastie als zweite kaiserl. Dynastie (206 v. Chr. bis 220 n. Chr.). Die anderen Aufstandsführer befriedete der erste chinesische Bauernkaiser mit der Zuteilung von Vasallenherrschaften und Königstiteln (Titularkönigtümer). Damit beförderte L. B. die Tendenz zur Autonomisierung, die erst nach schweren Konflikten durch Abschaffung der Titularkönigtümer wieder beseitigt wurde (154).

Liu Shaoqi
chinesisches Staatsoberhaupt 1959–1968
** 1898 Ningxiang, Hunan*
† 12. 11. 1969 (?) Peking (?)
L. S. gehörte 1921 zu den Gründern der KPCh, in deren ZK und Politbüro er 1927 bzw. 1931 aufrückte. Als Teilnehmer am Langen Marsch 1934/35 und enger Kampfgefährte →Mao Zedongs übernahm er nach Gründung der Volksrepublik China 1949 höchste Partei- und Staatsämter, wurde 1956 stellvertretender Vors. des ZK und 1959 als Vors. des Nationalen Volkskongresses Staatsoberhaupt. L. S. galt lange als designierter Nachfolger Maos, befürwortete jedoch im Gegensatz zu diesem eine gemäßigte Wirtschafts- und Gesellschaftspolitik und plädierte für eine wirtschaftl. Kooperation mit der UdSSR. Während der Kulturrevolution (1966–1969) seit 1966 wurde er als »Renegat und Konterrevolutionär« bekämpft und auf der 12. Sitzung des 9. ZK der KPCh 1969 aller Ämter enthoben. Die Umstände seines Todes sind nicht bekannt. 1980 wurde er von der neuen Parteiführung rehabilitiert.

Liutprand
König der Langobarden 712–744
† 744
L., einer der bedeutendsten Könige des Langobardenreiches, eroberte weite Gebiete in Italien (u. a. Ravenna 728), gab sie aber auf Bitten des Papstes →Zacharias größtenteils wieder heraus. Verbündet mit →Karl Martell, beteiligte er sich an der Vertreibung der Araber, die sich nach der Niederlage der Omaijaden unter →Abd ar-Rahman bei Poitiers 732 in der Provence festgesetzt hatten (739).

Livingstone, David
britischer Missionar und Afrikaforscher
** 19. 3. 1813 Blantyre bei Glasgow*
† 1. 5. 1873 Chitambo am Bangweulusee

Im Auftrag der Londoner Missionszentrale wirkte L. seit 1841 als Missionar in Südafrika und erforschte seit 1849 die noch unerschlossenen Gebiete Süd- und Zentralafrikas und entdeckte 1855 die Viktoriafälle, 1859 den Nyasa-, 1868 den Bangweulusee u. a. zentralafrikanische Seen. Als erster Europäer durchquerte er Südafrika von West nach Ost. Seit 1869 verschollen, wurde er 1871 von der Suchexpedition Henry M. →Stanleys am Tanganjikasee gefunden. Auf der Suche nach den Nilquellen starb L. am Bangweulusee im heutigen Sambia.

Livius, Titus
römischer Geschichtsschreiber
** 59 v. Chr. Patavium (heute Padua)*
† 17 n. Chr. Patavium
Der neben →Sallust und →Tacitus für das Bild der römischen Geschichte bedeutendste römische Geschichtsschreiber verfaßte um 28 v. Chr. eine Geschichte Roms in 142 Büchern (35 erhalten) zur Belehrung seiner Zeitgenossen (»Ab urbe condita libri«). Darin behandelte er die Zeit von der Gründung Roms 753 bis zum Jahre 9 v. Chr., dem Tod des Nero Claudius →Drusus. Ohne eigene Erfahrung in militärischen, politischen oder religiösen Ämtern schöpfte L. nicht aus Primärquellen, sondern stützte sich (allerdings oft unkritisch) auf Werke seiner Vorgänger und literarische Vorlagen.

Li Yüan
chinesischer Kaiser 618–626
** um 566 Ch'eng-chi*
† 635 Ch'ang-an
(Auch *Kao-tsu* = »der Erhabene«). An der Spitze eines Aufstands gegen die Kosten aufwendiger Bauprojekte (u. a. eines 1500 km langen Kanals zwischen Nord- und Südchina) und der Feldzüge gegen Korea (612–614) stürzte der nordchinesische Aristokrat L. Y. den Kaiser Yang (605–617) der Sui-Dynastie (seit 581) und begründete die T'ang-Dynastie (bis 906). 626 wurde er in einem Militärputsch von seinem Sohn Li Shihmin (dem künftigen Kaiser →Taizong) gestürzt.

Lloyd George, David
britischer Premierminister 1916–1922
** 17. 1. 1863 Manchester*
† 26. 3. 1945 Llanystumdwy, Wales

(Earl *L. G. of Dwyfor* ab 1945). L. G. war nach der Jahrhundertwende bis in die 1920er Jahre die dominierende Persönlichkeit der britischen Politik. Von Beruf Jurist, war der Liberale seit 1890 als radikaler walisischer Nationalist auf dem äußersten linken Flügel Member of Parliament, in dem er mehr als fünf Jahrzehnte verblieb (bis 1945). 1905 trat er als Handels-Min. in das Kabinett Henry →Campbell-Bannermans ein und übernahm 1908 unter Herbert →Asquith das Amt des Schatzkanzlers (bis 1915). Gegen den heftigen Widerstand der konservativen Mehrheit im Oberhaus, das er daraufhin mit dem Parliament Act 1911 (Beschränkung des Vetorechts) politisch entmachtete, betrieb er umfassende Sozialreformen, mit denen er den britischen Sozialstaat begründete (Old Pensions Act 1908, People's Budget 1909, National Health Insurance Act 1911). 1915/16 war L. G. Munitions-, dann Kriegs-Min. und setzte zusammen mit Herbert →Kitchener die allgemeine Wehrpflicht durch.
Nach dem Sturz des Kabinetts Asquith 1916 bildete L. G. das 2. Kriegs-Koalitionskabinett von Liberalen und Konservativen (bis 1919) und verursachte damit die Spaltung der Liberalen. Er konzentrierte alle Kräfte auf die Kriegführung, organisierte die enge

Kooperation der Alliierten und drang auf die völlige militär. Niederwerfung Deutschlands. Auf der Versailler Friedenskonferenz 1919 verfolgte er im Rahmen eines neugebildeten Kabinetts mit den Konservativen eine gegenüber Georges →Clemenceau mäßigende Politik gegenüber Deutschland.
Nach dem anglo-irischen Krieg (1919–1921) und der Teilung der Insel entließ L. G. den Freistaat Irland auf der Basis des Dominienstatus in die Unabhängigkeit (1921). Außenpolitisch die globalen britischen Interessen verfolgend, ließ er im russischen Bürgerkrieg (1918–1922) britische Truppen auf Seiten der »Weißen« gegen die Rote Armee intervenieren. Über die drohende Involvierung in den griechisch-türk. Krieg (1920–1922), in dem er Griechenland unterstützte, zerbrach seine Koalition mit den Konservativen (1922). 1926–1931 war er Führer der wiedervereinigten Liberalen Partei.

Locke, John

englischer Philosoph
** 29. 8. 1632*
Wrington bei Bristol
† 28. 10. 1704
Oates, Essex

Als wirkungsmächtigster politischer Denker der Aufklärung in England inspirierte L. mit seinen politischen Theorien die Ideale der Glorious Revolution wie der Amerikan. Unabhängigkeitsbewegung und – vermittelt vor allem über Charles de →Montesquieu – der Französ. Revolution. Als Sekretär, Arzt und Erzieher im Haus des Grafen Anthony Ashley-Cooper, des späteren Earl of →Shaftesbury, den er auch politisch beriet, kam er in Berührung mit den politisch-konfessionellen Kämpfen im vorrevolutionären England. Erst unter Ashleys Einfluß wandelte er sich vom konservativen Monarchisten zum liberalen Vordenker der bürgerlichen Revolution. 1675–1679 lebte er in Frankreich und ging 1683–1688 bis zum Sturz König →Jakobs II. mit Ashley nach Holland in die Emigration.
Sein erkenntnistheoretisches Hauptwerk »An essay concerning human understanding« (Entwurf 1671, erstmalig veröffentlicht 1689/90) begründete den englischen Empirismus. Entgegen der Lehre René Descartes von den angeborenen Ideen machte L. »sensation« (Sinneswahrnehmung) und »reflection« (Selbstwahrnehmung) – also »experience« (Erfahrung) – als Quellen der Erkenntnis aus.
In seiner Staatsphilosophie (Hauptwerk: »Two treatises on government«, 1690) geht L. im Gegensatz zu Thomas →Hobbes davon aus, daß der Staat seine Legitimation allein darin findet, durch ein System allgemein anerkannter Regeln Freiheit, Gleichheit und Eigentum aller zu garantieren. Diese Funktion bestimme den Charakter des Staates als Instrument der Volkssouveränität und schließe patriarchalische und absolutist. Herrschaftsformen aus; sie gebe dem Volk auch das Recht des Widerstands gegen illegitime Machtausübung. Aus ihrem freien Willen gäben die Menschen dem Staat eine Verfassung und beschränkten die Macht der Funktionsträger in einem System der Gewaltenteilung in Exekutive und Legislative auf das Notwendigste. Aus der Begrenzung der Aufgaben des Staates auf Sicherheit und Wohlfahrt der Bürger ergibt sich für L. die Forderung der Toleranz. Die Aufgabe der Religion beschränke sich auf ihre dienende Funktion als sittl. Kraft, die sie nur bei Trennung von Staat und Kirche wahrnehmen könne. Indem er das Recht auf Eigentum und den Wohlstand eines Staates in der menschl. Arbeit begründet sieht, greift L. der späteren polit. Ökonomie vor (Adam → Smith, David →Ricardo). – L.s polit. Ideen fanden teilweise im Wortlaut Eingang in die amerikanische Unabhängigkeitserklärung (1776) und in die französische Verfassung (1791).

Longo, Luigi
Generalsekretär der italienischen KP 1964–1972
** 15. 3. 1900 Fubine Montferrato, Alessandria*
† 16. 10. 1980 Rom
L. trat 1919 der Sozialistischen Partei Italiens bei und gehörte 1921 zu den Gründern der italien. KP (PCI). 1933 emigrierte er nach Moskau und vertrat die PCI in der Komintern, bis er im Span. Bürgerkrieg (1936–1939) als Generalinspekteur der Internationalen Brigaden eine wesentliche Funktion bei der Verteidigung der Spanischen Republik übernahm. Während des 2. Weltkriegs einer der Organisatoren des militärischen Widerstands gegen den Faschismus, kommandierte er seit 1943 Partisaneneinheiten in Norditalien, die 1945 den geflüchteten Benito →Mussolini aufspürten, der wenig später erschossen wurde. Seit 1945 2. Sekretär der KP Italiens, wurde er nach dem Tod Palmiro →Togliattis 1964 dessen Nachfolger als Generalsekretär. 1972 übernahm Enrico →Berlinguer dieses Amt von ihm, während L. Präs. (Ehren-Vors.) der Partei wurde.

Lon Nol
Staatschef der Khmer Republik (Kambodscha) 1972–1975
** 13. 11. 1913 im Gebiet Prey Veng*
† 17. 11. 1985 Saint-Jude de Dullerton, Kalifornien
Seit 1955 hatte General L. N. in konfliktreicher Partnerschaft mit Norodom →Sihanouk Schlüsselpositionen der Macht in Kambodscha inne (1955 bis 1966 Verteidungs-Min. und Generabstabschef, 1966/67 und 1967–1972 Min.-Präs., 1967 1. Vize-Präs., 1969–1971 Verteidigungs-Min.). Konservativ und scharf antikommunistisch, stürzte er 1970 den neutralist. Staatspräsidenten Sihanouk und machte den Weg frei für die Invasion südvietnamesischer und amerikanischer Streitkräfte zur Bekämpfung des Vietcong, womit der Vietnamkrieg auf Kambodscha übergriff. Seit 1972 diktator. Staatschef, verlor er im Bürgerkrieg gegen die kommunistischen Roten Khmer, deren Führung formell Sihanouk übernommen hatte, an Boden und flüchtete vor deren Machtübernahme ins Exil in die USA (1975).

***Lothar,** Fürsten*

Lothar I.
fränkischer König und römischer Kaiser 817/40–855
** 795*
† 29. 9. 855 Kloster Prüm
Entgegen dem fränkischen Prinzip der Erbteilung bestimmte →Ludwig I. (der Fromme) seinen ältesten Sohn L. 817 zum Mitkaiser und designierte ihn zu seinem Nachfolger, um die Einheit des Frankenreiches zu gewährleisten. 822 wurde L. König des italienischen Reichsteils, 823 zum Kaiser gekrönt. Als sein Vater 829 die Erbfolge zugunsten des jüngsten (Halb-)Bruders von L., →Karls II. (des Kahlen), revidierte, erhob sich L. mit seinen beiden anderen Brüdern →Ludwig dem Deutschen und Pippin († 838) und zwang den Vater vorübergehend zum Rücktritt (833). L.s Versuch, nach dessen Tod (840) die Oberhoheit im Gesamtreich zu gewinnen, scheiterte mit der Niederlage bei Fontenoy im Krieg gegen seine Brüder (841). Im Vertrag von Verdun 843 blieb L. zwar Kaiser, mußte sich aber mit einem Zwischenreich (Lotharingien) begnügen, das ein Gebiet von Italien bis zur Nordsee einschloß mit Rom und Aachen als Zentren. Dieses Reich teilte er in der Erbfolge unter seine drei Söhne →Ludwig II., den er 850 zum Mitkaiser gemacht hatte, →L. II. und Karl (* um 845, † 863) auf.

Lothar II.
fränkischer König 855–869
** um 835*
† 8. 8. 869 Piacenza
Der 2. Sohn →L.s I. erhielt nach dem Tod seines Vaters 855 den nördlichen Teil (Lotharingien), das 863 mit dem Tod seines Bruders Karl (König von Burgund 855–863) um das Rhônegebiet erweitert wurde. Da er ohne legitime Erben starb, teilten seine Onkel →Karl II., der Kahle, (Westfranken) und →Ludwig der Deutsche (Ostfranken) L.s Reich unter sich auf (Vertrag von Meerssen 870).

Lothar III.,
von Supplinburg

deutscher König und römisch-deutscher Kaiser 1125/33–1137
** 1075 (?)*
† 3./4. 12. 1137 Breitenwang am Lech, Tirol
(Als Kaiser eigentlich *L. II.*). Der Graf von Süpplingenburg, seit 1106 Herzog von Sachsen, führte seit 1112 die aufständischen sächs. Fürsten gegen Kaiser →Heinrich V. an und besiegte ihn 1115 in der Schlacht am Welfenholz. Nach Heinrichs Tod wurde er 1125 mit bayerisch-welfischer Unterstützung gegen den Staufer →Friedrich II. von Schwaben zum dt. König gewählt, konnte sich aber gegen die stauf. Opposition um den 1127 aufgestellten Gegenkönig →Konrad (III.) endgültig erst 1135 durchsetzen. 1127 vermählte er seine Erbtochter Gertrud (* 1115, † 1143) mit dem welfischen Herzog von Bayern und Schwaben, →Heinrich X. (dem Stolzen); 1133 ließ er sich von Papst →Innozenz II., den er mit seinem Italienzug 1132/33 gegen Anaklet II. (Gegenpapst 1130–1138) unterstützt hatte, zum Kaiser krönen und mit den Mathildischen Güter belehnen. Mit beiden Aktionen gab er den Anstoß für den bis 1215 andauernden Konflikt zwischen den Dynastien der Staufer und Welfen um die Herrschaft im Reich. L. nahm die Ostpolitik →Ottos I. (d. Gr.) wieder auf, sicherte die Oberhoheit des Reichs über Polen, Böhmen und Dänemark und leitete die Ostsiedlung ein. Er starb auf der Rückkehr von seinem 2. Italienzug, den er im Auftrag des Papstes, Venedigs und Byzanz' gegen →Roger II. von Sizilien unternommen hatte (1136/37). Nachfolger: Konrad III.

Louis Philippe

französischer König 1830–1848
** 6. 10. 1773 Paris*
† 26. 8. 1850 Claremont (England)

Der Herzog von Chartres und Orléans, Sohn von Louis Philippe II. Joseph d'→Orléans (Philippe Égalité), kämpfte in der Französ. Revolution als General in den Revolutionsheeren. 1793 trat er mit Charles F. →Dumouriez zu den Österreichern über und lebte bis 1817 im Ausland. Während der Restauration einer der Führer der liberalen Opposition, wurde er nach dem Sturz König →Karls X. in der Julirevolution 1830 zum König erhoben. Seine anfängliche Popularität als liberaler »Bürgerkönig« verlor er nach Übergang zur reaktionären Politik seines Kabinetts unter François →Guizot. In der Februarrevolution 1848 gestürzt, floh L. P. nach England.

Lübke, Heinrich

2. deutscher Bundespräsident 1959–1969
** 14. 10. 1894 Enkhausen, Sauerland*
† 6. 4. 1972 Bonn

L., von Beruf Vermessungsingenieur, trat 1945 der CDU bei, wurde 1947 Minister für Ernährung und Landwirtschaft in Nordrhein-Westfalen (bis 1952) und war 1949/50 und 1953–1959 MdB, 1953–1959 Bundes-Min. für Ernährung, Landwirtschaft und Forsten. Nach Verzicht Konrad →Adenauers auf die Kandidatur für das Amt des Bundes-Präs. wurde L. als Nachfolger von Theodor →Heuss ins höchste Staatsamt gewählt, 1964 mit Unterstützung der SPD wiedergewählt. In seiner polit. Kompetenz nicht immer überzeugend, engagierte er sich in Problemen der Dritten Welt und befürwortete seit 1961 eine Große Koalition, die 1966 unter seiner Vermittlung zustandekam. Nachfolger: Gustav →Heinemann.

Lucius III.
Papst 1181–1185 Lucca
† 25. 11. 1185 Verona
(Vorher *Ubaldo Allucingoli*). Der aus dem Zisterzienserorden kommende Papst vermittelte als Kardinal (seit 1141) im Streit zwischen Papst →Alexander III. und Kaiser →Friedrich I. Barbarossa über die Mathildischen Güter in Ober- und Mittelitalien und stellte damit den Waffenstillstand zwischen Kaiser und Lombardenbund her (Friede von Venedig 1177). In Abstimmung mit Friedrich erklärte er mit der päpstlichen Bulle »Ad abolendam« (1184) die Waldenser (Petrus →Waldes) und Katharer zu Ketzern, eröffnete die Inquisition und propagierte nachhaltig die Kreuzzugsidee.

Lucullus, Lucius Licinius
römischer Feldherr
** um 117 v. Chr.*
† 56 v. Chr.
Nach Bewährung in verschiedenen Ämtern (Quaestor 87, Äedil 79, Praetor 78) erhielt L. 74 als Konsul den Oberbefehl im 3. Krieg gegen →Mithridates VI. und →Tigranes I. Trotz überwiegend erfolgreicher Kämpfe wurde er 66 von Gnaeus →Pompeius abgelöst, weil er sich wegen der von ihm gewährten Minderung von Tributzahlungen aus der Provinz Asia die Feindschaft der ihrer Pfründe beraubten Ritterschaft zugezogen hatte. In Rom, wo er die Opposition gegen Iulius →Caesar und Pompeius schürte, führte er ein prunkvolles Leben. Als einer der reichsten Römer seiner Zeit frönte er seiner Vorliebe für exotische und üppige Gerichte von sprichwörtlicher Qualität. Aus Kleinasien führte er die Kirsche nach Italien ein.

Ludendorff, Erich
deutscher Offizier
** 9. 4. 1865 Kruszewnia bei Posen*
† 20. 12. 1937 Tutzing
Bei Ausbruch des 1. Weltkriegs Oberquartiermeister der 2. Armee, erwarb sich L. mit seinem Handstreich gegen die Festung Lüttich im neutralen Belgien ersten Kriegsruhm und wurde zum Generalstabschef der 8. Armee in Ostpreußen unter Paul v. →Hindenburg ernannt. Seit dem Sieg bei Tannenberg (1914) als Kriegshelden gefeiert, lösten beide im August 1916 die 2. Oberste Heeresleitung (OHL) unter Erich v. →Falkenhayn ab und bildeten die 3. OHL, in der L. als 1. Generalquartiermeister Hindenburg (Chef des Generalstabs des Feldheeres) an die Seite gestellt war.

Als eigentlicher Kopf der OHL dirigierte L. die dt. Kriegsführung und übte mit seinen weit über das militärische Gebiet hinausgehenden Interventionen in die Reichspolitik eine faktische Militärdiktatur aus. 1917 gab er mit der Wiederaufnahme des uneingeschränkten U-Boot-Krieges den Anlaß zum Eintritt der USA in den Krieg, erzwang die Entlassung des Reichskanzlers Theobald v. →Bethmann Hollweg (1917) und setzte sein annexionist. Programm eines »Siegfriedens« 1918 im Rußland diktierten Friedensvertrag von Brest-Litowsk z. T. in die Tat um. Nach dem Scheitern der Westoffensive 1918 verlangte er ein sofortiges Waffenstillstandsersuchen an die USA und die Parlamentarisierung des Reiches, plädierte wenig später jedoch für Widerstand bis zum Letzten. Angesichts der unausweichlichen Niederlage trat er am 26. 10. 1918 zurück.
L. gehörte zu den Urhebern der Dolchstoßlegende, nach der das dt. Militär nicht auf dem Schlachtfeld besiegt, sondern durch die Opposition im Inneren und die Novemberrevolution (»Novemberverbrecher«) hinterrücks »erdolcht« worden sei. Nachdem er sich vorübergehend Adolf →Hitler angeschlossen hatte (Teilnahme am Hitlerputsch 1923) und für die NSDAP 1925 (gegen Paul v. Hindenburg) erfolglos zur Reichspräsidentschaft kandidiert hatte (1924 bis 1928 MdR), versank er in rechtsextremistischem und esoterischem Sektierertum.

***Ludwig**, Fürsten*

–Römische und römisch-deutsche Kaiser

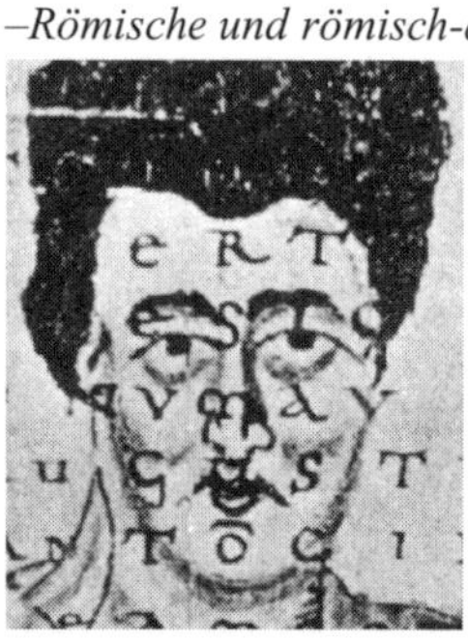

Ludwig I., *der Fromme*

römischer Kaiser
813/814–840
** 778*
Chasseneuil, Vienne
† 20. 6. 840
bei Ingelheim

→Karl d. Gr. machte seinen jüngsten Sohn L. schon als Kleinkind zum Unterkönig von Aquitanien (781) und erhob ihn, nachdem die anderen beiden legitimen Söhne gestorben waren, 813 zum Mitkaiser. Nach dem Tod seines Vaters trat L. ein Jahr später die Alleinherrschaft an und ließ sich in Reims vom Papst noch einmal krönen. Um die Reichseinheit zu wahren, revidierte er mit der Ordinatio imperii 817 die fränk. Erbfolgeregelung, designierte seinen ältesten Sohn →Lothar (I.) zu seinem Nachfolger und machte ihn zum Mitkaiser. Als er nach Geburt seines jüngsten Sohnes →Karl (II.) (des Kahlen) (aus 2. Ehe) 829 die Erbfolge erneut – zu dessen Gunsten – veränderte, erhoben sich mit Lothar die beiden weiteren älteren Söhne gegen ihren Vater – →L. der Deutsche, dem er Bayern zugedacht hatte., und →Pippin, der Unterkönig von Aquitanien (817 bis 838). Der Konflikt führte zur vorübergehenden Absetzung L.s (833) und mündete in den Vater-Sohn- sowie Bruderkrieg mit wechselnden Fronten. L. starb im Kampf gegen Ludwig den Deutschen (840). Im Krieg um das Erbe zerbrach die Einheit des karoling. Reichs (Vertrag von Verdun 843).

Ludwig II.
König von Italien 844–875,
römischer Kaiser 855–875
** um 822*
† 12. 8. 875 bei Brescia
Der älteste Sohn →Lothars I. wurde von seinem Vater 844 zum Unterkönig von Italien und König der Langobarden erhoben und 850 zum Mitkaiser ernannt. Nach Lothars Tod 855 wurde er in der Erbteilung auf Italien beschränkt, behielt jedoch den Kaisertitel. Nach dem Tod seines Bruders Karl (König von Burgund 855–863) gewann er 863 die Provence und den burgundischen Jura. Der »italienische Karolinger« bekämpfte in mehreren Feldzügen erfolgreich die Sarazenen und unterstellte sich die langobardischen Fürsten Süditaliens. Seine Autorität in Italien konnte er behaupten, fand jedoch in Papst →Nikolaus I. (d. Gr.) einen mächtigen Konkurrenten um den Führungsanspruch im Imperium. Nach L.s Tod fielen Reich und Kaisertitel an seinen Onkel →Karl II. (den Kahlen).

Ludwig IV., *der Bayer*
deutscher König und römisch-deutscher Kaiser
1314/28–1347
** 1283 Heidelberg*
† 11. 10. 1347 bei Fürstenfeldbruck
Nach dem Tod König →Heinrichs VII. wurde der Herzog von Oberbayern von der Mehrheit der Kurfürsten 1314 als erster Wittelsbacher zum König gewählt, während die Minderheit den Habsburger →Friedrich den Schönen zum Gegenkönig erhob. Den folgenden Thronstreit konnte L. erst 1322 durch den Sieg in der Schlacht bei Mühldorf für sich entscheiden. Doch erkannte der in Avignon residierende Papst →Johannes XXII. L. nicht an und

verhängte den Bann über ihn (1324). L. öffnete daraufhin seinen Hof in München den Repräsentanten der innerkirchlichen Opposition, machte sie zu seinen Beratern (u. a. →Marsilius v. Padua und die Franziskaner Wilhelm v. →Ockham und Michael v. Cesena) und unternahm nach Versöhnung mit den Habsburgern einen Feldzug nach Italien. Auf ihm ließ er sich 1328 in Rom von einem Laien – als Vertreter des römischen Volkes – zum Kaiser krönen, erklärte den Papst für abgesetzt und ließ den Gegenpapst Nikolaus (V.) (1328–1330) wählen.
Nachdem die Kurfürsten 1338 noch die Einmischung des Papstes (unterdessen →Benedikt XII.) zurückgewiesen hatten und L. im Reichsgesetz »Licet iuris« das Kaisertum allein aus der Königswahl ableiten konnte, isolierte sich L. zunehmend durch seine schwankende Außenpolitik zwischen Frankreich und England und seine Wittelsbacher Heirats- und Hausmachtpolitik, mit der er die Interessen mancher Kurfürsten verletzte (Erbschaft Niederbayerns 1340, Erbschaft Hollands 1345). Unter päpstlichem Einfluß wurde der Luxemburger →Karl IV. 1346 zum Gegenkönig gewählt. Bevor es zum Kampf kam, starb L.

– Baden

Ludwig Wilhelm I.,
genannt Türkenlouis

Markgraf von Baden-Baden 1677–1707
** 8. 4. 1655 Paris*
† 4. 1. 1707 Rastatt

L. W. trat 1674 in das kaiserliche Heer ein, bewährte sich beim Entsatz des von den Osmanen belagerten Wiens 1683 und erwarb sich durch zahlreiche Siege bei der Zurückdrängung der osman. Truppen das Prädikat »Türkenlouis«. Seit 1693 war er im Pfälz. Erbfolgekrieg (1688–1697) Oberbefehlshaber der Reichsarmee im Westen, eroberte Heidelberg von den Franzosen zurück und behauptete sich gegen sie bis Kriegsende. Auch im Span. Erbfolgekrieg (1701–1713/14) hatte er den Oberbefehl über die Truppen am Oberrhein, bis er 1706 von seinem Vetter Prinz →Eugen von Savoyen abgelöst wurde. L. W. ließ das Schloß Rastatt nach dem Vorbild von Versailles als neue Residenz gestalten.

– Bayern

Ludwig I.
König 1825–1848
** 25. 8. 1786 Straßburg*
† 29. 2. 1868 Nizza

Der Sohn und Nachfolger →Maximilians I. regierte zuerst mit einem liberalen Ministerium, nach 1830 mit einem zunehmend reaktionär-klerikalen. L. unterstützte den Unabhängigkeitskampf der Griechen (1821–1829/32) und betrieb die Einsetzung seines zweiten Sohnes →Otto (I.) als ersten König von Griechenland (1832). Nach der erzwungenen Bestätigung der liberalen Forderungen während der Märzrevolution 1848 dankte er zugunsten seines Sohnes →Maximilian II. Joseph ab. Als Mäzen von Kunst und Wissenschaft machte er München zur Kulturmetropole und prägte mit zahlreichen repräsentativen Bauten das Gesicht Münchens und verlegte die Universität von Landshut nach München.

Ludwig II.

König 1864–1886
** 25. 8. 1845 Nymphenburg*
† 13. 6. 1886 Berg am Starnberger See

Der Enkel von →L. I. folgte seinem Vater →Maximilian II. Joseph auf den Thron. Exzentrisch und menschenscheu, strapazierte er die Finanzkraft seiner Untertanen für romantisierende Schloßbauten (Herrenchiemsee, Neuschwanstein, Linderhof) und verehrte schwärmerisch Richard Wagner, den er finanziell aushielt, während seine Politik von seinen Ministern bestimmt wurde. Im Dt. Krieg 1866 unterstützte er Österreich gegen Preußen, mit dem er nach der Niederlage jedoch 1867 ein Bündnis schloß. Im Namen der dt. Fürsten und freien Städte bot er 1870 in einem von Reichskanzler Otto v. →Bismarck entworfenen Schreiben dem preuß. König →Wilhelm I. die Kaiserwürde an (»Kaiserbrief«). Zwei Tage, nachdem ihn die Ärzte 1886 für geisteskrank erklärt hatten und Prinz Luitpold (* 1821, † 1912) die Regentschaft übernommen hatte (auch für L.s ebenfalls geisteskranken Nachfolger Otto v. Bayern, 1886 bis 1912), ertrank der »Märchenkönig« unter ungeklärten Umständen im Starnberger See.

– Frankenreich

Ludwig der Deutsche

Ostfrankenkönig 843–876
** um 806*
† 28. 8. 876 Frankfurt a. M.

L., dritter Sohn →L.s I. (des Frommen), wurde bei der Reichsteilung seines Vaters 817 mit Bayern bedacht, das er seit 825 von der Residenz Regensburg aus regierte. Im Ergebnis des mit wechselnden Fronten verlaufenden Kampfes mit seinem Vater und seinen Brüdern seit der 829 erfolgten Revision der Erbteilung zugunsten seines Stiefbruders →Karl (II.), des Kahlen, erhielt L. im Vertrag von Verdun 843 die Gebiete östlich des Rheins einschließlich der Diözesen Mainz, Worms und Speyer. 870 teilte er sich mit Karl dem Kahlen das Reich des 869 verstorbenen Bruders →Lothar II. (Vertrag von Meerssen). L.s ostfränk. Reichbildung (Ostfranken), von dem aus er die karolingische Idee der Reichseinheit lebendig zu halten suchte, war die unmittelbare Vorstufe des dt. Reichs. Der Beiname »der Deutsche« entstammt der ersten Hälfte des 18. Jh.; zeitgenössisch ist der Titel »Rex Germanorum« (844) oder »Germaniae« (853). Nach seinem Tod teilten sich seine Söhne, der spätere Kaiser →Karl III. (der Dikke), →Karlmann und →L. III. (d. J.), das Reich.

Ludwig III., *d. J.*
Ostfrankenkönig 876–882
** um 830*
† 20. 1. 882 Frankfurt a. M.
L., der als zweiter Sohn →L.s des Deutschen 865 Sachsen, Thüringen und Ostfranken zugeteilt erhielt, verteidigte sich in der Schlacht bei Andernach (876) erfolgreich gegen die Ansprüche seines Onkels, des westfränkischen Königs →Karl II. (des Kahlen), und erhielt 879 von seinem Bruder →Karlmann Bayern übertragen. Nach gescheiterten Versuchen, Westfranken einzunehmen, begnügte er sich 880 mit dem Zugewinn eines Teils von Lothringen. Den Einfall der Normannen und ihre Plünderung Aachens im gleichen Jahr konnte er nicht verhindern. Nach seinem Tod fiel sein Reich an seinen Bruder →Karl III. (den Dicken).

– Frankreich
Ludwig VI., *der Dicke*
König 1108–1137
** 1081*
† 1. 8. 1137 Paris
Der aus dem Geschlecht der Kapetinger stammende König, der seit 1100 als Mitregent seines Vaters Philipp I. (König 1060–1108) faktisch die Macht ausübte, schränkte in seiner Krondomäne, der Île de France, die Macht des Hochadels zugunsten der Autorität der Krone ein und privilegierte die aufsteigenden nordfranzösischen Städte. Damit setzte er den Beginn für den Aufstieg des nationalen Königtums in Frankreich. Außenpolitisch band ihn zeitweilig die Auseinandersetzung mit König →Heinrich I. von England, der 1106 die Normandie eroberte. Sein schnell organisiertes schlagkräftiges Aufgebot gegen einen drohenden Angriff des dt. Kaisers →Heinrich V. schreckte diesen 1124 davon ab, sein Vorhaben in die Tat umzusetzen.

Ludwig IX., *der Heilige*

König 1226–1270
** 25. 4. 1214 Poissy*
† 25. 8. 1270 vor Tunis

(*Saint Louis*). Elfjährig kam L., der Sohn König Ludwigs VIII. (1223–1226) und ältere Bruder →Karls I. von Anjou, auf den Thron und stand 10 Jahre unter Regentschaft seiner Mutter Blanche von Kastilien (* 1188, † 1252). Nachdem beide die Autorität der Krone gegen mehrere Adels- und Bauernaufstände durchgesetzt hatten, festigte L. sie als einer der großen Herrscher des französischen Mittelalters durch Ausbau des königlichen Beamtentums und Zurückdrängung der Macht des Klerus. 1229 beendete er durch den Frieden mit Graf Raimund VII. von Toulouse die Albigenserkriege (seit 1209). Er zentralisierte die Verwaltung, vereinheitlichte das Recht, ersetzte das Fehdewesen durch die geregelte Rechtsfindung und Gerichtsbarkeit mit dem »Parlement de Paris« als Hofgericht und erließ mit den »Établissements de St. Louis« die ältesten Verfassungsverordnungen Frankreichs. 1248–1254 unternahm er einen Kreuzzug gegen Ägypten, der

1250/51 mit seiner Gefangennahme und Freilassung gegen hohes Lösegeld scheiterte. Heinrich III., dem König von England (1216–1272), entriß er den Festlandsbesitz nördlich der Charente und ließ sich von ihm für die Gascogne den Lehnseid leisten (Frieden von Paris 1259). Auf einem Kreuzug gegen Tunis 1270 starb er. 1297 wurde L. als einziger französischer Monarch heiliggesprochen (Fest: 25. 8.).

Ludwig XI., *der Grausame*
König 1461–1483
** 3. 7. 1423 Bourges*
† 30. 8. 1483 Plessis-les-Tours
Obwohl er mit dem päpstlichen Titel »Rex christianissimus« (»Allerchristlichster König«) ausgezeichnet wurde, den alle französ. Könige seitdem führten, kennzeichnet sein Beiname treffender die Herrschaft L.s. Als Kronprinz beteiligte er sich an Verschwörungen gegen seinen Vater →Karl VII. (1440, 1446). 1456 floh er nach Burgund, wo er auf seinen Regierungsantritt wartete. Bei der Etablierung eines zentralistischen Absolutismus überwand er durch geschicktes Taktieren den Widerstand der seit 1465 verbündeten Kronvasallen (Ligue du bien public), deren Lehen er jeweils nach Einzelsiegen einzog. Nachdem sein Hauptgegner →Karl der Kühne von Burgund in der Schlacht vor Nancy 1477 gefallen war, nahm L. den Kampf um dessen Erbe mit dem späteren Kaiser →Maximilian I. von Österreich auf und setzte sich im Frieden von Arras 1482 weitgehend durch. Nach dem Aussterben der jüngeren Linie der Anjou 1481 fielen ihm Anjou, Maine und die Provence zu. Mit der territorialen und organisator. Vereinheitlichung großer Teile Frankreichs unter der zentralisierten Krongewalt schuf L. eine wesentl. Voraussetzung für den Aufstieg Frankreichs zur europ. Großmacht. Nachfolger: Sohn →Karl VIII.

Ludwig XII. *(L. von Orléans)*
König 1498–1515
** 27. 6. 1462 Orléans*
† 1. 1. 1515 Blois
Als Nachfolger des kinderlosen →Karl VIII. heiratete L. dessen Witwe →Anna von Bretagne, um ihr Land der Krone zu sichern. Unter dem Vorwand dynastischer Legitimation nahm er 1498/99 Norditalien mit Mailand ein und eroberte gemeinsam mit König →Ferdinand II. von Aragón das Königreich Neapel, das dieser ihm 1504 jedoch abnahm. Während er sich 1508 an der Liga von Cambrai beteiligte (mit Kaiser →Maximilian I., Ferdinand II., Papst →Julius II.), um Venedigs Position zu bekämpfen und es 1509 zu besiegen, sah er sich 1511 der Heiligen Liga gegenüber (Ferdinand II., Venedig, Papst, England und Eidgenossenschaft), die ihn nach militärischen Niederlagen (1513) zum Rückzug aus Mailand zwang. Nach innen brachte seine außenpolitisch umtriebige Herrschaft eine Phase der Konsolidierung. Nachfolger: →Franz I.

Ludwig XIII.
König 1610–1643
** 27. 9. 1601 Fontainebleau*
† 14. 5. 1643 Saint-Germain-en-Laye

Der Sohn →Heinrichs IV. gelangte nach der Ermordung seines Vaters als Kind auf den Thron und stand zunächst unter Vormundschaft seiner Mutter →Maria de'Medici. Als diese mit ihrem Berater Concino Concini, dem Herzog von Ancre, auch nach seinem offiziellen Regierungsantritt 1614 die Fäden nicht aus der Hand geben wollte, ließ L. 1617 Concini ermorden und verbannte seine Mutter nach Blois. Die Staatsleitung übertrug er seinem Günstling Charles d'Albert, dem Herzog von Luynes (* 1578, † 1621), dann 1624 Kardinal Armand-Jules →Richelieu, dem er den allseitigen Ausbau der absolutistischen Herrschaft in Frankreich weitgehend überließ, dabei den Adel niederhielt und jede Opposition unterdrückte. Obwohl klerikal eingestellt, folgte er ihm auch im Dreißigjährigen Krieg in der gegen Habsburg gerichteten Bündnispolitik mit den prot. Mächten. Sie bereitete Frankreichs Großmachtstellung in Europa vor. Nach Richelieus Tod berief er 1642 Kardinal Jules →Mazarin zum leitenden Minister. Nachfolger: →L. XIV.

Ludwig XIV.
König 1643–1715
** 5. 9. 1638 Saint-Germain-en-Laye*
† 1. 9. 1715 Versailles
In den 72 Jahren seiner Herrschaft, 54 davon als absoluter Herr seines Landes, führte der »Sonnenkönig« (Roi Soleil) das französische Königtum auf den Gipfel seiner Macht und seines weltweiten Einflusses. Zugleich verkörperte er den Höhepunkt des französischen Absolutismus.

Von Kardinal Armand-Jules →Richelieu, dem leitenden Minister seines Vaters →L. XIII., und Kardinal Jules →Mazarin, der unter L.s Mutter Anna von Österreich (* 1601, † 1666) 1651 die Regentschaft übernommen hatte, war Frankreich bereits absolutistisch strukturiert, die Stärke der Monarchie nach innen und außen begründet.

Im Innern gelang es ihm, durch einen straff zentralisierten Verwaltungsapparat die staatliche Macht auf seine Person zu zentralisieren (»L'État c'est moi«), umgeben von herausragenden Experten aller Gebiete, darunter der merkantilistische Finanz- und Wirtschaftspolitiker Jean-Baptiste →Colbert und die Militärs Ludwig II. →Condé und Henri →Turenne. Den Adel band er durch Teilhabe an der Entfaltung eines beispiellos glanzvollen Hoflebens, das er 1682 von Paris in das neuerbaute Schloß von Versailles verlegte. Zugleich entfremdete er sich mit seinem verselbständigten Hofkult, der Bürokratisierung des Alltagslebens und der zunehmenden Steuerbelastung und Repression dem Volk. 1685 hob er das Edikt von Nantes auf, das mit der Gewährung der Religionsfreiheit 1598 die Hugenottenkriege beendet hatte, und löste damit eine Emigrationswelle aus, die die strapazierte Wirtschaftskraft des Landes zusätzlich schwächte.

Mit seiner Außenpolitik zielte L. auf den Sturz der Habsburger (im Dt. Reich und in Spanien) vom Sockel der europäischen Großmacht zugunsten der Vorherrschaft Frankreichs. Doch mit seinen Hegemonialkriegen provozierte er seit 1667 den Zusammenschluß von Kaiser, Spanien, Großbritannien und (seit 1689) Schweden in der »Großen Allianz«. Obwohl er über die stärkste einzelstaatliche Militärmacht verfügte, endeten die großen Kriege 1667/68 (Devolutionskrieg gegen Spanien zur Eroberung der

Im Glanze des Sonnenkönigs

Chronik Zitat

Herzog Louis de Rouvroy Saint-Simon (1675, † 1755), Großvater des Sozialtheoretikers Claude Henry de →S.-S., lebte zeitweise am Hofe Ludwigs XIV. In seinen Memoiren schildert er die Persönlichkeit des Herrschers:*

»Man muß es offen sagen: der König war weniger denn mittelmäßig begabt, aber sehr bildungsfähig. Er war ruhmsüchtig und hielt auf Ordnung und Gesetz. Er besaß natürlichen Verstand, war mäßig, verschwiegen, Herr seiner Bewegungen und seiner Sprache, und – so sonderbar es klingen mag – im Kern seines Wesens gütig und gerecht...

Aus allem geht hervor, daß man Grund genug hat, jene greuliche Erziehung zu beklagen, die ihr Ziel darin sah, Geist und Herz des Monarchen zu vergiften. Ebenso jene nichtswürdige Götzendienerei vor dem Fürsten und die grausame Politik seiner Minister, die ihn immer unerreichbarer machte. Um ihrer Größe, ihrer Macht und ihres Glückes willen lagen sie ihm beständig in den Ohren mit Schmeicheleien über seine Macht, seine Größe, seinen Ruhm. Sie waren sein Verderb... Eifersüchtig wachten sie darüber, daß keine seiner Tugenden Früchte trug. Der Fürst und sein Land waren ihr Opfer...

Im allem liebte er Glanz, Verschwendung, Fülle. Es war wohlberechnet, daß er die Sucht, ihm hierin nachzueifern, in jeder Weise begünstigte. Er impfte sie seinem ganzen Hofe ein. Wer alles draufgehen ließ für Küche, Kleidung, Wagen, Haushalt und Spiel, der gewann sein Wohlwollen. Um solcher Dinge willen redete er die Leute an. Indem er so den Luxus gewissermaßen zur Ehrensache und für manche zur Notwendigkeit machte, richtete er nacheinander alle zugrunde, bis sie schließlich einzig und allein von seiner Gnade abhingen. So befriedigte er seinen Hochmut und seinen Ehrgeiz. Sein Hof war blendend, und die Rangunterschiede verschwanden in einem allgemeinen Wirrwarr. Er hatte dem Land damit eine Wunde geschlagen, die wie ein Krebsschaden an allem frißt. Vom Hofe aus hat die Verschwendungssucht Paris, die Provinzen, das Heer ergriffen. Man schätzt einen jeden, der eine gewisse Stellung einnimmt, nur noch nach seinem Aufwand in Küche und Haus ein. Wer Gelegenheit zu Stehlen hat, stiehlt infolgedessen, um die Ausgaben seines Haushalts bestreiten zu können. Die Not zwingt ihn dazu. Es existiert im Grunde kein Rangunterschied mehr. Alle Stände sind in heillosem Durcheinander. Der Hochmut wächst ins Ungemessene. Die Folgen sind nicht abzusehen. Untergang und Umwälzung sind im Anzuge.«

Span. Niederlande), 1672–1678 (Holländ. Krieg zur Eroberung der Niederlande) und 1688–1697 (Pfälzischer Erbfolgekrieg gegen Spanien, Dtschld. und Niederlande) ohne durchschlagende Erfolge. Im Spanischen Erbfolgekrieg (1701–1713/14) rettete Frankreich nur der Regierungswechsel in England (1710) vor dem Zusammenbruch. Durch Überspannung der finanziellen und militärischen Kraft leitete L. den Niedergang seines Landes ein, der die Weichen für die Französische Revolution stellte. Nachfolger: Urenkel →L. XV. (▷ Chronik Zitat)

Ludwig XV.

König 1715–1774
** 15. 2. 1710 Versailles*
† 10. 5. 1774 Versailles

Fünfjährig folgte L. seinem Urgroßvater →L. XIV. auf den Thron und überließ auch nach Aufhebung der Regentschaft Herzog Philipps II. von →Orléans 1723 die Leitung der Staatsgeschäfte seinen leitenden Ministern, darunter bis 1743 Kardinal André H. de →Fleury (1726–1743) und seinen Mätressen (Madame de →Pompadour, Madame →Dubarry). Das erfolglose Engagement im Poln. und Österr. Erbfolgekrieg (1733–1735 bzw. 1740–1748) und die Teilnahme am Siebenjährigen Krieg (1756–1763) ruinierte die Staatsfinanzen, schwächte Frankreichs Stellung im europ. Mächtesystem und kostete den Kolonialbesitz in Nordamerika und Indien. Unter seiner von pompöser Prachtentfaltung begleiteten Herrschaft baute sich die Opposition gegen die monarch. Willkürherrschaft auf und eröffnete sich mit der Aufklärung die Perspektive einer neuen Ära (→Voltaire). Bei seinem Tod hinterließ L. Frankreich reif für Revolution. Nachfolger: Enkel →L. XVI.

Ludwig XVI.
König 1774–1792
** 23. 8. 1754 Versailles*
† 21. 1. 1793 Paris

Enkel und Nachfolger →L.s XV. Die von L.s herausragenden Finanz-Min. A. R. J. →Turgot und Jacques →Necker betriebenen Finanzreformen griffen unzureichend und wurden zudem durch den Aufwand für die Intervention in den Amerikanischen Unabhängigkeitskrieg gegen England (1775–1783) konterkariert. Die Finanznot zwang ihn 1787 zur Einberufung der Notabelnversammlung (erstmals seit 1627 tagende Ratsversammlung vom König ernannter privilegierter Vertreter der drei Stände), die sich jedoch der Steuerreform verweigerte. Die angesichts des drohenden Staatsbankrotts 1788 einberufenen Generalstände lösten nach ihrem Zusammentreten 1789 die Französische Revolution aus. Deren Radikalisierung schürte L. mit seiner Weigerung, die konstitutionelle Monarchie zu akzeptieren. Nach Scheitern seines Fluchtversuchs ins Ausland 1791 auf Betreiben seiner Frau, der Kaiserintochter →Marie Antoinette, hielt er seinen Widerstand gegen den Konvent aufrecht, obwohl er einen (formalen) Eid auf die Verfassung abgelegt hatte. Nach der Kriegserklärung an Österreich 1792 stärkte er mit seinem Boykott der Kriegsführung die Position der radikalen Republikaner und provozierte mit seiner Weigerung, die vom Konvent beschlossenen Maßnahmen gegen die den Eid verweigernden Priester zu billigen, den Sturm auf die Tuilerien (1792). Abgesetzt, wurde er im Prozeß wegen Landesverrats zum Tod verurteilt und guillotiniert.

Ludwig XVIII.

König 1814/15–1824
** 17. 11. 1755 Versailles*
† 16. 9. 1824 Paris

(Eigentl. *Louis Stanislas Xavier*). Der jüngere Bruder →L.s XVI. nahm den Königstitel an, nachdem dessen Sohn *L. (XVII.)* 1795 gestorben war. Mit seinem Bruder, dem späteren König →Karl X., war er die treibende Kraft der Emigration, zunächst in Koblenz, seit 1809 in England, für die Restauration der Bourbonen in Frankreich. Nach der Abdankung →Napoleons I. bestieg er 1814 den Thron, installierte mit einer halbliberalen Verfassung (Charte Constitutionnelle) die konstitutionelle Monarchie, mußte aber während der »100 Tage« Napoleons nach Gent ausweichen. Seit 1820 weitgehend entmachtet, stand seine reaktionäre Regierung unter dem Einfluß Karls, dem Exponenten der royalist. Rechten.

– *Ungarn*

Ludwig I., *der Große*
König von Ungarn 1342–1382,
von Polen 1370–1382
* *5. 3. 1326 Visegrád (?)*
† *10. 9. 1382 Tyrnau*
(Ungar. *Lajos*). Als einer der bedeutendsten mittelalterlichen Könige Ungarns scheiterte der Sohn und Nachfolger →Karls I. Robert von Anjou zwar mit seinem Versuch, im Krieg gegen Neapel seinen Erbanspruch auf das Königreich durchzusetzen (1347/1348, 1350–1352), erkämpfte jedoch gegen Venedig den Besitz Dalmatiens und Kroatiens (1347, 1356, 1378). Als Neffe →Kasimirs III. Wielki trat er 1370 in Personalunion dessen Nachfolge als polnischer König an und räumte dem polnischen Adel dafür das Großprivileg von Košice (Kaschau) ein. In Ungarn, das unter ihm wirtschaftlich und politisch aufstieg, gelang ihm dagegen zunächst die Einschränkung der Macht der Magnaten zugunsten der Krone und des aufstrebenden städt. Bürgertums. Da er ohne männl. Erben starb, stürzte sein Tod Ungarn in eine schwere Nachfolgekrise; in Polen folgte ihm seine Tochter →Hedwig (Jadwiga) als Königin nach.

Ludwig II. von Jagiello
König von Ungarn und Böhmen 1516–1526
* *1. 7. 1506 Ofen*
† *29. 8. 1526 bei Mohács*
Der einzige Sohn von König →Wladislaw II. Jagiełło, durch Doppelhochzeit mit den Habsburgern verbunden, ertrank auf der Flucht nach der Niederlage der Ungarn gegen die Osmanen in der Schlacht bei Mohács (1526). Sein Tod löste Erbansprüche der Habsburger gegenüber Böhmen und Ungarn aus. Nachfolger wurde L.s Schwager, der spätere Kaiser →Ferdinand I.

Lueger, Karl
Bürgermeister von Wien 1897–1910
* *24. 10. 1844 Wien*
† *10. 3. 1910 Wien*
Der Rechtsanwalt, zunächst Liberaler, entwickelte sich unter dem Eindruck der sozialen und wirtschaftlichen Probleme des gewerblichen Kleinbürgertums zum demagogisch-charismat. Führer einer christlich-sozial geprägten, antisemit. und antisozialistischen Massenbewegung. 1885 wurde er in den Reichstag, 1890 in den niederösterr. Landtag gewählt. 1887 gründete er den Christlich-sozialen Verein, der sich 1893 nach der Vereinigung mit anderen Gruppen in Christlich-Soziale Partei umbenannte. 1883–1895 war L. Wiener Stadtrat und ab 1897 Bürgermeister von Wien. Mit der Realisierung großer kommunaler Vorhaben (Errichtung der Gas-, Wasser- und Elektrizitätswerke, Ausbau der städt. Verkehrsmittel und Kanalisation, Schaffung einer modernen Verwaltung) modernisierte er die Struktur der Stadt. Als Antisemiten, Volkstribun und »Mann der Tat« nahm ihn Adolf →Hitler zum Vorbild.

Lumumba, Patrice
kongolesischer Ministerpräsident 1960
* *2. 7. 1925 Katako-Kombé, Kasai*
† *17. 1. 1961 (?) in der Provinz Katanga*
Als Mitgründer (1958) und Führer der Kongoles. Unabhängigkeitsbewegung, die aus den ersten Parlamentswahlen des von Belgien in die Unabhängigkeit entlassenen Kongo als stärkste Partei hervorging, wurde L. im Juni 1960 erster Min.-Präs. Er versuchte, die Einheit des im Bürgerkrieg zerfallenden Landes zu bewahren und seine Partei, die als einzige Anhang in verschiedenen Landesteilen besaß, zur einheitlichen Nationalbewegung nach dem Vorbild Ghanas (Kwame →Nkrumah) auszubauen. Gegen die Meuterei der Armee und den Abfall des rohstoffreichen und entwickelten Katangas unter Moïse →Tschombé rief er die Vereinten Nationen zu Hilfe und suchte auch bei der UdSSR Unterstützung. Im Machtkampf mit Staats-Präs. Joseph →Kasavubu gewann dieser zusammen mit →Mobutu Sese Seko die Oberhand, erklärte L. im September 1960 für abgesetzt, ließ ihn festnehmen und nach Katanga ausliefern. Dort wurde L. nach seiner Ankunft ermordet. Als charismatischer Führer und als Opfer im Kampf um die nationale Einheit und Unabhängigkeit des Kongo wurde L. zur einer Symbolfigur des antiimperialistischen Kampfes in Afrika.

Luther, Hans
deutscher Reichskanzler 1925/26
* *10. 3. 1879 Berlin*
† *11. 5. 1962 Düsseldorf*
Der parteilose, der Dt. Volkspartei (DVP) nahestehende Jurist war Oberbürgermeister von Essen (1918 bis 1922), bevor er als Min. für Ernährung und Landwirtschaft (1922/23) in die Reichspolitik eintrat. Als Finanz-Min. (1923–1925) im Kabinett Gustav →Stresemanns stabilisierte er mit der Gründung der Dt. Rentenbank und der Währungsreform die Währung und konsolidierte den Staatshaushalt. 1925 löste er Wilhelm →Marx als Reichskanzler ab. Die erste seiner beiden Regierungen, eine Mitte-Rechts-Koalition, die erstmals die Deutschnationalen

(DNVP) einschloß, zerbrach über die Annahme der von Außen-Min. Gustav →Stresemann ausgehandelten Locarno-Verträge, die das Verhältnis Deutschlands zu seinen Nachbarn normalisierten und den Eintritt in den Völkerbund (1926) vorbereiteten. Die DNVP verweigerte ihre Zustimmung und schied im Okt. 1925 aus der Koalition aus. Januar–Mai 1926 führte L. sein zweites Kabinett, diesmal als Minderheitsregierung – mit der linksliberalen DDP und ohne DNVP – mußte jedoch über den »Flaggenstreit« zurücktreten. Als Reichsbankpräsident (1930 bis 1933) vollzog er in der Nachfolge Hjalmar →Schachts (der ihn 1933 wieder ablöste) in der Weltwirtschaftskrise im Zusammenspiel mit der Regierung Heinrich →Brüning zur Sicherung des Staatshaushalts deflationäre Maßnahmen, die zum sprunghaften Anstieg der Arbeitslosigkeit führten. 1933–1937 war er Botschafter in Washington.

Luther, Martin

deutscher Reformator
** 10. 11. 1483 Eisleben*
† 18. 2. 1546 Eisleben

Als L., Sohn eines Bergmanns, Priester des Bettelordens der Augustiner-Eremiten und seit 1512 Prof. für Bibelauslegung an der Universität Wittenberg, am 31. 10. 1517 mit 95 Thesen gegen die Bußpraxis der Kirche zu einer Gelehrtendisputation einlud, setzte er gegen seinen Willen eine historische Entwicklung in Gang, die das abendländische Christentum spaltete und bis in die Gegenwart fortwirkt.
Schon unerwartet waren die schnelle Verbereitung und der Widerhall der Thesen, die einem tiefen Bedürfnis nach unverstellter Frömmigkeit Ausdruck gaben. 1518 verklagte der Erzbischof von Mainz L. beim Heiligen Stuhl in Rom; angeschlossen hatten sich ihm die Dominikaner, deren Ablaßprediger Johann →Tetzel mit seinem marktschreierischen Gnadenerlaßhandel zugunsten des Baus der Peterskirche in Rom L. Anlaß für seine Thesenveröffentlichung gegeben hatte. Nachdem L. im Verhör einen Widerruf abgelehnt hatte (Augsburg Okt. 1518) und im Leipziger Streitgespräch (Juli 1519) Johann →Eck gegenüber die Unfehlbarkeit der allgemeinen Konzilien und des Papstes grundsätzlich in Frage stellte, hatte er den Bruch mit dem Papsttum, das sich nach L.s Auffassung über den klaren Wortlaut der Schrift hinwegsetzte, vollzogen. Die päpstliche Bulle »Exsurge Domine« verurteilte 41 Sätze aus L.s Schriften und forderte seine Unterwerfung (1520). L. antwortete im gleichen Jahr mit seinen drei großen Programmschriften »An den christl. Adel dt. Nation von des christlichen Standes Besserung«, »Von der babylonischen Gefangenschaft der Kirche« und »Von der Freiheit eines Christenmenschen«, die ihm nach schneller Verbreitung eine große Anhängerschaft in allen Schichten sicherten.
Anfang 1521 von Papst →Leo X. exkommuniziert, lehnte L. auf dem Reichstag zu Worms im April 1521 erneut den Widerruf ab und wurde darauf von Kaiser →Karl V. mit der Reichsacht belegt. Der sächs. Kurfürst →Friedrich III. (der Weise), dessen Schutz sich L. zuvor versichert hatte, bot ihm auf der Wartburg Asyl. In 10 Monaten übertrug L. hier das Neue Testament in die ostmitteldt. Hochsprache, die infolge der allgemeinen Verbreitung des Textes Basis für die Ausprägung der überregionalen dt. Ausgleichssprache (»Hochdeutsch«) wurde. 1534 folgte die Übertragung des Alten Testaments.
Schon früh hatte sich L. nach Entstehen zahlreicher luth. Gemeinden heftig gegen schwärmerische und revolutionäre Gruppen gewandt, die seine Lehre von der Freiheit des Gewissens theokrat. radikalisierten. So kehrte er im März 1522 nach Wittenberg zurück, um radikalen Bilderstürmern Einhalt zu gebieten. Gegen die sozialrevolutionären Bauernaufstände 1524/25 (angeführt u. a. von Thomas →Müntzer), die sich vielfach auf seine Lehren beriefen, rief er nach anfänglichem Verständnis die Fürsten zum Kampf »wider die räuber. und mörder. Rotten der Bauern« auf. Seine Schrift »De servo arbitrio« (»Vom unfreien Willen«) vollendete den Bruch mit →Erasmus von Rotterdam (1525). Auch der Gegensatz zu Ulrich →Zwingli und den Wiedertäufern verschärfte sich. Das Marburger Religionsgespräch (1529) mit Zwingli scheiterte, weil L. an der wirklichen Gegenwart Christi im Abendmahl festhielt.
L. verstand sich zeitlebens als Lehrer der Heiligen Schrift, nicht als Reformator der Gesellschaftsordnung. Indem er den Landesfürsten im Rahmen der herrschenden Dreiständelehre des 16. Jahrhundets nach wie vor eine gottesdienl. Funktion einräumte und damit dem Landeskirchentum die Basis gab, konnten diese die Politisierung der Glaubensfrage zum Ausbau ihrer Landesherrenstellung gegenüber Kaiser und Volk nutzen. Auf dem Augsburger

Reichstag 1530 legte Philipp →Melanchthon die von ihm verfaßte und von L. als Grundlage des luth. Bekenntnisses gebilligte Schrift »Confessio Augustana« der ev. Reichsstände vor. Als »Protestanten« verließen sie den Reichstag und schlossen sich Ende 1530 zur Verteidigung der Reformation zum Schmalkald. Bund zusammen (bis 1547). Am Vorabend des Schmalkaldischen Krieges (1546/47) starb L. (▷ Chronik Zitat)

Luthuli, Albert John
Präsident des African National Congress 1952–1961
** 1898 Groutville, Prov. Natal*
† 21. 7. 1967 Stanger (Südafrikan. Republik)
Der Sohn eines ev. Missionsdolmetschers, praktizierender Christ, war Lehrer und wurde 1936 Häuptling der Zulu in Groutville. Von diesem Amt von der südafrikan. Regierung 1952 abgesetzt, wurde er im gleichen Jahr Präsident des (1960 verbotenen) African National Congress (ANC). L. wurde 1956 des Hochverrats beschuldigt und für zwei Jahre inhaftiert, 1960 nach Stanger in Zululand verbannt. 1961 erhielt der »Ghandi Afrikas« für seinen gewaltlosen Kampf gegen die Apartheid als erster Afrikaner den Friedensnobelpreis für 1960.

Lützow, Ludwig Adolf Wilhelm *Freiherr von*
preußischer Freischarführer
** 18. 5. 1782 Berlin*
† 6. 12. 1834 Berlin
Zu Beginn des Befreiungskriegs gegen →Napoleon I. 1813 bildete der Reiteroffizier L. das L.sche Freikorps (»L.er Jäger« oder »Schwarze Schar«), das, aus nichtpreuß. Freiwilligen rekrutiert, als Avantgarde eines Volksheers wirken sollte und dem zahlreiche Studenten, Künstler und Professoren beitraten, u. a. F. L. (»Turnvater«) Jahn, Th. Körner und J. v. Eichendorff. Militärisch ohne größere Bedeutung und in der Völkerschlacht bei Leipzig (1813) fast völlig aufgerieben, wurde das Korps als Symbol des geeinten freien Deutschland später mythisch verklärt. Den dt. Burschenschaften galt es als Keimzelle ihrer Bewegung. Die Farben des Korps (schwarze Uniform mit roten Vorstößen und gelben Knöpfen) wurden die deutschen Nationalfarben.

»Hie stehe ich, Gott helff mir. Amen. «

Chronik Zitat

Der Luther-Biograph H. A. Oberman (1930) rekonstruierte den Auftritt Luthers vor dem Reichstag zu Worms am 17. und 18. April 1521:*

»Er hat gezittert unter der Last der Anklage im Angesicht der hohen Herren des Reiches. Doch das war es eben nicht allein!... Und nun sah er sich auf einmal selbst vor die Grenze gestellt. Für ihn unerwartet hatten sich Kurie und Papst nicht auf seine Seite, eben die Seite des Evangeliums gestellt. Er war sicher gewesen, ›der Papst würde den →Tetzel verdammen und mich segnen... Aber da ich den Segen aus Rom erwartete, da kamen Blitz und Donner über mich‹. In kürzester Zeit hat er umdenken müssen...
Die ganze Wucht geheiligter Tradition stand ihm entgegen: Martin Luther, so hatte der Trierer Offizial Johann von der Ecken [→Eck] im Auftrag des Kaisers gefragt, erkläre, ›willst du deine Bücher etwa alle verteidigen?‹ Das war die Situation der schärfsten Anfechtung, die Luther zeitlebens befallen hatte. Jetzt wurde sie offiziell von Reichs wegen gestellt, die Teufelsfrage, die so berechtigt ist: Bist Du allein weise, gegen so viele Jahrhunderte – gegen die Heilige Kirche, gegen die Konzilien, Dekrete, Gesetze und Zeremonien, wie sie unsere Vorfahren und alle um uns herum bis auf den heutigen Tag gehalten haben?...
Luther hatte seine Bedenkzeit gut genutzt und seine sachlich beschreibende Reichstagsrede gezielt in das Kernproblem einmünden lassen: Ich streite nicht über mein Leben, sondern über die Lehre Christi. Und so habe ich nicht freie Hand, diese Schriften zu widerrufen, weil eben durch diesen Widerruf Tyrannei und Gottlosigkeit gestärkt werden und desto härter wüten werden...
Das Ende des Verhörs bildet Luthers Antwort ›ohne Hörner und Zähne‹, eine prägnante Folge von Sätzen mit dem eindrucksvollen Schluß: ›Mein Gewissen ist im Wort Gottes gefangen. Somit kann ich und will ich nicht widerrufen, denn gegen mein Gewissen zu handeln ist weder sicher noch heilsam. Ich kann nicht anderst, hie stehe ich, Gott helff mir. Amen.‹«

Luxemburg, Rosa

deutsch-polnische sozialistische Politikerin
** 5. 3. 1871 Zamość (Polen)*
† 15. 1. 1919 Berlin

Die aus einer begüterten poln.-jüd. Kaufmannsfamilie stammende Nationalökonomin war 1894 Mitgründerin der poln.-litauischen Sozialdemokratie. Während sie eine führende Stellung in der poln. Partei behielt, erwarb sie 1898 die dt. Staatsbürgerschaft und siedelte nach Berlin über. Als herausragende marxist. Theoretikerin und kämpfer. Kontrahentin der »Revisionisten« etablierte sie sich als Führerin des revolutionären Flügels der SPD. Gegen die Festlegung der Arbeiterbewegung auf den parlamentar. Weg der Machtteilhabe und die Einschränkung der Gewerkschaften auf den ökonom. Tarifkampf propagierte sie den politischen Massenstreik (»Massenstreik, Partei und Gewerkschaften«, 1906). Zugleich lehnte sie Wladimir I. →Lenins Konzept der Kaderpartei und den Zentralismus der russischen Bolschewiki ab und entwickelte die Grundelemente des demokratischen Sozialismus (»Freiheit ist immer die Freiheit des Andersdenkenden«.).
1905/06 nahm sie an der Russ. Revolution in Warschau teil und lehrte seit 1907 an der Parteischule der SPD in Berlin (bis 1914). 1913 erschien ihr ökonom. Hauptwerk »Die Akkumulation des Kapitals«. Nationalist. Strömungen auch innerhalb der SPD setzte sie ihren proletar. Internationalismus und radikalen Antimilitarismus entgegen. Nach Ausbruch des 1. Weltkriegs gründete sie im Kampf gegen die Burgfriedenspolitik der SPD mit Clara →Zetkin, Franz →Mehring und Karl →Liebknecht die Gruppe Internationale, aus der 1917 der Spartakusbund und Ende 1918 die KPD hervorging. Während des Kriegs fast ununterbrochen inhaftiert, unterstützte sie in der Novemberrevolution 1918 die Arbeiter- und Soldatenräte, gründete die »Rote Fahne« als künftige Parteizeitung der KPD, für die sie das Parteiprogramm entwarf, und übernahm mit Liebknecht deren Führung. Nach dem von ihr mitgeführten und gescheiterten Spartakusaufstand (Januar 1919) wurde sie zusammen mit Liebknecht von Freikorpsoffizieren ermordet.

Lwow, Georgi Jewgenjewitsch *Fürst*
russischer Ministerpräsident März–Juli 1917
** 21. 10. 1861 Dresden*
† 8. 3. 1925 Boulogne
L. war seit 1906 einer der führenden Abgeordneten der progressiv-reformer. Kadettenpartei in der Duma und seit 1914 Vors. des Gesamtverbandes der Semstwo-Körperschaften (Selbstverwaltungseinheiten seit 1864). Nach der Februarrevolution 1917 wurde er Min.-Präs. und Innen-Min. der Provisor. Regierung (März–Juli). Nach seinem Sturz übernahm Alexander F. →Kerenski dieses Amt.

Lysander
Feldherr und Staatsmann Spartas
** um 455 v. Chr.*
† 395 v. Chr. bei Haliartos
(Griechisch *Lysandros*). Mit Unterstützung des Vizekönigs von Sardes, des pers. Prinzen →Kyros d. J. entschied L. mit seinen Seesiegen (407 bei Notion und 405 bei Aigospotamoi) den Peloponnes. Krieg (seit 431) zugunsten Spartas und zwang Athen 404 zur Kapitulation. Dort brachte er 407 die Dreißig Tyrannen an die Macht, deren Terrorregime 404/03 durch →Thrasybulos gestürzt wurde. Nach Ausbruch des Korinth. Krieges gegen die Koalition von Theben, Athen und Argos (395–386) fiel L. 395. Aus Dankbarkeit erwiesen ihm die Oligarchen auf Samos als erstem Griechen zu Lebzeiten übermenschliche Ehren (404) und begründeten damit die Tradition des hellenistischen Herrscherkults.

Lysimachos
Diadoche, König von Thrakien 306–281 v. Chr.
** um 361 v. Chr.*
† 281 v. Chr. Kurupedion
Der Feldherr →Alexanders d. Gr. erhielt nach dessen Tod (323) Thrakien als Satrapie. In den Diadochenkämpfen beteiligte er sich an der Koalition gegen →Antigonos I. Monophthalmos (315–311). 306 nahm er wie die anderen Diadochen den Königstitel an. Nach der Ausdehnung seiner Herrschaft über Kleinasien bis zum Taurus und dem zusammen mit →Seleukos I. Nikator errungenen Sieg über Antigonos bei Ipsos (301) führte er den Krieg gegen dessen Sohn und Nachfolger →Demetrios I. Poliorketes weiter, vertrieb ihn 287 aus Makedonien, danach seinen vorherigen Verbündeten →Pyrrhos von Epiros (284). Die Hinrichtung seines der Verschwörung beschuldigten Sohnes →Agathokles gab Anlaß für den Krieg gegen Seleukos, in dem L. in der Schlacht bei Kurupedion fiel.

MacArthur, Douglas

US-amerikanischer General
** 26. 1. 1880 Little Rock, Arkansas*
† 5. 4. 1964 Washington

Nach seinem Rückzug aus der Armee (1930–1935 Chef des Generalstabs) sammelte M. 1935–1941 als Militärberater der philippinischen Regierung Erfahrungen im pazifischen Raum, die ihn im 2. Weltkrieg für den Einsatz im Fernen Osten qualifizierten. 1942 wurde er Oberbefehlshaber der Alliierten im Südwestpazifik, 1944 der gesamten US-Streitkräfte im Pazifik. Nach der japanischen Kapitulation 1945 initiierte er als Chef der alliierten Besatzungstruppen die Reform der japanischen Nachkriegsgesellschaft. Im Koreakrieg befreite er als Oberbefehlshaber der UN-Streitkräfte (seit 1950) Seoul und drang bis zur chinesischen Grenze vor. Seine Vorschläge zur Ausweitung des Krieges, die das Risiko eines Atomkrieges einschlossen, kollidierten mit den Absichten Präsident Harry S. →Trumans, der M. 1951 entließ.

Macbeth
König von Schottland 1040–1057
** um 1005*
† 15. 8. 1057 bei Lumphanan, Aberdeen
Der Titelheld der Tragödie von William Shakespeare war nach dem Tod seines Vaters (um 1031) Provinzgouverneur von Moray. Seine Ansprüche auf den schottischen Thron begründete er mit verwandtschaftlichen Beziehungen. Er tötete 1040 König Duncan I. (1034–1040) in der Schlacht bei Elgin. Von Duncans Sohn Malcolm (III.) (König 1058–1093) bedrängt, mußte er diesem 1054 Südschottland abtreten und wurde von ihm in der Schlacht bei Lumphanan getötet.

Macdonald, Sir John Alexander
kanadischer Premierminister 1867–1873, 1878–1891
** 11. 1. 1815 Glasgow, Schottland*
† 6. 6. 1891 Ottawa
Als Kind 1820 aus Schottland eingewandert, hatte M. entscheidenden Anteil an der Durchsetzung der Unabhängigkeit Kanadas von Großbritannien. Der Mitgründer der Konservativen Partei gewann im Union Movement 1860–1867 maßgebenden Einfluß auf die Formulierung der British North America Act des Londoner Parlaments 1867, mit der Kanada Autonomie im Rahmen des Commonwealth erhielt. Als erster Premier-Min. erreichte er eine wesentl. Erweiterung des kanad. Territoriums. 1873 stolperte er über einen Korruptionsskandal. Seine zweite Amtszeit war gekennzeichnet von Bemühungen um die Konsolidierung des nationalen Wirtschaftsraums (Schutzzölle, Siedlungsförderung im Westen).

MacDonald, (James) Ramsay
britischer Premierminister 1924, 1929–1935
** 12. 10. 1866 Lossiemouth, Schottland*
† 9. 11. 1937 auf der Fahrt nach Südamerika
Als einer der Begründer der Labour Party, für die M. 1906 ins Unterhaus einzog, übernahm er 1911 den Fraktionsvorsitz, legte ihn jedoch als Pazifist aus Protest gegen den britischen Kriegseintritt 1914 nieder. 1922–1931 wiederum Führer der Labour Party im Unterhaus, leitete er mit parlamentarischer Unterstützung der Liberalen das erste Labour-(Minderheits-)Kabinett der britischen Geschichte (Jan.–Nov. 1924). Seit 1929 erneut Premierminister, wandelte er 1931 gegen den Protest seiner Partei (»The Great Betrayal«) das reine Labour-Kabinett in eine Allparteienregierung mit Konservativen und Liberalen um (National Government), verlor jedoch rasch an Einfluß gegenüber dem Führer der Konservativen, Stanley →Baldwin, dessen Kabinett er 1935–1937 als Koordinations-Min. angehörte.

Machel, Samora Moises
Staatspräsident von Moçambique 1975–1986
** 29. 9. 1933 Belém, Prov. Gaza*
† 19. 10. 1986 zwischen Lusaka und Maputo
Der Krankenpfleger war seit 1970 charismat. Führer der Befreiungsbewegung FRELIMO (Frente de Liberação de Moçambique). Als erster Staats-Präs. des unabhängigen Moçambique betrieb er, gestützt auf die zur Einheitspartei ausgebauten FRELIMO, durch Verstaatlichungen und Umerziehung den Übergang seines Landes zum Sozialismus. Zugleich förderte er die schwarzen Befreiungsbewegungen in Rhodesien und Südafrika. Schwere wirtschaftliche Probleme und der Bürgerkrieg gegen die von Südafrika und den USA unterstützte Rebellenbewegung RENAMO (Resistencia Nacional Moçambicana) zwangen ihn in den der 1980er Jahren zu einer Annäherung an den Westen. M. verunglückte bei einem Flugzeugabsturz. Nachfolger wurde J. →Chissano.

Machiavelli, Niccolò

italienischer Politiker und Schriftsteller
** 3. 5. 1469 Florenz*
† 22. 6. 1527 Florenz

Nach dem Sturz des theokratischen Regimes von Girolamo →Savonarola wurde M. 1498 in der ersten Republik von Florenz Sekretär der Zweiten Staatskanzlei und Kanzler des »Rates der Zehn«. Auf seinen diplomatischen Missionen kam er in Kontakt mit den wichtigen Persönlichkeiten seiner Zeit (Cesare →Borgia, Papst →Julius II., →Ludwig XII. von Frankreich 1504, Kaiser →Maximilian I. 1508). Nach dem Sturz der Republik und der Rückkehr der →Medici verlor er 1512 seine Ämter und wurde 1513 mit einer Verschwörung in Verbindung gebracht, gefangengesetzt und gefoltert. Wieder entlassen, zog er sich 1513 auf sein kleines Landgut bei San Casciano (Toskana) zurück. Seit 1519 wurde er wieder mit öffentlichen Aufgaben betraut. Kurz nach Ausrufung der Republik 1527 starb M., erneut seiner Ämter beraubt, verbittert.
M.s schriftstellerisches Werk mit den Hauptschriften »Il Principe« (»Der Fürst«, 1513) und »Discorsi ...« (»Betrachtungen über die ersten 10 Bücher des Livius«, 1513–1521) war geprägt durch die machtpolitische Situation seiner Zeit: Gegen die Konkurrenz der Stadtstaaten Venedig, Florenz, Mailand und Neapel sowie des Kirchenstaates einerseits und dem Eingreifen der ausländ. Mächte (Frankreich, Spanien, Reich) in Italien andererseits stellte M. den Wunsch nach einem starken, geeinten Italien. Das Aufkommen des modernen Staates und das Auseinanderbrechen des mittelalterlich-theologischen Weltbilds in der Renaissance waren Hintergrund für M.s Begründung der Politik als Wissenschaft, die im Prinzip der Staatsräson das Grundgesetz der

»Der gute Fürst muß imstande sein, nicht gut zu handeln«

Chronik Zitat

In seinem Werk »Der Fürst« (1513) entwickelte Machiavelli Grundsätze rationaler Herrschaft:

»Da es meine Absicht ist, zum Nutzen derer zu schreiben, die mich verstehen, schien es mir richtiger, mich an die tatsächliche Gestalt der Dinge zu halten als an ein Phantasiebild... Denn zwischen dem Leben, wie es ist und wie es sein sollte, ist ein so gewaltiger Unterschied, daß, wer das, was er tut, ausgibt für das, was man tun sollte, eher seinen Untergang als seine Erhaltung bewirkt; ein Mensch, der immer nur das Gute tun wollte, muß zugrunde gehen unter so vielen, die nicht gut sind. Daher muß ein Fürst, der sich behaupten will, auch imstande sein, nicht gut zu handeln und das Gute zu tun und zu lassen, wie es die Umstände erfordern... Ein Fürst darf es sich nicht anfechten lassen, grausam gescholten zu werden, wenn er seine Untertanen einig und treu erhalten will. Denn einige wenige abschreckende Strafen sind viel milder als übertriebener Langmut, welcher die Mißstände so weit einreißen läßt, bis Mord und Raub daraus entstehen. Dadurch wird die Allgemeinheit betroffen, durch ein Todesurteil des Fürsten aber nur ein einzelner...
Doch darf der Fürst nicht leichthin Glauben schenken und einschreiten, noch Gefahren sehen, wo keine sind; vielmehr muß er maßvoll, vorsichtig und menschlich verfahren, auf daß ihn nicht Vertrauensseligkeit blind und Argwohn unerträglich mache...
Wie rühmlich es für einen Fürsten ist... redlich, ohne Falsch, zu leben, sieht jeder ein. Nichtsdestoweniger lehrt die Erfahrung, daß gerade in unseren Tagen *die* Fürsten Großes ausgerichtet haben, die es mit der Treue nicht genau nahmen und es verstanden, durch List die Menschen zu umgarnen; und schließlich haben sie die Oberhand gewonnen über die, welche es mit der Redlichkeit hielten. Man muß nämlich wissen, daß es zweierlei Waffen gibt: die des Rechts und die der Gewalt. Jene sind den Menschen eigentümlich, diese den Tieren. Aber da die ersten oft nicht ausreichen, muß man gelegentlich zu den anderen greifen. Deshalb muß ein Fürst verstehen, gleicherweise die Rolle des Tieres und des Menschen zu übernehmen...«

modernen Staatenwelt entdeckte. Ausgehend von einer Ratio der Macht plädierte er für eine Unterscheidung zwischen den Erfordernissen der politischen Verantwortung und der persönlichen Ethik. Selbst Anhänger der Republik, rechtfertigte M. zur Erhaltung der Staatsmacht unter bestimmten Umständen auch die Willkürherrschaft. M.s Werk erfuhr eine Reihe von Deutungen, die von der reinen Lehre der Technik der Macht bis zum Aufruf zur Befreiung Italiens reichten. Die zentralen Kapitel des »Principe« gehörten im 18. Jh. zum Kanon der absolutist. Fürstenerziehung. Die Auseinandersetzungen um M., häufig verzerrt durch einseitige Rezeption und Fehlinterpretation, begleiten die moderne Geschichte. (▷ Chronik Zitat)

MacMahon, Marie Edme Patrice Maurice
Comte de

französischer Staatspräsident 1873–1879
** 13. 6. 1808*
Schloß Sully bei Autun
† 17. 10. 1893
Schloß La Forêt

Das Schlachtenglück im Krimkrieg (1853–1856), gegen die Kabylen (1857) und gegen Österreich (Magenta 1859) brachte dem General unter →Napoleon III. den Marschalltitel und die Ernennung zum Herzog von Magenta ein (1859). Im Deutsch-Französischen Krieg in Gefangenschaft geraten, schlug er nach seiner Freilassung 1871 die Pariser Commune nieder und wurde 1873 als Nachfolger Adolphe →Thiers als Monarchist zum Präsidenten der Republik gewählt. Zwar mußte er 1875 die republikan. Verfassungsgesetze passieren lassen, doch verschärfte er 1877 die innenpolitische Polarisierung durch die Entlassung des Ministerpräsidenten Jules Simon (1876/77) und mußte nach dem Sieg der Republikaner unter Léon →Gambetta bei den Senatswahlen 1879 zurücktreten.

Macmillan, Harold
britischer Premierminister 1957–1963
** 10. 2. 1894 London*
† 29. 12. 1986 Hayward's Heath, Sussex
(*Earl of Stockton* ab 1984). Der Enkel des Verlagsgründers M. machte als konservatives Unterhaus-Mitglied (1924–1929, 1931–1964) wegen seiner scharfen Kritik an der Appeasement-Politik Neville →Chamberlains auf sich aufmerksam. Seit 1942 mehrfach Min. (u. a. 1955 Außen-Min., 1955–1957 Schatzkanzler) übernahm er nach dem Sturz Anthony →Edens über die Suezkrise (1956) die Regierung. Er betrieb die Wiederannäherung an die durch das brit. Nahostabenteuer irritierten USA unter John F. →Kennedy, scheiterte jedoch 1963 mit dem angestrebten Beitritt Großbritanniens zur EG am Veto des französ. Präs. Charles de →Gaulle. M. stürzte über die Verwicklung seines Heeres-Min. John Profumo in einen Sex- und Spionageskandal.

Madero, Francisco Indalecio
mexikanischer Staatspräsident 1911–1913
** 30. 10. 1873 Parras Coahuila*
† 22. 2. 1913 Mexico
Als einer der führenden Liberalen Mexikos forderte M. gegen die Diktatur von Porfirio →Díaz eine Rückkehr zur Verfassung von 1857. 1910 unterlag er bei den Präsidentschaftswahlen nur durch Wahlbetrug und wurde von Díaz ins Exil gezwungen, konnte aber nach dessen Sturz 1911 dank der Unterstützung Emiliano →Zapatas als »Apostel der Revolution« die Regierung übernehmen. Dem Druck der Mexikan. Revolution nicht gewachsen, wurde M. durch eine von Victoriano Huerta (* 1854, † 1916, Präs. 1913/14) geführte Militärrevolte gestürzt.

Madison, James

4. Präsident der USA 1809–1817
** 16. 3. 1751*
Port Conway, Virginia
† 28. 6. 1836
Montpelier, Virginia

M. gilt als der Architekt der amerikan. Verfassung (1787), die er als Abg. von Virginia im Verfassungskonvent durchsetzte und als Verfechter einer starken Zentralgewalt und führender Vertreter der »Federalists« um Thomas →Jefferson und Alexander →Hamilton 1789 durch die Annahme der ersten 10 Zusatzartikel um die Menschen- und Bürgerrechte nach dem Vorbild der Verfassung seines Bundesstaates Virginia (Bill of Rights) erweiterte. Als Außen-Min. unter Jefferson (1801–1809) erreichte er den Kauf von Louisiana von Frankreich (1803), mußte jedoch das Scheitern seiner Embargopolitik (1807 Embargo Act) gegen die Verletzung der amerikanischen Seeneutralität im Rahmen der Napoleonischen Kriege hinnehmen. Unter dem Eindruck der »Kriegsfalken« um Henry →Clay ließ er sich 1812 bis 1814 mit dem Ziel der Einverleibung Kanadas in den erfolglosen Krieg gegen Großbritannien ziehen. Nachfolger: James →Monroe.

Maecenas, Gaius
römischer Kunstförderer und Politiker
** um 69 v. Chr.*
† 8. v. Chr.
Aus etruskischem Adel stammend, nahm M. als Berater und Vertrauter Octavians (→Augustus) seit 40 diplomatische Aufgaben wahr, ohne je ein öffentliches Amt zu bekleiden. Als Liebhaber luxuriösen Lebens war er aufgeschlossen für Kunst und Literatur und förderte besonders Horaz, Vergil und Properz. In Erinnerung an ihn wird daher ein freigebiger Kunstfreund »Mäzen« genannt.

Magalhães, Fernão de
portugiesischer Seefahrer
** um 1480 Sabrosa (?)*
† 27. 4. 1521 Mactan (Philippinen)

(Span. *Fernando de Magellanes*, auch *Magellan*). Zunächst Page am Hof →Emanuels I. (d. Gr.), nahm M. seit 1505 an der portugies. Überseeexpansion teil und begleitete u. a. Afonso de →Albuquerque in den ind. Ozean. 1517 bot er seine Dienste dem span. König Karl I. (später Kaiser →Karl V.) an. Für diesen entwickelte er den Plan, die begehrten Gewürzinseln (Molukken), zu denen der östl. Seeweg um das Kap der Guten Hoffnung durch den Teilungsvertrag von Tordesillas (1494) für Portugal reserviert war, auf dem westl. Seeweg zu erreichen. M. übernahm 1519 die Leitung einer Expedition aus fünf Schiffen und 270 Mann, mit der er 1520 die M.straße zwischen Südamerika und Feuerland entdeckte und 1520/21 als erster Europäer den Pazifik durchkreuzte. 1521 erreichte er die Marianeninseln und die Philippinen, wo er von Eingeborenen im Rahmen eines Stammeskriegs getötet wurde. M.s Projekt, die erste Weltumsegelung, vollendete 1522 Juan Sebastian del Cano († 1525) mit einem einzigen Schiff und ca. 20 Mann Besatzung.

Maginot, André
französischer Kriegsminister 1922–1924, 1929–1932
** 17. 2. 1877 Paris*
† 7. 1. 1932 Paris

Der ehemalige Kolonialbeamte war seit 1910 Kammerabgeordneter und seit 1917 mehrmals Kolonial-Min. Als Kriegsminister betrieb er nach den Erfahrungen des 1. Weltkriegs den Bau der nach ihm benannten 300 km langen Befestigungsanlage, die Frankreichs Ostgrenze gegen Dtschld. sichern sollte, im 2. Weltkrieg jedoch mit dem deutschen Durchzug durch das neutrale Belgien umgangen wurde.

***Mago**, karthagische Feldherren*

Mago
Der Stammvater der Magoniden, einer mächtigen Adelsfamilie in Karthago, begründete seit 550 v. Chr. die karthagische Macht, indem er die Bürgermiliz durch ein Söldnerheer ersetzte.

Mago
† 375 v. Chr. bei Kabala
Nach Anfangserfolgen als Nauarch (Flottenkommandant) Karthagos gegen den Tyrannen von Syrakus, →Dionysios I., bei Katana (396) scheiterte M. mit dem Versuch der Eroberung der sizilian. Hauptstadt und mußte Dionysios im Frieden von 392 den größten Teil der Insel überlassen.

Mago
† 203 v. Chr.
Der jüngste Sohn des →Hamilkar brachte 216 die Nachricht vom Sieg bei Cannae, den er an der Seite seines Bruders →Hannibal erfochten hatte, nach Karthago. Seit 216 kämpfte er mit seinem Bruder →Hasdrubal in Spanien gegen die Römer. Bei einem Entlastungsangriff in Italien für die Truppen Hannibals wurde er 203 verwundet und starb auf der Rückfahrt nach Karthago.

Mahdi
Aufstandsführer im Sudan 1881–1885
** 12. 8. 1844 Labab bei Dongola*
† 22. 6. 1885 Omdurman
(»Mahdi« = »der von Gott Geleitete«, eigentlich *Mohammed Ahmed Ibn Abd Allah*). Selbst nubischer Herkunft, sammelte Mohammed Ahmed als Mitglied des islamischen Derwischordens der Sammanija seit ca. 1870 Anhänger auf einer Insel im Nil um sich. 1881 bezeichnete er sich öffentlich als der verheißene M., führte seine Anhänger zum Aufstand gegen die ägyptische Regierung (M.-Aufstand), eroberte fast den gesamten Sudan und errichtete den Mahdisten-Staat. 1885 nahmen seine Truppen das von Charles Georg →Gordon verteidigte Khartum ein. M.s Nachfolger Abdullah regierte in Omdurman, bis Lord Herbert →Kitchener 1898 der Herrschaft der Mahdisten ein Ende bereitete.

Mahmud II.
osmanischer Sultan 1808–1839
** 20. 7. 1785 Konstantinopel*
† 1. 7. 1839 Konstantinopel
Konfrontiert mit Zerfallserscheinungen des Osman. Reiches, bemühte sich M. um Reformen (u. a. Auflösung der Janitscharen zugunsten einer Armee nach europ. Muster), mußte aber unter dem Druck der russ. Expansion Serbien unter →Miloš Obrenović Autonomie gewähren (1817) und Griechenland nach dem 6. russ.-türk. Krieg (1828/29) in die Unabhängigkeit entlassen (1829). Gegen den Aufstand des ägypt. Sultans Mohammed Ali (1831–1833), der die Kontrolle über Syrien anstrebte (bis 1839), konnte sich M. nur mit Hilfe von Zar →Nikolaus I. retten. Im Gegenzug mußte er Rußland im Vertrag von Unkiar-Skelessi die Schließung der Meerengen für ausländ. Schiffe im Kriegsfall gewähren.

Mahmud von Ghasni
Sultan von Ghasni 998–1030
** 1. 11. 971*
† 30. 4. 1030 Ghasna
Der bedeutendste Herrscher der Ghasnaviden-Dynastie (977–1187) wurde 998 vom Kalifen als Sultan anerkannt und vergrößerte sein Reich militärisch. Es umfaßte schließlich das heutige Afghanistan, Pakistan und weite Teile des Iran. In 17 Kriegszügen nach Indien (1001–1026) gewann M. Nordindien (Punjab) und brachte den Subkontinent erstmals massiv mit dem Islam in Kontakt. Seine Hauptstadt Ghasna machte M. zu einem Zentrum von Literatur, Philosophie und Wissenschaft.

Maizière, Lothar de

Ministerpräsident der DDR April-Okt. 1990
** 2. 3. 1940 Nordhausen*

Eigentlich Musiker und Jurist, übernahm M. während der Wende 1989/90 den Vorsitz der CDU der DDR. Nach den ersten freien Volkskammerwahlen wurde er 1990 letzter Min.-Präs. der DDR und im gleichen Jahr stellvertr. Vors. der gesamtdt. CDU, Vors. der CDU in Brandenburg, MdB sowie Bundes-Min. für besondere Aufgaben. M. organisierte den Beitritt der DDR zur BR Dtschld. (3. 10. 1990). Wegen des – später nicht bewiesenen – Vorwurfs, inoffizieller Mitarbeiter der DDR-Staatssicherheit gewesen zu sein, trat er Ende 1990 als Min. zurück.

Major, John

britischer Premierminister seit 1990
** 29. 3. 1943 Merton*

Aus einfachen Verhältnissen stammend, 1965–1979 im Bankgeschäft tätig, stieg M. als Mitglied des Unterhauses (seit 1979) rasch in den Reihen der Konservativen auf. 1989 war er Außen-Min. und 1989/90 Schatzkanzler, bevor er 1990 die Nachfolge Margaret →Thatchers als Regierungschef und Partei-Vorsitzender antrat. Innenpolitisch ließ er die umstrittene poll tax (Kopfsteuer) fallen, außenpolitisch nahm er Thatchers Ablehnung der europäischen Einigung zurück (1991) und erreichte die Ratifizierung des Vertrags von Maastricht durch britische Sonderkonzessionen (1992/ 93). Geheimverhandlungen mit der irischen Untergrundorganisation (IRA) führten 1994 zum Waffenstillstand im Nordirlandkonflikt. Durch Lavieren zwischen den in der Europapolitik gespaltenen Lagern in der Konservativen Partei konnte sich M. lange über Wasser halten, mußte sich jedoch 1995 offenen Flügelkämpfen und schweren kommunalen Wahlschlappen stellen.

Makarios III.
zypriotischer Staatspräsident 1960–1977
** 13. 8. 1913 Pano Panagia bei Páfos*
† 3. 8. 1977 Nikosia
(Eigentlich *Michail Christodoulos Mouskos*). Seit 1950 als Erzbischof Haupt der griech.-orth. Kirche auf Zypern, übernahm M. die Führung der polit. Bewegung zur Vereinigung (Enosis) Zyperns mit Griechenland. 1956/57 wurde er von Großbritannien deportiert und lebte 1957–1959 in Athen, akzeptierte aber 1959 die Unabhängigkeit Zyperns. Als erster Präs. der Republik distanzierte sich M. seit 1967 von der Militärdiktatur in Griechenland und wurde in der Zypernkrise 1974 von einem Staatsstreich der zypriot. Nationalgarde, die die Vereinigung mit Griechenland durchsetzen wollte, vorübergehend ins Exil gezwungen. Nach der türkischen Intervention und dem Sturz der griech. Militärdiktatur wenige Monate später kehrte M. zurück, konnte aber die Teilung der Insel in einen griechisch und einen türkisch dominierten Teil nicht verhindern.

Malan, Daniel François
südafrikanischer Premierminister 1948–1954
** 22. 5. 1874 Hjebeeck, Kapprovinz*
† 7. 2. 1959 Stellenbosch

Der Prediger der reformierten Kirche zog 1918 ins Parlament ein und war als Führer des rechten Flügels der Nationalpartei der Buren 1924–1933 Innen-Min. im Kabinett James B. M. →Hertzogs. Aus Protest gegen die Fusion der Nationalpartei mit der Südafrikanischen Partei unter Jan →Smuts gründete M. 1934 die oppositionelle »Geeinigte Nationalpartei«, die er jedoch 1939 als Gegner des Eintritts Südafrikas in den 2. Weltkrieg wieder mit der Nationalpartei vereinigte. Seit 1940 Führer der Nationalpartei, löste M. nach dem Wahlsieg von 1948 Smuts als Premierminister (zugleich Außenminister) ab und wurde zum eigentlichen Begründer der Apartheid in Südafrika.

Malcolm X
afroamerikanischer Bürgerrechtler
** 19. 5. 1925 Omaha, Nebraska*
† 21. 2. 1965 New York
(Eigentl. *Malcolm Little*). Während eines Gefängnisaufenthalts wegen Einbruchs 1946–1952 trat M. X den Black Muslims bei, einer religiös-nationalist. Bewegung der Afro-Amerikaner in den USA, deren führender Sprecher er nach seiner Entlassung wurde. Anfangs ein Vertreter des Separatismus zwischen Schwarzen und Weißen, überwarf er sich 1963 mit dem konservativeren Führer der Black Muslims, Elijah →Muhammad, und gründete nach einer Pilgerfahrt nach Mekka 1964 die Organisation für afroamerikan. Einheit, mit der er, zum Sozialismus bekehrt, für eine Zusammenarbeit mit revolutionären Weißen warb. 1965 wurde er – vermutlich von Angehörigen der Black Muslims – ermordet.

Malenkow, Georgi Maximilianowitsch
sowjetischer Ministerpräsident 1953–1955
** 8. 1. 1902 Orenburg*
† 14. 1. 1988 Moskau

Seit 1920 Mitglied der KP, seit 1925 des ZK, stieg M. als einer der Hauptorganisatoren der »Großen Säuberungen« gegen die alte Garde der Partei 1938 zum persönlichen Sekretär Josef W. →Stalins auf. Seit 1952 galt er als designierter Nachfolger Stalins und wurde nach dessen Tod 1953 Erster Sekretär der KPdSU und Vorsitzender des Ministerrats (Min.-Präs.), doch verdrängte ihn Nikita S. →Chruschtschow schon wenige Tage später als Parteichef. Als Ministerpräsident konnte seinen »neuen Kurs« der Förderung von Konsumgüterindustrie und Landwirtschaft zur besseren Versorgung der Bevölkerung nicht gegen die Kritik Chruschtschows an seinem »Konsumismus« durchsetzen und scheiterte mit seinem Bemühen um ausgleichende internationale Beziehungen, wurde 1955 gestürzt und als Ministerpräsident durch Marschall Nicolai →Bulganin abgelöst. Nach einem fehlgeschlagenen Versuch (u. a. mit Wjatscheslaw M. →Molotow) Chruschtschow zu stürzen, wurde er 1957 aller Ämter enthoben und nach Sibirien verbannt.

Malthus, Thomas Robert

britischer Nationalökonom
** 14. 2. 1766 Rookery*
† 23. 12. 1834 Bath

Nach einem Studium der Philosophie, Mathematik und Theologie in Cambridge (1784–1788) wirkte M. zunächst als Geistlicher, bevor er seit 1805 am East India College bei London Geschichte und Politik lehrte. Als einer der Klassiker der Nationalökonomie kritisierte er die Fortschrittsgläubigkeit der Aufklärung (u. a. in Gegnerschaft zu Marquis de Condorcet) und untersuchte die Bevölkerungsentwicklung in Abhängigkeit zu den natürlichen Ressourcen: Das Elend der Arbeiter führte er in seinem Hauptwerk »An essay on the principle of population« (anonym 1798, dt. 1807) auf die Vermehrung der Bevölkerung in geometr. Progression (1, 2, 4, 8 . . .) zurück, während die Nahrungsmittelproduktion nach seinen Berechnungen nur in arithmet. Progression (1, 2, 3, 4 . . .) wachse (M.'sches Gesetz). Zum Schutz vor weiterer Übervölkerung wandten sich M. und seine Anhänger (M.ianer) gegen die engl. Sozialpolitik und forderten spätes Heiraten und Geburteneinschränkung durch Enthaltsamkeit. Seit der Mitte des 19. Jh.s traten die Neomalthusianer für Schwangerschaftsverhütung und Abtreibung zur Geburtenkontrolle ein. (▷ Chronik Zitat)

Mamun, Abd Allah al-
Abbasidenkalif 813–833
** Sept. 786 Bagdad*
† Aug. 833 bei Tarsos
Der illegitime Sohn →Harun al-Raschids erbte 809 die Osthälfte des Kalifats. 813 setzte er sich gegen seinen älteren Bruder al-Amun, den Herrscher des westl. Kalifats, durch und tötete ihn. Sein Versuch, die Spaltung des Islam in Sunniten und Schiiten zu überwinden, indem er als Angehöriger der sich auf →Abbas berufenden sunnitischen Abbasidendynastie Ali al-Rida, einen Anhänger der Schia (→Ali), zu seinem Nachfolger bestimmte, stellte einerseits schiitische Extremisten nicht zufrieden und provozierte andererseits den Widerstand der sunnit. Orthodoxie. Der Tod Ali al-Ridas beendete 818 das Experiment. Als der geistig bedeutendste der frühen Abbasiden förderte M. die Übernahme antiken Geistesgutes durch die Übersetzung griech. Autoren im 830 gegründeten »Haus der Weisheit«.

Malthus' Bevölkerungsgesetz

Chronik Zitat

»(Erstens: Die Nahrung ist für die Existenz der Menschen notwendig. Zweitens: Die Leidenschaft zwischen den Geschlechtern ist notwendig und wird in etwa in ihrem gegenwärtigen Zustand bleiben.)
Indem ich meine Postulate als gesichert voraussetze, behaupte ich, daß die Vermehrungskraft der Bevölkerung unbegrenzt größer ist als die Kraft der Erde, Unterhaltsmittel für den Menschen hervorzubringen. Die Bevölkerung wächst, wenn keine Hemmnisse auftreten, in geometrischer Reihe an. Die Unterhaltsmittel nehmen nur in arithmetischer Reihe zu…
Aufgrund jenes Gesetzes unserer Natur, wonach die Nahrung für den Menschen lebensnotwendig ist, müssen die Auswirkungen dieser beiden ungleichen Kräfte im Gleichgewicht gehalten werden. Dies bedeutet ein ständiges, energisch wirkendes Hemmnis für die Bevölkerungszunahme aufgrund von Unterhaltsschwierigkeiten, die unweigerlich von einem beachtlichen Teil der Menschheit empfindlich verspürt werden...
Ich sehe keine Möglichkeit, dem Gewicht dieses Gesetzes auszuweichen. Weder eine erträumte Gleichheit noch landwirtschaftliche Maßnahmen von äußerster Reichweite könnten seinen Druck auch nur für ein einziges Jahrhundert zurückdrängen. Deshalb scheint das Gesetz auch entschieden gegen die mögliche Existenz einer Gesellschaft zu sprechen, deren sämtliche Mitglieder in Wohlstand, Glück und verhältnismäßiger Muße leben und sich nicht um die Beschaffung von Unterhaltsmitteln für sich und ihre Familien zu sorgen brauchen...
Die Armen müssen zwangsläufig noch schlechter leben, und viele von ihnen werden in äußerste Not geraten. Da auch die Zahl der Arbeiter die Nachfrage auf dem Arbeitsmarkt übersteigt, wird der Arbeitslohn eine fallende Tendenz zeigen, während gleichzeitig der Preis der Lebensmittel eine steigende Tendenz aufweisen wird...«

Mandela, Nelson Rolihlahla
südafrikanischer Staatspräsident seit 1994
** 18. 7. 1918 Umtata, Transkei*

Seit 1944 Mitglied des Afrikan. Nationalkongresses (ANC), stieg der Häuptlingssohn und praktizierende Rechtsanwalt vom Stamm der Xhosa schnell zu einem der Führer der Antiapartheidsbewegung in Südafrika auf. Nach einer ersten Anklage wegen Hochverrats 1956, von der er 1961 freigesprochen wurde, arbeitete M. am Aufbau einer Militärorganisation des ANC. Nach der Verhängung des Ausnahmezustands und dem Verbot des ANC (1960) wurde er 1962 erneut verhaftet und 1964 zu lebenslängl. Zuchthausstrafe verurteilt. Während seiner Haft avancierte er zur Symbolfigur des Kampfes gegen die Apartheid, so daß seine Haftentlassung durch Präs. Frederik Willem de →Klerk 1990 die polit. Wende in Südafrika markierte. M. wurde Präs. des ANC und beteiligte sich führend an der demokratischen Umgestaltung des Landes, die trotz großer Widerstände von burischen Nationalisten und der Zulu-Partei Inkatha unter Führung Mangosuthu →Buthelezis die Herrschaft der weißen Minderheit beendete. Nach den ersten freien, nichtrassist. Parlamentswahlen 1994 wurde M. Staats-Präs. und versucht seitdem, durch die Einbeziehung der Inkatha und der Buren der durch fast ein halbes Jh. Apartheid gespaltenen südafrikan. Gesellschaft eine polit. und ökonom. Zukunft zu sichern. 1993 erhielt er gemeinsam mit de Klerk den Friedensnobelpreis.

Manescu, Corneliu
rumänischer Außenminister 1961–1972
** 8. 2. 1916 Ploeşti*
Seit 1948 hoher Beamter, wurde M. 1961 Außenminister 1967 Präs. der UNO-Vollversammlung. Obwohl im ZK der KP (1965–1984), geriet er als westlich orientierter Gentlemen-Diplomat unter Nicolae Ceauşescu zunehmend ins Abseits und stand zuletzt faktisch unter Hausarrest. Nach dem Sturz Ceauşescus (1989) und der anschließenden Öffnung Rumäniens nach Westen war er als einer der Hoffnungsträger der Revolution überfordert.

Manescu, Manea
rumänischer Ministerpräsident 1974–1979
** 9. 8. 1916 Braila*
Der Wirtschaftsfachmann war 1951–1955 Direktor der Zentralbehörde für Statistik, bevor er 1955 bis 1957 Finanzminister wurde und 1960 ins ZK der KPR aufstieg. Unter Nicolae →Ceauşescu gehörte er zum inneren Kreis der Macht und zeichnete sich als ZK-Sekretär (1965–1972) wie als Ministerpräsident durch besondere Gefügigkeit aus.

Manfred
König von Sizilien 1258–1266
** 1232*
† 26. 2. 1266 bei Benevent
Der uneheliche Sohn Kaiser →Friedrichs II. erbte von seinem Vater 1250 das Fürstentum Tarent und übernahm für seinen Halbbruder König →Konrad IV. die Regentschaft in Sizilien und Italien. Nach Konrads Tod (1254) Regent für dessen Sohn →Konradin, unterwarf M. 1255–1257 ganz Sizilien und Neapel und ließ sich 1258 zum König von Sizilien wählen. 1260 dehnte er seine Macht auch auf die Toskana und Oberitalien aus. Seine tödliche Niederlage in der Schlacht bei Benevent gegen →Karl I. von Anjou, den die Päpste →Urban IV. und Klemens IV. (1265–1268) gegen ihn zu Hilfe gerufen hatten, eröffnete die kurze Herrschaft der französ. Anjou-Dynastie über Sizilien (bis 1282).

Mani
persischer Religionsstifter
** um 216 bei Seleukeia*
† um 276 Gandeschapur
Durch eine Erleuchtung in seinem 24. Lebensjahr fühlte sich der aus dem Adel stammende M. berufen, eine neue, synkretistische Religion zu stiften, die Elemente der Lehren von →Zarathustra, →Buddha und →Jesus verschmolz (Manichäismus). Im Mittelpunkt seiner gnostisch-dualistischen Weltanschauung stand der Kampf zwischen dem Reich des Lichts und dem der Finsternis (Geist und Materie), deren Prinzipien sich durch die Sünde miteinander vermengt hätten und wieder voneinander zu trennen seien. Wesentliches Mittel dazu sei die Askese. M.s Lehre, die er seit 243 unter →Schapur I. auf Reisen durch das Sassanidenreich bis nach Indien verbreitete, fand bis ins Mittelalter hinein in Ost und West viele Anhänger (u. a. →Augustinus, Boghumilen, Albigenser). M. selbst wurde vom zweiten Nachfolger Schapurs, Bharam I. (273–276), als Ketzer verurteilt und starb in Haft.

Maniu, Iuliu

rumänischer Ministerpräsident 1928–1930, 1932/33
** 8. 1. 1873 Şimleul-Silvaniei*
† 3. 1. 1953 Galaşi

Der im damals ungarischen Transsylvanien ausgebildete Jurist verkörpert stellvertretend Erfolg und Scheitern der bürgerlich-großrumän. Ambitionen in der ersten Hälfte des 20. Jahrhunderts. Als Mitglied des Präsidiums der Rumänischen Nationalpartei (seit 1898) und Abgeordneter des ungar. Parlaments (seit 1906) war M. einer der Hauptverfechter der Vereinigung Transsylvaniens mit Rumänien, die nach dem Zusammenbruch Österreich-Ungarns 1918 verwirklicht wurde. Durch die Allianz seiner Nationalpartei mit der Bauernpartei zur Nationalen Bauernpartei (1926) stieg er zu einer der führenden Persönlichkeiten Großrumäniens auf. Als Angehöriger der griechisch-katholischen Minderheit war ihm der Zugang zur orth. »Bukarester Mafia« jedoch versperrt. Seine Regierung scheiterte an der Weltwirtschaftskrise. Die Abtretung Nordwest-Transsylvaniens an Ungarn und die rumänische Kooperation mit Adolf →Hitler brachten ihn in Opposition zu Ion →Antonescu, der 1944 die Bildung einer westlich orientierten Gegenregierung unter M. zuließ. Nach der Befreiung Rumäniens 1944 noch einmal Min., wehrte sich M. gegen die Einbeziehung Rumäniens in den sowjetischen Machtbereich und wurde 1947 zu lebenslänglicher Haft verurteilt.

Mannerheim, Carl Gustaf Emil *Freiherr von*
finnischer Staatspräsident 1944–1946
** 4. 6. 1867 Gut Louhisaari*
† 27. 1. 1951 Lausanne
Als Angehöriger der schwedischen Minderheit in der russ. Provinz Finnland trat M. 1889 in die russ. Armee ein und diente dem Zaren im 1. Weltkrieg als Kavalleriegeneral. Nach der finn. Unabhängigkeitserklärung während der Russischen Revolution 1917 übernahm er die Führung der antibolschewik. »Weißen« im Bürgerkrieg (1917/18) und war Reichsverweser 1918/19. 1931 wurde er Vors. des nationalen Verteidigungsrats und ließ zur Befestigung der karel. Landenge gegen die UdSSR die »M.-Linie« errichten. Er unterlag als finn. Oberbefehlshaber gegen die Sowjetunion im Winterkrieg 1939/40. Auch sein Versuch der Wiedergewinnung Kareliens an der Seite des nat.-soz. Deutschlands 1941–1944 (seit 1942 als Marschall) schlug mit der dt. Niederlage fehl. Seit 1943 bemüht, Finnland aus dem Bündnis zu lösen, lehnte er im Juli 1944 die dt. Forderung ab, die finn. Einheiten dt. Oberbefehl zu unterstellen. Einen Monat später zum Staatspräsidenten gewählt, schloß er einen Seperatfrieden mit der UdSSR, der den Verlust Kareliens festschrieb. Nach seinem Rücktritt lebte er in der Schweiz.

Mansfeld, Ernst II. *Graf zu*
deutscher Heerführer
** 1580 Luxemburg*
† 29. 11. 1626 Rakowitza bei Sarajewo
Der uneheliche Sohn des kaiserl. Statthalters von Luxemburg, Peter Ernst I. (* 1517, † 1604), kämpfte seit 1618 im Dreißigjährigen Krieg mit Söldnertruppen auf Seiten der aufständischen Böhmen und des Kurfürsten →Friedrich V. von der Pfalz ohne religiöse oder politische Überzeugung um Kriegsgewinn und Beute. 1622 siegte er über Johann T. v. →Tilly bei Wiesloch, wurde jedoch nach den prot. Niederlagen bei Wimpfen und Höchst entlassen und versuchte vergeblich, auf die Seite der Kaiserlichen überzutreten. Nacheinander im Dienst der niederländischen Generalstaaten, Frankreichs und Englands wurde M. auf dem Weg nach Böhmen 1626 bei der Dessauer Brücke von Albrecht v. →Wallenstein entscheidend geschlagen.

Manstein, Erich von
deutscher General
** 24. 11. 1887 Berlin*
† 10. 6. 1973 Irschenhausen, Oberbayern
(Eigentlich *Fritz-Erich von Lewinski*). M., der als einer der Profiteure der Krise um Werner v. →Fritsch (1938) zum Generalleutnant aufgestiegen war, entwarf als Stabschef der Heeresgruppe Rundstedt 1940 den deutschen Operationsplan gegen Frankreich (»Sichelschnitt«) und leitete seit 1941 als Oberbefehlshaber der 11. Armee die Eroberung der Krim und Sewastopols. Seit 1942 Generalfeldmarschall, waren seine Versuche zum Entsatz von Stalingrad erfolglos. Wegen seiner Kritik an der Strategie Adolf →Hitlers im Osten wurde er 1944 seines Kommandos enthoben. 1949 von einem britischen Militärgericht zu 18 Jahren Haft verurteilt, wirkte M. nach seiner Entlassung 1953 als Gutachter beim Aufbau der Bundeswehr mit.

Mansur, Abu Dschafar Abdallah ibn Mohammed al-
2. Abbasidenkalif 754–775
** um 712*
† Okt. 775 Bir Maimun bei Mekka
(Arabisch »al-Mansur« = »der Siegreiche«). Nach dem Tod seines Bruders Abdul Abbas (749/50 bis 754), der die Omaijadendynastie gestürzt hatte, festigte M. die Herrschaft seines Hauses und erhob 762 das Dorf Bagdad zur neuen Residenz des Kalifats. M. gilt als Stammvater der Abbasidendynastie.

Manteuffel, Edwin
Freiherr von
preußischer Offizier und Politiker
** 24. 2. 1809 Dresden*
† 17. 6. 1885 Karlsbad

Aus einem alten Adelsgeschlecht stammend, wurde M. 1848 als Flügeladjutant →Friedrich Wilhelms IV. Mitglied des engeren Kreises der Hofpartei (»Kamarilla«) in Preußen. Als Chef des Militärkabinetts (seit 1857) war er unter →Wilhelm I. mit Albrecht v. →Roon maßgeblich an der preuß. Heeresreform beteiligt. Nach dem Dt. (1866) und dem Dt.-Französ. Krieg (1870/71) wurde er 1873 zum Generalfeldmarschall ernannt. 1879–1885 war er Statthalter von Elsaß-Lothringen, ohne es trotz Bevorzugung des kath. Klerus und französisch gesinnter Notabeln verbindlich ins Reich integrieren zu können.

Manteuffel, Otto Theodor *Freiherr von*
preußischer Ministerpräsident 1850–1858
** 3. 2. 1805 Lübben*
† 26. 11. 1882 Crossen bei Luckau
Der Vetter von Edwin →M. war 1848–1850 preuß. Innen-Min., bevor er als Ministerpräsident und Außen-Min. (1850–1858) die »Ära M.« etablierte, in der er seinen konservativ-bürokratischen Absolutismus sowohl gegen die Reaktion der Hofkamarilla als auch gegen liberale Konstitutionalisten verteidigte. M. hatte entscheidenden Anteil an der oktroyierten Verfassung von 1848 und an der Durchsetzung des Dreiklassenwahlrechts. 1850 schloß er die Olmützer Punktation ab, mit der Preußen seine kleindeutschen Unionsziele vorerst aufgab.

Manuel I. Komnenos
byzantinischer Kaiser 1143–1180
** 1120*
† 24. 9. 1180 Konstantinopel
Der Sohn →Johannes' II. Komnenos unternahm in der Tradition →Justinians I. den letzten Versuch, Italien für Byzanz zu gewinnen und führte das Reich durch Siege über die Normannen (1147) und die Kreuzfahrerstaaten (1158/59) sowie die Erlangung der Lehnshoheit über Serbien und Ungarn auf einen Höhepunkt seiner Macht. Sein Versuch, Kaiser →Friedrich I. Barbarossa mit Hilfe von Papst →Alexander III. aus Italien zu verdrängen, um selbst die römische Kaiserkrone anzunehmen, scheiterte. 1176 wurde M. von den Seldschuken bei Myriokephalon entscheidend geschlagen.

Manuel II. Palaiologos
byzantinischer Kaiser 1391–1425
** 1350*
† 21. 7. 1425 Konstantinopel
Vergeblich warb M. nach der Eroberung des Balkans durch das Osmanische Reich bei europäischen Fürsten um Hilfe gegen Sultan →Bajezid I. Nur vorübergehend verschaffte ihm der Sieg der Mongolen unter →Timur Lenk über Bajezid bei Angora 1402 Entlastung. Als er Konstantinopel abermals von den Osmanen, nun unter →Murad II., bedroht sah, überließ M. seinem Sohn →Johannes VIII. Palaiologos, den er 1421 zum Mitkaiser ernannt hatte, die Staatsgeschäfte.

Mao Zedong
chinesischer Staatschef 1949–1959 und Führer der KP 1945–1976
** 26. 12. 1893 Shaoshan, Prov. Hunan*
† 9. 9. 1976 Peking

(Auch *Mao Tse-tung*). Der Gründer der Volksrepublik China und bedeutende Theoretiker des Kommunismus entstammte einer wohlhabenden bäuerl. Familie. Nach dem Besuch eines Lehrerseminars lebte M. Z. 1918/19 als Hilfsbibliothekar in Peking, wo er mit dem Kommunismus in Berührung kam. 1921 gehörte er zu den Gründern der chines. KP, die sich mit der Guomindang (Nationalpartei) →Sun

Yatsens verbündete. Bereits in den ersten Jahren seiner Parteiarbeit betonte M. Z. – entgegen der Parteilinie – das revolutionäre Potential der Bauern (»Über die Lage der Bauern in Hunan«, 1927).

Nach dem Bruch zwischen der KP und der Guomindang unter der neuen Führung →Chiang Kai-sheks 1927 organisierte M. Z. im Bergland zwischen Hunan und Jiangxi eine revolutionäre Bauernbewegung und errichtete 1931 in Jiangxi einen Sowjetstaat, der sich durch Guerillataktiken gegen Angriffe der Guomindang behauptete. 1934 durchbrach er die Umzingelung durch Guomindang-Truppen und führte Zehntausende seiner Anhänger auf dem Langen Marsch (1934/35) in die nördliche Prov. Shanxi, wo in Yan'an ein neues kommunist. Zentrum entstand. Während dieser spektakulären Aktion setzte er seine Selbständigkeit gegenüber der Komintern durch und wurde zur dominierenden Persönlichkeit der KPCh, jedoch erst 1945 mit der Wahl zum Vors. des ZK offiziell Parteiführer. In seiner Schrift »Über die neue Demokratie« (1940) lieferte M. Z. eine erste theoret. Fundierung der chinesischen Variante des Kommunismus (Maoismus).

Nach dem durch den japanischen Überfall auf China (1937) erzwungenen Zweckbündnis zwischen Guomindang und KP brachte der Bürgerkrieg zwischen Nationalisten und Kommunisten 1946–1949 die Entscheidung zugunsten M. Z.s: Im Oktober 1949 rief er die Volksrepublik China aus und übernahm den Vorsitz der Zentralen Volksregierung (seit Annahme der neuen Verfassung 1954 Vorsitzender der Volksrepublik). In einer der tiefgreifendsten sozialen Umwälzungen der Geschichte initiierte er im bevölkerungsreichsten Land der Erde den Übergang zum Sozialismus und führte China hinter den USA und der UdSSR in eine Weltmachtposition. Auch nach der Errichtung der Diktatur des Proletariats hielt M. Z., wiederum im Gegensatz zur sowjetische Linie, am Klassenkampf fest und versuchte 1956/57 vergeblich, ihm mit der »Hundert-Blumen-Kampagne« für größere Meinungsfreiheit neue Impulse zu geben. Der »Große Sprung nach vorn« (1958 bis 1961) zur forcierten Industrialisierung bei gleichzeitiger Beschleunigung der Kollektivierung der Landwirtschaft führte ins ökonomische Desaster, in dem M. Z. 1959 als Staatsoberhaupt von →Liu Shaoqi verdrängt wurde, jedoch die Parteiämter behielt. Sein Einfluß ging weiter zurück, als es über ideologische und außenpolitische Konflikte 1960 zum Bruch mit Moskau kam. Das internationale Ansehen M. Z.s, der nach dem Tod Josef W. →Stalins 1953 zur führenden Persönlichkeit des Weltkommunismus aufgestiegen war, litt dadurch jedoch kaum. Die Kulturrevolution (1966–1969), mit der M. Z. unter starker Beteiligung seiner Frau →Jiang Qing die Revolutionierung Chinas noch einmal forcieren wollte, war daher auch der Versuch, sich gegen seine auf eine gemäßigte Politik dringenden innerparteil. Gegner durchzusetzen. Es gelang ihm, 1968 Liu Shaoqi auszuschalten und 1971 seinen designierten Nachfolger →Lin Biao zu entmachten. Die Massenkampagnen der »Roten Garden« gegen Intellektuelle und ausländ. Einflüsse kosteten jedoch Hunderttausenden das Leben, verstärkten die internationale Isolierung Chinas und führten das Land an den

Worte des Großen Vorsitzenden

Chronik **Zitat**

»Wir sehen uns zwei Arten von gesellschaftlichen Widersprüchen gegenüber – Widersprüchen zwischen uns und dem Feind sowie Widersprüchen im Volke. Diese beiden Arten von Widersprüchen sind ihrem Wesen nach grundverschieden.«

»Probleme ideologischen Charakters oder Streitfragen, die im Volke entstehen, können nur mit der Methode der Demokratie, mit der Methode der Diskussion, Kritik, Überzeugung und Erziehung, nicht aber durch Zwangs- und Unterdrükkungsmaßnahmen gelöst werden.«

»Jeder Kommunist muß diese Wahrheit begreifen: ›Die politische Macht kommt aus den Gewehrläufen‹.«

»Alles, was der Feind bekämpft, müssen wir unterstützen; alles, was der Feind unterstützt, müssen wir bekämpfen.«

»Alle Reaktionäre sind Papiertiger. Dem Aussehen nach sind sie furchterregend, aber in Wirklichkeit sind sie nicht so mächtig. Auf lange Sicht haben nicht die Reaktionäre, sondern hat das Volk eine wirklich große Macht.«

»Das Volk und nur das Volk ist die Triebkraft, die die Weltgeschichte macht.«

»Die wahren Helden sind die Massen, wir selbst aber sind oft naiv bis zur Lächerlichkeit; wer das nicht begriffen hat, wird nicht einmal die minimalen Kenntnisse erwerben können.«

»Die Welt schreitet vorwärts, die Zukunft ist glänzend, und niemand kann diese allgemeine Tendenz der Geschichte ändern.«

Rand eines Bürgerkrieges. Grundlage von M. Z.s wiedergewonnener Machtposition war der Personenkult, der sich u. a. im »Roten Buch« mit den Worten des »Großen Vorsitzenden und Steuermanns« niederschlug. Fortan unterstützte er Min.-Präs. →Zhou Enlais Politik der innenpolit. Konsolidierung durch wirtschaftliches Wachstum und der Durchbrechung der außenpolit. Isolierung Chinas. 1972 empfing er den Präsidenten der USA, Richard →Nixon, in Peking. In seinen letzten Lebensjahren stand er, bei krankheitshalber eingeschränkter Handlungsfähigkeit, unter dem Einfluß der radikalen Fraktion in der Parteiführung (»Viererbande«) um Jiang Qing. Trotz der nach seinem Tod eingeleiteten begrenzten Entmaoisierung fand M. Z. in der Dritten Welt besond. Beachtung als Theoretiker des »revolutionären Volkskrieges«. (▷ Chronik Zitat)

Marat, Jean-Paul
französischer Revolutionär
** 24. 5. 1743 Boudry bei Neuchâtel (Schweiz)*
† 13. 7. 1793 Paris
Der Arzt und Publizist war einer der radikalen Führer der Französischen Revolution. Als Herausgeber der Zeitung »Ami du peuple« profilierte er sich als großer Polemiker und Anpeitscher der Revolution. 1790 gründete er mit Georges J. →Danton den Club der Cordeliers, der den linken Flügel der Jakobiner vertrat. Als Mitgl. des Konvents und Präs. des Jakobinerklubs betrieb er den Vernichtungskampf gegen die Girondisten und war führend an den Septembermorden an über 1000 politischen Gefangenen beteiligt (1792). Er wurde von der Girondistin Charlotte Corday (* 1768, † 1793) erdolcht.

Marbod
König der Markomannen um 8 v. Chr.–19 n. Chr.
† um 37 n. Chr. Ravenna
In seiner Jugend in Rom am Hof des →Augustus erzogen, kehrte M. später zu den Markomannen zurück, riß die Königswürde an sich und führte sein Volk nach der Niederlage gegen →Drusus 9 v. Chr. zusammen mit einem Teil der Quaden aus dem Maingebiet nach Böhmen. Hier unterwarf er die Nachbarstämme und schuf das erste germanische Reich, das etwa Böhmen, Mähren und Schlesien umfaßte. M. richtete nach römischem Muster einen glanzvollen Hof (Marobudum) ein. Nach einer Niederlage gegen die Cherusker unter →Arminius 17 n. Chr. zerbrach M.s Herrschaft 19, und er wurde zur Flucht auf römisches Gebiet gezwungen. Kaiser →Tiberius wies ihm Ravenna als Aufenthaltsort zu.

Marc Aurel *(Marcus Aurelius Antoninus)*

römischer Kaiser
161–180
** 26. 4. 121 Rom*
† 17. 3. 180
Vindobona (heute Wien)

Zusammen mit Lucius Aurelius →Verus von seinem Vorgänger →Antoninus Pius adoptiert (138) und seit 145 dessen Schwiegersohn, war M. A. der letzte in der Serie der Adoptivkaiser (seit 98) mit Verus († 169) als Mitkaiser. Trotz erfolgreicher Abwehrkämpfe im Osten (162–166) und im Donauraum (166–180), die durch Pest und Hungersnot erschwert wurden, endete unter M. A. die Expansion des Röm. Kaiserreiches. Im Innern vergrößerte er die kaiserl. Initiative in Verwaltung und Rechtsprechung, stärkte die Beamtenschaft und sorgte für die Anlage von Registern aller röm. Bürger, doch zeigten sich angesichts der kostspieligen Kriege erste Anzeichen der Finanzkrise. M. A. starb während des 2. Markomannenkriegs (seit 177) an der Pest. Die Nachfolge trat sein leibl. Sohnes →Commodus an, den er 176 zum Mitregenten und Nachfolger ernannt hatte. – Als ernster Anhänger der stoischen Philosophie verfaßte M. A. in griech. Sprache eine Schrift »An sich selbst«, die Zeugnis seiner Vorstellungen von der Vergänglichkeit alles Irdischen und der Gleichheit aller Freien gibt.

Marchais, Georges
Generalsekretär der französischen KP 1972–1994
** 7. 6. 1920 La Hoguette*
Seit 1947 Mitgl. der KPF, wurde der gelernte Flugzeugmechaniker 1951 hauptamtl. Funktionär in der kommunistisch geführten Gewerkschaft CGT (Confédération Générale du Travail) und stieg 1961 ins ZK der KPF auf. Als langjähriger Generalsekretär seiner Partei schloß er 1972 ein Wahlbündnis mit den Sozialisten (Union de la Gauche), das 1981 die Wahl François →Mitterrands zum Staats-Präs. und die Koalitionsregierung von KPF und Parti Socialiste (PS) unter Pierre →Mauroy ermöglichte. In der Regierungsverantwortung zunehmend zu Kompromissen gezwungen, betrieb er 1984 den Bruch der Koalition. M., der seine Partei auf einen orthodoxen Kurs führte, vollzog die Reformbewegung in der

UdSSR unter Michail →Gorbatschow nicht mit. Nach dem Bedeutungsverlust der KPF und verstärkter innerparteilicher Opposition trat er zurück.

Marcos, Ferdinand Edralin

philippinischer Staatschef 1965–1986
** 11. 9. 1917 Sarrat*
† 28. 9. 1989 Honolulu, Hawaii

Nach seinem Übertritt von den Liberalen zur Nationalen Partei (Partido Nacionalista) 1964 gewann M. 1965 die Präsidentschaftswahlen und wurde 1969 als erster Präsident der Philippinen für eine zweite Amtszeit gewählt. Außenpolitisch erwies er sich als Stütze der US-amerikanischen Ostasienpolitik (u. a. im Vietnamkrieg). Angesichts bürgerkriegsähnlichen Revolten der Studenten und Muslime gegen seine Regierung verhängte M. 1972 das Kriegsrecht und proklamierte 1973 eine neue Verfassung, die ihm diktatorische Vollmachten auf unbeschränkte Zeit garantierte. Fortan ließ er sich durch Plebiszite bestätigen. Nach der Aufhebung des Kriegsrechts 1980 sah sich M. wachsender Opposition ausgesetzt, der er durch die Ermordung seines prominentesten Kritikers, Benigno S. Aquino (* 1932, † 1983) weitere Nahrung gab. Nach der Aufdeckung massiven Wahlbetrugs bei der Präsidentschaftswahl 1986 wurde er durch eine Volksbewegung unter Führung von Corazon →Aquino, der sich das Militär anschloß, gestürzt und ging ins Exil.

Mardonios
persischer Feldherr
† 479 v. Chr. bei Platää
(Persisch *Mardunija*). Der Neffe und Schwiegersohn König →Dareios' I. ordnete Ionien nach dem Ion. Aufstand (494) neu und stellte 492 in Thrakien die pers. Herrschaft wieder her. Zu Beginn des 2. Perserkrieges führte er unter König →Xerxes I. 480 die Landtruppen nach Griechenland und übernahm nach dessen Rückkehr nach Asien den Oberbefehl über die pers. Truppen in Thessalien. Als sich Athen nicht zu Verhandlungen bereit zeigte, ließ er die Stadt zerstören, unterlag aber 479 gegen das vereinigte griech. Heer bei Platää und fiel.

***Margarete,** Fürstinnen*

– Dänemark
Margarete I.
Königin von Dänemark und Norwegen 1387–1412 sowie von Schweden 1389–1412
** März 1353 Søborg, Seeland*
† 28. 10. 1412 Flensburg
Die Tochter →Waldemars IV. Atterdag von Dänemark wurde durch ihre Heirat (1363) mit dem König von Norwegen und Schweden, →Haakon VI. Magnusson, eine der mächtigsten Frauen des Mittelalters. Nach dem Tod ihres Vaters 1374 setzte sie 1376 die Wahl ihres sechsjährigen Sohnes Olaf (* 1370, † 1387) zum dän. König durch, nach dem Tod ihres Mannes 1380 wurde er auch norweg. König. In beiden Fällen übernahm sie die Regentschaft. Als Olaf 1387 starb, wählten sie die Großen Dänemarks und Norwegens zur »Frau, Herrscherin und zum mächtigen Vormund der Reiche«, was der Stellung einer Königin gleichkam. Ein Jahr später wurde sie gegen König Albrecht von Mecklenburg (1364–1389, † 1412) auch zur Herrscherin von Schweden gewählt und trat das Amt 1389 an, nachdem sie Albrecht besiegt hatte. Um die Thronfolge zu sichern, adoptierte M. 1387 ihren Großneffen →Erich von Pommern. 1397 begründete sie die Kalmarer Union der drei Reiche Dänemark, Norwegen und Schweden, die mit Unterbrechungen bis 1523 dauerte, und ließ Erich zum König des Nordens krönen. De facto regierte sie bis zu ihrem Tod.

– Frankreich

Margarete von Valois

Königin 1589–1599
** 14. 5. 1553 St.-Germain-en-Laye*
† 27. 3. 1615 Paris

Die Tochter →Katharinas de'Medici und →Heinrichs II. von Frankreich wurde 1572 mit →Heinrich (IV.) von Navarra verheiratet, um eine Aussöhnung von Katholiken und Protestanten in Frankreich zu erreichen, doch nutzten ihre Mutter und Henri I. →Guise die Anwesenheit vieler hochgestellter Protestanten anläßlich der Feierlichkeiten, um ein Massaker unter den Hugenotten anzurichten (Bartholomäusnacht). In ihrer Ehe unglücklich, erreichte M. durch zahlreiche Affären und einen tätlichen Angriff auf Heinrich ihre Scheidung (1599). Seit 1605 unterhielt sie einen literarischen Salon in Paris. Ihre Memoiren sind von kulturgeschichtlicher Bedeutung.

– Niederlande

Margarete von Österreich

Generalstatthalterin der Niederlande 1507–1530
** 10. 1. 1480 Brüssel*
† 1. 12. 1530 Mecheln

Die Tochter Kaiser →Maximilians I. wurde 1507 von ihrem Vater zur Generalstatthalterin der Niederlande ernannt. Sie regierte von Mecheln aus im habsburg. Hausinteresse und versuchte, das Eindringen der Reformation zu verhindern. Als Verhandlungsführerin der Habsburger handelte sie 1508 die Liga von Cambrai (Kaiser, Papst →Julius II., →Ludwig II. von Frankreich, →Ferdinand II.von Aragón) gegen Venedig aus und schloß 1529 mit Louise von Savoyen den »Damenfrieden« von Cambrai, der den Krieg zwischen der Liga von Cognac (Papst, Spanien) gegen Frankreich, England, Florenz und Venedig (seit 1526) beendete. An ihrem Hof in Gent wurde der spätere Kaiser →Karl V. erzogen.

Margarete von Parma

Generalstatthalterin der Niederlande 1559–1567 und 1580–1583
** 28. 12. 1522 Oudenaarde*
† 18. 1. 1586 Ortona

Die unehel. Tochter Kaiser →Karls V. wurde am Hof der Königin Maria von Ungarn (* 1505, † 1558) in Brüssel erzogen und war in erster Ehe 1536 mit Herzog Alessandro de'→Medici, in zweiter Ehe 1538 mit Ottavio Farnese, dem Herzog von Parma und Piacenza, vermählt. 1559 ernannte →Philipp II. von Spanien sie zur Statthalterin der Niederlande. Als Vertreterin einer milden und auf Versöhnung gerichteten Politik verzichtete sie auf ihr Amt, als der Aufstand mit dem Bildersturm 1566 offen ausbrach und 1567 Herzog →Alba mit einschneidenden Vollmachten erschien. Nach ihrer 2. Generalstatthalterschaft übernahm ihr Sohn Alessandro →Farnese das Amt.

Maria, Marie, *Fürstinnen*

–Römisch-deutsche Kaiserin

Maria Theresia

Kaiserin 1745–1780
** 13. 5. 1717 Wien*
† 29. 11. 1780 Wien

(Erzherzogin von Österreich sowie Königin von Ungarn und Böhmen 1740–1780). Die älteste Tochter Kaiser →Karls VI. verwandelte als eine der bedeutendsten Herrscherinnen Österreichs die Habsburger Monarchie in ein modernes Staatswesen. Durch ihre Heirat (1736) mit Franz Stephan von Lothringen (→Franz I.) war sie 1745–1765 Kaiserin.
Nach dem Tod ihres Vaters 1740 trat M. aufgrund der Pragmat. Sanktion von 1713 die Herrschaft in den habsburg. Erblanden an, mußte sich jedoch gegen Erbansprüche Bayerns (Kaiser →Karl VII. Albrecht), Spaniens und Sachsens, unterstützt von Frankreich im Österr. Erbfolgekrieg (1740–1748) durchsetzen. Im Dezember 1740 nutzte ihr großer Gegenspieler, →Friedrich II. (d. Gr.) von Preußen, die Situation, fiel in Schlesien ein und begann mit dem 1. Schlesischen Krieg (1740–1742) die Reihe der langjährigen militärischen Auseinandersetzungen. Als 1741 ein sächs. und ein französisch-bayerisches Heer in Böhmen-Österreich sowie span. Truppen in Italien einrückten, mußte M. im Breslauer Frieden 1742 und – nach dem 2. Schles. Krieg 1744/1745 – im Frieden zu Dresden 1745 auf Schlesien verzichten. Nachdem sie 1745 die Kaiserkrone für Franz I. sichern konnte, verlor sie im Frieden von Aachen (1748) nach dem Tod Kaiser →Karls VII. zwar Parma und Piacenza, erreichte aber ihre Anerkennung als Erbin der Monarchie.
In den folgenden Friedensjahren widmete sich M. der Zentralisierung der Verwaltung (Verwaltungsreform 1749), der Sanierung des Staatshaushalts (Aufhebung der Steuerbefreiung für Adel und Klerus) und der Schaffung eines stehenden Heeres, um Schlesien zurückzugewinnen. Ihr Ratgeber für äußere Angelegenheiten, Staatskanzler Wenzel Anton Graf →Kaunitz, bewog sie 1756, sich von Großbritannien als traditionellem Verbündeten Österreichs

abzuwenden und ein Bündnis mit Frankreich sowie Sachsen, Schweden und Rußland zu schließen (Kaunitzsche Koalition), das ihre Ansprüche im Siebenjährigen Krieg (1756–1763) durchsetzen sollte. Das Ausscheiden Rußlands unter Zar →Peter III. aus der Koalition 1762 zwang M. 1763 zum Frieden von Hubertusburg, in dem Österreich Schlesien endgültig an Preußen verlor.
M. reformierte die innere Verwaltung und das Justizwesen, verbesserte die wirtschaftliche Infrastruktur und das Bildungssystem und milderte die Leibeigenschaft. Als Gegerin der Aufklärung geriet sie in zunehmenden Konflikt mit ihrem Sohn, Kaiser →Joseph II., den sie nach dem Tod ihres Mannes 1765 zum Mitregenten in den Erblanden erhoben hatte. Nur widerstrebend beteiligte sie sich 1772 unter seinem Druck an der 1. Teilung Polens, durch die Galizien an Österreich fiel, und stimmte 1775 der Angliederung der zuvor osman. Bukowina zu. Im ebenfalls gegen ihren Willen begonnenen Bayer. Erbfolgekrieg 1778/79 kam das Innviertel an Österreich. Trotz ihrer Frömmigkeit wahrte M. ihre Selbständigkeit gegenüber der kath. Kirche und verfügte die Aufhebung des Jesuitenordens. Ihrer Ehe mit Franz I. entstammten 16 Kinder (darunter →Marie Antoinette, →Leopold II.), von denen sechs zu M.s Lebzeiten starben. (▷ Chronik Zitat)

– England

Maria I.,
die Katholische

Königin 1553–1558
** 18. 2. 1516 Greenwich*
† 17. 11. 1558 London

(Auch *Maria Tudor*). Die Tochter →Heinrichs VIII. und →Katharinas von Aragón, restaurierte nach ihrem Herrschaftsantritt den Katholizismus und setzte die Anerkennung des Papsttums im seit 1534 anglikanischen England durch. Mit schärfsten Mitteln ging sie gegen die Protestanten vor, von denen viele ins Exil gingen und etwa 300 auf dem Scheiterhaufen starben (daher ihr Beiname *Maria die Blutige*, engl. *Bloody Mary*). Ihre Ehe mit →Philipp II. von Spanien (seit 1554) blieb kinderlos. Nachfolgerin wurde ihre Halbschwester →Elisabeth I.

Maria II.
Königin 1689–1694
** 30. 4. 1662 London*
† 28. 12. 1694 London
(Auch *Maria II. Stuart*). Die älteste Tochter →Jakobs II. heiratete 1677 ihren Vetter →Wilhelm III. von Oranien und unterstützte ihn bei der Landung in England, als ihr Vater wegen seiner prokath. Politik während der Glorious Revolution (1688/89) vertrieben wurde. 1689 gemeinsam mit Wilhelm gekrönt, war M. gleichberechtigte Mitregentin, überließ diesem jedoch weitgehend die Staatsgeschäfte.

»Nicht selbst im Trüben fischen«

Chronik Zitat

Maria Theresia kritisiert 1772 die Beteiligung Österreichs an der 1. Polnischen Teilung:

»Seit dem Beginne der Wirren in Polen habe ich die Absicht des Königs von Preußen, sich eines Teils dieses Königreichs zu bemächtigen, als die von uns am meisten zu fürchtende Sache betrachtet... Denn es ist unbestreitbar, daß, so groß auch die Macht Rußlands sein mag, wir von seiner Seite niemals so viel zu fürchten haben werden als von dem Könige von Preußen, der seit 30 und mehr Jahren immer unser gefährlicher Feind war und es jederzeit sein wird, dessen fernere Vergrößerung daher das handgreiflichste Übel ist, welches uns zugefügt werden kann... Hätte man sich an diesen Grundsatz gehalten und, statt selbst im Trüben zu fischen, um einige elende polnische Distrikte zu erlangen..., sich damit begnügt, für den Fall, als der König von Preußen eine Unternehmung gegen Polen ins Werk setzen wollte, eine Armee zum Einmarsche in Schlesien bereit zu halten, hätte man sich auf die einfache Rolle eines unparteiischen Friedensvermittlers zwischen Rußland und der Pforte beschränkt...; hätte man ihm vielmehr Aussicht auf die Möglichkeit eröffnet, durch den Frieden zu irgendwelchem Vorteile zu gelangen, dann ist wohl nicht zu zweifeln, daß man durch ein so einfaches, festes und redliches Verfahren es erreicht hätte, den Krieg im verflossenen Jahr zu endigen, die Zerstückelung Polens zu verhindern, den Dank der beteiligten Mächte zu verdienen und unser Ansehen in Europa zu mehren...«

– Frankreich

Maria de'Medici

Königin, Regentin 1610–1617
** 26. 4. 1573 Florenz*
† 3. 7. 1642 Köln

Die der Florentiner Familiendynastie der M. entstammende zweite Frau Heinrichs IV. (seit 1600) übernahm nach dessen Ermordung 1610 die Regentschaft für ihren neunjährigen Sohn →Ludwig XIII. und beendete die traditionell antihabsburg. Politik. Zum letzten Mal vor 1789 berief sie 1614 die Generalstände ein, erreichte jedoch die erhoffte Entlastung der Finanzen nicht. Nach der Volljährigkeit Ludwigs 1614 ließ sie sich erst durch die von diesem veranlaßte Ermordung ihres italien. Beraters Concino Concini (1617) von der Herrschaft trennen und wurde nach Blois verbannt. Seit 1622 wieder Mitglied im königl. Rat, intrigierte sie weiter gegen ihren Sohn und erreichte 1624 die Berufung des ihr ergeben erscheinenden Kardinals →Richelieu. Als sie sich zugunsten des ihn bekämpfenden Hochadels gegen ihn wandte, setzte er ihre Verbannung durch. M. floh aus Compiègne in die Span. Niederlande. Sie ließ das Palais de Luxembourg in Paris erbauen.

Marie Antoinette
Königin 1770–1793
** 2. 11. 1755 Wien*
† 16. 10. 1793 Paris
Aus Gründen der Staatsraison 1770 mit →Ludwig XVI. verheiratet, hatte die Tochter →Maria Theresias und Kaiser →Franz' I. als Habsburgerin keinen leichten Stand am französ. Hof. Weder ihr Konservatismus noch ihr koketter und verschwenderischer Lebenswandel verschafften ihr Sympathien. Nach Ausbruch der Französ. Revolution war sie starre Gegnerin der Nationalversammlung und wurde seit 1789 mit Ludwig gefangengehalten. Sie war die Initiatorin des mißglückten Fluchtversuchs 1791 und wurde wegen ihrer Unterstützung der konterrevolutionären österreichisch-preußischen Intervention im 1. Koalitionskrieg (1793) – nach der Hinrichtung Ludwigs Anfang 1793 als *Witwe Capet* – nach einem Schauprozeß guillotiniert.

– Portugal
Maria II., *da Glória*
Königin 1826–1828, 1834–1853
** 4. 4. 1819 Rio de Janeiro*
† 15. 11. 1853 Lissabon
Die Tochter Kaiser →Peters I. von Brasilien bestieg nach dessen Verzicht auf die portugies. Krone den Thron, wurde jedoch 1828 von ihrem Onkel Dom Miguel (* 1802, † 1866) gestürzt (Michael I.) und in einen Bürgerkrieg gezwungen, aus dem sie 1834 als Siegerin hervorging. In den Kämpfen zwischen Liberalen und Reaktionären nahm sie als konstitutionelle Monarchin eine vermittelnde Position ein, ohne den inneren Frieden herstellen zu können.

– Schottland

Maria Stuart

Königin 1542–1567
** 8. 12. 1542 Linlithgow*
† 8. 2. 1587 Fotheringhay

Durch den Tod ihres Vaters, König Jakob V. (1513 bis 1542), wenige Tage nach ihrer Geburt schon schott. Königin, wuchs M. unter der Regentschaft ihrer französ. Mutter Maria von Lothringen (* 1515, † 1560) seit 1548 in Frankreich auf. Durch ihre Heirat mit dem französ. Thronfolger Franz (II.) (1558) war M. 1559/60 französ. Königin. Mit ihrer Rückkehr nach Schottland (1561) nach Franz' Tod rief sie mehrfachen Widerstand hervor: Als in Frankreich erzogene Katholikin provozierte sie die Opposition der an England orientierten prot. Lords; ihre Anerkennung der presbyterian. Kirche konnte nur kurzfristig über diesen Riß hinwegtäuschen. Während sie die prot. Rebellion nach ihrer Heirat mit ihrem kath. Vetter Henry Stuart →Darnley (1565), der ihren Vertrauten David Riccio (* um 1533, † 1566) ermorden ließ, noch unterdrücken konnte, brach nach der Ermordung Darnleys 1567 durch James Hepburn, Earl of Bothwell (* um 1536, † 1578), angeblich im Einverständnis mit M., und ihrer Heirat mit Bothwell drei Monate später ein Aufstand des calvinist. Adels unter James Douglas →Morton aus. M. wurde abgesetzt und floh 1568 nach England zu →Elisabeth I., von der sie sich

Unterstützung erhoffte. Als Urenkelin →Heinrichs VII. galt M. jedoch den englischen Katholiken als rechtmäßige Anwärterin auf den englischen Thron und wurde von Elisabeth als Konkurrentin 19 Jahre in Haft gehalten. Schließlich wurde sie wegen einer (angeblichen) Verschwörung gegen Elisabeth verurteilt und enthauptet. Ihr Sohn aus der Ehe mit Darnley, →Jakob I., folgte ihr auf den Thron in Schottland und wurde nach dem Tod Elisabeths 1603 auch König von England (Haus Stuart).
(▷ Chronik Zitat)

Heirat eines Gattenmörders

Chronik Zitat

Nach ihrer Heirat mit dem Earl of Bothwell erhielt Maria Stuart von der englischen Königin →Elisabeth I. einen am 13. Juni 1567 abgefaßten Brief (Auszug):

»Madam,
... um offen mit Euch zu reden, es hat Uns nicht wenig bekümmert, daß man bei dieser Eurer Heirat nicht im geringsten bedacht hat, daß kein Mensch in aller Welt, der es gut mit Euch meint, damit einverstanden sein kann... Denn wie könnte eine abträglichere Wahl getroffen werden, als in solcher Hast einen Untertanen zu heiraten, den, neben anderen allbekannten Mängeln, die öffentliche Meinung des Mordes an Eurem weiland Gemahl beschuldigt hat, zumal man Euch auch gewisse Vorwürfe macht, obwohl in dieser Hinsicht, wie Wir überzeugt sind, zu Unrecht. Und habt Ihr auch bedacht, was Ihr aufs Spiel setzt durch die Heirat mit einem, der bereits eine andere, noch lebende rechtmäßige Frau hat, so daß Ihr nach göttlichem und menschlichem Gesetz weder seine rechtmäßige Frau sein, noch legitime Kinder von ihm haben könnt? Ihr seht also klar, was Wir von dieser Heirat halten... Aus Freundschaft für Euch sowohl wie um der natürlichen Blutsbande willen, die uns mit Eurem weiland Gemahl verbinden, müssen wir uns dazu bekennen, daß Wir ernstlich gewillt sind, alles in Unserer Macht Stehende zu tun, um die gebührende Strafe für diesen Mord an dem Täter vollzogen zu sehen, ganz gleich, um welchen Eurer Untertanen es sich handelt und wie wert Ihr ihn haltet...«

Marius, Gaius

mehrmaliger römischer Konsul und Feldherr
** um 157 v. Chr. Cereatae bei Arpinum*
† 13. 1. 86 v. Chr. Rom

Selbst nicht aus dem Senatorenadel stammend (»Homo novus «), war M. als der bedeutendste Feldherr seiner Zeit in außenpolitisch prekärer Lage Roms ingesamt sieben Mal Konsul (107, 104–100, 86). Für den Krieg gegen den Numiderkönig →Jugurtha (111–105), in dem er seit 107 den Oberbefehl führte, nahm M. erstmals auch Angehörige der besitzlosen Klassen (Proletarii) in die Legionen auf. In röm. Adelskreisen immer ein Außenseiter, setzte er sich nach seiner Rückkehr nach Rom für die Altersversorgung seiner Soldaten mit Land ein, verbesserte Disziplin und Ausbildung der Soldaten, die sich allmählich von einem Bürger- zu einem Berufsheer entwickelten (Marian. Heeresreform). 102 und 101 besiegte M. die in Italien eingefallenen Teutonen und Kimbern bei Aquae Sextiae (Aix-en-Provence) bzw. bei Vercellae in Piemont. Als er gegen Ende seines 6. Konsulats (100) zwischen der radikalen Volkspartei und dem Senat schwankte, wurde er von beiden Seiten fallengelassen. Seit 91 führte er den Oberbefehl im Bundesgenossenkrieg, doch wurde sein Kommando 89 nicht verlängert. 88 konnte er zwar vom Senat zunächst die Abberufung des Konsuls →Sulla vom Kommando im 1. Mithridatischen Krieg (→Mithridates VI.) zu seinen Gunsten erreichen, wurde daraufhin aber von diesem aus Rom vertrieben. Als Sulla gegen Mithridates kämpfte, kehrte M. gemeinsam mit Lucius Cornelius →Cinna nach Rom zurück und richtete unter seinen Gegnern ein Blutbad an.

Marlborough, John Churchill, *1. Herzog von (seit 1702)*
englischer Heerführer und Politiker
** 26. 5. 1650 Musbury, Devonshire*
† 16. 6. 1722 Cranbourne Lodge, Windsor
Seit 1667 im Militärdienst, war M. unter König →Jakob II. Generalleutnant und Oberbefehlshaber. Während der Glorious Revolution 1688/89 führte er die Armee auf die Seite →Wilhelms III. von

Oranien und sorgte so für den unblutigen Ausgang des Umsturzes. Im Gegenzug wurde er in seinem Amt bestätigt und zum Earl erhoben (1689). 1692 wegen angeblichen Hochverrats seiner Ämter enthoben, wurde M. unter →Anna Stuart 1702 wieder Oberbefehlshaber und leitender Min. des Inselstaats. Als Feldherr mit herausragenden Fähigkeiten war er mit Prinz →Eugen von Savoyen Führer der antifranzös. Koalition im Span. Erbfolgekrieg (1701 bis 1713/14) und siegte bei Höchstädt (Blenheim) 1704, Ramillies 1706, Oudenaarde 1708 und Malplaquet 1709. Finanzieller Unregelmäßigkeiten beschuldigt, mußte er zurücktreten.

Marozia
römische Patrizierin
** um 892*
† um 937
Wie ihr Vater Theophylakt und ihre Mutter Theodora beherrschte M. als Senatrix Rom und das Papsttum. Sie war nacheinander verheiratet mit Alberich I., →Wido von Spoleto und seit 932 mit König Hugo von Italien (926–947). Gegen die weltl. Herrschaftsansprüche des Heiligen Stuhls ließ sie 928 Papst →Johannes X. gefangensetzen und 931 ihren Sohn als Johannes XI. zum Papst wählen (bis 935). 932 wurde sie gemeinsam mit Hugo von ihrem Sohn Alberich II. aus Rom vertrieben.

Marshall, George Catlett
Außenminister der USA 1947–1949
** 31. 12. 1880 Uniontown, Pennsylvania*
† 16. 10. 1959 Washington

Als Chef des Generalstabs (1939–1945) stand M. im 2. Weltkrieg mit seiner strategischen Grundsatzentscheidung, zuerst Dtschld. niederzuwerfen, im Gegensatz zu Douglas →MacArthur, der Priorität für den pazif. Kriegsschauplatz forderte. Unter Präs. Harry S. →Truman versuchte er als Sonderbotschafter in China (1945–1947) vergeblich, zwischen Nationalisten unter →Chiang Kai-shek und Kommunisten unter →Mao Zedong zu vermitteln. Als Außen-Min. war er einer der Architekten der Politik des Containment (»Eindämmung«) gegenüber der Sowjetunion. Neben der Unterstützung von antikommunist. Bewegungen gehörte dazu das European Reconstruction Program (ERP, auch M.-plan; 1948), mit dem M. das Konzept für die Regeneration Westeuropas als ökonom. und polit. Machtfaktor schuf. Die westl. Besatzungszonen Deutschlandes erhielten aus ihm 1,3 Mrd. Dollar als Devisenhilfe, während mit der Aussparung des Ostblocks sich der angelaufene Kalte Krieg verschärfte. 1953 erhielt M. den Friedensnobelpreis. Zu Beginn des Koreakrieges 1950/51 war M. Verteidigungs-Min.

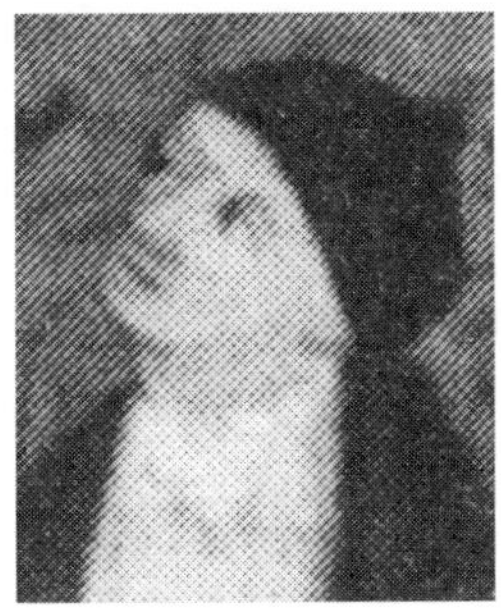

Marsilius von Padua
italienischer Staatstheoretiker
** um 1275 Padua*
† 1342 (1343?) München

(Eigentlich *Marsilio dei Mainardini*). Nach einem Studium der Philosophie und Medizin in Padua war M. 1312/13 Rektor der Universität Paris und wirkte diplomatisch für die Ghibellinen in Italien. Als einer der bedeutendsten Staatstheoretiker des Mittelalters bestritt er in seiner anonym verfaßten Schrift »Defensor pacis« (1324) den weltlichen Herrschaftsanspruch der Kirche. Der Staat als Garant des guten Lebens (»bene vivere«) seiner Untertanen sei mit umfassenden Vollmachten zur Aufrechterhaltung von Gesetz und Ordnung auszustatten. Seine Legitimation beruhe auf dem Konsens der Bürger, die idealiter – in einer Art Wahlmonarchie – ihren Herrscher bestimmen würden. Auch das Eherecht (Scheidung) wies M. der weltlichen Rechtsprechung zu. Innerhalb der Kirche sprach er die Kompetenz über moral. und doktrinäre Fragen einem allgemeinen Konzil von Vertretern der Gläubigen und Priester zu. M. gilt damit als Vorläufer der Reformation, der Staatslehre des Niccolò →Machiavelli und der modernen säkularen Staatsauffassung. Als 1326 seine Autorschaft des »Defensor pacis« bekannt wurde, floh er zu König →Ludwig IV. (dem Bayern) nach München, wo er neben Wilhelm v. →Ockham als Berater wirkte. Er begleitete Ludwig als Leibarzt auf dessen Romzug, betrieb die Ernennung Nikolaus' (V.) zum Gegenpapst gegen →Johannes XXII. und Ludwigs Kaiserkrönung in Rom (1328).

Martin, *Päpste*

Martin IV.
Papst 1281–1285
* *Brion bei Angers*
† *28. 3. 1285 Perugia*
(Vorher *Simon de Brion*). Der Kanzler des französ. Königs →Ludwig IX. (des Heiligen) unterstützte als Kardinal die Belehnung von dessen jüngerem Bruder →Karl I. von Anjou mit Sizilien (1265). Unter seinem Pontifikat verlor Rom seinen Einfluß in Sizilien, wo er Karl gegen den antifranzös. Aufstand (Sizilian. Vesper 1282) stützte und den neuen Herrscher →Peter III. von Aragón bannte (1282). Die 1274 auf dem Konzil von Lyon vereinbarte Union mit Byzanz scheiterte endgültig, als M. auf Betreiben Karls den griech. Kaiser →Michael VIII. Palaiologos als Schismatiker verurteilte (1281).

Martin V.
Papst 1417–1431
* *1368 Genazzano bei Rom*
† *20. 2. 1431 Rom*
(Vorher *Oddo Colonna*). Nach der Absetzung der rivalisierenden Päpste von Rom (Gregor XII., 1406 bis 1415), Avignon (→Benedikt XIII.) und Pisa (Johannes XXIII., 1410–1415) auf dem Konzil von Konstanz (1414–1418) beendete die Wahl M.s das Große Abendländische Schisma (seit 1378). Es gelang ihm, gestützt auf seine mächtigen Verwandten, die er in hohe Ämter berief, Macht und Ansehen des Papsttums in Rom und im Kirchenstaat weitgehend wiederherzustellen. Dem Beschluß des Konstanzer Konzils, in Zukunft regelmäßig zu tagen (Dekret Frequens) trug M. formal Rechnung, löste jedoch das Konzil von Pavia bzw. Siena bald wieder auf (1423/24) und betrieb nur zögernd die Vorbereitung des Baseler Konzils, das 1431 bereits sein Nachfolger, der reformfreudige →Eugen IV., eröffnete. Im Kampf gegen die Hussiten (Jan →Hus) rief M. 1420 zum Kreuzzug gegen sie auf.

Martin von Tours
Bischof von Tours 371–397
* *um 316 Sabaria (Ungarn)*
† *8. 11. 397 Candes, Dép. Indre-et-Loire*
M. gilt als einer der Begründer des asketischen Mönchtums im Abendland und tat sich besonders im Kampf gegen das Heidentum hervor. Der Sohn eines Soldaten wurde mit 18 Jahren getauft, verließ 356 die römische Armee und wurde Einsiedler. 361 gründete M. das erste gall. Kloster in Ligugé bei Poitiers und wurde 371 gegen seinen Willen zum Bischof von Tours gewählt. – Um ihn ranken sich zahlreiche Legenden. So soll er seinen Soldatenmantel vor den Toren Amiens mit einem Bettler geteilt haben. Sein Grab in Tours war fränk. Nationalheiligtum. Heiliger (Fest 11. 11.).

Martow, Julius
russischer Revolutionär
* *24. 11. 1873 Istanbul*
† *4. 4. 1923 Schömberg, Baden*
(Eigentlich *Juli Ossipowitsch Zederbaum*). Aus einer wohlhabenden, assimilierten jüdischen Familie stammend, steht M.s Lebensweg stellvertretend für den vieler intellektueller Juden im Rußland seiner Zeit. 1881 erlebte er das Pogrom in Odessa, wurde durch die antisemit. Gesetzgebung seit 1889 von einer bürgerlichen Beamtenlaufbahn ausgeschlossen und verkehrte in radikalen Intellektuellenzirkeln. 1895 rief M. gemeinsam mit Wladimir I. →Lenin den Kampfbund zur Befreiung der Arbeiterklasse als Organisation aller marxist. Gruppen in St. Petersburg ins Leben und gründete mit Lenin 1900 in München die sozialdemokrat. Zeitung »Iskra« (»Funke«). Auf dem 2. Parteikongreß der Russ. Sozialdemokrat. Arbeiterpartei in Brüssel 1903 kam es zum Bruch zwischen ihm und Lenin, da er – wie auch Georgi W. Plechanow – am Prinzip der Massenpartei festhielt. Fortan führte er die Menschewiki gegen die Bolschewiki unter Lenin. In der Revolution 1905 gehörte M. mit Leo →Trotzki zur Führung des Petersburger Arbeiterrates, danach emigrierte er. Er kehrte 1917 nach Rußland zurück und mußte 1920 erneut emigrieren.

Marx, Karl Heinrich
deutscher Philosoph und Revolutionär
* *5. 5. 1818 Trier*
† *14. 3. 1883 London*

Mit seiner gemeinsam mit Friedrich →Engels entwickelten Gesellschafts- und Wirtschaftstheorie, der historisch-materialist. Dialektik, schuf M. die Doktrin für die meisten Organisationen der Arbeiterbewegung im 19. und 20. Jh. Ausgehend vom Elend

der Arbeiterklasse, war ihm deren Emanzipation die Voraussetzung für die Errichtung einer egalitären kommunistischen Gesellschaft. Zur Begründung seiner Theorie widmete er sich überwiegend der Kritik am Kapitalismus, die als Analyse der warenproduzierenden Gesellschaft bis heute Bedeutung hat. Zukunftsprognosen nahmen nur einen untergeordneten Platz innerhalb seines Schaffens ein.
Der Sohn jüdischer, zum Protestantismus konvertierter Eltern wuchs in einer Atmosphäre des liberalen Rationalismus auf. Nach dem Besuch des Gymnasiums in Trier studierte M. in Bonn und Berlin Rechtswissenschaften und Philosophie (Promotion 1841 in Jena) und schloß sich in Berlin dem Kreis der radikalen Junghegelianer (G. W. F. →Hegel) an. 1842/43 war er Mitarbeiter, dann Chefredakteur der liberal-oppositionellen »Rhein. Zeitung« in Köln. Nach ihrem Verbot ging er nach Paris, wo er die »Dt.-Französischen Jahrbücher« herausgab, mit den bedeutenden Revolutionären seiner Zeit zusammentraf (u. a. Pierre Joseph →Proudhon) und sich mit den französischen utopischen Sozialisten

Marx entdeckte die Quelle der kapitalistischen Ausbeutung

Chronik Zitat

Die Quintessenz des 1. Bandes von »Das Kapital« von Karl Marx resümierte Friedrich →Engels in zwei Artikeln für das »Demokratische Wochenblatt« (21. und 28. März 1868, Auszüge):

»Solange es Kapitalisten und Arbeiter in der Welt gibt, ist kein Buch erschienen, welches für die Arbeiter von solcher Wichtigkeit wäre wie das vorliegende. Das Verhältnis von Kapital und Arbeit, die Angel, um die sich unser ganzes heutiges Gesellschaftssystem dreht, ist hier zum erstenmal wissenschaftlich entwickelt...
Die bisherige politische Ökonomie lehrt uns, daß die Arbeit die Quelle des Reichtums und das Maß aller Werte ist, so daß zwei Gegenstände, deren Erzeugung dieselbe Arbeitszeit gekostet hat, auch denselben Wert besitzen...Gleichzeitig lehrt sie aber, daß eine Art aufgespeicherte Arbeit existiert, welche sie Kapital nennt; daß dies Kapital durch die in ihm enthaltenen Hilfsquellen die Produktivität der lebendigen Arbeit ins Hundert- und Tausendfache steigert und dafür eine gewisse Vergütung in Anspruch nimmt, welche man Profit oder Gewinn nennt. Wie wir alle wissen, stellt sich dies in Wirklichkeit so dar, daß die Profite der aufgespeicherten, toten Arbeit immer massenhafter, die Kapitalien der Kapitalisten immer kolossaler werden, während der Lohn der lebendigen Arbeit immer geringer, die Masse der bloß vom Arbeitslohn lebenden Arbeiter immer zahlreicher wird. Wie ist dieser Widerspruch zu lösen? Wie kann ein Profit übrigbleiben, wenn der Arbeiter den vollen Wert der Arbeit ersetzt erhält, den er seinem Produkt zusetzt? Und da nur gleiche Werte ausgetauscht werden, so sollte dies doch der Fall sein...
Die bisherige Ökonomie steht vor diesem Widerspruch ratlos da... gelöst hat ihn bisher keiner, bis Marx jetzt endlich den Entstehungsprozeß dieses Profits bis auf seine Geburtsstätte verfolgt und uns damit alles klargemacht hat...
Der Kapitalist findet unter den gegenwärtigen gesellschaftlichen Verhältnissen auf dem Warenmarkt *eine Ware*, welche die eigentümliche Beschaffenheit hat, *daß ihr Verbrauch eine Quelle von neuem Wert, Schöpfung neuen Wertes ist, und diese Ware ist die Arbeitskraft...*
Der Kapitalist stellt seinen Arbeiter nun an die Arbeit. In einer bestimmten Zeit wird der Arbeiter soviel Geld geliefert haben, als in seinem Wochenlohn repräsentiert war. Gesetzt, der Wochenlohn eines Arbeiters repräsentiere 3 Arbeitstage, so hat der Arbeiter, der montags anfängt, am Mittwochabend dem Kapitalisten *den vollen Wert des gezahlten Lohns ersetzt.* Hört er dann auf zu arbeiten? Keineswegs. Der Kapitalist hat seine Wochenarbeit gekauft, und der Arbeiter muß die letzten drei Wochentage auch noch arbeiten. Diese *Mehrarbeit* des Arbeiters über die zur Ersetzung seines Lohnes nötige Zeit hinaus, ist die *Quelle des Mehrwerts,* des Profits, der stets anwachsenden Schwelle des Kapitals... Hier haben wir die Lösung all jener Widersprüche... Der Wert der Arbeitskraft wird gezahlt, aber dieser Wert ist weit geringer als derjenige, welchen der Kapitalismus aus der Arbeitskraft herauszuschlagen versteht, und die Differenz, *die unbezahlte Arbeit*, macht gerade den Anteil des Kapitalisten, genauer gesprochen, der Kapitalistenklasse, aus.«

(Charles →Fourier, →Saint-Simon) auseinandersetzte. Philosophisch vollzog M. währenddessen unter dem Einfluß von Ludwig →Feuerbachs philosoph. Materialismus die Abkehr vom Idealismus der Junghegelianer. In den gemeinsam mit Engels verfaßten Werken »Die heilige Familie« (1845) und »Die dt. Ideologie« (postum, 1932) formulierte er – nun auch in Kritik an Feuerbach – Grundzüge seiner materialist. Geschichtsauffassung, nach der das Bewußtsein von den materiellen Lebensbedingungen geprägt werde (»Nicht das Bewußtsein bestimmt das Leben, sondern das Leben bestimmt das Bewußtsein«). Bereits angedacht ist hier auch die Überwindung der bürgerl. Gesellschaft durch eine sozialist. Revolution, die im Gegensatz zu vorausgegangenen Umwälzungen nicht nur die polit. Verhältnisse, sondern durch die Beseitigung der »Ausbeutung« des Menschen durch den Menschen und der »Entfremdung« auch die Produktions- und Kooperationsformen der Menschen umgestalten würde.
Aus Paris ausgewiesen, lebte M. 1845–1848 in Brüssel. 1847 traten er und Engels dem Bund der Kommunisten bei und verfaßten als dessen Programmschrift das »Manifest der Kommunist. Partei« (1848), in dem sie die bisherige Geschichte als Geschichte von Klassenkämpfen analysierten und die proletar. Revolution als Ergebnis eines gesetzmäßig verlaufenden Geschichtsprozesses voraussagten. Der Schlußsatz dieser am weitesten verbreiteten Schrift von M. – »Proletarier aller Länder vereinigt Euch!« – wurde zum Motto der entstehenden Arbeiterbewegung in Europa.
Die Revolution von 1848 erlaubte M. die Rückkehr nach Dtschld. 1848/49 war er Chefredakteur der radikaldemokrat. »Neuen Rhein. Zeitung« in Köln und leitete zeitweise den dortigen Arbeiterverein. 1849 mußte er wieder emigrieren und ging nach London, wo er – stets materiell von Engels unterstützt – bis zu seinem Tode lebte. Neben journalist. Tätigkeit zum Broterwerb widmete er sich vor allem histor. und ökonom. Studien. Seine ökonom. Hauptwerke »Zur Kritik der polit. Ökonomie« (1. Heft 1859) und »Das Kapital« (1. Bd. 1867) blieben unvollendet. Wesentliche Teile wurden erst aus dem Nachlaß veröffentlicht (so der 2. und 3. Bd. des »Kapitals« von Engels 1885 bzw. 1894).
Der prakt. Politik wandte sich M. nach der Auflösung des Bundes der Kommunisten (1852) erst wieder 1864 zu: Er war maßgebend an der Gründung der Internationalen Arbeiterassoziation (Erste Internationale) beteiligt, entwarf ihr Programm in seiner »Inauguraladresse«, bestimmte weitgehend ihre Politik und veranlaßte ihre fakt. Auflösung (1872, endgültig 1876), nachdem es zu unüberbrückbaren Gegensätzen zwischen seinen Anhängern und den Anarchisten unter Michail A. →Bakunin gekommen war. Auf die dt. Sozialdemokratie nahm M. mit seiner »Kritik des Gothaer Programms« 1875 und durch Beratung ihrer Führer, von denen er als Autorität anerkannt wurde, starken Einfluß.
Weltbedeutung erlangten seine Ideen – durch Wladimir I. →Lenin u. a. zu einer Theorie der nachholenden Industrialisierung und Modernisierung adaptiert – in den sozialist. Revolutionen des 20. Jh.s. Seine dialekt. Analyse von Gesellschafts- und Produktionsprozessen gewann als wissenschaftl. Methode über den engeren Kreis der marxist. Theoretiker hinaus Bedeutung für weite Bereiche des sozialwissenschaftl. Denkens. (▷ Chronik Zitat)

Marx, Wilhelm

deutscher Reichskanzler 1923–1925, 1926–1928
** 15. 1. 1863 Köln*
† 5. 8. 1946 Bonn

Der Jurist, 1910–1932 Mitglied des Reichstags bzw. der Nationalversammlung, sorgte als sachlich-pragmat. Politiker der bürgerl. Mitte und als am längsten amtierender Reichskanzler der Weimarer Republik für Stabilität, doch fehlte ihm eine charismat. Integrationskraft. 1922–1928 war M. Vors. der Zentrumspartei und bildete im Nov. 1923 sein erstes von vier Kabinetten mit der Dt. Volkspartei (DVP) und der Dt. Demokrat. Partei (DDP). Als Nachfolger Gustav →Stresemanns, der unter ihm Außen-Min. blieb, erreichte M. die Überwindung der Inflation und die erste Reparationsregelung (Dawes-Plan 1924). Als preuß. Min.-Präs. (Februar/März 1925) trat er zurück, um gegen Paul v. →Hindenburg bei der Reichspräsidentenwahl zu kandidieren, unterlag jedoch. Seit Anfang 1926 Justiz-Min. unter Hans →Luther, bildete M. nach dessen Sturz im Mai 1926 wiederum die Regierung. Nach der Rechtsverschiebung innerhalb der Koalition mit dem Ausscheiden der DDP und der Aufnahme der Deutschnationalen Volkspartei (DNVP) im Januar 1927 wurde ein Interessenausgleich immer schwieriger.

Masaryk, Tomáš Garrigue

tschechoslowakischer Staatspräsident 1918–1935
** 7. 3. 1850 Göding, Mähren*
† 14. 9. 1937 Schloß Lány bei Prag

Der Prof. für Philosophie und Soziologie in Prag (1882–1914) machte sich als Vertreter eines maßvollen Nationalismus nicht nur bei Deutschen und Ungarn, sondern auch bei radikalen tschech. Nationalisten in der Donaumonarchie unbeliebt. 1891 für die Jungtschechen in den Wiener Reichsrat eingezogen, trat M. 1893 in Kritik an deren romantisch verklärtem Nationalismus zurück und gründete 1900 die Realistenpartei, für die er 1907–1914 wiederum im Reichsrat saß. 1914 emigrierte M. und erreichte mit Eduard →Beneš an der Spitze des tschechoslowak. Nationalrats (seit 1915) die alliierte Zustimmung zur tschechoslowak. Nationalstaatsbildung nach dem 1. Weltkrieg. Als »Präsidentenbefreier« gefeiert und wiederholt im Amt bestätigt, führte M. den jungen Staat in eine stabile parlamentar. Demokratie, konnte jedoch die Gleichberechtigung von Slowaken, Sudetendeutschen und Ungarn nicht voll gewährleisten. Nach M.s Rücktritt aus Altersgründen wurde Beneš sein Nachfolger.
Sein Sohn *Jan M.* (* 1886, † 1948) trat als Botschafter in London (1925–1938) aus Protest gegen das Münchener Abkommen zurück. In der Exilregierung Beneš war er in London und nach dem 2. Weltkrieg Außen-Min. (1940–48). Nach dem kommunist. Umsturz beging er angeblich durch Sturz aus dem Fenster Selbstmord.

Massinissa
König von Numidien 201–148 v. Chr.
** um 238 v. Chr.*
† 148 v. Chr.
Der Begründer des numidischen Staates kämpfte im 2. Pun. Krieg (218–201) seit 212 zunächst auf seiten Karthagos, trat aber 206 nach einer Unterredung mit Publius →Scipio Africanus (d. Ä.) zu den Römern über, vertrieb seinen Rivalen Syphax mit ihrer Hilfe und vereinigte ganz Numidien unter seine Herrschaft. Für seine Unterstützung in der Schlacht bei Zama (202), in der seine Reiter den Karthagern in den Rücken fielen, erreichte M. die Erhebung zum König von ganz Numidien, das er in den folgenden Jahrzehnten von einem Nomadenreich in einen politisch geeinten Staat wandelte. Mit römischer Unterstützung eroberte er große Teile des karthagischen Territoriums. Karthagos Erhebung gegen M. löste 149 den 3. Pun. Krieg aus (bis 146).

Mathilde von Tuszien
Markgräfin von Tuszien (Toskana) 1076–1115
** 1046*
† 24. 7. 1115 Bondeno bei Ferrara
Seit 1069 (1070?) verheiratet mit Herzog Gottfried III. (dem Buckligen) von Niederlothringen († 1076), dem Sohn ihres Stiefvaters →Gottfried des Bärtigen, trennte sich M. nach kurzer Ehe von ihm und lebte seit 1071 auf ihren Hausgütern in Italien. Dort agierte sie als getreue Stütze des Papstes im Investiturstreit (1075–1122). Seit 1076 Alleinregentin in der Toskana, fand 1077 auf ihrer Burg Canossa die Unterwerfung König →Heinrichs IV. unter Papst →Gregor VII. statt (Gang nach Canossa). Da sie weiterhin die päpstl. Politik, auch mit Truppen, unterstützte, wurde M. 1082 von Heinrich geächtet. Ihr Eigengut schenkte sie der Kurie unter Wahrung des freien Verfügungsrechts, bot aber mit der Einsetzung Kaiser →Heinrichs V. zum Erben ihres Hausguts 1111 den Anlaß für den jahrzehntelangen Streit zwischen Kaiser und Papst um die Mathild. Güter. Erst 1213 erkannte Kaiser →Friedrich II. gegenüber →Innozenz III. das päpstliche Recht an.

Matteotti, Giacomo

Generalsekretär der Sozialistischen Partei Italiens 1924
** 22. 5. 1885 Fratta Polesine*
† 10. 6. 1924 Rom

M. forderte 1924 anläßlich der Eröffnung der Abgeordnetenkammer die Annullierung der Parlamentswahlen wegen terrorist. Beeinflussung und wurde bald darauf von Parteigängern Benito →Mussolinis ermordet. Aus Protest verließen liberalkonservative Bündnispartner der Faschisten und die Opposition das Parlament (M.-Krise). Mussolini errichtete daraufhin Anfang 1925 die Einparteiendiktatur.

Matthias

römisch-deutscher Kaiser 1612–1619
** 24. 2. 1557 Wien*
† 20. 3. 1619 Wien

(König von Ungarn, Österreich und Mähren 1608 bis 1618, König von Böhmen 1611–1617). Nach erfolgloser Statthalterschaft in den Niederlanden (1578–1581), während der er die Unabhängigkeitserklärung der Generalstaaten nicht verhindern konnte, erreichte der dritte Sohn Kaiser →Maximilians II. angesichts zunehmender Anzeichen von Geisteskrankheit bei seinem Bruder, Kaiser →Rudolf II., die Anerkennung als Oberhaupt des Hauses Habsburg (1606) und die Übertragung der Regierung in allen Erbländern. Nach Rudolfs Tod wurde M. auch zum Kaiser gewählt. Im Bestreben, die Gegensätze zwischen den Konfessionen zu mildern, löste er 1617 die Prot. Union und die Katholische Liga auf. Selbst kinderlos, stimmte M. der Wahl seines Cousins, des streng katholischen Erzherzogs und nachmaligen Kaisers →Ferdinand II., zum König von Böhmen (1617) und Ungarn (1618) zu und löste damit den Böhmischen Aufstand aus, der den Dreißigjährigen Krieg (1618–1648) eröffnete.

Matthias I. Corvinus
König von Ungarn 1458–1490,
König von Böhmen 1469–1490
** 23. 2. 1443 (1440?) Cluj-Napoca (Klausenburg, heute Rumänien)*
† 6. 4. 1490 Wien
Der Sohn des Reichsverwesers János →Hunyadi, aus walachisch-kath. Adel, erstrebte für Ungarn an der Schwelle zur Neuzeit die Hegemonie in Mitteleuropa durch die Schaffung eines Donaureiches, das geeint den Angriffen der Osmanen widerstehen könnte. Mit Hilfe eines gut ausgebildeten Söldnerheeres (»Schwarze Schar«) erweiterte er das ungar. Territorium um Mähren, Schlesien und die Lausitz, mußte jedoch im Gegenzug →Wladislaw II., dem Sohn des poln. Königs →Kasimir IV. Jagiellończyk, nach dem Böhm. Erbfolgekrieg (1469–1478) Böhmen überlassen. Im Kampf gegen Kaiser →Friedrich III. eroberte er Teile des Habsburger Erblandes (Kärnten, Steiermark, Niederösterreich), zuletzt 1485 sogar Wien, das neue Residenzstadt wurde. Im Innern betrieb M. die Zentralisierung und Modernisierung des Staatswesens (Finanz- und Steuerreform 1467) und stärkte den Einfluß des niederen Adels gegen die Magnaten. 1486 fixierte er die Gesetze des Landes »auf ewig«. Als einer der ersten Renaissancefürsten nördlich der Alpen richtete M. die berühmte Corvina-Bibliothek ein, ließ die Residenzstädte Buda und Visegrád ausbauen und förderte Kunst und Wissenschaft.

Maurer, Ion Gheorghe

rumänischer Ministerpräsident 1961–1974
** 23. 9. 1902 Bukarest*

Von Beruf Jurist, war M. als enger Vertrauter Gheorghe →Gheorghiu-Dejs und Nicolae →Ceaușescus seit 1945 Mitglied des ZK, 1960–1974 des Politbüros bzw. (seit 1965) des Ständigen Ausschußes, 1957/58 Außen-Min. und 1958–1961 Staatsoberhaupt (Vorsitzender des Präsidiums der Großen Nationalversammlung). Die Berufung des rumänisierten Sprosses einer deutschstämmigen Familie aus Siebenbürgen zum Vorsitzenden des Ministerrats war 1961 ein Symbol für die Abkehr Rumäniens von Moskau und die Hinwendung zum Westen. Im Prager Frühling 1968 reiste M. demonstrativ in die Tschechoslowakei und protestierte gegen die sowjetische Intervention. 1970 erreichte er die Wiederaufnahme der 1967 abgebrochenen diplomatischen Beziehungen mit der BR Dtschld.

Mauroy, Pierre
französischer Premierminister 1981–1984
** 5. 7. 1928 Cartignies, Dép. Nord*
Der Bürgermeister von Lille (1973–1981), ein ehemaliger Berufsschullehrer, war seit 1971 als Koordinationssekretär der Sozialistischen Partei (PS) Berater François →Mitterrands. Nach dessen Wahlsieg 1981 wurde M. Premierminister einer Koalitionsregierung mit den Kommunisten unter Georges →Marchais, die als erste Linksregierung der V. Republik mit einem großen Reformprogramm antrat

(Verstaatlichungen, Arbeitsbeschaffungsmaßnahmen). Als das Sozialprogramm in der sich verschlechternden Konjunktur scheiterte und die Wähler der PS bei den Europawahlen 1984 ein Debakel bereiteten, trat M. zurück. 1988–1992 war er Erster Sekretär der PS und wurde 1992 Nachfolger Willy →Brandts als Vors. der Sozialist. Internationale.

Max, *Prinz von Baden*
deutscher Reichskanzler Okt./Nov. 1918
** 10. 7. 1867 Baden-Baden*
† 6. 11. 1929 Salem bei Konstanz
(Eigent. *Maximilian Alexander Friedrich Wilhelm*). Im 1. Weltkrieg in der Kriegsgefangenenfürsorge tätig, wurde der liberale bad. Thronfolger (seit 1907) am 3. 10. 1918 letzter Kanzler des zweiten Kaiserreichs, nachdem die 3. Oberste Heeresleitung (Paul v. →Hindenburg, Erich →Ludendorff) einen sofortigen Waffenstillstand und die Einführung der parlamentar. Regierungsform verlangt hatte. M. bildete ein Kabinett, dem Vertreter der Mehrheitsparteien (SPD, Zentrum und Fortschrittl. Volkspartei) angehörten, betrieb die Demokratisierung der Reichsverfassung und unterbreitete dem amerikan. Präsidenten Woodrow →Wilson ein Friedensangebot. Am 9. 11. 1918 gab M. auf eigene Verantwortung die Abdankung Kaiser →Wilhelms II. bekannt und übergab die Regierungsgeschäfte dem SPD-Vorsitzenden Friedrich →Ebert. Die von diesem angebotene Reichsverweserschaft lehnte er ab.

Maxentius, Marcus Aurelius Valerius
römischer Kaiser 306–312
** um 280*
† 28. 10. 312 bei Rom
Als röm. Traditionalist wurde der Sohn →Maximianus' und Schwiegersohn des →Galerius in der Reichskrise nach der Abdankung der beiden Augusti →Diokletian und →Maximianus (305) und dem Tod →Constantius' I. Chlorus in Rom gegen den neuen Augustus des Westens, Severus († 307) von den Prätorianern zum Kaiser erhoben. Zwischenzeitlich verbündet mit seinem Vater, behauptete er sich gegen den Romzug des Severus und ließ diesen töten. Gegen den Augustus des Ostens, Galerius, verteidigte er Rom (307), konnte sich jedoch, vom Senioraugustus →Diokletian 308 auf dem Kongreß von Carnuntum zum Staatsfeind erklärt, im Kampf gegen seinen Konkurrenten um den Kaisertitel im Westen, →Konstantin I. (d. Gr.), nicht durchsetzen. Nach einer vernichtenden Niederlage an der Milvischen Brücke (312) ertrank M. im Tiber.

Maximianus
(Marcus Aurelius Valerius M. Herculius)
römischer Kaiser 286–305
** um 240 bei Sirmium, Pannonien*
† 310 Massilia (heute Marseille)
Aus niedrigen Verhältnissen stammend, schloß M. mit →Diokletian Freundschaft und wurde 285 von ihm zum Caesar, 286 zum Mitaugustus erhoben. Er sicherte die westliche Reichshälfte gegen die Germanen. Seit 293 stand ihm nach der Errichtung der Tetrarchie →Constantius I. Chlorus als Caesar und designierter Nachfolger zur Seite. Auf Wunsch Diokletians dankte M. 305 mit ihm ab, griff jedoch 306 zugunsten seines Sohnes →Maxentius in den Konflikt um die Nachfolge im Westen ein und nahm 307 den Augustustitel wieder an. Nach einem Zerwürfnis mit Maxentius verbündete sich M. 307/08 mit →Konstantin I. (d. Gr.). Durch den Kongreß von Carnuntum 308 zum Verzicht auf den Kaisertitel gezwungen, nahm M. diesen 310 wieder an, um Südgallien für sich zu gewinnen, wurde jedoch von Konstantin 310 besiegt.

Maximilian, *Fürsten*

–Römisch-deutsche Kaiser

Maximilian I.
Kaiser 1493–1519
** 22. 3. 1459*
Wiener Neustadt
† 12. 1. 1519 Wels

Der Sohn und Nachfolger Kaiser →Friedrichs III., schon zu dessen Lebzeiten (1486) zum Römischen König gewählt, legte die Grundlagen für den Aufstieg der Habsburger zur Weltmachtstellung unter seinen Enkeln →Karl V. und →Ferdinand I.
Nach dem Tod seiner ersten Frau Maria (* 1457, † 1482), der ältesten Tochter →Karls des Kühnen von Burgund, mußte er ihr Erbe in mehreren Kriegen gegen die französ. Könige →Ludwig XI. und →Karl VIII. verteidigen (1482–1493, Verlust von Bourgogne und Picardie). M. vertrieb 1490 die Ungarn aus Österreich, nachdem deren König →Matthias I. Corvinus gestorben war, und schlug 1492 die Türken bei Villach. Durch seine Vermählung mit

Bianca Sforza (* 1477, † 1510) 1493 hoffte er, Mailand zu gewinnen, mußte sich jedoch hier Frankreich beugen (1504). Durch geschickte Heiratspolitik (Ehen zwischen seinem Sohn →Philipp I., dem Schönen, und →Johanna der Wahnsinnigen von Kastilien sowie zwischen seinem Enkel Ferdinand [I.] und Anna von Jagiełło (der Tochter →Wladislaws II. von Böhmen und Ungarn), sicherte M. die span. Erbschaft sowie die böhm. und die ungar. Krone für sein Haus, mußte jedoch im Frieden von Basel 1499 den Hoheitsanspruch auf die Schweiz aufgeben.
1508 nahm M. ohne päpstl. Kaiserkrönung als erster dt. König den Titel »Erwählter Röm. Kaiser« an und beendete damit die jahrhundertealte Abhängigkeit der Kaiserwürde vom Papsttum. Auf die Unterstützung der Reichsstände angewiesen, mußte M. der vom Mainzer Kurfürsten →Berthold von Henneberg betriebenen Reichsreform teilweise zustimmen (Reichskammergericht, Landfriedensordnung), konnte jedoch eine Entmachtung des Königtums verhindern. Als echter Renaissancefürst förderte M. Künste und Wissenschaften, war selbst literar. tätig (»Theuerdank«, »Weißkunig«) und blieb dem Ritterideal verbunden (»der letzte Ritter«).

Maximilian II.

Kaiser 1564–1576
** 31. 7. 1527 Wien*
† 12. 10. 1576 Regensburg

(König von Böhmen ab 1562 und König von Ungarn ab 1563). Der älteste Sohn Kaiser →Ferdinands I. verheiratet mit Maria (* 1528, † 1603), der Tochter →Karls V., war von seinem Vater schon 1562 als »Röm. König« mit der Verpflichtung designiert worden, am kath. Glauben festzuhalten, obwohl er dem Luthertum nicht abgeneigt war. Er herrschte ohne großen Glanz, jedoch auch ohne größere militär. Konflikte. Als ein Anwalt des Kompromisses zwischen den Konfessionen blieb ihm ein dauernder Ausgleich versagt. Den 2. Türkenkrieg führte er ohne Ergebnis (1566–1568). 1573 gegen →Stephan (IV.) Báthory zum König von Polen gewählt, starb M., bevor er den Kampf um die poln. Krone aufnehmen konnte. Nachfolger: Sohn →Rudolf II.

– Bayern

Maximilian I.

Herzog 1597–1623,
Kurfürst 1623–1651
** 17. 4. 1573 München*
† 27. 9. 1651 Ingolstadt

Durch die Vollstreckung der Reichsacht im Auftrag Kaiser →Rudolfs II. über Donauwörth (1607) und die Gründung der Kath. Liga (1609) wurde M. zu einem der Hauptakteure der Gegenreformation. Im Dreißigjährigen Krieg sandte er die Truppen der Liga Kaiser →Ferdinand II. zu Hilfe. Nach seinem gemeinsam mit Johann T. v. →Tilly errungenen Sieg am Weißen Berg gegen die prot. Truppen unter dem pfälz. Kurfürsten →Friedrich V. 1620 besetzte er 1621 die Oberpfalz und ließ sich vom Kaiser neben der Erstattung der Kriegskosten mit der pfälzischen Kurwürde belohnen (1623). 1629 setzte er sich für das Restitutionsedikt zur Rekatholisierung säkularisierter Kirchengüter ein und betrieb 1630 die Absetzung Albrecht v. →Wallensteins. Trotz der großen Zerstörungen, die Bayern im Dreißigjährigen Krieg erlitt, konnte M. es durch den territorialen Zugewinn, den Erwerb der Kurwürde (beides im Westfäl. Frieden 1648 bestätigt) sowie Reformen in Verwaltung, Gerichts- (Codex Maximilianeus, 1616) und Heerwesen im Stile des Frühabsolutismus zu einer der führenden Mächte im Reich aufbauen.

Maximilian II. Emanuel
Kurfürst 1679–1726
** 11. 7. 1662 München*
† 26. 2. 1726 München
Als Anhänger Kaiser →Leopolds I. beteiligte sich M. an der Befreiung Wiens 1683 und an den Türkenkriegen, wofür er vom Kaiser zum Generalissimus ernannt wurde. Für seinen Einsatz im Pfälz. Erbfolgekrieg (1688–1697) wurde er 1691 Generalstatthalter der Niederlande. Beim Ausbruch des Span. Erbfolgekriegs 1701 trat M. auf Frankreichs Seite (→Ludwig XIV.), um die Spanischen Niederlande als Königtum zu gewinnen und damit Erbansprüche aus der Ehe seines verstorbenen Sohnes Josef Ferdinand mit der Tochter Kaiser Leopolds I. zu realisieren. Nach Anfangserfolgen verlor er die Schlachten bei

Höchstädt (1704) und Ramillies (1706), mußte schließlich Bayern verlassen und wurde geächtet. Durch den Frieden von Rastatt (1714) wurde er wieder in seine alten Rechte eingesetzt. 1724 schloß M. einen Erbvertrag mit Kurpfalz. Nachfolger: Sohn Karl Albrecht (Kaiser →Karl VII.).

Maximilian III. Joseph
Kurfürst 1745–1777
** 28. 3. 1727 München*
† 30. 12. 1777 München
Der letzte Sproß der bayer. Hauptlinie der Wittelsbacher, Sohn Kaiser →Karls VII. und Enkel →M.s II., anerkannte im Frieden zu Füssen 1745 die Pragmatische Sanktion (Kaiser →Karl VI., →Maria Theresia) und erhielt im Gegenzug die im Österreichischen Erbfolgekrieg 1743 von Österreich besetzten bayerischen Erblande zurück. Im Siebenjährigen Krieg 1756–1763 kämpfte er auf österr. Seite. 1759 stiftete M. die Akademie der Wissenschaften in München, hob viele Klöster auf, verbot den Jesuitenorden und erlaubte den ev. Gottesdienst in München. Nachfolger in Bayern wurde Kurfürst Karl Theodor von der Pfalz (1777–1799).

Maximilian I.
Kurfürst 1799–1806, König von Bayern 1806–1825
** 27. 5. 1756 Mannheim*
† 13. 10. 1825 Nymphenburg

(Als Kurfürst *M. IV. Joseph*). Der Sohn des Pfalzgrafen Friedrich von Zweibrücken-Birkenfeld (* 1724, † 1767), seit 1795 Herzog von Zweibrücken und seit 1799 Kurfürst, schloß als von der Aufklärung inspirierter Fürst 1801 einen Separatfrieden mit →Napoleon (I.) Bonaparte und trat 1806 dem Rheinbund bei. Napoleon entgalt es ihm mit der Königswürde und umfangreichen Ländereien. Durch seinen Wechsel auf die Seite der antifranzösischen Koalition in den Befreiungskriegen 1813 behauptete M. die Souveränität Bayerns und den Gebietszuwachs in Schwaben und Franken. Die Verfassungen, die er 1808 und 1818 erließ, legten die Grundlage für das moderne bayerischen Staatswesen. Nachfolger: Sohn →Ludwig I.

Maximilian II. Joseph
König 1848–1864
** 28. 11. 1811 München*
† 10. 3. 1864 München
M. trat nach der Abdankung seines Vaters König →Ludwig I. im Zuge der Revolution 1848 die Herrschaft an. In seiner von der dt. Frage beherrschten Regierung befürwortete er gegen die preuß. Dominanz im Zollverein einen Bund der dt. Mittel- und Kleinstaaten als dritte Kraft (Trias) neben Österreich und Preußen. Als Förderer von Kunst und Wissenschaften zog M. nichtbayer. Wissenschaftler und Künstler (sog. Nordlichter) nach München, gründete das Maximilianeum und die Histor. Kommission bei der Bayer. Akademie der Wissenschaften (1858). Nachfolger: Sohn →Ludwig II.

– Mexiko

Maximilian
Kaiser von Mexiko 1864–1867
** 6. 7. 1832 Wien*
† 19. 6. 1867 Querétaro

(Eigentlich *Ferdinand Maximilian*). Der Erzherzog von Österreich, Bruder Kaiser →Franz Josephs I., nahm nach der französischen Invasion in Mexiko (1862) auf Veranlassung →Napoleons III. gegen den rechtmäßigen Präsidenten Benito →Juárez den Kaisertitel an. Er bemühte sich auf Kosten der Unterstützung der frankreichfreundlichen Konservativen um eine Annäherung an die Liberalen, die in ihm jedoch den Repräsentanten der Invasoren bekämpften. Nach dem von den USA erzwungenen Abzug der französischen Truppen 1867 konnte er sich nicht gegen Juárez halten, wurde von einem Kriegsgericht verurteilt und standrechtlich erschossen.

Maximinus Daia, Gaius Galerius Valerius
römischer Kaiser 310–313
** Illyrien*
† August 313 Tarsus
Der Neffe und Adoptivsohn des späteren Kaisers →Galerius wurde 305 von →Diokletian zum Caesar für die Diözesen Oriens und Ägypten ernannt. Hier führte er die Christenverfolgung besonders

konsequent durch und setzte sie – 310 (309 ?) von seinen Soldaten zum Augustus ausgerufen – auch nach dem Toleranzedikt des Galerius 311 fort. Als er nach dessen Tod (311)versuchte, seinen Machtbereich nach Thrakien auszudehnen, wurde er 313 von Valerius Licinianus →Licinius bei Tzirallum besiegt und starb auf der Flucht.

Maximinus Thrax, Gaius Iulius Verus
römischer Kaiser 235–238
** um 173 Thrakien*
† 238 bei Aquileia
(Thrax = »der Thraker«). Der Bauernsohn wurde als erster der Soldatenkaiser (235–284) vom Heer ausgerufen. Trotz seiner Siege über Germanen (Wiederherstellung des Limes), Daker und Sarmaten, wurde er während einer vom Senat unterstützten Revolte nach der erfolglosen Belagerung von Aquileia von meuternden Soldaten ermordet.

Maximus Magnus
römischer Kaiser 383–388
** Spanien*
† 28. 8.(?) 388 Aquileia
Aus armen Verhältnissen stammend, stieg M. M. im röm. Heer bis zum Oberkommandeur in Britannien auf, bevor er dort 383 von seinen Soldaten gegen →Gratian zum Kaiser ausgerufen wurde. Schnell setzte er sich in Britannien, Gallien und Spanien durch und vertrieb Gratian aus der Residenzstadt Trier. Von den beiden anderen Kaisern, →Valentinian II. in Italien und →Theodosius I. (d. Gr.) im Osten, wurde er zunächst notgedrungen anerkannt. Als er jedoch 387 auf Italien übergriff, floh Valentinian zu Theodosius. M. wurde nach seiner vernichtenden Niederlage gegen Theodosius 388 von seinen Soldaten ermordet.

Mazarin, Jules
leitender Minister Frankreichs 1642–1661
** 14. 7. 1602 Pescina, Abruzzen*
† 9. 3. 1661 Vincennes
(Eigentlich *Giulio Mazarini*; Herzog von Nevers seit 1659). Der gebürtige Italiener legte in den fast 20 Jahren, in denen die Fäden der französ. Politik in seinen Händen zusammenliefen, die Grundlagen für den Aufstieg des absolutist. Frankreichs zur europ. Hegemonialmacht unter →Ludwig XIV.
Seit 1622 im päpstlichen Dienst, u. a. 1635/36 als Nuntius in Paris, trat M. 1640 auf Empfehlung Kardinal →Richelieus in französische Dienste. 1641 wurde er durch Vermittlung König →Ludwigs XIII. – ohne Priesterweihe – zum Kardinal erhoben und trat nach dem Tod Richelieus 1642 dessen Nachfolge im Kronrat an. Nach dem Tod des Königs 1643 übernahm er unter der Regentin Anna von Österreich (* 1601, † 1666) die Staatsgeschäfte für den fünfjährigen Ludwig XIV.
In seiner Domäne, der Außenpolitik, erreichte M. im Westfäl. Frieden 1648 den Gewinn des Elsaß, ließ Frankreich den Besitz der Bistümer Toul, Metz und Verdun bestätigen und sicherte ihm als einer der Garantiemächte des Friedensschlusses ein Einspruchsrecht im Heiligen Römischen Reich. Im Pyrenäenfrieden 1659 konnte M. die Hegemonialstellung Spaniens auf dem Kontinent durch große Gebietsgewinne (u. a. Teile des Roussillon, des Artois, Flanderns und Luxemburgs) brechen. Im Innern hatte er als Ausländer und Vertreter einer absolutist. Politik einen schweren Stand gegen Parlament und Adelsopposition unter Führung Ludwigs II. →Condé, die mit der Fronde 1648–1653 einen Bürgerkrieg gegen ihn entfesselten. Zweimal wurde M. außer Landes gezwungen (1651, 1652). Mit dem Sieg über die Aufständischen schuf er die Grundlagen für die Vollendung der absoluten Monarchie.

Mazdak
persischer Sektenstifter
** um 460*
† um 524
M., der sich als Prophet am Dualismus des →Zarathustra orientierte, initiierte mit seinen sozialrevolutionären Predigten gegen die Verschwendungssucht und unmoralische Lebensweise des persischen Adels und für allgemeine Bruderliebe und eine gleichmäßige Verteilung des Eigentums einen Volksaufstand (um 494). Zeitweilig wurde er auch vom pers. König Kawadh I. (488–531) unterstützt. M. wurde schließlich mit Tausenden seiner Anhänger (Mazdakiten) umgebracht (524).

Mazowiecki, Tadeusz
polnischer Ministerpräsident 1989–1991
** 18. 4. 1927 Płock*
Von Beruf Journalist, begann M. seine polit. Karriere in den 1960er Jahren im Rahmen des Kath. Intelligenzklubs (KIK) und als Parlamentsabgeordneter der kath. Gruppe »Znak« (1961–1971). Seit 1978 hielt er als Lektor der »Fliegenden Universität« Vorlesungen im Untergrund und schloß sich nach den großen Streiks 1980 der Gewerkschaft Solidarność unter Lech →Wałęsa als polit. Berater an. Nach dem Umbruch 1989 betrieb er als erster nichtkommunist.

Ministerpräsident Polens seit dem 2. Weltkrieg die Umwandlung Polens von der Plan- zur Marktwirtschaft, trat jedoch zurück, als er bei den Präsidentschaftswahlen Wałęsa unterlag.

Mazzini, Giuseppe

italienischer Freiheitskämpfer
** 22. 6. 1805 Genua*
† 10. 3. 1872 Pisa

Von Beruf Anwalt, war M. einer der herausragenden Vertreter des italien. Risorgimento, obwohl er die meiste Zeit seines polit. Lebens im Exil verbrachte. Er erstrebte die nationale Einheit Italiens, die er mit einer Umwälzung der sozialen Verhältnisse verbinden wollte. Als Mitglied der Carbonari (seit 1827) mußte er 1830 emigrieren und gründete in Frankreich den Geheimbund »Junges Italien« (Giovine Italia), den er 1834 mit gleichgerichteten Zirkeln anderer Nationen, insbesondere der Polen, zum »Jungen Europa« vereinte. Nach einem mißglückten Aufstandsversuch in Piemont 1834 agitierte er seit 1837 von London aus gegen die Fremdherrschaft in Italien. 1848 ging er nach Mailand und 1849 nach Rom, wo er mit Giuseppe →Garibaldi die Verteidigung der kurzlebigen Republik gegen ein französ. Heer leitete (Febr.–Juli 1849). Die Einigung Italiens unter Camillo Benso →Cavour im Bündnis mit König →Viktor Emmanuel II. verwarf er. Nach dem Scheitern einer letzten Erhebung gegen das Königreich Italien (1870) wurde M. ausgewiesen, kehrte jedoch kurz vor seinem Tod heimlich zurück.

McCarthy, Joseph Raymond
US-amerikanischer Politiker
** 14. 11. 1909 Grand Chute, Wisconsin*
† 2. 5. 1957 Washington
Seit 1947 Senator für die Republikaner, eröffnete M. 1950 einen Feldzug gegen eine angebliche Unterwanderung hoher und höchster Staatsämter durch Kommunisten und deren Agenten. Unter den Präsidenten Harry S. →Truman und Dwight D. →Eisenhower verdächtigte er, 1953–1955 als Vorsitzender des ständigen Untersuchungsausschusses des Senats für Fragen der inneren Sicherheit, Intellektuelle (u. a. den Physiker Robert Oppenheimer), Schriftsteller und Angehörige des Außenministeriums (u. a. George C. →Marshall), »rosarot« oder »links« zu sein. M.s Laufbahn endete, als er auch die Armee in seine Untersuchungen einbeziehen wollte. Die Methode, Menschen durch unfundierte, persönliche Attacken öffentlichkeitswirksam politisch zu diskreditieren, gilt seitdem als »M.ismus«.

McKinley, William

25. Präsident der USA 1897–1901
** 29. 1. 1843 Niles, Ohio*
† 14. 9. 1901 Buffalo, New York

Als führender Abgeordneter der Republikaner im Kongreß (1876–1891) erreichte M. 1890 die Annahme der Hochschutzzölle (M.-Tariff). Als Präs. führte er die USA mit dem Span.-Amerikan. Krieg 1898 und den folgenden Annexionen der zuvor span. Kolonien Puerto Rico, Guam und Philippinen sowie der Besetzung Kubas (bis 1902) in den Kreis der imperialistischen Weltmächte. Ebenfalls 1898 setzte er die Annexion von Hawaii durch.

McNamara, Robert Strange

Verteidigungsminister der USA 1961–1968
** 9. 6. 1916 San Francisco*

Seit 1960 erster Präsident der Ford-Werke, der nicht der Ford-Familie angehörte, gab M. seinen Posten als Wirtschaftsmanager auf, um als Republikaner unter den demokratischen Präs. John F. →Kennedy und Lyndon B. →Johnson die Streitkräfte für den Vietnamkrieg zu reorganisieren. Als Präsident der Weltbank (1968–1981) bewirkte er eine Abkehr von repräsentativen Großprojekten zugunsten lokaler Hilfsmaßnahmen gegen die Armut.

Medici, florentinisches Patriziergeschlecht

Als Kaufleute und Bankiers seit dem 13. Jahrhundert zu wirtschaftlicher und politischer Macht gelangt, beherrschten die M. Florenz 1434–1730 (mit Unterbrechungen 1494–1512, 1527–1530). Die ältere Linie, auf der der Ruhm der M. beruht, starb 1537 mit Alessandro M. (* um 1511, † 1537) aus, der 1531 von Kaiser →Karl V. zum Herzog von Florenz erhoben worden war. Der Familie entstammten mehrere Päpste (→Leo X. 1513–1521, →Klemens VII. 1523–1534, Leo XI. 1605)

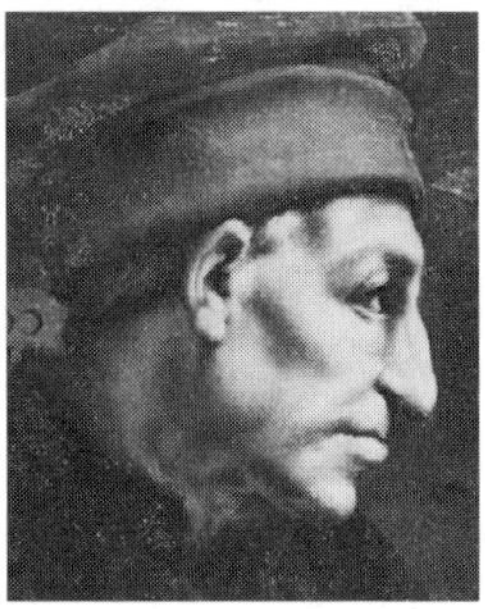

Medici, Cosimo,
der Alte

Herrscher von Florenz 1434–1464
** 27. 9. 1389 Florenz*
† 1. 8. 1464 Florenz

Der Begründer der älteren Linie der M. übernahm nach kurzer Vertreibung aus der Stadt (1433) die Herrschaft über Florenz, ohne formal die republikan. Verfassung anzutasten. Als »Vater des Vaterlands« verehrt, wußte er Mäzenatentum mit Politik und Bankgeschäft zu verbinden. Politisch suchte er die Verbindung mit Mailand und forderte 1450 die Erhebung Francesco I. →Sforzas zum Herzog. Die Pentarchie der fünf italien. Mächte Mailand, Venedig, Florenz, Neapel und Kirchenstaat (Lega italica) von 1455 war seine Schöpfung. Als einer der Wegbereiter des Humanismus förderte er bedeutende Künstler seiner Zeit (u. a. Donatello) und gründete 1450 die Platonische Akademie.

Medici, Cosimo I.
Herzog von Florenz 1537–1569,
Großherzog der Toskana 1569–1574
** 12. 6. 1519 Florenz*
21. 4. 1574
Als Begründer der jüngeren Linie trat M. 1537 die Nachfolge *Alessandro de'M.s* (* 1511 [?], † 1537) an, dem der Medici-Papst →Klemens VII. im Bündnis mit Kaiser →Karl V. 1531 in Florenz die Herzogswürde verliehen hatte. Papst →Pius V. erhob M. 1569 zum Großherzog. Während seiner durch Tyrannei und blutige Verfolgung seiner Gegner gekennzeichneten Herrschaft zentralisierte er die Verwaltung des Großherzogtums, u. a. mit dem Bau der Uffizien (seit 1564). Unter seinen Söhnen begann der allmähliche Niedergang der Familie.

Medici, Katharina de'
Königin von Frankreich, →Katharina de'M.

Medici, Lorenzo I., *der Prächtige*
Herrscher von Florenz 1469–1492
** 1. 1. 1449 Florenz*
† 8. 4. 1492 Florenz
Der bedeutendste Vertreter der M.-Familie führte Florenz zu höchster wirtschaftlicher und kultureller Blüte. 1478 entkam er nur knapp einer von Papst →Sixtus IV. geförderten Verschwörung der Pazzi-Familie, der sein Bruder *Giuliano de'M.* (* 1453, † 1478) zum Opfer fiel. Trotz seines gespannten Verhältnisses zum Kirchenstaat regierte er seitdem unangefochten. Selbst Dichter, förderte er als großzügiger Mäzen Gelehrte und Künstler. Politisch baute er die Verbindung mit Mailand aus, suchte aber auch den Ausgleich mit dem Königreich Neapel. Unter ihm begann der Verfall der ökonom. Basis der Familie. Sein Sohn *Piero der Unglückliche* (Sfortunato, * 1471, † 1503) wurde 1494 von →Karl VIII. von Frankreich und der republikan. Opposition unter Führung Girolamo →Savonarolas aus Florenz vertrieben (bis 1512).

Medici, Maria de'
Königin von Frankreich, →Maria de'M.

Mehmed II., der Eroberer
Osmanischer Sultan, →Mohammed II.

Mehring, Franz
deutscher Politiker, Historiker und Publizist
** 27. 2. 1846 Schlawe, Pommern*
† 28. 1. 1919 Berlin
Seit 1891 Sozialdemokrat, 1906–1911 Lehrer an der Parteischule der SPD, 1917/18 Mitglied des preußischen Abgeordnetenhauses, war der politische Publizist der führende marxistische Historiker im wilhelmin. Dtschld. In seinen Werken kritisierte er die »bürgerliche« preuß.-dt. Geschichtsschreibung seit 1848 in bewußter Parteilichkeit mit der Methode des Historischen Materialismus. Während des 1. Weltkriegs gehörte M. mit Rosa →Luxemburg und Karl →Liebknecht zur Spartakusgruppe und zu den Begründern der USPD. Hauptwerk: »Geschichte der Sozialdemokratie« (4 Bde., 1897/98).

Meinecke, Friedrich

deutscher Historiker
** 30. 10. 1862 Salzwedel*
† 6. 2. 1954 Berlin

Der Schüler Wilhelm Diltheys, Johann Gustav →Droysens, Heinrich →Sybels und Heinrich v. →Treitschkes prägte als Begründer der polit. Ideengeschichte und der frühen Vertreter der Geistesgeschichte die Historiographie in Kaiserreich, Weimarer Republik und der frühen BR Dtschld. Seine Deutung polit. Entscheidungen und Entwicklungen aus dem Geiste der handelnden Personen und ihrer Epoche vollzog er in »Weltbürgertum und Nationalstaat« (1907) beispielhaft an der jüngeren dt. Geschichte. Vom Liberalismus Friedrich →Naumanns beeinflußt, aber »Herzensmonarchist«, wandelte sich M. nach dem 1. Weltkrieg zum »Vernunftrepublikaner«. M. lehrte als Prof. in Straßburg (1901–1906), Freiburg im Br. (1906–1914) und Berlin (1914 bis 1928). Als Hrsg. der »Histor. Zeitschrift« (1893 bis 1935), Vors. der Histor. Kommission beim Reichsarchiv (1928–1934) und mit seinem großen Schülerkreis besaß er auch institutionell großen Einfluß. Während des Dritten Reiches als Gegner des Nationalsozialismus seiner Funktionen enthoben, wurde M. 1948 erster Rektor der Freien Universität Berlin.

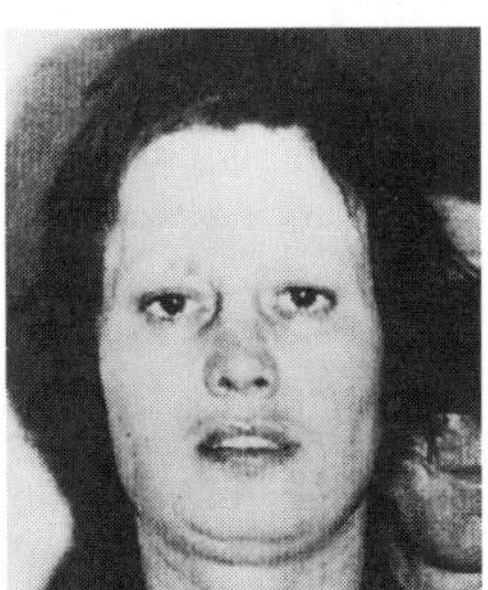

Meinhof, Ulrike

deutsche Journalistin
** 17. 10. 1934 Oldenburg*
† 9. 5. 1976 Stuttgart

Als Chefredakteurin (1960–1964) bzw. Kolumnistin (1965–1969) der linksgerichteten Zeitschrift »konkret« war M. in den 1960er Jahren eine der schärfsten publizist. Kritikerinnen der polit. und sozialen Verhältnisse in der BR Dtschld. Nach ihrer Mitwirkung an der gewaltsamen Befreiung des wegen Kaufhausbrandstiftung verurteilten Andreas Baader (* 1944, † 1977) ging sie 1970 in den Untergrund, beteiligte sich an terrorist. Aktionen der Roten Armee Fraktion (RAF, auch: Baader-Meinhof-Gruppe) und nahm maßgebl. Einfluß auf deren Programmatik. Im Juni 1972 wurde sie mit den meisten anderen Mitgliedern der Gruppe verhaftet. Vor Abschluß des Prozesses beging M. in der Haft Selbstmord. (▷ Chronik Zitat)

»Der Spaß hat aufgehört«

Chronik Zitat

Zu den schweren Unruhen nach dem Attentat auf Rudi →Dutschke am 11. 4. 1968 veröffentliche Ulrike Meinhof in der Zeitschrift »konkret« einen Kommentar (Auszug):

»›Protest ist, wenn ich sage, das und das paßt mir nicht, Widerstand ist, wenn ich dafür sorge, daß das, was mir nicht paßt, nicht länger geschieht...‹ So ähnlich – nicht wörtlich – konnte man es von einem Schwarzen der Black-Power-Bewegung auf der Vietnamkonferenz im Februar in Berlin hören...
Die Grenze zwischen verbalem Protest und physischem Widerstand ist bei den Protesten gegen den Anschlag auf Rudi Dutschke in den Osterfeiertagen erstmalig massenhaft, von vielen, nicht nur einzelnen, über Tage hin, nicht nur einmalig, vielerorts, nicht nur in Berlin, tatsächlich, nicht nur symbolisch – überschritten worden...
Nun, nachdem gezeigt worden ist, daß andere Mittel als nur Demonstrationen, Springer-Hearing, Protestveranstaltungen zur Verfügung stehen, andere als die, die versagt haben, weil sie den Anschlag auf Rudi Dutschke nicht verhindern konnten, nun da die Fesseln von Sitte & Anstand gesprengt worden sind, kann und muß neu und von vorne über Gewalt und Gegengewalt diskutiert werden. Gegengewalt, wie sie in den Ostertagen praktiziert worden ist, ist nicht geeignet, Sympathien zu wecken, nicht, erschrockene Liberale auf die Seite der Außerparlamentarischen Oppoition zu ziehen. Gegengewalt läuft Gefahr, zur Gewalt zu werden, wo die Brutalität der Polizei das Gesetz des Handelns bestimmt...
Der Spaß hat aufgehört.«

Meir, Golda

israelische Ministerpräsidentin 1969–1974
** 3. 5. 1898 Kiew*
† 8. 12. 1978 Jerusalem

(Bis 1956 *G. Meyerson*, geb. *Mabowitsch*). Als Kind mit ihren Eltern von Rußland in die USA ausgewandert (1906), lebte M. seit 1921 in Palästina. Im Rahmen der Gewerkschaftsbewegung Histadrut und der Arbeiterpartei Mapai sowie als Leiterin der polit. Abteilung der Jewish Agency (1946–1948) arbeitete sie auf die Gründung des israel. Staates hin. 1948 führte sie erfolglos Geheimverhandlungen mit König Abdallah von Transjordanien über eine friedl. Lösung des Palästina-Problems. 1948/49 war sie Botschafterin in der UdSSR, 1949–1956 Arbeits-Min., 1956–1966 Außen-Min., 1966–1968 Generalsekretärin der Mapai, bevor sie 1969 nach dem Tod Levi →Eschkols das Amt der Min.-Präs. antrat. Innenpolit. Auseinandersetzungen über ihre Amtsführung während des Jom-Kippur-Krieges 1973 veranlaßten sie zum Rücktritt.

Melanchthon, Philipp
Reformator
** 16. 2. 1497 Bretten, Baden*
† 19. 4. 1560 Wittenberg
(Eigentlich *P. Schwarzerd*). Der Humanist und Prof. für griechische Sprache in Wittenberg (seit 1518) war der bedeutendste Mitarbeiter Martin →Luthers in der Reformation und nach dessen Tod das Haupt der prot. Bewegung. Mit seinen »Loci communes rerum theologicarum« (»Hauptpunkte der Theologie«, 1521) schuf er eine erste Zusammenfassung von Luthers Glaubenslehre. M. war an mehreren Religionsgesprächen beteiligt (1519 Leipzig, 1529 Marburg, 1540 Worms, 1541 Regensburg, 1557 Worms). 1530 verfaßte er für den Reichstag zu Augsburg die »Confessio Augustana« (Augsburger Bekenntnis) und deren Verteidigung, die Apologie. Seine Bereitschaft zu Nachgiebigkeit und zu vermittelnden Formulierungen hat der Reformation manchen Weg geebnet, trug ihm jedoch auch in Verbindung mit von Luther abweichenden Lehrmeinungen, besonders in der Abendmahlslehre, die Gegnerschaft strenger Lutheraner ein. Die nach M.s Plänen 1536 durchgeführte Umgestaltung der Wittenberger Universität sowie die beherrschende Stellung, die er der Antike im Schulwesen einräumte, haben für ganz Deutschland Bedeutung erlangt, so daß man ihm den Ehrentitel »Praeceptor Germaniae« (»Lehrmeister Deutschlands«) gab.

Menchú, Rigoberta
guatemaltekische Bürgerrechtskämpferin
** Januar 1959 bei Chimaltenango*
Die Quiché-Indianerin ging 1981 nach der Ermordung mehrerer Familienmitglieder durch das guatemaltek. Militär ins Exil nach Mexiko, von wo aus sie den polit. Kampf gegen die Diktatur in Guatemala und gegen die Unterdrückung der indian. Bevölkerung aufnahm. Als Mitglied des Rats der UNO für die Rechte der Indios (seit 1986) wurde sie zu einer Sprecherin der indigenen Bevölkerung beider Amerika und erhielt 1992 den Friedensnobelpreis.

Menderes, Adnan
türkischer Ministerpräsident 1950–1960
** 1899 Aydın*
† 17. 9. 1961 Yassı-Ada
Seit 1936 Abgeordneter der Nationalversammlung, übernahm der liberale Politiker an der Spitze der 1946 von ihm mitgegründeten Demokratischen Partei nach einem Wahlsieg 1950 das Amt des Min.-Präs. Im Zeichen der Anlehnung an den Westen führte er die Türkei 1952 in die NATO und initiierte Investitionssprogramme zur verstärkten Industrialisierung und Verbesserung des Lebensstandards. Nach dem Erlaß eines Ermächtigungsgesetzes zur Ausschaltung der Opposition wurde er 1960 durch den Staatsstreich General Cemal →Gürsels gestürzt und zum Tod durch den Strang verurteilt.

Mendès-France, Pierre
französischer Ministerpräsident 1954/55
** 11. 1. 1907 Paris*
† 18. 10. 1982 Paris
Von Beruf Anwalt und seit 1932 Abgeordneter, war der Radikalsozialist 1944/45 Wirtschafts-Min. und 1947–1958 Gouverneur des Internationalen Währungsfonds, bevor er als Min.-Präs. und Außen-Min. den französ. Indochinakrieg beendete. Während er 1954 die Gründung der Europäischen Verteidigungsgemeinschaft (EVG) im Parlament nicht durchsetzen konnte, erreichte er 1955 die Zustimmung zu den Pariser Verträgen (Aufnahme der BR Dtschld. in die NATO). Er stürzte nach dem Ausbruch des

Algerienkrieges, weil er die Autonomie Marokkos und Tunesiens befürwortete. Als Gegner Charles de →Gaulles stimmte er 1958 gegen die Verfassung der V. Republik und wurde deshalb 1959 von den Radikalsozialisten ausgeschlossen. 1960 gründete er die Parti Socialiste Unifié (PSU), aus der er 1968 wieder austrat. (▷ Chronik Zitat)

Bundesrepublik an Westen ketten

Chronik Zitat

Vor Ablehnung ihrer Ratifizierung durch das französ. Parlament bewertete Pierre Mendès-France die Verträge zur Gründung der Europäischen Verteidigungsgemeinschaft (EVG) im Hinblick auf das dt.-französ. Verhältnis 29. 8. 1954:

»Der bedeutsamste Vorteil ist nach meiner Ansicht, daß die EVG die BR Dtschld. an die westliche Welt bindet, ja kettet. Das ist eine Erwägung, deren Wert niemand verkennen kann. Die Inkraftsetzung des Vertrags würde eine bedeutende Etappe auf dem Weg der französisch-deutschen Versöhnung bedeuten, die eine der Bedingungen des Friedens ist. Im Falle, daß Sie die Ratifizierung ablehnen, wird das Problem Westeuropas, das Problem Deutschlands und seiner Aufrüstung keineswegs geregelt sein.
Unsere britischen und amerikanischen Alliierten haben bereits wissen lassen, daß sie im Falle einer Nichtratifizierung des Vertrages von Paris durch das französische Parlament zur Fassung wichtiger Beschlüsse internationaler Ordnung schreiten würden. Dieser Staat würde alle Attribute der Souveränität mit Ausnahme auf militär. Gebiet zurückerhalten... Wenn ein Land geschlagen wurde, so ist … nicht daran zu denken, daß es unbegrenzt unter Vormundschaft bleibt. Zehn Jahre nach Beendigung der Feindseligkeiten und nach den Ereignissen dieser letzten Jahre kann niemand bestreiten, daß es vernünftig ist, der Bundesrepublik ihre politische Souveränität wiederzugeben...
Wenn wir den Vertrag von Paris nicht ratifizieren, so werden unsere Alliierten keineswegs darauf verzichten, den deutschen Beitrag zur westlichen Verteidigung zu erlangen. Das will heißen, daß wir sehr rasch mit Vorschlägen zur Wiederaufrüstung Deutschlands zu tun haben werden...«

Menelik II.
Kaiser von Äthiopien 1889–1913
** 17. 8. 1844 Ankobar*
† 12. (13.?) 12. 1913 Addis Abeba
Als einziger afrikan. Herrscher, der sein Land vor der europ. Kolonialherrschaft bewahren konnte, gilt M. mit seinen zahlreichen Reformen als Begründer des modernen Äthiopien. Seit 1865 Ras (Herzog) von Schoa, setzte er sich nach einem erbitterten Bürgerkrieg mit italien. Hilfe als Nachfolger von Kaiser Johannes IV. (1872–1889) durch. Als Italien den Vertrag von Ucciali (1889) als Einräumung eines Protektoratsrechts interpretierte, bestand M. auf der Unabhängigkeit seines Landes und setzte sie in der Schlacht bei Adua 1896 gegen Italien durch. Durch Eroberung von Somali- und Oromo-Gebieten erreichte Äthiopien seine späteren Grenzen. M. leitete die Modernisierung des Landes ein.

Menem, Carlos Saul

argentinischer Staatspräsident seit 1989
** 2. 7. 1935*
Anillaco, Prov. La Rioja

Der Jurist war 1973–1976 und 1983–1989 Gouverneur der Prov. La Rioja, bevor er Staats-Präs. wurde. Obwohl er selbst während der Militärdiktatur nach dem Sturz Isabel →Peróns (1976–1983) als Peronist mehrere Jahre in Haft saß (1979–1981), hielt er an der Politik der Amnestierung von Armeeangehörigen seines Vorgängers Raúl →Alfonsín fest. Seine Regierung steht vor allem unter dem Eindruck der schweren wirtschaftlichen Probleme des Landes, denen M. durch ein umfangreiches Privatisierungsprogramm zu begegnen sucht. Obwohl zahlreiche Korruptionsaffären und Skandale seiner Regierung zusetzten, errang er 1995 erneut einen Wahlsieg.

Mengistu Haile Mariam
äthiopischer Staatschef 1977–1991
** um 1939 Soddo*
(Amharisch »M. H. M.« = »sein Reich - die Macht Marias«). 1974 an der Entmachtung Kaiser →Haile Selassies beteiligt, wurde M. 1977 Vors. des Provisorischen Militärverwaltungsrates (DERG) und

damit Staatschef und Oberbefehlshaber. Seit 1984 war er Generalsekretär der neugegründeten Äthiop. Arbeiterpartei, seit 1987 zugleich Staats-Präs. Mit sowjet. und kuban. Unterstützung wandelte er das ehemalige Kaiserreich in einen marxist. Staat. Blutige Bürgerkriege gegen die somal. Bevölkerung im Südosten und die eritreische Unabhängigkeitsbewegung sowie anhaltende Hungersnöte im Norden kennzeichneten seine Regierung. Nachdem mit dem weltweiten Niedergang des Kommunismus die materielle Hilfe Kubas und der UdSSR versiegte, eskalierte der Bürgerkrieg in Äthiopien. Seiner Machtbasis beraubt, floh M. ins Ausland.

Messalina, Valeria

Gattin des Claudius
** um 25 n. Chr.*
† 48 n. Chr.

Kaum 15jährig wurde M. 39 oder 40 dritte Frau des späteren römischen Kaisers →Claudius. Berüchtigt wegen ihrer zahlreichen Affären und ihres grausamen Umgangs mit ehemaligen Liebhabern und sonstigen Feinden, wurde sie nach einer ohne Wissen des Claudius geschlossenen Heirat auf Betreiben des mächtigen Freigelassenen und kaiserlichen Sekretärs Narcissus († 54) hingerichtet.

Messalla *(Marcus Valerius M. Corvinus)*
römischer Politiker
** 64 v. Chr.*
† 13 n. Chr.
Nach Cäsars Ermordung zunächst auf seiten des Senats, schloß M. sich 43 den Republikanern an und kämpfte 42 mit →Brutus in der Schlacht von Philippi. Nach der Niederlage ergab er sich Marcus →Antonius, wechselte jedoch 40 zu Octavian (→Augustus), dem er gegen Antonius u. a. in der Schlacht von Actium (31) zur Seite stand. Von Octavian hochverehrt, wurde M. mit zahlreichen politischen Aufgaben betraut (u. a. Statthalter in Gallien 30 und Syrien 28). Selbst einer der bedeutendsten Redner seiner Zeit, förderte er wie →Maecenas Dichter und Dichterinnen, die er in einem Kreis um sich sammelte (Tibull, Sulpicia, Ovid.)

Metaxas, Ioannis

griechischer Ministerpräsident 1936–1941
** 12. 4. 1871 Ithaka*
† 29. 1. 1941 Athen

Der Generalstabschef (seit 1915) mußte als Gegner von Eleutherios →Venizelos, überzeugter Monarchist und Sympathisant der Mittelmächte Griechenland nach dem Sturz König →Konstantins I. und dem Eintritt Griechenlands in den 1. Weltkrieg auf seiten der Alliierten 1917 verlassen (bis 1920). Im krisengeschüttelten Griechenland der Zwischenkriegszeit scheiterte er 1923 mit einer royalistischen Gegenrevolution, war aber anschließend mehrmals Minister (seit 1926). Nach der Restauration der Monarchie unter →Georg II. (1935) errichtete M. 1936 mit dessen Zustimmung eine autoritäre Regierung und suspendierte die Verfassung. Dank seiner Reorganisation des Heeres und neuer Verteidigungsanlagen (M.linie) konnte der italienische Angriff im Oktober 1940 abgewehrt werden.

Methodios
Griech. Slawenmissionar, →Kyrillos und Methodios.

Metternich, Klemens Wenzel Nepomuk,
Fürst von (seit 1813)

österreichischer Außenminister und Staatskanzler 1809/21–1848
** 15. 5. 1773 Koblenz*
† 11. 6. 1859 Wien

Als entschiedener Gegner der Französ. Revolution und Leiter des Wiener Kongresses 1814/ 15 prägte M. die nachnapoleonische Ära in Europa entscheidend mit. Nachdem er durch seine Ehe mit einer Enkelin des Staatskanzlers Wenzel Anton v. →Kaunitz (1795) Zugang zu den maßgebl. Kreisen Wiens erhalten hatte, begann sein Aufstieg über diplomat. Missionen als Gesandter in Dresden (1801–1803)

und Berlin (1803–1806) sowie als Botschafter in Paris (1806–1809). Bereits als Außenminister war er faktisch Leiter der österreichischen Politik. Gegenüber →Napoleon I. suchte M. nach der Niederlage von Wagram (1809) zunächst den Ausgleich und vermittelte dessen Heirat mit der österr. Kaisertochter Marie Louise. Nach der Wende in den napoleonischen Kriegen vor Moskau 1812 versuchte er, Napoleon zum freiwilligen Rückzug aus Mitteleuropa zu bewegen, und schloß Österreich erst nach dem Scheitern der Verhandlungen der Allianz von Preußen, Rußland und England an.
Auf dem Wiener Kongreß 1814/15 war M. zur Aufrechterhaltung des Mächtegleichgewichts bestrebt, Frankreich in seinen alten Grenzen zu erhalten und preuß. und russ. Territorialgewinne gering zu halten. Für Österreich erreichte er die Annexion der Lombardei und Venetiens sowie die Vormachtstellung im neugeschaffenen Dt. Bund.
In der Folgezeit wurde er der Hauptträger der Restauration: Auf den Kongressen zu Aachen (1818), Troppau (1820), Laibach (1821) und Verona (1822) trat er für die Erhaltung des Legitimitätsprinzips und den Kampf gegen liberale und national-revolutionäre Bestrebungen mit Hilfe der Hl. Allianz ein. Doch konnte das M.sche System, innenpolitisch hauptsächlich auf Polizeigewalt gestützt, dem Drängen der liberalen Kräfte auf die Dauer nicht widerstehen. 1830 erlitt es eine erste schwere Erschütterung; der Revolution von 1848 hielt es nicht mehr stand: M. mußte seine Entlassung nehmen.
(▷ Chronik Zitat)

»Dieses Übel ist der revolutionäre Geist ...«

Chronik Zitat

Die Bekämpfung der Revolution als Ziel seiner Europapolitik begründete Fürst von Metternich in seiner Instruktion für den österreichischen Gesandten in der Schweiz (9. 6. 1826):

»... Das erste Ziel der Bemühungen unserer Regierung und aller seit der Unabhängigkeit Europas mit ihr verbündeten Regierungen [Heilige Allianz, 1815] ist die Aufrechterhaltung der gesetzlichen Ordnung, die das glückliche Ergebnis dieser Wiederherstellung ist; eines Zustandes der Ruhe, der allein die Früchte eines so teuer erkauften Friedens sichert und dadurch allein die für die Zukunft gesäten Keime des Guten fruchtbar zu machen vermag. Seit einigen Jahren sehen wir zu unserer Genugtuung, wie mehrere Regierungen, die am spätesten die Notwendigkeit der zur Erreichung dieses Zieles geeigneten Maßnahmen einsahen, sich endlich zu der Überzeugung durchrangen, daß die Unterdrückung des noch bestehenden Übels die erste und unerläßlichste Vorbedingung dafür ist. Dieses Übel, man kann es nicht verhehlen, hat gerade seit der allgemeinen Befriedigung erschrekkende Frottschritte gemacht. Es ist allumfassend in seiner unheilvollen Betätigung, es äußert sich in allen möglichen Formen, in fast allen Ländern. Da es in seiner destruktiven Betätigung allumfassend ist, kann es nur durch einen allumfassenden Widerstand bekämpft und besiegt werden. Dieses Übel ist der revolutionäre Geist, geboren aus jener ordnungswidrigen Unruhe, welche die Umwälzungen der Epoche der heutigen Generation ausgeprägt haben, gespeist durch begehrliche Leidenschaften und tiefe Entsittlichung der einen, begrüßt durch den Fanatismus der anderen. Systematisch in ihren Plänen, streng folgerichtig in ihrem lichtscheuen Treiben, finden die Führer dieser gottlosen Sekte, die sich zum Umsturz der Altäre und Throne zusammenschloß, von einem Ende Europas zum andern Verbündete für die Durchführung ihrer verbrecherischen Unternehmungen überall da, wo dieselben wirken. Wo sie im Augenblick ihre Brandfackel noch nicht schleudern können, bauen sie ihre Batterien für die Zukunft auf...
Es ist Zeit, daß alle Regierungen Europas, welches auch immer ihre Verfassungsform sein mag, zu der Einsicht gelangen, daß isolierte Maßnahmen der Schwere des Übels nicht mehr gewachsen sind; daß es um ihrer aller gemeinsame Sache geht; daß sie handeln müssen, im gleichen Geist und durch gemeinsame Maßnahmen gegen ein Übel, das sie alle in gleicher Weise bedroht, und daß die Notwendigkeit ihrer Selbsterhaltung ihnen die Pflicht auferlegt, einander aus freien Stücken zu helfen, um eine destruktive Kraft auszutilgen, welche das Schicksal der Staaten in Frage stellt, die Jahrhunderte voller Kriege und politischer Stürme unerschüttert überstanden haben...«

Michael

– Kirchenfürsten, Byzanz

Michael Kerullarios
Patriarch von Konstantinopel 1043–1058
** um 1000*
† 21. 1. 1059 Madyta (heute Eceabat) bei Konstantinopel
Während M. K.' Amtszeit eskalierte 1054 der dogmatische und jurisdiktionelle Streit zwischen der römisch-katholischen und der griechisch-orthodoxen Kirche durch gegenseitige Verdammung zum bis heute bestehenden Morgenländischen Schisma (Papst →Leo IX.). Erst das 2. Vatikan. Konzils hob 1965 den gegenseitigen Bann auf. M. fand für seine Politik zunächst die Unterstützung des byzantin. Kaisers. Als er jedoch den Primat der kirchl. über die weltl. Macht durchsetzen wollte, wurde er 1058 von →Isaak I. Komnenos gestürzt und ging ins Exil.

– Fürsten, Byzanz

Michael VIII. Palaiologos
Kaiser 1258–1282
** um 1224*
† 11. 12. 1282 Pacormio bei Selymbria, Thrakien
Der Begründer der Palaiologendynastie (bis 1453) riß nach dem Tod Kaiser Theodoros' II. Laskaris (1254–1258) die Regentschaft an sich und verdrängte, in Nikaia zum Mitkaiser erhoben, den jungen Kaiser Johannes IV. Laskaris (* 1251). Mit Hilfe der Genuesen eroberte M. 1261 Konstantinopel zurück, womit das Lateinische Kaiserreich sein Ende fand. Durch das Angebot einer Union mit der römischen Kirche auf dem Konzil zu Lyon (1274) konnte er zeitweise Papst →Gregor X. gegen seinen Hauptrivalen im Westen, den König von Neapel und Sizilien →Karl I. von Anjou, auf seine Seite ziehen. Die Kirchenunion scheiterte endgültig 1381 (Papst →Martin IV.), doch erreichte M. den Sturz Karls durch Unterstützung der Sizilianischen Vesper zugunsten →Peters III. von Aragón.

– Rumänien

Michael, *der Tapfere*
Fürst der Walachei 1593–1601, Transsylvaniens 1599/1600 und der Moldau 1600
** 1558*
† 19. 8. 1601 Thorenburg, Torda
(*Mihai Viteazul*). Auch wenn seine Vereinigung der drei rumän. Fürstentümer nicht einmal ein Jahr lang währte, gilt M. der rumän. Geschichtslegende als Vorkämpfer des modernen Rumänien. Im Bündnis mit Kaiser →Rudolf II. errang er mehrere Siege über die Osmanen (unter anderem 1595) und eroberte als »Statthalter« des Kaisers 1599 Transsylvanien. Als M. jedoch in Transsylvanien die orthodoxen Rumänen den westlich orientierten Christen (Katholiken, Protestanten) gleichstellen wollte, ließ Rudolf Transsylvanien durch seinen General Basta zurückerobern und M. ermorden.

Michael I.
König 1927–1930 und 1940–1947
** 25. 10. 1921 Sinaia*
(Mihai). M. regierte zunächst unter Vormundschaft, bis sein Vater →Karl II. 1930 aus dem Exil zurückgerufen wurde. Nach dessen Sturz durch Ion →Antonescu kam er erneut auf dem Thron und residierte in z. T. spannungsvoller Koexistenz mit dem »Staatsführer« Antonescu. Nach Überschreiten der rumänischen Grenze durch sowjetischen Truppen 1944 vollzog M. die Abkehr von Adolf →Hitler, stürzte Antonescu und schloß sich den Alliierten an. 1947 wurde er von den Kommunisten zur Abdankung gezwungen und ging ins Exil.

– Rußland

Michail Fjodorowitsch
Zar 1613–1645
** 22. 7. 1596*
† 23. 7. 1645 Moskau
Die Wahl des ersten Zaren aus der Dynastie der Romanow, eines Großneffen von →Iwan IV. (dem Schrecklichen), nach der Vertreibung der Polen beendete die russische »Zeit der Wirren« (Smuta, seit 1604). Die ersten Jahre der Regierung bestimmte stark sein Vater, der Patriarch Filaret († 1633). M. schloß 1617 mit Schweden und 1634 mit Polen Frieden. Nachfolger wurde sein Sohn →Alexei Michailowitsch.

– Serbien

Michael Obrenović
Fürst 1839–1842 und 1860–1868
** 16. 9. 1823 Kragujevac*
† 10. 6. 1868 Topžider bei Belgrad
(*Mihailo O.*). Der jüngere Sohn von →Miloš Obrenović trat nach der Abdankung seines Vaters und dem Tod seines Bruders Milan (* 1819, † 1839) in die Tradition der jahrzehntelangen Kämpfe zwischen den Karadjordjević und Obrenović ein. 1842 wurde er vertrieben, kehrte jedoch nach dem Sturz →Alexander Karadjordjevićs 1858 mit seinem Vater zurück und trat nach dessen Tod wiederum die Herr-

schaft an. 1867 erreichte er den Abzug der letzten osman. Truppen. Im Innern regierte er autokratisch, führte aber eine Reihe von Reformen durch. Nach außen erstrebte er auf der Grundlage des von seinem Min.-Präs. Ilija →Garašanin entworfenen großserb. Programms eine Allianz aller Balkanvölker unter Führung der Serben zur Befreiung von der osman. Herrschaft. M. wurde von der liberalen Opposition unter Führung der Karadjordjević ermordet. Nachfolger wurde sein Neffe →Milan Obrenović.

Michaelis, Georg

deutscher Reichskanzler
Juli–Okt. 1917
** 8. 9. 1857 Haynau*
† 24. 7. 1936
Bad Saarow bei Fürstenwalde

Die Wahl des politisch unerfahrenen Juristen und Verwaltungsbeamten (1915–1917 Leiter der Reichsgetreidestelle, dann preuß. Staatskommissar für Volksernährung) zum Reichskanzler und preuß. Min.- Präs. war Ausdruck der Dominanz der 3. Obersten Heeresleitung (Paul v. →Hindenburg, Erich →Ludendorff) über die polit. Führung des Reiches. M. unterlief die Juliresolution des Reichstages für einen Frieden ohne Annexion durch eine einschränkende Interpretation (»wie ich sie auffasse«). Nachdem er durch die Ablehnung einer Reform des preuß. Dreiklassenwahlrechts die Unterstützung der Reichstagsmehrheit vollends verspielt hatte, mußte er zugunsten von Georg →Hertling zurücktreten.

Mielke, Erich
Minister für Staatssicherheit der DDR 1957–1989
** 28. 12. 1907 Berlin*
Seit 1925 Mitglied der KPD, war M. seit 1945 führend am Aufbau der polit. Polizei in der SBZ bzw. DDR beteiligt. 1950 wurde er Mitglied des ZK, 1976 des Politbüros der SED. Nach dem Umsturz in der DDR 1989, mit dem M. alle Ämter verlor und aus der Partei ausgeschlossen wurde, galt ihm als Repräsentanten des Bespitzelungs- und Überwachungsstaates trotz seiner Liebesbekundungen (»Ich liebe Euch doch alle«) der Volkszorn. 1993 wurde er wegen Mordes an zwei Polizisten (1931) zu einer sechsjährigen Freiheitsstrafe verurteilt.

Mierendorff, Carlo
deutscher Politiker und Widerstandskämpfer
** 24. 3. 1897 Großenhain, Sachsen*
† 4. 12. 1943 Leipzig
Der sozialdemokrat. Journalist und promovierte Ökonom, 1930–1933 MdR, 1933–1938 in verschiedenen Konzentrationslagern inhaftiert, beteiligte sich mit zahlreichen Auslandskontakten führend an der Widerstandsbewegung (Kreisauer Kreis). Bei einem Bombenangriff kam er ums Leben.

Mieszko I.
Herzog von Polen um 960–992
** um 930*
† 25. 5. 992
M., aus dem Piasten-Geschlecht, gilt als Begründer Polens. 963 anerkannte er die Tributsoberherrschaft Kaiser →Ottos I. (d. Gr.). Mit seiner Taufe nach römisch-kath. Ritus 966 leitete M. die Christianisierung Polens ein, die durch die Einrichtung eines Missionsbistums in Posen 968 institutionalisiert wurde. Auf der Grundlage eines im Innern gefestigten Staatswesens unterwarf er 967–972 Pommern und gewann 990 im Kampf gegen Böhmen Kleinpolen und Schlesien. 992 unterstellte er sein Land dem Papst. Nachfolger : Sohn →Bolesław I. Chrobry.

Mihailović, Dragoljúb (»Draža«)

jugoslawischer Offizier
** 27. 4. 1893*
Ivanjica (Serbien)
† 17. 7. 1946 Belgrad

M. führte seit 1941 den Widerstand der nationalserbischen Tschetniks gegen die deutsche Besatzung in Jugoslawien und den Ustašastaat unter Ante Paveliç. Wegen seiner Rivalität zum kommunistisch dominierten Widerstand um Josip B. →Tito eskalierte der 2. Weltkrieg innerhalb Jugoslawiens zugleich zum Bürgerkrieg. Zunächst von den Alliierten unterstützt, war M. 1942/43 nominell Kriegsminister in der jugoslawischen Exilregierung in London unter Peter II. (König seit 1934), wurde aber 1943 auf Druck der Alliierten zugunsten Titos fallengelassen, unter dem er zum Tode verurteilt und hingerichtet wurde.

Mikojan, Anastas Iwanowitsch
sowjetisches Staatsoberhaupt 1964/65
** 25. 11. 1895 Sanain, Gouvernement Tiflis*
† 21. 10. 1978 Moskau
Ursprünglich Priesterseminarist, seit 1915 Mitglied der Bolschewiki, gehörte M. als enger Mitarbeiter Josef W. →Stalins und Nikita S. →Chruschtschows fast fünf Jahrzehnte (1926–1975) der sowjet. Regierung an. Im Politbüro (1935–1966), als stellvertr. Vors. des Min.-Rats (1955–1964) und Vors. des Präsidiums des Obersten Sowjets (1964/65) unterstützte er Chruschtschow bei den Machtkämpfen nach Stalins Tod und der Entstalinisierung. Nach seiner Entlassung aus dem Politbüro (1966) gehörte er weiterhin dem ZK der KPdSU an.

Milan I. Obrenović
Fürst 1868–1882, König von Serbien 1882–1889
** 22. 8. 1854 Iaş*
† 11. 2. 1901 Wien
(Als Fürst *M. IV.*). Nach der Ermordung seines Onkels →Michael Obrenović durch Gefolgsleute der rivalisierenden Karadjodjević (→Karadjodje) stand M. zunächst unter Regentschaft (bis 1872). Als Serbien auf dem Berliner Kongreß 1878 vom Osman. Reich unabhängig wurde, lehnte sich M. an Österreich-Ungarn an, dessen Intervention ihm nach der vernichtenden Niederlage gegen Bulgarien (1885) den Thron rettete. Mit seiner autoritären Regierung im Inneren, vor allem bei der Unterdrückung der Sozialrevulotionären Partei, weitgehend erfolglos, gestand er 1889 eine liberale Verfassung zu und dankte angesichts der proruss. Fraktion zugunsten seines Sohns →Alexander I. Obrenović ab.

Millerand, Alexandre
französischer Staatspräsident 1920–1924
** 10. 2. 1859 Paris*
† 6. 4. 1943 Versailles
Seit 1885 Parlamentsabgeordneter, wurde M. 1899 mit seinem Eintritt in das bürgerliche Kabinett Réné Waldeck-Rousseaus als Handels-Min. (bis 1902) der erste sozialistische Minister Frankreichs. Kritik an seiner Regierungsbeteiligung führte 1905 zu M.s Ausschluß aus der Partei und in der Folge zu seiner Hinwendung zum bürgerl. Lager. Später mehrfach Minister (u. a. 1912–1915 Kriegs-Min., Januar bis Sept. 1920 Min.-Präs. und Außen-Min.), wurde er 1920 mit konservativer Unterstützung Präsident der Republik. Nach dem Wahlsieg der Linksparteien führte er 1925/26 eine von ihm gegründete konservative Sammlungsbewegung im Senat.

Miloš Obrenović
Fürst von Serbien 1815/17–1839 und 1858–1860
** 18. 3. 1780 Srednja Dobrinja*
† 26. 9. 1860 Topčider bei Belgrad
(Eigentlich *Miloš Teodorović*). Bäuerlicher Herkunft und Analphabet, mußte der Begründer der Dynastie der Obrenović während des ersten serbischen Aufstands 1804–1813 gegen das Osmanische Reich die Führung →Karadjordje überlassen. M. setzte sich jedoch während dessen Exil als neuer Führer der Serben durch und stellte sich 1815 an die Spitze des 2. serbischen Aufstands (bis 1817), in dem er die Autonomie Serbiens erreichte. Mit der Ermordung Karadjordjevićs eröffnete er die jahrzehntelange Feindschaft beider Dynastien. Trotz umfangreicher Reform- und Modernisierungsmaßnahmen wuchs in den 1830er Jahren die Opposition gegen sein autokratisches Regime, und M. wurde 1839 zur Abdankung zugunsten seines Sohns →Michael Obrenović gezwungen. 1842 mit diesem von →Alexander Karadjordjević vertrieben, wurde M. jedoch 1858 vom Parlament zurückgerufen.

Milošević, Slobodan
serbischer Präsident seit 1989
** 29. 8. 1941*
M., seit 1987 1. Sekretär der serb. KP (seit 1990 Sozialist. Partei Serbiens), profilierte sich im Konflikt zwischen orth. Serben und muslim. Albanern im Kosovo als Repräsentant des großserb. Nationalismus und setzte 1990 die Aufhebung der Autonomie von Kosovo und Wojwodina durch. Indem er gegen die Unabhängigkeitserklärungen Sloweniens und Kroatiens (1991) an der Integrität des serb. dominierten jugoslaw. Staates festhielt, eskalierte M. den Konflikt mit dem Einmarsch von Unionstruppen zum Bürgerkrieg, der in die Auflösung Jugoslawiens mündete. Seit der Unabhängigkeitserklärung Bosnien-Herzegowinas 1992 ließ er diese ethn. und religiös vielfältigste der ehemaligen Teilrepubliken Jugoslawiens durch seine Unterstützung für den bosn. Serbenführer Radovan →Karadžić zum Hauptkriegsschauplatz werden. Durch ein UNO-Embargo (seit Mai 1992) wirtschaftlich und politisch unter Druck geraten, distanzierte sich M. partiell von Karadžić. 1994 schloß er nach erneuter Ablehnung eines Friedensplanes für Bosnien-Herzegowina durch die bosn. Serben die Grenzen zwischen Serbien und der »Serb. Republik in Bosnien-Herzegowina« (ohne den Waffennachschub jedoch effektiv zu unterbinden). Die völkerrechtliche Anerkennung Bosnien-Herzegowinas lehnt er nach wie vor ab.

Miltiades
athenischer Feldherr
** um 550 v. Chr.*
† 489 v. Chr.
Als Tyrann der thrak. Chersones (seit ca. 524) war M. Vasall Persiens und nahm 513/12 am Feldzug des →Dareios I. gegen die Skythen teil. Wegen seiner Beteiligung am Ion. Aufstand (499–494) floh er 494/93 nach Athen, stellte sich an die Spitze des Widerstands gegen die Perser und hatte als einer der Strategen 490 das Hauptverdienst am athen. Erfolg bei Marathon (»Sieger von Marathon«). 489 griff er Paros an, mußte aber schwer verletzt und erfolglos zurückkehren. In Athen wurde er deshalb zu einer hohen Geldbuße verurteilt, die sein Sohn →Kimon beibrachte, nachdem M. gestorben war.

Minamoto no Yoritomo
japanischer Shogun 1192–1199
** 1147*
† 9. 2. 1199 Kamakura
Aus dem Samuraiadel stammend, setzte sich der Begründer des Kamakura-Shogunats (bis 1334) an der Spitze seiner Familie 1180–1185 gegen die konkurrierende Familie der Taira durch. Mit der Einsetzung von Polizeibeamten (shogu) und Bezirksinspektoren (jitō), denen er mit Sitz in der Stadt Kamakura als Shogun (General) vorstand, schuf er in Konkurrenz zur kaiserlichen Zentralverwaltung eine effektive Militärherrschaft (bakufu). Seine Anerkennung durch den Tenno (Kaiser) 1192 leitete die Jahrhunderte des japan. Feudalismus ein, in denen die Shogune den Kaiser dominierten (bis 1867).

Mindszenty, József
Erzbischof von Gran (ungar. Esztergom) und Primas von Ungarn 1945–1974
** 29. 3. 1892 Csehimindszent bei Steinamanger*
† 6. 5. 1975 Wien
Der Kardinal (seit 1946) protestierte als Haupt der katholischen Kirche Ungarns bei der kommunistischen Regierung gegen deren kirchenfeindliche Maßnahmen und wurde 1949 zu lebenslänglicher Gefängnishaft verurteilt. Durch die Volkserhebung 1956 befreit, lebte er nach der Niederschlagung des Ungarnaufstands 1956–1971 als Symbol kirchlichen Widerstands gegen den Kommunismus im Asyl in der amerikan. Botschaft in Budapest und bestand auf seine volle Rehabilitierung (die erst 1990 erfolgte). 1974 enthob ihn Papst →Paul VI. im Zuge der Normalisierung der Beziehungen zwischen dem Vatikan und Ungarn seines Amtes.

Mirabeau, Honoré Gabriel de Riqueti, *Comte de*
französischer Revolutionär
** 9. 3. 1749 Le Bignon, Gâtinais*
† 2. 4. 1791 Paris
Wegen seines ausschweifenden Lebens vom Adel zurückgewiesen, zog M. 1789 als Abgeordneter des 3. Standes in die Generalstände ein. Seine glänzende Rednergabe stellte er unter Beweis, als er für die Nationalversammlung die Auflösungsorder des Königs zurückwies (1789). Als Befürworter einer konstitutionellen Monarchie nach englischem Vorbild bemühte er sich – gegen großzügige geheime Geldzuwendungen als Berater des Hofes – um eine Versöhnung zwischen König und Volksvertretung, scheiterte aber, weil beide ihm mißtrauten. M. wurde 1790 Präsident des Jakobinerklubs. Er starb kurz nach der Ernennung zum Präsidenten der Nationalversammlung.

Mithridates VI. Eupator
König von Pontos 120–63 v. Chr.
** um 132 v. Chr. Sinope*
† 63 v. Chr. Patikapaion
(Griechisch »von Mithras geschenkt«; auch *Mithradates*, *M. der Große*). Als bedeutendster einer Reihe gleichnamiger pontischer Könige (Großvater *M. IV. Philopathor*, König 170–150; Vater *M. V. Euergetes*, König 150–120) expandierte M. das Reich von Pontos zu seiner größten Ausdehnung und machte es zu einer Gefährdung Roms im Osten: Als Retter vor den Skythen wurde er 107 auch König des Bosporan. Reiches (u. a. Krim). In seinem Expansionsdrang geriet aber über Kappadokien in Konflikt mit →Nikomedes IV., dem Herrscher von Bithynien, der Rom gegen M. zu Hilfe rief.
In drei Kriegen (Mithridatische Kriege 89–84, 83 bis 81, 74–63) versuchte M., die Schwäche Roms während des römischen Bürgerkrieges zu nutzen, um Pontos in der Tradition →Alexanders d. Gr. zu einem europäisch-kleinasiatischen Großreich zu erweitern. 89–87 eroberte er weite Teile Kleinasiens, ließ in Anatolien an einem einzigen Tag 80 000 Römer hinrichten (Vesper von Ephesos 88) und unterstellte sich fast ganz Griechenland, das ihn als »neuen Dionysos« begrüßte, bevor ihn Lucius C. →Sulla 86 aus Athen verdrängte und zum Rückzug zwang. Im 3. Krieg gegen Rom wurde M. vernichtend durch Lucius L. →Lucullus (74/73) und Gnaeus →Pompeius (66) geschlagen und auf die Krim vertrieben. Als sich sein Sohn, der spätere König Pharnakes II. (63 bis 47), gegen ihn erhob, ließ sich M. von einem Söldner erstechen.

Mitterrand, François

französischer Staatspräsident 1981–1995
** 26. 10. 1916*
Jarnac, Dép. Charente

1946 Mitbegründer der linksliberalen Union Démocratique et Socialiste de la Résistance (UDSR) und seit 1947 Minister verschiedener Ressorts (u. a. Innen-Min. 1954/55, Justiz-Min. 1956/57), kandidierte M. bei den Präsidentschaftswahlen 1965 erfolglos für die Linksparteien gegen Charles de →Gaulle. Als Erster Sekretär der neuformierten Sozialistischen Partei (PS, 1971–1981) schloß er 1972 ein Volksfrontbündnis (Union de la Gauche) mit der KPF unter Georges →Marchais. Bei den Präsidentschaftswahlen 1974 noch Valéry →Giscard d'Estaing unterlegen, gewann M. 1981 die Wahlen und wurde erster sozialistischer Staats-Präs. der V. Republik. Innenpolitisch scheiterte er trotz einer anfangs komfortablen Mehrheit im Parlament mit mehreren seiner großangelegten Sozialreformen bereits 1983/ 84 an den ökonomischen Bedingungen. 1984 brach die Koalition mit den Kommunisten. Empfindliche Stimmeneinbußen zwangen die PS 1986–1988 und seit 1993 in die Opposition. M. wahrte währenddessen seine starke Stellung als Präsident (1988 wiedergewählt), mußte jedoch in »Cohabitation« mit bürgerlichen Regierungen (Jacques →Chirac, Edouard →Balladur) Kompromisse hinnehmen. Außenpolitisch wurde er – bei betont unabhängiger Position, die er effektvoll zu repräsentieren verstand – zusammen mit dem deutschen Bundeskanzler Helmut →Kohl zum Motor der europäischen Integration.

Moawija I.
Kalif 661–680
** um 603 Mekka*
† April 680 Damaskus
Der Begründer der Kalifendynastie der Omaijaden (661–750) entstammte der führenden Kaufmannsfamilie Mekkas, der Banu Omaija aus dem Clan der Qurais, der auch →Othman angehörte. Seit 639 Statthalter in Syrien, leitete M. im Bürgerkrieg um die Nachfolge Othmans (seit 656) durch die Ausrufung M.s zum Gegenkalifen (658) gegen →Ali die Spaltung des Islam in Sunniten und Schiiten ein. Nach der Ermordung Alis wurde M. von der Mehrheit gegen dessen Sohn →Hussein als Kalif anerkannt. In der neuen Hauptstadt Damaskus schuf er mit der Konsolidierung des Kalifats im Innern die Voraussetzung für die Expansion des Islam in den folgenden Jahrzehnten. Er selbst scheiterte bei dem Versuch, Konstantinopel unter Kaiser →Konstantin IV. zu erobern (674–678), der »Griechisches Feuer« gegen seine Flotte einsetzte.

Mobutu Sese Seko
zairischer Staatspräsident seit 1965
** 14. 10. 1930 Lisala (Belgisch-Kongo)*
(Bis 1972 *Joseph-Désiré M.*). Ehemals Angehöriger der belg. Kolonialarmee (1948–1956), schloß sich M. 1958 der Kongoles. Nationalbewegung (MNC) Patrice →Lumumbas an, der ihn nach Gewinnung der Unabhängigkeit 1960 zum Oberst und Stabschef der meuternden Armee ernannte. M. übernahm durch einen Staatsstreich gegen Lumumba und Präs. Joseph →Kasavubu im gleichen Jahr die Regierung, setzte aber Kasavubu bald wieder ein und gab die Macht 1961 an zivile Politiker zurück. 1965 machte er sich durch einen erneuten Staatsstreich zum Präsidenten der Republik (seit 1966 auch Min.-Präs.). Er liquidierte seine Gegner und baute durch mehrere Verfassungsänderungen seine Macht aus. Mit der von ihm 1967 gegründeten Einheitspartei Mouvement Populaire de la Révolution (MPR) propagierte er eine Rückbesinnung auf afrikanische Traditionen (1971 Umbenennung des Kongo in Zaire, 1972 Namenswechsel M.s). Massive Korruption, Nepotismus und eine schwere Wirtschaftskrise ließen seit Ende der 1980er Jahre die Opposition wachsen, die mit Unterstützung westlicher Länder M. vorübergehend zu politischen Reformen zwang.

Modrow, Hans
Ministerpräsident der DDR 1989/90
** 27. 1. 1928 Jasenitz, Krs. Ueckermünde*
Seit 1949 Mitglied der SED, seit 1967 des ZK der SED, wurde M., der sich als 1. Sekretär der SED-Bezirksleitung Dresden (1973–1989) früh zum Reformansatz Michail →Gorbatschows bekannt hatte, nach der Wende in der DDR im Nov. 1989 Vors. des Ministerrats. Als letzter kommunistischer Regierungschef mußte er nach der Niederlage bei den ersten freien Wahlen der DDR im April 1990 die Regierungsgeschäfte an Lothar de →Maizière (CDU) abtreten, der den Beitritt der DDR zur Bundesrepublik vollzog. 1990–1994 war er MdB.

Mohammed

Begründer des Islams
** um 570 Mekka*
† 8. 6. 632 Medina

(Auch *Mahomed*, *Muhammad*, eigentlich *Abul Kasim Muhammad Ibn Abdallah*). M. begründete in Arabien die zweite große aus dem Judentum hervorgegangene Weltreligion, den Islam, der heute die zweitgrößte Religionsgemeinschaft der Welt bildet. M. entstammte der einflußreichen Familie der Hashim, war zunächst Kaufmann und seit 595 mit der wohlhabenden Witwe Chadidscha (* um 555, † 619) verheiratet. Durch Offenbarungen ekst. Art, die jüd. und christl. Einfluß erkennen lassen, wurde er um 610 aus seinem bisherigen Lebenskreis herausgehoben. Inhalt der Offenbarungen war das Erlebnis des einen willensmächtigen Gottes (Allah) und dessen bevorstehendes Kommen zum letzten Gericht. M. verstand sich als Prophet, der die Offenbarung Gottes in arab. Sprache (Koran) zu bringen habe, um das private und öffentl. Leben unter der Voraussetzung des »einen« Gottes zu erneuern.

M.s strenger Monotheismus und seine Bilderfeindlichkeit provozierten den Widerstand der Mekkaner, die ihn 622, dem ersten Jahr der islam. Zeitrechnung, zur Auswanderung nach Medina (Hedschra) zwangen. Dort gewann er infolge der polit. Uneinigkeit der Beduinenstämme Anhang und konnte als straffer polit. Organisator seine Offenbarungslehren in einem theokrat. Staat ausgestalten. 630 gelang M. im »Heiligen Krieg« (Jihad) die Eroberung des zum Heiligtum erklärten Mekka. Sein Grab befindet sich in der Moschee von Medina. Seine Nachfolger, die Kalifen (zunächst →Abu Bakr), gewannen von Arabien ausgehend große Gebiete vor allem in Nordafrika und Kleinasien für den Islam und errichteten mit der Herrschaft der Omaijaden (661–750) in Damaskus, dann mit den Abbasiden (bis 1248) in Bagdad, ein Weltreich mit hoher Kultur und starker Ausstrahlung. (▷ Chronik Zitat)

Über den heiligen Krieg

Chronik Zitat

In 114 Suren enthält der Koran die Botschaft des Propheten Mohammed. Einzelne Aussagen:

»Euch ist vorgeschrieben, (gegen die Ungläubigen) zu kämpfen, obwohl es euch zuwider ist. Aber vielleicht ist euch etwas zuwider, während es gut für euch ist, und vielleicht liebt ihr etwas, während es schlecht für euch ist. Gott weiß Bescheid, ihr aber nicht.« (2. Sure 216)

»Diejenigen, die glauben, und diejenigen, die ausgewandert sind und um Gottes willen Krieg geführt haben, dürfen auf die Barmherzigkeit Gottes hoffen.« (2. Sure 218)

»Und kämpft um Gottes willen gegen diejenigen, die gegen euch kämpfen! Aber begeht keine Übertretung (indem ihr den Kampf auf unrechtmäßige Weise führt)! Gott liebt die nicht, die Übertretungen begehen.« (2. Sure 190)

»Und tötet sie, wo ihr sie zu fassen bekommt, und vertreibt sie, von wo sie euch vertrieben haben! Jedoch kämpft nicht bei der heiligen Kultstätte (von Mekka) gegen sie, solange sie nicht (ihrerseits) dort gegen euch kämpfen! Aber wenn sie (dort) gegen euch kämpfen, dann tötet sie! Derart ist der Lohn der Ungläubigen.« (2. Sure 190, 191)

»Und wenn einer um Gottes willen kämpft, und er wird getötet – oder er siegt –, werden wir ihm (im Jenseits) gewaltigen Lohn geben.« (4. Sure 74)

»Gott hat diejenigen, die mit ihrem Vermögen und mit ihrer eigenen Person Krieg führen, gegenüber denjenigen, die daheim bleiben, um eine Stufe höher bewertet.« (4. Sure 95)

»Wenn ihr mit den Ungläubigen zusammentrefft, dann haut (ihnen mit dem Schwert) auf den Nakken! (Haut mit dem Schwert drein) bis der Krieg (euch) von seinen Lasten befreit (und vom Frieden abgelöst wird)! Und denen, die um Gottes willen getötet werden, wird er ihre Werke nicht fehlgehen lassen. Er wird sie rechtleiten, alles für sie in Ordnung bringen und sie ins Paradies eingehen lassen, das er ihnen zu erkennen gegeben hat.« (47. Sure 4–6).

Mohammed, *Muhammad, türk.Mehmed, Fürsten*

– Ägypten

Mohammed Ali

Pascha (Vizekönig) 1805–1849
** 1767 Kawála, Makedonien*
† 2. 8. 1849 Kairo

Der Begründer des bis 1952 regierenden Königshauses kam 1798 nach Ägypten und vertrieb als Offizier in osmanischen Diensten →Napoleon (I.) Bonaparte, bevor er 1805 Statthalter wurde. 1811 brach er durch ein Massaker endgültig die Herrschaft der Mamluken und begann mit der Errichtung eines modernen Staatswesens nach westlichem Muster. Die Eroberung des nördlichen Sudan (1818–1822) und die Unterstützung für den osmanischen Sultan →Mahmud II. gegen das aufständische Griechenland 1824–1827 ließen M. zum mächtigsten Herrscher im Mittleren Osten aufsteigen. Als er gegen Mahmud II. 1831–1833 Syrien eroberte und behauptete (1839), wurde er durch eine Intervention der auf Wahrung des Status quo bedachten europäischen Mächte 1840/41 zum Rückzug gezwungen. Als Entschädigung erreichte er die Anerkennung seiner Familie als erbliche Herrscher von Ägypten. Sein Stiefsohn →Ibrahim Pascha übernahm noch zu seinen Lebzeiten 1848 faktisch die Herrschaft.

– Marokko

Mohammed V.

Sultan 1927–1957,
König 1957–1961
** 10. 8. 1910 Fès*
† 26. 2. 1961 Rabat

(Als Sultan *Sidi M. Ben Jussuf*). Mit seiner Forderung nach Unabhängigkeit begab sich M. 1947 in offenen Konflikt mit der französischen Kolonialverwaltung, die ihn 1953 für abgesetzt erklärte und verbannte. 1955 holten ihn die Franzosen unter Zusicherung der Autonomie nach Marokko zurück, um den algerischen Unabhängigkeitskrieg nicht zum Flächenbrand werden zu lassen. Nach Erlangung der Unabhängigkeit (1956) wandelte M. Marokko zum Königreich um (1957). Nachfolger wurde sein Sohn →Hassan II.

– Persien

Mohammed Resa Pahlawi

Schah von Persien, Mohammed Resa →Pahlawi.

– Osmanisches Reich

Mohammed II., *der Eroberer*

Sultan 1444–1446, 1451–1481
** 30. 3. 1432 Adrianopel (heute Edirne)*
† 3. 5. 1481 Hunkârçyiri bei Maltepe

(*Mehmed II. Fatih*). M. gilt als der eigentliche Begründer des Osman. Reiches. Sein Vater →Murad II. übertrug ihm bereits als Kind die Herrschaft, doch übernahm dieser angesichts von Machtkämpfen im Innern und Kreuzzugsvorbereitungen des Westens bis zu seinem Tod wieder die Regierung.
Nach seiner erneuten Thronbesteigung setzte M. die Expansionspolitik seines Vaters fort. Mit der Eroberung Konstantinopels 1453 beendete M. die über tausendjährige Geschichte des Byzantin. Reiches (seit 395) und baute die bis dahin christliche Stadt zur neuen Hauptstadt seines islam. Reiches aus, symbolisiert in der Umwandlung der Hagia Sophia in eine Moschee. Durch die Eroberung Serbiens (1459), Moreas (1460) und Bosniens (1463) erweiterte er das osmanische Gebiet auf dem Balkan bis an die Donau. In Kleinasien eroberte er Anatolien bis an den Euphrat (1473). Wie weit seine Expansionspläne mit dem Ziel einer Erneuerung des Oströmischen Reiches reichten, zeigt sein Angriff auf Süditalien (Otranto) 1480.
Im Innern stützte er sich gegen den osman. Adel auf die Janitscharenregimenter und führte ein hartes Regime, übte jedoch gegenüber anderen Religionen Toleranz. M. gilt als bedeutender Gesetzgeber und Förderer von Künsten und Wissenschaften.

Moi, Daniel arap

kenianischer Staatspräsident seit 1978
** Sept. 1924 Sacho, Baringo*

(Ursprünglich *Torotich a. M.*). Der ehemalige Lehrer (1945–1957) nahm seit 1957 verschiedene Regierungsämter wahr, bevor er nach dem Tod Jomo →Kenyattas die Staatsführung übernahm sowie den Vorsitz der Kenya African National Union (KANU), die er 1982 zur Einheitspartei machte. Angesichts innenpolit. Opposition und unter internationalem Druck (Kreditsperre) mußte der westlich orientierte M. 1991 das Mehrparteiensystem zulassen und Ende 1992 freie Wahlen durchführen (53 % der Sitze für KANU). Seit 1992 sieht er sich schwerer Stammeskämpfe gegenüber, die die Wirtschaft zusätzlich belasten.

Molay, Jacques de
letzter Großmeister des Templerordens
** um 1243 Molay, Burgund*
† 18. (19.?) 3. 1314
Im Konflikt mit dem französ. König →Philipp IV. (dem Schönen) konnte M. die Existenz des vermögenden und einflußreichen Kreuzfahrerordens nicht sichern. 1307 wurde er zusammen mit 2000 französ. Templern an einem Tag verhaftet, anschließend durch Folter zu falschen Geständnissen gezwungen, die Güter der Templer verfielen dem König. Der frankreichhörige Papst Klemens V. ließ den Orden 1312 auflösen. Molay und zahlreiche Anhänger wurden 1314 auf dem Scheiterhaufen verbrannt.

Molotow, Wjatscheslaw Michailowitsch

sowjetischer Ministerpräsident 1930–41 und Außenminister 1939–49, 1953–1956
** 9. 3. 1890 Kukarka (heute Sowjetsk, bei Kirow)*
† 8. 11. 1986 Moskau

(Russ. »Molotow« = »Hammer«, eigentlich *W. M. Skrjabin*). Seit 1906 Bolschewik, seit 1926 Mitglied des Politbüros bzw. Präsidiums der KPdSU, war M. einer der engsten Mitarbeiter Josef W. →Stalins. Er schloß im August 1939 mit dem dt. Außen-Min. Joachim v. →Ribbentrop den dt.-sowjet. Nichtangriffsvertrag (Hitler-Stalin-Pakt), der die Grundlage für die Anfangskonstellation des 2. Weltkriegs legte. M. war maßgebend an den Konferenzen von Teheran (1943), Jalta (1945), Potsdam (1945) und bis 1957 an allen Nachkriegskonferenzen beteiligt. Nach Stalins Tod gehörte er zur Führungsgruppe (1953–1956 auch Erster Stellvertr. Min.-Präs., 1956/57 Min. für Staatskontrolle), lehnte jedoch eine Entstalinisierung ab und wurde 1957 auf Betreiben Nikita S. →Chruschtschows aller wichtigen Ämter enthoben.

Moltke, Helmuth Graf von
preußischer Generalstabschef 1858–1888
** 26. 10. 1800 Parchim, Mecklenburg*
† 24. 4. 1891 Berlin
(Graf ab 1870). Der überragende Heerführer der dt. Einigungskriege begann seine militär. Laufbahn 1819 in dän. Diensten, bevor er 1822 nach Preußen wechselte (seit 1832 im Generalstab). Seine Erfolge im Dt. Krieg 1866 (Sieg bei Königgrätz) und im Dt.-Französ. Krieg 1870/71 nach dem Motto »Getrennt marschieren, vereint schlagen« basierten auf seiner Feldherrnkunst und auf der Nutzung der früh erkannten techn. Möglichkeiten seiner Zeit, insbesondere der Eisenbahn und des Telegraphen. 1871 zum Generalfeldmarschall ernannt, war M. der eigentliche Begründer des preuß. Generalstabes. Seine in polit. Krisenzeiten vorgetragenen Präventivkriegspläne und seine in den Kriegen 1866 und 1870/71 verfochtene Vernichtungsstrategie führten wiederholt zu Differenzen mit Otto v. →Bismarck, der den Primat der polit. Führung durchsetzte. M. war 1867 bis 1891 MdR (Deutschkonservativer) und seit 1872 erbl. Mitglied des preußischen Herrenhauses.

Moltke, Helmuth von *(d. J.)*
deutscher Generalstabschef 1906–1914
** 25. 5. 1848 Gersdorf, Mecklenburg*
† 18. 6. 1916 Berlin
Der Neffe des älteren Helmuth v. →M. wurde 1906 gegen seinen Willen als Nachfolger Alfred v. →Schlieffens Chef des Generalstabs der Armee. Nach dessen Plan begann M. die Operationen des 1. Weltkrieges, verstärkte jedoch in der Westoffensive den linken Flügel auf Kosten des rechten Umgehungsflügels. Nach weiteren Führungsfehlern und dem Scheitern der deutschen Blitzoffensive in der Marneschlacht wurde M. im September 1914 durch Erich v. →Falkenhayn abgelöst.

Moltke, Helmuth James Graf von

deutscher Widerstandskämpfer
** 11. 3. 1907 Kreisau, Schlesien*
† 23. 1. 1945 Berlin-Plötzensee

Um den Juristen und Sachverständigen für Kriegs- und Völkerrecht bei der Amtsgruppe Ausland/Abwehr des OKW (1939–1944), ein Großneffe von Helmuth →M. d. Ä., bildete sich seit 1940 der Kreisauer Kreis als Teil des aktiven zivilen Widerstands gegen das nat.-soz. Regime. M. wurde im Januar 1944 verhaftet und nach dem Attentat auf Adolf →Hitler vom 20. 7. 1944 zum Tode verurteilt.

Mommsen, Theodor

deutscher Historiker und Jurist
** 30. 11. 1817 Garding, Schleswig*
† 1. 11. 1903 Charlottenburg

Der bis heute wohl bedeutendste Althistoriker schuf mit seiner »Röm. Geschichte« (Bd. 1–3 1854–56, Bd. 5 1885) eine auch literarisch überzeugende, quellenkrit. Darstellung der röm. Geschichte bis auf Iulius →Caesar, für die er 1902 als erster Deutscher und bisher einziger Historiker den Literaturnobelpreis erhielt. Der Schüler Barthold Georg →Niebuhrs und Johann Gustav →Droysens kam über die Rechtswissenschaft zur Geschichte des Altertums. 1848–1851 war er Prof. in Leipzig (als Liberaler entlassen), 1852–1854 in Zürich, 1854–1858 in Breslau und seit 1861 in Berlin, wo er seit 1858 an der Preuß. Akademie wirkte. Durch sein »Röm. Staatsrecht« (1871–1888) wurde er der Begründer der systemat. antiken Rechtsgeschichte. 1899 schrieb er das »Röm. Strafrecht« und gab damit der Erforschung des röm. Staats eine neue Grundlage. M. war zudem einer der bedeutendsten Philosophen seiner Zeit. Insgesamt umfaßt sein Werk über 1500 Titel. Politisch ein unbequemer Gegner Otto v. →Bismarcks, wirkte M. als Liberaler im Preuß. Landtag (1863–1866 als Mitgl. der Fortschrittspartei, 1873 bis 1879 als Nationalliberaler) und im Reichstag 1881–1884 (als liberaler Sezessionist).

Monck, George
englischer General und Admiral
** 6. 12. 1608 Potheridge, Devonshire*
† 3. 1. 1670 Whitehall
(Herzog von Albemarle, seit 1660). Nachdem M. zu Beginn des Englischen Bürgerkriegs auf seiten König →Karls I. gekämpft hatte, trat er nach seiner Verhaftung 1644 und Entlassung 1646 auf die Seite der Parlamentsarmee. Unter Oliver →Cromwell kämpfte er gegen aufständ. Iren und Schotten sowie gegen die Holländer. Nach Cromwells Tod und dem Sturz von dessen Sohn Richard bereitete er die Rückkehr der Stuarts vor, indem er eine neue Militärherrschaft verhinderte und die Wahlen zum Konventionsparlament betrieb, das →Karl II. zurückberief.

Monroe, James
5. Präsident der USA 1817–1825
** 28. 4. 1758 Westmoreland, Virginia*
† 4. 7. 1831 New York
Der Anhänger Thomas →Jeffersons war der letzte Angehörige der Gründergeneration der USA auf dem Präsidentenstuhl. 1783–1786 war er Mitglied des Kontinentalkongresses, 1790–1794 Senator und 1799–1802 Gouverneur von Virginia, bevor er die diplomat. Laufbahn einschlug (1794–1796 Gesandter in Paris, 1803–1807 in London). Sein größter Erfolg dieser Zeit war der 1803 in Paris ausgehandelte Kauf Louisianas von Frankreich. Als Außen-Min. unter Präsident James →Madison (1811–1817, 1814/15 zugleich Kriegs-Min.) befürwortete er den Krieg gegen England (1812–1814). Als Madisons Nachfolger leitete M. die »Ära des guten Einvernehmens« zwischen den Parteien ein. 1820 wiedergewählt, blieb M.s Domäne auch als Präs. die Außenpolitik: Gemeinsam mit Außen-Min. John Quincy →Adams erreichte er die Entmilitarisierung der Grenze mit Kanada (1817), den Kauf Floridas von Spanien (1819) und die Gründung Liberias (Hauptstadt Monrovia nach ihm benannt) für ehemalige Sklaven (1822). Mit der M.-Doktrin, die den amerikan. Doppelkontinent als Einflußsphäre der USA definierte, formulierte er 1823 die bis ins 20. Jh. gültige außenpolitische Doktrin. Innenpolitisch vertagte er mit dem Missouri-Kompromiß 1820 die Auseinandersetzung zwischen sklavenhaltenden und sklavenfreien Staaten noch einmal.

Montesquieu, Charles de Secondat, *Baron de La Brède et de*

französischer Schriftsteller, Rechts- und Staatsphilosoph
** 18. 1. 1689 Schloß La Brède bei Bordeaux*
† 10. 2. 1755 Paris

Als einer der bedeutendsten Staatsphilosophen der Aufklärung beeinflußte M. die Französ. Revolution und die Verfassung der USA. Er stammte aus einer wohlhabenden Familie, setzte zunächst deren jurist. Tradition fort (1714 Parlamentsrat, 1716–1726 Parlamentspräsident in Bordeaux) und war zugleich literarisch tätig (u. a. »Lettres persanes«, 1721, ein satir. Briefroman über das französ. Ancien Regime).

Seit 1726 in Paris, wurde er 1728 Mitglied der Académie Française, bevor er sich auf eine vierjährige Europareise begab.
M. krönte sein Lebenswerk mit der staats- und kulturphilosph. Schrift »De l'Esprit des lois« (»Vom Geist der Gesetze«, 1748), einem der bedeutendsten staatstheoret. Werke überhaupt. In ihr stellt er die drei klassischen Staatsformen Republik (Demokratie), Monarchie und Despotie einander gegenüber und ordnet ihnen jeweils ein Grundprinzip zu, aus denen sie ihre Gesetze ableiten: Während die Republik auf der Tugend und die Monarchie auf der Ehre beruhe, werde die Despotie (Tyrannis) von der Furcht zusammengehalten und sei von Bräuchen (nicht Gesetzen) abhängig. Anders als frühere Staatstheoretiker geht M. nicht von einer idealtyp. Idee des Staates aus, sondern sieht ihn als spezif. Resultat natürl. Gegebenheiten, sozialer und kultureller Traditionen und der Religion. Als Gegner des Absolutismus zielte M. auf eine konstitutionelle Monarchie nach engl. Vorbild. Zur Vermeidung einer durch einzelne oder Gruppen ausgeübten Willkür fordert er in der Tradition von Henry →Bolingbroke und John →Locke daher die Teilung der drei Gewalten im Staat (Gesetzgebung, Gesetzesvollzug und Rechtprechung). Dieses Prinzip wurde eine der wichtigsten Grundlagen der ersten Verfassungen in den USA (1776–1787) und aller späteren auf Gewaltenteilung beruhenden Verfassungen.

Montezuma II.

Aztekenherrscher
1503–1520
** 1467 Tenochtitlán*
† 30. 6. 1520
Tenochtitlán

(Aztekisch *Motecuhçoma*, auch *Moctezuma* = »der zornige Herr«). M. regierte despotisch und dehnte das Aztekenreich durch zahlreiche Kriegszüge u. a. nach Oaxaca aus. Mit hohen Tributforderungen und zahlreichen religiösen Menschenopfern entfremdete sich M. der unterworfenen Bevölkerung. In der Ankunft der Spanier unter Hernán →Cortés sah er die Erfüllung des Glaubens an die Rückkehr des Gottes Quetzalcóatl und setzte ihnen daher keinen Widerstand entgegen. Er wurde von Cortés bei dessen Einmarsch in die Hauptstadt Tenochtitlán 1519 als Geisel gefangengenommen und beim Aufstand der Azteken durch Steinwürfe tödlich verletzt.

Montfort, Simon de
englischer Adelsführer
** um 1208 Montfort, Île de France*
† 4. 8. 1265 bei Evesham, Worcestershire
(Earl of Leicester seit 1236). Der jüngste Sohn des französischen Heerführers *Simon IV. de M.* (1160 bis 1218), der den von Papst →Innozenz III. ausgerufenen Kreuzzug gegen die Albigenser (Albigenserkrieg 1209–1229) angeführt hatte, schloß sich 1230 dem engl. König Heinrich III. (1216–1272) an, heiratete 1238 dessen Schwester Eleanore und schlug für ihn 1248–1253 eine Revolte in der Gascogne nieder. Dennoch trat er an die Spitze der Barone, die 1258 in den Provisions of Oxford dem König ein beratendes Gremium mit Vetorecht zur Seite stellten. 1261 aus England vertrieben, kehrte er 1263 zurück und führte den Barons' War gegen den König zum Sieg bei Lewes 1264. M. übernahm an der Spitze einer dreiköpfigen Regierung die Macht und berief 1265 erstmals in der englischen Geschichte ein Parlament aus Grafschaftsrittern und Bürgern der Städte ein. Wenig später wurde er von Heinrichs Sohn →Eduard (I.) getötet.

Montgomery, Bernard Law

britischer Offizier
** 17. 11. 1887*
Kensington
(heute zu London)
† 24. 3. 1976 Isington
Mill bei Alton,
Hampshire

(Seit 1946 Viscount *M. of Alamein*). Als Kommandant der 8. (Nil-)Armee begründete M. seinen Ruhm durch seinen Sieg bei El Alamein über das dt. Afrika-Korps unter Erwin →Rommel (1942). 1943 leitete er die Eroberung Siziliens und Italiens und war 1944 an der Invasion in der Normandie beteiligt. 1944 zum Feldmarschall ernannt, wurde M. 1945/46 Oberbefehlshaber der brit. Besatzungstruppen in Dtschld. und brit. Vertreter im Alliierten Kontrollrat, 1948 Oberbefehlshaber der Landstreitkräfte des Atlantikpakts. 1951–1958 war er stellvertretender Oberbefehlshaber der NATO-Streitkräfte.

More, Sir Thomas

englischer Politiker, Staatstheoretiker und Humanist
** 7. 2. 1478 (?) London*
† 6. 7. 1535 London

(Latinisiert *Morus*). Der Jurist, der unter →Heinrich VIII. zu höchsten Staatsämtern aufgestiegen war, legte 1532 sein Amt als Lordkanzler (seit 1529) aus Protest gegen die Scheidung Heinrichs von →Katharina von Aragón und die Trennung Englands von der kath. Kirche nieder. Als er sich 1534 weigerte, mit der Suprematsakte die Oberherrschaft Heinrichs über die engl. Kirche anzuerkennen, ließ dieser ihn hinrichten; die kath. Kirche sprach ihn 1935 heilig. Als ein Freund des →Erasmus von Rotterdam erlangte M. Ruhm als führender engl. Humanist.
Mit seiner satirischen Schrift »Utopia« (1516) gab M. einer ganzen Literaturgattung den Namen. Nach einer Kritik der sozialen und politischen Zustände in Europa schildert er hierin eine auf Gemeineigentum aufgebaute Gesellschaft auf der Insel »Utopia« (griechisch »Nirgendwo«). Da der Text, in dem moralischer Verfall der Gesellschaft und Verelendung als Folgen wirtschaftlicher Ungleichheit und Ausbeutung erscheinen, in seiner dialogisch-dialektischen Struktur M.s eigene Position im Dunkeln läßt, gab »Utopia« Anlaß zu unterschiedlichsten Auslegungen: Karl →Kautzky reklamierte M. als Vorläufer des Marxismus, während der deutschen Historiker Gerhard Ritter in ihm den Vorboten des britischen Imperialismus sah.

Morelos y Pavón, José Maria
mexikanischer Unabhängigkeitskämpfer
** 30. 9. 1765 Valladolid, Michoacán*
† 22. 12. 1815 San Cristobál
Der Gemeindepriester wurde nach der Hinrichtung Miguel →Hidalgo y Costillas 1811 Führer des mexikanischen Unabhängigkeitskampfes, den er mit sozial-revolutionären Inhalten verband. Nach Siegen bei Oaxaca (1812) und Acapulco (1813) erklärte er im Jahr 1813 die Unabhängigkeit Mexikos (Kongreß von Chilpancingo). 1815 wurde er von den Spaniern gefangengenommen, zum Tod verurteilt und hingerichtet.

Morgenthau, Henry jr.
Finanzminister der USA 1934–1945
** 11. 5. 1891 New York*
† 6. 2. 1967 Poughkeepsie bei New York
Der enge Freund und Ratgeber Präsident Franklin D. →Roosevelts schuf als Unterstaatssekretär (1933) und Finanz-Min. (1934–1945) den finanzpolitischen Rahmen für das New-Deal-Programm wie für das Lend-Lease-Programm zur Unterstützung der Alliierten im 2. Weltkrieg und finanzierte die amerikanische Kriegführung durch Kriegsanleihen und Steuern zur Abschöpfung der Kriegs- und Inflationsgewinne. Sein Plan zur Teilung und Deindustrialisierung Deutschlands (M.-Plan., 1944) wurde von Roosevelt verworfen. Präs. Harry S. →Truman veranlaßte M. vor der Potsdamer Konferenz 1945, sein Rücktrittsgesuch einzureichen. M. war Mitbegründer des Weltwährungsfonds und der Weltbank.

***Moritz**, Fürsten*

–Niederlande

Moritz,
Prinz von Oranien (seit 1618)

Statthalter der nördlichen Niederlande 1585/91–1625
** 14. 11. 1567 Dillenburg*
† 23. 4. 1625 Den Haag

(Graf von Nassau-Dillenburg). Der Sohn →Wilhelms I. von Oranien wurde ein Jahr nach dessen Ermordung 1585 Statthalter von Holland und Seeland, seit 1591 aller Provinzen der Utrechter Union außer Friesland. Als Oberbefehlshaber der niederländ. Truppen (seit 1590) sicherte er die Unabhängigkeit der nördl. Provinzen durch mehrere Siege über die bis dahin für unbesiegbar gehaltenen Spanier (bis 1597). M.' neuartig organisiertes Heer (u. a. flexiblere kleine Kampfabteilungen mit straffer Disziplin) wurde daraufhin Vorbild für das schwed., französ. und vor allem das brandenburg.-preuß. Heeres- und Kriegswesen. Die Eroberung der Südprovinzen mißlang trotz des Erfolges von Nieuwpoort 1600. 1619 ließ M. den polit. Führer der Unabhängigkeitsbewegung, Ratspensionär Johan van →Oldenbarnevelt, hinrichten, der 1609 gegen seinen Rat den Waffenstillstand mit Spanien geschlossen hatte.

– Sachsen
Moritz
Herzog seit 1541, Kurfürst seit 1547
** 21. 3. 1521 Freiberg*
† 11. 7. 1553 bei Sievershausen
M. profitierte durch opportune Allianzpolitik von den Religionskriegen in Deutschland, um Sachsen als führende Macht in Mitteldeutschland zu etablieren. Obwohl 1539 protestantisch geworden, verließ M. 1542 den Schmalkaldischen Bund und kämpfte auf seiten des Kaisers. Nach dem Sieg bei Mühlberg (1547) über den Schmalkaldischen Bund unter seinem Vetter Johann Friedrich I., dem Großmütigen (* 1503, † 1554), erhielt er dessen Kurwürde und dessen östliche Lande. Die wachsende Macht des Kaisers seit der Zurückdrängung der Reformation im Augsburger Interim (1548) sowie seine Pläne, die Kaiserwürde zugunsten der spanischen Linie des Hauses Habsburg erblich zu machen und die Stationierung spanischer Truppen im Reich veranlaßten M. jedoch, sich mit anderen protestantischen Fürsten geheim zusammenzuschließen (Fürstenverschwörung). Heinrich II. von Frankreich überließen sie 1552 Metz, Toul und Verdun für dessen Beistandsversprechen gegen den Kaiser, der zum Passauer Vertrag (weitgehende Aufhebung des Augsburger Interims) gezwungen wurde. M. fiel im Kampf gegen den Markgrafen →Albrecht Alcibiades von Brandenburg-Kulmbach.

Moritz von Sachsen
deutsch-französischer Heerführer
** 28. 10. 1696 Goslar*
† 30. 11. 1750 Chambord
(Auch *Marschall von Sachsen*). Der uneheliche Sohn des sächsischen Königs →August II. (der Starke) beteiligte sich unter Prinz →Eugen von Savoyen an den Türkenkriegen, trat 1720 in französischen Kriegsdienst und wurde 1744 Marschall von Frankreich. Im Poln. und im Österr. Erbfolgekrieg (1733–1735 bzw. 1740–1748) erfolgreicher Feldherr, wurde M. 1747 Statthalter der Niederlande. Seine wegweisenden strateg. Grundsätze legte er 1732 in seinem Werk »Rêveries militaires« dar.

Moro, Aldo
italienischer Ministerpräsident 1963–1968, 1974–1976
** 23. 9. 1916 Maglie, Lecce*
† 9. 5. 1978 Rom
Der Professor für Strafrecht war seit 1948 Abg. für die Democrazia Cristiana (DC) und seit 1955 mehrfach Min. (u. a. Außen-Min. 1965/66, 1969–1972, 1973/ 74). Zwischen 1963 und 1976 leitete er als Vertreter der »Apertura a sinistra« (Öffnung nach links) insgesamt drei Koalitionskabinette mit den Sozialisten. 1976 wurde er Vors. der DC. Als aussichtsreicher Kandidat für die Präsidentschaftswahlen wurde M. 1978 von den terroristischen Roten Brigaden entführt und später ermordet.

Morton, James Douglas *Earl of*
schottischer Regent 1572–1578
** um 1516*
† 2. 6. 1581 Edinburgh
Seit 1563 als Protestant Lordkanzler der kath. →Maria Stuart, beteiligt sich M. an der Ermordung ihres Sekretärs David Riccio (* um 1533, † 1566) und ihres zweiten Mannes Henry Stuart →Darnley (1567). 1567 führte er die Rebellenarmee des schott. Adels gegen Marias dritten Gatten James Hepburn, Earl of Bothwell (* um 1536, † 1578), und erzwang Marias Abdankung. Als Regent für den unmündigen Jakob VI. (→Jakob I. von England) stellte er die innere Ordnung in Schottland wieder her und stärkte die Zentralgewalt. 1581 wurde er wegen Beteiligung an der Ermordung Darnleys zum Tode verurteilt.

Mossadegh, Mohammed
iranischer Ministerpräsident 1951–1955
** um 1881 Teheran*
† 5. 3. 1967 Teheran
1921 Finanz-, 1923 Außen-Min., 1922 Gouverneur von Aserbaidschan und seit 1923 Abg., wurde M.s politische Karriere durch die Diktatur Resa Schah →Pahlawis 1925 unterbrochen. Nach dessen Abdankung zugunsten Mohammed Resa →Pahlawis 1941 wurde M. als Führer der antibrit. Nationalen Front (seit 1939) Minister-Präs. Große Sympathien bei der Bevölkerung gewann er durch die Verstaatlichung der Anglo-Iranian Oil Company (1951), weltweite Aufmerksamkeit auch durch exzentrische öffentl. Auftritte (u. a. im Pyjama). Im Juli 1953 scheiterte er mit einem Umsturzversuch gegen den westlich orientierten Schah, wurde seinerseits gestürzt und zu drei Jahren Gefängnis verurteilt. Nach seiner Entlassung lebte er unter Hausarrest.

Motta, Giuseppe

schweizerischer Außenminister 1920–1940
** 29. 12. 1871 Airolo, Tessin*
† 23. 1. 1940 Bern

1899–1911 kath.-konservativer Abg. im Nationalrat, 1912–1940 im Bundesrat, setzte M. als Vorsteher des Polit. Departements (Außen-Min.) den Beitritt der Schweiz zum Völkerbund durch (1920). Die 1920 vereinbarte differenzierte Neutralität gab er 1938 unter dem Druck der Weltlage zugunsten einer absoluten Neutralität auf. M. war mehrmals Bundes-Präs. (1915, 1920, 1927, 1932, 1937) und 1924 Vors. der Versammlung des Völkerbunds.

Mountbatten, Louis
britischer Admiral und Politiker
** 25. 6. 1900 Windsor*
† 27. 8. 1979 auf See vor Mullaghmore (Irland)
(Eigentlich *Albert Ludwig Franz von Battenberg*, seit 1947 *Earl M. of Burma*). Der Urgroßenkel der Königin →Viktoria war 1943–1946 alliierter Oberbefehlshaber in Südostasien, wo er die Rückeroberung Burmas von Japan erreichte. Als letzter Vizekönig von Britisch-Indien (1947) und erster Generalgouverneur von Indien (1947/48) organisierte er die Entlassung Indiens und Pakistans in die Unabhängigkeit. 1955–1959 war er Erster Sealord, 1959 bis 1965 Chef des Verteidigungsstabes. M. fiel einem Anschlag irischer Terroristen zum Opfer.

Mubarak, Mohammed Hosni
ägyptischer Staatspräsident seit 1981
** 4. 5. 1928 Kafr Abu Salha, Prov. Menufia*
Der ehemalige Fliegeroffizier, seit 1972 Oberbefehlshaber der Luftwaffe, wurde 1975 Vize-Präs. Ägyptens und nach der Ermordung Anwar as-→Sadats 1981 dessen Nachfolger als Staats-Präs. (1987 und 1993 wiedergewählt) und Min.-Präs. (bis 1982). M. bemühte sich um eine Wiederannäherung an die arab. Länder, die nach dem ägyptisch-israel. Friedensschluß 1979 mit Ägypten gebrochen hatten, suchte aber auch weiterhin Anlehnung an die USA und eine Verständigung mit Israel. Im 2. Golfkrieg gegen den Irak 1991 stellte sein Land das größte arabische Kontingent. Innenpolitisch versucht er, der Wirtschaftskrise mit vorsichtigen Reformen zu begegnen und dem muslimischen Extremismus durch Integration der gemäßigten Muslimbruderschaft die Spitze zu nehmen.

Mucius *(Quintus M. Scaevola)*
römischer Konsul 95 v. Chr.
** um 140 v. Chr.*
† 82 v. Chr.
Der berühmteste Vertreter der Gens M. setzte als Konsul die Ausweisung von Nichtbürgern aus Rom durch (Lex Licinia Mucia). 94 verwaltete er die Provinz Asia mit sprichwörtlicher Gerechtigkeit, 89 war er Pontifex Maximus. Seine 18 Bücher, mit denen er eine Systematisierung des bürgerlichen Rechts schuf, wurden grundlegend für die späteren Bearbeitungen des röm. Jus civile, sind jedoch weitgehend verschollen. 82 wurde er ermordet.

Mugabe, Robert Gabriel
simbabwischer Ministerpräsident 1980–1987 und Staatspräsident seit 1987
** 21. 2. 1924 (oder 1925) Nordwest-Mashonaland*
Ehemals Lehrer an Missionsschulen, wurde M. als Angehöriger des Volkes der Shona 1963 Generalsekretär der Afrikanischen Nationalunion von Simbabwe (ZANU). 1964–1974 inhaftiert, schloß er seine Partei 1976 mit der von Joshua →Nkomo geführten, von den Ndeble dominierten Partei ZAPU (Zambia African People's Union) zur »Patriotic Front« zusammen und führte einen erfolgreichen Guerillakampf gegen die weiße Minderheitsregierung im damaligen Rhodesien unter Ian →Smith, seit 1979 gegen das Übergangsregime unter Bischof Abel T. →Muzorewa. Nach dem überlegenen Wahlsieg der ZANU bei den ersten Wahlen im unabhängigen Simbabwe 1980 wurde M. Premier-Min., nach Einführung des Präsidialsystems 1987 Staats-Präs. mit weitgehend dikator. Vollmachten (1990 und 1995 wiedergewählt). 1988/89 schlossen sich ZANU und ZAPU unter seinem Vorsitz zusammen. Unter dem Druck der Weltbank verfolgt er seit 1991 einen einschneidenden Sparkurs.

Muhammad, Elijah
Führer der Black Muslims 1934–1975
** 7. 10. 1897 Sandersville, Georgia*
† 25. 2. 1975 Chicago
(Eigentlich *Elijah Poole*). Der Sohn eines Baptistenpfarrers wurde 1930 oder 1931 Anhänger der von Wallace D. Fard gegründeten Black Muslims. Nach

Fards Verschwinden 1934 baute M. die nationalreligiöse Bewegung als »Prophet und Apostel Allahs« zu einer einflußreichen Vertretung radikaler Afro-Amerikaner aus und propagierte, u. a. gegen →Malcolm X, eine weitgehende Trennung von der »weißen« Gesellschaft. Sein Sohn und Nachfolger *Wallace D. Muhammad* verfolgt seit 1975 eine gemäßigtere Linie und stellt die Identifikation mit den USA und die Gemeinsamkeit mit anderen Muslimen in den Mittelpunkt der Bewegung.

Mujibur Rahman
Regierungschef von Bangladesch 1972–1975
** 17. 3. 1920 Tongipura, Bezirk Faridpur*
† 15. 8. 1975 Dhaka
(Auch *Scheich Mujib*). Als einer der Mitbegründer der oppositionellen sozialist. Awami(=Volks)-Liga (1949) übernahm M. 1962 deren Führung und organisierte die bengal. Unabhängigkeitsbewegung im damaligen Ostpakistan. Seit 1955 Parlamentsabg., war M. mehrmals in Haft, bevor er, unterstützt von Indien, 1971 durch den ind.-pakistan. Krieg die Unabhängigkeit Ostbengalens als Bangladesch durchsetzten konnte. Er war 1972–1975 Min.-Präs. des neuen Staates und seit 1975 unter neuer Verfassung Staatspräsident mit diktatorischen Vollmachten. M. wurde während eines Militärputsches ermordet.

Müller, Hermann
deutscher Reichskanzler 1920, 1928–1930
** 18. 5. 1876 Mannheim*
† 20. 3. 1931 Berlin
(Genannt *M.-Franken*). Der Sohn eines Fabrikdirektors trat 1893 der SPD bei, war seit 1906 Mitglied des Parteivorstandes der SPD, seit 1916 des Reichstags bzw. der Nationalversammlung und 1920–1928 Vorsitzender der SPD-Fraktion. Als Außenminister (1919/20) unterzeichnete M. 1919 den Versailler Vertrag. Nach dem Kapp-Putsch war er von März bis Juni 1920 Reichskanzler der letzten Regierung der »Weimarer Koalition« (SPD, Zentrum, Deutsche Demokratische Partei). 1928 bildete er erneut ein Kabinett, diesmal der Großen Koalition, dem er bis zum endgültigen Ausscheiden der SPD aus der Regierung vorstand. In dieser letzten parlamentarischen Regierung der Weimarer Republik bemühte sich M. mit abnehmendem Erfolg, die auseinanderstrebenden politischen Kräfte auszugleichen. In seine Regierungszeit fallen die Annahme der Reparationsregelung durch den Young-Plan, der die deutschen Reparationen neu regelte (1929), und die Räumung des besetzten Rheinlands.

Müntzer, Thomas
deutscher prot. Theologe und Revolutionär
** um 1490 Stolberg, Harz*
† 27. 5. 1525 Mühlhausen, Thüringen
(Auch *Münzer*). Der bedeutendste reformierte Gegenspieler Martin →Luthers erhielt 1520 auf dessen Empfehlung eine Predigerstelle in Zwickau, geriet aber unter den Einfluß der hussitisch geprägten »Zwickauer Propheten«. Unter Berufung auf eine innere Erleuchtung forderte M. nach seiner Flucht nach Prag eine radikale Umgestaltung des kirchl. und polit. Lebens (Prager Manifest 1521). In offenem Widerspruch zu Luther, der den Vorrang der Schrift (Bibel) und die Zweireichlehre predigte, vertrat er die Auffassung, daß sich Gott durch das »innere Wort« den Menschen offenbare, und daß das Reich Gottes auf dieser Erde zu verwirklichen sei. 1523/24 gab er als Prediger in Allstedt (Kyffhäuser) drei liturgische Entwürfe zur Neuordnung des Gottesdienstes heraus. Als er jedoch die Fürsten in seiner »Fürstenpredigt« aufforderte, seinem »Bund getreul. und göttl. Willens« aus Bauern, Handwerkern und Bürgern beizutreten, wurde er auch hier vertrieben. 1525 bildete er den Rat der Stadt Mühlhausen zum »ewigen Rat« um und verkündete eine radikaldemokratisch-theokratische Verfassung gegen alle kirchliche und weltliche Obrigkeit. Als Anführer des thüringischen Bauernkriegs wurde er nach der vernichtenden Niederlage bei Frankenhausen gefangengenommen, gefoltert und enthauptet.

Münzenberg, Wilhelm (Willi)
deutscher Publizist und Politiker
** 14. 8. 1889 Erfurt*
† 1940 bei Grenoble
M. lernte in Zürich Wladimir I. →Lenin kennen, baute nach dem 1. Weltkrieg die Kommunist. Jugend-Internationale und die Internationale Arbeiterhilfe auf und leitete als »Roter Pressezar« 1924 bis 1930 in Berlin einen kommunist. Zeitungskonzern (u. a. »Arbeiter-Illustrierte-Zeitung«). Seit 1924 MdR und seit 1927 Mitglied des ZK der KPD, emigrierte M. 1933 nach Paris und bekämpfte von dort das nat.-soz. Regime in Dtschld. (»Gegenprozeß«

zum Reichstagsbrandprozeß). Wegen seiner Kritik an Josef W. →Stalin wurde M. 1937 aus der KPD ausgeschlossen, später vermutlich von sowjetischen Agenten ermordet. 1990 rehabilitiert.

Murad I.
osmanischer Sultan 1359–1389
** um 1326*
† 28. 6. 1389 auf dem Amselfeld
Der Nachfolger →Orchans eroberte 1361 Adrianopel von Byzanz und machte es 1365 zur Hauptstadt (bis 1453). Nach dem Sieg bei Maritza über ein serbisches Heer gewann er Makedonien und unterstellte sich 1372 Bulgarien und Byzanz als Vasallenstaaten. Im Innern führte er die Janitscharenregimenter ein, die sich aus zum Islam zwangsbekehrten Christen rekrutierten, die als Kinder über das devşirme-System als lebender Tribut ins Osmanische Reich gebracht wurden. 1389 siegte sein Heer über die Serben auf dem Amselfeld, M. wurde jedoch von einem Serben ermordet.

Murad II.
osmanischer Sultan 1421–1451
** Juni 1404 Amasya*
† 5. 2. 1451 Adrianopel
Der Sohn und Nachfolger Mohammeds I. (1413 bis 1421) setzte die Rekonsolidierung des Osman. Reiches nach den verheerenden Mongolenstürmen unter →Timur Lenk (1402–1405) fort: Mit einer Belagerung von Konstantinopel stellte er die Vasallität von Byzanz wieder her, gewann Thessalien und Makedonien und eroberte 1430 Saloniki von Venedig. 1444 schlug er bei Warna ein poln.-ungar. Entsatzheer für Konstantinopel unter János →Hunyadi. Nach dem erneuten Sieg gegen Polen und Ungarn auf dem Amselfeld (1448) unterstellte er Serbien dem Osman. Reich als Provinz und beschränkte das Byzantin. Reich fast ausschließlich auf Konstantinopel. Nachfolger: Sohn →Mohammed II.

Murat, Joachim
König von Neapel 1808–1815
** 25. 3. 1767 La Bastide, Dép. Lot*
† 13. 10. 1815 Pizzo di Calabria
(Als König *Joachim I. Napoleon*). Der Reiteroffizier unterstützte →Napoleon (I.) Bonaparte 1799 beim Staatstreich vom 18. Brumaire und heiratete 1800 dessen Schwester Karoline (* 1782, † 1839). 1804 zum Marschall ernannt, wurde M. 1806 Großherzog von Kleve und Berg (als *Joachim*). Als Nachfolger Joseph →Bonapartes führte er in Neapel soziale und polit. Reformen durch. 1812 leitete er den Rückzug der französ. Grande Armée nach der Niederlage an der Beresina aus Rußland. Nach der Niederlage in der Völkerschlacht bei Leipzig (1813) handelte er 1814 einen Sonderfrieden für Neapel mit Österreich aus. Als ihn der Wiener Kongreß nicht als König anerkannte, stellte sich M. während der 100 Tage Napoleons wieder gegen die Österreicher. Beim Versuch, sein unteritalien. Königreich von den Bourbonen zurückzugewinnen, wurde er gefangengenommen und standrechtlich erschossen.

Mussolini, Benito
italienischer Ministerpräsident 1922–1943
** 29. 7. 1883 Predappio, Prov. Forl*
† 28. 4. 1945 Giulino di Mezzegra am Comer See

Der Führer (»Duce«) des italien. Faschismus begann seine polit. Karriere 1900 in der Sozialist. Partei (PSI). Nach Jahren des unsteten Lebens als Lehrer in der Schweiz (1902–1904), dann Parteifunktionär im damals österr. Trient, wo er ausgewiesen wurde, gründete M. 1909 in Forl die Zeitschrift »Lotta di classe«, bevor er 1912–1914 zum Chefredakteur des sozialist. Parteiorgans »Avanti!« und Sprecher des linken Flügels der Partei aufstieg. Über den 1. Weltkrieg, in dem er einem Kriegseintritt Italiens gegen Österreich befürwortete, entfremdete er sich der PSI. 1914 gründete er zur Progagierung eines nationalen Sozialismus die Zeitung »Popolo d'Italia«, die spätere faschist. Kampfzeitung, und wurde aus der PSI ausgeschlossen. Nach seiner Teilnahme am 1. Weltkrieg (1915–1917) rief er 1919 in Mailand den ersten Fascio di combattimento (»Kampfbund«), die nach den Herrscherinsignien des Röm. Reiches (fasces) benannte Keimzelle der faschist. Bewegung, ins Leben und formierte 1921 aus den terrorist. Kampfbünden zur Einschüchterung der Arbeiterorganisationen die Partito Nazionale Fascista (PNF). Mit dem »Marsch auf Rom« seiner Parteiarmee (28. 10. 1922) erreichte er seine Ernennung zum Regierungschef durch König →Viktor Emanuel III. und baute in den folgenden Jahren den ersten faschist. Staat Europas auf.
Mit seiner Politik zugunsten der inneren Sicherheit

und der Konsolidierung der durch den Weltkrieg angeschlagenen Ökonomie verschaffte sich M. bis in die späten 1930er Jahre bei weiten Teilen der Bevölkerung große Popularität, selbst als er auf die Staatskrise nach der Ermordung seines Kritikers Giacomo →Matteotti durch faschist. Parteigänger mit dem Staatsstreich von 1925 reagierte. Seitdem herrschte er, 1926 legalisiert, mit diktator. Vollmacht, schaltete seine polit. Gegner aus und errichtete ein Einparteiensystem mit ständestaatl. Zügen (»Korporativstaat«). Sein größter innenpolit. Erfolg war 1929 die Aussöhnung mit Papst →Pius XI. in den Lateranverträgen. Die Beseitigung der Arbeitslosigkeit, die Urbarmachung der Pontin. Sümpfe und die Unterwerfung Tripolitaniens sowie eine wirkungsvolle Rednergabe festigten seine Stellung.

Die Eroberung Äthiopiens 1935/36 brachte eine Wende in M.s Außenpolitik. Während er bis dahin von der Notwendigkeit überzeugt gewesen war, Deutschlands Aufrüstung zu stoppen, schloß er jetzt aus der zögerlichen Reaktion der Westmächte auf die Stärke Deutschlands. Die gemeinsame Beteiligung am Spanischen Bürgerkrieg 1936–1939, die Gründung der Achse Berlin–Rom 1936 und der Abschluß des Stahlpakts 1939 brachten M. in Abhängigkeit von Adolf →Hitler. Im September 1938 konnte er den Kriegsausbruch durch Vermittlung im Münchner Abkommen noch verhindern.

Mit dem Eintritt Italiens in den 2. Weltkrieg im Juni 1940 übernahm M. den Oberbefehl über die italien. Truppen. Nach den Niederlagen in Griechenland und Afrika (Verlust Äthiopiens 1941, Libyens 1942) sprach ihm der Faschist. Großrat nach der Landung der Alliierten in Sizilien 1943 sein Mißtrauen aus; M. wurde auf Befehl des Königs gefangengesetzt. Aus der Haft auf dem Gran Sasso d'Italia wurde er von dt. Fallschirmjägern befreit und proklamierte in Norditalien die Repubblica Sociale Italiana (Republik von Salò), die völlig von Hitler abhängig war. Nach dem Zusammenbruch der deutschen Front wurde M. mit seiner Geliebten Claretta Petacci kurz vor Kriegsende von italienischen Partisanen auf der Flucht verhaftet und ohne Gerichtsverfahren erschossen. (▷ Chronik Zitat)

»Nichts Menschliches besteht außerhalb des Staates «

Chronik Zitat

Für die »Encyclopedia Italiana« verfaßte Mussolini 1936 eine »Lehre des Faschismus« (Auszüge):

»Die faschistische Auffassung ist antiindividualistisch, folglich für den Staat; sie ist für den einzelnen Menschen, insoweit dieser mit dem Staate zusammentrifft, der das Bewußtsein und den Willen des Menschen in seinem geschichtlichen Dasein verkörpert. Sie ist gegen den klassischen Liberalismus, welcher der Notwendigkeit, gegen den Absolutismus zu reagieren, entsprossen ist, und welcher seine geschichtliche Tätigkeit beendet hat, seitdem der Staat zum Gewissen selbst und zum Willen des Volkes geworden ist. Der Liberalismus leugnete den Staat im Interesse des Individuums; der Faschismus bejaht wieder den Staat als das wahre Wesen des Individuums. Und wenn die Freiheit das Vorrecht des realen Menschen und nicht des vom Liberalismus erfundenen Scheinmenschen sein soll, ist der Faschismus für die Freiheit. Und zwar für die einzige Freiheit, die etwas Ernstes sein kann, die Freiheit des Staates und des Menschen im Staate. In der Tat ist für den Faschisten alles im Staate und nichts Menschliches oder Geistiges besteht außerhalb des Staates. In diesem Sinne ist der Faschismus totalitär und der faschistische Staat, als Zusammenfassung und Einheit aller Werte, deutet, entwickelt und beherrscht das ganze Leben des Volkes...

Nach dem Sozialismus zerschmettert der Faschismus die Gesamtheit der demokratischen Ideologien, sowohl in ihren theoretischen Voraussetzungen als auch in ihren praktischen Anwendungen. Der Faschismus leugnet, daß die Zahl aus dem einfachen Grunde, daß sie Zahl ist, die menschliche Gesellschaft führen kann; er leugnet, daß diese Zahl mittelst einer periodischen Beratung regieren kann; er glaubt an die unabänderliche fruchtbare und wohltuende Ungleichheit der Menschen, die nicht durch eine mechanische und äußerliche Tatsache wie die allgemeine Abstimmung gleich werden können... Der Faschismus entnimmt aus den Trümmern der liberalen, sozialistischen und demokratischen Lehren, was noch einen wesentlichen Wert hat... Die politischen Lehren vergehen, die Völker bleiben....«

Mutesa II.
König (Kabaka) von Buganda 1939–1966
und Staatspräsident von Uganda 1963–1966
** 19. 11. 1924 Makindye bei Kampala*
† 21. 11. 1969 London
(Auch *Sir Edward Frederick M.*). M. übernahm nach der Unabhängigkeit Ugandas 1963 das Amt des Staatspräsidenten, ohne seine Königswürde für den südugandischen Teilstaat Buganda aufzugeben. Im Mai 1966 kam es zum Konflikt zwischen M. und dem Premierminister Ugandas, Milton →Obote, der M.s Macht über einen zentralistischen Kurs beschneiden wollte und ihn schließlich stürzte. M. ging ins Exil nach Großbritannien.

Mutsuhito
122. Tenno (Kaiser) von Japan 1867/68–1912
** 3. 11. 1852 Kioto*
† 30. 7. 1912 Tokio
Unter der Devise »Meiji«(»erleuchtete Regierung«), die ihm nach seinem Tode als persönl. Name übertragen wurde (*Meiji Tenno*), leitete M. die Modernisierung Japans von einem Feudalstaat zu einer Industrienation nach westeurop. Muster ein. Er übernahm nach dem Tod seines Vaters die Kaiserwürde und beendete unter dem Druck einflußreicher Daimyos (u. a. Aritomo →Yamagata) 1868 die Militärherrschaft der Shogune (seit 1180, →Minamoto no Yoritomo), um selbst die Herrschaft zu übernehmen. Im gleichen Jahr verlegte er die Hauptstadt von Kioto nach Edo und benannte es in Tokio um. Zu seinen wichtigsten Reformen gehörten die Zentralisierung von Regierung und Bürokratie, die Einführung eines neuen Steuersystems und die Abschaffung des Feudalwesens (1873), die Entmachtung der Samurai durch eine Armee von Wehrpflichtigen (1877) und die Einführung einer konstitutionellen Monarchie mit Zweikammersystem durch die Verfassung von 1889. Mit den militärischen Erfolgen über China (1894/95) und Rußland (1904/05) sowie der Annexion von Korea (1910) stieg Japan, seit 1902 verbündet mit Großbritannien, unter M. in den Kreis der imperialistischen Mächte auf. Nachfolger: Sohn →Yoshihito.

Muzorewa, Abel Tendekayi
simbabwischer Premierminister 1979/80
** 14. 4. 1925 Old Umtali*
Der methodistische Geistliche wurde 1968 Rhodesiens erster schwarzer Bischof. Als Präsident des African National Council (ANC) führte er seit 1971 die gemäßigte Opposition gegen die weiße Regierung Rhodesiens unter Ian →Smith an. Nach seiner Beteiligung an der Übergangsregierung unter Smith 1978/79 wurde er 1979 Premierminister von Simbabwe-Rhodesien, mußte jedoch nach dem überwältigenden Wahlsieg der radikaleren Zimbabwe African National Union (ZANU) unter Robert →Mugabe 1980 zurücktreten.

Myrdal, Alva
schwedische Sozialwissenschaftlerin
und Politikerin
** 31. 1. 1902 Uppsala*
† 1. 2. 1986 Stockholm
Die Gesellschaftswissenschaftlerin und Sozialdemokratin gab als Direktorin des von ihr gegründeten Sozialpädagogischen Seminars in Stockholm (1936–1948) und als Beraterin der Regierung der schwed. Sozial- und Familienpolitik entscheidende Impulse. 1951–1955 war sie Direktorin der UNESCO-Abteilung für Sozialwissenschaften, 1956 bis 1961 Botschafterin in Indien, Birma und Sri Lanka. Als Chefdelegierte bei der Genfer Abrüstungskonferenz (1962–1973) und Min. für Abrüstungsfragen (1966–1973) sowie in ihren Veröffentlichungen trat sie für die friedliche Koexistenz der Völker und für nukleare Abrüstung ein. M. erhielt 1982 zusammen mit Alfonso Garcia Robles den Friedensnobelpreis.

Myrdal, Gunnar
schwedischer Nationalökonom und
Wirtschaftspolitiker
** 6. 12. 1898 Gustafs, Dalarna*
† 17. 5. 1988 Stockholm
Der Prof. für Ökonomie, 1945–1947 Handels-Min., 1947–1957 Sekretär der Europ. Wirtschaftskommission der UN, beschäftigte sich in seinen zahlreichen Arbeiten mit der Theorie der Wirtschaftspolitik, Wirtschaftsordnung und Problemen der Entwicklungspolitik. 1974 erhielt er mit dem Österreicher Friedrich von Hayek den Nobelpreis für Wirtschaftswissenschaften. Für sein Engagement für die Friedensbewegung als Vors. des Friedensforschungsinstituts SIPRI (seit 1966) wurde er 1970 gemeinsam mit seiner Frau Alva →M. mit dem Friedenspreis des Dt. Buchhandels geehrt.

Nabonid
König von Babylon 556–539 v. Chr.
Der letzte König Babyloniens versuchte, sein Reich durch einen zehnjährigen Arabienfeldzug zu erweitern und überließ währenddessen seinem Sohn →Belsazar die Statthalterschaft. Als sein Eroberungsunternehmen, das ihn durch Westarabien bis Yatrib (Medina) führte, mißlang, rief die babylonische Marduk-Priesterschaft den persischen König →Kyros II. (d. Gr.) ins Land, der N. entmachtete.

Nabupolassar
König von Babylon 626–605 v. Chr.
Der Chaldäerfürst N. folgte →Assurbanipal nach, befreite Babylonien von der assyr. Vorherrschaft und begründete die neubabylon. (chaldäische) Dynastie. Im Bündnis mit den Medern (→Kyaxares d. Gr.) eroberte er 614 Assur, 612 Ninive und vernichtete bis 610 Assyrien, das er sich mit den Medern aufteilte. Ihm fielen das östliche Mesopotamien und Syrien zu. N. starb während eines Feldzugs gegen die Ägypter (607–605, →Necho II.) unter Führung des Thronfolgers →Nebukadnezar (II.), der mit seinem Sieg die Herrschaft über Babylon übernahm.

Nachtigal, Gustav
deutscher Afrikaforscher
** 23. 2. 1834 Eichstedt bei Stendal*
† 20. 4. 1885 auf See bei Kap Palmaras
Der ehemalige preuß. Militärarzt lebte 1861–1863 in Algerien und 1864–1868 als Arzt und Berater am Hof des Beys von Tunis. 1869–1874 unternahm er im Auftrag des preußischen Königs →Wilhelm I. eine Reise zum Sultan von Bornu und erforschte dabei die Sahara und den Sudan. 1882 wurde er zum dt. Generalkonsul in Tunis ernannt und 1884 von den Kolonialbehörden als kaiserlicher Kommissar beauftragt, das Togogebiet und Kamerun unter dt. »Schutzherrschaft« zu stellen.

Nadir Schah
Schah von Persien 1736–1747
** 22. 10. 1688 Kubkan, Khorasan*
† 19. 6. 1747 Fathabad
Der aus dem turkmenischen Stamm Afschar stammende Schah bekämpfte erfolgreich Osmanen und Afghanen. Nach Westen hin eroberte er die Gebiete bis zum Kaukasus (Aserbaidschan, Georgien, Armenien), während er nach Osten, dem Vorbild →Timurs Lenks nacheifernd, weit nach Indien vordrang, 1739 den Großmogul besiegte, Delhi plünderte und dabei den Pfauenthron erbeutete. Die schiitische Staatsreligion schaffte er ab. Nach innen ein despot. Herrscher, wurde N. S. von seinen Gegnern in Militär und religiöser Hierarchie ermordet.

Nadschibullah, Mohammed
afghanischer Staatschef 1986–1992
** 1947 Kabul*
Als einer der Wortführer des moskauorientierten »Parcham«-Flügels der Demokratischen Volkspartei Afghanistans (DVPA) beteiligte sich N. am Sturz des Staats-Präs. Sardar Mohammed →Daud Khan (1978). Nach dem sowjetischen Einmarsch Chef des neugegründeten Geheimdienstes, bekämpfte er im Afghanistankrieg (1979–1988) und im innerafghan. Bürgerkrieg die muslimischen Mudschaheddin. 1986 entmachtete er Babrak →Karmal als Parteichef und übernahm 1987 auch das Amt des Staats-Präs. Angesichts der scharfen innenpolitischen Konfrontation fruchteten seine Reformversuche ebenso wenig wie sein Aufruf zu nationaler Versöhnung. Nach dem Abzug der sowjetischen Truppen 1989 gemäß dem von ihm mitunterzeichneten Genfer Abkommen (1988) verlor er im Bürgerkrieg gegen die Mudschaheddin an Boden. Auch die Ausrufung des Notstands 1989 und die Abkehr vom kommunistischen Kurs 1990 konnten seinen Sturz wenige Tage vor seinem angekündigten Rücktritt nicht verhindern. N.s Verbleib ist ungewiß.

Nagib, Ali Mohammed
ägyptischer Staatspräsident 1953/54
** 20. 2. 1901 Khartum*
† 28. 8. 1984 Kairo

N. nahm am 1. Nahostkrieg (1948/49) als Offizier teil, war seit 1950 General und gehörte – u. a. mit Gamal Abd el- →Nasser –der Führung des geheimen Revolutionsrats Freier Offiziere an, der im Staatsstreich 1952 König →Faruk I. stürzte. Er übernahm das Amt des Min.-Präs., verbot die Parteien und leitete eine Bodenreform ein (1952). Nach Ausrufung der Republik 1953 zugleich Staats-Präs., wurde N. von einer radikaleren Offiziersfraktion unter Führung Gamal Abd el- →Nassers entmachtet (1954) und bis 1964 unter Hausarrest gestellt.

Nágy, Imre
ungarischer Ministerpräsident
1953–1955 und 1956
** 7. 6. 1896 Kaspovár*
† 16. 6. 1958 Budapest
Während des 1. Weltkriegs wurde N. in russ.Kriegsgefangenschaft Kommunist, und wirkte, einer Kleinbauernfamilie entstammend, in den 20er Jahren in der kommunist. ungar. Bauernbewegung. Nach dem Exil in Moskau (1929–1944) rückte er in die Führungsspitze der KP Ungarns auf und richtete als Landwirtschafts- und Innen-Min. (1944/45 bzw. 1946/46) die sozialist. Strukturen der Volksdemokratie ein. Nach Differenzen mit dem stalinist. Parteichef Mátyás →Rákosi 1949 zunächst kaltgestellt, wurde er nach Josef W. →Stalins Tod 1953 Min.-Präs. Als maßgebl. Vertreter des antistalinist. Kurses suchte er polit. und wirtschaftl. Reformen durchzuführen, wurde jedoch 1955 nach dem Sieg der stalinist. Fraktion in der KP abgesetzt und aus der Partei ausgeschlossen (wieder aufgenommen 1956). Nach dem Sturz Rákosis als Parteichef (Okt. 1956) stellte er sich 1956 an die Spitze des Ungar. Aufstands und wurde erneut Min.-Präs. Mit dem Austritt Ungarns aus dem Warschauer Pakt und der Erklärung der Neutralität des Landes rief er die sowjet. Intervention auf den Plan. Nach blutiger Niederschlagung des Aufstands durch die Rote Armee wurde N. unter Wortbruch verhaftet, nach Rumänien deportiert, in einem geheimen Prozeß zum Tode verurteilt und hingerichtet. Sein Nachfolger als Min.-Präs. wurde János →Kádár. 1989 wurde N. rehabilitiert.

Napoleon I.

Kaiser der Franzosen
1804–1814/15
** 15. 8. 1769*
Ajaccio, Korsika
† 5. 5. 1821
Longwood, St. Helena

(*Napoleon Bonaparte*, eigentlich *Napoleone Buonaparte*). Der aus einer kors. Familie stammende N. schlug die Militärlaufbahn ein, zeichnete sich im Kampf der Revolutionsarmee gegen die Royalisten aus (Toulon 1793) und stieg zum Brigadegeneral auf. Den Jakobinern zuneigend, wurde er nach dem Sturz Maximilien de →Robespierres (1794) inhaftiert, protegiert von Paul Jean →Barras jedoch bald freigelassen und vom Konvent mit der Niederschlagung des royalist. Aufstands in Paris beauftragt (1795). Seit 1796 Oberbefehlshaber der Armee des Inneren, begründete er seinen militär. Ruhm mit dem von ihm geleiteten italien. Feldzug gegen Österreich 1796/97 (im Rahmen des 1. Koalitionskrieges seit 1792). Umgehend setzte er seinen Erfolg um in die Entfaltung einer selbständigen Politik (Friedensschluß mit dem Papst, Waffenstillstand mit Österreich, Gründung der Cisalpin. Republik, Frieden von Campo Formio). Um den bedrohlich einflußreich gewordenen N. zu neutralisieren, beauftragte ihn das Direktorium 1798 mit der großen Ägypt. Expedition, die den Angriff auf Englands Weltmachtposition durch Eroberung Indiens einleiten sollte. Die Niederlage der französischen Flotte in der Seeschlacht bei Abukir gegen die Engländer unter Horatio →Nelson (1798) und die gescheiterte Eroberung Akkons (1799) veranlaßten N. zur überraschenden vorzeitigen Rückkehr ohne Truppen, um in Paris die Machtfrage zu stellen.
Am 18./19. Brumaire (9./10. 11. 1799) stürzte er – mit Hilfe seines Bruders Lucian →Bonaparte – das Direktorium durch einen Staatsstreich, erhielt als Erster Konsul auf 10 Jahre de facto die Alleinherrschaft und erklärte die Französ. Revolution für beendet. Während er im 2. Koalitionskrieg (seit 1798) bedeutende Positionsverbesserungen erzielte (Frieden von Lunéville mit Österreich 1801, Frieden von Amiens mit England 1802) und ein Konkordat mit Papst →Pius VII. erreichte, konsolidierte er im Inneren das Land auf der Basis wesentl. Errungenschaften der Revolution. Durch umfassende soziale, administrative und rechtl. Reformen schuf er ein epochemachendes einheitl. Organisationssystem der öffentl. Belange, das seinen weitfahrenden außenpolit. Plänen die Basis gab und das er – vor allem mit dem »Code Civil« (1804) – dem wenige Jahre später weitgehend eroberten Europa aufprägte. Durch Volksabstimmung ließ er sich 1802 zum Konsul auf Lebenszeit wählen. Damit verlieh er seiner faktisch cäsarischen Militärdiktatur schon monarch. Tendenzen, die mit der Einführung des erbl. Kaisertums und seiner Selbstkrönung zum »Kaiser der Franzosen« (1. Empire) volle Geltung gewannen (1804).
Sein Anspruch auf Hegemonie in Europa und seine weltpolit. Gestaltungsabsichten implizierten die weitere krieger. Konfrontation mit den europ. Mächten seit 1803. 1805 wandelte er Italien zum Königreich und nahm selbst den Königstitel an. Nach den siegreichen Feldzügen in Dtschld. (Dreikaiserschlacht von Austerlitz 1805, Schlacht bei Jena und

Auerstedt gegen Preußen 1806) krönte er die Zerschlagung Preußens mit seinem triumphalen Einzug in Berlin. Mit der Gründung des frankreichhörigen Rheinbunds (1806), der Errichtung der Kontinentalsperre (1806–1813) gegen England und der Allianz mit Zar →Alexander I. im Frieden von Tilsit (1807) stand N. im Zenit seiner Macht, die er auf dem Erfurter Kongreß 1808 glanzvoll demonstrierte.

Der außenpolitischen Entfaltung der Macht durch die militärische Überlegenheit seiner Heere blieben jedoch Grenzen gesetzt. Mit Spanien angefangen (1808) setzte eine Welle nationaler Erhebungen und der Neuorganisation gegen die Herrschaft N.s ein (u. a. preußische Reformen seit 1807, Krieg Österreichs 1809). Diese Widerstandsdynamik komplizierte N.s Zentralproblem der Niederzwingung des die Meere beherrschenden England. Nach dem Austritt Rußlands aus der Kontinentalsperre (1811) schien N. die Unterwerfung des Zarenreichs als Voraussetzung für einen Sieg über England unvermeidlich (1812). Die Katastrophe seiner Grande Armée bei diesem Unternehmen wurde zum Wendepunkt der napoleonischen Herrschaft (1812/13). In den Befreiungskriegen erlag N. der übermächtigen Koalition England–Rußland–Österreich–Preußen–Schweden (Völkerschlacht bei Leipzig 1813). Der Fall von Paris, die Absetzung durch den Senat, die Abdankung N.s in Fontainebleau und seine Verbannung nach Elba folgten (1814). Die Episode der »100 Tage« nach der Rückkehr N.s von Elba (1. 3. 1815) endete mit seiner Niederlage in der Schlacht von Waterloo (18. 6.) und seiner Internierung auf Lebenszeit auf St. Helena, wo er starb. Mit der Rückkehr des Bourbonen →Ludwig XVIII. auf den Königsthron begann die Restauration.

Die Ära der napoleon. Herrschaft – das erste moderne Beispiel eines plebiszitären Despotismus auf der Grundlage einer Militärdiktatur – schuf mit der Vollendung und Überwindung der Französ. Revolution eine der wesentl. Voraussetzungen für die moderne Geschichte Europas. Durch die Zertrümmerung einer antiquierten Staatenwelt bereitete sie den Boden für die Neuorganisation der Völker auf nationaler Basis. Die Kontinentalsperre beschleunigte durch den erzwungenen Aufbau eigenständiger Industrien die Industrielle Revolution. (▷ Chronik Zitat)

Das ganze Europa sollte es sein

Chronik Zitat

Rückblickend suchte Napoleon I. seine Politik mit seiner Vision eines geeinten Europas zu rechtfertigen («Erinnerungen«, Auszug):

»Wessen könnte man mich anklagen, wogegen mich ein Schriftsteller nicht in Schutz zu nehmen vermöchte? Er hat Tatsachen genügend zur Hand, um mich freizusprechen. Mein Despotismus? Doch er wird beweisen, daß die Diktatur unumgänglich notwendig war. Daß ich der Freiheit ein Ende machte? – aber er wird klar dartun, daß die Zügellosigkeit, die großen Unordnungen noch an der Schwelle drohten. Daß ich den Krieg zu sehr liebte? – er wird zeigen, daß ich stets angegriffen worden bin. Daß ich nach der Weltmonarchie strebte? – sie war nur das zufällige Werk der Umstände, und unsere Feinde führten mich ihr selbst Schritt für Schritt entgegen. Daß ich Ehrgeiz besaß? Ja, Ehrgeiz wird der Schriftsteller an mir finden, aber den größten und erhabensten Ehrgeiz, den es wohl jemals gegeben hat! Nämlich den, das Reich der Vernunft, die volle Entwicklung, den ganzen Genuß aller menschlichen Fähigkeiten endlich herzustellen und zu weihen!...

Ich bin in Wirklichkeit niemals mein eigener Herr gewesen, sondern habe mich stets von den Umständen regieren lassen.

Eine meiner Lieblingsideen war die Zusammenschmelzung, die Vereinigung der Völker, die durch Revolution und Politik getrennt worden waren. Es gibt in Europa mehr als 30 Millionen Franzosen, 15 Millionen Spanier, ebensoviel Italiener und 30 Millionen Deutsche. Ich wollte sie alle in einem einzigen festen Körper vereinigen . . . War dies getan, dann konnte man sich dem jetzt nur erträumten Ideal einer höheren Gesittung hingeben; dann war kein Wechsel mehr zu befürchten, denn es herrschte ein Gesetz, *einerlei* Meinung, *ein* Interesse, das Interesse der Menschheit. Dann hätte man vielleicht auch für Europa den Gedanken einer Amphiktyonie, eines nordamerikanischen Kongresses ausführen können. Und welche Aussichten eröffneten sich dann, welches Schauspiel bot dann die Welt!«

Napoleon III.

Kaiser der Franzosen
1852–1870
** 20. 4. 1808 Paris*
† 9. 1. 1873
Chislehurst bei London

(Eigentlich *Charles Louis Napoléon Bonaparte*). Der Sohn König Ludwig →Bonapartes sah – getragen vom Mythos seines Onkels →N. I. – nach dem Tod von dessen einzigem Sohn, dem Herzog Napoléon von Reichstadt (1832), seinen Auftrag in der Wiederherstellung des napoleon. Kaisertums. Zwei handstreichartige Versuche, auf den Thron zu gelangen, scheiterten 1836 bzw. 1840 und trugen ihm die Verurteilung zu lebenslängl. Gefängnishaft ein, aus der er aber 1846 nach England entkam. Der Ausbruch der Februarrevolution von 1848 begünstigte seinen Weg zur Macht. Seine Wahl in die Nationalversammlung im Dez. 1848 zum Präs. der 2. Republik zeigte, welche Zugkraft der Bonapartismus bei beträchtlichen Teilen der Bevölkerung, besonders dem sozial unzufriedenen Kleinbürger- und Bauerntum, besaß. Da die Amtszeit auf vier Jahre beschränkt war, sicherte sich N. 1851 durch einen Staatsstreich die Macht und ließ sich Ende 1852 mit Annahme der neuen Verfassung zur Wiederherstellung des Erbkaisertums per Plebiszit zum Kaiser ausrufen.
Auf die Armee, den Klerus und die Bürokratie gestützt, verschaffte N. seinem autoritären Regime durch die populist. Kombination von Sozialreformen, erfolgreicher Industrialisierungs- und prestigeorientierter Außenpolitik immer wieder die demokrat. Legitimierung, wobei jedoch die Wahlen nicht unerheblich durch staatl. Druck beeinflußt wurden. Auf den Höhepunkt seiner Macht brachte ihn die Beteiligung am Krimkrieg auf seiten Englands (1853–1856), nach dem er mit seiner Vermittlungsrolle auf dem Pariser Kongreß 1856 Frankreichs Großmachtposition demonstrierte (Aufnahme des Osman. Reichs in das »Konzert der Großmächte« gegen das Zugeständnis innerer Reformen). Die Unterstützung der italien. Nationalbewegung im Zusammenspiel mit Camillo Benso di →Cavour brachte ihm 1859 den Gewinn von Nizza und Savoyen. Der Versuch, im Zuge der Intervention in den mexikan. Bürgerkrieg ein frankreichhöriges mexikan. Kaiserreich unter dem österreichischen Erzherzog →Maximilian zu gründen, scheiterte 1867 (Benito →Juárez). Dem so eingeleiteten Autoritätsverlust, der sich durch innenpolit. Probleme noch steigerte, begegnete N. mit liberalen Reformen im Innern und forcierter Prestigepolitik nach außen, die ihn in den Dt.-Französ. Krieg (1870/71) führte. Nach der Kapitulation von Sedan (2. 9. 1870) geriet er in dt. Gefangenschaft und ging ins Exil. Sein II. Empire wurde durch die Proklamation der III. Republik durch Léon →Gambetta beendet.

Naramsin
König von Akkad um 2260–2223 v. Chr.
Der König des im Norden Babyloniens gelegenen Akkad war ein Enkel →Sargons I. Nach der Unterdrückung von Aufständen eroberte er mit dem Anspruch des »Königs der Vier Weltgegenden« weite Gebiete in Richtung Kleinasien und bis an die Mittelmeerküste. Die ihm gewidmete N.-Stele aus Susa ist Zeugnis seiner Vergöttlichung.

Narses
byzantinischer Feldherr
** um 480 im persischen Armenien*
† 574 (?) Rom oder Konstantinopel
N. stieg als Eunuch am Hof des byzantin. Kaisers →Justinian I. (d. Gr.) auf und war auf Initiative der Kaiserin →Theodora gemeinsam mit →Belisar maßgeblich an der Niederschlagung des Nika-Aufstandes (532) beteiligt. Nach Entlassung Belisars (549) übernahm er 551 den Oberbefehl in Italien und vernichtete unter Einsatz german. Truppen bis 552 das Ostgotenreich unter →Totila. Bis 567 byzantin. Statthalter in Italien, reorganisierte er seit 554 von Rom aus das italien. Reich. 554 mußte er sich der vordringenden Franken und Alemannen erwehren.

Nasser, Gamal Abd el-
ägyptischer Staatspräsident 1954–1970
** 15. 1. 1918 Beni Mor, Assiut*
† 28. 9. 1970 Kairo
(Ägyptisch *G. Abd an Nasir*). N. gehörte zu den Gründern des Geheimbundes Freier Offiziere, an dessen Spitze er 1952 (u. a. zusammen mit General Ali M. →Nagib) den Staatsstreich gegen König →Faruk I. unternahm. Als Mitglied des Revolutionsrates und seit 1953 stellvertr. Min.-Präs. entmachtete er mit der radikaleren sozialrevolutionären Offiziersfraktion Nagib 1954, übernahm das Amt des Staats-Präs. und installierte eine von seiner charismat. Persönlichkeit geprägte Einparteienherrschaft.

Er reformierte die Landwirtschaft, drängte den islamischen Fundamentalismus zurück und trieb die Industrialisierung voran. Die Verweigerung westlicher Kredite für den Bau des Assuan-Staudamms beantwortete er 1956 mit der Verstaatlichung des Suezkanals und löste damit die Suezkrise aus. Trotz der Niederlagen gegen Israel 1956 und 1967 (Sechs-Tage-Krieg), die N. die Kooperation mit der UdSSR suchen ließen, behauptete er sich als visionärer Führer der panarab. Bewegung und Propagandist des antiimperialist. Kampfes für einen arab. Sozialismus. Den Zusammenschluß mit Syrien zur Vereinigten Arab. Republik (1958–1961) verstand er als ersten Schritt zur Einigung der gesamten arab. Welt. Neben Josip →Tito und Jawaharlal →Nehru war er einer der führenden Repräsentanten der blockfreien Länder. Nachfolger: Anwar as- →Sadat.

Naumann, Friedrich

Mitbegründer des deutschen Liberalismus
** 25. 3. 1860 Störmthal bei Leipzig*
† 24. 8. 1919 Travemünde

Von Beruf ev. Pfarrer, suchte N. für die christlich-prot. Arbeiterbewegung eine Alternative zur Sozialdemokratie und entwickelte die Perspektive ihrer Integration in den demokratisch verfaßten Nationalstaat. Zunächst angetan von der antisemit. und konservativ orientierten christlich-sozialen Bewegung Adolf →Stoeckers, trennte er sich 1895 von ihr und gründete mit Max →Weber den Nationalsozialen Verein (1896), der eine demokrat. und soziale Reform des Kaiserreichs propagierte, jedoch in der Arbeiterschaft keine Resonanz fand. N. löste ihn 1903 auf und schloß sich mit seinen zumeist bildungsbürgerlichen Anhängern der Freisinnigen Vereinigung an. Im 1. Weltkrieg entwarf er als Alternative zum Annexionismus seinen »Mitteleuropa«-Plan (1915), der einen wirtschaftlichen Zusammenschluß der zentraleuropäischen Staaten auf freiwilliger Basis, jedoch unter dt. Hegemonie, vorsah. N. war seit 1907 MdR, 1918 Mitgründer und 1919 erster Vors. der Dt. Demokrat. Partei (DDP). 1917 gründete er in Berlin die »Staatsbürgerschule«, aus der die Hochschule für Politik hervorging.

Nebukadnezar II.
König von Babylon 605–562 v. Chr.
(Akadisch *Nabu-kudur-usur*). Der Sohn und Nachfolger →Nabupolassars gilt als der bedeutendste König der Chaldäer-Dynastie. Als Kronprinz besiegte er den ägyptischen König →Necho II. in der Schlacht bei Karkemiš und nahm ihm das erst kurz zuvor verlorene Syrien ab (605). 586 eroberte er Jerusalem und führte die jüd. Oberschicht in die »Babylon. Gefangenschaft« (bis 538). 573 unterwarf er Tyros nach 13jähriger Belagerung. Als Zentrum der damaligen Welt erlebte Babylon unter ihm seinen wirtschaftl. und kulturellen Höhepunkt. N. ließ prachtvolle Bauten errichten, u. a. den Marduktempel (Turm von Babylon), das Ischtar-Tor, die »Hängenden Gärten«, eine Prozessionsstraße und Stadtmauern. Gegen die Bedrohung durch die Meder ließ er im Norden zwischen Euphrat und Tigris eine Sperrgrenze (Med. Mauer) anlegen.

Necho II.
ägyptischer König 610–595 v. Chr.
Der 3. Pharao aus der 26. Dynastie, Sohn →Psammetichs I., besiegte den jüd. König →Joschija 609 bei Megiddo und eroberte Syrien, wurde aber vom babylon. König →Nebukadnezar II. 605 bei Karkemiš am Euphrat besiegt. Durch den Aufbau einer Flotte begründete N. die ägypt. Seemacht im Mittelmeer und im Roten Meer. Auf seine Veranlassung fand die erste – dreijährige – Umseglung Afrikas durch Phönizier statt. Er begann den Bau des N.-Kanals vom Nil zum Roten Meer, den der Perserkönig →Dareios I. nach 515 fertigstellen ließ.

Necker, Jacques

französischer Finanzminister 1777–1781, 1788–1790
** 30. 9. 1732 Genf*
† 9. 4. 1804 Coppet, Waadt

Der reiche Bankier, seit 1768 Genfer Gesandter in Paris, wurde als Nachfolger Anne Robert Jacques →Turgots 1776 Direktor des Schatzamtes und 1777 Generaldirektor der Finanzen König →Ludwigs XVI., war jedoch als dt.-stämmiger Schweizer und Protestant vom Kronrat ausgeschlossen. Mit seinem

Vorschlag einer Finanzreform zur Sanierung des Haushalts scheiterte er – wie zuvor Turgot – am Widerstand der privilegierten Stände und an der Finanzierung der Intervention in den Amerikan. Bürgerkrieg durch Anleihen. 1781 wurde er wegen erstmaliger Offenlegung des Staatshaushalts entlassen. Um den Staatsbankrott abzuwehren, veranlaßte er nach seiner Wiedereinsetzung die Einberufung der Generalstände, deren 3. Stand die doppelte Anzahl von Delegierten erhielt. N.s erneute Verabschiedung 1789 gab Anstoß zum Sturm auf die Bastille, der die Französ. Revolution eröffnete. Vom König wieder in sein Amt eingesetzt, nahm er im Sept. 1790 endgültig seinen Abschied. N. war Vater der Schriftstellerin und Salongründerin Madame de Staël.

Nehru, Pandit Jawaharlal

indischer Ministerpräsident 1947–1964
** 14. 11. 1889 Allahabad*
† 27. 5. 1964 Delhi

N., der Begründer des modernen Indien, stammte aus einer vornehmen Brahmanenfamilie Kaschmirs (der Titel »Pandit« = »Gelehrter« rührt daher) und war Sohn des Vorkämpfers der ind. Freiheitsbewegung, Mitbegründers (1885) und zeitweiligen Präs. des Indian National Congress (Kongreßpartrei), *Motilal N.* (* 1861, † 1931).
Nach dem Jurastudium in Großbritannien trat N. mit Mahatma →Gandhi an die Spitze der ind. Unabhängigkeitsbewegung. Durch seinen Europaaufenthalt (1905–1912) mit der westl. Kultur bestens vertraut, verfolgte er im Gegensatz zum traditionell orientierten Gandhi eine pragmatisch-sozialist. Richtung. In der Nachfolge seines Vaters übernahm er mehrmals die Führung der Kongreßpartei (1923–1925 und 1927–1929 Generalsekretär, 1929–1936 Präs.) und wurde im gewaltlosen Kampf um die Loslösung des Subkontinents von Großbritannien von den Briten mehrfach inhaftiert, zuletzt 1942–1945. Seit 1946 stellvertr. Premier-Min. und Leiter der außenpolit. Abteilung in der Übergangsregierung, wurde er nach der Unabhängigkeit Indiens 1947 Premier-Min. und Außen-Min. (zeitweise auch Verteidigungs-Min.). Während der Konflikt mit Pakistan um Kaschmir zum Krieg führte (1947–1949), gewann er die französ. Enklaven in Indien durch Verhandlungen zurück (1954) und annektierte die portugies. Kolonien Goa, Daman und Diu (1961).
Neben Josip →Tito und Gamal Abd el-→Nasser war N. einer der führenden Repräsentanten der Dritten Welt: Er entwarf das Konzept des blockfreien Neutralismus und hatte entscheidenden Anteil an der Formierung der neutralen afro-asiat. Staaten gegen den Kolonialismus auf der Bandung-Konferenz 1955. Seine Politik der Blockfreiheit und sein Ansehen in Indien selbst erlitten jedoch durch die Niederlage im chinesisch-ind. Grenzkonflikt 1962 einen Rückschlag. Nach seinem Tod folgte ihm Lal Bahadur →Shastri im Amt des Premier-Min. N. war Vater von Indira →Gandhi. (▷ Chronik Zitat)

Jedes Volk muß seinen Weg finden

Chronik Zitat

Im Haus den Volkes im indischen Parlament sprach Pandit Nehru am 17. 9. 1955 über die Grundlagen des Panchsheel (Koexistenz):

»...Jedes Land und jedes Volk muß, wenn es sich selber treu sein will, den eigenen Weg finden, der über Irrtümer und neue Versuche, über Leiden und Erfahrungen führt. Nur dann wird das Land oder das Volk wachsen...
Unsere Entwicklung in den letzten dreißig Jahren hat Mahatma Gandhi geleitet. Abgesehen davon, was er für uns geleistet oder nicht geleistet haben mag, war die Entwicklung des Landes eine organische, angepaßt dem Geist und der Denkweise Indiens, auch wenn er durch vieles beeinflußt ist, was wir von anderen gelernt haben. Ebenso bedeutet Panchsheel die bedeutsame Wahrheit, daß zu guter Letzt jedes Volk doch allein mit seinen Problemen fertig werden muß, daß es seine Kämpfe allein durchzufechten hat. Ich denke nicht an kriegerische Kämpfe, sondern meine unsere geistigen, moralischen, gedanklichen Bemühungen, unser Streben, Tür und Tor den Ideen anderer Völker zu opfern und aus ihrer Erfahrung zu lernen. Jedes Land sollte solchen Bestrebungen von seiten des Nachbarn mit Teilnahme und freundschaftlichem Verständnis begegnen, ohne sich einzumischen oder ihm etwas aufzuzwingen.«

Nelson, Horatio

englischer Admiral
** 29. 9. 1758 Burnham-Thorpe, Norfolk*
† 21. 10. 1805 auf See bei Trafalgar

(*Viscount* ab 1801). N. hatte als Konteradmiral schon mehrere Seeschlachten gegen Frankreich und Spanien (1794–1797), in denen er das rechte Auge und den rechten Arm verlor, siegreich bestanden, bevor er sich mit der Vernichtung der Flotte →Napoleon (I.) Bonapartes bei Abukir 1798 zum Helden der brit. Nation machte. Mit ihr schnitt er Napoleons Ägyptenexpedition vom Nachschub ab und vereitelte seinen Plan, England auf dem Umweg über Indien entscheidend zu treffen. Während seines folgenden Aufenthaltes in Neapel nahm er 1798 die skandalumwitterte Beziehung zur verheirateten Lady Emma Hamilton (* um 1761, † 1815) auf, die ihm zwei Töchter gebar. 1801 zerstörte N. die dän. Flotte bei Kopenhagen, die sich der bewaffneten Seeneutralität gegen England angeschlossen hatte (Zusammenschluß Rußlands, Schwedens, Dänemarks und Preußens zur Verhinderung der Durchsuchung ihrer Schiffe durch England). Mit dem Sieg über die spanisch-französ. Flotte bei Trafalgar 1805 sicherte er die brit. Alleinherrschaft über die Meere. Überraschende taktische Varianten und strategische Weitsicht waren die Grundlage seiner Erfolge.

Nenni, Pietro
italienischer Sozialistenführer
** 9. 2. 1891 Faenza, Ravenna*
† 1. 1. 1980 Rom
1921 brach N. mit Benito →Mussolini, mit dem er 1911 den Generalstreik gegen den Eroberungskrieg in Libyen (1911/12) angeführt und 1919 die faschistische Ortsgruppe von Bologna gegründet hatte, und trat der Sozialist. Partei bei. Deren Parteiorgan »Avanti!« leitete er seit 1923, bevor er 1926 nach Frankreich emigrierte, um von hier aus den Faschismus zu bekämpfen. 1936–1938 beteiligte er sich am Span. Bürgerkrieg. 1943 begann er als Generalsekretär mit dem Wiederaufbau der Sozialist. Partei, war 1945–1947 stellvertr. Min.-Präs., 1946/47 auch Außenminister Als Wortführer des linksradikalen Flügels seiner Partei arbeitete er eng mit den Kommunisten zusammen und provozierte damit 1947 die Spaltung seiner Partei in die PSI (»N.-Sozialisten«) und die von Giuseppe →Saragat geführte Sozialdemokrat. Partei (PSDI). Später brach er mit der KPI (1957), näherte sich wieder den Mittelparteien und beteiligte sich im Zuge der »Apertura a sinistra« an der Mitte-Links-Koalition unter Min.-Präs. Aldo →Moro, in der er stellvertr. Min.-Präs. (1963–1968) und Außen-Min. (1968/69) wurde. 1966–1969 war er Vors. der Vereinigten Sozialist. Partei (PSU), die nur diese drei Jahre Bestand hatte, und gab 1970 sein Parlamentsmandat (seit 1948) zugunsten eines lebenslängl. Sitzes im Senat auf.

Nepos, Iulius
letzter weströmischer Kaiser 474–475/480
† April/Mai 480 bei Salona in Dalmatien
Mit N. fand der Niedergang des Weström. Reiches seinen Abschluß. Seit 468 byzantin. Heermeister in Dalmatien, wurde er von Kaiser →Leon I. 473 mit der Regentschaft im Weströmischen Reich betraut und 474 zum Augustus proklamiert. Er konnte sich jedoch nicht durchsetzen und floh 475 nach Dalmatien, während →Romulus Augustulus in Ravenna zum Gegen-Augustus erhoben wurde. Formal endete erst mit N.s Ermordung 480 das Weström. Reich, nicht schon 476 mit der Absetzung des Romulus bei der Eroberung Ravennas durch →Odoaker.

Nero
(N. Claudius Caesar Augustus Germanicus)

römischer Kaiser 54–68
** 15. 12. 37 Antium*
† 9. 6. 68 bei Rom

(Eigentlich – bis 50 – *Lucius Domitius Ahenobarbus*). →Agrippina d. J. brachte ihren Sohn N. in die Ehe mit Kaiser →Claudius ein, setzte seine Adoption durch und vergiftete dem Sohn zuliebe ihren Gatten. Beraten von seinem Erzieher, dem Philosophen L. Annaeus →Seneca, den er später (65) zur Selbsttötung zwang, regierte N. als Kaiser zunächst in Kooperation mit dem Senat. 55 ließ er seinen Stiefbruder Britannicus töten, 59 seine Mutter, 62 seine erste Frau Octavia und beseitigte auf dieselbe Weise

auch zahlreiche Berater und potentielle Rivalen. Er versuchte sich in Musik, Dichtung, Malerei und Bildhauerei, trat im Zirkus als Sänger und Wagenlenker auf und unternahm 66/67 eine Künstlertournee durch Griechenland.
Wegen seiner unwürdigen Amtsführung beschuldigt, den Brand Roms 64 veranlaßt zu haben, wälzte N. den Verdacht auf die Christen ab und befahl die erste große Christenverfolgung, deren Opfer auch Petrus und Paulus wurden. Beim großzügigen Wiederaufbau der Stadt ließ er sich einen Palast erbauen, das »Goldene Haus«. 65 schlug er die Pisonische Verschwörung gegen seine Tyrannei nieder. Als bei einem Aufstand in Gallien und Spanien Servius Sculpius →Galba zum Kaiser ausgerufen und er selbst nach dem Abfall der Prätorianergarde vom Senat zum Staatsfeind erklärt worden war, nahm sich N. das Leben. Er gilt als einer der größten Despoten der römischen Geschichte.

Nerva, Marcus Cocceius
römischer Kaiser 96–98
** 8. 11. 30 (?) Narnia, Umbrien*
† 27. 1. 98 Rom
N., der 65 die von Gaius C. Piso († 65) angeführte Verschwörung gegen Kaiser →Nero niedergeschlagen hatte und 71 sowie 90 Konsul war, wurde nach der Ermordung Kaiser →Domitians vom Senat zum Augustus erhoben. Er versuchte, nach der Gewaltherrschaft seines Vorgängers das öffentliche Leben wieder zu reorganisieren, nahm u. a. eine Landverteilung für arme Bauern vor und errichtete eine staatliche Alimentarstiftung für die freigeborenen Kinder armer Eltern. Als Nicht-Soldat warb er vergebens um die Gunst der Armee; als sich die Garde gegen ihn zu empören begann, adoptierte er den Statthalter von Obergermanien, →Trajan, um – ohne Erben – die Thronfolge zu sichern, und begründete damit die Tradition der Adoptivkaiser. Zugleich machte er Trajan zum Mitregenten.

Nestor
Patriarch von Konstantinopel 428–431
** um 381 Antiochia*
† um 451 Akhmim, Oberägypten
(*Nestorius*). Der große Gegenspieler des Bischofs →Kyrillos v. Alexandria im christologischen Streit um die Natur Gottes wurde 431 auf dem Konzil von Ephesos mit Hilfe von Papst →Coelestin I. abgesetzt und als Häretiker verurteilt. Im Gegensatz zu Kyrillos betonte N. als Vertreter der antiochenischen Lehrmeinung die Trennung der göttlichen und menschlichen Natur in Christus. Der Streit war entstanden über seine Auffassung Marias als Christusgebärerin und nicht als Gottesmutter. Obwohl Nestors Lehre in der Kompromißformulierung von 433 (zwei Naturen Christi, weder scharf getrennt noch vermischt) Berücksichtigung fand, wurde er 435 von Kaiser →Theodosius II. nach Oberägypten verbannt. Nach der Festschreibung der Kompromißformel auf dem Konzil von Chalkedon 451 spaltete sich die orthodoxe Kirche: Der Nestorianismus wurde 484 in Persien zur Hauptkirche und breitete sich bis Indien (Thomaschristen) aus.

Neurath, Konstantin *Freiherr von*
deutscher Reichsaußenminister 1932–1938
** 2. 2. 1873 Klein-Glattbach, Württemberg*
† 14. 8. 1956 Enzweihingen, Württemberg
Seit 1908 im diplomat. Dienst und Botschafter in mehreren Staaten, übernahm der im Ausland angesehene N. auf Drängen Paul v. →Hindenburgs 1932 in der Regierung Franz v. →Papens das Amt des Außen-Min. Er behielt es unter Kurt v. →Schleicher und Adolf →Hitler bis 1938 bei und sorgte mit seinem Prestige für die internationale Aufwertung des nat.-soz. Regimes. Hitlers Kriegsplänen abgeneigt, wurde er 1938 von Joachim v. →Ribbentrop abgelöst und zum Reichsprotektor in Böhmen und Mähren ernannt (1939–1943, seit 1941 beurlaubt). Die faktische Macht im Protektorat übte jedoch sein Staatssekretär Hans →Frank aus. 1946 wurde N. in Nürnberg vom Internationalen Militärgerichtshof zu 15 Jahren Haft verurteilt, 1954 vorzeitig entlassen.

Ngo Dinh Diem
südvietnamesischer Staatspräsident 1955–1963
** 3. 1. 1901 Quang Binh, Annam*
† 2. 11. 1963 Saigon
N. D. D. entstammte einer hohen Mandarin-Familie am kaiserl. Hof von Hue. Als Gegner der japan. Besetzung Indochinas im 2. Weltkrieg Feind der kommunist. Vietminh unter →Ho Chi Minh, aber auch der französ. Kolonialmacht, wurde er nach der Teilung Vietnams durch die Genfer Indochinakonferenz als Min.-Präs. in Südvietnam eingesetzt (1954). 1955 ließ er durch einen gelenkten Volksentscheid Staatschef Bao Dai (seit 1949) absetzen, Südvietnam zur Republik erklären und sich selbst zum Staats-Präs. wählen. Seine diktator. Herrschaft, gestützt auf seinen Familienclan, korrumpiertes Militär und die USA führte 1958 in den Bürgerkrieg. Schließlich auch für die USA zur Belastung geworden, wurde er 1963 während eines Militärputsches ermordet.

Niebuhr, Barthold Georg

deutscher Historiker
** 27. 8. 1776 Kopenhagen*
† 2. 1. 1831 Bonn

Der Sohn des Forschungsreisenden und Orientexperten *Carsten N.* (* 1733, † 1815) wirkte seit 1800 im dän. Staatsdienst (u. a. 1804–1806 Direktor der Staatsbank), bevor er 1806 nach Preußen wechselte. 1810 verabschiedete er sich nach der Entlassung des Reformers Freiherr vom →Stein vorübergehend aus dem Staatsdienst, wurde Mitglied der Akademie der Wissenschaften und Historiograph des preuß. Hofes und hielt vielbeachtete Vorlesungen über röm. Geschichte an der neugegründeten Universität Berlin. Nach seiner Tätigkeit als preuß. Gesandter beim Vatikan (1816–1823) lehrte er seit 1825 in Bonn. Mit seinem Werk »Röm. Geschichte« (5 Bde., 1812 bis 1845) begründete er die philolog.-quellenkrit. Geschichtswissenschaft, deren Methodik er in Auseinandersetzung mit Titus →Livius entwickelte. N. gilt als Vorläufer der propreußischen Geschichtsschreibung und übte starken Einfluß auf Leopold v. →Ranke und Theodor →Mommsen aus.

Niemöller, Martin

deutscher ev. Theologe
** 14. 1. 1892 Lippstadt*
† 6. 3. 1984 Wiesbaden

Im 1. Weltkrieg Marineoffizier (U-Boot-Kommandant), wurde N. 1924 Pfarrer der Inneren Mission in Münster, 1931 Pfarrer in Berlin-Dahlem. Während der Weimarer Republik war er zunächst deutschnational orientiert, gehörte aber nach der Machtübernahme der Nationalsozialisten zu deren schärfsten Gegnern. In Konfrontation mit der »Glaubensbewegung Deutsche Christen« gründete er 1933 den Pfarrernotbund, aus dem 1934 die Bekennende Kirche hervorging. Als Symbolfigur des Widerstandes gegen die nationalsozialistische Vereinnahmung der Kirche wurde er 1938–1945 als »persönlicher Gefangener« Adolf → Hitlers in den KZs Sachsenhausen und Dachau inhaftiert. Nach dem 2. Weltkrieg beteiligte er sich maßgeblich am Wiederaufbau und der moralischen Erneuerung des Protestantismus in Dtschld. und war 1945–1956 Präsident des Kirchl. Außenamts der EKD, 1947–1964 Kirchen-Präs. der Evangelischen Kirche in Hessen und Nassau, 1961 bis 1968 einer der 6 Präsidenten des Ökumenischen Weltkirchenrates, 1957 Präsident der Deutschen Friedensgesellschaft. Sein radikaler Pazifismus und sein kämpferischer Widerspruch gegen eine dt. Politik, die ihm im Kalten Krieg im Zeichen des Antikommunismus an der Seite der USA in einen neuen Weltkrieg zu steuern schien, führte auch in der Kirche zu politischen Kontroversen.

Nikephoros I.
byzantinischer Kaiser 802–811
** um 765 Seleukia*
† 26. 7. 811 bei Pliska

Unter Kaiserin →Irene Finanz-Min., wurde N. nach ihrem Sturz durch eine Palastrevolte auf den Thron gehoben. Als bedeutender Staatsreformer ordnete er das Steuersystem neu, errichtete das Staatsmonopol auf Zinsnahme und betrieb im Anschluß an den Bilderstreit (726–787) eine moderate Kirchenpolitik gegenüber den Ikonoklasten (Bilderfeinden). 807 unterlag er →Harun al-Raschid und mußte danach die zwischenzeitlich verweigerten Tributzahlungen an das Abbasidenkalifat wieder aufnehmen. Im Kampf gegen die Bulgaren unter deren Khan Krum (803–814) erlitt er auf dem Balkan eine vernichtende Niederlage und fiel.

Nikephoros II. Phokas
byzantinischer Kaiser 963–969
** 912 in Kappadokien*
† 10./11. 12. 969 Konstantinopel

N., einer der bedeutendsten byzantin. Feldherren, konnte den arabischen Vorstößen gegen das Byzantin. Reich durch Eroberung kleinasiatischer Gebiete Einhalt gebieten. 961 eroberte er von den Arabern Kreta. 963 zum Kaiser ausgerufen, erklärte er gegenüber den Ansprüchen →Ottos I. (d. Gr.), dem er die Anerkennung des Kaisertitels verweigerte, die byzantinisch beherrschten Teile Italiens zum Kapetanat (Verwaltungbereich). →Johannes I. Tzimiskes ermordete N. und machte sich zum Nachfolger.

Nikias
athenischer Staatsmann und Feldherr
** um 470 v. Chr.*
† 413 v. Chr. Syrakus
Nach dem Sturz des →Perikles (430) führte N., Aristrokrat und begüterter Silberbergwerksbesitzer, als Repräsentant der Oligarchen die konservat. Opposition gegen die radikaldemokrat. antispart. Kriegspartei unter Führung →Kleons an. Im Peloponnes. Krieg (431–404) brachte er den nach ihm benannten Zwischenfrieden zwischen Sparta und Athen zustande (421). Obwohl er vor dem Unternehmen gewarnt hatte, wurde ihm mit →Alkibiades die Führung der 415 nach Sizilien gesandten Expedition übertragen, um die korinth. Pflanzstadt Syrakus zu erobern. Nachdem die Belagerung von Syrakus gescheitert und die Flotte verloren war, wurden er und →Demosthenes gefangengenommen und hingerichtet.

Nikolaus

– Päpste

Nikolaus I., *der Große*

Papst 858–867
** um 800 Rom*
† 13. 11. 867 Rom

N. suchte entschieden, die geistl. Obergewalt des Papsttums über die Gesamtkirche gegen Fürsten, Synoden und Metropoliten durchzusetzen. Gegenüber dem Frankenkönig →Lothar II. und dem diesem ergebenen lothring. Episkopat setzte er die Zuständigkeit der Kirche in Ehefragen durch, verbot dem König, nach der Trennung von seiner ersten Frau erneut zu heiraten, und setzte die Erzbischöfe von Köln und Trier ab, die dies gestattet hatten. Die unkanonische Erhebung des Laien Photios zum Patriarchen vom Konstantinopel nahm er zum Anlaß, seinen Herrschaftsanspruch gegenüber der Ostkirche zu demonstrieren, indem er Photios exkommunizierte. Dieser setzte 867 seinerseits N. ab (Photian. Schisma bis 869/70). Ein Versuch, die 865 zum orthodoxen Christentum übergetretenen Bulgaren seiner Jurisdiktion zu unterstellen, scheiterte. N. wurde heiliggesprochen (Fest: 13. 11.).

Nikolaus II.

Papst 1058–1061
† 27.(?) 7. 1061 Florenz

(Vorher *Gerhard*). Seit 1045 Bischof von Florenz, wurde der aus Lothringen oder Burgund stammende N. auf Betreiben der von Hildebrand (→Gregor VII.) geführten Reformpartei gegen den röm. Adel zum Papst gewählt. 1059 verurteilte die von ihm geleitete Ostersynode Simonie (Kauf geistl. Ämter) und Priesterehe und übertrug das Papstwahlrecht auf die Kardinäle, während Klerus und Volk von Rom nur noch die Akklamation blieb. Damit schaltete N. den bis dahin an der Wahl beteiligten röm. Stadtadel vom Einfluß auf die Wahl aus. Obwohl er im Papstwahldekret das Bestätigungsrecht des Kaisers noch anerkannte, suchte er in seiner kurzen Amtszeit auch dessen Einfluß auf das Papsttum einzuschränken. Er verbündete sich mit den bis dahin von der Kurie bekämpften unteritalien. Normannen unter Robert Guiscard, die daraufhin den Papst als ihren Lehnsherrn anerkannten, und unterstützte die oberitalien. Protestbewegung (Pataria) gegen die Vorherrschaft der Deutschen im Klerus. Damit bereitete er den 1075 zwischen Papst Gregor VII. und Kaiser →Heinrich IV. offen ausbrechenden Investiturstreit (bis 1122) vor. Nachfolger: →Alexander II.

Nikolaus III.
Papst 1277–1280
** zwischen 1210 und 1220 Rom*
† 22. 8. 1280 Soriano, Kalabrien
(Vorher *Giovanni Gaetano Orsini*). Als eine energ. Herrscherpersönlichkeit setzte N. gegenüber →Karl I. von Anjou die päpstl. Ansprüche durch (Verzicht auf das Senatorenamt in Rom und das Reichsvikariat in Tuszien) und hielt ihn von einem Angriff auf Byzanz ab, mit dem Papst →Gregor X. 1274 die Kirchenunion wieder hergestellt hatte. Dem dt. König →Rudolf I. von Habsburg brachte er zum Verzicht auf die Romagna. Er entfaltete eine umfangreiche Bautätigkeit, machte den Vatikan zur ständigen Residenz der Päpste und pflegte einen heftigen Nepotismus. Nachfolger: →Martin IV.

Nikolaus IV.
Papst 1288–1292
** 10. 9. 1227 Lisciano bei Ascoli Piceno*
† 4. 4. 1292 Rom
(Vorher *Girolamo Masci*). Der dem Franziskanerorden angehörende N. versuchte vergeblich, Sizilien den Aragonesen zu entreißen und wieder unter die Herrschaft des Hauses Anjou zu bringen. Er initiierte Fernmissionen, entsandte u. a. den Franziskanermönch Johannes Pico von Montecorvino zum Mongolenfürsten →Khublai Khan und ließ ihn die erste kath. Gemeinde in China bilden. Nach dem Fall Akkos (1291) bemühte er sich vergebens um einen neuen Kreuzzug. Nachfolger: →Coelestin V.

Nikolaus V.
Papst 1447–1455
** 15. 11. 1397 Sarzana bei La Spezia*
† 24. 3. 1455 Rom
(Vorher *Tommaso Parentucelli*). N. gilt als der erste Renaissancepapst, er förderte Humanisten und Künstler (u. a. Fra Angelico), gründete die Vatikan. Bibliothek und ließ viele Kirchen restaurieren. Mit →Friedrich III. schloß er 1448 das Wiener Konkordat, das den dt. Landesfürsten kirchenpolit. Privilegien einräumte, und krönte ihn 1452 zum Kaiser. 1449 erreichte er die Selbstauflösung des von →Eugen IV. einberufenen Basler Konzils, das mit der Begründung des Konziliarismus die päpstl. Autorität in Frage gestellt hatte, und die Unterwerfung des Gegenpapstes Felix (V.). Mit Hilfe von Legaten (für Dtschld.: →Nikolaus von Kues) betrieb er die Kirchenreform. Nach dem Fall Konstantinopels 1453 rief er vergeblich zum Kreuzzug gegen die Osmanen auf. Nachfolger: →Calixtus III.

– Fürsten, Montenegro
Nikolaus I. Petrović
Fürst 1860–1910, König 1910–1919
** 7. 10. 1841 Njegoš bei Cetinje*
† 1. 3. 1921 Cap d'Antibes bei Nizza
(*Nikola*, gen. *Nikita*). Außenpolitisch angelehnt an Rußland und zeitweise verbündet mit Serbien, erweiterte N. im Kampf gegen das niedergehende Osmanische Reich 1862 und 1876–1878 das montenegrinische Territorium und vollzog die auf dem Vorfrieden von San Stefano (1878) und vom Berliner Kongreß (1878) beschlossenene Unabhängigkeit des Landes. 1912 eröffnete er mit seiner Kriegserklärung gegen das Osmanische Reich den 1. Balkankrieg (bis 1913), der ihm weitere Gewinne eintrug. An der Seite Serbiens trat er 1914 in den 1. Weltkrieg ein, ging nach der bedingungslosen Kapitulation 1916 ins Exil und wurde 1918 bei der Vereinigung Montenegros mit Serbien abgesetzt.

– Rußland
Nikolaus I. Pawlowitsch
Zar 1825–1855
** 6. 7. 1796 Zarskoje Selo*
† 2. 3. 1855 St. Petersburg
Der Bruder und Nachfolger →Alexanders I. begann seine Regierung mit der Niederschlagung der gegen die Autokratie des Zarentums gerichteten Erhebung von Gardeoffizieren (Dekabristenaufstand 1825). Im Innern sicherte er sein hartes absolutistisches Regime durch Terror und den Ausbau der Geheimpolizei als »Dritte Abteilung«, während er Rußland außenpolitisch zum »Gendarm Europas« machte (1830/31 Unterdrückung des poln. Novemberaufstands, 1849 der ungar. Revolution auf Bitten Kaiser →Franz Josephs I.). Im Krieg gegen Persien (1826 bis 1828) gewann er große Gebiete am Kasp. Meer, vom Osmanischen Reich im 6. russisch-türk. Krieg (1828/29) das Donaudelta. Die Intervention Englands und Frankreichs in den Krimkrieg (7. russisch-türk. Krieg 1853–1856) führte schließlich zum Scheitern seiner gesamten Innen- und Außenpolitik. Nachfolger: Sohn →Alexander II.

Nikolaus II. Alexandrowitsch
Zar 1894–1917
** 18. 5. 1868 St. Petersburg*
† 16./17. 7. 1918 Jekaterinburg (heute Swerdlowsk)
Sohn und Nachfolger →Alexanders III. Der letzte Zar aus der Romanow-Dynastie (seit 1613) suchte, bestärkt von seiner Gemahlin →Alexandra Fjodorowna und seinem reaktionären Erzieher und Berater Konstantin Pobedonoszew (*1827, †1907), das hinfällig gewordene autokrat. Regime aufrechtzuerhalten. Während er – wie schon sein Vater – antisemit. Progrome als Ventil der allg. Unzufriedenheit förderte (u. a. 1903–1906), wich er einer Lösung der sich immer schärfer stellenden sozialen Frage aus. Nach der Niederlage im russ.-japan. Krieg (1904/1905) zwang ihn die Russ. Revolution 1905 zur Proklamation einer Verfassung mit gesetzgebender Reichsduma, doch schränkte er deren Kompetenzen wieder ein. 1906 entließ er Min.-Präs. Sergei →Witte, 1907 löste er die Duma auf. Der von Grigori →Rasputin beherrschten Hofkamarilla ausgeliefert, führte er Rußland in den 1. Weltkrieg. In der Februarrevolution 1917 gestürzt, wurde er nach der Oktoberrevolution samt seiner Familie erschossen.

Nikolaus von Kues
deutscher Theologe, Philosoph, Mathematiker und Astronom
** 1401 Kues (=Bernkastel-Kues)*
† 11. 8. 1464 Todi, Umbrien
(*Nikolaus Cusanus*, eigentlich *N. Chrypffs*). Als einer der bedeutenden deutschen Humanisten gab N. an der Schwelle zur Neuzeit in Geistes- wie Naturwissenschaften den Anstoß zu wesentlichen Neuorientierungen. Nach dem Studium der Philosophie, Mathematik und Theologie zeichnete er sich auf den Konzilien von Basel (1431–1437) und Florenz (1439) als Vertreter des Konziliarismus aus, wechselte aber angesichts der fehlenden Reformimpulse auf die Seite des Papstes. 1448 wurde er Kardinal, 1450 Fürstbischof von Brixen.
Als ein Vorläufer des Nikolaus →Kopernikus wandte sich N. mit Überlegungen über die Eigenbewegung der Erde vom geozentrischen Weltbild des Claudius →Ptolemaios ab. Er kritisierte die Methode der Scholastik und begründete unter dem Einfluß von Neuplatonismus, Mystik (Meister →Eckhart) und Nominalismus (Wilhelm v. →Ockham) einen Gottesbegriff, der den der Neuzeit vorbereitet: Seine »negative Theologie« geht in seinem Hauptwerk »De docta ignorantia« (»Von der gelehrten Unwissenheit«, 1440) von einer Unfähigkeit des Menschen aus, Gott zu erkennen. Gott sei die unendliche Einheit, die die Welt aus sich entfalte und alle Widersprüche in sich schließe.

Nikomedes I.
König von Bithynien um 280–250 v. Chr.
Zur Behauptung der Unabhängigkeit Bithyniens, die sein Vater Zipoites (327/26–328/27) gegen die Diadochen →Lysimachos und →Antiochos I. Soter erreicht hatte, warb N. die vom Balkan aus vordringenden keltischen Galater als Söldner an (278). 265 (262 ?) gründete er Nikomedia.

Nikomedes IV. Philopator
König von Bithynien um 94–74 v. Chr.
Von →Mithridates VI. Eupator von Pontos vom Thron vertrieben, ließ sich N. 92 von den Römern wieder einsetzen. Sein mit den Römern abgesprochener Angriff auf den Pontos eröffnete den 1. Mithridat. Krieg (89–84), in dem er erneut vertrieben wurde. Von Lucius Cornelius →Sulla 84 wieder bestätigt, vermachte er 74 sein Land den Römern, worauf der 3. Mithridat. Krieg (74 bis 63) ausbrach, in dem der röm. Feldherr Gnaeus →Pompeius Pontos und Armenien endgültig unterwarf.

Nisam al-Mulk, Hassan ibn Ali
Wesir des Seldschukenreichs im Iran 1036–1092
** 10. 4. (?) 1018 Radkan bei Tus*
† 14. 10. 1092 bei Bisutun
(Arabisch *N. al-M.* = »Ordnung des Reiches«). Als Wesir der Sultane Alp Arslan (1063–1072) und Malik Schah (1072–1092) hatte N. die tatsächliche Herrschaftsgewalt in Händen. Innenpolitisch stabilisierte er die Macht der Seldschuken in Iran und Nordsyrien, ordnete die Verwaltung neu und förderte die Wissenschaften (u. a. Gründung der Hochschule in Bagdad). Er schlug das byzantin. Heer vernichtend bei Mantzikert (1071) und eroberte Jerusalem (1071) und Antiochia (1085). Mit dem von ihm beförderten Aufstieg des Seldschukenreiches zur Großmacht gab er Anlaß für den Hilferuf des byzantin. Kaisers an den latein. Westen und den von Papst →Urban II. ausgerufenen 1. Kreuzzug (1096–1099). Nach der Ermordung N.s durch die Assassinen zerfiel das Reich schnell.

Nixon, Richard Milhous
37. Präsident der USA 1969–1974
** 9. 1. 1913 Yorba Linda, California*
† 22. 4. 1994 New York

Von Beruf Anwalt und seit 1946 Abgeordneter der Republikaner, wurde N. 1951 Senator für Kalifornien. Als Vize-Präs. unter Dwight D. →Eisenhower (1953–1961) war er als eingefleischter Antikommunist einer der Förderer von Josef R. →McCarthy. Während er in den Präsidentschaftswahlen 1960 knapp John F. →Kennedy unterlag, setzte er sich 1968 als Nachfolger Lyndon B. →Johnsons durch und wurde 1972 wiedergewählt. Unterstützt von seinem Sicherheitsberater und Außenminister Henry →Kissinger, leitete er die Normalisierung der Beziehungen zu China ein (Besuch bei →Mao Zedong in Peking 1972), schloß 1972 mit der UdSSR das SALT-I-Abkommen und beendete den Vietnamkrieg – nach vorheriger Ausweitung auf Kambodscha (1970) und Laos (1971) – durch einen Waffenstillstand mit Nordvietnam (1973). Über die Watergate-Affäre, die wegen des Einsatzes krimineller Mittel beim Wahlkampf 1972 zu einer Staatskrise geführt hatte, mußte er 1974 als 1. Präs. in der Geschichte der USA zurücktreten, um einer mögl. Absetzung durch ein eingeleitetes Impeachment-Verfahren zuvorzukommen. Nachfolger wurde der bisherige Vize-Präs. Gerald →Ford. (▷ Chronik Zitat)

Krisenmanagement zu Watergate

Chronik Zitat

Am 21. 3. 1973 verabredete US-Präsident Nixon mit seinem Bruder Dean, die Einbrecher in das Wahlhauptquartier der Demokraten zum Schweigen über ihren Auftraggeber (das »Komitee für die Wiederwahl von Präsident Nixon») zu bringen (Tonbandprotokoll des Telefonats, veröffentlicht im Mai 1974):

Dean: Dazu ist Geld nötig, und es ist riskant. Die Leute hier können das nicht. Leute von der Mafia können so etwas: Geld waschen, sich sauberes Geld beschaffen und dergleichen. Wir schaffen das einfach nicht, weil wir keine Kriminellen sind und nicht daran gewöhnt sind, mit so etwas zu tun zu haben.
Nixon: Das stimmt.
Dean: Schwer zu wissen, wie man das macht.
Nixon: Vielleicht … eine Organisation.
Dean: Richtig. Aber es ist wirklich fraglich, ob wir es überhaupt hinkriegen. Außerdem noch das Problem, woher das Geld nehmen. Mitchell [Vorsitzender des »Komitees zur Wiederwahl von Präsident Nixon« und Justiz-Min.] hat sich schon darum gekümmert, Geld aufzutreiben...
Nixon: Wieviel Geld brauchst Du?
Dean: Ich denke, diese Kerle werden uns im Laufe der nächsten beiden Jahre eine Million Dollar kosten.
Nixon: Das können wir kriegen. Was das Geld anlangt, wenn Du soviel brauchst, das läßt sich beschaffen. Eine Million können wir bekommen. Du kannst es in bar haben. Ich weiß, woher wir es bekommen könnten. Es ist nicht einfach, aber es läßt sich machen. Aber die Frage ist doch, wer zum Teufel sollte die Sache in die Hand nehmen? Hast Du eine Vorstellung?
Dean: Genau. Nun, ich meine das sollte man Mitchell anvertrauen.
Nixon: Dazu neige ich auch.
Dean: Und ein paar Profis, die ihm dabei helfen.

Nkomo, Joshua
Politiker in Simbabwe
** 19. 6. 1917 Semokwe, Matopa-Distrikt*
Aus dem Volk der Ndbele stammend, war N. neben Robert →Mugabe der führende Kopf des Unabhängigkeitskampfes gegen die Herrschaft der Weißen in Rhodesien (zuletzt unter Ian →Smith). 1962 war er Mitgründer und anschließend Präs. der Zimbabwe African People's Union (ZAPU). Nach seiner Inhaftierung bzw. Verbannung (1965–1974) schloß sich seine ZAPU 1976 mit der von Mugabe geführten Zimbabwe African National Union (ZANU) zur Einheitspartei Patriotic Front zusammen und erkämpfte mit ihr im Guerillakrieg die Unabhängigkeit Rhodesiens als Simbabwe. 1980–1982 war er Innen-Min., wurde nach Konflikten mit Regierungschef Mugabe 1981/82 entmachtet und ging nach bürgerkriegsähnlichen Auseinandersetzungen ins Exil. 1989 ließ er seine – zwischenzeitlich wieder selbständige – ZANU in die von Mugabe beherrschte Partriotic Front erneut eingliedern, wurde dafür deren Vize-Präs. und trat 1990 als Vize-Präs. wieder in die Regierung ein.

Nkrumah, (Francis Nwia Kofie) Kwame
Staatspräsident von Ghana 1960–1966
** 21. 9. 1909 Nkroful (Goldküste)*
† 27. 4. 1972 Bukarest

Getragen von den Ideen des Panafrikanismus, organisierte N., der in den USA und Großbritannien studiert hatte, 1945 den 5. Panafrikanischen Kongreß in Manchester mit. 1947 kehrte er an die Goldküste zurück und gründete 1949 die Convention People's Party (CPP), mit der er nach dem Vorbild der gewaltlosen Kampagnen Mahatma →Gandhis den Kampf um die Unabhängigkeit seines Landes aufnahm. 1951 wurde er der erste schwarze Premier-Min. Afrikas in der zunächst eingeschränkt autonomen, 1952 autonomen Goldküste. 1957 erreichte er im Rahmen des Commonwealth die Unabhängigkeit des Landes, das den Namen Ghana erhielt. Als Staats-Präs. lehnte er sich außenpolitisch an die UdSSR an und errichtete 1964 eine vom Personenkult geprägte Diktatur. Er legitimierte sie mit seiner eigenen, marxistisch beeinflußten Ideologie des »Consciencism«, die Elemente des Sozialismus mit nationalen und panafrikanischen Zielen verknüpfte. 1966 wurde durch einen Militärputsch gestürzt und ging ins Exil.

Nobunaga, Oda
japanischer Feldherr und Staatsmann
** 1534*
† 1582 Kyoto
Mit der Verteibung des Ashikaga-Shoguns Yoshiaki (1568–1573) aus Kyoto (1573) wurde N., der als Daimyo (Regionalfürst) in den fast ein Jh. währenden Bürgerkriegswirren aufgestiegen war, faktisch Machthaber in Japan. Als erster der drei »Einiger« Japans hatte er wesentlichen Anteil an der Überwindung der feudalanarchischen Zersplitterung des Landes. Sein Einigungswerk wurde durch seinen General und Nachfolger →Toyotomi Hideyoshi und →Tokugawa Ieyasu, mit dem er 1568 ein Bündnis schloß, vollendet. N. führte den Masseneinsatz von Feuerwaffen und andere militärischeReformen ein. Auf dem Höhepunkt seiner Macht wurde er während eines Feldzugs ermordet.

Nofretete
ägyptische Königin im 14. Jh. v. Chr.
(Ägyptisch »N.« = »Die Schöne ist gekommen«). Heute ist N. berühmt durch ihre bemalte Kalksteinbüste aus Tell Al Amarna, einem Werkstattmodell aus dem Atelier des ägypt. Bildhauers Tuthmose (heute im Ägypt. Museum in Berlin). Über die Herkunft der Gemahlin des Pharao →Echnaton ist nichts Sicheres bekannt. Wahrscheinlich entstammte sie einer angesehenen Familie nichtkönigl. Abkunft. Im Gegensatz zu seinen Vorgängern ließ Echnaton seine »Große Königl. Gemahlin«, mit der er sechs Töchter hatte, an den Staatsakten teilhaben und in dieser Funktion darstellen. Gleich dem König wurde auch sie später in kleinen Hausaltären verehrt. Sie starb vermutlich noch vor Echnaton und wurde im Königsgrab von Amarna bestattet.

Norbert von Xanten
deutscher Ordensgründer
** um 1080 Xanten*
† 6. 6. 1134 Magdeburg
Der 1115 zum Priester geweihte Grafensohn von Gennep gründete nach Aufgabe seines Wanderpredigerlebens 1120 in der Einsiedelei Prémontré bei Laon ein nach der Augustinerregel organisiertes Kloster, aus dem der Prämonstratenser-Orden erwuchs (anerkannt 1126). N. wurde 1126 Erzbischof von Magdeburg, von wo aus sich sein Orden der Missionierung Norddeutschlands und des Ostens widmete. Als Reichskanzler für Italien (seit 1126) verschaffte er Papst →Innozenz II. im Schisma mit Gegenpapst Anaklet (1130–1138) die Unterstützung König →Lothars III. von Supplinburg. N. wurde 1582 heiliggesprochen (Fest: 6. 6.).

Noriega Morena, Manuel Antonio
Chef der Nationalgarde von Panama 1983–1989
** 1934*
Seit 1983 Chef der Nationalgarde Panamas und faktisch Machthaber des Landes, wurde N. – obwohl zeitweise selbst Mitarbeiter der CIA – 1988 von den USA schwerer krimineller Machenschaften (u. a. Rauschgifthandel) beschuldigt. Mit dem Impetus des Verteidigers der Nation konterte N. mit der Kriegserklärung gegen die USA, nachdem er sich zuvor zum Staatschef mit unbeschränkten Vollmachten hatte ernennen lassen. Die militärische Intervention der USA endete mit der Einsetzung Guillermo Endaras (* 1936), dessen Wahl zum Staats-Präs. (Mai 1989) N. im Dez. 1989 hatte annullieren lassen, und mit der Festnahme N.s, der 1991 in den USA vor Gericht gestellt und 1992 zu 40 Jahren Gefängnis verurteilt wurde.

Noske, Gustav
deutscher Reichswehrminister 1919/20
** 9. 7. 1868 Brandenburg, Havel*
† 30. 11. 1946 Hannover
N. war von Beruf Korbmacher und trat 1883 der Sozialdemokratie bei. Seit 1897 Redakteur sozialdemokrat. Zeitungen, wurde er 1906 MdR auf dem rechten Flügel seiner Partei (bis 1918). Im Nov./Dez. 1918 von der Reichsregierung nach Kiel gesandt und bereit, die Rolle des »Bluthundes« zu übernehmen, begrenzte er als Gouverneur von Kiel gewaltsam eine Ausweitung des Matrosenaufstandes. Seit Ende Dez. 1918 war er im Rat der Volksbeauftragten zuständig für Militärfragen und ließ im Januar 1919 den Berliner Spartakus-Aufstand von

Regierungstruppen niederschlagen. Die neben der Armee eingesetzten rechtsextremen Freikorps ermordeten anschließend Rosa →Luxemburg und Karl →Liebknecht. 1919/20 organisierte N. als erster Reichswehr-Min. den Wiederaufbau der dt. Armee. Nach dem Kapp-Putsch (Wolfgang →Kapp) wurde er wegen seiner passiven Haltung von Teilen seiner eigenen Partei gestürzt. 1920–1933 Oberpräsident von Hannover, wurde er 1933 von den Nationalsozialisten abgesetzt und nach dem fehlgeschlagenen Attentat auf Adolf →Hitler am 20. 7. 1944 inhaftiert.

Novotný, Antonín
Parteichef der KP der ČSSR 1953–1968
** 10. 12. 1904 Letňany bei Prag*
† 28. 1. 1975 Prag
Von Beruf Maschinenschlosser und als Mitglied der KP (seit 1921) unter dt. Herrschaft im KZ Mauthausen inhaftiert (1941–1945), trat N. 1946 in das ZK der tschechoslowk. KP ein. Er beteiligte sich maßgeblich an der kommunist. Machtübernahme im Febr. 1948, wurde 1951 Mitglied des Politbüros und 1953 als Nachfolger Klement →Gottwalds Erster Sekretär des ZK der KPČ und zugleich stellvertr. Min.-Präs. Seit 1957 auch Staats-Präs. (1967 einstimmig wiedergewählt), mußte er als orthodoxer Repräsentant des moskautreuen Kurses mit Beginn der reformkommunistischen Bewegung 1968 (Prager Frühling) beide Ämter niederlegen. Alexander →Dubček übernahm die Parteiführung, Ludvík →Svoboda das Amt des Staats-Präs.

Nujoma, Sam
Staatspräsident von Namibia seit 1990
** 12. 5. 1929 Ongandjera*
N. gründete 1958 die South West Africa People's Organization (SWAPO) und führt sie seither. Während er zunächst einen friedl. Übergang Namibias zur Unabhängigkeit anstrebte, griff er später zu Mitteln des Guerillakriegs gegen Südafrika, dem 1966 von der UNO das Mandat über Südwestafrika entzogen worden war (das zugleich in Namibia umbenannt wurde). 1990 erreichte er die Unabhängigkeit Namibias, wurde erster Staatspräsident des Landes, gewann mit der SWAPO die Parlamentswahlen 1992 und wiederholte den Sieg mit klarer Führung 1994. Gestützt auf seine Basis im Ovambo-Stamm, der größten Volksgruppe des Landes, gelang es ihm, innerhalb weitgehend demokrat. Strukturen unter friedlichen Bedingungen ein sozialistisch orientiertes Konzept der Bodenreform und des wirtschaftlichen Aufbaus in Angriff zu nehmen.

Numeiri, Jafar Mohammed an-
sudanesischer Staatschef 1971–1985
** 1. 1. 1930 Omdurman*
Nach einer militär. Karriere beteiligte sich N. führend am Staatsstreich von 1969, nach dem er als Generalmajor den Oberbefehl über die Streitkräfte und das Amt des Min.-Präs. übernahm. 1971 wurde er zum Staats-Präs. gewählt. 1972 beendete er den seit 1955 herrschenden verheerenden Bürgerkrieg, indem er dem negriden christl. Süden die Autonomie zugestand. Als er unter dem Druck der Islamisten 1983 den Sudan zur Islam. Republik erklärte und die forcierte Islamisierung wieder zuließ, provozierte er den erneuten Ausbruch des Bürgerkrieges (1984). Außenpolitisch kooperierte er zunächst mit moskauorientierten Staaten, wandte sich dann jedoch dem Westen zu und reihte den Sudan nach dem Friedensschluß zwischen Ägypten und Israel (1979) schließlich in die Front der arab. Hardlinerstaaten ein. 1985 wurde er vom Militär gestürzt.

Nyerere, Julius Kambarage
tansanischer Staatspräsident 1964–1985
** März 1922 Butiama*

(Ehrentitel *Mwalimu* = »Lehrer«). Der Häuptlingssohn, von Beruf Lehrer, gründete 1954 die nationale Massenpartei Tanganyika African National Union (TANU), als deren Führer er 1960 Min.-Präs. und nach Erlangung der Unabhängigkeit Tanganjikas 1962 Staats-Präs. wurde. 1964 schloß er Tanganjika mit Sansibar zur Vereinigten Republik Tansania zusammen und blieb danach, regelmäßig wiedergewählt, für 20 Jahre im Präsidentenamt. Mit seinem agrarsozialist. Kurs verlagerte er das Schwergewicht der Entwicklung von den Städten auf das Land, wo er den Aufbau von Dorfgemeinschaften förderte, (»Dorfsozialismus«). Nach Grenzkonflikten mit Uganda 1978/79 ließ er die tansan. Armee zusammen mit der innerugand. Opposition Idi Amins zugunsten Milton A. →Obotes vertreiben. 1985 schied N., der internat. großes Ansehen genoß, als Staats-Präs. aus dem Amt, blieb aber bis 1990 Vors. der Einheitspartei CCM (Revolutionäre Staatspartei).

Obote, Apollo Milton
ugandischer Staatspräsident 1967–1971, 1980–1985
** 1925 Akokoro*
Der Sohn eines Häuptlings und Absolvent einer Missionsschule beteiligte sich 1955 an der Gründung der Befreiungsbewegung Uganda National Congress, 1959 des Uganda People's Congress (UPC). 1962 wurde er Premier-Min. des im Rahmen des Commonwealth unabhängigen Föderationsstaates Uganda. Nachdem er 1966 das Staatsoberhaupt →Mutesa II., zugleich Kabaka (König) des größten Teilstaats Buganda, gestürzt hatte, gab er dem Land eine zentralist. sozialist. Verfassung und machte sich 1967 selbst zum autoritär herrschenden Präs. 1971 von Idi →Amin gestürzt und ins Exil gezwungen, kehrte er nach dessen Sturz mit Hilfe einer militär. Intervention Tansanias (Julius K. →Nyerere) 1980 zurück. Ein manipulierter Wahlsieg der UPC brachte ihn wieder an die Macht, jedoch gelang es ihm auch mit despot. Mitteln nicht, die zerrütteten Verhältnisse im Lande zu ordnen. Unter bürgerkriegsähnl. Umständen wurde er durch einen Militärputsch 1985 erneut gestürzt und ging ins Exil.

Ockham, Wilhelm von
englischer Spätscholastiker und Kirchenpolitiker
** um 1285 Ockham, Surrey*
† 10. 4. 1347/49 (?) München
Der dem Franziskanerorden angehörende Gelehrte studierte und lehrte in Oxford. Unter der Anklage der Häresie seit 1324 in päpstl. Untersuchungshaft in Avignon, entwich er 1328 zu dem Gegenspieler von Papst →Johannes XXII., Kaiser →Ludwig IV. (den Bayern), wirkte an dessen Hof neben →Marsilius von Padua als Berater und verteidigte in seinen Schriften des Kaisers Politik gegen die weltl. Machtansprüche des Papsttums. O. begründete die nominalist. Richtung im Universalienstreit, indem er die reale Existenz der Universalien (Allgemeinbegriffe) außerhalb des Denkens negierte und damit den bis dahin gültigen Gottesbegriff in Frage stellte. Alles Wissen gehe auf die mit den Gesetzen der Logik verarbeitete äußere und innere Erfahrung zurück, während der Glaube einer anderen Dimension der Wahrheit entspringe. Mit der Unterscheidung von Wissen und Glauben schuf er eine der wesentl. Voraussetzungen für die Entfaltung der neuzeitl. Wissenschaften. Als Verfechter der Besitzlosigkeit spielte O. eine wichtige Rolle im kirchl. Armutsstreit. Er beeinflußte u. a. Martin →Luther, Gottlieb Wilhelm Leibnitz und Immanuel Kant.

Odoaker
germanischer Regent des Weströmischen Reiches 476–493
** um 430*
† März 493 Ravenna
O., Sohn eines germanischen Skirenhäuptlings, war seit 470 Offizier der kaiserlichen Leibwache in Ravenna. 476 setzte er den letzten weströmischen (Gegen-) Kaiser →Romulus Augustulus ab, der seit 475 anstelle von Iulius →Nepos zu herrschen versuchte. O. ließ sich zum Heerkönig der german. Truppen ausrufen und machte sich als erster Germane zum Beherrscher Italiens. Die römische Verwaltung, das römische Rechtswesen und die Oberhoheit des in Konstantinopel residierenden oströmischen Kaisers tastete er jedoch nicht an und wurde seinerseits von Kaiser →Zenon I. anerkannt. 477 unterwarf O. die Wandalen in Sizilien, 480/81 gewann er Dalmatien zurück. Als er mit der Erhebung seines Sohnes zum Augustus eine rivalisierende Kaiserdynastie zu begründen begann, machte Zenon den Ostgotenkönig →Theoderich d. Gr. zum Patricius von Italien (488) und beauftragte ihn mit den Sturz O.s. Nach dem Fall Ravennas wurde O. ermordet.

Offa
angelsächsischer König von Mercia 757–796
† 29. 7. 796
O. eroberte die rivalisierenden Kleinkönigtümer von Kent und Sussex und gewann zeitweilig die Hegemonie über den ganzen Süden Englands. Damit schuf er die Voraussetzung für eine politische Einigung Englands, um den einfallenden Wikingern (Plünderung des Klosters Lindisfarne 793) begegnen zu können. Zur Verteidigung gegen die Briten in Wales ließ er zwischen Wales und Mercia einen großen Erdwall (O.'s Dyke) anlegen. 796 schloß er einen Handelsvertrag mit →Karl d. Gr. und führte dessen Münzsystem ein, das bis 1971 in Großbritannien galt. Als erster angelsächsischer König erhielt er eine kirchliche Salbung. Nach seinem Tod zerfiel die Vorherrschaft Mercias.

Ögädäi
mongolischer Großkhan 1229–1241
** um 1185*
† 11. 12. 1241 Karakorum
Der dritte Sohn und Nachfolger →Dschingis Khans als Großkhan des Gesamtreiches widmete sich vorwiegend dem Ausbau des Reichs nach innen, dem Handel und der Expansion nach Osten bis nach Nordchina. Währenddessen expandierte Batu (* 1205,

† 1255), ein Enkel Dschingis Khans, mit seinen Reiterheeren das Reich im Westen bis Schlesien, Ungarn und Mähren. 1240 eroberte er Kiew und gründete 1243 am Unterlauf der Wolga Sarai als Hauptstadt des bestehenden Reichs der Goldenen Horde, deren Tributherrschaft über die russ. Fürsten →Iwan III. 1480 abschüttelte. Ö.s Tod beendete vorläufig die Phase der mongol. Expansion, →Khublai Khan nahm sie 20 Jahre später wieder auf.

Ojukwu, Chukwuemeka Odumegwu

Staatschef Biafras 1967–1970
** 4. 11. 1933 Zungeru, Nordnigeria*

Der dem Volk der Ibo im Norden und Osten Nigerias angehörende Offizier übernahm nach einem 1966 von ihm zusammen mit Johnson →Ironsi angeführten Staatsstreich als Militärgouverneur die fakt. Macht in der Ostregion. Nach dem Sturz Ironsis als Staatschef, seiner Ermordung und Massakern an den Ibos durch Anhänger Yakubu →Gowons erklärte O. 1967 die Ostregion als Republik Biafra für unabhängig und fungierte als Staatschef. Nach der militärischen Niederlage im Sezessionskrieg ging er 1970 ins Exil, bis er 1982 amnestiert wurde.

O'Kelly, Sean Thomas
irischer Staatspräsident 1949–1959
** 25. 8. 1882 Dublin*
† 23. 11. 1966 Dublin
(Irisch *Seán Tomás O'Ceallaigh*). O. gehörte 1905 neben Arthur →Griffith zu den Begründern der Sinn-Féin-Bewegung (»Wir selbst«), die den polit. Kampf für die Unabhängigkeit und für eine republikanische Verfassung Irlands gegen Großbritannien aufnahm. 1913 beteiligte er sich an der Organisation ihres militär. Arms für den Untergrundkampf, der Irish-Volunteers-Truppe, und nahm 1916 am Osteraufstand in Dublin teil. Nach der Unabhängigkeit der Irischen Republik war er 1919–1921 Präs. des ersten Parlaments, 1927–1945 Abgeordneter der von ihm mitgeführten Fianna-Fáil-Partei, seit 1932 zugleich Regierungsmitglied, bis er 1945 Staats-Präs. wurde. Nachfolger: Eamon de →Valera.

Olaf, norwegische Fürsten

Olaf I. Tryggvasson
König 995–1000
** um 960*
† 1000 bei Svolder
Der Urenkel von →Harald Haarfagri (Schönhaar) führte 991 einen Wikingerzug gegen England an, ließ sich als einer der ersten nordischen Herrscher dort 994 taufen und unterwarf 995 Norwegen. Er christianierte die Küstenbereiche Norwegens, Islands und Grönlands gewaltsam und fiel, in der mittelalterl. Dichtung Norwegens oft besungen, in der Schlacht bei Svolder (bei Rügen ?) gegen die verbündeten dänischen und norwegischen Könige.

Olaf II. Haraldsson, *der Heilige*
König 1015–1028
** um 995*
† 29. 7. 1030 Stiklestad bei Trondheim
(Auch *O. der Dicke*). O. eroberte 1015/16 die von Schweden und Dänen besetzten Gebiete zurück, führte mit Hilfe dt. Missionare die von →O. I. begonnene Zwangschristianisierung des Landes weiter und schrieb sie 1024 mit den Religionsgesetzen fest. 1028 von den Stammeskönigen nach Rußland vertrieben. Sie hatten sich dem engl.-dän. König →Knut II. (d. Gr.) angeschlossen, der 1018 mit der Eroberung Norwegens begonnen hatte. Beim Versuch, seine Herrschaft wieder anzutreten, fiel O. 1031 heiliggespr., Schutzpatron Norwegens (Fest: 29. 7.).

Olaf V.

König 1957–1991
** 2. 7. 1903*
Appelton House bei Sandringham, England
† 17. 1. 1991 Oslo

(Ursprünglich *Prinz Alexander von Dänemark*). Der Sohn →Haakons VII. leitete nach der deutschen Besetzung Norwegens mit seinem Vater vom Londoner Exil aus den Widerstandskampf (1940 bis 1945). 1944 übernahm er den Oberbefehl über die norwegischen Exiltruppen. Seinem Vater, für den er seit 1955 die Regentschaft führte, folgte er nach dessen Tod auf den Thron.

Oldcastle, Sir John
englischer Lollardenführer
** um 1377*
† 14. 11. 1417
(*Lord Cobham* ab 1408). Als einziges Mitglied des Oberhauses (seit 1408) bekannte sich O. als Anhänger des Reformators John →Wiclif und trat offen für die Lollardenbewegung ein. 1413 wegen Ketzerei zum Tode verurteilt, konnte er entfliehen und übernahm die Führung des Lollardenaufstands, der niedergeschlagen wurde (1414). 1417 wurde O. gefaßt und noch am gleichen Tag hingerichtet.

Oldenbarnevelt, Johan van
niederländischer Staatsmann
** 14. 9. 1547 Amersfoort*
† 13. 5. 1619 Den Haag

Als Repräsentant des republikanischen Patriziats und polit. Kopf des Unabhängigkeitskampfes setzte O. die Wahl des Prinzen →Moritz von Oranien zum Nachfolger seines ermordeten Vaters →Wilhelm I. von Oranien als Statthalter von Holland und Seeland durch. Seit 1586 Ratspensionär (faktisch Min.-Präsident) der Provinz Holland, begründete er 1602 die holländ. Kolonialmacht durch Zusammenschluß der mit Indonesien Handel treibenden Gesellschaften zur Ostind. Kompanie (Vereenigde Oostind. Compagnie, VOC), die den gesamten Ostindienverkehr monopolisierte und mit polit. und hoheitl. Befugnissen ausgestattet war. 1609 gründete er die Bank von Amsterdam und schloß im gleichen Jahr trotz des Widerspruchs von Moritz von Oranien einen auf 12 Jahre befristeten Waffenstillstand mit Spanien (bis 1621). Nach zunehmenden Konflikten, auch konfessioneller Natur, stürzte ihn Moritz von Oranien 1618 und betrieb seine Hinrichtung.

Oleg
Fürst von Nowgorod und Kiew 879/882–912
Der normann. Warägerfürst folgte seinem Verwandten →Rurik als Herrscher über Nowgorod, eroberte 882 Kiew, das er zur neuen Hauptstadt seines Reiches (Kiewer Rus) machte, das sich vom Finn. Meerbusen bis Südrußland erstreckte. Nachdem er die ostslaw. und finn. Stämme des Wolga- und Oka-Gebietes unter seine Oberherrschaft gezwungen hatte, zog er 907 gegen Konstantinopel. Statt die Stadt einzunehmen, ließ er sich von Kaiser →Leon VI. (dem Weisen) im ersten russisch-byzantinischen Handelsvertrag Privilegien einräumen.

Olga
Großfürstin und Regentin Kiews 945–962
** um 890*
† 969 Kiew
Nach dem Tod ihres Gemahls Igor (945) führte O. für ihren minderjährigen Sohn →Swjatoslaw I. die Regentschaft über das von →Oleg begründete Reich. Sie erneuerte die Beziehungen zu Byzanz, reiste 957 nach Konstantinopel und ließ sich taufen (Taufnahme *Helena*), konnte die Christianisierung Rußlands jedoch mangels Unterstützung von Kaiser →Konstantin VII. nicht beginnen. Als erste christliche Herrscherin wird O. in der russischen Kirche als Heilige verehrt (Fest: 11. 7.).

Ollenhauer, Erich
Vorsitzender der SPD 1952–1963
** 27. 3. 1901 Magdeburg*
† 14. 12. 1963 Bonn

Seit 1916 als Jugendfunktionär in der Sozialdemokratie aktiv und seit 1928 Vors. des Verbandes der Sozialist. Arbeiterjugend Deutschlands wurde O. im April 1933 in den Parteivorstand der SPD gewählt, bevor er emigrierte und in Prag, Paris und London im Vorstand der Exil-SPD wirkte. Seit 1946 stellvertr. Vors., trat er nach dem Tod Kurt →Schumachers 1952 an die Spitze der SPD und ihrer Bundestagsfraktion. Als Oppositionsführer gegen den seit 1957 mit komfortabler Mehrheit regierenden Konrad →Adenauer blieb er als Kanzlerkandidat 1953 und 1957 chancenlos. Bedacht, die Gesamtpartei zu repräsentieren und sich von keinem Parteiflügel vereinnahmen zu lassen, bekämpfte er die militär. Aufrüstung in der Bundesrepublik, beteiligte sich aber mit der Durchsetzung des Godesberger Programms (1959) auch an der Neuorientierung der SPD. Nachfolger als Partei-Vors. wurde Willy →Brandt.

Olympio, Sylvanus Epiphanio
Staatspräsident von Togo 1960–1963
** 6. 9. 1902 Lomé*
† 13. 1. 1963 Lomé
Der in Großbritannien ausgebildete Geschäftsmann gründete 1941 die Einheitsbewegung Togos (Unité Togolaise, UT), das in zwei Völkerbundsmandate für Großbritannien (Osten) und Frankreich (Westen) geteilt war. Im französ. Teil Vorkämpfer der Unabhängigkeitsbewegung, wurde er nach der Autonomie 1958 Min.-Präs., nach der Entlassung des Landes in die Unabhängigkeit 1960 zugleich Staats-Präs. und Verteidigungs-Min. Als gemäßigter Politiker genoß er hohes internationales Ansehen. Während eines Militärputsches wurde O. ermordet.

Omar I.
2. Kalif 634–644
** um 586 Mekka*
† 3. 11. 644 Medina
(*O. ibn al-Chattab ibn Nufail*, genannt *al-Faruk* = »der [die Lüge von der Wahrheit] Scheidende«). Anfangs Gegner →Mohammeds, dann eng mit ihm befreundet, betrieb O. nach dem Tod des Propheten die Wahl →Abu Bakrs zum Kalifen und war einer seiner wichtigsten Berater. Nach dessen Tod 634 fiel ihm das Kalifat zu. Während der 10 Jahre seiner Herrschaft begann er mit dem Aufbau des islam. Weltreichs, indem er Armenien, Syrien, Palästina, Mesopotamien und Ägypten von Byzanz und Teile Persiens von den Sassaniden eroberte. Nach Einnahme Jerusalems 638 gestattete er 70 jüd. Familien – erstmals seit 500 Jahren – den Zutritt nach Jerusalem und veranlaßte den Bau des Felsendoms auf dem Tempelberg als heilige Stätte des Islam.
Auf der Konferenz von Al Gabija 637 legte O., der die Eroberungszüge seinen Feldherren überließ und sich auf die Ausübung der Zentralgewalt und die innere Entwicklung seines Reiches konzentrierte, die Richtlinien für die Verwaltung des islam. Großreichs fest. Während er allgemeine Religionstoleranz gewährte, räumte er den arab. Muslimen wirtschaftl. Privilegien ein. Zugleich führte er die islamische Zeitrechnung ein, beginnend mit dem Jahr der Auswanderung Mohammeds von Mekka nach Medina, der Hedschra (622). 644 wurde O. von einem christl. pers. Sklaven ermordet. Von den Sunniten wird der eigentliche Begründer des theokratischen islam. Weltreichs als Inbegriff des idealen Herrschers verehrt, während die Schiiten seinen Namen meiden, da er die Übername des Kalifats durch →Ali verhinderte. Nachfolger: →Othman.

Orchan
osmanischer Sultan 1324–1359
** um 1288*
† 1359
Der Sohn und Nachfolger des Dynastiebegründers →Osman I. eroberte 1326 Bursa, das zeitweilig Residenz des Reiches wurde, und vertrieb anschließend die byzantinische Herrschaft aus Kleinasien. Mit Überschreiten der Dardanellen 1346 und der Eroberung Gallipolis 1354 begann die Expansion des Osman. Reiches auf europ. Boden. O. begründete vermutlich die sich zunächst aus islamisierten Sklavensoldaten vom Balkan rekrutierende Elitegarde der Janitscharen. Nachfolger: →Murad I.

Orléans, Louis Philippe II. Joseph
(»Philippe Égalité«)
französischer Revolutionär
** 13. 4. 1747 St. Cloud*
† 6. 11. 1793 Paris
(Herzog seit 1785). Als Gegner der Könige →Ludwig XV. und →Ludwig XVI. beteiligte sich O., reichster Landeigner des Ancien Régime, an der Französ. Revolution. Zunächst für den Adel Mitglied der Generalstände, schloß er sich dem Dritten Stand an, wurde Gefolgsmann Georges J. →Dantons, gab 1791 seine adligen Privilegien auf und nahm den Namen Philippe Égalité an. 1793 befürwortete er im Nationalkonvent als Mitgl. der Bergpartei die Hinrichtung Ludwigs XVI., mußte den Übertritt seines Sohnes, des späteren Königs →Louis Philippe, zu den Österreichern jedoch noch im gleichen Jahr selbst mit dem Tod durch die Guillotine bezahlen.

Orléans, Philipp II., *Herzog von (seit 1701)*
Regent für Ludwig XV. von Frankreich 1715–1723
** 2. 8. 1674 St. Cloud*
† 2. 12. 1723 Versailles
(Genannt *»der Regent«*). Der Neffe →Ludwigs XIV. übernahm nach dessen Tod die Regentschaft für den fünfjährigen →Ludwig XV. Sein Versuch, durch Abschaffung der Ministerien und Bildung von Ratskollegien die Macht des Hochadels zu stärken, scheiterte 1718. Um für sich die Thronfolge des kränklichen Ludwigs XV. gegen →Philipp V. von Spanien, einem Enkel von Ludwigs XIV., zu sichern, gab er 1716 die traditionelle Bündnispolitik auf und schloß ein Bündnis mit England, mit dessen Hilfe er 1719/1720 den Thronverzicht Philipps V. erzwang. Seine leichtfertigen Bemühungen, mit Hilfe des schott. Bankiers John →Law die Staatsfinanzen zu sanieren, endeten im Desaster (1717–1720).

Orlow, Alexei Grigorjewitsch Graf
russischer Admiral
** 5. 10. 1737 Nowgorod oder Ljublino bei Kalinin?*
† 5. 1. 1808 Moskau
(Fürst *Tschesmenski* ab 1770). O. vollzog die von seinem Bruder Grigori O. (* 1734, † 1783), dem Geliebten und Berater →Katharinas II., vorbereitete Ermordung Zar →Peters III. und machte ihr damit den Weg zur Herrschaft frei. Im 3. russisch-türk. Krieg fügte O. – mit Unterstützung der Briten – dem Osmanischen Reich mit der Vernichtung der osman. Flotte in der Seeschlacht bei Çesme (an der westanatolischen Küste bei der Insel Chios, 1770) die schwerste Niederlage seit Lepanto (1571) zu.

Ortega Saavedra, Daniel
Staatschef von Nicaragua 1979–1990
** 11. 11. 1945 La Libertad*
Seit 1962 Mitglied der Sandinist. Befreiungsfront (FSLN), trat O. 1965 in deren Führung ein und war maßgebend an ihrem Sieg im Guerillakrieg gegen das Regime Anastasio →Somozas beteiligt (1979). In der Junta der »Regierung des nationalen Wiederaufbaus« übernahm er die Aufgaben des Regierungschefs, Staatsoberhaupts und Verteidigungs-Min., bis er nach umstrittenen Wahlen Ende 1984 zum Staats-Präs. gewählt wurde. 1985 wurde er zugleich der Vors. der FSLN. Sein Versuch, auf dem sozialist. Weg nach kuban. Vorbild die Infrastruktur zu modernisieren, den Lebensstandard und das Bildungsniveau der Bevölkerung zu heben, zeitigte Erfolge. Sie wurden jedoch begrenzt und teils zunichte gemacht durch die schlechten wirtschaftl. Rahmenbedingungen, die durch den von den USA verhängten Wirtschaftsboykott und den Bürgerkrieg mit den von ihnen unterstützten antisandinist. Contras gesetzt wurden und zur Verhärtung der sandinist. Herrschaftsmethoden führten. Bei allg. Wahlen nach dem Friedensplan des costarican. Staats-Präs. Oscar →Arias unterlag O.s FSLN gegen die Konservativen unter Violeta Barrios de →Chamorro (1987). Als Oppositionsführer provozierte der orth.-sozialist. Politiker die Abwendung früherer Mitkämpfer.

Osman I. Ghasi
erster türkischer Sultan 1290/1300–1326
** 1258 Söğüt, Bithynien*
† 1326 Söğüt
(*Uthman*; »Ghasi« = »Kämpfer gegen die Ungläubigen«). O., Emir der turkmen. Oghusen erhielt 1288 als Vasall des Rum-Sultanats der Seldschuken von Konya eine Grenzmark in Bithynien (Nordwestanatolien) zur Abwehr gegen Byzanz. Während des Zerfalls der Seldschuken-Herrschaft unter den Angriffen der Mongolen (→Khublai Khan) löste sich O. von der Oberherrschaft und eroberte einen großen Teil Bithyniens. Er nahm den Sultantitel an (zwischen 1290 und 1300) und begründete damit die Osmanen-Dynastie und das nach ihm benannte Osman. Reich (bis 1922). Nachfolger: Sohn →Orchan.

Osman dan Fodio
afrikanischer Gründer des Fulbe-Reichs
** 1754 Gobir (?)*
† 1817 Sokoto
(*Uthman d. F.*, = »Sohn des Weisen«). O. d. F. gründete das Fulbe-Reich, das weitgehend das Gebiet Nordnigerias, Nordkameruns und Nigers umfaßte. Arabisch gebildet, gewann er als islam. Gelehrter am Hof des Haussa-Königs von Gobir Einfluß, geriet jedoch über seine Forderung nach einer radikalen religiösen Reform in Konflikt mit dem König und rief 1804 zum »Heiligen Krieg« (Jihad) auf. Unter den Fulbe wie unter anderen Völkern gewann er schnell großen Anhang und unterwarf bis 1807 die meisten Haussa-Staaten seinem Kalifat von Sokoto. 1809 teilte er das Fulbe-Reich unter seine Söhne Mohammed Bello (Emir von Soko) und Abdullahi dan Fodio (Westen und Süden) auf.

Ossietzky, Carl von
deutscher Publizist
** 3. 10. 1889 Hamburg*
† 4. 5. 1938 Berlin
Im 1. Weltkrieg zum entschiedenen Pazifisten geworden, war O. in der Weimarer Republik Sekretär der Dt. Friedensgesellschaft (1919/20) und widmete sich ganz dem publizist. Kampf gegen Militarismus, Nationalismus und Volksverdummung. Nach der Mitarbeit an der »Berliner Volkszeitung« (1920 bis 1922) und der Zeitschrift »Das Tagebuch« (1924 bis 1926) leitete er ab 1927 die linksintellektuelle Zeitschrift »Weltbühne« und machte sie zur Tribüne der krit. Auseinandersetzung mit den Demokratiedefiziten der Republik. 1931 wurde er wegen »Landesverrats« zu 18 Monaten Gefängnis verurteilt. Noch

in der Nacht des Reichstagsbrands 1933 verhaftet, verbrachte O., der jüd. Abstammung war, bis 1936 als Häftling in Konzentrationslagern, danach todkrank in Kliniken unter Gestapoaufsicht. Das »Angebot« von Hermann →Göring, bei Widerruf begnadigt zu werden, lehnte er ab. Als der bedeutendste radikaldemokrat. Publizist seiner Zeit erhielt O. 1936 den Friedensnobelpreis (für 1935). Die nationalsozialistische Regierung verbot ihm die Entgegennahme. Er starb an den Folgen der KZ-Haft.

Othman
3. Kalif 644–656
** um 574 Mekka*
† 17. 6. 656 Medina
Der 3. der »rechtgeleiteten« Kalifen trat seine Herrschaft als Schwiegersohn des Propheten →Mohammed nach Ermordung →Omars I. an. Nachdem er ganz Persien unter seine Gewalt gebracht hatte, beendete er die Expansionspolitik seines Vorgängers vorläufig. Im Inneren war er mit den Kämpfen rivalisierender Sippen und Statthalter der eroberten Gebiete und der Opposition anderer Angehöriger Mohammeds (→Ali und →Aïscha) konfrontiert. Um dem Zerfall des Islam durch kontroverse Interpretationen der Lehre Mohammeds vorzubeugen, ließ er von einer Kommission die bis heute gültige kanon. Fassung des Korantextes ausarbeiten (653). Während einer Rebellion von Soldaten wurde er ermordet. Der seinem Tod folgende Bürgerkrieg zwischen Ali und →Moawija I. führte in die Spaltung des Islam in Schiiten (Anhänger Alis) und Sunniten (Anhänger O.s).

***Otto**, Fürsten*

– Römisch-deutsche Kaiser und deutsche Könige

Otto I., *d. Gr.*

König und Kaiser
936/962–973
** 23. 11. 912*
† 7. 5. 973 Memleben

O. gab dem deutschen Königtum eine feste Grundlage und eröffnete mit der Übernahme der römischen Kaiserwürde (962) die bis 1806 währende Tradition des römisch-deutschen Kaisertums, das er auf eine später kaum wieder erreichte Höhe führte. Von seinem Vater →Heinrich I. designiert, in Aachen gewählt und in der Tradition seines Vorbildes →Karl d. Gr. gekrönt, mußte sich O. zunächst in bürgerkriegsartigen Kämpfen gegen Angehörige des Königshauses, Fürsten und Bischöfen durchsetzen und die Reichseinheit durch Besetzung der Stammesherzogtümer mit engen Verwandten bzw. deren Unterstellung unter die Krone sichern. Als zweite Stütze der königlichen Reichsverwaltung begründete er das System der Ottonischen Reichskirche, indem er die hohe Geistlichkeit (Bischöfe) mit weltlichen Herrschaftsbefugnissen versah und sich dafür das Recht ihrer Einsetzung (Investitur) sicherte. Damit machte er die Bischöfe treuepflichtig und bewahrte sich zugleich vor dynastischen Ansprüchen auf die Ämter und königlichen Grundbesitz (Lehen), da die Würdenträger aufgrund ihres geistlichen Amtes dem Zölibat verpflichtet waren.
Im Osten sicherte O. die Grenzen gegen die Slawen durch Einrichtung zweier Marken unter Hermann Billung († 973) und →Gero als markgräfl. Stellvertreter (936/37); Böhmen unterwarf er 950. Er förderte energisch die Slawenmission und errichtete mehrere neue Bistümer im Norden und Osten, vor allem das Erzbistum Magdeburg (968), das zum Zentrum seiner Slawenpolitik wurde. Im Westen behauptete er seine Einflußsphäre durch zwei Feldzüge (940, 946) und die Wahrnehmung einer fast schiedsrichterl. Stellung im Westfrankenreich. 951 zog er über die Alpen und übernahm die langobard. Königswürde, die er im selben Jahr durch seine Heirat mit der Witwe König Lothars II. von Italien (931–950), →Adelheid von Burgund, zusätzlich legitimierte; damit gewann er zugleich die Lehnsherrschaft über Burgund. Nachdem er sich gegenüber der Herzogsopposition in seiner Sippe durchgesetzt hatte (953/54), wurden seine Bemühungen, die rivalisierenden Fürsten zu befrieden, vom Sieg auf dem Lechfeld gekrönt, mit dem O. 955 die lange Epoche der Ungarneinfälle beendete und die römisch-kath. Missionierung der Ungarn einleitete.
961 rief ihn Papst →Johannes XII. gegen Berengar II. (950–961) zu Hilfe, den O. auf seinem 1. Italienzug 952 mit dem lombard. Königstitel belehnt hatte. Nach dessen Vertreibung (961) ließ sich O. 962 in Rom zum Kaiser krönen und nahm damit die Tradition Karls d. Gr. auf. Im Krönungsvertrag, dem Privilegium Ottonianum, sicherte O. den Schutz des territorialen Besitzes der Kurie zu, während der Papst dem Kaiser die Mitsprache bei der Papstwahl und die Treuepflicht erklärte. Als Johannes XII.

diese brach, ließ ihn O. auf der Synode 963 absetzen und →Leo VIII. wählen, den er nach zwischenzeitlicher Verdrängung 964 wieder nach Rom führen mußte. Auf seinem 3. Italienzug (966–972) erweiterte O. seine Herrschaft nach Süditalien, um in territoriale Nähe zum Byzantin. Reich zu gelangen, ließ seinen Sohn und Nachfolger →O. (II.) 967 zum (Mit-)Kaiser krönen und gewann durch dessen Verheiratung mit der byzantinischen Prinzessin →Theophano 972 die Anerkennung seines Kaisertums durch den byzantinischen Kaiser. (▷ Chronik Zitat)

Otto II.
König 961–983, Kaiser 967/973–983
** 955*
† 7. 12. 983 Rom
Von seinem Vater →O. I. zum Nachfolger designiert, 961 zum dt. König, 967 zum (Mit-)Kaiser gekrönt und 972 mit der byzantin. Prinzessin →Theophano verheiratet, regierte O. seit 973 allein, stand jedoch unter dem starken Einfluß seiner Mutter →Adelheid und anderer Berater. 973–978 in Kämpfe mit aufständischen Herzögen verwickelt, konnte er 978 in Zurückweisung eines französischen Überfalls auf Aachen bis vor Paris vordringen und Frankreich zur Aufgabe des Anspruchs auf Lothringen zwingen (980). 980 zog er nach Italien, um die nach Kalabrien vorgedrungenen Sarazenen zu vertreiben, erlitt aber 982 eine schwere Niederlage bei Cotrone, die den dt. Hegemonieplänen in Süditalien den Boden entzog. Diese hatte O. in der Annahme des Cäsaren-Titels »Romanorum imperator augustus« manifestiert (982) und damit den Bruch mit dem oström. Kaiser →Basileios II. provoziert. O. starb bei den Vorbereitungen zu einem neuen Angriff. Gebunden durch seine Unternehmungen in Italien, während derer er seinen Sohn und Nachfolger →O. (III.) zum lombard. König wählen ließ, mußte er in seinem letzten Regierungsjahr den großen Slawenaufstand der Abodriten und Liutizen und den Einfall der Dänen hinnehmen, die der deutschen Ostexpansion zunächst ein Ende setzten.

Die Königskrönung Ottos I. am 7. August 936

Chronik Zitat

Widukind von Corvey (um 925, † nach 973) schildert die Zeremonie in seiner Geschichte der Sachsen:*

»Als man dorthin (nach Aachen) gekommen war, versammelten sich die Herzöge und die Ersten der Grafen mit der Schar der vornehmsten Ritter in dem Säulenhof, der mit der Basilika Karls des Großen verbunden ist, und sie setzen den neuen Herrscher auf einen hier aufgestellten Thronsessel; hier huldigten sie ihm, gelobten Treue und versprachen ihm Hilfe gegen alle seine Feinde und machten ihn so nach ihrem Brauche zum Könige. Während dies die Herzöge und die übrigen Amtsträger taten, erwartete der Erzbischof mit der gesamten Priesterschaft und dem ganzen Volk innen in der Basilika den Aufzug des neuen Königs. Als dieser eintrat, ging ihm der Erzbischof entgegen... und schritt vor bis in die Mitte des Heiligtums, wo er stehen blieb. Dann zum Volke gewandt... sprach er: ›Sehet, hier bringe ich euch den von Gott erkorenen und einst vom großmächtigen Herrn Heinrich bestimmten, nun aber von allen Fürsten zum Könige gemachten Otto; wenn euch diese Wahl gefällt, so bezeugt dies, indem ihr die rechte Hand zum Himmel emporhebt.‹ Darauf hob alles Volk die Rechte in die Höhe und wünschte mit lautem Zuruf dem neuen Herrscher Heil...
(Der Erzbischof) trat an den Altar, nahm hier das Schwert mit dem Wehrgehenk und sprach zum König gewendet: ›Empfange dieses Schwert und treibe mit ihm aus alle Widersacher Christi...‹ Sodann nahm er die Spangen und den Mantel und bekleidete ihn damit, indem er sagte: ›Die bis auf den Boden herabreichenden Zipfel deines Gewandes mögen dich erinnern, von welchem Eifer im Glauben du entbrennen und in Wahrung des Friedens beharren sollst bis in den Tod‹. Darauf nahm er Zepter und Stab und sprach: ›Diese Abzeichen sollen dich ermahnen, mit väterlicher Zucht deine Untertanen zu leiten und vor allem den Dienern Gottes, den Witwen und Waisen die Hand des Erbarmens zu reichen.‹... Alsbald (wurde der König) mit dem heiligen Öle gesalbt und mit dem goldenen Diadem gekrönt von den Bischöfen Hildebert und Wichfrid, und als nun die rechtmäßige Weihe vollzogen war, wurde er von eben denselben Bischöfen zum Thron geführt...«

Otto III.
König und Kaiser 983/996–1002
** 980 bei Kleve*
† 23./24. 1. 1002 Paterno bei Viterbo
Der Sohn und Nachfolger →O.s II. wurde als Kleinkind 983 in Verona zum König gewählt und im gleichen Jahr in Aachen gekrönt. Bis 994 stand O. unter Vormundschaft seiner Mutter →Theophano, nach deren Tod 991 seiner Großmutter →Adelheid. Nach längerem Widerstand erst 995 allgemein anerkannt, zog er 996 nach Rom, erhob seinen Vetter Brun von Kärnten zum ersten deutschen Papst (→Gregor V.) und ließ sich von diesem zum Kaiser krönen. Nach Vertreibung Gregors durch den römischen Stadtadel, angeführt von den Crescentiern, eroberte O. 998 Rom und erhob 999 nach Gregors Tod seinen Freund Gerbert von Aurillac als →Silvester II. zum Papst. O. strebte nach Erneuerung des Römischen Reichs (renovatio imperii Romanorum) und förderte die christliche Mission. Er stiftete 1000 während einer Reise nach Polen zu →Boleslaw I. das Erzbistum Gnesen, unterstützte Bischof →Adalbert von Prag und förderte die Kirchenpolitik König →Stephans I. von Ungarn. O. starb im Alter von 21 Jahren an Malaria. Nachfolger: →Heinrich II.

Otto IV., *von Braunschweig*
König 1198/1208–1218, Kaiser 1209–1218
** um 1175*
† 19. 5. 1218 Harzburg
Der Welfe, Sohn →Heinrichs des Löwen, wurde nach dem Tod →Heinrichs VI. von den Gegnern des Staufers →Philipp von Schwaben zum Gegenkönig gewählt. Trotz Unterstützung durch seinen Onkel, den engl. König →Richard I. Löwenherz, und Papst →Innozenz III., dessen Gunst er sich mit dem Verzicht auf die kaiserl. Privilegien aus dem Wormser Konkordat (1122) und der Anerkennung der päpstl. Lehnshoheit über Sizilien erkaufte, konnte er sich erst nach einem blutigen Bürgerkrieg und dem Tod Philipps 1208 durchsetzen. 1209 ließ er sich zum Kaiser krönen, um danach unter Eidbruch die Reichsinteressen in Italien geltend zu machen und Sizilien anzugreifen. Daraufhin bannte ihn Innozenz und betrieb im Bund mit Frankreich die Wahl des sizilianischen Staufers →Friedrich II. zum Gegenkönig (1212). Bei Bouvines erlitt O. 1214 zusammen mit den Engländern unter König →Johann Ohneland im Kampf gegen König →Philipp II. August von Frankreich eine vernichtende Niederlage und zog sich, einflußlos geworden, auf die Harzburg zurück, während Friedrich 1215 gekrönt wurde.

– Bayern
Otto I.
Herzog von Bayern 1180–1183
** um 1120*
† 11. 7. 1183 Pfullendorf
Der Graf von Wittelsbach, bayer. Pfalzgraf seit 1155, war enger Vertrauter und Berater →Friedrich I. Barbarossas. Nach Absetzung →Heinrichs des Löwen (1180) wurde er mit der bayer. Herzogswürde belohnt. Er begründete die Dynastie der Wittelsbacher und deren Machtstellung in Bayern wie im Reich. Sein Neffe Pfalzgraf *O. von Wittelsbach* ermordete 1208 König →Philipp von Schwaben und wurde 1209 auf der Flucht getötet.

– Griechenland
Otto I.
König von Griechenland 1832–1862
** 1. 6. 1815 Salzburg*
† 26. 7. 1867 Bamberg
Der aus der Dynastie der Wittelsbacher stammende Sohn König →Ludwigs I. von Bayern wurde 1833 von der griech. Nationalversammlung auf Vorschlag der Schutzmächte (England, Rußland, Frankreich) des 1832 unabhängig gewordenen Königreiches gewählt, stand jedoch bis 1835 unter Regentschaft. Während er sich außenpolitisch an Rußland anlehnte, machte er sich im Lande mit seinem auf bayer. Bürokraten und Militärs gestützten absolutistischen Regime verhaßt. 1843 wurde er durch einen Militärputsch zur Gewährung einer Verfassung genötigt. Nach Mißerfolgen im Krimkrieg an der Seite Rußlands (1853–1856) und wirtschaftl. Niedergang wurde sein als Fremdherrschaft empfundenes Regime 1862 gestürzt. Nachfolger: →Georg I.

Ottokar II. Přemysl
König von Böhmen 1253–1278
** 1233*
† 26. 8. 1278 bei Dürnkrut an der March
Der 2. Sohn und Nachfolger König →Wenzels I. und Enkel des dt. Königs →Philipp von Schwaben erweiterte während des Interregnums im Dt. Reich (1250 bis 1273) seinen Herrschaftsbereich von der Adria bis zum Erzgebirge: Er bemächtigte sich 1251 des Herzogtums Österreich (umstritten seit dem Aussterben der Babenberger 1246), nach siegreichem Kampf gegen König →Béla IV. von Ungarn 1260 auch der Steiermark sowie 1269 Kärntens, Krains und der Windischen Mark. Mit Unterstützung des Dt. Ordens gegen die heidn. Pruzzen (1254/55) und Litauer (1266/67) gelangte er bis nach Schlesien. Da

er als mächtigster Fürst selbst nach der Krone strebte, widersetzte er sich 1273 der Wahl →Rudolfs I. von Habsburg zum dt. König und verweigerte ihm die Huldigung. Von Rudolf 1275 mit der Reichsacht belegt, unterwarf er sich 1276 und verlor sämtliche Gebiete bis auf Böhmen und Mähren. Sein Versuch, den Verlust wieder wettzumachen, scheiterte 1278 in der Schlacht auf dem Marchfeld.

Owen, Robert

britischer Sozialreformer
** 14. 5. 1771 Newton, Nordwales*
† 17. 11. 1858 Newton

Als einer der bedeutendsten Frühsozialisten entwarf O. ein sozialreformerisches Programm, das die ganze Gesellschaft umfassen sollte (»A new view of society«, 1813/14, dt. »Eine neue Auffassung von der Gesellschaft«, 1900). Dessen praktische Umsetzbarkeit auf Betriebsebene demonstrierte er anhand einer zur Modellfabrik umgestalteten großen Baumwollspinnerei in New Lanark (Schottland), mit der er als Mitinhaber zu Vermögen gekommen war. Mit großem wirtschaftlichen Erfolg führte er in ihr einen Zehneinhalb-Stunden-Arbeitstag und das Arbeitsverbot für Kinder unter 10 Jahren ein. Der von ihm eingerichtete Konsumverein, der an die Beschäftigten Lebensmittel zum Selbstkostenpreis abgab, und seine in London 1832 errichtete »Arbeiterbörse« (Labour Exchange) waren Vorformen des englischen Genossenschaftswesens. Mit der Verwirklichung seiner Ideen in Gemeinschaftssiedlungen, u. a. 1825–1829 New Harmony in Indiana (USA), scheiterte er und widmete sich nach seiner Rückkehr aus den USA dem Aufbau der noch jungen Gewerkschaftsbewegung.

Oxenstierna, Axel Gustafsson

schwedischer Reichskanzler 1612–1654
** 26. 6. 1583 Gut Fånö, Län Uppsala*
† 7. 9. 1654 Stockholm

(*Graf* ab 1645). Der einem schwed. Adelsgeschlecht entstammende Staatsmann leitete seit 1612 unter König →Gustav II. Adolf und Königin →Christine für mehr als 4 Jahrzehnte die schwed. Politik. Nach außen betrieb er nach den Friedensschlüssen mit Dänemark (1613), Rußland (1617) und einem Waffenstillstand mit Polen (1629) mit der Intervention in den Dreißigjährigen Krieg (Landung der schwed. Armee in Pommern 1630) offensiv den Aufstieg Schwedens zur europ. Großmacht. Doch zerschlug sich sein Plan, nach der Bildung des Heilbronner Bundes (1633) und Übernahme der Führung der ev. Union die prot. Reichsstände der schwed. Führung dauerhaft zu unterstellen, mit der gem. Niederlage bei Nördlingen gegen die Kaiserlichen (1634). Dennoch erreichte er als einer der bedeutendsten Staatsmänner seiner Zeit im Westfäl. Frieden 1648 vorteilhafte Bedingungen, die nach dem siegreichen Krieg gegen Dänemark (1643–1645) Schwedens Hegemonie in Nord-und Nordosteuropa sicherten.
1636–1644 leitete O. die Vormundschaftsregierung für Königin Christine. In dieser Zeit betrieb er tiefgreifende Verfassungs-, Verwaltungs- und Wirtschaftsreformen, die Schweden im Rahmen eines aristokrat. Konstitutionalismus nach merkantilist. Prinzipien wirtschaftlich modernisierten.

Özal, Turgut

türkischer Staatspräsident 1989–1993
** 13. 10. 1927 Malatya, Ostanatolien*
† 17. 4. 1993 Ankara

Von Beruf Wirtschaftsfachmann, betrieb Ö. als Leiter der staatlichen Planungsbehörde (1965–1970, 1979/ 80) die wirtschaftl. Modernisierung der Türkei und ihre Anpassung an die Bedingungen des Weltmarktes, um ihr Anschluß an die Entwicklung Westeuropas zu verschaffen. Nach dem Militärputsch 1980 wurde er zum stellvertr. Min.-Präs. ernannt mit der Aufgabe, sein wirtschaftl. Reformprogramm fortzusetzen. 1982 trat er zurück und gründete nach der Wiederzulassung politischer Parteien die konservative Mutterlandspartei, an deren Spitze er 1983 die Wahlen zur Nationalversammlung gewann und Min.-Präs. wurde. 1989 wechselte er in das Amt des Staats-Präs. Sein langfristiges Ziel der Aufnahme der Türkei in die EG als vollberechtigtes Mitglied verfolgte er mit einer vorsichtigen innenpolit. Liberalisierung und forcierter Industrialisierung, provozierte damit jedoch den Widerstand islamisch-fundamentalistischer Kräfte. Gegenüber den Forderungen der kurd. Autonomiebewegung reagierte er unter dem Druck des Militärs zunehmend repressiv und eskalierte die Auseinandersetzung schließlich zum Bürgerkrieg, der sein wirtschaftl. Reformprogramm scheitern ließ. Nachfolger als Staats-Präs. wurde Süleyman →Demirel.

Paasikivi, Juho Kusti
finnischer Staatspräsident 1946–1956
** 27. 11. 1870 Tampere*
† 14. 12. 1956 Helsinki
Nach Proklamation der Unabhängigkeit 1918 war P. der erste Min.-Präs. Finnlands (Mai–Nov. 1918). 1920 handelte er den Friedensvertrag mit Sowjetrußland aus. 1939 versuchte er vergeblich, den finnisch-sowjet. Winterkrieg (1939/40) zu verhindern und verhandelte nach der Niederlage des finnischen Oberbefehlshabers Carl G. E. →Mannerheim im Friedensvertrag mit der UdSSR über die Abtretung der Karelischen Landenge. Nachdem er nach dem finn. Krieg gegen die UdSSR an der Seite des nat.-soz. Deutschland (1941–1944) die Waffenstillstandsverhandlungen mit der UdSSR geführt hatte, wurde er 1944 erneut Min.-Präs. und wechselte 1946 als Nachfolger Mannerheims in das Amt des Staats-Präs. Gemeinsam mit Min.-Präs. Urho K. →Kekkonen sicherte er nach dem 2. Weltkrieg auf der Basis strikter Neutralität die Unabhängigkeit Finnlands, indem er ein gutes Verhältnis zur Sowjetunion pflegte, ohne von ihr in Abhängigkeit zu geraten und ohne die guten Beziehungen zu den westlichen Staaten zu vernachlässigen. Nachfolger im höchsten Staatsamt wurde Kekkonen.

Pahlawi, Resa Schah
Schah von Iran 1925–1941
** 16. 3. 1878 Alascht, Masanderan*
† 26. 7. 1944 Johannesburg (Südafrika)
Als *Resa Khan* stellte sich der General P. an die Spitze der antiimperialistischen nationalen Bewegung des Iran und unternahm als Kommandeur einer Kosakenbrigade in dem nach dem 1. Weltkrieg faktisch zerfallenen Iran 1921 einen Staatsstreich. Während Schah Ahmed (1909–1925) der Errichtung einer Militärdiktatur zustimmen mußte, zog P. als Kriegs-Min. alle Macht an sich und stellte die Autorität der zentralen Staatsgewalt wieder her mit Sajid uu-Din als Min.-Präs. 1923 übernahm er dessen Amt selbst, stürzte 1925 Schah Ahmed als letzten Herrscher der Kadscharen-Dynastie, erhob sich zum neuen Schah und begründete die P.-Dynastie. Mit seinem autokrat. Herrschaftsstil orientierte er sich am Konzept Kemal →Atatürks für die Türkei und reformierte Persien nach westlichem Muster. Weil er im 2. Weltkrieg mit Deutschland und Italien sympathisierte, wurde er nach dem militär. Einmarsch Großbritanniens und der UdSSR zugunsten seines Sohnes Mohammed Resa →P. zum Rücktritt und in die Verbannung nach Südafrika gezwungen.

Pahlawi, Mohammed Resa
Schah von Persien 1941–1979
** 26. 10. 1919 Teheran*
† 27. 7. 1980 Kairo
Als Nachfolger seines entthronten Vaters Resa Schah →P. führte P. mit seiner »weißen Revolution« die Modernisierungspolitik nach westlichem Muster fort (Agrarreform, Industrialisierung, Frauenemanzipation) und lehnte sich außenpolitisch eng an die USA an. Als sein Premier-Min. Mohammed →Mossadegh 1953 gegen ihn putschte und P. außer Landes trieb, konnte er mit Hilfe der Armee und der CIA seine Macht behaupten. Wachsender Widerstand von orthodox-islam. Kräften gegen seine diktator. Herrschaft und seine Tendenz zur »Verwestlichung« mündete 1979 in die Islamische Revolution unter Rhuhollah →Khomeini, die P. ins Exil zwang.

Paine, Thomas
nordamerikanischer Publizist und Politiker
** 29. 1. 1737 Thetford, England*
† 8. 6. 1809 New York
Von Benjamin →Franklin gefördert, wanderte der aus ärml. Verhältnissen stammende P. 1774 aus England nach Pennsylvania ein. Er wurde publizist. Vorkämpfer der amerikan. Unabhängigkeitsbewegung und verhalf ihr mit seinen leidenschaftl. Pamphleten zur Massenbasis (am bekanntesten »Common Sense«, 1776). 1786 kehrte er nach England zurück, wo er die Sache der Französ. Revolution u. a. gegen Edmund →Burke (»The Rights of Man«, 1791/92) verteidigte und das allgemeine Wahlrecht für England forderte. Wegen seiner Agitation des Hochverrats angeklagt, floh er 1792 nach Frankreich und wurde dort Mitglied des Nationalkonvents für die Girondisten. Weil er die Hinrichtung König →Ludwigs XVI. ablehnte, wurde er von den Jakobinern eingekerkert (1793/94), bis der spätere US-Präsident James →Monroe seine Freilassung erreichte. 1802 kehrte er unbeachtet in die USA zurück.

Paisley, Ian
nordirischer Protestantenführer
** 6. 5. 1926 Bellymena (Nordirland)*
Der prot. Geistliche gründete 1951 die Free Presbyterian Church of Ulster (als puritan. Abspaltung von der presbyterian. Kirche) und profilierte sich im Nordirlandkonflikt als militanter Vorkämpfer eines kompromißlosen Kurses gegen die Ansprüche der kath. Mehrheit auf Gleichberechtigung und Ablösung von Großbritannien. Seit 1970 Mitglied des brit. Unterhauses, stellte er sich an die Spitze der

United Ulster Unionist Coalition, die bei den Wahlen zur Verfassunggebenden Versammlung in Nordirland die absolute Mehrheit erhielt. Seit Anfang der 1990er Jahre verlor P. an Anhang.

Palacký, František (Franz)
tschechischer Historiker und Panslawist
** 14. 6. 1798 Hotzendorf, Mähren*
† 26. 5. 1876 Prag
Seit 1839 böhm. Landeshistoriograph in Prag, erstrebte P. zunächst eine gleichberechtigte Stellung der Slawen im österr. Staatsverband (Austroslawismus). 1848 lehnte er für die Tschechen eine Einladung zu den Wahlen zur dt. Nationalversammlung ab und leitete den Prager Slawenkongreß, der die Revolution 1848 in Prag auslöste. Nach dessen Niederschlagung führte er die Slawenpartei im österr. Reichstag an, warb für eine föderative Verfassung der Monarchie. Seit 1861 Mitglied im böhm. Landtag und im österr. Herrenhaus, verstärkte der von ihm abgelehnte österreichisch-ungar. Ausgleich (1867) seine Hinwendung zum nach Rußland orientierten Panslawismus. – Beeinflußt von der Volkstumstheorie Johann G. Herders, begründete er mit seiner »Geschichte von Böhmen« (5 Bde., 1836 bis 1867) eine tschechisch-nationale Geschichtsschreibung und verherrlichte die Hussitenzeit.

Palme, Olof
schwedischer Ministerpräsident 1969–1976, 1982–1986
** 30. 1. 1927 Stockholm*
† 28. 2. 1986 Stockholm
Der Jurist P. war seit 1958 Mitglied des Reichstags und folgte seinem politischen Vorbild Tage →Erlander, dessen enger Mitarbeiter er 1953–1963 gewesen war, 1969 im Amt des Min.-Präs. und als Vors. der Sozialdemokrat. Arbeiterpartei (SAP). Seit 1969 abhängig von der Tolerierung der KP, verfolgte er einen betont neutralist. Kurs, der ihn insbesondere in Frontstellung zur Vietnampolitik der USA brachte. Nach erneuter Wahlniederlage 1976 wurde er durch Schwedens ersten nicht-sozialist. Min.-Präs. Thorbjörn Fälldin (* 1926) abgelöst, konnte jedoch 1982 wieder eine von der KP unterstützte Minderheitsregierung bilden. Während P. innenpolitisch den schwed. Wohlfahrtsstaat unter den Vorzeichen der Rezession zu bewahren suchte, erwarb er sich außenpolitisch als Verfechter der Entspannungspolitik unter verstärkter Berücksichtigung der Interessen der Dritten Welt hohes Ansehen. Eine von ihm geleitete internationale Kommission legte 1982 einen vielbeachteten Bericht über Abrüstungsfragen vor, der eine atomwaffenfreie Zone in Europa vorschlug. Die Hintergründe der Ermordung P.s auf offener Straße blieben trotz der Verurteilung Carl Gustav Christer Pettersons 1989 unaufgeklärt.

Palmerston, Henry John Temple, *Viscount (ab 1802)*
britischer Premierminister 1855–1858, 1859–1865
** 20. 10. 1784 Broadlands, Hampshire*
† 18. 10. 1865 Brocket Hall, Hertfordshire
Mit dem Ruf des »englischsten Ministers, den England je hatte«, prägte P. unter vier Monarchen länger als ein halbes Jh. die engl. Politik maßgeblich mit: als Kriegs-Min. (ohne Sitz im Kabinett) 1809 bis 1828, Außen-Min. 1830–1841 und 1846–1851, Innen-Min. 1852–1855 und Premier-Min. Seit 1807 war er Mitglied des Unterhauses, zunächst als Tory, später als »gemäßigter« Whig. In seiner Außenpolitik auf brit. Machtinteressen bedacht, verfolgte er gegenüber dem Kontinent die Politik der »balance of power«. Demgemäß beteiligte er sich nach der belg. Revolution an der Schaffung eines unabhängigen Königreichs Belgien unter →Leopold I. (1830/1831) wie an der Unabhängigkeitsgarantie für das Königreich Griechenland unter →Otto I. (1830/32) und förderte die Nationalbewegung Italiens (1948/1949), soweit sie nicht Österreichs Stellung im Gefüge der europ. Mächte in Frage stellte. Durch die dt. und ungarischen Revolutionen und Einheitsbestrebungen (1848/49) sah er dagegen das europ. Gleichgewicht gefährdet. Das Osman. Reich unterstützte er gegen →Mohammed Ali von Ägypten (1840) und gegen Rußland im Krimkrieg (1853 bis 1856), seine Intervention zugunsten Dänemarks im Konflikt über die Schleswig-Holstein-Frage, der in den dt.-dän. Krieg (1864) mündete, blieb erfolglos.

Panin, Nikita Iwanowitsch Graf
russischer Außenminister 1763–1781
** 29. 9. 1718 Danzig*
† 11. 4. 1783 St. Petersburg
Als Leiter der russ. Außenpolitik unter →Katharina II. (d. Gr.) entwarf P. das Konzept des »Nord. Akkords«, d. h. eines Bündnisses mit England,

Preußen, Schweden, Dänemark und Polen gegen Österreich, Frankreich und Spanien, mit dem er ein langfristiges europäisches Gleichgewicht herzustellen hoffte. Obwohl er es nur ansatzweise realisieren konnte, u. a. weil es von →Friedrich II. (d. Gr.) von Preußen abgelehnt wurde, hielt er an der Abwendung von Österreich und dem 1762 mit Preußen geschlossenen Bündnis fest. Er wurde entlassen, als Katharina zur Verwirklichung ihres »Griechischen Projekts« das Bündnis mit Österreich suchte.

Pankhurst, Emmeline

britische Frauenrechtlerin
** 4. 7. 1858 Manchester*
† 14. 6. 1928 London

(Geborene *Goulden*). Die Vorkämpferin der brit. Frauenrechtsbewegung gründete 1889 die Women's Franchise League und zusammen mit ihren Töchtern *Christabel Hariette P.* (* 1880, † 1958) und *Estrella Sylvia P.* (* 1882, † 1960) 1903 die radikale Women's Social and Political Union (Suffragetten). Gegen die Diskriminierung der Frauen im priv. und öffentl. Leben organisierte sie spektakuläre Aktionen wie Angriffe auf Polizisten und Minister, Hungerstreiks, die Belagerung des Parlaments und legitimierte auch demonstrat. Gewaltanwendung in Form von Brand- oder Bombenanschlägen. Mehrmals verhaftet, gewann sie durch ihren persönl. Einsatz und eindrucksvolle Massenkundgebungen einen großen Anhang. 1918 erreichte sie die prinzipielle Durchsetzung des Frauenwahlrechts, 1928 – kurz vor ihrem Tod – dessen Gleichstellung mit dem Männerwahlrecht. Bis dahin hatte sie sich von einer Sozialistin zur Konservativen entwickelt. (▷ Chronik Zitat)

Papadopoulos, Georgios
griechischer Ministerpräsident 1967–1973
** 5. 5. 1919 Eleochorion, Peloponnes*
P., seit 1960 Oberst, war der polit. Kopf der Putschisten, die mit ihrem Staatsstreich 1967 einem Wahlsieg des linksliberalen Georgios →Papandreou zuvorkommen wollten. Seit dem gescheiterten Versuch eines Gegenputsches durch König Konstantin II. 1967 errichtete er als Min.-Präs. und Verteidigungs-Min. der »Revolutionsregierung« ein diktator. Regime, das er sich 1973 in einem Referendum bei gleichzeitiger Abschaffung der Monarchie und seiner Wahl zum Staats-Präs. bestätigen ließ. Wenige Monate später wurde er nach Unruhen durch einen Militärputsch gestürzt. Nach Ende der Militärdiktatur 1974 wurde er 1975 zur Todesstrafe verurteilt, die 1976 in lebenslange Haft umgewandelt wurde.

Das Argument der Steine

Chronik Zitat

In einer Rede vom 16. Februar 1911 anläßlich der Entlassung einiger Mitstreiterinnen, die wegen Fenstereinschlagens eingesessen hatten, rechtfertigt Pankhurst Gewalt gegen Sachen im Kampf um das Frauenwahlrecht:

»Wir wollen keine Waffen benutzen, die unnötigerweise stark sind. Wenn das Argument des Steinewerfens, dieses historisch ehrwürdige offizielle politische Argument, genügt,dann werden wir niemals stärkere Argumente anwenden. Das aber ist die Waffe und das Argument, das wir in der nächsten Zeit benutzen werden. Und so sage ich zu jeder freiwilligen Mitstreiterin bei dieser Demonstration: ›Seid bereit, dieses Argument zu benutzen‹. (...) Ich benutze es nicht aus emotionalen Gründen, ich wende es an, weil es das einfachste ist und am schnellsten verstanden wird. Warum sollen Frauen auf den Parlamentsplatz gehen, sich niederschlagen und beleidigen lassen, und was am wichtigsten ist, damit weniger Wirkung erzielen als wenn sie Steine werfen? Wir haben es lange genug versucht. Wir haben uns viele Jahre lang geduldig Beleidigungen und tätlichen Angriffen ausgesetzt. Und Frauen wurde die Gesundheit ruiniert, Frauen verloren ihr Leben. Wir hätten sogar das in Kauf genommen, wenn es zum Erfolg geführt hätte, aber es führte nicht dazu. Wir machen mit Glasscheibenzerbrechen viel größere Fortschritte mit weniger Verletzungen unsererseits, als wir jemals machten. (...) Ich denke nicht, daß wir uns bewaffnen wie die chinesischen Frauen, die bereit sind, das zu tun, wenn es nötig werden sollte. Wir... verlieren nicht den Kopf. Wir gehen lediglich so weit, wie wir gehen müssen, um zu gewinnen.«

Papagos, Alexandros

griechischer Ministerpräsident 1952–1955
** 9. 12. 1883 Athen*
† 4. 10. 1955 Athen

Seine militär. Karriere brachte P. 1935 in das Amt des Kriegs.-Min. (bis 1936). 1940/41 Oberbefehlshaber im Krieg gegen Italien und Dtschld., wurde er 1943 gefangengenommen und verbrachte bis 1945 in dt. Kriegsgefangenenhaft. Danach erneut Oberbefehlshaber der griech. Armee, schlug er 1949 den kommunist. Aufstand in Nordgriechenland nieder. 1951 legte er den Oberbefehl nieder und gründete die konservative Hellen. Sammlungsbewegung, mit der er bei den Wahlen 1952 einen triumphalen Erfolg erzielte. Als Min.-Präs. legte er mit der Währungsreform 1953 und seiner Bündnispolitik den Grund für die wirtschaftliche Konsolidierung Griechenlands in Anlehnung an den Westen. Nachfolger: Konstantin →Karamanlis.

Papandreou, Andreas
griechischer Ministerpräsident 1981–1989, seit 1993
** 5. 2. 1919 Chios*
Der Sohn von Georgios →P. lebte als Wirtschaftswissenschaftler 1940–1961 im Exil in den USA, bevor er 1964 in das Kabinett seines Vaters eintrat (bis 1965). Nach dem Militärputsch 1967 inhaftiert und anschließend bis 1974 erneut im Exil, gründete er nach Ende der Militärdiktatur 1974 die Panhellen. Sozialist. Bewegung (PASOK) und führte sie 1981 zum Wahlsieg. Gestützt auf ein Programm, das im wesentlichen einen Verschnitt sozialist. und nationalist. Ideen darstellte, führte er zahlreiche modernisierende und demokratisierende Reformen durch, um die Integration Griechenlands in die EG nach dem Beitritt von 1981 zu gewährleisten. Außenpolitisch provozierte er durch seine harte Haltung gegenüber der Türkei in der Zypernfrage Konflikte in der NATO. Nachdem er seine erste Amtszeit im Strudel der Korruption mit einer Wahlniederlage beendet hatte, gelang ihm 1993 mit der absoluten Mehrheit für die PASOK ein Comeback. In der brisanten Gemengelage des Balkankonflikts nach dem Zerfall Jugoslawiens ist seine zweite Amtszeit vom populist. Versuch bestimmt, gegenüber den Nachbarländern eine Politik der Stärke aufzubauen, inbes. gegenüber Makedonien, Albanien und der Türkei.

Papandreou, Georgios
griechischer Ministerpräsident 1944/45, 1963, 1964/65
** 13. 2. 1888 Kalentzi bei Patras*
† 1. 11. 1968 Kastri bei Athen
Der linksliberale Politiker war Anhänger von Eleutherios →Venizelos und eine der profiliertesten politischen Persönlichkeiten Griechenlands im 20. Jh. Zwischen 1923 und 1933 mehrmals Regierungsmitglied, gründete er 1933 die Demokratische Partei, aus der 1935 die Demokrat.-Soziale Partei hervorging. 1938 wurde er als Gegner der Diktatur von Ioannis →Metaxas verbannt, kämpfte im 2. Weltkrieg im Widerstand und war seit 1942 in italien. Haft, aus er 1944 entfloh. In Kairo leitete er die griech. Exilregierung und war nach der Befreiung erster Min.-Präs. (zugleich Außen- und Kriegs-Min.) und bis 1952 mehrmals Min. Als Gründer (1961) und Führer der Zentrumsunion übernahm er nach dem Wahlsieg 1963 erneut die Regierung, schrieb 1964 Neuwahlen aus, um nicht auf die Unterstützung der Kommunisten angewiesen zu sein, und regierte seitdem mit absoluter Mehrheit. Über den Konflikt um die von ihm beabsichtigte politische Kontrolle der Armee wurde er von König Konstantin II. (1964–1974) entlassen. Die Aussicht auf seinen erneuten Regierungsantritt veranlaßte Teile des Militärs unter Georgios →Papadopoulos 1967 zum Putsch, nachdem P. bis zu seinem Tod unter Hausarrest gestellt wurde.

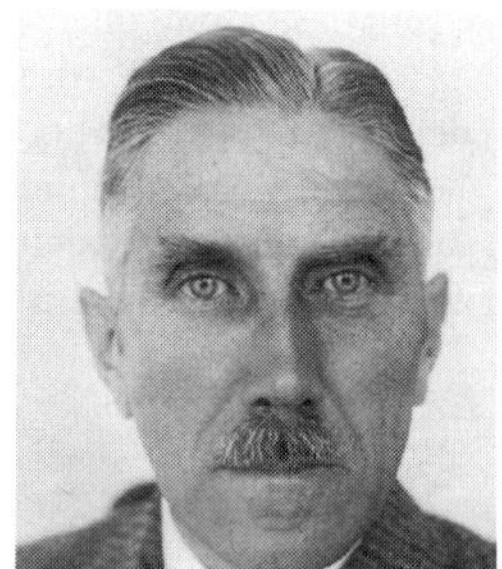

Papen, Franz von

deutscher Reichskanzler Juni–Dez. 1932
** 29. 10. 1879 Werl, Westfalen*
† 2. 5. 1969 Obersasbach, Baden

Der adlige »Herrenreiter« und Monarchist mit vielseitiger militär. Karriere war in der Weimarer Republik einer der Wortführer des rechten Zentrumsflügels. In der Endkrise der Republik wurde er als

Nachfolger Heinrich →Brünings zum Reichskanzler ernannt und bildete ohne parlamentarischen Rückhalt ein Präsidialkabinett aus zumeist parteilosen Konservativen (»Kabinett der Barone«). Verfassungswidrig ließ er die preußische Minderheitsregierung unter Otto →Braun absetzen (»Preußenschlag«) und übernahm als Reichskommissar die Regierungsgewalt in Preußen. Mit dem Versuch, durch Regierungsbeteiligung der NSDAP, die inzwischen stärkste Partei geworden war, eine Massenbasis zu gewinnen, scheiterte er am Anspruch Adolf →Hitlers, selbst die Macht zu übernehmen. Bei seinem Rücktritt empfahl er Hitler als Reichskanzler, doch entschied sich Reichs-Präs. Paul v. →Hindenburg für Kurt v. →Schleicher. Am 30. 1. 1933 als Vizekanzler mit dem illusorischen Ziel in das Kabinett Hitler eingetreten, die Nationalsozialisten zu »zähmen«, verlor er schnell an politischem Einfluß und warnte schließlich in seiner »Marburger Rede« 1934 vor einer nationalsozialistischen Diktatur. Nach der »Röhm-Affäre« (1934) trat er aus Hitlers Regierung aus, ließ sich aber als Botschafter in Wien (bis 1938) und in Ankara (1939–1944) weiterhin für das Regime einsetzen. (▷ Chronik Zitat)

Pappenheim, Gottfried Heinrich Graf zu

deutscher Reitergeneral
** 29. 5. 1594 Treuchtlingen*
† 17. 11. 1632 Leipzig

Der schwäbisch-fränk. Adlige erwarb sich im Dreißigjährigen Krieg mit seinen draufgänger. Unternehmungen einen berühmt-berüchtigten Ruf. 1623 erhielt er den Oberbefehl über ein eigenes Reiterregiment mit 8000 Kürassieren (»Pappenheimer«), das er 1623–1625 in der Lombardei einsetzte und mit dem er 1626 den Bauernaufstand in Oberösterreich niederschlug. Zusammen mit Johann T. v. →Tilly eroberte er Magdeburg (1631) und mit Albrecht v. →Wallenstein Leipzig (1632). Bei dessen Unterstützung in der Schlacht bei Lützen gegen die Schweden fiel er.

»Wir haben Hitler engagiert«

Chronik Zitat

In der letzten Niedergangsphase der Weimarer Republik versuchte Franz v. Papen, Adolf →Hitler in die Regierung einzubinden, um ihn zu »zähmen«. Am 13. 11. 1932 schrieb er an Hitler:

». . . Ich weiß zwar aus der Presse, daß Sie die Forderung der Übertragung des Kanzlerpostens aufrechterhalten... Aber trotzdem bin ich der Ansicht, daß der Führer einer so großen nationalen Bewegung, deren Verdienst um Volk und Land ich trotz notwendiger Kritik stets anerkannt habe, sich dem augenblicklich verantwortlich führenden Staatsmann nicht zu einer Aussprache über die Lage und die zu fassenden Entschlüsse versagen sollte . . .«

Am 4. 1. 1933 verhandelten beide Politiker im Hause des Kölner Bankiers Baron Kurt v. Schröder, der darüber berichtet:
»Die Aussprache fand nur zwischen Hitler und v. Papen statt … Papen erzählte Hitler, daß es ihm als Bestes erschien, die Konservativen und die Nationalisten, welche ihn unterstützt hätten, mit den Nazis zusammenzutun und eine Regierung zu gründen. Er schlug vor, daß diese neue Regierung, wenn möglich, von Hitler und Papen in gleichberechtigter Weise geleitet werden soll.
Dann hielt Hitler eine lange Rede, in welcher er sagte, daß, wenn er zum Kanzler gemacht würde, es für ihn notwendig sein würde, an der Spitze der Regierung zu stehen, aber daß die Anhänger Papens in seine (Hitlers) Regierung als Minister eintreten könnten, wenn sie willens wären, mit ihm seinen Richtlinien entsprechend vorzugehen … Von Papen und Hitler erzielten ein prinzipielles Abkommen.«

Nach der Übereinkunft triumphierte v. Papen:
»Wir haben ihn uns engagiert. [. . .] Was wollen Sie denn? Ich habe das Vertrauen Hindenburgs. In zwei Monaten haben wir Hitler in die Ecke gedrückt, daß es quietscht . . .«

Park Chung Hee

südkoreanischer Staatspräsident 1963–1979
** 30. 9. (14. 11.) 1917 Sonsan-gun, Nordkorea*
† 26. 10. 1979 Seoul

Nach der Teilung Koreas (1953) machte P. C. H. eine steile militärische Karriere. 1961 stürzte er als General mit einem Militärputsch die zivile Regierung des Staats-Präs. Syngman →Rhee. Zunächst Präsident des Obersten Rates für Nationalen Wiederaufbau, wurde er 1963 zum Staats-Präs. gewählt (1967, 1971 und 1978 bestätigt). Scharf antikommunistisch orientiert, stieß er mit seiner rigiden Präsidialdiktatur, die er durch eine Verfassungsänderung 1972 institutionalisierte, trotz wirtschaftlicher Erfolge auf zunehmenden Widerstand. Von seinem langjährigen Freund, dem Chef des Geheimdienstes Kim Jae Kyn, wurde er erschossen.

Parnell, Charles Stewart
irischer Nationalist
** 27. 6. 1846 Avondale, Wicklow*
† 6. 10. 1891 Brighton
P. führte seit 1875 die ir. Fraktion im brit. Unterhaus und setzte im Kampf um die Selbstbestimmung seines Landes wirkungsvoll das Instrument der parlamentar. Obstruktionspolitik ein. 1879 wurde er Präs. der neugründeten Irish Land League, die zwar wegen ihrer radikalen Agitation 1881 verboten wurde, aber dennoch eine Landreform zugunsten der ir. Pächter erreichte (1882). Mit seiner Partei war er Zünglein an der Waage im brit. Parlament und veranlaßte William E. →Gladstone 1886 zur Einbringung des Home-Rule-Bills, das eine schrittweise Entlassung in die Unabhängkeit vorsah, jedoch die liberale Partei spaltete und schließlich scheiterte.

Paschalis I.
Papst 817–824
** Rom*
† 11. 2. 824 Rom
Der Benediktiner unterhielt als Papst gute Beziehungen zu Kaiser →Ludwig I. (dem Frommen), der ihm den Besitz des Kirchenstaats und die Freiheit der Papstwahl bestätigte (Pactum Ludovicianum). Bei der Krönung von dessen Sohn →Lothar I. zum Kaiser 823 überreichte er diesem erstmals das Schwert als Symbol der weltlichen Macht. Lothar setzte daraufhin ein kaiserliches Aufsichtsrecht in Rom durch. Heiliggesprochen (Fest: 14. 5.).

Paschalis II.
Papst 1099–1118
** Bieda di Galeata, Romagna*
† 21. 1. 1118 Rom
(Vorher *Rainer*). Als Cluniazensermönch von Papst →Gregor VII. zum Kardinal erhoben, nahm P. als Nachfolger Papst →Urbans II. das Erbe seiner Vorgänger im Investiturstreit auf. In Frankreich setzte er gegenüber Philipp I. (1060–1108) den Investiturverzicht des Königs durch und sicherte ihm dafür den Lehnseid der Bischöfe zu (1106); für England vereinbarte er mit →Heinrich I. Entsprechendes (1107). Dagegen spitzte sich der Konflikt in weiter zu. 1102 sprach er den 2. Bann gegen Kaiser →Heinrich IV. aus. Sein mit →Heinrich V. geschlossener Vertrag von Sutri (1111) auf der Basis der französ. und engl. Ergebnisse wurde von den dt. Bischöfen nicht akzeptiert, die P. zur Rücknahme der Abmachung zwangen. Daraufhin von Heinrich gefangengenommen, gestand er ihm unter Zwang das volle Recht der Investitur zu und mußte ihn zum Kaiser krönen, widerrief seine Zusagen jedoch 1112 und 1116. Nachfolger: →Gelasius II.

Pašić, Nikola

mehrmaliger serbischer, später jugoslawischer Ministerpräsident
** 1. 1.1846 Zaječar*
† 10. 12. 1926 Belgrad

Mit dem Ziel eines großserb. Reiches gründete P. 1881 die Radikale Partei. Nach einem gescheiterten Aufstand gegen König →Milan Obrenović floh er 1883 ins Exil und kehrte nach dessen Sturz 1889 zurück. In einer der bewegtesten Phasen der Geschichte Serbiens, die schließlich in den 1. Weltkrieg führte, prägte er als fünfmaliger Min.-Präs. zwischen 1891 und 1918 das polit. Geschick seines Landes. In mehreren Konflikten, in denen Serbien im Mittelpunkt stand (österreichisch-ungarischer

Zollkrieg 1906–1911), Bosn. Annexionskrise 1908/1909, Balkankriege 1912/13) hatte er wesentl. Anteil an der Verdoppelung des serb. Territoriums. 1917 sicherte er der serb. Volksgruppe im Pakt von Korfu die Hegemonie bei der Bildung des künftigen Vielvölkerreichs Jugoslawien, womit er zugleich den Keim zu schweren inneren Konflikten legte. Als jugoslaw. Min.-Präs. (1918, 1921–1926) sah er die serbische Vorherrschaft insbes. von der kroatischen Bauernpartei unter Stefan →Radić angegriffen.

Paul, *Päpste*

Paul II.

Papst 1464–1471
** 23. 2. 1418 Venedig*
† 26. 7. 1471 Rom

(Vorher *Pietro Barbo*). Der Neffe von Papst →Eugen IV. und Nachfolger von →Pius II. erklärte seine Wahlkapitulation, die den Kardinälen mehr Einfluß auf die päpstl. Regierung zugestand, für nichtig und verweigerte die Einberufung eines vereinbarten Reformkonzils und die Herstellung eines Bündnisses gegen die Osmanen, mit denen sich Venedig seit 1463 im Krieg befand (bis 1479). Er bannte den hussitisch gesinnten böhm. König Georg von Podiebrad. P. gilt als erster glanzvoll residierender Renaissancepapst, verfeindete sich jedoch durch die Schließung der röm. Akademie mit den Humanisten (1468). Nachfolger: →Sixtus IV.

Paul III.
Papst 1534–1549
** 29. 2. 1468 Canino*
† 10. 11. 1549 Rom
(Vorher *Alessandro Farnese*). Der mächtigen Familiendynastie der →Farnese angehörend und protegiert von seinen Vorgängern, wurde P. schon 1493 Kardinal und 1509 Bischof, bevor er 1519 die Priesterweihe empfing. In seinem Pontifikat, das er mit einem Aufruf zum Kreuzzug gegen die Osmanen begann (Kaiser →Karl V. nahm ihn 1537 auf), leitete er als erster Papst der Gegenreformation eine umfassende Reform der kath. Kirche ein, berief dazu das Konzil von Trient (1545–1563) ein und bestätigte den Kapuziner- und den Jesuitenorden (1537 bzw. 1540). Mit der Exkommunikation →Heinrichs VIII. besiegelte er 1538 den Bruch mit England und die Ausbildung der Anglikan. Staatskirche. Als Förderer von Kunst , Wissenschaft, großen Festen und der eigenen Familie, in die er vier eigene Kinder einbrachte, residierte P. als typischer Renaissancefürst. Nachfolger: →Julius III.

Paul IV.
Papst 1555–1559
** 28. 6. 1476 Capriglio bei Neapel*
† 18. 8. 1559 Rom
(Vorher *Giampietro Caraffa*). P., Mitbegründer des Theatinerordens (1534), forcierte den Kampf gegen den Protestantismus, verschärfte die Inquisition, der selbst Kardinäle zum Opfer fielen, begann 1557 mit der Indizierung verbotener Bücher, zwang die Juden in Rom zur Umsiedlung und ließ ihr Getto mit einer Mauer umschließen. Im Konflikt mit dem Habsburger Kaiser →Ferdinand I. und König →Philipp II. von Spanien verbündete er sich mit König →Heinrich II. von Frankreich, konnte sich jedoch gegen Herzog →Alba nicht durchsetzen und isolierte sich außenpolitisch. Nachfolger: →Pius IV.

Paul V.

Papst 1605–1621
** 17. 9. 1552 Rom*
† 28. 1. 1621 Rom

(Vorher *Camillo Borghese*). P. setzte die Kirchenreform fort, besonders durch die Förderung der neuen Orden. Auf innerkirchlichen Ausgleich bedacht, verbot er die gegenseitige Verketzerung der über den »Gnadenstreit« (über Charakter, Wirkung und Empfänger der göttlichen Gnade) verfeindeten Orden der Jesuiten und Dominikaner. Mit dem Versuch, die päpstliche Oberherrschaft über die italien. Stadtstaaten zu behaupten, geriet er in langwierige Auseinandersetzungen, in deren Verlauf er Venedig 1606 mit dem Interdikt belegte. Im beginnenden Dreißigjährigen Krieg (1618–1648) unterstützte er die Kath. Liga der meisten kath. Reichsstände in

Dtschld. (1609–1635). – Während seines 16jährigen Pontifikats baute er mit nepotischer Umsicht Macht und Reichtum seiner Familie aus.

Paul VI.

Papst 1963–1978
** 26. 9. 1897*
Concesio bei Brescia
† 6. 8. 1978
Castel Gandolfo

(Vorher *Giovanni Battista Montini*). P. folgte →Johannes XXIII. auf den Heiligen Stuhl, nachdem er lange enger Mitarbeiter von Papst →Pius XII., Erzbischof von Mailand (seit 1954) und Kardinal (seit 1958) gewesen war. Er führte das 1962 begonnene 2. Vatikan. Konzil zu Ende (1965) und nahm behutsam die Durchführung seiner Reformbeschlüsse in Angriff, inbesondere im Hinblick auf Lithurgie, Finanzen und Verwaltung. Konservativ eingestellt, betonte er jedoch die päpstliche Autorität gegenüber neuen Strömungen in der kath. Theologie. Mit einigen Enzykliken, vor allem zum Zölibat (1967) und der Geburtenregelung (1968), rief er heftigen Widerspruch hervor. P. war der erste Papst, der weltweite Auslandsreisen unternahm. Im ökumenischen Bereich intensivierte er die Kontakte zur Orthodoxie und zum Anglikanismus.

– Fürsten

Paul I.

russischer Zar 1796–1801
** 1. 10. 1754 St. Petersburg*
† 23./24 3. 1801 St. Petersburg

(Russisch *Pawel Petrowitsch*). Der Sohn →Peters III. und →Katharinas II. (d. Gr.), der von seiner Mutter von jeder Regierungstätigkeit ferngehalten worden war, übte nach ihrem Tod 1796 ein despot. Regiment aus. Unter dem Eindruck der Französ. Revolution verschärfte er die Zensur und unterband den kulturellen Verkehr mit Westeuropa. P. beteiligte sich am 2. Koalitionskrieg gegen →Napoleon (I.) Bonaparte (1798–1801), wandte sich aber, nachdem er Großmeister des Malteserordens geworden war, wegen der Besetzung Maltas gegen England. Bevor sein abenteuerl. Ansinnen, Indien zu erobern, ausgeführt werden konnte, wurde er durch eine Offiziersverschwörung ermordet. Von grundsätzl. Bedeutung war sein Thronfolgegesetz (1797), mit dem er die Primogenitur (Erbfolge des Erstgeborenen) einführte. Nachfolger: Sohn →Alexander I.

Paulus, Friedrich

deutscher Offizier
** 23. 9. 1890*
Breitenau, Melsungen
† 1. 2. 1957 Dresden

Nach seiner Teilnahme am 1. Weltkrieg setzte P. seine militär. Karriere in der Reichswehr der Weimarer Republik und der Wehrmacht des nat.-soz. Dtschld. fort. Im Rußlandfeldzug erhielt er im Jan. 1942 den Oberbefehl über die 6. Armee, die bei Stalingrad eingeschlossen wurde. Sein Vorschlag, einen Ausbruch zu versuchen, wurde von Adolf →Hitler abgelehnt, der ihn in Erwartung seines »Heldentodes« am 30. 1. 1943 zum Generalfeldmarschall beförderte. Am 31. kapitulierte P. mit dem Südkessel entgegen Hitlers Befehl. Die Niederlage, bei der 146 000 dt. Soldaten fielen und 90 000 in sowjet. Gefangenschaft gerieten (von denen nur 5000 nach dem Krieg heimkehrten), war der Auftakt zum militär. Untergang Dtschlds. In der Kriegsgefangenschaft schloß sich P. dem Nationalkomitee Freies Dtschld. an und forderte die dt. Soldaten zum Frontwechsel auf. Nach seiner Entlassung (1953) ließ er sich in der DDR nieder. (▷ Chronik Zitat)

Pausanias

Feldherr und Regent Spartas
† um 467 v. Chr. Sparta

Als Oberbefehlshaber über die gesamtgriech. Streitkräfte erfocht P. den Sieg über die Perser unter →Mardonis bei Plataä 479 und eroberte mit der griech. Flotte 478 Zypern und Byzanz. Nachdem er in Byzantion eine eigene despot. Herrschaft errichtet und sich durch Kontaktaufnahme mit den Persern des Landesverrats verdächtig gemacht hatte, wurde er zweimal nach Sparta zurückbeordert (476, 470). Nach Aufdeckung seiner Konspiration mit den aufständ. Heloten flüchtete er in den Tempel der Athene Chalkioikos, wo er – unter formaler Wahrung des Asylrechts – eingemauert wurde und verhungerte.

Pavelić, Ante
kroatischer Staatschef 1941–1945
** 14. 7. 1889 Bradina, Herzegowina*
† 28. 12. 1959 Madrid
Seit 1919 Führer der serbenfeindlichen kroat. Partei des Rechts im neugebildeten jugoslaw. Königreich, ging P. 1929 ins Exil nach Italien (bis 1941) und bekämpfte von dort aus mit seiner faschistischen kroatischen Terrororganisation Ustaša den jugosl. Staat. Nach Eroberung Jugoslawiens durch das nat.-soz. Dtschld. 1941 wurde er Staatschef (Poglavnik) des abgetrennten »Unabhängigen Staates Kroatien« von dt. Gnaden. Mit Terror, Vertreibung und Massenmord ging er gegen die nichtkroat. Bevölkerungsgruppen (vor allem Serben und Moslems) vor, die Juden lieferte er an die SS aus. Beim Zusammenbruch seines Regimes unter dem Druck der kommunist. Partisanen unter Josip →Tito, der serbisch-nationalist. Tschetniks unter Drača →Mihailović und der Alliierten floh er nach Argentinien.

Paz Estenssoro, Victor
mehrmaliger Staatspräsident Boliviens
** 2. 10. 1907 Tarija*
Der Jurist, Finanzexperte und Wirtschaftswissenschaftler war dreimal (1952–1956, 1960–1964, 1985–1989) Staats-Präs. Boliviens. 1941 gründete er die reformorientierte Nationalrevolutionäre Bewegung (Movimiento Nacionalista Revolucionario, MNR), für die er sich 1943/44 als Finanz-Min. an der MNR-Regierung beteiligte. Nach deren Sturz 1946 ging er bis 1952 ins Exil. In seiner ersten Amtszeit nationalisierte er die Zinnminen und reformierte Landwirtschaft und Sozialsystem. Nach seiner zweiten Amtszeit wurde er nach Wiederwahl durch eine Militärrevolte gestürzt und ins Exil gezwungen. 1985–1989 erneut Staats-Präs., versuchte er, inzwischen liberalkonservativ orientiert, Bolivien wirtschaftlich zu stabilisieren, stieß mit seinen Spar- und Privatisierungsprogrammen jedoch auf zunehmenden Widerstand in der Bevölkerung.

Statt zu kapitulieren mit der letzten Patrone sich selbst totschießen

Chronik Zitat

Bei der Lagebesprechung am 1. Februar 1943 brachte Hitler, um die Moral der Truppe fürchtend, seine Verachtung für die Kapitulation der 6. Armee unter Paulus zum Ausdruck:

»Die haben sich da absolut formgerecht übergeben. Denn im anderen Falle stellt man sich zusammen, bildet einen Igel und schießt mit der letzten Patrone sich selbst tot. Wenn man sich vorstellt, daß eine Frau Stolz hat, daß sie, weil sie nur ein paar beleidigende Worte hört, hinausgeht, sich einsperrt und sich sofort totschießt, dann habe ich vor einem Soldaten keine Achtung, der in Gefangenschaft geht. ...
Mit tut es darum so weh, weil das Heldentum von so vielen Soldaten von einem einzigen charakterlosen Schwächling ausgelöscht wird – und das wird der Mann jetzt tun. Sie müssen sich vorstellen: er kommt nach Moskau hinein, und stellen Sie sich den ›Rattenkäfig‹ vor! Er wird Geständnisse machen, Aufrufe machen. Sie werden sehen: sie werden jetzt den Weg der Charakterlosigkeit bis nach unten gehen, bis in die tiefste Niederung. Da kann man auch sagen: da zieht eine böse Tat fortzeugend immer neues Böses nach sich.
... Aber bei Soldaten ist das Primäre immer die charakterliche Haltung, und wenn wir das nicht hineinbringen, wenn wir nur reine Intellektakrobaten und -athleten, Geistesathleten heranzüchten, dann werden wir niemals das Geschlecht bekommen, das wirklich allein den großen Schlägen des Schicksals standzuhalten vermag. Das ist entscheidend. ...
Ja, man muß tapfere, kühne Leute nehmen, die auch (ihr Leben einzusetzen) bereit sind, wie jeder Soldat sein Leben einsetzt. Was heißt das: ›Leben‹? ... der einzelne muß ja sterben. Was über den einzelnen leben bleibt, ist ja das Volk. Aber wie einer davor Angst haben kann, vor dieser Sekunde, mit der er sich aus der Trübsal (befreien kann, wenn ihn nicht) die Pflicht in diesem Elendstal zurückhält! ...
Dann [gegenüber der Öffentlichkeit] müßte man sich auf den Standpunkt stellen, daß auch die Stäbe bis zum letzten gekämpft haben, und daß sie nur, wenn sie verletzt und überwältigt worden sind, der Übermacht erlegen (und in Gefangenschaft) geraten sind. ... Man muß überhaupt sagen: Das war überhaupt gar keine Kapitulation, das war Überwältigung.«

Peel, Sir Robert
britischer Premierminister 1834/35, 1841–1846
** 5. 2. 1788 Bury, Lancastershire*
† 2. 7. 1850 London
Der Tory-Politiker wurde 1809 Mitglied des Unterhauses. Als Innen-Min. (1821–1827 und 1828 bis 1830) betrieb er tiefgreifende Reformen, u. a. Reorganisation der Londoner Polizei (deren Bezeichnung »Bobbies« sich von seinem abgekürzten Vornamen ableitet) und – gegen den Willen der Krone und seiner Tory-Fraktion – die rechtl. Gleichstellung der Katholiken (1829). Als Premier-Min. führte er die Einkommensteuer ein, reformierte das Finanzwesen und setzte mit Unterstützung der Whigs (u. a. der Anti-Corn-Law-League um Richard →Cobden und John Bright) den Freihandel und die Abschaffung der Kornzölle durch (1846). Darüber spaltete sich die Konservative Partei, an deren Gründung er 1834 maßgeblich beteiligt gewesen war. P. wurde von den Befürwortern des Schutzzolls (in seiner Partei angeführt von Benjamin →Disraeli) gestürzt, und unterstützte danach mit Hilfe seiner kleinen liberalkonservativen Fraktion (»Peeliten«), zu der auch William E. →Gladstone gehörte, das liberale Kabinett John Russell (1846–1852).

Peisistratos
Tyrann von Athen um 546/45–528/27 v. Chr.
** um 600 v. Chr.*
† 528/27 v. Chr.
P., der nach seiner erfolgreichen Kriegführung gegen Megara um 565 als Held gefeiert wurde, konnte nach zwei kurzlebigen Machtusurpationen (561/560 und um 558/57) um 546/45 mit einem Söldnerheer endgültig die Herrschaft in dem von rivalisierenden Oligarchen heruntergewirtschafteten Stadtstaat an sich reißen. Gestützt auf niedere Schichten und die Volksversammlung, entmachtete er im Rahmen der von →Solon entworfenen Gesetze den Adel, dessen Großgrundbesitz er neu aufteilte, entwaffnete die Bürger, förderte Handel und Gewerbe (u. a. durch Münzprägung) und führte eine regelmäßige Besteuerung ein. Der wirtschaftliche Aufschwung ermöglichte eine nachhaltige Verbesserung der Infrastruktur (u. a. Wasserleitung nach Athen, Straßenbau), die Errichtung öffentlicher Gebäude (Olympieion), Erneuerung der Befestigungsanlagen und den Beginn staatlicher Kulturpolitik (erste Tragödienaufführungen). In der Antike zählte der volkstümliche Tyrann P. zu den Sieben Weisen. Nach seinem Tod folgten ihm seine Söhne →Hippias und →Hipparch in der Herrschaft.

Pelagius
irisch-schottischer Mönch und Theologe
** Mitte des 4. Jh. in Britannien*
† um 418
P., der seit 400 in Rom wirkte und 410 vor den Goten nach Nordafrika und Jerusalem flüchtete, begründete die frühchristl. Glaubensbewegung des Pelagianismus. Er kritisierte die Erbsünden-, Gnaden- und Prädestinationslehre des →Augustinus, die alle Entscheidung in Gottes Hand legte. Dagegen betonte er die Willensfreiheit des Christen, der durch gottgefälliges Handeln sein Heil befördern könne. Auf mehreren Synoden, zuerst 411 unter dem direkten Einfluß des Augustinus, wurde der Pelagianismus als Häresie verdammt; 417 exkommunizierte →Innozenz I. P. Jedoch konnte sich seine Lehre (teils als modifizierter Semipelagianismus) im Osten und in Nordafrika, England und Südfrankreich längere Zeit halten. Das Spannungsverhältnis von menschlicher Freiheit und göttlicher Gnade blieb bis in die Neuzeit ein bedeutendes Thema der theologisch-dogmatischen Auseinandersetzung.

Pelayo *(Pelagius)*
erster asturischer König 722–737
† 18. 9. 737 Cangas de Onís
P. kämpfte nach der Eroberung Spaniens durch die Araber (711) in Asturien weiter und errang 722 den ersten Sieg über sie bei Covadonga. Er gründete das Königreich Asturien mit der Hauptstadt Oviedo. Er wird als altspanischer Nationalheld verehrt.

Penn, William
englischer Quäker und Koloniegründer
** 14. 10. 1644 London*
† 30. 7. 1718 Ruscombe, Berkshire

Der Sohn eines einflußreichen Admirals bekannte sich seit etwa 1666 zu den Quäkern. Nach Missionsreisen durch England, Dtschld. und die Niederlande ließ sich P. 1681 vom Schuldner seines Vaters, dem König →Karl II., eine Charta für das Gebiet des heutigen Pennsylvania ausstellen, um den in Europa verfolgten Quäkern eine Heimat zu bieten. 1682 bis 1684 und 1699–1702 weilte P. selbst in seiner

Privatkolonie, gab dem Quäkerland als »heiligem Experiment« eine freiheitl. Verfassung und machte es zur Zufluchtstätte vieler in Europa politisch und religiös Verfolgter. Gegenüber den Indianern verfolgte er eine friedliche Politik. Als Berater des in der Glorious Revolution 1688/89 gestürzten Stuart-Königs →Jakob II. wurde er 1692–1694 zeitweilig seines Gouverneursamtes enthoben. – In seinem »Essay über den gegenwärtigen und künftigen Frieden Europas« (1669) entwarf er, seiner Zeit weit voraus, den Plan einer europ. Föderation und des Zusammenschlusses der nordamerikan. Kolonien.

Pepi II.
ägyptischer König etwa 2254–2160 v. Chr.
(Neferkarê, Phiops II.). Der Pharao der 6. Dynastie des Alten Reiches begann als sechsjähriges Kind die längste Herrschaft der ägypt. Geschichte. In dem unter seiner Regierung beginnenden Zerfall der ägypt. Zentralgewalt konnten sich die Gaufürsten in Oberägypten, begünstigt durch Kämpfe in Nubien und die Erstarkung der Nachbarstaaten, weitgehende Unabhängigkeit sichern. Nach seinem Tod fand die 6. Dynastie bald ihr Ende (2155), und das Alte Reich ging in Aufständen und Revolutionen unter (2134).

Perdikkas
makedonischer Feldherr und Reichsverweser
** um 365 v. Chr.*
† 321 v. Chr.
Unter →Alexander d. Gr. hatte P. als erster Feldmarschall die Aufgaben eines Chiliarchen (Großwesirs) für das asiat. Reich inne. Nach Alexanders Tod (323) übernahm er die Funktion des Reichsverwesers. Als er die Gesamtherrschaft und die makedon. Krone anstrebte, stieß er auf den Widerstand der anderen Statthalter (Satrapen; u. a. →Antigonos I., →Lysimachos, →Ptolemaios I. Soter) und provozierte den Beginn der Diadochenkämpfe. Während eines Feldzugs gegen Ptolemaios I. in Ägypten wurde er von seinen eigenen Soldaten getötet.

Peres, Shimon
israelischer Ministerpräsident 1977, 1984–1986
** 15. 8. 1923 Woloschin, Weißrußland*
(Früher *S. Persky*). 1934 aus Polen nach Palästina eingewandert, stieg P., gefördert von seinem polit. Mentor David →Ben Gurion, als Funktionär der sozialist. Mapai auf, profilierte sich als Verteidigungsexperte und war entscheidend am Aufbau der israel. Rüstungsindustrie beteiligt. Seit 1959 hatte er, mit wenigen Unterbrechungen, unter Golda →Meir und Yitzhak →Rabin verschiedene Ministerämter inne. Nach dem Rücktritt Rabins 1977 kurzzeitig geschäftsführender Min.-Präs., führte er nach verlorenen Wahlen als Vors. der Arbeiterpartei (1977 bis 1992) die Opposition an (1977–1984). In der Koalition mit dem Likud-Block unter Yitzhak →Shamir war er im Wechsel mit diesem Min.-Präs. (1984 bis 1986) und Außen-Min. (1986–1988) und 1988 bis 1990 Finanz-Min. Durch den Bruch der Koalition über die von P. eingeleitete Friedenspolitik 1990 wurde er in die Opposition verwiesen, übernahm aber unter Min.-Präs. Rabin 1992 erneut das Außenministerium, nachdem er ihm den Vorsitz der Arbeiterpartei abgetreten hatte. P., der bis Anfang der 80er Jahre als »Falke« einen harten Kurs gegenüber den Palästinensern steuerte, gilt als Architekt der israel. Entspannungspolitik, die mit dem Gaza-Jericho-Abkommen (1993) und dem Friedensvertrag mit Jordanien (1994) ihren Durchbruch fand. 1994 wurde er hierfür zusammen mit Rabin und Jassir →Arafat mit dem Friedensnobelpreis ausgezeichnet.

Pérez de Cuéllar, Javier
peruanischer UNO-Generalsekretär 1982–1991
** 19. 1. 1920 Lima*

Der Diplomat vertrat sein Land als Botschafter 1964 bis 1966 in Bern, 1969–1971 in Moskau und Warschau und 1971–1975 bei den Vereinten Nationen, bevor er 1978–1981 deren stellvertr. Generalsekretär unter Kurt →Waldheim wurde, dem er 1982 im Amt folgte. Die mit dem Ende des Ost-West-Konfliktes einhergehende Zunahme regionaler Konflikte eröffnete ihm in der Rolle des Vermittlers und Friedensbewahrers ein weites Betätigungsfeld. 1988 brachte er den Waffenstillstand im 1. Golfkrieg (1980–1988) zustande, vermittelte die Friedenspläne zwischen den Bürgerkriegsparteien in Angola (1988), Nicaragua (1990) und El Salvador (1991/1992) und beteiligte sich an den Vorbereitungen zum Abzug der UdSSR aus Afghanistan (1988). 1995 unterlag er Alberto K. →Fujimori bei den peruan. Präsidentschaftswahlen. Nachfolger als UNO-Generalsekretär: Boutros →Boutros Ghali.

Periander

Tyrann von Korinth etwa 627–586 v. Chr. *(Periandros).* P., seinem Vater Kypselos (657–627) als Tyrann nachfolgend, führte Korinth in seiner mehr als 40jährigen Herrschaft auf den Höhepunkt seiner Macht, inneren Stabilität und wirtschaftl. Bedeutung. Ein Prototyp des harten Tyrannen, ging er gegen Luxus und Müßiggang vor, schränkte die Sklavenarbeit zugunsten einer Aufwertung der freien Arbeit ein und begegnete der durch Landflucht verursachten Zunahme der Stadtbevölkerung mit einer gegen den Widerstand der Aristokratie durchgesetzten Bodenreform, die das Leben für die Kleinbauern erträglicher machte. P. genoß trotz seiner offensiven Kolonialpolitik auch nach außen hohes Ansehen und fungierte zeitweise als Schiedsrichter zwischen Stadtstaaten. In der Antike zählte er neben →Peisistratos zu den Sieben Weisen.

Perikles

athenischer Staatsmann
461–430 v. Chr.
** um 495 v. Chr.*
† 429 v. Chr.

In die Regierungszeit des großen Reformers (nach ihm das Perikleische Zeitalter genannt) fiel der glanzvolle Höhepunkt der Geschichte Athens, gekennzeichnet durch die Blüte von Handel und Gewerbe, den Ausbau der Akropolis (Parthenon und Propyläen) sowie den Aufschwung von Kunst, Lite-

Perikles' Lobrede auf Athens Demokratie

Chronik Zitat

Der athenische Geschichtsschreiber →Thukydides gibt eine – vermutlich fikive – Rede wieder, in der Perikles im Jahre 431 v. Chr. das Selbstverständnis der attischen Demokratie umreißt:

»... Weil das Regiment bei uns nicht in der Hand weniger, sondern der Gesamtheit liegt, nennt man unsere Verfassung demokratisch. Denn wie in den Angelegenheiten der einzelnen gleiches Recht für alle gilt, so gilt auch in Beziehung auf Geltung und Ansehen in Staat und Gemeinde nur persönliche Tüchtigkeit als Vorzug, nicht aber die Zugehörigkeit zu einer bestimmten Klasse, und selbst Armut hindert keinen, der was kann, aus seiner Unansehnlichkeit zu Amt und Würden zu gelangen ...
Im persönlichen Verkehr sind wir nicht weniger als Splitterrichter, im öffentlichen Leben aber schämen wir uns jeder Ungesetzlichkeit und gehorchen der jeweiligen Obrigkeit und den Gesetzen, vorzüglich den zum Schutz der Bedrängten gegebenen, und den wenn auch ungeschriebenen Gesetzen, deren Übertretung jedermann für eine Schande hält ...
Auch für Gelegenheit zur Erholung von Mühe und Arbeit ist bei uns reichlich gesorgt durch Spiele und Feste, wie sie jahrein, jahraus gehalten werden, aber auch durch unser schönes Familienleben, dessen tägliche Freuden die Sorgen verscheuchen. Bei der Größe unserer Stadt kommen die Erzeugnisse aller Länder hier zu Markte, die wir so gut als unser Eigentum ansehen können wie die Erzeugnisse unseres eigenen Landes ...
Auch in Beziehung auf das Kriegswesen befolgen wir insofern andere Grundsätze als unsere Gegner, als wir niemand den Aufenthalt hier in der Stadt verwehren. Es kommt nie vor, daß jemand ausgewiesen oder daran gehindert wird, sich hier umzutun und zu belehren, aus Furcht, die Feinde könnten uns Geheimnisse absehen und sich zunutze machen ...
Seiner Armut braucht sich niemand zu schämen, es sei denn, daß er sie durch Faulheit selbst verschuldet hat. Der Politiker kann sich bei uns auch seinen eigenen Angelegenheiten widmen und der Geschäftsmann, der sein Gewerbe treibt, sich dabei sehr wohl auf Politik verstehen ... Bei uns bildet sich jeder wenigstens ein Urteil über solche Fragen, wenn es auch zunächst den berufsmäßigen Politikern überlassen bleibt, über deren richtige Lösung nachzudenken. Wir glauben nicht, daß die Sachen darunter leiden, wenn man sich erst öffentlich darüber ausspricht; im Gegenteil ...
Mit einem Wort, ich sage, unsere Stadt ist die hohe Schule für ganz Griechenland ...«

ratur und Wissenschaft (u. a. mit Phidias, Aischylos, Sophokles, →Herodot, Anaxagoras, Protagoras).
Der Großneffe des →Kleisthenes beteiligte sich an der demokrat. Verfassungsreform seines Freundes →Ephialtes und unterstützte ihn im Kampf gegen →Kimon, gegen den er 463 die Anklage vertrat. Seit dem Sturz des Areopags (Adelsrats) 462 und Ephialtes' Tod (461) war er – obwohl selbst aus dem Adel stammend – als Führer des Demos (der Volkspartei) der führende Kopf Athens und seit 443 als immer wiedergewählter Stratege, der sich auf die Mehrheit in der Volksversammlung stützen konnte, mit demokrat. Legitimation fast Alleinherrscher von Athen. Die Umgestaltung des attischen Staatswesens zum Wohlfahrtsstaat (u. a. durch Tagegelder für Ratsherren und Geschworene; Aussendung von Kleruchen, d. h. Kolonisten, die athen. Staatsbürger blieben) beruhte z. T. auf den Tributen der Bundesgenossen Athens (Überführung des Schatzes des Att. Seebunds auf die Akropolis).
Nach außen konnte P. nach einem aufreibenden Zweifrontenkrieg mit →Artaxerxes I. die Machtsphären abgrenzen und den 2. Perserkrieg (seit 480) beenden (Kalliasfrieden 449) sowie den Konflikt mit Sparta durch einen auf 30 Jahre angelegten Waffenstillstand aufschieben (446/45). Doch schon vor Ablauf dieser Frist, die P. zur Vollendung der Langen Mauern zwischen Athen und dem Piräus sowie zum Ausbau der athen. Vorherrschaft im Att. Seebund nutzte, brach 431 der Peloponnes. Krieg (bis 404) aus. Infolge des Kriegs und der 430–427 in Athen wütenden Epidemie wurde P. 430 von der Opposition gestürzt. 429 wiedergewählt, erlag er noch im gleichen Jahr der Seuche. (▷ Chronik Zitat)

Perón, Eva María (»Evita«)

argentinische Politikerin
** 7. 5. 1919 Los Toldes*
† 26. 7. 1952 Buenos Aires

(Geborene *Duarte*). Seit 1945 verheiratet mit Juan Domingo →P., nahm die ehemalige Sängerin und Schauspielerin (»Evita«), erheblichen Einfluß auf die Politik ihres Mannes und nahm faktisch die Funktion einer Vize-Präs. wahr. Als informelle Min. für Gesundheit und Arbeit initiierte sie zahlreiche sozialpolitische Maßnahmen und setzte das Frauenwahlrecht durch (1947). Von der Bevölkerung wurde sie leidenschaftlich verehrt.

Perón, Isabel

argentinische Staatspäsidentin 1974–1976
** 4. 2. 1931 La Rioja, Argentinien*

(Geborene *Maria Estela Martínez*). Die ehemalige Bardame war seit 1961 verheiratet mit Staats-Präs. Juan Domingo →P., an dessen Seite sie 1973/74 Vizepräsidentin war, und dessen Amt sie nach seinem Tod übernahm. Sie konnte jedoch weder die Gegensätze innerhalb der peronistischen Bewegung ausgleichen, noch den politischen und wirtschaftlichen Niedergang des Landes aufhalten. 1976 wurde sie von einer Militärjunta gestürzt.

Perón, Juan Domingo

argentinischer Staatspräsident 1946–1955, 1973/74
** 8. 10. 1895 Lobos*
† 1. 7. 1974 Buenos Aires

P. durchlief eine militär. Karriere und vertrat sein Land vor dem 2. Weltkrieg als Militärattaché in Berlin und Rom, mit deren faschistischen Regierungen er sympathisierte. An der Spitze einer Militärjunta übernahm er nach einem Staatsstreich 1943 faktisch die Macht. 1945 vom Militär gestürzt, kehrte er auf der Basis eines sozialpolit. Programms, in dem er sich zum Anwalt der »Descamisados« (»Hemdlosen«) machte, nach einem von seiner späteren Frau Eva Duarte (→P.) initiierten Generalstreik an die Macht zurück, wurde 1946 zum Staats-Präs. gewählt und 1951 wiedergewählt.
P.s dem italien. Faschismus entliehene Ideologie und Herrschaftspraxis zwischen Sozialismus und Kapitalismus (»Justicialismo«) waren autoritär, antiparlamentarisch, nationalistisch und populistisch. Nationalisierungen und Sozialreformen und seine vor allem gegenüber den USA selbstbewußte Außenpolitik verschafften ihm lange starken Rückhalt in der Bevölkerung. Dabei profitierte er vom wirtschaftl. Aufschwung, der durch die in der Nachkriegszeit stark gestiegene europ. Nachfrage nach argentin. Agrarprodukten verursacht wurde. Mit zunehmenden wirtschaftl. Schwierigkeiten wurde er 1955 gestürzt und ging ins Exil nach Spanien. 1973 kehrte er nach einem Wahlsieg der Peronisten zurück, erreichte aber – erneut zum Staats-Präs. gewählt – sein früheres Format nicht wieder. Seine Witwe Isabel →P. folgte ihm im Präsidentenamt.

Perseus
makedonischer König 179–168 v. Chr.
** 212 v. Chr.*
† 165 oder 162 v. Chr.
Wie sein Vater →Philipp V. versuchte auch P., der letzte König Makedoniens, sein Land von römischer Herrschaft freizuhalten, scheiterte jedoch. Seine Bündnispolitik provozierte vielmehr das durch den König von Pergamon, →Eumenes II., auf den Plan gerufene Rom zum Beginn des 3. makedonischen Kriegs (171–168). In der Schlacht von Pydna (168) wurde P. gefangengenommen, in Rom im Triumphzug mitgeführt (167) und anschließend umgebracht. Makedonien wurde in vier von Rom abhängige Republiken aufgeteilt.

Pertini, Alessandro
italienischer Staatspräsident 1978–1985
** 25. 9. 1896 Stella bei Savona*
† 24. 2. 1990 Rom
Seit 1918 Mitglied der Sozialist. Partei, wurde der entschiedene Gegner des Faschismus unter Benito →Mussolini mehrmals inhaftiert, von 1935 bis 1943 verbannt. Von der dt. SS wurde er 1944 in Rom zum Tode verurteilt, konnte jedoch fliehen und beteiligte sich nach dem 2. Weltkrieg maßgeblich an der Ausbildung einer von der KP Italiens unabhängigen sozialist. Politik. 1948–1953 war er Mitglied des Senats und seit 1953 der Abgeordnetenkammer, deren Präsident er 1968 wurde (bis 1976). P.s. hohe moral. Autorität verlieh seinem Amt in der inneren Krise Italiens nach der Ermordung Aldo →Moros ein über die formellen Grenzen hinausreichendes polit. Gewicht. Nachfolger: Francesco →Cossiga.

Pétain, Philippe
Staatschef des Vichy-Regimes 1940–1944
** 24. 4. 1856 Cauchy-à-la-Tour, Pas-de-Calais*
† 23. 7. 1951 Port Joinville, Île d'Yeu

Seit der von ihm organisierten Abwehrschlacht gegen den dt. Angriff 1916 wurde P. als »Retter von Verdun« als Nationalheld gefeiert. 1917 erhielt er den Oberbefehl über die französischen Streitkräfte und wurde 1918 zum Marschall ernannt. Nach dem Angriff Deutschlands 1940 trat er im Mai zunächst als stellvertr. Min.-Präs. in das Kabinett ein, übernahm im Juni selbst die Regierung und schloß mit Dtschd. und Italien am 22. 6. den Waffenstillstand. Schon vor dem Krieg Anhänger der äußersten Rechten, bildete er, von der nach Bordeaux ausgewichenen Nationalversammlung zum Staatschef (»Chef de l'Etat Français«) gewählt, eine autoritär-paternalist. Regierung im unbesetzten Frankreich (Sitz in Vichy) mit François →Darlan als Min.-Präs. (1941/42). Indem er mit dem nat.-soz. Dtschld. kollaborierte (u. a. bei der Deportation von Juden), versuchte er zugleich, Vichy-Frankreich eine gewisse Unabhängigkeit zu bewahren. Nach Einmarsch der dt. Truppen in den bis dahin unbesetzten Teil (1942) verblieb ihm nur noch die Rolle des Statthalters mit dem auf Druck Adolf →Hitlers berufenen Min.-Präs. Pierre →Laval. 1944 von den Deutschen interniert, stellte sich P. 1945 dem Obersten französ. Gerichtshof. Das Todesurteil wurde wegen seines hohen Alters nicht vollstreckt.

***Peter,** Fürsten*

–Aragón
Peter III., *d. Gr.*
König von Aragón 1276–1285
und von Sizilien 1282–1285
** 1239*
† 11. 11. 1285 Villafranca del Panades
(*Pedro III.*, als König von Sizilien *P. I.*). Der Sohn und Nachfolger →Jakobs I. heiratete 1262 die Stauferprinzessin Konstanze, Tochter König →Manfreds von Sizilien. Nach der Vertreibung →Karls I. von Anjou durch die Sizilian. Vesper (1282), während der er in Palermo zum König proklamiert wurde, erhob er Erbanspruch auf das Königreich und eroberte es. Im Bündnis mit dem König von Kastilien und dem Kaiser von Byzanz setzte er sich gegen Karl durch, dem die Rückkehr trotz der Hilfestellung von Papst →Martin IV. als Lehnsherr Siziliens und des Versuchs von →Philipp III. (dem Kühnen) von Frankreich, P. in Aragón zu stürzen (1285), verwehrt blieb.

– Brasilien
Peter I.
Kaiser 1822–1831
** 12. 10. 1798 Lissabon*
† 24. 9. 1834 Lissabon
(*Pedro I.*, seit 1826 König von Portugal als *Pedro IV.*). Vor der Besetzung Portugals durch napoleon. Truppen 1808 siedelte P. mit seinem Vater Johann

(João) VI. (König 1816–1826) nach Brasilien ins Exil. Nach dessen Rückkehr nach Portugal (1821) schloß sich P. der brasilian. Unabhängigkeitsbewegung an, die Portugals Versuch bekämpfte, den auf dem Wiener Kongreß 1815 aufgehobenen Kolonialstatus wieder einzuführen. Seit 1822 Kaiser von Brasilien, verzichtete er 1826 zugunsten seiner Tochter →Maria II. da Glória auf die portugiesische Krone. Nach einer Revolte 1831 dankte er als brasilianischer Kaiser zugunsten seines Sohnes →P. II. ab, kehrte nach Portugal zurück, vertrieb dort 1832 seinen Bruder Dom Miguel (* 1802, † 1866), der den portugiesischen Thron usurpiert hatte und übernahm für seine Tochter die Regentschaft. P. komponierte die brasilianische Nationalhymne.

Peter II. de Alcántara
Kaiser 1831–1889
** 2. 12. 1825 Rio de Janeiro*
† 5. 12. 1891 Paris
(*Pedro II.*) P. stand nach der Abdankung seines Vaters →P. I. bis 1840 unter Regentschaft. Während Brasilien bis 1849 durch mehrere Aufstände noch vom Zerfall bedroht war, erlebte es danach eine 40jährige Periode innerer Stabilität, in der es nach außen zwei Kriege führte (gegen Argentinien 1851/1852, Paraguay 1865–1870). P. förderte den Ausbau der Infrastruktur des Landes, forcierte die Industrialisierung und warb für die Einwanderung aus Europa. Auf Druck Englands schaffte er die Sklaverei ab (1888), provozierte damit jedoch den Widerstand der mächtigen Kaffeepflanzer und wurde durch einen unblutigen Staatsstreich gestürzt, dem die Proklamation der Republik folgte.

– Jugoslawien
Peter II. Karadjordjević
König 1934–1945
** 6. 9. 1923 Belgrad*
† 3. 11. 1970 Los Angeles, Kalifornien
Der letzte König Jugoslawiens stand nach der Ermordung seines Vaters →Alexander I. unter der Regentschaft seines Onkels, bevor er nach einem Staatsstreich gegen den von Dtschld. erzwungenen Beitritt Jugoslawiens zum Dreimächtepakt von der Offiziersverschwörung für großjährig erklärt wurde (1941). Mit dem Abschluß eines Freundschafts- und Nichtangriffspakts mit der Sowjetunion lieferte er Dtschld. und Italien den Vorwand zur Eroberung Jugoslawiens, vor der er in die Emigration ging. 1945 wurde er mit der Abschaffung der Monarchie durch Josip →Titos neue Regierung abgesetzt.

– Rußland

Peter I., *der Große*
Zar 1682–1725
** 9. 6. 1672 Moskau*
† 8. 2. 1725 St. Petersburg
(*Pjotr I. Alexejewitsch*). Die Herrschaft P.s, der unter dem Einfluß von Westeuropäern erzogen worden war und während seiner Europareise 1689/90 die Grundlagen des technolog. und wissenschaftl. Vorsprungs des Westens studierte, stand unter dem Vorzeichen der Modernisierung und territorialen Expansion Rußlands als Voraussetzung für den Aufstieg zur europäischen Großmacht.
Der jüngste Sohn des Zaren →Alexei Michailowitsch wurde nach dem Tod seines Halbbruders Fjodor III. (1682) neben seinem geistig behinderten Halbbruder Iwan V. (* 1666, † 1696) zum Mitzaren proklamiert und stand zunächst unter Regentschaft seiner Halbschwester Sophie (* 1657, † 1704), deren Machtusurpation er 1689 mit einem Staatsstreich beendete, um faktisch die Alleinherrschaft zu übernehmen (formell nach dem Tod Iwans 1696).
Außenpolitisch konnte P. schnell an Boden gewinnen: Nach dem Bau der ersten russ. Flotte auf dem Don gewann er im Krieg gegen das Osman. Reich (1695–1700) durch die Eroberung von Asow (1696) einen Zugang zum Schwarzen Meer und etablierte Rußland als Seemacht, wenn auch Asow im nächsten Krieg gegen das Osman. Reich (1710–1713) wieder verlorenging. Die längste Zeit seiner Herrschaft nahm der Nordische Krieg (1700–1721) in Anspruch, der mit der russ. Niederlage bei Narva (1700) begann, mit dem Sieg über König →Karl XII. von Schweden bei Poltawa (1709) entschieden wurde und durch den Frieden von Nystad (1721) seinen Abschluß fand. Als Ergebnis gewann Rußland das östliche Baltikum als »Fenster zum Westen« und stieg damit zur osteuropäischen Vormacht auf. Erfolglos war P.s Vorstoß auf dem Balkan. 1722/23 eroberte er von Persien die Südwestküste des Kaspischen Meeres und wies damit der späteren russischen Expansion in Mittelasien den Weg.
Seine inneren Reformen, mit denen er die Europäisierung Rußlands betrieb, konzipierte P. vorrangig

nach militärischen Prioritäten, die eine Mobilisierung aller Kräfte für den Staat und die Umwälzung des religiös-traditionalistisch bestimmten sozialen Gefüges erforderten. Die leibeigenen Bauern wurden mit einer Kopfsteuer belegt (1718) und gänzlich dem Adel ausgeliefert, der Adel seinerseits einer strengen »Dienstrangtabelle« (1722) unterworfen. Das erst aufkeimende Bürgertum versuchte P. durch zwei Stadtreformen (1699 und 1717–1721) zu stärken und nach westeuropäischem Vorbild zu organisieren. Die von ihm geschaffenen Institutionen, mit denen er u. a. die Macht des Adels zugunsten der Zentralgewalt beschnitt, hatten Bestand bis 1717: 1708 errichtete er die Gouvernements, 1711 den Senat als höchste Aufsichts- und Justizbehörde, 1718 bis 1722 die – Fachministerien entsprechenden – Kollegien. 1721 nahm er in byzantin. Tradition den Kaisertitel an, unterstellte sich durch Einsetzung eines ihm verantwortlichen Generalprokurors die Kirche und suspendierte zugleich den Patriarchen als Oberhaupt der russisch-orth. Kirche; dessen Befugnisse gingen auf den unter Aufsicht des Generalprokurors stehenden Heiligsten Regierenden Synod (kollegiale Kirchenleitung) über. Sichtbarer Ausdruck der tiefgreifenden Wandlung war die Verlegung der Hauptstadt in das 1703 von ihm als Symbol des neuen Rußland gegründeten St. Petersburg (mit Kronstadt als vorgelagerter Inselfestung). Seit 1712 war P. in 2. Ehe mit seiner früheren Mätresse →Katharina (I.) verheiratet, die – 1724 zur Kaiserin gekrönt – nach seinem Tod die Herrschaft antrat.

Peter III.
Zar 1762
** 21. 2. 1728 Kiel*
† 17. 7. 1762 Ropscha bei Moskau
(*Pjotr III. Fjodorowitsch*). Der Enkel von →Peter I. (d. Gr.), Sohn des Herzogs von Holstein-Gottorf, folgte seiner Tante →Elisabeth Petrowna nach deren Tod auf den Zarenthron. Unter seiner nur halbjährigen Herrschaft fielen einige wichtige Entscheidungen: die gesetzl. Dienstpflicht des Adels wurde (zugunsten einer moral.) aufgehoben, die Folter verboten, der Kirchenbesitz säkularisiert. Mit dem Sonderfrieden mit Preußen 1762 rettete P. den von ihm bewunderten →Friedrich II. (d. Gr.) vor einer Katastrophe im Siebenjährigen Krieg. P.s Überheblichkeit gegenüber dem Russentum machte ihn verhaßt und förderte seinen Sturz durch seine Frau →Katharina (II., d. Gr.), die ihn vom Bruder ihres Geliebten Grigori Orlow (* 1734, † 1783), Alexei →Orlow, ermorden ließ, um selbst die Herrschaft anzutreten.

– Serbien
Peter I. Karadjodjević
König von Serbien 1903–1918, König der Serben, Kroaten und Slowenen 1918–1921
** 11. 7. 1844 Belgrad*
† 16. 8. 1921 Belgrad
P. lebte seit 1858 im Exil, bevor er nach Ermordung König →Alexanders I. Obrenović zu dessen Nachfolger gewählt wurde. Er stellte die konstitutionelle Verfassung von 1888 wieder her und forcierte das großserb. Expansionsprogramm, das die schweren, die Konstellation des 1. Weltkriegs mit vorbereitenden Konflikte beförderte (Zollkrieg Österreich-Ungarns gegen Serbien 1906–1911, Bosn. Annexionskrise 1908/1909, Balkankriege 1912/13). Die polit. Leitung des Landes überließ er weitgehend dem von der Radikalen Partei getragenen Min.-Präs. Nikola →Pašić. Kurz vor dem 1. Weltkrieg übernahm sein Sohn und späterer Nachfolger →Alexander I. die Regentschaft für den erkrankten P. Nach dem Krieg nahm P. im neuen serbisch dominierten südslaw. Staat, dem späteren Jugoslawien, den Titel »König der Serben, Kroaten und Slowenen« an.

Peters, Carl
deutscher Kolonialpolitiker und Afrikaforscher
** 27. 9. 1856 Neuhaus an der Elbe*
† 10. 9. 1918 Woltorf bei Peine

Mit dem Ziel, ein dt. Kolonialreich nach engl. Vorbild aufzubauen, gründete der Pfarrerssohn 1884 die Gesellschaft für Dt. Kolonisation, 1885 die Dt.-Afrikan. Gesellschaft. Seit 1885 von Reichskanzler Otto v. →Bismarck mit kaiserl. Schutzbrief versehen, ließ er sich 1885–1887 von ostafrikan. Stammesfürsten Gebiete des späteren Dt.-Ostafrika übertragen. Als er aufgrund des Helgoland-Sansibar-Vertrags zwischen Dtschld. und Großbritannien (1890) Gebiete von Uganda wieder herausgeben mußte, gründete er im Zuge einer imperialistisch-nationalist. Protestkampagne zusammen mit Max →Weber und Alfred →Hugenberg den chauvinist. Alldt. Verband (1891). Wegen seiner verbrecherisch despot. Kolonialherrschaft wurde er 1897 als Reichskommissar in Dt.-Ostafrika (seit 1891) entlassen.

Petrus de Vinea
italienischer Kanzler Friedrichs II.
** um 1190 Capua*
† 1249 San Miniato, Pisa
Der in Bologna studierte Jurist bürgerlicher Abkunft war seit 1220 Notar in der Kanzlei →Friedrichs II. (d. Gr.), stieg zu dessen Großhofrichter, Leiter der Kanzlei und einflußreichstem Berater auf und war seit 1246 als Kanzler sein Vertreter im obersten Richteramt. Er reorganisierte die sizilian. Verwaltung und publizierte die kaiserl. Verlautbarungen, die er in glänzendem Stil verfaßte. Wegen Amtsmißbrauchs eingekerkert und geblendet, nahm er sich in der Haft das Leben. Als einer der großen Lyriker seiner Zeit brachte er die provençalische Minnedichtung nach Italien. Dante läßt ihn in seiner »Göttlichen Komödie« im 13. Gesang der Hölle im Wald der Selbstmörder seine Unschuld beschwören.

Pham Van Dong
(nord)vietnamesischer Ministerpräsident
1955/1976–1987
** 1. 3. 1906 Prov. Quang Ngai, Zentralvietnam*
Der Sohn eines kaiserl. Ministers schloß sich 1925 →Ho Chi Minh an, war bis zu dessen Tod (1969) einer seiner engsten Vertrauten und gehörte neben Vo Nguyên →Giap 1941 zu den Gründern der Unabhängigkeitsbewegung Vietminh. Seit 1951 Mitglied des Politbüros der KP Vietnams, war er Unterhändler bei der Genfer Indochinakonferenz 1954. Seit 1954 Außen-Min. Nordvietnams (bis 1961), wurde er 1955 zugleich Regierungschef. Dieses Amt behielt er im 1976 wiedervereinigten Vietnam.

***Philipp,** Fürsten*

– Deutscher König

Philipp von Schwaben

König 1198–1208
** um 1178*
† 21. 6. 1208 Bamberg

P., jüngster Sohn des Stauferkaisers →Friedrich I. Barbarossa, wurde 1195 mit Tuszien und den Mathild. Gütern in Mittelitalien, 1196 mit dem Herzogtum Schwaben belehnt. Nach dem Tod seines Bruders, Kaiser →Heinrich VI. (1197), und dem Verzicht seines unmündigen Neffen →Friedrichs (II.) auf die Krone ließ er sich 1198 zum König erheben, während ein Teil der Fürsten den Welfen →Otto IV. als Gegenkönig wählte und damit den Auftakt zum staufisch-welf. Bürgerkrieg in Dtschld. gab (bis 1208), der den machtpolit. Niedergang des röm.-dt. Reichs einleitete. Papst →Innozenz III. erkannte 1201 Otto an, doch gewann P. die meisten Reichsfürsten für sich, wurde 1205 in Aachen erneut zum König gekrönt und besiegte 1206 mit französ. Hilfe den welf. Rivalen. Nach P.s Ermordung erhob Innozenz Otto zum Kaiser.
(▷ Chronik Zitat)

Fürstenprotest gegen den Papst

Chronik Zitat

Gegen die Anerkennung →Ottos IV. als Gegenkönig zu Philipp von Schwaben (1202) protestierten deutsche Fürsten bei Papst →Innozenz III. :

». . .Die Vernunft kann's nicht denken und die Einfalt nicht glauben, daß jegliches Recht gerade an der Stelle umgestoßen werden sollte, wo bisher die Rechtsgrundlage unerschüttert geblieben ist. Wer könnte auch so stumpf und verdreht sein, daß er annehmen sollte, der Wahnglaube entströme dem Orte, wo die Heiligkeit thronen soll? . . . Es war ein kaiserliches Kronrecht, daß die Wahl der römischen Bischöfe nicht im Gegensatz zum Willen der römischen Kaiser ausgeübt werden durfte. Die kaiserliche Freigebigkeit aber, die stets die Ehre Gottes zu mehren und seine Kirche mit ganz besonderen Privilegien zu zieren trachtete, hat auf dies Vorrecht zu Ehren Gottes bescheiden verzichtet . . . Wenn die Laieneinfalt auf ein Recht, das zweifellos bestand, verzichtete, wie kann da die päpstliche Heiligkeit die Hand nach einem Recht ausstrecken, das sie niemals besessen hat? . . .
Euch aber, heiligster Vater, wollen wir hierdurch mitteilen, daß unsere Wahl einstimmig auf unseren erlauchtesten Herrn Philipp, den König der Römer und immerdar Augustus, gefallen ist . . . Darum bitten wir auch, daß ihr ihm zu gelegener Zeit . . . das beneficum der [Kaiser-]Weihe nicht versagt.«

– Burgund

Philipp II., *der Kühne*
Herzog 1363–1404
** 17. 1. 1342 Pontoise, Seine-et-Oise*
† 27. 4. 1404 Schloß Hal, Brabant
(Graf von Flandern, Artois und Burgund seit 1384). Der jüngere Sohn des französ. Königs →Johann II. (des Guten) aus dem Haus Anjou erhielt von seinem Vater 1363 das Herzogtum Burgund, erwarb 1384 durch Heirat u. a. die Freigrafschaft Burgund und begründete damit die neuburgund. Dynastie. Mit seinen beiden Brüdern, den Herzögen von Anjou und Orléans, übte er die Regentschaft für König →Karl VI. (den Wahnsinnigen) aus. Ihre Rivalität mündete in den Bürgerkrieg zwischen Orléans und Burgund um die Macht in Frankreich.

Philipp III., *der Gute*
Herzog 1419–1467
** 31. 7. 1396 Dijon*
† 15. 6. 1467 Brügge
Der Sohn und Nachfolger von →Johann Ohnefurcht kämpfte in der 3. Phase des Hundertjährigen Krieges (1337/39–1453) seit 1420 auf engl. Seite gegen den französ. König →Karl VII. Nach dem Frieden von Arras 1435 wechselte er jedoch zu Karl über, den er als König von Frankreich anerkannte, und erhielt dafür die Entlassung aus der Lehensabhängigkeit. Durch offensive Territorialpolitik erwarb er Namur, Holland, Hennegau, Brabant, Seeland und Luxemburg und bildete ein mächtiges, nun unabhängiges Reich zwischen Frankreich und Dtschld., ohne jedoch den Königstitel zu erlangen. P. führte Burgund zum Höhepunkt seiner politischen und wirtschaftl. Macht und zu kultureller Blüte. 1430 begründete er den Orden vom Goldenen Vlies. Sein Sohn und Nachfolger →Karl der Kühne verdrängte ihn 1464/65 faktisch von der Herrschaft.

– Frankreich

Philipp II. August
König 1180–1223
** 21. 8. 1165 Paris*
† 14. 7. 1223 Mantes, Yvelines
Als einer der bedeutendsten französ. Herrscher des Mittelalters besiegte P. 1189 mit →Richard I. Löwenherz den engl. König →Heinrich II. Plantagenet bei Le Mans und nahm mit Richard I. Löwenherz anschließend am 3. Kreuzzug teil (1189–1192). Nach seinem Zerwürfnis mit Richard und vorzeitiger Rückkehr setzte er den Kampf gegen England fort. Sein Sieg bei Bouvines (1214) über den engl. König →Johann Ohneland und Kaiser →Otto IV. erzwang den engl. Verzicht auf alle Gebiete auf dem Festland (bis auf Aquitanien) und begründete den Aufstieg Frankreichs zur Großmacht. Innenpolitisch stärkte er die Königsmacht durch zentralisierende Verwaltungsreformen und Förderung der Städte auf Kosten des Adels. Nach seinem Tod wurde die Königswahl durch die Erbmonarchie abgelöst.

Philipp IV., *der Schöne*
König 1285–1314
** 1268 Fontainebleau*
† 29. 11. 1314 Fontainebleau

P., letzter bedeutender Herrscher der Kapetinger-Dynastie, führte Frankreich auf den Höhepunkt seiner mittelalterlichen Macht. Seine Herrschaft war geprägt von territorialem Expansionsstreben, Befreiung von der Dominanz des Papsttums und tiefgreifenden inneren Reformen zur Stärkung der zentralen königlichen Gewalt als Voraussetzung äußerer Machtentfaltung.
Durch Heirat fielen P. Navarra und die Champagne zu (1284). Während er mit seinem Ritterheer die flandrischen Zünfte in der »Sporenschlacht« von Courtrai 1302 zunächst nicht bezwingen konnte (1312 nahm er jedoch das flandrische Wallonien ein), gewann er die dt. Gebiete an Rhône und Maas und verdrängte die Engländer ganz vom Festland (Friedensschluß mit →Eduard I. 1303).
Seine krieger. Unternehmungen suchte er u. a. durch Münzverschlechterung und drastische Erhöhung der Steuern zu finanzieren und scheute dabei auch nicht vor der Inanspruchnahme des Klerus zurück. Als Papst →Bonifatius VIII. seinen Übergriff 1302 mit der Bulle »Unam sanctam« beantwortete, in der er die Priorität der geistl. über die weltl. Gewalt in aller Schärfe formulierte, ergänzte P. die Ständeversammlung erstmals um den dritten Stand des Bürgertums (Generalstände) und sicherte sich so deren Unterstützung (1302). 1303 ließ er Bonifatius in Anagni überfallen, der wenige Wochen später in Rom starb, und erwirkte 1305 die Wahl seines Gefolgsmanns, des Erzbischof von Bordeaux, zum Papst (→Klemens V.), der seinen Sitz in Avignon

nahm (»Babylonische Gefangenschaft« der Kirche). Auf der Suche nach weiteren Finanzquellen enteignete er die Juden und lombard. Kaufleute (1306) und konfiszierte das Eigentum der durch Privilegien und durch ihre Rolle in zwischenstaatlichen Finanzgeschäften vermögenden und politisch einflußreichen Tempelritter (geführt von Jacques de →Molay); das Verbot des Templerordens durch den Papst erreichte er 1312. P. starb während einer Rebellion gegen seine Steuerdekrete.

Philipp VI. *(P. von Valois)*
König 1328–1350
** 1293*
† 22. 8. 1350 Nogent-le-Roi
Der Neffe →P. IV. (des Schönen) bestieg nach Aussterben der Kapetinger-Dynastie den Thron und begründete die bis 1598 herrschende Dynastie Valois. Er griff in den flandrischen Bürgerkrieg ein und schlug den Aufstand der Städte Westflanderns gegen die Grafenherrschaft nieder (1328). Indem er den Thronanspruch seines Hauses gegen den englischen König →Eduard III., einen Enkel P.s IV., behauptete, ließ er den Konflikt in den Hundertjährigen Krieg einmünden, der für Frankreich verlustreich begann: P. wurde zur See bei Sluys (1340) und zu Lande bei Crécy (1346) geschlagen, 1347 ging Calais verloren, bevor die seit 1348 in ganz Europa grassierende Pest die Armeen beider Seiten besiegte. Nachfolger: →Johann II. (der Gute).

– Hessen
Philipp I., *der Großmütige*
Landgraf 1509–1567
** 13. 11. 1504 Marburg*
† 31. 3. 1567 Kassel
Seit 1524 Anhänger Martin →Luthers, machte sich P. zum Vorkämpfer der Reformation und profilierte sich trotz seines jugendlichen Alters als führender Kopf der prot. Fürsten. Nachdem er zusammen mit Kurtrier und Kurpfalz der ritterschaftl. Erhebung unter Franz von →Sickingen 1523 ein Ende bereitet und sich 1525 an der Niederschlagung von Bauernaufständen beteiligt hatte, schloß er sich 1526 mit Kurfürst Johann von Sachsen u. a. Fürsten zum ersten ev. Fürstenbündnis von Gotha und Torgau zusammen. 1527 gründete P. die Universität Marburg als erste ev. Hochschule. 1529 veranstaltete er das Marburger Religionsgespräch zwischen Luther und Ulrich →Zwingli, von dem er sich die Einigung der reformator. Bekenntnisse erhoffte. Nach dem von ihm mitgetragenen Augsburger Bekenntnis (Philipp →Melanchthon) auf dem Reichstag 1530 gehörte er 1531 zu den Gründern des prot. Schmalkald. Bundes. Eine 1540 eingegangene Nebenehe zwang P. gegenüber Kaiser →Karl V. zu polit. Zugeständnissen, um den auf Bigamie stehenden Strafen zu entgehen. Im Schmalkald. Krieg 1546/1547 führte er anfangs zusammen mit Sachsen den Oberbefehl, unterwarf sich aber 1547 auf ungewisse Zusagen hin dem Kaiser, der ihn jedoch gefangennehmen ließ. Erst 1552 wurde P. durch die von →Moritz von Sachsen angeführte Fürstenverschwörung befreit.

– Kastilien
Philipp I., *der Schöne*
Regent und König von Kastilien 1504–1506
** 22. 7. 1478 Brügge*
† 25. 9. 1506 Burgos
P. war Sohn des Habsburger Kaisers →Maximilian I. und Marias von Burgund (* 1457, † 1482), deren Länder er 1482 erbte. 1496 heiratete er →Johanna die Wahnsinnige, Königin von Kastilien, für die er gemeinsam mit deren Vater →Ferdinand II. von Aragón 1504 die Regentschaft übernahm und 1506 ihre Anerkennung als Königin durchsetzte. Mit ihm als Vater der späteren Kaiser →Karl V. und →Ferdinand I. begann die Habsburger-Dynastie in Spanien.

– Makedonien

Philipp II.
König
359/56–336 v. Chr.
** um 382 v. Chr.*
† Juni 336 v. Chr.

P. übte nach dem Tod seines Bruders Perdikkas III. (359) die Regentschaft für dessen unmündigen Sohn Amytas IV. aus und usurpierte 356 den Königstitel. Nach der Reorganisierung des Heeres vereinigte er ganz Makedonien unter seiner Herrschaft, unterwarf Illyrer und Thraker (358), eroberte Amphipolis (357) und den Bosporus (352) und besiegte die Phoker. 338 schlug er bei Chaironeia das mit Böotien verbündete Athen, den letzten großen Rivalen um die Vorherrschaft in Griechenland. Unter makedon. Hegemonie schloß er 337 alle griech. Stadtstaaten (außer Sparta) im Panhellen. (Korinth.) Bund zusammen. P. schuf so die Voraussetzung für die Expansion des makedon. Reiches unter seinem Sohn und Nachfolger →Alexander d. Gr. Er wurde während der Vorbereitung auf den »Rachekrieg« gegen das Perserreich ermordet, den Alexander 334 aufnahm.

Philipp V.
König 221–179 v. Chr.
** 238 v. Chr.*
† 179 v. Chr. Amphipolis
Der aus der Dynastie der Antigoniden stammende Sohn König Demetrios' II. (239–229) stand bis 221 unter der Vormundschaft Antigonos' III. Doson (um 263–221), der mit der Gründung eines hellenischen Staatenbundes, dem er – wie später P. – als Hegemon vorstand, die Grundlage für ein wiedererstarktes Makedonien geschaffen hatte. 217 beendete P. den Bundesgenossenkrieg gegen den Ätolischen Bund (seit 220), um an der Seite →Hannibals in den 2. Punischen Krieg gegen Rom (218–201) einzugreifen. Mit seiner Intervention provozierte er den 1. Makedon. Krieg (215–205), der unentschieden ausging. Nach Ende des Punischen Kriegs nahmen die Römer im 2. Makedon. Krieg (200–197) den Kampf gegen Makedonien wieder auf, nachdem P. das mit Rom verbündete Pergamon unter →Attalos I. Soter verwüstet hatte. P.s Niederlage bei Kynoskephalä (197) beendete die Hegemonie Makedoniens in Griechenland, das unter seinem Sohn →Perseus von den Römern ganz zerschlagen wurde.

– Spanien

Philipp II.
König 1556–1598
** 21. 5. 1527 Valladolid*
† 13. 9. 1598
El Escorial bei Madrid

Seit 1543 Regent der spanischen Gebiete, übernahm P. als einziger legitimer Sohn Kaiser →Karls V. nach dessen Abdankung die Herrschaft über das spanische Reich, zu dem außer Spanien und Spanisch-Amerika die Niederlande, die Franche Comté, Neapel, Sizilien und das Herzogtum Mailand gehörten. 1580 fiel ihm durch Erbschaft noch Portugal zu, das er in Personalunion mit Spanien regierte. Die Kaiserwürde und die Habsburger Erblande dagegen fielen an seinen Onkel →Ferdinand I.
Erfüllt vom Glauben an die Mission Spaniens als Weltmacht und als Vorkämpfer des Katholizismus gegen die Reformation und den Islam, verknüpfte er den polit. mit dem religiösen Kampf. Damit vergrößerte er jedoch den Kreis seiner Gegner und veranlaßte sie zu Koalitionen, die schließlich die von ihm mobilisierbaren Kräfte überstiegen. Den Konflikt mit Frankreich (seit 1557) konnte er mit dem Frieden von Cateau-Cambrésis 1559 und durch seine Heirat mit der Tochter des französ. Königs →Heinrich II. (1560) nur vorübergehend beilegen (erneuter Krieg gegen den mit England verbündeten →Heinrich IV. 1594–1598). Durch seinen Halbbruder und Feldherren →Juan d'Austria hatte er entscheidenden Anteil am Sieg der Heiligen Liga über die Osmanen bei Lepanto 1571 und behauptete damit die spanische Vormacht im westl. Mittelmeer. Jedoch scheiterte er mit dem Versuch, die Reformation in den aufständ. Niederlanden durch Juan und Herzog →Alba unterdrücken zu lassen und mußte den Abfall der nördl. Provinzen hinnehmen (seit 1566/67). Die Niederlage seiner Armada gegen England (1588), das im Niederländ. Unabhängigkeitskrieg (1572–1609/48) die Reformierten unterstützte, besiegelte die Ablösung der Vorherrschaft Spaniens als Seemacht durch England.
P.s innenpolit. Maßnahmen wie Zentralisierung der Verwaltung, rigorose Besteuerung und Einstellung der Wirtschaft auf Kriegsbedürfnisse konnten eine Überspannung der Finanz- und Wirtschaftskräfte nicht verhindern, so daß P. dreimal den Staatsbankrott erklären mußte. Mehrere Aufstände (u. a. der Moriscos 1568–1579 und Aragóns 1591) waren die Folge. 1561 verlegte P. seinen Hof in die neue Residenz El Escorial. Nachfolger: Sohn →Philipp III.

Philipp III.
König 1598–1621
** 14. 4. 1578 Madrid*
† 31. 3. 1621 Madrid
(Zugleich König von Portugal als *P. II.*). P., nach dem Tod von Don →Carlos einziger überlebender Sohn →P.s II., überließ die Ausübung der Herrschaft weitgehend seinen Günstlingen – vor allem seinem leitenden Minister, dem Herzog von Lerma (* 1553, † 1625), und seit 1618 dessen Sohn, dem Herzog von Uceda – und begünstigte damit Korruption und Mißwirtschaft. Mit England schloß er 1604 Frieden, mit den Niederlanden einen 12jährigen Waffenstillstand (1609–1621). Die forcierte Weiterführung der

von seinem Vater 1569–1570 eingeleiteten Vertreibung der Moriscos (christianisierte Mauren) beschleunigte den wirtschaftlichen Niedergang Spaniens (1609). 1618 griff er in den Dreißigjährigen Krieg ein. Nachfolger: Sohn →P. IV.

Philipp IV.

König 1621–1665
** 8. 4. 1605 Valladolid*
† 17. 9. 1665 Madrid

(Bis 1640 zugleich König von Portugal als *P. III.*). Der Sohn und Nachfolger →P.s III. überließ als prunk- und genußliebender Renaisssanceherrscher die Regierungsgeschäfte bis 1643 seinem Günstling und leitendem Minister Gaspard de Olivares (* 1587, † 1645), dann dessen Neffen Luis Mendez de Haro († 1661). Sein Versuch, Spanien wieder als Großmacht zu etablieren, führte zum erneuten Zusammenstoß mit Frankreich (1635–1659), das mit bedeutenden Terriorialgewinnen die Oberhand behielt. Indem er den Frieden mit der Verheiratung seiner ältesten Tochter mit dem französischen Bourbonen König →Ludwig XIV. besiegelte, legte er trotz dessen Verzicht auf spanische Erbansprüche den Grund für den Spanischen Erbfolgekrieg (1701 bis 1713/14). Im Verlauf des Krieges gegen Frankreich gingen zudem Portugal und Katalonien (1640), die Niederlande (Westfäl. Frieden 1648) und die Gebiete nördlich der Pyrenäen (Pyrenäenfrieden 1659) verloren. Trotz des Niedergangs der äußeren Macht und des wirtschaftlichen Verfalls erlebte Spanien unter P.s Herrschaft eine außerordentliche kulturelle Hochblüte (Calderón, Lope de Vega, Murillo, Velázquez). Nachfolger: Sohn →Karl II.

Philipp V.
König 1700–1746
** 19. 12. 1683 Versailles*
† 9. 7. 1746 Madrid
Testamentarisch eingesetzt durch den ohne Erben verstorbenen König →Karl II., kam P. mit Hilfe seines Großvaters, des französ. Königs →Ludwig XIV., als erster Bourbone auf den span. Thron. Den damit 1701 provozierten Span. Erbfolgekrieg gegen die Ansprüche der Habsburger Kaiser →Leopold I. und →Joseph I. stand er nur mit Ludwigs Hilfe durch (Frieden von Utrecht und Rastatt 1713/14). Das politische Geschäft überließ er seinen Gemahlinnen und Ministern. 1719/20 zwang ihn der französische Regent Philipp II. →Orléans, seine Ansprüche auf den französischen Thron aufzugeben. Durch Heiratspolitik gewann Spanien unter P.s Herrschaft Parma und Piacenza (1731). Nachfolger: Söhne Ferdinand VI. (1746–1759), →Karl III.

Photios
Patriarch von Konstantinopel 858–867, 877–886
** um 820 Konstantinopel*
† 6. 2. 891 (?) in Armenien
Als einer der bedeutendsten Gelehrten seiner Zeit wurde P. vom byzantin. Kaiser zum Patriarchen eingesetzt, obwohl er Laie war. Unter ihm begann die – zeitweise mit Rom konkurrierende – weiträumige Missionsarbeit der Ostkirche in Osteuropa (→Kyrillos und Methodios). Seine kirchenrechtswidrige Erhebung gab jedoch Anlaß für das Photianische Schisma, in dem Papst →Nikolaus I. (d. Gr.) P. absetzte und den röm. Führungsanspruch gegenüber der Ostkirche erneuerte (863). P. exkommunizierte daraufhin seinerseits den Papst (867), wurde aber wenig später von Kaiser →Basileios I. abgesetzt, so daß das 8. Ökumenische Konzil (869/70) die Kircheneinheit wiederherstellen konnte. 877 wieder eingesetzt und von Papst →Johannes VIII. anerkannt, wurde er von Kaiser →Leon VI. (dem Weisen) endgültig abgesetzt und verbannt. In der orth. Kirche wird P. als Heiliger verehrt (Fest: 6. 2.).

Piccolomini, Ottavio

italienischer Heerführer im Dreißigjährigen Krieg
** 11. 11. 1599 Florenz*
† 11. 8. 1656 Wien

(Herzog von Amalfi ab 1639). P. entstammte einer bedeutenden Adelsfamilie in Siena, aus der auch Papst →Pius II. hervorging. Seit seiner Jugend diente er bei den spanischen Truppen und kämpfte in der Schlacht am Weißen Berg (1620) auf habsburg. Seite mit. 1627 wurde er Kapitän der Leibgarde

Albrecht v. →Wallensteins, dessen Vertrauen er sich schnell erwarb. Gleichwohl trug er die geheimen Pläne des Feldherrn dem Kaiser zu und spielte eine entscheidende Rolle bei Wallensteins Ermordung (1634). Als kaiserlicher Feldmarschall und Prinzipalkommissar führte er 1649 in Nürnberg die Verhandlungen mit Schweden über die Durchführung des Westfälischen Friedens. 1650 wurde P. zum Reichsfürsten erhoben.

Pieck, Wilhelm

Staatspräsident der DDR 1949–1960
** 3. 1. 1876 Guben*
† 7. 9. 1960 Ostberlin

Von Beruf Tischler, seit 1895 Mitglied der SPD und Parteifunktionär, schloß sich P. dem linken Parteiflügel an und beteiligte sich an der Gründung des Spartakusbundes (1917), der USPD (1917) und der KPD (1919), deren Führung er seitdem angehörte und die er als Abg. im preuß. Landtag (1921–1928, 1932/33) und im Reichstag (1928–1933) vertrat. 1933 emigriert, wurde er 1935 Vors. der (Exil-)KPD anstelle des verhafteten Ernst →Thälmann, 1938 Generalsekretär der Komintern (bis 1943). Als Mitbegründer des Nationalkomitees Freies Dtschld. gehörte er mit Walter →Ulbricht zur ersten Gruppe dt. Kommunisten, die 1945 nach Berlin zurückkehrten, um die von den sowjet. Besatzungsbehörden geliehene Macht zu institutionalisieren. Bis 1946 Vors. der KPD in der Sowjet. Besatzungszone, war er nach dem Zusammenschluß mit der SPD mit Otto →Grotewohl Vors. der SED (1946–1954) und bis zu seinem Tode Mitglied ihres Zentralsekretariats bzw. Politbüros. Als erster und einziger Präs. der DDR blieb er im Schatten Ulbrichts weitgehend auf repräsentative Aufgaben beschränkt.

Piłsudski, Józef Klemens
polnischer Staatschef 1918–1922, 1926–1935
** 5. 12. 1867 Zułowo bei Wilna*
† 12. 5. 1935 Warschau
P. stammte aus polnisch-litauischem Adel, beteiligte sich schon früh am polnischen Unabhängigkeitskampf und wurde 1887 für fünf Jahre nach Sibirien verbannt. Seit 1893 beteiligte er sich führend am Aufbau der Polnischen Sozialist. Partei (PPS) und organisierte vor dem 1. Weltkrieg im Untergrund sozialistische Kampfgruppen gegen die russ. Herrschaft. Als Kommandant der 1. Brigade der Poln. Legion nahm er seit 1914 zunächst auf österreichischer Seite am Krieg gegen Rußland teil, geriet aber nach der Proklamation des Königreichs Polen durch die Mittelmächte wegen seiner Forderung nach völliger Unabhängigkeit in Konflikt mit diesen und war 1916/17 in Magdeburg inhaftiert.

Als erster Staatschef des unabhängigen Polen erkannte P. die durch die Versailler Friedenskonferenz (1919) ausgearbeitete Curzon-Linie nicht an. Bei seinem Versuch, die Ostgrenze von 1772 (1. Teilung Polens) im Krieg gegen das durch den Bürgerkrieg geschwächte Sowjetrußland (1919/20) wiederherzustellen, konnte er eine völlige Niederlage nur durch das »Wunder an der Weichsel« verhindern. Im Frieden von Riga 1921 erreichte er eine gegenüber der Curzon-Linie um 150 km nach Osten verschobene Grenze. 1922 zog er sich vorübergehend aus dem politischen Leben zurück, errichtete jedoch mit dem Staatsstreich gegen die schwache parlamentarische Regierung 1926 ein autoritäres Regime, dem er 1935 die Verfassung einer Präsidialdiktatur gab. Nachdem er 1932 einen Nichtangriffspakt mit der UdSSR abgeschlossen hatte, Frankreich aber 1933 nicht zu einem Präventivkrieg gegen das nat.-soz. Deutschland bewegen konnte, suchte er Polen durch einen Nichtangriffsvertrag mit dem Deutschen Reich (1934) – vergeblich – zu schützen.

Pinochet Ugarte, Augusto
chilenischer Staatschef 1973–1990
** 25. 11. 1915 Valparaiso*
Wenige Wochen nach Ernennung zum Oberbefehlshaber der Streitkräfte stürzte P. durch einen blutigen Militärputsch Salvador →Allende und dessen Volksfrontregierung (1973). Als Chef der Militärjunta, seit 1974 Staats-Präs., errichtete er ein diktator. Regime, das jede Opposition mit aller Härte unterdrückte. 1978 durch Plebiszit im Amt bestätigt, räumte ihm die neue, auf ihn zugeschnittene Verfassung von 1981 weitere acht Jahre im Präsidentenamt ein (zugleich als Regierungschef). Nach einem negativen Votum im Referendum von 1987 trat er 1990 verfassungsgemäß als Staats-Präs. zurück, sicherte sich aber als Oberbefehlshaber der Streitkräfte eine zentrale Machtposition bis 1998 und entzog sich und die anderen Militärs einer strafrechtl. Verfolgung für die schweren Menschenrechtsverletzungen.

Pippin II., *der Mittlere (P. von Heristal)*
fränkischer Hausmeier 687–714
** um 635*
† 16. 12. 714 Jupille bei Lüttich
Der Enkel des Ahnherrn der Karolinger, *Pippin I.* (d. Ä.; * um 580, † um 640) wurde 679 Hausmeier Austriens und gewann 687 die Schlacht bei Tertry gegen den Neustrien-Burgund beherrschenden Merowingerkönig Theuderich III. (673–691) und dessen Hausmeier Ebroin. Ohne Königstitel faktisch Herrscher über das gesamte Frankenreich, nahm er den Titel »Princeps Francorum« an. Indem er die Hausmeierwürde erblich machte, begründete er die Herrschaft der Karolinger-Dynastie. Der von ihm aus Paris ausgewiesene Theuderich und seine Nachfolger sanken auf die Rolle von Schattenkönigen ab. Nachfolger: →Karl Martell.

Pippin III., *der Jüngere*

Hausmeier 741/47–751,
König 751–768
** um 715*
† 24. 9. 768 Saint-Denis

(Fälschlich auch *P. der Kleine*). Der Enkel →P.s II. wurde als Nachfolger seines Vaters →Karl Martell 741 Hausmeier in Neustrien, Burgund und der Provence, während sein Bruder →Karlmann Austrien, Alemannien und Thüringen erhielt. Seit Abdankung Karlmanns 747 war er Alleinherrscher im Gesamtreich und setzte 751 im Einverständnis mit Papst →Zacharias den von ihm zuvor als Schattenkönig inthronisierten →Childerich III. ab, um selbst den Königstitel anzunehmen. P. begründete damit die Karolingermonarchie und ließ sich als erster fränk. König kirchlich salben. Auf den Hilferuf des Papstes hin befreite er mit zwei Feldzügen (754, 756) Rom vom Druck der Langobarden, übergab die eroberten Gebiete, darunter das byzantin. Exarchat Ravenna, dem Papst (Pippinische Schenkung) als territoriale Basis für dessen Kirchenstaat (Patrimonium Petri). Dafür ließ er sich 754 von Papst Stephan II. (752–757) nach alttestamentarischem Vorbild zum zweitenmal, zusammen mit seinen Söhnen, salben und erreichte damit für das neue Königsgeschlecht die kirchl. Legitimation. P. förderte die Kirchenreform und Bistumsgründungen des →Bonifatius, beseitigte das Herzogtum der Alemannen, zwang Bayern in ein Vasallenverhältnis, besiegte die Sachsen und eroberte ganz Gallien (768). Nach seinem Tod wurde sein Reich unter seine Söhne →Karl d. Gr. und →Karlmann aufgeteilt.

Pitt, William d. Ä.

britischer Premierminister 1756–1761,
1766–1768
** 15. 11. 1708 London*
† 11. 5. 1778
Hayes bei London

(*Earl of Chatham* ab 1766). Seit 1735 Unterhausmitglied, opponierte P. mit außerordentl. Sprachgewandtheit gegen die Whig-Regierung von Premier-Min. Robert →Walpole und den seine hannoveran. Hauspolitik betreibenden König →Georg II. Als Premier-Min. leitete er als einer der herausragenden Staatsmänner seiner Zeit die englische Außenpolitik. Während des Siebenjährigen Krieges (1756 bis 1763) unterstützte er Preußen unter →Friedrich II. (d. Gr.), um die französ. Armee auf dem Festland zu binden, während er im See- und Kolonialkrieg Frankreich aus Nordamerika, Kanada und Ostindien verdrängte und damit die Weltmachtstellung des Brit. Empire begründete. Von König →Georg III. entlassen, führte er 1766–1768 nochmals die Regierung. Obwohl er gegenüber den nordamerikan. Kolonien zu Flexibilität neigte, verweigerte er ihre Unabhängigkeit und ließ den Konflikt auf den Amerikan. Unabhängigkeitskrieg (1775–1783) zutreiben.

Pitt, William d. J.
britischer Premierminister 1783–1801, 1804–1806
** 28. 5. 1759 Hayes bei London*
† 23. 1. 1806 London
Schon mit 22 Jahren Mitgl. des Unterhauses und mit 24 Jahren Premier-Min., machte der Sohn William →P.s d. Ä. eine frühe polit. Karriere. In der schweren Krise nach dem Abfall der nordamerikan. Kolonien konsolidierte er – im beständigen Konflikt mit dem Whig-Oppositionsführer Charles J. →Fox – das Brit. Empire durch Reformen des Kredit- und Finanzwesens (1784–1787) und die Förderung des Freihandels; zugleich stellte er die Ostindienkompanie

unter staatliche Kontrolle (1784). Bedacht auf die Wahrung des europ. Gleichgewichts der Kräfte und die Sicherung der englischen Kolonien, trat er nach der französische Kriegserklärung der 1. Koalition gegen das revolutionäre Frankreich (1792–1797) bei, organisierte die 2. Koalition (1798–1801) und war auch Motor der 3. Koalition (1805), die im Krieg gegen →Napoleon I. trotz Horatio →Nelsons Sieg bei Trafalgar durch die verlorene Schlacht von Austerlitz 1805 eine folgenschwere Niederlage erlitt. Nach Unterdrückung des irischen Aufstands 1789/90 schloß er Irland 1800/01 an England an, trat aber zurück, weil König →Georg III. die den Iren von ihm in Aussicht gestellte politische Gleichberechtigung der Katholiken ablehnte.

Pius *(lat. »der Fromme«),* Päpste

Pius II.
Papst 1458–1464
** 18. 10. 1405 Corsignano*
(später nach ihm Pienza genannt)
† 15. 8. 1464 Ancona
(Vorher *Enea Silvio de'Piccolomini*). Der einer bedeutenden Familiendynastie in Siena entstammende P. war vor seiner Einsetzung als Papst Anhänger des Konziliarismus und Sekretär des als Gegenpapst zu →Eugen IV. vom Basler Konzil (1431–1449) gewählten Felix V. (1439–1449). 1442 wurde er Kanzleisekretär Kaiser →Friedrichs III. Als Papst verbot er 1460 die Appellation an ein allgemeines Konzil und bemühte sich erfolglos um die Einigung Europas gegen die Osmanen, die 1453 Konstantinopel erobert hatten (Fürstenkongreß zu Mantua 1459). Als bedeutender Literat und Geschichtsschreiber beeinflußte P. wesentlich den deutschen Humanismus. Nachfolger: →Paul II.

Pius IV.
Papst 1559–1565
** 31. 3. 1499 Mailand*
† 9. 12. 1565 Rom
(Vorher *Giovanni Angelo de'Medici*). P. schränkte die Macht der Inquisition ein, revidierte den Index der verboten Schriften und suchte den von seinem Vorgänger →Paul IV. übernommenen Konflikt mit den Habsburgern (Spanien unter König →Philipp II. und Kaiser →Ferdinand I.) zu beenden. Für die Kirchenreform war sein Pontifikat, auf das sein Neffe, der Erzbischof von Mailand, Kardinal Karl Graf Borromäus (* 1538, † 1584), entscheidenden Einfluß ausübte, von großer Bedeutung. P. berief das Konzil von Trient wieder ein (1562), brachte es zum Abschluß (1563) und leitete die Umsetzung seiner Dekrete ein. Nachfolger: →Pius V.

Pius V.
Papst 1566–1572
** 17. 1. 1504 Bosco Marengo (Savoyen)*
† 1. 5. 1572 Rom
(Vorher *Michele Ghislieri*). Seit 1558 als Großinquisitor Vorkämpfer der Gegenreformation, erweiterte der aus dem Dominikanerorden stammende P. als Papst die Befugnisse der Inquisition, sorgte für die Verbreitung und Durchführung der Dekrete des Konzils von Trient (u. a. Neuausgaben des römischen Katechismus, des Breviers und des Missale Romanum) und ließ 1569 die Juden aus Rom und Ancona vertreiben. 1568 bekräftigte er in der Bulle »In coena domini« den Vorrang der geistlichen vor der weltlichen Macht. Mit der Exkommunikation der englischen Königin →Elisabeth I. 1570 verhängte er letzmals die Kirchenstrafe gegen einen regierenden Monarchen. Im Rahmen der Heiligen Liga (Bündnis mit Spanien und Venedig) war er zentral beteiligt am Seesieg über die Osmanen bei Lepanto (1571). P. wurde 1712 heiliggesprochen (Fest: 30. 4.). Nachfolger: →Gregor XIII.

Pius VI.
Papst 1775–1799
** 25. 12. 1719 Cesena*
† 29. 8. 1799 Valence
(Vorher *Giovanni Angelo Braschi*). In der Ära der polit. und sozialen Umwälzungen sowie der Aufklärung in Europa verlor das Papsttum unter P. wesentl. Bastionen seiner Macht. Weder gelang es ihm, Kaiser →Joseph II. von den kirchenpolit. Konsequenzen der Josephin. Reformen abzuhalten (u. a. Umwandlung der Kath. Kirche in eine Nationalkirche, Säkularisierung von Klöstern, 1781), noch die dt. Bischöfe von der Forderung nach einem dt. Nationalkonzil (Emser Punktation, 1786) abzubringen. Seine Verurteilung der Französ. Revolution und der Erklärung der Menschenrechte provozierte die Verschärfung der kirchenfeindl. Maßnahmen in

Frankreich (u. a. Zivilverfassung des Klerus 1791). 1797 mußte er sich im Frieden von Tolentino mit dem Verlust großer Teile des Kirchenstaates abfinden. Als er sich 1798 nach der Besetzung Roms durch französ. Truppen und Aufhebung des Kirchenstaats weigerte, die Stadt zu verlassen, ließ ihn →Napoleon (I.) Bonaparte gefangennehmen und nach Frankreich bringen, wo P. starb. Nachfolger: →P. VII.

Pius VII.

Papst 1800–1823
** 14. 8. 1742 Cesena*
† 20. 8. 1823 Rom

(Vorher *Barnaba Chiaramonti*). Nach Zerschlagung des Kirchenstaates durch →Napoleon (I.) Bonaparte (1798) wurde der Benediktiner unter österr. Schutz in Venedig zum Papst gewählt. Im Bemühen, durch weitgehendes Entgegenkommen den begrenzten Wiederaufbau der Kirche zu ermöglichen, schloß er 1801 mit Frankreich ein Konkordat, das teilweise den Kirchenstaat wiederherstellte und Grundlage der Beziehungen bis zur Trennung von Staat und Kirche (1905) blieb. Napoleon zwang ihn 1804 zur kirchl. Absegnung seiner Kaiserkrönung. Als P. den Beitritt zur Kontinentalsperre gegen Großbritannien verweigerte (1808), ließ Napoleon Rom erneut besetzen, die Kirchenstaatsgebiete einziehen und P. in Haft nehmen. Nach dem Sturz des Kaisers 1814 befreit, erreichte P. durch den Wiener Kongreß 1815 die Wiederherstellung des Kirchenstaats. Er hob das 1773 von →Klemens XIV. ausgesprochene Verbot des Jesuitenordens auf (1814) und schloß mehrere Konkordate ab (u. a. mit Rußland 1818). Sein gesamtes Pontifikat wurde stark beeinflußt von seinem Staatssekretär Kardinal Ercole Consalvi (* 1757, † 1824). Nachfolger: →Leo XII.

Pius IX.
Papst 1846–1878
** 13. 5. 1792 Sinigaglia*
† 7. 2. 1878 Rom
(Vorher *Graf Giovanni Maria Mastai-Ferretti*). P. begann seine Regierung im Anschluß an das Pontifikat →Gregors XVI. mit liberalen Reformen im Kirchenstaat, kam aber bald in Konflikt mit der italien. Einigungsbewegung. Seine zunehmend reaktionäre Politik (u. a. Verbot der Teilnahme am polit. Leben Italiens für Katholiken, Ablehnung von Kompromißangeboten) provozierte die stufenweise Eingliederung des Kirchenstaats ins Königreich Italien (1859, 1860, 1870) und P.s »Gefangenschaft« im Vatikan. Das von ihm verkündete Dogma der Unbefleckten Empfängnis Mariens (1854) sanktionierte den Marienkult. 1855 gelang ihm im Konkordat mit Österreich die Rücknahme der die Kirche betreffenden Teile der Josephinischen Reformen von 1781 (→Joseph II.), die den österr. Katholizismus als Nationalkirche weitgehend dem Einfluß des Papstes entzogen hatten. Mit dem »Syllabus« (Verzeichnis von 80 »Lehrirrtümern«) und der Enzyklika »Quanta Cura« zog er 1864 eine scharfe Trennlinie zwischen der Kirche und den antiklerikalen und säkularen Strömungen der Zeit und begründete den politischen Katholizimus. Das von P. stark beeinflußte 1. Vatikanische Konzil (1869/70) erhob die Unfehlbarkeit des Papstes in Glaubens- und Sittenfragen zum Dogma. Es war der Ausgangspunkt für den mit dem preußischen Staat ausgefochtenen Kulturkampf (1871–1877). Nachfolger: →Leo XIII.

Pius X.

Papst 1903–1914
** 2. 6. 1835*
Riese, Treviso
† 20. 8. 1914 Rom

(Vorher *Giuseppe Sarto*). Der konservative Papst konzentrierte sich als Nachfolger →Leos XIII. auf eine Erneuerung des geistl. Lebens unter Abkehr von polit. Ambitionen. Den Versuchen französ. und dt. Theologen, das Glaubensgut nach neueren Erkenntnissen zu durchdenken, trat P. mit der rigorosen Verurteilung des »Modernismus« entgegen (1910 Einführung des Antimodernisteneids für Priester). Dem politischen Katholizismus und der christlich-sozialen Bewegung in Dtschld. entzog er die päpstliche Unterstützung und ließ es zum offenen Bruch mit Frankreich kommen (1905 Trennung von Kirche und Staat). 1954 wurde er heiliggesprochen (Fest: 21. 8.). Nachfolger: →Benedikt XV.

Pius XI.
Papst 1922–1939
** 31. 5. 1857 Desio bei Monza*
† 10. 2. 1939 Rom
(Vorher *Achille Ratti*). Unterstützt u. a durch den Kardinalstaatssekretär Eugenio Pacelli (→Pius XII.), suchte P. die Position der katholischen Kirche durch zahlreiche Konkordate abzusichern, deren wichtigste die Lateranverträge mit dem faschistischen Italien (1929) und mit dem nat.-soz. Deutschland (1933) waren. In mehreren Enzykliken intervenierte er in die Auseinandersetzung über Grundfragen der Zeit (u. a. zur Sozialpolitik »Quadragesimo Anno«, 1931). Nach 34 vergeblichen Protestnoten wandte er sich in der Enzyklika »Mit brennender Sorge« 1937 offen gegen den Nationalsozialismus. Im gleichen Jahr verurteilte er den Kommunismus (»Divini Redemploris«) Nachfolger: →Pius XII.

Pius XII.

Papst 1939–1958
** 2. 3. 1876 Rom*
† 9. 10. 1958 Castel Gandolfo

(Vorher *Eugenio Pacelli*). Als Kardinalstaatssekretär war P. maßgeblich beteiligt an der Konkordatspolitik von →P. XI., besonders an den Verträgen mit den deutschen Staaten (Bayern 1924, Preußen 1929), Österreich (1933) und dem Dritten Reich. Diesem gegenüber betrieb er eine verhaltene Politik, bewahrte im 2. Weltkrieg – wohl auch zugunsten von Hilfsmaßnahmen für die besiegten Völker, für Kriegsgefangene und Flüchtlinge – strikte Neutralität. Sein Kirchenregiment führte er autokratisch, das Amt des Staatssekretärs ließ er nach 1944 unbesetzt. Höhepunkt seiner Beiträge zur Kirchenlehre war die Dogmatisierung der leiblichen Aufnahme Mariens in den Himmel (1950), mit der er den Marienkult förderte. Unerbittlich bekämpfte er den Kommunismus und verbot die Zusammenarbeit mit ihm. Rolf Hochhuths Drama »Der Stellvertreter« (1963) leitete eine öffentliche Diskussion über das Pontifikat P.s ein, dem vorgeworfen wurde, er habe es an Worten und Aktivitäten gegen den Nationalsozialismus und den Holocaust fehlen lassen.

Pizarro, Francisco
spanischer Konquistador
** um 1475 Trujillo, Estremadura*
† 26. 6. 1541 Los Reyes (= Lima)
P. begleitete 1513 Vasco Nuñez de Balboa auf seinem Erkundungszug über die Landenge von Panama und nahm 1522–1528 an mehreren Expeditionen zur Erforschung der südamerikan. Pazifikküste teil. 1529 erhielt er von Kaiser →Karl V. den Auftrag, Peru für Spanien zu gewinnen, und ließ sich zum Vizekönig des zu erobernden Gebiets ernennen. Mit 138 Mann und 37 Pferden begann er 1531 mit der Eroberung des durch einen Machtkampf der Thronanwärter gelähmten Inkareichs. Mit einer List nahm P. den Inkaherrscher →Atahualpa gefangen und ließ ihn trotz Auslösung durch eine riesige Menge Gold und Silber erdrosseln (1533). 1534 nahm er die Haupstadt Cuzco ein, 1535 gründete er Lima als Residenz. Nach einem Machtkampf zwischen den Konquistadoren wurde P. aus Rache ermordet.

Platon

griechischer Philosoph
** um 427 v. Chr. Athen*
† 347 v. Chr. Athen

(Lateinisch *Plato*). P. gilt neben seinem Schüler →Aristoteles als größter Denker der Antike. Er erschloß die philosoph. Problemstellungen, die das Fundament der abendländ. Geisteswissenschaften bilden. Aus vornehmer Familie stammend, wurde P. mit 20 Jahren Schüler des Sokrates. Nach dessen Hinrichtung (399) machte er sich auf mehreren Reisen mit verschiedenen philosoph. Schulen vertraut und besuchte 388 den Tyrannen →Dionysios I. in Syrakus. 387 gründete P. in Athen eine eigene Schule (»Akademie«). Neben der Pflege der Wissenschaft im weitesten Sinn wollte sie auf den Beruf des Staatsmanns vorbereiten und widmete sich daher vor allem einer Reform des polit. Denkens und der gesellschaftlichen Organisation. Von →Dion gerufen, reiste er erneut 367 nach Syrakus; vergeblich versuchte er →Dionysios II. von der Notwendigkeit der Philosophenherrschaft zu überzeugen.
P. faßte seine – großenteils erhaltenen – Schriften

zumeist in Dialogen des Sokrates ab, aus denen sich P.s philosoph. System nur mittelbar erschließt. Vier Entwicklungsphasen seiner Lehre lassen sich ausmachen: 1. Jugendschriften, u. a. »Apologie« (»Verteidigungsrede« des Sokrates), »Kriton« und »Politeia« (»Der Staat«) I; 2. Schriften einer Übergangszeit mit den Anfängen der Ideenlehre sowie der Präexistenz- und Unsterblichkeitslehre, u. a. »Gorgias«, »Menon«, »Kratylos«; 3. Schriften, mit der Ideenlehre als Zentrum eines abgerundeten Systems der Erkenntnislehre, Metaphysik, Psychologie, Ethik, Politik und Ästhetik, u. a. »Symposium« (»Gastmahl«), »Phaidon«, »Politeia« II–X, »Phaidros«; 4. Spätdialoge, in denen neue Probleme der Wechselbeziehung zwischen den Ideen, den Seins- und Erkenntnisprinzipien erörtert werden (aus denen später vor allem der Neuplatonismus schöpfte, u. a. »Timaios«, »Kritias«, »Nomoi« (»Gesetze«). In seiner Ideenlehre geht P. davon aus, daß die sinnl. Wahrnehmung nur eine scheinhafte Kenntnis vermittelt, während das begriffl. Denken zum eigentlich Seienden vordringt. Dabei entständen die begriffl. Inhalte nicht aus der Erfahrung, sondern würden »wiedererinnert«, denn in einem vorweltl. Sein habe die Seele bereits die eigentl., rein geistige Wirklichkeit der Gegenstände an sich, die Ideen, geschaut. Diese seien die Urbilder, an denen alle empir. Gegenstände »teilhaben«. – P.s Erkenntnislehre unterstellt einen Rationalismus, der im Denken ein Vorwissen findet, das Erfahrung ermöglicht. P.s Lehre von den vier Kardinaltugenden geht aus von der Existenz eines begehrlichen, eines muthaften und eines vernünftigen Seelenteils, deren ideale Verfassung sich jeweils in den Tugenden Mäßigung, Tapferkeit und Weisheit spiegelt; gemeinsam führen die drei Qualitäten zur Tugend der Gerechtigkeit: sie bilden damit die Voraussetzung zum dauerhaft friedlichen Zusammenleben in Form des Staates.

In P.s politische Theorie entsprechen den drei Seelenkomponenten die Stände des von ihm entworfenen Idealstaats: Erwerbsstand, Soldaten, Regenten. Diesem Bild folgt die bis in Einzelheiten vertiefte Konstruktion des bestmöglichen Staates. Die aristokratische Staatsform verteidigend, forderte er die Einsetzung des Besten, mit Einsicht Regierenden (Philosophenkönig), der im gesellschaftlichen Leben, in dem sich auch das Private auflöst, nichts dem Zufall überlasse und der kraft seiner Tugenden der Versuchung zur Willkürherrschaft widerstehe. Die von P. begründete Akademie bestand bis zu ihrer Schließung durch den byzantinischen Kaiser →Justinian (529 n. Chr.). (▷ Chronik Zitat)

Der Tod eines Philosophen

Chronik Zitat

Platon, Schüler und Freund des Sokrates, in dessen Bann er im Alter von 20 Jahren geriet, schildert den Tod seines Lehrers (399 v. Chr.):

[Auf die Nachricht, er sei verurteilt, den Schierlingsbecher zu trinken, drängt Sokrates zur Eile.] » . . .Darauf sagte Kriton: ›Aber mich dünkt, Sokrates, die Sonne scheint noch an die Berge und sei noch nicht untergegangen. Und ich weiß, daß auch andere erst ganz spät getrunken haben, nachdem es ihnen gesagt worden, und sie haben noch gut gegessen und getrunken.‹ Sokrates erwiderte. ›Jene hatten ganz recht, so zu tun; denn sie meinten, etwas zu gewinnen. Recht habe auch ich, nicht so zu tun; denn ich glaube, nichts zu gewinnen, wenn ich etwas später trinke als nur, daß ich mir selbst lächerlich vorkommen würde, wenn ich so am Leben klebte und sparen wollte, wo nichts mehr ist. So gehe denn, gehorche mir und tue nichts anderes.‹

Darauf winkte Kriton dem Diener, der ihm zunächst stand; der Bursche ging hinaus, und nachdem er eine Zeitlang weggeblieben war, führte er endlich denjenigen Diener herein, der den Trank schon zubereitet im Becher brachte, um ihn Sokrates zu reichen. Als Sokrates den Menschen sah, sprach er: ›Nun, mein Bester, du verstehst es ja, wie muß man es machen?‹ – ›Nicht anders‹, sagte jener, ›als wenn du getrunken hast, umhergehen, bis dir die Schenkel schwer werden, und dann dich niederlegen; dann wird es schon wirken.‹ Damit reichte er Sokrates den Becher. Dieser nahm ihn, und ganz getrost, ohne im geringsten zu zittern oder Farbe und Gesichtszüge zu verändern, sondern indem er wie gewohnt ganz gerade den Menschen anblickte, fragte er ihn: ›Was meinst du, darf man von diesem Trank jemandem eine Spende weihen?‹ ›Wir bereiten nur so viel, Sokrates‹, antwortete jener, ›wie wir glauben, daß es ausreichen werde.‹ ›Ich verstehe‹, sagte Sokrates, ›aber beten darf und muß man zu den Göttern, daß die Wanderung von hier nach dort glücklich sein möge, weshalb denn auch ich hiermit bete –, und so möge es geschehen.‹ Mit diesen Worten setzte er den Becher an und trank ihn ganz frisch und unverdrossen aus . . .«

Plechanow, Georgi Walentinowitsch
russischer Revolutionär
** 11. 2. 1856 Gudalowka, Gouvernement Tambow*
† 30. 5. 1918 Terijoki (Finnland, heute Selenogorsk, Rußland)
Der »Vater« des russ. Marxismus schloß sich 1877 den revolutionär-anarchist. Narodniki an, lehnte jedoch deren Terrorismus ab und trennte sich 1879 von ihnen. 1880 emigrierte er und gründete 1883 in der Schweiz den »Bund zur Befreiung der Arbeit« als Vorläufer der russ. Sozialdemokratie. Mit Wladimir I. →Lenin gründete er die Zeitung »Iskra« (»Funke«), schloß sich jedoch nach der Spaltung der russ. Sozialdemokratie durch Lenin dem Flügel der Menschewiki um Julius →Martow an (1903). 1917 nach Rußland zurückgekehrt, unterstützte er die Februarrevolution, stellte sich jedoch gegen die Bolschewiki und ging nach deren Machtübernahme in der Oktoberrevolution erneut ins Exil. Bedeutend war P. vor allem als glänzender Theoretiker und Popularisator des Marxismus.

Plutarch
griechischer Philosoph und Historiker
** um 45 Chaironeia*
† um 125
(Griech. *Plutarchos*). P., einer vornehmen Bürgerfamilie entstammend und Anhänger der Philosophie →Platons, war ehrenhalber Konsul unter →Trajan, Statthalter von Griechenland und Priester des delph. Apollon (seit 95). Von seinem vielseitigen, etwa 250 Titel zählenden Werk geschichtswissenschaftlich bedeutend (obwohl von unterschiedl. Quellenwert) sind seine lebendig verfaßten »Parallel-Biographien«, von denen 46 erhalten sind. In ihnen stellt er jeweils einen Griechen einem Römer gegenüber.

Poincaré, Raymond
französischer Staatspräsident 1913–1920
** 20. 8. 1860 Bar-le-Duc*
† 15. 10. 1934 Paris
Der Jurist und Republikaner prägte die inneren und äußeren Verhältnisse seines Landes im ersten Drittel des 20. Jh.s wesentlich mit. Als Abgeordneter in der Kammer (1887–1903) bzw. im Senat (1903–1913, 1920–1929) war er seit 1893 mehrmals Min., bevor er dreimal die Regierung bildete (1912/13, 1922 bis 1924, 1926–1929) und zwischenzeitlich Staats-Präs. war. Als konservativer Patriot betonte er die nationalen Interessen Frankreichs und bereitete es vor dem 1. Weltkrieg auf den Konflikt mit Dtschld. vor. Vorrangig defensiv orientiert, festigte er die Tripelentente mit Großbritannien und Rußland (seit 1904 bzw. 1907), schloß die Marinekonvention mit Großbritannien (1912) und setzte eine dreijährige militär. Dienstpflicht durch. Nach Kriegsausbruch warb er bei den politischen Parteien für die »Union Sacrée«, die dem dt. »Burgfrieden« entsprach, mobilisierte die Kriegsmoral und berief 1917 um der nationalen Einheit Willen seinen persönl. Feind Georges →Clemenceau zum Min.-Präs. Nach 1918 forderte er (u. a. als Vors. der Reparationskommission im Frühjahr 1920) einen kompromißlosen Sanktionskurs gegenüber Dtschld. und ließ 1923 das Ruhrgebiet von französ. Truppen besetzen. 1926 bis 1928 gelang ihm die Stabilisierung der Währung.

Polignac, Jules Auguste Armand *Duc de*
französischer Ministerpräsident 1829/30
** 14. 5. 1780 Versailles*
† 29. 3. 1847 Saint-Germain-en-Laye
An einer Verschwörung gegen →Napoleon I. beteiligt, verbrachte P. 1804–1813 in Haft. Während der Restauration gehörte er seit 1815 zu den Wortführern einer ultrareaktionären Politik und gewann starken Einfluß auf König →Karl X.. Als Min.-Präs. und Außen-Min. (1829/30) suchte er mit der Eroberung Algiers ein Ventil für die innenpolitischen Spannungen zu schaffen. Zur Unterdrückung der liberalen Opposition unterzeichnete er 1830 die königlichen Juliordonnanzen und provozierte damit den Ausbruch der Julirevolution. Danach zu lebenslänglichen Haft verurteilt, wurde er 1836 begnadigt und ging nach England ins Exil.

Polk, James Knox
11. Präsident der USA 1845–1849
** 2. 11. 1795 Mecklenburg County, North Carolina*
† 15. 6.1849 Nashville, Tennessee
Die Präsidentschaft des Politikers der Demokraten, ein Gefolgsmann Andrew →Jacksons, stand im Zeichen einer expansionistischen Außenpolitik. Die Annexion der Republik Texas, die sich 1835 von Mexiko gelöst hatte, führte zum Krieg mit Mexiko (1846 bis 1848), der einen riesigen Gebietsgewinn brachte. Ihn ergänzten die 1846 von England vertraglich

erworbenen Oregon-Gebiete (Westküste zwischen California und Alaska). Der territoriale Zuwachs verschärfte den Konflikt über die Sklavenfrage, da die sklavenfreien Staaten ein Verbot der Sklaverei in den neuen Territorien forderten, um das politische Übergewicht nicht zu verlieren.

Polo, Marco

venezianischer Kaufmann und Weltreisender
** 1254 Venedig*
† 1324 Venedig

P. reiste 1271 mit seinem Vater *Niccolò P.* und dessen Bruder *Maffeo P.* über die Türkei, Persien und den Pamir nach China. 1275 trafen sie in Kambaluk (heute Peking) ein und gewannen das Wohlwollen des Großkhans →Khublai-Khan. Sie blieben 17 Jahre in China, wo P. drei Jahre Statthalter der Provinz Kiannan war, und unternahmen Reisen nach Birma, Tonkin und Annam. Mit dem Auftrag, eine mongol. Prinzessin als Braut zu einem pers. Fürsten zu geleiten, traten sie 1292 auf dem Seeweg die Rückreise an. 1298 geriet Marco P. in genues. Gefangenschaft, wo er seine Erlebnisse einem französ. Mitgefangenen diktierte. Die Berichte des bedeutendsten Reisenden des Mittelalters prägten das Bild Europas vom Fernen Osten bis ins späte 19. Jh.
(▷ Chronik Zitat)

Pol Pot
kambodschanischer Regierungschef 1976–1979
** 19. 5. 1928 Prov. Kompong Thom*
Der Bauernsohn schloß sich 1946 der KP Indochinas unter →Ho Chi Minh und der KP Kambodschas an, deren Führung er 1963 übernahm. Mit der von ihm gegründeten Guerilla-Armee der Roten Khmer bekämpfte er zunächst Norodom →Sihanouk (1968 bis 1970), verbündete sich danach jedoch zeitweise mit ihm in der Nationalen Befreiungsfront Kambodschas, die mit Hilfe (Nord-)vietnams das von den USA gestützte Regime →Lon Nols stürzte. Die mit einer Terrorherrschaft betriebene Durchsetzung seines radikalen agrarkommunist. Programms (»Steinzeitkommunismus«) forderte zwischen 1 und 3 Mio. Menschenleben und führte das Land in die Agonie. Seit 1975 im Konflikt mit Vietnam, wurde er 1979 besiegt. Seitdem sucht P. P. von seinen Stützpunkten an der Grenze zu Thailand aus mit den Roten Khmer die Macht zurückzuerobern. 1985 gab er die Führung der Roten Khmer ab, um Friedensverhandlungen zu ermöglichen, galt aber zunächst weiterhin als deren starker Mann.

Bei Khublai-Khan zu Tisch

Chronik Zitat

Über das Leben am Hofe des Großkhans in Peking berichtet Marco Polo:

»... Die Tafel im Speisesaal ist erhöht aufgestellt. Das eine Ende zeigt nach Norden, das andere nach Süden. Die Erste der [vier]) Frauen des Khan sitzt zur Linken neben ihm. Auf der rechten Seite, etwas weiter unten, nehmen die Söhne und Verwandten des Herrschers Platz. Noch weiter unten auf der rechten Seite sitzen die Würdenträger und hohen Beamten. Die linke Tafelseite ist den Frauen vorbehalten. Zuerst kommen die Töchter, Enkelinnen und Verwandten, dann, noch weiter unten, die Frauen der Würdenträger und der hohen Beamten. An den Tagen, an denen Hof gehalten wird, sind es zusammen sechstausend Gäste des Herrschers. Außerhalb des Saales aber können noch weitere 40000 Gäste am Mahle teilnehmen.
Ein großer goldener Krug mit bestem Wein steht bereit, daneben befinden sich zwei kleinere Krüge mit anderen Getränken. Aus diesen Krügen schöpfen die Gäste mit goldenen Bechern. Man kann sich überhaupt nicht vorstellen, wieviel goldenes und silbernes Tafelgeschirr der Khan besitzt.
Bei Tisch wird der Khan von vornehmen Würdenträgern bedient, die Mund und Nase mit schönen Seidentüchern verhüllt haben, damit ihr Atem nicht die Speisen des Herrschers verunreinigt. Wenn der Khan den Becher in die Hand nimmt, um zu trinken, wird ein Tusch geblasen. Dann werfen sich die Gäste demütig auf die Knie, bis der Herrscher getrunken hat. Wenn der Khan gespeist hat, werden alle Gaukler und Artisten in den Saal eingelassen, die ihre unterhaltsamen Spiele und akrobatischen Kunststücke zeigen. Schließlich gehen alle nach Hause.«

Polybios
griechischer Geschichtsschreiber
** um 200 v. Chr.*
† um 120 v. Chr.
Im Anschluß an den 3. Makedon. Krieg (171–168) kam P. als Geisel nach Rom. Als Freund des Feldherrn Publius Cornelius →Scipio (d. J.) nahm er am 3. Punischen Krieg (149–146) teil und war Zeuge der Zerstörung Karthagos. Er verfaßte eine die Zeit von 264–144 umfassende röm. Geschichte von universalhistorischem und pragmat. Charakter. Von ihr sind die ersten 5 Bücher (bis 216) und einzelne Teile späterer Bücher erhalten. Sie schildern die Verwandlung des Mittelmeerraums zur polit. Einheit unter der Herrschaft des röm. Weltreichs, dessen Aufstieg P. geschichtsphilosophisch deutete.

Polykrates
Tyrann von Samos 538/32–522 v. Chr.
† 522 v. Chr. Magnesia am Mäander
P. stürzte 538 mit seinen Brüdern die aristokrat. Herrschaft von Samos und regierte seit 532 allein. Er schuf ein Söldnerheer und die stärkste Flotte im damaligen Griechenland, mit der er zahlreiche Städte an der Westküste Kleinasiens und vorgelagerte Inseln unterwarf und Seeraub trieb. Gegen einen Angriff Spartas (um 524) konnte er sich behaupten. Er förderte Landwirtschaft und Gewerbe, Bauwesen (Wasserleitung des Eupalinos) und Dichtkunst. An seinem Hof lebten die Dichter Anakreon und Ibykos, während Pythagoras die Emigration nach Süditalien vorzog. Der pers. Satrap Oroites von Sardes ließ P. umbringen. – Friedrich Schillers Ballade »Der Ring des P.« fußt auf einer Erzählung →Herodots.

Pombal, Sebastião José de Carvalho e Mello,
Marquês de
leitender Minister Portugals 1756–1777
** 13. 5. 1699 Soure bei Coimbra*
† 8. 5. 1782 Pombal bei Leiria
Der ehemalige Offizier und Diplomat war unter Joseph I. (König1750–1777) Außen-Min. (seit 1750) und leitender Minister und gilt als herausragender Repräsentant des aufgeklärten Absolutismus und Begründer des modernen Portugal. Nach dem verheerenden Erdbeben von 1755 organisierte er den Wiederaufbau Lissabons. Dem Widerstand gegen seine umfassenden Reformen und seine merkantilist. Wirtschaftspolitik, besonders von seiten des Adels und der Kirchen, deren Privilegien er zugunsten der Zentralgewalt beschnitt, begegnete er mit Repressionen. 1759 wies er die Jesuiten aus und erreichte 1773 deren Verbot durch Papst →Klemens XIV. Er förderte den Ausbau der portugies. Kolonien, 1773 schaffte er die Sklaverei in Portugal ab. Nach dem Tod Josephs I. wurde P. entlassen, viele seiner Reformen wurden rückgängig gemacht.

Pompadour, Jeanne Antoinette Poisson,
Marquise de (seit 1745)
Mätresse Ludwigs XV. von Frankreich 1745–1750
** 29. 12. 1721 Paris*
† 15. 4. 1764 Versailles
(Genannt *Madame P.*). Die Mätresse (1745–1750) und später weiterhin Vertraute →Ludwigs XV. übte starken Einfluß am Hof aus, u. a. 1758 bei der Berufung von Etienne F. de Choiseuls (* 1719, † 1785) zum leitenden Min., und griff mehrfach in polit. Entscheidungsprozesse ein, u. a. bei den Bündnisverhandlungen zu Beginn des Siebenjährigen Krieges 1756. Dennoch wurde ihr polit. Einfluß lange überschätzt. Mit aufklärer. Engagement förderte sie Kunst, Literatur und Wissenschaft.

Pompeius
(Gnaeus P. Magnus)
römischer Politiker und Feldherr
** 29. 9. 106 v. Chr. Rom*
† 28. 9. 48 v. Chr. Ägypten

Der einer alten, reichen röm. Plebejerfamilie entstammende P. unterstützte zunächst mit eigenen Truppen Lucius Cornelius →Sulla im Bürgerkrieg gegen die Popularen in Norditalien (83/82) und entlastete ihn in Sizilien und Nordafrika. Erfolgreich operierte er gegen die verbliebenen Anhänger des Gaius →Marius, die sich in Spanien festgesetzt hatten (76–72), und besiegte 71 die Restarmee des →Spartacus. Als Konsul des Jahres 70 revidierte er mit seinem Kollegen Marcus Licinius →Crassus einige der sullanischen Restaurationsmaßnahmen. 67 erhielt er außerordentliche Vollmachten zur Bekämpfung der Seeräuber, 66 den Oberbefehl im 3. Krieg gegen →Mithridates VI. von Pontos, den er 64 besiegte. 63 eroberte er Jerusalem und machte das jüdische Königreich zum Vasallenstaat.
Nach seiner Rückkehr verweigerte ihm der Senat die Ratifizierung seiner Neuordnung in Asien und

seinen – inzwischen entlassenen – Söldnern das versprochene Ackerland. Daraufhin schloß P. 60 das 1. Triumvirat mit Crassus und Iulius →Caesar, der als Konsul P.' Forderungen erfüllte. 56 wurde das Triumvirat erneuert, 55 wurde P. ein zweites Mal Konsul (mit Crassus). Zur Bekämpfung der anarch. Zustände in Rom wurde er 52 zum alleinigen Konsul ernannt, wandte sich nun gegen Caesar als Rivalen um die Macht und ließ sich vom Senat mit diktator. Vollmachten zur Verteidigung der Republik ausstatten (49). Als Caesar Italien eroberte, floh P. mit einem Teil des Senats nach Griechenland. In der Schlacht von Pharsalos von Caesar besiegt (48), wurde er auf der Flucht nach Ägypten ermordet.

Pompeius *(Sextus P. Magnus)*
römischer Flottenkommandant
** um 67 v. Chr.*
† 35 v. Chr. Milet
Sohn des Gnaeus →P. Magnus. Wie sein älterer Bruder *Gnaeus P. Magnus* (* 78, † 45) führte P. den Kampf seines Vaters gegen Iulius →Caesar weiter. Während der Bruder in Spanien von Caesar geschlagen und auf der Flucht getötet wurde, konnte P. mit seiner Flotte durch die Eroberung Siziliens zunächst die Oberhand über das westl. Mittelmeer gewinnen. Seit 43 verbündet mit Marcus I. →Brutus und Gaius →Cassius, errang er 42 einen Sieg über Octavians (→Augustus) Flotte. 36 wurde er von Marcus Vipsanius →Agrippa besiegt und 35 in Milet getötet.

Pompidou, Georges
französischer Staatspräsident 1969–1974
** 5. 7. 1911 Montboudif, Cantal*
† 2. 4. 1974 Paris
Seit 1944 gehörte P., von Beruf Lehrer, zum engeren Kreis um Charles de →Gaulle und war lange die »graue Eminenz« im Schatten des Generals. Seit 1954 Generaldirektor des Rothschild-Konzerns, ernannte ihn Min.-Präs. de Gaulle 1958 zum Direktor seines Kabinetts (bis 1959). Sein Erfolg als Chefunterhändler bei der Beendigung des Algerienkriegs (Évian-Abkommen 1962) verhalf ihm wenig später zur Berufung als Min.-Präs. (1962–1968). Aus der starken Abhängigkeit von de Gaulle löste er sich nicht, begegnete der Studentenrevolte von 1968 jedoch flexibel. Nach dem Rücktritt de Gaulles setzte P. als Staats-Präs. die auf die französische Nation zentrierte Außenpolitik seines Vorgängers fort, suchte jedoch ein besseres Verhältnis zu den USA herzustellen und gab den Widerstand gegen den Beitritt Großbritanniens zur EG auf.

Pontiac
Indianerhäuptling der Ottawa
** um 1720 am Maumee River, Ohio*
† 20. 4. 1769 Chaokia, Illinois
Seit 1755 Häuptling, kämpfte P. zunächst im Rahmen des Siebenjährigen Krieges (in Nordamerika: »French and Indian War«, 1754–1763) auf französ. Seite gegen die Engländer. 1763 faßte er unter seinem Oberbefehl 25 indian. Völkerschaften zusammen und erhob sich mit ihnen. Im Angriff auf die britischen Streitkräfte zunächst erfolgreich, konnte er die Forts Detroit und Pitt (heute Pittsburgh) nicht nehmen. Nach der Kapitulation der Franzosen brach der größte Indianeraufstand im 18. Jh. zusammen und P. mußte Frieden schließen (1766). Er wurde von einem Peoria-Indianer ermordet.

Potemkin, Grigori Alexandrowitsch
russischer Staatsmann
** 24. 9. 1739 Tschischewo bei Smolensk*
† 16. 10. 1791 bei Jassy, Moldau
(Reichsfürst ab 1779). Ursprünglich Gardeoffizier, erlangte P. nach seiner Beteiligung an der Ermordung Zar →Peters III. (1762) als zeitweiliger Liebhaber (1774–1776) und polit. Berater →Katharinas II. (d. Gr.), zugleich Mitglied des Reichsrats und Präs. des Kriegskollegiums, entscheidenden Einfluß auf die russ. Politik. Als absolutistisch herrschender Generalgouverneur von »Neurußland« gliederte er die im 3. russisch-türkischen Krieg (1768–1774) gewonnenen Gebiete Rußland ein und ließ zahlreiche Städte und Siedlungen aufbauen, in denen er u. a. Wolgadeutsche ansiedelte. Gleichwohl wurden viele seiner ehrgeizigen Projekte nicht realisiert. So eitel wie skrupellos, ließ er nach der 1783 erfolgten Annexion der Krim angeblich Attrappen von Siedlungen (»P.sche Dörfer«) errichten, um die Zarin auf ihrer Krimreise 1778 (auf dem »Weg nach Byzanz«) mit dem Fortschritt seiner Erschließung zu beeindrucken. Sein mit der Zarin verfolgtes »Griech. Projekt« zur Restauration des Byzantinischen Reichs durch Zerschlagung des Osmanischen Reichs scheiterte im 4. russisch-türkischen Krieg (1787–1792), in dem er Oberbefehlshaber war.

Primo de Rivera y Orbaneja, Miguel
spanischer Diktator
und Ministerpräsident 1923/1925–1930
** 8. 1. 1870*
Jerez de la Frontera
† 16. 3. 1930 Paris
(*Marqués de Estella*). 1922 zur Befriedung der schweren Unruhen nach der Niederlage Spaniens gegen die marokkan. Berberstämme der Rifkabylen unter Mohammed →Abd al-Krim (1921) wurde P. de R. in Katalonien Generalkapitän und machte sich mit Billigung von König →Alfons XIII. durch einen Staatsstreich 1923 zum präfaschist. Diktator. 1925 setzte er ein gemischt zivil-militär. Kabinett ein und übernahm das Amt des Min.-Präs. In Kooperation mit Frankreich gelang ihm die Niederschlagung des Aufstands der Rifkabylen (1926). Dennoch verlor er seine Basis im Militär und wurde auf Druck der Opposition entlassen. Der Revolution von 1931 hatte er ungewollt den Boden bereitet.
Sein Sohn *José Antonio P. de R. y Saenz de Heredia* (* 1903, † 1936) gründete 1933 die Falange. Bei Ausbruch des Span. Bürgerkriegs wurde er von den Republikanern zum Tode verurteilt und hingerichtet.

Prokop, *der Große*
Hussitenführer
** um 1380*
† 30. 5. 1434 bei Lipan
(Auch *P. der Kahle*). Ursprünglich Geistlicher, übernahm P. nach dem Tod Jan Žiškas (* 1370, † 1424), der zu Beginn der Hussitenkriege (1420–1436) den Siegeszug gegen die Reichsheere unter König →Sigismund und die gemäßigten Hussiten (Utraquisten, Kalixtiner) eingeleitet hatte, die Führung der radikalen Taboriten. Nach mehreren Siegen über dt. Heere und Kreuzzugsheere zwischen 1424 und 1431 unterlag er der auf dem Konzil von Basel 1433 gebildeten Koalition von Utraquisten und Katholiken in der entscheidenden Schlacht bei Lipan, in der er fiel.

Proudhon, Pierre Joseph
französischer Frühsozialist und Publizist
** 15. 1. 1809 Besançon*
† 19. 1. 1865 Paris
Aus ärml. Verhältnissen stammend, entwickelte sich P. zu einem frühen Theoretiker des Anarchismus, der großen Einfluß auf Michail →Bakunin und Peter →Kropotkin ausübte. In seiner Schrift »Was ist Eigentum?« (1840) bekannte er sich zum Anarchismus und formulierte provozierend »Eigentum ist Diebstahl«, ohne jedoch den Besitz an Produktionsmitteln für den Eigenbedarf abzulehnen. Nach seiner Idee des »Mutualismus« sollten die Arbeiter ihre Produkte direkt austauschen, vermittelt über eine »Volksbank«, die jeden nach der für die Produktion veranschlagten Zeit bezahlen sollte. Ein Versuch der Umsetzung scheiterte 1849. Seine Auseinandersetzungen mit dem autoritär-zentralist. Sozialismus, wie ihn Karl →Marx vertrat, bereiteten mit der Marxschen Gegenschrift zu P.s »Philosophie des Elends« (1846), der Polemik über das »Elend der Philosophie« (1847), langfristig den Bruch zwischen Anarchisten und Sozialisten in der Ersten Internationale (1864–1876) vor. (▷ Chronik Zitat)

»Eigentum ist Diebstahl«

Chronik Zitat

»Der eine Schriftsteller bezeichnet das Eigentum als positives Recht, das aus der Besitznahme entstanden und durch das Gesetz sanktioniert sei, der andere verteidigt es als natürliches Recht, dessen Ursprung in der Arbeit beruhe: und diese Ideen haben trotz ihrer scheinbar ganz entgegengesetzten Natur dennoch beide eine große Anhängerschaft. Ich aber behaupte, daß weder die Arbeit, noch die Besitznahme, noch das Gesetz das Eigentum zu schaffen imstande sind, daß es vielmehr eine Wirkung ohne Ursache ist: wer will mich deshalb verdammen? Was für ein Sturm der Entrüstung sich da erhebt! – Das Eigentum ist Diebstahl!«

»Die Partei der Vergangenheit, je nachdem wir sie in religiöser, politischer oder ökonomischer Beziehung betrachten, heißt Katholizismus, Legitimität, Eigentum. Der allgemeine Ausdruck für alle drei ist der Absolutismus. (. . .) Die Ausbeutung des Menschen durch den Menschen, hat irgend jemand gesagt, ist Diebstahl. Nun wohl! Die Regierung des Menschen durch den Menschen ist Sklaverei. Und jede Religion, welche mit dem Dogma der päpstlichen Autorität endigt, ist nichts als die Anbetung des Menschen durch den Menschen, ist Götzendienst . . . Die Menschenfresserei mit ihren grausamen Gebräuchen ist noch überall im Geiste unserer Institutionen vorhanden. Ich rufe zum Zeugnis auf das Sakrament des heiligen Abendmahls und unser Strafgesetzbuch.«

Psammetich I.
ägyptischer König 664–610 v. Chr.
Zunächst Gaufürst in Sais unter der Oberherrschaft König →Assurbanipals von Assyrien, setzte sich P. gegen Nebenkönige durch und schüttelte – mit Hilfe der ihm vom lydischen König geschickten griech. Söldner – die äthiop. und assyr. Fremdherrschaft ab. Er begründete die 26. Dynastie (664–525) und initiierte im neu vereinten Ägypten eine Ära wirtschaftl. und kultureller Blüte. Trotz seines Abfalls von Assyrien unterstützte er es ab 616 im – schließlich vergeblichen – Kampf gegen die als gemeinsame Bedrohung empfundenen Meder und den babylonischen Eroberer Nabupolassar (614–612).

Pseudodemetrius I. Samoswanez
russischer Zar 1605/06
† 27. 6. 1606 Moskau
(Russisch »Samoswanez« = »der Selbsternannte«). In der mit dem letzten Regierungsjahr des Zaren →Boris Godunow beginnenden »Zeit der Wirren« (Smuta 1604–1613) trat der erste P. auf, hinter dem sich wahrscheinlich der entlaufene Mönch *Grigori Otripjew* verbarg, der sich als – der in Wirklichkeit ermordete – Thronfolger →Demetrios Iwanowitsch ausgab. Mit Unterstützung von Kosaken, des Volkes und der Intervention eines polnisch-litauischen Heeres (König →Sigismund III. Wasa von Polen) stürzte er den Sohn Boris Godunows, Zar Fjodor II. Borissowitsch (* 1589, † 1605), und usurpierte den Thron. Nach seiner Heirat mit der kath. Tochter eines polnischen Magnaten, die als Bruch mit den russisch-orthodoxen Traditionen empfunden wurde, wurde er in einem antikath.-antipoln. Volksaufstand erschlagen. Das vieldeutige Thronprätendenten-Schicksal dieses russischen Zaren ist oft literarisch gestaltet worden.*Pseudo-Demetrius II.* († 1610), genannt der *»Räuber von Tuschino«*, eroberte seit 1608 von Tuschino bei Moskau aus, wo er Hof und Regierung installierte, gegen den Zaren →Wassili IV. Schujski fast ganz Rußland. Nachdem Wassili die Unterstützung →Karls IX. von Schweden gewonnen hatte und sich von P. ein Teil des Bojarenadels unter Führung der Romanow abgewandt hatte, der 1610 mit dem polnischen König Sigismund III. über eine Thronkandidatur von dessen Sohn →Władysław (IV.) Wasa einig wurde, wurde P. vertrieben und von seinen eigenen Anhängern ermordet.
Pseudo-Demetrius III. († 1612) versuchte mit Unterstützung der Kosaken und der Stadt Pskov (daher auch *Räuber von Pskov*) 1611/12 vergeblich, auf den Moskauer Thron zu gelangen.

Ptolemaios, Claudius
griechischer Naturforscher
** um 100 Ptolemais, Oberägypten*
† um 170 Canopus (?)
(*Ptolemäus*). Der in Alexandria wirkende Geograph, Mathematiker und Astronom entwarf ein mathematisch-astronom. System, mit dem er das antike Weltbild revolutionierte. Sein geozentrisches Modell, in dem sich die Erde im Mittelpunkt des Weltalls befindet, umkreist von der Sonne, dem Mond und den Planeten, blieb maßgebend, bis es durch die Kopernikanische Wende (Nikolaus →Kopernikus) 1543 vom Weltbild der Neuzeit abgelöst wurde. Auf der Basis seiner astronomischen Mathematik bestimmte er in den 8 Büchern seiner »Geographie« die Längen- und Breitenangaben von 360 Orten der damals bekannten Welt, nach denen sich die spätere Bearbeitung der P.-Karten richtete. Er gab den ältesten (überlieferten) Fixsternkatalog heraus.

Ptolemaios,
Herrscher der Ptolemäerdynastie in Ägypten

Ptolemaios I. Soter
Satrap und König von Ägypten 323/305–282 v. Chr.
** um 367 v. Chr.*
† 282 v. Chr.
Der Freund und General →Alexanders d. Gr. erhielt nach dessen Tod (323) die Satrapie Ägypten. Im Verlauf der Diadochenkämpfe, an denen er sich in wechselnden Bündnissen mit bzw. gegen →Perdikkas, →Antigonos I. und →Seleukos I. beteiligte, nahm er 305 den Königstitel an und begründete die bis 30 v. Chr. (Tod →Kleopatras VII.) herrschende Dynastie der Ptolemäer. Er erweiterte sein Reich um Kyrene (298) und Zypern (294) und sicherte es nach außen durch kluge Heiratspolitik, nach innen durch eine straffe Militär- und Verwaltungsorganisation. Den Kultbeinamen »Soter« (= »der Retter«) erhielt er nach seinem Sieg über →Demetrios I., der Rhodos belagert hatte (304). P. förderte Wissenschaften und Künste und verfaßte eine Geschichte der Kriege Alexanders d. Gr. Nachfolger: Sohn →P. II., Mitregent seit 285.

Ptolemaios II. Philadelphos
König 282–246 v. Chr.
** 308 v. Chr. auf Kos*
† 246 v. Chr.
Der Sohn und Nachfolger →P.' I., seit 285 Mitregent, behauptete in anhaltenden Kämpfen gegen die Seleukiden →Antiochos I. und →Antiochos II. seine

Herrschaft in Palästina und in der Ägäis. 273 gab er den freundschaftlichen Beziehungen mit Rom eine vertragl. Basis. Mit der Heirat seiner Schwester Arsinoe II. führte er die Geschwisterehe wieder ein (um 278) und schloß auch mit der Begründung des Herrscherkults um sich und seine Familie an altägypt. Traditionen an. Zugleich machte er Alexandria zu einem kulturellen Zentrum der hellenist. Welt (Bau der Bibliothek). Nachfolger wurde sein Sohn P. III. *Euergetes* (246–222).

Ptolemaios VIII. Euergetes II.
König 164/63 und 145–116 v. Chr.
** um 181 v. Chr.*
† 116 v. Chr.
P. übernahm nach dem Tod seines von ihm zeitweise vertriebenen älteren Bruders *P. VI.* (König seit 180, Mitregent seit 170) die Alleinherrschaft über ganz Ägypten. Seine Doppelehe mit seiner Schwester und zeitweisen Mitregentin Kleopatra II. und ihrer Tochter (aus der Ehe mit P. VI.) Kleopatra III. führte zu Bürger- und Dynastienkriegen unter seinen Nachfolgern. P. VIII. setzte als erster ägyptischer König Rom als Erben ein.

Pufendorf, Samuel,
Freiherr von (seit 1694)
deutscher Staatsrechtler und Historiker
** 8. 1. 1632 Dorf-Chemnitz, Sachsen*
† 26. 10. 1694 Berlin

Ausgehend von der rationalistischen Naturrechtslehre und der Lehre Thomas →Hobbes' vom Gesellschaftsvertrag entwickelte P. das die Ära des Absolutismus prägende Staatsrechtssystem (Hauptwerk: »De jure naturae et gentium«, 1672). Den Herrscher als Statthalter Gottes sah er als Inhaber der absoluten Gewalt, die ihm von den Menschen im Herrschaftsvertrag allein zur Wahrung von Frieden und Gerechtigkeit übertragen wurde. Indem P. die Freiheit des Menschen, der Kraft seiner Vernunft fähig sei, die Gebote des sozialen Zusammenlebens zu erkennen und danach zu handeln, als Ausgangspunkt für die Legitimation von Herrschaft galt, war er zugleich ein Wegbereiter der Aufklärung. 1661 erhielt P. in Heidelberg die erste deutsche Professur für Natur- und Völkerrecht; seit 1670 lehrte er in Lund, wurde 1677 Staatssekretär in Stockholm und wirkte seit 1688 als Historiograph in Berlin.

Pugatschow, Jemeljan Iwanowitsch
russischer Kosakenführer
** um 1742 Simowejskaja-na-Donu*
† 21. 1. 1775 Moskau
Nach seiner Desertion aus der russ. Armee gab sich der Donkosake P. 1773 als der (1762 ermordete) Zar →Peter III. aus und erhielt starken Zulauf von Kosaken, aus dem niederen Klerus und aus allen Schichten, die im absolutist. Rußland verelendeten, insbes. von entlaufenen leibeigenen Bauern. Der Aufruhr ging in den Kosaken- und Bauernaufstand über (1773–1775), in dem P. als Gegenzar fast ganz Südrußland unter seine Kontrolle brachte. Nach Beendigung des 3. russ.-türk. Kriegs (seit 1768) mit dem Frieden von Kütschük-Kainardschi 1774 unterlag P. den nun zur Niederschlagung des Aufstands freien Truppen →Katharinas II. (d. Gr.), wurde von seinen Anhängern ausgeliefert und 1775 hingerichtet.

Pu Yi
letzter Kaiser von China 1908–1912
** 7. 2. 1906 Peking*
† 17. 10. 1967 Peking

(*Puyi*, Kaisername *Xuantong*). Schon mit drei Jahren Kaiser, beendete P. Y. mit seiner Abdankung im Zuge der Chines. Revolution 1911/12 die Herrschaft der Mandschu-Dynastie (seit 1644) und die Geschichte des über 2000 Jahre währenden chinesischen Kaisertums (seit 221 v. Chr.). Bis 1924 lebte er noch im Kaiserpalast, floh dann zu den Japanern nach Tientsin und ließ sich von ihnen 1932 zum Präsidenten, 1934 zum Kaiser des japanischen Marionettenstaates Mandschukuo ernennen. 1945–1950 in sowjetischer Gefangenschaft, wurde er nach seiner Auslieferung als Kriegsverbrecher verurteilt (1950). Nach »Umerziehung« und Begnadigung 1959 aus der Haft entlassen, lebte er seitdem als Gärtner und Historiker in Peking. B. Bertolucci verfilmte 1987 seine Autobiographie: »Ich war Kaiser von China« (1964, dt. 1973).

Pym, John
englischer puritanischer Revolutionär

** um 1583 Brymore, Somerset*
† 8. 12. 1643 London

Seit 1621 Mitglied des Unterhauses, spielte P. als einer der Führer der parlamentar. Opposition gegen die Könige →Jakob I. und →Karl I. eine entscheidende Rolle in der Vorgeschichte und ersten Phase der Engl. Revolution (1640–1660). Er gehörte zu den Verfassern der Erklärung über die Privilegien des Parlaments (1621) und war treibende Kraft bei der Abfassung und Durchsetzung der Petition of Rights (1628). Nach der langen Nichteinberufung des Parlaments durch den König (1629–1640) nahm er als Führer des Long Parliament 1640 den Kampf mit Karl I. auf, der 1642 in den Bürgerkrieg mündete. 1643 gewann er die entscheidende Unterstützung der presbyterianischen Schotten. (▷ Chronik Zitat)

Pyrrhos
König der Molosser 306–302, 297–272 v. Chr.
** 319 v. Chr.*
† 272 v. Chr. Argos
P. gewann 288–284 Makedonien, Illyrien und Thessalien, die er jedoch 284 wieder verlor. Von Tarent zu Hilfe gerufen, fiel er 280 in Italien ein und besiegte die Römer bei Herakleia am Siris und 279 bei Ausculum in Apulien unter schweren eigenen Verlusten (»P.sieg«). Nachdem er 278 Sizilien weitgehend unterworfen hatte, wurde er durch den Sieg der Römer bei Beneventum (275) wieder zur Rückkehr nach Epirus gezwungen, wo er seine Herrschaft behaupten mußte. Er fiel bei einem Straßenkampf in Argos.

Pytheas
griechischer Seefahrer und Geograph
4. Jh. v. Chr.
Um 325 befuhr der aus Massilia (Marseille) stammende P. als erster Grieche die Nordsee entlang der Atlantikküste Frankreichs nach Britannien, möglicherweise erreichte er Norwegen und durchfuhr die Ostsee. Seine Berichte, u. a. vom sagenhaften Thule, schenkte die hellenistische Wissenschaft wenig Glauben.

Der König überfällt das Parlament

Chronik Zitat

Im Konflikt zwischen der parlamentarischen Opposition unter Führung John Pyms und König Karl I. versuchte der König am 4. 1. 1642, Pym und 4 weitere Abgeordnete im Unterhaus zu verhaften. Diese waren gewarnt und flohen. Ein Augenzeuge berichtet:

»Dann begann der König zu sprechen: ›Meine Herren, es tut mir leid, daß ich aus solchem Anlaß zu Ihnen kommen muß ... Solange diese Männer, die ich wegen Verrats angeklagt habe, hier sind, kann ich nicht annehmen, daß dieses Haus sich auf dem rechten Weg befindet, auf dem ich es herzlich gern sehen möchte. Deswegen bin ich gekommen, um Ihnen zu sagen: Ich muß sie haben, wo ich sie auch finden mag! – Nun schön, ich sehe, daß alle Vögel ausgeflogen sind. So erwarte ich von Ihnen, daß Sie sie mir schicken, sobald sie sich hier wieder einfinden ...‹
Am 5. Januar trat das Unterhaus wieder zusammen. Es wurde befohlen, die Tür zu verschließen, und der Schlüssel wurde [dem Speaker] hinaufgebracht ... Dann beschloß das Haus eine Deklaration über die soeben geschehene Verletzung der Privilegien, die sofort zu drucken und zu veröffentlichen sei. Sie hatte folgenden Wortlaut:
›Gestern ... kam Seine Majestät in eigener königlicher Person in das Unterhaus, begleitet von einer großen Menge von Männern, die kriegsmäßig bewaffnet waren ... Seine Majestät bestieg den Stuhl des Speakers und verlangte die Auslieferung verschiedener Mitglieder des Hauses. Das Unterhaus erklärt hiermit, daß das einen schweren Bruch der Rechte und Privilegien des Parlaments darstellt und unvereinbar ist mit dessen Freiheit und Unabhängigkeit. Das Haus stellt daher fest, daß es hier nicht der Sicherheit seiner Mitglieder und der Unversehrtheit der Rechte und Privilegien des Parlaments sicher sein kann und daher nicht länger seine Sitzungen hier abhalten kann, wenn es nicht volle Genugtuung für einen so schwerwiegenden Verstoß und eine ausreichende Schutzwache erhält, auf die es sich verlassen kann‹.«

Qianlong
Kaiser von China 1736–1796
** 25. 9. 1711*
† 7. 2. 1799
(*Ch'ien-lung*, persönlicher Name *Hongli*). Während der langen Herrschaft des 4. Kaisers der Qing (Mandschu-)Dynastie erreichte China durch zahlreiche Eroberungsfeldzüge seine größte Ausdehnung. Künste und Wissenschaften erfuhren eine letzte Blüte, bevor die sozialen und wirtschaftl. Verhältnisse diverse Bauernaufstände bis hin zum großen Taiping-Aufstand 1850 und den Zusammenstoß mit dem Westen (1. Opiumkrieg 1839/40) bewirkten.

Qin Shihuangdi
erster Kaiser von China 221–210 v. Chr.
** 259 v. Chr.*
† 210 v. Chr.
(*Ch'in Shih Huang-ti*). Unter dem Namen *Zheng* seit 249 König von Qin (den heutigen Provinzen Shaanxi und Gansu), eroberte Q. S. die Königreiche Han, Zhao, Wei, Chu, Yan und Qi, vereinigte erstmals alle chines. Länder zu einem Einheitsstaat und begründete die Ch'in-Dynastie. Er nahm den Titel »Huangdi« (»Erhabener Herrscher«) an, den nach ihm alle chines. Kaiser führten, und nannte sich selbst Shihuangdi (»Erster Kaiser«). Q. S. schaffte das Lehnswesen ab und teilte das unter seiner mächtigen Zentrale stehende Land in Bezirke ein, die von Beamten verwaltet wurden, vereinheitlichte die Schrift, die Maße und Gewichte und das Münzwesen. Die Grenze nach Norden sicherte er durch ein Befestigungssystem, aus dem die Chines. Mauer erwuchs. Um als Staatsideologie den Legalismus durchzusetzen, verbot er den Konfuzianismus und ließ 213 eine große Bücherverbrennung durchführen. Nebenanlagen seines riesigen Mausoleums in der Nähe von Xi'an (mit einer »Armee« von ca. 7000 lebensgroßen Krieger- und Pferdestatuen aus Terracotta) werden seit 1974 ausgegraben.

Quesnay, François
französischer Nationalökonom
** 4. 6. 1694 Méré*
† 16. 12. 1774 Versailles
Der Leibarzt König →Ludwigs XV. begründete mit der physiokratischen Wirtschaftstheorie die erste Schule der Nationalökonomie. Als einzige produktive Klasse nahm er die landwirtschaftlichen Produzenten an. Vertrauend auf die natürliche Selbstregulierung aller wirtschaftlichen Vorgänge im Rahmen einer auf Harmonie gerichteten gottgewollten Ordnung lehnte er gegen die Programmatik des Merkantilismus jede staatl. Eingriffspolitik ab (»Laissez faire, laissez passez«) und schuf damit das theoretische Fundament des Liberalismus. Mit dem »Tableau économique« (1758) entwickelte Q. das erste – dem Blutkreislauf nachempfundene – Modell eines geschlossenen Wirtschaftskreislaufs von Waren, Dienstleistungen und Geld.

Quidde, Ludwig
deutscher Historiker und Politiker
** 23. 3. 1858 Bremen*
† 5. 3. 1941 Genf
Mit seiner auf Kaiser →Wilhelm II. zielenden Schrift »Caligula, eine Studie über römischen Cäsarenwahnsinn« (1894) trug sich der prominente Historiker, der 1889 die Dt. Zeitschrift für Geschichtswissenschaft gegründet hatte, eine Verurteilung wegen Majestätsbeleidigung ein, die seine wissenschaftliche Karriere beendete. Seit 1892 in der bürgerlichen Friedensbewegung tätig, war Q. 1914–1929 Vors. der Dt. Friedensgesellschaft. 1907–1918 gehörte er als Linksliberaler dem bayer. Landtag an, 1919/20 der Nationalversammlung (Dt. Demokrat. Partei). Er vertrat einen ethisch begründeten Pazifismus und geriet zunehmend in Gegensatz zur radikaler werdenden Friedensbewegung. 1927 erhielt er als zweiter Deutscher den Friedensnobelpreis (zusammen mit dem französischen Pädagogen und Politiker Ferdinand Buisson). 1933 ging er ins Exil.

Quisling, Vidkun
norwegischer Ministerpräsident 1942–1945
** 18. 7. 1887 Fyresdal*
† 24. 10. 1945 Oslo
Der Generalstabsoffizier wurde 1931 Verteidigungs-Min., schied 1933 jedoch aus der Regierung aus, um die faschistische Partei »Nasjonal Samling« zu gründen. Mit ihr wollte er den Kommunismus bekämpfen, den er als Mitarbeiter des Rußlandhilfswerks Fritjof Nansens (* 1861, † 1930) in Sowjetrußland und als norwegischer Legationsrat in Moskau 1927–1929 kennengelernt hatte. 1939 schlug er bei einem Treffen mit Adolf →Hitler eine dt. Besetzung vor. Als sie 1940 erfolgte, kollaborierte er als Führer der einzigen zugelassenen Partei und wurde Min.-Präs. unter Reichskommissar Josef Terboven (* 1898, † 1945). Wegen seiner Zusammenarbeit mit den Deutschen wurde er zum Tode verurteilt und hingerichtet. Q.s Name wurde zum Synonym für »Kollaborateur«.

Raab, Julius

österreichischer Bundeskanzler 1953–1961
** 29. 11. 1891 St. Pölten*
† 8. 1. 1964 Wien

R. war 1938 Handels- und Verkehrs-Min. im letzten Kabinett von Kurt →Schuschnigg vor dem »Anschluß« an das Dt. Reich. Nach dem 2. Weltkrieg einer der maßgebenden Politiker beim Wiederaufbau Österreichs, beteiligte er sich 1945 an der Gründung der Österr. Volkspartei (ÖVP) und übernahm 1952 deren Führung (bis 1960). Mit der 1953 von ihm mit der Sozialdemokrat. Partei gebildeten großen Koalition, die er 1956 und 1959 erneuerte, prägte er die Wiederaufbauphase Österreichs in den 50er Jahren. 1955 erreichte er den Abschluß des Österr. Staatsvertrags mit den vier Siegermächten, der Österreich bei immerwährender Neutralität die volle Souveränität gewährte.

Rabin, Yitzhak

israelischer Ministerpräsident 1974–1977, seit 1992
** 1. 3. 1922 Jerusalem*

Nach langer Militärkarriere, die ihn vom Einsatz in der Eliteeinheit der jüd. Miliz Palmach (seit 1940) zum Generalstabschef (1964–1968) im 3. Nahostkrieg (Sechstagekrieg 1967) führte, und nach vier Jahren als Botschafter in Washington (1968–1973) wurde R. 1974 der erste im Land geborene Min.-Präs. Im Verhältnis zu den arab. Nachbarn und den Palästinensern ein »Falke«, betrieb er als Verteidigungs-Min. (1984–1990) einer großen Koalition unter Yitzhak →Shamir und Shimon →Peres eine Politik der harten Hand, insbesondere gegen den paläst. Aufstand, die Intifada. Jedoch folgte er seit 1989 seinem innerparteil. Rivalen Peres, den er im Vorsitz der Arbeiterpartei 1992 ablöste, beim Versuch, einen Ausgleich mit den einstigen Feinden im Nahostkonflikt zu erreichen. Seit 1992 erneut Min.-Präs. und Verteidigungs-Min., unterzeichnete er 1993 das Gaza-Jericho-Abkommen, das mit der gegenseitigen Anerkennung von Palästinens. Befreiungsorganisation (PLO) und Israel sowie Gewährung partieller Autonomie für die Palästinenser als erster Schritt zur Staatsbildung eine dauerhafte Friedensregelung einleiten soll. 1994 erhielt R. gemeinsam mit Peres und Jassir →Arafat den Friedensnobelpreis und beendete im gleichen Jahr mit König →Hussein II. den Kriegszustand mit Jordanien.

Radek, Karl
sowjetischer Politiker
** 1885 Lemberg*
† 1939 (?) in Sibirien

(Eigentlich *K. Sobelsohn*). Aus jüd. Familie in Ostgalizien stammend, wirkte R. als Gefolgsmann Rosa →Luxemburgs seit 1901 für die poln. und die dt. Sozialdemokratie. 1904 schloß er sich den von Wladimir I. →Lenin geführten Bolschewiki an, wurde im 1. Weltkrieg dessen enger Mitarbeiter und bekannte sich als radikaler Internationalist zu Leo →Trotzkis Idee der »permanenten Revolution«. 1917 an der Oktoberrevolution beteiligt, war er 1919–1924 Mitglied des ZK, zugleich seit 1920 Sekretär des Exekutivkomitees der Komintern. Als Deutschlandexperte baute er 1918/19 die KPD mit auf, war Verbindungsmann zu ihr und versuchte, 1923 einen kommunist. Aufstand in Dtschld. zu organisieren. Dessen Scheitern war für Josef →Stalin Anlaß, den »Trotzkisten« 1924 aus den Parteiämtern und 1927 aus der KPdSU auszuschließen. Nachdem er sich der stalinschen Doktrin 1929 unterworfen hatte, wurde R. wieder aufgenommen und war 1931–1936 außenpolit. Redakteur der »Iswestija«. 1936 fiel er den »Großen Säuberungen« zum Opfer, wurde 1937 im 2. Moskauer Schauprozeß zu 10 Jahren Gefängnis verurteilt und starb in einem Arbeitslager. 1988 wurde R. postum rehabilitiert.

Radetzky, Joseph Wenzel
österreichischer Offizier
** 2. 11. 1766 Trebnitz, Böhmen*
† 5. 1. 1858 Mailand

(*Graf R. von Radek*). Von den Türkenkriegen 1788/1789 bis zu seiner Zeit als Generalgouverneur des Königreichs Lombardo-Venetien (1850–1857) diente der volkstümliche böhmische Adlige fast 70 Jahre in der österreichischen Armee. Als Stabschef des

Generalissimus der antinapoleonischen Alliierten, Karl Philipp v. Schwarzenberg, war er durch seine strategische Planung wesentlich am Sieg in der Völkerschlacht bei Leipzig beteiligt (1813). Seit 1831 Oberkommandeur in Lombardo-Venetien und 1836 zum Feldmarschall befördert, behauptete er 1848/49 Oberitalien gegen die revolutionäre italienische Nationalbewegung (Risorgimento).

Radhakrishnan, Sarvepalli
indischer Staatspräsident 1962–1967
** 5. 9. 1888 Tiruttani, Chitturu*
† 17. 4. 1975 Madras
Der Philosoph, Erziehungswissenschaftler und Politiker mit Lehrstühlen für östl. Religionen und Ethik in Madras (1909–1917), Mysore (1918–1921), in Kalkutta (1921–1931, 1937–1941) und Oxford (1936 –1952) bemühte sich mit seinem umfangreichen kuturphilosoph. Werk um eine Verschmelzung des ind. Denkens und Glaubens mit den westl. Traditionen. 1946–1952 leitete er die indische Delegation bei der UNESCO, 1949–1952 war er Botschafter in Moskau. Als Vize-Präs. (1952–1962) und Präs. der Republik Indien, suchte er als eine der im Lande und international angesehensten Persönlichkeiten Indiens seinen philosoph. und kulturpolit. Vorstellungen reale Tragkraft zu geben. 1961 erhielt er den Friedenspreis des Dt. Buchhandels.

Radić, Stefan (Stjepan)
kroatischer Politiker und Publizist
** 11. 7. 1871 Trebarjevo Desno bei Rijeka*
† 8. 8. 1928 Zagreb
Als einer der Hauptvertreter der kroat. Nationalbewegung gründete R. 1904 gemeinsam mit seinem Bruder *Antun R.* (* 1868, † 1919) die Kroat. Bauernpartei und übernahm deren Führung. Mit ihr bekämpfte er im Vielvölkerreich Österreich-Ungarn die Vorherrschaft der Ungarn (István →Tisza) und forderte die stärkere Föderalisierung der Donaumonarchie. Nach 1918 war er Hauptgegner der serb. Dominanz im neuerstandenen südslaw. Königreich der Serben, Kroaten und Slowenen unter König →Alexander I. Karadjordjević. Trotz des Wahlerfolgs von 1920 boykottierte seine Bauernpartei daher zunächst das Belgrader Parlament. R. wurde der große Gegenspieler von Min.-Präs. Nikola →Pašić und dessen großserb. Zentralismus. Als seine Obstruktionspolitik nichts fruchtete, gab R. 1924 den Boykott des Parlaments auf und bildete 1925 eine Koalition mit der Radikalen Partei Pašićs (bis 1927), in der er 1925/26 als Bildungs-Min. fungierte. Wieder in der Opposition, wurde R. bei einem Attentat eines montenegrin. Abgeordneten der Radikalen Partei im Belgrader Parlament tödlich verwundet.

Radowitz, Joseph Maria von
preußischer General und Politiker
** 6. 2. 1797 Blankenburg, Harz*
† 25. 12. 1853 Berlin
Mitglied des romant.-polit. Freundeskreises um König →Friedrich Wilhelm IV., war R. in der Frankfurter Nationalversammlung 1848/49 einer der Führer der äußersten Rechten. Der Sproß einer kath. ungarischen Adelsfamilie war ursprünglich Anhänger einer großdt. Lösung, vertrat aber als faktischer Leiter der preußischen Außenpolitik (1850 auch formal Außen-Min.) das von Heinrich v. →Gagern entworfene Konzept eines engeren dt. Bundes unter preuß. Führung und eines weiteren Bundes mit Österreich, das sich unter Felix Fürst zu →Schwarzenberg jedoch verweigerte. Als er sich mit seinem Vorschlag, die Union notfalls militärisch gegen Österreich zu erzwingen, nicht durchsetzen konnte, trat er 1850 noch vor dem endgültigen Scheitern der Unionspläne in der Olmützer Punktation zurück.

Raeder, Erich
deutscher Seeoffizier
** 24. 4. 1876 Wandsbek bei Hamburg*
** 6. 11. 1960 Kiel*

Als Chef der Marineleitung (1928–1935) und Oberbefehlshaber der Kriegsmarine (1935–1943), seit 1939 Großadmiral, verantwortete R. die Aufrüstung der dt. Kriegsmarine. 1939 verlagerte er den Schwerpunkt der Seekriegführung auf schnell zu bauende U-Boote und schnelle Kreuzer. 1940 leitete er die Besetzung Norwegens. Nach Meinungsverschiedenheiten mit Adolf →Hitler über die Seekriegsstrategie – R. plädierte statt einer Verzettelung der Kräfte der Marine für ihre Konzentration auf die Auseinandersetzung mit Großbritannien und den Weiterbau von Großkampfschiffen – wurde er 1943 durch Karl →Dönitz abgelöst. 1946 wurde er vom Internationalen Militärgerichtshof in Nürnberg zu lebenslanger Haft verurteilt, 1955 entlassen.

Rafsandschani, Ali Akbar Hashemi

iranischer Staats- und Ministerpräsident seit 1989
** 25. 8.1934 Rafsandschan*

Als religiös-polit. Ziehsohn Ajatollah →Khomeinis (im theolog. Rang des Hodjatoleslam) war R. einer der Führer der Iran. Revolution 1978/79. Seit 1980 Präs. des Parlaments und Vertreter Khomeinis im Obersten Verteidigungsrat, hatte er entscheidenden Anteil an der Einrichtung des theokrat. islam. Staates wie an der Kriegführung gegen den Irak im 1. Golfkrieg (1980–1988). Seit 1988 Oberbefehlshaber der Streitkräfte, übernahm er nach dem Tod Khomeinis 1989 von Ali Khamenei (Staats-Präs. seit 1981) das Amt des Staats-Präs. nach dessen Wahl zum obersten geistl. Führer des Iran, wurde zugleich Min.-Präs. und trat von den anderen Ämtern zurück. Um die wirtschaftl. Entwicklung des Landes zu fördern, sucht er die internationale Isolierung des Iran zu überwinden und verurteilte 1990 die von Präs. Saddam →Hussein befohlene irak. Invasion Kuwaits, die zum 2. Golfkrieg führte (1990/91). Konterkariert sieht er seine Politik von konservativen Kräften, die auf der Welle des Fundamentalismus eine Führungsrolle des Iran in der islam. Welt anstreben, jedoch fand er für seinen pragmatischeren Kurs bei den Parlamentswahlen 1992 und den Präsidentschaftswahlen 1993 immer noch eine deutliche Mehrheit.

Rainald von Dassel

deutscher Reichskanzler 1156–1167
** um 1120*
† 14. 8. 1167 Rom

Der aus einem sächs. Grafengeschlecht stammende Erzbischof von Köln (seit 1159) hatte als entschiedener Verfechter der Gottunmittelbarkeit des Kaisers maßgeblich Anteil an der Reichspolitik Kaiser →Friedrichs I. Barbarossa und – als Reichslegat in Italien (1158–1164) – an dessen Konfrontation mit dem Papsttum, u. a. durch die Einsetzung von Gegenpäpsten gegen →Alexander III., die Unterwerfung der lombardischen Städte unter die kaiserliche Oberherrschaft 1158 und die Zerstörung Mailands 1162. Bei der Vertreibung Alexanders III. aus Rom 1167 starb er vor der Stadt an der Malaria.

Rákóczi, Franz (Ferenc) II.
Fürst von Siebenbürgen und Ungarn
1704/05–1711
** 27. 3. 1676 Borsi*
† 8. 4. 1735 Rodosto, Marmarameer
R. nutzte die Krise der Habsburger Monarchie unter den Kaisern →Leopold I. und →Joseph I. im Span. Erbfolgekrieg (1701–1713/14) und stellte sich 1703 mit der Forderung nach polit. Sonderrechten und Glaubensfreiheit in der Tradition seines Vaters *Ferenc I. R.* (* 1645, † 1676) an die Spitze der ungar. Freiheitsbewegung. Nach der Absetzung Josephs I. als König von Ungarn (1707) unterlag die Aufstandsbewegung jedoch den österr. Truppen 1708, da die erwartete Unterstützung von Frankreich (→Ludwig XIV.) ausblieb. 1717 scheiterte R. mit seinem Versuch, mit osman. Unterstützung sein siebenbürg. Fürstentum zurückzugewinnen.

Rákosi, Mátyás
ungarischer KP-Chef 1945–1956
** 9. 3. 1892 Ada*
† 5. 2. 1971 Gorki (UdSSR)
In der kurzlebigen ungar. Räterepublik 1919 war R. Volkskommissar. Nach deren Zerschlagung lebte er bis 1924 im Exil und baute nach seiner Rückkehr in der Illegalität die KP wieder auf. 1926 inhaftiert und 1940 in die UdSSR entlassen, kehrte er 1944 mit den sowjet. Truppen nach Ungarn zurück, übernahm mit einem harten stalinist. Kurs die Führung der 1945 wiedergegründeten KP und war zugleich 1945–1952 stellvertr. Min.-Präs., 1952/53 Min.-Präs. Nach dem Tod Joseph W. →Stalins wurde er 1953 durch den reformorientierten Imre →Nágy als Min.-Präs. abgelöst, blieb jedoch Generalsekretär der Partei. 1955 erreichte er die Absetzung Nágys, wurde jedoch 1956 selbst auf sowjetische Intervention hin gestürzt, nachdem er Josip →Tito verbal angegriffen hatte, mit dem Nikita S. →Chruschtschow eine Annäherung suchte. Angesichts des Ungarnaufstands 1956 flüchtete R. in die UdSSR. 1962 wurde er aus der Partei ausgeschlossen.

Raleigh, Sir Walter

englischer Seefahrer und Kolonisator
** um 1554 Hayes Barton, Devonshire*
† 29. 10. 1618 London

Bis 1592 der Günstling Königin →Elisabeths I. und von ihr 1584 geadelt, gründete R. 1585 die erste engl. Kolonie in Nordamerika, die er zu Ehren der unverheirateten Herrscherin »Virginia« nannte, scheiterte jedoch mit der ersten Ansiedlung. Auf der Suche nach Goldminen unternahm er mehrere Entdeckungsfahrten nach Südamerika, ohne jedoch das legendäre Goldland El Dorado zu finden. 1596 war er an der Eroberung von Cadiz beteiligt. 1603 wegen angebl. Verwicklung in eine Verschwörung gegen den kath. König →Jakob I. zum Tode verurteilt, wurde er bis 1616 in Haft gehalten, wo er bedeutende histor., staatstheoret. und literar. Werke verfaßte. Auf das Versprechen, dem auf Geldmittel angewiesenen König den Reichtum El Dorados zu verschaffen, wurde er freigelassen und begab sich auf eine wiederum erfolglose Expedition nach Guyana. Nachdem er dort in Konflikt mit den Spaniern geraten war, ließ Jakob I. nach Rückkehr auf Verlangen Spaniens das alte Todesurteil vollstrecken.

Ramses II.
ägyptischer König etwa 1290–1224 v. Chr.
Der bedeutendste Pharao der 19. Dynastie, Sohn und Nachfolger von →Sethos I., versuchte zu Beginn seiner 66 Jahre währenden Regierungszeit, den ägyptischen Einfluß in Nordsyrien zu erweitern, wurde aber in der Schlacht von Kadesch 1285 von den Hethitern aufgehalten. 1270 schloß er mit dem Hethiterkönig →Hattusilis III. einen Friedensvertrag, den er 1257 durch die Heirat einer hethitischen Prinzessin erneuerte. R. veranlaßte eine extensive Bautätigkeit, aus der einige der bedeutendsten Bauwerke des Alten Ägypten hervorgingen, u. a. die gewaltigen Felsentempel von Abu Simbel und R.' Totentempel in Theben-West (Ramesseum), einer der größten Tempel Ägyptens. Im östlichen Nildelta ließ er eine neue Hauptstadt errichten, zu deren Bauarbeiten die Israeliten vor ihrem Exodus (etwa 1280) herangezogen worden sein sollen.

Ramses III.
ägyptischer König etwa 1184–1153 v. Chr.
Der letzte große Pharao des Neuen Reiches, aus der 20. Dynastie, erwehrte sich der Angriffe der Libyer und der ersten Invasion der »Seevölker« (ungeklärter Herkunft) im Zusammenhang mit der Ägäischen Völkerwanderung, konnte er Syrien jedoch nicht halten. Kriegsgefangene nahm er als Söldner in Dienst, Philister siedelte er in Südpalästina an. 1156 organisierten die Bauarbeiter der Nekropole von Deir el-Medine den ersten bekannten Streik der Geschichte. 1153 fiel R. einer Verschwörung zum Opfer. Sein Sohn *Ramses IV.* (König 1153–1146) setzte sich gegen die Usurpatoren durch, ohne den rasanten wirtschaftlichen und politischen Niedergang des Reiches aufhalten zu können.

Ranke, Leopold von
(seit 1865)

deutscher Historiker
** 21. 12. 1795 Wiehe an der Unstrut*
† 23. 5. 1886 Berlin

R., seit 1825 Prof. in Berlin, seit 1841 Historiograph des preuß. Staates, schuf als bedeutendster dt. Historiker des 19. Jh.s mit der von ihm ausgebildeten Quellenkritik die Grundlagen der modernen Geschichtswissenschaft und begründete mit seiner Lehre von den realgeistigen Individualitäten in der Geschichte, die aus sich selbst verstanden werden müßten, den Historismus, der die dt. Geschichtswissenschaft bis weit ins 20. Jh. prägte. Überzeugt, daß sich die großen moral. Kräfte in der Geschichte selbst manifestieren, begriff er es als die Aufgabe der Historiker, möglichst objektiv darzustellen, »wie es eigentlich gewesen«. Persönl. Motivation des luther. Pastorensohns für seine hist. Studien war unter dem Einfluß Friedrich Schellings der Wunsch, Gottes Handeln in der Geschichte zu verstehen.
In seiner langen Lebensspanne widmete sich R. mit einer erstaunlichen Produktivität der politischen Geschichte von Staaten als den »Gedanken Gottes«, während er ökonom. und soziolog. Zusammenhänge weitgehend vernachlässigte. Noch im Alter von 82 Jahren begann er seine »Weltgeschichte« (9 Bde., 1881–1888), die jedoch in ihrer Beschreibung der

politischen und kulturellen Entwicklung von der griechischen Antike bis zur Herausbildung der Nationen in Westeuropa im 15. Jh. bei allem universalhistorischem Anspruch – wie sein übriges Werk – wesentlich auf die romanisch-germanischen Völker beschränkt blieb. Die Staatenwelt des 18. Jahrhunderts interpretierte R. als die über die großen Revolutionen hinauswirkende Form der Gemeinschaftlichkeit von Europa. Gegenüber Aufklärung und Liberalismus eine gemäßigt konservative Staatsidee vertretend, wurde er mit mit seiner Überzeugung, daß die Staaten in der Politik nach ihren eigenen Gesetzen und nicht nach Ideologien und Grundsätzen handeln müßten, ein Wegbereiter und Vertreter der »Realpolitik« Reichskanzler Otto v. →Bismarcks.

Rapacki, Adam
polnischer Außenminister 1956–1968
** 24. 12. 1909 Lemberg*
† 10. 10. 1970 Warschau
1939–1945 in dt. Kriegsgefangenschaft, war R. seit 1945 einer der Führer der Sozialist. Partei Polens, deren Verschmelzung mit der poln. KP zur Vereinigten Poln. Arbeiterpartei (PZPR) 1948 er maßgeblich betrieb. Seitdem in der Führung der Partei (bis 1968), war er auch seit 1946 Mitglied der Regierung in verschiedenen Min.-Ämtern. Internationales Aufsehen erregte sein 1957 vor der UNO-Vollversammlung vorgetragener Plan einer durch Garantien der Atommächte gesicherten atomwaffenfreien Zone in Mitteleuropa, bestehend aus Dtschld., Polen und der Tschechoslowakei (R.-Plan). Von den Westmächten wurde der Vorschlag abgelehnt.

Rasin, Stepan Timofejewitsch (Steńka)
Führer der Donkosaken
** um 1630 Simowejskaja, Don*
† 16. 6. 1671 Moskau
R. führte 1667–1671 den Kosaken- und Bauernaufstand in Südrußland an, der durch die Verschärfung der Leibeigenschaft und deren Folgen (Bauernflucht, Kosakenproletariat) unter Zar →Alexei Michailowitsch hervorgerufen wurde. Mit schnell wachsender Anhängerschaft und dem Anschluß nichtruss. Völker und religiöser Minderheiten wurde er als Revolutionär und Befreier begrüßt und eroberte fast ganz Südrußland, wobei die Aufständischen brutal gegen Bojaren, adelige Grundherren und Beamte vorgingen. Nach der Mobilisierung des Dienstadels durch den Zaren gelang die Niederschlagung des Aufstands. Von oppositionellen Kosaken ausgeliefert, wurde R. in Moskau gevierteilt.

Rasputin, Grigori Jefimowitsch
russischer Mönch und Scharlatan
** um 1865 Pokrowskoje bei Tjumen*
† 30. 12. 1916 Petrograd (heute St. Petersburg)
(Eigentlich *G. J. Nowych*). Seit 1905 Günstling der Zarin →Alexandra Fjodrowna, deren bluterkranken Sohn Alexei er als Wundertäter zu heilen versprach, gewann der Bauernsohn und Mönch aus Sibirien erheblichen Einfluß auch auf Zar →Nikolaus II. und dessen politische Entscheidungen. Nachdem der Zar im 1. Weltkrieg 1915 den Oberbefehl über die russischen Truppen übernommen hatten, besaßen Alexandra und R. in der Innenpolitik die faktische Regierungsgewalt. Von konservativen Mitgliedern der Aristokratie wurde R. ermordet. Das Zarenreich überlebte ihn nur um Monate.

Rathenau, Walther
deutscher Außenminister 1922
** 29. 9. 1867 Berlin*
† 24. 6. 1922 Berlin
Der Sohn *Emil R.s* (* 1838, † 1915), des Gründers der Allgemeinen Electricitäts-Gesellschaft (AEG, 1887) und (mit Werner v. Siemens) der Telefunken-Gesellschaft (1903) wurde nach dem Tod seines Vaters 1915 Aufsichtsratsvorsitzender der AEG und war mit über 100 weiteren Aufsichtsratsposten eine der Schlüsselfiguren der dt. Wirtschaft. Zugleich Autor zahlreicher Schriften auf den Gebieten der Philosophie, der Staats-, Wirtschafts- und Gesellschaftswissenschaft, kritisierte er den ungezügelten und krisenhaften Kapitalismus und propagierte eine Gemeinwirtschaft auf korporativ-demokrat. Grundlage. 1919 wurde er Sachverständiger der Reichsregierung für Reparationsfragen, 1921 unter Reichskanzler Joseph →Wirth Min. für den Wiederaufbau. Die Reparationsbedingungen des Versailler Vertrags akzeptierte er, um die Aussichtslosigkeit ihrer Erfüllung in der Praxis zu beweisen. Als Außen-Min. schloß er 1922 den Vertrag von Rapallo mit der Sowjetunion ab. Eine nationalistisch-antisemit. Hetzkampagne gegen ihn als »Erfüllungspolitiker« und als Jude gipfelte in seiner Ermordung durch Freikorpsoffiziere der Organisation Consul.

Reagan, Ronald Wilson

40. Präsident der USA 1981–1989
** 6. 2. 1911 Tampico, Illinois*

Zunächst Reporter, dann Künstler und Vors. der Gewerkschaft der Filmschauspieler, begab sich R. erst 1962 als Mitglied der Republikan. Partei auf die polit. Bühne. 1967–1974 war er Gouverneur von Kalifornien, 1981 löste er Jimmy →Carter als Präs. ab (1984 wiedergewählt). Sein konservatives Programm einer Wirtschaftsgesundung durch Senkung von Steuern und Hochzinspolitik bei gleichzeitiger Explosion der Rüstungsausgaben (u. a. Mittelstreckenraketen, SDI) suchte er durch die drast. Kürzung von Staatsleistungen im sozialen Bereich und die Verdoppelung der Staatsschuld zu finanzieren. Als eingefleischter Antikommunist betrieb er zunächst eine kompromißlose Politik der Stärke gegenüber den Staaten des Ostblocks und den linksrevolutionären Regimen der Dritten Welt und Mittelamerikas (u. a. Nicaragua). Mit der von Michail →Gorbatschow eingeleiteten innen- und außenpolit. Wende der Sowjetunion, die den Zusammenbruch des Kommunismus ratifizierte, machte sich R. jedoch zum Vorkämpfer der Auflösung der Blockkonfrontation. Das Abkommen über die Beseitigung der nuklearen Mittelstreckenwaffen in Europa 1987 und das Gipfeltreffen mit Gortbatschow 1988 waren entscheidende Schritte zu einer neuen weltpolitische Konstellation. Nachfolger: George →Bush.
(▷ Chronik Zitat)

Regulus, Marcus Atilius
römischer Politiker und Feldherr
† 250 v. Chr.
Der Konsul des Jahres 267 war im 1. Pun. Krieg (264–241) einer der erfolgreichsten röm. Heerführer. 256 siegte er zunächst bei Eknomos, setzte dann nach Afrika über und wurde 255 nach verlorener Schlacht von den Karthagern gefangengenommen. Gegen Ehrenwort 250 zu Friedensvermittlungen nach Rom entsandt, soll er dort vom Friedensschluß abgeraten haben und nach seiner Rückkehr nach Karthago unter der Folter hingerichtet worden sein.

Reimann, Max
KPD-Vositzender 1948–1956
** 31. 10. 1898 Elbing*
† 18. 1. 1977 Düsseldorf
Der gelernte Bergarbeiter, seit 1919 Mitglied der KPD, emigrierte 1934 nach Prag und war 1939 bis 1945 polit. Häftling im KZ Sachsenhausen. Nach dem 2. Weltkrieg betrieb er den Wiederaufbau der KPD in den westl. Besatzungszonen, war 1948/49 Mitglied des Parlamentar. Rates, 1949–1953 MdB. Einem Haftbefehl im Zusammenhang mit dem Verbotsverfahren gegen die KPD vor dem Bundesverfassungsgericht entzog sich R. durch Übersiedlung in die DDR. Er kehrte 1968 zurück und war seit 1971 Mitglied und Ehren-Vors. der DKP.

Star-Wars

Chronik Zitat

In seiner Fernsehansprache am 23. März 1983 kündigte US-Präsident Ronald Reagan das »Star-Wars-Programm« (Strategic Defense Initiative, SDI) erstmals öffentlich an:

»Lassen Sie mich Ihnen eine Vision von der Zukunft mitteilen, die Hoffnung verspricht. Sie besteht darin, daß wir uns auf ein Programm einlassen, das der schrecklichen sowjetischen Raketenbedrohung defensive Maßnahmen entgegensetzt. Lassen Sie uns auf unsere technologische Stärke zurückgreifen, die unser gewaltiges industrielles Fundament hervorbrachte und uns die Lebensqualität bescherte, deren wir uns heute erfreuen.
Wie wäre es, wenn freie Völker sicher leben könnten im Bewußtsein dessen, daß ihre Sicherheit nicht auf der Drohung einer augenblicklichen amerikanischen Vergeltung beruht, um einen sowjetischen Angriff abzuschrecken; daß sie vielmehr darauf beruht, daß wir strategische Raketen abfangen und zerstören könnten, bevor sie unser Land oder dessen Verbündeten erreichten?
Ich weiß: Das ist eine furchteinflößende (formidable) technische Aufgabe … Es ist mir klar, daß Verteidigungssysteme ihre Grenzen haben und bestimmte Probleme und Doppeldeutigkeit aufwerfen. Wenn sie mit Angriffssystemen gekoppelt sind, können sie als Nährboden einer aggressiven Politik angesehen werden, und das will niemand.«

Renner, Karl

österreichischer Bundespräsident 1945–1950
** 14. 12. 1870 Untertannowitz, Mähren*
† 31. 12. 1950 Wien

Der Kleinbauernsohn und Jurist wurde 1907 als Mitglied der Sozialdemokraten Abgeordneter im Reichsrat. 1918–1920 war er als Leiter der Staatskanzlei bzw. Staatskanzler, zugleich zeitweilig auch Staatssekretär für Inneres, Unterricht und Äußeres, die zentrale polit. Persönlichkeit in der Umbruchphase nach dem Zusammenbruch der Doppelmonarchie. Mit der Ausarbeitung einer demokrat. Verfassung und Sozialreformen gelang ihm die Dämpfung der revolutionären Bewegungen. 1919 leitete er die österr. Delegation bei den Friedensverhandlungen in Saint-Germain. Seit 1920 Mitglied und 1931–1933 Präs. des Nationalrats, wurde er als Gegner von Engelbert →Dollfuß nach Niederschlagung der Februarunruhen 1934 kurze Zeit inhaftiert. 1938 befürwortete er den »Anschluß« Österreichs an das Dt. Reich. Als Staatskanzler der Provisor. (Allparteien-)Regierung (April–Dez. 1945) proklamierte er die Kontinuität der Österr. Republik auf Basis der Verfassung von 1929, ließ sie von den Westmächten anerkennen und blockierte damit eine kommunist. Machtübernahme. Er gehörte zu den Mitgründern der SPÖ (1945) und erwarb der neuen Republik als Bundes-Präs. internationales Ansehen.

Reuter, Ernst
Oberbürgermeister bzw. Regierender Bürgermeister von Westberlin 1948/1951–53
** 29. 7. 1889 Apenrade, Schleswig*
† 29. 9. 1953 Berlin
Als Soldat geriet R., der in der Jugendbewegung aktiv und 1912 der SPD beigetreten war, 1916 in russische Kriegsgefangenschaft, schloß sich dort den Bolschewiki an und war 1918 Kommissar für die Selbstverwaltung der Wolgadeutschen. Nach der Rückkehr wurde er 1919 führender Funktionär, 1921/22 Generalsekretär der KPD (Deckname *Friesland*). 1922 wegen Kritik an der »Bolschewisierung« der KPD ausgeschlossen, trat er wieder der SPD bei und wurde 1926 Stadtrat für Verkehr in Berlin, 1931 Oberbürgermeister von Magdeburg. 1933 amtsenthoben, emigrierte er 1935 in die Türkei. 1947 wurde er von der Stadtverordnetenversammlung zum Oberbürgermeister von Berlin gewählt, aber durch ein sowjetisches Veto in der Alliierten Kommandantur an der Amtsübernahme gehindert. Nach der Spaltung der Stadt war R. seit 1948 Oberbürgermeister, seit 1951 aufgrund der neuen Verfassung Regierender Bürgermeister von Berlin (West). Während der Berliner Blockade 1948/49 erlangte er als Vorkämpfer für die Freiheit der Westberliner Weltberühmtheit und erreichte die Zustimmung der Westalliierten zur Übernahme der bundesdt. Gesetzgebung in Westberlin.

Rhee, Syngman

südkoreanischer Staatspräsident 1948–1960
** 26. 4. 1875 Provinz Hwanghae*
† 19. 7. 1965 Honolulu (Hawaii)

Als Führer des Unabhängigkeitskampfes gegen Japan, das Korea 1910 annektiert hatte, leitete R. 1919–1939 die korean. Exilregierung in Schanghai. Nach dem 2. Weltkrieg kehrte er mit den Truppen der USA nach Südkorea zurück und bekämpfte als Präs. der Republik und entschiedener Antikommunist das nordkorean. Regime, ohne es jedoch im Koreakrieg (1950–1953) mit Hilfe der USA bezwingen zu können. Mit seiner autoritären polizeistaatl. Herrschaft legte er, im Zeichen des Kalten Krieges unterstützt von den USA, das Fundament für den wirtschaftlichen Aufstieg Südkoreas. Nach Wahlfälschungen zwangen ihn schwere innere Unruhen 1960 zum Rücktritt und zur Emigration.

Rhodes, Cecil John
Premierminister der Kapkolonie 1890–1896
** 5. 7. 1853 Bishop's Stortford bei Hertford*
† 26. 3. 1902 Muizenberg bei Kapstadt
Durch Diamanten- und Goldfunde in Südafrika reich geworden, betrieb R. im Sinne Joseph →Chamberlains, der die Vorherrschaft Großbritanniens in Südafrika anstrebte, die Errichtung eines Protektorats über Betschuanaland (1884/85). 1887 gründete er die British South Africa Company, eroberte mit

ihr – seit 1889 mit einer königlichen Charta versehen – die Gebiete des nach ihm benannten Rhodesien (heute Simbabwe) und übte dort die Herrschaft aus. Als Premier-Min. der Kapkolonie stürzte R. über den gescheiterten Versuch, mit dem von Leander Starr →Jameson organisierten Überfall die Annexion der Burenrepublik Transvaal unter Paulus →Kruger einzuleiten. R. gilt als einer der wichtigsten Vertreter des britischen Imperialismus.

Ribbentrop, Joachim von
deutscher Außenminister 1938–1945
** 30. 4. 1893 Wesel*
† 16. 10. 1946 Nürnberg
Der Kaufmann (Import und Export von Spirituosen), 1925 von einer adligen Tante adoptiert, trat 1932 der NSDAP bei, wurde einer der außenpolit. Berater Adolf →Hitlers und etablierte seine »Dienststelle R.« als selbständige Einrichtung neben Auswärtigem Amt und Außenpolit. Amt der NSDAP. Als Sonderbotschafter schloß er 1935 das dt.-brit. Flottenabkommen ab, das Deutschlands Wiederaufrüstung zur See sanktionierte und unterzeichnete 1936 den Anti-Komintern-Pakt mit Japan, dem 1937 Italien beitrat. 1936–1938 Botschafter in London, übernahm R. in Nachfolge Konstantin v. →Neuraths 1938 das Auswärtige Amt. Der von ihm mit Wjatscheslaw M. →Molotow im August 1939 vereinbarte dt.-sowjet. Nichtangriffspakt (Hitler-Stalin-Pakt bzw. Molotow-R.-Pakt) legte die Ausgangspositionen beider Staaten für den Beginn des 2. Weltkriegs mit dem dt. Angriff auf Polen fest (Sept. 1939). Während des Kriegs trat R. zunehmend in den Hintergrund. 1946 wurde der Hitler kritiklos ergebene R. in Nürnberg vom Internationalen Militärgerichtshof zum Tode verurteilt und hingerichtet.

Ricardo, David
britischer Nationalökonom und Bankier
** 19. 4. 1772 London*
† 11. 9. 1823 Gatcomb Park, Gloucester
Als bedeutendster Theoretiker der klassischen Nationalökonomie schuf R., auf Adam →Smith aufbauend, ein geschlossenes System der Volkswirtschaftslehre und der Wirtschaftspolitik, das den liberalen Grundsatz der Wirtschaftsfreiheit begründete (Hauptwerk: »Grundsätze der Volkswirtschaft und Besteuerung«, 1817). Während Smith insbesondere die Reichtumsbildung behandelte, konzentrierte sich R. im wesentlichen auf das Verteilungsproblem und das Verhältnis der Produktionsfaktoren Arbeit, Boden und Kapital, deren Zusammenspiel er in seiner Arbeitswerttheorie und seiner Grundrenten- und Preistheorie darstellte. In dem »Gesetz der komparativen Kosten« zeigte er die Vorteile des Freihandels. Die Inflation während der Kriege gegen →Napoleon I. Bonaparte wies er als Folge der Notenemissionspolitik der Bank of England nach. Seit 1819 radikal-liberales Mitglied des Unterhauses, plädierte R. für eine Erneuerung der brit. Wirtschaftspolitik, die den wissenschaftl. Erkenntnissen entsprechen müsse. Mit seinen Werken beeinflußte er maßgeblich spätere Finanzreformen und die Freihandelspolitik. Seine Arbeitswertlehre regte Karl →Marx zur Ausarbeitung der Mehrwerttheorie an.

***Richard,** englische Könige*

Richard I. Löwenherz

König 1189–1199
** 8. 9. 1157 Oxford*
† 6. 4. 1199
Châlus bei Limoges

(Herzog von Aquitanien ab 1168, Herzog von Poitier ab 1172). Der dritte Sohn →Eleonore von Aquitaniens und König →Heinrich II. Plantagenets führte mit König →Philipp II. August von Frankreich und Kaiser →Friedrich I. Barbarossa den 3. Kreuzzug (1189–1192) zur Befreiung Jerusalems an, das 1187 an →Saladin verlorengegangen war. 1191 eroberte er Zypern, Akkon und Joppa, 1192 schloß er mit Saladin einen Waffenstillstand, der den Zugang Jerusalems für Christen garantierte. Auf der Rückfahrt geriet er in Gefangenschaft des von ihm beleidigten Herzogs →Leopold V. von Österreich (Burg Dürnstein), der ihn an Kaiser →Heinrich VI. übergab (Burg Trifels). Gegen dessen Anerkennung als Lehnsherrn und die Zahlung eines hohen Lösegeldes (100 000 Silbermark) erreichte R. 1194 seine Freilassung. Nach England zurückgekehrt, mußte er seinen Königstitel gegen seinen mit Frankreich verbündeten jüngsten Bruder →Johann Ohneland behaupten. Zugleich verteidigte er erfolgreich die englischen Besitzungen in Frankreich im Kampf gegen Philipp II. August, mit dem er 1199 einen Waffenstillstand schloß. Nach seinem Tod in einer Privatfehde folgte ihm Johann Ohneland auf den Thron.

Richard II.
König 1377–1399
** 6. 1. 1367 Bordeaux*
† 14. 2. 1400 Pontefract Castle, Mittelengland
Der König aus dem Haus Plantagenet, jüngster Sohn →Eduards (des Schwarzen Prinzen), folgte seinem Großvater, König →Eduard III., zehnjährig auf den Thron und stand zunächst bis 1383 unter vom Parlament bestellter Regentschaft seines Onkels John of Gaunt (* 1340, † 1391), dem Herzog von Lancaster, während der Bauernaufstand unter Wat Tyler niedergeschlagen wurde (1381). Nach Mißerfolgen im Hundertjährigen Krieg gegen Frankreich (1337/39 bis 1453) und gegen Schottland (1385) wurde ihm die Regentschaft 1386 erneut aufgezwungen, bis er sie 1389 abschütteln konnte. Seitdem alleinherrschend, schloß er 1396 mit dem französischen König →Karl VI. (dem Wahnsinnigen) einen Waffenstillstand, den er mit der Heirat von dessen siebenjähriger Tocher Isabella besiegelte. Die u. a. dagegen aufbegehrende Adelsopposition unterdrückte er mit einer Willkürherrschaft, die Heinrich Bolingbroke, der Sohn John of Gaunts, beendete, als er 1399 als →Heinrich IV. die Krone übernahm. Mit Zustimmung des Parlaments abgesetzt, wurde R. wahrscheinlich ermordet.

Richard III.
König 1483–1485
** 2. 10. 1452*
Fotheringhay Castle
bei Corby
† 22. 8. 1485
Bosworth Field

Der Herzog von Gloucester aus dem Hause York bemächtigte sich nach dem Tod seines Bruders, König →Eduard IV., des Thrones und ließ wahrscheinlich seine thronberechtigten Neffen Eduard V. (* 1470, † 1483) und Richard (* 1472, † 1483) und weitere potentielle Rivalen ermorden. In den seit 1455 ausgefochtenen Rosenkriegen zwischen den Häusern York und Lancaster fiel er gegen Heinrich Tudor, der als König →Heinrich VII. die Tudor-Dynastie begründete. Mit dem Tod R.s, des letzten männlichen Angehörigen der Plantagenet-Dynastie, aus der die Nebenlinien York und Lancaster hervorgegangen waren, endeten die Rosenkriege.

Richelieu, Armand Jean du Plessis,
Herzog von
französischer leitender Minister 1624–1642 und Kardinal
** 9. 9. 1585 Paris*
† 4. 12. 1642 Paris

R. vollendete den französischen Absolutismus nach seinem Leitsatz »Un roi, une foi, une loi« (»Ein König, ein Glaube, ein Gesetz«). Seine polit. Karriere begann er als Bischof von Luçon, indem er als Sprecher des Klerus' auf der letzten Versammlung der Generalstände (1614) vor der Französ. Revolution die Gunst der Königinmutter und Regentin für →Ludwig XIII., →Maria de'Medici gewann. Sie machte R. 1616 zum Staatssekretär für auswärtige Angelegenheiten. 1617 folgte er ihr in die Verbannung nach Blois und Avignon und diente ihr nach ihrer Rückkehr ins Zentrum der Macht ab 1619 erneut als Berater. 1622 zum Kardinal ernannt und 1624 von Ludwig zu seinem leitenden Min. erhoben, überwarf er sich jedoch mit ihr und trieb sie nach ihrem vergeblichen Versuch, ihn zu stürzen (1630), zur Flucht ins Ausland (1631).
R.s Politik folgte zwei Prioritäten: Um nach innen die Einheit der Gesellschaft herzustellen und die Position des Königtums unanfechtbar abzusichern, schaltete er die Generalstände aus, brach mit aller Härte die Macht des französ. Hochadels und beseitigte die polit. Sonderrolle der Hugenotten, indem er ihre Sicherheitsplätze aufhob und 1627/28 ihre Hochburg La Rochelle eroberte. Die Religionsfreiheit ließ er jedoch weiter bestehen.
Nach außen zentrierte er alle Aktivitäten auf die Brechung der Habsburger Hegemonie in Europa. Im Dreißigjährigen Krieg unterstützte er daher die gegen Kaiser →Ferdinand II. und die Kath. Liga kämpfenden prot. Fürsten und den schwed. König →Gustav II. Adolf (Subsidienvertrag 1631), bevor er 1635 durch die Kriegserklärung an Spanien direkt eingriff, gegen das er eine Niederlage 1636 jedoch nur knapp abwenden konnte. Die »natürlichen Grenzen« propagierend, trieb er die französische Herrschaft bis in Rheinnähe vor. Mit der Vision der künftigen Weltmachtrolle Frankreichs forcierte er den Ausbau der Flotte und die koloniale Expansion (Eroberung Martiniques 1635, Stützpunkt am

Senegal 1638). 1635 gründete R. die Académie Française als staatliche Institution. Sein Nachfolger als leitender Minister, Kardinal Jules →Mazarin führte Frankreich weiter auf dem Weg zur europäischen Hegemonialmacht unter →Ludwig XIV.

Rienzi, Cola di
Volksführer von Rom
** 1313 Rom*
† 1354 Rom
(Eigentlich *Niccolò Lorenzo*). Der angesehene Notar, Sohn eines Schankwirts, war 1343/44 als Gesandter der röm. Volkspartei bei Papst →Klemens VI. in Avignon, der ihn zum Notar der städt. Kammer ernannte. Nach dem Sturz der Volksregierung in Rom 1347 stellte er sich an die Spitze der revoltierenden Römer und machte sich zum Tribun mit diktatorischen Vollmachten. Sein Plan, eine religiös begründete Volksherrschaft über Italien zu errichten und die Oberherrschaft von Kaiser und Papst abzuschütteln, scheiterte mit seinem Sturz, nachdem der Papst ihn als Häretiker verurteilt hatte. In Prag versuchte er 1350, Kaiser →Karl IV. zur Befreiung vom Papsttum zu bewegen, der lieferte ihn jedoch 1352 an Klemens aus. Papst Innozenz VI. (1352–1362) begnadigte den zum Tode Verurteilten 1352 und schickte ihn 1354 als Senator nach Rom. Dort riß R. erneut die Macht an sich, wurde jedoch wenig später während eines Aufstands getötet.

Robert Guiscard
Normannenherzog von Apulien, Kalabrien und Sizilien 1059–1085
** um 1015*
† 17. 7. 1085 Insel Kephallenia
(»Guiscard« von französisch »vissart« = »Schlaukopf«). Als Führer der Normannen eroberte R. G. Unteritalien, das er 1059 von Papst →Nikolaus II. als Lehen erhielt–zusammen mit dem von den Sarazenen noch (durch R. G.s Bruder und Nachfolger →Roger I.) zu erobernden Sizilien. Mit der Einnahme von Bari 1071 fiel die letzte Bastion von Byzanz in Italien. R.s Versuch (seit 1081), durch Übergreifen nach Dalmatien und Griechenland die Kontrolle über die Ägäis zu erhalten, scheiterte. Zwischenzeitlich mit Papst →Gregor VII. überworfen, 1074 gebannt, stellte er sich im Investiturstreit auf dessen Seite gegen Kaiser →Heinrich IV. und befreite Gregor 1084 aus der Engelsburg in Rom, ließ dabei jedoch die Stadt plündern. Nach erneuter Aufnahme des Kampfes gegen Byzanz (Kaiser →Alexios I. Komnenos) erlag er einer Seuche (vermutlich Typhus).

Robert I. Bruce
schottischer König 1306–1329
** 11. 7. 1274 Turnberry, Ayrshire*
† 7. 6. 1329 Cardross, Dumbartonshire
R. usurpierte den schott. Königsthron und vereinte Schottland im Kampf gegen England. Mit seinem Sieg über den englischen König →Eduard II. in der Schlacht von Bannockburn schüttelte er die englische Vorherrschaft 1314 endgültig ab. 1328 erkannte England die schott. Unabhängigkeit formell an.

Robespierre, Maximilien de
französischer Revolutionär
** 6. 5. 1758 Arras*
† 28. 7. 1794 Paris

Aus verarmter Adelsfamilie stammend, Anwalt von Beruf, gilt R. als zentrale Gestalt der Französischen Revolution. Er war Abgeordneter der Generalstände (1789), der Konstituante (1789/90), der Pariser Kommune (1792) und als radikaler Jakobiner Führer der Bergpartei im Nationalkonvent (1792 bis 1794). Nach dem von ihm betriebenen Sturz der gemäßigten Girondisten stieg er seit Juli 1793 zum maßgebenden Kopf im Wohlfahrtsausschuß auf (1793/94) und wurde – nach Beseitigung seiner Mitkämpfer Georges J. →Danton, Camille →Desmoulins und Jacques R. →Hébert – im April 1794 faktisch Diktator. Gestützt auf Teile des Bürgertums und die unteren Volksschichten, in seinem Denken vor allem von Jean-Jacques →Rousseau beeinflußt, strebte R. unter den Vorzeichen des Patriotismus die totalitäre Realisierung seiner Vision einer radikalen Demokratisierung der Gesellschaft unter der »Herrschaft der Tugend« an und führte den Kult des »Höchsten Wesens« ein.
Zur Durchsetzung seiner Ziele bediente er sich gemeinsam mit Louis de →Saint-Just eines ständig zunehmenden und zum Selbstzweck geratenden Terrors (»Schreckensherrschaft«), dem Tausende von wirklichen oder angenommenen Gegnern unter der Guillotine zum Opfer fielen. R. konnte sich jedoch nur solange halten, wie die Revolution von der inneren – u. a. Aufstand in der Vendeé 1793 – und von der äußeren Konterrevolution – den Heeren der

europäischen Monarchien (1. Koalitionskrieg 1792 bis 1797) – ernsthaft bedroht war. Als er auch die »Reinigung« des Wohlfahrtsausschusses beabsichtigte, wurde er am 9. Thermidor (27. 7.) 1794 unter Teilnahme ehemaliger Parteigänger vom Konvent gestürzt und nach Scheitern eines Rettungsversuchs der Pariser Kommune zusammen mit Saint-Just am nächsten Tag durch die Guillotine enthauptet. Seine Hinrichtung geriet zum Volksfest.
(▷ Chronik Zitat)

Roger I.
normannischer Graf von Sizilien 1062/72–1101
** 1031 in der Normandie*
† 22. 6. 1101 Mileto
Um 1058 aus der Normandie nach Italien gekommen, begann der jüngere Bruder von →Robert Guiscard 1060 mit der Eroberung Siziliens von den Sarazenen. 1061 gelang ihm die Einnahme Messinas, 1072 Palermos, aber erst 1091 kontrollierte er ganz Sizilien und Malta. Mit seinem Bruder verständigte er sich 1062 über die Teilung der Herrschaft im normannischen Herzogtum Apulien, Kalabrien und Sizilien, das dieser 1059 vom Papst als Lehen erhalten hatte. 1072 setzte ihn Robert Guiscard als seinen Vasall in Sizilien und Kalabrien ein. R. erhielt 1098 von Papst →Urban II. auch die päpstliche Legatur über Sizilien. Als Begründer der Normannenherrschaft auf Sizilien ermöglichte er durch seine Gesetzgebung auf der Basis des normannischen Lehnsrechtes einen Feudal- und Beamtenstaat, der das kooperative Zusammenleben von Normannen, Arabern, Griechen und Italienern gewährleistete. Nachfolger: Sohn →Roger II.

»Terror ist eine Offenbarung der Tugend«

Chronik Zitat

Während des Höhepunkts des jakobinischen Terrors hielt Maximilien de Robespierre am 5. Februar 1794 vor dem Konvent eine Rede über die Grundsätze der politischen Moral (Auszüge):

»Wir wollen in unserem Lande Selbstsucht durch Sittlichkeit ersetzen, Ehre durch Reinlichkeit, Sitten durch Grundsätze, Anstand durch Pflicht, die Tyrannei der Mode durch das Reich der Vernunft, Verachtung des Unglücks durch Verachtung des Lasters, Frechheit durch Stolz, Eitelkeit durch Größe der Seele, Liebe zum Intrigenspiel durch gute Menschen, Ränke durch Verdienst, den Schöngeist durch das Genie, Schein durch Wahrheit, Überdruß der Lust durch Zauber des Glücks, die Kleinheit der Großen durch die Größe der Menschen, ein liebenswürdiges, leichtsinniges und elendes Volk durch ein hochherziges, mächtiges und glückliches Volk: das heißt, alle Laster und lächerlichen Züge der Monarchie durch die Tugenden und Wunder der Republik. In einem Wort: Wir wollen den Forderungen der Natur nachkommen, die Gesetze der Humanität und die Versprechen der Philosophie erfüllen und den Götzen der langen Gewalt- und Verbrechensherrschaft zum Teufel jagen. . . .
Was ist nun der erste Grundsatz der Demokratie oder Volksherrschaft, das heißt, welche wesentliche Triebkraft bringt sie in Gang und bewegt sie? Es ist die Tugend . . . Ich spreche von jener hohen Tugend, die in Griechenland und Rom so viele Wunder hervorbrachte und die im republikanischen Frankreich noch viel erstaunlichere vollbringen soll. Ich spreche von der Tugend, die nichts anderes ist als Liebe zum Vaterland und zu seinen Gesetzen. . . .«
Tyrannen bedrohen eure Grenzen, und hier im Lande verschwören sich alle Freunde der Tyrannei. Sie werden Verschwörer sein, bis dem Verbrechen jede Hoffnung genommen ist. Wir müssen die inneren und äußeren Feinde der Republik ersticken oder mit ihr untergehen. Deshalb soll in dieser Lage die erste Regel der politischen Tugend sein, das Volk durch Vernunft zu leiten und die Feinde des Volkes durch Terror zu beherrschen.
Wenn der Geist der Regierung im Frieden die Tugend ist, so ist er während der Revolution Tugend und Terror zugleich: Tugend, ohne die der Terror verderblich ist. Terror, ohne den die Tugend ohnmächtig ist. Terror ist nicht anderes als rasche, strenge und unbeugsame Gerechtigkeit. Er ist eine Offenbarung der Tugend. Der Terror ist nicht ein besonderes Prinzip der Demokratie, sondern er ergibt sich aus den Grundsätzen, welche dem Vaterland als dringendste Sorge am Herzen liegen müssen.«

Roger II.
Graf und König von Sizilien 1101/1130–1154
** 22. 12. 1095*
† 26. 2. 1154 Palermo
Der Sohn und Nachfolger →R.s I. dehnte seine Herrschaft von Sizilien über Unteritalien aus (1122 Kalabrien, 1128 Apulien) und war der eigentliche Begründer der normannischen Großmacht, die Sizilien bis zu R.s Enkel, Kaiser →Friedrich II., zu einer der stärksten polit. Faktoren Europas machte. 1130 wurde er von dem (Gegen-)Papst Anaklet II. (1130 bis 1138) durch Belehnung als König von Sizilien, Kalabrien und Apulien anerkannt und unterstützte ihn dafür gegen Papst →Innozenz II., den er 1139 gefangennahm und sich von ihm mit Neapel belehnen ließ. R. behauptete sich gegen alle Angriffe von außen (Päpste und Kaiser →Lothar III. von Supplinburg) und Aufstände im Innern und griff mit seiner starken Flotte wiederholt das Byzantin. Reich unter Kaiser →Manuel I. Komnenos an, dessen Monopol auf die Seidenweberei er 1147 durch Deportation der Seidenweber von Theben brach. Innenpolitisch straffte R. die Verwaltung und zeichnete sich als kluger Gesetzgeber aus. Durch die Ehe seiner Tochter →Konstanze mit dem späteren Kaiser →Heinrich VI. kam Sizilien mehr als 30 Jahre nach seinem Tod an die Staufer und damit zum Reich.

Röhm, Ernst
deutscher Offizier und SA-Führer
** 28. 11. 1887 München*
† 1. 7. 1934 München

1919 schloß sich R., seit 1917 Hauptmann, dem rechtsextremen Freikorps Epp (Franz Xaver →Epp) an, mit dem er sich 1919 an den Kämpfen gegen die Münchener Räterepublik beteiligte. Dort lernte er Adolf →Hitler kennen und trat im gleichen Jahr der Dt. Arbeiterpartei bei (1920 umbenannt in NSDAP). Als deren paramilitär. Arm baute R. seit 1921 die SA (Sturmabteilung) auf, mit der er sich am Putschversuch Hitlers 1923 beteiligte, was ihm die Entlassung als Offizier des Reichswehrkreiskommandos München (seit 1920) und 15 Monate Festungshaft eintrug. Wegen Meinungsverschiedenheiten über die Funktion der SA und die von ihm abgelehnte legalistische Taktik der NSDAP trennte er sich vorübergehend von Hitler und ging als Militärinstrukteur nach Bolivien (1928–1930). Von Hitler zurückgerufen, organisierte er als Chef des Stabes der SA (seit 1931) und als Reichs-Min. ohne Geschäftsbereich (seit 1933) die SA zu einer machtvollen, mit der Reichswehr konkurrierenden und schließlich 300 000 Mann umfassenden Parteiarmee, die er als Basis für die von ihm für erforderlich gehaltene »Zweite Revolution« verstand. Als er nach seinem Terrorerfolg auf der Straße und der Errichtung der ersten Konzentrationslager den innenpolitischen Einfluß der SA erweitern und sie mit der Reichswehr unter seiner Federführung zusammenschließen wollte, wurde er auf Betreiben seiner Rivalen Heinrich →Himmler, Hermann →Göring und Reinhard →Heydrich 1934 auf Befehl Hitlers ohne Verfahren erschossen. Offiziell begründet wurde die Mordaktion mit der Notwendigkeit, einer von R. angeblich geplanten zweiten Machtergreifung (»R.-Putsch«) zuvorzukommen, sowie mit seiner Homosexualität. Dem in mehreren Orten gleichzeitig durchgeführten Massaker fielen etwa 200 weitere SA-Führer und zahlreiche Opponenten Hitlers zum Opfer, u. a. Gregor →Strasser und Kurt v. →Schleicher.

Rollo
Herzog der Normandie 911–931
** um 846*
† um 931
(Hrolf). Der norwegische Wikingerführer eroberte und behauptete das Gebiet der Seine-Mündung. 911 mußte der westfränkische König Karl III. (der Einfältige, 893–929) R.s Herrschaft vertraglich anerkennen und belehnte ihn mit der westfränkischen Kronvasallenschaft, nachdem R. sich 912 auf den Namen *Robert* hatte taufen lassen. R. war der Ahnherr des normannischen Herzogsgeschlechts der Normandie, das durch →Wilhelm I. (den Eroberer) 1066 die engl. Königskrone errang.

Rommel, Erwin
deutscher Offizier
** 15. 11. 1891 Heidenheim*
† 14. 10. 1944 Herrlingen bei Ulm
Zuvor Kommandeur des Führerhauptquartiers (1939) und einer Panzerdivision im Frankreichfeldzug (1940), erhielt R. 1941 den Oberbefehl über das dt. Afrika-Korps (1942 zum Generalfeldmarschall erhoben). Durch seine militärischen Erfolge erwarb er sich als »Wüstenfuchs« große Popularität, erlitt

jedoch 1942/43 gegen die 8. britische Armee unter Bernard L. →Montgomery bei Al Alamein eine strategisch bedeutsame Niederlage, die nach seiner Auffassung die Wende des 2. Weltkriegs zuungunsten Deutschlands brachte. Er mußte nach Tunesien zurückweichen und wurde kurz vor der Kapitulation seiner Truppen abgelöst. 1943/44 Oberbefehlshaber der Heeresgruppe B an der Westfront, wurde er von Adolf →Hitler nach seiner Kritik an dessen Kriegführung und Aufdeckung seiner Verbindungen zum Widerstand nach dem Attentat vom 20. 7. 1944 zum Selbstmord veranlaßt.

Romulus Augustulus
(vor)letzter weströmischer Kaiser 475/76
** um 462*
(Eigentlich *R. Augustus*). Als Kind zum Gegenkaiser gegen Iulius →Nepos erhoben, wurde R. A. vom Feldherrn →Odoaker im Auftrag des oströmischen Kaisers →Zenon I. wieder abgesetzt und mit einer Leibrente nach Kampanien verbannt. Mit ihm – oder, je nach Einordnung, Iulius Nepos – endet die Geschichte der weströmischen Kaisertums.

Roon, Albrecht Graf von
(ab 1871)

preußischer Offizier und Kriegsminister 1859–1873
** 30. 4. 1803 Pleushagen bei Kolberg*
† 23. 2. 1879 Berlin

Seit 1836 im preuß. Generalstab, wurde R. mit seinen programmat. Vorstellungen zur Heeresreform zum Kriegs-Min. berufen. Im Konflikt mit der liberalen Mehrheit des Abgeordnetenhauses über die Heeresreform empfahl er König →Wilhelm I. 1862 die Berufung Otto v. →Bismarcks zum Min.-Präs. R. ersetzte die Landwehr aus der Zeit der Heeresreformer Hermann v. →Boyen und Gerhard Johann v. →Scharnhorst durch ein schlagkräftiges Berufsheer, begann mit dem Aufbau einer preuß. Flotte und schuf die militär. Grundlage für die preuß. Erfolge in den Reichseinigungskriegen 1864, 1866 und 1870/71. 1871 in den Grafenstand erhoben und 1873 zum Generalfeldmarschall ernannt, war er für einige Monate preuß. Min.-Präs. (Jan.–Nov. 1873), bevor er krankheitshalber von allen Ämtern zurücktrat.

Roosevelt, Franklin Delano

32. Präsident der USA 1933–1945
** 30. 1. 1882 Hyde Park, New York*
† 12. 4. 1945 Warm Springs, Georgia

Als einziger US-Präsident entgegen der amerikanischen Tradition viermal nacheinander (1932, 1936, 1940, 1944) gewählt, gehört R. zu den bedeutendsten, aber auch zu Lebzeiten heftig umstrittenen Gestalten der Geschichte der USA. Vor seiner Präsidentschaft war der den Demokraten angehörende Jurist, ein Neffe Theodore →R.s, seit 1910 Senator für New York, 1913–1920 unter Woodrow →Wilson Unterstaatssekretär im Marineministerium, 1929 bis 1933 Gouverneur des Bundesstaates New York. Die Amtszeit des seit 1921 teilweise gelähmten Präsidenten stand innenpolitisch im Zeichen der Überwindung der schwersten Wirtschaftskrise in der Geschichte des Landes und war außenpolitisch bestimmt von der globalen Herausforderung des deutschen, italienischen und japanischen Faschismus, der mit entscheidendem Anteil der USA im 2. Weltkrieg niedergerungen wurde.
R. bekämpfte die Große Depression durch den – wirtschaftspolitisch nur begrenzt erfolgreichen – staatsinterventionistischen New Deal, der ganz auf die Belebung der Wirtschaftskonjunktur angelegt war (öffentliche Arbeitsbeschaffungsmaßnahmen, umfangreiche Bautätigkeit, Agrarförderprogramm). Mit ihm setzte er zugleich erste umfassende Sozialreformen durch (u. a. Arbeitslosen- und Sozialversicherung, Mindestlöhne, 40-Stunden-Woche, Wohlfahrtsprogramm), die ihn bei seinen republikanischen Gegnern verhaßt machten.
Außenpolitisch durchbrach R. den noch in den 1930er Jahren vom Kongreß gepflegten Isolationismus (Neutralitätsgesetze 1935, 1937) und propagierte die USA als Bollwerk der freien Welt gegen die Diktaturen des Kommunismus und Faschismus (Friedensappelle 1933, 1938 und 1939, Quarantänerede 1937). Nachdem die USA im 2. Weltkrieg zunächst ihre Neutralität erklärt hatten, wurde diese von R. bald zugunsten einer Unterstützung der Westmächte aufgegeben. Schon ab 1939 ließ er Großbritannien mit Rüstungsgütern beliefern, bezog

mit dem Leih-Pacht-Gesetz (1941) auch die Sowjetunion in die Lieferungen ein und entwarf mit Winston →Churchill in der Atlantik-Charta (1941) eine Nachkriegsperspektive. Der Überfall der Japaner auf Pearl Harbor (7. 12. 1941) führte zum offenen Krieg gegen die Dreierpakt-Mächte Japan, Deutschland und Italien.

Auf den Konferenzen von Casablanca (1943), Teheran (1943) und Jalta (1945) versuchte R. – gegen den Widerstand in eigenen Reihen und gebremst von Churchill –, durch Abkommen mit Josef W. →Stalin eine neue Weltordnung zu schaffen, die eine gegenseitige Anerkennung und Abgrenzung gewonnener Machtpositionen voraussetzte und sich auf die von ihm 1942 initiierten Vereinten Nationen stützen sollte. Durch den Auftrag zum Bau der Atombombe, deren Abwurf auf Hiroshima und Nagasaki sein Nachfolger Harry S. →Truman befahl, etablierte er die USA zugleich als erste Atommacht. (▷ Chronik Zitat)

Roosevelt, Theodore
26. Präsident der USA 1901–1909
** 27. 10. 1858 Sagamore Hill, New York*
† 6. 1. 1919 Oyster Bay, New York
R. begründete seine Popularität als Führer eines Freiwilligenregiments (»Rauhe Reiter«) auf Kuba im Krieg gegen Spanien (1898). Seit 1899 Gouverneur von New York, wurde er 1900 zum Vize-Präs. unter William →McKinley gewählt und folgte ihm nach dessen Ermordung im Präsidentenamt (1904 bestätigt). Während er innenpolitisch die Übemacht von Trusts und Kartellen bekämpfte, agierte er nach außen als einer der Hauptvertreter des interventionist. Imperialismus. In mehreren lateinamerikan. Ländern ließ er unter Berufung auf die von ihm verschärfte Monroe-Doktrin die US-Interessen durch Militär sichern; 1903 erzwang er die Lösung Panamas von Kolumbien, um den dort begonnenen Kanal fertigbauen zu können. In Asien und Afrika betrieb er – u. a. mit dem demonstrativen Einsatz der

Die Atlantik-Charta

Chronik Zitat

Mit ihrer am 14. August 1941 auf dem Atlantik abgebenenen Erklärung wiesen US-Präsident Roosevelt und der britische Premierminister → Churchill der Nachkriegsgeschichte die Richtung:

» . . . Erstens, ihre Länder streben nach keiner Vergrößerung, weder auf territorialem Gebiet noch anderswo.

Zweitens, sie wünschen keine territorialen Änderungen, die nicht mit dem frei zum Ausdruck gebrachten Wunsch der betreffenden Völker übereinstimmen.

Drittens, sie achten das Recht aller Völker, sich die Regierungsform zu wählen, unter der sie leben wollen. Sie wünschen die obersten Rechte und die Selbstregierung der Völker wiederhergestellt zu sehen, denen sie mit Gewalt genommen wurden.

Viertens, sie werden, unter gebührender Beachtung ihrer … Verpflichtung danach streben, daß künftig alle Staaten, große und kleine, Sieger und Unterlegene, gleicherweise Zugang zum Handel und den Rohmaterialien der Welt haben, die sie für das Gedeihen ihrer Wirtschaft benötigen.

Fünftens, sie wünschen die engste Zusammenarbeit aller Nationen auf wirtschaftlichem Gebiet, um bessere Löhne, wirtschaftlichen Fortschritt und soziale Sicherheit zu gewähleisten.

Sechstens, nach der endgültigen Vernichtung der Nazityrannei hoffen sie auf einen Frieden, der allen Nationen die Möglichkeit bietet, innerhalb der eigenen Grenzen sicher zu leben, und der allen Menschen die Sicherheit gibt, in ihren Ländern frei von Not und Furcht zu leben.

Siebtens, ein solcher Friede würde allen Menschen gestatten, ungehindert die Meere und Ozeane zu überqueren.

Achtens, sie glauben, daß alle Nationen der Welt, sowohl aus praktischen wie aus sittlichen Gründen, dazu kommen werden, auf Gewaltanwendung zu verzichten. Da kein künftiger Friede aufrecht zu erhalten ist, so lange die Rüstungen zu Land, zur See und in der Luft von Nationen weiterhin zum Angriff außerhalb der Grenzen eingesetzt werden, glauben sie auch, daß es wesentlich ist, diese Nationen zu entwaffnen, bis ein umfassenderes und dauerndes System der allgemeinen Sicherheit geschaffen wurde. Ebenso werden sie jeden Schritt, der dazu dient, friedliebenden Völkern die erdrükkende Last der Rüstung zu erleichtern, unterstützen und fördern.«

Schlachtflotte als »big stick« (1908) – die »Politik der offenen Tür«. Für seine Vermittlung des Friedens von Portsmouth zwischen Rußland und Japan (1905) erhielt er 1906 den Friedensnobelpreis.

Rosenberg, Alfred
deutscher nationalsozialistischer Ideologe
** 12. 1. 1893 Reval*
† 16. 10. 1946 Nürnberg
Von Beruf Architekt, trat R. 1919 in München der Dt. Arbeiterpartei (seit 1920 NSDAP) bei und wirkte als antisemitisch-antidemokrat. Publizist (Hauptwerk »Der Mythus des 20. Jh.«, 1930). 1921–1923 und 1925–1938 war er Hauptschriftleiter, später Hrsg. des Parteiorgans »Völk. Beobachter«, seit 1933 Leiter des Außenpolit. Amts und Reichsleiter der NSDAP, seit 1934 »Beauftragter des Führers für die Überwachung der gesamten geistigen und weltanschaul. Schulung und Erziehung der NSDAP«. R. galt als führender Theoretiker der NSDAP, doch blieb sein Einfluß auf Ideologie und Außenpolitik des nat.-soz. Regimes begrenzt. Während des 2. Weltkriegs verschleppte der von ihm geleitete »Einsatzstab Reichsleiter R.« Kulturgüter aus den besetzten Ländern nach Deutschland 1941–1945 war R. Reichs-Min. für die besetzten Ostgebiete, gewann aber auch in diesem Amt keinen nennenswerten Einfluß auf polit. Entscheidungen. 1946 wurde er in Nürnberg vom Internationalen Militärgerichtshof zum Tode verurteilt und hingerichtet.

Rothschild, Meyer Amschel
deutsch-jüdischer Bankier
** 23. 2. 1743 Frankfurt a. M.*
† 19. 9. 1812 Frankfurt a. M.
Der jüdische Gründer des Bankhauses R. in Frankfurt (1780) war Stammvater einer Bankiersdynastie, die über seine Söhne *Amschel R.* (* 1773, † 1855; übernahm das Stammhaus), *Nathan R.* (* 1777, † 1836; London), *James R.* (* 1792, † 1868; Paris), *Salomon R.* (* 1774, † 1855; Wien) und *Karl R.* (* 1788, † 1855; Neapel) in der 1. Hälfte des 19. Jh.s, besonders durch die Finanzierung von großen Staatsanleihen, polit. Einfluß in Europa gewann. R. war seit 1769 Hofagent des Kurfürsten von Hessen-Kassel, dessen Vermögen er vor dem Zugriff →Napoleon I. Bonapartes nach England rettete und vermehrte, während er sich an der Finanzierung der antinapoleon. Kriege beteiligte. Sein Sohn Amschel entwickelte die Bank in Frankfurt, über die nach dem Wiener Kongress (1814/15) alle staatl. Anleihgeschäfte abgewickelt wurden, zum – bis Mitte des 19. Jh.s – einflußreichsten deutsches Geldinstitut. Später finanzierte die Familienbank u. a. in der Zeit des preußischen Heereskonflikts für Preußen unter Otto v. →Bismarck und Kaiser →Wilhelm I. den Deutschen Krieg 1866 gegen Österreich und die meisten Mittelstaaten; Frankreich erhielt nach 1871 Anleihen zur Rückzahlung der Kriegsentschädigung an Deutschland; in Großbritannien arrangierte ein Enkel R.s, *Lionel R.* (* 1808, † 1879), 1875 den Kauf der Suezkanalaktien. Dessen Sohn *Lionel Walter R.* (* 1868, † 1937) empfing als Förderer des Zionismus 1917 den Brief des britischen Außen-Min. Arthur →Balfour, in dem dieser den Juden die Unterstützung bei der Bildung einer nationalen Heimstätte in Palästina zusicherte.

Rousseau, Jean-Jacques
französischer Schriftsteller und Philosoph
** 28. 6. 1712 Genf*
† 2. 7. 1778 Ermenonville

Der aus einfachen Verhältnissen stammende Literat, Komponist, Gesellschaftskritiker und Staatsphilosoph schweizerisch-hugenott. Herkunft war einer der herausragenden Vordenker der Französ. Revolution und der modernen Demokratie, gab aber auch totalitär-egalitärer Interpretation seiner Theorien Raum. Zum Kreis der Enzyklopädisten um Denis →Diderot gehörend, wurde R. 1750 berühmt durch seine Preisschrift über den (negativen) Einfluß der Wissenschaften und Künste auf die Sitten (»Discours sur les sciences et les arts« 1750). Die darin erhobene Anklage, der materielle Fortschritt habe den Menschen einem naturnahen, glücklichen Urzustand entfremdet und ihm Unschuld, Freiheit und Tugend geraubt, eröffnete die moderne Kulturkritik und hob R. von der Tendenz der anderen Aufklärer seiner Zeit deutlich ab. Das Recht auf Freiheit des Gefühls und die Berechtigung der Leidenschaft verkündete R. in dem schwärmerischen, begeistert aufgenommenen Briefroman »Julie oder Die neue Héloïse« (1761, dt. 1762), mit dem er die literarische Romantik vorbereitete. In dem Erziehungsroman »Émile oder Über die Erziehung« (1762), entwickelte er das Ideal einer naturnahen, undogmat.

Erziehung, die dem Kind die Möglichkeit schaffen soll, seine natürlichen Anlagen frei zu entwickeln. Mit ihm begründete er eine freiheitliche pädagogische Theorie, die noch heute nachwirkt.
In seinem einflußreichsten Werk, »Der Gesellschaftsvertrag« (»Le contrat social«, 1762, dt. 1763), interpretiert R. den Staat als Ausdruck des »Allgemeinwillens« (volonté générale), der die Synthese der Einzelwillen der von Natur aus guten Menschen darstelle, die sich in einem freiwilligen Gesellschaftsvertrag zusammenfinden. Mit der These, der Mensch finde sein Glück, auf das ihm die Natur einen Anspruch gebe, nur im gesellschaftlichen Zusammenhang, lieferte er die naturrechtliche Begründung für den Anspruch des Volkes auf die Souveränität. Die sich im Eigentumsrecht und in der Fürstenhoheit offenbarende Ungleichheit von Reichtum und Macht stelle dagegen einen Bruch des Vertrags dar. Damit der Staat seinem Zweck entsprechen könne, die menschl. Freiheit zu gewährleisten, müsse der Gesellschaftsvertrag durch Herstellung der Volkssouveränität wieder erfüllt werden. An R.s Philosophie von der Natur der Freiheit knüpfte u. a. Immanuel Kant an. Aber auch Maximilien de →Robespierre suchte seinen »Großen Terror« mit Verweis auf R.s »volonté général«, der über die Einzelinteressen hinaus organisiert und durchgesetzt werden müsse, zu legitimieren.
(▷ Chronik Zitat)

***Rudolf**, Fürsten. Deutsche Kaiser und Könige*

Rudolf I., *von Habsburg*
König 1273–1291
** 1. 5. 1218*
† 15. 7. 1291 Speyer
(Graf v. Habsburg seit 1239). Die Wahl R.s als vermögendsten und expansivsten Territorialherren im dt. Südwesten zum dt. König beendete das mit dem Tod des Staufers →Konrad IV. (1254) einsetzende Interregnum im deutschen Reich und begründete die Dynastie der Habsburger. Gegen König →Ottokar II. von Böhmen, der zwischenzeitlich stärkster Faktor im Reich geworden war und die Wahl R.s nicht anerkannte, setzte er sich 1278 in der Schlacht auf dem Marchfeld mit Hilfe des böhm. Königs →Ladislaus IV. (des Kumanen) durch und gewann die Krain, Kärnten, die Windische Mark, Österreich und Steiermark für das Reich. Seine Söhne →Albrecht (I.) und Rudolf († 1290) belehnte R. als Basis

Die bürgerliche Freiheit ersetzt die natürliche Freiheit

Chronik Zitat

Mit seinem Werk »Vom Gesellschaftsvertrag« (1762) beeinflußte Jean-Jacques Rousseau die moderne Demokratietheorie entscheidend (Auszüge):

»›Es geht darum, eine Gesellschaftsform zu finden, die mit der ganzen gemeinsamen Kraft die Person und die Güter jedes Gesellschaftsmitgliedes verteidigt und schützt und durch welche jeder einzelne, obwohl er sich mit allen verbindet, dennoch nur sich selbst gehorcht und so frei bleibt wie zuvor.‹ Das ist das Grundproblem, dessen Lösung der ›Gesellschaftsvertrag‹ bietet . . .
Trennt man von dem Gesellschaftsvertrag alles das ab, was nicht zu seinem Wesen gehört, so findet man, daß er sich folgendermaßen begrenzen läßt: ›Jeder von uns stellt gemeinschaftlich seine Person und seine ganze Kraft unter die oberste Leitung des allgemeinen Willens, und wir nehmen jedes Mitglied als unteilbaren Teil des Ganzen auf.‹ In dem gleichen Augenblick erzeugt diese Tat gesellschaftlichen Zusammenschlusses an Stelle der einzelnen Person jedes Vertragsteilnehmers eine sittliche und gesellschaftliche Körperschaft, die sich aus soviel Mitgliedern zusammensetzt, wie die Versammlung Stimmen hat, und diese Körperschaft gewinnt durch diese Tat ihre Einheit, ihr gemeinschaftliches Ich, ihr Leben und ihren Willen . . .Was der Mensch durch diesen Gesellschaftsvertrag verliert, ist seine natürliche Freiheit und das unbegrenzte Recht auf alles, was ihn reizt und was er erreichen kann; er gewinnt dadurch die bürgerliche Freiheit und das Eigentumsrecht auf alles, was er besitzt. Um sich bei der gegenseitigen Abrechung nicht zu täuschen, muß man die natürliche Freiheit, die nur in den Kräften des einzelnen ihre Schranken findet, genau von der durch den allgemeinen Willen beschränkten bürgerlichen Freiheit unterscheiden . . . Der Gehorsam vor dem Gesetz, das man sich selbst vorgeschrieben hat, ist Freiheit . . .«

der Habsburger Hausmacht mit Österreich und Steiermark. Mit den Bemühungen um die Kaiserkrone und eine Erbmonarchie scheiterte er jedoch. Durch die Bekämpfung von Raubrittertum und Fehdewesen suchte er die zentrale Autorität des Königtums wiederherzustellen, er förderte den Aufstieg der Städte.

Rudolf II.

Kaiser 1576–1612
** 18. 7. 1552 Wien*
† 20. 1. 1612 Prag

Der Sohn Kaiser →Maximilians II., in Spanien erzogen, erhielt in der Nachfolge seines Vaters 1572 die ungar., 1575 die böhm. Krone, seit 1576 regierte er in den österr. Erblanden und im Reich. R. forcierte die Gegenreformation und provozierte damit den erfolgreichen Aufstand der prot. Ungarn und Siebenbürger, die sich mit den Osmanen verbündeten (1604–1606), und den Zusammenschluß der prot. Reichsstände (ohne Kursachsen) in der Prot. Union (1608), der mit der Bildung der Kath. Liga (1609) beantwortet wurde. Diese Konstellation formierte das sich seit 1618 im Dreißigjährigen Krieg entladende Konfliktpotential, das sich um die Folgen aus dem Majestätsbrief vergrößerte, den die ev. böhm. Stände 1609 R. abzwangen (Gewährung von Religionsfreiheit). R. förderte Kunst und Wissenschaft und zog u. a. Johannes Kepler und Tycho Brahe an seinen Hof, war jedoch menschenscheu und entschlußlos. Zunehmend regierungsunfähig, mußte er unter dem Druck der Türkenkriege (1593–1606/15) und des ungarn. Aufstands 1608 auf Österreich, Ungarn, Mähren und 1611 auf Böhmen zugunsten seines Bruders →Matthias zu verzichten.

Ruprecht von der Pfalz
deutscher König 1400–1410
** 5. 5. 1352 Amberg*
† 18. 5. 1410 Schloß Landskron bei Oppenheim
Der Wittelbacher R. erbte – als *R. III.* – 1398 die Pfälzer Kurfürstenwürde. 1400 wurde er nach der von ihm mitbetriebenen Absetzung →Wenzels zum dt. König gewählt und 1401 in Köln gekrönt, konnte jedoch seine Anerkennung nicht allgemein durchsetzen und schuf sich mit seiner Territorialpolitik und dem Bemühen, der Krone Autorität zu verschaffen, eine neue Fürstenopposition. Er scheiterte auch auf seinem Oberitalienzug im Kampf gegen Mailand (1401/02) und im Bemühen, durch sein Festhalten am römischen Papst, das Große Schisma zu beseitigen. Nachfolger: →Sigismund.

Rurik
warägischer (normannischer) Heerführer
† um 879
Vermutlich identisch mit dem jütländischen Wikingerführer *Rorik*, etablierte R. 862 die Macht der Waräger über den russischen Norden von Nowgorod aus und begründete die bis ins 14. Jh. herrschende Dynastie der Rurikiden. Sein Nachfolger →Oleg erweiterte das Herrschaftsgebiet, zu dessen Hauptstützpunkt er 882 Kiew machte.

Rykow, Alexei Iwanowitsch
sowjetischer Regierungschef 1924–1930
** 13. 2. 1881 Saratow*
† 15. 3. 1938 Moskau
Seit der Russ. Revolution 1905 einer der führenden Bolschwisten, übernahm R. nach der Oktoberrevolution hohe Staats- und Parteiämter, u. a. als Volkskommissar für Inneres (1917/18) und in der Nachfolge Wladimir I. →Lenins als Vors. des Rats der Volkskommissare (Regierungschef). Von Josef W. →Stalin wurde er als führender »Rechtsabweichler« zusammen mit Nikolai J. →Bucharin entmachtet, 1930 seiner Ämter enthoben, dann als Volkskommissar für das Post- und Fernmeldewesen kaltgestellt (bis 1936), 1937 aus der KPdSU entlassen und 1938 im 3. Moskauer Schauprozeß der »Großen Säuberung« zum Tode verurteilt und hingerichtet. 1988 wurde er juristisch und politisch rehabilitiert.

Ryschkow, Nikolai Iwanowitsch
sowjetischer Regierungschef 1985–1990
** 28. 9. 1929 Dylejewka bei Donez, Ukraine*
Von Beruf Ingenieur und zunächst in der Industrieverwaltung tätig, seit 1981–1985 Sekretär des ZK der KPdSU, wurde R. auf Betreiben von Michail →Gorbatschow unter Verletzung der Kandidatenhierarchie 1985 als einer der technokratischen und zugleich reformbewußten Kräfte ins Politbüro (bis 1990) und zum Vorsitzenden des Ministerrats der UdSSR (Regierungschef) berufen. Im Konflikt zwischen Radikalreformern und konservativen Kräften, vorrangig über den Kurs der Wirtschaftspolitik, trat R. 1990 von seinem Amt zurück.

Sabbatai Zwi
jüdischer Kabbalist und Pseudomessias
** 23. 7. 1626 Smyrna (heute Izmir, Türkei)*
† 17. 9. 1676 Dulcigno (Albanien)
Von S. Z. ging die größte messian. Bewegung des Judentums seit dem Aufstand →Bar Kochbars im 2. Jh. n. Chr aus. Hintergrund seines Wirkens waren extreme Krisenerfahrungen des Judentums, die als Vorboten der bevorstehenden Erlösung gedeutet wurden (»Geburtswehen des Messias«) – besonders die blutigen Pogrome des ukrain. Kosakenhetmans Bogdan →Chmielnycki, denen 1648–1656 in Polen ein Fünftel bis ein Drittel der polnischen Judenheit (über 100 000 Menschen) zum Opfer fielen.
Mit den mystischen Schriften der Kabbalah vertraut, machte S. Z. um 1648 durch bewußte Übertretungen religiöser Vorschriften auf sich aufmerksame, so daß ihn die Rabbiner 1651 aus Smyrna vertrieben. Auf einer Reise durch den Nahen Osten traf er in Gaza 1665 mit Nathan v. Gaza (* um 1645) zusammen, der als »Prophet« in S. Z. den Messias erkannte und ihm mit Flugschriften an die jüd. Gemeinden großen Zulauf verschaffte. S. Z.s öffentl. Proklamation zum Messias 1666 in Smyrna löste Massenhysterien und einen Gelehrtenstreit aus. Als er sich einer Prophezeiung Nathans gemäß in Konstantinopel den osman. Sultan unterstellen wollte, ließ dieser ihn gefangennehmen und erzwang seine Konversion zum Islam. Dennoch behielt der Sabbatianismus lange überragende Bedeutung im Judentum.

Sacharow, Andrej Dmitrijewitsch
sowjetischer Kernphysiker und Bürgerrechtler
** 21. 5. 1921 Moskau*
† 14. 12. 1989 Moskau

Der maßgeblich an der Entwicklung der sowjetischen Kernwaffen beteiligte Wissenschaftler war seit Ende der 1960er Jahre als Wortführer der Bürgerrechtsbewegung einer der schärfsten inneren Kritiker des sowjet. Herrschaftssystems. 1970 gründete er das Komitee für Menschenrechte. Die Entgegennahme des Friedensnobelpreises 1975 wurde ihm verweigert. Wegen »subversiver Tätigkeit« 1980 nach Gorki verbannt und zeitweise von allen Kontakten zur Außenwelt abgeschnitten, holte ihn Michail →Gorbatschow 1986 nach Moskau zurück und ließ ihn rehabilitieren. Seine unbequeme Rolle als Mahner gab S., seit 1989 Abgeordneter im Kongreß der Volksdeputierten, auch in der neuen Ära nicht auf.

Sadat, Anwar as-
ägyptischer Staatspräsident 1970–1981
** 25. 12. 1918 Mit Abul Kom, Nildelta*
† 6. 10. 1981 Kairo
Der Fellachensohn, Mitgründer des Geheimbundes der Freien Offiziere, der 1952 König →Faruk I. stürzte, stieg an der Seite Gamal Abd el- →Nassers zu hohen Ämtern auf (Vize-Präs. 1964–1966, 1969/1970), bevor er ihm 1970 im Amt des Staats-Präs. nachfolgte (1973/74 und seit 1980 zugleich Min.-Präs.). Er lockerte dessen autoritäres Regime und führte Ägypten aus der engen Bindung an die Sowjetunion. Nachdem er im 4. Nahostkrieg (Yom-Kippur-Krieg) 1973 gegen Israel einen Prestigeerfolg errungen hatte, leitete er unter Vermittlung Henry →Kissingers mit dem Truppenentflechtungsabkommen 1974 den Friedensprozeß mit Israel ein, der 1979 mit dem Friedensabkommen von Camp David besiegelt wurde. 1978 erhielt er – zusammen mit Menachem →Begin – den Friedensnobelpreis. Während er sich im arabischen Lager isolierte, gewann die innere Opposition an Kraft, der er mit zunehmender Repression begegnete. S. fiel einem Attentat islam. Fundamentalisten zum Opfer.
Nachfolger: Mohammed Hosni →Mubarak

Saint-Just, Louis Antoine Léon
französischer Revolutionär
** 25. 8. 1767 Decize, Nièvre*
† 28. 7. 1794 Paris
Als Gefolgsmann Maximilien de →Robespierres stieg der noch fast jugendliche S.-J. in der Französ. Revolution in die Führungsspitze der Jakobiner auf, propagierte die Einrichtung einer egalitären Gesellschaft (»Esprit de la Révolution«, 1791) und plädierte als radikaler Republikaner 1792 für die Hinrichtung →Ludwigs XVI. ohne Prozeß. Seit 1792 im Konvent, dessen Vors. er 1793 wurde, betrieb er den Sturz der gemäßigten Girondisten und Georges J. →Dantons (1793). Als Mitglied des Wohlfahrtsausschusses (seit 1793) ließ er den Besitz der adligen Emigranten und Konterrevolutionäre der Vendeé konfiszieren und organisierte als verlängerter Arm Robespierres die »Schreckensherrschaft«. Mit diesem wurde er 1794 am 9. Thermidor (27. 7.) gestürzt und am folgenden Tag guillotiniert.

Saint-Simon, Claude Henri de Rouvroy,
Comte de
französischer Sozialphilosoph
** 17. 10. 1760 Paris*
† 19. 5. 1825 Paris
Nach den Erfahrungen der Französ. Revolution befaßte sich S. sozialkritisch mit Problemen der aufkommenden Industriegesellschaft. Den Antagonismus zwischen Kapital und Arbeit nicht erkennend, ortete er den gesellschaftlichen Hauptwiderspruch zwischen »Müßigen« (Adel und Geistlichkeit) und »Tätigen«. Im Glauben, die soziale Frage lasse sich durch moralisch-religiöse Erneuerung lösen, in deren Folge die Fabrikanten die Ausbeutung der Arbeiter aufgäben, entwarf er die Grundzüge des utop. Sozialismus (»Nouveau christianisme«, 1825). Sein sozialer Zukunftsstaat sollte durch die »Assoziation der Produzenten« (Bauern, Handwerker, Unternehmer, Banken) von diesen selbst regiert werden. Mit technokrat. Fortschrittsoptimismus erwartete er die rationale Organisation der Menschen und die bestmögliche Befriedigung ihrer Bedürfnisse durch Anwendung der von den modernen Wissenschaften bereitzustellenden Instrumente. S.s Ideen (Saint-Simonismus) wirkten unmittelbar auf die Julirevolution 1830 in Frankreich, die Entwicklung des Frühsozialismus und die weitere Ausarbeitung des Projekts der sozialist. Revolution (u. a. Karl →Marx).

Saladin, Jusuf ibn Aijub
Sultan von Ägypten und Syrien 1171/75–1193
** um 1138 Takrit, Mesopotamien*
† 4. 3. 1193 Damaskus
Als Oberbefehlshaber der Truppen des Sultans von Damaskus, Nureddin (* 1118, † 1174), eroberte der Kurde S. 1164 Ägypten und wurde 1169 Wesir des ägypt. (ismailitisch-schiit.) Kalifen der Fatimiden-Dynastie. 1171 stürzte er diesen, begründete die bis 1250 herrschende Dynastie der Aijubiden und anerkannte das sunnit. Kalifat von Bagdad. Nach dem Tod Nureddins wurde er sein Nachfolger als Herrscher Syriens (1174) und Aleppos (1183), eroberte 1187 Jerusalem und große Teile des Gebiets der Kreuzfahrer und löste damit den 3. Kreuzzug aus (1189–1192). Im Friedensschluß mit →Richard I. Löwenherz gestand er, außer Akkon ohne eigene territoriale Verluste, den Christen freien Zugang zu den heiligen Stätten zu. Großmut und Tapferkeit machten ihn im Orient zum Inbegriff des idealen Herrschers, während er in der abendländ. Dichtung als «edler Heide« gefeiert wurde (z. B. in G. E. Lessings Schauspiel »Nathan der Weise«, 1779).

Salazar,
António de Oliveira
portugiesischer
Ministerpräsident
1932–1968
** 28. 4. 1889*
Santa Comba-Dão
† 27. 7. 1970 Lissabon

Länger als ein halbes Jahrhundert prägte der Professor der Nationalökonomie Portugal den Stempel seiner autoritären Herrschaft auf. Schon seit dem Staatsstreich 1928 als Finanz-Min. (bis 1940) war er mit ausgedehnten Vollmachten beherrschende polit. Figur und übernahm 1932 das Amt des Min.-Präs. 1933 führte er eine autoritär-korporative Verfassung ein (»Estado Novo«), auf dessen Grundlage er sein gemäßigt diktator. System errichtete, gestützt auf die kath. Kirche, seine Einheitspartei União Nacional und die berüchtigte Geheimpolizei PIDE. S. unterstützte im Span. Bürgerkrieg (1936–1939) die Falange Francisco →Francos, hielt Portugal im 2. Weltkrieg neutral, und ließ es 1949 der NATO beitreten. Während er in Portugal eine gewisse Liberalisierung duldete, bekämpfte er mit härtesten Mitteln die Befreiungsbewegungen in den portugies. Kolonien (Angola, Mosambik, Guinea-Bissau), die er 1951 zu »Überseeprovinzen« erklärte. 1968 wurde er von Marcello →Caetano abgelöst.

Salisbury, Robert (Arthur Talbot)
Gascoyne-Cecil, *3. Marquess of (seit 1868)*
mehrmaliger britischer Premierminister
** 3. 2. 1830 Hatfield, Hertfordshire*
† 22. 8. 1903 Hatfield
S., der einer die britische Politik seit Jahrhunderten mitgestaltenden Adelsfamilie entstammte, war seit 1853 Abgeordneter der Konservativen im Unterhaus, bevor er 1868 ins Oberhaus wechselte. Als Außen-Min. (1878–1880) vertrat er Großbritannien neben Premier-Min. Benjamin →Disraeli auf dem Berliner Kongreß (1878), auf dem er sich bei der Regulierung der Großen Orientkrise (1875–1878) zum Opponenten des russ. Außenministers Alexander →Gortschakow machte. Nach dem Tod Disraelis (1881) Führer der Konservativen, war er im Wechsel mit dem liberalen William E. →Gladstone 1885/86, 1886–1892 und 1895–1902 Premier-Min., meist zugleich auch Außen-Min. Er verfolgte eine

entschieden imperialist. Politik (Eroberung des Sudan 1898, Burenkrieg 1899–1902), suchte das Verhältnis zu den europ. Rivalen jedoch zu entspannen (Helgoland-Sansibar-Abkommen mit Dtschld. 1890, Faschoda-Abkommen mit Frankreich 1899), ohne die Bündnislosigkeit Großbritanniens (»splendid isolation«) aufzugeben. Innenpolitisch lehnte er entgegen dem Kurs Gladstones Autonomiezugeständnisse an Irland und demokrat. Reformen ab.

Sallust *(Gaius Sallustius Crispus)*
römischer Politiker und Historiker
** 1. 10. 86 v. Chr. Amiternum*
† 13. 5. 34 v. Chr.
Als Anhänger Gaius Iulius →Caesars stieg S. als Homo Novus 52 zum Volkstribun auf und war 46–44 Statthalter der Provinz Africa Nova. Nach Caesars Ermordung zog er sich aus der Politik zurück und verfaßte seine historischen Werke, in denen er den moralischen Verfall der Nobilität für den politischen Niedergang Roms verantwortlich machte. Erhalten sind u. a.»Die Verschwörung des Catilina« (43/42), »Der Jugurthinische Krieg« (41/40).

Salmanassar III.
König von Assyrien 858–824 v. Chr.
S., Sohn und Nachfolger →Assurnasirpals II., setzte die Expansionspolitik seines Vaters fort. Den Norden suchte er durch Unterwerfung der Randgebiete gegen das Reich von Urartu (Armenien) und das der Meder zu sichern. In mehreren Feldzügen stieß er nach Syrien vor, konnte jedoch nur kleinere Staaten wie Israel, Tyros und Sidon tributpflichtig machen, während u. a. Damaskus erfolgreich Widerstand leistete. 851 anerkannte Babylon seine Oberherrschaft. In den letzten Jahren seiner Herrschaft hatte er sich einer von seinem Sohn angeführten Revolte zu behaupten.

Salomo *(Salomon)*
König von Israel und Juda um 965–926 v. Chr.
Schon zu Lebzeiten seines Vaters →David zum 3. König der Juden gekrönt, konnte S. das von diesem geschaffene Großreich erhalten, ohne Kriege zu führen. Mit geschickter Heiratspolitik und Diplomatie sicherte er es nach außen ab, während er es im Inneren durch Verwaltungsreformen (u. a. Einteilung des Reichs in 12 Gaue entsprechend den Stammesgebieten) modernisierte und es wirtschaftlich und kulturell zur Blüte führte.
Umfangreiche Bauprojekte, darunter die Befestigung Jerusalems und die Errichtung des Tempels als zentraler Kultstätte, finanzierte er durch eine straffe Besteuerung. Zugleich führte er die bisher nur unterworfenen Völkern abverlangte Fronarbeit auch für die Israeliten ein. Mit dem phönizischen König →Hiram I. von Tyrus, der für Bau und Ausstattung des Tempels Handwerker stellte und Material lieferte (wofür S. ihm 20 Städte im Norden verpfändete), stand S. in intensiven Handelsbeziehungen und organisierte mit ihm weitreichende Seehandelsfahrten. Als ideale Herrschergestalt verehrt, erwarb S. als Richter mit seinen »salomonischen Urteilen« sprichwörtlichen Ruhm.

Sancho III. Garcés, *der Große*
König von Pamplona (Navarra) um 1000–1035
** um 992*
† 18. 10 1035
(Auch *S. der Ältere*). Der Sohn König Garcías II. (994–1000) widmete sich im Zuge der Reconquista dem Ausbau der Macht des baskischen Pamplona, das er als Königreich Navarra zur stärksten christl. Macht auf der iberischen Halbinsel machte. Durch Eroberungszüge, die Realisierung von Erbansprüchen und diplomatische Aktivitäten erweiterte er seinen Besitz erheblich: 1016–1019 eroberte er die alten fränkischen Grafschaften Sobrarbe und Ribagorza; der Graf von Barcelona akzeptierte seine Oberherrschaft; durch die Heirat mit der Tochter des Grafen von Kastilien (1010) fiel 1029 Kastilien an Pamplona. Um seine Stellung als christliche Vormacht zu unterstreichen, nahm S. nach der Eroberung von León 1034 den Kaisertitel an. Sein christl. Reich bestand jedoch nur bis zu seinem Tod: Mit der Aufteilung unter seine vier Söhne schuf er die Ausgangspunkte für die Königreiche Navarra, Kastilien, Aragón und Sobrarbe-Ribagorza (Barcelona).

Sand, Karl Ludwig
deutscher Burschenschafter
** 5. 10. 1795 Wunsiedel*
† 20. 5. 1820 Mannheim
Der Theologiestudent, Angehöriger des radikaldemokratischen Flügels der Burschenschaft, ermordete 1819 den als Reaktionär betrachteten Schriftsteller und Diplomaten August v. →Kotzebue und provozierte damit die bis 1848 geltenden Karlsbader Beschlüsse des Dt. Bundes zur Unterdrückung der Opposition: Burschenschaft, Überwachung der Universitäten, »Demagogenverfolgungen«, Vorzensur von Schriften unter 20 Druckbogen – zu organisieren und zu überwachen durch die eingerichtete Zentraluntersuchungskommission.

Sandino, Augusto César

Guerillaführer in Nicaragua
** 19. 5. 1895 Niquinohomo*
† 21. 2. 1934 Managua

S. kämpfte ab 1926 mit seiner Guerillatruppe gegen die seit 1912 anhaltende US-amerikanische Besatzung. 1934 wurde er von der Nationalgarde auf Befehl von Anastasio →Somoza ermordet. Nach S. nennt sich die Sandinist. Befreiungsfront (FSLN).

Sanherib
König von Assyrien 704–681 v. Chr.
(Akkadisch *Sîn-achcheeriba*). Der Sohn →Sargons II. erweiterte den Machtbereich des von seinen Vorgängern ausgebauten assyrischen Großreichs und unternahm Feldzüge nach Medien, Urartu (Armenien), Syrien und Kilikien. Während er Tyros und Jerusalem nicht einnehmen konnte, eroberte er 701 Sidon und Jaffa und machte Juda tributpflichtig. Das 694 an Elam verlorene Babylon eroberte er 689 zurück und zerstörte es. Seine Residenz verlegte er von Dur-Scharrukin nach Ninive, der größten assyrischen Stadt am Ostufer des Tigris, und ließ dort sowie in Assur große Bauten errichten. S. wurde durch eine Verschwörung seiner Söhne ermordet.

San Martín, José de
argentinischer Unabhängigkeitskämpfer und General
** 25. 2. 1778 Yapeyú*
† 17. 8. 1850 Boulogne-sur-Mer (Frankreich)
Von den Idealen der Französischen Revolution bewegt, setzte sich der in Spanien ausgebildete Offizier nach seiner Rückkehr nach Buenos Aires 1812 an die Spitze der lateinamerikanischen Unabhängigkeitsbewegung. Von Argentinien aus überquerte er mit seiner Armee in einem legendären Winterfeldzug die Anden und befreite Chile (1817/18) und Peru (1820) von der spanischen Herrschaft. 1821 in Lima zum Protektor von Peru proklamiert, ließ er sich vom Befreier Kolumbiens, Simón →Bolívar, der Peru seinem Machtbereich zuschlagen wollte, verdrängen (1822) und ging ins Exil nach Europa, um einen Bürgerkrieg zu vermeiden.

Santa Anna, Antonio López de
mexikanischer Präsident und Diktator
** 21. 2. 1795 Jalapa*
† 20. 6. 1876 Mexico
S. A. beherrschte die mexikan. Politik von der Mitte der 1820er bis zur Mitte der 1850er Jahre. Maßgeblich beteiligt am Sturz des Kaisers Agustín de →Itúrbide (1823), war er 1833–1836, 1839, 1841 bis 1844, 1846/47 Präs. und regierte – zwischenzeitlich verbannt – 1853–1855 als Diktator. Während seiner ersten Amtszeit machte sich das von US-amerikan. Siedlern beherrschte Texas 1836 unabhängig, konnte sich gegen S. A.s Rückeroberungsversuche behaupten und wurde 1845 von den USA annektiert. Im folgenden Mexikan. Krieg mußte er die Besetzung von Mexico City durch die USA hinnehmen (1847) und zog sich ins Exil zurück, bis ihn die Konservativen 1853 als Diktator ins Land zurückholten. 1855 stürzte eine liberale Revolte S. A., der sich auf Großgrundbesitz, Kirche und Militär gestützt hatte. Im der nachfolgenden ersten Phase des Bürgerkriegs (1859–1861) setzte sich Benito →Juárez durch. S. A. ging ins Exil nach Kuba und kehrte erst 1872 nach Mexiko zurück.

Saragat, Giuseppe

italienischer Staatspräsident 1964–1971
** 19. 9. 1898 Turin*
† 11. 6. 1988 Rom

Seit 1925 im Parteivorstand der Vereinigten Sozialist. Partei (PSU) und unter der faschistischen Diktatur 1926–1943 im Exil, beteiligte sich S. nach dem Sturz Benito →Mussolinis (1943) am Wiederaufbau der Partei und des Landes (1946/47 Präs. der Konstituante, 1947–1949 stellvertr. Min.-Präs.). Im Konflikt mit dem die Kooperation mit den Kommunisten suchenden Pietro →Nenni spaltete er 1947 den sozialdemokratischen Flügel ab, seit 1951 Sozialdemokratische Partei (PSDI), deren Generalsekretär er zwischen 1949 und 1976 mehrmals war. 1954–1957 erneut stellvertretender Min.-Präs. und 1963/64 Außen-Min., wurde er 1964 Staats-Präs. Entschieden verfocht er die Beteiligung Italiens an der europäischen Einigung.

Sargon I. *(S. von Akkad)*
König von Akkad um 2340–2284 v. Chr.
(Akkadisch »Šarru-kin« = »gerechter König«). Der semitische Stammvater der etwa 150 Jahre herrschenden akkadischen Dynastie begründete in Mesopotamien das erste Großreich der Geschichte und erbaute Akkad als Residenz. Ursprünglich hoher Beamter am Hof von Kisch, beanspruchte S. selbst die Herrschaft über das Stadtkönigtum und über Nordbabylonien. Später eroberte er Uruk und beherrschte somit Sumer bis zum Persischen Golf. Weitere Feldzüge führten ihn bis ans Mittelmeer. Im Unterschied zur sumerischen Zeit, in der Priesterfürsten der Stadtkönigtümer im Zweistromland die Autorität ausübten, verwaltete S. das Reich im Rahmen einer zentralisierten Struktur. Das Reich, das schon zu S.s Lebzeiten immer wieder von Aufständen in den unterworfenen Ländern bedroht war, zerfiel nach der Regierung seines Enkels →Naramsin.

Sargon II.
König von Assyrien um 721–705 v. Chr.

Als Offizier durch einen Staatsstreich an die Macht gekommen, nahm der neue Herrscher den Namen des legendären →S. I. an und begründete die letzte assyrische Dynastie der Sargoniden. Er verdrängte die Ägypter aus Palästina (720), bekämpfte das Urartu-Reich in Armenien, machte Zypern und Syrien tributpflichtig und eroberte das zwischenzeitlich abgefallene Babylon zurück. Die vermutlich noch unter seinem Vorgänger Salmanassar V. (726 bis 722) durchgeführte Eroberung von Samaria (722) und die Deportierung von ca. 27 000 Israeliten (der »verlorenen 10 Stämme Israels«) rechnete er sich als eigenen Verdienst an. Zur Beherrschung des Imperiums führte er eine straffe Zentralverwaltung ein, eroberte Gebiete des engeren Gürtels erhielten den Status von Provinzen. Nordöstlich von Ninive gründete er Dur-Scharrukin (= »Sargonsburg«) mit einem reich ausgestatteten Palast, der seinem Weltherrschaftsanspruch Ausdruck verlieh, als neue Residenz. Nachfolger: Sohn →Sanherib.

Sato, Eisaku
japanischer Ministerpräsident 1964–1972
** 27. 3. 1901 Tabuse, Jamagutschi*
† 2. 6. 1975 Tokio
Seit 1949 Abgeordneter und einer der Führer der Liberal-Demokratischen Partei (LDP), war S. seit 1951 wiederholt Minister verschiedener Ressorts und avancierte zu einem der bedeutendsten Politiker Japans in der Nachkriegszeit. Obwohl konservativ, modernisierte er das japanische Wirtschafts- und Gesellschaftssystem. Nach außen etablierte er auf der Basis enger Beziehungen zu den USA, mit denen er gegen heftigen Widerstand im Land den Sicherheitsvertrag verlängerte (1970) und dafür die Rückgabe von Okinawa erreichte (1972), Japan als asiatische Vormacht. Unter Abwendung von Taiwan leitete er die Annäherung an Peking ein, wurde im Konflikt hierüber in den eigenen Reihen jedoch gestürzt. Für seine Verdienste um die Unterzeichnung des Atomwaffensperrvertrags durch Japan wurde er 1974 mit dem Friedensnobelpreis (zusammen mit dem Iren Sean MacBride) ausgezeichnet.

Saul
erster König der Juden um 1020–1000 v. Chr.
Vom Propheten Samuel zum Heerführer der israelit. Stämme gesalbt, wurde S. aus dem Stamm Benjamin nach seinen Erfolgen im Kampf gegen Ammoniter und Philister zum König bestimmt und nahm in Galiläa Residenz. Er etablierte eine tyrann. Herrschaft, die er durch den vergeblichen Versuch, seinen Schwiegersohn und potentiellen Rivalen →David auszuschalten, zu sichern versuchte. Während im Inneren die Opposition gegen ihn anwuchs und Samuel mit ihm gebrochen hatte, erlitt S. gemeinsam mit seinen drei Söhnen im Kampf gegen die Philister eine Niederlage, nach der er sich selbst tötete.

Savonarola, Girolamo
italienischer Mönch und Revolutionär
** 21. 9. 1452 Ferrara*
† 23. 5. 1498 Florenz
Von den →Medicis, den Stadtherren von Florenz, 1491 zum Vorsteher (Prior) des Klosters San Marco ernannt, beteiligte sich der Dominikanermönch und mitreißende Bußprediger 1494 an ihrer Vertreibung durch Truppen des französ. Königs →Karl VIII. Zunächst gestützt auf die florentin. Bevölkerung, proklamierte er Florenz als Republik Christi und installierte als »Prophet Gottes« eine weitgehend demokrat. verfaßte theokrat. Herrschaft. Im Kampf gegen Korruption und Sittenverfall verfeindete er

sich mit dem florentin. Stadtadel und griff Lebenswandel und Verschwendungssucht des Hl. Stuhls an. Nachdem ihn der Borgia-Papst →Alexander VI. 1497 exkommuniziert hatte, verlor S. seine Basis im Volk. 1498 wurde seine despotische Theokratie gestürzt, er selbst gefoltert, hingerichtet und öffentlich verbrannt.

Schacht, Hjalmar

deutscher Bankier und Finanzpolitiker
** 22. 1. 1877 Tingleff bei Tondern*
† 3. 6. 1970 München

Als Direktor der Nationalbank (1916–1923), Reichswährungskommissar (1923) und Präsident der Reichsbank (1923–1930) war S. während der Weimarer Republik der entscheidende Finanzpolitiker. Unter den Belastungen der Reparationsverpflichtungen suchte er die Stabilisierung der Währung zu erreichen (Einführung der Rentenmark 1923) und erzielte in den Verhandlungen mit den Alliierten 1924 im Dawes-Plan günstigere Bedingungen. Im politischen Spektrum bewegte sich S. immer weiter nach rechts: Vom Gründungsmitglied der Deutschen Demokratischen Partei (1918–1926) wandelte er sich zum Anhänger der rechtsextremen Harzburger Front, lehnte den im Young-Plan (1929) gefundenen Kompromiß zur Reparationsfrage ab und trat als Reichsbank-Präsident zurück. Nachfolger wurde der ehemalige Reichskanzler Hans →Luther. 1933 stellte sich S. der nationalsozialistischen Regierung wieder für dieses Amt zur Verfügung (bis 1939), war 1934–1937 zugleich Reichswirtschafts-Min. (bis 1943 zudem Reichsminister ohne Geschäftsbereich) und 1935 bis 1937 Generalbevollmächtigter für die Wehrwirtschaft. Maßgeblich an der Finanzierung der Arbeitsbeschaffungsmaßnahmen und deutschen Aufrüstung beteiligt, erfand er mit den Mefo-Wechseln ein System zur Verschleierung ihres Inflationseffektes. Kompetenzstreitigkeiten mit Hermann →Göring führten zu seinem Rücktritt. Wegen seiner lockeren Kontakte zu konservativen Widerstandskreisen war er 1944 bis Kriegsende inhaftiert. Vom Internationalen Militärgerichtshof in Nürnberg wurde er 1946 freigesprochen. (▷ Chronik Zitat)

Schapur I.

persischer König 241–272

(Mittelpersisch »Schâhpur« = »Königssohn«). Der Sohn des Reichsgründers →Ardaschir I. aus der Dynastie der Sassaniden führte dessen nach Westen gerichtete Eroberungspolitik in der Absicht fort, das Weltreich der Achämeniden und Parther wiederherzustellen. Seinen Herrschaftsanspruch dokumentierte er mit dem Titel »König der Könige von Iran und Nichtiran«. In mehreren Schlachten besiegte er die Römer, eroberte Antiochia (256) und nahm Kaiser →Valerian gefangen (260). Armenien gliederte er dem Reich ein. In S.s Zeit fällt das Auftreten des von ihm unterstützten Religionsstifters →Mani.

Maßnahmen gegen die Inflation

Chronik Zitat

Reichsbankpräsident Schacht suchte nach unkonventionellen Wegen, den Währungsverfall aufzuhalten. In seinen Memoiren berichtet er:

»Meine erste Maßnahme als Reichswährungskommissar war, daß ich jede weitere Entgegennahme von Notgeld bei der Reichsbank inhibierte. Damit war der privaten Notgeldausgabe jeder Boden entzogen. . .
Meine zweite Maßnahme galt der Devisenspekulation. Am 20. November 1923 hatte die Reichsbank den Kurs des amerikanischen Dollars bis auf 4,2 Billionen Mark heraufgehen lassen, in der festen Absicht, ihn auf diesem Niveau festzuhalten. Die private Spekulation fuhr jedoch fort, auch zu höheren Preisen weitere Dollars aufzukaufen . . . (bis zu 12 Billionen Dollar). Als nun das Monatsende herankam, brauchten die Käufer die Mark von der Reichsbank zur Bezahlung, und hier verweigerte ihnen die Reichsbank die erbetenen Kredite in Banknoten. . . .
Das dritte und letztlich entscheidende Eingreifen geschah Anfang April 1924. Die Wirtschaft hatte die etwas zu reichlich erbetenen und erlangten Kredite aufs neue dazu benutzt, um fremde Valuten zu hamstern. Um nun der Wirtschaft ein für allemal begreiflich zu machen, daß sie sich der Währungspolitik der Reichsbank zu fügen habe, sperrte ich kurzerhand jeden weiteren Wechselkredit . . . Dies Mittel wirkte unverzüglich.«

Schapur II., *der Große*
persischer König 309–379
Der Sassanidenherrscher stand zu Beginn seiner langen Herrschaftszeit, während der er die Stabilität des Reichs bis zur Eroberung durch die Araber im 7. Jh. begründete, unter Regentschaft. Er gewann von den Römern alle Besitzungen östlich des Tigris und arrangierte sich schließlich mit ihnen in einem dreißigjährigen Frieden (363/64), um sich – auch im Interesse Roms – im Osten der vordringenden Nomadenvölker, u. a. der Hunnen, zu erwehren. Nach Übertritt Kaiser →Konstantins I. (d. Gr.) zum Christentum begann S. in seinem Reich mit einer umfassenden Christenverfolgung, den Zoroastrismus (→Zarathustra) erhob er zur Staatsreligion.

Schärf, Adolf
österreichischer Bundespräsident 1957–1965
** 20. 1890 Nikolsburg*
† 28. 2.1965 Wien

Als Gegner der Nationalsozialisten 1938 und 1944 zeitweilig in Haft, gehörte der Jurist und Sozialdemokrat nach dem 2. Weltkrieg zu den Mitbegründern der Sozialistischen Partei (SPÖ), deren Vorsitzender er 1945–1957 war. Zugleich Mitglied des Nationalrates und Vizekanzler, wurde er 1957 bis 1965 der 3. Bundespräsident Österreichs.

Scharnhorst, Gerhard Johann David von
preußischer Heeresreformer
** 12. 11. 1755 Bordenau bei Hannover*
† 28. 6. 1813 Prag
Seit 1801 in preußischen Diensten, verantwortete S. als Vorsitzender der Militär-Reorganisationskommission (seit 1807) und Leiter des im Rahmen der Preußischen Refomen des Freiherrn vom →Stein neugeschaffenen Kriegsministeriums (1808–1810) zusammen mit August N. v. →Gneisenau und Hermann v. →Boyen die preußische Heeresreform. Angeregt durch die Organisation der französ. Revolutionsarmee schuf er ein mobiles, mit Hilfe neuer Führungstechniken hochmotiviertes Volksheer, für das er die Adelsprivilegien beseitigte und unter Umgehung der im Tilsiter Frieden (1807) auferlegten Beschränkung der Heeresstärke auf 42 000 Mann bei Verkürzung des Wehrdienstes ein Reservistensystem einführte (»Krümper-Programm«). Gemeinsam mit der Einführung von allg. Wehrpflicht (1813), Landwehr und Volkssturm bildeten diese Maßnahmen die Grundlage für die militär. Erfolge Preußens in den antinapoleon. Befreiungskriegen (1813/14, 1815). 1813 schloß er in Kalisch mit Zar →Alexander I. die von Stein vorbereitete preuß.-russ. Militärallianz gegen →Napoleon I. S. starb als Generalstabschef Gebhard v. →Blüchers nach der Schlacht bei Großgöschen an einer Verwundung.

Scheel, Walter
4. deutscher Bundespräsident 1974–1979
** 8. 7. 1919 Höhscheid bei Solingen*
Der gelernte Bankkaufmann, seit 1946 Mitglied der FDP, war 1956 maßgeblich am Sturz der CDU/FDP-Koalition und der Bildung der ersten SPD/FDP-Koalition in Nordrhein-Westfalen beteiligt. Seit 1953 MdB und 1961–1966 Bundes-Min. für wirtschaftliche Zusammenarbeit im Kabinett →Adenauer, wurde er 1968 Partei-Vors. der FDP (bis 1974). Er förderte die Wende der Partei zur Koalition mit der SPD und realisierte als Außen-Min. und Vizekanzler im sozialliberalen Kabinett unter Willy →Brandt das Konzept der Entspannungs- und Ostpolitik (1969–1974). Dem Amt des Bundes-Präs. gab er als Nachfolger Gustav →Heinemanns mit seiner weltmännischen Eleganz eine republikanisch-großbürgerliche Note. Nachfolger: Karl →Carstens.

Scheidemann, Philipp
deutscher Reichskanzler Februar–Juni 1919
** 26. 7. 1865 Kassel*
† 29. 11. 1939 Kopenhagen

S., Buchdrucker und seit 1890 sozialdemokratischer Redakteur, gehörte 1903–1918 und 1920–1933 dem Reichstag an, 1911–1920 dem Parteivorstand der SPD. Neben Friedrich →Ebert war er Führer des Mehrheitsflügels. Im 1. Weltkrieg setzte er sich seit 1916 für einen Verständigungsfrieden (»S.-Frieden«) ein und proklamierte in der Novemberrevolution – ohne Parteiauftrag – am 9. 11. 1918 vom

Balkon des Reichstags aus die »Deutsche Republik«. Von November 1918 bis Februar 1919 war er Mitglied des Rates der Volksbeauftragten, bildete anschließend eine Regierung der »Weimarer Koalition« (SPD, Zentrumspartei, Deutsche Demokratische Partei), trat jedoch zurück, um den Versailler Vertrag nicht unterzeichnen zu müssen. 1920–1925 war er Oberbürgermeister von Kassel. 1933 emigrierte er. (▷ Chronik Zitat)

»Es lebe die Deutsche Republik!«

Chronik Zitat

Am 9. November 1918 rief Philipp Scheidemann die »Deutsche Republik « aus:

»Arbeiter und Soldaten!
Furchtbar waren die vier Kriegsjahre. Grauenhaft waren die Opfer, die das Volk an Gut und Blut hat bringen müssen. Der unglückselige Krieg ist zu Ende. Das Morden ist vorbei. Die Folgen des Krieges, Not und Elend, werden noch viele Jahre auf uns lasten. Die Niederlage, die wir unter allen Umständen verhüten wollten, ist uns nicht erspart geblieben, weil unsere Verständigungsvorschläge sabotiert wurden . . . Die Feinde des werktätigen Volkes, die wirklichen ›inneren Feinde‹, die Deutschlands Zusammenbruch verschuldet haben, sind still und unsichtbar geworden . . . Diese Volksfeinde sind hoffentlich für immer erledigt. Der Kaiser hat abgedankt. Er und seine Freunde sind verschwunden. Über sie alle hat das Volk auf der ganzen Linie gesiegt! Der Prinz Max von Baden hat sein Reichskanzleramt dem Abgeordneten Ebert übergeben. Unser Freund wird eine Arbeiterregierung bilden, der alle sozialistischen Parteien angehören werden. Die neue Regierung darf nicht gestört werden in ihrer Arbeit für den Frieden, in der Sorge um Brot und Arbeit. Arbeiter und Soldaten! Seid euch der geschichtlichen Bedeutung dieses Tages bewußt, Unerhörtes ist geschehen. Große und unübersehbare Arbeit steht uns bevor. Alles für das Volk, alles durch das Volk! Nichts darf geschehen, was der Arbeiterbewegung zur Unehre gereicht! Seid einig und pflichtbewußt! Das Alte und Morsche, die Monarchie ist zusammengebrochen. Es lebe das Neue. Es lebe die Deutsche Republik!«

Schewardnadse, Eduard Amwrossijewitsch

georgischer Staatspräsident seit 1992
** 25. 1. 1928 Mamati*

Seit 1948 Mitglied der KPdSU, stieg S. als Repräsentant des georgischen Faktors (seit 1972 1. Sekretär der KP Georgiens) in der KPdSU auf. Mit seinen erfolgreichen Wirtschafts- und Verwaltungsreformen in Georgien empfahl er sich Michail →Gorbatschow als entschiedener Reformer. Von diesem 1985 ins Politbüro befördert und zum Nachfolger Andrej →Gromykos als Außen-Min. berufen, setzte S. die außenpolit. Leitlinien der Reformpolitik um: Er sicherte den Rückzug der sowjet. Truppen aus Afghanistan diplomat. ab (1988/89), gewährleistete den weitgehend konfliktfreien Ausstieg der osteurop. Satellitenstaaten aus dem Warschauer Pakt (1989/1990), arrangierte die Vereinigung der beiden deutschen Staaten (1990) und verschaffte der UdSSR mit ihren außenpolit. Initiativen zu Abrüstung, Entspannung und internationalen Friedensbemühungen hohen Prestigegewinn. 1990 trat er mit einer Warnung vor dem Scheitern der Perestroika zurück, kehrte jedoch wenige Wochen vor der Selbstauflösung der UdSSR im Nov. 1991 noch einmal ins Außenministerium zurück. Seit 1992 bekämpft er als Staats-Präs. Georgiens die separatistischen Bewegungen der zeitweise von Rußland unterstützten Osseten und Abchasen. 1993 betrieb er den Beitritt Georgiens zur Gemeinschaft unabhängiger Staaten (GUS), den das Parlament 1994 ratifizierte.

Schiller, Karl
deutscher Volkswirtschaftler und Politiker
** 24. 4. 1911 Breslau*
† 26. 12. 1994 Hamburg
Der Prof. für Volkswirtschaft in Hamburg (1947 bis 1972), seit 1946 Mitglied der SPD, seit 1965 MdB, prägte die Wirtschaftspolitik der Großen Koalition (1966–1969) und der ersten Jahre der sozialliberalen Koalition als Bundeswirtschafts-Min. (seit 1966) bzw. »Super-Min.« für Wirtschaft und Finanzen (1971/72). Um der Wirtschaftskrise 1965 und zykl. Konjunkturentwicklungen begegnen zu können,

entwickelte er mit der »Globalsteuerung« im Rahmen der Finanzplanung und der »Konzertierten Aktion« von Gewerkschaften und Arbeitgebern wirkungsvolle Instrumente staatlicher Einflußnahme auf die wirtschaftl. Prozesse. Mit relativ hohen Inflationsraten konfrontiert und wegen seiner Sparmaßnahmen kritisiert, trat er 1972 zurück und verließ später auch die SPD (Wiedereintritt 1980).

Schirach, Baldur von

deutscher nationalsozialistischer Politiker
** 9. 5 1907 Berlin*
† 8. 8. 1974 Kröv

Seit 1925 Mitgl. der NSDAP und 1928–1932 Leiter des NS-Studentenbundes, wurde S. 1931 »Reichsjugendführer« (bis 1940) und unterstellte sich Jungvolk, Hitlerjugend (HJ) und den Bund Dt. Mädel (BDM). Als »Jugendführer des Dt. Reichs« (seit 1933) richtete er sämtliche Jugendorganisationen nach den ideolog. und (para-)militärischen Erfordernissen des nat.-soz. Regimes aus. 1940–1945 war er Reichsstatthalter und Gauleiter in Wien, wo er die Deportation der Juden organisierte. Wegen seiner Kritik an der dt. Besatzungspolitik in Osteuropa wurde er 1943 kaltgestellt. Der Internationale Militärgerichtshof in Nürnberg verurteilte ihn zu 20 Jahren Haft, die er in Berlin-Spandau verbüßte.

Schirinowski, Wladimir
russischer Politiker
** 25. 4. 1946 Alma-Ata (heute Almaty)*
Der Jurist und professionelle Agitator führt das Lager der rechtsextremen Opposition in der russ. Duma an, seit er seine 1989 gegründete nationalist. Liberaldemokratische Front bei den Parlamentswahlen im Dezember 1993 zur stärksten Fraktion machte. Mit einem brisanten demagogischen Gemisch von Versatzstücken konservativ-nationalist. Großmachtideologie, antisemitisch geprägten Russentums und sozialen und wirtschaftl. Heilsversprechungen bietet er eine populist., tendenziell faschist. Alternative zu den in der Krise Rußlands am Rande des Scheiterns operierenden Reformkräften und dem schwankenden Kurs des Präs. Boris →Jelzin.

Schiwkow, Todor
bulgarischer Partei- und Staatschef 1954/71–1989
** 7. 9. 1911 Prawez bei Sofia*
Seit 1932 Mitglied der bulgar. KP, stieg S. nach seiner Bewährung als kommunistischer Partisanenführer im 2. Weltkrieg und Beteiligung am Umsturz 1944 in der Parteiführung auf (seit 1948 Mitglied im ZK). Seit 1954 bestimmte er als Erster ZK-Sekretär (1962–1971 zugleich Min.-Präs., 1971–1989 Staatsratsvors.) viereinhalb Jahrzehnte die Politik Bulgariens. In enger Anlehnung an die UdSSR betrieb er ein autoritäres Modernisierungsprogramm, mit dem er das Land zu industrialisieren suchte, den Tourismus an der Schwarzmeerküste förderte und so zeitweise einen relativen wirtschaftlichen Aufschwung erreichte. Während des Zusammenbruchs des Kommunismus im Ostblock 1989 gestürzt, wurde er 1992 zu 7 Jahren Haft verurteilt.

Schleicher, Kurt von

deutscher Reichskanzler
Dez. 1932 – Jan. 1933
** 7. 4. 1882*
Brandenburg
† 30. 6. 1934
Neubabbelsberg
bei Potsdam

Seit dem 1. Weltkrieg als Offizier enger Vertrauter des Generals Wilhelm →Groener und mit guten Beziehungen zu Paul v. →Hindenburg, besaß S. nach dessen Wahl zum Reichs-Präs. 1925 als Leiter der 1926 neugebildeten Wehrmachtsabteilung und Chef des Ministeramts im Reichswehrministerium (entspricht Staatssekretär, seit 1929) starken Einfluß auf die Politik der Weimarer Republik. Er war wesentlich beteiligt am Sturz der Regierung Hermann →Müller und der Berufung Heinrich →Brünings 1930. Dessen Sturz betrieb er 1930 zugunsten Franz v. →Papens und wurde 1932 Reichswehr-Min. Nach dem von ihm herbeigeführten Sturz Papens scheiterte er als (letzter) »Weimarer« Reichskanzler mit seinem Versuch, durch Herstellung einer »Querfront« vom Strasser-Flügel der NSDAP (Gregor →Strasser) bis zu den Gewerkschaften unter Einbeziehung der Reichswehr eine Massenbasis für seine Regierung zu gewinnen. Im Zuge der Mordaktion gegen den vorgeblichen »Röhm-Putsch« ließ Adolf →Hitler ihn von SS-Leuten ermorden.

Schlieffen, Alfred Graf von
preußischer Offizier
** 28. 2. 1833 Berlin*
† 4. 1. 1913 Berlin

Seit 1863 im Generalstab und an den Kriegen gegen Österreich 1866 und Frankreich 1870/71 beteiligt, entwarf S. als Generalstabschef der preuß. Armee (1891–1905) den S.-Plan, der modifiziert S.s Nachfolger Helmut v. →Moltke (d. J.) als strateg. Basis für den 1. Weltkrieg diente. Konzipiert 1905, als Rußland durch den Krieg gegen Japan sehr geschwächt war, sollte der S.-Plan die Entscheidung in einem Zweifrontenkrieg durch einen raschen Sieg über Frankreich ermöglichen; bei weitgehender Entblößung der Ostfront und hinhaltender Verteidigung des linken Flügels im Westen sollte ein starker rechter dt. Flügel das französ. Heer umfassen und vernichten. Politisch hatte der Plan weitreichende Konsequenzen, da er – obwohl nicht für einen Präventivkrieg gedacht – in der Julikrise 1914 ein offensives Vorgehen im Westen nahelegte und die polit. Führung Dtschld.s von den Militärs ihren Handlungsspielraum einengen ließ. Kaiser →Wilhelm II. ernannte S. 1911 zum Generalfeldmarschall.

Schmerling, Anton *Ritter von*
österreichischer Staatsmann
** 23. 8. 1805 Wien*
† 23. 5. 1893 Wien
S. war 1848 in der Frankfurter Nationalversammlung Sprecher der Österreicher und Großdeutschen. Von Juli–Dez. 1848 Innen-Min., ab Sept. auch Min.-Präs. und Außen-Min. des Reichs, trat er als Gegner der »Erbkaiserlichen« (= kleindt. Fraktion) zurück, nachdem Felix Fürst zu →Schwarzenberg seinen Mitteleuropaplan eines Dtschld.s der 70 Mio. vorgelegt hatte. In Österreich war S. 1849–1851 Justiz-Min., 1860–1865 Staats-Min. Er nahm maßgebl. Einfluß auf die Ausarbeitung der liberal-zentralist. Verfassung von 1861. 1865 mußte er zurücktreten, als Kaiser →Franz Joseph I. den föderalist. Forderungen der nicht-dt. Völker, insbesondere der Ungarn, nach Autonomie innerhalb der Monarchie nachgab, um für den Krieg gegen Preußen 1866 gerüstet zu sein.

Schmid, Carlo
deutscher sozialdemokratischer Politiker
** 3. 12. 1896 Perpignan, Südfrankreich*
† 11. 12. 1979 Bonn
Der Jurist war nach 1945 als Präs. des Staatssekretariats für die französ. besetzte Zone maßgeblich am Aufbau des Landes Württemberg-Hohenzollern beteiligt. 1946–1953 Prof. für Völkerrecht in Tübingen, 1953–1966 für Politikwissenschaft in Frankfurt, gehörte S. 1948/49 als Mitgl. des Verfassungskonvents von Herrenchiemsee und des Parlamentar. Rates (Vors. des Hauptausschusses und der SPD-Fraktion) zu den »Vätern« des Grundgesetzes und war 1949–1966 und 1969–1972 Vize-Präs. des Bundestags. Seit 1945 in der SPD, seit 1947 im Parteivorstand, beteiligte er sich an der Wandlung der SPD zur Volkspartei (Godesberger Programm 1959). 1966–1969 war er Bundes-Min. für Angelegenheiten des Bundesrates und der Länder in der Großen Koalition unter Kurt G. →Kiesinger.

Schmidt, Helmut
deutscher Bundeskanzler 1974–1982
** 23. 12. 1918 Hamburg*

Der Diplomvolkswirt, der seit 1946 der SPD angehört, gewann durch Sachkompetenz, Pragmatik und Durchsetzungsvermögen als Hamburger Innensenator (1961–1965), Bundesverteidigungs-Min. (1969–1972) und Bundesfinanz-Min. (1972–1974) nationales wie internationales Ansehen. Nach dem Rücktritt Willy →Brandts wurde er 1974 Bundeskanzler. Seine Regierung der sozialliberalen Koalition litt unter der weltweiten Rezession und der Verschärfung des innenpolit. Klimas im Zuge der Bekämpfung des Terrorismus der Rote Armee Fraktion. S. setzte die Ostpolitik Brandts fort (Verträge mit der ČSSR 1974 und Polen 1976; Besuch der DDR 1981) und beharrte auf der starken Einbindung der Bundesrepublik in das westl. Bündnis. Der wesentlich durch ihn zustandegekommene NATO-Doppelbeschluß 1979 (beiderseitige Beschränkung der Mittelstreckenraketen in Europa bis Ende 1983 oder Nachrüstung in Westeuropa) und innerparteil.

Konflikte entzogen ihm zunehmend die Basis im eigenen Lager. Mit dem Bruch der Koalition zog es der Juniorpartner FDP in der wirtschaftlichen Rezession vor, sich im konstruktiven Mißtrauensvotum mit Helmut →Kohl die Zusammenarbeit mit einem Bundeskanzler der CDU zu sichern.

Scholl, Hans und Sophie
deutsche Widerstandskämpfer
Hans:
** 22. 9. 1918 Ingersheim, Jagst*
† 22. 2. 1943 München-Stadelheim
Sophie:
** 9. 5. 1921 Forchtenberg*
† 22. 2. 1943 München-Stadelheim
Anfänglich als Schüler begeistert vom Nationalsozialismus, entwickelten sich die Geschwister S. im Kontakt zu kath. Oppositionellen zu leidenschaftl. Feinden des Regimes. Hans, der als HJ-Führer wegen »bündischer« Betätigung 1938 für kurze Zeit inhaftiert war, gründete unter dem Eindruck des Krieges, dessen Grauen er als Sanitäter in Frankreich 1940 und der UdSSR 1942 miterlebt hatte, die Widerstandsgruppe »Weiße Rose«, der sich Sophie und andere Oppositionelle anschlossen. Die Gruppe hatte Anhänger in Saarbrücken, Freiburg, Hamburg, Berlin und Köln. Als Studenten in München verbreiteten sie 1942/43, beraten von Kurt →Huber, aufrüttelnde Flugblätter gegen das nat.-soz. Regime. Im Febr. 1943 wurden Sophie und Hans S. im Anschluß an eine Flugblattaktion verhaftet, vier Tage später vom Volksgerichtshof unter Roland →Freisler zum Tode verurteilt und hingerichtet.

Schröder, Gerhard
deutscher Außenminister 1961–1966
** 11. 9. 1910 Saarbrücken*
† 31. 12. 1989 Kampen, Sylt
Der Jurist, der 1937 der NSDAP beigetreten war, wurde 1949 CDU-Mitglied und gehörte als einer der Gestalter der dt. Nachkriegsgeschichte 1949–1980 dem Bundestag, 1953–1969 der Bundesregierung unter Konrad →Adenauer und Ludwig →Erhard an. Als Innen-Min. (1953–1961) ließ er 1956 die KPD verbieten, scheiterte jedoch mit der Durchsetzung einer Notstandsgesetzgebung. Als Außen-Min. verstärkte er in enger Anbindung an die USA das internationale Gewicht der Bundesrepublik und leitete 1963/64 mit der Errichtung von Handelsmissionen vorsichtig eine Normalisierung des Verhältnisses zu mehreren Ostblockstaaten ein. 1966–1969 übernahm er das Verteidigungsministerium.

Schulze-Delitzsch, Hermann
deutscher Sozialpolitiker
** 29. 8. 1808 Delitzsch*
† 29. 4. 1883 Potsdam
S. war neben Friedrich Wilhelm Raiffeisen (* 1818, † 1904) der Begründer des deutschen Genossenschaftswesens. Nach Anfängen in Delitzsch, wo er die Schaffung gewerblicher Genossenschaften auf der Grundlage der Selbsthilfe demonstrierte, gab er theoretische Anleitungen für die Selbsthilfeorganisation vor allem für Handwerker gegen das Großkapital. Am erfolgreichsten waren Kreditgenossenschaften, ergänzt um die Dt. Genossenschaftsbank. 1859 gründete er den Allgemeinen Verband der deutschen Erwerbs- und Wirtschaftsgenossenschaften. Als Mitgründer des Dt. Nationalvereins (1859) und der Fortschrittspartei (1861) sowie Mitglied im Preußischen Abgeordnetenhaus (1861–1873) und im Reichstag (1867–1874) beteiligte er sich an der Genossenschaftsgesetzgebung. Als Anhänger des Liberalismus lehnte er in Kontroverse mit Ferdinand →Lassalle die Inanspruchnahme des Staates zur Lösung der sozialen Frage ab.

Schumacher, Kurt
deutscher Sozialdemokrat
** 13. 10. 1895 Kulm, Westpreußen*
† 20. 8. 1952 Bonn

Der promovierte Politologe, seit 1918 Mitglied der SPD, war 1924 Mitbegründer des gegen die Nationalsozialisten kämpfenden Reichsbanners Schwarz-Rot-Gold und 1930–1933 MdR. Mit kurzer Unterbrechung war er während der gesamten nat.-soz. Herrschaft in polit. Haft. 1945 begann er von Hannover aus den Wiederaufbau der SPD. Er war seit 1946 ihr Vors. in den Westzonen, seit 1949 MdB und Vors. der SPD-Bundestagsfraktion. 1949 kandidierte er erfolglos gegen Theodor →Heuss für das Amt des Bundes-Präs. Als wichtigster Gegenspieler Konrad →Adenauers trat er für die Wiederherstellung des dt. Nationalstaats unter nichtkommunist. Vorzeichen ein – der Zusammenarbeit mit der KPD widersetzte er sich seit 1945 strikt – und lehnte die Errichtung eines westdt. Teilstaats und dessen

Westintegration ab. Mit seiner Forderung nach einer sozialistischen Wirtschafts- und Gesellschaftsordnung scheiterte er bei den Beratungen zum Grundgesetz, konnte jedoch eine stärkere Zentralisierung der BR Deutschland durchsetzen als zunächst vorgesehen. (▷ Chronik Zitat)

Schuman, Robert
französischer Ministerpräsident 1947/48
** 29. 6. 1886 Luxemburg*
† 4. 9. 1963 Scy-Chazelles bei Metz
S. gehörte 1944 zu den Gründungsmitgliedern des christlich-sozialen Mouvement Républicain Populaire (MRP) und war als Finanz-Min. (1946/47), Minister-Präs. (1947/48), Außen-Min. (1948–1953) und Justiz-Min. (1955/56) wesentlich an der polit. Gestaltung Frankreichs in der ersten Nachkriegsphase beteiligt. 1950 machte er sich mit der Präsentation des S.-Plans, eines von dem Wirtschaftspolitiker Jean Monnet (* 1888, † 1979) ausgearbeiteten Vorschlags zur Gründung der Europ. Gemeinschaft für Kohle und Stahl (Montanunion), zu einem der Initiatoren der Europ. Einigung. 1958–1960 war er der erste Präsident des Europaparlaments. Entschieden plädierte er für die Aussöhnung und eine enge polit. Zusammenarbeit mit der BR Dtschld.

Schurz, Carl
deutscher Revolutionär und Staatsmann der USA
** 2. 3. 1829 Liblar bei Köln*
† 14. 5. 1906 New York
S. beteiligte sich am Badischen Maiaufstand 1849, konnte nach seiner Gefangennahme fliehen und emigrierte über Paris und London 1852 nach Nordamerika. Als Rechtsanwalt niedergelassen, bekämpfte er die Sklaverei, unterstützte Präs. Abraham →Lincoln und wurde einer der prominentesten Dt.-Amerikaner des 19. Jh. Nach seiner Teilnahme am Sezessionskrieg 1862–1865 als General der Nordstaaten wirkte er als Publizist und vertrat 1869–1875 als Führer des liberalen Flügels der Republikan. Partei den Staat Missouri im Senat. Als Innen-Min. (1877–1881) unter Präs. Rutherford B. →Hayes setzte er sich für die Rechte der Indianer ein und reformierte das Beamtenwesen.

Schumachers Absage an die Kommunisten

Chronik Zitat

Mit Beginn der Neuformierung der politischen Kräfte nach Kriegsende grenzte Kurt Schumacher die SPD scharf von der KPD ab (Auszug aus einer programmatischen Rede am 5. 10. 1945):

»Im Sinne der deutschen Politik ist die Kommunistische Partei überflüssig. Ihr Lehrgebäude ist zertrümmert, ihre Linie durch die Geschichte widerlegt. Nachdem ihre Hoffnung, sich als führende Arbeiterpartei zu etablieren und zur einzigen Arbeiterpartei entwickeln zu können, von den Tatsachen so völlig unmöglich gemacht wird, muß sie nach dem großen Blutspender suchen. Das Rezept ist die Einheitspartei, die einen Versuch darstellt, der Sozialdemokratischen Partei eine kommunistische Führung aufzuzwingen. Eine sozialdemokratische Partei unter kommunistischer Führung wäre aber eine kommunistische Partei. International wäre jeder Schritt auf diesem Wege eine außenpolitische Parteinahme und würde eine Gleichgewichtsstörung von deutscher Seite bedeuten . . .
Nachdem die Kommunisten in den entscheidenden Perioden der Etablierung der [Weimarer] Republik und des Kampfes mit dem Faschismus die Situation grundlegend verkannt haben, wäre es falsch, ihren Führungsanspruch in dieser Periode des Kampfes um das nackte Leben anzuerkennen.
Daran ändert nichts, daß die KPD aus ihrer Feindschaft gegen die Koalitionspolitik jetzt in eine förmliche Koalierungswut verfallen ist und sich mit allem und jedem verbrüdern möchte. Das geht so weit, daß in dem *Aufruf* der KPD vom 11. 6. 1945 nicht einmal die Worte ›Klassenkampf‹ und ›Arbeiterklasse‹ zu finden sind... Eine Partei ist aber nicht so demokratisch, wie die Worte ihres Programms behaupten, sondern nur so demokratisch, wie ihre Grundideen und ihr Aufbau. Und die sind nach wie vor diktatorisch.«

Schuschnigg, Kurt
Edler von

österreichischer Bundeskanzler 1934–1938
** 14. 12. 1897 Riva del Garda*
† 18. 11. 1977 Mutters, Tirol

Der Anwalt, 1927–1933 Abgeordneter der Christlichsozialen Partei im Nationalrat, war seit 1932 Justiz-, seit 1933 zugleich Unterrichts-Min., bevor er nach der Ermordung von Engelbert →Dollfuß Bundeskanzler, Außen-Min. und Heeres-Min. wurde. 1936 löste er seinen Gegenspieler, den Exponenten des Austrofaschismus und Vizekanzler Ernst R. v. Starhemberg (* 1899, † 1956), als Führer der Vaterländ. Front ab und drängte ihn aus der Regierung, konnte den Einfluß der von Deutschland gesteuerten Nationalsozialisten jedoch nicht begrenzen. Als letzter Regierungschef vor dem »Anschluß« an das Dt. Reich regierte S. im Geist der ständisch-autoritären Verfassung und suchte vergeblich, durch Anlehnung an Italien und weitreichende Zugeständnisse an Adolf →Hitler (Ernennung Arthur →Seyß-Inquarts zum Innen-Min., Feb. 1938) die Selbständigkeit Österreichs zu wahren. Die von ihm anberaumte Volksabstimmung über die Unabhängigkeit nahm Hitler zum Anlaß, S. mit der Drohung der militär. Intervention zum Rücktritt zu zwingen (11. 3. 1938). Unter seinem Nachfolger Seyß-Inquart vollzog Deutschland am folgenden Tag den »Anschluß«. 1938–1945 befand sich S. in dt. Haft.

Schwarzenberg, Felix *Fürst zu*
österreichischer Ministerpräsident 1848–1852
** 2. 10. 1800 Krumau, Böhmen*
† 5. 4. 1852 Wien
Als Truppenführer in der Armee Josef →Radetzkys schlug S. 1848 in Oberitalien die italien. Unabhängigkeitsbewegung nieder und sorgte nach der Märzrevolution 1848 in Wien für die Abdankung Kaiser →Ferdinands I. zugunsten →Franz Josephs I. Als österreichischer Min.-Präs. (zugleich Außen-Min.) ließ er mit Hilfe russischer Truppen den Aufstand in Ungarn niederschlagen (1849) und restaurierte Absolutismus und Zentralismus (Auflösung des Reichstags 1849, Rücknahme der 1849 von ihm selbst oktroyierten Verfassung 1851). Dem von Heinrich v. →Gagern und in der Frankfurter Nationalversammlung 1849 durchgesetzten Plan eines von Preußen angeführten engeren Bundes in einem um Österreich ergänzten weiteren Bund setzte er das Konzept eines mitteleuropäischen 70-Mio.-Gesamtreiches entgegen und vereitelte 1851 die preußische Unionspolitik in der Olmützer Punktation, die Österreichs Vormacht sicherte. Die Aufnahme des gesamten österreichischen Staatsgebiets in den Dt. Bund und den Dt. Zollverein erreichte S. nicht.

Schwarzenberg, Karl Philipp
österreichischer General
** 15. 4. 1771 Wien*
† 15. 10. 1820 Leipzig
S. zeichnete sich in den vier Koalitionskriegen gegen Frankreich (zwischen 1792 und 1806) aus. 1812 zum Feldmarschall befördert, kommandierte er die österreichischen Hilfstruppen der Großen Armee während →Napoleons I. Rußlandfeldzug und schloß 1813 den Waffenstillstand, konnte Napoleon jedoch nicht zum freiwilligen Rückzug aus Mitteleuropa bewegen. Im Auftrag Fürst v. →Metternichs wechselte er daraufhin die Fronten und war als Generalissimus der alliierten Armeen entscheidend am Sieg über Napoleon in der Völkerschlacht bei Leipzig 1813 beteiligt.

Scipio, Publius Cornelius, *d. Ä.*
römischer Feldherr und Politiker
** um 235 v. Chr.*
† 183 v. Chr. Liternum, Kampanien
(Genannt *S. Africanus maior*). S. entstammte der altrömischen Patrizierfamilie der Scipionen aus dem Geschlecht der Cornelier. Ohne Prätor oder Konsul gewesen zu sein, erhielt er 210 im Rahmen des 2. Pun. Kriegs (218–201) den Oberbefehl gegen die Karthager unter →Hasdrubal in Spanien, das er ihnen bis 206 wieder entriß. Als Konsul (205) bereitete er von Sizilien aus eine Invasion gegen Karthago vor und setzte 204 mit 35 000 Soldaten nach Nordafrika über. Seine zusammen mit dem Nubierfürsten →Massinissa errungenen Erfolge erzwangen die Rückkehr →Hannibals aus Italien, den er in der Schlacht bei Zama 202 besiegte und damit den 2. Punischen Krieg für Rom entschied. 194 erneut Konsul, mußte er sich in den Scipionenprozessen wegen Unterschlagung verteidigen. Seine Tochter, verheiratet mit dem Feldherrn und Politiker Tiberius Sempronius Gracchus (Konsul 177, 163), war Mutter des Tiberius Sempronius →Gracchus und des Gaius Sempronius →Gracchus.

Scipio, Publius Cornelius Aemilianus, *d. J.*
römischer Feldherr und Politiker
** um 185 v. Chr.*
† 129 v. Chr.
(Genannt *S. Africanus Numantius*, auch *S. Africanus minor*). Vom ältesten Sohn des Publius Cornelius →S. d. Ä. adoptiert, wurde S. 147 Konsul und erhielt den Oberbefehl im 3. Pun. Krieg. Mit der völligen Zerstörung Karthagos (146) und der Einrichtung der Provinz Africa schaltete er den großen Rivalen um die Vormacht im westl. Mittelmeer endgültig aus. 134 nochmals zum Konsul gewählt, ließ er 133 die aufständ. keltiber. Stadt Numantia zerstören. Er versammelte einen Kreis bedeutender Männer um sich (Scipionenkreis), unter ihnen der griech. Historiker →Polybios. In Übereinstimmung mit der konservativen Senatsmehrheit lehnte er die Reformbewegung der mit ihm verwandten Gracchen (Tiberius S. →Gracchus und Gaius S. →Gracchus) ab. Unter ungeklärten Umständen wurde er ermordet.

Sebastian
portugiesischer König 1557–1578
** 20. 1. 1554*
† 1578 bei Al-Kasr al-Kabir
S. erbte dreijährig den Thron und stand bis 1568 unter Regentschaft u. a. der Schwester Kaiser →Karls V. Stark beeinflußt von den Jesuiten, ein Mystiker und religiöser Fanatiker, konzentrierte er sich auf die Bekämpfung des Islam. Nach einem ersten ergebnislosen Feldzug gegen Marokko (1574) unternahm er 1578 einen erneuten Kreuzzug, in dem er gegen den Sultan von Marokko Muley Abdal Malik (al-Mansur, 1574–1608) eine vernichtende Niederlage erlitt und fiel. Den mit seinem Tod eingeleiteten Niedergang der seit 1385 herrschenden Avisdynastie begleitete eine schwere innere Krise Portugals, in deren Folge die Krone 1580 für 60 Jahre in Personalunion an den spanischen König ging, zunächst an →Philipp II., einen Onkel S.s.

Seeckt, Hans von
deutscher Offizier
** 22. 4. 1866 Schleswig*
† 27. 12. 1936 Berlin
Im 1. Weltkrieg Generalstabsoffizier (1917/18 Generalstabschef des türk. Feldheeres), baute S. als Leiter des Truppenamtes (1919/20) und Chef der Heeresleitung (1920–1926) die Reichswehr zu einem selbständigen, der Weimarer Demokratie weitgehend ablehnend gegenüberstehenden Machtinstrument auf (»Staat im Staate«). Einen Staatsstreich lehnte der Monarchist ab, verhielt sich gegenüber den Putschunternehmungen von Wolfgang →Kapp 1920 und Adolf →Hitler 1923 trotz zeitweiliger Ausstattung mit diktator. Vollmachten gleichwohl passiv (»Truppe schießt nicht auf Truppe«). Die Beschränkung der dt. Rüstung durch den Versailler Vertrag (u. a. Mannstärke 100 000) suchte er durch Zusammenarbeit mit der Sowjetunion auf der Grundlage des Rapallo-Vertrags von 1922 zu umgehen. 1926 wurde er aus seinem Amt entlassen, weil er die Teilnahme eines Hohenzollernprinzen an Reichswehrmanövern gestattet hatte. 1930–1932 war S. MdR für die Dt. Volkspartei (DVP), 1934/35 Militärberater →Chiang Kai-sheks im chines. Bürgerkrieg.

Seipel, Ignaz
österreichischer Bundeskanzler 1922–1924, 1926–1929
** 19. 7. 1876 Wien*
† 2. 8. 1932 Pernitz
Der konservativ-kath. Priester und Professor für Moraltheologie (seit 1909), seit 1921 Prälat, gestaltete maßgeblich die österr. Politik der 1920er Jahre. Nach dem Zusammenbruch der Donaumonarchie wurde er 1919 Mitglied des Nationalrats für die Christlichsoziale Partei, deren Führung er 1921 übernahm (bis 1929). Als Bundeskanzler gelang ihm durch Organisierung eines internationalen Kreditarrangements unter Beteiligung des Völkerbunds die teilweise Sanierung der Staatsfinanzen, ohne daß er die wirtschaftl. Probleme lösen konnte. Sein scharf antisozialist. Kurs und seine Gegnerschaft zur Parteiendemokratie verschärften die innenpolit. Gegensätze und ebneten der präfaschist. Vaterländ. Front unter Engelbert →Dollfuß den Weg zur Macht.

Seldschuk
Begründer des Seldschukenreichs
† um 1030
Der Fürst des westtürkischen Volkes der Oghusen eroberte – der Überlieferung nach 955 – Buchara und nahm den sunnitischen Islam an. Im Zuge weiterer Eroberungen begründete er das nach ihm benannte Seldschukenreich. Seine Dynastie wurde um 1290 von den Osmanen abgelöst.

Seleukos I. Nikator
Gründer und König des Seleukidenreichs
305–281 v. Chr.
** um 358 v. Chr.*
† 281 v. Chr.
(Griechisch »Nikator« = »der Sieger«). In der Nachfolgeregelung zur Neuordnung des Alexanderreichs durch den Reichsverweser Antipatros (* um 400, † 319) erhielt S., einer der Feldherren →Alexanders d. Gr. und beteiligt an der Beseitigung des Rivalen →Perdikkas (321), Babylonien als Satrapie. 316 von →Antigonos I. nach Ägypten zu →Ptolemaios I. vertrieben, gewann er 312 die Herrschaft zurück. Die 321 abgefallenen östl. Gebiete des Alexanderreichs eroberte er bis 304 weitgehend zurück – nur den Bereich zwischen Indus und Hindukusch (Belutschistan/Afghanistan) sicherte sich der Mauryakönig →Chandragupta, indem er S. mehrere hundert Kriegselefanten abtrat. Mit ihnen gewann S., verbündet mit →Kassandros, Ptolemaios I. und →Lysimachos, den Kampf gegen Antigonos und dessen Sohn →Demetrios I. bei Ipsos 301. Nach Gefangennahme des Demetrios (285) besiegte er Lysimachos bei Kurupedion und gewann damit den größten Teil Kleinasiens einschließlich Armeniens (281). 305/04 nahm er den Königstitel an und wurde schon zu Lebzeiten als Gott verehrt. Mit dem Übergang über den Hellespont zur Eroberung Thrakiens und Makedoniens stand S. im Begriff, das Alexanderreich zu restaurieren, wurde jedoch 281 von einem Sohn des Ptolemaios I. ermordet. Der bedeutendste der Diadochen gründete zahlreiche Städte (u. a. Seleukia am Tigris 311 und Antiochia 300 als Hauptstädte des Ostens und des Westens). Nachfolger wurde sein Sohn →Antiochos I. Soter, den er 293 zum Mitregenten des Ostens erhoben hatte.
(▷ Chronik Zitat)

***Selim,** osmanische Sultane*

Selim I. Yavuz
Sultan 1512–1520
** um 1470 Amasya*
† 22. 9. 1520 bei Çorlu
(Türkisch »Yavuz«= »der Strenge«). Im Krieg gegen seinen Vater Bajezid II. (Sultan 1481–1512) usurpierte der nicht zur Nachfolge bestimmte S. die Macht und sicherte sie durch Ermordung seiner Brüder und Neffen. Nach einem Pogrom, dem 40 000 Schiiten zum Opfer fielen, begründete S. den Aufstieg des sunnit. Osman. Reichs zur Weltmacht. 1514 besiegte er den schiit. Schah →Ismail I. von Persien und nahm ihm Aserbaidschan, Kurdistan und Mesopotamien. 1516/17 eroberte er gegen die Mamluken Syrien und Palästina mit den heiligen Stätten des Islam und erhob mit der Annahme des Kalifentitels als bedeutendster Herrscher der islam. Welt den Anspruch der Nachfolge des Propheten →Mohammed. In Ägypten stürzte er die Herrschaft der Mamluken (seit 1250). Christen und Juden gegenüber übte er religiöse Toleranz. Unter seinem Sohn und Nachfolger →Süleiman II. (dem Prächtigen) stand das Osman. Reich auf dem Höhepunkt seiner Macht, Ausdehnung und Kultur.

Die Städte des Seleukos

Chronik Zitat

Appian, römischer Geschichtsschreiber in Alexandria (um 150 n. Chr.) beschreibt die Gründung des Seleukidenreiches:

»So war auch Seleukos König geworden über Babylon; dazu über Medien, nachdem er den von Antigonos als Satrapen zurückgelassenen Nikanor im Kampfe getötet hatte... Als Antigonos im Kampfe gefallen war, teilten alle Könige, die im Bunde mit Seleukos Antigonos niedergeworfen hatten, dessen Reich auf. So erlangte Seleukos damals Syrien vom Euphrat bis zum Meer und das innere Phrygien. Und da er seine Nachbarn ständig bedrängte – stark an Streitmacht und gewinnend in seiner Diplomatie –, ... hörten alle Lande von Phrygien bis zum Indus auf sein Gebot. Selbst den Indus überschritt er und führte Krieg mit Chandragupta, dem König der dortigen Inder, bis er schließlich mit ihm Freundschaft und Verschwägerung schloß.

... Städte baute er, soweit sein Reich sich ausdehnte: 16 mit Namen Antiocheia zu Ehren seines Vaters, 5 namens Laodikeia zu Ehren seiner Mutter, 9 nach seinem eigenen Namen, 4 nach dem Namen seiner Frauen, und zwar dreimal Apameia und einmal Stratonikeia ... Wieder anderen Städten gab er die Namen griechischer und makedonischer Städte, oder er benannte sie nach eigenen Taten oder zu Ehren Alexanders. Und so begegnen uns heute in Syrien und in den weiter gelegenen Barbarenländern viele Namen griechischer wie makedonischer Städte ...«

Selim II. Mest
Sultan 1566–1574
** 30. 5. 1524 Istanbul*
† 13. 12. 1574 Istanbul
(Türkisch »Mest« = »der Trunkenbold«). Der Enkel →S.s I., Sohn und Nachfolger →Süleimans II. (des Prächtigen), erreichte mit der Eroberung Zyperns von Venedig 1570/71 die Vorherrschaft im Mittelmeer. Trotz seiner Niederlage gegen die Flotte der Heiligen Liga (Papst, Venedig, Spanien) 1571 bei Lepanto konnte er die osmanische Machtstellung im östlichen Mittelmeer behaupten: 1573 anerkannte Venedig die osman. Hegemonie, 1574 gewann er das 1572 an Spanien verlorengegangene Tunesien zurück. Nach innen begann mit S., der die Herrschaft weitgehend dem Großwesir übertrug, der Niedergang der Macht der Sultane.

Selim III.
Sultan 1789–1807
** 24. 12. 1761 Istanbul*
† 28. 7. 1808 Istanbul
Nach dem erfolglosen Krieg gegen Österreich und Rußland (1787–1791/92) betrieb S., der seinem Onkel Abdul Hamid I. auf dem Thron folgte, weitreichende modernisierende Reformen nach westlichem Muster (»Neue Einrichtung«), mit denen er u. a. die Macht der Janitscharen als herrschende Militärkaste beschnitt. Nach Wiederaufnahme der infolge der französischen Invasion (Ägyptische Expedition →Napoleon Bonapartes 1798–1802) zunächst zurückgestellten Reformen stürzte ihn 1807 die konservative Opposition von Janitscharen, Regionalfürsten und Geistlichkeit. Bevor S. von seinen Anhängern wieder eingesetzt werden konnte, ließ ihn sein Nachfolger Mustafa IV. ermorden.

Semiramis
legendäre babylonische Königin um 800 v. Chr.
S. gilt als identisch mit der assyr. Königin *Šammumarat*, der Gattin Šamšiadads V. (824–810), die für ihren unmündigen Sohn Adadnirari III. (810–782), Enkel des →Salmanassar III., für fünf Jahre (810 bis 805) die Regentschaft ausübte. Sie führte mehrere erfolgreiche Feldzüge, beim Vorstoß gegen Persien soll sie bis nach Indien vorgedrungen sein. In der vom Griechen Ktesias im 4. Jh. v. Chr. wiedergegebenen Legende erscheint sie – ausgestattet mit göttl. Eigenschaften – als Begründerin des Assyrerreichs und Erbauerin Babylons, der auch die Errichtung der seiner »Hängenden Gärten«, eines der sieben Weltwunder der Antike, zugeschrieben wird.

Seneca, Lucius Annaeus *d. J.*
römischer Politiker, Philosoph und Dichter
** um 4 v. Chr. Córdoba*
† um 65 n. Chr. Rom
Der Sohn des Schriftstellers *Lucius Annaeus S. d. Ä.* (* um 55 v. Chr., † um 39 n. Chr.) gehörte zu den herausragenden Geistesgrößen des 1. Jh.s n. Chr. Ein bekannter Rhetor in Rom, wurde S. von Kaiser →Claudius 41 auf Betreiben von dessen dritter Frau →Messalina wegen angebl. Ehebruchs nach Korsika verbannt. 48 rief ihn die vierte Frau des Claudius, →Agrippina d. J., zurück, und übertrug ihm die Erziehung ihres Sohnes →Nero. Maßgebenden Einfluß auf die röm. Politik erlangte S. nach der Ermordung des Claudius (54), als er zum Ratgeber Kaiser Neros aufstieg (Konsul 55/56). Er erreichte außenpolit. Entspannung durch den Sieg gegen die Parther und eine mildere Politik gegenüber Britannien, während er Nero im Innern mit Rechts- und Steuerreformen hohes Ansehen verschaffte. Seit der Ermordung Agrippinas (59) geriet S. jedoch zunehmend in Mißkredit, zog sich 62 aus der Politik zurück und widmete sich seinen philosophisch-literar. Studien. 65 wurde er wegen angeblicher Beteiligung an der Pisonischen Verschwörung zur Selbsttötung gezwungen. – Neben seinen philosoph. Schriften und zahlreichen Tragödien ragt aus seinem Werk die Satire auf die Vergöttlichung des Kaisers Claudius heraus.

Senghor, Léopold Sédar
senegalesischer Staatspräsident 1960–1980
** 9. 10. 1906 Joal*
Der Gymnasial- und Hochschullehrer, Dichter und Philosoph, der sein Land 1946–1958 in der französ. Nationalversammlung vertrat, war einer der Vorkämpfer für die Unabhängigkeit der französ. Kolonien, plädierte jedoch für eine Aufrechterhaltung der kulturellen und wirtschaftl. Bindungen. 1959/60 Präs. der kurzlebigen Föderation Mali (mit Sudan), wurde er nach deren Auflösung 1960 erster Präs. des unabhängigen Senegal. Gestützt auf seine Parti Socialiste Démocratique und 1962–1970 zugleich Min.-Präs., suchte er mit einem gemäßigt sozialist. Programm den Lebensstandard vor allem der ländl. Bevölkerung zu heben. 1980 gab er seine Partei- und Staatsämter auf und übernahm den Vorsitz der Sozialist. Internationale in Afrika. Als Mitbegründer und neben Aime Césaire bedeutendster Repräsentant der Négritude wies er den Schwarzafrikanern einen Weg zur Selbstfindung (»Zurück zu den Ursprüngen!«). Als erster Afrikaner wurde S. 1984 in die Académie Française aufgenommen.

Sesostris I.
ägyptischer König um 1962–1926 v. Chr.
(Ägyptisch *Senwosret*). Der 2. Pharao der 12. Dynastie, Sohn, Mitregent (seit 1971) und Nachfolger →Amenemhêts I. begann mit der Eroberung Nubiens. Um nach der Ermordung seines Vaters durch eine Palastverschwörung die Legimität seiner Herrschaft zu begründen, gab er dessen Testament als sein Regierungsprogramm heraus (»Lehre des Amenemhêt«). Seine Pyramide ließ er bei Lischt erbauen. Nachfolger: Sohn →Amenenhêt II.

Sesostris III.
ägyptischer König 1878–1841 v. Chr.
Der 5. und bedeutendste Pharao des Mittleren Reichs (12. Dynastie), Nachfolger seines Vaters *S. II.* (um 1892–1878) beseitigte die Selbständigkeit der Gaufürsten, ordnete die Regionen neu und zentralisierte die Verwaltung seines Reiches. Auf seinen Kriegszügen drang er nach Palästina vor und eroberte das goldreiche Nubien bis 60 km südlich des 2. Katarakts. Er ließ die Pyramide bei Dahschur erbauen. In der antiken Geschichtsschreibung (u. a. →Herodot) verbindet sich die historische Gestalt S.' mit seinen namensgleichen Vorgängern. Nachfolger: →Amenemhêt III.

Sethos I.
ägyptischer König um 1303–1290 v. Chr.
S., einer der bedeutenden Pharonen des Neuen Reiches (2. König der 19. Dynastie), entriß den Hethitern das unter →Echnaton verlorene Syrien, eroberte Palästina und drang bis Kadeš vor. Verteidigen mußte er das Reich gegen die von Libyen aus im Zuge der einsetzenden Bevölkerungsverschiebung vordringenden »Seevölker«. Gegen Einfälle aus Nubien gründete er Tell el-Amar als befestigte Stadt. Er ließ einen riesigen Tempel in Abydos und den Großen Säulensaal im Amuntempel von Karnak erbauen. Nachfolger: Sohn →Ramses II.

Severing, Carl
preußischer Innenminister 1920–1926, 1930–1932
** 1. 6. 1875 Herford*
† 23. 7. 1952 Bielefeld
Der gelernte Schlosser engagierte sich schon als Jugendlicher in der sozialdemokratischen Arbeiterbewegung, wurde 1901 Gewerkschaftssekretär und war als Abgeordneter der SPD, in der er zum rechten Flügel zählte, 1907–1911 und 1921–1933 MdR, 1920–1933 zugleich Mitglied des preußischen Landtags. 1919/20 bekämpfte S. als Reichs- und Staatskommissar für Westfalen linksradikale Erhebungen im Ruhrgebiet, trat jedoch auch den rechten Feinden der Demokratie energisch entgegen. Als Innen-Min. Preußens und des Reichs (1928–1930 im Kabinett Hermann →Müller) bemühte er sich um den Aufbau einer republikanischen Beamtenschaft, besonders in der Polizei. Adolf →Hitler erteilte er 1923 Redeverbot in Preußen. Seine Absetzung zusammen mit der preußischen Regierung Otto →Brauns beim »Preußenschlag« des Reichskanzlers Franz v. →Papen 1932 nahm er widerstandslos hin.

Severus Pertinax, Lucius Septimius
römischer Kaiser 193–211
** 11. 4. 146 Leptis Magna, Afrika*
† 4. 2. 211 Eburacum (heute York)
Der Sproß einer romanisierten nordafrikan. Familie wurde nach der Ermordung des nur 3 Monate regierenden Kaisers Pertinax durch die Prätorianer von den Soldaten in Pannonien, wo er seit 191 Statthalter war, als erster Afrikaner zum Kaiser ausgerufen, mußte sich jedoch erst in einem vierjährigen Bürgerkrieg gegen seine beiden Gegenkaiser behaupten (bis 197). Er ersetzte die putschfreudige Prätorianergarde durch eine ihm loyale german. Truppe, vermochte die Lage im Reich durch Reformen zu stabilisieren und stellte die Provinzen dem italien. Kernland gleich. Im Krieg gegen die Parther (197 bis 199) eroberte er Babylon und die parthische Hauptstadt Ktesiphon (197). Seinen Sohn →Caracalla erhob er 196 zum Caesar, 198 als Mitkaiser zum Augustus. Auf einem Feldzug in Britannien (seit 208) starb er. S. begründete die Sever. Dynastie.

Severus Alexander, Marcus Aurelius
römischer Kaiser 222–235
** 1. 10. 208 Arca Caesarea, Phönizien*
† 19. 3. 235 Bretzenheim bei Mainz
(Eigentlich *Gessius Bassianus Alexianus*). Der letzte Kaiser der afrikan.-syrischen Severischen Dynastie folgte seinem ermordeten Adoptivvater (seit 221) →Elagabal auf den Thron, stand jedoch unter Regentschaft seiner Mutter Julia Avita Mammaea. Elagabals gescheiterte Religionspolitik wurde abgebrochen. Ein Krieg gegen das aufstrebende Persien unter dem Sassanidenkönig →Ardaschir I. (230–232) blieb unentschieden. In Rom und mehreren Teilen des Reiches mit Erhebungen konfrontiert, wurde S. vor Verhandlungen mit den Alemannen, die den Limes überwunden hatten, zusammen mit seiner Mutter von auf den Krieg eingestellten meuternden Truppen getötet. Nachfolger: →Maximinus Thrax.

Seyß-Inquart, Arthur

österreichischer Nationalsozialist
** 22. 7. 1892 Stannern bei Iglau, Mähren*
† 16. 10. 1946 Nürnberg

Der Rechtsanwalt schloß sich als Student in Wien den austrofaschistischen Heimwehren an und stand seit 1931 in engem Kontakt mit der NSAP Österreichs (seit 1933 Teil der NSDAP), der er 1938 beitrat. Auf dt. Druck als Verbindungsmann der Regierung zur nat.-soz. Opposition und zum Dt. Reich zunächst zum Staatsrat ernannt (1937), wurde er dem österr. Bundeskanzler Kurt v. →Schuschnigg von Adolf →Hitler als Innen-Min. aufgezwungen (Berchtesgadener Diktat Februar 1938), um nach Schuschniggs Rücktritt infolge des dt. Ultimatums als Bundeskanzler (11. 3.) die schon im Anmarsch befindlichen dt. Truppen zum Vollzug des »Anschlusses« hereinzurufen (12. 3.). 1938/39 war S. Reichsstatthalter für Österreich, 1939/40 stellvertredender Generalgouverneur von Polen und 1940 bis 1945 Reichskommissar für die Niederlande, wo er die Gewaltmaßnahmen der dt. Besatzungsmacht einschließlich der Judendeportation in die Vernichtungslager im Rahmen des Holocaust organisierte. Vom Internationalen Militärtribunal in Nürnberg wurde er zum Tode verurteilt und hingerichtet.

Sforza, Francesco I.
italienischer Heerführer und Herzog von Mailand 1450–1466
** 23. 7. 1401 San Miniato, Pisa*
† 8. 3. 1466 Mailand
S., einer der erfolgreichsten Kondottiere (italienischer Heerführer) seiner Zeit, war unehelicher Sohn des Kondottiere *Muzio Attendolo S.* (* 1369, † 1424), des Stammvaters der italienischen Adelsfamilie, die 1450 bis 1535 das Herzogtum Mailand beherrschte (sein Beiname »S.«, der »Bezwinger«), wurde Familienname).
In der mailänd. Herzogswürde folgte S. seinem Schwiegervater, dem letzten Visconti-Herzog Philipp Maria, durch Staatsstreich gegen die 1447 nach dessen Tod ausgerufene Ambrosian. Republik. Er begründete die Herrscherdynastie der S. ohne Belehnung durch Kaiser →Friedrich III., sicherte sich durch Anlehnung an Frankreich (König →Ludwig XI.) ab und schloß ein Bündnis mit Cosimo de'→Medici d. Ä. 1464 unterwarf er Genua mit Korsika und Bari.

Sforza, Ludovico
Herzog von Mailand 1494–1499
** 27. 7. 1452 Vigevano*
† 27. 5. 1508 Loches bei Tours
(Genannt *Il Moro* = »der Mohr«). Der vierte Sohn Francesco →S.s war seit 1480 Regent für seinen Neffen und erlangte durch die Vermählung seiner Nichte Bianca mit Kaiser →Maximilian I. (1493) die Investitur mit dem Reichslehen Mailand. 1494 rief er König →Karl VIII. von Frankreich gegen Florenz und Neapel zu Hilfe und löste damit dessen Italienzug aus, paktierte jedoch bald darauf mit dessen Gegnern. Daraufhin mit dem Erbanspruch des mit Venedig und Papst →Alexander VI. verbündeten →Ludwigs XII. von Frankreich konfrontiert, wurde er 1499 aus seinem Herzogtum vertrieben, 1500 gefangengenommen und blieb bis zu seinem Tod in Frankreich eingekerkert. Mit seiner Gemahlin Beatrice d'Este († 1497) förderte er die Kunst (u. a. Bramante, Leonardo da Vinci) und entfaltete eine aufwendige Renaissancepracht.
Sein erster Sohn *Massimiliano S.* (* 1493, † 1530) eroberte Mailand 1512 zurück, wurde jedoch 1515 geschlagen und mußte die Lombardei an Frankreich abtreten. Ludovicos zweiter Sohn, *Francesco II. S.* (* 1495, † 1535) erhielt Mailand von →Karl V. 1522 erneut als Lehen. Nach seinem Tod ohne Erben fiel Mailand an die span. Habsburger.

Shaftesbury, Anthony Ashley Cooper, *1. Earl of (ab 1672)*

englischer Staatsmann
** 22. 7. 1621 St. Giles, Dorset*
† 21. 1. 1683 Amsterdam

(*Baron Ashley* ab 1661). Wegen seines häufigen Wechsels des polit. Lagers gehört S. zu den kontrovers beurteilten Staatsmännern der englischen Geschichte. In der Englischen Revolution (1640 bis 1660) zuerst königstreu, ab 1644 auf seiten des Parlaments, wurde er von Oliver →Cromwell 1653 in

den Staatsrat aufgenommen und 1654 Mitgl. im ersten Protektoratsparlament. 1660 beteiligte er sich an der Restauration der Stuart-Monarchie und war unter König →Karl II. Mitglied des Kabinettsrats (Cabalministerium) und 1672/73 Lordkanzler. Nach seiner Entlassung führte er die parlamentar. Opposition an, setzte die Habeas-Corpus-Akte durch (1679) und begründete im Kampf gegen die Thronfolge des (kath.) Duke of York (→Jakob II.) die Partei der Whigs (1679–1681). Bereits 1677/78 und 1681 verhaftet, mußte er 1682 nach Holland fliehen. Er förderte den Staatsphilosophen John →Locke.
Anthony Ashley Cooper, 7. Earl of S. (1801 bis 1885), Politiker und Philanthrop, war 1826–1851 Mitglied des Unterhauses, danach des Oberhauses. Er initiierte mehrere bedeutende Sozialreformen.

Shahjahan
Großmogul von Indien 1628–1658
** 5. 1. 1592 Lahore*
† 22. 1. 1666 Agra
Der Enkel →Akbars setzte sich im Thronfolgekrieg gegen seine Brüder durch. Seine Expansionszüge erweiterten seine Herrschaft erheblich: 1638 eroberte er Kandahar, 1646 Nordafghanistan. Im Inneren reformierte er das Land und führte den sunnit. Islam als Staatsreligion ein, ließ die Pflege des Hinduismus jedoch weiter zu. Delhi baute er als Hptst. prachtvoll aus (u. a. Zitadelle, Großmoschee), aus reinem Gold ließ er den Pfauenthron herstellen. Seiner Hauptfrau stiftete er das Mausoleum Tadsch Mahal als bedeutendstes Bauwerk seiner Zeit. Sein Sohn →Aurangseb vertrieb ihn 1658 vom Thron.

Shaka
König der Zulus
1816–1828
** um 1787*
† 22. 9. 1828 Dukaza

Der Häuptling S. riß nach der Ermordung seines Vorgängers Dingiswayo durch den rivalisierenden Clan der Ndwandwe die Macht an sich, reorganisierte und militarisierte die Gesellschaft. Mit seiner schlagkräftigen Armee eroberte er weite Gebiete Südafrikas und begründete das Großreich der Zulus. Seine Despotie mit Massakern, Vertreibungen und Flucht der Bevölkerung ließ riesige, fast menschenleere Territorien entstehen. 1828 wurde er von seinen Brüdern ermordet.

Shamir, Yitzhak
israelischer Ministerpräsident 1983/84, 1986–1992
** 15. 10. 1915 Ruzinoy (Polen)*
(Ursprünglich *Y. Jagernicki*). Nach seiner Einwanderung nach Palästina (1935) beteiligte sich S. seit 1937 in jüd. terrorist. Untergrundorganisationen am Kampf gegen die brit. Mandatsmacht und die Araber für die Einrichtung des Staates Israel und arbeitete später für den Geheimdienst Mossad (1955 bis 1965). 1970 schloß er sich der konservativen großisraelisch orientierten Cherut-Partei Menachem →Begins an, unter dem er 1980–1983 Außen-Min. wurde, um ihn 1983 als Min.-Präs. einer Rechtskoalition abzulösen. Nach Neuwahlen bildete er mit der Arbeiterpartei unter Shimon →Peres eine Große Koalition mit Rotation des Ministerpräsidentenamtes und übernahm zunächst (1984) das Außen-Min., bevor er 1986 erneut Min.-Präs. wurde. Nach Bruch der Koalition 1990 regierte er im Bündnis mit rechtskonservativen Parteien und trat nach verlorenen Wahlen 1992 zugunsten Yitzhak →Rabins zurück. Sein scharf antipalästinensischer Kurs und die unter ihm forcierte Siedlungspolitik in den besetzten Gebieten ließ die Konflikte mit den Palästinensern (Intifada-Aufstand 1987–1992/93) eskalieren. In deren Folge verschärfte sich die politische Polarisierung in Israel zwischen »Tauben« und »Falken«, der internationale Druck auf Israel, insbesondere der USA, steigerte sich seit dem 2. Golfkrieg; 1991 mußte S. der Nahost-Friedenskonferenz zustimmen.

Shastri, Lal Bahadur
indischer Premierminister 1964–1966
** 2. 10. 1904 Mughalsarai*
† 11. 1. 1966 Taschkent
(Eigentlich *Lal Bahadur*). Der Weggefährte Mahatma →Gandhis erwarb nach einem Philosophiestudium 1926 den Gelehrtentitel »S.«. Seit 1952 Minister verschiedener Ressorts (u. a. Innen-Min. 1961 bis 1963), übernahm S. nach dem Tod Jawaharlal →Nehrus die Regierung. Unter ihm eskalierte der Konflikt mit Pakistan um Kaschmir zum Krieg (1965), den er durch das Friedensabkommen mit Mohammed Ayub Khan (* 1907, † 1974) auf der Konferenz von Taschkent beendete (1966). Am darauffolgenden Tag erlag S. einem Herzschlag.

Sherman, William Tecumseh
amerikanischer General
** 8. 2. 1820 Lancaster, Ohio*
† 14. 2. 1891 New York

Im Sezessionskrieg gegen die Südstaaten (1861 bis 1865) erhielt S. als Nachfolger des zum Oberbefehlshaber aller Unionstruppen ernannten Generals Ulysses S. →Grant 1864 das Oberkommando über die Armee des Westabschnitts. Seinen Wahlspruch »Krieg ist die Hölle« machte er 1864/65 auf seinem berüchtigten »Marsch zur See« von Atlanta nach Savannah wahr, bei dem er einen 80 km breiten Streifen verwüstete, um die Truppen der Konföderierten von der Versorgung abzuschneiden, Atlanta einäscherte und Savannah eroberte. Mit dem Zug nach North Carolina erkämpfte er die Kapitulation der feindl. Restarmee. 1869–1884 war er Oberkommandierender der Gesamtstreitkräfte.
S.s Bruder *John S.* (* 1823, † 1900) initiierte als republikan. Senator von Ohio das erste gegen die Monopolisierungstendenzen in der US-Wirtschaft gerichtete Antitrustgesetz (S. Anti-Trust Act 1890).

Shotoku Taishi
japanischer Prinzregent 593–622
** 574 Yamato*
† 4. 8. 622 Yamato
(Eigentlich *Umayado*, japan. »Taishi« = »Kronprinz«). S. war der Sohn Kaiser Yomeis, dessen Tod nach kurzer Regierung eine Zeit der feudalen Anarchie auslöste. Ab 593 führte er als Regent für seine Tante Suiko (Kaiserin 592–628) die Staatsgeschäfte. Stark beeindruckt vom chinesischen Vorbild, förderte er den Buddhismus, erhob ihn 594 zur Staatsreligion und reformierte umfassend das japanische Verwaltungssystem. Er installierte eine zentralistische Beamtenbürokratie und verkündete 604 ein vom Konfuzianismus beeinflußtes Gesetzbuch (»Siebzehn Artikel Verfassung«). Seit S. T. führt der japan. Kaiser als »Himmelssohn« den aus dem Chinesischen stammenden Titel »Tenno«. In den Nachfolgewirren nach dem Tod des Kronprinzen setzte sich 645 →Fujiwara-no-Kamatari durch, der S. T.s Reformprogramm weiterführte (Taika-Reform).

Shrewsbury, Charles Talbot, *12. Earl of*
englischer Staatsmann
** 24. 7. 1660*
† 1. 2. 1718 London
(*Herzog von S.* seit 1694). S. spielte eine bedeutende Rolle in der Glorious Revolution 1688/89. Er gehörte zu den 7 Whig-Lords, die →Wilhelm III. von Oranien zur Intervention in England aufforderten und ihm den englischen Thron anboten. Unter ihm war er 1689/90 und 1694–1699 Minister. Unter Königin →Anna Stuart schloß er sich den Tories an, übernahm deren Führung und sorgte, von der Königin 1714 auf dem Sterbebett zum Schatzkanzler berufen, für die reibungslose Thronfolge →Georgs I. aus dem Haus Hannover.

Shultz, George Pratt
Außenminister der USA 1982–1989
** 13. 12. 1920 New York*

Der Professor für Wirtschaftswissenschaften war 1968–1970 Arbeits-Min. und 1972–1974 Finanz-Min. unter Präs. Richard →Nixon, dessen Sonderberater er seit 1973 zugleich war. Als Außen-Min. Präs. Ronald →Reagans leitete er – mit seinem sowjet. Kollegen Eduard →Schewardnadse – den Wandel von der Wettrüstungs- und globalen Konkurrenzpolitik zur sowjet.-amerikan. Annäherung und Auflösung der feindbildgeprägten Blockpolitik ein.

Sickingen, Franz von
deutscher Reichsritter
** 2. 3. 1481 Ebernburg bei Kreuznach*
† 7. 5. 1523 Landstuhl
Im Versuch, die Ansprüche des niedergehenden Ritterstandes zu behaupten, wechselte S. mehrmals die polit. Lager. Wegen seines Angriffs auf Worms 1513 von Kaiser →Maximilian I. geächtet, diente er sich mit seinem Landsknechtsheer dem französ. König →Franz I. an, trat dann dem Schwäb. Bund bei und beeinflußte 1519 die Wahl →Karls V. zum Kaiser, indem er ihr mit seinen Truppen vor Frankfurt militär. Nachdruck verlieh. Von Ulrich von →Hutten, der seit 1520 bei ihm lebte, für die Reformation

gewonnen, spielte er eine zeitweise bedeutende Rolle in der ersten Phase der Reformation. Als Hauptmann des von ihm gestifteten Landauer Adelsbundes 1522 wurde er im »Pfaffenkrieg« gegen den Erzbischof von Trier tödlich verwundet.

Sieyès, Emmanuel Joseph *(»Abbé S.«)*

französischer Revolutionär
** 3. 5. 1748 Fréjus*
† 20. 6. 1836 Paris

(*Graf* ab 1809). Der Geistliche, seit 1788 Kanzler der Diözese Chartre, schuf mit seiner Schrift »Was ist der dritte Stand?« (1789), in der er den 3. (bürgerl.) Stand mit der Nation gleichsetzte, das liberal-demokrat. Manifest der Französ. Revolution. In der Generalversammlung 1789 schloß er die Vertreter des 3. Standes zum Ballhausschwur (Gelöbnis, nicht vor Durchsetzung einer Verfassung auseinanderzugehen) zusammen und arbeitete an der Verfassung von 1791 mit. Er wurde 1799 ins Direktorium gewählt, unterstützte den Staatsstreich →Napoleon (I.) Bonapartes am 18. Brumaire (9. Nov.) 1799, wurde neben diesem einer der drei Konsuln, 1800 Senator, erlangte aber keinen gewichtigen polit. Einfluß mehr. 1815–1830 lebte er im Exil in Belgien. (▷ Chronik Zitat)

Sigismund*, Fürsten*

– Deutscher König und römischer Kaiser
Sigismund
König und Kaiser 1410/33–1437
** 15. 2. 1368 Nürnberg*
† 9. 12. 1437 Znaim, Mähren

(Auch *Siegmund*; König von Ungarn ab 1387, von Böhmen ab 1419). Der Sohn Kaiser →Karls IV. erbte 1378 die Markgrafschaft Brandenburg. Den Thron von Ungarn, auf den er sich Anrechte durch seine Heirat mit der Thronfolgerin Maria (* 1370, † 1395) gesichert hatte, mußte er nach dem Tod König →Ludwigs I. (d. Gr.) 1382 gegen Ansprüche des Hauses Anjou (Neapel) durchsetzen. Seine Niederlagen gegen die Osmanen bei Nikopolis (1396) und

Was ist der Dritte Stand?

Chronik Zitat

Anonym und ohne Ortsangabe erschien im Januar 1789 das revolutionäre Pamphlet von Sieyès »Was ist der Dritte Stand?« (Auszüge):

»Der Plan dieser Schrift ist ganz einfach. Wir haben uns drei Fragen vorzulegen.
1. Was ist der Dritte Stand? Alles.
2. Was ist er bis jetzt in der politischen Ordnung gewesen? Nichts.
3. Was verlangt er? Etwas zu sein. . . .
Der Dritte Stand ist eine vollständige Nation. ...
Was ist eine Nation? Eine Körperschaft von Gesellschaftern, die unter einem gemeinschaftlichen Gesetz leben und durch dieselbe gesetzgebende Versammlung repräsentiert werden usw . . . Der Dritte Stand umfaßt also alles, was zur Nation gehört; und alles, was nicht der Dritte Stand ist, kann sich nicht als Bestandteil der Nation ansehen. Was ist also der Dritte Stand? Alles.
Was verlangt der Dritte Stand? Etwas zu werden.
. . . Es [das Volk] will haben 1. echte Vertreter auf den Generalständen, das heißt Abgeordnete, die aus seinem Stand kommen und die fähig sind, die Interpreten seines Willens und die Verteidiger seiner Interessen zu sein . . . Es verlangt weiter 2. eine Zahl von Vertretern, die derjenigen ebenbürtig ist, welche die beiden anderen Stände zusammen besetzen. Diese Gleichheit wäre indessen völlig illusorisch, wenn jede Kammer eine eigene Stimme besäße. Der Dritte Stand verlangt deshalb 3. daß die Stimmen nach Köpfen und nicht nach Ständen gezählt werden . . .
Die bescheidene Absicht des Dritten Standes ist es, auf die Generalstände einen Einfluß zu haben, der dem der Privilegierten gleich ist. Ich wiederhole: kann er weniger verlangen? Und wenn sein Einfluß weniger als gleich ist, ist dann nicht klar, daß keine Hoffnung besteht, daß er seine politische Bedeutungslosigkeit abstreife und etwas werde? . . .«

1428 bei Golubac sowie der Verlust Dalmatiens an Venedig leiteten die Abwehrkämpfe Ungarns ein. 1410 zugleich mit seinem Vetter Jobst von Mähren (* 1354, † 1411) zum dt. König gewählt und nach dessen Tod als letzter Luxemburger Alleinherrscher auf dem dt. Thron, ließ er sich 1433 von Papst →Eugen IV. in Rom zum Kaiser krönen.
Als S.s größte Leistung gilt die Wiederherstellung der Einheit der Kirche nach dem Abendländ. Schisma (seit 1378) auf dem von ihm einberufenen Konstanzer Konzil (1414–1418), wohingegen er weder seinen Plan einer Reichsreform noch eine große europ. Koalition zum Kreuzzug gegen die Osmanen verwirklichen konnte. Mit der Verurteilung und Verbrennung von Jan →Hus als Ketzer auf dem Konzil 1415 und auf dem Kreuzzug gegen dessen Anhänger provozierte er in Böhmen die nationale Bewegung der Hussiten (Hussitenkriege 1420–1436). Als 1419 sein Bruder →Wenzel starb, mit dem er sich jahrelang in Fehde befunden hatte, sicherte er sich dessen böhm. Erbe. Nach anfängl. Niederlagen gegen die radikalen Taboriten unter Jan →Žižka konnte er 1436 gegen Zugeständnisse in den Prager und Iglauer Kompaktaten die Hussitenkriege beenden und erreichte die Anerkennung seines böhm. Königtums auch bei den Hussiten. Seine Einsetzung der Hohenzollern als Markgrafen (1415) und Kurfürsten (1417) von Brandenburg schuf die Basis für den Aufstieg dieser Dynastie im späteren Preußen und im Dt. Reich. Nachfolger wurde sein Schwiegersohn, der Habsburger →Albrecht II.

– Polen

Sigismund I., *der Große*
König 1506–1548
** 1. 1. 1467 Krakau*
† 1. 4. 1548
(Auch S. *der Alte*, poln. *Zygmunt I. Stary*). Zugleich Großfürst von Litauen, führte der aus der Jagiełlonen-Dynastie stammende S. lange Kriege gegen das nach Westen vordringende Moskauer Reich, an das er 1514 Smolensk verlor. 1525 unterwarf er den säkularisierten und in das Herzogtum Preußen umgewandelten Dt. Ordensstaat seiner Oberherrschaft und nahm in Krakau den Lehenseid des letzten Hochmeisters →Albrecht von Hohenzollern-Ansbach als erbl. Herzog von Preußen entgegen. 1529 gewann er das Herzogtum Masowien. Die Regierung S.s, der mit seiner zweiten, aus Mailand stammenden Gemahlin die italien. Renaissance nach Polen brachte, leitete das sog. Goldene Zeitalter der poln. Adelsrepublik ein. Nachfolger →S. II.

Sigismund II. August
König 1548–1572
** 1. 8. 1520 Krakau*
† 7. 7. 1572 Knyszyn
(Auch *S. II. August*, polnisch *Zygmunt II. August*) 1529 setzte sein Vater, →S. I. (d. Gr.) die Wahl S.s zum König durch. S. trat die Herrschaft in Litauen 1544 und in Polen 1548 als letzter Jagiełlone an. 1569 verwandelte er die Personalunion zwischen Polen und Litauen in eine Realunion (Lubliner Union) und führte Polen damit auf den Höhepunkt des unter seinem Vater eingeleiteten »Goldenen Zeitalters«. Im Livländ. Krieg (1558–1582) gegen Rußland unter Zar →Iwan IV. (dem Schrecklichen) gewann er 1561 Livland und die Hoheit über Kurland. In die Regierungszeit des hochgebildeten Repräsentanten und Förderers der polnisch-italien. Renaissance fallen Reformation und (seit den 1560er Jahren) Gegenreformation in Polen. S. selbst blieb Katholik, trat aber für Glaubens- und Gewissensfreiheit ein und unterhielt einen Briefwechsel mit den Reformatoren Philipp →Melanchthon und Johannes →Calvin. Nach dem Erlöschen der Jagiełlonen-Dynastie mit seinem Tod wurde →Heinrich III. von Valois gewählt, der jedoch den französischen Thron vorzog und →Stephan IV. Báthory Platz machte.

Sigismund III. Wasa
König 1587–1632
** 20. 6. 1566 Gripsholm*
† 30. 4. 1632 Warschau
(Polnisch *Zygmunt III. Wasa*, König von Schweden 1592–1604). Der Enkel König →S.s II., Sohn König Johanns III. von Schweden (1569–1592), wurde 1587 als Nachfolger seines Onkels →Stephan IV. Báthory zum poln. König gewählt. Nach dem Tod des Vaters zugleich König von Schweden, konstituierte er 1592 die schwedisch-poln. Union, konnte sie jedoch als engagierter Katholik, der die Interessen Polens denen des prot. Schwedens vorzog (Abtretung Estlands an Polen-Litauen 1600) nicht gegen seinen als schwed. Reichsverweser 1595 eingesetzten Onkel Karl von Södermanland behaupten. Dieser verdrängte ihn im schwedisch-poln. Krieg (1602 bis 1629) als König →Karl IX. vom schwed. Thron (1604). 1604 griff S. durch Unterstützung des zweiten →Pseudodemetrius in die russ. Thronwirren (Smuta) ein, scheiterte jedoch mit der Absicht, nach der Eroberung Moskaus seinen Sohn und Nachfolger →Władisław (IV.) zum Zaren zu machen (1609 bis 1612), doch gewann er Smolensk mit Umland zurück (1619). Dagegen verlor er im Rahmen des

Dreißigjährigen Krieges, in dem er auf seiten der Habsburger u. a. gegen Schweden kämpfte, Teile Livlands (1626) und preuß. Küstenstädte (1629). Er verlegte die poln. Hauptstadt von Krakau nach Warschau. Die Überspannung der wirtschaftl. und militär. Ressourcen durch die unablässigen krieger. Engagements führte zur dauerhaften Schwächung der königlichen Autorität in Polen, das aus dem Kreis der europäischen Großmächte ausschied.

Sihanouk, Norodom Varman

mehrmaliger Staatschef Kambodschas
** 31. 10. 1922 Phnom Penh*

(Genannt *Prinz S.*). Seit mehr als 50 Jahren eine der zentralen Persönlichkeiten Kambodschas, konnte sich S., der als geschickter Taktiker und moralische Autorität zwischen den polit. Lagern operierte, in den zahlreichen schweren Krisen des Landes politisch über Wasser halten. Seit 1941 König von Kambodscha, erreichte er auf der Indochina-Konferenz 1954 die Unabhängigkeit des Landes. 1955 dankte er zugunsten seines Vaters ab und wurde als Gründer und Vors. der Volkssozialist. Einheitspartei Min.-Präs. (bis 1970), nach dem Tod seines Vaters 1960 zugleich Staatschef (ohne Königstitel). Im Ost-West-Konflikt und bes. im Vietnamkrieg um Neutralität bemüht, wurde er 1970 von rechten Militärs unter Führung →Lon Nols gestürzt. Als Chef der Exilregierung in China verbündete er sich mit den Roten Khmer unter →Pol Pot und wurde nach deren Sieg im Bürgerkrieg 1975 erneut Staatsoberhaupt, mußte jedoch wegen seiner Kritik am linksterrorist. Kurs der neuen Machthaber 1976 zurücktreten und wurde unter Hausarrest gestellt. Nach dem Sturz Pol Pots durch vietnames. Truppen 1979 emigrierte er, übernahm die Führung des Widerstands gegen die vietnames. Besatzung, bildete 1982 eine Exilregierung und kehrte 1989 nach Kambodscha zurück. Auf Grundlage der von den Bürgerkriegsparteien einschließlich der Roten Khmer unterzeichneten Waffenstillstandsvereinbarung ist S. seit 1991 wieder Staatsoberhaupt. Trotz Stationierung von UN-Friedenstruppen (seit 1993) konnte er die gesellschaftl. Konfliktursachen nicht ausräumen. Mit dem Inkrafttreten der neuen Verfassung, die Kambodscha in eine parlamentar. Monarchie umwandelte, wurde er 1993 zum König gewählt.

Sikorski, Władisław Eugeniusz

polnischer Ministerpräsident Dez. 1922 – Mai 1923
** 20. 5. 1881 Tuszów*
† 4. 7. 1943 bei Gibraltar

Im 1. Weltkrieg Offizier in Józef →Piłsudskis Poln. Legion und als Armeeführer erfolgreich im Krieg gegen Rußland 1920, 1921/22 Generalstabschef, profilierte sich S. als einer der führenden Politiker Polens in der Zwischenkriegszeit. 1922/23 war er Min.-Präs., 1924/25 Kriegsminister. Seit 1928 in Opposition zum autoritären Regime Piłsudskis, leitete er nach dem deutschen Überfall auf Polen 1939 die polnische Exilregierung in London. 1941 verhandelte er erfolglos mit Josef W. →Stalin über das Polen der Nachkriegszeit, brach aber nach Entdekkung der Massengräber von Katyn 1943 mit der Sowjetunion. Die Ursache des Flugzeugabsturzes, bei dem er ums Leben kam, blieb ungeklärt.

Silvester II.
Papst 999–1003
** um 945 bei Aurillac, Auvergne*
† 12. 5. 1003 Rom

(Vorher *Gerbert von Aurillac*). Kaiser →Otto III. hatte – vom Papst nicht anerkannt – bereits die Erhebung seines Lehrers, Beraters und Freundes zum Erzbischof von Reims (seit 991) und von Ravenna (seit 998), durchgesetzt, bevor er ihn nach dem Tod →Gregors III. in der Wahl zum ersten französ. Papst unterstützte. Im Einvernehmen mit dem Kaiser arbeitete S. auf eine Erneuerung des Röm. Reiches (Renovatio imperii Romanorum) unter den Vorzeichen einer christlichen Theokratie hin und organisierte die Kirche in Polen und Ungarn (Gründung der Erzbistümer Gnesen 1000 und Gran 1001). Seinen Zeitgenossen galt er als bedeutendster naturwissenschaftlicher und mathematischer Gelehrter, der sich vor allem um die Vermittlung arabischen Wissens im Abendland verdient machte.

Simeon, *der Große*
Khan/Zar (Basileus) der Bulgaren 893/925–927
** um 865*
† 27. 5. 927 Preslav
Seit 893 als jüngerer Sohn von →Boris I. Fürst der Bulgaren, führte S. sein Reich durch Eroberungen zu seiner größten Ausdehnung, bis es fast die ganze Balkanhalbinsel umfaßte. Nach einem ersten Sieg über Byzanz (896), das er zur Tributleistung zwingen konnte, scheiterte er 913, 917 und 923 mit dem Versuch, Konstantinopel (wo er zum Mönch erzogen worden war) einzunehmen, doch beanspruchte er als »Zar aller Bulgaren« mit der Erhebung des bulgar. Erzbischofs von Tirmnowo die Führung der orth. Christenheit. Der bedeutendste Fürst des 1. bulgar. Reiches machte Preslav zur prachtvollen neuen Hauptstadt und förderte die Entfaltung der byzantin. Kultur in Bulgarien. Bereits unter seinem Sohn Peter (927–969) begann der Niedergang des mittelalterl. bulgar. Reiches.

Sinowjew, Grigori Jewsejewitsch
russischer Revolutionär
** 11. 9. 1883 Jelisawetgrad, Ukraine*
† 25. 8. 1936 Moskau
(Eigentlich *G. J. Radomyslski*). S. trat 1901 der russ. Sozialdemokratie bei und war seit 1903, als er sich den Bolschewiki anschloß, Mitarbeiter Wladimir I. → Lenins, dem er ins Schweizer Exil folgte. In die Spitze der Partei aufgestiegen, sprach er sich im Okt. 1917 zusammen mit Lew B. →Kamenew gegen den gewaltsamen Sturz der Regierung Alexander →Kerenskis aus. 1919 wurde er Vors. des Exekutivkomitees der Komintern (bis 1926). 1922/23 bildete er zunächst mit Josef W. →Stalin und Kamenew ein Triumvirat gegen Leo →Trotzki, das sich 1925/26 in eines gegen Stalin wandelte und von diesem 1927 bezwungen wurde. Als Führer der »Linksopposition« wurde S. 1927 aus der KPdSU ausgeschlossen, zwischenzeitlich rehabilitiert, jedoch 1936 in einem Schauprozeß im Rahmen der ersten »Großen Säuberung« wegen angebl. Mittäterschaft bei der Ermordung Sergej M. →Kirows zum Tode verurteilt und hingerichtet. 1988 wurde er rehabilitiert.

Sitting Bull
Stammeshäuptling der Teton-Sioux
** 1831 am Grand River, South Dakota*
† 15. 12. 1890 Fort Yates, North Dakota
(Indianisch *Tatanka Yotanka*). S. B. führte den letzten indianischen Freiheitskampf gegen die Expansion der USA an (1869–1876), in dem die verbündeten Cheyennes und Sioux unter seiner und Häuptling Crazy Horses († 1877) Leitung ein US-Kavallerieregiment unter dem Kommando von General George A. Custer (* 1839, † 1876) in der Schlacht bei Little Big Horn vernichteten (1876). Seinem Tod im letzten großen Aufstand der Dakota-Indianer folgte das von amerikanischen Soldaten an den Indianern verübte Massaker am Wounded Knee.

Sixtus IV.
Papst 1471–1484
** 21. 7. 1414 Celle bei Savona*
† 12. 8. 1484 Rom
(Vorher *Francesco della Rovere*). Der Ordensgeneral des Bettelordens der Franziskaner (seit 1464, seit 1467 Kardinal) gewann den Hl. Stuhl in der Nachfolge →Pauls II. durch großzügige Geschenke an das Wahlkollegium. Mit seinem schrankenlosen Nepotismus wie mit seiner Beteiligung an einem Mordkomplott gegen Lorenzo I. de'→Medici mit anschließenden Kriegen gegen Florenz (1478–1480) demonstrierte er die Verweltlichung des Papsttums seiner Zeit. Für die Versorgung seiner Verwandtschaft und die Finanzierung der von ihm ins Werk gesetzten prachtvollen Renaissancebauten (u. a. die nach ihm benannte Sixtin. Kapelle) forcierte er das Ablaßwesen und erhöhte die Pfründensteuer. Die Kirchenreform brachte S. nicht voran; vielmehr verbot er die Appellation an ein allgemeines Konzil und ließ durch →Ferdinand II. und →Isabella I. die Inquisition in Spanien wieder einführen.

Sixtus V.
Papst 1585–1590
** 13. 12. 1521 Grottamare, Ancona*
† 27. 8. 1590 Rom
(Vorher *Felice Peretti*). S., vor seinem Pontifikat Franziskanermönch (seit 1566 Ordensgeneral, seit 1570 Kardinal), war einer der bedeutendsten Päpste der Neuzeit. Im Zeichen der Gegenreformation setzte er als Nachfolger →Gregors XIII. die Reformen des Katholizismus fort und reorganisierte die röm. Kurie (Einführung der Kardinalskongregationen zur Verwaltung des Kirchenstaats, Beschränkung der Zahl der Kardinäle auf 70). Die Finanzen der Kurie

sanierte er, indem er die Gebühren beim Ämterkauf steigerte, neue käufl. Ämter schuf, neue Steuern und Zölle erhob und die Münze verschlechterte. Das Geld investierte er in den Ausbau der Infrastruktur des Kirchenstaats und in barocke Bauwerke in Rom (u. a. Vollendung der Peterskuppel 1590).

Skanderbeg
albanischer Fürst und Nationalheld
** um 1405*
† 17. 1. 1468 Alessio
(Türkisch *Iskenderbeg*, alban. *Skënderbeu* = »Fürst Alexander«, eigentlich *Georg Kastriota*). Der Sohn eines Feudalherrn mußte 1423 als Geisel für seinen Vater an den Sultanshof nach Adrianopel gehen, trat zum Islam über, zeichnete sich in Kämpfen gegen die Christen aus und wurde 1438 regionaler Militärbefehlshaber. Nach der Niederlage der osmanischen Truppen gegen János →Hunyadi bei Niš 1443 floh er nach Albanien, kehrte zum Christentum zurück und vereinte das Land in der von ihm organisierten Erhebung gegen die osmanische Oberherrschaft. 1444 zum militärischen Oberbefehlshaber der Albanischen Liga gewählt, verteidigte er – zeitweilig unterstützt von Neapel, Venedig und dem Papst – bis zu seinem Tode erfolgreich die albanische Selbständigkeit gegen osmanische Angriffe unter →Murad II. und →Mohammed II. (dreimalige Belagerung Krujas). In der nationalen Überlieferung der Albaner lebt S. als strahlende Heldengestalt weiter.

Slánský, Rudolf
tschechoslowakischer Politiker
** 31. 7. 1901 Nezvěstice*
† 3. 12. 1952 Prag
Seit 1929 Mitglied des Politbüros der KP, 1938 bis 1945 in sowjet. Emigration, war S. 1945–1951 Generalsekretär der KPČ. 1952 wurde er auf Betreiben Klement →Gottwalds wegen angeblich »titoist.« und »zionist.« Verschwörertätigkeit aufgrund erzwungener Geständnisse zum Tode verurteilt. – Der S.-Prozeß war der letzte und größte der Schauprozesse, die nach dem 2. Weltkrieg in osteurop. Ländern gegen hohe kommunist. Funktionäre durchgeführt wurden, um den potentiellen nationalkommunist. Widerstand gegen die bedingungslose Bindung an die Sowjetunion auszuschalten. Der Prozeß hatte betont antisemitische Züge. Die meisten mit S. verurteilten Angeklagten waren, wie S. selbst, jüdischer Abstammung. Von den 14 Angeklagten wurden 11 zum Tode, 3 zu lebenslanger Haft verurteilt. Zwischen 1963 und 1968 wurden die Opfer rehabilitiert.

Smith, Adam
schottischer Nationalökonom
** 5. 6. 1732 (getauft) Kirkealdy*
† 17. 7. 1790 Edinburgh
Fußend auf den Ideen der Aufklärung, des Naturrechts und der englischen Moralphilosophie schuf S. ein einheitliches System der liberalen Wirtschaftslehre, das ihn zum Vordenker des Freihandels werden ließ. Die Quelle des nationalen Reichtums sei nicht der Geldvorrat (Merkantilismus) oder die landwirtschaftl. Produktion (Physiokratie), sondern die geleistete Arbeit des Volkes. Die Produktivität der Arbeit lasse sich durch die Organisation der Arbeit (Arbeitsteilung) steigern. Im freien Spiel der wirtschaftl. Kräfte, die dem Preismechanismus und den Marktgesetzen folgen, stelle sich automatisch ein wirtschaftl. Gleichgewicht her, das die natürliche Harmonie des sozialen und wirtschaftl. Lebens gewährleiste. Dem Eigennutz als wirtschaftl. Ordnungsprinzip sei freier Lauf zu lassen, der Staat sei aus dem wirtschaftlichen Prozeß möglichst herauszuhalten. Auf seiner Konstruktion der Nationalökonomie basierte im wesentlichen Karl →Marx' Kritik des Kapitalismus. Hauptwerk: »An inquiry into the nature and causes of the wealth of nations«, 1776 (dt. »Der Wohlstand der Nationen«, 1794–1796.)

Smith, Ian Douglas
Premierminister Rhodesiens 1964–1979
** 8. 4. 1919 Selukwe*
Als Gegner der Beteiligung von Schwarzafrikanern an der Macht, die die 1961 verabschiedete neue Verfassung ermöglichte, gründete der Sohn schott. Einwanderer die Rhodesian Front (1961). Nach deren Wahlsieg 1962 wurde er Finanz-Min. (bis 1964), 1964 Regierungschef und Verteidigungs-Min. 1965 proklamierte er einseitig die Unabhängigkeit Rhodesiens, die Großbritannien nicht anerkannte und die UNO mit einem Wirtschaftsboykott beantwortete. Während eines langen Bürgerkriegs suchte sich S. gegen die Guerillas Robert G. →Mugabes und Josuah →Nkomos sowie Interventionen von außen zu behaupten. 1978 sah er sich gezwungen, Schwarzafrikaner an der Regierung zu beteiligen, 1979 mußte

er die Regierungsgewalt ganz an den Führer der gemäßigten Opposition Abel T. →Muzorewa abtreten. Im unabhängigen Simbawe besaß er, obwohl 1979/80 Minister in der Übergangsregierung Muzorewas und nach der Machtübernahme der schwarzen Mehrheitsregierung Mugabes 1980 bis 1990 mit seiner Konvervativen Allianz Mitglied des Parlaments, kaum noch Einfluß.

Smuts, Jan Christiaan

südafrikanischer Premierminister 1919–1924, 1939–1948
** 24. 5. 1870 Bovenplaats bei Rieebeck West*
† 11. 9. 1950 Doornkloff bei Pretoria

Als Oberbefehlshaber bekämpfte S., seit 1898 Generalstaatsanwalt der Burenrepublik Transvaal, im Burenkrieg (1899–1902) die Engländer, trat aber nach der Niederlage für eine Zusammenarbeit mit ihnen ein und wurde nach Eintritt Transvaals in die Südafrikan. Union deren erster Innen- und Verteidigungs-Min. unter Louis →Botha (1910–1912 bzw. 1910–1919). Im 1. Weltkrieg an der Seite Großbritanniens erneut Oberbefehlshaber, eroberte er die dt. Kolonien Dt.-Südwestafrika und Dt.-Ostafrika (1916/17). Als Premier-Min. der Südafrikan. Union vertrat er sein Land bei der Versailler Friedenskonferenz (1919) und war einer der Hauptverfechter des Völkerbundgedankens. In einer schweren Wirtschaftskrise 1924 von James B. →Hertzog abgelöst, verband er sich 1933 mit dessen Nationalpartei zu einer Koalition gegen extremere Kräfte, stürzte Hertzog jedoch 1939 im Konflikt über dessen Neutralitätspoltik. Im 2. Weltkrieg trat er als Min.-Präs., Außen- und Verteidigungs-Min. (1939–1948) wieder auf die Seite der Westmächte und gehörte zu den Mitinitiatoren der UNO. Nach der Wahlniederlage gegen die Nationalpartei wurde Daniel F. →Malan sein Nachfolger als Premier-Min.

Snofru

ägyptischer König um 2575–2551 v. Chr.

S. begründete im Alten Reich die 4. Dynastie (bis 2465). Er unternahm Feldzüge nach Nubien, Libyen und zum Sinai und ließ zwei große Pyramiden bei Dahschur im Süden von Memphis errichten, deren eine erstmals den »klassischen« ungebrochenen Neigungswinkel aufweist. Über seine Herrschaft, die eine Zeit der Prosperität bedeutete, geben erhaltene Annalen Auskunft. Nachfolger: Sohn →Cheops.

Soáres, Mario Alberto

portugiesischer Staatspräsident seit 1986
** 7. 12. 1924 Lissabon*

Seit 1945 in der Demokratiebewegung aktiv und seit 1960 Mitglied der Sozialdemokratischen Aktion, war S. als Vorkämpfer gegen die Diktatur António de Oliveira →Salazars mehrmals inhaftiert. 1970 bis 1974 im Exil, gründete der Anwalt 1973 die Sozialistische Partei (PSP) und übernahm deren Führung als Generalsekretär (bis 1986). Nach der unblutigen »Nelkenrevolution« unter General António de →Spínola trat er als Außen-Min. in die Regierung ein (1974/75, Minister ohne Geschäftsbereich 1975) und vollzog die Entlassung der Überseeprovinzen in die Unabhängigkeit. Im Spektrum der Linkskräfte in Portugal eher zur bürgerlichen Mitte neigend, verzichtete S. als Ministerpräsident (1976–1978, 1983 bis 1985) auf die Realisierung der sozialistischen Programmforderungen seiner Partei und forcierte die Aufnahme Portugals in die EG (realisiert 1986). Im Jahr 1986 wurde er als Nachfolger von António →Eanes erster ziviler Staats-Präs. seit 60 Jahren (1991 wiedergewählt).

Solon

athenischer Gesetzgeber und Dichter im 7./6. Jh. v. Chr.
** um 640 v. Chr. Athen*
† nach 561 v. Chr. Athen

Als welterfahrener Verfasser der politisch-ethischen Elegien, mit denen er die Grundsätze des rechten Maßes und der rechten Ordnung entfaltete, wurde S. 594 zum Archon (leitender Beamter) und Schiedsrichter gewählt, um die schweren sozialen Spannungen zwischen den aristokrat. Nutznießern des wirtschaftl. Aufschwungs und den Unterklassen durch eine Neuordnung des Staatswesens im Sinne eines Ständeausgleichs zu beseitigen. Mit seinem umfassenden Gesetzeswerk entsprach er zwar nicht der radikalen Forderung nach Neuverteilung von Grund und Boden; er verfügte aber einen Schuldenerlaß, verbot die Schuldsklaverei, begrenzte den Landbesitz und verbesserte die soziale Lage der unteren Klassen durch zahlreiche wirtschaftl. Reformen zur Förderung des Handels (u. a. neues Münzsystem).
Die Abstufung der polit. Rechte entsprechend der Zuordnung der Bürger zu vier Vermögensklassen

(Timokratie) beendete die bisherige aristokrat. Staatsführung. Zwar blieben die staatl. Leitungsfunktionen (Archont und Aereopag) den beiden Oberklassen vorbehalten, doch wurden ihre Kompetenzen zugunsten der neugeschaffenen demokrat. Institutionen – des Rats der Vierhundert sowie des Geschworenengerichtes (Heliala) und der gesetzgebenden und über Krieg und Frieden entscheidenden Volksversammlung (Ekklesia) – beschnitten. Zu den beiden letzten wie zum Heer erhielten nun auch die polit. bisher rechtlosen Theten (Kleingewerbler, Tagelöhner, Besitzlose) Zugang, jedoch blieben sie von den politischen Ämtern ausgeschlossen.
S.s Mittelweg der Sozialreform und Demokratisierung zwischen den extremen Positionen (Leitspruch: »Nichts im Übermaß«) fand zunächst wenig Anklang, so daß sich die politischen Auseinandersetzungen in Athen fortsetzten und schließlich in die Tyrannis des →Peisistratos mündeten. In der Antike zählte der »Vater« der Demokratie, der die Grundlagen für das griechische Staatswesen schuf, zu den Sieben Weisen.

Somoza, Anastasio García *(»Tacho«)*
Diktator von Nicaragua 1933/37–1956
** 1. 2. 1896 San Marcos*
† 29. 9. 1956 Balboa (Panama)
Nach Abzug der Marineeinheiten der USA, die seit 1912 Nicaragua besetzt hielten, übernahm S. als Oberbefehlshaber der Nationalgarde 1933 faktisch, 1937 als Staats-Präs. auch formell die Macht. Gestützt auf die USA herrschte er – 1947–1950 vertreten durch einen Marionettenpräsident – als Diktator, der das Land der Ausbeutung durch seinen Clan und wenige andere Familien auslieferte. 1934 ließ er den populären Rebellenführer Augusto César →Sandino hinrichten, der der Aufstandsbewegung den Namen gab, die in der sandinistischen Revolution 1979 der S.-Herrschaft ein Ende bereitete.
Nach seinem Tod durch ein Attentat folgte ihm 1956–1967 sein ältester Sohn *Luis Anastasio S. Debayle* (* 1922) und dessen Bruder *Anastasio S. Debayle* (genannt Tachito, * 1925). Beide bemäntelten die korrupte Clan-Diktatur, die das Land herunterwirtschaftete, mit halbherzigen Reformen. Doch konnte »Tachito« den wachsenden Widerstand im Volk, der von der FSLN (Frente Sandinista de Liberación National) unter Führung Daniel →Ortegas organisiert wurde, auch mit härtesten Repressionen nicht niederhalten, als ihm die USA 1978 die Unterstützung entzogen. Im Bürgerkrieg gestürzt, floh er 1979 und fiel 1980 einem Attentat zum Opfer.

Spaak, Paul-Henri
mehrmaliger belgischer Ministerpräsident
** 25. 1. 1899 Schaerbeek*
† 31. 7. 1972 Brüssel
Der Jurist, seit 1932 Abgeordneter der Sozialisten, war der herausragende politische Kopf Belgiens in der Nachkriegszeit. Sowohl in Regierungsverantwortung (Minister-Präs. 1938/39, 1946, 1947–1949, Außen-Min. [der Exilregierung] 1940–1944, 1946 bis 1949, 1954–1957, 1961–1966) wie in seinen internationalen Funktionen (1946 Präsident der ersten Vollversammlung der UN, 1952–1954 Präsident der Montanunion, 1957–1961 Generalsekretär der NATO) suchte er die Chancen des Neubeginns zu nutzen. Er war Schöpfer der 1948 vereinbarten Zollunion mit den Niederlanden und Luxemburg (Benelux) und einer der profiliertesten Verfechter der europäischen Integration (»Mr. Europe«) sowie des Ausbaus der NATO zu einem politischen Bündnis.

Spartacus
römischer Sklavenführer
† 71 v. Chr. in Lukanien
Als thrakischer Kriegsgefangener in der Gladiatorenschule von Capua entfloh S. mit 70 Mitgefangenen und setzte sich an die Spitze des größten röm. Sklavenaufstands (73–71), für den er auch zahlreiche Angehörige der röm. Unterklassen gewann. Mit bis zu 40 000 Gefolgsleuten siegte er fünfmal über röm. Heere und beherrschte schließlich einen grossen Teil Süditaliens. Marcus Licinius →Crassus gelang es, S.' Heer zur Südspitze Italiens abzudrängen und zu schlagen. Mit den meisten seiner Mitkämpfer fiel S. in der Schlacht; 6000 Gefangene ließen Crassus und Gnaeus →Pompeius Magnus an der Via Appia in Rom kreuzigen. (▷ Chronik Zitat)

Spínola, António Sebastião Ribeiro de
portugiesischer General und Staatspräsident Mai–Sept. 1974
** 11. 4. 1910 Estremoz*
Seit 1968 Gouverneur von Guinea-Bissau, wurde S. 1974 stellvertr. Generalstabschef. Seine Absetzung über das Erscheinen seines Buches »Portugal und

die Zukunft« (1974), in dem er eine Reform der Kolonialpolitik Portugals einforderte, gab den Anstoß zum unblutigen Sturz der Diktatur Marcelo →Caetanos im April 1974 (»Nelkenrevolution«). Zunächst Vors. der Militärjunta, übernahm S. 1974 zwischenzeitlich die Staatsführung, trat angesichts der Linksentwicklung zurück und floh im März 1975 nach einem von ihm gebilligten Putschversuch ins Exil. 1976 kehrte er nach Portugal zurück und erhielt 1981 ehrenhalber den Marschalltitel.

Beginn des Spartacus-Aufstandes

Chronik **Zitat**

→Plutarch schildert den Ausbruch der Gladiatoren-Sklaven in Capua:

»Von ihnen . . . gelang es nur 78 . . ., aus einer Küche Messer und Bratspieße an sich zu nehmen und zu entfliehen. Hierauf besetzten sie einen festen Platz und wählten sich drei Anführer, von denen der erste Spartacus war . . ., der nicht nur einen stolzen Sinn und große Körperkraft besaß, sondern auch durch Verstand und Herzensgüte besser war als sein Stand . . .

Zuerst schlugen sie die Leute, die von Capua aus gegen sie ausgesandt wurden, in die Flucht, bekamen so viele Kriegswaffen in die Hand und wechselten sie mit Freuden gegen die Gladiatorenwaffen aus, die sie als entehrend und barbarisch wegwarfen. Als darauf Praetor Clodius mit 3000 Mann von Rom gegen sie geschickt wurde und sie auf einem Berg belagerte, der nur einen schwierigen und schmalen Abstieg hatte, welchen Clodius besetzt hielt, auf allen anderen Seiten steile Felsabstürze, aber von oben von vielen wilden Weinstöcken bewachsen war, schnitten sie die brauchbaren Weinranken ab und flochten sich daraus haltbare Leitern, so lang, daß sie . . . zum Boden hinabreichten. Die Römer bemerkten nichts davon. Daher umgingen die Sklaven sie und erschreckten sie durch ihren plötzlichen Angriff, schlugen sie in die Flucht und eroberten ihr Lager. Jetzt liefen ihnen viele der Rinder- und Schafhirten der Gegend zu, handfeste, schnellfüßige Leute, die sie teils mit schweren Waffen versahen, teils als Vorposten und leichte Truppen verwendeten.«

Stalin, Josef Wissarionowitsch

Generalsekretär der KPdSU und Führer der Sowjetunion 1922/1929–1953
** 21. 12. 1879 Gori*
† 5. 3. 1953 Moskau

(Eigentlich *J. W. Dschugaschwili*). S. prägte Gestalt und Geschichte der Sowjetunion. Mit seinem Herrschaftssystem, das als »Stalinismus« zur methodischen Terrorpraxis führte, sicherte er nicht nur seine dreißigjährige Führerschaft und den Aufstieg der UdSSR zur zweiten Weltmacht, sondern legte zugleich den Keim für ihren Untergang und den Zusammenbruch des Kommunismus.

Der Sohn eines Schusters und einer Wäscherin, 1899 als Mitglied der Sozialdemokratischen Arbeiterpartei Rußlands wegen illegaler politischer Betätigung vom orthodoxen Priesterseminar verwiesen, schloß sich nach der Parteispaltung 1903 den Bolschewiken um Wladimir I. →Lenin an. Als Berufsrevolutionär und Experte für Nationalitätenfragen stieg er in der Partei auf und wurde 1912 in das erste ZK der bolschwewistischen Partei kooptiert (Deckname u. a. *Koba*, seit 1912 *Stalin*).

Als Organisationsexperte der Oktoberrevolution 1917 und Generalsekretär der KPdSU (seit 1922) konnte er sich nach Lenins Tod (1924) schrittweise gegen seine Rivalen von »links« um Leo →Trotzki, Grigori →Sinowjew und Lew →Kamenew und von »rechts« um Nicolai →Bucharin und Alexei →Rykow durchsetzen und bis 1929 alle Macht an sich reißen. Unter der Parole vom »Aufbau des Sozialismus in einem Land« verabschiedete er sich 1925 vom Anspruch der Weltrevolution, wie ihn Trotzki aufrechterhielt und verwirklichte, angefangen mit dem ersten Fünfjahresplan 1929, ein gigantisches Modernisierungs- und Industrialisierungsprogramm. Es war begleitet von der 1928 einsetzenden Zwangskollektivierung der Landwirtschaft, »Kulakenliquidierungen«, Deportationen ganzer Volksgruppen und Hungersnöten, die Millionen Menschenleben forderten. Aufkeimenden Widerstand erstickte S. mit der Umwandlung der Gesellschaft in ein totalitäres System, das seinen Höhepunkt in den Schauprozessen der »Großen Säuberungen« (1934–1938) und der Einrichtung eines das ganze Land überziehenden

Systems von Straf- und Arbeitslagern (Gulag) fand. Unter der weltpolit. Bedrohung der wachsenden Macht des national-soz. Deutschlands suchte S. Zeit zu gewinnen, um die UdSSR zu sichern. Der Handel, auf den er sich 1939 im Nichtangriffspakt mit Adolf →Hitler einließ, trug jedoch nicht weit. Mit der Definition der Einflußsphären schuf er die Voraussetzung für die Aufteilung Osteuropas und besetzte nach Beginn des 2. Weltkriegs 1939 Ostpolen, eroberte im Winterkrieg gegen Finnland die karelische Landenge (1939/40) und annektierte 1939/40 die baltischen Republiken und Bessarabien. Der Einmarsch deutschen Truppen in die Sowjetunion 1941 zwang S. jedoch direkt in den 2. Weltkrieg. Obwohl er in den »Säuberungen« die Armee ihrer Führungsspitze fast vollkommen beraubt hatte, gelang es ihm, den russischen Patriotismus zu mobilisieren und unter enormen Opfern von Menschenleben und Material mit dem Sieg von Stalingrad 1942/43 die Wende im Krieg, der die Sowjetunion etwa 20 Millionen Tote kostete, herbeizuführen.
Auf dem Gipfel seiner Macht nahm S. auf den alliierten Konferenzen in Teheran (1943), Jalta (1945) und Postdam (1945) auf die Nachkriegsordnung Europas maßgeblichen Einfluß zur Erweiterung seines Einflußbereichs. Zugleich begründete er damit den Beginn des Kalten Krieges, der die Nachkriegsgeschichte dominierte. Während S. in Ost- und Südosteuropa und Asien die Hegemonie der Sowjetunion durch die Etablierung kommunistischer Volksdemokratien in Satellitenstaaten sicherte (den eigenen Weg Josip →Titos jedoch nicht zu blokkieren vermochte), baute der Westen jenseits des »Eisernen Vorhangs« unter Führung der USA mit der NATO (1949) und weiteren Bündnissen ein globales Sicherungssystem zu seiner »Eindämmung« auf. Der Koreakrieg (1950–1953) war der erste Stellvertreterkrieg beider Lager.
Seine persönl. Despotie über Partei und Staat ergänzte S. um einen exzessiven Personenkult, der erst mit Beginn der Entstalinisierung unter Nikita S. →Chruschtschow drei Jahre nach seinem Tod abgebaut wurde. Nachfolger als Vors. des Minister-Rats (Min.-Präs.) und Generalsekretär der KPdSU wurde Georgi →Malenkow, als Parteichef wenig später abgelöst durch Chruschtschow. (▷ Chronik Zitat)

Sozialismus in einem Lande

Chronik Zitat

Seine These vom Aufbau des Sozialismus in der UdSSR unabhängig vom Fortschritt der Weltrevolution erläuterte Stalin auf dem XIV. Parteikongreß der KPdSU am 9. 4. 1925:

». . . Also, ist die Errichtung der sozialistischen Wirtschaft in unserem Lande möglich ohne den vorherigen Sieg in anderen Ländern, ohne daß das siegreiche Proletariat des Westens direkte Hilfe mit Technik und Ausrüstung leistet?
Ja, sie ist möglich. Und sie ist nicht nur möglich, sondern auch notwendig und unausbleiblich. Denn wir bauen bereits den Sozialismus auf, indem wir die nationalisierte Industrie entwickeln und sie mit der Landwirtschaft zusammenschließen, indem wir das Genossenschaftswesen auf dem Lande entfalten und die bäuerliche Wirtschaft in das allgemeine System der sowjetischen Entwicklung einbeziehen, indem wir die Sowjets beleben und den Staatsapparat mit den Millionenmassen der Bevölkerung verschmelzen, indem wir eine neue Kultur aufbauen und ein neues gesellschaftliches Leben entfalten . . . Es besteht kein Zweifel, daß unsere Aufgabe von Grund auf erleichtert würde, wenn uns der Sieg des Sozialismus im Westen zu Hilfe käme. Aber erstens wird der Sieg des Sozialismus im Westen nicht so schnell ›zustande gebracht‹, wie wir das wünschten, und zweitens lassen sich diese Schwierigkeiten überwinden, und wir überwinden sie bekanntlich schon . . . Ich sagte, daß die Verneinung der Möglichkeiten des sozialistischen Aufbaus in unserem Lande Liquidatorentum bedeutet, das zur Entartung der Partei führt . . .
Die große Bedeutung des Leninismus besteht unter anderem gerade darin, daß er einen Aufbau aufs Geratewohl, ins Blinde hinein nicht anerkennt, daß er sich einen Aufbau ohne Perspektive nicht denken kann, daß er auf die Frage nach der Perspektive unserer Arbeit eine klare und bestimmte Antwort gibt, indem er erklärt, daß wir alles haben, was notwendig ist, um die sozialistische Wirtschaft in unserem Lande zu errichten, daß wir die vollendete sozialistische Gesellschaft aufbauen können und müssen.«

Stanislaus I. Leszczyński
polnischer König 1704–1709, 1733–1736
** 20. 10. 1677 Lemberg*
† 23. 2. 1766 Lunéville
(Herzog von Lothringen und Bar 1737–1766). Nach der Niederlage →Augusts II. (des Starken), gegen König →Karl XII. von Schweden wurde der Wojwode von Posen unter schwedischem Druck zum König gewählt. Zwar konnte er sich im Innern zunächst gegen die Anhänger Augusts des Starken durchsetzen, mußte nach der Niederlage Karls XII. bei Poltawa 1709 gegen den russ. Zaren →Peter I. (d. Gr.) jedoch flüchten. Im französischen Exil gewann er die Protektion seines Schwiegersohns, →Ludwig XV. von Frankreich, der nach dem Tod Augusts des Starken (1733) zusammen mit Schweden die Rückkehr von S. auf den poln. Thron betrieb. Im Poln. Thronfolgekrieg (1733–1736) konnte S. sich jedoch gegen den von Rußland, Preußen und Österreich favorisierten Gegenkönig →August III. nicht durchsetzen. Für den Verzicht auf die polnische Krone erhielt er das Herzogtum Lothringen.

Stanislaus II. Poniatowski
polnischer König 1764–1795
** 17. 1. 1732 Wołcyn*
† 12. 2. 1798 St. Petersburg
Im Zeichen des Niedergangs der poln. Monarchie wurde S. als ehemaliger Geliebter der russ. Zarin →Katharina II. (d. Gr.) auf ihren massiven Druck zum (letzten) poln. König gewählt. Die Reformversuche des aufgeklärten Monarchen, u. a. die Zurückdrängung des Adels zugunsten der Zentralgewalt durch Abschaffung des Liberum Veto (1764), führten zu einem vierjährigen Bürgerkrieg mit Intervention Rußlands, das die 1. Teilung Polens zwischen Rußland, Preußen und Österreich durchsetzte (1772). Die von der Französ. Revolution beeinflußte Einführung einer konstitutionellen Verfassung (1791) beantworteten die Teilungsmächte mit der 2. Teilung (1793), den nationalen Aufstand unter Tadeusz →Kościusko mit der 3. Teilung, die mit S.' Königtum auch den Staat Polen auslöschte (bis 1918).

Stanley, Henry Morton
britischer Afrikaforscher
** 28. 1. 1841 Denbigh, Wales*
† 10. 5. 1904 London
(*Sir* ab 1899, eigentlich *John Rowlands*). Der Journalist, Korrespondent für die »New York Herald Tribune«, fand 1871 den in Ostafrika verschollenen David →Livingstone. Er entdeckte und erforschte afrikanische Seen und Flüsse und durchquerte 1874 bis 1877 erstmalig Zentralafrika auf dem Kongo im Auftrag des belg. Königs →Leopold II., der die von S. ihm erschlossenen Gebiete als Privatkolonie in Anspruch nahm. Mit einer Expedition 1887–1889 fand S. den Afrikaforscher Emin Pascha (eigentlich Eduard Schnitzer, * 1840, † 1892), der als Gouverneur von Südsudan durch den Mahdiaufstand (→Mahdi) von Europa abgeschnitten war.

Stauffenberg, Claus Graf Schenk von
deutscher Offizier und Widerstandskämpfer
** 15. 11. 1907 Jettingen, Schaben*
† 20. 7. 1944 Berlin
Mitglied des aristokratisch-mystischen Kreises um den Dichter Stefan George, schlug S. 1926 die militärische Laufbahn ein. 1940 stieg er in die Organisations-Abteilung des Generalstabs des Heeres auf. Wachsende Bedenken gegen die Eroberungspolitik des nat.-soz. Regimes und Empörung über dessen Verbrechen in den besetzten Gebieten führten ihn 1940 zur militär. und polit. Widerstandsbewegung; seit 1942 verfolgte er die Absicht eines Staatsstreichs gegen das Regime. Nach schwerer Verwundung in Nordafrika wurde er im Juli 1944 Stabschef beim Befehlshaber des Ersatzheeres, Friedrich →Fromm, und hatte damit als inzwischen aktivste Kraft der Widerstandsbewegung unmittelbaren Zugang zu Adolf →Hitlers Hauptquartier (»Wolfsschanze») bei Rastenburg, Ostpreußen, wo er – nach drei aufgrund widriger Umstände abgebrochenen Anläufen – am 20. Juli 1944 während einer Lagerbesprechung das Attentat mit einer Zeitzünderbombe verübte. In der irrigen Annahme, Hitler – der nur geringfügige Blessuren davontrug – sei tot, eilte S. nach Berlin zurück, um sich an der weiteren Durchführung des Staatsstreichs zu beteiligen. Nach dem Scheitern der Aktion wurde er mit anderen Offizieren auf Befehl Fromms standrechtlich erschossen. S.s Bruder *Berthold Graf Schenk v. S.* (* 1905, † 1944), seit 1939 Völkerrechtsberater der Seekriegsleitung, nahm als engster Vertrauter an den Vorbereitungen zum Staatsstreich teil. Er wurde vom Volksgerichtshof zum Tode verurteilt und hingerichtet.

Stein, Karl,
Reichsfreiherr vom und zum

preußischer Staatsmann und Reformer
** 26. 10. 1757 Nassau*
† 29. 6. 1831 Schloß Cappenberg, Westfalen

In der von der Französischen Revolution geprägten geistigen Umbruchphase und in der tiefen Krise Preußens nach den Niederlagen gegen →Napoleon I. gab S. die entscheidenden Impulse zu den tiefgreifenden Preußischen Reformen und schuf damit die Voraussetzungen für den erfolgreichen Kampf gegen die französische Vorherrschaft.
Seit 1780 im preußischen Staatsdienst, und seit 1804 Wirtschafts- und Finanz-Min., wurde er im Januar 1807 im Konflikt über seine Vorschläge von König →Friedrich Wilhelm III. aus dem Kabinett entlassen, jedoch nach dem Tilsiter Frieden – bei dem nur die Intervention Zar →Alexanders I. eine Auflösung Preußens durch Frankreich verhinderte – noch im Juli 1807 auf Empfehlung Karl August v. →Hardenbergs und Drängen →Napoleons zum leitenden Min. berufen. Umgehend setzte S. seine Reformideen, die er inzwischen in seiner »Nassauer Denkschrift« niedergelegt hatte, in die Tat um – Abschaffung der Leibeigenschaft (Bauernbefreiung) und Aufhebung ständ. Beschränkungen 1807; Selbstverwaltung aller städtischen Gemeinden 1808; Neustrukturierung der Staatsverwaltung durch Einrichtung von Fachministerien anstelle des Generaldirektoriums 1808; Trennung von Justiz und Verwaltung 1808.
Über die Aufdeckung seiner Aufstandspläne gegen Napoleon im November 1808 gestürzt, ging er nach Österreich ins Exil, bis er 1812 als polit. Berater Alexanders I. nach St. Petersburg gerufen wurde. In dessen Auftrag konnte S. den preuß. König für den Abschluß des russisch-preuß. Bündnisses gegen Napoleon gewinnen (Vertrag von Kalisch 1813). Sein Reformwerk wurde in Preußen von Hardenberg modifiziert fortgesetzt (S.-Hardenbergsche Reformen).Während der Befreiungskriege 1813/14 leitete S. den Zentralverwaltungsrat für die von französischen Truppen befreiten deutschen Gebiete. Am Wiener Kongreß nahm er als Berater des Zaren teil und plädierte als scharfer Kontrahent Fürst v. →Metternichs für einen starken, zentralisierten Dt. Bund.

***Stephan**, Fürsten*

– Moldau

Stephan III., *der Große*

Wojwode (Fürst)
1457–1504
** um 1435 Borzești*
† 2. 7. 1504 Suceava

S. war der bedeutendste Herrscher der vorosmanischen Zeit in der Moldau. Nach Abwehr eines ungarischen Eroberungsversuchs (1467) verbündete er sich mit dem ungarischen König →Matthias I. Corvinus gegen die vordringenden Osmanen (1475) und konnte die Unabhängigkeit seines Landes behaupten (Siege 1475 und 1476, Friede 1491). 1485 geriet er unter polnische Oberherrschaft, die er 1497 wieder abschüttelte. Er förderte die wirtschaftliche, gesellschaftliche und kirchliche Entwicklung des Landes, gewann beherrschenden Einfluß in der Walachei und ließ kunstgeschichtlich bedeutende Kloster- und Kirchenbauten errichten.

– Polen

Stephan IV. Báthory
König 1575–1586
** 27. 9. 1533 Somlyó, Siebenbürgen*
† 12. 12. 1586 Grodno

S. wurde nach dem Tod Johann II. Sigismunds Zapolya (König von Ungarn 1540–1570, Fürst von Siebenbürgen 1556–1571), unter dem er sich als hoher Adliger und Feldherr ausgezeichnet hatte, 1571 zu dessen Nachfolger als Fürst von Siebenbürgen gewählt. Als Gatte der Tochter des poln. Königs →Sigismund II. August wählte ihn der polnische Reichstag nach dem Thronverzicht →Heinrichs III. von Valois 1575 zum polnischen König, worauf er 1576 seinem Bruder Christoph (* 1530, † 1581) die Regentschaft für Siebenbürgen übertrug. 1578 schlug er einen Aufstand der Danziger nieder. Mit dem Sieg in der entscheidenden Schlacht bei Wenden gegen Rußland unter Zar →Iwan IV. beendete S. den seit 1558 andauernden Livländischen Krieg mit dem Gewinn Livlands (1582). Das Jesuitenkollegium in Wilna erhob er zur Akademie (1578). Nachfolger: →Sigismund III. Wasa.

– Serbien

Stephan I. Nemanja
Großžupan (Großfürst) von Raszien um 1166–1196
** um 1113 Ribnica*
† 13. 2. 1199 oder 1200 Chilandar-Kloster, Athos
Nachdem er im Bürgerkrieg gegen seine Brüder die Herrschaft über Altserbien (Raszien) gewonnen hatte, begründete S. die Einheit Serbiens (um 1171). Nach dem Tod des byzantin. Kaisers →Manuel I. Komnenos 1180 schüttelte er die byzantin. Oberherrschaft durch ein Bündnis mit Venedig, Ungarn und Kaiser →Friedrich I. Barbarossa ab und eroberte die Gebiete bis an die Adria. 1196 überließ er seinem zweiten Sohn *Stephan* († um 1228) die Herrschaft und wurde 1196 Mönch (*Simeon*). S. ist Hauptheiliger der serbisch-orth. Kirche. Sein Sohn erreichte 1212 die Erhebung Serbiens zum Königreich.

Stephan Dušan *(S. Uroš IV.)*
König/Zar 1331/1346–1355
** um 1308*
† 20. 12. 1355 Grodno
Seit 1321 war S. Mitregent seines Vaters *S. Uroš III.* (1321–1331), den er 1331 stürzte und (vermutlich) ermorden ließ. Indem er bis 1347 Makedonien, Albanien, Epiros und Thessalien eroberte, vertrieb er Byzanz vom mittleren Balkan. In der Absicht, ein serbisch-griechisches Großreich zu schaffen, löste er die serbische Kirche von Konstantinopel, errichtete ein serbisches Patriarchat, strukturierte das Reich nach byzantinischem Vorbild und ließ sich zu Ostern 1346 in Skopje zum Zaren der Serben und Griechen krönen. Seine Regierungszeit bedeutete den Höhepunkt des mittelalterl. serb. Staates, der unter seinem Sohn und Nachfolger *S. V. Uroš* (1355 bis 1371) nach seinem Tod jedoch zerfiel.

– Ungarn

Stephan I., *der Heilige*
Fürst/König 997/1000–1038
** um 975*
† 15. 8. 1038 Esztergom, Gran
(Ungarisch *István*, heidn. Name *Vajk*). Der aus der Árpádendynastie stammende König trat zum Christentum über, ließ sich im Zusammenhang mit der Gründung des Erzbistums Gran 1000 durch Kaiser →Otto III. als »Apostol.« König mit Billigung Papst →Silvesters II. krönen. Er heiratete die bayer. Prinzessin Gisela (* um 985, † um 1060), Schwester des Bayernherzogs und späteren Kaisers →Heinrich II. Er organisierte Verwaltung, Rechtspflege und Kirche nach fränkischem Vorbild, schaffte den nach Stammesprinzipien organisierten Landbesitz zugunsten eines mittelalterlichen Feudalwesens ab, forcierte die Christianisierung der Magyaren und machte aus Ungarn einen christlich-lateinischen Staat. 1083 wurde S. heiliggesprochen (Fest: 16. 8.). Nach ihm ist die Stephanskrone benannt.

Steuben, Friedrich Wilhelm von
amerikanischer General deutscher Herkunft
** 17. 9. 1730 Magdeburg*
† 28. 11. 1794 Oneida County, New York
S. trat mit 17 Jahren in die preußische Armee ein und war Offizier unter König →Friedrich II. (d.Gr.) in den Schlesischen Kriegen (1740–1742, 1744/45, 1756–1763) und Hofmarschall der Fürsten von Hohenzollern-Sigmaringen (1764–1775), bevor er 1777 nach Nordamerika emigrierte. Im Amerikan. Unabhängigkeitskrieg (1775–1783) diente er George →Washington als Berater und war 1778–1784 Generalinspekteur des Heeres. Mit der von ihm durchgeführten Neuorganisation der Armee (u. a. Einführung der preuß. Exerziermethoden und Dienstvorschriften) hatte er einen bedeutenden Anteil am amerikanischen Sieg über die Briten.

Stilicho, Flavius
römischer Feldherr und Regent 395–408
** um 365*
† 22. 8. 408 Ravenna
Sohn eines Wandalen und einer Römerin, heiratete S. 384 Serena (* 365, † 408), die Nichte des Kaisers →Theodosius d. Gr., der ihm kurz vor seinem Tod 395 die Obhut über seine Söhne Flavius Arcadius (* 377, Kaiser des Ostens 383–408) und Flavius →Honorius anvertraute. Während Arcadius sich seinem Einfluß entzog, übte S. als einer der bedeutendsten Germanen in röm. Diensten über Honorius faktisch die Regentschaft im Westen aus. Durch Siege bei Pollentia (402) und Verona (403) konnte er die 401 unter →Alarich nach Italien eingefallenen Westgoten zurückdrängen, 406 bei Fiesole die Ostgoten vertreiben. Die erfolglosen Bemühungen, Illyrien gegen Ostrom zu behaupten, und der Übergang von

Wandalen, Alanen und Sueben über den Rhein (406/407) schwächten seine Stellung. S. wurde des Hochverrats beschuldigt und hingerichtet.

Stinnes, Hugo

deutscher Großindustrieller
** 12. 2. 1870 Mülheim an der Ruhr*
† 10. 4. 1924 Berlin

Der Enkel des Firmengründers *Matthias S.* (* 1790, † 1845), der die Schleppschiffahrt auf dem Rhein eingeführt hatte, übernahm die Leitung der Familienzechen und gründete 1893 ein eigenes Reederei- und Kohlengroßhandelsunternehmen, das er durch Beteiligung an Firmen in ganz Europa bis zum 1. Weltkrieg zu einem der größten Schwerindustrie- und Elektrounternehmen ausbaute (S.-Konzern). Im 1. Weltkrieg gehörte er als führender Alldeutscher zu den Befürwortern weitgreifender Annexionen. Gemeinsam mit Carl →Legien rief er 1918 die Zentralarbeitsgemeinschaft ins Leben, die angesichts der Kriegszerstörungen und der revolutionären Unruhen eine Kooperation von Arbeitgeberverbänden und Gewerkschaften zur Regeneration der Wirtschaft anstrebte (S.-Legien-Abkommen). S. gehörte zu den großen Profiteuren der Inflation von 1923/24. Seit 1920 war er Reichstagsabgeordneter für die Dt. Volkspartei (DVP) und Mitglied im Präsidium des Reichsverbands der dt. Industrie.

Stoecker, Adolf
deutscher ev. Theologe und Politiker
** 11. 12. 1835 Halberstadt*
† 7. 2. 1909 Gries bei Bozen
Seit 1874 preuß. Hof- und Domprediger in Berlin, seit 1877 auch Leiter der Berliner Stadtmission, gründete S. 1878 die Christlichsoziale Arbeiterpartei (1881 in Christlichsoziale Partei umbenannt), um auf der Grundlage einer sozial-konserv. Reformpolitik die Massen von der sozialist. Arbeiterbewegung für Monarchie und Kirche zurückzugewinnen. Wichtiges Element seiner Argumentation war die Polemik gegen den »jüd. Liberalismus«, die dem Antisemitismus in Dtschld. erstmals eine parteipolitische Basis verlieh. Während er die Arbeiterschaft kaum erreichte, hatte seine Berliner Bewegung zeitweise Zulauf aus dem Kleinbürgertum. Nach massiver Kritik Otto v. →Bismarcks und Kaiser →Wilhelms II. mäßigte S. seit 1889 seine Agitation, gab 1890 sein Hofpredigeramt auf und gründete mit Adolf v. Harnack, Friedrich →Naumann u. a. den Ev.-sozialen Kongreß, dessen zunehmend liberale Tendenzen ihn jedoch 1896 zum Austritt bewogen. 1881 bis 1893 und 1898–1908 war S. MdR auf dem äußersten rechten Flügel der Dt. Konservativen Partei.

Stolypin, Pjotr Arkadjewitsch
russischer Ministerpräsident 1906–1911
** 14. 4. 1862 Dresden*
† 18. 9. 1911 Kiew
Der letzte bedeutende Staatsmann des Zarenreichs wurde nach der Entlassung des Min.-Präs. Sergej →Witte durch Zar →Nikolaus II. 1906 Innen-Min. und Min.-Präs. Als Verfechter der Autokratie oktroyierte er nach Auflösung der 1. und 2. Reichsduma ein Wahlgesetz, das in der 3. Duma 1907 bis 1912 eine konservative Mehrheit sicherte, und stellte im Innern die Autorität des Zaren gegen die 1. Russische Revolution mit Polizeigewalt wieder her. Seine große Agrarreform 1906/10 zielte unter Zerschlagung der Dorfgemeinschaften (Mir) auf die Schaffung eines starken Einzelbauerntums ab. Noch bevor sie Ergebnisse zeitigen konnte, wurde M. von einem Sozialrevolutionär ermordet.

Stoph, Willi
Vorsitzender des Ministerrats der DDR 1964–1973, 1976–1989
** 9. 7. 1914 Berlin*
Der ehemalige Maurer, seit 1931 Mitglied der KPD, war seit 1950 Mitglied des ZK, seit 1953 des Politbüros des ZK der SED. Als Innen-Min. (1952 bis 1955) und Verteidigungs-Min. (1956–1960) für den Aufbau der Volksarmee zuständig, übernahm S. 1962 die Regierungsgeschäfte für den erkrankten Otto →Grotewohl und wurde nach dessen Tod 1964 Vorsitzender des Ministerrats (Min.-Präs.). Als Nachfolger Walter →Ulbrichts war er als Vorsitzender des Staatsrates 1973 bis 1976 formales Staatsoberhaupt, bevor Erich →Honecker mit dem Umbau der Staatsspitze 1976 diese Position für sich beanspruchte und S. wieder in das Amt des Min.-Präs. wechselte, das er bürokratisch bloß verwaltete. Mit der Wende 1989 verlor er alle Ämter und wurde aus der Partei ausgeschlossen. Ein Gerichtsverfahren gegen ihn wurde 1993 aufgrund seines schlechten Gesundheitszustandes eingestellt.

Störtebeker, Klaus

deutscher Freibeuter
† 1401 Hamburg

In Liedern und Sagen als volkstüml. Held gefeiert, widmete sich S. als einer der Führer der Vitalienbrüder (seit 1394) vornehmlich der Piraterie und behinderte damit den Handel der Hanse. Unter der Führung Lübecks und Hamburgs wurde er 1401 mit seinen Gefolgsleuten von einer Hanseflotte bei Helgoland aufgebracht und hingerichtet.

Strabo
griechischer Geograph und Geschichtsschreiber
** 64/63 v. Chr. Amaseia, Kleinasien*
† nach 23 n. Chr.
S., der seit 44 in Rom lebte, setzte mit seinen nur in Fragmenten erhaltenen »Histor. Kommentaren« die Universalgeschichte des →Polybios von 144 bis zum Ende der Bürgerkriege fort. Seine 17bändige »Geographika«, die auf seinen weiten Reisen und umfangreichen Studien basiert, ist als Quelle für die griech. und röm. Geographie bis heute bedeutsam. Sie behandelt – durch ausführliche Hinzuziehung anderer Autoren – das damals bekannte Europa, Kleinasien, Indien, Arabien, Libyen und Mauretanien.

Strafford, Thomas Wentworth, *1. Earl of (seit 1640)*
englischer Politiker
** 13. 4. 1593 London*
† 12. 5. 1641 London
Von einem der größten Kritiker König →Karls I. wandelte sich der machtbewußte Sohn eines reichen Landadligen aus Yorkshire nach seiner Erhebung zum Baron und Lord President (Gouverneur) des Nordens (1628) zum engsten Berater des Königs, seit 1629 mit Sitz im Privy Council (Geheimer Staatsrat). Während der parlamentslosen Zeit 1629 bis 1640 unterstützte er das persönliche Regiment Karls I., für den er seit 1633 als Lord Deputy (Statthalter) in Irland die königl. Autorität gegen die engl. Großgrundbesitzer stärkte und Irland zu einer lukrativen, den engl. Gesetzen und Gebräuchen angepaßten Einnahmequelle für die Krone zu machen trachtete. Nach dem Ausbruch des schott. Aufstands gegen die Einführung der anglikan. Bischofskirche 1639 nach London zurückberufen, übernahm er den Oberbefehl im 1. Bishop's War. Das zur Finanzierung des Krieges einberufene Parlament fand in S. eine der ersten Zielscheiben ihres Unmutes gegen die Krone: 1641 wurde er nach einem Impeachment mit Einwilligung Karls I., der durch das Königsopfer eine weitere Eskalation zu verhindern hoffte, hingerichtet. (▷ Chronik Zitat)

Das Königsopfer

Chronik Zitat

Im Konflikt mit der Krone hatte das englische Unterhaus den ersten Minister Karls I. wegen Hochverrats verklagt. Für das Todesurteil (7. 5. 1641) mußte ein auf diesen Fall zugeschnittenes außerordentliches Gesetz herhalten. Vor der Bestätigung des Urteils suchte Karl I. Zuspruch bei seinen engsten Ratgebern:

»Der Graf von Pembroke, Lordkanzler, sagte ihm, wenn er seine Zustimmung verweigere, würde man daraus schließen, daß er seine Feinde liebe und seine Freunde hasse; spräche er nicht so zu dem Volke, wie es das wünsche, so werde es sich von ihm lossagen, und das werde schlimmer sein als alle Übel, die er bisher in seinem Leben erlitten habe. – Der Bischof von London sagte ihm klipp und klar, wenn er in seinem Gewissen nicht überzeugt sei, dürfe er es nicht tun, was auch geschehe; aber der Bischof von Lincoln bemühte sich, den König zu überzeugen, es gebe ein privates und ein öffentliches Gewissen. Sein öffentliches Gewissen als König könne ihn nicht allein entschuldigen, sondern auch verpflichten, etwas zu tun, was gegen sein privates Gewissen als Mensch sei. Die Frage sei nicht, ob er den Grafen von Strafford retten, sondern ob er mit ihm zusammen untergehen wolle. Die Gewissensverpflichtung eines Königs für die Erhaltung seines Reiches, eines Gatten für sein Weib, eines Vaters für seine Kinder (alle diese seien jetzt in Gefahr), wiege weit schwerer als alle Erwägungen, die das Gewissen eines Herrn oder eines Freundes ihm nahelegen könnten, um einen Freund und Diener zu retten . . .«

Strasser, Gregor
deutscher nationalsozialistischer Politiker
** 31. 5. 1892 Geisenfeld, Oberbayern*
† 30. 6. 1934 Berlin
Der Apotheker war seit 1921 Mitglied der NSDAP und beteiligte sich 1923 am Hitler-Putsch. Als MdR (1924–1933), Reichspropagandaleiter (1926/27) und Reichsorganisationsleiter der NSDAP (1928 bis 1932) gehörte er als einer der wichtigsten Parteifunktionäre in der Weimarer Republik zum sozialistisch orientierten linken Flügel innerhalb der NSDAP (S.-Flügel). Im Dez. 1932 trat S. von allen Parteiämtern zurück, nachdem er eine Beteiligung an der Regierung Kurt v. →Schleichers nicht gegen Adolf →Hitler, Hermann →Göring und Joseph →Goebbels hatte durchsetzen können, die das Kanzleramt für Hitler forderten. Obwohl sich S. 1933/34 jeder polit. Tätigkeit enthielt, wurde er bei der Mordaktion im Zuge der »Röhm-Affäre« erschossen.
Sein Bruder *Otto S.* (* 1897, † 1974), der innerhalb der NSDAP (seit 1925) ebenfalls zu den Führern der linken Opposition gegen Hitler gehörte, trennte sich bereits 1930 von der Partei, gründete die Kampfgemeinschaft revolutionärer Nationalsozialisten (»Schwarze Front«) und emigrierte 1933.

Strauß, Franz Josef

bayerischer Ministerpräsident 1978–1988 und mehrfacher deutscher Bundesminister
** 6. 9. 1915 München*
† 3. 10. 1988 Regensburg

Der gelernte Altphilologe und gediente Soldat gehörte als wortgewaltiger Vollblutpolitiker zur Gründergeneration der BR Dtschld. 1945 Mitbegründer der CSU, etablierte er seine Partei als Generalsekretär (1949–1952), stellvertr. Vors. (1952–1961) und Vors. (seit 1961) als unumstrittene Regierungspartei in Bayern. Als barocker »Landesfürst« entwickelte er das bisherige Agrarland u. a. durch Förderung der Hightech-Industrie zu einem der prosperierendsten deutschen Bundesländer und gewichtigen Faktoren der föderativen bundesdeutschen Politik.
Auf Bundesebene gehörte S. nach Tätigkeit im Bizonen-Wirtschaftsrat (1947–1949) seit 1949 dem Bundestag an und trat 1953 als Min. für besondere Aufgaben in die Bundesregierung Konrad →Adenauer ein (bis 1955, 1955/56 Min. für Atomfragen). Als Verteidigungs-Min. organisierte er seit 1956 den Aufbau der Bundeswehr, mußte jedoch 1962 wegen seiner Verwicklung in die Spiegel-Affäre zurücktreten. Als Finanz-Min. der Großen Koalition unter Kurt-Georg →Kiesinger harmonierte er mit Wirtschafts-Min. Karl →Schiller zur Überwindung der Wirtschaftskrise (1966–1969). In den 1970er Jahren gehörte er als überzeugter Antikommunist mit seiner Parole »Freiheit statt Sozialismus« zu den entschiedensten Kritikern der sozialliberalen Koalition und ihrer Ostpolitik. Mit dem demonstrativen Besuch →Mao Zedongs in Peking zur Irritation der UdSSR (1975) und der Vermittlung eines Milliardenkredits an die DDR (1983) zeigte S. sich jedoch als politischer Pragmatiker. Bei der Bundestagswahl 1980 kandidierte er als Kanzlerkandidat der CDU/CSU erfolglos gegen Helmut →Schmidt.

Streicher, Julius
deutscher nationalsozialistischer Politiker
** 12. 2. 1885 Fleinhausen, Schwaben*
† 16. 10. 1946 Nürnberg
Seit 1922 Mitglied der NSDAP und nach seiner Teilnahme am Hitler-Putsch 1923 aus dem Schuldienst entlassen, gehörte S. als Herausgeber des antisemit. Hetzblattes »Der Stürmer« (1923–1945) und einer der Mitinitiatoren der Nürnberger Gesetze (1935) zu den radikalen Verfechtern der Judenvernichtung. Als Gauleiter von Mittelfranken bzw. Franken (seit 1928) wurde er 1940 wegen Verwicklung in mehrere Skandale entlassen. 1946 verurteilte ihn der Internationale Militärgerichtshof in Nürnberg zum Tode und ließ ihn hinrichten.

Stresemann, Gustav

deutscher Reichskanzler 1923 und Außenminister 1923–1929
** 10. 5. 1878 Berlin*
† 3. 10. 1929 Berlin

Seit 1903 Mitglied der Nationalliberalen Partei, machte S. als MdR (1907–1912, 1914–1918) im 1. Weltkrieg durch seine annexionist. Fordungen in Übereinstimmung mit der Obersten Heeresleitung

unter Erich →Ludendorff und Paul v. →Hindenburg sowie die strikte Ablehnung der Friedensresolution des Reichstags auf sich aufmerksam. 1917 war er am Sturz Theobald v. →Bethmann Hollwegs beteiligt und forderte innere Reformen als Voraussetzung für einen Sieg. Als sich 1918 die linksliberale Deutsche Demokratische Partei (DDP) wegen seiner Vergangenheit gegen eine Aufnahme aussprach, gründete S. die Deutsche Volkspartei (DVP) für die er 1919/20 in der Nationalversammlung und 1920 bis 1929 im Reichstag saß.
Als Monarchist stand S. der Weimarer Republik zunächst distanziert gegenüber, wandelte sich aber seit 1920 zum Vernunftrepublikaner und bereitete als Reichskanzler (Aug.–Nov. 1923) gegen Aufstände von links und rechts, Inflation und Ruhrkrise die Konsolidierung der Republik vor. Als langjähriger Außen-Min. prägte er die »Ära S.«, die mit einer Verständigungspolitik über die Annahme des Dawes-Plans zur Regelung der Reparationszahlungen (1924) und dem Abschluß der Locarno-Verträge (1925) die Aufnahme Deutschlands in den Völkerbund ermöglichte (1926). S.s Politik zielte auf die Wiederherstellung der deutschen Großmachtposition durch wirtschaftlichen Aufstieg. Er bemühte sich deshalb um Anlehnung an die USA und Annäherung an Frankreich, behielt sich aber – die Kooperation mit Sowjetrußland seit Rapallo fortsetzend – eine Revision der Ostgrenzen vor. Hauptsächlich wirtschaftlich orientierte Versuche eines Ausgleichs mit Frankreich (Gespräche von Thoiry 1926) konnten die politischen Gegensätze zwischen den beiden Ländern nicht völlig überbrücken, schufen aber die Voraussetzungen für die erst nach seinem Tod durch Annahme des Young-Plans (1929) erreichte Räumung des besetzten Rheinlandes. – 1926 erhielt S. zusammen mit Aristide →Briand den Friedensnobelpreis. (▷ Chronik Zitat)

Stresemanns Aufruf zur friedlichen Zusammenarbeit der Völker

Chronik Zitat

Als Deutschland am 10. 9. 1926 in den Völkerbund aufgenommen wurde, hielt Gustav Stresemann vor der Völkerbundsversammlung eine leidenschaftliche Grundsatzrede (Auszüge):

»Es ist von geschichtlicher Bedeutung, daß Deutschland und diese ... Staaten sich jetzt im Völkerbund zu dauernder, friedlicher Zusammenarbeit zusammenfinden. Diese Tatsache zeigt deutlicher, als Worte und Programme es können, daß der Völkerbund berufen sein kann, dem politischen Entwicklungsgang der Menschheit eine neue Richtung zu geben. Gerade in der gegenwärtigen Epoche würde die Kultur der Menschheit auf das schwerste bedroht sein, wenn es nicht gelänge, den einzelnen Völkern die Gewähr zu verschaffen, in ungestörtem, friedlichem Wettbewerb die ihnen vom Schicksal zugewiesenen Aufgaben zu erfüllen. Die grundstürzenden Ereignisse eines furchtbaren Krieges haben die Menschheit zur Besinnung über die den Völkern zugewiesenen Aufgaben gebracht ... Wollen wir eine ungestörte weltwirtschaftliche Entwicklung, dann wird das nicht geschehen durch Abschließung der Gebiete voneinander, sondern durch Überbrückung dessen, was bisher die Wirtschaft der Völker trennte.

Wichtiger aber als das materielle Geschehen ist das seelische Leben der Nationen . . .Ich bin der Meinung, daß keine Nation, die dem Völkerbund angehört, dadurch ihr nationales Eigenleben irgendwie aufgibt. Der göttliche Baumeister der Erde hat die Menschheit nicht geschaffen als ein gleichförmiges Ganzes. Er gab den Völkern verschiedene Blutströme, er gab ihnen als Heiligtum ihrer Seele die Muttersprache, er gab ihnen als Heimat Länder verschiedener Natur. Aber es kann nicht im Sinn der göttlichen Weltordnung sein, daß die Menschen ihre nationalen Höchstleistungen gegeneinanderkehren und damit die allgemeine Kulturentwicklung immer wieder zurückwerfen. Der wird der Menschheit am meisten dienen, der, wurzelnd im eigenen Volk, das ihm seelisch und geistig Gegebene zur höchsten Bedeutung entwickelt und damit, über die Grenze des eigenen Volkes hinauswachsend, der gesamten Menschheit etwas zu geben vermag, wie es die Großen aller Nationen getan haben, deren Namen in der Menschheitsgeschichte niedergeschrieben sind. So verbinden sich Nation und Menschheit auf geistigem Gebiet, so können sie sich auch verbinden im politischen Streben, wenn der Wille da ist, in diesem Sinne der Gesamtentwicklung zu dienen.«

Stroessner, Alfredo
Staatspräsident von Paraguay 1954–1989
** 3. 11. 1912 Encarnación*
Der Enkel eines dt. Emigraten trat 1932 in den paraguayan. Militärdienst ein und stürzte als Oberbefehlshaber der Streitkräfte (seit 1952) 1954 die Regierung von Frederico Chavez (1949–1954). Zwei Monate später ließ er sich zum Staats-Präs. wählen und unterdrückte, gestützt auf die konservative Colorado-Partei, rigoros alle demokrat. Bestrebungen. Seine Diktatur verhalf dem durch Staatsstreiche und Revolten gebeutelten Paraguay über 35 Jahre zu einer gewissen wirtschaftl. und polit. Stabilität. 1989 wurde durch einen Militärputsch gestürzt und lebt seitdem im Exil in Brasilien.

Štrougal, Lubomír
tschechoslowakischer Ministerpräsident 1970–1988
** 19. 10. 1924 Veselí nad Lužnicí*
Seit 1945 Mitglied der KP, stieg S. 1958 ins ZK auf, war 1961–1965 Innen-Min. und seit 1965 Sekretär des ZK. Als einer der Exponenten des moskautreuen Flügels, der sich im Prager Frühling 1968 auf Distanz zu den Reformern um Alexander v. →Dubček hielt, organisierte er nach der Militärintervention des Warschauer Paktes als Mitglied des Parteipräsidiums und Chef des tschechischen Büros des ZK die »Normalisierung« im Sinne der UdSSR und entfernte führende Reformer aus der KP. Als Min.-Präs. unterzeichnete er 1973 den dt.-tschechoslowakischen Vertrag mit Willy →Brandt. Mit der Reformpolitik Michail →Gorbatschows plädierte er seit 1987 für eine Demokratisierung der Gesellschaft und eine Versöhnung mit den Anhängern des Prager Frühlings. Sein (angeblich freiwilliger) Rücktritt 1988 galt allgemein als Zeichen eines letzten Sieges der Reformgegner. Nach der Wende 1989 wurde S. 1990 aus der KP ausgeschlossen.

Struve, Gustav von
deutscher Politiker und Publizist
** 11. 10. 1805 München*
† 21. 8. 1870 Wien
Als Anwalt und Publizist engagierte sich der radikale Republikaner bereits im Vormärz für demokratische Reformen. Mit Friedrich →Hecker war er 1848/1949 Führer der Aufstände in Baden. Nach deren Niederschlagung flüchtete er über die Schweiz in die USA, wo er im Sezessionskrieg für die Nordstaaten kämpfte. Nach seiner Amnestierung kehrte er 1863 nach Deutschland zurück.

Stülpnagel, Karl Heinrich von
deutscher Offizier und Widerstandskämpfer
** 2. 1. 1886 Darmstadt*
† 30. 8. 1944 Berlin
1939 zum General befördert, war S. 1940/41 Armeeführer an der Ostfront, 1942–1944 dt. Militärbefehlshaber in Frankreich. Seit 1938 war er an Staatsstreichplanungen gegen Adolf →Hitler beteiligt und ließ im Zusammenhang mit dem Attentat vom 20. Juli 1944 in Paris 1200 Angehörige von SS, SD und Gestapo festnehmen. Nach dem Mißlingen des Staatsstreichversuchs wurde er verhaftet und vom Volksgerichtshof zum Tode verurteilt.

Sture, Sten, *d. Ä.*
schwedischer Reichsverweser 1470–1497, 1501–1503
** um 1440*
† 14. 12. 1503 Jönköping
Im Kampf um die Auflösung der Kalmarer Union mit Dänemark (seit 1397) besiegte der Angehöriger einer mächtigen schwed. Adelsfamilie, der nach dem Tod König →Karls VIII. Knutson 1470 Reichsverweser wurde, 1471 mit Unterstützung der schwedischen Bauern den dänischen König →Christian I., mußte jedoch 1497 den adligen Anhängern der Union nachgeben und den dänischen König Johann I. (1481–1513) als schwedischen König (Johann II.) anerkennen. Nach dessen Niederlage in Dithmarschen 1500 trat S. an die Spitze einer Aufstandsbewegung und wurde 1501 erneut Reichsverweser.

Sture, Sten, *d. J.*
schwedischer Reichsverweser 1512–1520
** um 1492*
† 3. 2. 1520 bei Stockholm
Der Enkel von Sten →S. d. Ä. machte sich durch einen Staatsstreich zum Reichsverweser und setzte die Politik der Unabhängigkeit von Dänemark gegen den Widerstand der schwedischen Aristokratie fort. Nach einer Niederlage 1520 gegen König →Christian II., bei der S. tödlich verwundet wurde, konnte Dänemark die Kalmarer Union vorübergehend wiederherstellen (bis 1523).

Suárez Gonzáles, Adolfo
spanischer Ministerpräsident 1976–1981
** 25. 9. 1932 Cebreros, Ávila*
Nach dem Tod Francisco →Francos wurde der Jurist Generalsekretär der Falangistischen Partei (1975/1976). Von König →Juan Carlos I. 1976 zum Min.-Präs. ernannt, betrieb er mit diesem gemeinsam die

Demokratisierung Spaniens. 1977 richtete er die ersten freien Wahlen seit 1936 aus, die er mit der im gleichen Jahr von ihm gegründeten Union des Demokratischen Zentrums (UCD) für sich entschied. Mit der Verfassung von 1978 brachte er Spanien auf den Weg einer liberalen Demokratie. 1981 trat er nach heftiger Kritik an seiner Wirtschaftspolitik und fortgesetzten Unruhen im Baskenland zurück. 1982 verließ er die UCD und gründete das Demokratisch-Soziale Zentrum.

Sucre y de Alcalá, Antonio José de
südamerikanischer Unabhängigkeitskämpfer, Staatspräsident Boliviens 1826–1828
** 3. 2. 1795 Cumaná (Venezuela)*
† 4. 6. 1830 Beruescos bei Pasto
Als fähigster General Simón →Bolívars (seit 1820) spielte S. eine bedeutende Rolle im lateinamerikan. Unabhängigkeitskampf. 1822 machte er mit seinem Erfolg über die Spanier bei Pinchincha den Weg frei für die Eroberung Quitos und die Unabhängigkeit des heutigen Ecuadors. Sein Sieg 1824 bei Ayacucho ermöglichte die Unabhängigkeit Boliviens (1825). Auf Empfehlung Bolívars wurde er 1826 erster Präs. von Südperu (heute Bolivien), konnte jedoch Vorbehalte einheim. Politiker nicht ausräumen und trat trotz wirtschaftl. Erfolge 1828 zurück.

Suharto

indonesischer Staatspräsident seit 1967/68
** 8. 6. 1921 Kemusu Arga mulja, Java*

Der General wurde nach einem mißglückten kommunistischen Putschversuch 1965 Oberbefehlshaber der Armee und Verteidigungs-Min. Dem von S. veranlaßten Massaker an Anhängern und Mitgliedern der KP fielen über 300 000 Menschen zum Opfer. S. verdrängt Präs. Ahmed →Sukarno 1966 als Regierungschef, 1967 als amtierenden Staats-Präs. und ließ sich 1968 durch Wahlen bestätigen (1973, 1978, 1983, 1988 und 1993 wiedergewählt). Sein autoritäres Regime, gestützt auf die Golkar-Partei, brachte dem Land wirtschaftliche Stabilität. 1967 gehörte Indonesien zur den fünf Gründungsmitgl. der Association of Southeast Asian Nations (ASEAN). Die Annexion des ehemals portugies. Ost-Timor (1975) mit massiven Siedlungsprogrammen zum Abbau des Bevölkerungsdrucks zu Lasten der einheimischen Bevölkerung rief Aufstände hervor, die bisher ca. 200 000 Menschenleben kosteten.

Sukarno, Achmed

indonesischer Staatspräsident 1945–1967
** 6. 6. 1901 Surabaja*
† 21. 6. 1970 Jakarta

Der Gründer und Führer der Nationalpartei (seit 1928), die für die Unabhängigkeit Indonesiens kämpfte, war von den Niederländern 1929–1931 und 1934–1942 inhaftiert bzw. deportiert, bevor er 1945 die Unabhängigkeit Indonesiens proklamieren konnte. Seitdem Staats-Präs. (ab 1963 auf Lebenszeit), erreichte er 1949 die Anerkennung durch die Niederlande. Auf der Grundlage der »gelenkten Demokratie« sicherte sich S., seit 1959 zugleich Min.-Präs., eine beherrschende Stellung. Zeitweilig war er einer der führenden Sprecher der Dritten Welt und Organisator der Bandung-Konferenz 1955, lehnte sich jedoch seit 1959 an China an. 1962 setzte er die Eingliederung Niederländ.-Neuguineas (Westirians) in die Republik Indonesien durch. Nach einem kommunist. Umsturzversuch wurde er 1965 wegen seiner ambivalenten Haltung zum Kommunismus durch einen Armeeputsch unter Führung →Suhartos entmachtet, 1966 als Min.-Präs. abgelöst und war bis 1967 nur noch nominell Staatsoberhaupt.

Süleiman II., *der Prächtige*
osmanischer Sultan 1520–1566
** um 1494 Trapezunt*
† 5./6. 9. 1566 vor Szigetvár (Ungarn)
(Auch *S. der Große*). Der Sohn Sultan →Selims I. führte das Osmanische Reich auf den Höhepunkt seiner Macht und Kultur. Im Innern reorganisierte er umfassend Steuersystem, Verwaltung und Justiz (auch *S. Kanuni* = türkisch »der Gesetzgeber«) und förderte Kunst, Architektur und Wissenschaft.
Nach außen führte S. persönlich 13 Feldzüge an, vor allem gegen Ungarn und Persien. Höhepunkte

Sullas Rache

Chronik Zitat

Nach seinem zweiten Marsch auf Rom (82 v. Chr.) ließ Sulla seine Gegner verfolgen. In seiner Geschichte der Bürgerkriege schildert Appian (um 150 n. Chr.) die Proskriptionen:

»Die Namen von etwa 40 Senatoren und gegen 1600 Rittern ließ Sulla öffentlich anschlagen, das bedeutete ihren Tod; denn er soll der erste gewesen sein, der die Namen der Bürger, die er mit dem Tode bestrafte, öffentlich anschlagen ließ und dazu Ehrengeschenke ankündigte für die, die sie beseitigten, Angeberlohn für die, die sie aufspürten, und Strafen für die, die sie verbargen. Kurz danach setzte er die Namen weiterer Senatoren dazu. Wer von diesen unvermutet gefaßt wurde, wurde an Ort und Stelle umgebracht, in den Häusern, auf den Gassen, in Heiligtümern; . . . andere wurden fortgeschleppt und niedergetreten, und keiner von denen, die solche Greuel mit ansahen, wagte vor Furcht, auch nur einen Laut von sich zu geben. Andere wurden verbannt, wieder anderen ihr Besitz konfisziert; und wer aus der Stadt entkommen war, gegen die waren Spürer angesetzt, die alles durchsuchten und, wen sie faßten, beseitigten.

Auch von den Italikern wurden viele aus dem Wege geräumt, verbannt und ihrer Güter beraubt, und zwar alle, die die Befehle des Carbo oder Norbanus oder des Marius befolgt hatten . . . Scharfes Gericht wurde über sie gehalten in ganz Italien und Anklagen aller Art vorgebracht, wenn einer ein Heer gegen Sulla geführt oder am Kriege teilgenommen oder Gelder beigesteuert oder sonstige Dienste geleistet hatte oder überhaupt an Plänen gegen Sulla beteiligt war . . . Und das richtete sich am stärksten gegen die Reichen. Als aber gegen einzelne nichts mehr vorzubringen war, ging Sulla gegen die Städte vor und bestrafte auch sie; den einen schleifte er die Kastelle oder riß ihre Mauern nieder oder legte ihnen Kollektivstrafen auf oder ruinierte sie durch schwerste Tributzahlungen; in den meisten Fällen aber siedelte er seine alten Soldaten an, um in ganz Italien Besatzungen zu haben; Land und Häuser ihrer Bürger zerstückelte er und übertrug alles auf diese [Veteranen] . . .«

seiner Expansionstätigkeit nach Westen waren die Eroberung Belgrads 1521, mit der er für das Osmanische Reich die Kontrolle über den Balkan erreichte, die Vertreibung des Johanniterordens von Rhodos 1522/23 und der Sieg bei Mohács über die Ungarn 1526, der den Zerfall des mittelalterlichen Ungarns und dessen Teilung in einen osmanischen und einen Habsburger Teil besiegelte. 1529 belagerte S. vergeblich Wien. Im Osten nahm er den Persern 1534/35 Tabriz und Bagdad und unterwarf Tripolitanien und Algerien der osman. Oberhoheit. Mit Hilfe des Seeräubers →Cheir-ed-Din schuf er die osmanische Flotte, mit der er das Mittelmeer und die Meere bis zum Indischen Ozean beherrschte. S. starb während der Belagerung Szigetvárs.

Sulla, Lucius Cornelius

römischer Diktator 82–79 v. Chr. und Feldherr
** 138 v. Chr.*
† 78 v. Chr. bei Puteoli

S. kämpfte seit 107 als Proquaestor unter Gaius →Marius erfolgreich im Krieg gegen →Jugurtha (111 bis 105) und zeichnete sich im Bundesgenossenkrieg (91–88) als Legat gegen die Samniten aus, bevor er als Exponent der Senatspartei (Optimaten) der große Gegenspieler des Führers der Popularen, Marius, im römischen Bürgerkrieg wurde. Für 88 zum Konsul gewählt, übertrug ihm der Senat den Oberbefehl gegen König →Mithridates VI. von Pontos (1. Mithridat. Krieg 89–85), doch setzte Marius mit Hilfe des Volkstribunen Publius Sulpicius Rufus seine Berufung durch. Daraufhin führte S. erstmals ein römisches Heer gegen Rom, erzwang den Oberbefehl für sich, ließ seine Gegner hinrichten (u. a. Rufus) und trieb Marius in die Flucht. Sein »Marsch auf Rom« wurde 2000 Jahre später (1922) Vorbild für Benito →Mussolini.

Nach S.s Abreise in den Osten kehrte Marius jedoch nach Rom zurück und richtete mit dem Konsul Lucius Cornelius →Cinna seinerseits unter den Optimaten ein Blutbad an, während S. im Osten Griechenland zurückgewann und Mithridates zum Frieden von Dardanos zwang (85). Auf seinem Rückweg sammelte er viele Emigranten um sich, die vor dem Regime der Popularen geflohen waren, und kehrte 83 nach Rom zurück (u. a. mit Gnaeus →Pompeius). Nach seinem Sieg über die Popularen beseitigte er seine polit. Gegner grausam, indem er sie öffentlich ächtete und für vogelfrei erklärte (Proskriptionen), und ließ sich 82 zum Diktator mit der Aufgabe der »Wiederaufrichtung des Staates« ernennen. Durch zahlreiche Gesetze (u. a. Erweiterung des Senats, weitgehende Entmachtung des Volkstribunats) stellte er die Herrschaft des Senats wieder her und befriedete Italien durch eine Entmilitarisierung und eine Trennung von zivilen und militär. Ämtern. 79 legte er die Diktatur nieder und zog sich auf sein Landgut zurück. (▷ Chronik Zitat)

Sully, Maximilien de Béthune, *Herzog von (seit 1606)*

französischer Staatsmann
** 13. 12. 1560 Rosny bei Mantes*
† 22. 12. 1641 Villebon, Loire-et-Cher

S. kämpfte als Protestant in den Hugenottenkriegen (1562–1598) seit 1576 auf seiten →Heinrichs (IV.) von Navarra und wurde nach dessen Konversion zum Katholizismus und Krönung (1589) Mitglied des Finanzrates (seit 1596) und Finanz-Min. (1597/98–1610), ohne selbst dem Protestantismus abzuschwören. In umfangreichen Reformmaßnahmen schuf S. durch Konsolidierung der Staatsfinanzen und Belebung der Wirtschaft die Grundlage für den französischen Absolutismus. Nach der Ermordung Heinrichs 1610 mußte er unter der Regentin →Maria de'Medici seine Entlassung einreichen. In seinem »Großen Plan« entwarf er 1632 die Idee einer »christlichen Republik« der europäischen Staaten zur Befriedung des Kontinents.

Sundjata Keita
Begründer des Mali-Reichs
† 1255

S. K. von der Ethnie der Mandingo gehörte zur königlichen Familie des kleinen westafrikan. Reichs Kangaba, das Anfang des 13. Jh.s vom benachbarten Königreich Kaniaga bedrängt wurde. Um 1235 errang er den entscheidenden Sieg über Kaniaga und unterstellte sich dessen Tributärstaaten. 1240 gelang ihm der Eroberung von Kumbi, Hauptstadt des einst mächtigen Ghanareiches. Seitdem widmete sich S. K. der Konsolidierung seines Reiches, während seine Generäle es in alle Himmelsrichtung expandierten. Insbesondere die Eroberung der reichen Goldfelder von Wangara im Süden und der Zugang zu den Fernhandelsrouten im Norden (u. a. Walata am Südrand der Sahara) begründeten die Prosperität des mittelalterlichen Mali-Reiches, dessen neue Hauptstadt Niani (auch: Mali) zur bedeutendsten Handelsstadt des Sudan wurde. S. K.s Nachkommen beherrschten Mali bis ins 17. Jh.

Sun Yatsen
chinesischer Revolutionär und Politiker
** 12. 11. 1866 Xiangshan, Prov. Guangdong*
† 12. 3. 1925 Peking

(Eigentlich *Sun Wen*). In der Agonie des chinesischen Kaiserreichs seit der Niederlage gegen Japan 1894/95 war der christl. erzogene Bauernsohn und ausgebildete Arzt S. Y., der seit seinem 13. Lebensjahr vornehmlich im Ausland lebte, einer der Führer der republikanischen Opposition. Nach einem gescheiterten Aufstandsversuch mit seiner 1894 gegründeten Gesellschaft zur Erhebung Chinas (Xingzohnghui) mußte er wiederum außer Landes gehen (Japan, USA, Europa) und gründete 1905 in Tokio die Liga der Verbündeten (Tongmenghui), die nach seinen »drei Prinzipien« (Sanminzhuyi) eine Modernisierung Chinas auf der Grundlage von Nationalismus (gegen die Fremdherrschaft), liberaler Demokratie und sozialer Gerechtigkeit (vor allem Bodenreform) anstrebte.
In der Revolution 1911/12 mit dem Sturz der Mandschu-Herrschaft war S. Y. 1912 kurze Zeit Präs. der provisor. Regierung, mußte aber →Yuan Shikai weichen. Nachdem dieser eine Diktatur errichtet und ihn wieder ins Exil nach Japan gezwungen hatte, gründete S. Y. noch im gleichen Jahr die erste chines. Partei nach westl. Vorbild, die Guomindang (Nationalist. Partei), die er 1924 nach dem sowjet. Modell reorganisierte. In den folgenden Bürgerkriegsjahren bildete S. Y. in Kanton eine Gegenregierung, deren Präs. er 1921 wurde. Den Bruch seiner Guomindang mit der KP Chinas und den Ausbruch eines Bürgerkriegs unter seinem Schwager und Nachfolger →Chiang Kai-shek 1927 erlebte er nicht mehr. Seine Lehre wurde die geistige und staatsrechtl. Grundlage der chines. nationalen Erneuerungsbewegung vor der kommunist. Revolution. S. Y. wird sowohl in der Volksrepublik China als auch in Taiwan als revolutionärer Ahnherr verehrt.

Suppiluliuma I.
hethitischer König um 1380–1346 v. Chr.
Unter seiner Regierung stieg das Hethiterreich durch die Unterwerfung des Mitanni-Staats und die Eroberung weiter Teile Syriens (u. a. der Festung Karkemiš 1354) zur Großmacht auf, mußte jedoch den Aufstieg des einstigen Vasallen von Mitanni, Assyrien, als neuen Konkurrenten hinnehmen. Im Innern rekonsolidierte S. das Reich durch Ausbau und Befestigung der Hauptstadt Hattusas (heute Boğazköy, Türkei) und die Reorganisation der Verwaltung. Eine Bitte der kinderlosen ägypt. Königin Anches-en-Amun, Witwe →Tutanchamuns und Tochter →Echnatons, ihr einen seiner Söhne zur Hochzeit zu schicken, zeugt von seinem Ansehen. Ein eilends als Anwärter auf den ägypt. Pharaonentitel gesandter Sohn wurde jedoch bei seiner Ankunft in Ägypten von Gegnern des Plans ermordet.

Suslow, Michail Andrejewitsch
sowjetischer Politiker
** 21. 11. 1902 Schachowskoje, Gouvernement Saratow*
† 25. 1. 1982 Moskau

Seit 1921 Mitglied der KPdSU, seit 1941 des ZK, seit 1955 des Präsidiums bzw. Politbüros des ZK der KPdSU, gehörte S. zu den maßgebl. Theoretikern der KPdSU. Er verurteilte auf dem XX. Parteitag 1956 den Stalinkult und unterstützte 1957 Nikita S. →Chruschtschow gegen die Gruppe um Wjatscheslaw M. →Molotow. 1964 soll er führend am Sturz Chruschtschows beteiligt gewesen sein.

Süß-Oppenheimer, Joseph *(genannt Jud Süß)*
deutsch-jüdischer Geschäftsmann
** 1692 oder 1698/99 Heidelberg*
† 4. 2. 1738 Stuttgart
(Eigentlich *Joseph (Süß) Oppenheimer*). Der reiche Sohn eines jüdischen Handelsmannes war seit 1733 »Hofjude« und Vertrauter des Herzogs Karl Alexander von Württemberg (* 1684, † 1737), der ihn zum Geheimen Finanzrat ernannte. S. erschloß dem Herzog, der im Sinne des Absolutismus von der Steuerbewilligung durch die Stände unabhängig werden wollte, neue Geldquellen durch Einführung von Monopolen, Ämterhandel und Münzverschlechterung. Da ihm seine Maßnahmen wegen der wirtschaftliche Belastung der Bevölkerung und dem Eingriff in die Kompetenzen der Stände große Antipathien eintrugen, wurde er nach dem Tod des Herzogs in einem von Beamtenschaft und Landständen betriebenen, anfechtbaren Verfahren zum Tode verurteilt und hingerichtet. Das Leben des »Jud Süß« bot den histor. Hintergrund u. a. für den gleichnamigen Roman Lion Feuchtwangers (1925) und den antisemit. Film Veit Harlans (1940).

Aufrüstung als Friedenssicherung?

Chronik Zitat

Die Rüstungshektik der europäischen Mächte erkannte Bertha v. Suttner als möglichen Vorboten eines nächsten Krieges. In ihrer Zeitschrift »Die Friedenswarte « schrieb sie im März 1913:

»Der europäische Überrüstungswahnsinn hat einen neuen Anfall . . . bekommen, auf den niemand gefaßt sein konnte. Mitten in einer Zeit, wo die ganze europäische Diplomatie angeblich damit beschäftigt ist, Schwierigkeiten und Streitfragen zu schlichten, wo es überall zwischen den Mächtegruppen ›Entspannungen‹, Annäherungen und dergleichen gibt; wo durch die so hoch gestiegenen Lasten der Militärausgaben und die gleichzeitig steigenden Steuern, Zölle und Lebensmittelpreise die Völker an den Rand der Verzweiflung gebracht werden, mitten in diese Friedenssehnsucht und Friedensnotwendigkeit nebst offizieller Friedensbeteuerung platzt plötzlich in Deutschland eine neue Milliardenforderung für Heeresverstärkung, die in Frankreich augenblicklich mit dem Antrag auf Wiedereinführung der dreijährigen Dienstzeit beantwortet wird. Beiderseitig zur Sicherung des Friedens natürlich. Sie werden nicht müde, diese Lügenphrase des ›si vis pacem‹ zu wiederholen . . . Und so lassen sich diese gegenseitigen Drohungen in einer rückwärtsliegenden Kette durch unendlich viele Glieder zurückverfolgen; soll diese Kette denn auch endlos in die Zukunft verlängert werden? Das geht einfach nicht. Ein gewaltsames Ende muß da kommen. Entweder Krieg oder Revolution oder – was auch denkbar ist – ein Erwachen der Vernunft. «

Suttner, Bertha von
österreichische Schriftstellerin und Pazifistin
** 9. 6. 1843 Prag*
† 21. 6. 1914 Wien
Die erfolgreiche Literatin war mit ihrem weltberühmten antimilitaristischen Roman »Die Waffen nieder!« (1889), der gleichnamigen Zeitschrift (1892–1899) und der 1891 von ihr gegründeten »Österreichischen Gesellschaft der Friedensfreunde« eine führende Repräsentantin des Pazifismus. Sie regte den schwedischen Chemiker Alfred Nobel (* 1833, † 1896) zur Stiftung eines Friedenspreises an (erstmals 1901 verliehen), den sie selbst 1905 als erste Frau erhielt. (▷ Chronik Zitat)

Svoboda, Ludvík
tschechoslowakischer Staatspräsident 1968–1975
** 25. 11. 1895 Hroznatín, Mähren*
† 20. 9. 1979 Prag
Seit 1944 Kommandeur eines tschechoslowak. Armeekorps in der Sowjetunion, war S. 1945–1950 Verteidigungs-Min. und Armee-Oberbefehlshaber sowie 1950/51 stellvertr. Min.-Präs, bevor er im Zuge der »Säuberungen« auf Weisung Josef W. →Stalins 1950 aus der Armee entlassen, 1951 aller Ämter enthoben und inhaftiert wurde. 1955 rehabilitiert, unterstützte er als Staats-Präs. anfangs den Reformkurs Alexander →Dubčeks, verfolgte dann aber eine gemäßigte »Normalisierung« im sowjetischen Sinne. Nachfolger wurde Gustav →Husák.

Swjatoslaw I.
Großfürst von Kiew 945–972
** um 945*
† 972 an den Dnjepr-Stromschnellen
S. stand bis 962 unter Regentschaft seiner Mutter →Olga. 966 eröffnete er mit der Zerschlagung des jüdischen Khasarenreichs und dem Sieg über die Wolgabulgaren die Expansion der Kiewer Rus. Als Verbündeter von Byzanz schlug er anschließend die Donaubulgaren (967) und eroberte Ost-Bulgarien (969/70). Wegen seiner eigenständigen Eroberungspläne geriet er in Konflikt mit Byzanz und wurde zum Rückzug gezwungen. Auf dem Rückweg unterlag er den Petschenegen und fiel. Sein Tod löste die erste schwere Nachfolgekrise in der Kiewer Rus aus bis zum Herrschaftsantritt seines Sohnes →Wladimir I. (des Heiligen) 978.

Syagrius
weströmischer Feldherr
** um 430*
† 486/87
S. war Sohn und Nachfolger des Generals Aegidius († 463), der den weströmischen Kaiser nicht mehr anerkannte und sich in Gallien mit seiner Herrschaft selbständig gemacht hatte. Als letzter römischer Machthaber suchte er sich in Nordgallien (Belgien) gegen die Westgoten zu halten, wurde jedoch von den Franken unter →Chlodwig I. 486 geschlagen. Nach der Niederlage geflohen, nahm ihn der westgotische König →Alarich II. gefangen und lieferte ihn an Chlodwig aus, der ihn tötete.

Sybel, Heinrich von
deutscher Historiker
** 2. 12. 1817 Düsseldorf*
† 1. 8. 1895 Marburg
Der Schüler Leopold v. →Rankes, Professor in Bonn (1844–1846, seit 1861), Marburg (1846–1856) und München (1856–1861), war neben Heinrich v. →Treitschke der bedeutendste Vertreter der preuß.-kleindt. Schule. S. betonte die Aufgabe der Historie als Bildungsmacht und stellte seine historische Forschung und Publikation in den Dienst der Tagespolitik. Im Streit mit dem Vertreter der kath.-großdt. Richtung Julius v. Ficker (* 1826, † 1902) um den Charakter des mittelalterlichen Dt. Reiches (S.-Ficker-Streit), der die Auseinandersetzung um die großdt. oder kleindt. Lösung der dt. Frage in den 1850er und 1860er Jahren spiegelte, kritisierte er den universalen Anspruch des Kaiserreiches und wehrte sich gegen dessen Romantisierung. Als Gründer der »Historischen Zeitschrift« (1859), Direktor der preuß. Staatsarchive (seit 1875) und Präs. der Historischen Kommission (seit 1886) besaß S. erheblichen Einfluß innerhalb der historischen Zunft. Als Abgeordneter für die Nationalliberalen im

preußischen Abgeordnetenhaus (1862–1864, 1874 bis 1880) war S. zunächst Widersacher Otto v. →Bismarcks, wandelte sich dann aber wie die Mehrzahl der Rechtsliberalen zu dessen Anhänger.

Symmachus
Papst 498–514
** Sardinien*
† 19. 7. 514 Rom
In der Phase der weitgehenden Abhängigkeit des röm. Stuhls von den weltl. Herrschern in Italien bzw. in Ostrom konnte sich S. nur mit Hilfe des Ostgotenkönigs →Theoderich d. Gr. gegen den von Ostrom geförderten Gegenpapst Laurentius (498 bis 506) durchsetzen. Eine Synode lehnte es 502 ab, über die von seinen Gegnern gegen S. erhobenen Vorwürfe (u. a. Unkeuschheit, Mißbrauch von Kirchengütern) zu beraten, weil sie kein Urteil über den Papst als Stellvertreter Gottes fällen wollte (erste Formulierung des Grundsatzes »der Papst soll von niemandem gerichtet werden«). S. vertrieb die Manichäer (→Mani) aus Rom und unterstützte die Opfer des Arianismus (→Arius). Heiliger (Fest: 19. 7.).

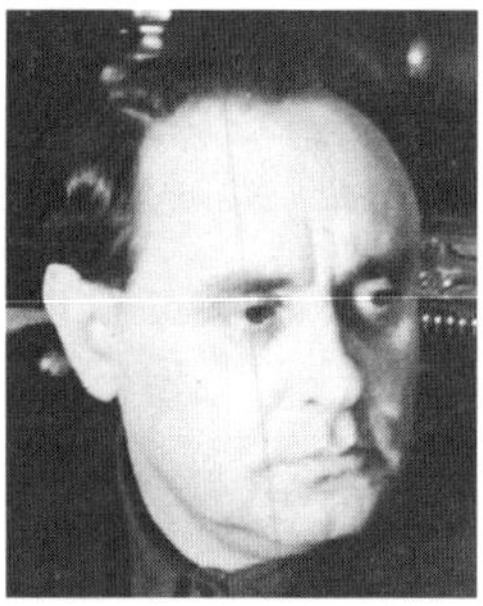

Szálasi, Ferenc
ungarischer Staatschef
Okt. 1944 – April 1945
** 6. 1. 1897 Kaschau (Košice)*
† 12. 3. 1946 Budapest

Nach seiner Entlassung aus der Armee trat S. 1935 an die Spitze der rechtsextremen Hungaristenbewegung. 1938–1940 inhaftiert, wurde er 1940 Haupt der faschistischen Pfeilkreuzlerpartei. Als der ungarische Reichsverweser Miklós →Horthy nach der deutschen Besetzung im März 1944 zur Einstellung der Kampfhandlungen aufforderte (Oktober 1944), übernahm S. mit dt. Unterstützung als »Führer der Nation« die Macht. In den letzten Kriegsmonaten errichtete er ein Terrorregime gegen innenpolitische Gegner und suchte, die »Endlösung der Judenfrage« in Kooperation mit Adolf →Eichmann auch in Ungarn mit Hilfe von Deportationen, der Einrichtung zusätzlicher Gettos und Enteignungen durchzusetzen. Nach dem Krieg wurde er von den USA an Ungarn ausgeliefert und hingerichtet.

Szápolyai, János (Johann)
ungarischer König
1526–1540
** 1487 Kirchdrauf, Komitat Zips*
† 22. 7. 1540 Mühlbach bei Stuhlweißenburg

Der Wojewode (Herzog) von Siebenbürgen (1511 bis 1540) schlug als Führer des Adels 1514 den ungarischen Bauernaufstand unter György Székely (Georg Dózsa, * um 1470, † 1514) grausam nieder. Nach der Niederlage Ungarns gegen die Osmanen unter Sultan →Süleiman II. (dem Prächtigen) in der Schlacht bei Mohács, in der König →Ludwig II. den Tod fand, wurde er als »nationaler« Gegenkönig zum Erzherzog von Österreich, dem späteren Kaiser →Ferdinand I., gekrönt (als *Johann I.*). Von den Habsburgern vertrieben (1526), kehrte er mit osmanischer Hilfe zurück und wurde von Süleiman II. als König von Ungarn anerkannt (1529). Sein Sohn und Nachfolger →Johann Sigismund wurde von Ferdinand und den Osmanen auf den östlichen Teil Ungarns beschränkt.

Széchenyi, István (Stephan)
ungarischer Staatsmann
** 21. 9. 1791 Wien*
† 8. 4. 1860 Döbling (heute zu Wien)
Der Graf von Sárvár und Felsövidek plädierte in seiner Schrift »Kredit« (1830) dafür, die Rückständigkeit des ungarischen Feudalsystems durch ein umfangreiches Reformprogramm (Bauernbefreiung, Wirtschafts- und Steuerreformen) innerhalb der Habsburger Monarchie zu überwinden. Als Adliger betätigte er sich in Umsetzung seiner kultur- und wirtschaftspolitischen Vorstellungen an zahlreichen modernen Wirtschaftsunternehmen (Unterstützung der Donau-Dampfschiffahrt, Bau der Kettenbrücke zwischen Buda und Pest 1842 bis 1848, der ersten großen Dampfmühle in Pest 1846). Während er weiterhin eine Kooperation mit der Wiener Regierung suchte, ging sein gemäßigt-liberaler Einfluß seit 1840 zugunsten des radikalen Lajos →Kossuth zurück. 1848 Verkehrs-Min., suchte S. nach psychischer Krankheit in der Nervenheilanstalt den Freitod. – S. gründete 1825 die ungarische Akademie der Wissenschaft.

Tacitus, Publius Cornelius

römischer Historiker und Staatsmann
** um 55*
† um 120

In der Phase zwischen der Tyrannei →Domitians und der »goldenen Ära« →Trajans nahm T. hohe polit. Ämter wahr (97 Konsul, 112/13 Prokonsul der Provinz Asia), wirkte jedoch vor allem als einer der bedeutendsten röm. Geschichtsschreiber. In prägnantem Stil, mit eindringlicher psycholog. Analyse und pessimist. Grundhaltung schildert er die römische Geschichte seiner Zeit und der vorangehenden Jahrzehnte. Seine Hauptwerke, die »Historien« (die Jahre 69–96 umfassend) und die »Annalen« (14–69), sind nur in Bruchstücken erhalten. Die (nicht aus eigener Anschauung verfaßte) Schrift »Germania« (98) gibt wichtige Aufschlüsse über die Lebensweise der teilweise von T. idealisierten Germanen.

Taft, William Howard
27. Präsident der USA 1909–1913
** 15. 9. 1857 Cincinatti, Ohio*
† 8. 3. 1930 Washington
Der konservative Republikaner war unter Theodore →Roosevelt 1904–1908 Kriegs-Min. und folgte ihm als Präsident nach. Während er außenpolitisch von der Politik militärischer Intervention zur wirtschaftlichen Einflußnahme überging (»Dollarimperialismus«), verschärfte er im Inneren die Anti-Trust-Gesetze. Seine Verweigerung dringender Reformen veranlaßte Roosevelt zur Abspaltung des liberalen Flügels der Republikaner als Progressive Party (1912). Bei der nachfolgenden Präsidentschaftswahl unterlagen die getrennt angetretenen konservativen Kandidaten T. und Roosevelt dem Herausforderer der Demokraten, Woodrow →Wilson (1912).
T.s Sohn *Robert Alphonso T.* (* 1889, † 1953) war in den 1930er und 1940er Jahren als Wortführer des konservativen Flügels der Republikaner Gegenspieler Franklin D. →Roosevelts, bekämpfte dessen New Deal und das Engagement der USA im 2. Weltkrieg und war maßgeblich am Zustandekommen des gewerkschaftsfeindl. T.-Hartley-Gesetzes (1947) beteiligt, das er gegen Präs. Trumans Veto durchsetzte.

Taizong
chinesischer Kaiser 626–649
** 597*
† 649
(Ursprünglich *Li Shi-min*). T. wird zu den bedeutendsten Kaisern Chinas gezählt. Als Heerführer stürzte er 618 gemeinsam mit seinem Vater →Li Yüan die Sui-Dynastie (seit 581) und begründete die Tang-Dynastie. 626 zwang er ihn zur Abdankung und bestieg selbst den Thron. Seine unter seinem Vater begonnenen Eroberungszüge, mit denen er die Einheit Chinas wiederherstellte und eine der größten Expansionsbewegungen der chinesischen Geschichte einleitete (bis 683), setzte er gegen Turkistan und Korea fort. Während er die Kontakte des erneuerten Weltreichs nach außen durch die Aufnahme von Beziehungen zu Südost- und Südasien, Förderung des Fernhandels und des kulturellen Austauschs zwischen Ost und West belebte, betrieb er im Inneren grundlegende Reformen, die China für Jahrhunderte prägten. U. a. führte er das Literarische Prüfungssystem allgemein ein (Nachweis der Beherrschung der klassischen chinesischen Literatur, insbesondere des →Konfuzius, für Bewerber auf Beamtenstellen). Unter seiner Herrschaft erlebte China eine Hochblüte seiner Kultur.

Talleyrand, Charles Maurice de
französischer Außenminister 1797–1807, 1814/15
** 2. 2. 1754 Paris*
† 17. 5. 1838 Paris
(Fürst von Bénévent ab 1806, Herzog von T.-Périgord ab 1807, Herzog von Dino ab 1815). Der Sproß einer alten Adelsfamilie, seit 1788 Bischof von Autun, vertrat den Klerus in den Generalständen 1789 und schloß sich in der Nationalversammlung dem 3. Stand an. 1791 regte er die Einziehung des Kirchenguts an, leistete als erster Bischof den Eid auf die zivile Verfassung und wurde daraufhin von Papst →Pius VI. exkommuniziert. Seit 1797 war er Außen-Min., zunächst des Direktoriums, dann →Napoleons (I.) Bonapartes. Er organisierte dessen Diplomatie, formierte jedoch nach seiner Entlassung 1807 die Opposition gegen Napoleons Eroberungspolitik und nahm Kontakt mit den Bourbonen auf. Unter →Ludwig XVIII. 1814/15 erneut Außen-Min., konnte T. auf dem Wiener Kongreß (1814/15) mit großem Geschick die Großmachtstellung Frankreichs bewahren, wurde jedoch 1815 entlassen. 1830 setzte sich der polit. Überlebenskünstler für die Thronbesteigung →Louis Philippes ein, unter dem er als Botschafter in London wirkte (bis 1834).

Tarik *(Tariq ibn Sijad)*
arabischer Eroberer Spaniens im 8. Jh.
Der Unterfeldherr des arab. Statthalters von Nordafrika Musa ibn Nussair (* 649, † 716/17) unter dem Omaijaden-Kalifen Walid I. (705–715) landete 711 in Gibraltar (Dschebel al-Tariq = Berg des T.), besiegte im gleichen Jahr die Westgoten bei Jerez de la Frontera. 712 wurde er von Musa abgesetzt, der die Eroberung des größten Teils der Iberischen Halbinsel bis 715 fortsetzte. Mit T. begann die Herrschaft des Islams auf der Iberischen Halbinsel, dessen letzte Festung Granada erst 1492 fiel.

Tassilo III.
Herzog der Bayern 748–788
** um 741*
† 11. 12. nach 794 Lorsch
Der Schwiegersohn des Langobardenkönigs →Desiderius kam nach dem Tod seines Vaters, Herzog Odilo († 748), minderjährig durch Intervention des Frankenkönigs →Pippin III. (d. J.) auf den Thron, der zunächst die Vormundschaft übernahm. 757 leistete T. den Vasalleneid auf Pippin, verweigerte aber 763 für den Feldzug nach Aquitanien die Heeresfolge und verfolgte seitdem eine unabhängige Politik. Er förderte die bayer. Ostsiedlung und Mission unter den Slawen und gründete zahlreiche Kirchen und Klöster. Nachdem Pippins Nachfolger →Karl d. Gr. T.s Verbündete, die Langobarden, 773/74 niedergerungen hatte, erneuerte T. den Lehnseid gegenüber dem Frankenreich, brach ihn aber wenig später abermals und wurde 788 auf dem Reichstag zu Ingelheim wegen »Heeresverlassung« zum Tode verurteilt, dann zu Klosterhaft begnadigt. Mit der Eingliederung Bayerns in das Frankenreich wurde das letzte ältere Stammesherzogtum beseitigt.

Tell, Wilhelm
schweizerischer Nationalheld im 13./14. Jh.

Der sagenhafte T. soll mit seinen zeitlich nicht genau einzuordnenden Heldentaten (vermutlich um 1300) entscheidend zur Befreiung der drei Waldstätte Uri, Schwyz und Unterwalden von der habsburg. Oberhoheit beigetragen und damit die Gründung der Eidgenossenschaft befördert haben. Nach der erst um 1470 einsetzenden Überlieferung wurde T. bei Altdorf von dem habsburg. Landvogt Geßler gezwungen, einen Apfel vom Haupte seines Sohnes zu schießen. Daraufhin tötete T. den Tyrannen und gab damit das Zeichen zum Aufstand. Dieses Motiv war im Mittelalter in Nordeuropa verbreitet. Auch weitere Elemente der Geschichte scheinen nachträglich in Legenden und Liedern dem tatsächlichen histor. Geschehen hinzugefügt worden zu sein.

Tetzel, Johann
deutscher Ablaßprediger
** um 1465 Pirna*
† 11. 8. 1519 Leipzig

Der Dominikanermönch, der seit 1504 als Ablaßprediger wirkte, bot mit seinem beredten Werben für den Freikauf von Sünden (angeblicher Spruch: »Sobald das Geld im Kasten klingt, die Seele aus dem Fegefeuer springt«) den Anlaß zur Reformation. Für Erzbischof Albert von Mainz sammelte T. auf diese Weise in den Diözesen Meißen (1516), Magdeburg und Halberstadt (1517) Geld. Als ihm der Kurfürst von Sachsen, →Friedrich III. (der Weise), Wittenberg verschloß, predigte T. im benachbarten Jüterbog und provozierte so den Protest Martin →Luthers in den 95 Thesen.

Thälmann, Ernst
deutscher Kommunistenführer
** 16. 4. 1886 Hamburg*
† 18. 8. 1944 KZ Buchenwald
Als Transportarbeiter trat T. 1903 der SPD bei. 1917 schloß er sich der USPD, nach ihrer Spaltung 1920 der KPD an. Seit 1923 Mitglied der zentralen Führung, übernahm er 1925 den Parteivorsitz, zugleich die Führung des neugegründeten Roten Frontkämpferbundes. 1924–1933 war er MdR und kandidierte bei den Reichspräsidentenwahlen 1925 und 1932 erfolglos gegen Paul v. →Hindenburg. Von Josef W. →Stalin gefördert, betrieb er die Unterordnung der KPD unter die sowjet. Politik, bekämpfte die SPD

als »Sozialfaschisten« und machte sich zum Zentrum eines »proletar.« Führerkults. 1933 wurde er von den Nationalsozialisten verhaftet, ohne Prozeß in Haft gehalten und schließlich auf direkten Befehl Adolf →Hitlers erschossen. (▷ Chronik Zitat)

Hauptfeind Sozialfaschisten

Chronik Zitat

Mit der Sozialfaschismusthese betrieb Ernst Thälmann in der Endphase der Weimarer Republik eine scharfe Konfrontation mit der SPD, die eine gemeinsame Frontstellung gegen die Nationalsozialisten verhinderte. Aus einer Rede am 19. Februar 1932:

»Wie steht es nun mit dem Verhältnis zwischen der Politik der Hitlerpartei und der Sozialdemokratie? . . . Am klarsten hat Genosse Stalin schon im Jahre 1924 die Rolle dieser beiden Flügel gekennzeichnet, indem er von ihnen als von Zwillingen sprach, die einander ergänzen. . . .

Unsere Strategie . . ., die gerade durch den Hauptstoß gegen die Sozialdemokratie . . . überhaupt erst die Voraussetzungen für eine wirksame Bekämpfung des Hitlerfaschismus schafft – diese Strategie ist nicht verständlich, wenn man die Rolle der proletarischen Klasse als der einzigen bis zum Ende revolutionären Klasse nicht klar verstanden hat. . . .

Die praktische Anwendung dieser Strategie in Deutschland erfordert den Hauptstoß gegen die Sozialdemokratie. Sie ist mit ihren ›linken‹ Filialen die gefährlichste Stütze der Feinde der Revolution. Sie ist die soziale Hauptstütze der Bourgeoisie, sie ist der aktivste Faktor der Faschisierung, wie das XI. Plenum sehr richtig aussprach, und sie versteht zugleich in der gefährlichsten Art, als ›gemäßigter Flügel des Faschismus‹ die Massen durch ihre Betrugsmanöver für die Diktatur der Bourgeoisie und für ihre faschistischen Methoden einzufangen.

Die Sozialdemokratie schlagen, das ist gleichbedeutend damit, die Mehrheit des Proletariats zu erobern und die wichtigste Voraussetzung für die proletarische Revolution zu schaffen . . .«

Thatcher, Margaret Hilda

britische Premierministerin 1979–1990
** 13. 10. 1925 Grantham, Lincolnshire*

(Baroness *T. of Kesteven* seit 1992). Die erste weibl. Regierungschefin Europas, von Beruf Chemikerin, dann Anwältin, gehörte 1959–1992 dem Unterhaus an. 1970–1974 war sie Erziehungs- und Kultur-Min. in der Regierung von Edward →Heath, den sie 1975 in der Führung der Konservativen Partei ablöste, um nach dem Wahlsieg gegen die Labour-Regierung James →Callaghans 1979 die Regierung zu bilden. Mit ihrer konsequenten monetarist. Wirtschaftspolitik (u. a. drastische Einschränkung öffentl. Leistungen und Privatisierung staatl. Betriebe) erreichte sie die Senkung der Inflationsrate und die Steigerung der Industrieproduktion. Dafür nahm sie das beschleunigte Anwachsen der Armut und die Verschärfung der sozialen Widersprüche in Kauf. Den Widerstand der Gewerkschaften brach die »Eiserne Lady« durch Unnachgiebigkeit gegenüber den Streiks der Drucker und Bergarbeiter (1983/84). Ihre populist. Demonstration nationaler Stärke im britisch-argentinischen Falklandkrieg 1982 sicherte ihr den Wahlsieg 1983, den sie 1987 wiederholen konnte. Ihr antieuropäischer Kurs, eine unpopuläre Reform der Kommunalsteuer (poll tax) und ein weiterer Abbau von Sozialleistungen (1989) wie auch die sozial negativen Folgen ihrer Wirtschaftspolitik (»Thatcherismus«) führten zu einem Verfall ihrer Popularität. Nachdem sie 1990 als Partei-Vors. nicht wiedergewählt worden war, trat sie zugunsten John →Majors vom Amt der Premierministerin zurück.

Themistokles
athenischer Politiker und Feldherr
** um 525 v. Chr.*
† um 459 v. Chr.
493/92 Archon (einer von neun für ein Jahr gewählten Staatsführern), begründete T. zwischen den Perserkriegen (490, 480–449) mit dem Aufbau der Flotte, anfänglich gegen den Widerstand des Aristides, die Seemacht Athen. 480 lockte er als Stratege die pers. Flotte unter →Xerxes I. in eine ungünstige

Position bei Salamis und ermöglichte hierdurch den entscheidenden Seesieg der Griechen. Mit dem Bau der Festungsmauer um Athen zog er sich die Feindschaft Spartas zu, auf dessen Betreiben er 479 von seinen polit. Gegnern in der Aristokratie aus der Führung Athens verdrängt, 474/73 oder 471 durch Ostrakismos (Scherbengericht) verbannt und in Abwesenheit wegen Landesverrats zum Tode verurteilt wurde. Er fand 465 beim Perserkönig →Artaxerxes I. Zuflucht, der ihm u. a. Lampsakos und Magnesia übertrug, wo er im Exil starb.

Theoderich, *d. Gr.*

Ostgotenkönig 471–526
** um 454 in Pannonien*
† 30. 8. 526 Ravenna

Einem ostgotischen Königsgeschlecht angehörend, wurde T. als Geisel am Hof des byzantinischen Kaisers erzogen (461–470). Als oström. Heermeister und Patricius (Reichsfeldherr) zog er 488 im Auftrag Kaiser →Zenons nach Italien, um →Odoaker zu entmachten. Er besiegte ihn mehrmals (489/490), ohne ihn jedoch entscheidend zu treffen. Nach mehr als zweijähriger Belagerung Ravennas sicherte er ihm die Mitherrschaft zu und erschlug ihn dann (493). Seine Königsherrschaft über das Ostgotenreich mit Italien als Kerngebiet anerkannte der byzantinische Kaiser →Anastasios I. 497, dem nur noch nominell die Oberherrschaft blieb.
Wie schon Odoaker ließ auch T. die römische Landesverwaltung unberührt, übte mit seinen zahlenmäßig schwachen arianischen Goten nur die Ober- und Schutzherrschaft aus, tolerierte die katholische Kirche und brachte Italien die seit langem entbehrte Friedenszeit. Die Vermischung der Goten mit den Römern unterband T., wie er den Goten als Besatzungsmacht auch das Heerwesen vorbehielt; er betraute jedoch Römer (→Cassiodor, →Boethius) mit hohen Ämtern. Sein heiratspolitisch in die Wege geleiteter Plan eines germanischen Bundes mit Westgoten, Burgundern, Wandalen, Thüringern und Franken zur Restauration des Weströmischen Reichs scheiterte an der Gegnerschaft seines Schwagers, des Frankenkönigs →Chlodwig I.

Theoderich I.
Westgotenkönig 418–451
† 451 Katalaunische Felder
Der arianische Christ T. begründete – im Föderatenverhältnis zu Rom – das Westgotenreich in Südgallien mit Toulouse als Hauptstadt (Tolosanisches Reich). Er kämpfte und fiel 451 auf den Katalaun. Feldern an der Seite des →Aetius im Kampf gegen die Hunnen unter →Attila. Als erster Westgotenkönig ließ er Gesetze schriftlich aufzeichnen.
Sein Sohn *T. II.* (König 453–466) gelangte nach Ermordung seines Bruders Thorismund (451–453) an die Herrschaft. Er erweiterte das westgotische Reich in Südfrankreich und Spanien und förderte den Arianismus, bevor er seinerseits von seinem Bruder Euricus (466–481) ermordet wurde.

Theodor I. Laskaris
Kaiser von Nicäa 1204/08–1222
** um 1185*
† 1222 Nicäa
Nach der Eroberung Konstantinopels durch den 4. Kreuzzug und der Errichtung des Lateinischen Kaiserreichs unter →Balduin I. (1204) gründete T. im Osten das Kaiserreich Nicäa, mit dem er beanspruchte, die Tradition des Byzantinischen Reichs fortzuführen. Die Niederlage Balduins gegen die Bulgaren (1205) rettete ihn vor der Vernichtung seines Reichs. 1208 ließ er sich zum Kaiser krönen. Nach seinem Sieg über die Seldschuken (1211), die T. im Auftrag des Nachfolgers des letzten Kaisers in Konstantinopel, Alexios, stürzen wollten, schloß er mit den Lateinern unter gegenseitiger Anerkennung Frieden (1214). →Michael VIII. Palaiologos gelang 1261 die Restauration von Byzanz.

Theodora

byzantinische Kaiserin 527–548
** um 497 Konstantinopel*
† 28. 6. 548 Konstantinopel

T., Schauspielerin und Tochter eines Tierwärters im Zirkus, heiratete um 523 den Thronfolger und seit 527 byzantin. Kaiser →Justinian I., der sie zur Mitregentin erhob. Im Nika-Aufstand der Zirkusparteien von 532 rettete sie ihre und ihres Mannes Herrschaft, indem sie den Feldherrn →Belisar angewiesen haben soll, im Hippodrom etwa 30 000 Aufständische umzubringen. Während sich Justinian auf die Herrschaft im westlichen Teil des Reiches konzentrierte, verwaltete T. die Ostprovinzen und begünstigte die kirchenoppositionellen Monophysiten.

Theodosius I., *d. Gr.*
(ost)römischer Kaiser 379–395
** 11. 1. 347 Cauca (Spanien)*
† 17. 1. 395 Mediolanum (heute Mailand)

(*Flavius T.*). Nach dem Tod des Flavius →Valens in der Schlacht bei Adrianopel wurde T. von →Gratian, dem Augustus für den Osten, zunächst zum Heermeister (magister militum) und 379 zum Mitkaiser im Osten erhoben. Die Donauprovinzen entlastete er vom Druck der einfallenden Westgoten, indem er diese nach dem Friedens- und Bündnisvertrag von 382 in Mösien und Thrakien siedeln ließ, sie aber als Foederati zum Heeresdienst und Grenzschutz verpflichtete. Um die Glaubenseinheit in seinem Herrschaftsbereich zu verwirklichen, ließ er auf dem 2. Konzil von Konstantinopel 381 den Arianismus (→Arius) und alle heidn. Kulte verbieten.
Nach dem Sturz des Gratian durch →Maximus Magnus 383 mußte er den Usurpator zunächst anerkennen, stürzte ihn jedoch, als dieser sich 387 auch Italiens bemächtigte und →Valentinian II., der Augustus des mittleren Reichsteils, zu T. floh und ihn um Hilfe bat (388). Indem T. bis 391 in Italien blieb und dem schwachen Valentinian den Heermeister →Arbogast an die Seite stellte, sicherte er sich Einfluß auch im Westen und erreichte nach dem (gewaltsamen ?) Tod Valentinians 392 und der Niederwerfung des Usurpators Eugenius 394 die Alleinherrschaft: Für kurze Zeit war das Römische Reich unter T. noch einmal in einer Hand vereint, bevor er mit der Teilung des Reiches unter seinen Söhnen Flavius Arcadius (oström. Kaiser 383 bis 408) und Flavius →Honorius (weströmischer Kaiser 393–423), denen er seinen Heermeister →Stilicho zum Vormund bestimmte, die endgültige Teilung des Reiches in West- und Ostrom einleitete.

Theodosius II.
oströmischer Kaiser 408–450
** 10. 4. 401 Konstantinopel*
† 28. 7. 450 Konstantinopel
Der Enkel von →T. I. (d. Gr.), der schon als Kind im östlichen Reichsteil als Augustus auf den Thron gelangt war, stand ganz unter dem Einfluß seines Regenten, des Prätorianerpräfekten Anthemius (bis 414), danach seiner Schwester Pulcheria (bis 421) und seit seiner Heirat (421) seiner Gemahlin Eudokia. Kämpfe mit den Persern konnte er 422 mit einem Frieden abschließen, während er die Hunnen unter →Attila seit 438 nur durch hohe Jahrestribute von weiterem Vordringen abhalten konnte und den Aufstieg des Wandalenreichs in Nordafrika unter →Geiserich hinnehmen mußte. Die von ihm veranlaßte Sammlung kaiserlicher Gesetze (Codex Theodosianus, 438) ist eine wichtige Quelle für die Geschichte der Spätantike.

Theophano
römische Kaiserin
** um 955*
† 15. 6. 991 Nimwegen
Die Heirat der Nichte (?) des byzantinischen Kaisers →Johannes I. Tzimiskes' mit →Otto II. bekräftigte die unter →Otto I. errreichte Anerkennung des röm. Kaisers durch Byzanz. Die hochgebildete T., eine der bedeutendsten Herrscherinnen des römisch-deutschen Reiches, übte maßgebenden Einfluß auf die Regierung aus. Nach Ottos I. Tod übernahm sie gemeinsam mit ihrer Schwiegermutter →Adelheid und dem Erzbischof von Mainz, →Willigis, die Regentschaft für ihren Sohn →Otto III. Gegen Anfechtungen im Innern und von außen konnte sie den Besitzstand des Reiches behaupten.

Thiers, Adolphe
französischer Staatspräsident 1871–1873
** 14. 4. 1797 Marseille*
† 3. 9. 1877 Saint-Germain-en-Laye
Der Historiker T., Gründer und erster Präs. der III. Französ. Republik, war einer der bedeutendsten französ. Politiker des 19. Jahrhunderts Als liberaler Publizist beteiligte er sich am Sturz →Karls X. in der Julirevolution 1830, unterstützte die Thronbesteigung des »Bürgerkönigs« →Louis Philippe und nahm unter ihm bis 1840 verschiedene Staatsämter wahr, u. a. als Min.-Präs. und Außen-Min. (1836, 1840). Im II. Empire →Napoleons III. zeitweise verhaftet und verbannt (1851/52), führte er seit 1863 die konservativ-republikan. Opposition und warnte vor

dem Abenteuer eines Krieges mit Dtschld. Nach dem Zusammenbruch des Empire wurde er 1871 zum Präs. der Republik gewählt. 1873 trat er zurück, nachdem ihm die monarchist. Mehrheit in der Kammer das Vertrauen entzogen hatte. – T. schrieb die »Geschichte der französ. Revolution« (10 Bde., 1823–1827) und die »Geschichte des Konsulats und des Kaiserreichs« (20 Bde., 1845–1862).

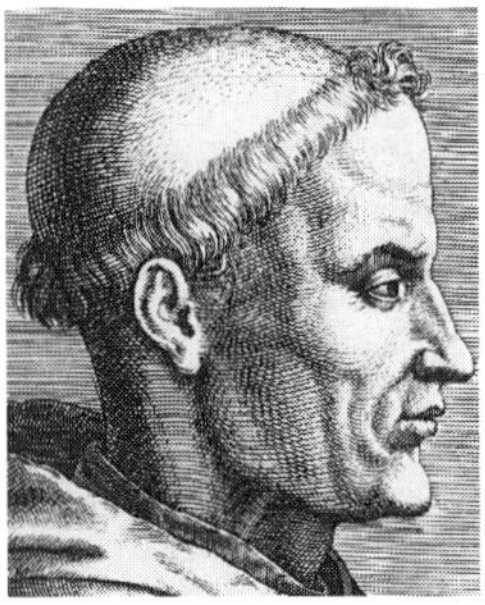

Thomas von Aquin

italienischer Theologe und Philosoph
** um 1225 Roccasecca bei Aquino*
† 7. 3. 1274 Fossanova

Der bedeutendste kath. Theologe und Philosoph des Mittelalters begründete die scholast. Theologie als Wissenschaft, indem er, ausgehend von →Augustinus, das gesamte philosoph. Denken der Antike und des Christentums, ergänzt um arabische Denktraditionen, aufarbeitete und die christl. Kirchenlehre mit dem philosophischen System des →Aristoteles zu einer komplexen philosoph.-theolog. Synthese (»Summae theologiae«) verschmolz. Als verbindliche katholische Lehrmeinung prägte der Thomismus die Glaubenswelt des Abendlandes bis in die Neuzeit. Als Sohn eines Grafen trat T. 1243 in den Dominikanerorden ein, studierte 1245–1252 bei →Albertus Magnus in Paris und Köln. Er lehrte 1252–1259 in Paris, 1259–1268 in Italien, 1269–1272 erneut in Paris und seit 1272 in Neapel.
Nach T. offenbart sich Gott im Glauben wie im Wissen als zwei Erscheinungsformen der Wahrheit gleichermaßen; beide können daher miteinander nicht in Konflikt geraten. Wenn mit den Sinnen auch nicht erkennbar, so sei Gott durch den Glauben erfahrbar und mit der Vernunft beweisbar. Indem der Mensch sich als Einheit von Körper und Seele darstelle, habe er durch die Seele, die niedrigste der »absoluten« und zugleich die oberste der materiellen Formen, direkt Anteil an Gott. In der entsprechend der Teilhabe an Gott hierarchisch geordneten Welt bestehe die sittliche Aufgabe des Menschen in der Entwicklung seiner vernünftigen Natur; die Suche nach Wahrheit durch Glauben und Vernunft führten den freien Willen zu moral. Handeln und christl. Lebensführung. Als soziales Wesen sei der Mensch von Natur aus auf die polit. Organisierung seines Lebens in den Strukturen von Familie, Gemeinde und Staat angelegt. Der hierarchisch durch Abkunft und Besitz gegliederte Staat sei eine rein weltl. Einrichtung, doch zugleich Vorbereitung auf den in der Kirche bereits sinnbildlich gegenwärtigen himml. Staat. T. wurde 1323 heiliggesprochen (Fest: 7. 3.) 1567 und wurde er zum Kirchenlehrer erhoben.

Thrasybulos
athenischer Feldherr und Staatsmann
† um 388 v. Chr. Aspendos
Beim oligarch. Umsturz in Athen 411 konnte T. die Flotte auf die Demokratie festlegen, griff die Stadt jedoch nicht an. Er betrieb die Rückkehr des →Alkibiades nach Athen (408). Nach mehreren Seesiegen stürzte er im Winter 404/03 vom Exil in Theben aus die Herrschaft der Dreißig Tyrannen, die unter Führung →Lysanders 407 die Macht in Athen ergriffen hatten. Im Korinth. Krieg (395 bis 386) gewann er 390/89 im Norden der Ägäis und am Marmara-Meer zahlreiche Städte für Athen und leitete dessen Wiederaufstieg als Seemacht ein.

Thukydides
griechischer Historiker
** um 455 v. Chr. Athen*
† um 400 v. Chr. in Thrakien
Der Geschichtsschreiber des Peloponnesischen Krieges (431–404) war 425/24 Stratege. Nachdem ihm die Verteidigung von Amphipolis in Thrakien vor den Spartanern nicht gelang, wurde er von den Athenern bis zum Ende des Krieges 404 verbannt. Auf Reisen sammelte er Material für seine Geschichte des Peloponnesischen Krieges (»Historien«, 8 Bücher), die an die Geschichte der Perserkriege des →Herodot anschließt und 411 abbricht. Mit dem Ziel, aus der Geschichte Lehren für die Zukunft zu ziehen, suchte er nach dem inneren Zusammenhang der historischen Ereignisse, die er möglichst rational und parteilos darstellte. Erstmals unterschied er bei der Suche nach der Genese des innergriechischen Krieges klar zwischen Anlaß und Ursache. Wegen seiner krit. Verarbeitung der Quellen gilt er als Begründer der analyt. Geschichtsbetrachtung.

Thutmosis I.
ägyptischer König etwa 1506–1494 v. Chr.
Der Sohn von Pharao →Amenophis I. aus der 18. Dynastie leitete die expansionist. Phase des Pharaonenreiches ein. Erfolgreiche Feldzüge führten ihn

bis zum Euphrat, die ägypt. Südgrenze dehnte er bis zum 3. Katarakt aus. Nubien organisierte er erstmals als ägypt. Provinz unter der Leitung eines »Vizekönigs von Kusch«. Als Ort seines Grabes bestimmte er als erster Pharao das Tal der Könige.
Sein Sohn und Nachfolger *T. II.* (1493–1490), verheiratet mit der eigenen Halbschwester →Hatschepsut, warf als Pharao Aufstände in Nubien und Palästina nieder. Diesem folgte →T. III. auf den Thron.

Thutmosis III.

ägyptischer König um 1490–1436 v. Chr.

Nach der 22 Jahre währenden Regentschaft (bis 1468) seiner Stiefmutter →Hatschepsut, führte der Enkel von →T. I. Ägypten auf den Höhepunkt seiner imperialen Macht und zu nachhaltiger innerer Stabilität. Er unterwarf ganz Syrien und verschob die ägypt. Grenze bis an den Euphrat, nachdem er in der Schlacht von Meggido (1468) eine Koalition syr. und kanaanit. Fürsten geschlagen hatte. Ebenso führten erfolgreiche Feldzüge in Nubien zur Erweiterung seines Reiches bis zum 4. Katarakt. Innerhalb Ägyptens zentralisierte er die Verwaltung, der auch die eroberten Provinzen unterworfen wurden. Vom dem – u. a. durch erhebliche Tributzahlungen der unterworfenen Völker erworbenen – Reichtum zeugen die zahlreichen Tempel in allen Landesteilen, insbesondere der prachtvolle Tempel des Amun von Karnak, dessen Wände die 17 Kriegszüge des T. illustrieren. T. wurde im Tal der Könige bestattet, sein Grab zählt zu den bedeutendsten der Nekropole. Nachfolger: →Amenophis II.

Thyssen, Fritz
deutscher Industrieller
** 9. 11. 1873 Mülheim an der Ruhr*
† 8. 2. 1951 Buenos Aires
T. übernahm nach dem Tod seines Vaters *August T.* (* 1842, † 1926) 1926 die Leitung des von diesem aufgebauten T.-Konzerns, eines der bedeutendsten dt. Montan- und Rüstungsunternehmen. Er förderte finanziell den Aufstieg Adolf →Hitlers, in dem er ein Bollwerk gegen den Bolschewismus sah, und trat 1931 der NSDAP bei. Als Katholik war er Gegner der antijüd., antikath. Politik Hitlers, brach 1939 aus Protest gegen die Kriegspläne mit dem Nationalsozialismus und emigrierte in die Schweiz, 1940 nach Frankreich. Dort wurde er 1941 vom Vichy-Regime gefangengenommen und an Dtschld. ausgeliefert, wo er bis 1945 in verschiedenen KZs inhaftiert war. (▷ Chronik Zitat)

Thyssen will Hitler als Kanzler

Chronik Zitat

Nach der Reichstagswahl am 6. 11. 1932, die der NSDAP Stimmenverluste, der KPD -gewinne einbrachte, betrieb Thyssen energisch die Kanzlerschaft Adolf →Hitlers. Am 11. 11. 1932 schrieb er:

»Der Nationalsozialismus kennt nur einen Führer, dessen Gedankengut das Fundament der Bewegung darstellt und der allein berufen ist, über alle Kompromisse und Hindernisse hinweg Deutschland die Staatsform zu geben, die nach menschlichem Ermessen allein imstande ist, dem Umsturz und der Vernichtung der europäischen Zivilisation die Stirn zu bieten.
Täuschen wir uns darüber nicht, die Ereignisse sind zu weit vorangeschritten, als ob es noch Möglichkeiten für Kompromisse grundsätzlicher Art gäbe. Das wahre Gedankengut des Nationalsozialismus in die Tat umzusetzen, vermag nur Adolf Hitler. Der letzte Wahlkampf hat bewiesen, welchen Gefahren eine von so hochidealen Motiven getragene Bewegung ausgesetzt ist, wenn die Erörterung der Ziele Gemeingut einer großen Masse wird. . . .
Einigt man sich auf Hitler als Kanzler – eine andere Lösung würde für seine Anhänger untragbar sein –, so glaube ich, rein persönlich gesprochen, daß man sich über die Ziele seiner Politik, wobei meiner Ansicht nach nur die wirtschaftliche Seite einige Schwierigkeiten bietet, einigen könnte. Hier handelt es sich primär darum, zu entscheiden, daß Arbeit und nicht Kapital das Primäre ist, und daß das mobile Kapital sich genauso dem Allgemeinwohl unterzuordnen hat, wie das zum Beispiel für den Preis von Brot gilt.
Ich würde es tief beklagen, wenn . . . wieder Zeit verloren würde.«

Tiberius
(T. Claudius Nero)

römischer Kaiser
14–37 n. Chr.
** 16. 11. 42 v. Chr. Rom*
† 16. 3. 37 n. Chr.
Kap Misenum

(Als Kaiser *T. Caesar Augustus*). Zur Einführung der Erbmonarchie adoptierte →Augustus seinen Stiefsohn und seit 11 v. Chr. unglücklich mit seiner Tochter Julia verheirateten T. 4 n. Chr. und stattete ihn mit weitgehenden Vollmachten aus. T. mußte dagegen den →Germanicus adoptieren. Zuvor hatte T. das Alpenvorland gemeinsam mit →Drusus unterworfen (15 v. Chr.) und nach dessen Tod den Oberbefehl in Germanien erhalten (8 v. Chr.). 5 n. Chr. schlug er die Langobarden an der Elbmündung, verzichtete jedoch als Kaiser nach insgesamt wenig erfolgreichen Feldzügen des Germanicus in Germanien (14 bis 16) endgültig auf die Elbgrenze. Statt weiter zu expandieren, konzentrierte er sich auf die Sicherung der Grenzen und die innere Stabilisierung des Reichs durch Finanz- und Verwaltungsreformen. 26 zog er sich nach Capri zurück und überließ die Regierung dem Präfekten der Prätorianergarde Seian, den er jedoch nach seiner angeblichen Verschwörung 31 hinrichten ließ. Nachfolger: →Caligula.

Tiglatpilesar I.
assyrischer König 1115–1077 v. Chr.
(Assyrisch *Tukulti-apal-Escharra* = »Mein Vertrauen ist der Sohn des Assur«). T. begründete das Neuassyrische Reich und etablierte es als Hegemonialmacht des Vorderen Orient. Dank überlegener Eisenwaffen und neuer Kriegstechniken (u. a. Belagerungsmaschinen gegen Stadtbefestigungen) eroberte er die Staaten des Euphratgebietes, den Reststaat von Mitanni, Nordsyrien, Babylonien und erreichte das Mittelmeer und Schwarze Meer. Sidon und Byblos machte er tributpflichtig. In Assur legte er die erste Bibliothek an.

Tiglatpilesar III.
assyrischer König 745–727 v. Chr.
Eine Militärrevolte brachte T. an die Macht. Nach einer Reform des neuassyrischen Reichs in Verwaltung und Heerwesen eroberte er das Gebiet bis zum Persischen Golf und Teile Armeniens, Syriens (732 Einnahme von Damaskus) und Palästinas. Mit der Eroberung Gazas gewann er einen für den Arabienhandel wichtigen Stützpunkt am Mittelmeer (734). Die eingenommenen Gebiete machte er zu militärisch gesicherten Provinzen mit assyrischen Statthaltern; aufständische Bevölkerungsgruppen ließ er vertreiben oder deportieren. Nach Unterwerfung Babyloniens (729) beherrschte er als »König von Babylon« (Thronname *Pulu*) und »König von Sumer und Akkad« die Reiche in Personalunion.

Tigranes I., *der Große*
armenischer König um 94–56 v. Chr.
** um 121 v. Chr.*
† 56 v. Chr.
(Auch *T. II.*). T. eroberte von den Parthern einen Teil Mesopotamiens, gewann das nördliche Syrien, Kappadokien und Teile Mesopotamiens, Kilikiens und Phöniziens. Als nunmehr mächtigster Herrscher Vorderasiens nahm er den Titel »König der Könige« an und gründete Tigranokerta am Nikephorius als neue Residenz. Er geriet jedoch als Verbündeter und Schwiegersohn →Mithridates' VI. von Pontos in Konflikt mit Rom, wurde 69 von Lucius L. →Lucullus geschlagen und unterwarf sich 66 Gnaeus →Pompeius. Nun mit Rom verbündet, beschränkte er sich auf sein armenisches Kernreich.

Tilly,
Johann Tserclaes,
Graf von (seit 1622)

deutscher Feldherr im
Dreißigjährigen Krieg
** Februar 1559*
Schloß Tilly, Brabant
† 30. 4. 1632 Ingolstadt

Der neben Albrecht v. →Wallenstein bedeutendste Feldherr des Dreißigjährigen Krieges befand sich seit 1593 in kaiserlich-habsburgischen Diensten. Er bekämpfte unter Alessandro →Farnese den Niederländ. Aufstand (seit 1567) und 1600–1608 die Osmanen (im 3. Türkenkrieg 1593–1615), bevor er nach Beginn des Dreißigjährigen Kriegs 1620 den Oberbefehl über die von →Maximilian I. von Bayern geführte Kath. Liga erhielt. Mit der Schlacht am Weißen Berg 1620, in der er den Aufstand der prot. Böhmen niederschlug und den »Winterkönig«

→Friedrich V. von der Pfalz besiegte, leitete er eine Serie von Siegen ein, mit denen er die Rekatholisierung mehrerer Gebiete durchsetzte (1623/24 Halberstadt, Hildesheim, Minden, Osnabrück). 1626 schlug er →Christian IV. von Dänemark. 1630 wurde er nach der Absetzung Wallensteins Generalissimus der kaiserl. Truppen. 1631 eroberte er Magdeburg, wurde aber wenig später von →Gustav II. Adolf bei Breitenfeld entscheidend geschlagen und 1632 bei Rain am Lech tödlich verwundet.

Timur Lenk *(Tamerlan)*

turkmongolischer Herrscher 1360–1405
** 8. 4. 1336 Kasch (heute Šachrisabz) südl. Samarkand*
† 19. 1. 1405 Otrar bei Tschimkent

(Pers. »Timur« = »Eisen«, »Lenk« = »der Lahme«, T. hinkte aufgrund einer Schlachtverletzung). Der aus turkmongol. Adel stammende T. war faktisch Regent des der Dschingis-Khan-Dynastie angehörenden Herrschers von Transoxanien. Um 1360 usurpierte er die Macht, eroberte bis 1370 ganz Transoxanien mit Samarkand und erklärte sich im selben Jahr zum rechtmäßigen Nachfolger →Dschingis Khans, ohne selbst den Titel Khan anzunehmen, der Mitgliedern der Familie Dschingis Khans vorbehalten war. T. L. wollte dessen Reich unter den Vorzeichen des Islam restaurieren, was ihn in der Folge nicht daran hinderte, die islam. Reiche seiner Zeit zu verwüsten. In legendär grausamen Kriegszügen, denen Hunderttausende Menschen zum Opfer fielen, eroberte er 1382–1393 Iran und Kaukasien, besiegte die tatar. Goldene Horde in Südrußland (1391, 1395) und blockierte damit die alten Handelswege zwischen Europa und China. 1398 eroberte und plünderte er das Sultanat von Delhi, um anschließend den Pundjab seinem Reich einzuverleiben. 1400/01 besiegte er in Syrien den Mamluken-Sultan von Ägypten und 1402 bei Angora (Ankara) den osman. Sultan Bajezid I. (1389–1402).
Seit 1388 führte T. den Sultanstitel. Er machte Samarkand zur prachtvollen Hauptstadt seines Reiches und zog die bedeutendsten islamischen Künstler seiner Zeit an seinen Hof. Nach seinem Tode während der Vorbereitung eines China-Feldzuges zerfiel sein Reich, das flächenmäßig größte der Weltgeschichte. Seine Nachfolger (Timuriden) herrschten nur noch in Transoxanien und Nordostiran. Mit T. endeten die seit dem 5. Jahrhundert aus Innerasien vordringenden Nomadenzüge.

Tirpitz, Alfred von

deutscher Seeoffizier
** 19. 3. 1849 Küstrin*
† 6. 3. 1930 Ebenhausen bei München

Seit 1865 in der preuß. Marine, machte T. schnell Karriere, wurde 1877 mit dem Aufbau der dt. Torpedowaffe betraut, 1892 als Stabschef der Marine mit der strateg. Planung der Hochseeflotte. Deren Ausbau zur zweitstärksten Flotte der Welt nach der britischen organisierte er als Staatssekretär des Reichsmarineamtes (1897–1916) mit Unterstützung Kaiser →Wilhelms II. und Reichskanzler Bernhard v. →Bülows. Offiziell als Defensivmaßnahme begründet, beeinträchtigte der Flottenausbau die dt.-brit. Beziehungen nachhaltig. Zur propagandist. Unterstützung einer seemachtgestützten imperialist. dt. »Weltpolitik« ließ T. 1898 den Dt. Flottenverein gründen. Als Vertrauter Wilhelms II. und seit 1898 zugleich preuß. Marine-Min., nahm er um die Jahrhundertwende maßgebl. Einfluß auf die dt. Innen- und Außenpolitik. 1900 geadelt, wurde er 1911 zum Großadmiral ernannt. Im 1. Weltkrieg forderte er den Einsatz der Hochseeflotte und den unbeschränkten U-Boot-Krieg, konnte sich gegen Reichskanzler Theobald v. →Bethmann Hollweg aber zunächst nicht durchsetzen und trat zurück. 1917 gründete er mit Wolfgang →Kapp die Dt. Vaterlandspartei, mit der er einen Sieg- und Annexionsfrieden propagierte. 1924–1928 war er dt.-nationales MdR.

Tiso, Josef
slowakischer Staatspräsident 1939–1945
** 13. 10. 1887 Vel'ká Bytča*
† 18. 4. 1947 Preßburg
Der kath. Priester war Mitgbegründer und seit 1938 Führer der Slowak. Volkspartei. Mit der Autonomie der Slowakei infolge des Münchener Abkommens 1938 wurde er Min.-Präs., nach der Zerschlagung der

Tschechoslowakei durch Großdtschld. 1939 Staats-Präs. der formell unabhängigen, faktisch unter dt. Oberherrschaft stehenden Slowakei. Wegen seiner Kollaboration, die auch die Beteiligung am Holocaust einschloß, wurde er zum Tode verurteilt und hingerichtet. Mit Wiederaufleben des extremen Nationalismus in der Slowakei im Zuge der Auflösung der ČSSR (1992) wurde T. teilweise rehabilitiert.

Tisza, István (Stephan)
ungarischer Ministerpräsident 1903–1905, 1913–1917
** 22. 4. 1861 Budapest*
† 31. 10. 1918 Budapest

(*Graf* seit 1897). T. war ein entschiedener Anhänger des österreichisch-ungar. Ausgleichs von 1867, der Habsburger Doppelmonarchie und des Dreibunds zwischen Österreich-Ungarn, Dtschld. und Italien. Bedacht auf die Vorherrschaft der Ungarn im östlichen Teil des Reiches, drängte er als Min.-Präs. die Opposition der südslaw. Minderheiten zurück, widersetzte sich einer von den Südslawen (u. a. den Kroaten unter Stefan →Radić) geforderten Gleichberechtigung im Rahmen eines Trialismus und ging repressiv gegen die Linken vor. 1910 gründete er die liberale Nationale Arbeitspartei. Im 1. Weltkrieg forcierte er die Mobilisierung der Ungarn, bis er 1917 gestürzt wurde. Während des Zusammenbruchs der Donaumonarchie im Herbst 1918 wurde er von meuternden Soldaten ermordet.
T.s Vater, *Kálmán T. von Borosjenö* (* 1830, † 1902), begründete und führte die Liberale Partei und war 1875–1890 Min.-Präs., bis 1887 zugleich Innen-Min. Er verstärkte das Gewicht Ungarns innerhalb der Habsburger Monarchie.

Tito, Josip
jugoslawischer Staatspräsident 1953–1980
** 25. 5. 1892 Kumrovec, Kroatien*
† 4. 5. 1980 Ljubljana
(Eigentlich *J. Broz*). Der gelernte Mechaniker, Sohn eines Kroaten und einer Slowenin, geriet im 1. Weltkrieg 1915 als österreichisch-ungarischer Soldat in russische Kriegsgefangenschaft und kämpfte 1917 bis 1920 in der Roten Armee. 1920 in die Heimat zurückgekehrt, organisierte er den illegalen Aufbau der jugoslaw. KP und der Gewerkschaften. Nach seiner Inhaftierung 1928–1934 übernahm er faktisch, seit 1937 als Generalsekretär auch formell die Führung der verbotenen Partei (Deckname »Tito«). Nach der Besetzung Jugoslawiens durch dt. und italienische Truppen 1941 führte er die Widerstands- und Partisanenbewegung gegen die Besatzungsmächte, das von Deutschland gestützte großkroat. Ustaša-Regime unter Ante →Pavelić und die nationalist. serb. Tschetniks des Draža →Mihailović. 1943 nahm er den Marschalltitel an und wurde Min.-Präs. der provisorischen Regierung, nachdem sich die Alliierten von Mihailović abgewandt hatten. Seit 1944 der tatsächliche Beherrscher des Landes, rief T. 1945 die Republik aus und wurde Min.-Präs., 1953 Staats-Präs. (ab 1963 auf Lebenszeit), 1971 zugleich Präsident des Staatspräsidiums.
Auf der Basis der eigenständigen Entwicklung des Kommunismus in Jugoslawien widersetzte sich T. seit 1945 der sowjet. Einflußnahme und ließ es 1948 auf den Bruch mit Josef W. →Stalin ankommen. Beim Aufbau der Volksrepublik suchte er mit seiner ideologischen Variante des Kommunismus (Titoismus) den nationalen Gegebenheiten Jugoslawiens und den Mitwirkungsinteressen der Menschen zu entsprechen (betriebliche Selbstverwaltung, Dezentralisierung). Nach vorübergehender Anlehnung an den Westen profilierte er sich neben Gamal Abd-el →Nasser und Pandit Jawaharlal →Nehru als einer der Wortführer der blockfreien Staaten, verweigerte sich bei einem Staatsbesuch Nikita S. →Chruschtschows 1955 im Zuge der Entstalinisierung jedoch auch der Normalisierung des Verhältnisses zur Sowjetunion nicht. Während es T. (auch mit Hilfe eines großdimensionierten Repressionsapparates) noch gelang, die divergierenden nationalen Interessen im Vielvölkerstaat auszugleichen, begann bald nach seinem Tod des Zerfallsprozeß Jugoslawiens, der mit Zusammenbruch des Kommunismus seit 1989 in den Jugoslawienkrieg mündete (1991).

Titus *(T. Flavius Vespasianus)*
römischer Kaiser 79–81
** 30. 12. 39 Rom*
† 13. 9. 81 Aquae Gutiliae (Paterno)
Seit 71 Mitregent, trat T. nach dem Tod seines Vaters, Kaiser →Vespasian, die Alleinherrschaft an. Zuvor schlug er als Feldherr den Jüdischen Aufstand nieder (66–73), eroberte und zerstörte dabei Jerusalem (70) und ließ die zahlreichen Gefangenen in Grenzprovinzen des Reiches deportieren und dort

ansiedeln (Rhein, Donau, Spanien). Er ließ in Rom die nach ihm benannten T.-Thermen errichten und den Bau des Kolosseums zu Ende führen. Während seiner kurzen Regierungszeit brach der Vesuv aus und verschüttete Pompeji und Herculaneum (79); 80 wurde Rom von einem Brand heimgesucht und die Pest grassierte. Ihm zu Ehren wurde nach seinem Tod der Titusbogen auf dem Forum Romanum errichtet. Nachfolger wurde sein Bruder →Domitian, den T. bereits 79 zum Mitkaiser erhoben hatte.

Tocqueville, Alexis de
französischer Staatstheoretiker und Politiker
** 29. 7. 1805 Verneuil, Seine-et-Oise*
† 16. 4. 1859 Cannes
Im Rahmen seines Studiums der Rechte untersuchte T. im Auftrag der französ. Regierung 1831/32 in den USA das amerikan. Strafvollzugssystem. Mit seinem Werk »De la démocratie en Amérique« (2 Bde. 1835 bis 1840) legte er eine umfassende Demokratietheorie vor, mit der er die demokrat. Bestrebungen in Europa nachhaltig beeinflußte. U. a. sagte er auch den parallelen Aufstieg der USA und Rußlands zu Weltmächten voraus. 1839 wurde er Mitglied der Kammer, 1841 der Académie Française. In der Februarrevolution 1848/49 befürwortete er als Liberaler die militär. Niederschlagung des sozialist. Pariser Arbeiteraufstands. 1849 kurzzeitig Außen-Min., ließ er die von Giuseppe →Mazzini und Giuseppe →Garibaldi ausgerufene Röm. Republik zerschlagen. Nach dem von ihm verurteilten Staatsstreich →Napoleons III. 1851 zog er sich aus der Politik zurück und verfaßte »L'Ancien Régime et la Révolution« (1856). In diesem Werk untersuchte er die langfristigen historischen Voraussetzungen und strukturellen Ursachen der Französ. Revolution von 1789 (insbesondere die administrative und polit. Zentralisation) mit einer historisch-soziologischen Methode, die lange Zeit beispielgebend wirkte.

Togliatti, Palmiro
Generalsekretär der italienischen KP 1947–1964
** 26. 3. 1893 Genua*
† 21. 8. 1964 Jalta, Krim
T. war neben Antonio →Gramsci der führende politische und theoretische Kopf des italienischen Kommunismus. Mit ihm gründete er 1919 die Zeitschrift »L'Ordine Nuovo« als Kristallisationskern für die PCI (1921), an dessen Führung er sich von Beginn an beteiligte. 1923 und 1925 von den Faschisten inhaftiert, emigrierte er 1926 nach Deutschland und nahm 1936–1939 am Spanischen Bürgerkrieg teil. 1940 ging er in die UdSSR und wirkte in der Komintern. Nach seiner Rückkehr 1944 organisierte er den Wiederaufbau der Partei und propagierte seitdem die Aktionseinheit aller antifaschistischen Kräfte. Seine Strategie, die PCI zu einer tragenden Säule der parlamentarischen Demokratie zu machen, verhalf ihr zu großen Wahlerfolgen. Gegenüber dem Alleinvertretungsanspruch der KPdSU vertrat er sein Konzept des Polyzentrismus (»Einheit in Vielfalt«) und machte sich damit zum Wegbereiter des Eurokommunismus (»Testament T.s«, 1964), der von Enrico →Berlinguer in die politische Praxis eingeführt wurde. Nachfolger als Generalsekretär der PCI wurde zunächst Luigi →Longo.

Tojo, Hideki
japanischer Ministerpräsident 1941–1944
** 30. 12. 1884 Tokio*
† 23. 12. 1948 Tokio

Als Chef der Militärakademie (seit 1934) beeinflußte General T. zusammen mit anderen Militärs wesentlich die japanische Vorkriegspolitik. Seit 1940 Kriegs-Min. im 2. und 3. Kabinett des Min.-Präs. Fumimaro →Konoe, sorgte er für den Abschluß des Dreimächtepaktes mit Deutschland und Italien (1940) und forderte mit der japanischen Expansion nach Indochina den Kriegseinritt der USA heraus. 1941 löste er Konoe als Min.-Präs. ab und befahl unmittelbar darauf ohne Kriegserklärung den Angriff auf die Marinebasis der USA in Pearl Harbour unter Führung Isoroku →Yamamotos. 1944 zum Rücktritt gezwungen, wurde er als prominentester Angeklagter des Internationalen Militärgerichtshofes für den Fernen Osten als einer der Hauptkriegsverbrecher zum Tode verurteilt und hingerichtet.

Tokugawa Ieyasu
Gründer des Tokugawa-Shogunats in Japan 1600/1603–1616
** 1542 Okasaki*
† 1616 Sumpu, Schidsuoka
Der Fürstensohn stieg unter der Herrschaft →Nobunaga Odas und →Toyotomi Hideyoshis als erfolgreicher Feldherr in die Spitze der Machthierarchie auf,

gewann 1600 mit der Schlacht von Sekigara gegen seine Rivalen (angeführt von der Familie der Toyotomi) die Alleinherrschaft und beendete den über hundertjährigen Bürgerkrieg. 1603 vom Tenno zum Shogun (eine dem fränk. Hausmeier entsprechende Regentenposition) ernannt, schloß er die Periode des →Minamoto no Yorimoto (auf den er selbst seine Herkunft zurückführte) und begründete das bis 1867 herrschende T.-Shogunat mit Edo (Tokio) als Residenz. Indem er die Fürstentümer neu verteilte, reorganisierte er das Lehnssystem und schuf sich eine verläßliche zentralisierte Basis von Daimyos (Lehnsträgern), ohne die Stellung des Tennos anzutasten. Obwohl er Japan gegen die Außenwelt weitgehend abschirmte, ließ er in begrenztem Umfang die christliche Mission zu. Den Fernhandel stellte er unter die Monopolkontrolle seiner Familie.

Topa Inka Yupanqui
10. Inka-Herrscher von Peru 1471–1493
† 1493 Cuzco
T. I. Y. eroberte das Hochland von Ecuador und gründete das heutige Quito. 1470 eroberte er das Reich der Chimú an der nordperuanischen Küste. Unter ihm wurde die Schwesterehe als verbindlich für die regierenden Inka eingeführt, er selbst heiratete seine Schwester Mama Ocllo. T. I. Y war der erste Inka, der göttliche Verehrung genoß.

Totila
Ostgotenkönig 541–552
† Ende Juni 552 bei Caprae, Umbrien
Im Widerstand der Ostgoten gegen den oströmischen Feldherrn →Belisar, der Italien unterworfen und 540 Ravenna gegen →Witigis erobert hatte, wurde T. 541 zum König erhoben. Er eroberte einen großen Teil Italiens einschließlich Neapels (543), Roms (550) und Siziliens (550) zurück (542–550) und erneuerte das Ostgotenreich. 552 unterlag er →Narses bei Tadinae und fiel.

Touré, Sékou
Staatspräsident von Guinea 1958–1984
** 9. 1. 1922 Faranah*
† 27. 3. 1984 Cleveland, Ohio
Der Moslem begann seine politische Karriere als Gewerkschaftsführer (seit 1945) und Mitgründer des Rassemblement Démocratique Africain (RDA). 1952 reorganisierte er seine Partei (Parti Démocratique de Guinée, PDG), eine Sektion des RDA, nach marxist. Grundsätzen. Seit 1956 Abgeordneter der Französischen Nationalversammlung, wurde er als sozialrevolutionärer Vorkämpfer der nationalen Unabhängigkeit seines Landes 1957 Min.-Präs. des autonomen und 1958 erster Staats-Präs. und Regierungschef des unabhängigen Guinea. Vom Westen isoliert, näherte er sich außenpolit. der Sowjetunion an. Im Innern errichtete er ein diktator. Regime auf der Basis eines ideolog. Konzepts mit marxist., nationalist. und panafrikan. Versatzstücken, das eine landesgemäße Entwicklung ermöglichen sollte, die Wirtschaft jedoch ins Chaos führte. Nach seinem Tod beseitigte ein Militärputsch sein Regime.

Toussaint l'Ouverture, François Dominique
haitianischer Freiheitskämpfer
** 20. 5. 1753 Bréda*
† 7. 4. 1803 Fort Joux bei Besançon (Frankreich)
T., genannt der »Schwarze Napoleon«, stieg im Sklavenaufstand auf Saint-Domingue (1791) zum Führer der Befreiungsbewegung auf. Unter mehrfachem Frontwechsel verjagte er erst mit span. Hilfe die Franzosen, dann mit französischer die Briten. Vom Revolutionsdirektorium in Paris 1797 zum Generalgouverneur ernannt, errichtete er eine eigene Herrschaft und eroberte den Nordosten der Insel von Spanien. Als er mit einer eigenen Verfassung die Unabhängigkeit Saint-Domingues herstellen wollte, ließ →Napoleon (I.) Bonaparte sein Regime durch französische Invasionstruppen zerschlagen (1802). T. starb in französ. Festungshaft. Er gilt als erster großer Freiheitskämpfer der schwarzen Sklaven und Vorkämpfer der Unabhängigkeit Haitis, die es 1804 als erster lateinamerikan. Staat errang.

Toyotomi Hideyoshi
japanischer Großkanzler 1585–1598
** 6. 2. 1537 in Nakamura (heute Aichi)*
† 18. 8. 1598 Fushimi
Von einfacher Herkunft, trat T. H. 1558 in den Dienst des Heerführers →Nobunaga Oda und führte für ihn zahlreiche Feldzüge. Nach dessen Ermordung riß er die Macht an sich und setzte, seit 1585 Großkanzler, die militärisch-polit. Einigung fort, die er 1590 vorübergehend herstellen konnte. Er ließ die Bauern entwaffnen und schuf eine zentralisierte Verwaltung. Aus Furcht vor ausländ. Einmischung und Entstehung neuer Loyalitäts- und Machtverhältnisse verbot er 1587 das Christentum und ließ die erste Christenverfolgung in Japan durchführen. 1592/93 und 1597/98 entsandte er Streitkräfte nach Korea, doch mißlang die beabsichtigte Eroberung von Korea und China. In den Nachfolgewirren setzte sich →Tokugawa Ieyasu 1600 durch.

Trajan, Marcus Ulpius
römischer Kaiser 98–117
** 18. 9. 53 Italica (Spanien)*
† 8. 8. 117 Selinus, Anatolien
Der erste Kaiser provinzial-röm. Herkunft wurde als Statthalter Obergermaniens 97 von Kaiser Marcus Cocceius →Nerva adoptiert und zum Mitregenten gemacht. Ihm verdankt das Röm. Reich seine letzte Hochblüte und für kurze Zeit die größte Ausdehnung seiner Geschichte. Nach mehreren Kriegen (101/02, 105/06) gelang T. die Unterwerfung der Daker (Darstellung der T.ssäule in Rom), deren Reich er als Provinz Dacia eingliederte. Nach Einziehung des Nordteils des Nabatäerreichs richtete er die Provinz Arabia ein. Im Krieg gegen die Parther (113–117) eroberte er Armenien, Mesopotamien und die parth. Hauptstadt Ktesiphon am Tigris. Er kooperierte mit dem Senat und ließ im ganzen Reich die Infrastruktur, vor allem Verkehrswege, ausbauen, stattete Rom mit prächtigen Bauten aus, u. a. dem Forum Traiani mit 2 Bibliotheken für latein. und griech. Literatur. Er adoptierte Publius Aelius →Hadrian, der T. nach seinem Tod auf dem durch den Jüd. Aufstand (115–117) erzwungenen Rückmarsch vom Partherkrieg als Kaiser nachfolgte.

Treitschke, Heinrich von
deutscher Historiker und Politiker
** 15. 9. 1834 Dresden*
† 28. 4. 1896 Berlin

Nach seiner Lehrtätigkeit in Freiburg, Kiel und Heidelberg übernahm T. 1874 den Lehrstuhl Leopold v. → Rankes in Berlin und wurde 1886 auch dessen Nachfolger als Historiograph des preuß. Staats. Zunächst Gegner Otto v. →Bismarcks, wandelte er sich seit 1864 zum glühenden Verfechter seiner Politik und der kleindt. Lösung der Reichsgründung. 1871–1884 war er nationalliberales, dann parteiloses MdR. Als Verkünder nationaler Machtpolitik, Antidemokrat, Antisemit und Antisozialist formte er wesentlich das polit. Geschichtsbild des dt. Konservativismus über 1945 hinaus. Seine »Dt. Geschichte im 19. Jh.« (1879–1894) war das meistgelesene wissenschaftliche Werk seiner Zeit.

Trotzki , Leo (Lew) Dawidowitsch
russischer Revolutionär
** 7. 11. 1879 Janowka, Ukraine*
† 21. 8. 1940 Mexico City

(Eigentlich *L. Bronstein*). Der aus einer ukrainisch-jüdischen Bauernfamilie stammende T. war neben Wladimir I. →Lenin der führende Kopf der Oktoberrevolution 1917. Als Schüler schloß er sich der sozialdemokratischen Bewegung an, wurde 1898 nach Sibirien verbannt und war nach seiner Flucht in die Schweiz, wo er Lenin kennenlernte, Redakteur bei der Zeitschrift »Iskra«. In Opposition zu Lenins Parteikonzept schloß er sich nach der Spaltung der Russischen Sozialdemokratie 1903 dem menschewistischen Flügel unter Julius →Martow an.
In der Russ. Revolution 1905 war T. Vors. des Petersburger Sowjets (Arbeiterrats), wurde erneut verbannt und floh wiederum (1907–1917 Exil in Wien, Paris, USA). Nach der Februarrevolution 1917 schloß er sich den Bolschewiki an, übernahm wieder die Führung des Petrograder Sowjets und organisierte als Chef des Militär. Revolutionskomitees den Aufstand der Bolschiwiki, der am 7. 11. 1917 die Regierung Alexander F. →Kerenskis stürzte. Als Volkskommissar für Äußeres (1917/18) versuchte er als Verhandlungsführer bei den Friedensverhandlungen von Brest-Litowsk, mit einer Verschleppungstaktik (»Weder Krieg noch Frieden«) die harten Bedingungen Deutschlands zu vermeiden. Als Volkskommissar für Militärwesen (1918–1925) schuf er die Rote Armee und führte sie im erfolgreichen Bürgerkrieg gegen die Konterrevolution der »Weißen« und die militär. Interventionen der westl. Alliierten (1918 bis 1922). 1921 schlug er den Kronstädter Matrosenaufstand gegen Kriegskommunismus und für die sozialistische Selbstorganisation nieder.
Nach Lenins Tod 1924 unterlag der Individualist T. im Machtkampf dem sich auf den Parteiapparat stützenden Josef W. →Stalin, dessen Konzept vom »Sozialismus in einem Land« er seine Strategie der »permanenten Revolution« entgegenstellte. Ab 1925 verlor er schrittweise alle Staats- und Parteiämter; 1927 wurde er aus der Partei ausgeschlossen, 1928 nach Kasachstan verbannt und 1929 aus der

UdSSR ausgewiesen. Im Exil (Türkei, Frankreich, Norwegen, Mexiko) entwickelte T. seine politische Theorie (Trotzkismus) in zahlreichen Schriften und gründete 1938 die Vierte Internationale. Von einem Agenten der sowjetischen Geheimpolizei wurde er ermordet. (▷ Chronik Zitat)

Der sozialfaschistische Irrtum

Chronik Zitat

Nach der Machtergreifung der Nationalsozialisten erneuerte Leo Trotzki seine Kritik an der stalinschen, in Deutschland von Ernst →Thälmann umgesetzten Sozialfaschismusthese (in einem Artikel vom 10.3. 1933):

»... Der Sieg der Partei der Verzweiflung war nur möglich, weil der Sozialismus, die Partei der Hoffnung, sich als unfähig erwies, die Macht zu ergreifen. ... Die Sozialdemokraten hofften in ihrer eigenartigen, konservativen Beschränktheit, zusammen mit den anderen parlamentarischen Parteien den Faschismus allmählich ›erziehen‹ zu können. Die Stellung des Drilloffiziers gaben sie Hindenburg; sie stimmten für ihn. Die Arbeiter hatten den richtigen Instinkt, sie wollten kämpfen. Aber die Sozialdemokraten hielten sie zurück, indem sie ihnen versprachen, ihnen dann das Signal zu geben, wenn Hitler endlich die ›legalen‹ Methoden verlassen sollte ...
Die Politik der Kommunistischen Partei war zutiefst irrig. Ihre Führer gingen von dem absurden Standpunkt aus, daß Sozialdemokratie und Nationalsozialismus zwei Varianten des Faschismus darstellen, daß sie, nach Stalins unseliger Formel, ›nicht Gegensätze, sondern Zwillinge‹ sind. Es ist ohne Zweifel wahr, daß sowohl die Sozialdemokratie wie der Faschismus die bürgerliche Herrschaft gegen die proletarische Revolution verteidigen. Aber die Methoden der beiden Parteien sind äußerst verschieden. Die Sozialdemokratie ist undenkbar ohne parlamentarische Regierung und ohne gewerkschaftliche Massenorganisation. Die Aufgabe des Faschismus ist aber, beides zu zerstören. Auf der Grundlage dieses Gegensatzes mußte ein Defensivbündnis zwischen Kommunisten und Sozialdemokraten geschlossen werden. Aber die blinden Führer haben sich geweigert, diesen Weg zu gehen.«

Trujillo y Molina, Rafael Leonidas
dominikanischer Diktator 1930–1938, 1942–1952
** 24. 10. 1891 San Cristóbal*
† 30. 5. 1961 Ciudad Trujillo (Santo Domingo)
Nach einer Militärlaufbahn stürzte der General (seit 1927) T. Horacio Vásquez (Präs. 1899–1902, 1902/03, 1924–1930) durch einen Militärputsch und übte bis zum Ende seines Lebens eine persönl. Despotie aus. Die Unterbrechung seiner Herrschaft 1938 bzw. ihr Ende mit der Übergabe des Amtes an seinen Bruder *Héctor Bienvenido T.* waren nur formeller Natur, um den Anschein des Machtwechsel zu wahren. Hinter den Kulissen übte T., gestützt auf Militär und Geheimdienst, weiterhin ein grausames Regiment aus, mit dem er das Land schrankenlos ausbeutete, und pflegte einen exzentr. Personenkult. Während einer Militärrevolte wurde er ermordet.

Truman, Harry S.

33. Präsident der USA 1945–1953
** 8. 5. 1884 Lamar, Missouri*
† 26. 12. 1972 Kansas City, Missouri

T., von Beruf Richter, war seit 1934 Senator der Demokraten für Missouri. Als Vize-Präs. (seit 1944) trat er nach dem Tod Franklin D. →Roosevelts (1945) dessen Nachfolge an. Um Japan zur Kapitulation zu zwingen, befahl er den Abwurf der Atombomben auf Hiroshima und Nagasaki. Im beginnenden Kalten Krieg suchte er der sowjet. Expansion mit der Politik des Containment (Eindämmung) entgegenzutreten und zugleich die im 2. Weltkrieg manifestierte Rolle als westl. Hegemonialmacht global auszubauen. Mit der T.-Doktrin sicherte er den von der Sowjetunion bedrohten Staaten (vor allem Griechenland und der Türkei) materielle und finanzielle Hilfe zu (1947) und ergänzte sie um die Wirtschaftshilfe für Europa aus dem Marshall-Plan (George C. →Marshall) und für die Dritte Welt um den Beginn gezielter Entwicklungshilfe im Rahmen des Punkt-Vier-Programms (1949). Zugleich formierte er den Westen zu einem militär. Block, u. a. durch die Gründung der NATO (1949), unter Führung der USA. Der Eintritt in den Koreakrieg (1950–1953) dokumentierte seine Politik der Stärke gegenüber dem Kommunismus. Innenpolit. überließ er dem republikan. Senator Joseph R. →McCarthy die Verfolgung von Kommunisten und ihren vermuteten Sympathisanten. Nachfolger: Dwight D. →Eisenhower.

Tschernenko, Konstantin Ustinowitsch
sowjetischer Generalsekretär der KPdSU 1984/85
** 24. 9. 1911 Bolschaja Tes, Sibirien*
† 10. 3. 1985 Moskau
T. war seit den 1930er Jahren Funktionär der KPdSU, wurde 1976 Sekretär des ZK, 1978 Mitgl. des Politbüros. Nach dem Tod Juri W. →Andropows (1984) folgte er ihm – selbst schon sterbenskrank – als Generalsekretär und Vors. des Präsidiums des Obersten Sowjets (Staatsoberhaupt). Er starb nach einjähriger Amtszeit, ohne politisch etwas bewegt zu haben. Nachfolger: Michail →Gorbatschow.

Tschernomyrdin, Viktor Stepanowitsch
russischer Ministerpräsident seit 1992
** 9. 4. 1938 Tschorni Otrog*
Nach einem polytechn. Studium wurde T. 1967 regionaler Parteifunktionär der KPdSU, in der er 1978 als Technologieexperte ins ZK aufstieg. 1985 bis 1989 war er unter Michail →Gorbatschow Min. der sowjetischen Gasindustrie, anschließend Chefmanager des staatlichen Gasprom-Konzerns. 1992 wurde er vom russischen Präsidenten Boris →Jelzin an die Regierungsspitze berufen, löste den Radikalreformer Jegor Gaidar (Min.-Präs. Juni–Dez. 1992) ab. Bei instabilen Mehrheitsverhältnissen in der Duma, einem unklaren innenpolit. Kurs Jelzins und wirtschaftlichen Rahmenbedingungen, die Rußland am Rande des Staatsbankrotts halten, verbleiben T. wenige über die Verwaltung des Mangels hinausgehende Möglichkeiten reformerischer Politik.

Tschombé, Moïse Kapenda
kongolesischer Politiker
** 18. 11. 1919 Musumba, Katanga*
† 29. 6. 1969 Algier
Der dem Lunda-Stamm angehörende Kaufmannssohn und Methodistenschüler wurde 1959 Vors. der Confédération des Associations Tribales du Katanga (Conakat), die für den damals belgischen Kongo (das heutige Zaire) nach der Unabhängigkeit eine lockere Föderation unter enger Anbindung an die ehemalige Kolonialmacht Belgien anstrebte. Damit geriet er in Gegnerschaft zu Patrice →Lumumba. Nach der Unabhängigkeit des Kongo 1960 spaltete er die an Bodenschätzen reiche Prov. Katanga (heute Shaba) ab und behauptete sich als ihr Staatschef mit belg. Hilfe bis 1963, als die Intervention von UNO-Friedenstruppen seinen Rücktritt erzwang. 1964 von Staats-Präs. Joseph →Kasavubu als Min.-Präs. der kongolesischen Zentralregierung in Kinshasa berufen, schlug er die Sezession der Ostprovinz nieder, wozu er sich weißer Söldner und belgischer Fallschirmjäger bediente. Nach innenpolitischen Wirren wurde er 1965 abgesetzt und mußte nach dem Staatsstreich Joseph →Mobutus das Land verlassen. Der Beteiligung an der Ermordung Lumumbas (1961) verdächtigt und in Abwesenheit zum Tode verurteilt, wurde er 1967 von Spanien aus nach Algerien entführt und blieb dort bis zu seinem Tod in Haft.

Tudjman, Franjo
kroatischer Staatspräsident seit 1990
** 14. 5. 1922 Veliko Trgoviše*
Im 2. Weltkrieg kämpfte T. mit den jugoslawischen Partisanen unter Josip →Tito gegen die deutschen Besatzer und die von Ante →Pavelić geführten kroatischen Ustaša-Faschisten. Nach seinem Aufstieg zum General und einem Geschichtsstudium (seit 1963 außerordentlicher Professor), geriet er in Konflikt mit der Parteilinie der jugoslawischen KP, als er eine größere Eigenständigkeit der Kroaten forderte. 1967 ausgeschlossen und mehrmals inhaftiert (1971 bis 1973, 1981–1984), wurde er Wortführer der kroatischen Autonomiebewegung. 1989 gründete er die Kroat. Demokrat. Gemeinschaft (HDZ), mit der er 1990 bei den ersten freien Parlamentswahlen die absolute Mehrheit errang. Nach einem Referendum proklamierte er 1991 die Unabhängigkeit Kroatiens, deren völkerrechtl. Anerkennung er schnell gewann. Der Kampf gegen Serbien und das kroat. Engagement im Rahmen des Jugoslawienkriegs (seit 1991) bzw. bosn. Bürgerkriegs (seit 1992) ermöglichten es ihm, auf der Basis nationalist. Propaganda nach innen eine autoritäre Herrschaft zu etablieren. Die Aufkündigung des Mandats der seit 1992 in Kroatien stationierten UNO-Friedenstruppen 1995 ließ die Kämpfe mit den Serben, die ein Drittel Kroatiens besetzt halten bzw. sich als Krajina-Serben abgespalten haben, wieder aufleben.

Turenne, Henri de la Tour d'Auvergne
Vicomte de
französischer Feldherr
** 11. 9. 1611 Sedan*
† 27. 7. 1675 Sasbach, Baden
(Marschall seit 1643). Neben Louis II. →Condé war T., ein Enkel →Wilhelms I. von Oranien, der bedeutendste französische Feldherr des 17. Jh., aus dem

Frankreich unter →Ludwig XIV. als europäische Großmacht hervorging. Calvinistisch erzogen, erhielt T. seine militärische Ausbildung bei seinem Onkel →Moritz von Oranien in den Niederlanden. Im Dreißigjährigen Krieg war er nach siegreichen Schlachten seit 1643 Oberbefehlshaber über die französischen Truppen am Oberrhein, zwang den bayerischen Kurfürsten →Maximilian I. zum Waffenstillstand (1647), eroberte gemeinsam mit Ludwig →Condé das Rheinland und schlug gemeinsam mit den Schweden 1648 das kaiserliche Heer. Damit schuf er die für Frankreich günstigen Ausgangsbedingungen im Westfälischen Frieden (1648). Während des Bürgerkriegs gegen Jules →Mazarins absolutistische Politik (Fronde) entschied T. sich 1648 zunächst für die Aufständischen, stellte sich 1651 jedoch auf die Seite Ludwigs XIV. und ermöglichte durch seinen Sieg über Condé 1652 die Rückkehr des Königs nach Paris. Mit dem Sieg bei Dünkirchen (1658), dem Krieg gegen Spanien (seit 1635), brach er die europäische Vormachtstellung der Habsburger endgültig (Pyrenäenfrieden 1659). Im Devolutionskrieg 1667/68 eroberte er die Span. Niederlande und die Freigrafschaft Burgund (Fanche-Comté), 1673 besetzte er im Holländischen Krieg die preuß. Besitzungen am Rhein, 1674 eroberte und verwüstete er die Pfalz und schlug die kaiserl. Truppen bei Sinsheim und Mühlhausen.

Turgot, Anne Robert Jacques

französischer Finanzminister 1774–1776
** 10. 5. 1727 Paris*
† 18. 3. 1781 Paris

(*Baron de l'Aulne*). T. war als Wirtschaftstheoretiker einer der Mitbegründer der modernen Ökonomie. 1774 wurde er von →Ludwig XVI. zum Generalkontrolleur der Finanzen berufen, um die zerrütteten Staatsfinanzen wieder ins Lot zu bringen. Mit seinem umfassenden, auf Arbeits-, Gewerbe- und Handelsfreiheit angelegten Reformprogramm suchte er wirtschaftlich kontraproduktive Zunft- und Feudalrechte zu beseitigen, den Grundbesitz zu besteuern, den Frondienst der Bauern (Corvée) durch Steuern zu ersetzen und die Staatsausgaben zu beschränken. Er scheiterte am Widerstand einer breiten Koalition von Adel, Klerus und Hofkamarilla und wurde von Ludwig XVI. durch Jacques →Necker ersetzt.

Tutanchamun
ägyptischer König um 1347–1338 v. Chr.
Verheiratet mit einer Tochter seines Vorgängers →Echnaton (sonstige Verwandtschaftsverhältnisse unbekannt) gelangte T. neunjährig auf den Thron der 18. Dynastie. Zugunsten der Wiedereinführung der alten Amun-Religion wurde der von Echnaton eingeführte monotheistische Sonnenkult (Verehrung des Sonnengottes Aton) wieder aufgegeben, die Residenz von Amarna wieder nach Theben zurückverlegt. T., der im Zuge der Restauration des alten Kultus seinen ersten Namen *Tut-ench-Aton* (= »lebendes Bild Atons«) abgelegt hatte, starb im Alter von etwa 18 Jahren. Sein fast unversehrtes, mit kostbaren Beigaben ausgestattetes Grab wurde 1922 im Tal der Könige entdeckt (heute Ägyptisches Museum in Kairo). Nachfolger: →Eje.

Tutu, Desmond
südafrikanischer anglikanischen Bischof
** 7. 10. 1931 Klerksdorp, Transvaal*
Der 1961 geweihte anglikan. Priester wurde 1978 erster schwarzer Generalsekretär des Südafrikan. Kirchenrats, 1985 Bischof der anglikan. Diözese Johannesburg und ist seit 1986 Erzbischof von Kapstadt. 1984 erhielt er den Friedensnobelpreis für seinen gewaltlosen Kampf gegen die Apartheid. Mit seiner hohen politisch-moralischen Autorität war er neben Nelson →Mandela einer der entscheidenden Garanten für den weitgehend friedlichen Übergang Südafrikas zur vollen politischen Gleichberechtigung der schwarzen Bevölkerungsmehrheit.

Tvrtko I. Kotromanić
bosnischer Ban 1353–1377 und König 1377–1391
** um 1338*
† 10. (?) 3. 1391
Der bedeutendste bosn. Herrscher des Mittelalters löste sich seit 1363 aus der Abhängigkeit des ungar. Königs →Ludwig I. (d. Gr.). 1373 gewann er serb. Territorium (Montenegro) hinzu und ließ sich im serb. Kloster Mileševa zum König von Serbien und Bosnien krönen. 1387–1390 eroberte er Teile Kroatiens und dehnte seine Herrschaft auf Dalmatien (ohne Dubrovnik) aus. Trotz günstiger wirtschaftl. Voraussetzungen (Silber-, Blei- und Kupferproduktion und Handelskontakte zur Adria) gelang keine dauerhafte Konsolidierung der bosn. Herrschaft.

Ubico Castañeda, Jorge
guatemaltekischer Staatspräsident 1931–1944
** 10. 11. 1878 Guatemala*
† 14. 6. 1946 New Orleans
Der Offizier stieg unter Präs. José María Orellana (1922–1926) zum Kriegs-Min. auf, bevor er 1931 mit Unterstützung von Liberaler und Progressiver Partei in das höchste Staatsamt gewählt wurde. Diktatorisch unterdrückte U. C. brutal jede Opposition, während er die in Folge der Weltwirtschaftskrise zerrütteten Finanzen und Ökonomie seines Landes ordnete. Dabei ließ er das Land jedoch immer stärker unter den Einfluß der nordamerikanischen United Fruit Company und in die Abhängigkeit der USA und einiger Großgrundbesitzer geraten. Als U. C. 1944 die Presse- und Redefreiheit abschaffte, zwang ihn ein Generalstreik zum Rücktritt.

Ulbricht, Walter
Parteiführer der SED 1950–1971 und Staatsratsvorsitzender der DDR 1960–1973
** 30. 6. 1893 Leipzig*
† 1. 8. 1973 Berlin
Wie Konrad →Adenauer im Westen zeichnete U. im Osten Deutschlands nach dem 2. Weltkrieg verantwortlich für den Wiederaufbau eines Staatswesens im Rahmen der von den Siegermächten vorgegebenen Rahmenbedingungen. Nach dem Ende des Nationalsozialismus installierte er als dt. Kommunist der ersten Stunde die DDR im sowjetischen Machtbereich als sozialist. Staat, der als das »bessere«, das antifaschist. Dtschld. die moralische Überlegenheit gegenüber der BR Dtschld. beanspruchte. Der Tischler begann seine politische Laufbahn 1912 in der SPD, trat 1918 dem Spartakusbund bei und war 1919 Gründungsmitglied der KPD. 1923/24 und seit 1927 war er Mitglied des ZK der KPD, 1932/33 Sekretär des ZK und arbeitete 1924/25 im Sinne Josef W. →Stalins für die Komintern in Moskau. Als Mitglied des Politbüros der KPD und Vorsitzender der KPD in Berlin-Brandenburg (seit 1929) bekämpfte er die NSDAP in der Reichshauptstadt. 1926–1929 Mitglied des sächsischen Landtags und 1928–1933 MdR, emigrierte U. nach dem Machtantritt Adolf →Hitlers 1933 über Prag und Paris nach Moskau (seit 1938), wo er in der Exil-KPD neben Wilhelm →Pieck eine dominierende Stellung errang und durch die Stalinschen »Säuberungen« behauptete. Seit 1943 war er der führende politische Kopf im Nationalkomitee Freies Deutschland.
1945 kehrte er mit der »Gruppe U.« bereits wenige Tage vor Kriegsende nach Deutschland zurück und wirkte führend beim Neuaufbau der KPD und bei der Schaffung staatlicher Verwaltungsorgane mit. In enger Zusammenarbeit mit der sowjetischen Besatzungsmacht wurde er – an sich ein grauer, aber harter Parteifunktionär – zum einflußreichsten Politiker in ihrem deutschen Machtbereich. Nach der von ihm durchgesetzten Vereinigung von KPD und SPD zur Sozialistischen Einheitspartei Deutschlands (SED) war er 1946–1950 zunächst deren stellvertretender Vorsitzender, bevor er 1950 auch offiziell an die Spitze der Partei trat. Zugleich war er 1949–1960 Stellvertreter des Vorsitzenden des Ministerrats. Nach dem Tod Piecks wurde er 1960 als Vors. des neugegründeten Staatsrats auch Staatsoberhaupt und Vors. des Nationalen Verteidigungsrates.
Wachsende Opposition gegen seine repressive, am Stalinismus orientierte Politik ließ er 1953 mit der Niederschlagung des Volksaufstands beantworten. Auch Versuche innerparteilicher Opponenten, ihn 1957/58 im Interesse einer flexibleren Haltung in der Innen-, Wirtschafts- und Dtschld.-Politik abzulösen, scheiterten. Mit dem Bau der Mauer 1961 zementierte er die dt. Teilung und leitete indirekt das langfristige Scheitern seiner DDR im »Wettbewerb der Systeme« ein. 1971 wurde er als Hemmnis für die Entspannungspolitik Leonid →Breschnews vom Politbüro mit sowjet. Rückendeckung als Parteichef und Vors. des Verteidigungsrates zugunsten Erich →Honeckers gestürzt. U. blieb Vors. des Staatsrates und wurde (Ehren-)Vors. der SED.

Ulrich
Herzog von Württemberg 1503–1519, 1534–1550
** 8. 2. 1487 Reichenweiher, Elsaß*
† 6. 11. 1550 Tübingen
Durch die Ermordung seines Stallmeisters Hans v. Hutten (1515), eines Verwandten von Ulrich v. →Hutten, zog U. die Feindschaft des bekannten Humanisten auf sich. Als er nach weiteren Gewaltexzessen einer Aufforderung Kaiser →Maximilians I., sechs Jahre auf die Regierung zu verzichten, nicht nachkam und stattdessen die Reichsstadt Reutlingen angriff, wurde er geächtet und 1519 vom Schwäbischen Bund aus Württemberg unter Führung seines Schwagers →Wilhelm IV. von Bayern vertrieben. Mit Unterstützung des Landgrafen →Philipp des Großmütigen von Hessen, der ihn für die Reformation gewonnen hatte, gelang U. nach der Schlacht bei Lauffen 1534 die Rückkehr nach Württemberg, doch mußte er sein Land als österreichisches Afterlehen anerkennen. 1535 führte er die Reformation ein und trat 1536 dem prot. Schmalkald. Bund bei.

Umberto I.
italienischer König 1878–1900
** 14. 3. 1844 Turin*
† 29. 7. 1900 Monza
Wegen Differenzen in der Kolonialpolitik mit Frankreich über Tunesien betrieb der Sohn und Nachfolger König →Viktor Emanuels II. 1882 den Beitritt Italiens zum Dreibund mit Dtschld. und Österreich-Ungarn. Seine streng an der Verfassung orientierte Regierung leitete den inneren Konsolidierungsprozeß des italien. Nationalstaates ein, zeigte jedoch mit der Unterstützung der imperialist. Ambitionen nach der Niederlage von Adua 1896 gegen Äthiopien unter →Menelik II. bereits die Bruchstellen an. U. wurde von einem Anarchisten ermordet.

Umberto II.
König 1946
** 15. 9. 1904 Racconigi, Provinz Cuneo*
† 18. 3. 1983 Genf
1944 von seinem Vater, König →Viktor Emanuel III., als Statthalter eingesetzt, übernahm U. nach dessen Abdankung am 9. 5. 1946 die Krone, mußte jedoch nach dem Volksentscheid für die Republik am 12. 5. abdanken und Italien verlassen.

***Urban**, Päpste*

Urban II.
Papst 1088–1099
** um 1035 Châtillon-sur-Marne*
† 29. 7. 1099 Rom
(Vorher *Odo*). Als Archidiakon von Reims (um 1055 bis 1067) und Prior von Cluny (1070–1074), des bedeutendsten Reformklosters seiner Zeit, war der Mönch adliger Abstammung ein Exponent der kirchl. Reformbewegung. Zum Kardinal erhob ihn 1078 Papst →Gregor VII., dem er 1084/85 auf dem Höhepunkt des Investiturstreits mit →Heinrich IV. als Legat in Dtschld. diente. Als Papst Nachfolger →Viktors III., führte U. den Kampf Gregors VII. gegen Priesterehe, Simonie (Ämterkauf) und Laieninvestitur weiter, erreichte jedoch durch eine versöhnlichere Position eine Abschwächung des Konflikts, ohne das Verhältnis zu Heinrich IV. zu verbessern. Erst 1093 konnte U. in das von dessen Gegenpapst Klemens III. (Papst 1080–1100) gehaltene Rom einziehen, 1094 den Lateran und 1098 die Engelsburg erobern. Die Anerkennung durch England 1095 festigte U.s Position entscheidend. Mit seinem Aufruf zum 1. Kreuzzug zur Befreiung

»Nie welkender Ruhm ist euch im Himmelreich gewiß«

Chronik Zitat

Papst Urban II. rief auf dem Konzil von Clermont (November 1095) zum ersten Kreuzzug auf. Seine Rede zeichnete der Benediktinermönch Robert von Reims auf (Auszüge):

»›Ihr Volk der Franken, ihr Volk nördlich der Alpen, ihr seid . . . Gottes geliebtes und auserwähltes Volk, herausgehoben aus allen Völkern durch die Lage eures Landes, den Glauben und die Hochschätzung für die heilige Kirche. An euch richtet sich unsere Rede, an euch ergeht unsere Mahnung . . . Aus dem Land Jerusalem und der Stadt Konstantinopel kam schlimme Nachricht und drang schon oft an unser Ohr: Das Volk im Perserreich, ein fremdes Volk, eine Brut von ziellosem Gemüt und ohne Vertrauen auf Gott, hat die Länder der dortigen Christen besetzt, durch Mord, Raub und Brand entvölkert und die Gefangenen teils in sein Land abgeführt, teils elend umgebracht; es hat die Kirchen Gottes gründlich zerstört oder für seinen Kult beschlagnahmt . . . Aufhören soll unter euch der Haß, schweigen soll der Zank, ruhen soll der Krieg, einschlafen soll aller Meinungs- und Rechtsstreit! Tretet den Weg zum Heiligen Grab an, nehmt das Land dort dem gottlosen Volk, macht es euch untertan! Gott gab dieses Land in den Besitz der Söhne Israels; die Bibel sagt, daß dort Milch und Honig fließen. Jerusalem ist der Mittelpunkt der Erde, das fruchtbarste aller Länder, als wäre es ein zweites Paradies der Wonne. Der Erlöser der Menschheit hat es durch seine Ankunft verherrlicht . . . Diese Königsstadt also, in der Erdmitte gelegen, . . . erbittet und ersehnt Befreiung, sie erfleht unablässig eure Hilfe. Vornehmlich von euch fordert sie Unterstützung. Denn euch verlieh Gott, wie wir schon sagten, vor allen Völkern ausgezeichneten Waffenruhm. Schlagt also diesen Weg ein zur Vergebung eurer Sünden: nie welkender Ruhm ist euch im Himmelreich gewiß‹.«

des Hl. Landes auf der Synode zu Clermont 1095, leitete U. die Kreuzzugsbewegung ein. Den Erfolg erlebte er mit der Einnahme Jerusalems 1099 noch zwei Wochen vor seinem Tod. Ein Versuch, die Kircheneinheit mit Byzanz wiederherzustellen, scheiterte dagegen. – U. wurde 1881 seliggesprochen (Fest: 29. 7.). (▷ Chronik Zitat)

Urban IV.
Papst 1261–1264
** um 1200 Troyes*
† 2. 10. 1264 Perugia
(Vorher *Jacques Pantaléon*). Der Sohn eines Schusters, 1255–1261 Patriarch von Jerusalem, wurde von dem unter seinem Vorgänger Alexander IV. auf acht Kardinäle zusammengeschmolzenen Konklave als Außenseiter zum Papst gewählt. Zur Restaurierung der päpstl. Macht erweiterte er das Hl. Kollegium um 14 Kardinäle und eroberte weite Teile des unter Alexander IV. verlorengegangenen Kirchenstaates zurück. Als Gegner der Staufer verbündete er sich gegen die Herrschaft →Manfreds in Unteritalien mit →Karl I. von Anjou, dem er 1264 das Königreich von Süditalien und Sizilien übertrug. Im selben Jahr führte U. das Fronleichnamsfest ein.

Urban V.
Papst 1362–1370
** um 1310 Schloß Grisac, Lozère*
† 19. 12. 1370 Avignon
(Vorher *Guillaume de Grimoard*). Aus dem Adel stammend, pflegte der Benediktinermönch auch als Papst einen schlichten Lebenswandel. Um seine Ausgangslage für den Kampf gegen marodierende Söldnertruppen in Italien, einen Kreuzzug gegen die Osmanen und die von ihm erwünschte Wiedervereinigung mit der Ostkirche zu verbessern, kehrte U. gegen den Widerstand Frankreichs 1367 mit Unterstützung Kaiser →Karls IV. von Avignon nach Rom zurück. Dort veranlaßte er den Wiederaufbau von Vatikan und Lateran und die Restauration zahlreicher Kirchen und anderer Gebäude. Um sich der Unterstützung des Westens gegen die Osmanen zu versichern, schwor der byzantinische Kaiser Johannes V. Palaiologos (1341–1376, 1379–1391) während eines Besuchs in Rom 1069 vor U. dem orth. Glauben ab und bekannte sich zum lateinischen Christentum. Die Union mit der Ostkirche scheiterte jedoch, da U. die Einberufung eines ökumenischen Konzils ablehnte. In Italien zunehmend bedrängt, mußte er 1370 nach Avignon zurückkehren. – 1870 wurde er seliggesprochen (Fest: 19. 12.).

Urban VI.
Papst 1378–1389
** um 1318 Neapel*
† 15. 10. 1389 Rom
(Vorher *Bartolomeo Prignano*). Als erster nach Ende des Avignoner Exils in Rom gewählter Papst suchte U. eine größere Unabhängigkeit von Frankreich. Unnachgiebig forderte er in meist demütigender Form zudem eine radikale Kirchenreform, die insbesondere die Kardinäle zu einfacherem Leben anhalten sollte. Die Rechtmäßigkeit seiner unter Druck der Römer erfolgten Wahl anzweifelnd und überzeugt von seiner Geistesstörung wählten die französischen Kardinäle 1378 den Gegenpapst →Klemens VII. Damit begann das Große Abendländische Schisma (bis 1417), in dem U. von Deutschland, England, weiten Teilen Italiens und Mitteleuropas unterstützt wurde, während sich Frankreich, Savoyen, Burgund und Schottland aus nationalen Erwägungen für Klemens entschieden. Im Bemühen, das Königreich Neapel für einen Neffen zu gewinnen, exkommunizierte und enthronte U. Königin Johanna von Anjou, überwarf sich mit deren Nachfolger Karl III. von Durazzo (1381–1386), der sich U.s wiederholten Eingriffen in die Regierung Neapels widersetzte und dessen Absetzung betrieb, und ließ mehrere Kardinäle foltern, die er der Unterstützung Karls verdächtigte.

Urban VIII.
Papst 1623–1644
** 5. 4. 1568 Florenz*
† 29. 7. 1644 Rom

(Vorher *Maffeo Barberini*). U.s Pontifikat markiert den Höhepunkt des Barockpapsttums, gekennzeichnet durch Kunst- und Wissenschaftsförderung (Fertigstellung des Petersdoms), aber auch durch großzügige Förderung seiner Verwandten. Im Dreißigjährigen Krieg (1618–1648) lehnte er sich aus Furcht vor der Macht Habsburgs an Frankreich an, selbst als sich dieses 1635 mit dem prot. Schweden verbündete. Für den Kirchenstaat erwarb er das Herzogtum Urbino. Unter U. wurde 1633 Galileo →Galilei verurteilt und zum Widerruf gezwungen.

Urnammu
sumerischer Großkönig von Ur
um 2050–2032 v. Chr.
Im Kampf gegen die aus dem Westiran eingedrungenen Gutäer zunächst in Ur Statthalter und Militärgouverneur des Königs Utuchenegal von Uruk, löste sich U. nach der Befreiung Sumers von den Gutäern aus der Oberherrschaft des Königs, erlangte nach dessen Tod die Herrschaft über ganz Mesopotamien und begründete die sog. 3. Dynastie von Ur. Als erster führte U. den Titel »König von Sumer und Akkad«. Seine Rechtsreformen sind im ältesten Gesetzbuch der Geschichte überliefert, das den Codex →Hammurabi beeinflußte. Mit einer Wiederbelebung des Fernhandels sorgte er für eine letzte wirtschaftl. und machtpolit. Blüte Sumers. Als großer Bauherr errichtete er zahlr. repräsentative Bauten, darunter die große, dem Mondgott Nanna gewidmete Zikkurat in Ur, das heute besterhaltene Bauwerk Sumers. Nach seinen Tod wurde U. göttlich verehrt. Die 3. Dynastie von Ur endete um 2000 mit der Zerstörung von Ur durch Gutäer und Elamiter.

Die Reformen des Urnammu

Chronik Zitat

Toninschriften geben Auskunft über die zentralistische Reorganisation des Reiches von Ur durch Urnammu:

»Damals richtete Urnammu, der mächtige König von Ur, der König von Sumer und Akkad, in der Macht Nannas [Mondgott von Ur], des königlichen Herrn seiner Stadt, das Recht im Lande auf und rottete durch die Kraft der Waffen Böses und Gewalttat aus. Er schaffte die [ungerechten] Steuern ab, beseitigte … alle, die die Rinder, Schafe und Esel beschlagnahmten, in Sumer und Akkad … Die sieben Maßeinheiten regulierte er und setzte das Bronze-Sila [1 Sila = 0,4 Liter], die Mine, den Silber- und den Stein-Sekel [1 Sekel = 8,4 Gramm] fest.
… Er sicherte die Ufer des Tigris, die Ufer des Euphrat … Er sorgte dafür, daß der Anmaßende seinen Meister fand. Die Waise wurde nicht dem Reichen ausgeliefert noch die Witwe dem Mächtigen; wer nur einen Sekel besaß, den überantwortete man nicht dem, der eine Mine [1 Mine = 60 Sekel] sein Eigen nannte …«

Urukagina
sumerischer König von Lagasch
zwischen 2440 und 2365 v. Chr.
U. usurpierte den Thron und führte – unter Berufung auf Gott Ningursu – erstmals Sozialreformen zugunsten unterer Schichten durch. Von König Lugalzaggesi von Umma wurde er gestürzt.

Usun Hasan
Herrscher der türkisch-sunnitischen Dynastie der Ak Koyunlu (Weiße Hammel) 1453–1478
** um 1420*
† 5. 1. 1478 Tabriz
Nach dem Tod des Gründers der Weißen Hammel, Kara Osman, (1435) setzte sich U. H. (türkisch = »der lange Hasan«) in einem Bürgerkrieg als Nachfolger durch. Er eroberte nach dem Tod des Führers der Schwarzen Hammel im Osten Teile Aserbaidschans und Iraks, nahm den Timuriden 1469 den Westen Irans und beherrschte auch Armenien. Im Kampf um Ostanatolien unterlag er 1473 – trotz eines Bündnisses mit Venedig – den Osmanen unter Sultan →Mohammed II. (dem Eroberer). Seitdem schwand sein Einfluß. Seine Dynastie herrschte bis 1515. Ihr Gebiet wurde zwischen Osmanen und Safawiden aufgeteilt, deren erster Herrscher, →Ismail I., sein Enkel war.

U Thant, Sithu
birmesischer Politiker, UNO-Generalsekretär 1961–1971
** 22. 1. 1909 Pantanaw*
† 25. 11. 1974 New York

Der Funktionär der Antifaschistischen Volksbefreiungsliga (Anti-Fascist People's Freedom League) war 1957–1961 ständiger Vertreter Birmas bei den UNO und Vorsitzender des afrikanisch-asiatischen Komitees für die Algerienfrage, bevor er als Nachfolger Dag →Hammarskjölds der erste asiatische Generalsekretär der UNO wurde. Um Ausgleich zwischen den Weltmächten bemüht, konnte er den Einfluß der Vereinten Nationen im Vietnamkrieg und im Nahostkonflikt nicht entscheidend geltend machen, vermittelte jedoch erfolgreich in der Kubakrise 1962. Nachfolger: Kurt →Waldheim.

Valens, Flavius
römischer Kaiser 364–378
** um 328 Cibalae, Pannonien*
† 9. 8. 378 bei Adrianopel
Von seinem Bruder →Valentinian I. 364 zum Mitkaiser für den Osten ernannt, führte V. 367–369 erfolglos Krieg gegen die Westgoten und schloß schließlich einen Friedensvertrag, in dem Rom erneut die Donau als Reichsgrenze akzeptieren mußte. Als 376 die Westgoten von den Hunnen bedrängt wurden, gewährte ihnen V. den Donauübergang und Aufnahme in Thrakien. Wegen der schlechten Behandlung durch die römische Verwaltung erhoben sich die Westgoten jedoch. V. trat ihnen 378 in der Schlacht bei Adrianopel entgegen, wurde geschlagen und fiel. Nachfolger: →Theodosius I.

Valentinian(us)*, römische Kaiser*

Valentinian I. *(Flavius Valentianus I.)*
Kaiser 364–375
** 321 Cibalae, Pannonien*
† 17. 11. 375 Brigetio, Pannonien
364 von den Soldaten zum Kaiser ausgerufen, erhob V. im gleichen Jahr seinen Bruder →Valens und 367 seinen Sohn →Gratian zu Mitkaisern. Sein Hauptaugenmerk galt – bei religiöser Toleranz nach innen – notgedrungen der militär. Sicherung des Reichs. In langjährigen Kämpfen gegen die Alemannen, während derer V. meist in Trier residierte (367–374), konnte er die Rheingrenze behaupten und befestigen. In Britannien sicherte er den Hadrianswall gegen Pikten und Skoten und kämpfte in Gallien gegen Franken und Sachsen. Bei Verhandlungen mit den Quaden und Sarmaten in Pannonien starb V. Nachfolger wurden seine Söhne Gratian und →V. II.

Valentinian II. *(Flavius Valentinianus II.)*
Kaiser 375–392
** Herbst 371 Trier (?)*
† 15. 5. 392 Vienna, Gallien
Nach dem Tod seines Vaters →V.s I. vierjährig zum Kaiser für den mittleren Reichsteil (Italien mit Illyricum, Africa) erhoben (Residenz Mailand), war V. ein schwacher Herrscher, der Zeit seines kurzen Lebens unter dem Einfluß seiner Regenten und Berater stand. Nachdem zunächst sein Stiefbruder →Gratian, der Augustus für den Westen, die Regentschaft übernommen hatte, regierte V. nach dessen Absetzung durch den Usurpator →Maximus Magnus (383) unter dem Einfluß seiner Mutter Iustina († um 388), die ihn als arianische Christin (→Arius) in Gegensatz zum Bischof von Mailand →Ambrosius und zu den Vertretern der heidnischen Restauration brachte. Als Maximus 387 auch nach Italien übergriff, mußte V. zum Ostkaiser →Theodosius I. (d. Gr.) fliehen, der Maximus besiegte und V. 392 seinen fränkischen Heermeister →Arbogast als Berater und faktischen Regenten an die Seite stellte. V. wurde von diesem ermordet oder durch dessen Verhalten in den Selbstmord getrieben.

Valentinian III. *(Flavius Placidus V. III.)*
weströmischer Kaiser 425–455
** 2. 7. 419 Ravenna*
† 16. 3. 455 Rom
424 zum Caesar, 425 zum Augustus erhoben, stand der Enkel von →Theodosius I. (d. Gr.) und Sohn von →Constantius III. bis 437 unter der Regentschaft seiner Mutter →Galla Placidia, die ihm 433 →Aetius als Berater und Heermeister an die Seite stellte. Unter seiner schwachen Regierung ging Britannien an die Sachsen, Africa an die Wandalen unter →Geiserich verloren, während →Attilas Hunnen Europa verheerten (Eroberung Pannoniens 433/34). Die Hunnen konnten in der Schlacht auf den Katalaunischen Feldern von Aetius vorübergehend gestoppt werden und ließen sich bei ihrem Einfall nach Italien von Papst →Leo I. zum Rückzug bewegen. Nachdem V. 455 persönlich Aetius, der ihm zu mächtig zu werden drohte, ermordet hatte, wurde er wenig später von dessen Anhängern erschlagen.

Valera, Eamon de

mehrmaliger irischer Premierminister
** 14. 10. 1882 New York*
† 29. 8. 1975 bei Dublin

Der bedeutendste irische Politiker des 20. Jh.s war seit 1913 in der ir. Unabhängigkeitsbewegung aktiv. Wegen Teilnahme am Dubliner Osteraufstand 1916 zunächst zum Tode verurteilt, dann begnadigt, wurde er 1917 Führer der radikalen Unabhängigkeitsbewegung Sinn Féin und 1919 Präs. der aufständ. republikan. Regierung. Als Gegner des Kompromisses von 1921, der Irland nur den Commonwealth-Status zuerkannte und Nordirland bei Großbritannien beließ, nahm V. 1922/23 am Bürgerkrieg für die volle Unabhängigkeit ganz Irlands teil, trennte sich jedoch 1926 von den radikalen Separatisten und gründete die Partei Fianna Fáil. Mit ihr zog er 1927 in das Parlament ein und übernahm 1932, zunächst als Präs. des Exekutivrats, ab 1937 als Premier-Min., erstmals die Regierung (bis 1948). Er betrieb die schrittweise Loslösung Irlands von Großbritannien (1937 volle Souveränität, 1949 Austritt aus dem Commonwealth) und hielt das Land im 2. Weltkrieg neutral. 1951–1954 und 1957–1959 abermals Premier-Min., nahm V. als Staats-Präs. 1959 –1973 vornehmlich repräsentative Aufgaben wahr.

Valerian(us), Publius Licinius
römischer Kaiser 253–259
** um 190*
† nach 259 (?) Persien
Vom Heer nach dem Tod des Kaisers Gallus (251 bis 253) zum Augustus ausgerufen, ernannte V. seinen Sohn Publius Licinius E. →Gallienus zum Mitkaiser und übertrug ihm im Westen die Sicherung der Rhein- und Donaugrenze gegen die Alemannen. V. selbst widmete sich im Osten der Kriegführung gegen die Perser (Antiochia, Kappadokien). 257/58 veranlaßte er eine Christenverfolgung. Ein Vorstoß zum Entsatz von Edessa scheiterte 259. V. wurde von den Persern unter →Schapur I. gefangengenommen und starb bald darauf.

Vandervelde, Émile
belgischer sozialistischer Politiker
** 25. 1. 1866 Ixelles*
† 27. 12. 1938 Brüssel
Der Jurist und Universitätsprofessor, seit 1889 Mitglied der Belgischen Arbeiterpartei, gehörte zu den führenden sozialistischen Politikern seiner Zeit. 1900–1914 war er Präsident des Exekutivkomitees der Zweiten Internationale und 1929–1936 Präs. der Sozialistischen Arbeiter-Internationale. 1916–1937 mehrfach Min., schloß er als Außen-Min. (1925 bis 1927) den Locarnovertrag (1925) und gilt als einer der Väter der belgischen Sozialgesetzgebung.

Vargas, Getúlio Dorneles
brasilianischer Staatspräsident 1930–1945, 1951–1954
** 19. 4. 1883 São Borja*
† 24. 8. 1954 Rio de Janeiro
Der studierte Jurist gelangte nach einer gescheiterten Präsidentschaftskandidatur 1930 durch die brasilianische Revolution zunächst als provisorischer, seit 1934 als gewählter Präsident ins höchste Staatsamt. 1937 schaltete er per Staatsstreich die Verfassung aus und regierte seitdem diktatorisch. Seinem autoritären Regime verdankt Brasilien ein umfangreiches Modernisierungsprogramm: V. brach die Macht der Großgrundbesitzer und sicherte sich durch weitgreifende wirtschaftliche und soziale Reformen (u. a. Steuer- und Wahlrechtsreform, Sozialgesetzgebung, Verbesserung des Bildungswesens) die Unterstützung der Arbeiter. Ökonomisch setzte er auf eine forcierte Industrialisierung. 1945 wurde er durch einen Staatsstreich demokratischer Kräfte gestürzt, kehrte jedoch 1950 nach einem Sieg bei den Präsidentschaftswahlen ins Amt zurück. An die Regeln der Demokratie gebunden, fehlte seiner Regierung angesichts von Wirtschaftskrise und Korruptionsskandalen der Glanz früherer Jahre. Einer erneuten Ablösung durch Staatsstreich entging V. durch Selbstmord.

Varus, Publius Quinctilius
römischer Feldherr
** um 46 v. Chr.*
† 9 n. Chr.
Zunächst Legat in Syrien (6 – 4 v. Chr.), übernahm V. 7 n. Chr. die Verwaltung Germaniens. Durch überstürzte Romanisierungsbemühungen in Rechtsprechung und Verwaltung machte er sich bei den germanischen Stämmen unbeliebt und wurde 9 n. Chr. vom Cheruskerfürsten →Arminius in einen Hinterhalt gelockt: V. unterlag mit drei Legionen in der Schlacht im Teutoburger Wald (auch: V.schlacht) und beging Selbstmord. Seine Niederlage und die Schwierigkeiten des →Germanicus, die Germanen zu befrieden, waren für Kaiser →Tiberius das Signal, die rechtsrheinischen Gebiete aufzugeben.

Venizelos, Eleutherios
mehrmaliger griechischer Ministerpräsident
** 23. 8. 1864 Murnies, Kreta*
† 18. 3. 1936 Paris

Als Führer der Enosis-Bewegung (seit 1888), die die Vereinigung Kretas mit Griechenland anstrebte, stand V. 1897 an der Spitze des kret. Aufstandes

gegen das Osmanische Reich und erreichte die Autonomie für die Insel. 1908 proklamierte er im Rahmen der Jungtürkischen Revolution den Anschluß Kretas an Griechenland, der jedoch erst 1913 im Bukarester Frieden zur Beendigung des 2. Balkankrieges völkerrechtlich anerkannt wurde. Unterdessen übernahm V. 1910 nach dem Wahlsieg der von ihm gegründeten Liberalen Partei die griechische Regierung (bis 1915). Im Innern legte er durch umfangreiche Reformen, nach außen durch beträchtliche Gebietsgewinne in den beiden Balkankriegen (1912/13, 1913) die Grundlage für das moderne Griechenland.
Als Befürworter eines Kriegseintritts auf seiten der Entente mußte V. 1915 in Konflikt mit König →Konstantin I. zurücktreten. 1916 stellte er sich an die Spitze einer Gegenregierung im von Frankreich besetzten Thessaloniki und erzwang – mit Hilfe englisch-französischer Intervention 1917 wiederum Min.-Präs. (bis 1920) – die Abdankung Konstantins und den Kriegseintritt gegen die Mittelmächte (1917). Auf der Pariser Friedenskonferenz artikulierte er 1919 großgriech. Ziele, die er im blutigen Krieg gegen die Türkei (1920–1923) vergeblich durchzusetzen suchte: Mit der »kleinasiatischen Katastrophe« (1922) führte der von ihm provozierte Konflikt zum Verlust sämtlicher kleinasiatischer Gebiete und der Umsiedlung der dort lebenden 1 700 000 Griechen (Frieden von Lausanne 1923). V., der seit der Rückkehr Konstantins auf den Thron 1920 im Exil in Paris lebte, kehrte nach dessen Abdankung 1922 nach Griechenland zurück, vertrat es auf der Konferenz von Lausanne (1923) und war 1924 kurze Zeit Min.-Präs. Als abermaliger Regierungschef (1928–1932, 1933) scheiterte er an den Auswirkungen der Weltwirtschaftskrise.
Sein Sohn *Sophoklis V.* (* 1894, † 1964) war 1944 (im Exil) und 1950/51 Min.-Präs. Als Führer der oppositionellen Liberaldemokrat. Union (seit 1956) schloß er seine Partei 1961 mit der Zentrumsunion Georgios →Papandreous gegen die Regierung Konstantin →Karamanlis zusammen und gewann 1963 die Wahlen. 1950–1952 und 1963 war er Außen-Min.

Vercingetorix
gallischer Fürst aus dem Stamm der Averner
** um 82 v. Chr.*
† 46 v. Chr. Rom
Als hartnäckigster Widersacher Iulius →Caesars bei der Unterwerfung Galliens einte V. die keltischen Stämme zum Aufstand gegen die römische Herrschaft. 52 behauptete er sich anfangs erfolgreich in der Bergstadt Gergovia, scheiterte jedoch mit dem Versuch, die römischen Truppen bei Dijon einzukesseln, und mußte sich im von Caesar belagerten Alesia ergeben. Nach 6jähriger Gefangenschaft in Rom wurde er von diesem im Triumphzug mitgeführt und hingerichtet.

Verus, Lucius Aurelius
römischer Kaiser 161–169
** 15. 12. 130 Rom*
† Januar/Februar 169 Altinum, Venetien
(Eigentlich *Lucius Ceionius Commodus*). Der Adoptivsohn des →Antoninus Pius (seit 138, als *Lucius Aurelius Commodus*) wurde nach dessen Tod von seinem Adoptivbruder →Marc Aurel zum Mitkaiser erhoben. Als Oberbefehlshaber im Krieg gegen den Partherkönig →Vologaisis III. (161–166) erreichte er die Rückeroberung von Großarmenien und Syrien; Ktesiphon und Seleukaia ließ er zerstören. Im Markomannenkrieg (166–175) an der Seite Marc Aurels kämpfend, starb V. an einem Schlaganfall.

Verwoerd, Hendrik Frensch
südafrikanischer Premierminister 1958–1966
** 8. 9. 1901 Amsterdam*
† 6. 9. 1966 Kapstadt

Der Professor für Psychologie und Soziologie (1928 bis 1937), der als Herausgeber der Zeitung der Nationalen Partei »De Transvaller« (1937–1948) für eine Separatfrieden mit dem nat.-soz. Deutschland eintrat, zeichnete als Minister für Eingeborenenfragen (1950–1958) unter Daniel F. →Malan wie als Premier-Min. für die Errichtung der Apartheid in Südafrika verantwortlich. Seit 1958 Premier-Min. und Führer der Nationalen Partei, setzte er die Rassentrennung mit Polizeimethoden durch und betrieb die Einrichtung der Bantu-»Homelands«. 1960 ließ er eine Kampagne gegen die Paßgesetze durch das Massaker von Sharpeville niederwerfen und setzte das Verbot des African National Congress (ANC, Nelson →Mandela) durch. 1961 kam er einem Ausschluß Südafrikas aus dem Commonwealth durch Austritt zuvor. V. starb bei einem Attentat im Parlament. Nachfolger: Johann →Vorster.

Vespasian(us), Titus Flavius
römischer Kaiser 69–79
** 17. 11. 9 Reate*
† 24. 6. 79
Während seines Einsatzes als Oberbefehlshaber gegen den Jüdischen Aufstand (66–70) wurde V. nach →Neros Selbstmord (68) und der Inthronisation des Vitellius 69 in Syrien von seinen Soldaten zum Kaiser ausgerufen. Nach seinem Sieg über Vitellius wurde der Begründer der Dynastie der Flavier (bis 96) gegen zwei weitere Thronprätendenten vom Senat anerkannt. Zur endgültigen Niederwerfung des Jüd. Aufstands entsandte er seinen Sohn →Titus Flavius Vespasianus, der 70 Jerusalem eroberte. 71 erhob er ihn als seinen designierten Nachfolger zum Mitkaiser, um einen ähnlichen Bürgerkrieg wie zu Beginn seines Regierungsantritts zu verhindern. V. sanierte die zerrütteten Staatsfinanzen durch Sparmaßnahmen und scharfe Besteuerung und ließ das durch den Brand unter Nero (64) und die Straßenkämpfe zwischen seinen Anhängern und den Vitellianern (69) teilweise zerstörte Rom wieder aufbauen (u. a. Kapitol). Gegenüber den westlichen Provinzen setzte er durch großzügige Gewährung des Bürgerrechts und zahlreiche Bauten die Romanisierung fort.

Vespucci, Amerigo
italienischer Seefahrer und Entdecker
** 9. 3. 1451 (1454 ?) Florenz*
† 22. 2. 1512 Sevilla

Als Handelsagent eines Medicibankhauses um 1492 nach Spanien gekommen, unterstützte V. Christoph →Kolumbus bei der Vorbereitung seiner 3. Reise (1498). Nach eigenen Angaben unternahm V. 1497 bis 1504 selbst vier Reisen in span. bzw. portugiesischen Diensten nach Südamerika, von denen zumindest zwei (1497, 1503/04) angezweifelt werden. 1504 legte er einen Reisebericht (»Terra nova«) vor, in dem er die Neue Welt (»mundus novus«) erstmals als eigenen Kontinent und nicht als Teil Asiens identifizierte. Der dt. Karthograph Martin Waldseemüller benannte 1507 in seiner Schrift »Cosmographiae Introductio« und in der beigegebenen Karte den südlichen Teil des Kontinents nach V.s latinisiertem Vornamen »America«. Die Bezeichnung bürgerte sich schnell für den gesamten Kontinent ein. Als Piloto Mayor war V. seit 1508 für die Vorbereitung weiterer Expeditionen zuständig.

Vico, Giovanni Batista (Giambatista)
italienischer Geschichtsphilosoph
** 23. 6. 1668 Neapel*
† 23. 1. 1744 Neapel
In seinem Hauptwerk »Scienza nuova« (»Neue Wissenschaft«, 1725, überarbeitet 1730 und 1744) definierte der bedeutendste Vordenker des Historismus die Geschichte als das eigentliche Objekt menschlicher Erkenntnis. Nach ihm kann der Mensch nur das erkennen, was er selbst hervorgebracht hat. Deshalb sei die universale Erkenntnis Gott vorbehalten. V. wandte sich damit sowohl gegen den naturwissenschaftlich orientierten Rationalismus René Descartes' als auch gegen die naturrechtliche Gesellschaftstheorie Thomas →Hobbes'. Innerhalb seines zyklisch-dialektischen Geschichtsbildes deutete er den historischen Prozeß als gesetzmäßig sich wiederholende Abfolge von Aufstieg, Blüte und Verfall der Kulturen. Durch die breite Einbeziehung anderer Disziplinen gilt V. als Begründer der Kulturwissenschaften und der Völkerpsychologie.

Viktor

– Päpste

Viktor I.
Papst um 189–198
† 198 Rom
Der gebürtige Afrikaner, der erste Lateiner auf dem Papststuhl, gab das Griechische als offizielle Sprache der römischen Kirche zugunsten des Lateinischen auf. Im Osterfeststreit brachte er gegen die kleinasiat. Gemeinden den Primat Roms erstmals deutlich zur Geltung: Von Gallien bis Mesopotamien schlossen sich die Gemeinden seiner Datierung an; wer sich weigerte, wurde exkommuniziert. – Heiliger (Fest: 28. 7.)

Viktor II.
Papst 1055–1057
† 28. 7. 1057 Arezzo
(Vorher *Gebhard von Eichstätt*). Aus fränk.-schwäb. Adel stammend, 1042 Bischof von Eichstätt, wurde der polit. Ratgeber Kaiser →Heinrichs III. von diesem in der Papstwahl unterstützt. V. setzte den Kampf gegen Simonie (Ämterkauf) und Priesterehe fort. Auf Wunsch des Kaisers übernahm er nach

dessen Tod die Fürsorge über das Reich, krönte →Heinrich IV. und versöhnte die lothringischen Herzöge mit dem Königshaus. Mit seinem Tod endete die Periode des Zusammenwirkens von Papst und deutschem König in der Kirchenreform.

Viktor III.
Papst 1086/87
** um 1027*
† 16. 9. 1087
(Vorher *Daufari*, Mönchsname *Desiderius*). Der Benediktiner war seit 1058 Abt von Montecassino. Als päpstl. Vikar für Süditalien vermittelte er zwischen seinem Vorgänger Papst →Gregor VII. und dem Normannenherzog →Robert Guiscard das Bündnis von 1059. Kontakte zu Kaiser →Heinrich IV. zur Beilegung des Inverstiturstreits stießen auf heftigen Widerstand Gregors (1082). Wegen seiner Beziehungen zu den Normannen, deren Unterstützung das Papsttum gegen den von Heinrich eingesetzten Gegenpapst Klemens III. (1080–1100) benötigte, wurde V. 1086 gegen seinen Willen auf den Hl. Stuhl gewählt, zog sich nach einem Volksaufstand für Klemens aus Rom nach Montecassino zurück und akzeptierte erst nach einer Bestätigung seiner Wahl 1087 die Insignien des Papstes. Auf der Synode von Benevent setzte er die Kirchenpolitik Gregors fort (1087). Seligsprechung 1887 (Fest: 16. 9.).

– Fürsten. Italien
Viktor Emanuel II.
König von Sardinien-Piemont 1849–1861,
König von Italien 1861–1878
** 14. 3. 1820 Turin*
† 9. 1. 1878 Rom
Der Thronfolger aus dem Hause Savoyen wurde nach der Abdankung seines Vaters Karl Albert (1831–1849) König von Sardinien. Als einziger italien. Herrscher ließ er die Verfassung von 1848 bestehen und gab seinem Min.-Präs. Camillo Benso di →Cavour trotz persönl. Differenzen freie Hand, Italien zu einen. Mit dem gemeinsam mit Frankreich errungenen Sieg im Krieg gegen Österreich, in dem V. E. die italien. Truppen bei Magenta und Solferino kommandierte (1859), und der von ihm unterstützten Eroberung Siziliens und Neapels durch Giuseppe →Garibaldi (1860) waren zwei wichtige Etappen der italien. Einigung (Risorgimento) erreicht. 1861 ließ sich V. E. zum König von Italien krönen. Nach der Eroberung des Kirchenstaates gegen Papst →Pius IX. 1870 konnte er in Rom einziehen. Nachfolger wurde sein Sohn →Umberto I.

Viktor Emanuel III.
König von Italien
1900–1946
** 11. 11. 1869 Neapel*
† 28. 12. 1947
Alexandria (Ägypten)
Der Enkel →V. E.s II. bestieg nach der Ermordung seines Vaters →Umberto I. den italien. Thron und regierte zunächst weitgehend konstitutionell. 1922 berief er Benito →Mussolini nach dessen »Marsch auf Rom« an die Spitze der Regierung und ließ sich in den folgenden Jahren von dem faschist. Regime weitgehend in den Hintergrund drängen. Im Zuge der expansiven Außenpolitik Mussolinis war er 1936–1941 bzw. 1939–1943 auch Kaiser von Abessinien und König von Albanien. Nach den verheerenden Niederlagen Italiens im 2. Weltkrieg beteiligte er sich an Mussolinis Abberufung durch den Faschistischen Großrat 1943 und übernahm selbst den Oberbefehl. 1944 verzichtete er auf die Ausübung der Herrschaft zugunsten seines Sohnes →Umberto (II.), 1946 dankte er ab und ging ins Exil.

– Sardinien-Piemont
Viktor Amadeus II.
Herzog von Savoyen 1675–1730, König von Sizilien 1713–1718/20 und Sardinien 1720–1730
** 14. 5. 1666 Turin*
† 31. 10. 1732 Moncalieri
Bis 1683 unter der Regentschaft seiner Mutter, entzog sich V. A. durch eine berechnende Bündnispolitik der französ. Umklammerung: 1690 verstärkte er zunächst die Große Allianz gegen die Hegemonialansprüche →Ludwigs XIV. im Pfälz. Erbfolgekrieg (1688–1697), schloß jedoch 1696 einen Separatfrieden, als Spanien seine Ansprüche auf Mailand blokkierte. Den Span. Erbfolgekrieg (1701–1713/14) begann er auf seiten Ludwigs XIV., wechselte jedoch 1703 zu den Habsburgern und erhielt im Frieden von Utrecht 1713 als Erbberechtigter das Königreich Sizilien (als *V. A. I.*). 1718 von Spanien aus Sizilien vertrieben, mußte V. A. die Insel im Frieden von 1720 gegen Sardinien eintauschen, das er – zum Königtum erhoben – zum stärksten Einzelstaat innerhalb Italiens machte. 1730 dankte er zugunsten seines Sohnes Karl Emmanuel III. (1730–1770) ab.

Viktor Emanuel I.
König von Sardinien-Piemont 1802–1821
** 24. 7. 1759 Turin*
† 10. 1. 1824 Moncalieri, bei Turin
Während der Besetzung Italiens durch das revolutionäre Frankreich unter →Napoleon (I.) Bonaparte seit 1796/97 konnte sich V. E. auf Sardinien halten. Die Besitzungen seiner Dynastie in Piemont, Nizza und Savoyen, die 1802 an Frankreich gefallen waren, brachte ihm der Wiener Kongreß erst 1814 zurück. 1815 erhielt er zudem Genua. Im Innern ließ er liberale Geheimgesellschaften verbieten und weigerte sich, eine Verfassung zu gewähren. 1821 trat er nach einem Aufstand gegen seine reaktionäre Regierung zugunsten seines Bruders Karl Felix (1821–1831) zurück.

Viktor Emanuel II.
König von Italien, →V. E. II.

Viktoria

Königin von Großbritannien und Irland 1837–1901, Kaiserin von Indien 1877–1901
** 24. 5. 1819 Kensington Palace, London*
† 22. 1. 1901 Osborne

(Englisch *Victoria*). In der ein Menschenalter umfassenden Regierungszeit V.s, der längsten in der britischen Monarchie überhaupt, erlebte die englische Gesellschaft als Motor der Industrialisierung auf dem Kontinent einen beispiellosen Wandel: Während V. als junge Königin mit der Kutsche reiste und bei Kerzenlicht speiste, kannte die Welt bei ihrem Ableben bereits Automobil und elektrisches Licht. Obwohl die Krone real an politischem Gewicht verlor, hob sie in dieser Zeitspanne durch ihren Lebens- und Regierungsstil das Ansehen der Monarchie in Großbritannien, das während der Herrschaft ihres Großvaters →Georg III. und ihres Onkels →Wilhelm IV. gelitten hatte. Im Viktorianischen Zeitalter erlebten die Ober- und Mittelschichten Englands eine beispiellose wirtschaftliche Blütezeit, gesellschaftlich jedoch regierte eine strenge, puritanisch geprägte Moral, die Kunst wurde in enge Grenzen verwiesen.
Die Tochter des Herzogs Edward von Kent und der Prinzessin Viktoria von Sachsen-Coburg-Gotha folgte Wilhelm IV. 18jährig auf den Thron. Zunächst recht unbekümmert regierend, veränderte sich seit ihrer Vermählung mit ihrem Cousin Albert von Sachsen-Coburg-Gotha (1840) ihren Regierungsstil. Von ihm beraten, hielt sie strenge Arbeitszeiten ein, ließ sich gewissenhaft über die politische Lage informieren und suchte, wo sie wegen der parteipolitischen Zersplitterung im Parlament konnte, – eigenwillig und selbstbewußt – Einfluß auf die Regierungsbildung zu nehmen, ohne die konstitutionellen Grundlagen der Monarchie zu verlassen. Den liberalen Premierministern Henry John →Palmerston und William E. →Gladstone stand sie reserviert gegenüber, kooperierte jedoch mit dem konservativen Benjamin →Disraeli, der ihre Erhebung zur Kaiserin von Indien veranlaßte. Seit dem Reform Act 1867, der die Parteistruktur in Großbritannien festigte, verlor sie an direktem Einfluß auf die Politik. Nach dem Tode Alberts (1861) zeigte sich die Mutter von neun Kindern nur noch selten in der Öffentlichkeit, ließ sich aber von ihren Ministern informieren. Ihren Sohn und Nachfolger →Eduard VII. hielt sie lange von politischer Verantwortung fern.

Villa, Francisco »Pancho«
mexikanischer Revolutionär und Bandit
** 5. 6. 1878 Doroteo Arango, Durango*
† 20. 7. 1923 Parral, Chihuahua
(Eigentlich *Doroteo Arango*). Gleich dem legendären Robin Hood war V. der Volksheld der mexikan. Revolution (1910/11). Als Mitstreiter Francisco I. →Maderos und Emiliano →Zapatas erreichte er 1911 den Sturz der Diktatur von Pofirio →Díaz. Nachdem Madero 1913 von einem Militärputsch unter Victoriano Huerta (Präs. 1913/14) gestürzt wurde, zog sich V. in den Norden, nach Chihuahua zurück, von wo aus er mit Zapata 1914 abermals Mexico-Stadt besetzte, jedoch 1915 nach Chihuahua vertrieben wurde. Sein Angriff die auf US-amerikanische Stadt Columbus (New Mexico) provozierte 1916 eine kleine militärische Intervention der USA. 1920 zog er sich aus der Politik zurück und wurde 1923 von seinen politischen Gegnern ermordet.

Visconti, Giangaleazzo
Herzog von Mailand 1395–1402
** 16. 10. 1351 Mailand*
† 3. 9. 1402 Melegnano bei Mailand
Der bedeutendste Vertreter der Familie V., die seit 1262 die Stadtherrschaft von Mailand innehatte, trat nach dem Tod seines Vaters *Galeazzo II. V.*

(* um 1321, † 1378) als Signore die Herrschaft im Westteil der mailänd. Besitzungen an, während sein Onkel *Bernabò V.* (* 1323, † 1385) zunächst weiterhin den Ostteil regierte. Als dieser das Bündnis mit Frankreich suchte, ließ V. ihn 1385 gefangennehmen und vermutlich ermorden. Als Alleinherrscher erlangte er die Herrschaft über fast ganz Norditalien: 1395 ernannte ihn der dt. König →Wenzel zum Herzog von Mailand und 1396 zum Grafen von Pavia; 1399 unterstellte er sich Siena und Pisa, 1400 Perugia und weite Gebiete Umbriens, 1402 Bologna. V. starb während der Vorbereitung eines Angriffs auf Florenz an der Pest. Er ließ die Kathedrale von Mailand erbauen und war ein Bewunderer Petrarcas, der an seinem Hof die Bibliothek verwaltete.

Vlad III. Ţepeş
Fürst der Walachei 1448, 1456–1462, 1476
** 1430 oder 1431 Sigişoara (?)*
† Dez. 1476 Bukarest
Der Sohn des Fürsten Vlads II. Dracul (»Dracul« = »Teufel«, 1435–1447) zeichnete sich im Kampf gegen das Osman. Reich aus. 1462 abgesetzt, wurde er 1476 wieder zurückgerufen, jedoch wenig später von den Osmanen gefangen genommen und geköpft. Obwohl sich seine Grausamkeit gegen Osmanen wie gegen eigene Untertanen (nach einer bevorzugten Tötungsart sein Beiname »ţepeş« = »der Pfähler«) nicht wesentlich von der seiner mittelalterlichen Umgebung unterschied, gilt er dem westlichen Geschichtsbild als Verkörperung des blutrünstigen Bösen. Seinen Anfang nahm diese Beurteilung in den Beschwerdebriefen siebenbürgischer Kaufleute an den Hof in Wien, denen V. nur gegen hohe Steuern den Durchzug durch die Walachei zu den Fernhandelsplätzen im Nahen Osten gestatten wollte. Die rumän. Geschichtsschreibung sieht in V. dagegen einen Nationalhelden. Im biederen England der Königin →Viktoria erweckte der sonst obskure Autor Bram Stoker ihn in seinem fiktiven Roman »Dracula« zu neuem Leben (1897).

Vologaisis III.
parthischer König 148–193
V. provozierte mit seinem Einmarsch in das römische Armenien 161 den Partherkrieg (bis 166). Nach Anfangserfolgen (Eroberung Syriens und Armeniens) gewannen die Römer unter Kaiser Lucius Aurelius →Verus die Oberhand und verwüsteten u. a. Seleukeia und Ktesiphon (166). Da eine Pest sie zum Rückzug und Friedensschluß zwang, konnte sich V. im Partherreich halten.

Voltaire

französischer Schriftsteller und Philosoph
** 21. 11. 1694 Paris*
† 30. 5. 1778 Paris

(Eigentlich *François-Marie Arouet*). Der wohl bedeutendste Vertreter der Aufklärung gilt als Verkörperung des französ. »esprit«. Seine Werke, in denen er als Philosoph, Literat und Historiker Toleranz, Menschenrechte und -würde und Vernunft verteidigt, umfassen das gesamte Ideengut seiner Epoche. Seine Bedeutung läßt sich daran ablesen, daß in Frankreich die Spanne seines Lebens, die vom Höhepunkt des Absolutismus unter →Ludwig XIV. bis an den Vorabend der Französ. Revolution reichte, das »siècle de Voltaire« genannt wird.
Der Sohn eines Notars, 1704–1711 im Jesuitenkolleg Louis-le-Grand ausgebildet, geriet 1717 erstmals wegen einer Satire auf Ludwig XIV. in Konflikt mit der Monarchie und war für fast ein Jahr in der Bastille inhaftiert. Seit dem Erfolg seiner Tragödie »Œdipe« (1718) stand er in der Gunst des Hofes, wurde jedoch nach einem persönl. Konflikt mit dem Chevalier de Rohan 1726 erneut inhaftiert und lebte 1726–1729 in England im Exil. Die Ergebnisse seiner Erfahrungen mit dem brit. Liberalismus und Freidenkertum legte er in seinen fiktiven »Lettres philosophiques ou lettres anglaises« (1734) nieder, die einen einzigartigen Überblick über die engl. Literatur, Philosophie, Ökonomie und Staatsverfassung bieten. Da er darin zugleich scharf die französ. Zustände kritisierte, mußte V. Paris abermals verlassen und in die Champagne fliehen. Hier lebte er in Cirey auf dem Schloß der Marquise du Châtelet, seiner intellektuellen Partnerin und Geliebten, mit Unterbrechungen bis zu deren Tod 1749. 1750 bis 1753 war er in Berlin Gast bei →Friedrich II. (d. Gr.), wurde aber in Ungnade entlassen. 1755 ließ er sich in Genf nieder, mußte die Stadt jedoch nach Konflikten mit Jean-Jacques →Rousseau und den Stadtherren über von ihm inspirierte Äußerungen in der Encyclopédie über Genf wieder verlassen und lebte seit 1759 auf seinem Schloß Ferney in Frankreich nahe der Schweizer Grenze bei Genf, wo er sich für die Abschaffung der Leibeigenschaft und der

Wegzölle einsetzte. Wenige Monate vor seinem Tod kehrte er anläßlich der Uraufführung seines Dramas »Irène« im Triumph nach Paris zurück. Während der Französ. Revolution wurden seine sterblichen Überreste ins Panthéon überführt (1791).

Philosophisch wandte sich V. gegen die Rousseausche Verherrlichung des Naturzustands. Hinter der Gesetzmäßigkeit der Natur erkannte er unter dem Einfluß des englischen Deismus Gott als einen vernünftigen Urheber. Die Geschichte der Menschheit sei daher die Geschichte des Fortschritts. Auch wenn er die praktische Bedeutung des Gottesglaubens für die Aufrechterhaltung von Moral und Ordnung betonte, war er einer der schärfsten Kriti-

Die beiden Getrösteten

Chronik Zitat

Eine Erzählung von Voltaire

»Der große Philosoph Citophile sagte einmal zu einer tiefbetrübten Frau, die alle Ursache hatte, es zu sein: ›Der Königin von England, der Tochter des großen Henri IV. [→Heinrich VI.], ist es ebenso bitter ergangen wie Euch, Madame: sie wurde aus ihrem Reich verjagt; sie wäre in einem Sturm auf See fast umgekommen; sie sah ihren königlichen Gemahl auf dem Blutgerüst enden.‹ – ›Das tut mir leid für sie‹, sagte die Dame; und sie fuhr fort, ihr eigenes Unglück zu beweinen.

›So denkt →Maria Stuart‹, sagte Citophile, ›sie liebte ganz in Ehren einen wackeren Musikanten mit einer wunderschönen Tenorstimme. Ihr Gatte brachte den Musikanten vor ihren Augen um; und dann ließ ihre gute Freundin und Verwandte, Königin →Elisabeth und vorgebliche Jungfrau, auf einem schwarzbespannten Schafott ihr den Kopf abschlagen, nachdem sie sie achtzehn Jahre gefangengehalten hatte.‹ – ›Das ist sehr grausam‹, versetzte die Dame und versank wieder in ihren Gram.

›Habt Ihr denn wohl‹, fragte der Tröster, ›von der schönen Johanna von Neapel [→J. I. von Anjou] gehört, die eingekerkert und erdrosselt wurde?‹ – »Ich erinnere mich flüchtig‹, sagte die Bekümmerte.

›Ich werde Euch‹, fuhr der Philosoph fort, ›den Leidensweg einer Herrscherin schildern, die meinerzeit nach dem Nachtmahl entthront wurde und auf einer verlassenen Insel starb.‹ – ›Ich kenne die ganze Geschichte‹, erwiderte die Dame.

›Nun denn, so will ich Euch erzählen, was einer andern hohen Prinzessin, der ich die Philosophie erklärte, widerfuhr. Sie hatte einen Geliebten wie alle hohen und schönen Prinzessinnen. Ihr Vater trat in ihre Kammer und überraschte den Liebhaber mit feuerrotem Antlitz und blitzendem Auge wie Karfunkelstein; die Dame hatte nicht minder angeregte Miene. Das Antlitz des jungen Mannes mißfiel dem Vater derart, daß er ihm die gewaltigste Maulschelle versetzte, die in seiner Provinz je ausgeteilt ward. Der Liebhaber nahm eine Feuerzange und schlug dem Schwiegervater das Haupt entzwei, der nur mit Not genas und noch heute die Narbe dieser Wunde trägt. Die bestürzte Liebhaberin sprang aus dem Fenster und verrenkte sich den Fuß dergestalt, daß sie heute sichtbarlich hinkt, wiewohl sie sonst sehr hübsch gewachsen ist. Der Liebhaber wurde zum Tode verurteilt, da er einem sehr hohen Fürsten den Kopf eingeschlagen hatte. In welchem Zustand die Prinzessin war, als ihr Geliebter nach dem Galgen geführt wurde, mögen Sie sich denken. Ich habe sie oft besucht, als sie im Kerker saß; sie sprach von nichts als ihrem Unglück.‹ – ›Und warum soll ich an meines nicht denken?‹ fragte die Dame. ›Je nun‹, sagte der Philosoph, ›weil man nicht daran denken soll und weil in Anbetracht so großer Heimsuchungen so vieler hoher Damen es Euch schlecht ansteht zu verzweifeln. Denkt an Hekuba, denkt an Niobe.‹ – ›Ei!‹ sagte die Dame, ›hätte ich zu ihrer Zeit gelebt oder zu der so vieler schöner Fürstinnen und hättet Ihr, um sie zu trösten, ihnen mein Unglück berichtet, meint Ihr wohl, daß sie Euch gehorcht hätten?‹

Tags darauf verlor der Philosoph seinen einzigen Sohn und war an dem Punkt, Kummers zu sterben. Die Dame ließ eine Liste sämtlicher Könige anfertigen, die ihre Kinder verloren hatten und überreichte sie dem Philosophen; er las sie, fand sie durchaus exakt und weinte darum nicht minder. Drei Monate später sahen sie sich erneut und staunten, einander bei gutem Humor zu finden. Da ließen sie der Zeit ein schönes Denkmal errichten mit der Inschrift: DER TRÖSTERIN. «

ker der Kirche dort, wo er Fanatismus, Intoleranz, Aberglauben und Ungerechtigkeit wahrnahm. Politisch plädierte er in Frankreich für eine Reform des Ancien Régime, nicht für seine direkte Abschaffung. Seit 1754 Mitarbeiter an der »Encyclopédie«, überwarf er sich 1770 mit den radikaleren Enzyklopädisten um Denis →Diderot.
Als Historiker wirkte V. durch sein krit. Quellenstudium bahnbrechend. In seinem historischen Hptw., dem »Essai sur l'histoire générale et sur les mœurs et l'esprit des nations« (1756), der ersten säkularisierten Weltgeschichte, deutete er die Geschichte der Menschheit als zielstrebige Erhebung von der Barbarei zur Zivilisation. Durch umfangreiche Berücksichtigung kultureller, wirtschaftlicher und gesellschaftlicher Aspekte schuf V. eine völlig neue Form der Geschichtsschreibung, die ihn zum Begründer der modernen Kulturgeschichte werden ließ.
Von seinen Zeitgenossen als Erbe Racines und »französischer Vergil« verehrt, sind von seinen zahlreichen literar. Werken viele weitgehend in Vergessenheit geraten. (▷ Chronik Zitat)

Vorster, Balthazar Johannes

südafrikanischer Premierminister 1966–1978
** 13. 12. 1915 Jamestown*
† 10. 9. 1983 Kapstadt

Während des 2. Weltkrieges als Anhänger des Nationalsozialismus und Führer der faschist. Ossowabrandwag-Organisation inhaftiert, schloß sich der Anwalt nach 1945 der Nationalen Partei an, für die er 1953 ins Parlament einzog. 1958–1961 Erziehungs-Min., seit 1961 Justiz-Min. unter Hendrik →Verwoerd, wurde V. nach dessen Ermordung 1966 Premier-Min. und Parteivors. Wie sein Vorgänger ein kompromißloser Verfechter der Apartheid, sah er sich dennoch gezwungen den »Homelands« zumindest Autonomie zuzugestehen. Als Südafrika seit Mitte der 1970er Jahre außen- wie innenpolitisch zunehmend unter Druck geriet (blutige Rassenunruhen in Soweto 1976), wurde V. 1978 von Pieter Willem →Botha abgelöst. Von dem Amt des Staats-Präs. (1978/79) mußte er nach einem Finanzskandal zurücktreten.

Vranitzky, Franz

österreichischer Bundeskanzler seit 1986
** 4. 10. 1937 Wien*

1981–1984 Generaldirektor der staatl. Länderbank, war der promovierte Ökonom und Sozialdemokrat seit 1984 Finanz-Min. in der sozialliberalen Koalition, bevor er Fred Sinowatz als Regierungschef ablöste. Seit 1987 regiert er mit der Österreich. Volkspartei (ÖVP) in großer Koalition (1990 bestätigt). 1988 löste V. Sinowatz auch als Vors. der SPÖ ab. Nach außen betrieb er den Beitritt der Alpenrepublik zur Europäischen Union (1995).

Vytautas *(Witold)*
Fürst/Großfürst von Litauen 1392/1401–1430
** 1350*
† 27. 10. 1430 Troki
V. führte das mittelalterliche Litauen auf den Höhepunkt seiner Macht und territorialen Ausdehnung. In Rivaliät zu seinem Vetter →Jagiełło, der 1377 die Großfürstenwürde übernommen hatte und 1386 mit seiner Krönung zum König von Polen die polnisch-litauische Personalunion eröffnete, trat er 1383 und 1389 – nach zwischenzeitlicher Versöhnung (1386) und Konversion zur Orthodoxie (1389) – auf die Seite des Deutschen Ordens und ließ sich jeweils katholisch taufen. 1392 ernannte Jagiełło ihn jedoch zum Statthalter über ganz Litauen. Von nun an betrieb V. erfolgreich die litauische Ostexpansion gegen die Tartaren der Goldenen Horde und die russ. Fürstentümer (besonders gegen den Großfürsten von Moskau, seinen Schwiegersohn →Wassili I.), unterlag jedoch den Tartaren 1399. Am Ende des litauisch-russischen Kriegs 1406–1408 mußte er die Ugra als gemeinsame Grenze akzeptieren, erhielt jedoch durch die Vormundschaft über →Wassili II. nach Wassilis I. Tod (1425) großen Einfluß in Moskau und konnte sich 1427 bzw. 1430 Twer und Rjazań unterstellen. Mit der Verleihung der Großfürstenwürde erhielt er die uneingeschränkte Macht in Litauen. Der gemeinsam mit Polen errungene Sieg über den Deutschen Orden bei Tannenberg 1410 stoppte dessen Ostexpansion.

Waldemar, dänische Könige

Waldemar I., *der Große*
König 1157–1182
** 14. 1. 1131*
† 12. 5. 1182 Schloß Vordingborg
(Herzog in Schleswig seit etwa 1148). Indem sich W., der Sohn des Herzogs von Südjütland, im Bürgerkrieg um den Thron durchsetzte, beendete er ein Vierteljahrhundert innerer Wirren. Durch seinen Sieg über die Wenden und die Eroberung Rügens 1168/69 leitete er die dänische »Großmachtzeit« ein. Als er in Konflikt mit den Expansionsplänen →Heinrichs des Löwen gegen die Ostseeslawen geriet, schloß er sich Kaiser →Friedrich I. Barbarossa an und unterstellte sich dessen Lehnshoheit (1162). 1070 erhob er seinen Sohn und Nachfolger →Knut (VI.) zum Mitregenten. W. ließ die Befestigungsanlagen, das Danewerk, gegen einen möglichen Angriff aus dem Süden verstärken (Waldemarsmauer), so daß er 1181 ein annähernd gleichberechtigtes Bündnis mit Friedrich I. Barbarossa schließen konnte.

Waldemar II., *der Sieger*
König 1202–1241
** 1170*
† 28. 3. 1241
Der Sohn →Waldemars I. und Nachfolger seines Burders →Knut VI. war nach der Eroberung des späteren Schleswig-Holsteins, Pommerns, Mecklenburgs, Estlands (1219) und Kurlands (1220) auf dem Weg, Dänemark als Großmacht des Nordens zu etablieren. 1223 geriet er jedoch in die Gefangenschaft Heinrichs von Schwerin, aus der er 1225 nur Rügen und Estland als »überseeische« Gebiete retten konnte. Seinen Versuch, die übrigen Territorien zurückzuerobern, stoppte 1227 eine Koalition der norddteutschen Fürsten und Städte in der Schlacht bei Bornhöved. W. verlor alle Gebiete südlich der Eider und seine Oberhoheit über die slawischen Ostseeanrainer. Damit war der Weg frei für die deutsche Ostsee-Expanison durch die Hanse. 1241 ließ W. das jütische Recht aufzeichnen.

Waldemar IV. Atterdag
König von Dänemark 1340–1375
** um 1320*
† 24. 10. 1375 Schloß Gurre
Nach der Schwächung der Königsmacht unter seinen Vorgängern zugunsten des Adels und der deutschen Hanse konnte W. die Autorität der Krone bis 1349 in den dän. Stammlanden Jütland, Seeland und Funen wiederherstellen. Nach der Eroberung Skånes von Schweden (1360), entfesselte er durch seinen Überfall auf Visby (1361) als Auftakt zur Eroberung Gotlands einen Krieg mit der Hanse, der sich in der Kölner Konföderation 1367 Schweden, Norwegen, Mecklenburg und die Holsteiner Grafen anschlossen. Nach der dänischen Niederlage mußte er im Frieden von Stralsund 1370 der Hanse freie Durchfahrt durch den Sund gewähren. Dennoch schuf W. die Voraussetzung für den Aufstieg Dänemarks zur skandinavischen Vormacht unter seiner Tochter →Margarete I.

Waldersee, Alfred Graf von
preußischer Offizier
** 8. 4. 1832 Potsdam*
† 5. 3. 1904 Hannover
Seit 1882 Generalquartiermeister und Stellvertreter Heinrich v. →Moltkes (d. Ä.), wurde W. 1888 dessen Nachfolger als Chef des Generalstabs. Seine Präventivkriegspläne gegen Rußland und seine Verbindung mit Adolf →Stoecker brachten den reaktionär-konservativen W. in Gegensatz zu Otto v. →Bismarck, an dessen Sturz er 1890 beteiligt war, und zu Kaiser →Wilhelm II., der ihn 1891 entließ. Seit 1900 Generalfeldmarschall, führte W. 1900/01 die europäischen Interventionstruppen gegen den chinesischen Boxeraufstand (Spottname »Weltmarschall«).

Waldes, Petrus
französischer Begründer der Waldenser
** um 1140*
† um 1217
Aufgrund eines religiösen Erweckungserlebnisses gab der reiche Lyoner Kaufmann W. um 1175 seinen Besitz und seine Familie auf, um sich mit seinen Anhängern (Waldenser), die er seitdem um sich scharrte, nach dem Vorbild →Jesu in Armut der Laienpredigt zu widmen. Weil sie die von Papst →Alexander III. 1179 dekretierte Beschränkung auf die »Sittenpredigt« nicht einhielten, wurden die Waldenser 1184 auf der Synode von Verona unter Vorsitz Kaiser →Friedrich I. Barbarossas exkommuniziert und ein Kreuzzug gegen sie ausgerufen. W. wurde aus Lyon vertrieben. Seine Waldenser, die sich zunächst im Rahmen der katholischen Lehre bewegten, radikalisierten sich zunehmend, lehnten Hierarchie, Sakramente, Heiligen- und Reliquienverehrung u. a. ab und gelten als Vorläufer der Reformation. Von der Inquisition verfolgt, flüchteten sie im 14. Jh. in Rückzugsgebiete, wo sie sich teilweise bis ins 20. Jh. hielten.

Waldheim, Kurt

UNO-Generalsekretär 1972–1981, österreichischer Bundespräsident 1986–1992
** 21. 12. 1918 St. Andrä-Wörden, Niederösterreich*

Im 2. Weltkrieg Offizier der großdeutschen Wehrmacht (bis 1942), trat W. 1945 in den diplomatischen Dienst Österreichs ein. 1965–1968 war er österr. Vertreter bei der UNO, 1968–1970 Außen-Min. Nach einer vergebl. Präsidentschaftskandidatur (1971) wurde er Nachfolger Sithu →U Thants bei den Vereinten Nationen. Während er sich dort als Vermittler zwischen den Interessen der Weltmächte und den Ländern der Dritten Welt einen Namen machte, stand seine Amtszeit als Bundes-Präs., die er als Kandidat der Österr. Volkspartei (ÖVP) antrat, im Schatten der Diskussion um seine Beteiligung an den dt. Kriegsverbrechen während des 2. Weltkriegs. International weitgehend gemieden, verzichtete er 1992 auf eine weitere Kandidatur.

Wałęsa, Leszek (Lech)

polnischer Staatspräsident seit 1990
** 29. 9. 1943 Popowo*

Der Elektromonteur gehörte während der Danziger Streikbewegung 1980 zu den Begründern der unabhängigen Gewerkschaft Solidarność (Solidarität), deren Vorsitz er bis 1990 innehatte. Nach Verhängung des Kriegsrechts durch die Regierung Wojciech →Jaruzelskis wurde er verhaftet (1981/82) und hatte in der Folge als gemäßigter Sprecher der 1982 verbotenen und 1989 wieder zugelassenen Solidarność maßgebenden Anteil am Sturz des kommunistischen Regimes. 1989 erreichte er die Einrichtung eines »Runden Tisches« und die Durchführung der seit Kriegsende ersten freien Wahlen. 1990 setzt sich W. bei den Staatspräsidentenwahlen u. a. gegen seinen Solidarność-Mitstreiter und Min.-Präs. Tadeusz →Mazowiecki durch. Als Staatsoberhaupt mit starker Stellung gegenüber Parlament und Regierung vertrat W. zunehmend populistische Positionen, distanzierte sich von der Solidarność und isolierte sich zunehmend von alten Weggefährten, die er gegen sich und seine Politik aufbrachte. – 1983 erhielt W. den Friedensnobelpreis.

Wallenstein, Albrecht Wenzel Eusebius von

kaiserlicher Feldherr im Dreißigjährigen Krieg
** 24. 9. 1583 Gut Hermanitz (Heřmanice) bei Arnau, Nordböhmen*
† 25. 2. 1634 Eger

(Herzog von Friedland seit 1625, Herzog von Mecklenburg und Fürst von Sagan seit 1627). Seine militärische Genialität und polit. Weitsicht einerseits, sein Ehrgeiz, seine Gewinnsucht und die Verkennung der tatsächlichen Machtverhältnisse andererseits prägten das gespaltene Bild, das sich Zeitgenossen und Nachgeborene über den bedeutendsten Feldherren des Dreißigjährigen Krieges machten. W. war der erste militär. Unternehmer, der Kriegführung und Versorgung der Armee nach wirtschaftl.-finanziellen Gesichtspunkten plante und organisierte. Von den religiösen Auseinandersetzungen seiner Zeit weitgehend unbeeindruckt, handelte er in erster Linie als Stratege und Machtpolitiker.

Der Sproß der Arnauer Linie des böhm. Geschlechts von Waldstein (Valdštejn) war prot. erzogen, trat aber – seit 1604 in militär. Diensten der Habsburger – 1606 zum Katholizismus über. Während des Aufstands der böhm. und mähr. Stände zu Beginn des Dreißigjährigen Kriegs (1618–1648) wahrte er Loyalität gegenüber dem Kaiser und brachte so bei dem Strafgericht über die Aufständischen mehr als 50 konfiszierte Herrschaften an sich. 1623 erhob ihn Kaiser →Ferdinand II. in den Reichsfürstenstand und ernannte ihn 1625 zum Herzog von Friedland (daher sein Beiname *»der Friedländer«*).

Als der Kaiser im Dreißigjährigen Krieg durch den Niedersächs. Bund 1625 in Bedrängnis kam, erbot sich W., auf eigene Kosten ein Heer von 40 000 Mann auszurüsten und zu besolden, verlangte dafür aber unbedingte Vollmacht zur Erhebung von Geld und Naturalien in den eroberten Provinzen des Reichs. 1626 schlug er Ernst II. Graf zu →Mansfeld bei Dessau, vertrieb 1627 König →Christian IV. von Dänemark vom Festland und eroberte zusammen mit Johann T. →Tilly und Herzog Georg von Braunschweig-Lüneburg (* 1583, † 1641) Mecklenburg, Holstein, Schleswig und Jütland. Der Kaiser verlieh ihm darauf das Herzogtum Mecklenburg sowie das Fürstentum Sagan und ernannte ihn zum »General

des ozean. und balt. Meeres«. Er lehnte jedoch W.s Pläne zur Errichtung der absoluten Monarchie im Reich, Gewährung religiöser Toleranz und Vertreibung aller fremden Mächte (Spanien) ab.
1630 erzwangen Spanien, die Jesuiten, Kurfürst →Maximilian I. von Bayern und die dt. Fürsten auf dem Regensburger Kurfürstentag die Absetzung W.s, dessen großen Einfluß auf die Reichspolitik sie fürchteten. Nach der Niederlage Tillys bei Breitenfeld (1631) und dessen Tod von Ferdinand II. 1632 mit außerordentl. Vollmachten wieder als Oberbefehlshaber über die kaiserl. Truppen eingesetzt, schlug W. 1632 die unentschiedene Schlacht bei Lützen, in der →Gustav II. Adolf von Schweden fiel. Jedoch machte er sich durch seine gleichzeitigen Verhandlungen mit Schweden, Brandenburg und Sachsen am Wiener Hof verdächtig. Ein kaiserl. Patent bezichtigte ihn 1634 des Verrats und befahl, ihn tot oder lebendig zu fangen. In Eger wurde W. von dem ir. Hauptmann Devereux – durch Befehl Ottavio →Piccolominis – erstochen. (▷ Chronik Zitat)

Walpole, Sir Robert
britischer leitender Minister 1715–1717, 1721–1742
** 26. 8. 1676 Houghton Hall, Norfolk*
† 18. 3. 1745 London
(*Earl of Oxford* seit 1742). Der erste (noch nicht so genannte) Premier-Min. war zugleich der Regierungschef mit der bisher längsten Amtszeit in England. Seit 1700 als Whig-Abg. im Unterhaus, war W. 1708–1711 Kriegs-Min., 1710/11 Marineschatzmeister und 1715–1717 Schatzkanzler und 1. Lord of Treasury, bevor er sich aus Protest gegen die Entlassung seines Schwagers, des Außen-Min. Lord Charles Townsend (* 1674, † 1738), aus der Regierung zurückzog und die Whig-Opposition führte. Nach dem Zusammenbruch der Staatsbank in Folge von Aktienspekulationen (South Sea Bubble 1720) wieder berufen, stieg er, zunächst mit Townsend (bis 1730), zum leitenden Min. auf. Unter W. entwickelte sich das Widerspiel von Regierung und Opposition im modernen Sinn, wobei er der Regierung, von →Georg I. und →Georg II. unterstützt, durch Patronage, Ämtervergabe und Dotationen stets eine parlamentar. Mehrheit zu sichern wußte. 1733 geriet er wegen eines Gesetzes zur Einführung einer Akzise (indirekten Steuer) auf Wein und Tabak unter Druck, doch erst der erfolglose – gegen seinen Willen inszenierte – Krieg gegen Spanien (seit 1739), stärkte die Opposition und führte im Verein mit einer Hofintrige seinen Sturz herbei.

Wallensteins Konspiration

Chronik Zitat

Der Beichtvater Kaiser →Ferdinands II., P. Lamormaini S. J., berichtete am 3. März 1634 dem jesuitischen Ordensgeneral Vitelleschi über die Anschuldigungen gegen Wallenstein und die Gegenmaßnahmen des Kaisers:

»Die geheimen Machenschaften Friedlands [= Wallenstein] wurden endlich am 12. Januar als Verschwörung erkennbar. Er wollte den Kaiser verderben, das Haus Österreich ausrotten, die österreichischen Königreiche und Provinzen an sich reißen und die Güter und Herrschaften der kaisertreuen Minister an seine Mitverschworenen aufteilen. So hatte er den kaiserfeindlichen und besonders den ketzerischen und wegen Rebellion und Häresie in vergangenen Jahren aus Böhmen und den Erbländern emigrierten Offizieren die weitgehendsten Versprechungen gemacht, aber immer mit solcher Vorsicht, daß er nur wenigen seine geheimsten Absichten entdeckte, nämlich nur denen, deren Treue er durch Zusage ganzer Fürstentümer gewonnen zu haben glaubte. Der kaiserlichen Majestät gegenüber heuchelte er indessen eine ganz andere Gesinnung. Sobald aber der Kaiser im tiefsten Geheimnis von denen, die er (Wallenstein) ins Vertrauen gezogen hatte, die Treulosigkeit dieses ruchlosen und undankbaren Menschen erfuhr, versuchte er, ganz im Verborgenen seine Machenschaften zu vereiteln und zunichte zu machen. Zunächst nahm er demütig seine Zuflucht zur Hilfe Gottes und ließ, ohne den Anlaß seines Ersuchens anzugeben, den Ordensleuten anbefehlen, um Versöhnung Gottes bemüht zu sein . . . Dann gab er einigen Getreuen, nämlich →Gallas, →Aldringen, →Piccolomini und Coloredo, die sich den Anschein gaben, als seien sie für Friedland, Vollmacht und Befehl, die Obersten und die Soldaten von ihrem Irrweg, der den meisten nicht bewußt war, abzurufen bzw. im Gehorsam und in der Pflicht gegenüber dem Kaiser zu erhalten; ferner aber das Haupt und die wichtigsten Teilhaber der Verschwörung, so es sich irgend tun lasse, zu verhaften und nach Wien zu bringen oder als Überführte aus der Zahl der Sterblichen zu tilgen…«

Wang Jingwei
chinesischer Ministerpräsident 1932–1935
** 12. 5. 1884 Kanton*
† 10. 11. 1944 Nagoja (Japan)
Der im Sinne des Konfuzianismus erzogene Soziologe bekleidete als Mitarbeiter →Sun Yatsens führende Funktionen in der Guomindang (KTM), war zeitweise Parteiführer und 1932–1935 Min.-Präs. der KTM-Regierung. Als Vertreter des linken Flügels der Partei geriet er nach Sun Yatsens Tod (1925) zunehmend in Konflikt mit dessen Nachfolger →Chiang Kai-shek. Nach Beginn des chinesisch-japan. Krieges und der Zusammenarbeit der KTM mit den Kommunisten →Mao Zedongs (1937) trennte er sich 1939 von Chiang Kai-shek und bildete 1940 in Nanking eine von Japan abhängige Gegenregierung.

Wang Mang
chinesischer Kaiser 9–23 n. Chr.
** 33 v. Chr.*
† 23 n. Chr.
Verschwägert mit dem Kaiserhaus der Han, usurpierte W. M. während der Krise der Han-Dynastie, die zunehmend autokratisch regierte und in wirtschaftl. Schwierigkeiten geraten war, den Thron und gründete die kurzlebige »Neue« (Xin-)Dynastie. Seine Regierungszeit trennt die Frühe von der Späten Han-Dynastie (206 v. Chr.–9 n. Chr. bzw. 23/25 bis 220). Radikale Wirtschaftsreformen (»Nationalisierung« des Landbesitzes, Freilassung aller Sklaven, Währungsreform, Ausgabe neuer Münzen) führten noch tiefer in die Krise. W. M.s Regierung endete mit dem Aufstand der »Roten Augenbrauen« im Bürgerkrieg. Die spätere Han-Dynastie stellte die alte Ordnung im Reich wieder her.

Washington, George
1. Präsident der USA 1789–1797
** 22. 2. 1732 Wakefield, Virginia*
† 14. 12. 1799 Mount Vernon, Virginia

Als Oberbefehlshaber der amerikanischen Truppen im Unabhängigkeitskrieg (1775–1783) und 1. Präs. der USA gilt W. als der eigentliche Begründer der Nation. Der Besitzer einer großen Tabakplantage begann seine militärische Karriere als Oberst der Milizen von Virginia (1753–1758) im French and Indian War (1754–1763), der in Nordamerika im Rahmen des Siebenjährigen Krieges ausgetragen wurde. Nach seinem Rückzug aus der Armee stellte er sich seit 1769 an die Spitze der Opposition gegen die britische Kolonialpolitik und vertrat Virginia 1774/75 auf dem 1. und 2. Kontinentalkongreß. Nach Ausbruch der Kampfhandlungen 1775 wurde er zum Oberbefehlshaber der Truppen der aufständischen Kolonien gegen England ernannt. Mit Hilfe europäischer Berufsoffiziere (Friedrich Wilhelm v. →Steuben, →La Fayette) organisierte W. die Milizen im Unabhängigkeitskrieg, besiegte die Engländer 1777 bei Sarragota und Princeton und zwang sie – seit 1778 mit französischer Unterstützung – 1781 zur Kapitulation von Yorktown.
1787 wurde er als Leiter der Delegation von Virginia Mitglied des Verfassungskonvents, der ihn einstimmig zu seinem Präsidenten wählte. Als erster Präsident der USA verschaffte er der neuen Bundesregierung durch eine maßvolle Innenpolitik Autorität gegenüber den Einzelstaaten, konnte jedoch den Bruch zwischen den Föderalisten unter Alexander →Hamilton und den Demokraten um Thomas →Jefferson nicht kitten. Nach außen wahrte er Neutralität in den europäischen Konflikten im Rahmen der Französischen Revolution (1793) und suchte eine Verständigung mit Großbritannien (Jay's Treaty 1794). 1792 wiedergewählt, lehnte er 1796 eine erneute Kandidatur ab und schuf damit den Grundsatz, daß kein Präsident länger als zwei Amtsperioden regieren solle. Nachfolger wurde sein Vize-Präs. John →Adams. Testamentarisch verfügte er die Freilassung seiner Sklaven.
Die Benennung der neuen Hauptstadt der USA und eines Bundesstaates nach W. sowie die Einrichtung seiner Plantage als nationale Gedenkstätte zeugen von der Verehrung, die ihm als Nationalhelden entgegengebracht wurde.

Wassili, *Vasili,russische Fürsten*

Wassili I. Dmitrijewitsch
Großfürst von Wladimir und Moskau 1389–1425
** 1371*
† Februar 1425
Der Sohn von →Demetrius (Dmitri) Donskoi konnte sich im Krieg gegen Litauen unter seinem Schwiegersohn →Vytautas (1406–1408) und gegen das Khanat der Golden Horde (1408/09) halten. Im Friedensschluß von 1408, der die Ugra als Grenze

zu Litauen festlegte, mußte er Vytautas die Vormundschaft für seine minderjährigen Söhne übertragen. Die Einigung Rußlands (»Sammlung der russ. Erde«) stagnierte angesichts der übermächtigen Nachbarn. W. konnte nur einige kleine Fürstentümer, u. a. Nischni Nowgorod (= Gorki) und Murom (1392), erwerben. Nachfolger: Sohn →W. II.

Wassili II. Wassiljewitsch Tjomnyj
Großfürst von Moskau 1425–1462
** 15. 3. 1415 Moskau*
† 27. 3. 1462
Der Sohn →W.s I. übernahm minderjährig die Großfürstenwürde. Nach dem Tod seines Regenten, des litauischen Großfürsten →Vytautas, mußte W. im Thronkrieg (1431–1447) gegen seinen Onkel Juri Dimitrijewitsch und seine Vettern die Primogenitur (Thronfolge des ältesten Sohnes) im Großfürstentum Moskau durchsetzen. 1446 wurde er von einem Sohn Juris geblendet (daher sein Beiname, russisch »tjomnyi« = »der Geblendete«). Nachdem der litauische Druck auf die Westgrenze Moskaus weggefallen war, gelang ihm die Beseitigung der kleinen russischen Teilfürstentümer rund um Moskau. Um Unabhängigkeit von der Bojarenaristokratie zu erlangen, zog er erstmals systematisch Ausländer (Litauer und Tartaren) zur Verwaltung heran. Nachfolger: Sohn →Iwan III. (d. Gr.).

Wassili III. Iwanowitsch
Großfürst von Moskau 1505–1533
** 25. (26. ?) 3. 1479*
† 3. 12. 1533 Moskau
Der Enkel →W.s II. setzte die Expansion seines Vaters →Iwans III. (d. Gr.) fort. Mit der Beseitigung der letzten selbständigen Fürstentümer schloß er die »Sammlung der russ. Erde« ab: Nacheinander gliederte er Pskow (1510), Wolok (1513), Smolensk (das er 1514 von Litauen eroberte), Rjasan (1521) und Nowgorod-Sewersk (1522) in sein Großfürstentum ein. Die Eroberung des mächtigen Nachbarn Kazan blieb seinem Sohn und Nachfolger →Iwan IV. (dem Schrecklichen) überlassen.

Wassili IV. Iwanowitsch Schujski
Zar 1606–1610
** 1552*
† 22. 9. 1612 Gostyń, Polen
Der Moskauer Bojar beendete in der russischen »Zeit der Wirren« (Smuta) 1606 die Thronusurpation von →Pseudodemetrius I. und wurde – von Schweden unterstützt – zum Zaren ausgerufen. Seine Niederlage gegen die Interventionstruppen des polnischen Königs →Sigismund III., der seinen Sohn →Władisław (IV.) auf den russischen Thron hieven wollte, führte 1610 zu W.s Sturz.

Webb, Sidney
britischer Sozialwissenschaftler und Politiker
** 13. 7. 1859 London*
† 13. 10. 1947 Liphook, Hampshire
(*Lord Passfield of Passfield Corner* [seit 1929]). Gemeinsam mit seiner Frau Beatrice Webb (geb. Potter; * 1858, † 1943) war W. einer der führenden sozialistischen Sozialreformer und -theoretiker seiner Zeit. Beide gehörten 1884 zu den Begründern der Fabian Society, beteiligten sich 1895 an der Gründung der London School of Economics und riefen 1913 die politische Zeitschrift »The New Statesman« ins Leben. Seit 1922 Labour-Abg. im Unterhaus wurde Sidney 1924 Handels-Min., 1929 bis 1931 Kolonial- und 1929/30 zugleich Dominion-Min. Als bedeutender Sozialwissenschaftler schrieb er (fast durchweg mit seiner Frau) u. a. »Socialism in England« (1890); »History of trade unionism« (1894), »Industrial democracy« (1897) und »English local government« (9 Bde., 1906–1929).

Weber, Max
deutscher Sozialwissenschaftler, Historiker und Politiker
** 21. 4. 1864 Erfurt*
† 14. 6. 1920 München

Als einer der Begründer der dt. Soziologie wie der vergleichenden Kultur- und Religionswissenschaften gab W. der wissenschaftstheoretischen Diskussion entscheidende Impulse, die nur denen seiner ungefähren Zeitgenossen Karl →Marx und Émile Durkheim vergleichbar sind. Anders als Marx, der den historischen Prozeß mit dem historisch-dialekt. Materialismus aus dem Wechselverhältnis von »Produktionsverhältnissen« und »Produktivkräften« erklärte, und anders als Durkheim, in dessen kollektiv-psycholog. Deutung die Religion den Schlüssel für die Beziehung zwischen Individuum und Gesellschaft lieferte, stellte W. in seinen universalhistor. Studien die Interdependenz von Religion,

Wirtschaft und Gesellschaft in den Mittelpunkt. In seiner bekanntesten Schrift »Die prot. Ethik und der Geist des Kapitalismus« (1904/05) ging er der Frage nach, warum »gerade auf dem Boden des Okzidents, und nur hier, Kulturerscheinungen auftraten, welche doch . . . in einer Entwicklungsrichtung von *universeller* Bedeutung und Gültigkeit lagen«. Der Protestantismus und insbesondere der Calvinismus (Johannes →Calvin) hätten dabei mit ihrer Ethik des Triebverzichts (»innerweltliche Askese«) zugunsten des ökonomischen Erfolgs wesentliche Grundlagen für den Rationalisierungsprozeß der westlichen Gesellschaften, die »Entzauberung der Welt«, und damit für die Entwicklung des Kapitalismus gelegt. Wie für den Protestantismus untersuchte W. die »Wirtschaftsethik der Weltreligionen«, abgesehen vom Islam, auf historisch-empirische Grundlage.

In seinem unvollendeten, aus dem Nachlaß herausgegebenen Hauptwerk »Wirtschaft und Gesellschaft« (1922) und in den »Gesammelten Aufsätzen zur Wissenschaftslehre« (1922) legte W. wichtige methodologische Grundlagen für die Analyse von Politik und Gesellschaft. Besonders seine Idealtypenlehre, nach der angesichts der unterschiedlichen, individuellen Motive gesellschaftlichen Handelns soziologische Analyse nur durch abstrahierende Bildung von Idealtypen möglich ist, erwies sich als fruchtbares Instrumentarium kulturvergleichender Studien. In seiner Konzeption einer verstehenden Soziologie erklärt die Soziologie soziales Geschehen durch Erforschung des subjektiven Sinnes, den die Individuen mit ihren Handlungen verbinden. Die Forschung sei dabei zwar von subjektiven Interessen und Beurteilungen abhängig, die Begründung soziologischer Aussagen müsse aber, wie W. im Werturteilsstreit betonte, unabhängig von ethischen Voraussetzungen erfolgen.

W. war Professor in Berlin (1893), Freiburg (1894 bis 1897), Heidelberg (1897 bis 1903), Wien (1918) und München (1919/20) und fand mit seinen politischen Verlautbarungen immer wieder öffentliches Gehör. 1891 gehörte er zu den Gründungsmitgliedern des Alldt. Verbandes und erregte 1895 Aufsehen mit seiner akadem. Antrittsvorlesung in Freiburg, in der er sich programmatisch zum Imperialismus bekannte. 1896 wandte er sich vom Alldt. Verband ab und gründete mit Friedrich →Naumann den Sozialliberalen Verein, 1918 gehörte er zu den Gründungsmitgliedern der Dt. Demokrat. Partei (DDP). Ohne amtl. Funktion nahm er Einfluß auf die Weimarer Verfassung. (▷ Chronik Zitat)

Deutsche Einigung als Ausgangspunkt der Weltmachtpolitik

Chronik Zitat

In seiner Aufsehen erregenden akademischen Antrittsrede in Freiburg »Der Nationalstaat und die Wirtschaftspolitik«, bekannte sich Max Weber nachdrücklich zu »Realpolitik« und zum deutschen Imperialismus (Mai 1895, Auszug):

» Nicht Frieden und Menschenglück haben wir unseren Nachfahren mit auf den Weg gegeben, sondern den ewigen Kampf um die Erhaltung und Emporzüchtung unserer nationalen Art. Und wir dürfen uns nicht der optimistischen Hoffnung hingeben, daß mit der höchstmöglichen Entfaltung wirtschaftlicher Kultur bei uns die Arbeit getan sei und die Auslese im freien und friedlichen ökonomischen Kampfe dem höher entwickelten Typus alsdann von selbst zum Siege verhelfen werde. Nicht in erster Linie für die Art der volkswirtschaftlichen Organisation, die wir ihnen überliefern, werden unsere Nachfahren uns vor der Geschichte verantwortlich machen, sondern für das Maß des Ellenbogenraums, den wir ihnen in der Welt erringen und hinterlassen. Machtkämpfe sind in letzter Linie auch die ökonomischen Entwicklungsprozesse; die Machtinteressen der Nation sind, wo sie in Frage gestellt sind, die letzten und entscheidenden Interessen, in deren Dienst ihre Wirtschaftspolitik sich zu stellen hat; die Wissenschaft von der Volkswirtschaftspolitik ist eine politische Wissenschaft. Sie ist eine Dienerin der Politik, nicht der Tagespolitik der jeweils herrschenden Machthaber und Klassen, sondern der dauernden machtpolitischen Interessen der Nation. . . .

Wir müssen begreifen, daß die Einigung Deutschlands ein Jugendstreich war, den die Nation auf ihre alten Tage beging und seiner Kostspieligkeit halber besser unterlassen hätte, wenn sie der Abschluß und nicht der Ausgangspunkt einer deutschen Weltmachtpolitik sein sollte.«

Wehner, Herbert

deutscher Politiker
** 11. 7. 1906 Dresden*
† 19. 1. 1990 Bonn

Der gelernte Kaufmann und Journalist begann seine politische Karriere als Anarchist, trat 1927 der KPD bei, war 1930/31 Mitglied des sächsischen Landtags und 1931–1933 in der Parteizentrale tätig. 1933 bis 1935 koordinierte er die Untergrundarbeit gegen den Nationalisozialismus in Deutschland, war 1935 bis 1937 Kandidat des Politbüros der Exil-KPD und überstand im Hotel Lux in Moskau als Referent bei der Komintern (1937–1941) die stalinistischen »Säuberungen«. 1941 ging W. im Parteiauftrag nach Schweden, war dort 1942–1944 inhaftiert und brach mit dem Kommunismus.
Seit 1946 wieder in Dtschld., gehörte er 1949–1983 für die SPD dem Bundestag an. Als stellvertr. Parteivorsitzender (1958–1973) und »Zuchtmeister« der SPD setzte er mit dem Godesberger Programm (1959) deren Wandel von der Klassen- zur regierungsfähigen Volkspartei gegen innerparteiliche Widerstände durch. In der Großen Koalition Kurt-Georg →Kiesingers war er Bundes-Min. für gesamtdeutsche Fragen (1966–1969) und bildete in der Ära der sozialliberalen Koalition als Vorsitzender der SPD-Bundestagsfraktion (1969–1983) mit Willy →Brandt und Helmut →Schmidt die »Troika«. Seinem Hauptanliegen, der Herstellung eines »geregelten Nebeneinanders« zwischen den beiden deutschen Staaten, das er auf unkonventionellen bis konspirativen Wegen verfolgte, verschaffte er in der neuen Ostpolitik Geltung, die eine Normalisierung im Verhältnis zu den Ostblockstaaten einleitete.

Weizmann, Chaim
israelischer Staatspräsident 1948–1952
** 27. 11. 1874 Motyli bei Pinsk, Weißrußland*
† 9. 11. 1952 Rehovot
Seit 1903 als international anerkannter Chemiker in England, erwirkte W. als einer der Führer der zionistischen Bewegung die Balfour-Deklaration (1917, Arthur →Balfour) und schuf damit die Voraussetzung für das britische Palästina-Mandat als Vorstufe eines jüd. Nationalstaats. 1920–1931 und 1935 bis 1946 war er Präsident der Zionistischen Weltorganisation, seit 1929 zugleich der Jewish Agency. W. war maßgeblich beteiligt an der Errichtung des Staates Israel und wurde dessen erster Präsident.
Sein Neffe *Ezer W.* (* 1924) gehörte seit 1969 mehrfach der Regierung an, bis 1980 für die Cherut, seit 1984 für die Arbeiterpartei. U. a. trug er als Verteidigungs-Min. (1977–1980) wesentlich zum Abschluß des israelisch-ägyptischen Friedensschlusses 1979 bei. Seit 1993 ist er als Nachfolger Chaim →Herzogs israelischer Staats-Präs.

Weizsäcker, Ernst Freiherr von

deutscher Diplomat
** 12. 5. 1882 Stuttgart*
† 4. 8. 1951 Lindau

1900–1920 Marineoffizier, danach im diplomat. Dienst, 1938–1943 Staatssekretär im Auswärtigen Amt unter Joachim v. →Ribbentrop, verkörpert W. als einer der wenigen prominenten Nichtmilitärs in der konservativen Opposition gegen Adolf →Hitler prototypisch deren ambivalente Stellung im Dritten Reich. Er trat für eine Vormachtstellung Deutschlands in Mitteleuropa ein, wollte dabei jedoch das Risiko eines Krieges gegen die Westmächte vermeiden. So kontaktierte er den dt. Widerstand und nutzte seine Position, um Gleichgesinnte in ihren Stellungen zu halten und Großbritannien 1939 über Hitlers Kriegsabsichten zu informieren. Als Funktionsträger trug er jedoch wesentliche Entscheidungen der Reichsleitung mit, und seine Versuche, Hitlers Politik zu mäßigen, schlugen fehl. 1943–1945 Botschafter beim Vatikan, wurde er 1949 vom Internationalen Militärgerichtshof in Nürnberg wegen Mitverantwortung für Judendeportationen zu sieben Jahren Haft verurteilt, 1950 vorzeitig entlassen.

Weizsäcker, Richard Freiherr von
6. deutscher Bundespräsident 1984–1994
** 15. 4. 1920 Stuttgart*
Der Sohn Ernst v. →W.s verteidigte als junger Rechtsanwalt seinen Vater in den Nürnberger Kriegsverbrecherprozessen. Bis 1966 in Industrie

und Bankwesen tätig, 1964–1970 Präs. des Dt. Ev. Kirchentages, begann er seine politische Laufbahn 1969–1981 als MdB für die CDU und war 1979 bis 1981 Vize-Präs. des Bundestages. 1981–1984 amtierte er als Regierender Bürgermeister von West-Berlin, bevor er ins höchste Staatsamt gewählt wurde. Er genoß mit seiner hohen moralisch-politischen Autorität über die Parteigrenzen hinweg nationales wie internationales Ansehen. Immer wieder äußerte er sich zu aktuellen Problemen (zuletzt vor allem zu Politikverdrossenheit und Krise des Parteiensystems) und plädierte für einen verantwortungsbewußten Umgang mit dem Dtschld. durch die Vereinigung zugefallenen Machtzuwachs. Weltweite Beachtung fand seine Rede zum 40. Jahrestag des Kriegsendes am 8. Mai 1985, in der W. die bleibende Verantwortung der Deutschen für die Verbrechen des Nationalsozialismus betonte.

Wellington, Arthur Wellesley, *Herzog von (seit 1814)*

britischer Feldherr und Premierminister 1828–1830, 1832
** 1. 5. 1769 Dublin*
† 14. 9. 1852 Walmer Castle bei Dover

W. kämpfte 1808–1814 als britischer Oberbefehlshaber in Portugal und Spanien erfolgreich gegen →Napoleon I. und wurde 1814 zum Herzog erhoben. Im Februar 1815 löste er Robert Stuart →Castlereagh als britischen Bevollmächtigten auf dem Wiener Kongreß ab, übernahm jedoch nach Napoleons Rückkehr von Elba wieder ein militärisches Kommando und errang im Juni 1815 mit Gebhard Lebrecht v. →Blücher den Sieg bei Waterloo. Danach als Tory in der Politik, wurde W. 1818 als Generalfeldzeugmeister Kabinettsmitglied, verweigerte sich jedoch einer engen Parteipolitik.
Als Premier-Min. überzeugte er – selbst ir. Abstammung – 1828/29 König →Georg IV., Robert →Peel und die Mehrheit der Tory-Fraktion von der Notwendigkeit der Katholikenemanzipation zur Befriedung Irlands, obwohl er zuvor noch den Sturz des Kabinetts George →Cannings über dieses Problem betrieben hatte. 1832 versuchte er mit einem neuen Kabinett vergeblich, die weitgehende Wahlrechtsreform (Reform Bill) zu verhindern. Als Außen-Min. (1834/35) und Min. ohne Geschäftsbereich (1841 bis 1846) unter Peel trug er den Übergang zum Freihandel durch Aufhebung der Kornzölle mit.

Wels, Otto
deutscher Sozialdemokrat
** 15. 9. 1873 Berlin*
† 16. 9. 1939 Paris
Der gelernte Tapezierer war 1912–1918 und 1920 bis 1933 MdR, 1919/29 Mitglied der Nationalversammlung, seit 1912 Mitglied des Parteivorstands der SPD und seit 1919 einer ihrer Vors. (seit 1931 erster Vors.). Im Nov./Dez. 1918 trug W. als Berliner Stadtkommandant dazu bei, die revolutionäre Bewegung in gemäßigte Bahnen zu lenken. Während des Kapp-Putsches 1920 (Wolfgang →Kapp) organisierte er gemeinsam mit Karl →Legien den Generalstreik und betrieb den Rücktritt Gustav →Noskes. In der Schlußphase der Weimarer Republik lehnte er angesichts der hohen Arbeitslosigkeit einen politischen Arbeitskampf gegen die Aushöhlung der Weimarer Demokratie ab. 1933 begründete er für die SPD im Reichstag die Ablehnung des nat.-soz. Ermächtigungsgesetzes. Nach seiner Emigration im Mai 1933 war er bis zu seinem Tod Vors. der Exil-SPD, zunächst in Prag und seit 1938 in Paris.

Wenzel, *Fürsten*

– Römisch-deutscher König
Wenzel
König 1378–1400
** 26. 2. 1361 Nürnberg*
† 16. 8. 1419 Schloß Wenzelstein bei Kundratitz
(König von Böhmen 1378–1419 *als W. IV.*). Aus der Dynastie der Luxemburger, wurde der Sohn Kaiser →Karls IV. bereits 1376 zum römischen König gewählt und trat 1378 die Nachfolge seines Vaters im Reich und in Böhmen an, ohne je zum Kaiser gekrönt zu werden. W. war den zunehmenden Schwierigkeiten in Kirche (päpstliches Schisma seit 1378) und Reich (Auseinandersetzung zwischen Schwäb. und Rheinischen Städtebund und den Fürsten seit 1376) nicht gewachsen. Begrenzten Erfolg als Vermittler zwischen Fürsten und Städten hatte er erst im Landfrieden von Eger 1389, in dem zwar die Reichsfreiheit der Städte bestätigt wurde, aber alle Städtebünde verboten wurden.
Der Mord am Generalvikar von Prag, Johannes v. Nepomuk (* um 1340, † 1393), erschütterte seine Stellung in Böhmen, wo er den Hussitenwirren machtlos gegenüberstand: Nach anfänglicher

Parteinahme für Jan →Hus und sein national-religiöses Anliegen, ließ er ihn fallen und nahm seine Verurteilung und Hinrichtung durch das Konzil von Konstanz 1415 tatenlos hin. Die wechselnden Familienkämpfe im Hause Luxemburg führten 1394 zur vorübergehenden Gefangennahme W.s durch seinen Vetter Jobst von Mähren (* 1354, † 1411). 1400 wurde W., der sich durch seine Untätigkeit immer unbeliebter gemacht hatte und seit 1387 Dtschld. ferngeblieben war, von den Kurfürsten zugunsten von →Ruprecht I. von der Pfalz abgesetzt, behielt jedoch die böhm. Königskrone und den Titel des röm. Königs. Nachfolger in Böhmen wurde sein Bruder, der König von Ungarn und des Hl. Röm. Reiches und spätere Kaiser →Sigismund. (▷ Chronik Zitat)

Bekämpfung der Raubritter

Chronik Zitat

1397 legitimierte König Wenzel die Zerstörung von Raubritterburgen (Auszug):

»Wir, Wenzel von Gottes Gnaden Römischer König, zu allen Zeiten Mehrer des Reiches und König zu Böhmen, bekennen und tun öffentlich mit diesem Briefe kund allen denen, die ihn sehen oder vorlesen hören, daß wir die Burgen und festen Häuser, von denen viel Räuberei und andere Untaten und großer Schaden für Land und Leute ausging, nicht länger dulden wollten . . . Darum wurden diese Burgen von uns und dem Heiligen Reich gebrochen, wozu unsere und unseres Reiches Städte, darunter unsere und des Reiches Lieben und Getreuen von Nürnberg, auf unser Geheiß und Gebot mitgeholfen haben . . . Wir bestimmen nun mit wohlbedachtem Sinn, daß die vorgenannten Burgen und andere, die von unserer und des Reiches wegen mit ihrer Hilfe gebrochen wurden, fortan ewiglich ungebaut, zerstört und wüst bleiben sollen. Niemand soll in Zukunft eines der Häuser wieder aufbauen. Täte das doch jemand, wer er auch sei, so sollen alle Fürsten und Städte und besonders unsere lieben Getreuen von Nürnberg alleine oder mit welcher Hilfe sie wollen, volle Macht und Gewalt haben, das zu wehren, und wenn der Bau schon wieder angefangen ist, ihn zu zerstören, und damit sollen sie weder gegen uns noch gegen sonst jemand gefrevelt haben . . .«

– Böhmen

Wenzel der Heilige

Herzog 921–929
** um 907*
† 28. 9. 929 Altbunzlau

(Tschechisch *Václav*). Der böhmische Nationalheilige aus der Přemyslidendynastie wurde von seiner Großmutter, der hl. Ludmilla (* um 860, † 921), der ersten christl. böhm. Fürstin, erzogen. Nachdem er sich 924/25 aus der Regentschaft seiner heidn. Mutter Drahomíra gelöst hatte, förderte W. im Innern die christl. Mission. Als er Böhmen 929 dem dt. König →Heinrich I. unterwarf, wurde er von seinem heidn. Bruder Boleslaw I. (Herzog 929–967), dem Anführer der Adelsopposition, aus religiösen und nationalen Motiven ermordet. Heiliger (Fest: 28. 9.).

Wenzel I.
König 1230–1253
** 1205*
† 22. 9. 1253 Beraun
Der Sohn Ottokars I. (1198–1230), des Begründers des böhmischen Königtums, und Schwiegersohn des dt. Königs →Philipp von Schwaben, erweiterte die Macht Böhmens. Zwar mußte er 1241 die Verwüstung Mährens durch die Mongolen hinnehmen, konnte aber durch kluges Taktieren zwischen der Stauferpartei unter Kaiser →Friedrich II. und Papst →Innozenz IV. 1251 die Anerkennung als Herzog Österreichs für seinen Sohn →Ottokar II. durchsetzten. W. förderte im Innern die deutsche Kolonisation und Kultur (Minnesang).

Wenzel II.
König 1278–1305, König von Polen 1300–1305
** 17. 9. 1271*
† 21. 6. 1305 Prag
Der Schwiegersohn →Rudolfs von Habsburg trat 7jährig das Erbe seines Vaters →Ottokar II. an. Während der Regentschaft Ottos IV. von Brandenburg (bis 1283) und des Liebhabers seiner Mutter, Zaviš von Falkenstein, versank Böhmen in Fraktionskämpfen des Adels. Erst nach der Übernahme der Regierung mit der Ausschaltung von Zaviš 1289/90

stärkte W. die Königsmacht (u. a. 1300 Münzreform) und förderte die dt. Kolonisation und Kultur sowie den Silberbergbau. 1289 erreichte er seine Ernennung zum dt. Kurfürsten, 1291 eroberte er weite Teile Oberschlesiens und wurde –von einem Teil des polnischen Adels gerufen –1300 König von Polen. 1301 installierte er seinen Sohn und Nachfolger *W. III.* (* 1289, † 1306) auf dem ungarischen Thron, den er jedoch bereits 1304 wieder aufgeben mußte. Als letzter Přemyslide im Mannesstamm wurde sein Sohn unter ungeklärten Umständen bei den Vorbereitungen zu einem Feldzug zur Erlangung der polnischen Krone ermordet.

Wenzel IV.
→Wenzel, röm.-dt. König.

Wiclif, John
englischer Kirchenreformer
** um 1330 Yorkshire*
† 31. 12. 1384 Lutterworth, Leicestershire

Als einer der wichtigsten Vorläufer der Reformation lehrte W. 1366–1372 in Oxford und war seit 1374 Pfarrer in Lutterworth. In zahlreichen Schriften und Predigten entwickelte er seine Lehre von Prädestination, Armutsideal, Demut, Gottes- und Nächstenliebe. Die Bibel war ihm die einzige Glaubensquelle. Als wahre Kirche betrachtete er die Gesamtheit der zur Seligkeit Prädestinierten. Papsttum, Mönchtum, Hierarchie, Güterbesitz der Kirche, Ohrenbeichte und Zölibat lehnte er ab und verwarf die kirchl. Lehre über Meßopfer, Sakramente, Heiligen- und Reliquienverehrung. Politische Unterstützung erlangte er durch seine Forderung nach Nationalkirchen gegen den Machtanspruch des Papstes. W. begann eine Bibelübersetzung ins Englische. Seine Ideen lebten in den Kreisen der Lollarden fort. Nach Niederwerfung des Bauernaufstands von 1381 unter Wat Tyler, den W. angeblich unterstützt haben soll, unternahmen englische Bischöfe zusammen mit König →Richard II. energische Schritte zur Eindämmung der kirchen- und sozialkrit. Bewegung. Doch konnte auch die nach dem Tod W.s einsetzende blutige Verfolgung die Lollarden nicht vollständig unterdrücken. Sein Denken fand auf dem Kontinent durch Jan →Hus Verbreitung. Zu Lebzeiten persönlich nicht verurteilt, wurden W.s Lehren auf dem Konzil von Konstanz 1415 für ketzerisch erklärt. Die auf dem Konzil angeordnete Exhumierung und Verbrennung von W.s Leichnam erfolgte 1428.

Wido III. von Spoleto *(Guido)*
Kaiser 891–894
† Nov. 894 bei Parma
Der aus dem mit den Saliern verwandten Haus der Widonen stammende W., seit 880 Herzog von Spoleto, ließ sich nach seinem Sieg über seinen Widersacher in Italien, den Markgrafen →Berengar I. von Friaul, 889 zum König Italiens wählen und setzte 891 als erster Nichtkarolinger seine Krönung zum Kaiser bei Papst Stephan V. (885–891) durch. 892 machte er seinen Sohn Lambert († 898) zum Mitkaiser. Dieser konnte sich nach W.s Tod nur durchsetzen, weil der dt. König →Arnulf von Kärnten, welcher sich 896 von Papst →Formosus zum König krönen ließ, vor einem geplanten Angriff auf Spoleto starb. Nach Lamberts Tod fiel Italien an Berengar.

Widukind *(Wittekind)*
Führer des Sachsenaufstands 778–785
† um 807
Da der sächsische Adel mehrheitlich Anlehnung an das Frankenreich suchte, führte der westfälische Adlige W. die unteren Stände im Kampf gegen die Franken und das Christentum, unterlag jedoch nach erbitterten Kämpfen →Karl d. Gr. und ließ sich 785 in Attigny taufen. Über die Zeit danach gibt es keine gesicherte Überlieferung. König →Heinrichs I. Frau Mathilde stammte von W. ab.

Wilberforce, William
britischer Politiker
** 24. 8. 1759 Hull*
† 29. 7. 1833 London
Seit 1780 Unterhausabgeordneter, machte sich der Freund und Anhänger William →Pitts d. J. als Führer der britischen Abolitionismusbewegung einen Namen. Mit Unterstützung Pitts setzte er 1807 die Abschaffung des Sklavenhandels im britischen Empire durch. Das Gesetz zur Abschaffung der Sklaverei passierte das Unterhaus wenige Wochen nach seinem Tod. W.s politisches Engagement gegen die Sklaverei wurzelte in seinen religiösen Überzeugungen. Als Anhänger der Evangelikalen Christen (seit 1785) setzte er sich auch für die Aufhebung der die Katholiken diskriminierenden Gesetzgebung ein.

***Wilhelm**, Fürsten*

– Deutsche Könige und Kaiser

Wilhelm von Holland

(Gegen-)König 1247/54–1256

** 1227*

† 28. 1. 1256 bei Alkmaar

Von der päpstl. Partei 1247 nach dem Tod des ersten Gegenkönigs →Heinrich Raspe gegen Kaiser →Friedrich II. zum König gewählt, wurde W. erst nach dem Tod von dessen Sohn, →Konrad IV., 1254 allgemein anerkannt, doch zerschlug sein Tod beim Zug gegen die aufständ. Friesen Hoffnungen auf eine Neuordnung des Reiches, das im Interregnum ohne allgemein anerkannten König versank (bis 1273).

Wilhelm I.

Kaiser 1871–1888,
König von Preußen
1861–1888
** 22. 3. 1797 Berlin*
† 9. 3. 1888 Berlin

Der Sohn König →Friedrich Wilhelms III. erreichte mit Hilfe seines Min.-Präs. Otto v. →Bismarck durch drei Reichseinigungskriege den Aufstieg der preußischen Hohenzollern zur führenden Dynastie Deutschlands, der sich 1871 in seiner Krönung zum ersten Kaiser des 2. Dt. Kaiserreichs niederschlug. 1848 mußte W. als Gegner der Märzrevolution (»Kartätschenprinz«) nach England fliehen. Nach seiner Rückkehr führte er die Bundestruppen, die den republikan. Aufstand in der Pfalz und in Baden 1849 niederschlugen. 1849–1854 Generalgouverneur der Rheinlande in Koblenz, öffnete er sich unter dem Einfluß seiner Frau →Augusta von Sachsen-Weimar liberalen Ideen, die sich während seiner Regentschaft für seinen geisteskranken älteren Bruder →Friedrich Wilhelm IV. in der Politik der »Neuen Ära« (1858–1862) niederschlugen. Als König geriet W. über die von ihm betriebene Heeresreform jedoch wieder in Gegensatz zur liberalen Mehrheit des preuß. Abgeordnetenhauses. Als Alternative zur erwogenen Abdankung berief er 1862 Bismarck zum Min.-Präs., der im preuß. Heeres- und Verfassungskonflikt (1861–1866) unter Umgehung des Parlaments regierte und sich seine Politik nach den Erfolgen gegen Dänemark (1864) und Österreich (1866) nachträglich legitimieren ließ.
Bismarck übte in der Folge bestimmenden Einfluß auf W. aus, dem dieser sich oft erst nach hartem Widerstand beugte: So stimmte er dem maßvollen Friedensschluß mit Österreich 1866 nur zögernd zu, wehrte sich zunächst gegen die Annahme des Kaisertitels 1871 wegen seines nominellen Charakters und der befürchteten Machteinbußen Preußens und widersetzte sich anfangs dem Kulturkampf gegen die Katholiken. Im Dt. Reich übte W. als pflichtbewußter Monarch eine integrierende Wirkung aus. In der Außenpolitik setzte er die Anlehnung an Rußland durch. Nachfolger wurde für 99 Tage sein krebskranker Sohn →Friedrich III., dann sein Enkel →W. II.

Wilhelm II.

deutscher Kaiser und
König von Preußen
1888–1918
** 27. 1. 1859 Potsdam*
† 4. 6. 1941 Haus
Doorn, Prov. Utrecht
(Niederlande)

Im Gegensatz zu seinem Großvater →W. I. erwirkte sich der ehrgeizige junge Monarch als dritter und letzter Kaiser des 2. Deutschen Kaiserreichs nach dem Tod seines Vaters Kaiser →Friedrich III. bedeutenden Einfluß auf die Reichspolitik. Die Wilhelmin. Ära (auch: Wilhelminismus) leitete er durch den Bruch mit dem eigentlichen Gründer des Kaiserreichs, Reichskanzler Otto v. →Bismarck, über die Aufhebung der Sozialistengesetze ein.
Als »sozialer Kaiser« wollte W. zunächst die Arbeiterschaft für die Monarchie gewinnen. Er lehnte deshalb Staatsstreichpläne Bismarcks für die Zeit nach dem Ablauf des Sozialistengesetzes ab und erzwang 1890 den Rücktritt des Kanzlers. Unter den schwachen Kanzlern Leo v. →Caprivi (1890 bis 1894) und Chlodwig Fürst zu →Hohenlohe-Schillingsfürst (1894–1900), mit Abstrichen auch unter Bernhard v. →Bülow und Theobald v. →Bethmann Hollweg geriet sein »persönliches Regiment« aufgrund seines unsteten Charakters zu einer schwankenden Innen- und Außenpolitik.
Nachdem er sich Rußland bereits durch die Nichtverlängerung des Rückversicherungsvertrages entfremdet hatte, provozierte W. im Bestreben, Dtschld.

einen »Platz an der Sonne« durch offensive Flotten- und Kolonialpolitik zu sichern (seit 1896/ 97), auch die Gegnerschaft Englands und Frankreichs. Während er die Briten durch die Gratulation an den Präs. von Transvaal, Paul →Kruger, zur Niederschlagung des Jameson-Raids (1896) und ein taktloses Interview im Daily Telegraph (1908) düpierte, festigte er durch seine Marokkopolitik (demonstrative Landung in Agadir 1905 als Auftakt zur 1. Marokkokrise) Frankreichs Bündnis mit England und Rußland. Mit der »Hunnenrede« anläßlich der Entsendung der dt. Truppen gegen den Boxeraufstand in China 1900 löste er Irritationen in ganz Europa aus. Versuche zur Wiederannäherung an Rußland (Vertrag von Björkoe mit Zar →Nikolaus II. 1905) und zum Ausgleich mit Großbritannien über die Flottenpolitik (Mission Richard B. →Haldanes 1912) scheiterten. Seit der Staatskrise über die Daily-Telegraph-Affäre 1908 hielt sich W. mehr im Hintergrund, stimmte jedoch dem Schlieffen-Plan (Alfred v. →Schlieffen) wie der Entscheidung zur Vorbereitung des Weltkrieges durch den »Kriegsrat« 1912 grundsätzlich zu.

Während des 1. Weltkriegs war W. – formal als Oberster Kriegsherr – der Aufgabe, die zivile und militärische Gewalt zu koordinieren, nicht gewachsen und fügte sich seit der Berufung Paul v. →Hindenburgs und Erich →Ludendorffs dem Diktat der 3. Obersten Heeresleitung. Seine halbherzige »Osterbotschaft«, die eine Reform des preußischen Dreiklassenwahlrechts versprach, konnte die Monarchie nicht mehr retten. Nach dem militärischen Zusammenbruch trat W. auf Rat Hindenburgs auf niederländischen Boden über und verzichtete am 28. 11. 1918 auf den Thron, nachdem Reichskanzler →Max von Baden bereits am 9. 11. eigenmächtig seine Abdankung bekanntgegeben hatte. W. lebte danach zunächst in Amerongen, seit 1920 in Doorn.
(▷ Chronik Zitat)

»Er will das Höchstgefährliche . . .«

Chronik Zitat

Ein widersprüchliches Persönlichkeitsbild Wilhelms II. zeichnete der Dichter Theodor Fontane in einem Brief an einen Freund (5. 4. 1897):

»Was mir an dem Kaiser gefällt, ist der totale Bruch mit dem Alten, und was mir an dem Kaiser [nicht] gefällt, ist das im Widerspruch dazu stehende Wiederherstellenwollen des Uralten. In gewissem Sinne befreit er uns von den öden Formen und Erscheinungen des alten Preußentums, er bricht mit der Ruppigkeit, der Popligkeit, der spießbürgerlichen Sechsdreierwirtschaft der 1813er Epoche, er läßt sich, aufs Große und Kleine hin angesehen, neue Hosen machen, statt die alten auszuflicken. Er ist ganz unkleinlich, forsch und hat volles Einsehen davon, daß ein Deutscher Kaiser was andres ist als ein Markgraf von Brandenburg. Er hat eine Million Soldaten und will auch hundert Panzerschiffe haben; er träumt (ich will ihm diesen Traum hoch anrechnen) von einer Demütigung Englands. Deutschland soll obenan sein, in all und jedem. Das alles – ob es klug und ausführbar ist, laß ich dahingestellt sein – berührt mich sympathisch, und ich wollte ihm auf seinem Turmseil willig folgen, wenn ich sähe, daß er die richtige Balancierstange in Händen hätte. Das hat er aber nicht. Er will, wenn nicht das Unmögliche, so doch das Höchstgefährliche, mit falscher Ausrüstung, mit unausreichenden Mitteln. Er glaubt das Neue mit ganz Altem besorgen zu können, er will Modernes aufrichten mit Rumpelkammerwaffen; er sorgt für neuen Most und weil er selber den alten Schläuchen nicht mehr traut, umwickelt er eben diese Schläuche mit immer dickerem Bindfaden und denkt: ›nun wird es halten‹. Es wird aber [nicht] halten . . . Über unsren Adel muß hinweggegangen werden; man kann ihn besuchen wie das ägyptische Museum und sich vor Ramses und Amenophis verneigen, aber das Land [ihm] zu Liebe regieren, in dem Wahn: ›Dieser Adel sei das Land‹ – das ist unser Unglück, und so lange dieser Zustand fortbesteht, ist an eine Fortentwicklung deutscher Macht und deutschen Ansehens nach außen hin gar nicht zu denken. Worin unser Kaiser die Säule sieht, das sind nur [tönerne Füße]. Wir brauchen einen ganz andren Unterbau. Vor diesem erschrickt man; aber wer nicht wagt, nicht gewinnt. Daß Staaten an einer kühnen Umformung, die die Zeit forderte, zu Grunde gegangen wären – [dieser] Fall ist sehr selten. Ich wüßte keinen zu nennen. Aber das Umgekehrte zeigt sich hundertfältig.«

– Bayern

Wilhelm IV.

Herzog von Bayern 1508–1550
** 13. 11. 1493 München*
† 6. 3. 1550 München

Der Enkel Kaiser →Friedrichs III. und älteste Sohn →Albrechts IV. von Bayern stand bis 1511 unter Regentschaft und beteiligte seit 1514 seinen Bruder Ludwig an der Regierung. 1519 stand er an der Spitze des Schwäbischen Bundes, der seinen Schwager Herzog →Ulrich aus Württemberg vertrieb. Mit seiner rigorosen Ablehnung der Lehren Martin →Luthers hatte W. maßgebenden Anteil daran, daß Bayern katholisch blieb. Als Gegner der Habsburger stand er jedoch mit dem prot. Schmalkaldischen Bund, mit Frankreich und den Osmanen in Verbindung und eröffnete so die bayerische Sonderpolitik. W. öffnete den Jesuiten die Universität Ingolstadt und förderte als Vormund der Markgrafen die Gegenreformation in Baden. Er erließ 1516 das noch heute geltende Reinheitsgebot für Bier. Nachfolger: Sohn →Albrecht V.

– Großbritannien

Wilhelm I.,
der Eroberer

König von England 1066–1087, Herzog der Normandie 1035–1087
** um 1027 Falaise*
† 9. 9. 1087 Rouen

Der uneheliche Sohn Herzog Roberts I. von der Normandie (1027–1035) mußte sich zunächst gegen den Widerstand einzelner Adelsgruppen im Innern durchsetzen (1047), bevor er – sich auf seine Verwandtschaft zu →Eduard dem Bekenner berufend – 1066 die normann. Invasion nach England führen konnte. Nach dem Sieg über den angelsächs. König →Harald II. in der Schlacht bei Hastings ließ er sich in Westminster zum engl. König krönen. Auf der Insel führte er normann. Lehnsverfassung und Sitte ein und stattete seine Gefolgsleute reichlich mit angelsächs. Landbesitz aus. Sie wurden durch eine straffe Lehnshierarchie dem König untergeordnet und ihre Verpflichtungen im berühmten Domesday Book niedergelegt (1085), das mit seiner detaillierten Erfassung der sozioökonom. Verhältnisse der engl. Grafschaften eine wertvolle Quelle für die Sozialgeschichte darstellt. Auch die Kirche unterstellte er sich durch Neubesetzungen von Bistümern und Abteien und Reformen nach normann. Vorbild. Durch Teilung unter seine Söhne löste W. die Personalunion zwischen England und der Normandie: Nachfolger in England wurde →W. II.

Wilhelm II. Rufus

König von England 1087–1100
** um 1056*
† 2. 8. 1100 New Forest

Im Inneren mußte sich der Sohn →Wilhelms I. (des Eroberers) zunächst gegen den Widerstand des Adels durchsetzen, der seinen älteren Bruder Robert II. Curthose, den Nachfolger seines Vaters in der Normandie (Herzog 1087–1106), für den engl. Thron favorisierte. Wie schon sein Vater stärkte W. die Zentralgewalt. Durch die Behauptung der engl. Oberlehnsherrschaft gegenüber Schottland stärkte er das Reich, scheiterte jedoch mit seinem Versuch, auch die Normandie seinem Herrschaftsbereich einzuverleiben. In England wegen seiner drückenden Steuerpolitik und Brutalität allgemein verhaßt, starb W. bei einem Jagdunfall, vermutlich wurde er ermordet. Nachfolger: Bruder: →Heinrich I.

Wilhelm III. von Oranien

König von England, Schottland und Irland 1689–1702, Statthalter der Niederlande 1672–1702
** 14. 11. 1650 Den Haag*
† 19. 3. 1702 London

(In Schottland *W. II.*, in Irland *W. I.*). Der Sohn Wilhelms II. von Oranien (* 1626, † 1650) und Marias, einer Tochter →Karls I. von England, widmete sich in den Niederlanden wie später in Großbritannien vordringlich der Abwehr der Hegemonialansprüche Frankreichs. In den Niederlanden zunächst unter Johan de →Witt vom Amt des Statthalters ferngehalten, erhielt W. nach dem Einfall →Ludwigs XIV. das Oberkommando im Holländ. Krieg (1672–1678). 1677 heiratete er seine Cousine →Maria, die ältere Tochter König →Jakobs II., um das Bündnis mit England zu stärken, und schloß 1678 den Frieden von Nijmegen mit Frankreich.

Auf Einladung mehrerer Lords aus beiden Parteigruppen (Whigs und Tories), die König →Karl II. wegen seiner kath. Neigungen stürzen wollten, landete W. 1688 in England, vertrieb den letzten Stuartkönig in der Glorious Revolution (1688/89) und schlug auch dessen Invasionsversuch in Irland zurück (1690). 1689 wurde er gemeinsam mit Maria gekrönt. Mit der Vereidigung auf die Declaration of Rights von 1689 stimmte W. der konstitutionellen Grundlage seiner Krone zu. Im Act of Settlement (1701), der zugleich die Thronfolge zugunsten des Hauses Hannover regelte, wurden die königl. Befugnisse durch die Trennung von königl. und öffentlichem Haushalt beschnitten. Nachdem W. seine Anerkennung als engl. König durch Frankreich im Frieden von Rijswijk erreicht hatte (1697), bemühte er sich, die Ansprüche des französischen Königs Ludwig XIV. auf den vakant werdenden Spanischen Thron zu beschränken. Als dieser nach dem Tod →Karls II. 1700 ganz Spanien für seinen Enkel →Philipp V. beanspruchte, schmiedete W. die Große Allianz, die im Spanischen Erbfolgekrieg (1701 bis 1713/14) die drohende Hegemonie Frankreichs abwehrte. Nachfolgerin W.s in England wurde seine Schwägerin →Anna Stuart, während das Amt des Statthalters in der Niederlanden vakant blieb.

Wilhelm IV.

König von Großbritannien und Irland und König von Hannover 1830–1837
** 21. 8. 1765 London*
† 20. 6. 1837 Windsor

Der Sohn →Georgs III., letzter männlicher Vertreter der Hannover-Dynastie in Großbritannen, folgte seinem Bruder →Georg IV. auf den Thron. Durch die Zusage eines Peer-Schubs, d. h. der Schaffung so vieler neuer Barone, wie zur Änderung der Mehrheitsverhältnisse im Oberhaus nötig gewesen wären, ermöglichte er die Wahlrechtsreform von 1832, obwohl er persönlich dagegen war. Mit W., dessen freizügiger Lebenswandel die Monarchie in Mißkredit brachte, endete die Personalunion zwischen Großbritannien und Hannover; in England folgte ihm seine Nichte →Viktoria, in Hannover sein Bruder →Ernst August II. auf den Thron.

– Hessen-Kassel

Wilhelm IX.

Landgraf 1785–1803, Kurfürst 1803–1821
** 3. 6. 1743 Kassel*
† 27. 2. 1821 Kassel

W. führte nach dem Vorbild →Friedrichs II. (d. Gr.) eine absolutistische und merkantilistische Herrschaft mit einem unverhältnismäßig großen Heer, das er nur durch lukrativen Soldatenhandel unterhalten konnte. 1792–1794 kämpfte er an der Seite Preußens im 1. Koalitionskrieg gegen Frankreich und erreichte dafür im Reichsdeputationshauptschluß 1803 die Kurwürde (als *W. I.*) und territorialen Zuwachs. Nach seiner Neutralitätserklärung 1806 wurde Hessen-Kassel jedoch besetzt und 1807 dem französischen Königreich Westfalen unter Jérôme →Bonaparte eingegliedert. W. lebte seitdem im Exil und regierte nach 1813 das abermals vergrößerte Land in restaurativem Geist.

– Niederlande

Wilhelm I. von Oranien

(W. der Schweiger)

Statthalter von Holland, Zeeland, Utrecht 1559–1584
** 25. 4. 1533 Schloß Dillenburg*
† 10. 7. 1584 Delft

(Graf von Nassau und Prinz von Oranien seit 1544). W. war seit 1560 ein führender Exponent des niederländ. Widerstands gegen den Versuch →Philipps II. von Spanien, in den Niederlanden die absolute Monarchie durchzusetzen und den Protestantismus zu unterdrücken. Seit 1561 auch Statthalter der Franche-Comté, beteiligte er sich 1566 zwar zunächst nicht am bewaffneten Aufstand gegen Spanien, floh jedoch bei der Ankunft Herzog →Albas nach Deutschland. Von dort organisierte bewaffnete Einfälle nach Holland zeitigten 1572 Erfolg, als er sich mit den Wassergeusen vereinigen konnte und seine Anerkennung als erster erblicher Statthalter durchsetzte. Anfänglich bestrebt, mit Hilfe religiöser Toleranz die Einheit der gesamten Niederlande zu bewahren, mußte er 1579 die Abtrennung der südlichen Provinzen in der Union von Arras und deren Anlehnung an Spanien hinnehmen und befürwortete fortan die Trennung des Nordens in der Utrechter

Union, die sich 1581 als Generalstaaten unabhängig machte. 1580 von Philipp II. geächtet, wurde W. von einem katholischen Fanatiker ermordet. Sein Sohn →Moritz von Oranien setzte den niederländischen Unabhängigkeitskampf fort.

Wilhelm III. von Oranien
→W. III., König von England, Schottland und Irland.

Wilhelm I.
König der Niederlande und Großherzog von Luxemburg 1815–1840
** 24. 8. 1772 Den Haag*
† 12. 12. 1843 Berlin
W. übernahm nach dem Tod seines Vaters *Wilhelms V.* (1748–1806) die Regierung der nassau. Stammlande, wurde jedoch von →Napoleon I. aus seinen Ländern vertrieben, nachdem er auf der Seite Preußens (1806) und Österreichs (1809) gegen Frankreich gekämpft hatte. Nach dem Wiener Kongreß 1815 wurde er in Den Haag zum König der Vereinten Niederlande (einschließlich Belgiens) und Großherzog von Luxemburg ausgerufen. Seine antikatholische, antiliberale Politik provozierte 1830/31 im Fahrwasser der französischen Julirevolution die belgische Revolution, die die Unabhängigkeit Belgiens unter König →Leopold I. durchsetzte. Nach dem Londoner Protokoll von 1839 mußte auch W. den territorialen Verlust akzeptieren und dankte, um weiteren liberalen Konzessionen zu entgehen, 1840 zugunsten seines Sohnes →W. II. ab.

Wilhelm II.
König der Niederlande und Großherzog von Luxemburg 1840–1849,
** 6. 12. 1792 Den Haag*
† 17. 3. 1849 Tilburg
W. diente Arthur Wellesley →Wellington im Krieg auf der iberischen Halbinsel gegen →Napoleon I. (1808 bis 1814) und führte 1815 das niederländische Heer in der Schlacht bei Waterloo. 1831 scheiterte er mit der Niederwerfung des belgischen Aufstands im Auftrag seines Vaters, König →W.s I. Nach dessen Abdankung auf den Thron gelangt, beauftragte W., der dem Liberalismus selbst fernstand, den liberalen Staatsmann Johan Thorbecke (1798, † 1872) mit der Ausarbeitung einer neuen Verfassung, die die Macht von Regierung und Parlament gegenüber der Krone vergrößerte. Sie trat wenige Monate vor W.s Tod in Kraft und bildet bis heute Grundlage des niederländischen Staates. Nachfolger wurde sein Sohn →W. III.

Wilhelm III.
König der Niederlande und Großherzog von Luxemburg 1849–1890
** 19. 2. 1817 Brüssel*
† 23. 11. 1890 Het Loo
Der letzte Herrscher des Hauses Nassau-Oranien im Mannesstamm mußte mit der noch unter seinem Vater →W. II. nach der Revolution gewährten liberalen Verfassung regieren. Mit der Berufung des liberalen Min.-Präs. Johan Thorbecke (* 1798, † 1872) trug W. selbst dazu bei, die parlamentarische Monarchie zu stärken. Der Plan, Luxemburg an →Napoelon III. von Frankreich zu verkaufen, schwächte seine Position weiter (1867). Da seine Söhne vor ihm starben, folgte ihm seine Tochter →Wilhelmina auf den Thron. Mit W.s Tod erlosch die Personalunion der Niederlande mit Luxemburg.

– Heiliger
Wilhelm von Aquitanien
Graf von Toulouse und Herzog von Aquitanien
** um 750*
† 28. 5. 812 Gellone (St.-Guilhelm-le Désert, Dep. Hérault)
Der Enkel →Karl Martells verteidigte im Auftrag →Karls d. Gr. die Span. Mark gegen das Emirat von Córdoba, unterwarf die Basken und trug zur Einnahme von Barcelona (801) bei. Er zog sich später aus seiner Machtstellung zurück und gründete das Kloster Gellone (804). Held des französ. Wilhelm-Lieds und des »Willehalm« von Wolfram von Eschenbach. – Heiliger (Fest: 28. 5.).

Wilhelmina
Königin der Niederlande 1890–1948
** 31. 8. 1880 Den Haag*
† 28. 11. 1962 Het Loo

W., die ihrem Vater →Wilhelm III. auf den Thron folgte, stand bis 1898 unter der Vormundschaft ihrer Mutter Königin Emma von Waldeck-Pyrmont. Während ihrer langen Regierungszeit stärkte sie durch ihre große Popularität die Monarchie. Nach der deutschen Besetzung 1940 emigrierte sie mit der Regierung nach London, wo sich der Widerstand der Niederländer gegen die Besatzungsmacht formierte. Im März 1945 kehrte sie zurück. 1948 dankte sie zugunsten ihrer Tochter Juliana (Köngin 1948–1980) ab.

Willigis
Erzbischof von Mainz und Erzkanzler 975–1011
† 23. 2. 1011
Um 971 von Kaiser →Otto I. zum Reichskanzler berufen und 975 von Kaiser →Otto II. als Erzbischof von Mainz und damit Erzkanzler durchgesetzt, erlangte W. durch die Verleihung des Palladiums durch Papst Benedikt VII. (974–983) den Vorrang unter allen Bischöfen Germaniens und Galliens. Nach Ottos II. Tod 983 eigentlicher Leiter der Reichspolitik, sicherte er während der Regentschaft der Kaiserinnen →Theophano und →Adelheid, →Otto III. die Krone und setzte nach dessen Tod die Wahl →Heinrichs II. durch (1002). Als großer Bauherr erwarb er sich insbesondere um den Mainzer Dom Verdienste. – Heiliger (Fest: 23. 2.).

Wilson, Harold

britischer Premierminister 1964–1970, 1974–1976
** 11. 3. 1916 Huddersfield, Yorkshire*
† 23. 5. 1995 London

(*Sir* seit 1976, *Baron W.* of Rievaulx seit 1983). Der Wirtschaftsexperte, seit 1945 Labour-Abgeordneter im Unterhaus, war seit 1947 als jüngstes Kabinettsmitglied des 20. Jahrhunderts Handels-Min. unter Clement →Attlee, trat jedoch aus Protest gegen die Abschaffung des kostenlosen Gesundheitssystems zur Finanzierung des Koreakrieges 1951 mit dem linken Labour-Flügel zurück. Nach dem Tod des Labourführers Hugh Gaitskell (* 1906, † 1963) übernahm er den Parteivorsitz und bildete nach dem knappen Wahlsieg von 1964 die Regierung, nach Neuwahlen 1966 mit komfortabler Mehrheit. 1967 bis 1970 zugleich Wirtschaft-Min. mußte er sich vor allem mit den ökonomischen Problemen des Landes auseinandersetzen. Durch seine Passivität gegenüber dem amerikan. Vietnamkrieg verlor er seinen Rückhalt bei der Linken. Nach dem Wahlsieg der Konservativen 1970 kritisierte er die Regierung Eduard →Heath als Oppositionsführer vor allem für die Bedingungen des britischen EG-Beitritts (1973). In seiner zweiten Amtszeit als Premier-Min. erreichte er eine Neuverhandlung der britischen EG-Konditionen und erzielte 1975 auf einem Referendum eine Zweidrittel-Mehrheit für den Beitritt. Gravierende Wirtschaftsprobleme und der Riß innerhalb der Labour Party über den EG-Beitritt provozierten 1976 seinen Rücktritt. Sein Nachfolger als Premier-Min. und Labour-Führer wurde James →Callaghan.

Wilson, Woodrow

28. Präsident der USA 1913–1921
** 28. 12. 1856 Staunton, Virginia*
† 3. 2. 1924 Washington

Der Rechtsanwalt entstammte einer streng presbyterian. Familie. Seit 1890 Professor für Geschichte, Rechtswissenschaft und Volkswirtschaft in Princeton, seit 1902 Präsident der Universität, 1910–1912 Gouverneur des Staates New Jersey, wurde W. gegen die gespaltene Konservative Partei unter Theodor →Roosevelt und William Howard →Taft zum Präs. gewählt. Innenpolitisch setzte er mit der Gesetzgebung der »Neuen Freiheit« die Progressive Ära fort, senkte erstmals seit dem Bürgerkrieg die Zölle, führte die progressive Einkommenssteuer ein (1913) und ging in der Anti-Trust-Gesetzgebung (1914) gegen die Interessen der Großkonzerne vor. Außenpolitisch dominierte der 1. Weltkrieg seine Präsidentschaft. Nach der Versenkung des amerikan. Passagierdampfers »Lusitania« 1915 durch dt. U-Boote konnte er einen Kriegseintritt noch verhindern, indem er Dtschld. zur Einstellung des uneingeschränkten U-Bootkriegs zwang (1916). Nachdem er 1916 mit dem Motto »He kept us out of war« wiedergewählt worden war, setzte W. nach der Wiederaufnahme des uneingeschränken U-Bootkriegs durch Deutschland den Eintritt der USA in den Krieg durch. Mit relativ geringem, aber kriegsentscheidendem militärischem Einsatz sicherte er den USA erstmals einen Platz in einer Friedenskonferenz, die über die Zukunft Europas entschied. In seinen Vierzehn Punkten, die er im Januar 1918 gegen die Friedensappelle der Bolschewiki verkündete,

plädierte er für einen »Frieden ohne Sieg«, in dem das Selbstbestimmungsrecht der Völker die zukünftigen Grenzen und Verfassungen bestimmen sollte. Bei den Pariser Friedensverhandlungen 1919 erreichte er zwar die Gründung des Völkerbunds, nicht aber den Frieden aufgrund seiner Vierzehn Punkte: Gegen Georges →Clemenceau und David →Lloyd George konnte er nur mit Mühe noch härtere Bedingungen, insbesondere für Deutschland, verhindern. Nachträglich scheiterte er auch in den USA mit seinen Plänen für eine Nachkriegsordnung für die Welt: Kriegsmüde und enttäuscht über die »Undankbarkeit« der europäischen Alliierten lehnte der amerikanische Senat den Beitritt zum Völkerbund und die Ratifikation des Versailler Vertrags wegen der darin enthaltenen Interventionsverpflichtung ab. W. erlitt während des Wahlkampfes 1919 in Pueblo einen Schlaganfall und erholte sich nicht wieder. Er erhielt 1919 den Friedensnobelpreis.
(▷ Chronik Zitat)

Winckelmann, Johann Joachim

deutscher Archäologe und Kunsthistoriker
** 9. 12. 1717 Stendal*
† 8. 6. 1768 Triest

Obwohl er seine Kenntnisse nicht aus Ausgrabungen schöpfte, sondern seine Objekte in der Literatur und in den Museen und Bibliotheken Italiens studierte, gilt W. als Begründer der klass. Archäologie und der wissenschaftlichen Kunstgeschichtsschreibung. Nach langjähriger Tätigkeit als Privatsekretär des Historikers Heinrich von Bünau (* 1697, † 1762) konvertierte W. 1754 zum Katholizismus,

Die 14 Punkte Woodrow Wilsons

Chronik Zitat

Am 8. 1. 1918 proklamierte Wilson im Kongreß sein »Programm für den Weltfrieden« (Auszüge):

»I. Öffentliche Friedensverträge, die in offener Verhandlung ausgearbeitet werden, nach denen es keine geheimen internationalen Vereinbarungen mehr geben . . . wird.
II. Absolute Freiheit der Seefahrt auf den Meeren außerhalb der territorialen Gewässer . . .
III. Die weitestgehende Beseitigung aller ökonomischen Schranken und die Herstellung einer Gleichheit in den Handelsbeziehungen unter allen Nationen . . .
IV. Angemessene Garantien . . ., daß die nationalen Rüstungen auf den niedrigsten Punkt zurückgeführt werden, der mit der Sicherheit im Innern vereinbar ist.
V. Eine freie, offene und absolut unparteiische Klärung aller kolonialen Ansprüche . . .
VI. Die Räumung des gesamten russischen Territoriums und eine Bereinigung aller Fragen, die Rußland betreffen, . . . um für Rußland eine ungehinderte und unbelastete Möglichkeit zur unabhängigen Festsetzung einer eigenen politischen Entwicklung und nationalen Politik zu erlangen . . .
VII. Belgien, darin wird die ganze Welt übereinstimmen, muß geräumt und wiederhergestellt werden . . .
VIII. Das gesamte französische Territorium soll befreit und die besetzten Gebiete wiederhergestellt werden . . .
IX. Eine Neufestsetzung der Grenzen Italiens . . .
X. Den Völkern Österreich-Ungarns . . . sollte die freieste Möglichkeit zu autonomer Entwicklung gegeben werden.
XI. Rumänien, Serbien und Montenegro sollen geräumt, besetzte Gebiete wiederhergestellt werden . . .
XII. Dem türkischen Teil des gegenwärtigen ottomanischen Reiches sollte eine sichere Souveränität zugesichert werden, aber den anderen Nationalitäten, die nun unter türkischer Herrschaft stehen, sollte eine unzweifelhafte Sicherheit des Lebens und eine absolut ungestörte Möglichkeit zu autonomer Entwicklung gesichert werden . . .
XIII. Ein unabhängiger polnischer Staat sollte errichtet werden . . .
XIV. Eine allgemeine Vereinigung der Nationen muß durch besondere Vereinbarungen gebildet werden...«

um während seines Romaufenthaltes (seit 1755) Anstellung zu finden. Seit 1763 hatte er als Präs. der Altertümer und Scriptor des Vatikans die Aufsicht über die Altertümer in und um Rom. Mit seinem Hauptwerk »Geschichte der Kunst des Alterthums« (2 Bde., 1763/64) beeinflußte er die Antikenrezeption der dt. Klassik entscheidend.

Windischgrätz, Alfred Fürst zu
österreichischer Feldmarschall
** 11. 5. 1787 Brüssel*
† 21. 3. 1862 Wien
Politisch ultrakonservativ, unterdrückte W. 1848 als Generalkommandant in Böhmen (seit 1840) die Aufständischen der Märzrevolution in Prag. Seit Oktober 1848 war er Feldmarschall und Oberbefehlshaber aller österr. Truppen außerhalb Italiens und eroberte der Monarchie nach blutigen Kämpfen Wien zurück. Er befürwortete die Abdankung →Ferdinands I. zugunsten seines Neffen →Franz Joseph I. In Ungarn nahm er zwar Anfang 1849 Budapest ein, konnte sich jedoch insgesamt nicht durchsetzen, wurde im April 1849 abberufen und zog sich nach Böhmen zurück. Als einer der Hauptexponenten der föderalistisch-konservativen Fraktion des Hochadels und Befürworter der Heiligen Allianz stand er Fürst v. →Metternich nahe. 1861 wurde er erbl. Mitgl. des österr. Herrenhauses.

Windthorst, Ludwig
deutscher Politiker
** 17. 1. 1812*
Gut Caldenhof
bei Osnabrück
† 14. 3. 1891 Berlin

W. begann seine polit. Laufbahn im Königreich Hannover, wo er seit 1849 der 2. Kammer angehörte und 1851–1853 und 1862–1863 Justiz-Min. war. Als Katholik vertrat in der Dt. Frage eine großdt.-antipreuß. Linie. Nach der Annexion Hannovers durch Preußen im Dt. Krieg 1866 führte W. für das welf. Königshaus die Abfindungsverhandlungen. Seit 1867 MdR und Mitglied des preuß. Abgeordnetenhauses, war er als Sprecher des Zentrums – rhetorisch gewandt und taktisch geschickt – Otto v. →Bismarcks parlamentar. Hauptgegner, vor allem im Kulturkampf (1871–1887). Ein Gespräch, das er mit Bismarck auf dem Höhepunkt der Entlassungskrise über eine mögliche parlamentarische Zusammenarbeit gegen die Sozialdemokratie führte, erregte zusätzlich das Mißtrauen Kaiser →Wilhelms II., der Bismarck zum Rücktritt zwang.

Winrich von Kniprode
Hochmeister des Deutschen Ordens 1351–1382
** um 1310 im Bergischen Land*
† 24. 6. 1382 Marienburg
Seit 1346 Leiter der Verwaltung des Deutschen Ordens in Marienburg, führte W. v. K. den Deutschen Orden nach dem Frieden von Kalisch mit Polen (1343) und dem Erwerb Estlands von Dänemark (1346) als Hochmeister zu seiner Blütezeit. Unter ihm entwickelte sich der Orden zu einem ernstzunehmenden politischen Faktor im Ostseeraum. Mehr und mehr zur weltl. Macht neigend, drängte er die Litauer in die Defensive, förderte den Handel des Ordens, gründete mehrere Städte und veranlaßte die Vollendung der Marienburg.

Wirth, Joseph
deutscher Reichskanzler Mai 1921–Nov. 1922
** 6. 9. 1879 Freiburg im Breisgau*
† 3. 1. 1956 Freiburg
Nachdem Anfang Mai 1921 das Londoner Ultimatum der Siegermächte zur sofortigen Annahme der Reparationsforderungen bei der Reichsleitung eingetroffen war, bildete der ehemalige Gymnasiallehrer, seit 1914 MdR auf dem äußersten linken Flügel des Zentrums, ein Minderheitskabinett zunächst mit Zentrum, SPD und Dt. Demokrat. Partei (DDP), nach dem Ausscheiden der DDP über die Teilung Oberschlesiens zwischen Dtschld. und Polen (Okt. 1921) nur noch mit der SPD. Gemeinsam mit seinem Außen-Min. Walther →Rathenau wollte er als Vertreter der »Erfüllungspolitik« durch Erfüllung der alliierten Reparationsforderungen ihre tatsächl. Unerfüllbarkeit erweisen und nahm daher das Londoner Ultimatum an, mußte jedoch angesichts der Finanznot schon im Nov. 1921 um ein Moratorium bitten. 1922 schloß er den Rapallovertrag mit Sowjetrußland, der die geheime Aufrüstung des Reiches ermöglichte. Auf die Ermordung Rathenaus, die W.s Regierung – u. a. als Auslöser der Hyperinflation 1922/23 – in ihre schwerste Krise stürzte, reagierte er mit dem Republikschutzgesetz und der berühmten Reichstagsrede mit dem Diktum »Dieser Feind steht rechts«. Als sein Plan einer Großen Koalition unter Einschluß der Deutschen Volkspartei

(DVP) zur Abkehr von der Erfüllungspolitik am Widerstand der SPD scheiterte, trat W. zurück. Nachfolger als Reichskanzler wurde Wilhelm →Cuno.
W. war 1929/30 Reichs-Min. für die besetzten Gebiete unter Hermann →Müller und 1930/31 Reichsinnen-Min. unter Heinrich →Brüning. 1933–1948 lebte er im Exil in der Schweiz. Nach dem 2. Weltkrieg trat W. für eine deutsche Neutralitätspolitik ein und bekämpfte die Westintegration der Bundesrepublik. Er gründete 1953 den neutralistischen »Bund der Deutschen«.

Witigis
König der Ostgoten 536–540
† 541 Konstantinopel
Einst Heerführer unter →Theoderich d. Gr., wurde W. 536 vom Gotenheer zum König gewählt und heiratete Mataswintha, die Enkelin Theoderichs. Im Gegensatz zu seinen Vorgängern setzte er auf direkte Konfrontation mit Römern und Ostrom, hatte jedoch trotz zeitweiser Unterstützung durch den Frankenkönig Theudebert (534–548) und einem Bündnis mit dem Perserkönig im Rücken des oströmischen Kaisers →Justinian I. nicht die Mittel, sich durchzusetzen. 538 verlor er endgültig Rom. Mit seinen Niederlagen gegen den oström. Feldherrn →Belisar leitete er den Niedergang des Ostgotenreiches ein. Nach seiner Kapitulation in Ravenna wurde er mit seiner Frau und vielen gotischen Großen nach Konstantinopel gebracht.

Witt, Johan (Jan) de
Ratspensionär von Holland 1653–1672
** 24. 9. 1625 Dordrecht*
† 20. 8. 1672 Den Haag
Als Leiter der niederländischen Politik suchte W. der Herrschaft des städt. Kaufmannspatriziats gegen die Oranier Dauer zu verschaffen und weigerte sich daher, den nach dem Tod Wilhelms II. (1650) vakanten Posten des Generalstatthalters neu zu besetzen. Er führte zwei Seekriege gegen England (1652 bis 1654, 1665–1667) und vernachlässigte dabei die Landrüstungen, so daß →Ludwig XIV. von Frankreich die Niederlande 1672 im Bündnis mit England überrennen konnte. W. mußte daraufhin zurücktreten und die Ernennung →Wilhelms III. von Oranien zum Statthalter hinnehmen. Zusammen mit seinem Bruder *Cornelis de W.* (* 1623, †1672) wurde er in Den Haag von Anhängern der Oranier umgebracht.

Witte, Sergej Juljewitsch
russischer Ministerpräsident Nov. 1905 – Mai 1906
** 29. 6. 1849 Tiflis*
† 13. 3. 1915 Petrograd
(*Graf* seit 1905). In der Eisenbahnverwaltung groß geworden, legte der russ. Staatsmann seit 1892 als Finanz-Min., Verkehrs-Min. und faktisch leitender Min. mit seinem System des ökonom. Staatsliberalismus (»System W.«) die Grundlagen für die Industrialisierung des Zarenreichs durch Schutzzölle, Aufnahme ausländ. Anleihen, Förderung ausländ. Investitionskapitals, Eisenbahnbau und Einführung der Goldwährung (1897). Seine Industrialisierungs- und Modernisierungspolitik zielte auf die machtpolitische Stärkung Rußlands und stand in enger Verbindung mit der imperialistischen Expansion, z. B. durch den Bau der Transsibir. Eisenbahn in der Mandschurei. 1903 als Finanz-Min. entlassen, handelte W. nach der Niederlage im russisch-japanischen Krieg 1904/05 den relativ günstigen Frieden von Portsmouth aus. Ohne selbst Liberaler zu sein, entwarf er in der 1. Russ. Revolution 1905 das Oktobermanifest für Zar →Nikolaus II., weil er überzeugt war, nur durch eine konstitutionelle Monarchie das Zarenreich retten zu können. Als erster Min.-Präs. einer konstitutionellen Regierung Rußlands mußte er konservativeren Kräften Platz machen, noch bevor die Duma erstmals zusammentrat.

Witzleben, Erwin von
deutscher Offizier und Widerstandskämpfer
** 4. 12. 1881 Breslau*
† 8. 8. 1944 Berlin-Plötzensee
Erstmals beteiligte sich W. als Generalmajor in der Sudentenkrise 1938 an Umsturzplänen gegen Adolf →Hitler, um einen drohenden Krieg zu verhindern. Im Polenfeldzug 1939 befehligte er die dt. 1. Armee. 1939–1942 Armee- und Heeresgruppenbefehlshaber

im Westen, seit 1940 als Generalfeldmarschall, seit 1941 zugleich Oberbefehlshaber West, wurde W. 1942 angeblich aus gesundheitlichen Gründen verabschiedet. Als führendes Mitglied des militärischen Widerstands neben Ludwig →Beck war er nach einem Umsturz als Oberbefehlshaber der Wehrmacht vorgesehen. Am Tag nach dem mißglückten Attentat vom 20. Juli 1944 verhaftet, wurde er vom Volksgerichtshof zum Tode verurteilt.

Wladimir I. Swjatoslawitsch, *der Heilige*
Großfürst von Kiew um 978–1015
** um 956*
† 15. 7. 1015 Berestowa bei Kiew
Der Sohn des Großfürsten →Swjatoslaws I. setzte sich nach dessen Tod gegen seine beiden Brüder Jaropolk und Oleg mit Hilfe von Warägern aus Skandinavien durch und führte später die Expansionspolitik seines Vaters fort, indem er die Herrschaft Kiews über alle ostslawischen Stämme ausdehnte. 981 eroberte er Gebiete von Polen (Galizien). Nur die Wolgabulgaren widersetzten sich ihm. Vom byzantin. Kaiser →Basileios II. gegen den Gegenkaiser Bardas Phokas zu Hilfe gerufen, schlug W. den Usurpator 988 und gewann so die Hand der »purpurgeborenen« (d. h. im Kaiserpalast, als Tochter eines regierenden Kaisers geborenen) Schwester des Basileios. Vorbedingung für die Heirat war die Taufe W.s, der damit die Christianisierung des Kiewer Reichs nach östlichem Ritus einleitete – eine für die Geschichte Rußlands entscheidende Weichenstellung. W. wird von der russisch-orthodoxen Kirche als Heiliger verehrt (Fest 15. 7.).

Wladimir II. Monomach
Großfürst von Kiew 1113–1125
** 1053*
† 19. 5. 1125 bei Kiew
Der Urenkel →W.s I., Sohn einer byzantin.Mutter aus dem kaiserlichen Geschlecht der Monomachos, gelangte angesichts eines Volksaufstandes gegen den verstorbenen Fürsten Swjatopolk († 1113) unter Umgehung der Senioratsregel auf den Thron. Mit seiner Reformregierung führte er das Kiewer Reich zu einem letzten Höhepunkt seiner Macht, milderte die Zinsknechtschaft und beschränkte die Willkür der Oberschicht gegen ihre Untertanen. Sein politisches und geistliches Testament »Poučenie« (»Belehrung«), eines der wichtigsten Denkmäler der altrussischen Literatur, sicherte dem christlichen Herrscher eine moralische Autorität in der russischen Geschichtsschreibung.

Wladislaw, *poln. Władysław, ungar. Ulászló, Fürsten*

– Böhmen
Wladislaw I.
→Ladislaus V. Posthumus von Ungarn.

Wladislaw II.
König von Böhmen 1471–1516, König von Ungarn 1490–1516
** 1. 3. 1456 Krakau*
† 13. 3. 1516 Ofen (= Budapest)
Der Sohn des polnischen Jagiełłonen-Königs →Kasimir IV. wurde auf dessen Betreiben von gemäßigten Hussiten (Utraquisten) in Böhmen zum König gewählt, mußte im Frieden von Olmütz 1478 jedoch auf die böhmischen Nebenländer (Schlesien, Lausitz, Mähren) zugunsten von →Matthias I. Corvinus verzichten, der auch den Titel »König von Böhmen« beanspruchte. Nach dessen Tod wurde W. in Ungarn bewußt als schwacher Monarch gewählt, der der Adelsmacht nicht im Weg stehen würde. Durch die Auflösung des »Schwarzen Heeres« wurden ihm weitere Machtbefugnisse genommen. 1491 anerkannte er das Nachfolgerecht der Habsburger für den Fall des Aussterbens der Jagiełłonen und sicherte im doppelten Ehevertrag von 1515 die Heirat seiner beiden Kinder mit Habsburgern zu.
W.s Sohn und Nachfolger →Ludwig II. heiratete Maria von Habsburg (* 1505, † 1558), seine Tochter Anna (* 1503, † 1546) den späteren Kaiser →Ferdinand I., weshalb nach dem Tod Ludwigs 1526 Böhmen und Ungarn an Habsburg kamen.

– Polen
Władysław I. Łokietek
Herzog/König 1306/20–1333
** 1260*
† 2. 3. 1333 Krakau
(»Łokietek« = »Ellenlang«). Ursprünglich Herzog von Kujawien, konnte W. nach dem Tod der Böhmenkönige →Wenzel II. (1305) und Wenzel III. († 1306), die auch die polnische Krone trugen, nach langer Zersplitterung in Teilfürstentümer die Einheit Polens weitgehend wiederherstellen und wurde damit zum Begründer des polnischen Nationalstaats, wie er bis zu den Teilungen Polens Ende des 18. Jh. Bestand hatte. W. setzte sich 1305 in Sandomierz, 1306 in Kujawien und Kleinpolen und 1314 in Großpolen durch. Schlesien, Westpommern und Masowien blieben zunächst ausgeklammert. Über Pomerellen, das W. 1306 gewonnen hatte, aber 1308 wieder an den Deutschen Orden verlor, entbrannte

ein langwieriger Streit, der auch nach dem Sieg W.s über die Ordensritter bei Płowce (1331) nicht beigelegt werden konnte (Pomerellen kam endgültig erst 1466 zu Polen). Mit Zustimmung von Papst →Johannes XXII. ließ sich W. 1320 in Krakau krönen. Nachfolger: Sohn →Kasimir III.

Władysław II. Jagiełło
→Jagiełło

Władysław III. Warneńczyk (von Varna)
König von Polen 1434–1444, König von Ungarn 1440–1444 und König von Böhmen 1438
** 31. 10. 1424 Krakau*
† 10. 11. 1444 bei Varna (Bulgarien)
(In Ungarn *Ulászló I.*, in Böhmen *Wladislaw I.*). 10jährig wurde W. von der Adelsversammlung in Polen zum Nachfolger seines Vaters →Jagiełło gewählt. Für ihn regierte weitgehend der ehemalige Sekretär seines Vaters, Zbigniew Oleśnicki (* 1389, † 1455). Nach dem Tod Kaiser →Sigismunds konnte W. die 1438 von Böhmen angebotene Wenzelskrone nicht gegen den Habsburger →Albrecht II. behaupten, beanspruchte jedoch nach dessen Tod 1439 die ungar. Krone im Kampf gegen den nachgeborenen Sohn Albrechts, →Ladislaus (V.) Posthumus. W. fiel im von János →Hunyadi geführten polnisch-ungarischen Heer im Kampf gegen die Osmanen. Nachfolger in Polen wurde →Kasimir IV.

Władysław IV. Wasa
König von Polen 1632–1648,
Zar von Rußland 1610–1612
** 19. 4. 1595 Łobzowo bei Krakau*
† 20. 5. 1648 Merecz, Litauen
Der Sohn →Sigismunds III. Wasa wurde 1610 in der russ. Zeit der Wirren (Smuta) auf Drängen seines Vaters, der sich eine Ausdehnung der polnisch-litauischen Herrschaft auf Moskau erhoffte, gegen →Wassili IV. Schujski zum Zaren von Rußland gewählt. W. verlor die Unterstützung von Teilen des russ. Adels, als sein Vater die zunächst zugesagte religiöse Toleranz gegenüber der orth. Kirche, die auch eine Konversion W.s vorsah, zurücknahm und weitgehende königl. Rechte beanspruchte. Obwohl das poln. Heer bereits 1612 entscheidend geschlagen wurde und sich 1613 mit →Michail Fjodorowitsch die neue Dynastie der Romanow auf dem Zarenthron etablierte, hielt W. formal bis zum Frieden von Poljanovka 1634 an seinem Titel fest.
In Polen behauptete er 1632–1634 Smolensk gegen die Russen und schloß 1635 Frieden mit dem Osmanischen Reich. Obwohl er sich so im Osten und Südosten den Rücken freihielt, konnte er nach dem Tod seines Onkels, des schwed. Königs →Gustav II. Adolf, aufgrund der Kriegsmüdigkeit in Polen nicht aktiv in den Kampf um die schwedische Krone eingreifen, erlangte aber 1635 im Vertrag von Stumdorf Westpreußen gegen Aufgabe von Livland von Schweden zurück. Innenpolitisch verlor er – finanziell von Geldbewilligungen der Szlachta abhängig – seine Macht zunehmend an die Magnaten. Durch Begünstigung der Jesuiten und ihres Bildungssystems förderte er die Gegenreformation. Nachfolger wurde sein Stiefbruder →Johann II. Kasimir.

– Ungarn (siehe auch →Ladislaus)
Władysław I. (Ulászló I.)
→Władysław III. von Polen.

Wladyslaw II. (Ulászló II.)
→Wladislaw. II. von Böhmen.

Wlassow, Andrei Andrejewitsch
sowjetischer General
** 14. 9. 1900 Lomakino bei Nischni Nowgorod (heute Gorki)*
† 1. 8. 1946 Moskau
W. geriet 1942 bei Wolochow als Armee-Oberbefehlshaber in deutsche Gefangenschaft und organisierte auf Betreiben der deutschen Wehrmacht die aus russischen Kriegsgefangenen und Freiwilligen bestehende antisowjetische »Befreiungsarmee« (W.-Armee). Wegen Adolf →Hitlers Weigerung, die staatliche Existenz Rußlands zuzusichern, kam sie erst Ende 1944 auf Initiative Heinrich →Himmlers mit zwei Divisionen zum Einsatz. Militärisch bedeutungslos, versuchte W. kurz vor Kriegsende mit der Unterstützung des Prager Aufstands einen Frontwechsel, wurde jedoch von den USA 1945 an die Sowjetunion ausgeliefert und dort hingerichtet.

Wolsey, Thomas
englischer Staatsmann und Geistlicher
** um 1475 Ipswich*
† 29. 11. 1530 Leicester
Der Sohn eines Schlachters machte nach dem Studium in Oxford und seiner Ordination als Priester 1498 eine glänzende Karriere. Seit 1507 zunächst als Hauskaplan König →Heinrichs VII. am englischen Hof, erwarb sich W. schnell das Vertrauen →Heinrichs VIII. und wurde 1514 Erzbischof von York, 1515 Lordkanzler und Kardinal. Als Berater des Königs bestimmte er die Innen- und Außenpolitik.

Erhöhte Steuern zur Finanzierung des Kriegs gegen Frankreich, die weitgehende Ausschaltung des Parlaments und persönliche Bereicherung (Bau von Hampton Court als Residenz) machten ihn zunehmend unbeliebt. W. hatte mit der Förderung des englischen Gewohnheitsrechts (Equity-Law) gegen das röm. Recht wesentlichen Einfluß auf das englische Rechtssystem. Im Ehescheidungsprozeß Heinrichs VIII. von →Katharina von Aragón erreichte W. – seit 1518 päpstliches Legat – bei Papst →Klemens VII. nicht die vom König gewünschten Zugeständnisse, mußte deshalb 1529 zurücktreten, wurde wegen Hochverrats angeklagt und starb in Haft.

Woroschilow, Kliment Jefremowitsch

sowjetisches Staatsoberhaupt 1953–1960
** 4. 2. 1881 Werchneje, Gouvernement Jekaterinoslaw*
† 3. 12. 1969 Moskau

Seit 1903 Bolschewik, seit 1921 Mitglied des ZK, stieg W. unter Josef W. →Stalin zum Mitglied des Politbüros bzw. des Präsidiums der KPdSU (1926 bis 1960) und zum Volkskommissar für Militärwesen bzw. für Verteidigung (1925–1940, seit 1935 Marschall) auf. Danach auf verschiedenen Kommandoposten, erhielt W. nach Stalins Tod 1953 den rein repräsentativen Vorsitz im Präsidium des Obersten Sowjets. Wegen seiner Beteiligung am Versuch, Nikita S. →Chruschtschow 1957 zu stürzen, fiel W. in Ungnade und verlor 1960/61 alle wichtigen Ämter. Später wurde er rehabilitiert und 1966 wieder ins ZK aufgenommen.

Wrangel, Carl Gustav
schwedischer Reichsmarschall 1664–1675
** 23. 12. 1613 Skokloster bei Uppsala*
† 5. 7. 1676 Spieker, Rügen
(*Graf von Salmis* [seit 1651]). W. zeichnete sich als Oberbefehlshaber der schwedischen Truppen im Dreißigjährigen Krieg aus (1646–1648) und war auch an den Kriegen gegen Polen, Brandenburg und Dänemark beteiligt (1655–1658). 1660–1672 war er Vorsitzender des Regentschaftsrats für König →Karl XI. (seit 1664 als Großmarschall). Im Krieg gegen Brandenburg übernahm er seit 1674 trotz seines hohen Alters und angeschlagener Gesundheit noch einmal das Kommando, wurde aber nach der Niederlage bei Fehrbellin 1675 abgesetzt.

Wrangel, Friedrich

preußischer Offizier
** 13. 4. 1784 Stettin*
† 1. 11. 1877 Berlin

(*Graf von* [seit 1864]). Seit 1796 im preußischen Heer, sammelte W. erste militärische Erfahrung im Krieg gegen das revolutionäre Frankreich. Von der Frankfurter Nationalversammlung erhielt er 1848 den Oberbefehl über die Bundestruppen im ersten dt.-dän. Krieg, mit denen er in Unterstützung des schleswig-holsteinischen Aufstands bis nach Jütland marschierte, bevor ihn der von den europäischen Großmächten erzwungene Waffenstillstand von Malmö Einhalt gebot. Im preußischen Verfassungskonflikt Ende 1848 besetzte er für König →Friedrich Wilhelm IV. Berlin und bereitete mit der Auflösung der preußischen Nationalversammlung – nach seinem Motto »Gegen Demokraten helfen nur Soldaten« – die Oktroyierung der preußischen Verfassung vor. Seit 1856 Generalfeldmarschall, hatte er anfangs auch im 2. dt.-dän. Krieg 1864 den Oberbefehl, wurde jedoch nach Mißerfolgen abberufen.

Wudi *(Wu-ti)*
chinesischer Kaiser 141–87 v. Chr.
** 157 v. Chr.*
† 29. 3. 87 v. Chr.
(Eigentlich *Liu Qi*, chinesisch »Wudi« = »krieger. Kaiser«). Während der langen Regierung des bedeutendsten Herrschers der Han-Dynastie (206 v. Chr. bis 220 n. Chr.) entwickelte sich China zum Weltreich. W. sicherte das Reich im Norden gegen die turkmongol. Xiongnu (Hunnen?) durch große Militärexpeditionen (127–119) sowie die Einrichtung von Garnisonen und die Ansiedlung von Wehrbauern. Im Süden drang er bis Nordannam, im Osten bis Nordkorea (Einrichtung von vier Militärkommandanturen 108), im Westen bis ins Tarimbecken vor. Im Innern zentralisierte er das Staatswesen, indem er das Lehnswesen und den kaiserl. Adel endgültig

abschaffte (127) und den Anstoß zur Entstehung der nach konfuzian. Grundsätzen ausgebildeten Gelehrtenbürokratie gab. Vorbereitet durch die diplomat. Missionen Zhang Qians nach Zentralasien, blühte unter W. der chines. Fernhandel auf. Unter ihm entstand mit den »Shiji« (»Histor. Aufzeichnungen«) die erste systemat. Geschichte Chinas durch seinen Hofhistoriker Sima Qian (* um 135, † um 93), der als einer der bedeutendsten Historiker Chinas in einem chronologisch-biograph. Abriß über 2000 Jahre chinesische Geschichte Rechenschaft ablegte.

Wulfila *(Ulfilas)*
arianischer Westgotenbischof 341–381
** um 310 an der unteren Donau*
† wahrscheinlich 383 Konstantinopel
341 zum Bischof geweiht, missionierte W. die Germanen nach dem arian. Bekenntnis (→Arius), mußte nach einer Christenverfolgung 347/48 jedoch mit seinen Anhängern nach Nikopolis in Moesien fliehen. Um 381 wurde er von Kaiser →Theodosius I. (d. Gr.) nach Konstantinopel berufen. Für seine Übersetzung der Bibel ins Gotische, der ältesten Bibelübersetzung in eine german. Sprache, schuf W. um 369 mit dem gotischen Alphabet die erste germanische Buchstabenschrift. Teile seines Werkes, die in ostgotischen Handschriften des 6. Jh. erhalten sind (Codex argenteus), bilden die Grundlage für die Erforschung der gotischen Sprache.

Wullenwever, Jürgen

Bürgermeister von Lübeck 1533–1535
** um 1492 Hamburg*
† 29. 9. 1537 Wolfenbüttel

Nach der Einführung der Reformation in Lübeck 1531 wurde W. als Führer der Bürgerschaft Bürgermeister, nachdem die Vorherrschaft der Patrizier durch einen Volksaufstand beseitigt worden war. W. wollte dem Protestantismus größere Geltung verschaffen, den holländischen Ostseehandel zurückdrängen, durch die Teilnahme an der Grafenfehde die dänische Macht brechen und Lübeck wieder zur Beherrscherin der Ostsee machen. Er scheiterte jedoch am Widerstand der Patrizier und der anderen Hansestädte, dankte 1535 nach einer Niederlage gegen König →Christian III. von Dänemark und der Wiederherstellung der Patrizierherrschaft durch ein Reichkammergerichtsmandat ab und wurde an Herzog →Heinrich d. J. von Braunschweig-Wolfenbüttel ausgeliefert, der ihn hinrichten ließ.

Wyschinski, Andrei Januarjewitsch

sowjetischer Außenminister 1949–1953
** 10. 12. 1883 Odessa*
† 22. 11. 1954 New York

Anfangs Menschewik, trat W. 1920 der KPdSU bei und stieg als Jurist zu politisch verantwortl. Posten auf (1925–1928 Rektor der Universität Moskau, seit 1928 Rektor des Rechtsinstituts der Akademie der Wissenschaften). 1935 wurde W. Generalstaatsanwalt der Sowjetunion (bis 1939) und stand als Chefankläger bei den Moskauer Prozessen als jurist. Erfüllungsgehilfe Josef W. →Stalins im Zentrum der »Großen Säuberungen« 1936–1938. Seit 1939 Mitglied des ZK, wurde er 1940 stellvertr. Außen-Min. unter W. M. →Molotow, bevor er das Ressort hauptverantwortlich übernahm. Nach Stalins Tod wieder stellvertr. Außen-Min., wurde er 1953 ständiger Delegierter im Weltsicherheitsrat der UNO.

Wyszyński, Stefan
Erzbischof von Gnesen und Warschau, Primas von Polen 1948–1981
** 3. 8. 1901 Zuzela*
† 28. 5. 1981 Warschau
Seit 1952 Kardinal, stand der Kirchenfürst während des Stalinismus in Konfrontation mit dem Staat und saß seit 1953 in Klosterhaft. Seit seiner Freilassung im Polnischen Oktober 1956 baute er die katholische Kirche – einzigartig in einem kommunistischen Staat – zur einzigen intakten Gegenmacht Polens auf. In Kirchenfragen erreichte er die Wiederzulassung des Religionsunterrichts und staatlich finanzierten Kirchenbaus. Zuletzt vermittelte W. nach den Danziger Streiks 1980 zwischen der Gewerkschaft Solidarność (Lech →Wałęsa) und der Regierung, um eine Eskalation bis hin zur sowjetischen Intervention zu vermeiden.

Xenophon
griechischer Historiker und Feldherr
** um 426 v. Chr. Athen*
† um 355 v. Chr. Korinth (Athen ?)
Der Schüler des Sokrates zählt zu den bedeutenden Historikern des alten Griechenlands. Als Mitglied des griechischen Söldnerheeres (seit 401) nahm er am Zug Kyros d. J. (423–401) gegen seinen Bruder →Artaxerxes II. teil und befehligte nach der Niederlage bei Kunaxa den Rückzug der Söldner durch Kleinasien ans Schwarze Meer (399). 396 schloß er sich dem Spartanerkönig →Agesilaos II. in dessen Kämpfen gegen die Perser an (bis 394), weshalb ihn Athen verbannte. Seitdem lebte er auf einem Landgut bei Olympia, zog sich jedoch nach der Niederlage Spartas bei Leuktra 371 nach Korinth zurück. Um 368 wurde seine Verbannung aufgehoben.
X.s Bericht über den Aufstand des Kyros und den »Zug der Zehntausend« in den acht Büchern der »Anabasis« gehört wegen ihrer Anschaulichkeit und der detailreichen Schilderung von Menschen und Gebräuchen zu den Meisterwerken der griech. Geschichtsschreibung. Eine Fortsetzung zur Geschichte des →Thukydides für die Zeit von 411–362 gab er in der »Hellenika« (7 Bücher). In der »Erziehung des Kyros« entwarf X. das Bild des Idealstaats.

Xerxes I.
Perserkönig 486–465 v. Chr.
** um 519 v. Chr.*
† 465 v. Chr.
(Altpersisch »Chschajarscha« = »Herrscher über Helden«). Der *Ahasverus* der Bibel, aus dem Geschlecht der Achämeniden, trat als Nachfolger seines Vaters →Dareios I. und Enkel von →Kyros d. Gr. ein schweres Erbe an. Nach der Niederwerfung von Aufständen in Ägypten (485) und Babylonien (482) setzte er den von seinem Vater 490 (1. Perserkrieg) begonnenen Krieg gegen Griechenland fort. Mit dem Übergang über den Bosporus, dem Sieg bei den Thermopylen über den spartan. König →Leonidas I. und der Unterwerfung ganz Attikas (480) stand das Perserreich im Westen auf dem Höhepunkt seiner Macht. Nach der Niederlage gegen die athenische Flotte bei Salamis 480, die die Wende im 2. Perserkrieg (bis 449) einleitete, zog sich X. nach Persien zurück und widmete sich vor allem dem Ausbau von Persepolis. Sein Feldherr →Mardonios konnte 479 zwar Athen einnehmen, unterlag jedoch bei Platää entscheidend. X. wurde mit seinem Sohn Dareios vom Führer seiner Leibgarde ermordet. Nachfolger wurde sein Sohn →Artaxerxes I.

Yamagata, Aritomo
japanischer Ministerpräsident 1889–1891, 1898–1900
** 1838 Choshu, Westhonschu*
† 1. 2. 1922 Tokio
(*Fürst* seit 1907). Y. trug als Militär (seit 1898 Marschall) wie als Politiker maßgebend zum Aufstieg Japans zur Weltmacht bei. Aus niederem Samurai-Adel stammend, war er 1868 wesentlich am Sturz des Shogunats und der Meiji-Restauration unter Kaiser →Mutsuhito beteiligt und reformierte als Kriegs-Min. (seit 1873) das japan. Heer, u. a. durch Einführung der allgemeinen Wehrpflicht (1877) und des Generalstabs, dessen Führung er 1878 übernahm. Die militär. Erfolge gegen China (1894/95) und Rußland (1904/05) waren wesentlich sein Verdienst. Seit 1903 übte er als Präs. des Geheimen Staatsrats, dem Beratungsgremium des Tenno, großen Einfluß auf die japan. Politik aus. 1902 betrieb er den Abschluß des Bündnisses mit Großbritannien und setzte 1910 die Annexion Koreas durch.

Yamamoto, Isoroku
japanischer Flottenkommandeur 1939–1943
** 4. 4. 1884 Nagaoka, heutige Präfektur Niigata*
† 18. 4. 1943 Salomon Inseln

Der Sproß einer Samurai-Familie erarbeitete als Kommandeur der Vereinigten Flotte die Pläne für den Angriff auf die US-amerikanische Flotte im Dezember 1941 in Pearl Harbor, der auf Befehl von Ministerpräsident Hideki →Tojo den Kriegseintritt der USA provozierte. 1943 wurde Y. auf einem Inspektionsflug abgeschossen.

Yao Wenyuan
chinesischer Politiker
** um 1930 Shaoxing, Prov. Zhejiang*
Ursprünglich Literaturkritiker und Kulturfunktionär in Schanghai, lieferte Y. W. mit einer von ihm verfaßten, wohl von →Mao Zedong und dessen Frau →Jiang Qing inspirierten Theaterkritik (November 1965) den Auslöser für die Kulturrevolution (1966 bis 1969). 1967 wurde Y. W. Chefredakteur der Parteizeitung »Renmin Ribao« in Peking, 1969

Mitglied des Politbüros. Er übte beträchtlichen Einfluß auf die Massenmedien und die Parteipropaganda aus. 1976 wurde er als Mitglied der »Viererbande« verhaftet, 1981 zu 20 Jahren Haft verurteilt.

Ye Jianying
chinesisches Staatsoberhaupt 1978–1983
** 14. 5. 1897 Meixian, Prov. Guangdong*
† 22. 10. 1986 Peking
Der Berufssoldat wechselte 1927 von der Guomindang zur KP Chinas, nahm am Langen Marsch →Mao Zedongs teil (1934/35) und trug als stellvertr. Generalstabschef der Volksbefreiungsarmee 1946 bis 1949 wesentlich zum Sieg der Kommunisten über die Nationalisten →Chiang Kai-sheks bei. 1955 wurde er zum Marschall ernannt. 1966–1985 Mitgl. des Politbüros, 1973–1985 seines Ständigen Ausschusses, wurde Y. J. 1975–1978 Verteidigungs-Min. und 1978 als Vors. des Ständigen Ausschusses des Nationalen Volkskongresses Staatsoberhaupt. Er war 1976 maßgeblich an der Niederschlagung der radikalen Fraktion (»Viererbande«) beteiligt, wandte sich aber dann anscheinend gegen die von →Deng Xiaoping betriebene Entmaoisierung und gegen eine überhastete Modernisierungspolitik.

Yorck von Wartenburg, Ludwig
preußischer Offizier
** 26. 9. 1759 Potsdam*
† 4. 10. 1830 Klein-Oels, Schlesien
(*Graf* seit 1814). Y. v. W. unterstützte als Führer eines preußischen Hilfskorps die russische Niederwerfung des polnischen Aufstands unter Tadeusz →Kościuszko 1794. 1812 führte er das preuß. Hilfskorps im russischen Feldzug →Napoleons I. Ohne Ermächtigung König →Friedrich Wilhelms III. schloß er am Ende 1812 mit Rußland die Konvention von Tauroggen, die seine Truppen neutralisierte und den Ausgangspunkt für eine russ.-preuß. Allianz bildete. In der Ständeversammlung in Königsberg rief er 1813 Ostpreußen zur Erhebung gegen Napoleon auf und gab damit das Zeichen zu den Befreiungskriegen, in denen er sich auszeichnete. 1821 wurde er zum Feldmarschall ernannt.

Yorck von Wartenburg, Peter Graf
deutscher Widerstandskämpfer
** 13. 11. 1904 Klein-Oels, Schlesien*
† 8. 8. 1944 Berlin-Plötzensee
Der Urenkel von Ludwig →Y. v. W., als Jurist 1936 bis 1942 Referent beim Reichskommissar für Preisüberwachung, 1942–1944 im Wehrwirtschafts- und Rüstungsamt, gehörte als überzeugter Christ und Gegner des Nationalsozialismus mit Helmuth James Graf v. →Moltke zu den Begründern des Kreisauer Kreises. Wegen seiner Beteiligung am Umsturzversuch vom 20. 7. 1944 wurde er vom Volksgerichtshof zum Tode verurteilt.

Yoshida, Shigeru
japanischer Ministerpräsident 1946/47, 1948–1954
** 22. 9. 1878 Tokio*
† 20. 10. 1967 Oiso
Der konservative Politiker war 1931/32 Botschafter in Rom, 1936–1939 in London, bevor er als Min.-Präs., Außen-Min. (1945/46, 1948–1954) und Führer der Liberalen Partei (1946–1954) zum bedeutendsten japanischen Staatsmann der Nachkriegszeit aufstieg. Neben der innenpolitischen Reorganisation, die er dank der Verfassung von 1947 mit erweiterten Kompetenzen betrieb, unterzeichnete er 1951 mit den ehemaligen westlichen Kriegsgegnern den Friedensvertrag von San Francisco, der Japan die Souveränität zurückgab, und den japanisch-amerikanischen Sicherheitsvertrag.

Yoshihito
123 Tenno (Kaiser) von Japan 1912–1926
** 31. 8. 1879 Tokio*
† 25. 12. 1926 Hayama
Der 3. Sohn des Meiji-Tenno →Mutsuhito wurde als erster japan. Herrscher in den westl. Wissenschaften ausgebildet. Für seine 1912 beginnende Regierungszeit wählte er den Ära-Namen »Taisho« (Große Gerechtigkeit). Infolge körperl. und geistiger Krankheit mußte er ab 1921 Kronprinz →Hirohito die Regentschaft überlassen. – Die Taisho-Ära war eine Zeit des Umbruchs vom Agrar- zum Industriestaat,

des polit. Wandels von der autoritären Regierungsstruktur der Meiji-Zeit zur parlamentar. Verantwortung und der imperialist. Expansion in China (1915). Es kam zu großen sozialen Spannungen, die sich erstmals anläßlich des Erdbebens in Tokio (1923) in Übergriffen auf die korean. Minderheit entluden und schließlich – nach der durch den Mukden-Zwischenfall und die japan. Invasion der Mandschurei ausgelösten Mandschurei-Krise (1931) – das Ende der Taisho-Demokratie provozierten.

Young, Brigham

US-amerikanischer Mormonenführer und erster Gouverneur von Utah 1849–1857
** 1. 6. 1801 Witingham, Vermont*
† 22. 8. 1877 Salt Lake City, Utah

Y. trat 1830 zur Mormonenkirche (Kirche Jesu Christi der Heiligen der Letzten Tage) über, einer von Joseph Smith (* 1805, † 1844) 1830 gegründeten Religionsgemeinschaft, deren Grundlage dessen Buch »Mormon« bildet, eine Fortschreibung der Bibel auf amerikan. Boden. Nach der Ermordung von Smith führte Y. 1846/47 als Präsident der Mormonen ca. 15 000 Menschen in die Wüste des Großen Salzsees und rief dort – u. a. durch umfangreiche Missionierung, Bewässerung und Aufbau von Industrien – ein Siedlungswerk ins Leben, aus dem der spätere US-Staat Utah (bis 1896 Deseret) hervorging. Dessen von Y. gegründete Hauptstadt Salt Lake City ist bis heute der Mittelpunkt der Mormonenkirche. Y. wurde wegen der bei Mormonen üblichen Polygamie – er zeugte Kinder mit 16 Frauen und war zudem mit mehreren Witwen verheiratet – von der amerikanischen Regierung belangt.

Young, Owen D.
US-amerikanischer Wirtschaftsfachmann
** 27. 10. 1874 Van Hornesville, New York*
† 11. 7. 1962 St. Austine, Florida
Der Anwalt begann seine Karriere als Berater amerikan. Großunternehmen: Seit 1912 wirkte Y. bei der General Electric Company, war 1922–1939 und 1942–1944 deren Aufsichtsratsvors., 1919–1929 zugleich erster Aufsichtsratsvors. der von ihm mitgegründeten Radio Corporation of America (RCA). Bereits 1924 gehörte er unter Charles G. →Dawes zur Sachverständigenkommission die in London über die Neuregelung der dt. Reparationsleistungen beriet. Bei der Revision des Dawes-Plans 1929 war er Vors. der Pariser Konferenz, die mit dem Y.-Plan die Höhe der dt. Zahlungen erstmals fixierte, ihre Stundung über 59 Jahre festschrieb und die Räumung des Rheinlandes fünf Jahre vor der im Versailler Vertrag zugesicherten Frist beschloß. Der Plan scheiterte an der Weltwirtschaftskrise.

Yuan Shikai
Präsident der chinesischen Republik 1912–1916
** 20. 8. 1859 Xiangsheng, Prov. Henan*
† 6. 6. 1916 Peking
Y. S. war 1885–1894 Gouverneur in Korea, bevor er als enger Vertrauter →Li Hongzhangs nach der schweren Niederlage im japanisch-chines. Krieg 1894/95 mit dem Aufbau einer modernen Armee betraut wurde. Mit ihr gewann er durch die Weigerung, einen Aufstand des Schattenkaisers Guanxu (1875–1908) gegen die Regentin und Kaiserinwitwe →Ci Xi zu unterstützen, und die Aufdeckung der Umsturzpläne 1898 das Vertrauen Ci Xis, stieg 1901 zum Vizekönig der Provinz Hopeh und 1907 zum Mitglied des kaiserl. Großrats auf. Bei Ausbruch der Revolution 1911 wurde Y. S. an die Spitze der kaiserl. Regierung berufen. Er veranlaßte jedoch im Februar 1912 die Abdankung der Qing-Dynastie und trat nach Verhandlungen mit den Republikanern an die Stelle →Sun Yatsens als Präs. der Republik, die er zunehmend diktatorisch regierte. 1915 mußte er den japan. Einfluß in Nordchina anerkennen. Sein Versuch, sich zum Kaiser zu machen, stieß 1915/16 auf Widerstand.

Yusuf ibn Tachfin
almoravidischer Herrscher 1061–1106
Der Berber expandierte die Almoravidenherrschaft von einem kleinen Kern im Maghreb aus zu einem bedeutenden Machtfaktor in Nordafrika und auf der iber. Halbinsel und begründete die Almoravidendynastie in Spanien (1086–1169). Y. ibn T. gründete zuvor Marrakesch als neue Residenz (um 1062). Bis 1082 eroberte er Nordwestafrika bis nach Algier. Vom Emir von Sevilla nach dem Fall von Toledo (1085) gegen die Christen zur Hilfe gerufen, schlug er 1086 →Alfons VI. (den Tapferen) von Kastilien und unterwarf – zwischenzeitlich nach Marokko zurückgekehrt – seit 1089 das ganze arab. Spanien und Portugal. Seine Militärintervention brachte die Reconquista auf Jahrhunderte zum Stehen.

Zacharias
Papst 741–752
† 15. (22. ?) 3. 752 Rom
Als letzter Papst zeigte der aus Unteritalien stammende Grieche seine Wahl dem byzantinischen Kaiser an und wendete – trotz seiner Sympathien für den griechischen Osten – das Papsttum endgültig nach Westen. Politisch weitsichtig und geschickt, stellte er zum Langobarden →Liutprand gute Beziehungen her und erreichte von ihm die Rückgabe der in Italien eroberten Gebiete. Z. unterstützte die Missions- und Reformtätigkeit des →Bonifatius in Deutschland und legitimierte durch seine Zustimmung die Übertragung des fränkischen Königtums von der Dynastie der Merowinger (→Childerich III.) auf die der Karolinger unter →Pippin III. (d. J.), den er durch Bonifatius als König salben ließ. Z. wurde heiliggesprochen (Fest: 15. 3.).

Zaharoff, Basil Zacharias
Rüstungsindustrieller griechischer Herkunft
** 6. 10. 1849 Muwla, Anatolien*
† 27. 11. 1936 Monte Carlo
(*Sir* ab 1918). Als Vertreter des schwed. Rüstungskonzerns Vickers, dessen Leitung er später angehörte, schuf Z. sich auf dem krisengeschüttelten und absatzträchtigen Balkan die Basis für seinen Aufstieg zum größten Waffenhändler seiner Zeit. Als »Mystery Man of Europe« ließ er seine guten Beziehungen zu den Kriegs- und Außen-Min., vor allem Frankreichs und Großbritanniens, spielen, um im Vorfeld des 1. Weltkriegs wie auch später politischen Einfluß auszuüben. In den 1920er Jahren war er einer der reichsten Männer Europas, engagierte sich im Öl-, Finanz-, und Reedereigeschäft und beherrschte die Spielbank von Monte Carlo.

Zaisser, Wilhelm
deutscher KP-Funktionär
** 19. 1. 1893 Rotthausen bei Gelsenkirchen*
† 3. 3. 1958 Berlin
Von Beruf Lehrer (entlassen 1921) und seit 1920 Mitgl. der KPD, führte Z. Anfang der 1920er Jahre kommunist. Kampfgruppen im Ruhrgebiet, gehörte seit 1926 zur KPD-Führung und arbeitete ab 1927 als Agent des militärischen Nachrichtendienstes der Sowjetunion meist im Ausland (u. a. in China). Seit 1932 Mitglied der KPdSU, beteiligte er sich am Span. Bürgerkrieg und stieg als »General Gómez« zum Stabschef aller Internationalen Brigaden auf (1936–1938). Im 2. Weltkrieg leitete er die »antifaschist. Schulung« der dt. Kriegsgefangenen in der Sowjetunion und gehörte 1945 neben Walter →Ulbricht und Wilhelm →Pieck zur ersten Gruppe dt. Kommunisten, die mit dem Aufbau des Kommunismus in der Sowjet. Besatzungszone betraut wurde. Seit 1950 Min. für Staatssicherheit der DDR und im Politbüro, wurde er nach dem Juniaufstand 1953 wegen »parteifeindl. Fraktionsbildung« zusammen mit Rudolf Herrnstadt (* 1903, † 1966) aus der SED ausgeschlossen und aller Posten enthoben. – Seine Frau *Elisabeth Z.* (geborene Knipp, * 1898, † 1987) war 1952/53 Min. für Volksbildung, bevor sie ebenfalls ihrer Ämter enthoben wurde.

Zapata, Emiliano
mexikanischer Revolutionär
** 8. 8. 1879 (?) Anecuilco, Morelos*
† 10. 4. 1919 Morelos
Unter der Losung »Tierra y Libertad« (»Land und Freiheit«) organisierte Z., ein Bauer indianischer Abstammung, die südmexikanischen Landpächter (Zapatistas). Er führte den von Francisco →Madero ausgerufenen Aufstand gegen den Diktator Porfirio →Díaz zum Sieg (1911), kämpfte danach zur Durchsetzung seines radikalen Agrarprogramms (Plan von Ayala, 1911) jedoch weiter und eröffnete damit die mexikanische Revolution. 1914 eroberte er zusammen mit Francisco »Pancho« →Villa, der die Revolution im Norden anführte, Mexiko-Stadt. 1915 von dort vertrieben, wurde Z. 1919 von Regierungstruppen ermordet. – Z. zählt zu den offiziellen Nationalhelden Mexikos. Als »Zapatistas« knüpfen die seit 1994 gegen die Zentralregierung rebellierenden südmexikanischen Aufständischen an die von ihm begründete Tradition des sozialrevolutionären Kampfes der Indios an. (▷ Chronik Zitat)

Zarathustra
altiranischer Religionsstifter
** um 600 v. Chr. in Baktrien (heute Afghanistan)*
† um 533 v. Chr.
(Griechisch *Zoroaster*). Der prophet. Reformator der altiran. polytheist. Religion, dessen Lebenszeit nicht sicher datierbar ist, erschien nach iran. Tradition 258 Jahre vor →Alexander d. Gr., also um 600, und starb im Alter von 77 Jahren. Er begründete einen monotheist. Glauben und verband ihn mit sozialen und eth. Normen, die seiner Bewegung (Zoroastrismus, Parsismus) zugleich einen revolutionären Charakter verliehen. Im Zentrum seiner Heilslehre, niedergelegt in der vierteiligen hl. Schrift Awesta, steht der Kampf widerstreitender Prinzipien, verkörpert in Angra Manju, dem Herrscher der Finsternis, und

dem einzigen Gott Ahura Masda, der Kraft des Lichts und des Guten (»Iran«), für den der Mensch sich in seiner Lebensführung entscheiden soll. Sich selbst verstand Z. als der von Ahura Masda berufene Verkünder, der den Weg in das Friedensreich weist.
Z. wirkte vornehmlich in Baktrien. Unter der Herrschaft der Achämeniden (550–330) war seine Lehre Staatsreligion. Nach der arab.-muslim. Eroberung Persiens wurden seine Anhänger (Parsen) größtenteils nach Indien verdrängt. – Friedrich Nietzsches philosophische Dichtung »Also sprach Z. (1883 bis 1885)« hat keinen inhaltl. Bezug zur Lehre Z.s.

Ziele unserer Revolution

Chronik Zitat

In seinem Aufruf »An das mexikanische Volk« begründete Emiliano Zapata am 29. Mai 1916 die Fortführung des Kampfes:

»...[Die Campesinos] wollen das, was ihnen gehört, zurückerobern, sie wollen ein Stück Land besitzen, das ihnen erlaubt, als freie Menschen zu leben und zu arbeiten, ohne Aufseher und Herren, ohne Erniedrigungen und Elend.
Die Revolution hat sich zum Ziel gesetzt, dies schöne Ideal zu verwirklichen, die Landsklaverei abzuschaffen und das kleine Eigentum an die Stelle der riesigen Latifundien zu setzen, die alle Freiheit töten ...
Kampf diesen mächtigen Terratenientes, diesen wahrhaftigen Feudalherren... Emanzipation für den sich aus dieser erniedrigenden Situation des Haciendasklaven zum freien Menschen erhebenden Campesino. Die vergessene Rasse der Indios zu erlösen, ihr das Gefühl zu geben, daß sie Herrin des Landes ist, das sie mit den Füßen berührt und in ihrer Seele den Durst nach dem Ideal und das Streben nach Verbesserung zu entzünden, mit einem Wort, eine Nation von würdigen Männern zu schaffen, die ihre Arbeit lieben, das Land lieben und ihren Kindern einen breiten Horizont des Fortschritts eröffnen wollen, das sind die Ziele dieser großen Revolution. (...)
Wenn dies erreicht ist, dann kann der Campesino rufen: Ich bin ein freier Mensch, ich habe keinen Herren und bin von niemandem und nichts mehr abhängig. Dann können wir Revolutionäre sagen, daß unsere Mission beendet ist.«

Zenobia, Septima
Fürstin von Palmyra 267–272
Z. (arabisch *Zainab,* syrisch *Bathzabbai*) übernahm nach der Ermordung ihres zweiten Gatten Odaenathus († 266/67) die Regentschaft für ihren unmündigen Sohn Vaballathus und führte das Stadtfürstentum zu hoher kultureller Blüte. Sie löste sich aus dem Vasallenstatus gegenüber dem krisengeschüttelten Römischen Reich und eroberte Ägypten, Syrien und Teile Kleinasiens und erhob sich selbst zur Kaiserin. Kaiser Lucius Domitius →Aurelian besiegte sie bei Antiochia und Emesa, nahm sie und Vaballathus 272 gefangen und führte sie 274 bei seinem Triumph durch Rom mit.

Zenon
oströmischer Kaiser 474–491
** 426 in Isaurien, Taurusgebirge*
† 9. 4. 491 Konstantinopel
Nach Aufnahme von Isauriern, Angehörigen eines im Taurusgebirge ansässigen Volkes, in die kaiserliche Garde (466) stieg deren Fürst *Tarasikodissa* schnell als Offizier in Konstantinopel auf. 466 wurde er Schwiegersohn Kaiser →Leons I. und nach dem kurzen Intermezzo Leons II. (474) dessen Nachfolger. 475 gestürzt, kehrte er ein Jahr später mit Hilfe der Ostgoten unter →Odoaker, dessen Herrschaft in Italien er anerkannte, an die Macht zurück. 488 bewog er seinen ostgotischen Heermeister und Konsul →Theoderich d. Gr., Odoaker die Führung in Italien streitig zu machen, und befreite so den Osten des Reichs vom Druck der Germanen. Z. scheiterte mit seinem Versuch, die Monophysiten (Anhänger der Lehre von der einen göttl. sowie menschl. Natur Christi) durch ein Unionsedikt für die Reichskirche zurückzugewinnen (Henotikon, 482). Zugleich brach über die von ihm geprägte Kompromißformel das erste Schisma zwischen der byzantin. und der röm. Kirche aus (484–519).

Zetkin, Clara
deutsche Politikerin
** 5. 7. 1857 Wiederau, Sachsen*
† 20. 6. 1933 Archangelskoje bei Moskau
Die Lehrerin Z., geborene *Eißner*, gehörte vor dem 1. Weltkrieg als Kampfgefährtin Rosa →Luxemburgs dem radikalen linken Flügel der SPD an. Als führende Vertreterin der sozialist. Frauenbewegung, die im Erfolg der proletar. Revolution die Voraussetzung für die Emanzipation der Frau sah, leitete sie 1891–1917 die SPD-Frauenzeitschrift »Die Gleichheit«. In Opposition zur Burgfriedenspolitik der

SPD im 1. Weltkrieg gründete sie 1917 den Spartakusbund und die Unabhängige Sozialdemokratische Partei (USPD) mit. 1919 schloß sie sich der KPD an, für die sie 1920–1933 dem Reichstag angehörte. Bis 1924 und 1927–1929 war sie Mitglied des Zentralkomitees, in dem sie dem rechten Flügel zuneigte. Seit 1921 zugleich Mitglied des Präsidiums des Exekutivkomitees der Komintern und Leiterin seines Frauensekretariats, wirkte sie vorwiegend in Moskau. (▷ Chronik Zitat)

Klassenkampf der Frauen

Chronik Zitat

Die je nach Klassenlage unterschiedlichen Kampfziele sozialistischer und bürgerlicher Frauen betont Clara Zetkin in ihrem Artikel »Der Student und das Weib« (1899):

»Während die proletarische Frauenbewegung in erster Linie zum Klassenkampf gegen die kapitalistische Gesellschaftsordnung gezwungen ist, muß die bürgerliche Frauenbewegung einen Klassenkampf führen gegen die sozialen Vorrechte und die Herrscherstellung des männlichen Geschlechts. Denn die soziale Unbürtigkeit des weiblichen Geschlechts ist es, welche der bürgerlichen Frau die Freiheit der Entwicklung und des Auslebens verwehrt. Der Proletarierin dagegen wird ihr freies Menschentum durch die Klassenherrschaft der Bourgeoisie vorenthalten, durch die Ausbeutung und die soziale Unbürtigkeit, welche auf der Arbeiterklasse lasten. Wohl bedarf auch die Proletarierin der sozialen Gleichberechtigung als Geschlechtswesen, aber vor allem zu dem Zwecke, mit aller Wucht gegen die kapitalistische Ordnung kämpfen zu können. Ihre soziale Befreiung erringt sie nicht wie die bürgerliche Frau und zusammen mit ihr im Kampfe gegen den Mann ihrer Klasse, sie erobert sie vielmehr zusammen mit dem Mann ihrer Klasse im Kampfe gegen die sogenannte bürgerliche Gesellschaft, das Gros der Damen der Bougeoisie nicht ausgenommen.

Zwei Forderungen stehen im Mittelpunkt der frauenrechtlerischen Kampfesziele: Die Forderung: freie Bildung und Berufstätigkeit; und die andere: volle politische Gleichberechtigung . . . «

Zhao Ziyang
chinesischer Ministerpräsident 1980–1987
** 1919 im Kreis Huaxian, Prov. Henan*
Seit 1940 Parteifunktionär, machte Z. Z. eine regionale Parteikarriere, wurde in der Kulturrevolution 1966–1969 verfolgt und seiner Ämter enthoben. 1971 rehabilitiert, stieg er 1973 in das ZK der KP Chinas auf und war 1976–1980 Parteichef der Prov. Sichuan, wo er erfolgreich eine pragmat. Landwirtschaftspolitik betrieb. 1979 wurde er Mitglied des Politbüros, 1980 seines Ständigen Ausschusses und Min.-Präs. in der Nachfolge →Hua Guofengs. Als Zögling und enger Vertrauter von →Deng Xiaoping war er seit 1987 Generalsekretär des ZK und Erster Stellvertretender Vorsitzender der Zentralen Militärkommission, verlor jedoch 1989 alle Ämter, nachdem er sich der Demokratiebewegung gegenüber kompromißbereit gezeigt hatte und diese in Peking in einem Massaker niedergeschlagen worden war.

Zheng He
chinesischer Entdeckungsreisender
** um 1371*
† um 1434
Der muslim. Eunuch aus Yünnan befehligte sieben im Auftrag des Kaisers Zhu Di (1402–1425) ausgesandte Flottenexpeditionen nach Südostasien, in den Ind. Ozean, ins Rote Meer und an die Ostküste Afrikas. Die Missionen – Großunternehmen mit bis zu 28 000 Mann auf 62 Schiffen – begründeten einen Aufschwung des interkontinentalen Handels und weiteten den chines. Einflußbereich aus. Dennoch blieben ihnen im Gegensatz zu den wenige Jahrzehnte später gestarteten europäischen Übersee-Expeditionen eine langfristige Wirkung versagt.

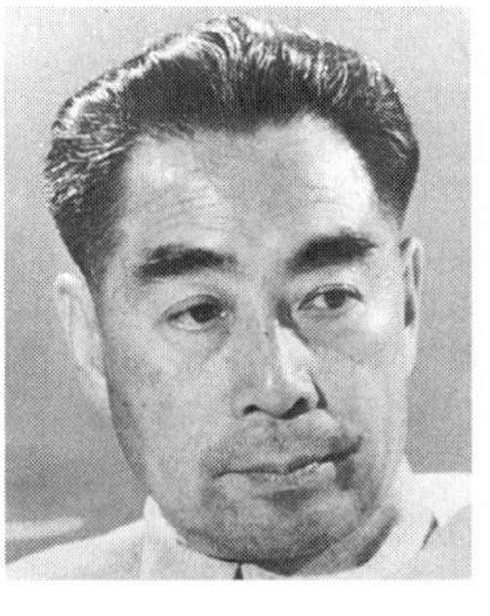

Zhou Enlai
chinesischer Ministerpräsident 1949–1976
** 1898 Shaohsing, Prov. Zhejiang*
† 8. 1. 1976 Peking

Z. entstammte einer vornehmen Mandarin-Familie. Nach Studien in Japan, Frankreich und Deutschland gehörte Z. E. seit 1924 zum inneren Führungszirkel der Kommunistischen Partei. 1927 trat er in das

Zentralkomitee ein und war von 1928 bis zu seinem Tode Mitglied des Politbüros. 1934/35 nahm er am Langen Marsch teil, vertrat →Mao Zedong und war während des chinesisch-japanischen Krieges (1937 bis 1945) in der Nationalen Einheitsfront Verbindungsmann der kommunistischen Führung zur Regierung →Chiang Kai-sheks. Nach der Gründung der Volksrepublik Vors. des Staatsrates (= Min.-Präs. 1949–1976) und bis 1958 zugleich Außen-Min., leitete Z. E. nach den von Mao strategisch definierten Aufgaben die praktische Politik Chinas und erwarb sich als Außenpolitiker weltweites Ansehen. Die Autorität des »Großen Vorsitzenden Mao« nie in Frage stellend, konnte er sich trotz Anfeindung während der Kulturrevolution behaupten und sorgte in dieser Phase und während der nachfolgenden Wirren (1966–1976) für ein Mindestmaß an Kontinuität in Verwaltung und Wirtschaft. Er überwand die außenpolitische Isolation Chinas, etablierte es als Hoffnungsträger zahlreicher Länder der Dritten Welt und kombinierte die ideologische Auseinandersetzung mit einem pragmatischen politischen Kurs, mit dem er behutsam die Öffnung seines Landes gegenüber dem Westen in die Wege leitete (1972 Besuch von US-Präsident Nixon in Peking). Nachdem er 1974 aus der aktiven Mitgliedschaft im Politbüro ausschied, übernahm 1975 →Deng Xiaoping seine Funktion als Regierungschef, die nach seinem Tod auf →Hua Guofeng überging.

Zhu De
chinesischer Offizier und Politiker
** 6. 11. 1885 Yilong, Prov. Sichuan*
† 6. 7. 1976 Peking
Seit 1916 General, schloß sich Z. D. 1925 den Kommunisten an, baute ab 1927 die chines. Rote Armee auf und hatte entscheidenden Anteil am Sieg des Kommunismus in China. Als einer der engsten Mitarbeiter →Mao Zedongs leitete er die militär. Operationen im Bürgerkrieg gegen →Chiang Kai-shek, 1934/35 auf dem Langen Marsch, 1937–1945 im Krieg gegen Japan und 1948/49 bei der Eroberung Chinas. Seiner militär. Rolle, die 1955 mit der Erhebung zum Marschall gewürdigt wurde, entsprach seine bedeutende Position in Partei und Staat: seit 1934 war er Mitgl. des Politbüros, 1956–1969 und 1973–1976 seines Ständigen Ausschusses; 1937 bis 1945 zugleich Vors. des Militärrats des ZK, des Politbüros. Seit 1959 Vors. des Ständigen Ausschußes des Nationalen Volkskongresses, nahm er in dieser Funktion seit 1975 zugleich die protokollarischen Aufgaben des Staatsoberhauptes wahr.

Zia, Khadela
Ministerpräsidentin von Bangladesch seit 1991
** 15. 8. 1945 Noakhali, Dinajpur*
Nach Ermordung ihres Mannes, des Präs. *Zia ur-Rahman* (1977–1981), trat Z. in die Politik ein, übernahm 1984 die Führung der von ihrem Mann gegr. Bangladesh Nationalist Party (BNP), siegte mit ihr überraschend bei den Parlamentswahlen 1991 und bildete die erste demokratisch legitimierte Regierung in der Geschichte Bangladeschs. Nach Benazir →Bhutto ist sie die zweite Regierungschefin in einem islam. Staat. Angetreten mit dem Ziel, durch wirtschaftl. Reformen dem zu den ärmsten und zugleich dichtestbesiedelten Regionen der Welt zählenden Land Anschluß an die Entwicklung der Weltwirtschaft zu verschaffen, mußte sie zunächst die Folgen der schlimmsten Flutkatastrophe des Jh. (1991) bewältigen, die rd. 290 000 Todesopfer forderte.

Zia ul-Haq, Mohammed
pakistanischer Staatspräsident 1978–1988
** 12. 8. 1924 Jullundur, Pundjab (heute Indien)*
† 17. 8. 1988 bei Bahawalpur
Seit 1976 Stabschef des Heeres, stürzte Z. 1977 Staats-Präs. Zulfikar →Bhutto durch einen Militärputsch, riß als »Oberster Kriegsadministrator« die Macht an sich und machte sich 1978 ohne Wahl zum Staats-Präs. 1979 ließ er Bhutto unter dem Vorwand der Korruption hinrichten. Während er mit diktatorischen Mitteln die Islamisierung von Staat und Gesellschaft vorantrieb, gelang es ihm nicht, mit wirtschafts- und sozialpolitischen Reformen Pakistan zu innerer Stabilität zu verhelfen. 1988 kam er bei ein Flugzeugabsturz ums Leben, der wahrscheinlich durch einen Attentat verursacht wurde. Nachfolgerin: Benazir →Bhutto.

Zieten, Hans Joachim von
preußischer Reitergeneral
** 24. 5. 1699 Wustrau bei Ruppin*
† 26./27. 1. 1786 Berlin
Der Chef der Leibhusarenregiments →Friedrichs II. (d. Gr.), bildete seit 1741 die preußische Kavallerie zur flexiblen Angriffstruppe aus. Mit seinen organisatorischen und taktischen Neuerungen entschied der Reitergeneral mehrere bedeutende Schlachten, u. a. im 2. Schlesischen Krieg (1744/45) und im Siebenjährigen Krieg (1756–1763). Von der preußischen Geschichtsschreibung wurde »Z. aus dem Busch« (so genannt wegen der von ihm entwickelten wirkungsvollen Überraschungstaktik) allerdings übermäßig glorifiziert.

Žiźka, Jan *(Johann)*
böhmischer Hussitenführer
** um 1370 Trocnov bei Budweis*
† 11. 10. 1424 Přbyslov
Am Hof König →Wenzels aufgewachsen, nahm Z. als Söldner für die Polen in der Schlacht bei Tannenberg gegen den Dt. Orden teil (1410). Als Anhänger der Hussiten (Jan →Hus) übernahm er nach dem Tod Wenzels (1419) gegen →Sigismund die Führung der radikalen Taboriten. Mit zahlreichen militärischen Neuerungen (u. a. bewegliche Kanonen) brachte er den kaiserl.-kath. Truppen mehrere Niederlagen bei, auch nachdem er 1420 erblindete. 1424 starb er an der Pest.

Zwingli, Ulrich (eigentlich Huldrych)

schweizerischer Reformator
** 1. 1. 1484 Wildhaus, St. Gallen*
† 11. 10. 1531 Kappel am Albis

Der Reformator der dt. Schweiz wirkte nach theolog. und humanist. Studien in Wien und Basel als Pfarrer in Glarus, Einsiedeln und seit 1518 als Leutpriester am Großmünster in Zürich. Beeinflußt vom rationalist. Humanismus des →Erasmus von Rotterdam und dem antipäpstl. Protest Martin →Luthers, wandte er sich gegen Mißbräuche in der Kirche, die Verbindlichkeit der Fastengebote und das Priesterzölibat (seine 1522 heimlich geschlossene Ehe gab er 1524 öffentlich bekannt). Gestützt auf den von ihm faktisch beherrschten Zürcher Rat als kirchliche Obrigkeit, baute er die reformierte Staatskirche auf und gab ihr in der Kirchenordnung von 1525 abschließend Gestalt. Sie brach mit dem prunkvollen Kult des Katholizismus und verlangte extreme diesseitige Schlichtheit: der Gottesdienst konzentrierte sich auf die Predigt; Messe, Bildwerke und Musik wurden verbannt, Firmung und letzte Ölung abgeschafft, die Klöster aufgelöst.
Über die Rolle des Staates als christliche Obrigkeit zerstritt er sich mit den Wiedertäufern, die ursprünglich seine treuesten Anhänger waren, und leitete mit der Verbrennung ihres Anführers Konrad Grebel (* um 1498, † 1526) ihre Verfolgung ein. Mit Luther seit 1527 über die Abendmahlslehre, in der er den Gedächtnischarakter des Abendmahls betonte, in Konflikt geraten, trennten sich die beiden Reformatoren beim erfolglosen Marburger Religionsgespräch endgültig (1529). Z.s Versuch, nach dem Anschluß Berns, Basels, St. Gallens und Straßburgs (1528/29) die Reformation in den noch nicht gewonnenen 5 katholischen Urkantonen der deutschen Schweiz mit militärischer Gewalt durchzusetzen, scheiterte in der Schlacht bei Kappel. Unter seinem Nachfolger Heinrich Bullinger (* 1504, † 1575) schlossen sich seine Anhänger 1549 mit den Calvinisten (Johannes →Calvin) zusammen und bildeten mit ihnen die vor allem in den angelsächsischen Ländern einflußreiche Reformierte Kirche.
(▷ Chronik Zitat)

Aus dem Züricher Sittenmandat

Chronik Zitat

Zur Durchsetzung einer religiös-sittlichen öffentlichen Ordnung erließ Ulrich Zwingli 1530 u. a. folgende Gebote:

»Wir gebieten, daß jedermann ohne Ausnahme, der sich nicht durch Krankheit oder andere redliche Gründe bei der Gemeinde oder beim Pfarrer entschuldigen kann, alle Sonntage bei guter Zeit zur Kirche gehe und bis zu Ende verbleibe.
Messe, Altäre, Bilder, Gemälde, Lichter sind um der Ehre Gottes willen verboten. Da solche aber an einigen Orten in Schlössern, Kirchen und Kapellen beibehalten und daselbst Wallfahrten und Opfer vorgenommen werden, so ist solcher Aberglaube bei schwerer Strafe abzutun.
Kein Wirt darf Einheimischen an Sonn- und Feiertagen vor der Predigt Speise und Trank geben. Kein Einheimischer soll sich nachts nach 9 Uhr mehr im Wirthaus finden lassen, auch dürfen nach dieser Zeit keine Schlaftrünke außer Haus verabreicht werden, Kranker vorbehalten. Kein Wirt darf einem Einheimischen auf seine Früchte usw. noch auch auf Kreide zu schreiben oder sonst über zehn Schillinge borgen ... Weil aber das Spiel, wie unsere biederen Landleute klagen, die meiste Ursache aller Winkelwirtschaften, Frevel und anderer Unfuge ist, so haben wir auf das Ersuchen unsrer Landleute alle Spiele verboten, es sei mit Karten, Würfeln, Brettspiel, Schachen, Kegeln, Wetten usw.«

Allgemeine Literaturhinweise

Diese Hinweise auf biographische Nachschlagewerke und historische Lexika mit wesentlichen biographischen Anteilen sollen nur eine erste Orientierung bieten. Aufgenommen wurden die gängigen Werke, die in Bibliotheken mit einer historischen Abteilung häufig greifbar sind.

Andersen, Carl, u.a.: Lexikon der Alten Welt. Stuttgart/Zürich 1965.

Baumann, Wolf-Rüdiger, und Fochler-Hauke, Gustav (Hrsg.): Biographien zur Zeitgeschichte 1945 bis 1983. Frankfurt/M. 1983.

Benz, Wolfgang und Graml, Hermann (Hrsg.): Biographisches Lexikon zur Weimarer Republik. München 1988.

Bosl, Karl u. a.: Biographisches Wörterbuch zur deutschen Geschichte. 3 Bde. München 1973-1975.

Černy, Jochen (Hrsg.): Wer war wer - DDR. Ein biographisches Lexikon. Berlin 1992.

Das große Personenlexikon zur Weltgeschichte in Farbe. 2 Bde. Dortmund 1988.

Der Fischer Weltalmanach. Zahlen, Daten, Fakten. Jahresbände (Abteilung: Biographien politischer Persönlichkeiten des Auslands). Frankfurt/M.

dtv-Lexikon der Antike. 4 Bde. München 1969–1971.

dtv-Lexikon zur Geschichte und Politik im 20. Jahrhundert. 3 Bde. München 1974.

Fassmann, Kurt (Hrsg.): Die Großen der Weltgeschichte. Eine Enzyklopädie, 12 Bde. Zürich 1971–1974.

Geiss, Imanuel: Geschichte griffbereit. 6 Bde.; Bd. 3: Personen: Die biographische Dimension der Weltgeschichte. Dortmund 1993.

Harenbergs Personenlexikon 20. Jahrhundert. Daten und Leistungen. Dortmund 1992.

Herzfeld, Hans (Hrsg.): Geschichte in Gestalten. 4 Bde. Frankfurt/M. 1963; überarbeitet und ergänzt als Lexikon zur Weltgeschichte. Frankfurt/Wien/Zürich 1969.

Internationales Biographisches Archiv (Munzinger Archiv). Loseblatt-Sammlung. Ravensburg.

Lexikon der Islamischen Welt. 3 Bde., Stuttgart 1974.

Matthes, Michael: Wer kannte wen? Große Gestalten der Geschichte in synchronoptischer Darstellung. Düsseldorf 1983.

Meyers Großes Personenlexikon. Bibliographisches Institut. Mannheim/Zürich 1968.

Morby, John E.: Dynastien der Welt. Ein chronologisches und genealogisches Handbuch. Zürich und München 1991.

Osterroth, Franz: Biographisches Lexikon des Sozialismus. Hannover 1960.

Pätzold, Kurt (Hrsg.): Biographien zur deutschen Geschichte von den Anfängen bis 1945. Berlin 1991.

Rollka, Bodo u. a. (Hrsg.): Berliner Biographisches Lexikon. Berlin 1993.

Ronart, Stephan u. Nandy: Lexikon der arabischen Welt. Ein historisch-politisches Nachschlagewerk. Zürich/München 1972.

Gerhard Taddey (Hrsg.): Lexikon der deutschen Geschichte. Personen, Ereignisse, Institutionen; v. d. Zeitwende bis zum Ausgang des 2. Weltkrieges. Stuttgart 1977.

The New Encyclopaedia Britannica. Chicago/London u. a. 1974.

Verzeichnis der Namensvarianten

(Der Pfeil verweist auf die Hauptschreibweise im Chronik Handbuch)

Abaelard, Abaillard, Abélard →Abälard
Abbas der Große →Abbas I.
Abd Al Aziz III. ibn Abd al-Rahman →Ibn Saud
Abu Ammar →Arafat
Abu Bekr →Abu Bakr
Adrian →Hadrian, Publius Aelius
Adrian von Utrecht →Hadrian VI.
Agustín I. →Itúrbide
Ahasverus →Xerxes I.
Aia, Aja, Ay →Eje
Albrecht Achilles →Albrecht III. (Brandenburg)
Albrecht der Bär →Albrecht I. (Bayern)
Albrecht der Weise →Albrecht IV. (Bayern)
Alexander III. →Alexander der Große
Alexander von Battenberg →Alexander I. (Balkan)
Alfons der Afrikaner →Alfons V. (Portugal)
Alfons der Eroberer →Alfons I. (Portugal)
Alfons der Große →Alfons III. (Asturien)
Alfons der Großmütige →Alfons V.(Aragón)
Alfons der Kämpfer →Alfons I. (Aragón)
Alfons der Tapfere →Alfons VI. (Asturien)
Alfons der Weise →Alfons X. (Asturien)
Al Hakim →Hakim
Amasis →Ahmose II.
Amenhotep →Amenophis
Amenophis IV. →Echnaton
Ammenemes →Amenemhêt
Anscharius →Ansgar
Aristeides →Aristides
Armin der Cherusker →Arminius
Artaxerxes I. →Ardaschir I.
Artaxerxes Mnemon →Artaxerxes II.
Aschur-ach-iddina →Asarhaddon
Ašoka →Aschoka
August der Starke →August II. (Sachsen)

Babar →Babur
Badwila →Totila
Bajesid, Bayazet, Bejesid →Bajezid I.
Barnevelt →Oldenbarnevelt
Bathzabbai →Zenobia
Borja →Borgia
Burgiba →Bourguiba
Burleigh →Burghley

Cabot →Caboto
Cahdragupta Maurya →Chandragupta Maurya
Canakya →Kautilya
Carlos →Karl
Carol →Karl
Caulvin, Cauvin →Calvin
Černenko →Tschernenko
Chair Ad Din →Cheir-ed-Din
Chaka →Shaka
Chao Tzi-yang →Zhao Ziyang
Charles →Karl
Charles le Fol →Karl VI. (Frankreich)
Chattusili →Hattusilis I.
Cheilon →Chilon
Cheng Ho →Zheng He
Chiang Ch'ing →Jiang Qing
Chiang Tse'min →Jiang Zemin
Ch'ien-lung →Qianlong
Ch'in Shih Huang-ti →Qin Shihuangdi
Chmelnyzki →Chmielnycki
Chomeini →Khomeini
Chou En-lai →Zhou Enlai
Chosroes →Chosrau I. Anuschirvan
Chubilai Chan →Khublai Khan
Chu Te →Zhu De
Cinggis-Khan →Dschingis-Khan
Columbus →Kolumbus
Constantinus →Konstantin
Corradino →Konradin
Cortés →Cortéz
Cristóbal Colón →Kolumbus
Cyrill(us) →Kyrillos

Dareios der Große →Dareios I.
Darius →Dareios I.
Digenis →Grivas
Dimitroff →Dimitrow
Diocles →Diokletian
Dionysius →Dinis
Djordje Petrović →Karadjordje
Dom Enrique el Navegador →Heinrich der Seefahrer
Don Carlos →Carlos
Dschao Dsi-jang →Zhao Ziyang
Dschelal ed-DinMohammed →Akbar
Dschinnah →Jinnah
Dzerzynskij →Dserschinski

Ebbo →Ebo
Edward →Eduard
Eginhard →Einhard
Eirene →Irene

Eleanore →Eleonore von Aquitanien
Eleonore von Poitou →Eleonore von Aquitanien
Emanuel der Große →Emanuel I.
Erik →Erich
Eshkol →Eschkol
Euricus →Eurich
Eusebius Pamphili →Eusebius von Caesarea

Ferdinand IV. (Neapel) →Ferdinand I. (Neapel und Sizilien)
Ferdinand V. (Spanien) →Ferdinand II. (Aragón)
Ferdinand V. (Ungarn) →Ferdinand I. (Österreich)
Ferdinand der Große →Ferdinand I. (Kastilien)
Ferdinand der Heilige →Ferdinand III. (Kastilien)
Ferdinand der Katholische →Ferdinand II. (Aragón)
Ferdinand Maximilian (Österreich) →Maximilian (Mexiko)
Flavius Placidus, Valentinian III. →Valentinian
Flavius Theodosius →Theodosius I.
Flavius Valentianus →Valentinian
Francisco Xavier →Xavier
Franjieh →Frangie
Franz I. (Österreich) →Franz II. (röm.-dt. Kaiser)
Franziskus →Franz von Assisi
Franz Stephan →Franz I. (röm.-dt. Kaiser)
Friedrich I. (böhm. König) →Friedrich V. (Pfalz)
Friedrich III. (Herzog) →Friedrich I. Barbarossa (röm.-dt. Kaiser)
Friedrich III (Kurfürst) →Friedrich I. (Preußen)
Friedrich August III. (Kurfürst) →Friedrich August I. (Sachsen)
Friedrich August der Gerechte → Friedrich August I. (Sachsen)
Friedrich August der Starke →Friedrich August I.
Friedrich Barbarossa →Friedrich I. Barbarossa
Friedrich der Fromme →Friedrich III. (Pfalz)
Friedrich der Große →Friedrich II. (Preußen)
Friedrich der Siegreiche →Friedrich I. (Pfalz)
Friedrich der Streitbare →Friedrich I. (Sachsen)
Friedrich der Weise →Friedrich III. (Sachsen)
Friedrich Wilhelm (Kronprinz) →Friedrich III. (dt. Kaiser)
Fudschiwara →Fujiwara-no-Kamatari
Fuzi Kong Zi →Konfuzius

Gajus Gracchus →Babeuf
Garaschanin →Garašanin
Gaysmayr →Gaismair
Genserich →Geiserich
Georg August (Hannover) →Georg II. (Großbritannien)
Georg der Bärtige →Georg I. (Sachsen)
Georg Ludwig (Hannover) →Georg I. (Großbritannien)
Georg Wilhelm Friedrich (Hannover) →Georg III. (Großbritannien)
Georgius Florentinus →Gregor von Tours
Ghaddafi →Gaddhafi
Gilgameš →Gilgamesch
Giovanni Bernardone →Franz von Assisi
Gorčakov →Gortschakow
Gottfried·IV. (Niederlothringen) →Gottfried von Bouillon
Graf von Artois →Karl X. (Frankreich)
Granvela →Granvelle
Gregor der Große →Gregor I. (Papst)
Grigori Otripjew →Pseudodemetrius I. Samoswanez
Griwas →Grivas
Großer Kurfürst →Friedrich Wilhelm (Brandenburg)
Guido →Wido III. von Spoleto
Gundahar →Gundikar
Gundicharius →Gundikar
Gunther →Gundikar
Gustav Eriksson Wasa →Gustav I. Wasa

Haakon der Alte →Haakon IV. Haakonsson
Håkon →Haakon
Hamais →Haremhab
Hara Kei →Hara Takashi
Harold →Harald
Hasan II. →Hassan II.
Hatschepsowet →Hatschepsut
Hattusili →Hattusilis I.
Heilige Johanna →Jeanne d'Arc
Heinrich III. (Navarra) →Heinrich IV. (Frankreich)
Heinrich Beauclerc →Heinrich I.
Heinrich der Heilige →Heinrich II. (röm.-dt Kaiser)
Heinrich der Stolze →Heinrich X. (Bayern, Sachsen)
Heinrich von Navarra →Heinrich IV. (Frankreich)
Heinrich von Valois →Heinrich III. (Frankreich)
Helena →Olga
Heliogabal →Elagabal
Henri →Heinrich
Henry →Heinrich
Heraclius →Herakleios
Hermann (fälschlich) →Arminius
Herodes der Große →Herodes I.
Hideyoshi Toyotomi →Toyotomi Hideyoshi
Hirom →Hiram I.

Hodscha →Hoxha
Horemheb →Haremhab
Hrolf →Rollo
Hua Kuo-feng →Hua Guofeng
Hung Hsiu-ch'üan →Hong Xiuquan
Husaini →Husseini
Huß →Hus
Hussein el-Takriti →Hussein

Ibn Haldun →Ibn Chaldun
Ibn Khaldun →Ibn Chaldun
Ieyasu Tokugawa →Tokugawa Ieyasu
Isabella die Katholische →Isabella I.
Iskenderbeg→Skanderbeg
Iugurtha →Jugurtha
Ivan IV. Groznyj →Iwan IV. Wassiljewitsch
Iwan der Große →Iwan III. Wassiljewitsch
Iwan der Schreckliche →Iwan IV. Wassiljewitsch

Jacob I. →Dessalines
Jagello →Jagiełło
Jakob der Eroberer →Jakob I. (Aragón)
James →Jakob
Jan →Johann
Jan Kazimierz →Johann II. Kasimir
Jan Sobieski →Johann III. Sobieski
Jaroslaw der Weise →Jaroslaw I.
Jason →Iason
Jean →Johann
Jeorjios →Grivas
Jean Baptiste Bernadotte →Karl XIV. Johann
Jean le Bon →Johann II.
Jean sans Peur →Johann Ohnefurcht
Jehuda Makkabi →Judas Makkabäus
Jelisaweta Petrowna →Elisabeth Petrowna
Jiang Jieshi →Chiang Kai-shek
Joachim I. Napoleon →Murat
João →Johann
Johann I. →Szápolyai
Johann der Gute →Johann II. (Frankreich)
Johann der Blinde →Johann von Luxemburg
Johann von Österreich →Juan d'Austria
John →Johann
John Lackland →Johann Ohneland
Joseph ben Mathijahu →Josephus
Josia →Joschija
Juana la Locca →Johanna die Wahnsinnige
Juda Makkabi →Judas Makkabäus
Jud Süß →Süß-Oppenheimer
Jungfrau von Orléans →Jeanne d'Arc
Jussuf I. Ibn Taschfin →Yusuf ibn Tachfin
Justinian der Große →Justinian I.

Kadhdhafi, Khadafi →Gaddhafi
Kallistus, Kalixtus, Kallixt →Calixtus
K'ang-hsi →Kangxi
Kao-tsu →Li Yüan
Karageorg →Karadjordje
Karl Albrecht (Bayern) →Karl VII. Albrecht (röm.-dt. Kaiser)
Karl der Dicke →Karl III. (Franken)
Karl der Kahle →Karl II. (Franken)
Karl der Wahnsinnige →Karl VI. (Frankreich)
Karl der Weise →Karl V. (Frankreich)
Karl Emanuel III. (Savoyen) →Karl Emanuel I. (Sardinien)
Karl Emanuel der Große →Karl Emanuel I. (Sachsen-Weimar)
Kasim →Kassem
Kassander →Kassandros
Katharina die Große →Katharina II.
Kautalya →Kautilya
Kazimierz →Kasimir
Kemal Atatürk →Atatürk
Kienlung →Qianlong
Kim Chong Il →Kim Jong Il
Kim Ilsong →Kim Il Sung
Kim Ir Sen →Kim Il Sung
Knud, Kanud →Knut
Knut der Große →Knut II.
K'ong-(fu-)tse →Konfuzius
Kong Qiu →Konfuzius
Koppernigk →Kopernikus
Krapotkin →Kropotkin
Krösus →Kroisos
Krüger →Kruger
Kubilai, Kublai →Khublai Khan
Kyrill(us) →Kyrillos

Labarna von Kuššra →Hattusilis I.
Ladislaus der Heilige →Ladislaus I.
Ladislaus der Kumane →Ladislaus IV.
Lajos →Ludwig
László →Ladislaus
Leo I. (Toskana) →Leopold II. (röm.-dt. Kaiser)
Leo der Große →Leo I. (Papst)
Leon der Armenier →Leon V.
Leon der Große →Leon I.
Leon der Syrer →Leon III.
Leon der Weise →Leon VI.
Leopold der Glorreiche →Leopold VI.
Leuwigild →Leowigild
Li Hung-chang →Li Hongzhang
Liselotte von der Pfalz →Elisabeth Charlotte
Li Shi-min →Taizong

Li Sing-Man →Rhee
Liu Pang →Liu Bang
Liu Schao-tschi →Liu Shaoqi
Louis →Ludwig
Lothar von Supplinburg →Lothar III.
Ludwig der Bayer →Ludwig IV. (röm.-dt. Kaiser)
Ludwig der Dicke →Ludwig IV. (Frankreich)
Ludwig der Fromme →Ludwig I. (röm.-dt. Kaiser)
Ludwig der Grausame →Ludwig XI. (Frankreich)
Ludwig der Große →Ludwig XVIII. (Frankreich)
Ludwig der Heilige →Ludwig IX. (Frankreich)
Ludwig der Jüngere →Ludwig III. (Franken)
Ludwig von Orléans →Ludwig XII. (Frankreich)
Luitpold →Leopold
L'vov →Lwow
Lysandros →Lysander

Magellan →Magalhães
Mahomed →Mohammed
Manuel I. →Emanuel I.
Mao Tse-tung →Mao Zedong
Marc Anton →Antonius
Mardunija →Mardonios
Maria da Gloria →Maria II. (Portugal)
Maria die Katholische →Maria I. (England)
Maria II. Stuart →Maria II. (England)
Maria Tudor →Maria I.
Mari Jata →Sundjata Keita
Masinissa →Massinissa
Maximilian IV. Joseph (Kurfürst) →Maximilian I. (Bayern)
Mehmed →Mohammed
Mehmed II. Fatih →Mohammed II.
Meiji Tenno →Mutsuhito
Meister Eckhart →Eckhart
Michael der Tapfere →Michael (Rumänien)
Mihai →Michael I.
Mihailo Obrenović. →Michael Obrenović
Mihai Viteazul →Michael (Rumänien)
Milan IV. →Milan I. Obrenović
Moctezuma →Montezuma II.
Mohammed der Eroberer →Mohammed II. (Osman. Reich)
Mohammed Idris el-Senussi →Idris I.
Monk →Monck
Morus →More
Motecuhçoma →Montezuma II.
Mu'awiya →Moawija I.
Mudschib ur-Rahman →Mujibur Rahman
Muhammad →Mohammed
Mustafa, Kara →Kara Mustafa
Müller-Franken →Müller
Münzer →Müntzer

Nabonadios →Nabonid
Nabuchodonosor →Nebukadnezar II.
Nabuna'id →Nabonid
Nafteta →Nofretete
Naguib →Nagib
Nakatomi Kamatari →Fujiwara-no-Kamatari
Napoleon Bonaparte →Napoleon I.
Neferkarê →Pepi II.
Nefertiti →Nofretete
Nekaw →Necho II.
Nicephorus →Nikephoros I.
Nicolai →Nikolaus I. Pawlowitsch
Nikolaus Chrypffs →Nikolaus von Kues
Nikolaus der Große →Nikolaus I. (Papst)
Nikolaus von Cusa, Nikolaus Cusanus →Nikolaus von Kues
Nimeiri →Numeiri

Occam →Ockham
O'Ceallaigh, Seán Tomás →O'Kelly
Ochos →Dareios II. Nothos
Odovakar →Odoaker
Ogotai →Ögädäi
Ohm Krüger →Kruger
Olaf der Dicke →Olaf II. Haraldsson
Olaf der Heilige →Olaf II. Haraldsson
Orhan →Orchan
Othman →Osman
Othman →Osman I. Ghasi
Othman dan Fodio →Osman dan Fodio
Otokar →Ottokar II. Přemysl
Otto der Große →Otto I. (röm.-dt. Kaiser)
Otto von Braunschweig →Otto IV. (röm.-dt. Kaiser)

Pahlewi →Pahlawi
Pak Kung Li →Park Chung Hee
Park Tschung Hi →Park Chung Hee
Parvus Helphand →Helphand
Paschitsch →Pašić
Pawel Petrowitsch →Paul I. (Zar)
Pawelitsch →Pavelić
Payne →Paine
Pedro →Peter
Pedro IV. (Portugal) →Peter I. (Brasilien)
Pehlewi →Pahlawi
Pelagius →Pelayo
Periandros →Periander
Peter der Große →Peter III. (Aragón)
Petrus de Vineis →Petrus de Vinea

Philipp II. (Portugal) →Philipp III. (Spanien)
Philipp III. (Portugal) →Philipp IV. (Spanien)
Philipp der Gute →Philipp III. (Burgund)
Philipp der Kühne →Philipp II. (Burgund)
Philipp der Schöne →Philipp IV. (Frankreich)
Philipp von Valois →Philipp VI. (Frankreich)
Philippe Égalité →Orléans
Phiops II. →Pepi II.
Pippin der Jüngere →Pippin III. (Franken)
Pippin der Mittlere →Pippin II. (Franken)
Pippin der Kleine (fälschlich) → Pippin III.
Pippin von Heristal →Pippin II. (Franken)
Pjotr →Peter
Potjomkin →Potemkin
Prinz Eugen →Eugen
Prinz Sihanouk →Sihanouk
Prinz von Savoyen →Eugen
Prokop der Große →Prokop
Psametik →Psammetich I.
Ptolemäus →Ptolemaios
Pyrrhus →Pyrrhos

Qadafi →Gaddhafi
Qasim →Kassem

Ralegh →Raleigh
Rama IX. →Bhumipol Aduljadej
Reinald →Rainald von Dassel
Resa (Riza) Khan →Pahlawi, Resa (Schah)
Rienzo →Rienzi
Rjurik →Rurik
Rolf →Rollo
Rorik →Rurik
Rudolf von Habsburg →Rudolf I.
Ryźkov →Ryschkow

Sabbataj Zĕwi →Sabbatai Zwi
Salah ad-Din →Saladin
Šammumarat →Semiramis
Sancho der Ältere →Sancho III. Garcés
Sancho der Große → Sancho III. Garcés
Sandrokottos →Chandragupta Maurya
Santana →Santa Anna
Sapor, Šapur →Schapur I.
Sargon von Akkad →Sargon I.
Scipio, Africanus maior →Scipio, Publius Cornelius d. Ä.
Scipio Africanus minor, S. A. Numantius →Scipio, Publius Cornelius d. J.
Schamir →Shamir
Schapur der Große →Schapur II.
Schastri →Shastri
Schotoku →Shotoku Taishi
Sennacherib →Sanherib
Senwosret →Sesostris I.
Ševardnadze →Schewardnadse
Shaka Jahan →Shahjahan
Shiwkoff →Schiwkow
Siddhartha Gautama →Buddha
Sidi M. Ben Jussuf →Mohammed V. (Marokko)
Siegmund →Sigismund
Simeon der Große →Simeon
Skënderbeu →Skanderbeg
Soekarno →Sukarno
Soliman, Sulaiman, Suleiman →Süleiman II., der Prächtige
Stefan, Stepan →Stephan
Stephan der Große →Stephan III. (Moldau)
Stephan der Heilige →Stephan I. (Ungarn)
Strabon →Strabo
Sundiata →Sundjata Keita

T'ai-tsung →Taizong
Tamerlan →Timur Lenk
Tarasikodissa →Zenon
Tariq ibn Sijad →Tarik
Temudschin →Dschingis-Khan
Teng Hsiao-p'ing →Deng Xiaoping
Theoderich der Große →Theoderich I. (Ungarn)
Theodosius der Große →Theodosius
Tigranes der Große →Tigranes I.
Timur-Läng →Timur Lenk
Traianus →Trajan
Trockij →Trotzki
Tschandragupta M. →Chandragupta Maurya
Tschesmenski →Orlow
Tschen Ji →Chen Yi
Tschiang, Tsching →Jiang Qing
Tschiang Kai-Schek, →Chiang Kai-shek
Tschingis-Chan →Dschingis-Khan
Tschou Enlai →Zhou Enlai
Tschu Te →Zhu De
Tshaka →Shaka
Tshombé →Tschombé
Tut-ench-Amun, Tut-ankh-Amen →Tutanchamun

Ugedai →Ögädäi
Ulászló →Wladislaw
Ulfilas →Wulfila
Umar →Omar I.
Urchan →Orchan
Usman →Osman
Uthman →Osman
Uthman ibn Affan, Osman →Othman

Uticensis →Cato

Václav →Wenzel
Valdes →Waldes
Valdensis →Waldes
Varius Avitus →Elagabal
Vasili →Wassili
Victor →Viktor
Victoria →Viktoria
Vladimir →Vladimir
Vlasov →Wlassow
Vologaeses II. →Vologaisis III.
Vorošilov →Woroschilow
Vyšinskij →Wyschinski

Waldemar der Große →Waldemar I.
Waldo →Waldes
Waldus →Waldes
Wenzel (Böhmen) →Karl IV. (röm.-dt. Kaiser)
Wilhelm I. (Kurfürst) →Wilhelm IX. (Hessen-Kassel)
Wilhelm (Prinz) →Georg I. (Griechenland)
Wilhelm I. (Irland) →Wilhelm III. von Oranien (England)
.Wilhelm II. (Schottland) →Wilhelm III. von Oranien (England)
Wilhelm der Eroberer →Wilhelm I. (England)
Wilhelm der Schweiger →Wilhelm I. von Oranien (Niederlande)
William →Wilhelm
Witiches →Witigis
Witold →Vytautas
Wittekind →Widukind
Wladimir der Heilige →Wladimir I. Swjatislawitsch
Władysław II. J. (Polen) →Jagiełło (Litauen)
Wyclif, Wycliffe, Wyclyf →Wiclif

Yeh Chien-ying →Ye Jianying

Zainab →Zenobia
Zardušt →Zarathustra
Zápolya →Szápolyai
Zinov'ev →Sinowjew
Źivkov →Schiwkow
Zoroaster →Zarathustra
Zoser →Djoser
Zygmunt I. Stary →Sigismund I.

Verzeichnis der Text- und Bildrechte

Zitattexte:
S. 16, 31, 89, 99, 144, 213, 308, 520, 544: bsv Geschichte in Quellen: Altertum, übers. v. Walter Arend, Bayerischer Schulbuch-Verlag, München [3]1978, S. 355
S. 23: Fischer Weltgeschichte. Band 5. Griechen und Perser. Die Mittelmeerwelt im Altertum I. Herausgegeben von Hermann Bengtson. © Fischer Bücherei KG, Frankfurt am Main 1965
S. 38: Christian Meier: Caesar. Quadriga GmbH, Berlin 1982
S. 41: Olaf Gigon: Aristoteles, Politik und Staat der Athener, Artemis & Winkler Verlag, Zürich 1955
S. 75: Joachim C. Fest: Hitler. Eine Biographie, Ullstein Verlag, Frankfurt, Berlin,Wien 1973
S. 169: Frantz Fanon: »Die Verdammten dieser Erde«. Übersetzt von Traugott König. Suhrkamp Verlag, Frankfurt am Main 1966
S. 192, 291, 487, 539, 580: bsv Geschichte in Quellen: Renaissance-Glaubenskämpfe-Absolutismus, übers. v. Fritz Dickmann, Bayerischer Schulbuch-Verlag, München [3]1982, S. 318f., 352, 373f., 374f.
S. 226, 253, 302, 323, 338, 417: bsv Geschichte in Quellen: Mittelalter, übers. v. Wolfgang Lautemann, Bayerischer Schulbuch-Verlag, München [3]1989, S. 168ff., 291f.
S. 211: zitiert nach: Hans-Adolf Jacobsen: Militär, Staat und Gesellschaft in der Weimarer Republik; in: Bracher/ Funke/ Jacobsen (Hrsg.): Die Weimarer Republik 1918–1933, Droste Verlag, Düsseldorf 1987
S. 272: Joachim Fest: Hitler – Skizzen zu einem Porträt, in: »Der Monat«, 20. Jg, Nr. 240. Beltz Verlag, Weinheim 1968
S. 296: Harald von Mendelssohn: Jesus – Rebell oder Erlöser. Die Geschichte des frühen Christentums, 1981
S. 331: Martin Luther King: Freiheit – Aufbruch der Neger Nordamerikas, Oncken Verlag, Kassel 1964
S. 362: bsv Geschichte in Quellen: Das bürgerliche Zeitalter 1815–1914, übers. v. Günter Schönbrunn, Bayerischer Schulbuch-Verlag, München 1980, S. 36f.
S. 376: Heiko A. Oberman: Luther. Menschen zwischen Gott und Teufel, Siedler Verlag, Berlin 1982
S. 407: Ulrike Meinhof: Die Würde des Menschen ist antastbar, aus: »Konkret« Nr. 5/1968
S. 455: aus: Hannelore Schröder (Hrsg.): Die Frau ist frei geboren. Texte zur Frauenemanzipation. Bd. II: 1870-1918., C.H. Beck, München 1981

Trotz größter Sorgfalt konnten die Urheber nicht in allen Fällen ermittelt werden. Es wird gegebenfalls um Mitteilung gebeten.

Abbildungen:
Alinari, Florenz (2); Archiv für Kunst und Geschichte, Berlin (36); Associated Press GmbH, Frankfurt (6); Bertelsmann Lexikon Verlag (490); Bibliotheque Nationale, Paris (1); Bildarchiv Preußischer Kulturbesitz, Berlin (4); Botschaft der Republik Argentinien, Bonn (1); Botschaft des Staates Israel, Bonn (1); Botschaft Österreichs, Bonn (1); Deutsche Fotothek, Dresden (1); dpa, Frankfurt (41); Editura Enciclopedica, Bukarest (1); Bildarchiv Foto Marburg, Marburg (1); Französische Botschaft, Bonn (1); Archiv Gerstenberg, Wietze (1); Hulton Deutsch Coll. Ltd., London (4); Interfoto, München (44); Kestner-Museum, Hannover (1); Keystone, Hamburg (1); Lothar Kastner, Haan (1); National Portrait Gallery, London (1); New China Pictures, Beijing (1); Österr. Nationalbibliothek, Wien (13); Roger Viollet, Paris (1); Sven Simon, Essen (22); Ullstein Bilderdienst, Berlin (9); USIS, Bonn (3).

Schutzumschlag:
Bismarck/Caesar/Kolumbus: Archiv für Kunst und Geschichte;
Königin Elisabeth II.:Popperfoto/Transglobe;
King: Transglobe/Schulke;
Kennedy: Transglobe;
Mandela: Sipa Press, Paris.